中国造纸年鉴

ALMANAC OF CHINA PAPER INDUSTRY

2016

中国造纸学会 编

Edited by China Technical Association of Paper Industry

牡丹江恒丰纸业股份有限公司 协办

Co-sponsored by Mudanjiang Hengfeng Paper Co., Ltd.

中国轻工业出版社

图书在版编目（CIP）数据

中国造纸年鉴．2016/中国造纸学会编．—北京：中国轻工业出版社，2016.9
ISBN 978－7－5184－1082－8

Ⅰ．①中…　Ⅱ．①中…　Ⅲ．①造纸工业－中国－2016－年鉴　Ⅳ．①F426.83－54

中国版本图书馆CIP数据核字（2016）第205285号

责任编辑：古　倩　　责任终审：滕炎福
策划编辑：林　媛　　责任监印：张　可

出版发行：中国轻工业出版社（北京东长安街6号，邮编：100740）
印　　刷：三河市万龙印装有限公司
经　　销：各地新华书店
版　　次：2016年9月第1版第1次印刷
开　　本：787×1092　1/16　　印张：48.5
字　　数：1600千字　　插页：24
书　　号：ISBN 978－7－5184－1082－8　定价：300.00元
邮购电话：010－65241695　传真：65128352
发行电话：010－85119835，85119793　传真：85113293
网　　址：www.chlip.com.cn，www.ctapi.org.cn
邮　　箱：club@chlip.com.cn，acpi2008@126.com
如发现图书残缺请直接与我社读者服务部联系调换
160644K4X101HBW

《中国造纸年鉴2016》编辑委员会

《中国造纸年鉴 2016》编辑部

对本书有关的各项业务与意见均请与编辑部直接联系

地址：北京市朝阳区望京启阳路 4 号中轻大厦 B 座 10 层

邮编：100102

电话：010－64778761，64778756，64778766，64778752

传真：010－64778769

网址：www. ctapi. org. cn

邮箱：acpi2008@126. com

Any Business refers to this book, please contact editorial board

Address: 10th floor, Block B, Sino-light Plaza, No. 4 Qiyang Rd., Wangjing, Chaoyang District, Beijing 100102, China

Tel: 010－64778761, 64778756, 64778766, 64778752

Fax: 010－64778769

Http: //www. ctapi. org. cn

E-mail: acpi2008@126. com

编辑说明

《中国造纸年鉴》是由中国造纸学会编纂的专业性年鉴，是目前我国唯一逐年辑录的有关中国造纸工业的资料性工具书。自1986年创刊以来，伴随着中国造纸工业的发展，《中国造纸年鉴》已陆续出版发行19卷，本卷《中国造纸年鉴2016》为第20卷。

《中国造纸年鉴2016》的13个栏目分别是：1. 综述；2. 发展现状；3. 产品与市场；4. 纤维原料；5. 节能减排 环境保护；6. 装备与器材 造纸化学品；7. 科技 教育 出版；8. 大事记；9. 地方造纸工业；10. 重点企业介绍；11. 社团工作；12. 附录；13. 企业名录。

本卷年鉴在编写过程中，得到各有关部门、企事业单位和有关人士的大力支持、指导和积极配合，在此谨表谢意。并诚请广大读者对本卷年鉴编辑、出版中的不足之处给予批评指正。

《中国造纸年鉴》编辑部

2016年8月

彩色广告目录

前插彩页

正文彩页

近十年来的中国造纸工业

（2006—2015年）

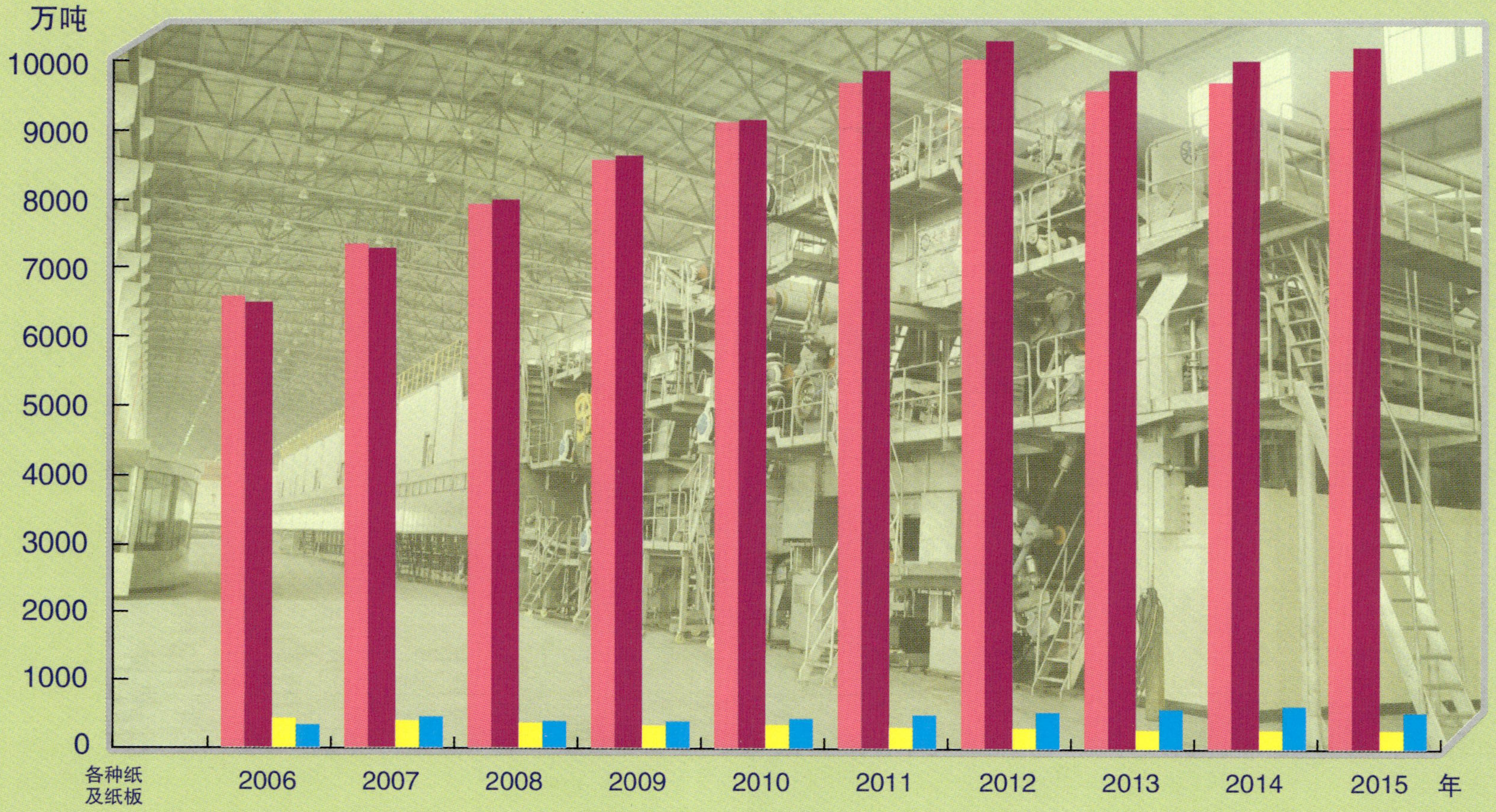

	2006	2007	2008	2009	2010	2011	2012	2013	2014	2015
消费量	6600	7350	7935	8569	9173	9752	10048	9782	10071	10352
生产量	6500	7290	7980	8640	9270	9930	10250	10110	10470	10710
进口量	441	401	358	334	336	331	311	283	282	287
出口量	341	461	403	405	433	509	513	611	681	645

注：数据来源中国造纸工业历年年报统计
背景为国产大纸机

中国造纸学会第七届理事会第三次

2016年5月在西安召开第七届
理事会第三次（扩大）会议

2016年5月在西安召开第十七届
学术年会

陈鄂生副理事长为第二届中国造纸
蔡伦科技奖获奖者颁奖

张美云、胡开堂副理事长、
曹春昱秘书长为第二届中国造纸
蔡伦青年科技奖获奖者颁奖

（扩大）会议暨第十七届学术年会

中国造纸学会曹振雷常务副理事长讲话

陕西科技大学姚书志校长讲话

曹春昱秘书长为优秀论文一等奖获奖者颁奖

张美云副理事长为优秀论文二等奖获奖者颁奖

关于我们

牡丹江恒丰纸业股份有限公司坐落在黑龙江省东部-牡丹江市，这里群山环绕、四季分明。

恒丰纸业是世界领先的卷烟配套用纸生产基地，拥有超过60年的特种纸生产、开发、销售经验，是国内一家造纸行业重点高新技术企业。公司在国内卷烟配套用纸行业处于主导地位，是国际主要烟草公司的供应商、世界知名的卷烟配套用纸生产和销售企业。

公司于2000年在上海证券交易所上市（股票代码600356）。

公司拥有国际水平的研发机构，建有多个国际标准实验室，卷烟配套用纸检测项目于2013年通过国家认可委CNAS实验室认可。

目前，恒丰纸业有雇员2100人，拥有包括国际较先进的18条机制纸生产线、一条亚麻制浆生产线和一条涂布生产线，机制纸年产能16万吨，漂白亚麻浆产能3000吨。

公司简介 Company profiles

杭州纸友科技有限公司是国家造纸化学品工程技术研究中心和杭州市化工研究院的成果产业化基地。坐落于杭州国家经济技术开发区，专业从事研发、生产变性淀粉系列产品。先后承担国家科研项目8项、省部级科研项目13项，荣获各级科技成果奖30余项次，其中国家科技进步二等奖1项，省部级科技进步一等奖3项，技术发明一等奖1项，国家新产品10个，发明专利多项。是国家高新技术企业、浙江省首届绿色低碳标兵企业、浙江省专利示范企业、杭州市十佳高新技术企业以及成长型企业，近年又被中国造纸行业评为中华蔡伦奖和领军企业称号。自主研发了具有国际先进水平的清洁生产自动化生产线，目前生产能力22万吨／年，在浙江、吉林、河南、山东创建了5个成果产业化基地，产品涵盖造纸、食品、纺织、医药、建筑等领域。其中造纸用变性淀粉在UPM、APP等国际和国内大型造纸厂长期应用。近年来，进一步拓展健康食品用变性淀粉研发与应用新领域。公司拥有一支国内外本行业的知名专家、教授以及既懂化工又懂应用的复合型研发人才队伍，以市场为导向，开发市场急需的新产品，为客户提供优良的技术服务。山东众友生物科技有限公司是杭州纸友科技有限公司的全资子公司，坐落在山东国家开发区。

秉承“纸忧我忧，我优纸优”的经营理念，纸友科技已成为国内淀粉衍生物领域科研和成果转化的领军企业。

1985—2016……

30多年专业从事变性淀粉的研发和生产

[主要产品]

浆内淀粉系列	高分子增强剂
表面施胶淀粉系列	纤维取代剂
涂布淀粉系列	填料改性剂
喷雾淀粉系列	……

因为专业 所以卓越

纸忧我忧 我优纸优

杭州纸友科技有限公司
HANGZHOU PAPERMATE SCIENCE & TECHNOLOGY CO.,LTD.
山东众友生物科技有限公司
ZHONG YOU BIOTECHNOLOGY CO.,LTD

地址：杭州经济技术开发区三号大街50号 邮编：310018
电话：0571-86911227 86912268-8105 传真：0571-86913870
网址：www.hzzykj.cn E-mail：zykj@hzzykj.cn

目　录

1　综　述

2　发展现状

3　产品与市场

4　纤维原料

5　节能减排　环境保护

6　装备与器材　造纸化学品

7 科技 教育 出版

8 大事记

9 地方造纸工业

10 重点企业介绍

11 社团工作

12 附　录

13 企业名录

CONTENTS

1. GENERAL TOPICS

2. CURRENT STATUS OF DEVELOPMENT

3. PRODUCTS AND MARKET

4. FIBROUS MATERIALS

5. ENERGY SAVING, DISCHARGE REDUCING AND ENVIRONMENTAL PROTECTION

6. EQUIPMENT & ACCESSORIES, CHEMICALS UESD IN PAPER INDUSTRY

7. SCIENCE AND TECHNOLOGY, EDUCATION AND PUBLICATION

8. EVENTS

9. LOCAL PAPER INDUSTRY

10. KEY ENTERPRISES

11. ASSOCIATION AFFAIRS

12. APPENDIXES

13. ENTERPRISES LIST

中国造纸学会活动纪实

2015年8月在衢州建立“纸基功能材料高层次区域交流服务项目专家工作站”

2015年8月在衢州举办“纸基新功能材料制造与节能减排技术培训班”

2015年8月美国矿物技术有限公司拜访中国造纸学会

2015年9月在北京举办“2015国际造纸技术报告会”

2015年11月在北京举办“造纸工业互联网+论坛”

2015年11月在北京举办“纳米纤维素专委会成立大会暨学术报告会”

UPM(常熟)有限公司(1号机，2号机，3号机)

金东纸业(江苏)有限公司(1号机，2号机，3号机)

宁波亚洲纸业有限公司年产75万吨涂布白纸板工程

中国海诚工程科技股份有限公司
CHINA HAISUM ENGINEERING CO.,LTD.

中国海诚工程科技股份有限公司（中国海诚股份，股票代码002116），由隶属于国务院国资委管理的中国轻工集团联合其他战略投资者，以成立于1953年的中国轻工业上海设计院体改制建立，是中国轻工行业大型的提供有关咨询、设计、监理和工程EPC总承包（工程咨询、设计、监理和采购、施工（土建安装)、培训、开车等）服务的综合性股份制工程科技上市公司。

中国海诚股份拥有工程咨询、工程设计、工程总承包、工程造价咨询和工程监理等甲级资质证书以及施工总承包二级资质证书，并持有质量管理体系(GB/T 19001-2000 IDT ISO 9001:2000)、职业健康安全管理体系(GB/T 28001-2001 OHSAS 18001:1999)、环境管理体系(GB/T 24001-2004/ISO14001:2004)的认证证书，能承接国内外相关行业各种规模和类型的项目。历年来共计536项咨询、设计、监理、工程总承包及科研项目获国家和省部优秀奖项，用优质的质量为客户服务。

山东亚太森博浆纸有限公司 年产100万吨包装纸板工程项目

江苏理文造纸有限公司 自备电站项目

斯道拉恩索(北海)浆纸一体化项目

海南金海纸业有限公司

设计项目　　**总承包项目**

加拉KPM漂白车间工程

泰国SKIC16PM项目

越南理文年产40万吨包装纸生产线项目

越南安化年产13万吨漂白化学木浆项目

江苏王子制纸有限公司KP项目

制浆造纸是中国海诚股份最主要的工程服务领域，六十多年来在国内外已完成六百多项制浆造纸工程的咨询、设计、监理、工程管理和EPC总承包项目，为广大国内外客户提供优质服务，为我国造纸装备更新换代、蓬勃发展作出了应有的贡献。

近年来,工程EPC交钥匙总承包服务成为中国海诚股份主要业务，公司先后承担了广东森叶纸业有限公司自备电站、芬欧汇川纸业（常熟）有限公司二期工程纸加工车间、越南安化年产13万吨漂白化学木浆项目、孟加拉KPM漂白车间项目、重庆理文造纸有限公司湿浆改造、魏德曼电力绝缘科技(嘉兴)有限公司湿纸胚车间项目、江苏王子制纸有限公司年产71.4万吨漂白化学的针叶木浆生产线及其配套工程、泰国SKIC16PM项目、越南理文年产40万吨包装纸生产线项目、上海胜利K项目、泰国SCG公司越南项目等十多项工程总承包工程。

Fax:86-21-64334050　E-Mail：info@haisum.com　Http://www.haisum.com
ADD:NO.21 Baoqing Road,Shanghai,China　Zip Code:200031　Tel:86-21-64370093
E-Mail：info@haisum.com　网址：www.haisum.com
地址：上海市宝庆路21号　邮编：200031　电话：86-21-64370093　传真：86-21-64334045

JH 江河纸业 Jianghe Paper

河南江河纸业股份有限公司

HENAN JIANGHE PAPER CO., LTD

董事长、总经理　姜丰伟

中国轻工业联合会会长步正发莅临公司调研

2016中国纸业高层峰会现场

河南江河纸业股份有限公司属国家级高新技术企业，位于河南省武陟县产业集聚区，占地面积56万平方米，资产总额30亿元；现有造纸生产线5条，涂布加工生产线20余条，年生产特种纸能力40万吨，产值28亿元。公司采取多元化经营，现有山东江河纸业有限责任公司、河南大指造纸装备集成工程有限公司、河南南北纸业有限公司和河南江河生物质能热电有限公司、河南开扩能源科技有限公司等多家关联子公司。

公司产品原料以进口漂白商品木浆为主，主导产品有：无碳复写纸、热敏传真纸、离型原纸、机内整饰涂布纸等中低定量的特种纸。公司现有品牌：“水”牌、“木”牌、“水木清华”等，其中“水”牌无碳复写纸荣获河南省名牌产品、河南省著名商标和河南省国际知名品牌。

公司是技术主导型企业，技术创新是公司的核心优势。在造纸装备研发制造领域，已经研制成功的成套装备和关键单体设备都代表国内目前的先进水平。公司六号线作为国家科技支撑计划“国产高速造纸机的研制”项目，幅宽5600毫米，车速可达1500米/分，是国产首台高速造纸机，达到国际先进水平。

公司拥有国家级企业技术中心、省级工程技术研究中心、省造纸装备院士工作站和省博士后研发基地等创新研发平台，并拥有6项国家发明专利、102项国家实用新型专利，另获得13项省部级科技成果。

公司坚持“干精细事，做精品纸”的生产经营理念和“全员创新、产业延伸、精细管理、开源节流”的发展思路，不断取得骄人的业绩。

公司未来的发展道路是延长产业链，走造纸和造纸装备并驾的道路，并逐步进入规模化经营的大型造纸企业，为推动我国造纸工业及地方经济的发展作出应有的贡献。

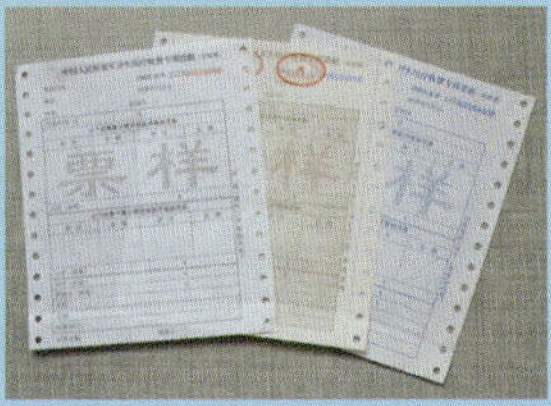

无碳复写纸

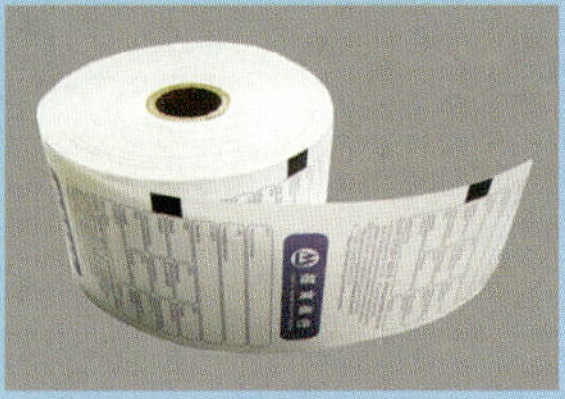

热敏纸

国产高速造纸机

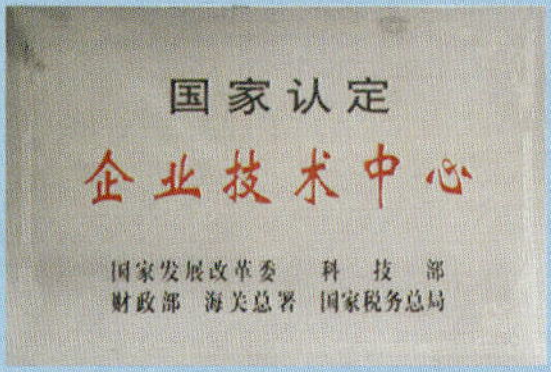

官网二维码　微信二维码

地址：河南省焦作市武陟县文化路555号　邮编：454950

电话：0391-7268890 7268507 传真：0391-7268991

网址：www.jianghe.com　邮箱：jianghe-1@jianghe.com

芬欧汇川
开创卓越新纪元

芬欧汇川集团是新型森林工业的引领者，致力于在六大业务领域构建可持续发展的未来：芬欧汇川生物精炼、芬欧汇川能源、芬欧蓝泰标签、芬欧汇川亚洲纸业、芬欧汇川欧洲与北美纸业以及芬欧汇川胶合板。我们的产品采用可再生原材料制成，且是可回收的。芬欧汇川全球拥有员工 19600 人，年销售额约 100 亿欧元。2015 年 9 月，芬欧汇川连续第四年当选为道琼斯欧洲和世界可持续发展指数（DJSI）行业领袖，并第七次入选碳信息披露项目（CDP）北欧气候披露领导指数。

自 1998 年投资中国落户江苏常熟以来，芬欧汇川在华业务发展迅速，现已累计投资近 20 亿美元在常熟沿江经济开发区相继建成包括文化用纸、标签材料等生产企业，以及亚洲研发机构。芬欧汇川（中国）有限公司【前身为芬欧汇川（常熟）纸业有限公司，2011 年 9 月 1 日更名】，产品包括印刷和办公用纸，是芬兰在华较大的单项投资项目，同时也是中国较大的全化学木浆胶版纸和复印纸生产企业之一。2015 年 11 月中旬，芬欧汇川常熟纸厂二期增资扩建项目中的三号造纸生产线顺利投入试生产。这条多功能造纸生产线可生产不同规格的产品，在进一步丰富芬欧汇川在华产品组合的同时也将提升公司的成本竞争力。2016 年 4 月 12 日，500 多位中外嘉宾齐聚常熟纸厂，共同见证芬欧汇川开创并迈向卓越新纪元。三号造纸生产线正式投产后，芬欧汇川常熟纸厂的年生产能力将达到 140 万吨。

芬欧汇川集团一贯坚持可持续发展的原则，不断提升自身的经济、社会和环境表现。集团相继在 2014 年和 2015 年加大了投资的力度，以分别对常熟纸厂自备电厂的烟气处理系统和废水处理厂实施了一系列的优化改造，从而大幅降低了废气的排放量同时提升了废水的净化效果。凭借先进的环保理念和良好的环境表现，芬欧汇川（中国）有限公司早在 2005 年就获得了中国环保较高殊荣——“国家环境友好企业”称号。2009 年 6 月 1 日，获得中国环境标志的“新绿佳印”复印纸以其复印纸品牌第一个“十环标志”产品代表复印纸被正式纳入中国政府绿色采购清单第四批目录。芬欧汇川始终秉承着高度的责任意识，依托创新不断提升企业的环境表现，继续保持着造纸行业内环保领先的优势。

从 2011 年开始，芬欧汇川也连续五年在中国被评为“中国杰出雇主”。2015 年 9 月，芬欧汇川亚洲纸业执行副总裁金宝森 (Kim Poulsen) 先生荣获“江苏友谊奖”的殊荣，成为江苏省常熟市第三位，芬欧汇川第二位获此荣誉的优秀外国专家。

不仅如此，集团也在投身中国社会公益事业方面作出了积极努力。从 1999 年开始，集团相继与北京惠黎基金会、北京桂馨慈善基金会合作开展了生态助学、桂馨书屋以及桂馨小科学家实验室项目。目前，项目遍及陕西、江苏、四川、贵州、云南、河南和山西等地的十余所学校，受益学生累计达到数千人次，极大地推动了贫困地区基础教育的改善。

芬欧汇川集团愿积极参与中国的经济发展并将继续在可持续发展和环境保护等方面作出努力，与中国同仁们一起，迈向卓越新纪元！

玖龙纸业（控股）有限公司
NINE DRAGONS PAPER (HOLDINGS) LIMITED

玖龙纸业（控股）有限公司（简称“玖龙纸业”）成立于1995年，总部位于广东省东莞市，在各级领导的关心和支持下已成长为世界大型的废纸环保造纸的现代化包装纸制造集团。玖龙纸业于2006年3月3日在香港成功上市，目前已在东莞、太仓、重庆、天津、泉州、沈阳，以及海外的越南等地建立造纸基地。玖龙纸业是中国首个年产能超过千万吨的造纸集团（目前集团年产能超过1300万吨，年总产值400多亿元），连续四年蝉联中国造纸行业榜首，2015年名列“中国民营企业500强”第63位。

玖龙纸业引进国际领先的技术和设备并不断创新，代表着中国包装纸的较高水平。玖龙纸业高度重视系统化管理，应用先进的SAP系统管理平台，促进信息化与工业化“两化”深度融合，不断提升企业的科学管理水平，被评为“外商投资先进技术企业”、“高新技术企业”和国家首批“信息化和工业化融合管理体系贯标试点企业”。

集团主要生产各类牛卡纸、高强瓦楞原纸、涂布灰底白纸板、高档白卡纸、环保型文化用纸等产品，为客户提供多元化产品系列和包装纸的一站式服务，占据行业龙头地位，引领纸包装行业往绿色低碳方向发展。“玖龙”商标被国家工商总局商标局评为中国著名商标。

玖龙纸业一贯秉承“没有环保，就没有造纸”的理念，致力于环境保护和节能减排，倡导可持续发展的循环经济。不仅使用可以回收循环利用的废纸作原料，还与时俱进，不断加大环保投入，使玖龙纸业各项环保和能耗指标都做到优于国家标准，是资源节约型和环境友好型企业的典范。

东莞基地办公大楼

玖龙文化

除获ISO14001环境管理认证和清洁生产认证外，各生产基地还连续多年被当地环保部门评为“环保诚信企业”，并被评为“中国造纸工业环境友好企业”，多次荣获“全国造纸行业节能减排达标竞赛优胜企业”，被授予“全国五一劳动奖状”。

工业机械手

玖龙纸业从建厂以来，就坚持具有玖龙特色的人性化管理，坚持“科学的发展观，品质第一，用户至上，完善管理，日日进步，永远让玖龙产品的成本竞争能力和企业发展的竞争能力与同行业相比与众不同”的管理理念，并倡导“尊重关爱员工、细化创新管理、传承百年品牌、弘扬拼搏精神”的企业文化。

玖龙纸业自1998年7月第一条生产线顺利建成投产至今，在增加税收、带动上下游产业链的升级、促进地方经济发展、创造就业机会、共建和谐社会等方面，为国家和地方的经济建设作出了突出的贡献。玖龙纸业一向积极履行社会责任，近年来在各种公益活动中累计投入1亿多元。

在未来，玖龙纸业将继续朝着环保、节能型、国际化管理的企业目标迈进，巩固行业龙头地位，奠定企业百年基业。

地址：广东省东莞市麻涌镇新沙港工业区
邮编：523147
电话：0769-88234888
传真：0769-88824198
网址：www.ndpaper.com

世界领先的造纸生产线

华泰集团 HUATAI GROUP

全球较大的新闻纸生产基地

华泰集团是以造纸、化工为主导产业，集印刷、热电、物流、林业、环保、商贸、房地产等十多个产业于一体的全国 500 强企业。公司现有员工 15000 余人，总资产 300 亿元，年造纸生产能力 400 万吨，化工及造纸助剂 200 万吨，年承接印刷能力 80 万色令，是全球较大的新闻纸生产基地和全国较大的盐化工生产基地。公司先后被评为国家重点高新技术企业、中国上市公司百强，全国守合同重信用企业、全国质量管理先进企业、全国创先争优先进基层党组织、全国就业先进企业、改革开放 30 年山东省功勋企业等多项荣誉称号。

“十一五”期间，华泰集团按照林浆纸一体化的发展模式，积极实施“走出去”战略，分别在山东东营、安徽安庆、广东新会建设了浆纸生产基地，形成了黄河、长江、珠江三角洲 “三点一线”全国战略布局。同时，集团积极与世界 500 强公司和知名企业合资合作，先后与德国福伊特、芬兰斯道拉恩索、比利时苏威、美国杜邦等公司合资合作。

“十二五”以来，华泰集团紧紧抓住黄蓝两大战略机遇，改造提升传统优势产业，大力发展战略性新兴产业，全面提升企业综合实力，依托黄河三角洲丰富的矿产资源优势，建设第二个百万吨精细化工基地；加快产业转型升级和战略重构，建设资源再生利用国家示范基地等循环经济项目；同时，依托集团资源优势，大力发展旅游餐饮、现代物流、机械加工制造、房地产开发等第三产业。

“十三五”，公司将按照稳固、提升造纸主业，拉长、壮大化工产业，发展新能源、新材料、汽车电子、机械加工及现代物流、金融、贸易、信息等新兴产业的总体发展战略，积极推进“调转创”，把华泰建成国际化综合型千亿元大企业集团，为黄河三角洲开发建设做出更大的贡献！

党委书记、董事局主席：李建华

九、十、十一、十二届全国人大代表
全国劳动模范
全国优秀党务工作者
中国创业企业家
中国企业联合会副会长
全国工商联执委
全国工商联纸业商会会长
享受国务院特殊津贴

华泰集团微信
公众号：ht_600308

地址：山东省东营市广饶县　邮编：257335
电话：0546—6888818　传真：0546—6888018
网址：http://www.huatai.com

世界先进的年产45万吨高档印刷新闻生产线

华泰化工集团——全国较大的盐化工基地

河北华泰

大众华泰印务

安徽华泰

广东华泰

华泰物流实现“一关三检”一站式通关

四期废水深度处理

太陽紙業
SUN PAPER

传承华夏造纸祖业 标领世界纸业文明

公司简介 Company Profile

山东太阳纸业股份有限公司成立于1982年，是全球先进的跨国造纸集团和林浆纸一体化上市公司。公司拥有资产总额285亿元，年浆纸产能570万吨，位列中国企业500强第312位，世界造纸百强企业。

公司主导产品有高档涂布包装纸板、高级美术铜版纸、高级文化办公用纸、特种纤维溶解浆、生活用纸、工业用包装纸等六大系列。拥有金太阳、华夏太阳、天阳、威尔、乐考、酷印、幸福阳光等主要品牌。纸机装备处于国际领先水平。

追求企业、环境、社会的和谐统一与互惠共赢是全体太阳人的不懈努力和追求，截至2015年底，公司累计投入40亿多元用于环保工作，使废水COD_{Cr}出境水质达到30毫克/升以下，BOD_5达到 毫克/升 以下，化机浆废水全部实现零排放，平均吨纸耗水降到3～5米^3，达到国际领先水平，同时，不断加大科技研发，从产品、原料等方面降低对环境的影响，积极植树造林，不断优化生态环境，取得了经济效益、环境效益和社会效益的多赢。

未来，公司将继续走内涵式、绿色发展之路，主动适应经济发展的“新常态”，以振兴民族纸业为使命，加快战略结构调整和转型升级，实现“四三三”发展战略，努力把太阳纸业打造成为可持续发展的、受人尊重的世界优秀企业！

太阳纸业办公大楼

世界先进的造纸生产线

高档生活用纸生产线

国际领先的天然纤维素生产线

老挝林地

国家级企业技术中心

太阳纸文化博物馆

国际先进的水处理中心

有限公司

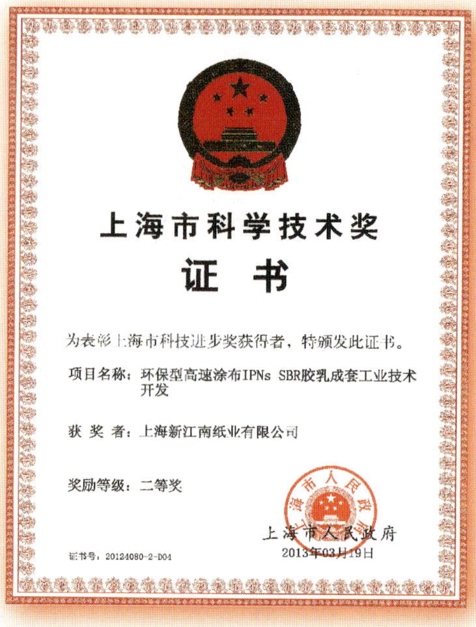
上海市科学技术奖

证　书

为表彰上海市科技进步奖获得者，特颁发此证书。

项目名称：环保型高速涂布IPNs SBR胶乳成套工业技术开发

获 奖 者：上海新江南纸业有限公司

奖励等级：二等奖

证书号：20124080-2-D04

上海市人民政府

2013年03月19日

CCK纸

CCK纸是一种高岭土涂布纸，与PE淋膜纸相比较，具有能回收循环使用等优点，符合资源再生的环保要求，目前在欧美市场很受欢迎。

主要用途——制作高档的自粘标签、自粘装饰薄膜、自粘胶带、层合产品防黏纸等。

产品特点——高定量（105克/米^{2}以上）、高平滑度（600秒以上），可适合各种硅酮涂布。表面吸收性、渗透性非常低，湿强度大，并适合溶剂涂布工艺，无溶剂涂布工艺。

可直接进行硅酮涂布，涂布后剥离力小，耐高温，固化稳定。

使用后可回收利用或自然降解。

产品规格——90~105克/米^{2}双面，门幅可由用户自定。

上海新江南纸业有限公司成立于2002年，以崭新的现代企业面貌面向广大的新老客户。其主要产品是“福鹿”牌铜版纸、新产品绢防伪邮票纸、宣防伪邮票纸等邮票纸系列产品。产品均先后被评为上海市名牌产品，拥有多项专利。其中绢防伪邮票纸用于北京奥运“祥云火炬”巨型纪念邮票的印制，并被列为上海市2009年高新技术成果转化项目、2010上海市重点新产品。企业2012年通过ISO9000-2008质量体系认证。

全体员工正大力弘扬“先一步，高一格”的企业精神，以雄厚的技术力量，严谨的现代企业管理，一流的产品质量，良好的商业信誉，在激烈的市场竞争中谱写新的篇章。

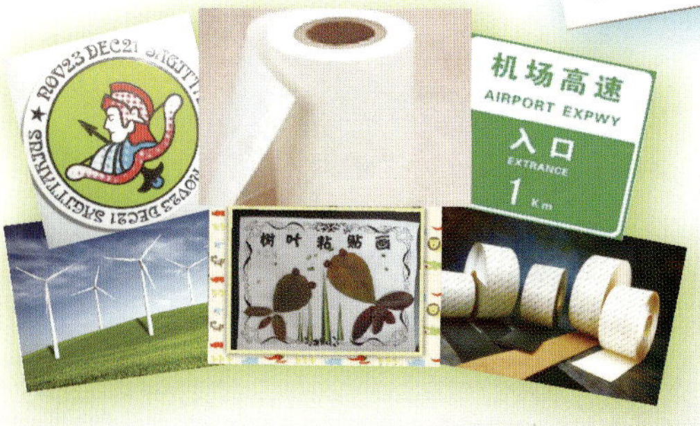

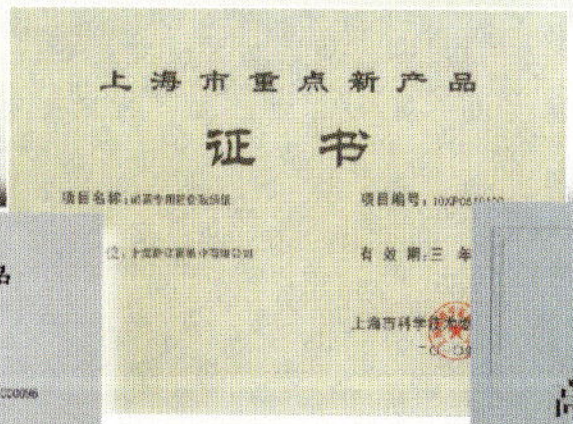

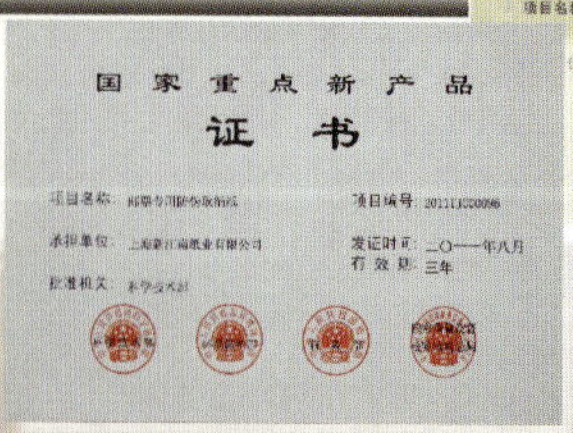

董事长兼总经理：姜海斌
地址：上海市武宁路1500号南楼407-409室
电话/传真：（021）62543871
邮编：200063
E-mail：shapapers@163.com

上海新江南纸业

邮票纸

绢邮票纸，新型防伪邮票纸，14克/米^{2}背胶、防伪特种邮票纸曾先后用于2008北京奥运会，香港、澳门回归等重大事件的邮票印制，其质量达到国际先进水平。

产品品种——绢邮票纸、新型防伪邮票纸、防伪特种邮票纸（A、F、F）、10~14克/米^{2}背胶高档邮票纸、普通邮票纸等。

产品特点——白度高、匀度好、不易返黄、自然保质期长。洁净度、不透明度和表面强度均高。制造过程中不添加荧光增白剂，所施背胶符合食品添加剂的卫生要求，背胶量可高达14克/米^{2}以上，可满足高标准邮品、凹版影写、凹版影雕与胶版等各种印刷要求。

铜版纸

“福鹿”牌铜版纸于1992年6月通过国家轻工业部鉴定，质量达到国家A等水平。

产品特点——比一般涂布纸更为平滑细腻，白度高，表面强度高。有良好的印刷适性，印品色泽鲜艳、立体感强、网点清晰、画面真实感强，可与同类进口产品媲美。

产品用途——出版、印刷及包装装潢行业印刷高档精美图片、图册、挂历、商标和产品说明书等。

产品规格——定量为70~157克/米^{2}的各种规格尺寸的平张、卷筒、单、双面铜版纸，可满足不同类型的胶版、凹版印刷要求。

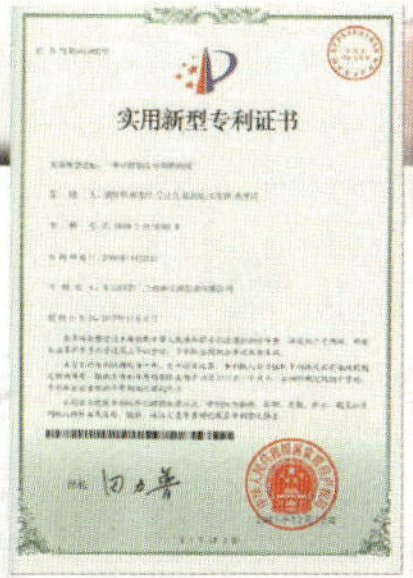

东方纸业
ORIENT PAPER INC.

河北省保定市东方造纸有限公司（简称“东方纸业”）创建于1996年，总部位于河北省保定市徐水区。东方纸业是河北省大型造纸企业之一，也是亚洲地区一家率先在美国纽交所上市的造纸企业。公司经过近二十年的妥善经营、精心管理，形成了一个由生产基地带动加工基地，北以保定、南以邢台为中心，进而覆盖全国市场的集团公司。公司现有生产线近十条，主要致力于包装用纸、文化用纸、生活用纸和特种纸的研发、生产和销售，产品主要包括高强瓦楞原纸、普通瓦楞原纸、隔热膜原纸、中高档双胶纸、数码相纸、防伪纸、生活用纸等。

成立于1996年、美国纽交所上市

中国华北地区大型造纸企业

致力于包装用纸、文化用纸、生活用纸和特种纸的研发、生产和销售

废水处理厂

"青木"牌生活用纸已于2015年6月3日正式投入市场

主要产品包括卫生纸、手帕纸、擦手纸、厨房用纸、盒抽以及软抽面巾纸等生活用纸

河北省保定市东方造纸有限公司

地址：河北省保定市徐水区巨力路

电话：0312-8698215

传真：0312-8698212

电邮：info@orientpaperinc.com

网址：www.orientpaperinc.com

清风®
纯净
守护幸福每一刻
清风®
新韧
纯品
ULTRA STRONG
清风®
新升级
纸张纯净更柔韧
金装系列
盒装面巾纸130抽x3层
原木
纯品
源于纯净 · 归于健康
中国
原生态
产品
温柔
呵护
肌肤
源自
原生木浆
不含
可迁移性
荧光增白剂

金桂浆纸
JINGUI PULP & PAPER
"纸"为梦想
林 浆 纸
只为提供更优质的纸，更贴心的包装
帝王松
柏爵
金蝶兰
四季桂
富桂
AllyKing
NATURAL

超越极限，创造双赢

金顺重机（江苏）有限公司主要生产造纸机械，成功开发 2830 新月型高速卫生纸机，车速 1700 毫米，达到国内首创，国际先进水平。

公司坚持以客户为导向、科技为动力、人才为基石、品质为生命的企业宗旨，不断开拓创新，以一流的产品和完善的服务为广大用户创造更高的价值。

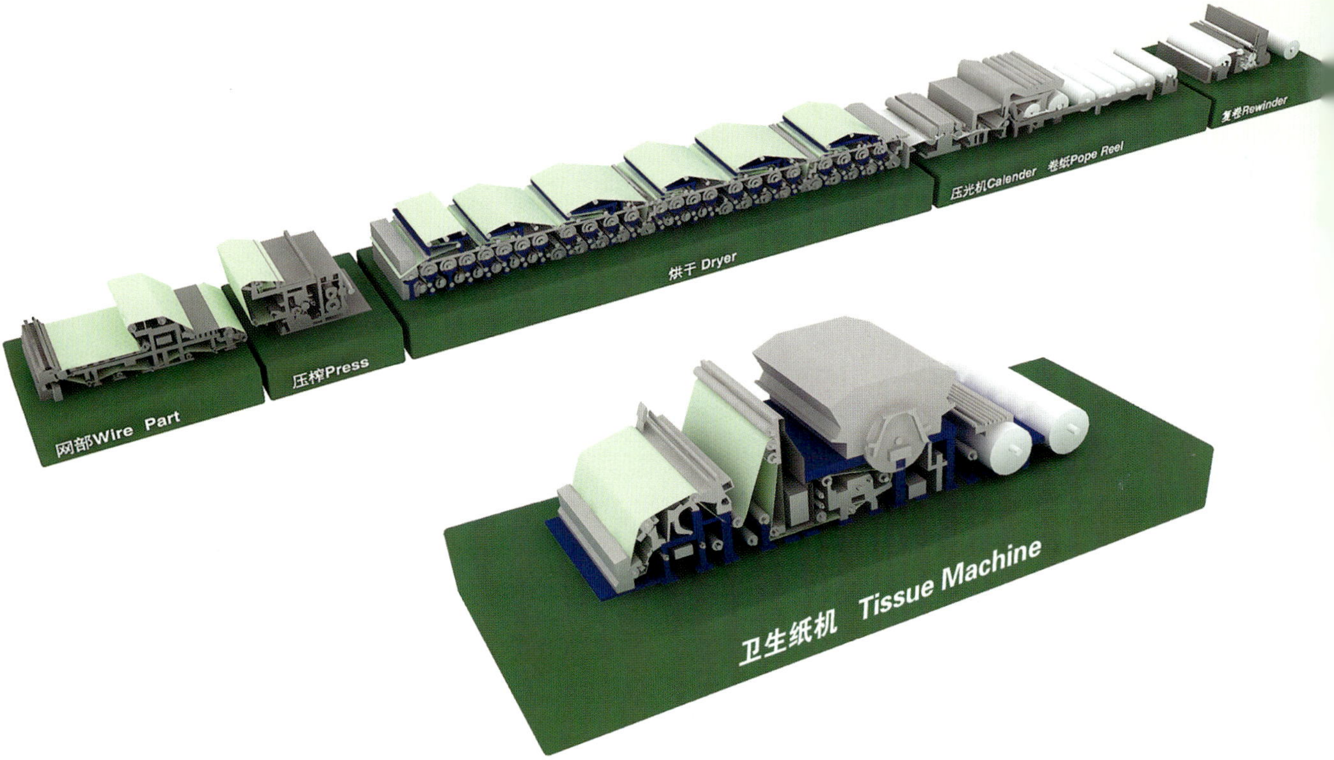

金顺重机(江苏)有限公司

GOLDSUN

地址：中国江苏省镇江市大港兴港东路18号　邮编：212132　电话：+86-511-88998082

传真：+86-511-88998988　邮箱：goldsun@goldeastpaper.com.cn　Http://www.goldsunmachinery.com

浆纸一体化服务商

汶瑞机械（山东）有限公司现服务全球 600 余家造纸企业。各类洗浆设备国内市场占有率 85% 以上。产品出口到加拿大、美国、印度、印尼、俄罗斯、泰国、缅甸、越南、巴西、孟加拉、巴基斯坦等国家。

公司于 1999 年在行业内率先通过了 ISO9001 质量体系认证，2012 年通过了美国地区压力容器制造 ASME“U”钢印认证。

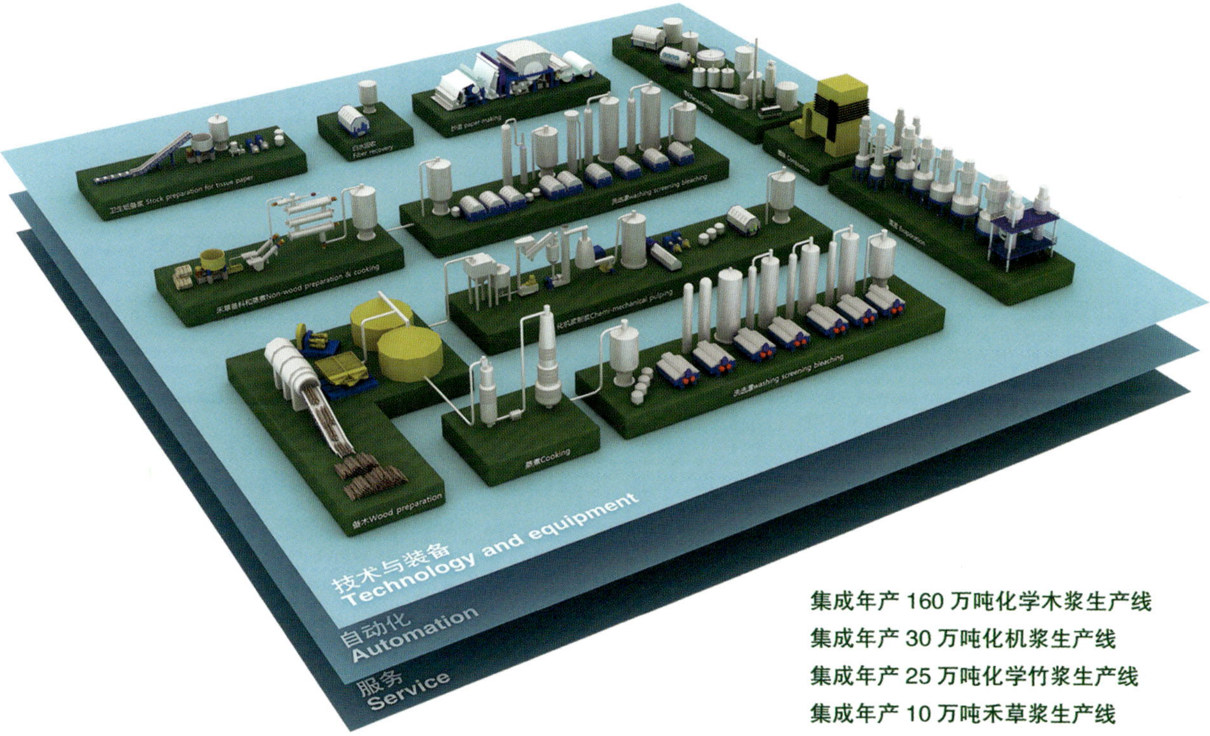

集成年产 160 万吨化学木浆生产线

集成年产 30 万吨化机浆生产线

集成年产 25 万吨化学竹浆生产线

集成年产 10 万吨禾草浆生产线

集成年产 30 万吨废纸浆生产线

集成年产 24 万吨卫生纸生产线

挤浆机
IKPP PERAWANG工厂

压力盘式过滤机
巴西Jari Celulose浆厂

鼓式真空洗浆机
美国Woodland

管式降膜蒸发器
加拿大HSPP浆厂

WENRUI® MOST COST-EFFECTIVE

汶瑞机械（山东）有限公司

地址：山东安丘市潍徐南路287号　营销热线：+86 (536) 4362288 / 4372632　技术热线：+86 (536) 4933616

客服热线：400-6583158　传真：+86 (536) 4362807　网站：www.wenrui.com.cn　邮箱：info@wenrui.com.cn

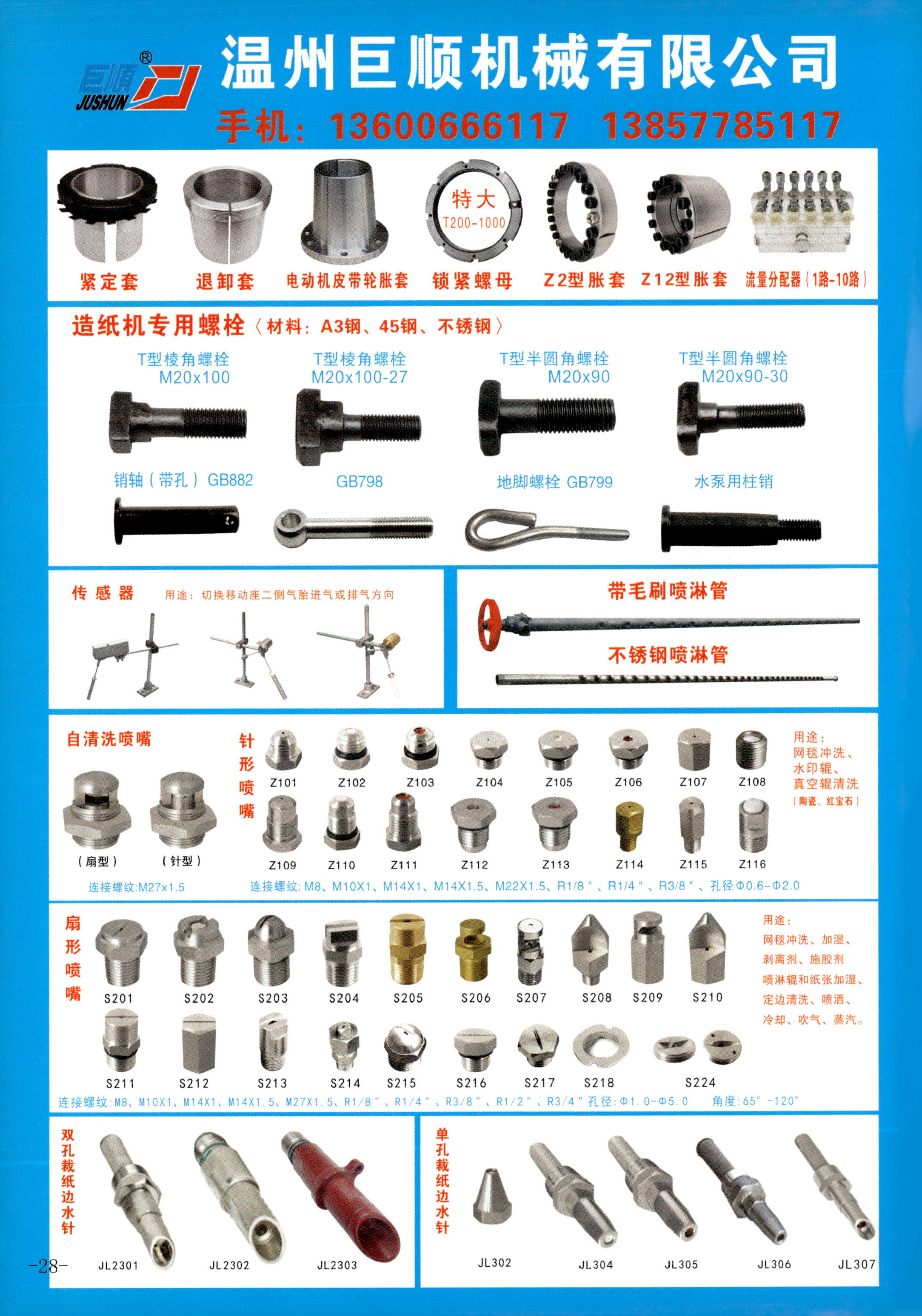

巨顺 JUSHUN ®
温州巨顺机械有限公司
手机：13600666117 13857785117
特大
T200-1000
紧定套
退卸套
电动机皮带轮胀套
锁紧螺母
Z2型胀套
Z12型胀套
流量分配器（1路-10路）
造纸机专用螺栓〈材料：A3钢、45钢、不锈钢〉
T型棱角螺栓 M20x100
T型棱角螺栓 M20x100-27
T型半圆角螺栓 M20x90
T型半圆角螺栓 M20x90-30
销轴（带孔）GB882
GB798
地脚螺栓 GB799
水泵用柱销
传感器
用途：切换移动座二侧气胎进气或排气方向
带毛刷喷淋管
不锈钢喷淋管
自清洗喷嘴
（扇型）
（针型）
连接螺纹:M27x1.5
针形喷嘴
Z101
Z102
Z103
Z104
Z105
Z106
Z107
Z108
Z109
Z110
Z111
Z112
Z113
Z114
Z115
Z116
用途：
网毯冲洗、
水印辊、
真空辊清洗
（陶瓷、红宝石）
连接螺纹: M8、M10X1、M14X1、M14X1.5、M22X1.5、R1/8"、R1/4"、R3/8"、孔径Φ0.6-Φ2.0
扇形喷嘴
S201
S202
S203
S204
S205
S206
S207
S208
S209
S210
S211
S212
S213
S214
S215
S216
S217
S218
S224
用途：
网毯冲洗、加湿、
剥离剂、施胶剂
喷淋辊和纸张加湿、
定边清洗、喷洒、
冷却、吹气、蒸汽。
连接螺纹:M8、M10X1、M14X1、M14X1.5、M27X1.5、R1/8"、R1/4"、R3/8"、R1/2"、R3/4" 孔径:Φ1.0-Φ5.0 角度:65°-120°
双孔裁纸边水针
JL2301
JL2302
JL2303
单孔裁纸边水针
JL302
JL304
JL305
JL306
JL307

巨顺机械与新老朋友精诚合作，共创辉煌
强浪® QIANGLANG
巨顺® JUSHUN
消泡喷嘴
微细雾化喷嘴
螺旋喷嘴
空气雾化喷嘴
连接螺纹: R1/8 、R1/4 、R3/8 、R1/2 、R3/4 ……
连接螺纹: R1/4 ……
J501 J502 J503 J504 J505 J507 J508 J509 J510 J534 J535 J517 J518 J519 J520
淀粉喷嘴
过滤器
移动水针装置
水针过滤器
白水过滤器
反冲洗喷嘴
吹气喷嘴
18-1 18-2 GL050 JL101 JL102 JL103 JL801 JL802
强浪® QIANGLANG
材料采用：铸铁、碳钢、不锈钢（304，316，2520），压力：6-16，通径：DN50-DN2000
PZ73 手动刀型闸阀
PFZ73 手动刀型闸阀
Z73X 手动浆液阀
PZ643 气动刀型闸阀
PZ673 气动刀型闸阀
PFZ673 气动刀型闸阀
Z673X 气动浆液阀
疏水阀
SCZ673F 气动穿透式插板阀
SCZ573F 伞齿轮传动插板阀
PZ943 电动刀型闸阀
PZ73TC 陶瓷刀型闸阀
气动螺旋闸门
CS11H 自由浮球式
CS41H 自由浮球式
G型系列单螺杆泵
强浪® QIANGLANG
材料 碳钢·不锈钢
普通·防爆电机
无极调速电机
电磁调速电机
齿轮传动电机
联系人：杨先生 手机：13600666117 13857785117 传真：0577-86110931
QQ：1990137557 地址：温州市郭溪街道长城路20号 邮编：325017

安徽太平洋特种网业有限公司

TAIPINGYANG 太平洋

优势三 高强扁丝干网，国内领先。

十项产品技术创新 ＋ 六项发明专利 ＝ 真正的高强品质！

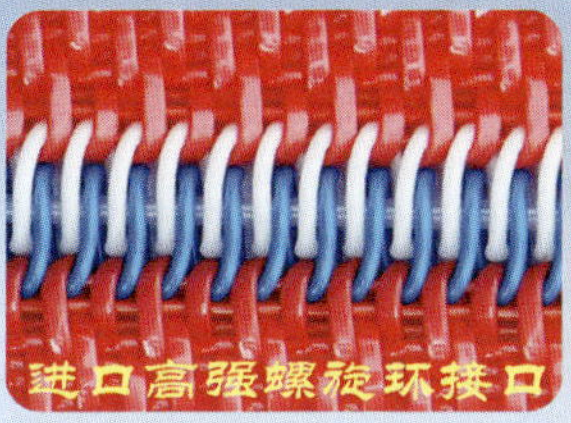

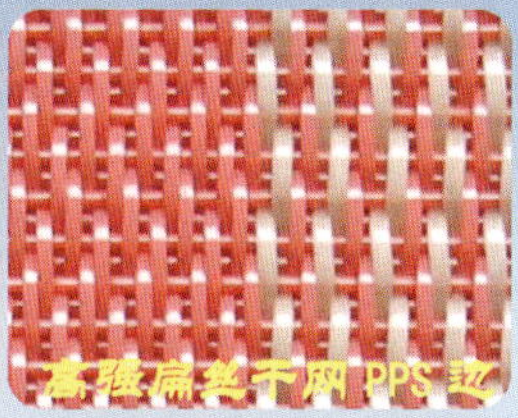

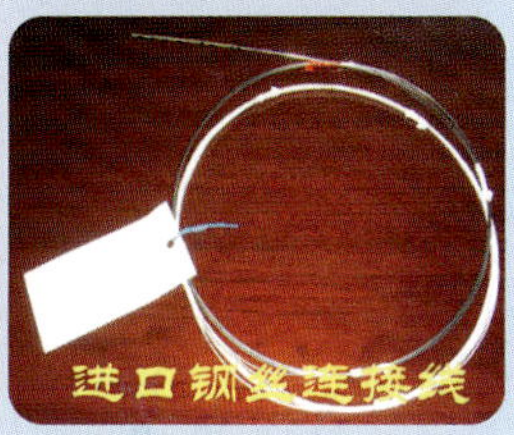

优势四 不断创新优化的二层半、三层、SSB三层成形网使用更稳定。

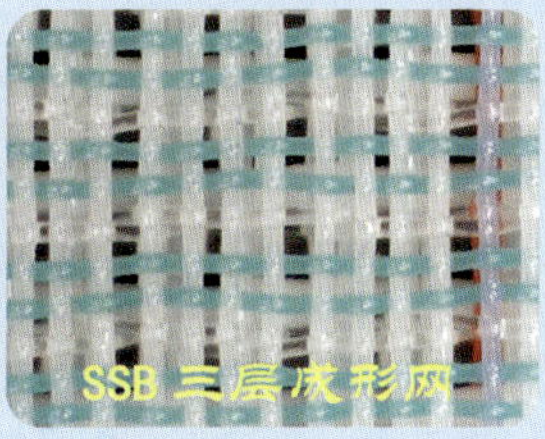

优势五 国内知名大客户

公司重要优质客户

- 新闻纸 —— 华泰纸业、晨鸣纸业
- 特种纸 —— 江河纸业、仙鹤纸业
- 包装纸 —— 荣成纸业、联盛纸业
- 浆板网 —— 安徽华泰、广西金桂

追求卓越 永无止境！

联系人：刘可可 手机：18955867218 13966595152 电话：0558-8639313 传真：0558-8655653

网址：http://www.0558tpy.com 邮箱：pmc@0558tpy.com 厂址：安徽省太和县城关镇工业园

安徽华辰造纸网股份有限公司

安徽华辰造纸网股份有限公司,是全国造纸工业用聚酯网行业规模较大的专业生产厂家，主要从事造纸网的研发、生产、销售，是国内造纸网行业的领先企业。拥有国际先进的BK800多层成形网织机、BK700干网织机、SC-05TAD宽接口全自动插接机及14.5米宽幅定型机。公司可生产宽幅10米以上，长度达130米的大型高速纸机用网。公司产品供应国内文化用纸机车速最高达1,200米/分，供应国外卫生纸机车速最高达1,600米/分。目前，公司产品已在300余家造纸企业得到了广泛应用，部分产品出口国外。

公司为国家高新技术企业,拥有安徽省认定的企业技术中心。公司为我国造纸网国家标准的主要起草单位，主持及参与多项造纸网国家标准的制订工作。公司拥有2项发明专利和多项实用新型专利，通过了国际标准GB/T19001-2008/ISO9001:2008质量管理体系和ISO14001:2004环境管理体系等体系认证。公司拥有进出口企业资格证书。公司产品DWW56328聚酯二层半成形网被评为安徽省科学技术三等奖；经二重组织造纸用异形丝干燥网被评为安徽省重点新产品；年产10万米^2 造纸工业用聚酯多层网项目被评为国家火炬计划项目。“风帆及图”商标已被安徽省工商行政管理局认定为安徽省著名商标。

公司为安徽省A级纳税信用单位、安徽省诚信企业、安全生产标准化三级企业、芜湖市劳动保障诚信A级企业，中国造纸协会第四届理事会理事单位。

国际先进的BK800织网机

国际先进的14.5米定型机

国际先进的全自动插接机

优质的产品

包装纸SSB三层网

文化纸SSB三层网

特种纸SSB三层网

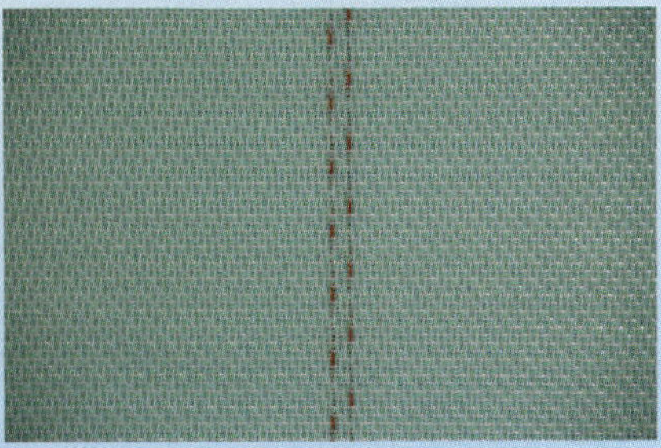

二层半系列成形网

1.5层扁丝干网

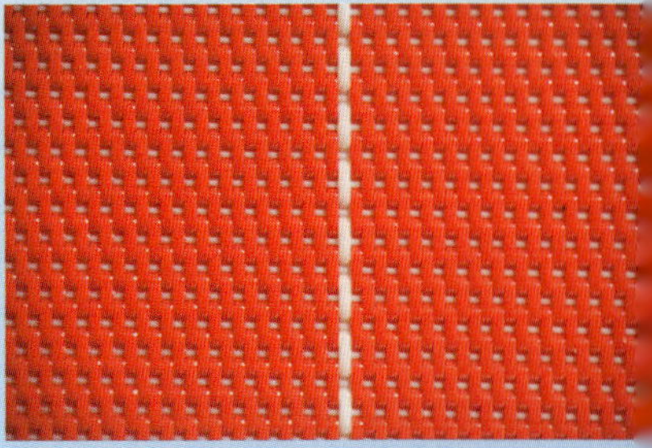

双经线扁丝干网

公司市场部电话：0553-5848297 技术部电话：0553-5848292 公司传真：0553-5848290/584874

公司地址：安徽芜湖经济技术开发区港湾路33号 邮编：241006 公司网址：www.hczzw.cn

纸和造纸

CN 11-2709/TS ISSN 1001-6309 邮发代号：62-111

2017年广告和稿件的征集工作已经开始

《纸和造纸》（月刊）系中国造纸学会主办，四川省造纸学会和四川工商职业技术学院联办，以知识性、实用性、导向性、科学性为特色的制浆造纸专业权威性科技期刊。自1982年创刊以来，本刊始终坚持“普及制浆造纸科技知识，介绍先进适用的生产工艺、装备技术和管理经验，沟通相关信息，促进造纸工业的科技进步和持续发展，为提高造纸、用纸从业人员的素质服务”的办刊宗旨。曾被原国家轻工业部、中国科学技术协会评为优秀期刊，连续多年入选“中文核心期刊”、“《中国学术期刊综合评价数据库》来源期刊”，是造纸科技期刊中，知名度很高，发行量很大和影响面很广的一种。

《纸和造纸》开设有专论与综述、企业风采、工艺技术、装备器材、试验研究、造纸化学品、环保与综合利用、分析检验、仪表自控、知识之窗、产品天地、探讨与质疑等30余个栏目，全面报道有关造纸的新知识、新技术、新原料、新产品、新装备，以及中国造纸工业的方针政策和技术经济信息、市场动态、纸制品等方面内容。

本刊为大16开本，内页双色印刷，国内外公开发行。国内统一刊号：CN 11—2709/TS，国际连续出版物刊号：ISSN 1001—6309，邮发代号：62-111，国外发行代码：BM 1650。订刊者可到当地邮局订阅，台、港、澳及国外读者以及错过邮局征订期的读者，直接汇款到本部订阅。

联系方式：

地址：四川都江堰市天府大道聚青路口四川工商职业技术学院内

单位：都江堰《纸和造纸》编辑广告发行部

电话：广告、发行（028）87284769 87267806

编辑（028）87281943

邮箱：myppm@263.net

中华纸业杂志社以服务造纸行业为核心
努力打造纸业综合传媒服务新平台

媒体平台

● 《中华纸业》：中国造纸协会会刊，造纸产业综合指导类期刊，行业升级调整与企业创新发展的重要参考工具。半月刊，全年24期。

● 中华纸业网（www.cppi.cn）：国内外制浆造纸行业门户网站，为制浆、造纸、包装、印刷等行业提供资讯服务。2016年下半年全新改版。

● 微信公众号：中华纸业传媒（cppinet）：国内制浆造纸行业第一新媒体平台，专业提供最新、最有价值资讯，关注人数超过16000人。

浆纸技术（pulp-paper）：专注于行业技术交流和信息共享的互动新媒体。

● 官方微博：新浪：@中华纸业杂志社（http://weibo.com/cppi）

品牌活动

● “中国纸业高层峰会”（原“中华纸业产业高层峰会”）：已成功举办七届，在业内引起广泛关注，代表层次高，行业影响力大，每届参会人数均超过200人。

● “中华纸业浆纸技术论坛”：产学研优势力量，共同为行业技术人员搭建的规范的技术交流平台，以专业性、权威性、实用性著称。已成功举办六届，第七届将于2016年下半年召开。

● 组团出国参展交流：“中国制浆造纸装备国家展团”，是国内企业“走出去”参展、考察、交流的最佳选择。自2007年以来已成功组团17次。

Media platform

- CPPI Magazine: the journal of China Paper Association, a leading comprehensive journal in China paper industry, and an important reference tool for industrial upgrade and adjustment and the innovation of enterprises, Semi-monthly publised with 24 issues a year.
- www.cppi.com : senior portal for the paper industry, supply information service for pulping, paper making, packaging and printing industries. The new look of www.cppi.com will be on line in the second part of 2016.
- CPPI official Wechat account: cppinet，provide the most convenient latest news information about paper industry. It now has more than 16,000 followers on the Wechat.
  pulp-paper: focus on the technology exchange and information sharing.
- CPPI official weibo: http://weibo.com/cppi(Sina)

Brand activities

- CPPI Industry High-level Summit: is an industry event held by CPPI Publishing House annually, is also an important platform to exchange ideas of leaders, experts and entrepreneurs.
- CPPI Pulp &Paper Technology Form: is a professional, authoritative training platform of technicists, which is built by CPPI Publishing House with multilateral forces. It has been held for six times since now. the seventh will be held in the second part of 2016.
- Organizing Chinese enterprises to participate in international paper exhibitions
CPPI Publishing House has successfully organized Chinese enterprises to participate international paper exhibitions for 17 times.

中华纸业杂志社

地址：中国山东省济南市历城区工业南路101号（250100）
采编部：电话：0531-88935343　Email：cbb@cppi.cn　QQ：2994959500
市场运营部：电话：0531-88522949　传真：0531-88926310
Email：adv@cppi.cn　QQ：609352141/940438201
新媒体部：电话：0531-88192261　Email：cppinet@cppi.cn　QQ：85741812

中华纸业传媒　浆纸技术

www.cppi.cn

综　　述

GENERAL TOPICS

1

我国造纸工业“十二五”发展综述

Development of China's Paper Industry in the Period of “12th Five Year” Plan

“十二五”我国造纸工业进入量变的发展战略深度调整期，行业发展主要靠传统的投资和消费两大要素驱动的增长力减弱，迫使行业向创新驱动转变。面临的重要任务是以提高行业发展质量和效益为根本，转变发展方式，加快结构调整，节能减排、绿色发展，实现全行业平稳运行和适度增长。

一、行业发展基本概况

1. 生产消费增长趋缓，供需保持基本平衡

2010—2012 年纸及纸板生产量年均增长率为 5.2%，高出规划目标 0.6 个百分点，消费量年均增长率为 4.7%，高出规划目标 0.1 个百分点。2013 年出现了历史上首次负增长。2013—2015 年生产量与消费量年均增长率同步，分别为 2.92% 和 2.87%，均低于规划目标约 1.7 个百分点。2010—2015 年生产量和消费量年均增长率分别为 2.9% 和 2.4%，分别比规划目标低 1.7 和 2.2 个百分点。“十二五”期间，我国纸及纸板生产与消费增量虽然同步趋缓，但供需仍然保持了基本平衡。2010—2015 年我国纸及纸板生产量与消费量见表 1。

表 1　2010—2015 年我国纸及纸板生产量与消费量　单位：万吨

指标	“十二五”目标	2010 年	2011 年	2012 年	2013 年	2014 年	2015 年	年均增长率/%
生产量	11600 年均增长率 4.6%	9270	9930	10250	10110	10470	10710	2.9
消费量	11470 年均增长率 4.6%	9173	9752	10048	9782	10071	10352	2.4

注：数据来自中国造纸协会《中国造纸工业年度报告》(2010—2015)。

2. 生产运营基本平稳，经济增长显现趋弱

“十二五”我国造纸工业主要经济指标主营业务收入、利税总额和利润总额的年均增长率分别为 7.3%、4.1% 和 2.7%，分别高于同期纸及纸板消费量年均增长率 4.9、1.7 和 0.3 个百分点。主营业务收入和利税总额分别高于同期纸及纸板生产量年均增长率 4.4 和 1.2 个百分点，利润总额年均增长率低于纸及纸板生产量年均增长率 0.2 个百分点，生产运营基本平稳。但利税率和利润率有所下降，2015 年比 2010 年分别降低 1.25 和 1.15 个百分点，显现出造纸业经济增长趋弱的态势。2010—2015 年造纸工业规模以上企业主要经济指标完成情况见表 2。

表 2　2010—2015 年造纸工业规模以上企业主要经济指标完成情况　单位：亿元

指标	2010 年	2011 年	2012 年	2013 年	2014 年	2015 年	年均增长率/%
主营业务收入	5630	6714	6888	7575	7879	8003	7.3
利税总额	500	557	554	617	594	611	4.1
利润总额	327	362	343	374	362	373	2.7
利税率/%	8.88	8.30	8.04	8.15	7.54	7.63	
利润率/%	5.81	5.39	4.98	4.94	4.59	4.66	

注：数据来源国家统计局。

3. 原料结构有所改善，国内供给能力增强

“十二五”我国造纸工业充分利用国内外两种纤维资源，提高了木纤维比例，加大了废纸回收利用，科学合理地利用了非木材纤维，原料结构调整较好。木浆、废纸浆和非木材浆比例分别由2010年的22.0%、62.7%和15.3%调整到2015年的27.9%、65.1%和7.0%，木浆和废纸浆比例分别比规划目标增加3.6和1.1个百分点，非木材浆比例比规划目标下降4.7个百分点。其中，国产木浆和国产废纸浆的比例略低于“十二五”规划目标0.5和0.4个百分点，基本实现了“十二五”规划目标。2010—2015年造纸纤维原料消耗结构变化见表3。

表3　　2010—2015年造纸纤维原料消耗结构变化　　单位:%

浆种	“十二五”目标	2010年	2011年	2012年	2013年	2014年	2015年
1. 木浆	24.3	22.0	23.7	24.5	26.0	26.8	27.9
国产	10.3	8.4	9.0	8.6	9.7	10.0	9.8
进口	14.0	13.6	14.7	15.9	16.3	16.8	18.1
2. 废纸浆	64.0	62.7	62.6	64.0	64.9	65.3	65.1
国产	41.0	38.0	38.5	38.3	38.9	41.6	40.6
进口	23.0	24.7	24.1	25.7	26.0	23.7	24.5
3. 非木材浆	11.7	15.3	13.7	11.5	9.1	7.9	7.0
总比	100	100	100	100	100	100	100

注：中国造纸协会《中国造纸工业年度报告》(2010—2015)。

“十二五”期间，亚太森博(山东)浆纸有限公司、湛江晨鸣浆纸有限公司、山东太阳纸业股份有限公司、安徽华泰纸业有限公司、广西金桂浆纸业有限公司、江苏博汇集团有限公司、中冶纸业银河有限公司等木浆项目建成投产，新增化学木浆产能近300万吨，新增化学机械木浆产能约100万吨。国产木浆实耗量由708万吨增至956万吨，增量为248万吨，国产木浆供给能力提高35%。2010—2015年纸浆实耗量见表4。

表4　　2010—2015年纸浆实耗量　　单位：万吨

浆种	2010年	2011年	2012年	2013年	2014年	2015年	年均增长率/%
1. 木浆	1859	2144	2291	2378	2540	2713	7.85
国产	707	814	802	873	952	956	6.19
进口	1151	1330	1489	1505	1588	1757	8.82
2. 废纸浆	5303	5660	5983	5940	6189	6338	3.62
国产	3213	3478	3578	3561	3946	3946	4.20
进口	2092	2182	2405	2379	2243	2392	2.72
3. 非木材浆	1297	1240	1074	829	755	680	-6.25
总量	8461	9044	9348	9147	9484	9731	2.84

注：中国造纸协会《中国造纸工业年度报告》(2010—2015)。

“十二五”期间，国内废纸回收率由43.8%提升至46.7%，废纸利用率由71.5%提升至72.5%，国产废纸浆实耗量由3213万吨增至3946万吨，实耗增量为733万吨，供给能力提高22.8%。2010—2015年废纸利用率与国内废纸回收率见表5。

“十二五”通过调整非木材浆发展的产业政策和行业准入条件，关停和淘汰相当数量的落后产能，使非木材浆实耗量减少617万吨，供给能力下降47.6%。新建或技改项目单线规模较大并采用了先进适用的工艺技术与装备。如山东泉林纸业有限责任公司单线年产10万吨连蒸麦草制浆造纸项目，泸州永丰浆纸有限公司年产20万吨漂白化学竹浆项目，广西永凯糖业有限公司年产12万吨蔗渣浆项目等。2010—2015年非木材浆消耗量见表6。

表5　2010—2015年废纸利用率与国内废纸回收情况　单位：万吨、%

	2010年	2011年	2012年	2013年	2014年	2015年
废纸利用量	6631	7075	7479	7301	7593	7758
废纸利用率	71.53	71.25	72.97	72.21	72.52	72.44
国内废纸浆量	3213	3478	3578	3551	3946	3946
国内废纸量	4016	4348	4473	4439	4841	4841
国内废纸回收率	43.78	44.59	44.52	44.75	48.07	46.66

注：中国造纸协会《中国造纸工业年度报告》(2010—2015)。

表6　2010—2015年非木材浆消耗量和占纸浆消耗总量的比例　单位：万吨、%

	非木材浆	2010年	2011年	2012年	2013年	2014年	2015年	年均增长率/%
消耗量	禾草浆	719	660	592	401	336	303	-15.8
	苇浆	156	158	143	126	113	100	-8.5
	蔗渣浆	117	121	90	97	111	96	-3.9
	竹浆	194	192	175	137	154	143	-5.9
	其他浆	111	109	74	68	41	38	-19.3
	合计	1297	1240	1074	829	755	680	-12.1
占比	禾草浆	8.50	7.30	6.33	4.38	3.54	3.11	
	苇浆	1.84	1.75	1.53	1.38	1.19	1.03	
	蔗渣浆	1.38	1.33	0.96	1.06	1.17	0.99	
	竹浆	2.29	2.12	1.87	1.50	1.62	1.47	
	其他浆	1.31	1.21	0.81	0.74	0.43	0.39	
	合计	15.3	13.7	11.5	9.1	8.0	7.0	

注：中国造纸协会《中国造纸工业年度报告》(2010—2015)。

4. 产品结构优化调整，纸品质量明显提升

“十二五”我国造纸工业采取了国外引进和国内自主创新研发并重的措施，加强技术装备改造，加快了产品向低定量、功能化、高品质、多品种方向优化调整和质量升级，以满足市场消费结构变化和需求。“十二五”为了适应数字网络发展和人们消费结构变化，适当减产了新闻纸，由2010年的430万吨减至2015年的295万吨，年均减少率为6.7%，比“十一五”降低13个百分点。未涂布印刷书写纸生产量保持了1.5%的较低的年均增长率，比“十一五”降低7个百分点。而生活用纸、特种纸及纸板和包装纸及纸板年需求量有所增加，2015年与2010年相比，增量分别为265万吨、85万吨和930万吨。“十二五”期间，行业内制出一批优质纸及纸板品牌产品，增加了国内高档纸及纸板供给能力，产能由“十一五”的35%提高至50%以上(见表7)。2010—2015年纸及纸板减少了进口，适当地增加了出口，进口量由336万吨降至287万吨，降低14.6%，年均减少率为5.5%，出口量由433万吨增至645万吨，提高48.9%，年均增长率为8.3%(见表8)。

5. 企业并购重组加快，产业的集中度提高

“十二五”我国造纸企业严格执行国家有关建设项目起始规模的相关规定，并充分利用兼并重组政策，采取多种形式进行整合，玖龙纸业(控股)有限公司、山东晨鸣纸业集团股份有限公司、安徽山鹰纸业股份有限公司、大河纸业有限公司、华泰集团有限公司、河南江河纸业股份有限公司、中国纸业投资有限公司、山东恒联投资有限公司、浙江永正控股有限公司、贵州赤天化纸业股份有限公司、山东泉林纸业有限责任公司、山东世纪阳光纸业集团有限公司、理文造纸有限公司、山东太阳纸业股份有限公司、维达纸业(中国)有限公司等多家企业进行了跨省、跨地区、跨国的并购重组，推进企业向集团化、特色化、多元化方向发展。目前已形成一批生产技术装备先进、拥有优质品牌产品、具有资源整合能力和较强综合生产力的现代化造纸企业集团，引领着造纸产业组织结构

的改善和优化及产业集中度的提高，主导着造纸 行业的经济状况。

表 7 2010—2015 年纸及纸板产品结构变化 单位：万吨

纸种	2010 年	2011 年	2012 年	2013 年	2014 年	2015 年	年均增长率/%
新闻纸	430	390	380	360	325	295	-6.70
印刷书写纸	2260	2455	2530	2490	2490	2515	2.16
其中：未涂布	1620	1730	1750	1720	1715	1745	1.50
涂布	640	725	780	770	775	770	3.77
生活用纸	620	730	780	795	830	885	7.38
包装纸	600	620	640	635	650	665	2.08
白纸板	1250	1340	1390	1360	1395	1400	2.29
箱纸板	1880	1990	2080	2040	2180	2245	3.61
瓦楞原纸	1870	1980	2020	2015	2155	2225	3.54
特种纸及纸板	180	210	220	230	250	265	8.04
其他纸及纸板	180	215	210	185	195	215	3.62
总量	9270	9930	10250	10110	10470	10710	2.93

注：中国造纸协会《中国造纸工业年度报告》(2010—2015)。

表 8 2010—2015 年纸及纸板进出口情况 单位：万吨

纸及纸板	2010 年	2011 年	2012 年	2013 年	2014 年	2015 年	年均增长率/%
进口量	336	331	311	283	282	287	-5.5
出口量	433	509	513	611	681	645	8.3

注：数据来源海关总署。

2010—2015 年，大中型造纸企业由 421 家增至 517 家，占企业总数的比例由 11.3% 增至 18.5%，小型企业由 3303 家减至 2274 家，占企业总数比例由 88.7% 降至 81.5%。2015 年我国纸及纸板大中型生产企业的主营业务收入、利税总额和利润总额占全行业的比例分别达到 66.3%、64.7% 和 65.8%（见表 9 和表 10）。

表 9 2010—2015 年我国纸及纸板生产企业规模结构

年份	大中型企业		小型企业	
	企业数/个	占企业总数比例/%	企业数/个	占企业总数比例/%
2010	421	11.31	3303	88.69
2011	435	16.60	2185	83.40
2012	504	18.34	2244	81.66
2013	526	17.93	2408	82.07
2014	533	17.99	2429	82.10
2015	517	18.50	2274	81.50

注：数据来源国家统计局。

表 10　　2010—2015 年我国纸及纸板生产企业经济状况

年份	大中型企业			小型企业		
	主营业务收入占比/%	利税总额占比/%	利润总额占比/%	主营业务收入占比/%	利税总额占比/%	利润总额占比/%
2010	61.35	65.54	67.26	38.65	34.46	32.74
2011	64.25	62.66	63.62	35.75	37.34	36.38
2012	65.28	62.82	62.14	34.72	37.18	37.86
2013	65.08	61.64	61.16	34.92	38.36	37.84
2014	64.74	60.94	62.05	35.26	39.06	37.95
2015	66.28	64.68	65.77	33.72	35.32	34.23

注：根据国家统计局数据整理。

2015 年我国纸及纸板年产 100 万吨以上企业有 18 家，比 2010 年增加 8 家，合计生产量 4903 万吨，比 2010 年 10 家企业合计生产量 2674 万吨增加 2229 万吨，占纸及纸板总生产量的比例由 28.8% 提高至 45.8%，提高了 17 个百分点。“十二五”期间，年产 100 万吨以上造纸企业合计生产量年均增速 12.9%，比同期年均增速为 2.9% 的全国纸及纸板发展速度高 10 个百分点。排名第 1 位的玖龙纸业(控股)有限公司 2010—2015 年纸及纸板生产量由 728 万吨增至 1263 万吨，占全国总生产量的比例由 7.8% 增至 11.8%，增加了 4 个百分点。“十二五”期间，年产 100 万吨以上木浆生产企业由 1 家增加至 3 家(见表 11 和表 12)。

表 11　　2010—2015 年年产 100 万吨以上造纸企业合计生产量变化

	2010 年	2011 年	2012 年	2013 年	2014 年	2015 年	年均增长率/%
合计生产量/万吨	2674	2918	3613	4138	4581	4903	12.9
占全国总生产量的比例/%	28.8	29.4	35.3	40.9	43.8	45.8	提高 17 个百分点

注：根据中国造纸协会《中国造纸工业年度报告》(2010—2015)整理。

表 12　　2010—2015 年年产 100 万吨以上木浆生产企业的生产量变化　　单位：万吨

企业名称	2010 年	2011 年	2012 年	2013 年	2014 年	2015 年
亚太森博(山东)浆纸有限公司	—	169	177	170	170	155
海南金海浆纸业有限公司	121	124	126	136	143	150
山东晨鸣纸业集团股份有限公司	—	15	105	106	178	—

注：来自调查资料。

2015 年排名前 30 位的造纸企业纸及纸板合计生产量 5680 万吨，比 2010 年前 30 家企业合计生产量 2674 万吨增加 3006 万吨，年均增长率 16.3%，占全国总生产量的比例由 2010 年的 42.3% 提高至 53.0%，比 2010 年提高 10.7 个百分点(见表 13)。

表 13　　2010—2015 年排名前 30 家造纸企业纸及纸板合计生产量变化

	2010 年	2011 年	2012 年	2013 年	2014 年	2015 年	年均增长率/%
合计生产量/万吨	2674	4276	4674	5188	5451	5680	12.9
占全国总生产量的比例/%	42.3	43.1	45.6	51.3	52.1	53.0	提高 10.7 个百分点

注：根据中国造纸协会《中国造纸工业年度报告》(2010—2015)整理。

“十二五”期间，我国进入全球造纸排名前 100 位的企业有 11 家，比 2010 年增加 4 家。玖龙纸业(控股)有限公司、山东晨鸣纸业集团股份有限公司、理文造纸有限公司、山东太阳纸业股份有限公司、华泰集团有限公司、山东博汇纸业股份有限公司、维达纸业(中国)有限公司等企业的排名和销售额均有较大幅度的提升(见表 14)。

表14 2010—2014年进入全球造纸排名前100位的我国(大陆)造纸企业排名

企业名称	我国造纸企业排名					销售额/亿美元		
	2010年	2011年	2012年	2013年	2014年	2010年	2014年	2014年比2010年增长/%
玖龙纸业(控股)有限公司	31	23	20	20	19	26.474	47.072	77.8
山东晨鸣纸业集团股份有限公司	35	37	30	32	31	23.835	29.249	22.7
理文造纸有限公司	46	48	45	41	37	18.054	22.050	22.1
恒安国际集团有限公司	54	47	65	60	56	15.096	14.001	-7.3
山东太阳纸业股份有限公司	70	65	55	53	60	10.794	12.780	18.4
华泰集团有限公司	79	66	63	61	62	8.692	11.940	37.4
山东博汇纸业股份有限公司	94	85	86	77	64	6.705	11.190	66.9
岳阳林纸股份有限公司			69	70	71	9.838 (2012年)	10.055	2014年比2012年增长2.2%
安徽山鹰纸业股份有限公司				66	63	10.340 (2013年)	11.663	同比增长12.8%
维达纸业(中国)有限公司			89	79	70	7.623 (2012年)	10.149	2014年比2012年增长33.1%
山东世纪阳光纸业集团有限公司				95	95	5.680 (2013年)	5.328	同比减少6.2%

注：根据《PPI》杂志整理。

6. 科技创新能力增强，促进技术装备进步

“十二五”期间造纸行业认真贯彻落实中国造纸协会发布的《造纸工业技术进步“十二五”指导意见》，实施《造纸工业发展“十二五”规划》中专栏3(“十二五”工艺技术与装备研发与应用)和专栏4(“十二五”制浆造纸装备自主化研究重点)，同时加强了自主创新能力建设。目前产学研设计相结合的技术创新体系已基本形成，并取得多项可喜成果，对增强我国造纸产业创新能力和提升技术与装备研发及应用水平起到了促进作用。造纸与装备科技进步获奖、授权专利及新批造纸行业标准情况见表15。

表15 造纸与装备科技进步获奖、授权专利及新批造纸行业标准情况(不完全统计)

奖项	2010年	2011年	2012年	2013年	2014年	2015年
国家科学技术进步二等奖		1	1		1	
国家科技发明二等奖			1			2
中国轻工业联合会科技奖						
一等奖	2		1		1	1
二等奖	4	2	4	3	1	3
三等奖	2	2	5	2	2	2
优秀奖	3		4	1	2	
各省区市奖项						
一等奖			1	1	1	
二等奖			6	4	2	
三等奖			10	9	10	
授权专利	337	439	469	659	513	
新批造纸行业标准	50	33	13	14	9	

据不完全统计，山东晨鸣纸业集团股份有限公司、华泰集团有限公司、湖南泰格林纸集团有限责任公司、山东泉林纸业有限责任公司、福建恒安集团有限公司、中冶纸业银河有限公司、山东太阳纸业股份有限公司、中国印钞造币总公司和河南江河纸业股份有限公司 9 家企业已建成国家认定的企业技术中心。牡丹江恒丰纸业股份有限公司、浙江景兴纸业股份有限公司、四川永丰纸业股份有限公司等 20 余家企业建成省级认定企业技术中心，另外还有一批企业自建了技术研发中心。

“十二五”期间，我国造纸装备自主研发和制造取得突破性创新成果。制造出幅宽 5600 毫米，车速 1200 米/分以上文化用纸机；幅宽 5600 毫米，车速 800 米/分以上纸板机；幅宽 4800 毫米，车速 800 米/分涂布白纸板机；不同规格的特种纸机；车速 100 米/分以上高速卫生纸机；年产 60 万 ~ 150 万吨化学木浆大型置换压榨双辊挤浆机以及年产 30 万 ~ 40 万吨废纸浆生产线中链板输送机，废纸散包干法筛选系统、转鼓碎浆机、中浓压力筛等关键设备。这些设备已得到推广应用并有部分出口，其技术装备水平均达到国内领先或国际先进水平。山东泉林纸业有限责任公司自主研发的世界首台年产 10 万吨非木材纤维立式连续蒸煮制浆生产线，整体技术装备水平处于国际领先。

“十二五”末，我国造纸先进产能的比例已超过 50%，重点骨干制浆造纸企业通过国外引进和采用国内先进技术与装备，其主体技术与装备达到了国际领先水平，其中部分技术与装备达到了国际领先水平。

在国内制浆造纸技术与装备升级发展的同时，与造纸行业密切相关的脱水器材和造纸化学品行业也取得了显著的技术进步，造纸网注重产品的升级换代，高端三层成形网与异形丝干网生产量与质量有明显提高，造纸毛毯中高档产品生产量不断增长，多(轴)向多层造纸毛毯等高速纸机用接缝造纸毛毯已在众多纸机应用，部分产品有效地替代了进口。造纸化学品种类繁多，在研发专用化学品并实现国产化应用方面取得了多项成果。

7. 产业布局稳步调整，资源配置趋于合理

“十二五”随着造纸原料政策和区域经济结构的调整，以及国家功能区规划的总体要求，造纸工业总体呈现由北向南推移。长江以北(17 个省区市)纸及纸板生产量占全国总生产量的比例由 2010 年的 37.4% 下降至 2015 年的 32.9%。长江以南(14 个省区市)则由 62.6% 上升至 67.1%。

2010—2015 年，长江中下游地区、华南沿海地区纸及纸板生产量占全国总生产量的比例分别增长 0.7 和 4.9 个百分点，而黄淮海、东北、西南和西北地区分别下降 2.7、0.8、0.8 和 1.4 个百分点。2010—2015 年纸及纸板生产量六大区域布局见表 16。

表 16　　2010—2015 年纸及纸板生产量六大区域布局　　单位：万吨、%

区域	2010 年		2011 年		2012 年		2013 年		2014 年		2015 年		2015 年比 2010 年增长（百分点）
	生产量	占比	生产量	占比	生产量	占比	生产量	占比	生产量	占比	生产量	占比	
长江中下游地区	3401	36.69	3606	36.31	3780	36.88	3719	36.79	3818	36.47	4009	37.43	0.74
黄淮海地区	2812	30.33	3015	30.36	3145	30.68	3030	29.97	2964	28.31	2960	27.64	-2.69
华南沿海地区	2044	22.05	2283	22.99	2490	24.29	2581	25.53	2805	26.79	2883	26.92	4.87
东北地区	212	2.29	209	2.11	185	1.80	138	1.36	160	1.53	163	1.52	-0.77
西南地区	563	6.07	584	5.88	467	4.56	499	4.94	580	5.54	567	5.29	-0.78
西北地区	238	2.57	233	2.35	183	1.79	143	1.41	143	1.36	128	1.20	-1.37
全国	9270	100	9930	100	10250	100	10110	100	10470	100	10710	100	

注：根据中国造纸协会《中国造纸工业年度报告》(2010—2015)。

东、中、西部地区分布格局也有变化，东部地区为纸及纸板主产区，也是增长较快地区，生产量占全国总生产量的比例由 71.6% 上升至 75.0%，年均增长率为 3.9%。主要增产省区市有广东省、浙江省、山东省、江苏省、福建省、海南省、天津市和广西壮族自治区。中部地区略有下降，生产量占全国总生产量的比例由 20.1% 下降至 16.3%，年均减少率为 5.9%。主要减产省区有内蒙古自治区、吉林省、黑龙江省、河南省和湖南省。西部地区自 2013 年以后两年的生产量有所增加，占全国总生产量的比例由 8.3% 提升至 8.7%，年均增长率为 3.7%。主要增产地区有重庆和湖北两省市。2015 年比 2010 年纸及纸板生产量增加的 14 个省区市(除江西省)年均增长率均高于全国年均增长率。

2010—2015 年纸及纸板生产量东、中、西部区域布局见表 17。

“十二五”造纸工业资源配置趋于合理。黄淮海地区主要以机械浆和进口木片为原料的制浆造纸项目发展较快。长江中下游地区以进口木浆和国内废纸资源为主适度地发展了制浆造纸。西南地区和华南地区在形成分别以竹子、速生材和蔗渣为主要原料的制浆造纸基地。东北和西北地区也根据区域发展环境作出了调整。2010—2015 年纸及纸板生产量增加的省区市见表 18。

表 17　　2010—2015 年纸及纸板生产量东、中、西部区域布局　　单位：万吨、%

区域	2010 年		2011 年		2012 年		2013 年		2014 年		2015 年		年均增长率/%
	生产量	占比	生产量	占比	生产量	占比	生产量	占比	生产量	占比	生产量	占比	
东部地区	6636	71.6	7121	71.7	7728	75.4	7773	76.9	8095	77.3	8035	75.0	3.9
中部地区	1862	20.1	2023	20.4	1887	18.4	1706	16.9	1672	16.0	1750	16.3	-5.9
西部地区	772	8.3	786	7.9	635	6.2	631	6.2	703	6.7	925	8.7	3.7

注：根据中国造纸协会《中国造纸工业年度报告》(2010—2015)。

表 18　　2010—2015 年纸及纸板生产量增加的省区市　　单位：万吨

地区	2010 年	2011 年	2012 年	2013 年	2014 年	2015 年	年均增长率/%
山东省	1510	1630	1710	1730	1750	1780	3.34
浙江省	1362	1477	1536	1561	1590	1650	3.91
广东省	1435	1496	1579	1641	1760	1820	4.87
江苏省	1101	1051	1206	1210	1280	1305	3.46
福建省	391	480	539	525	650	665	11.21
广西壮族自治区	167	194	258	275	240	230	6.61
安徽省	201	235	213	195	230	265	5.68
湖北省	158	199	224	190	200	230	7.79
江西省	157	185	155	160	145	173	1.96
重庆市	191	178	171	240	300	290	8.71
海南省	0	113	114	140	155	168	10.42
天津市	85	126	196	220	235	235	22.55
贵州省	20	25	13	14	22	25	4.56
云南省	36	41	51	40	45	59	10.38

注：根据中国造纸协会资料整理。

8. 清洁生产持续推进，节能减排成效显著

“十二五”我国造纸工业严格执行国家和地方公布的一系列产业经济技术及环保政策法规及标准。坚持清洁生产，加强对建设项目环境评价和执行“三同时”规定，加大环境治理力度，实施结构减排、工程减排和管理减排，提高自我监测能力，狠抓源头，生产过程及终端污染物综合防治，扎实推进节能减排，行业呈现出资源消耗和污染物排放大幅降低的良性变化趋势。

“十二五”重点对草浆、较大污染源点和重点流域制浆造纸企业进行了有效防治，2010—2014 年全国淘汰落后生产线 2100 多条，淘汰落后产能约 3700 万吨，超额完成“十二五”淘汰 1000 万吨以上的目标，见表 19。

表 19　2010—2014 年造纸工业淘汰落后产能

单位：万吨

	2010 年	2011 年	2012 年	2013 年	2014 年
计划淘汰量	432	820	970	455	265
实际淘汰量	539	831	1057	742	547

注：根据工业和信息化部资料。

2014 年我国纸及纸板生产量比 2010 年增长 12.9%，而废水排放量由 39.4 亿吨降至 27.6 亿吨，降低 29.9%。排放废水中 COD_{Cr} 排放总量由 2010 年

的 95.2 万吨降至 2014 年的 47.8 万吨，降低 49.8%，明显好于“十二五”降低 10% ~12% 的目标。2010—2014 年，COD_{Cr}排放强度由万元产值 18 千克降至 6.6 千克，降低 63.3%；氨氮排放量由 2.5 万吨降至 1.6 万吨，降低 36.0%，比“十二五”目标超出 26 个百分点；二氧化硫排放量由 50.8 万吨降至 41.2 万吨，降低 18.9%；氮氧化物排放量由 23.6 万吨降至 19.4 万吨，降低 17.8%；清水取水量由 46.1 万吨降至 33.6 万吨，降低 27.1%，水的重复利用率由 62.2% 提高至 71.9%，提高 9.7 个百分点；吨浆纸平均取水量由 49.7 吨降至 32.1 吨，降低 35.4%；吨纸及纸板原生纸浆消耗量由 340 千克降至 317 千克，降低 6.8%，其中，国产原生纤维资源消耗由 216 千克降至 163 千克，降低 24.5%（2015 年降至 153 千克）；重点制浆造纸企业纸及纸板吨产品平均综合能耗降低 29.2%；标准煤由 0.65 吨降至 0.41 吨，降低 36.9%；吨纸浆平均综合能耗由 0.45 吨降至 0.37 吨，降低 18.0%。“十二五”造纸工业实现了增产节能减排。造纸工业主要污染物排放情况见表 20。造纸工业原生纸浆消耗情况见表 21。

表 20　造纸工业主要污染物排放情况

项　目	2010 年	2011 年	2012 年	2013 年	2014 年
汇总企业数	5570	5871	5235	4856	4664
工业废水排放量/亿吨	39.4	38.2	34.3	28.5	27.6
COD_{Cr}排放量/万吨	95.2	74.3	62.3	53.3	47.8
氨氮排放量/万吨	2.5	2.5	2.1	1.8	1.6
二氧化硫排放量/万吨	50.8	54.3	49.7	44.9	41.2
氮氧化物排放量/万吨	23.6	22.1	20.7	19.3	19.4
清水取用量/亿吨	46.1	45.6	40.8	34.5	33.6

注：中国环境统计年报资料。

表 21　造纸工业原生纸浆消耗情况　单位：万吨

项　目	2010 年	2011 年	2012 年	2013 年	2014 年	2015 年
原生木浆	1859	2144	2291	2378	2540	2713
原生非木材浆	1297	1240	1074	829	755	680
原生纸浆合计	3156	3384	3365	3207	3295	3393
纸及纸板生产量	9270	9930	10250	10110	10470	10710
单位产品原生纸浆浆耗/千克	340	340	328	317	315	317
国产原生木浆	708	814	802	873	952	956
国产原生非木材浆	1297	1240	1074	829	755	680
国产原生纸浆合计	2005	2054	1876	1702	1707	1636
单位产品国产原生纸浆浆耗/千克	216	207	183	168	163	153

注：根据中国造纸协会《中国造纸工业年度报告》(2010—2015 年)整理。

二、行业发展困境分析

1. 纸张市场需求不足，有待培育新的增长点

“十二五”纸张市场需求呈减缓态势。纸及纸板消费量由 9173 万吨增至 10352 万吨，年均增长率为 2.4%，比“十一五”消费量由 5930 万吨增至 9173 万吨年均增长率 9.1% 低 6.7 个百分点。年均消费量增长由“十一五”649 万吨降至“十二五”236 万吨，降低 63.6%。纸及纸板出口量年均增长率由“十一五”的 17.4% 降至“十二五”的 8.3%，降低 9.1 个百分点。其原因，一是作为出口商品主要包装物的纸及纸板受到世界经济持续低迷、需求不足以及我国产品增幅下降的影响，随之大幅减少；二是国外对我国纸张出口反补贴、反倾销案件增多，影响了纸业向国际市场开拓；三是我国进入互联网时代，信息技术的普及和革命性增长对新闻纸、印刷书写纸类产品需求下降；四是部分产品产能短期内增长过快，导致产品结构失衡，凸现结构性、阶段性过剩，同质化竞争加剧，市场空间被挤压。

针对市场疲软、需求不足的情况，行业有待依靠供给侧改革，化解部分过剩的产能，提高精细化运作能力，以技术创新、产品创新、品牌定位培育新的增长点，弥补供给短板、提升有效供给水平和供给质量，以适应和满足市场多样化需求。

2. 原料供求矛盾突出，对外依存度逐年增大

由于国内原料林基地建设迟缓、供材有限，非木材浆发展受制约，国内废纸回收率偏低等影响，

造纸纤维原料自给率难以提高，对外依存度逐年增大，供需矛盾日益加剧。2015年进口木浆实耗量1757万吨，比2010年的1151万吨增长52.6%；进口废纸2928万吨，比2010年2435万吨增长20.2%；进口木片970万吨，比2010年463万吨增长109.5%。“十二五”我国造纸工业进口纸浆和进口废纸对外依存度由39%提高至43%，加上进口木片制浆和进口纸及纸板折合纤维量，对外依存度大约由41%提高至50%左右。2010—2015年造纸纤维原料进口情况见表22。

表22　　2010—2015年造纸纤维原料进口情况　　单位：万吨

项　目	2010年	2011年	2012年	2013年	2014年	2015年	年均增长率/%
木片进口量	463	657	759	915	864	970	15.9
纸浆进口量(实际消耗量)	1151	1330	1489	1505	1588	1757	8.8
废纸进口量	2453	2728	3007	2924	2752	2928	3.8

注：海关总署资料，表中进口纸浆数为造纸实际消耗量(扣除了纺织业用溶解浆量)。

3. 经济效益整体下滑，抗风险能力有所降低

“十二五”受国内外经济下行压力和行业自身因素的影响，资源、融资、环境治理等成本持续上升，企业管理、销售、财务三大费用逐年增加，纸张市场量减价跌，企业产能利用率降低，投入产出率下降，盈利空间收窄，经济效益下滑。规模以上造纸企业利润率由2010年的5.81%降至2015年的4.66%，降幅为1.15个百分点。特别是规模以上纸浆企业利润率由2010年盈利6.78%降至2015年亏损0.78%，整个制浆造纸行业抗风险能力有所降低。

“十二五”造纸企业结构发生较大变化，龙头骨干企业持续发展，能力大幅提高，但行业企业规模结构仍不尽合理，大型企业比例偏低，只占3.2%，中型企业占15.3%，小型企业占81.5%，难以体现出规模经济。2014年进入全球造纸排名前100位的11家我国造纸企业销售额合计185.5亿美元，比2010年计入的7家企业销售额合计109.7亿美元提高69.1%，但与国际大型造纸集团公司比较，抗风险能力和参与国际竞争能力还不足，仍有待大幅提高。

回顾“十二五”，我国造纸工业进入了深度调整的新常态发展阶段，行业经历了由高速增长向中低速增长的转换，调整结构的阵痛和执行政策的变化。面对宏观经济持续下行的大环境和新的经济形势，全行业努力化解难题、应对挑战，产业转型升级已初具成效。总体来看，国内纤维原料供给能力有所增强，产品质量和产业集中度明显提升，装备自主化有了新起色，资源利用率和环境保护能力明显提高，资源配置更趋向合理，淘汰落后产能成绩斐然，节能减排成效显著，行业内涵发展动力大幅提升，生产运营基本平稳，供需保持了基本平衡，实现了全行业适度增长、稳定发展。

(曹朴芳)

“十二五”造纸行业项目建设回顾和“十三五”发展前景及相关的环保政策探讨

Construction Projects Review in the Period of “12th Five Year” Plan, Development Outlook in “13th Five Year” Plan and Analysis on the Environmental Policy Relevant to Paper Industry

2015 年是我国“十二五”发展规划收官之年，综观“十二五”期间我国造纸工业的发展历程，具有非常显著的特点。“十二五”是我国造纸行业淘汰落后产能规模最大的一个时期，是我国造纸行业优质产能建设数量最多的一个时期，也是我国造纸行业结构调整转型最快的一个时期，更是我国造纸行业市场消费从高速增长向低速增长，甚至许多产品市场饱和或过剩的一个重要转变时期。“十二五”时期的 5 年，我国造纸企业经历了市场高速发展的兴奋，结构调整转型中的拼搏，市场需求下降的困惑，经济效益下滑、企业经营困难的痛苦，等待经营环境逐步好转的期盼等过程。总之，“十二五”时期是我国造纸行业发展历程中最重要的时期之一，认真回顾和总结“十二五”期间我国造纸行业的发展历程，有利于今后我国造纸工业良性、健康、科学、持续稳定地发展。

一、“十二五”期间建设项目情况

1. 总体情况

“十二五”期间，由于淘汰落后产能的规模和速度很大，以及消费市场的需求，刺激了新的生产线建设速度加快，特别是大型龙头企业（集团）快速抢占和扩大市场份额。据不完全统计，“十二五”期间，新建生产线的产能达 4000 万吨左右，创下历史新高。特别是 2011 年和 2012 年，投产的新建生产线产能规模最大，主要原因是 2008 年发生世界金融危机后，在 2009 年中期逐步缓慢复苏的背景下，许多大型生产线在 2011 年和 2012 年集中投产，2011 年新增产能近 1500 万吨，2012 年 1300 多万吨。后 3 年虽然有所下降，但平均年新增产能也接近 1000 万吨。

2. 纸浆项目投产及建设情况

我国纸浆项目投产及规划建设情况如图 1 所示。纤维资源、环境容量限制了我国纸浆项目的建设，2010—2011 年投产的纸浆项目有：湛江晨鸣浆纸有限公司 84 万吨/年、安徽华泰纸业有限公司 15 万吨/年、亚太森博（山东）浆纸有限公司 150 万吨/年化学木浆项目，而 2012—2013 年仅投产了云南云景林纸股份有限公司 10 万吨/年化学木浆项目。2014 年主要为江苏王子制纸有限公司项目的投产，2015 年没有化学木浆项目投产。

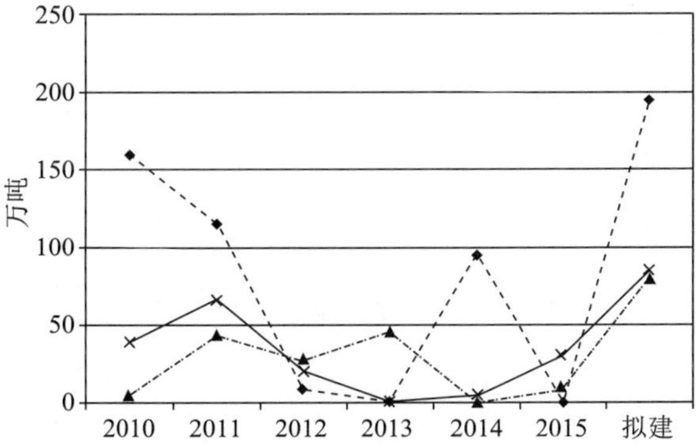

图1　我国纸浆项目投产及规划建设情况

-◆-木浆　-▲-非木材浆　-×-化学机械浆

2011—2013 年投产的非木材浆项目主要是竹浆项目和广西壮族自治区的蔗渣浆项目，2014 年和 2015 年基本没有非木材浆项目投产。

2010—2012 年每年有 2～3 个化学机械浆项目投产，其中产能最大的是金东纸业（江苏）股份有限公司 30 万吨/年化学机械浆项目。2013 年和 2014 年无化学机械浆项目投产，2015 年湛江美伦浆纸有限公司化学机械浆项目投产。

从未来的发展看，还有一些项目在建或规划建设，如化学木浆项目包括 2015 年年底进入调试阶段的山东太阳纸业股份有限公司宏河项目，在建的黄冈晨鸣浆纸有限公司项目和寿光美伦纸业有限责任公司项目以及准备二期建设的北海斯道拉恩索化学木浆项目等；化学机械浆项目有在建的北海斯道拉恩索项目；非木材浆项目如山东泉林纸业有限责任公司 200 万吨/年秸秆项目、银泉纸业有限公司项目等。其他规划建设项目或缓建或取消，如四川永丰浆纸股份有限公司竹浆项目、云南天巍竹业有限公司竹浆项目、福建莆田亚太资源集团化学木浆项目等。

3. 文化用纸项目投产及建设情况

文化用纸项目统计包括了部分铜版纸项目，集中在 2011 年左右投产(见图 2)，其中包括湛江晨鸣浆纸有限公司、玖龙纸业(控股)有限公司、山东太阳纸业股份有限公司、山东华泰纸业股份有限公司、寿光美伦纸业有限责任公司等大规模机台的投产，也包括一些中等规模机台投产，如河南江河纸业股份有限公司、安徽华泰林浆纸有限公司、广西劲达兴纸业有限公司、赣州华劲纸业有限公司等。2012—2015 年，投产机台大规模减少，年均投产 100 万吨左右，单台纸机产能 10 万 ~20 万吨/年。

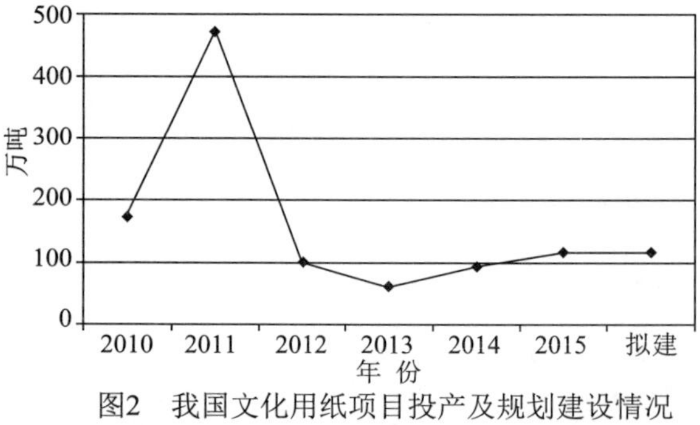

图2 我国文化用纸项目投产及规划建设情况

规划项目依然不少，但有的项目与前述的化学木浆或化学机械浆项目为一个整体，受纸浆项目的牵制，这些项目建设可能会比较困难，如福建莆田亚太资源集团化学木浆项目等基本无建设可能。而有的项目虽然进行了项目规划，但要实现项目审批和下决心实施项目建设，还需要一定的努力和前景分析。

上述文化用纸项目未包括实施的或潜在的过剩新闻纸产能技改转产文化用纸项目，这些项目的建设将加大文化用纸的市场竞争态势，也会促进落后机台或高能耗机台的淘汰和转产。

4. 瓦楞材料类项目投产及建设情况

瓦楞材料(瓦楞原纸和箱纸板)是我国乃至世界占比最大的纸种，以废纸为主要原料，且吨纸产品用水量和排水量以及污染物排放量均较低，成为我国近几年项目建设的热点，总体上呈强劲的上升趋势(见图 3)。随着项目的建设和投产，一些新兴的产能大户也随之产生。如安徽山鹰纸业股份有限公司(与浙江吉安集团股份有限公司重组)、福建联盛纸业有限公司等。

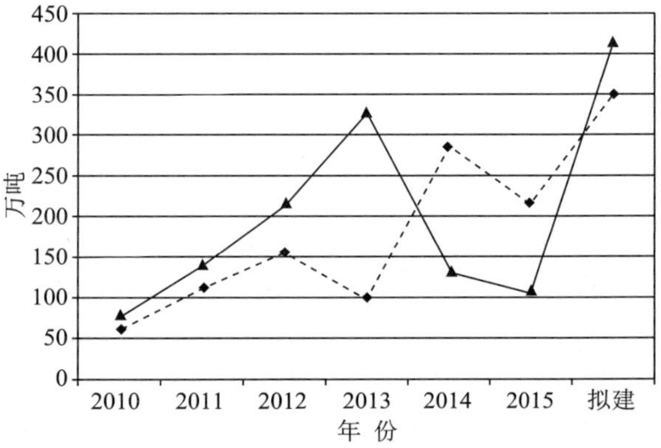

图3 我国瓦楞材料类项目投产及规划建设情况

-◆- 瓦楞原纸 —▲— 箱纸板

由于瓦楞原纸和箱纸板生产技术门槛较低，一些原先不是瓦楞原纸或箱纸板生产企业甚至不是造纸行业的企业也进入或准备进入该生产领域，如辽宁省抚顺市的琥珀纸业有限责任公司、河北国昌天宇集团有限公司、上海泰盛集团股份有限公司等均已投产或计划投资建设该类项目。此外，华泰集团有限公司、山东晨鸣纸业集团股份有限公司、山东太阳纸业股份有限公司等大型企业也有进军包装纸生产的计划，同时，竞争中淘汰下来的部分文化用纸生产线通过技改也转产瓦楞原纸。这些项目的投产将对瓦楞原纸生产企业产生一定的影响。

值得重视的一个现象是，部分行业外的企业对造纸行业的相关产业政策不了解，对造纸行业淘汰落后和过剩产能的状况不了解，还在盲目建设 10 万吨/年左右产能的瓦楞原纸或箱纸板生产线，按照目前行业状况，这些机台在 5 年以内应进入淘汰行列，建设这样的项目应慎重。

5. 纸板和涂布纸板项目投产及建设情况

纸板(包括白纸板和卡纸)及涂布纸板单机产能可达 60 万 ~90 万吨/年，因此，较小数量的项目建设，会产生上百万吨的产能效果(见图 4)。

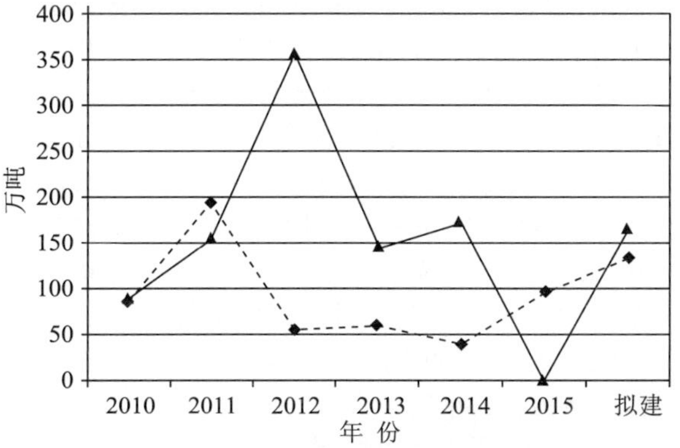

图4　我国纸板和涂布纸板类项目投产及规划建设情况
-◆-纸板　—▲—涂布纸板

2012 年有 9 个涂布纸板项目投产，合计产能 350 万吨/年，其中 3 条生产线单机产能 60 万吨/年。规划建设的涂布纸板项目产能 300 万吨/年以上(涂布纸板 165 万吨/年，纸板 135 万吨/年)，计划在 2016—2020 年实施，但项目的犹豫和踌躇无时不在，需要在很好地掌控环境资源、资金资源的基础上才能实施。

6. 生活用纸及特种纸项目投产及建设情况

生活用纸项目投产在 2013 年达到顶峰(见图 5)，有近 160 万吨/年的产能投产，2011—2015 年，有 630 万吨/年产能投产，产品的市场竞争加剧。生活用纸项目的建设已趋于理智，规划建设项目有所减少。

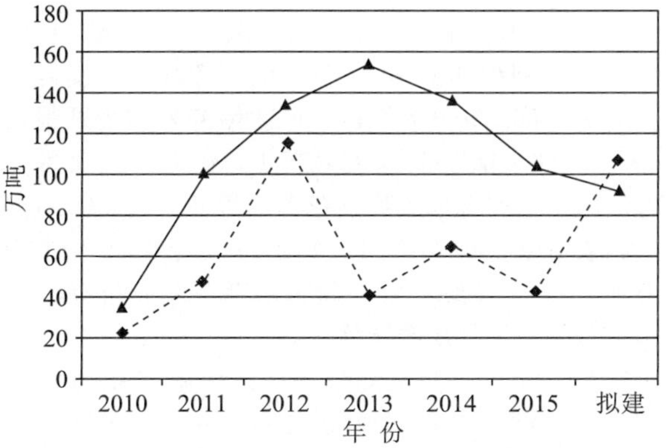

图5　我国生活用纸和特种纸项目投产及规划建设情况
-◆-特种纸　—▲—生活用纸

特种纸项目投产产能经历了 2012 年的顶峰时期(统计中包括了一些纱管原纸和石膏护面纸板项目投产产能)，其他年份均以 40 万～50 万吨/年的产能投产，项目数量多、单机产能低。特种纸产品生产技术含量高，年投产产能基本稳定，特种纸整体利润空间高于常规纸种，使得很多企业跃跃欲试，已经规划建设的产能在 110 万吨/年左右。

7. 投产及建设项目应用的主要技术

(1)纸浆　基本都采用了新一代连续蒸煮工艺、新型压榨洗浆机、热二氧化氯漂白技术、轻 ECF 漂白、高浓黑液结晶蒸发、高浓黑液燃烧技术、非工艺元素去除技术、高效白液过滤和洗涤设备等新工艺技术和装备，国内供货商在制浆设备如立式连蒸、压榨洗浆机、中浓泵以及二氧化氯制备系统等技术方面有了重大突破。受环保制约，新建化学浆项目普遍考虑采用进一步降低二氧化氯用量的漂白程序，以进一步降低漂白工段 AOX 排放，如采用臭氧替代二氧化氯和更多地使用过氧化氢等，同时与化学机械浆联合生产，将化学机械浆废液蒸发后送化学浆碱回收系统成为企业项目建设的首选。

(2)文化用纸　单机产能 15 万～20 万吨/年的设备以国产主流机型为主，采用了叠网成形器，成纸幅宽 4400～5280 毫米，设计车速 1100～1400 米/分。引进高车速、宽幅的涂布/未涂布文化用纸机，年生产量 45 万～90 万吨。应用带式压光机、透平式真空泵、冲击干燥技术。

(3)包装纸和纸板　纸机幅宽一般为 6000～7000 毫米，高强瓦楞原纸机车速达 1800 米/分，牛卡纸和牛皮箱纸板机的车速在 1100～1200 米/分。纸机湿部采用多长网成形器或多层流浆箱和稀释水流浆箱以保证纸板定量均匀，压榨部根据纸种及成纸质量要求多采用靴式压榨。

(4)生活用纸　生活用纸项目产能以 3 万～6 万吨/年为主，建设项目不再盲目追求高车速、宽纸幅，而以吨纸产品消耗成本和后加工系统生产效率为机型选择标准。纸机幅宽以 2800 毫米、5600 毫米为代表，但随着全幅折叠技术及装备的进步，3700 毫米幅宽以及待开发的 7400 毫米幅宽纸机将取代前者的地位。国内设备制造商制造的产能为 2 万～3 万吨/年的纸机开始进入市场竞争。

二、我国落后和过剩产能淘汰概况

1. 总体情况

我国从“十一五”开始，就制定了造纸落后产能淘汰计划，“十一五”期间已淘汰落后产能 1000 多万吨。2011 年，我国造纸行业污染排放新标准正式实施，加之“造纸产业政策”“加快造纸行业结构调整”等一系列措施的强力实施，“十二五”期间，我国造纸行业落后生产能力和过剩产能的淘汰步伐加快。据工业和信息化部公布的数据，“十二五”期间，我国造纸行业淘汰落后产能达3136 万吨，2011

年淘汰 820 万吨，2012 年淘汰 1056 万吨，2013 年淘汰 621 万吨，2014 年淘汰 492 万吨，2015 年淘汰 147 万吨。淘汰总量占我国总产能的 30% 。

由于市场消费情况的变化，部分企业自主关停了不适应市场需求(不在国家淘汰目录清单内)的生产线，部分企业兼并重组后退出造纸行业，如广西南宁凤凰纸业有限公司，宁夏美利纸业股份有限公司等；另外，由于城市功能规划的变化，部分企业根据政府要求进行改造搬迁，也淘汰和关停了部分生产线，因此实际关停和淘汰的产能数量更大。据不完全统计，“十二五”期间，退出、关停和淘汰的制浆造纸产能 3700 多万吨。

2. 行业污染治理效果显著

近十年，我国造纸工业节能减排成果显著(见图 6)。虽然我国纸和纸板生产量增长很快，但用水量与生产量及废水处理年运行费用平行增长，清水用量基本维持不变，且略有降低。图 7 显示了纸和纸板生产量增加的同时，我国造纸行业 COD_{Cr} 排放量和万元产值 COD_{Cr} 排放量大幅降低。2005 年万元产值 COD_{Cr} 排放量为 69 千克，2013 年降至 7.6 千克。

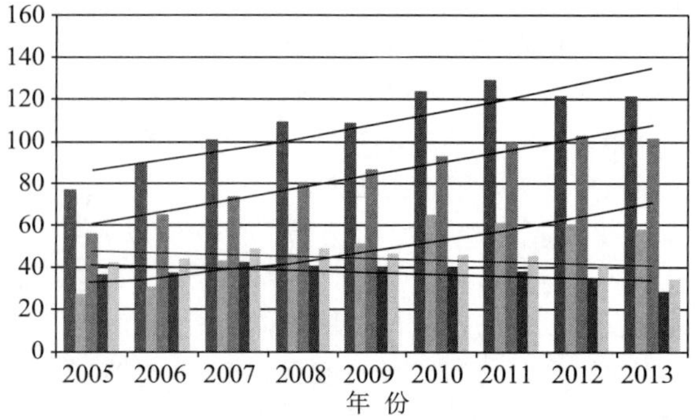

图6 2005—2013年我国造纸行业生产量与用水和排水情况

■用水量/亿吨 ■年运行费用/亿元 ■生产量/百万吨 ■废水排放量/亿吨 ■清水用量/亿吨

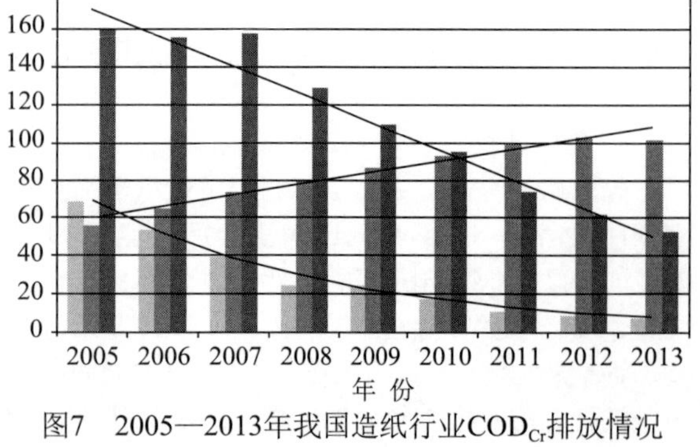

图7 2005—2013年我国造纸行业COD_{Cr}排放情况

■万元产值COD_{Cr}排放量/千克 ■生产量/百万吨 ■COD_{Cr}排放量/万吨

其他污染物 COD_{Cr} 排放量和氨氮排放量分别从 2005 年的 160 万吨和 4 万吨，下降到 2014 年的 48 万吨和 1.6 万吨，年均下降分别为 12.5% 和 9.8% ；吨纸 COD_{Cr} 和氨氮排放强度分别从 2005 年的 25.7 千克和 0.7 千克，下降到 2013 年的 4.1 千克和 0.1 千克。这样的成就是行业结构调整、节能减排技术应用的结果，也有企业自主关停部分不适应市场需求生产线的贡献，但落后产能的淘汰更是功不可没。特别是“十二五”期间，行业整体节能降耗、清洁生产等方面都取得了很大进步。

3. 淘汰落后生产线情况

由于各省(区、市)造纸行业发展状况不同，所处的区域环境状况不同，“十二五”期间，各省(区、市)淘汰落后产能的数量也有差别。根据工业和信息化部公布的数据，淘汰产能较大的省(区、市)是河北省 465 万吨、湖南省 386 万吨、河南省 339 万吨，其次是山东省 222 万吨，超过 100 万吨的省(区、市)还有江西省、福建省、四川省、浙江省、安徽省和广西壮族自治区(见图 8)。

按年份统计淘汰落后产能排前 3 名的省份：2011 年为河南省、河北省、湖南省；2012 年为河北省、湖南省和河南省；2013 年为河北省、湖南省和山东省；2014 年为浙江省、湖南省和河北省。

从淘汰生产线类型上看，2011 年以 787 型、1092 型、1575 型造纸生产线和 1 万吨以下制浆生产线为主；2012 年主要是 1575 型、1760 型、1880 型、2400 型和部分 2640 型造纸生产线，车速集中在 100～300 米/分的纸机，1 万吨/年左右废纸制浆和 3.4 万吨/年以下草浆生产线。较大淘汰项目为搬迁淘汰，如吉林晨鸣纸业有限责任公司 17 万吨/年制浆造纸产能、四川宜宾纸业股份有限公司 20 万吨/年制浆造纸产能、新疆博湖苇业股份有限公司 12 万吨/年制浆产能等。

2013 年主要淘汰剩余的生产大众产品的 1092 型、1575 型、1760 型纸机，部分 1880 型至 2640 型纸机也进入淘汰行列。1880 型、车速 120 米/分左右的包装纸、文化用纸机基本完成淘汰。3.4 万吨/年草浆生产线也基本完成淘汰。其中淘汰的较大规模的生产线有山东华泰纸业股份有限公司 11.6 万吨/年产能、舞阳银鸽纸业有限责任公司 9.4 万吨/年产能、武汉晨鸣汉阳纸业股份有限公司 22 万吨/年产能、延边石岘双鹿实业有限责任公司 13 万吨/年制浆产能、合肥金钟纸业股份有限公司 22.6 万吨/年产能等。

2014 年淘汰落后产能中出现的新趋势为部分投产 5 ~ 10 年的生产线进入淘汰行列，体现了项目建设中追求的低投资、低技术含量带来的后果。另外，淘汰的较大规模的生产线为山东华泰纸业股份有限公司 13 万吨/年制浆产能和江门甘化集团有限公司 11.3 万吨/年产能。

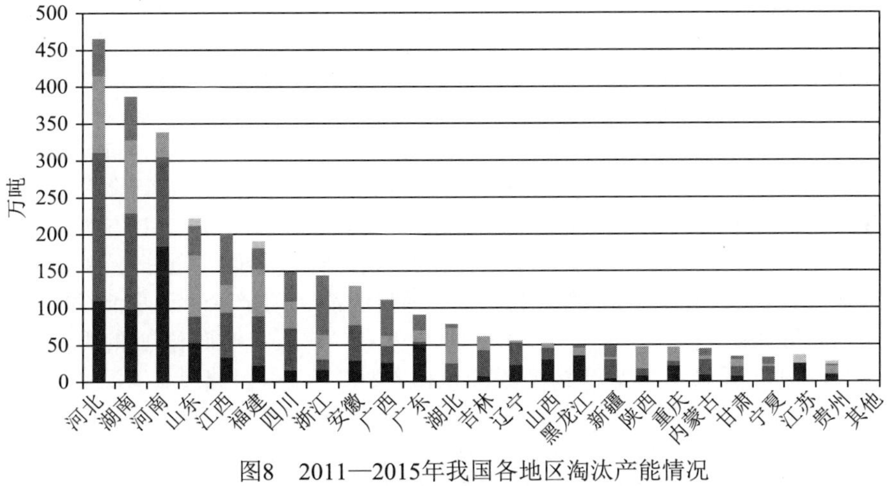

图8　2011—2015年我国各地区淘汰产能情况

2015 年有淘汰计划的省份仅江苏、山东、贵州和福建 4 省，总淘汰规模为 34.5 万吨/年。涉及幅宽 3000 毫米、2400 毫米瓦楞原纸机，2640 型叠网纸机等。

4. 存在的问题

虽然“十二五”期间我国造纸行业结构调整有了很大进步，淘汰落后产能规模空前，但是从国家相关行业统计数据来看，我国造纸行业与国际发达国家相比，还有较大差距，还有许多工作要做。

(1)企业规模问题　虽然“十二五”期间我国造纸行业大型企业得到了快速发展，并且关停了许多小企业，淘汰了许多落后的小生产线，但造纸企业还有近3000 家，企业平均年生产量5 万吨左右，纳入统计的小企业占到 80%(根据统计资料，其中有近 1000 家注册的造纸类企业没有实际产能)。

(2)污染排放问题　近十年，我国造纸行业加快了污染治理的资金及技术投入，效果显著，年污染物排放总量持续稳定地下降，全行业 COD_{Cr} 排放总量从 2005 年的 160 万吨下降到 2014 年的 48 万吨，减少约 70%，但是 2014 年造纸行业 COD_{Cr} 和氨氮排放总量仍占我国工业排放总量的 17.4% 和 7.6%，还是排名第一和第四。地区发展不平衡的现象非常严重，我国西部地区造纸产能尽管只占 6.4%，但排放强度最大，吨纸 COD_{Cr} 排放量为 14.8 千克，是东部地区的 5.9 倍、中部地区的 2.1 倍；另外，我国造纸企业自备热电厂(燃煤锅炉)没有脱硫、脱硝设施的高达 90% 以上，还远远不能满足环保要求。

(3)原料结构问题　“十二五”期间，我国非木材浆生产量逐年减少，特别是麦草浆的产能下降很大，废纸浆的使用量逐年增加，由于我国造纸用木材严重不足，对进口木片和废纸的依赖程度加大，受国外市场的供给影响严重。

三、“十二五”造纸机械发展状况

1. 造纸装备行业总体情况

随着我国近几十年造纸工业的快速发展，我国造纸装备制造业也在不断取得进步和发展。据统计，2014 年我国造纸装备规模以上企业约 217 家，实现主营业务收入 375 亿元，利润 25 亿元。造纸装备从业人员 38000 人，人均产值约 100 万元，略低于全国机械制造业的平均水平。

2. 造纸装备行业存在的主要问题

虽然我国制浆造纸装备行业取得许多进步和发展，为我国造纸行业生产厂商提供了许多经济适用的装备，但从总体上来说，我国制浆造纸装备行业与造纸生产行业相比还是相对发展滞后。主要存在的问题有：

(1)单个企业规模小，集中度低，市场认可度差。目前我国造纸装备行业企业数量还是较多，企业平均年营业额不到 2 亿元，70% 以上企业营业额不到 1 亿元，因此只能加工制造中、低档产品，市场竞争能力差。

(2)目前我国造纸装备企业懂制浆造纸技术和工艺的专业人员比较少，自主开发新技术和装备的能力不足。

(3)由于企业规模小，无能力装备必要的工艺及装备试验平台，只能使用别人的技术或代加工别人的产品，因此市场话语权小。

(4)企业之间缺乏协调、合作和沟通，许多企业生产的产品雷同，差别化很小，只能靠价格竞争，市场认可度低。

(5)由于企业盈利能力普遍偏低，因此科技投入少，无能力系统性开发，只能生产低科技含量和价值低的产品，发展前景不容乐观。

3.“十二五”期间造纸装备行业的发展状况

“十二五”期间，我国造纸装备行业进步较快，部分企业从技术、产品加工精度、质量、规模上都有较大提高，特别是大型关键单体设备在技术和制造工艺上有很大突破，绝大部分的单机产品目前都能制造和加工。

(1)制浆系统　大型双辊压榨洗浆机，大型高、中浓混合器，大型高、中浓纸浆泵，二氧化氯制备系统，高效白液、绿液过滤器，非木材制浆系统的立式连续蒸煮装备，年产 10 万吨化学机械浆成套设备等。

(2)造纸系统　稀释水(飘片式)流浆箱，夹网、叠网成形器，大型靴压系统，各种压力(孔、缝)筛，各种软、硬压光机等设备和系统，特别是河南江河纸业股份有限公司成功开发出幅宽 5600 毫米、车速 1500 米/分的高速文化用纸机成套设备，更具有特别重要的意义。

总体来看，“十二五”是我国造纸装备行业进步最快的一个时期，许多代表性企业脱颖而出，单机产品的开发制造上了一个新的台阶，具有可喜的发展趋势。但是在整机和工艺系统的综合开发、制造、组合配套和调试等方面还存在较大差距，还需我国制浆造纸装备行业继续努力。

4. 造纸装备行业的发展趋势分析

由于今后相当一个时期，我国和世界经济发展处于相对迟缓，我国造纸工业也已进入一个稳定调整期，面临市场需求减缓的新常态，因此，造纸装备行业的发展将面临较艰苦的市场压力。并且由于国际经济下滑，给国际先进造纸装备生产企业的生存也带来了压力，使得他们也调整了市场战略和赢利模式，加之我国造纸装备企业自身的技术和能力与国际先进企业还有较大差距，因此必将会对我们造纸装备制造行业的生存和发展带来更大的挑战。

我国造纸装备行业要想在今后剧烈的市场竞争中生存和发展，必须加快企业的结构调整、提高行业集中度、调整服务和赢利模式，加强与自身能力匹配的现有制浆造纸生产企业的战略合作，提供精准服务；借助制浆造纸生产企业的力量，改善自身的工艺技术、试验手段等；发挥自身优势，找准自己的发展方向，拓展服务范围，延长产业链。2015 年 10 月，华泰集团有限公司与德国福伊特公司在北京人民大会堂签订了战略合作协议，由德国福伊特公司负责对华泰集团有限公司现有纸机进行技术改造和升级，这是造纸装备行业延伸服务链的一个最好案例，需要我国造纸装备行业认真思考研究。另外，服务外包是国际生产企业发展的方向，在许多年前，海南金海浆纸业有限公司就开始了服务外包模式，选择有能力的制造企业为生产企业进行日常维修、保养、备品备件的加工，预计这将是我国生产企业逐步推广和采用的一个趋势。造纸装备企业应加快相应的跟进措施。

我国造纸装备行业也应加强与科研院所、高校、工程设计、总包企业的沟通合作，在新设备的开发、设备成套和系统集成等领域上进一步突破，通过我国大型企业的工程总承包能力推动造纸装备行业的技术进步和市场竞争力。

四、“十三五”建设项目预测

纸浆、纸和纸板项目建设受制浆造纸工业的发展、资源限制和淘汰落后产能政策以及环保压力的影响，发展很不均衡。一方面，纸及纸板生产量增长是发展的必然，但随着社会经济的发展，不同纸种表现不同，项目建设围绕着重点发展纸种，在这一点上，我国造纸工业和世界造纸工业具有相似性。另一方面，落后和过剩产能淘汰依然是项目建设的动力，同时，受环境和资源制约，化学木浆项目趋于减少，已批复的部分化学木浆项目实施依然困难重重，非木材制浆技术虽有突破，但在清洁生产方面依然任重而道远。

预计，“十三五”期间，造纸行业发展总体是以企业内部结构调整为主，市场总体平稳。项目建设以环保、高效和资源节约为主，达到技术经济的最优化，不以追求设备先进(引进)或纸机的宽幅、高速为目标。

瓦楞材料类项目依然是目前项目建设的主流，新兴的包装纸生产企业巨头发展迅猛。单机生产量 1 万吨/年的瓦楞原纸机逐步被淘汰，部分 5 万吨/年瓦楞原纸机甚至箱纸板机进入淘汰名单，目前单机 10 万吨/年产能的包装纸项目建设应谨慎。

小机台文化用纸生产线大量被淘汰，文化用纸项目建设依然热情高涨。以高填料降低单位成本成为项目建设追求目标。新闻纸需求持续下降，部分新闻纸机正在或筹划改造生产文化用纸，但应慎重分析市场和自身条件，避免改产文化用纸后又继续改产其他纸种。

生活用纸项目建设趋于缓慢，已建和拟建项目用浆状况亟需改变。

特种纸和纸板项目尽管数量多，但由于门槛高、产能低、市场容量小，对制浆造纸行业影响较小。

总体上看，“十三五”期间，新建生产线项目会大幅度减少，尤其是后几年，酝酿中的环保区域限排和总量控制等新政出台，项目的建设将以技术改造为主。扩能改造项目如化学机械浆或化学木浆生产线提产项目、与提产相结合的节能减排项目以及扩能瓶颈消除项目等将成为重点。纸机技改项目以提高纸机运转率、出压榨干度、施胶或涂布效果及填料或化学机械浆比例等项目为主，部分纸种提高填料或含木素纸浆成分项目也成为热点。此外，更多的企业将考虑环保技改和资源利用项目，如控制废水AOX、总N和P、大气NO_x和恶臭污染物，处理固废，回用膜法水等项目；资源利用方面的生物质气化、甲醇提取、非工艺元素去除、木素产品和其他制浆副产品等项目。这类项目的建设将进一步推进制浆造纸行业新技术应用、技术进步和跨领域合作，引领我国制浆造纸行业技术水平进入一个新台阶，行业节能减排、清洁生产达到一个新高度。

五、“十三五”期间相关的环保政策

由于我国民众对环境保护意识的提高，国家对环境保护的重视和监管力度的增强，2015年相继出台了一系列环境保护政策和措施，如新的《中华人民共和国大气污染防治法》于2016年1月1日正式实施，加大了对违法者的处罚力度；国家环境保护部针对我国造纸行业出台了《制浆造纸建设项目环境影响评价文件审批原则》(试行)文件；环境保护部正在制定《排污许可证管理暂行办法》，将对造纸、火电和纺织等行业实行排污许可“一证式”管理。预计，“十三五”期间，我国造纸行业将面临更加严格的环境保护压力，因此，我国造纸行业的所有企业必须积极关注和认真对待。

新环保法将对不达标的企业实施更严格的处罚措施，如查封、扣押设备；对造假和偷排、污染总量超标的企业，其责任人纳入刑事案件进行处理；对违法排污处罚按日连续处罚无上限等严格措施。并将监管责任和制度分解、细化，以利于科学严格监管。

环境保护部已确定将火电和造纸行业作为新环保政策的试点行业优先实施更严格的监管制度，即试行重点企业环境保护实施排污许可证管理制度。对企业的排污总量实行排污许可“一证式”管理，逐步建立排污权交易机制，杜绝现有一些企业存在的多套排放量统计体系现象。

“十三五”期间将加强环保监管标准。如2016年年底将关停不符合产业政策的全部小型企业；将重新制定造纸行业专项治理方案；将严格执行改造、扩建项目等量或减量置换；2017年年底全行业实现无元素氯漂白；对生产量、水量(给、排)、污染物、曝气量、鼓风机、铵盐和磷投加量等进行监管等措施。

《制浆造纸建设项目环境影响评价文件审批原则》(试行)文件中规定，京津冀、长三角、珠三角等区域新建项目不得配套建设自备燃煤电站；碱回收炉废气排放满足《GB13223火电厂大气污染物排放标准》的指标。

总之，“十三五”时期将是一个环境保护要求更严厉，相关政策和措施出台更频繁，环保监管力度更严格的时期，必将会给我国造纸行业带来新的、更大的挑战。希望我国所有造纸企业积极关注并认真应对，做好自己的工作，加强环保治理，使企业健康成长。

（李　耀　靳福明）

造纸行业“走出去”现状及政策研究

“Going-out” of Paper Industry：Current Situation and Policy Study

一、行业概况

（一）造纸及纸制品业

据中国造纸协会调查资料，2015年全国纸及纸板生产企业约2900家，全国纸及纸板生产量10710万吨，同比增长2.29%；消费量10352万吨，同比增长2.79%，人均消费量75千克。生产布局方面，我国东部地区纸及纸板生产量占全国总生产量的比例为75.0%，中部地区占16.3%，西部地区占8.7%。企业结构中，大型造纸企业占3.2%，中型企业占15.3%，小型企业占81.5%。

据国家统计局统计，2015年1—12月规模以上造纸及纸制品企业6737家，其中，制浆企业48家，造纸企业2791家，纸制品企业3898家。主营业务收入全行业累计完成13923.44亿元，同比增长3.40%，其中，制浆业141.77亿元，同比增长1.96%；造纸业8002.75亿元，同比增长2.33%；纸制品业5778.92亿元，同比增长4.95%。利税总额全行业累计完成1174.04亿元，同比增长5.02%，其中，制浆业4.54亿元，同比增长714.41%；造纸业611.46亿元，同比增长2.87%；纸制品业558.04亿元，同比增长6.44%。利润总额全行业累计完成744.39亿元，同比增长6.23%，其中，制浆业-1.1亿元，同比增长82.44%；造纸业372.56亿元，同比增长2.90%；纸制品业372.93亿元，同比增长8.10%。全行业资产总计14024.08亿元，同比增长5.78%，其中，制浆业307.42亿元，同比增长10.43%；造纸业9939.62亿元，同比增长5.92%；纸制品业3777.04亿元，同比增长5.08%。

（二）制浆造纸装备制造业

据国家统计局统计，2015年规模以上企业213家，主营业务收入371.09亿元，同比增长2.31%；利税总额34.65亿元，同比减少6.30%；利润总额22.28亿元，同比减少6.76%。

目前我国制浆造纸业和制浆造纸装备制造业正处在新的历史阶段，加速调整结构，转型升级，加快构筑可持续发展的科技创新型、资源节约型和环境友好型绿色造纸业和绿色装备制造业是行业今后发展的重点任务。

二、行业“走出去”现状与存在的问题

“走出去”战略是党中央、国务院根据经济全球化新形势和我国国民经济发展内在需求作出的重大决策，是深化全方位对外开放，妥善应对外部环境变化，发展开放型经济，全面提高对外开放水平的重大举措，是实现我国经济与社会长远发展，促进与世界各国互利共赢、共同发展的有效途径。“走出去”战略也可视为全球化经营战略，主要包括：产品、服务、资本、技术、劳动力、管理等方面以及我国企业本身走向国际市场，到国外投资建厂，参与国际竞争与合作。

（一）造纸行业“走出去”现状

改革开放以来，我国造纸行业一直坚持对外开放基本国策，把“引进来”和“走出去”发展战略相结合，保持了快速稳定发展势头。目前，部分技术与装备水平已领先国际造纸行业，并在建设开放型造纸工业体系方面不断进行着探索与实践，取得了一定成绩。

1. 进出口贸易

1995年我国纸及纸板和纸制品进口量大于出口量，进出口贸易额为逆差。纸及纸板自2007年以来至2015年连续9年出口量大于进口量，进出口贸易额转为顺差，并呈逐年递增。纸制品自2000年以来至2015年一直保持了出口量大于进口量，进出口贸易额保持了顺差，逐年增长幅度较大（见表1）。

表1　1995—2015 年我国纸及纸板、纸制品进出口量与贸易额　单位：万吨、亿美元

年份	纸及纸板					纸制品				
	进口量	用汇	出口量	创汇	进出口贸易差	进口量	用汇	出口量	创汇	进出口贸易差
1995	303	17.50	53	4.05	逆差 13.45	56	5.72	53	5.18	逆差 0.54
2000	597	33.28	72	5.92	逆差 27.36	34	6.35	75	8.14	顺差 1.79
2005	524	36.66	194	17.05	逆差 19.61	15	4.68	123	15.98	顺差 11.30
2007	401	35.47	461	38.20	顺差 2.73	19	7.01	156	23.44	顺差 16.43
2010	336	38.80	433	47.35	顺差 9.35	18	8.10	228	49.65	顺差 41.55
2015	287	33.36	646	91.57	顺差 58.21	12	7.11	284	96.94	顺差 89.83

注：根据海关总署、中国造纸协会《中国造纸工业年度报告》数据整理。

“十五”“十一五”“十二五”期间，纸及纸板和纸制品年均进口量均呈递减的趋势，年均出口量呈递增的态势（见表2）。

2. 境外投资

（1）造纸企业实施“走出去”战略，注重国际国内资源、市场并举，有的企业已尝试迈出国门，开展了战略资源的境外直接投资，如山东太阳纸业股份有限公司在老挝和美国建设林业基地和制浆项目。中国纸业投资有限公司在圭亚那的造林项目进展顺利，这将为解决纤维原料瓶颈和企业拓展发展空间提供有力支撑。

（2）具有一定实力的大型造纸企业已有向跨国公司发展的趋势，开始尝试在境外收购企业或合资合作开发项目、设立营销公司、技术产品研发中心等，积极开拓国际市场，打造经济增长新动力。如玖龙纸业（控股）有限公司和理文造纸有限公司瞄准东南亚市场，已在越南投资建设了包装纸及纸板项目。

（3）采用“中国技术、国外制造”，如山东泉林纸业有限责任公司在美国投资建设以麦草、玉米秸秆制浆造纸和生产黄腐酸肥料的项目已正式奠基。

表2　我国纸及纸板、纸制品“十五”“十一五”“十二五”年均进出口量　单位：万吨

时期	纸及纸板			纸制品		
	年均进口量	年均出口量	进出口贸易额	年均进口量	年均出口量	进出口贸易额
“十五”（2001—2005 年）	594	122	逆差	21	98	顺差
“十一五”（2006—2010 年）	374	409	顺差（自 2007 年）	18	187	顺差
“十二五”（2011—2015 年）	299	592	顺差	14	261	顺差

（4）贯彻落实国家鼓励“走出去”的境外投资政策。对境外投资重点制浆造纸项目，国内金融部门给予了国内信贷、优惠商贷等融资支持，据不完全统计，已完成和在建项目总投资约 200 亿元。另外，已签约的项目投资额约 200 亿元有待多渠道融资。近几年，我国造纸行业完成主要境外项目和企业“走出去”实例见表 3 和表 4。

3. 服务保障

（1）部分造纸企业已在境内外进入股票市场，充分利用境内外资本市场的融资功能，开拓融资渠道，提高项目投资能力和发展实力。山东晨鸣纸业集团股份有限公司 A、B、H 3 种股票上市。玖龙纸业（控股）有限公司、理文造纸有限公司、恒安国际集团有限公司、维达纸业（中国）有限公司、山东世纪阳光纸业集团有限公司等香港股票上市。河北保定东方造纸有限公司美国纽约证券交易所上市。

（2）利用国内智力资源实力较强的设计工程公司及设备供应商联合的优势，为境外 30 多个主要制浆造纸项目提供了咨询、设计、技术服务，并实施了工程总承包。境外项目主要分布在俄罗斯、白俄罗斯、印度尼西亚、孟加拉国、缅甸、泰国、老挝、巴基斯坦、尼泊尔、吉尔吉斯坦、越南、柬埔寨、印度、埃及、阿尔及利亚、加拿大、法国、圭亚那、加蓬等国家。积极实施“一带一路”国家发展战略，中国中轻国际工程有限公司与中国纸业投资有限公司、中冶国际工程集团有限公司签署了《关于促进我国制浆造纸技术及设备向国外发展的战略合作协议》，加快推进我国制浆造纸产业国际化进

表 3　　近几年我国设计单位完成和正在进行的主要境外制浆造纸项目

序号	项目名称	建设地点	原料、规模及品种	资金来源	主要设备	项目类型	备注
1	东方纸业公司	孟加拉	原料：废纸；6000 吨/年白纸板	国内信贷	国内设备	EPS	总包：中国机械设备进出口公司，已验收
2	马戈拉纸厂	孟加拉	原料：废纸；10000 吨/年白纸板	国内信贷	国内设备	EPS	总包：中国机械设备进出口公司，已验收
3	缅甸大巴竹浆厂（缅甸一工部）	缅甸大巴	原料：竹子；200 吨/日竹浆	国内信贷	国内设备	EPC	总包：中国冶金科工集团有限公司，已验收
4	马来西亚锦记钢铁变电站（KINSTEL）	马来西亚	两路 132 千伏变电站	业主		EPS（中国水电）	已验收
5	印度尼西亚 APP RB13（印尼 IKPP）	印尼盼拉望	2200 吨固形物/日（碱回收锅炉）	业主	武汉锅炉集团有限公司	EPS	已验收
6	泰国 PPPC 纸业公司苛化及石灰窑工程	泰国孔敬	苛化及石灰窑	业主	汶瑞机械（山东）有限公司及中国中轻国际工程有限公司	EPS（中国中轻国际工程有限公司）	已验收
7	泰国 SCL 纸业公司石灰窑工程	泰国北碧	160 吨/日（石灰窑）	业主	中国中轻国际工程有限公司	EPS（中国中轻国际工程有限公司）	已验收
8	马来西亚 ACACELL 年产 85 万吨纸浆项目	马来西亚沙捞越	原料：马占相思；85 万吨/年漂白木浆	国内银行（优贷 + 商贷）	美卓公司提供主要生产线，其他国内配套	EPC	实施中
9	阿马扎尔林浆一体化项目（俄罗斯北极星纸浆工业联合体有限公司）	俄罗斯后贝加尔边疆区赤塔州阿马扎尔镇	原料：落叶松；20 万吨/年本色浆	国内银行贷款	安德里茨公司浆线、浆板机，国内碱回收、电站和辅机	EPC	实施中
10	白俄罗斯壁纸有限公司年产 20 万吨涂布白卡纸生产线"交钥匙"工程项目	白俄罗斯戈梅里州达布鲁斯市	原料：杨木；20 万吨/年涂布白卡纸	国内银行贷款	安德里茨公司化学机械浆线，国内纸机及配套工程	EPC	实施中
11	老挝年产 30 万吨漂白阔叶木浆工程（山东太阳纸业股份有限公司）	老挝沙湾拿吉省	原料：桉木；30 万吨/年商品浆	企业自筹	安德里茨公司及国内配套	EPC	暂停
12	埃及亚历山大造纸厂	埃及亚历山大	50 吨/日瓦楞原纸		国产设备	工程总承包	已投产
13	埃及开罗造纸厂	埃及开罗	30 吨/日牛皮箱纸板		国产设备	工程总承包	已投产
14	巴基斯坦 Prestige 纸厂	巴基斯坦	5 吨/日卫生纸		国产设备	工程总承包	已投产

续表

序号	项目名称	建设地点	原料、规模及品种	资金来源	主要设备	项目类型	备注
15	缅甸耶尼制浆造纸工程	缅甸耶尼	80 吨/日水泥袋纸工程，120 吨/日碱回收		中国建材轻机装备集团宜宾造纸机械厂、安阳机械厂，四川东方锅炉集团有限公司	工程总承包	已投产
16	印度尼西亚 PT PINDO DELL 制浆造纸厂	印度尼西亚巴拉望	10 万吨/年卫生纸				已投产
17	印度尼西亚 Jambi LPPPI TG28 Fiber Papertech 工程贸易公司	印度尼西亚将碧	60 兆瓦汽轮机组		四川东方锅炉集团有限公司	工程总承包	实施中
18	印度尼西亚 Jambi LPPPI TG29 Fiber Papertech 工程贸易公司	印度尼西亚将碧	2.55 兆瓦汽轮机组		四川东方锅炉集团有限公司	工程总承包	实施中
19	白俄罗斯壁纸厂年产 20 万吨白卡纸项目	白俄罗斯明斯克市	20 万吨/年白卡纸		江苏华东造纸机械有限公司	工程管理及监理	实施中
20	越南安化制浆造纸厂	越南宣光省	425 吨/日漂白硫酸盐阔叶木浆	越南政府财政部担保、法国某银行贷款		工程总承包	已投产
21	KARNAPHULI 纸厂（KPML）	孟加拉	100 绝干吨/日漂白硫酸盐浆	孟加拉国家贷款		工程总承包	已投产
22	阿尔及利亚卫生纸厂	阿尔及利亚	4×20 绝干吨/日生活用纸			工程总承包	已投产
23	APP 永吉厂	印度尼西亚巴拉望	4×30000 绝干吨/年生活用纸	自筹		工程设计	已投产
24	APP 集伟工厂	印度尼西亚泗水	100000 绝干吨/年 MG 纸	自筹		工程设计	已投产
25	APP 集伟工厂	印度尼西亚泗水	10 绝干吨/日 DIP	自筹		工程设计	已投产
26	SKIP 项目	泰国 Ban Pong Ratchaburi	40 万吨/年牛皮箱纸板	业主自筹		工程总承包	实施中
27	APP 集团 LONTAR 纸浆厂 12 吨/日二氧化氯制备系统工程	印度尼西亚古碑	12 吨/日二氧化氯制备系统	自筹		设计	已投产
28	马来西亚沙巴森林工业有限责任公司浆板车间	马来西亚沙巴	410 吨/日浆板	自筹		总包	已投产
29	白俄罗斯 40 万吨纸浆厂项目	白俄罗斯	40 万吨/年漂白硫酸盐浆			设计 & 分包	实施中
30	柬金纸浆有限公司年产 3.5 万吨文化用纸工程以及配套的松香厂项目	柬埔寨	3.5 万吨/年文化用纸			咨询	已投产
31	马来西亚 SFI 项目 690 吨固形物/日碱回收燃烧工段	马来西亚沙巴	690 公吨固形物/日碱回收炉			设计	已投产

续表

序号	项目名称	建设地点	原料、规模及品种	资金来源	主要设备	项目类型	备注
32	越南海防纸业公司伸性纸袋项目	越南	18000 吨/年			设计	已投产
33	印度尼西亚 UFS 公司 MAL 木片厂	印度尼西亚	70 万吨/年			设计和现场技术服务	已投产
34	越南北江纸厂		2.5 万吨/年文化用纸			设计及调试	已投产
35	埃塞俄比亚纸浆项目		15 万吨/年桉木浆			设计及部分分包	前期
36	埃塞俄比亚蔗渣浆项目		10 万吨/年蔗渣浆及文化用纸和生活用纸			设计及部分分包	前期

注：1. 以上主要境外制浆造纸项目，统计截止到2013 年12 月。

2. 这些项目的主要完成单位，序号1—11 为中国中轻国际工程有限公司；序号12—19 为中国轻工业长沙工程有限公司；序号20—26 为中国海诚工程科技股份有限公司；序号27—33 为中国轻工业南宁设计工程有限公司；序号34—36 为中国轻工业成都设计工程有限公司。

表4　　　　我国造纸企业"走出去"情况

序号	企业名称	境外地点	投资方式	境外企业名称	产品规模与品种	进展情况	备注
1	玖龙纸业(控股)有限公司	越南	合资，股比50%	正阳纸业有限责任公司	10 万吨/年牛皮卡纸	已投产	2016 年扩投至45 万吨/年
2	山东太阳纸业股份有限公司	老挝	直接投资	育苗生产基地	600 万株/年育苗生产基地	2013 年完成造林5000 公顷	万亩育苗基地，10 万公顷林基地，30 万吨/年纸浆
		美国阿肯色州	拟合资		70 万吨/年绒毛浆/SBSKP	2015 年11 月已签合作备忘录	
3	中国纸业投资有限公司	圭亚那	直接投资		造林分2 期，2×6 万公顷	一期正在实施中	
4	宁波亚洲浆纸业有限公司(APP)	加拿大	国内银行贷款，收购造林	麦肯锡浆厂、好声浆厂、牧场湖浆厂	39 万吨/年漂白针叶木浆、63 万吨/年漂白针叶木浆、52 万吨/年漂白化学机械浆	工厂已接收，改造正在进行中	
		法国		圣戈当浆厂、TaraScon 浆厂	34 万吨/年漂白化学木浆、33 万吨/年漂白化学木浆		
5	理文造纸有限公司	越南	股份		40 万吨/年箱纸板	在建	
6	中国轻工业对外经济合作公司	莫桑比克		莫桑比克赞比西省纸浆厂	30 万吨/年纸浆	前期	交钥匙工程
		埃塞俄比亚		Tana 纸浆造纸厂	15 万吨/年纸浆、11.2 万吨/年纸	前期	
7	山东泉林纸业有限责任公司	美国弗吉尼亚州			60 万吨/年非木材浆	奠基	

程，促进我国制浆造纸企业优质产能和资产快速进入国际市场。

(3)行业组织和媒体扎实服务于企业、促进企业加快“走出去”步伐。中国造纸协会生活用纸专业委员会、山东省造纸行业协会、《中华纸业》杂志社、中国造纸杂志社等单位积极搭建国内外交流与合作平台，多次组织国内造纸与装备企业出国参展、考察，引领企业参与开拓国际市场。

(二)制浆造纸装备制造业“走出去”现状

近年来，我国制浆造纸装备制造业持续较快发展，技术水平和国际竞争力有较大提升。开始注重国际化战略并实施国际化布局，稳步推进“走出去”。产品出口速度年均增长20%左右，国产制浆造纸装备出口正逐步实现从小型单台到成套设备，从为国外大公司配套低附加值零部件到大中型整机出口转变。

汶瑞机械(山东)有限公司针对全球制浆造纸行业发展趋势，调整创新整体思路，开发新产品，建立和完善全球客服体系与校企合作平台，全面开展工程咨询、方案策划、工程设计、设备制造、安装调试、售后服务等活动，开拓国际市场。目前拥有20多个国家50余家国外客户群，产品80%出口。可提供年产160万吨化学木浆、年产30万吨化学机械浆、年产25万吨化学竹浆、年产10万吨禾草浆，年产30万吨废纸浆等关键设备生产及浆线交钥匙工程。典型案例有印度尼西亚苏门答腊岛新建年产200万吨硫酸盐阔叶木浆项目，加拿大HOWE SOUND浆厂400吨/时新型板式蒸发器工段工程，美国Woodland洗浆机工程，巴西白液压力盘工程等。

潍坊凯信机械有限公司出口英国Fourstones公司1台HC－1300新月型高速卫生纸机顺利投产。为了实现技术上的赶超，在意大利独资建立了欧洲技术中心。

另外，山东晨钟机械股份有限公司、福建轻工机械有限公司、郑州磊展科技造纸机械有限公司、郑州运达造纸设备有限公司、烟台华日造纸机械有限公司等在制浆设备方面出口业绩较好。河南大指造纸装备集成工程有限公司、河南中亚造纸装备股份有限公司、山东昌华造纸机械有限公司、山东北方造纸机械有限公司、江苏华东造纸机械有限公司和中国造纸装备有限公司等在造纸装备方面出口业绩有明显提升。

我国制浆造纸装备出口主要分布在印度尼西亚、印度、越南、埃及、伊朗、美国、加拿大、英国、俄罗斯等国家。近几年，我国制浆造纸装备业企业“走出去”实例见表5。

表5　2000—2015年我国制浆造纸机械制造业“走出去”实例

项目	设备名称	数量/台	时间
1. 汶瑞机械(山东)有限公司			
巴西JARAG UA EQUIPTOS INDS DO NORDESTE公司	白液压力盘式过滤机	1	2013－10
印度尼西亚Jambi浆厂、Perawang浆厂、OKI项目	SJA2282、2284双辊挤浆机、纤维回收机、氧反应塔	23	2014－12至2015－09
美国Woodland纸浆厂	67米^{2}洗浆机	1	2015－06
加拿大IMI公司	氧脱木素设备、洗浆机	8	2014－11至2015－05
已在印度尼西亚、加拿大、美国、印度、巴西设立了客服机构			
2. 山东晨钟机械股份有限公司			
印度尼西亚明星纸业有限公司、某浆厂、太阳纸业有限公司	圆筒筛、挤浆机、盘式热分散机、高浓除渣器、粗筛、精筛等	159	2012－03至2012－12
越南越发纸业有限公司	双盘磨浆机、水力碎浆机、压力筛等	56	2012－02
乌兹别克斯坦	双盘磨浆机、锥形磨浆机、压力筛、高浓除渣器等	5	2012－07
伊朗	水力洗草机、斜螺旋脱水机、喂料螺旋、蒸煮管、立式喷放器、除草机、压力筛、真空洗浆机等	30	2014－07

续表

项目	设备名称	数量/台	时间
3. 福建轻工机械有限公司			
印度尼西亚	废纸脱墨浆生产线、高强瓦楞原纸生产线	3	2011
埃及	高强瓦楞原纸生产线	1	2012
博茨瓦纳	备浆生产线、原生浆线、牛卡纸机、卫生纸备浆系统	4	2012
4. 郑州磊展科技造纸机械有限公司			
伊朗美森纸业有限公司，Iran Part PaPyrus	转鼓碎浆机，整套制浆系统（碎浆、出渣、筛选、网前流送）	2	2014－10
5. 郑州运达造纸设备有限公司			
伊朗现代纸业公司、阿尔及利亚、乌兹别克斯坦	箱纸板和生活用纸项目的废纸筛选系统设备		
6. 烟台华日造纸机械有限公司			
印度尼西亚 SIPM 纸厂	8 万吨/年箱纸板生产线全套设备	1	2012
俄罗斯圣彼得堡纸厂、埃派造纸公司	260 吨/日和 350 吨/日 OCC 废纸碎解系统设备	2	2012
阿塞拜疆 AZERSUN 纸厂	10 万吨/年箱纸板生产线全套设备	1	2012
玻利维亚法雷尔马皇纸厂	100 吨/日 OCC 处理成套设备	1	2012
7. 河南大指造纸装备集成工程有限公司			
印度尼西亚	1850 毫米，500 米/分，表面中心卷取分切机	1	2014－01
沙特阿拉伯	幅宽 1850 毫米，500 米/分	1	2014－02
印度	幅宽 3600 毫米，600 米/分，水力式稀释水流浆箱	1	2014－04
台湾展汇股份有限公司	1760 毫米，300 米/分，热敏纸涂布机交钥匙工程		2014－07
俄罗斯色楞格纸厂	4200 毫米，600 米/分，水力式稀释水流浆箱，上浆系统改造，DCS 优化，新增 QCS 等交钥匙工程	1	2015－10
8. 河南中亚造纸装备股份有限公司			
孟加拉国	3300 毫米，500 米/分，单长网文化用纸机	1	
埃及	3200 毫米，400 米/分，两叠网高强瓦楞原纸机	1	
印度	3000 毫米，400 米/分，两叠网高强瓦楞原纸机	1	
越南	3600 毫米，400 米/分，两叠网高强瓦楞原纸机	1	
塞尔维亚	5600 毫米，500 米/分，网部、压榨部改造	1	
9. 河南中亚造纸装备股份有限公司			
印度 Krishna 纸厂	3300 毫米，箱纸板机	1	
	4600 毫米，瓦楞原纸机	1	
	5400 毫米，650 米/分，三叠网多缸挂面纸板机	1	
10. 潍坊凯信机械有限公司			
白俄罗斯	4260 毫米，2000 米/分，高速复卷分切机	1	2014－12
英国 FOURSTONES 公司	HC－1300 新月型高速卫生纸机	1	2015－04 投产
2012 年在意大利独资建立欧洲技术中心			
11. 山东北方造纸机械有限公司			
印度尼西亚	1880 毫米，施胶机及烘缸部改造	1	2012－10

续表

项目	设备名称	数量/台	时间
12. 江苏华东造纸机械有限公司			
缅甸	3500 毫米，500 米/分，新闻纸机	1	2012
13. 中国造纸装备有限公司			
泰国宪成纸业有限公司	5750 毫米，900 米/分，PM5 箱纸板机网部、辊子改造	1	
14. 湖南正大轻科机械有限公司			
澳大利亚 VISY 制浆造纸公司	5890 毫米，1200 米/分，密封气罩及通风系统，含控制系统、安装调试	1	2009—2010
美国 PRATT INDUSTRIES 公司	6750 毫米，1200 米/分，密封气罩及通风系统，含控制系统、安装调试	1	
TURANLAR YAPI VE MALZEMELERITIC. AS	TAD 缸		2011
印度尼西亚 TOBACCO	2400 毫米，80 米/分，制浆造纸设备(总承包)	1	2014
泰国 THAIPAPER	2465 毫米，350 米/分，密封气罩通风系统	1	2014
捷克 PAPCEL. A. S	4550 毫米，650 米/分，密封气罩通风系统	1	2015
15. 广西博世科环保科技股份有限公司			
缅甸第一工业部造纸化学工业司	Φ8000 气浮机 Φ14 × 12 米上流式厌氧反应器	2 1	
金光集团巴拉望厂	12 吨/日、35 吨/日二氧化氯制备系统	2	2013 - 06 至 2014 - 12
白俄罗斯劳动英雄纸厂	18000 米^3/日给水净化站，15500 米^3/日废水处理系统(总承包)	2	2014 - 12

注：资料来源《中国造纸年鉴》(2011—2015)和调查资料。

(三)存在的主要问题

(1)造纸企业相对规模小、实力弱、国际化专业人才匮乏、跨国经营经验和企业文化融合能力不足。

(2)企业缺乏较清晰的长远规划。

(3)境外投资项目大部分在亚洲、非洲和拉丁美洲等发展中国家，所处投资环境较差，基础设施薄弱，交通不便，部分地区社会政治局势时有动荡，投资风险防范和权益保护问题突出，使有的先行投资企业项目出现一波三折。

(4)境外投资管理制度以及财政、金融、保险等支持政策尚不够完善，统筹协调机制有待加强。

(5)造纸行业境外投资项目主要涉及纤维资源和林纸一体化，而林业基地和浆厂的建设涉及面广，建设项目周期长，很多因素难以预测和准确把握，遇到的问题多，往往难以顺利推进。

(6)部分国产制浆造纸装备产品尚存在质量和性能稳定性欠缺，单机能力规模偏小，智能化水平较低和客服能力不足等问题，有待进一步解决和提高。

三、行业“走出去”面临的机遇与挑战

(一)机遇

世界经济结构深刻变化。全球产业链、价值链、供应链加速整合，新的供需产业链逐渐形成，为优势企业重塑竞争优势和寻求新商机提供了契机。

国际金融危机深层次影响在相当长时期依然存在。全球范围内一些具有发展前景的企业出现了经营困难，这对国内有实力的企业到境外收购其股权或直接投资、拓展国际发展空间是个机会。

国家政策层面上出台了《境外投资项目核准和备案管理办法》《国务院关于推进国际产能和装备制造合作的指导意见》等多项政策措施。正在健全外贸、外资、对外投资等涉外法律法规体系；完善对外投资管理体制；促进国际经济治理体系改革；推动“走出去”战略，为国内企业“走出去”提供了有

力支撑。

"一带一路"战略的实施将使行业、企业更好地统筹国内国际两个大局，更好地利用两个市场、两种资源，为我国纸产品出口、原材料进口、过剩产能转移、境外项目投资或合作、制浆造纸装备出口和设立全球客服机构等创造良好条件。特别是推动企业"走出去"，与亚洲、非洲国家产能合作和装备出口，以及开拓其他新兴市场提供历史性发展机遇。

（二）挑战

造纸与装备制造企业"走出去"面临着一定风险。

（1）社会方面　包括拟投资国家的政治、权利变更，法律体系不健全，政府执行能力差和文化差异等对贷款人和投资人将产生一定影响，带来一定风险。

（2）经济方面　制浆造纸项目一般周期较长，投资额较大，对外投资可能存在外汇汇率、借贷资金利率的变化，将增大币值不稳定性因素和偿还贷款风险，有可能使项目资金成本提高。

（3）企业方面　在境外投资建设项目，面临着需要高素质管理人才和企业管理经验的挑战。同时存在着劳工问题，可能带来采用工成本增加和所需设备、材料、采购价格的不确定性带来的成本浮动，以及对国外合作企业或合伙人的经济背景、资信能力的可信可靠程度难于准确、客观了解而带来的风险等。

四、未来几年行业"走出去"的主要目标和主要任务

（一）主要目标

总结"走出去"的经验教训，稳步扩大境外投资和产品出口，逐步形成3～5个具有国际竞争实力的跨国企业，先行实现能够参与全球造纸业和制浆造纸装备制造业的国际分工、合作与服务，拓展国际发展空间的战略目标。

（二）主要任务

坚持对外开放的基本国策，继续把"引进来"和"走出去"紧密结合，引导企业制定科学合理的境外发展规划，突出企业投资主体地位，实践"一路一带"发展战略。

坚持实施充分利用国内国外两种资源的原则，继续推动有竞争优势的企业参与境外纤维资源开发、产能转移和装备制造等合作项目。

坚持实施国内国际两个市场的原则，积极推进开拓境外市场，注重培育跨国经营、管理人员，完善健全技术贸易壁垒预警机制，增强企业参与全球造纸业、装备业市场贸易的竞争能力。

五、促进行业"走出去"主要措施与政策建议

贯彻落实"创新、协调、绿色、开放、共享"的发展理念，坚持开放合作发展，实施大企业战略，尝试组建几个资产一体化管理与使用的有竞争力的企业集团"走出去"。

实施国际化战略，深入调研国际市场需求，做好境外投资发展规划，循序渐进，量力而行。加强项目技术经济可行性和可持续性的研究论证，以选择好目标市场。

注重提高企业综合素质，增强创新能力、国际竞争能力和抗风险能力。全面推进绿色制造，提高产品质量和稳定性，创名牌，提升出口产品国际认知度，加大市场多元化，拓展实力，并选择适合自身"走出去"的模式，促进企业向跨国公司发展。

加快人才智能培育，鼓励企业引进和培养适应环境投资和国际贸易发展所需的高素质人才。

建议国家进一步强化境外投资指导，加大政策推进强度，完善配套鼓励政策与措施，健全金融、税务、保险等保障体系，积极支持造纸业和造纸机械制造业有条件发展的企业"走出去"，为实现产业升级，国内外资源优化配置及拓宽国际发展空间创造有利条件。

（曹朴芳）

发展现状

CURRENT STATUS OF DEVELOPMENT

2

中国造纸工业 2015 年度报告

Annual Report of China's Paper Industry in 2015

一、纸及纸板生产和消费情况

(一)纸及纸板生产量和消费量

据中国造纸协会调查资料，2015 年全国纸及纸板生产企业约 2900 家，纸及纸板生产量 10710 万吨，同比增长 2.29%。消费量 10352 万吨，同比增长 2.79%；人均年消费量为 75 千克(13.75 亿人)。2006—2015 年，纸及纸板生产量年均增长率 5.71%，消费量年均增长率 5.13%(见图 1～图 3 和表 1)。

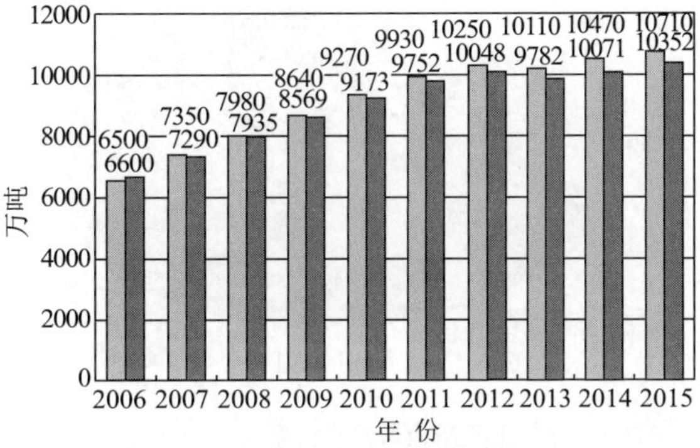

图1 2006—2015年纸及纸板生产和消费情况

□生产量 ■消费量

表 1 2015 年纸及纸板生产和消费情况 单位：万吨

品 种	生产量			消费量		
	2014 年	2015 年	同比/%	2014 年	2015 年	同比/%
总量	10470	10710	2.29	10071	10352	2.79
1. 新闻纸	325	295	-9.23	321	299	-6.85
2. 未涂布印刷书写纸	1715	1745	1.75	1629	1680	3.13
3. 涂布印刷纸	775	770	-0.65	625	642	2.72
其中：铜版纸	685	680	-0.73	587	596	1.53
4. 生活用纸	830	885	6.63	759	817	7.64
5. 包装纸	650	665	2.31	665	681	2.41
6. 白纸板	1395	1400	0.36	1301	1299	-0.15
其中：涂布白纸板	1345	1340	-0.37	1251	1238	-1.04
7. 箱纸板	2180	2245	2.98	2240	2297	2.54
8. 瓦楞原纸	2155	2225	3.25	2152	2228	3.53
9. 特种纸及纸板	250	265	6.00	205	217	5.85
10. 其他纸及纸板	195	215	10.26	174	192	10.34

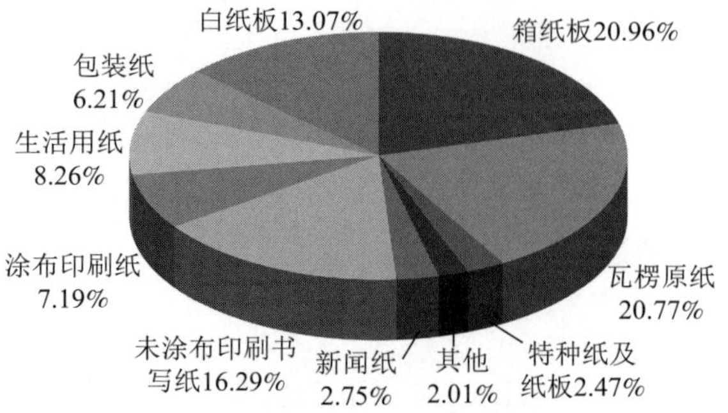

图2　2015年纸及纸板各品种生产量占总生产量的比例

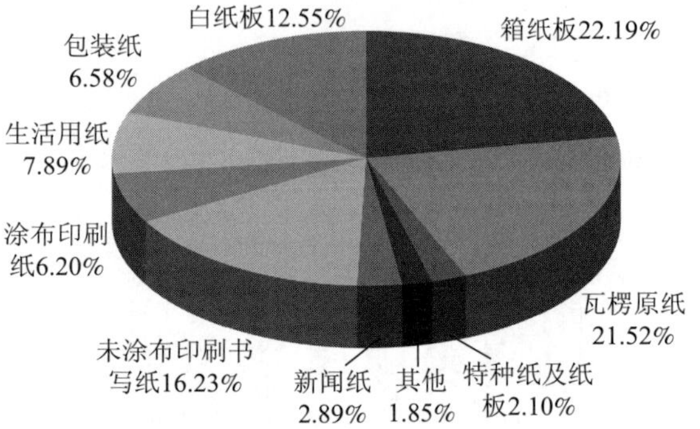

图3　2015年纸及纸板各品种消费量占总消费量的比例

(二)纸及纸板主要产品生产和消费情况

1. 新闻纸

2015年新闻纸生产量295万吨，同比减少9.23%；消费量299万吨，同比减少6.85%。2006—2015年生产量年均增长率-2.63%，消费量年均增长率-1.22%(见图4)。

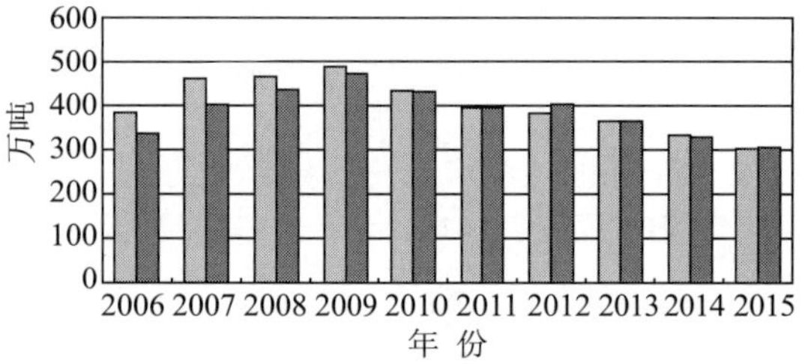

图4　2006—2015年新闻纸生产量和消费量

□生产量　■消费量

2. 未涂布印刷书写纸

2015年未涂布印刷书写纸生产量1745万吨，同比增长1.75%；消费量1680万吨，同比增长3.13%。2006—2015年生产量年均增长率4.06%，消费量年均增长率3.70%(见图5)。

3. 涂布印刷纸

2015年涂布印刷纸生产量770万吨，同比减少0.65%；消费量642万吨，同比增长2.72%。2006—2015年生产量年均增长率5.89%，消费量

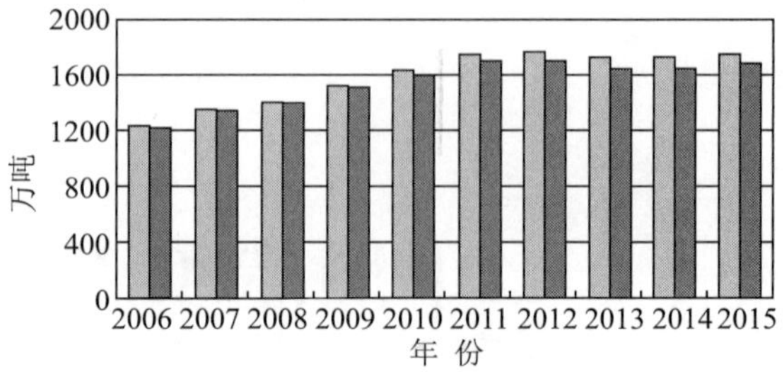

图5　2006—2015年未涂布印刷书写纸生产量和消费量

□生产量　■消费量

年均增长率5.40%(见图6)。其中，2015年铜版纸生产量680万吨，同比减少0.73%；消费量596万吨，同比增长1.53%；2006—2015年生产量年均增长率6.68%，消费量年均增长率6.72%(见图7)。

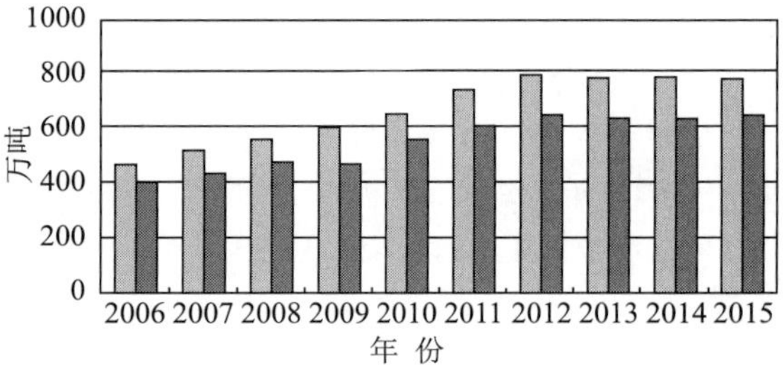

图6　2006—2015年涂布印刷纸生产量和消费量

□生产量　■消费量

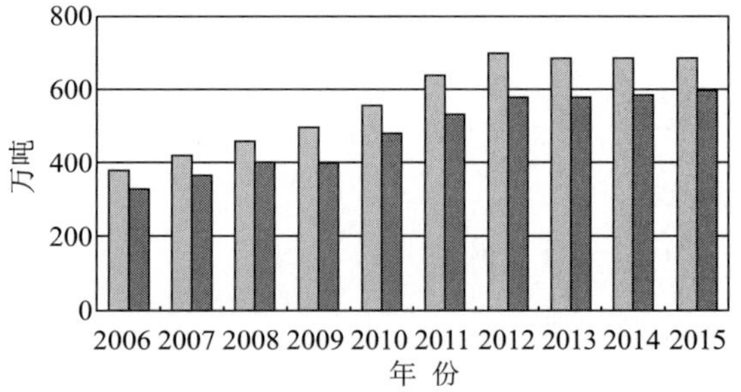

图7　2006—2015年铜版纸生产量和消费量

□生产量　■消费量

4. 生活用纸

2015年生活用纸生产量885万吨，同比增长6.63%；消费量817万吨，同比增长7.64%。2006—2015年生产量年均增长率7.28%，消费量年均增长率7.23%(见图8)。

5. 包装纸

2015年包装纸生产量665万吨，同比增长2.31%；消费量681万吨，同比增长2.41%。2006—2015年生产量年均增长率2.77%，消费量年均增长率2.87%(见图9)。

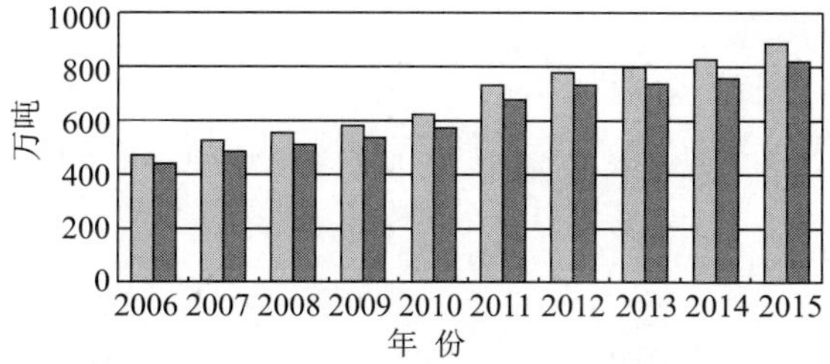

图8　2006—2015年生活用纸生产量和消费量

□生产量　■消费量

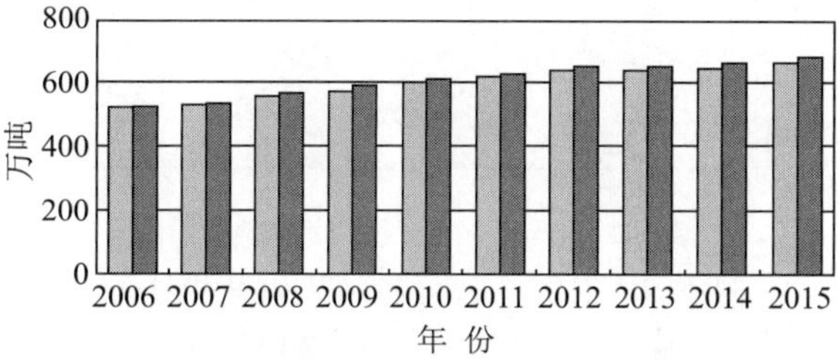

图9　2006—2015年包装纸生产量和消费量

□生产量　■消费量

6. 白纸板

2015 年白纸板生产量 1400 万吨，同比增长 0.36%；消费量 1299 万吨，同比减少 0.15%。2006—2015 年生产量年均增长率 4.53%，消费量年均增长率 3.27%（见图 10）。其中，2015 年涂布白纸板生产量 1340 万吨，同比减少 0.37%；消费量 1238 万吨，同比减少 1.04%；2006—2015 年生产量年均增长率 4.52%，消费量年均增长率 3.22%（见图 11）。

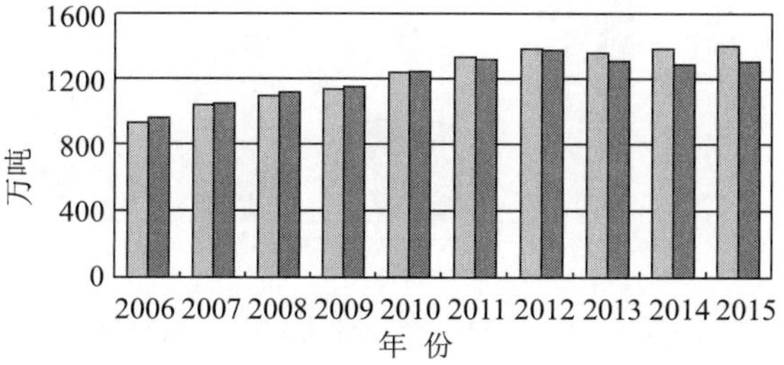

图10　2006—2015年白纸板生产量和消费量

□生产量　■消费量

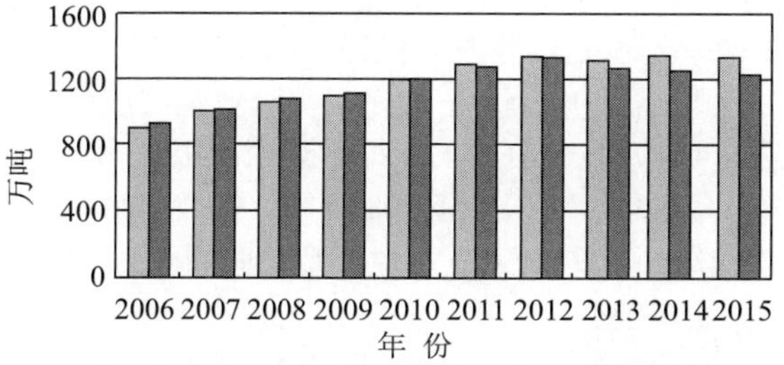

图11　2006—2015年涂布白纸板生产量和消费量

□生产量　■消费量

7. 箱纸板

2015 年箱纸板生产量 2245 万吨，同比增长 2.98%；消费量 2297 万吨，同比增长 2.54%。2006—2015 年生产量年均增长率 7.72%，消费量年均增长率 6.99%（见图 12）。

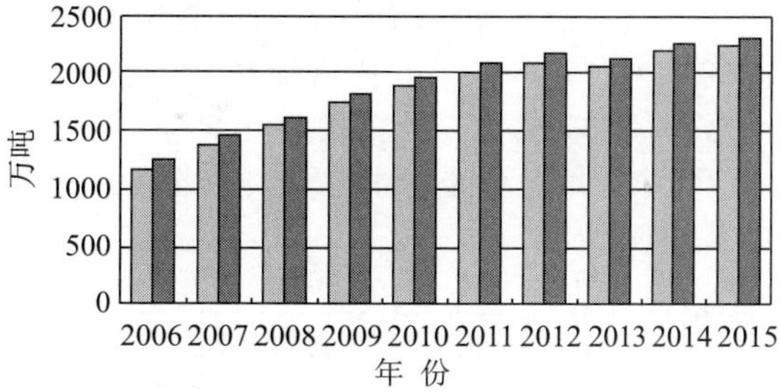

图12　2006—2015年箱纸板生产量和消费量

□生产量　■消费量

8. 瓦楞原纸

2015 年瓦楞原纸生产量 2225 万吨，同比增长 3.25%；消费量 2228 万吨，同比增长 3.53%。2006—2015 年生产量年均增长率 7.82%，消费量年均增长率 7.19%（见图 13）。

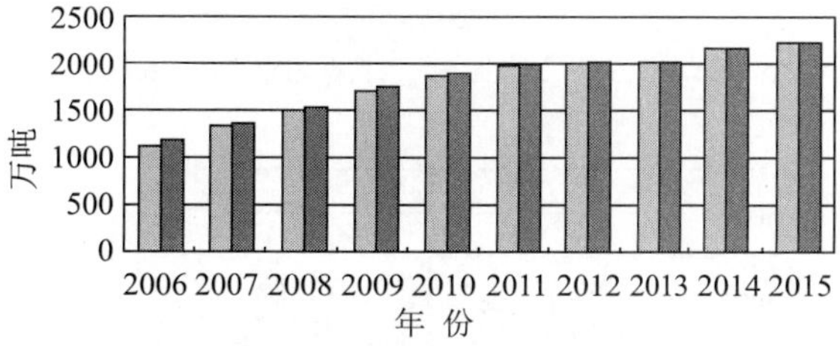

图13　2006—2015年瓦楞原纸生产量和消费量

□生产量　■消费量

9. 特种纸及纸板

2015 年特种纸及纸板生产量 265 万吨，同比增长 6.00%；消费量 217 万吨，同比增长 5.85%。2006—2015 年生产量年均增长率 10.26%，消费量年均增长率 5.77%（见图 14）。

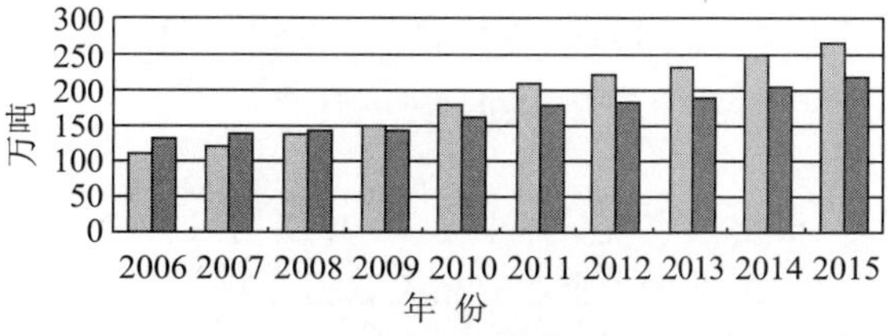

图14　2006—2015年特种纸及纸板生产量和消费量

□生产量　■消费量

二、纸及纸板生产企业经济指标完成情况

据国家统计局统计，2015 年 1—12 月规模以

上造纸生产企业 2791 家；主营业务收入 8003 亿元，同比增长 2. 33%（见图 15）；工业增加值增速 1. 90%；产成品存货 317 亿元，同比减少 0. 24%；利税总额 611 亿元，同比增长 2. 87%，其中，利润总额 373 亿元，同比增长 2. 90%（见图 16）；资产总计 9940 亿元，同比增长 5. 92%；资产负债率 58. 74%，同比增加 0. 19 个百分点；负债总额 5839 亿元，同比增长 5. 90%；在统计的 2791 家造纸生产企业中，亏损企业有 366 家，占 13. 11%。

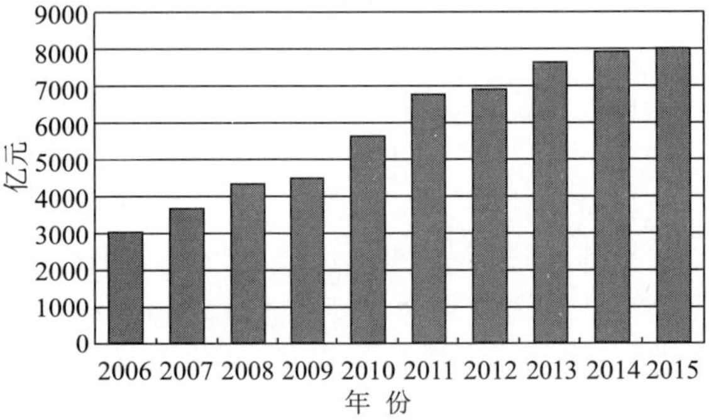

图15　2006—2015年主营业务收入

注：2007—2010年主营业务收入数据为中国造纸协会数据。

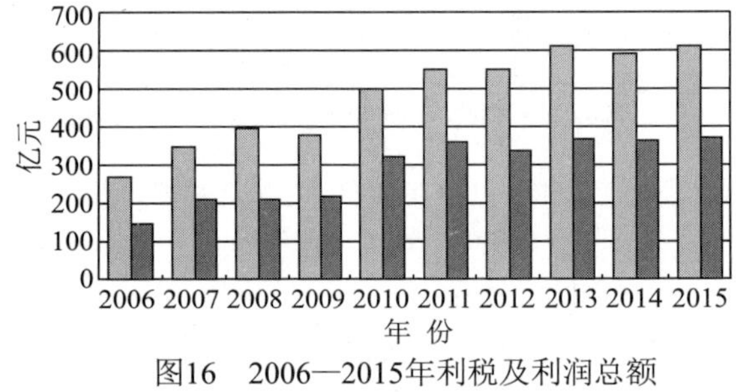

图16　2006—2015年利税及利润总额

■ 利税总额　　■ 利润总额

注：2007—2010年利税和利润总额数据为中国造纸协会数据。

三、纸及纸板生产企业经济类型与规模结构

根据国家统计局提供的 2015 年 1—12 月规模以上造纸生产企业的相关数据分析，在统计的 2791 家规模以上造纸生产企业中，国有及国有控股企业有 63 家，占 2. 26%；“三资”企业有 301 家，占 10. 78%；集体及其他企业有 2427 家，占 86. 96%。在造纸企业主营业务收入总额中，国有及国有控股企业占 7. 75%；“三资”企业占 26. 96%；集体及其他企业占 65. 29%。在利税总额中，国有及国有控股企业占 4. 38%；“三资”企业占 24. 99%；集体及其他企业占 70. 62%。在利润总额中，国有及国有控股企业占 1. 64%；“三资”企业占 24. 46%；集体及其他企业占 73. 90%（见图 17）。

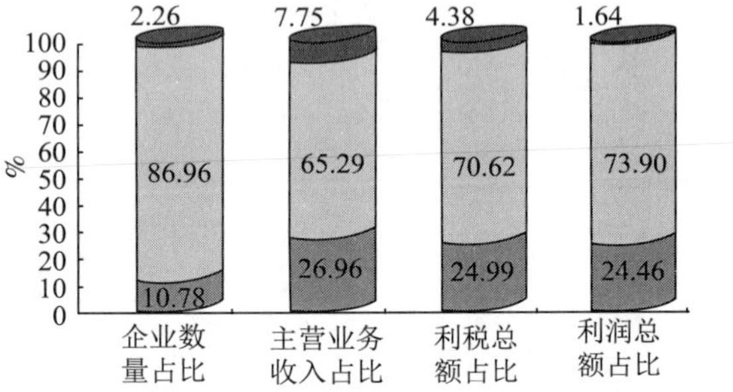

图17　造纸生产企业经济类型与规模结构

■“三资”企业　■ 集体及其他企业　■ 国有及国有控股企业

注：数据来源于国家统计局（规模以上工业企业统计）。

按照我国大、中、小型企业划分标准，2015 年 2791 家规模以上造纸生产企业中，大中型造纸企业 517 家，占 18. 52%，小型企业 2274 家，占 81. 48%；在纸及纸板产品主营业务收入中，大中型企业占 66. 28%，小型企业占 33. 72%；在利税总额中，大中型企业占 64. 68%，小型企业占 35. 32%；在利润总额中，大中型企业占 65. 77%，小型企业占 34. 23%（见图 18）。

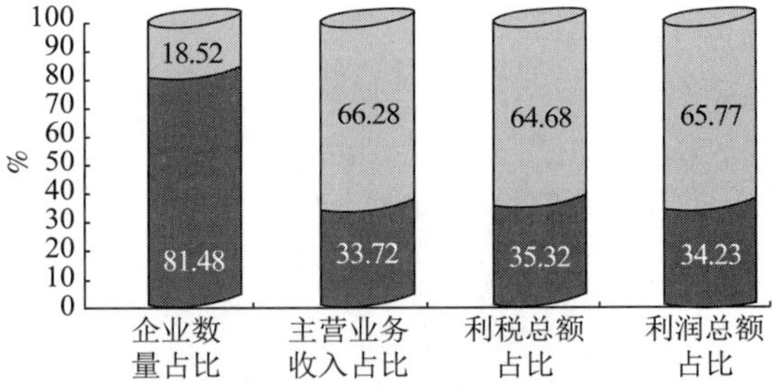

图18　纸及纸板生产企业主要经济指标情况

■ 小型企业　■ 大中型企业

注：数据来源于国家统计局（规模以上工业企业统计）。

2015 年纸及纸板生产量超过 100 万吨的生产企业有：玖龙纸业（控股）有限公司 1263 万吨，理文造纸有限公司 519 万吨，山东晨鸣纸业集团股份有限公司 418 万吨，山东太阳控股集团有限公司 314 万吨，华泰集团有限公司 308 万吨，安徽山鹰纸业股份有限公司 294 万吨，福建联盛纸业有限公司 232 万吨，金东纸业（江苏）股份有限公司 203 万吨，宁波中华纸业有限公司（含宁波亚洲浆纸业有限公司）199 万吨，中国纸业投资有限公司 176 万吨，江苏荣成

环保科技股份有限公司 161 万吨，东莞建晖纸业有限公司 135 万吨，金红叶纸业集团有限公司 124 万吨，浙江景兴纸业股份有限公司 123 万吨，山东世纪阳光纸业集团有限公司 114 万吨，海南金海浆纸业有限公司 108 万吨，山东博汇纸业股份有限公司 106 万吨。

2015 年木浆生产量超过 100 万吨的生产企业有：亚太森博（山东）浆纸有限公司 155 万吨，海南金海浆纸业有限公司 150 万吨。

四、纸浆生产和消耗情况

（一）2015 年纸浆生产情况

据中国造纸协会调查资料，2015 年全国纸浆生产量 7984 万吨，同比增长 0.98%。其中，木浆 966 万吨，同比增长 0.42%；废纸浆 6338 万吨，同比增长 2.41%；非木材浆 680 万吨，同比减少 9.93%（见表 2）。

表 2　　2006—2015 年纸浆生产情况　　单位：万吨

品种	2006 年	2007 年	2008 年	2009 年	2010 年	2011 年	2012 年	2013 年	2014 年	2015 年
纸浆合计	5196	5924	6415	6733	7318	7723	7867	7651	7906	7984
1. 木浆	526	605	679	560	716	823	810	882	962	966
2. 废纸浆	3380	4017	4439	4997	5305	5660	5983	5940	6189	6338
3. 非木材浆	1290	1302	1297	1176	1297	1240	1074	829	755	680
其中：苇浆	144	144	150	144	156	158	143	126	113	100
蔗渣浆	74	90	97	98	117	121	90	97	111	96
竹浆	95	120	146	161	194	192	175	137	154	143
稻麦草浆	908	849	808	676	719	660	592	401	336	303
其他浆	69	99	97	97	111	109	74	68	41	38

（二）2015 年纸浆消耗情况

2015 年全国纸浆消耗量 9731 万吨，同比增长 2.60%。木浆 2713 万吨，占纸浆消耗总量的 28%，其中，进口木浆占 18%，国产木浆占 10%；废纸浆 6338 万吨，占纸浆消耗总量的 65%，其中，进口废纸浆占 25%，国产废纸浆占 40%；非木材浆 680 万吨，占纸浆消耗总量的 7%，其中，稻麦草浆占 3.1%，竹浆占 1.5%，苇（荻）浆占 1.0%，蔗渣浆占 1.0%，其他非木材浆占 0.4%（见表 3 和图 19 ~ 图 20）。

表 3　　2015 年纸浆消耗情况

品　种	2014 年		2015 年		
	消耗量/万吨	占比/%	消耗量/万吨	占比/%	同比/%
总量	9484	100	9731	100	2.60
木浆	2540	27	2713	28	6.81
其中：进口木浆	1588[1]	17	1757[2]	18	10.64
废纸浆	6189	65	6338	65	2.41
其中：进口废纸浆	2243	24	2392	25	6.64
非木材浆	755	8	680	7	-9.93

注：1. 2014 年进口木浆 1797 万吨，扣除溶解浆 209 万吨，实际消耗量 1588 万吨。
2. 2015 年进口木浆 1984 万吨，扣除溶解浆 227 万吨，实际消耗量 1757 万吨。

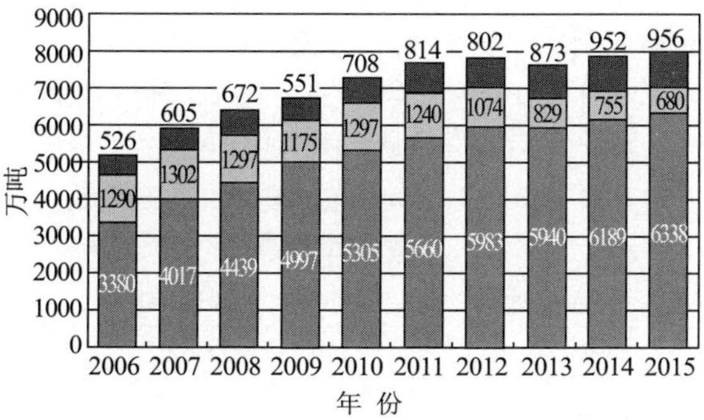

图19　2006—2015年国产纸浆消耗情况
■废纸浆　□非木材浆　■木浆

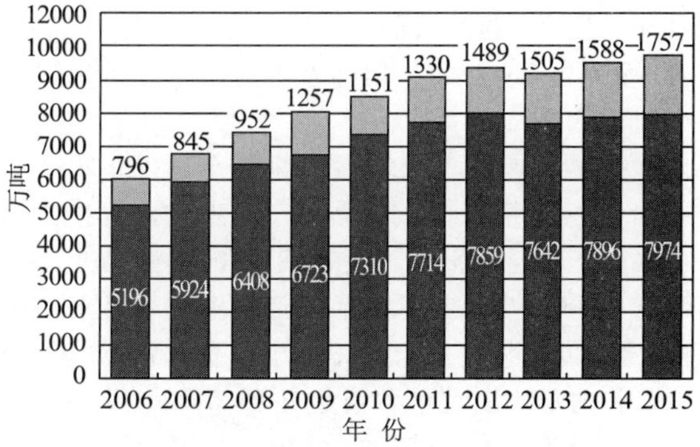

图20　2006—2015年纸浆总消耗情况
■国产纸浆消耗量　■进口纸浆消耗量

五、纸制品生产和消费情况

(一)纸制品生产量和消费量

根据国家统计局数据，2015 年全国规模以上纸制品生产企业 3898 家，生产量 7038 万吨，同比增长 6. 07%；消费量 6766 万吨，同比增长 6. 18%；进口量 12 万吨，出口量 284 万吨。2006—2015 年纸制品生产量年均增长率 13. 60%，消费量年均增长率 13. 84%(见图 21)。

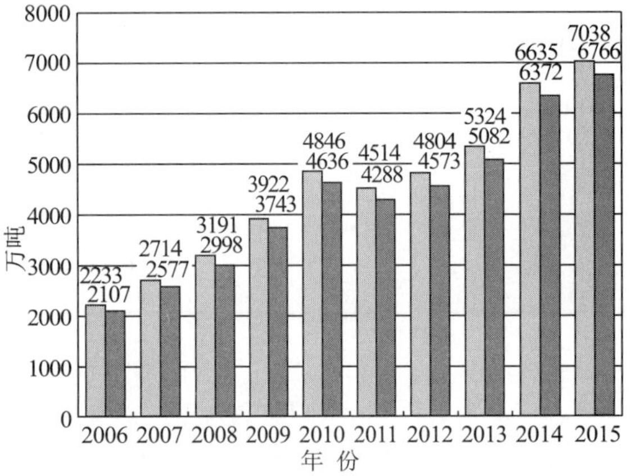

图21 2006—2015年纸制品生产和消费情况

□生产量 ■消费量

注：数据来源于国家统计局（规模以上企业统计）。

(二)纸制品生产企业经济类型与规模结构

2015 年全国规模以上纸制品生产企业 3898 家，国有及国有控股企业 40 家，占 1. 03%；“三资”企业 629 家，占 16. 14%；集体及其他企业 3229 家，占 82. 84%。在纸制品生产企业主营业务收入总额中，国有及国有控股企业占 0. 86%；“三资”企业占 24. 72%；集体及其他企业占 74. 42%。在利税总额中，国有及国有控股企业占 0. 76%；“三资”企业占 29. 51%；集体及其他企业占 69. 73%。在利润总额中，国有及国有控股企业占 0. 61%；“三资”企业占 30. 74%；集体及其他企业占 68. 65%(见图 22)。

按照我国大、中、小型企业划分标准，2015 年在 3898 家规模以上纸制品生产企业中，大中型纸制品生产企业 465 家，占 11. 93%，小型企业 3433 家，占 88. 07%；在纸制品生产企业主营业务收入中，大中型企业占 36. 53%，小型企业占 63. 47%；在利税总额中，大中型企业占 43. 65%，小型企业占 56. 35%；在利润总额中，大中型企业占 45. 79%，小型企业占 54. 21%(见图 23)。

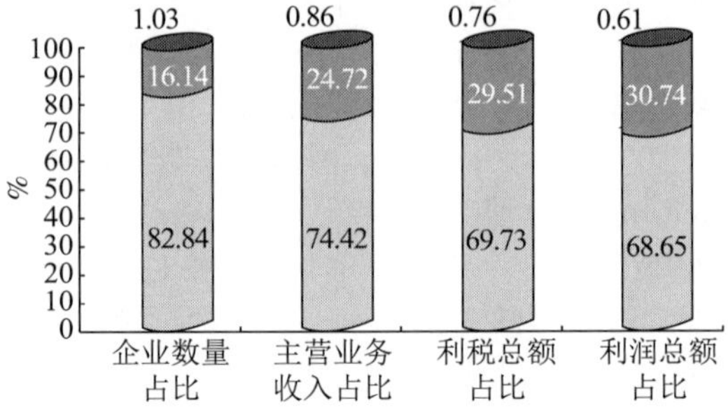

图22 2015年纸制品生产企业经济类型与规模结构

□集体及其他企业 ■“三资”企业 ■国有及国有控股企业

注：数据来源于国家统计局（规模以上工业企业统计）。

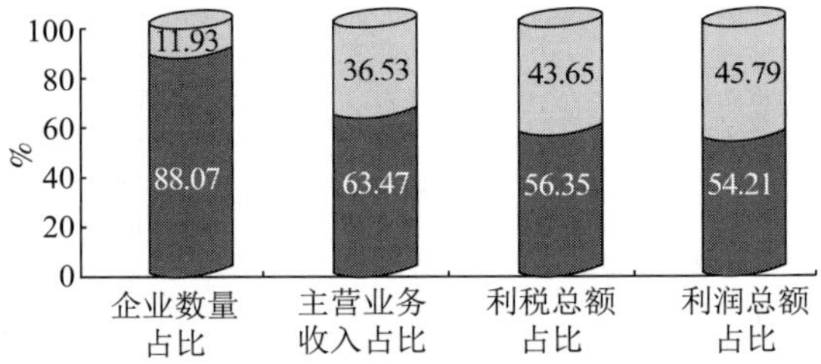

图23 2015年纸制品生产企业主要经济指标情况

■小型企业 □大中型企业

注：数据来源于国家统计局（规模以上工业企业统计）。

六、纸及纸板、纸浆、废纸、纸制品进出口情况

(一)纸及纸板、纸浆、废纸、纸制品进口情况

2015 年纸及纸板进口 287 万吨，同比增长 1. 77%；纸浆进口 1984 万吨，同比增长 10. 41%；废纸进口 2928 万吨，同比增长 6. 40%；纸制品进口 12 万吨，同比减少 7. 69%。

2015 年进口纸及纸板、纸浆、废纸、纸制品合计 5211 万吨，同比增长 7. 58%，用汇 220. 83 亿美元，同比增长 1. 65%。进口纸及纸板平均价格为 1162. 31 美元/吨，同比下降 7. 70%；进口纸浆平均价格为 642. 85 美元/吨，同比下降 4. 28%；进口废纸平均价格为 180. 31 美元/吨，同比下降 7. 19%(见表 4)。2015 年纸及纸板各品种进口量比例见图 24。

表 4 2015 年我国纸浆、废纸、纸及纸板、纸制品进口量 单位：万吨

品 种	2014 年	2015 年	同比/%
一、纸浆	1797	1984	10. 41
二、废纸	2752	2928	6. 40
三、纸及纸板	282	287	1. 77

续表

品　种	2014 年	2015 年	同比/%
1. 新闻纸	5	6	20.00
2. 未涂布印刷书写纸	31	37	19.35
3. 涂布印刷纸	34	34	0.00
其中：铜版纸	26	26	0.00
4. 包装纸	20	21	5.00
5. 箱纸板	86	84	-2.33
6. 白纸板	64	61	-4.69
其中：涂布白纸板	64	60	-6.25
7. 生活用纸	4	3	-25.00
8. 瓦楞原纸	5	9	80.00
9. 特种纸及纸板	27	26	-3.70
10. 其他纸及纸板	6	6	0.00
四、纸制品	13	12	-7.69
总　计	4844	5211	7.58

注：数据来源于海关总署。

(二)纸及纸板、纸浆、废纸、纸制品出口情况

2015 年纸及纸板出口 645 万吨，同比减少 5.29%；纸浆出口 10.20 万吨，同比增长 4.62%；废纸出口 0.07 万吨，与 2014 年持平；纸制品出口 284 万吨，同比增长 2.90%。

2015 年出口纸及纸板、纸浆、废纸、纸制品合计 939.27 万吨，同比减少 2.85%，创汇 189.64 亿美元，同比增长 5.60%。出口纸及纸板平均价格为 1418.09 美元/吨，同比增长 8.55%；出口纸浆平均价格为 1105.64 美元/吨，同比下降 8.11%（见表 5）。2015 年纸及纸板各品种出口量比例见图 25。

表 5　2015 年我国纸浆、废纸、纸及纸板、纸制品出口量　单位：万吨

品　种	2014 年	2015 年	同比/%
一、纸浆	9.75	10.20	4.62
二、废纸	0.07	0.07	0.00
三、纸及纸板	681	645	-5.29
1. 新闻纸	9	2	-77.78
2. 未涂布印刷书写纸	117	102	-12.82
3. 涂布印刷纸	184	162	-11.96
其中：铜版纸	124	110	-11.29
4. 包装纸	5	5	0.00
5. 箱纸板	26	32	23.08
6. 白纸板	158	162	2.53
其中：涂布白纸板	158	162	2.53
7. 生活用纸	75	71	-5.33
8. 瓦楞原纸	8	6	-25.00
9. 特种纸及纸板	72	74	2.78
10. 其他纸及纸板	27	29	7.41
四、纸制品	276	284	2.90
总　计	966.82	939.27	-2.85

注：数据来源于海关总署。

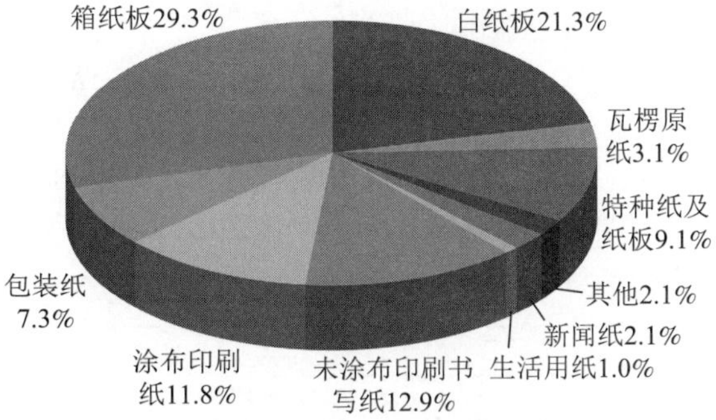

图24　2015年纸及纸板各品种进口量比例

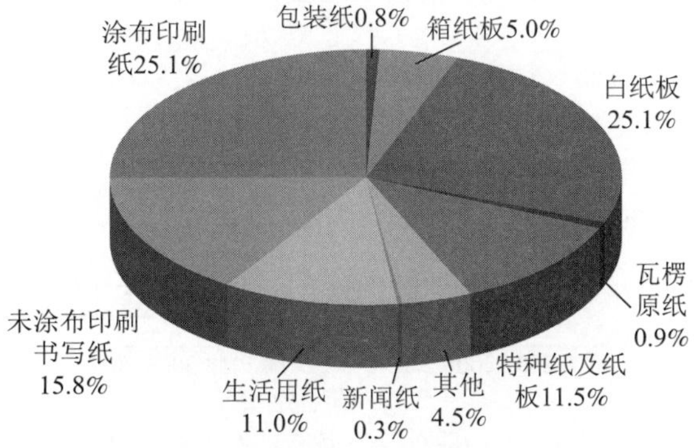

图25　2015年纸及纸板各品种出口量比例

(三)2006—2015 年纸及纸板主要产品进出口情况

1. 新闻纸

2015 年新闻纸进口量大于出口量，净进口 4 万吨，2006—2015 年新闻纸进口量及出口量见图 26。

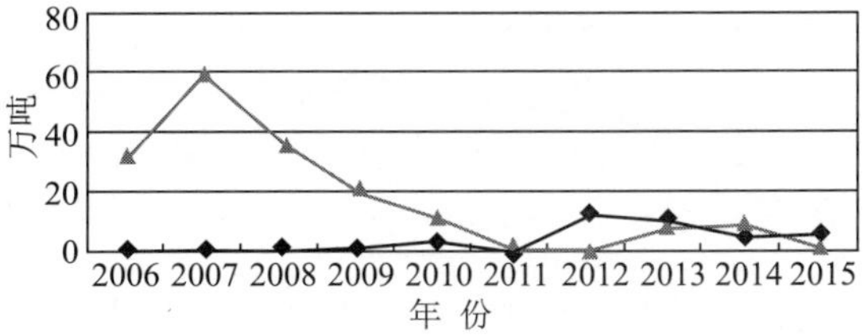

图26　2006—2015年新闻纸进口量及出口量

2. 未涂布印刷书写纸

2015 年未涂布印刷书写纸出口量大于进口量，净出口 65 万吨，2006—2015 年未涂布印刷书写纸进口量及出口量见图 27。

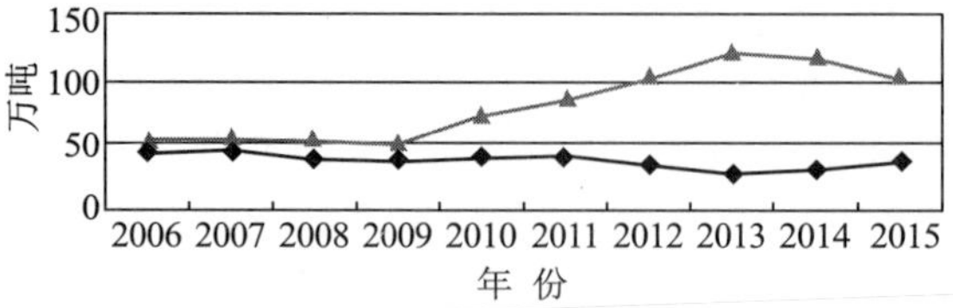

图27 2006—2015年未涂布印刷书写纸进口量及出口量

进口量 出口量

3. 涂布印刷纸

2015 年涂布印刷纸出口量大于进口量，净出口 128 万吨，其中，铜版纸出口量大于进口量，净出口 84 万吨。2006—2015 年涂布印刷纸进口量及出口量见图 28，2006—2015 年铜版纸进口量及出口量见图 29。

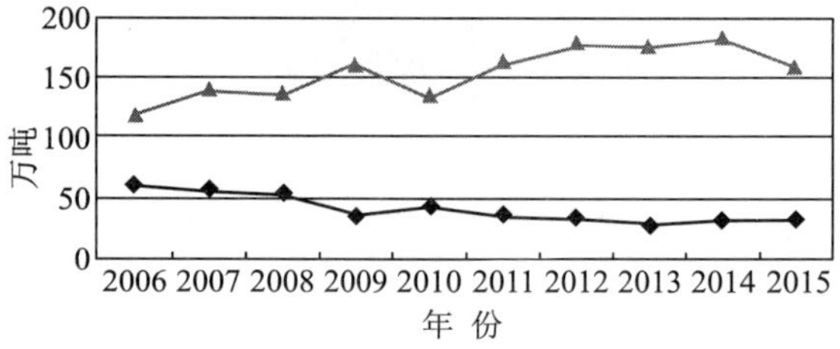

图28 2006—2015年涂布印刷纸进口量及出口量

进口量 出口量

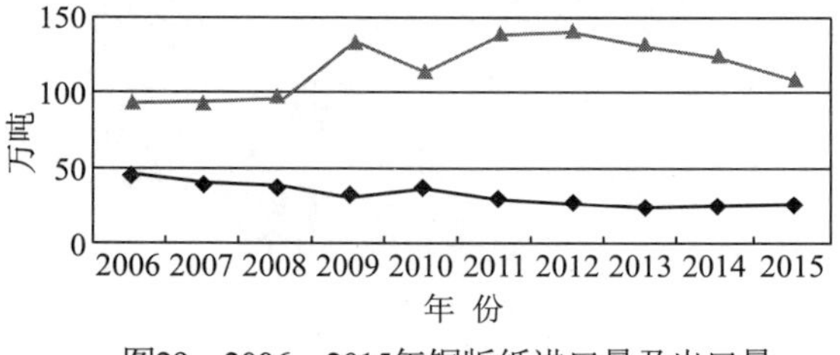

图29 2006—2015年铜版纸进口量及出口量

进口量 出口量

4. 生活用纸

2015 年生活用纸出口量大于进口量，净出口 68 万吨，2006—2015 年生活用纸进口量及出口量见图 30。

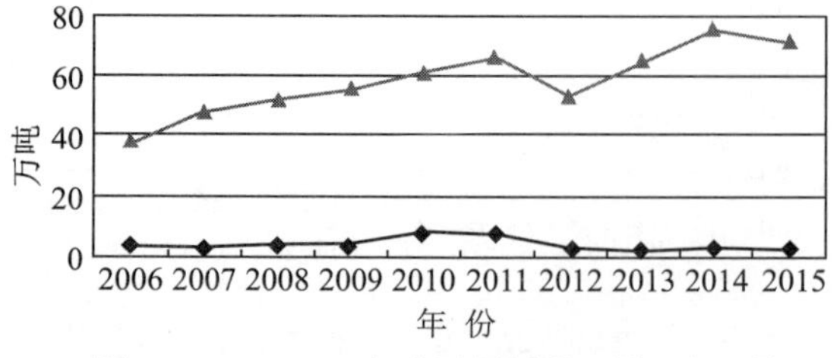

图30 2006—2015年生活用纸进口量及出口量

进口量 出口量

5. 包装纸

2015 年包装纸进口量大于出口量，净进口 16 万吨。2006—2015 年包装纸进口量及出口量见图 31。

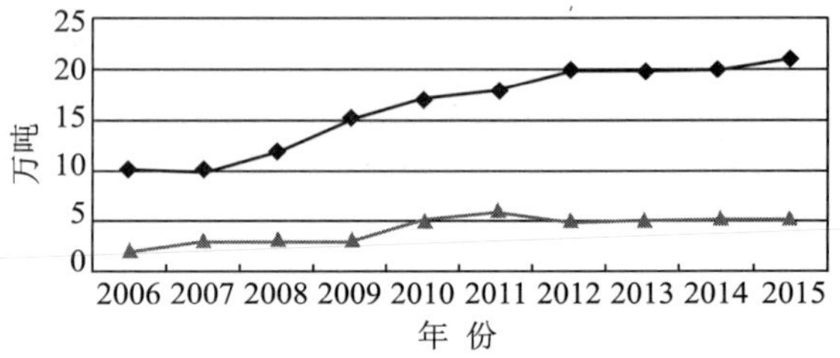

图31 2006—2015年包装纸进口量及出口量

进口量 出口量

6. 白纸板

2015 年白纸板出口量大于进口量，净出口 101 万吨，其中，涂布白纸板出口量大于进口量，净出口 102 万吨。2006—2015 年白纸板进口量及出口量见图 32，涂布白纸板进口量及出口量见图 33。

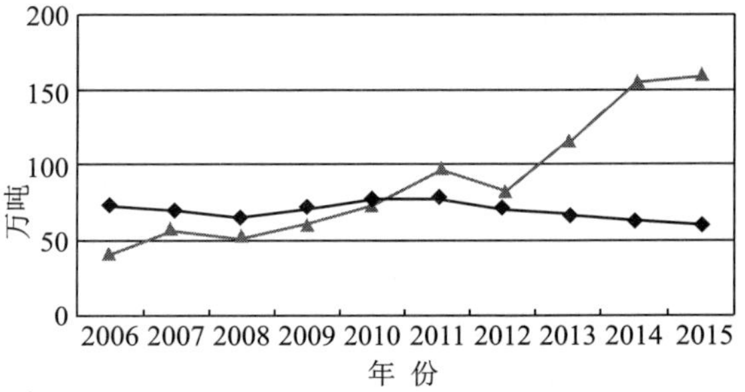

图32 2006—2015年白纸板进口量及出口量

进口量 出口量

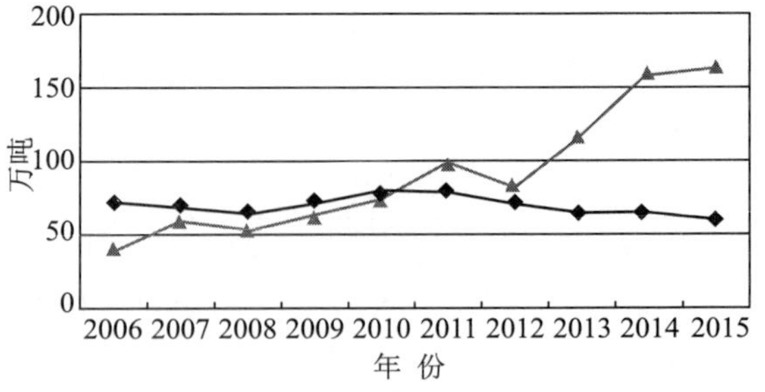

图33 2006—2015年涂布白纸板进口量及出口量

进口量 出口量

7. 箱纸板

2015 年箱纸板进口量大于出口量，净进口 52 万吨，2006—2015 年箱纸板进口量及出口量见图 34。

8. 瓦楞原纸

2015 年瓦楞原纸进口量大于出口量，净进口 3 万吨，2006—2015 年瓦楞原纸进口量及出口量见图 35。

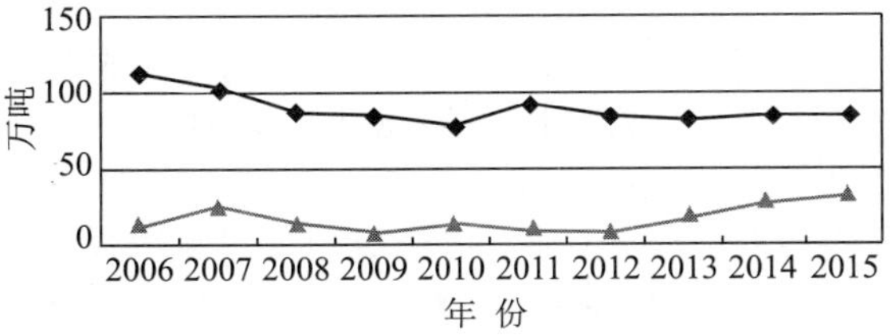

图34　2006—2015年箱纸板进口量及出口量

进口量　　出口量

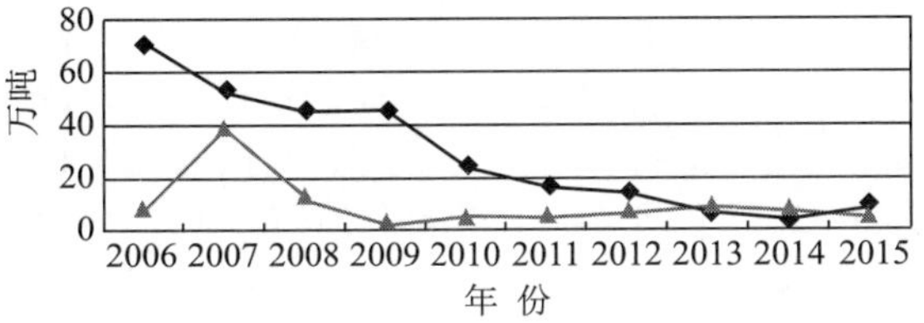

图35　2006—2015年瓦楞原纸进口量及出口量

进口量　　出口量

9. 特种纸及纸板

2015 年特种纸及纸板出口量大于进口量，净出口 48 万吨，2006—2015 年特种纸及纸板进口量及出口量见图 36。

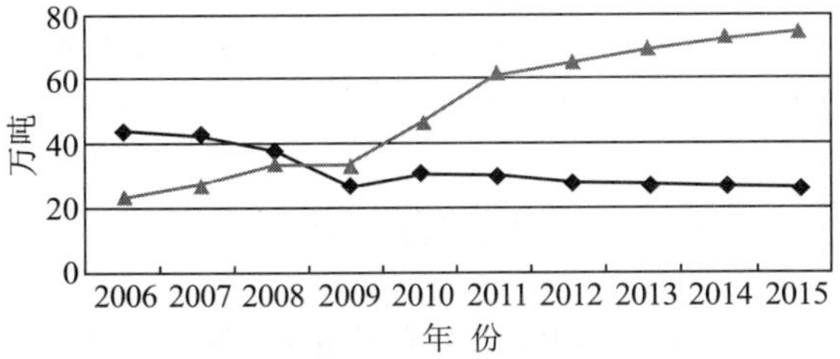

图36　2006—2015年特种纸及纸板进口量及出口量

进口量　　出口量

(四)纸制品进出口情况

1. 纸制品进口情况

2015 年纸制品进口量 12 万吨，比 2014 年减少 1 万吨，同比减少 8%(见图 37)。

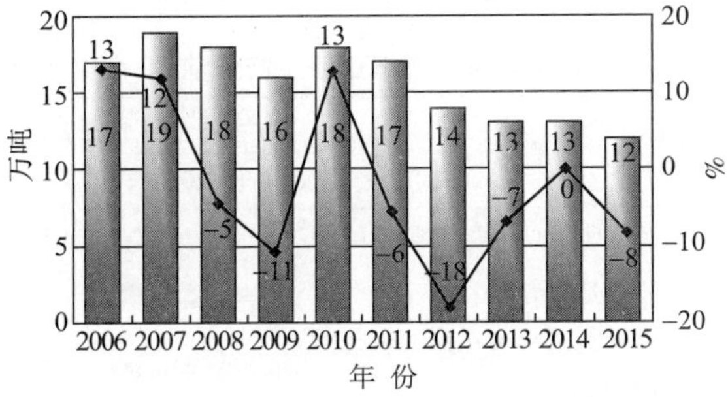

图37　2006—2015年纸制品进口情况

进口量　　同比

2. 纸制品出口情况

2015 年纸制品出口量 284 万吨，比 2014 年增加 8 万吨，同比增长 3%(见图 38)。

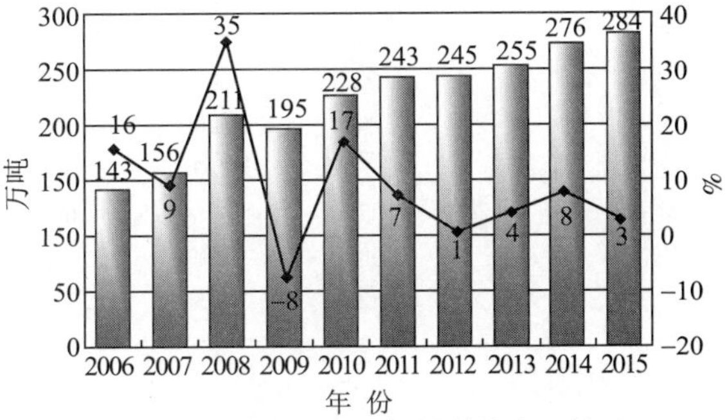

图38　2006—2015年纸制品出口情况

出口量　　同比

七、纸及纸板生产布局与集中度

根据中国造纸协会调查资料，2015 年我国东部地区 11 个省(区、市)，纸及纸板生产量占全国纸及纸板生产量的 75.0%，与 2014 年持平；中部地区 8 个省(区、市)为 16.3%，比 2014 年提高了 0.5 个百分点；西部地区 12 个省(区、市)为 8.7%，比 2014 年降低了 0.5 个百分点(见表 6)。

表 6　2015 年纸及纸板生产量区域布局变化

	2014 年		2015 年	
	生产量/万吨	占比/%	生产量/万吨	占比/%
纸及纸板生产量	10470	100	10710	100
其中：东部地区	7855	75.0	8035	75.0
中部地区	1652	15.8	1750	16.3
西部地区	963	9.2	925	8.7

注：据中国造纸协会调查资料。

2015 年广东、山东、浙江、江苏、福建、河南、湖南、河北、重庆、安徽、天津、湖北、广西、四川、江西和海南 16 个省(区、市)纸及纸板生产量超过 100 万吨，生产量合计 10226 万吨，占全国纸及纸板生产量的 95.48%(见表 7 和图 39)。

表 7　2015 年纸及纸板生产量 100 万吨以上的省(区、市)　　单位：万吨

省(区、市)	生产量		同比/%
	2014 年	2015 年	
广东省	1760	1820	3.41
山东省	1750	1780	1.71

续表

省(区、市)	生产量		同比/%
	2014 年	2015 年	
浙江省	1590	1650	3.77
江苏省	1280	1305	1.95
福建省	650	665	2.31
河南省	630	600	-4.76
湖南省	300	320	6.67
河北省	320	305	-4.69
重庆市	300	290	-3.33
安徽省	230	265	15.22
天津市	235	235	0.00
广西壮族自治区	240	230	-4.17
湖北省	200	230	15.00
四川省	210	190	-9.52
江西省	145	173	19.31
海南省	155	168	8.39
合计	9995	10226	2.31

注：中国造纸协会调查资料。

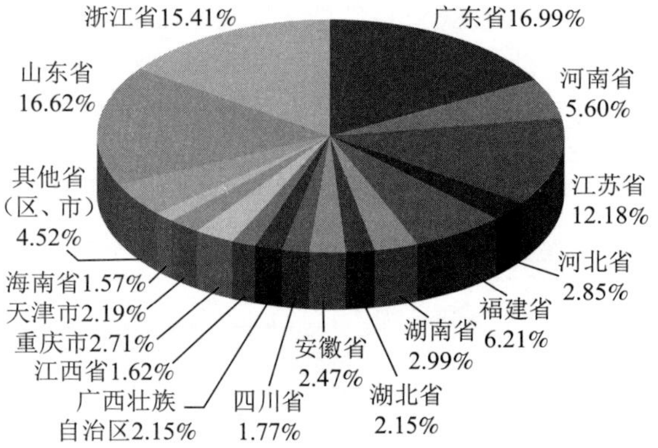

图39　2015年主要省（区、市）纸及纸板生产量占全国纸及纸板生产量的比例

注：据中国造纸协会调查资料。

八、环境保护

根据环境保护部统计，2014 年造纸及纸制品业（统计企业 4664 家，比 2013 年减少 192 家）用水总量为 119.65 亿吨，其中，清水用量为 33.55 亿吨，占工业总耗清水量 386.34 亿吨的 8.68%；重复用水量为 86.10 亿吨，水重复利用率为 71.96%，与 2013 年基本持平。万元工业产值（现价）清水用量为 46.2 吨，比 2013 年减少 2.7 吨，降低 5.5%。废水排放量为 27.55 亿吨，占全国工业废水排放量 186.96 亿吨的 14.7%。排放废水中 COD_{Cr} 为 47.8 万吨，比 2013 年的 53.3 万吨减少 5.5 万吨，同比减少 10.3%，占全国工业 COD_{Cr} 排放量 274.6 万吨的 17.4%，比 2013 年减少 1.3 个百分点。万元工业产值（现价）COD_{Cr} 排放强度为 6.6 千克，同比减少 13.2%。排放废水中氨氮量为 1.6 万吨，占全国工业氨氮总排放量 21.0 万吨的 7.6%，与 2013 年基本持平。万元工业产值（现价）氨氮排放强度为 0.22 千克，同比降低 12%。造纸工业废水处理设施年运行费用为 56.9 亿元，比 2013 年减少 1 亿元。

2014 年造纸及纸制品业二氧化硫排放量 41.2 万吨，比 2013 年减少 3.7 万吨，同比降低 8.2%；氮氧化物排放量 19.4 万吨，与 2013 年基本持平；烟（粉）尘排放量 14.2 万吨，同比降低 4.7%。废气治理设施年运行费用 17.3 亿元，同比增长 6.1%。2005—2014 年造纸行业万元工业产值 COD_{Cr} 排放强度见图 40。

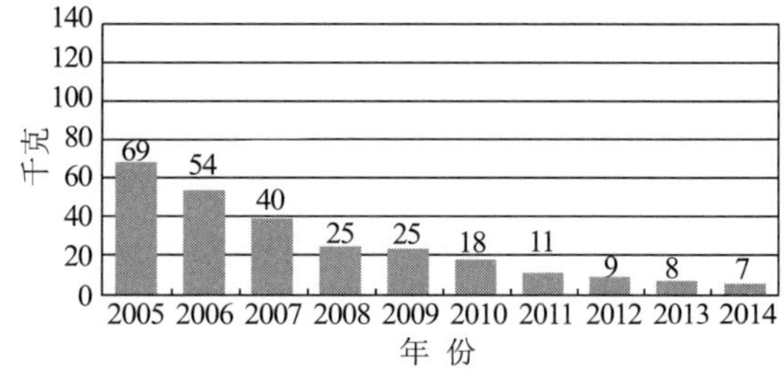

图40　2005—2014年造纸行业万元工业产值 COD_{Cr} 排放强度

九、结　语

2015 年我国造纸工业在经济下行压力加大，市场信心趋弱，部分产品竞争较为激烈，企业盈利空间收窄的情况下，企业生产运行的困难增多，行业尚未完全走出困境。但在全行业的共同努力下，克服了多重困难，通过加大结构调整力度，挖掘潜力，节能降耗，降低成本，积极适应市场需求变化，注重发展质量和效益，实现了生产运营基本平稳，产销基本平衡，保持造纸产业平稳发展。

附表：2015 年重点造纸企业生产量前 30 名企业

序号	单位名称	生产量/万吨		同比/%
		2014 年	2015 年	
1	玖龙纸业（控股）有限公司	1226.00	1263.00	3.02
2	理文造纸有限公司	500.45	519.45	3.80
3	山东晨鸣纸业集团股份有限公司	426.40	418.00	-1.97
4	山东太阳控股集团有限公司	315.00	313.88	-0.36

续表

序号	单位名称	生产量/万吨		同比/%
		2014 年	2015 年	
5	华泰集团有限公司	315.50	307.98	-2.38
6	安徽山鹰纸业股份有限公司	242.00	294.00	21.49
7	福建联盛纸业有限公司	200.29	232.00	15.83
8	金东纸业(江苏)股份有限公司	194.50	203.38	4.57
9	宁波中华纸业有限公司(含宁波亚洲浆纸业有限公司)	183.04	199.31	8.89
10	中国纸业投资有限公司	178.00	176.00	-1.12
11	江苏荣成环保科技股份有限公司	161.15	160.83	-0.20
12	东莞建晖纸业有限公司	138.36	135.43	-2.12
13	金红叶纸业集团有限公司	106.87	123.66	15.71
14	浙江景兴纸业股份有限公司	106.24	123.11	15.88
15	山东世纪阳光纸业集团有限公司	108.80	113.79	4.59
16	海南金海浆纸业有限公司	106.95	107.69	0.69
17	山东博汇纸业股份有限公司	105.80	106.00	0.19
18	浙江永正控股有限公司	101.98	105.59	3.54
19	芬欧汇川(中国)有限公司	88.00	89.50	1.70
20	东莞金洲纸业有限公司	78.70	85.27	8.35
21	山东泉林纸业有限责任公司	75.53	77.37	2.44
22	新乡新亚纸业集团股份有限公司	69.84	68.59	-1.79
23	金华盛纸业(苏州工业园区)有限公司	64.30	62.80	-2.33
24	大河纸业有限公司	61.00	62.00	1.64
25	山东华金集团有限公司	59.43	60.89	2.46
26	漯河银鸽实业集团有限公司	74.39	58.41	-21.48
27	山东贵和显星纸业有限公司	61.96	55.83	-9.89
28	枣庄华润纸业有限公司	38.20	53.64	40.42
29	广州造纸集团有限公司	55.00	53.50	-2.73
30	亚太森博(广东)纸业有限公司	46.10	49.20	6.72

注：按已收集到的数据排列。

（中国造纸协会）

2015 年全国各省(区、市)规模以上制浆、造纸及纸制品企业分布情况

Distribution of Pulp, Paper and Paper Products Enterprises above Designated Scale in China in 2015

2015 年全国各省(区、市)规模以上制浆、造纸、纸制品企业分布情况 单位：个

地区	制浆、造纸及纸制品企业	1. 纸浆制造企业	2. 造纸企业	3. 纸制品制造企业
全国	7207	77	2748	4382
北京	44	1	11	32
天津	135	1	45	89
河北	274	3	140	131
山西	24	0	13	11
内蒙古	45	2	14	29
辽宁	265	3	72	190
吉林	86	0	35	51
黑龙江	45	0	23	22
上海	200	0	31	169
江苏	633	2	223	408
浙江	892	2	437	453
安徽	213	1	74	138
福建	459	4	142	313
江西	143	0	67	76
山东	789	11	268	510
河南	387	7	190	190
湖北	215	2	76	137
湖南	348	6	195	147
广东	1203	7	329	867
广西	181	11	101	69
海南	8	0	5	3
重庆	95	0	32	63
四川	317	6	136	175
贵州	29	1	7	21
云南	59	3	28	28

续表

地　区	制浆、造纸及纸制品企业	1. 纸浆制造企业	2. 造纸企业	3. 纸制品制造企业
西　藏	0	0	0	0
陕　西	64	0	29	35
甘　肃	17	1	5	11
青　海	0	0	0	0
宁　夏	14	0	10	4
新　疆	23	3	10	10

注：数据来源于国家统计局规模以上企业。

（孙　刚）

2015 年我国纸及纸板年生产量 30 万吨及以上造纸企业名单

Enterprises List of Paper and Paperboard Manufacture with an Annual Production of 300,000 tons and above in China in 2015

玖龙纸业(控股)有限公司
理文造纸有限公司
山东晨鸣纸业集团股份有限公司
华泰集团有限公司
山东太阳控股集团有限公司
安徽山鹰纸业股份有限公司
福建联盛纸业(龙海)有限公司
金东纸业(江苏)股份有限公司
宁波中华纸业有限公司(含宁波亚洲浆纸业有限公司)
中国纸业投资有限公司
江苏荣成环保科技股份有限公司
山东世纪阳光纸业集团有限公司
海南金海浆纸业有限公司
金红叶纸业集团有限公司
浙江景兴纸业股份有限公司
山东博汇纸业股份有限公司
东莞建晖纸业有限公司
芬欧汇川(中国)有限公司
东莞金洲纸业有限公司
山东泉林纸业有限责任公司
漯河银鸽实业集团有限公司
新乡新亚纸业集团股份有限公司
恒安(中国)纸业有限公司
河南江河纸业股份有限公司
金华盛纸业(苏州工业园区)有限公司
大河纸业有限公司
永丰余造纸(扬州)有限公司
山东贵和显星纸业有限公司
山东华金集团有限公司
广州造纸集团有限公司
维达纸业(中国)有限公司
浙江永正控股有限公司
亚太森博(广东)纸业有限公司
东莞市金田纸业有限公司
东莞市潢涌银洲纸业有限公司
武汉金凤凰纸业有限公司
山东天地缘实业有限公司
东顺集团股份有限公司
山东恒联投资有限公司
广西金桂浆纸业有限公司
上海中隆纸业有限公司
亚太森博(山东)浆纸有限公司
枣庄华润纸业有限公司
山东联合纸业有限公司
远通纸业(山东)有限公司
汇胜集团股份有限公司
山东仁丰特种材料股份有限公司

注：数据来源于国家统计局规模以上企业数据，中国造纸协会整理(排名不分先后)。

(孙 刚)

2015年我国深沪上市造纸公司概况

Papermaking Companies Listed on Shenzhen and Shanghai Stock Market in 2015

2015年是环保领域的“政策年”，环境保护方面政策和制度将更加系统、完善、严格，迫使企业加大环保投入，实现绿色生态发展；同时《中国制造2025》发展纲要发布，为我国制造业提出明确的发展远景，造纸工业强基行动势在必行，并深刻影响我国造纸工业未来发展的走势。

一、造纸行业整体运行环境

受经济低迷、市场需求不旺和产能过剩影响，2015年造纸行业景气度依然不高。造纸行业上游主要原材料是纸浆和废纸，目前，国内造纸行业原料供给对进口依赖程度较高，且价格与国际市场联动性强。但原材料价格也持续在低位振荡，缓解了企业的经营成本压力。

近2年随着大量新增产能进入市场，供需结构性矛盾突出，绝大部分纸品生产量增幅依然高于消费量增幅，很多产品产能过剩不断扩大，且去库存压力不断放大，导致主要纸品价格继续处于低位徘徊，下游市场景气度未见回升。《环保法修订案》和《水污染防治行动计划》等一系列环保政策的出台实施，势必增加企业各方面责任和环保成本，使造纸等高能耗、高排放行业面临更大的风险，生产企业在废水治理方面的投入和运行成本将进一步增加。各企业通过加大结构调整力度、挖掘潜力、节能降耗、降低成本，克服多重困难，实现了全行业整体生产运营基本平稳，产销基本平衡，经营状况大有改观，保持产业平稳发展。

简政放权一系列政策的不断推出，为市场经济行为的改善注入新的动力，有利于企业的自主提价行为；各企业进一步加快供给侧改革步伐，优化产品结构，加快新技术开发和应用，新概念产品不断涌现，以求避开同质化竞争。落后产能的淘汰将为造纸行业的发展扫清障碍，而先进产能的补充和替代将给造纸行业带来新鲜的血液和动力，这有利于提升行业集中度，形成良好的行业循环。

许多公司推行了增收节支的措施，对外完善销售网络，如采取直销、直营方式实现渠道下沉策略，细分市场，扩大经销商网络布局；借助互联网电商平台，配置相应的物流系统；有些公司还成立了专业的商消服务团队，完善的销售网络加上优质的产品提高了市场竞争力。对内狠抓内控建设，规范运行，建立了以成本控制为中心的精细化管理系统，如全面预算管理，通过全员参与、全面覆盖、全程控制等方式，有效控制了公司的运营成本。

造纸工业完成情况向好，增强了各企业共克时艰的信心。2015年全国纸及纸板生产企业约2900家，纸及纸板生产量10710万吨，同比增长2.29%；消费量10352万吨，同比增长2.79%；主营业务收入8003亿元，同比增长2.33%；利税总额611亿元，同比增长2.87%；利润总额373亿元，同比增长2.90%；扭转了2014年的负增长。同时要看到整体业绩的改善并非因为核心造纸业务的全面提质增效带来的，有很大程度得益于非造纸业务(化工、房地产、矿业等)的多元化补充、政府补助增多及其他营业外收入(重组收益、资产处置和会计调整等)。

二、上市公司总体概述

1. 强化提质增效，整体经营状况好转

2015年福建省南纸股份有限公司实施重大资产重组，造纸业务全部退出，置换为能源业务，截至2015年年底在深沪两市正常运作的含有造纸业务的上市公司为28家，各公司克服市场低迷和环保压力，努力创新发展，整体业绩比2014年大有改观，各项完成指标是2010年以来最好的一年。28家上市公司总股本数2484144万股(其中无限售流通股1989000万股)；总资产2310亿元，比2014年净增约239亿元，增长11.5%；净资产达850亿元，比2014年净增106亿元，增长14.3%；主营业务收入1004亿元，比2014年净增39亿元，增长4.02%；实现净利润31.21亿元，比2014年净增20.8亿元，增长高达近200%，整体经营状况看好。大企业承担了这一板块的盈利责任，山东晨鸣纸业集团股份有限公司、山东太阳纸业股份有限公司、安徽山鹰纸业股份有限公司三大企业盈利能力大幅提高，占总盈利的60%以上。整体经营向好主要原因是市场有复苏迹象，各企业不断提质增效，以及在扩大销售网路的同时，降低运行和物流成本等。

2. 政府补助持续增多，盈利能力增强趋势尚不稳定

由于产品结构性矛盾依然突出，产品价格竞争依然惨烈，为回笼资金，产品的“白菜价”盛行，恶性循环风险隐患大，行业运行存在一些无法预见的不确定因素，盈利能力增强趋势尚不稳定。

各公司都高度重视输血功能，极力维持资金链正常运行，增加银行贷款，资产负债率有效控制在60%左右的合理水平。2015年平均资产负债率63.22%，比2014年降低0.88个百分点。盈利能力触底反弹，有向好趋势，2015年平均销售净利润3.11%，比2014年提高2.03个百分点；平均总资产收益率1.35%，比2013年提高0.85个百分点。令人担忧的是，2015年上市公司共获得各种政府补助9.05亿元，占总净利润的29%，是2012年9.55亿元以来最高的一年，比2014年增加约2.5亿元。另外，2015年有不少公司实施资产重组，获得相当多的营业外收入，并与非流动资产处置收益和股权(股票)出让一道，已成为一些企业生存的救命稻草。同时企业越大，获得政府补助越多，占整个补助的大部分比例。但政府补助的增加只是因为实体经济受到总体经济减速极大冲击下的一种非常规的临时救助措施，长远看，有逐步减少的趋势。所以企业要修身立足，还需自身提升核心业务盈利能力，才有持续的供血保障，方可做大做强。

3. 以往支撑整个板块盈利的小品种获利能力大幅度下滑

以差别化竞争的小品种(特种纸、生活用纸、纸品加工)为主的上市公司，虽然继续保持盈利态势，但业绩已连续2年出现较大下滑，生产特种纸、纸制品、生活用纸的公司净利润合计约8.8亿元，比2014年减少约2亿元，在总计31.21亿元的净利润中约占28%，比往年所占比例急剧下滑。一是以生产包装纸板和文化用纸大宗纸种为主的公司业绩回升，成为盈利主力；二是随着各企业纷纷转型到特种纸、纸制品、生活用纸上，集中爆发性投资导致了本有较高盈利的小品种盈利能力急剧下降，原先效益较好的企业如民丰特种纸股份有限公司出现亏损，广东冠豪高新技术股份有限公司、浙江凯恩特种材料股份有限公司、汕头万顺包装材料股份有限公司等盈利能力下滑；可喜的是糖纸企业全面赢利，其赢利主要来自非造纸业务和资产处置所得。

4. 资金固化严重，去库存压力增大

近年国家加快落后产能淘汰进程，并严加环保政策，促使许多小企业停产，上千万吨产能退出。同时我国造纸行业固定资产投资欲望减缓很多，但惯性投资仍持续，尤其是受银行调低贷款利率的诱惑，上市公司在建投资规模仍处高位状态，占用资金高达138亿元，比2014年减少7亿元。新产能不断投放，快速填补了退出的产能，无法有效抑制市场供需失衡的加剧趋势。应收账款和存货两大占用资金高达409亿元，达到历史最高位。这说明去库存和资金回笼的压力不断增大，即3项资金占用合计约547亿元，创下历史最高位，直接导致信贷规模和资产负债率的居高不下，财务费用支出占比不断攀升，成为企业难以解压的最主要刚性支出之一。受造纸行业景气度不佳的影响，企业从市场融资获得的宝贵资金比往年减少许多，只有山东晨鸣

纸业集团股份有限公司、福建省青山纸业股份有限公司、广东冠豪高新技术股份有限公司、汕头万顺包装材料股份有限公司4家企业为特定投资人发行股票。但引人注目的是山东晨鸣纸业集团股份有限公司发展以融资租赁公司和财务公司为主体的金融板块，通过融资租赁公司的售后回租业务和财务公司的信贷业务，成为公司新的利润增长点。

5. 内控审计和合规运行进入常态化，人才强基日益受到重视

2015年，28家上市公司只有3家企业年度报告审计结果为非标准审计报告。这3家企业目前都处于ST，经营业绩不佳，运行风险不确定，其余25家均为标准无保留意见的审计报告。这说明各公司增强了内控审计和合规运行意识，更加注重公众形象和自身肩负的社会使命。2015年拟有13家企业进行了现金配发，比2014年增加1家，有实力配发现金的企业均集中在往年经常配发的龙头企业、特种纸和纸品后加工企业中，如山东晨鸣纸业集团股份有限公司、山东太阳纸业股份有限公司、华泰集团有限公司、安徽山鹰纸业股份有限公司、牡丹江恒丰纸业股份有限公司、广东冠豪高新技术股份有限公司、齐峰新材料股份有限公司、汕头万顺包装材料股份有限公司、厦门合兴包装印刷股份有限公司、美盈森集团股份有限公司、中顺洁柔纸业股份有限公司等。为提高员工的积极性，越来越多的企业出台实施股权激励政策，人才的培养和打造团队精神日益受到各企业重视，为企业的创新驱动发展打下了强大基础。

6. 创新驱动深刻影响造纸工业未来的发展动向

造纸工业是我国制造业的一个传统行业，虽有长足进步，但也有诸多难题亟待解决，创新驱动和技术进步是造纸工业可持续发展的核心手段。近年很多企业都加大研发，采用新工艺、新技术，开发适销对路的新产品，新概念产品和品牌效应不断为企业注入活力；根据企业自身发展要求，很多企业合理布局生产基地，紧跟目标市场要求；设立全国或区域全覆盖销售网络，通过互联网+，打造完整的销售平台，拉近了与客户的距离，降低了运输成本，提高了运输效率，提升了与市场的对接能力。建立严格的成本预算管理，从每个工序、每个流程都进行精细化成本控制设计，增收节支的有效开展为企业赢得可观的经济效益，增强了企业抵御风险的能力。

三、总　评

2015年是“十二五”收官之年，整体业绩有所改观，是全行业每个企业共同努力的结果，许多好经验和管理方法应用成效大，影响深远，为“十三五”打好开局增强了信心，为未来稳步发展奠定了良好基础。但也要清醒认识到，造纸行业环保问题依然严峻，《环保法修订案》和《水污染防治行动计划》等一系列严控政策的实施，势必加大造纸企业的环保成本，同时加速落后产能的退出，有利于净化造纸行业整体运行环境，从而影响我国造纸工业未来发展的走势。

制造业是国民经济的主体，是科技创新的主战场，是立国之本、兴国之器、强国之基。为此，国务院发布《中国制造2025》，提出要坚持“创新驱动、质量为先、绿色发展、结构优化、人才为本”的基本方针，坚持“市场主导、政府引导，立足当前、着眼长远，整体推进、重点突破，自主发展、开放合作”的基本原则，通过“三步走”实现制造强国的战略目标。造纸工业是传统行业，发展不平衡，核心竞争力不强，创新能力不足，严重约束行业健康发展，要紧紧围绕这一文件精神，加快转方式、调结构，全面提升创新驱动的引领作用，推进行业走上绿色、生态、文明发展之路。同时对接国家“一带一路”战略，加快制定“走出去”战略的谋划，缓解行业发展的瓶颈，减少国际贸易摩擦，融入全球经济发展中，促进行业持续健康发展。

我国国际贸易发展较快，是全球最大的商品贸易国，但一直以来对品牌效应认识不足，导致国际竞争力不高，产出比偏低。造纸产品除了生活用纸品牌建设发展较好外，其他产品知名度都不高。近日为更好发挥品牌引领作用、推动供给结构和需求结构升级，国务院继《中国制造2025》发布后又重磅发布了《关于发挥品牌引领作用 推动供需结构升级》的文件，这为我国制造业发展与品牌建设指明了发展方向。

2015年造纸板块个股经营指标一览表（1）

序号	代码	上市公司	生产量/万吨	总资产/万元		总股本/万股		主营业务收入/万元		净利润/万元		所有者权益/万元		每股收益/（元/股）		加权平均净资产收益率/%	
				2015年	2014年	总股本	其中无限售	2015年	2014年	2015年	2014年	2015年	2014年	2015	2014年	2015年	2014
	一、包装纸及纸板			6852476	6628588	1040694	780194	3603133	3352146	105722	92054	2563327	2388815				
1	600103	青山纸业	26.9	327721	337839	106184	106184	211161	189549	-13039	4115	123500	137924	-0.138	0.0258	1.171	-12.52
2	600567	山鹰纸业	294.0	1841346	1849975	376694	217622	978700	773539	20751	11069	617466	599256	0.06	0.03	1.580	3.46
3	200986	粤华包B	47.6	605934	643413	50543	17193	328204	355270	17092	14926	350898	342272	0.26	0.16	3.587	7.1
4	002067	景兴纸业	110.0	571829	581023	109395	96053	295411	288821	208	318	301010	300794	0.01	0.01	2.670	0.4
5	600966	博汇纸业	181.0	1213973	1281509	133684	133684	705776	698116	4312	6096	426079	421932	0.0288	0.0399	2.904	0.99
6	002078	太阳纸业	167.0	1971785	1629326	253664	198928	1082512	1045788	75510	54695	739368	582489	0.27	0.19	2.137	10.34
7	600793	ST宜纸		319888	305503	10530	10530	1369	1063	888	835	5006	4148	0.0843	0.0793	0.39	19.46
	二、新闻纸			1603220	1706601	116756	116756	941678	926178	4701	5175	655073	651960				
8	600308	华泰纸业	186.0	1603220	1706601	116756	116756	941678	926178	4701	5175	655073	651960	0.055	0.0515	5.38	1.022
	三、文化用纸系列			10069055	8170387	483330	433456	2979112	2983540	76744	-87455	2518298	2084034				
9	000488	晨鸣纸业	418.0	7796170	5682203	193641	192836	2024191	1910168	97793	45331	1725893	1434807	0.5	0.26	7.19	6.73
10	600069	银鸽投资	58.4	507553	556379	124910	82537	282024	300524	1995	-74396	240131	88733	0.05	-0.84	0.70	3.07
11	000815	*ST美利	12.3	140694	150593	31680	31679	55671	62201	14808	-64908	3486	-16915	0.47	-2.05	5.32	
12	000820	*ST金城	4.2	69667	68847	28783	22088	24315	30505	1146	224	26323	22945	0.04	0.01	0.80	4.87
13	600963	岳阳纸业	116.0	1554971	1712365	104316	104316	592911	680142	-38998	6294	522465	554464	-0.37	0.06	5.32	-7.29
	四、特种纸			2331783	2242773	451369	418446	1164970	1171232	43501	70944	1519450	1285128				
14	600235	民丰特纸	11.0	257718	237638	35120	35120	141143	137311	-15798	84	126765	143090	-0.44	0.01	4.01	-11.69

续表

序号	代码	上市公司	生产量/万吨	总资产/万元		总股本/万股		主营业务收入/万元		净利润/万元		所有者权益/万元		每股收益/（元/股）		加权平均净资产收益率/%	
				2015年	2014年	总股本	其中无限售	2015年	2014年	2015年	2014年	2015年	2014年	2015	2014年	2015年	2014
15	600356	恒丰纸业	11.8	265879	270284	29873	29873	139503	149728	8781	7979	196067	161653	0.31	0.32	5.33	4.83
16	600433	冠豪高新	12.0	399256	352360	127132	119028	129522	96263	3484	13205	245218	177272	0.03	0.11	1.38	1.59
17	002012	凯恩股份		162386	158581	46763	46763	89250	93276	2758	4994	124772	124351	0.04	0.09	2.48	1.65
18	300057	万顺股份		453580	449891	43966	24990	219354	217398	6159	21967	266915	210231	0.1499	0.4255	4.19	3.22
19	002521	齐峰新材	28.8	409741	402757	45469	40693	235561	253798	27011	27287	335129	254666	0.59	0.65	5.64	9.16
20	002565	上海绿新		342903	328275	69668	68601	185576	194525	14597	-4792	195270	181815	0.21	-0.08	2.36	8.47
21	600462	石岘纸业		40320	42987	53378	53378	25061	28933	-3491	220	29314	32050	-0.0671	0.0041	0.60	-0.1183
	五、纸制品			685716	599900	199789	108534	530457	472931	36121	30335	446629	371218				
22	002235	安妮股份		64747	61598	19500	12626	43568	44962	2198	-9742	39205	35935	0.0558	-0.472	1.81	3.04
23	002228	合兴包装		298319	244886	37249	34750	285247	271647	12315	13189	161080	108822	0.32	0.36	2.85	8.28
24	002303	美盈森		322650	293416	143040	61158	201642	156322	21608	26888	246344	226461	0.1541	0.1838	1.54	9.5
	六、生活用纸			454428	455000	48672	48359	295898	252178	8820	6750	243397	234983				
25	002511	中顺洁柔		454428	455000	48672	48359	295898	252178	8820	6750	243397	234983	0.18	0.14	4.83	3.69
	七、糖纸类			1103345	904105	143534	83255	527196	496123	36477	-13754	548860	416169				
26	000833	贵糖股份		340560	307775	66840	29607	173540	179223	13451	12682	263723	193761	0.22	0.22	2.90	6.27
27	000576	广东甘化		195811	145624	44286	24984	39814	47611	17731	1001	120541	102810	0.4	0.02	2.30	15.88
28	000911	南宁糖业	50.3(糖)	566974	450706	32408	28664	313842	269289	5295	-27437	164596	119598	0.19	-1	3.29	4.41
		总计		23100023	20707354	2484144	1989000	10042444	9654328	312086	104049	8495034	7432307				

2015 年造纸板块个股信息披露一览表（2）

序号	代码	上市公司	2016 年拟分红计划	2015 年已分红	主要投资情况	主要信息披露	备注
一、包装纸及纸板							
1	600103	青山纸业	不分配不转增	不分配不转增	2015 年 1 月，公司董事会审议通过公司拟收购肇庆科伦纸业有限公司 100% 股权，并签订了《股权转让框架协议》。该资产并购事项因涉及跨省区、自然人收购、资产复杂等，至今未有实质性进展，未签订正式协议	2015 年 5 月 18 日，公司控股子公司深圳市恒宝通光电子股份有限公司股票在全国股转系统正式挂牌，股票简称：恒宝通，股票代码：832449。调整后的非公开发行方案为：向 7 名特定投资者发行股份不超过 72000 万股，募集资金（含发行费用）不超过 21 亿元，拟主要用于投资建设年产 50 万吨浆纸项目及补充公司流动资金	标准无保留审计意见
2	600567	山鹰纸业	每 10 股派发现金 0.20 元（含税）	每 10 股派发现金 0.10 元（含税）	年产 80 万吨造纸项目经马鞍山市环保局的环境保护竣工验收，现已全部正式投产	2015 年向合格投资者公开发行面值总额不超过 10 亿元的公司债券，公司担保总额约 37 亿元，占净资产 60%	标准无保留审计意见
3	200986	粤华包 B	每 10 股派发现金 0.38 元（含税）	每 10 股派发现金 0.15 元（含税）			标准无保留审计意见
4	002067	景兴纸业	不分配不转增	不分配不转增	取消废纸脱墨建设，年产 6.8 万吨生活用纸原纸的项目在建	2015 年 1 月通过受让方式持有艾特克 669 万股股份	标准无保留审计意见
5	600966	博汇纸业	不分配不转增	不分配不转增		对外担保约 38 亿元，占净资产 97%	标准无保留审计意见
6	002078	太阳纸业	每 10 股派发现金 0.50 元（含税）	每 10 股派发现金 0.50 元（含税）	生活用纸 28 号机顺利投产，年产 35 万吨天然纤维素循环经济一体化项目试车，年产 30 万吨轻型纸改扩建项目投产，年产 50 万吨低定量高档牛皮箱纸板项目在建	与日本制纸 Crecia 股份有限公司签署纸尿裤生意战略合作伙伴协议，正式在我国市场推出 Suyappy（舒芽奇）系列儿童纸尿裤。收到非公开发行股票募集资金 97500 万元	标准无保留审计意见
7	600793	ST 宜纸	不分配不转增	不分配不转增	除生活用纸外，整体搬迁项目一期工程食品包装原纸生产线和化学制浆生产线已经建成并试运行		带强调事项段的无保留意见
二、新闻纸							
8	600308	华泰纸业	每 10 股派发现金 0.17 元（含税）	每 10 股派发现金 0.16 元（含税）	离子膜烧碱项目搬迁、10 号机升级改造结构调整、苯胺项目、热电脱硝项目、碱回收锅炉改造等工程在建		标准无保留审计意见

续表

序号	代码	上市公司	2016年拟分红计划	2015年已分红	主要投资情况	主要信息披露	备注
三、文化用纸系列							
9	000488	晨鸣纸业	每10股派发现金3.00元（含税）	每10股派发现金1.40元（含税）	江西晨鸣年产35万吨高档包装纸板、黄冈林浆纸一体化、湛江晨鸣60万吨液包和寿光本埠项目等在建	公司相继成立了山东晨鸣融资租赁有限公司、山东晨鸣投资有限公司和山东晨鸣集团财务有限公司为主体的金融板块，成为公司新的利润增长点。核准公司非公开发行不超过4500万股优先股；公司全资子公司香港晨鸣拟用自有资金对融资租赁公司进行分期增资50亿元。对外担保余额115亿元，占净资产68%	标准无保留审计意见
10	600069	银鸽投资	不分配不转增	不分配不转增		总资产减少近5亿元，是根据漯河市的“退二进三”政策，公司对一基地和无道理相关资产进行处置所致；2015年完成非公开发行股份423728813股，募集资金15亿元	标准无保留审计意见
11	000815	＊ST美利	不分配不转增	不分配不转增		2015年12月9日，宁波银行北京分行解除了公司的担保清偿责任，公司将计提的预计负债冲回并计入当期损益，增加利润所致	带强调事项段的无保留意见
12	000820	＊ST金城	不分配不转增	不分配不转增		因筹划重大资产重组事项，公司股票自2015年5月29日开市起进入重组停牌程序；自2015年12月26日起，公司、子公司有关的纸品生产全面停工，停工后所有主营业务收入来源为销售库存产品	带强调事项段的无保留意见
13	600963	岳阳纸业	不分配不转增	每10股派发现金0.04元（含税）	同意全资子公司湘江纸业有限公司在公司本部基地（岳阳）投资建设环保搬迁与优化升级技术改造项目；同意湘江纸业有限公司位于湖南省永州市冷水滩区下河线的部分国有土地（约38.03公顷）由永州市土地储备中心进行收储	公司将持有的湖南骏泰浆纸有限责任公司100%股权与泰格林纸集团持有的安泰经贸有限公司及恒泰房地产有限公司100%股权、持有的宏泰建筑安装工程有限公司79.6%股权（剩余20.4%股权为恒泰房地产开发有限公司持有）、泰格林纸集团林化分公司以及部分土地、固定资产、相关债权等进行资产置换。从2015年11月起，随着资产置换工作的完成，公司不再生产商品浆板，新增房地产开发业务；公司以账面净值为5.6亿元的造纸生产线设备作为标的物，以售后回租方式向远东国际租赁有限公司申请融资租赁，融资额度为2.78亿元，租赁期限3年	标准无保留审计意见

续表

序号	代码	上市公司	2016 年拟分红计划	2015 年已分红	主要投资情况	主要信息披露	备注
四、特种浆纸							
14	600235	民丰特纸	不分配不转增	每 10 股派发现金 0.15 元（含税）			标准无保留审计意见
15	600356	恒丰纸业	每 10 股派发现金 0.90 元（含税）	每 10 股派发现金 0.95 元（含税）		2015 年公司被工业和信息化部列为“2012 年工业企业能源管理中心建设示范项目”的《能源管理中心建设项目》和“2012 年国家清洁生产应用示范项目”的《造纸白水循环处理技术改造工程》均顺利通过了黑龙江省工业和信息化委员会组织的专家组验收	标准无保留审计意见
16	600433	冠豪高新	每 10 股派发现金 0.10 元（含税）	每 10 股派发现金 0.30 元（含税）	平湖项目基建工程主体建设已基本完成，进入设备安装阶段	公司向包括控股股东中国纸业投资有限公司在内的 6 名特定投资者发行人民币普通股 81035443 股	标准无保留审计意见
17	002012	凯恩股份	不分配不转增	不分配不转增			标准无保留审计意见
18	300057	万顺股份	每 10 股派发现金 0.30 元（含税）	每 10 股派发现金 0.90 元现金（含税）	江苏华丰冷轧项目、导电膜二期项目、节能膜生产项目等项目完成安装进入测试	公司非公开发行人民币普通股 17664781 股，限售期为新增股份上市之日起 12 个月	标准无保留审计意见
19	002521	齐峰新材	每 10 股派发现金 2.00 元（含税）	每 10 股派发现金 3.00 元（含税）	年产 10 万吨三聚氰胺浸渍装饰原纸项目投产运行		标准无保留审计意见
20	002565	上海绿新	不分配不转增	不分配不转增	公司与元亨利云印刷科技（上海）有限公司合资设立上海绿新紫光智能设备有限公司；公司与康曼德股份有限公司合资设立优印（上海）信息科技有限公司		标准无保留审计意见
21	600462	石岘纸业	不分配不转增	不分配不转增		2015 年 9 月公司将生产溶解浆及化工产品的资产出售给金诚实业有限公司，同时购买了深圳博立信科技有限公司 70% 的股权。公司的主营由溶解浆及化工产品的生产和销售转为手机摄像模组制造及销售	标准无保留审计意见
五、纸制品							
22	002235	安妮股份	每 10 股转增 5 股	不分配不转增		公司彩票代购业务因行业整顿原因，自 2015 年 3 月起，长时间处于暂停状态。公司完成了深圳市微梦想网络技术有限公司 51% 股权收购事项，公司向互联网业务转型	标准无保留审计意见

续表

序号	代码	上市公司	2016 年拟分红计划	2015 年已分红	主要投资情况	主要信息披露	备注
23	002228	合兴包装	每 10 股派发现金 1.00 元（含税）转增 18 股	每 10 股派发现金 1.00 元（含税）	海宁合兴包装有限公司年产 10000 万米^2 纸箱、天津世凯威包装有限公司年产 10000 万米^2 纸箱、滁州华艺柔印环保科技有限公司环保预印、佛山合信包装有限公司纸箱等新建项目在建	2015 年公司非公开发行股票 2499 万股，募集资金净额为 43033 万元；将重点实施智能包装集成服务（IPS）、包装产业供应链云平台（PSCP）项目	标准无保留审计意见
24	002303	美盈森	每 10 股派发现金 0.24 元（含税）	每 10 股派发现金 0.75 元（含税），送红股 3 股（含税），转增 7 股	收购汇天云网集团有限公司 51% 股权，并全资设立深圳市汇天云网科技有限公司		标准无保留审计意见
六、生活用纸							
25	002511	中顺洁柔	每 10 股派发现金 0.50 元（含税）	每 10 股派发现金 0.10 元（含税）转增 2 股	公司云浮中顺项目和四川中顺项目投产		标准无保留审计意见
七、糖纸类							
26	000833	贵糖股份	每 10 股派发现金 0.50 元（含税）	不分配不转增		2015 年，贵糖股份向云浮广业硫铁矿集团有限公司（简称“云硫集团”）、广东省广业资产经营有限公司发行股份购买其持有的广东广业云硫矿业有限公司 100% 股权。2015 年 7 月 31 日，广东广业云硫矿业有限公司 100% 的股权已过户至贵糖股份名下。云硫集团持有贵糖股份 209261113 股，广东省广业资产经营有限公司持有贵糖股份 81051861 股。贵糖股份实际控股股东变更为云硫集团	标准无保留审计意见
27	000576	广东甘化	不分配不转增	不分配不转增		“三旧”改造完成了 2 块土地（约 11.33 公顷）的公开挂牌出让，并获得土地出让分成款约 4 亿元	标准无保留审计意见

续表

序号	代码	上市公司	2016 年拟分红计划	2015 年已分红	主要投资情况	主要信息披露	备注
28	000911	南宁糖业	不分配不转增	不分配不转增	公司向6名特定投资人共发行了37440937股人民币普通股（A股）	公司以自有资金6000万元收购广西环江远丰糖业有限责任公司75%股权。公司以公开的竞价方式竞买到广西永凯糖纸集团有限责任公司、广西永凯糖纸集团有限责任公司宾阳大桥分公司、宾阳县永凯大桥制糖有限责任公司名下位于宾阳县大桥镇生产区土地使用权及蔗区资源相关的无形资产，成交金额为39655.88万元	标准无保留审计意见

注：参考中国造纸协会发布《中国造纸工业2015年度报告》及2015年各纸业上市公司年报。

（陈奇志）

国家统计局数据：2015 年全国造纸及纸制品行业主要经济指标

Data from National Statistics Bureau: Key Economical Indexes of Paper and Paper Products Industry in 2015

2015 年造纸及纸制品行业主要经济指标

指标名称	主营业务收入		利润总额	
	累计/千元	累计同比/%	累计/千元	累计同比/%
造纸及纸制品行业	**1392343953**	**3. 40**	**74439286**	**6. 23**
1. 纸浆制造	14176984	1. 96	-110010	82. 44
木竹浆制造	9553601	6. 62	159555	134. 90
非木竹浆制造	4623383	-6. 48	-269565	-59. 34
2. 造纸	800274735	2. 33	37255963	2. 90
机制纸及纸板制造	751984298	1. 83	34752866	1. 68
手工纸制造	10555087	18. 10	425181	17. 72
加工纸制造	37735350	8. 92	2077916	24. 88
3. 纸制品制造	577892234	4. 95	37293333	8. 12
纸和纸板容器	342011426	4. 22	20812128	3. 18
其他纸制品制造	235880808	6. 02	16481205	15. 07

（郭永新）

国家统计局数据：2015 年全国造纸及纸制品行业分地区产品生产量

Data from National Statistics Bureau: Productions of Paper and Paper Products Industry by Region in 2015

2015 年造纸及纸制品行业分地区产品生产量

单位：吨

地区	一、机制纸及纸板（外购原纸加工纸除外）	同比/%	其中：1. 未涂布印刷书写纸	同比/%	其中：新闻纸	同比/%	2. 涂布类印刷用纸	同比/%	3. 卫生用纸原纸	同比/%	4. 箱纸板	同比/%	二、纸制品	同比/%
全　国	**117738948**	**1.73**	**7765514**	**-4.62**	**3502230**	**-4.14**	**6629706**	**-1.60**	**3801186**	**1.47**	**10439187**	**12.52**	**70377952**	**4.29**
北　京	49628	-7.19	0	0	0	0	0	0	49418	14.81	0	0	403269	-1.11
天　津	2492562	0.19	0	0	0	0	0	0	0	0	39348	8.40	1265338	10.59
河　北	3456838	-13.46	416618	-12.82	398104	-3.42	193877	3.27	12236	-50.65	1219348	-10.31	3622904	17.04
山　西	353446	52.36	14504	-5.81	7060	-2.53	0	0	16146	-40.49	0	0	184885	-19.16
内蒙古	123245	-57.59	0	0	0	0	0	0	0	0	38280	-11.05	666030	-19.11
辽　宁	360243	-5.65	53500	2.44	0	0	0	0	36148	-8.50	169193	-6.88	1365830	-44.79
吉　林	763727	18.78	17641	-33.66	0	0	274498	42.31	0	0	5411	-73.17	692034	14.74
黑龙江	517313	-12.87	0	0	0	0	41321	-15.02	12523	-23.07	69877	-14.53	193379	-21.17
上　海	657904	-16.53	35713	-69.76	35713	-69.57	14146	-10.65	25653	17.76	61511	-1.40	1535634	-3.16
江　苏	13747221	5.07	465525	19.68	0	0	2723063	-3.48	591945	22.14	484350	14.10	5713239	5.75

续表

地区	一、机制纸及纸板（外购原纸加工纸除外）	同比/%	其中：1. 未涂布印刷书写纸	同比/%	其中：新闻纸	同比/%	2. 涂布类印刷用纸	同比/%	3. 卫生用纸原纸	同比/%	4. 箱纸板	同比/%	二、纸制品	同比/%
浙　江	17395874	6. 57	23138	40. 05	14675	16. 43	126490	-4. 26	90403	10. 50	1472466	17. 65	7893156	6. 52
安　徽	3062616	17	363693	5. 54	170116	-5. 36	0	0	184707	16. 11	1543863	26. 77	1812447	0. 59
福　建	6653716	2. 19	286645	-13. 20	57330	-52. 22	67022	20. 22	298705	-10. 92	1711115	33. 89	4244371	8. 04
江　西	1736012	7. 91	0	0	0	0	120518	3. 62	16597	141. 80	88130	21. 62	2176247	56. 66
山　东	20014718	0. 40	3063281	3. 95	1912670	7. 08	335202	0. 89	164045	7. 34	1418132	-1. 76	3934265	-2. 05
河　南	6983922	-5. 69	737104	-19. 23	88863	14. 84	105254	12. 30	122549	-62. 73	46545	15. 22	7259637	0. 63
湖　北	2662440	10. 72	567606	-1. 98	19170	-3. 27	0	0	225155	14. 78	41603	8. 67	3246946	6. 41
湖　南	4297687	-2. 07	777202	-8. 34	254488	16. 90	764446	-2. 96	250479	33. 95	356600	11. 54	3366348	11. 43
广　东	20782879	4. 29	625122	-15. 55	538297	-16. 13	566050	-7. 86	103069	1. 87	1072172	35. 37	9469858	-0. 99
广　西	2826053	-10. 94	124017	40. 64	0	0	0	0	540486	-25. 15	11720	-5. 46	2103736	8. 09
海　南	1674255	8. 05	0	0	0	0	1076928	0. 69	540894	26. 04	0	0	1845	-78. 61
重　庆	2988674	-1. 16	0	0	0	0	0	0	106404	109. 92	192913	19. 35	2685010	10. 08
四　川	1897731	-11. 59	61916	-14. 45	0	0	202008	-17. 89	159737	-0. 39	46756	-47. 52	3092847	6. 79
贵　州	250329	-8. 08	0	0	0	0	0	0	5541	86. 57	0	0	986763	34. 79
云　南	588879	24. 30	4661	-65. 23	0	0	1985	12. 89	28597	43. 10	69311	27. 20	531079	4. 08
西　藏	118901	305. 46	0	0	0	0	0	0	0	0	0	0	38044	9. 89
陕　西	699521	-1. 16	0	0	0	0	0	0	105337	147. 68	95336	7. 88	936161	25. 73
甘　肃	45908	-25. 77	0	0	0	0	0	0	45908	5. 64	0	0	399027	1. 82
青　海	0	0	0	0	0	0	0	0	0	0	0	0	651	-14. 89
宁　夏	241823	-1. 46	121883	-1. 52	0	0	0	0	63833	0. 75	0	0	141842	39. 87
新　疆	294883	-23. 44	5744	-85. 06	5744	-32. 71	16897	-19. 50	4670	-11. 50	185208	-8. 12	415130	55. 17

注：1. 资料来源：国家统计局。

2. 统计口径为年主营业务收入 2000 万元及以上全部工业法人企业。

（郭永新）

历年我国纸浆、纸及纸板生产量（1949—2015）

Productions of Pulp, Paper and Paperboard in China (1949－2015)

历年我国纸浆、纸及纸板生产量(1949—2015) 单位：万吨

年份	机制纸浆		纸及纸板			
			机制纸及纸板			
	生产能力	生产量	生产能力	生产量	手工纸生产量	生产量合计
1949		3.5		10.8	12.0	22.8
1952		24.3		37.2	23.1	60.3
1957		80.1		91.3	31.4	122.7
1978	452.8	345.5	499.4	438.7	27.5	466.2
1979	489.5	392.9	541.6	492.8	25.7	518.5
1980	533.1	426.3	593.8	534.6	28.0	562.6
1981	563.9	406.3	563.9	540.2	29.1	569.3
1982	579.3	421.1	685.7	589.0	24.8	613.8
1983	619.7	458.9	728.9	661.3	22.6	683.9
1984	664.8	514.6	780.5	755.9	20.6	776.5
1985	720.4	615.3	886.8	911.2	19.6	930.8
1986	875.15	679.15	805.87	998.57	17.8	1016.4
1987	969.51	694.5	1225.76	1141.05	23.4	1164.5
1988	1097.85	872.59	1396.34	1270	20.0	1290
1989	1198.08	868.56	1493.99	1333	20.0	1353
1990	1240.17	834.96	1595.62	1371.87	20.0	1391.87
1991	1345.02	1075	1688.34	1478.69	20.0	1498.69
1992	1448.59	1199	1847.51	1725.07	20.0	1745.07
1993	1362.24	1529	2001.05	1867.87		1867.87
1994	1534.94	1705	2269.90	2138.27		2138.27
1995	1425.11	1862	4420.35	2812.30		2812.30
1996	1896.94	1900	3335.06	2643.94	24.76	2668.70
1997	1874.60	1738	3509.87	2733.19	23.98	2757.17
1998		2384		2800.00	24.00	2824.00

续表

年份	机制纸浆		纸及纸板			
	生产能力	生产量	机制纸及纸板		手工纸生产量	生产量合计
			生产能力	生产量		
1999		2443		2900		2900
2000		2501		3050		3050
2001		2490		3200		3200
2002		2944		3780		3780
2003		3309		4300		4300
2004		3723		4950		4950
2005		4446		5600		5600
2006		5204		6500		6500
2007		5935		7350		7350
2008		6415		7980		7980
2009		6732		8640		8640
2010		7318		9270		9270
2011		7723		9930		9930
2012		7867		10250		10250
2013		7651		10110		10110
2014		7906		10470		10470
2015		7984		10710		10710

注：1. 各年纸浆生产量及生产能力统计数据，估计统计不全，仅供参考。

2. 1985—1986 年纸及纸板实际生产量大于生产能力是由于前者是全国生产量而后者仅指轻工系统内企业统计数据。

3. 1995 年数据系依据 1995 年全国工业普查统计资料，包括了乡镇、村及私人等造纸企业。比一般年度数据偏高。

4. 1998 年生产量按 1997 年统计口径估计机制纸板为 2800 万吨、手工纸为 24 万吨。

5. 1999 年以后纸及纸板生产量为全部国有和年产品销售收入 500 万元及以上非国有工业企业生产的产品生产量，手工纸未统计。

6. 2009 年机制纸浆生产量为中国造纸协会 2010 年修正数据。

（邱江惠）

历年我国纸和纸板、纸浆及废纸进出口概况(1996—2015)

Imports and Exports of Paper and Paperboard, Pulp and Waste Paper in China (1996 - 2015)

表 1 历年我国纸及纸板进出口量(1996—2015) 单位:万吨

年份	纸及纸板		纸制品	
	进口量	出口量	进口量	出口量
1996	499.49	23.31	66.15	58.20
1997	552.43	28.27	67.14	70.50
1998	577.20	30.35	50.74	64.58
1999	652.30	13.44	39.01	62.63
2000	597.14	71.83	34.04	74.47
2001	562.24	79.95	24.50	73.32
2002	636.94	85.47	23.89	88.28
2003	634.71	129.09	22.61	106.65
2004	614	124.78	16	95.97
2005	524	193.90	15	123.76
2006	441	341	17	143
2007	401	461	19	156
2008	358	403	18	211
2009	334	405	16	195
2010	336	433	18	228
2011	331	509	17	243
2012	311	513	14	245
2013	283	611	13	255
2014	282	681	13	276
2015	287	645	12	284

表 2 历年我国纸浆及废纸进口量(1996—2015)

年份	纸浆		废纸	
	进口量/万吨	金额/亿美元	进口量/万吨	金额/亿美元
1996	146.80	7.75	137.18	1.93
1997	154.16	7.47	161.82	1.76
1998	219.93	9.23	191.47	1.71

续表

年份	纸浆		废纸	
	进口量/万吨	金额/亿美元	进口量/万吨	金额/亿美元
1999	309. 70		251. 60	2. 45
2000	334. 51	21. 21	371. 36	5. 57
2001	490. 38	20. 76	641. 91	6. 59
2002	526. 49	21. 68	678. 26	7. 32
2003	603. 40	26. 60	938. 18	12. 30
2004	732	35. 67	1230	17. 26
2005	759	37. 25	1703	
2006	796	43. 92	1962	
2007	845		2256	
2008	952		2421	
2009	1367		2750	
2010	1137		2435	
2011	1445		2728	
2012	1647		3007	
2013	1685		2924	
2014	1797		2752	
2015	1984		2928	

表 3　　历年我国纸浆及废纸出口量(1996—2015)

年份	纸浆		废纸	
	出口量/万吨	金额/亿美元	出口量/万吨	金额/亿美元
1996	1. 68		0. 53	
1997	2. 20		0. 35	
1998	1. 98	0. 09	0. 08	0. 01
1999				
2000	2. 55	0. 10	0. 46	0. 004
2001	1. 26	0. 083	0. 09	0. 0008
2002	1. 92	0. 16	0. 07	0. 0007
2003	2. 51	0. 21	0. 11	0. 0018
2004	1. 75		0. 07	
2005	4. 70		0. 01	
2006	7. 47		0. 01	
2007	11. 16		0. 05	
2008	7. 23		0. 002	
2009	8. 70		0. 03	
2010	8. 10		0. 08	
2011	9. 91		0. 36	
2012	7. 99		0. 24	
2013	8. 31		0. 10	
2014	9. 75		0. 07	
2015	10. 20		0. 07	

注：资料来源于历年中国造纸协会发布的《中国造纸工业年度报告》，历年《中国造纸年鉴》。

（邱江惠）

历年我国与世界纸浆、纸及纸板的生产量与消费量(1996—2015)

Productions and Consumptions of Pulp, Paper and Paperboard in China and World (1996 - 2015)

历年我国与世界纸浆、纸及纸板的生产量与消费量(1996—2015) 单位：万吨

年份	全世界					我国				
	纸浆生产量	纸浆消费量	纸及纸板生产量	纸及纸板消费量	纸及纸板人均年消费量/千克	纸浆生产量	纸浆消费量	纸及纸板生产量	纸及纸板消费量	纸及纸板人均年消费量/千克
1996	17404	17294	28197	27940	48.5	1900	2045	2600	3028	24.7
1997	17820	17900	29904	29690	50.8	1738	1890	2744	3270	26.5
1998	17553	17511	30101	29852	50.4	2384	2604	2800	3347	26.8
1999	17913	18007	31571	31439	52.8	2443	2752	2900	3525	27.8
2000	18868	18901	32329	32338	53.8	2501	2834	3050	3575	28.0
2001	17937	18257	31815	31802	51.8	2490	2980	3200	3683	29.0
2002	18200	18265	33070	33076	53.7	2944	3470	3780	4332	33.0
2003	18517	18442	33882	33913	51.7	3309	3910	4300	4806	37.0
2004	18850	18775	35960	35753	55.6	3723	4455	4950	5439	42.0
2005	18320	18844	36703	36640	56.3	4446	5200	5600	5930	45.0
2006	18660	19230	38200	38176	70.8	5204	5992	6500	6600	50.0
2007	18835	19619	39430	39418	59.2	5935	6769	7350	7290	55.0
2008	19240	19302	39090	39133	57.8	6415	7360	7980	7935	60.0
2009	17796	17900	37069	37074	57.5	6732	7980	8640	8569	64.0
2010	18560	18500	39390	39500	57.0	7318	8461	9270	9173	68.0
2011	18380	18380	39898	39900	56.8	7723	9044	9930	9752	73.0
2012	18120	18170	39999	40150	57.2	7867	9348	10250	10048	74.0
2013	17936	18064	40260	40364	56.9	7651	9147	10110	9782	72.0
2014	17850	17962	40645	40752	56.8	7906	9484	10470	10071	74.0
2015						7984	9731	10710	10352	75.0

注：1. 资料来源：历年中国造纸协会发布的《中国造纸工业年度报告》，历年《中国造纸年鉴》。

2. 2009 年我国纸浆总生产量为中国造纸协会 2010 年修正数据。

(邱江惠)

历年我国纸及纸板生产量、进出口量、消费量及消费结构（2001—2015）

Productions, Imports and Exports, Consumptions and Consumption Structures of Paper and Paperboard in China（2001 - 2015）

历年纸及纸板生产量、进出口量、消费量及消费结构（2001—2015）　　单位：万吨、%

		总量	新闻纸	未涂布印刷书写纸	其中：书刊印刷纸	书写纸	涂布纸	其中：铜版纸	生活用纸	包装纸	白纸板	其中：涂布白纸板	箱纸板	瓦楞原纸	其中：高强瓦楞原纸	特种纸及纸板	其他纸及纸板
2001年	生产量	3200	173	670	300	140	130	110	270	400	300	250	460	600	180	65	132
	进口量	562.24	15.37	25.78			99.44	97.03	2.95	27.80	97.78	82.55	126.48	117.87		38.28	9.13
	出口量	79.95	1.85	30.50			17.59	12.48	12.19	2.61	2.50	2.42	1.25	3.14		7.43	0.39
	消费量	3683	186	665	296	140	212	195	261	466	396	338	545	715	295	85	152
	消费比例	100.00	5.05	18.06	8.04	3.80	5.76	5.29	7.09	12.65	10.75	9.18	14.8	19.41	8.01	2.31	4.13
2002年	生产量	3780	185	920	420	180	180	160	310	400	460	430	600	600	190	70	55
	进口量	636.94	19.92	36.50			121.77	61.48	3.32	31.37	81.48	79.58	125.44	133.48		48.07	34.51
	出口量	85.47	0.60	19.51			25.18	18.67	15.88	2.63	5.51	5.51	0.67	3.26		9.60	1.94
	消费量	4332	204	937	436	180	276	203	297	429	536	504	725	730	320	108	90
	消费比例	100.00	4.71	21.63	10.06	4.16	6.37	4.69	6.86	9.90	12.37	11.63	16.74	16.85	7.39	2.49	2.08

续表

		总量	新闻纸	未涂布印刷书写纸	其中：书刊印刷纸	书写纸	涂布纸	其中：铜版纸	生活用纸	包装纸	白纸板	其中：涂布白纸板	箱纸板	瓦楞原纸	其中：高强瓦楞原纸	特种纸及纸板	其他纸及纸板
2003年	生产量	4300	207	960	520	250	240	210	347	480	550	510	680	670	230	80	86
	进口量	635	35	40			101	52	4	28	104	103	117.2	135		44	26
	出口量	129.09	1.19	25.93			43.31	35.30	22.98	3.80	9.95	9.94	1.71	3.02		14.92	1.31
	消费量	4806	241	973	534	250	298	227	328	504	645	603	796	802	362	109	110
	消费比例	100.00	5.01	20.25	11.11	5.20	6.20	4.72	6.82	10.49	13.42	12.55	16.56	16.69	7.53	2.27	2.29
2004年	生产量	4950	300	1020	550	280	300	250	384	470	670	630	830	810	270	85	81
	进口量	614	12	47			102	63	5	8	108	107	150	114		41	27
	出口量	124.78	1.74	21.73			44.24	38.40	27.58	3.93	6.44	6.43	1.53	2.76		12.41	2.42
	消费量	5439	310	1045	575	280	358	274	361	474	772	931	978	921	381	114	106
	消费比例	100.00	5.70	19.21	10.57	5.15	6.58	5.04	6.64	8.71	14.19	13.44	17.98	16.93	7.00	2.10	1.95
2005年	生产量	5600	319	1070	570	300	365	300	436	510	790	755	980	950	410	90	90
	进口量	524	14	43			73	52	5	9	91	90	138	88		40	23
	出口量	193.90	1.98	34.38			78.66	62.85	31.41	2.89	18.27	18.27	2.71	3.31		16.02	4.27
	消费量	5930	331	1079	579	300	359	289	409	516	863	827	1115	1035	495	114	109
	消费比例	100.00	5.58	18.20	9.76	5.06	6.05	4.87	6.90	8.70	14.55	13.95	18.80	17.45	8.35	1.92	1.84
2006年	生产量	6500	375	1220			460	380	470	520	940	900	1150	1130		110	125
	进口量	441	1	45			61	45	5	10	73	72	114	71		44	17
	出口量	341	32	54			121	93	38	2	41	41	14	8		23	8
	消费量	6600	344	1211			400	332	436	528	972	931	1250	1193		131	135
	消费比例	100.00	5.21	18.35			6.06	5.03	6.61	8.00	14.73	14.11	18.94	18.08		1.98	2.05
2007年	生产量	7350	450	1340			510	420	520	530	1050	1000	1360	1340		120	130
	进口量	401	2	45			56	40	4	10	70	70	103	53		43	15
	出口量	461	59	53			140	93	48	3	58	58	25	39		27	9
	消费量	7290	393	1332			426	367	476	537	1062	1012	1438	1352		136	136
	消费比例	100.0	5.4	18.3			5.8	5.0	6.5	7.4	14.5	13.9	19.7	18.6		1.9	1.9

续表

		总量	新闻纸	未涂布印刷书写纸	其中：书刊印刷纸	书写纸	涂布纸	其中：铜版纸	生活用纸	包装纸	白纸板	其中：涂布白纸板	箱纸板	瓦楞原纸	其中：高强瓦楞原纸	特种纸及纸板	其他纸及纸板
2008年	生产量	7980	460	1400			550	460	550	560	1120	1070	1530	1520		140	150
	进口量	358	2	39			54	38	5	12	64	64	88	45		38	11
	出口量	403	36	54			137	97	52	3	53	53	13	13		34	8
	消费量	7935	426	1385			467	401	503	569	1131	1081	1605	1552		144	153
	消费比例	100. 0	5. 4	17. 5			5. 9	5. 0	6. 3	7. 2	14. 3		20. 2	19. 6		1. 8	1. 9
2009年	生产量	8640	480	1510			590	500	580	575	1150	1100	1730	1715		150	160
	进口量	334	2	38			36	31	5	15	71	71	86	46		27	8
	出口量	405	21	51			163	132	56	3	61	61	7	3		33	7
	消费量	8569	461	1497			463	399	529	587	1160	1110	1809	1758		144	161
	消费比例	100. 0	5. 4	17. 5			5. 4	4. 6	6. 2	6. 9	13. 5	13. 0	21. 1	20. 5		1. 7	1. 9
2010年	生产量	9270	430	1620			640	555	620	600	1250	1200	1880	1870		180	180
	进口量	336	4	41			45	38	8	17	77	77	80	24		31	9
	出口量	433	11	71			136	113	61	5	73	73	14	5		47	10
	消费量	9173	423	1590			549	480	567	612	1254	1204	1946	1889		164	179
	消费比例	100. 0	4. 6	17. 3			6. 0	5. 2	6. 2	6. 7	13. 7	13. 1	21. 2	20. 6		1. 8	1. 9
2011年	生产量	9930	390	1730			725	640	730	620	1340	1290	1990	1980		210	215
	进口量	331	1	40			37	30	9	18	79	79	93	17		30	7
	出口量	509	2	83			163	138	65	6	97	97	10	6		61	16
	消费量	9752	389	1687			599	532	674	632	1322	1272	2073	1991		179	206
	消费比例	100. 0	3. 99	17. 3			6. 1	5. 5	6. 9	6. 5	13. 56	13. 0	21. 3	20. 4		1. 8	2. 1
2012年	生产量	10250	380	1750			780	695	780	640	1390	1340	2080	2020		220	210
	进口量	311	13	35			35	27	4	20	72	72	84	14		28	6
	出口量	513	0	101			177	141	53	5	83	83	7	7		65	15
	消费量	10048	393	1684			638	581	731	655	1379	1329	2157	2027		183	201
	消费比例	100. 00	3. 91	16. 76			6. 35	5. 78	7. 28	6. 52	13. 72	13. 23	21. 47	20. 17		1. 82	2. 00

续表

		总量	新闻纸	未涂布印刷书写纸	其中：书刊印刷纸	书写纸	涂布纸	其中：铜版纸	生活用纸	包装纸	白纸板	其中：涂布白纸板	箱纸板	瓦楞原纸	其中：高强瓦楞原纸	特种纸及纸板	其他纸及纸板
2013 年	生产量	10110	360	1720			770	685	795	635	1360	1310	2040	2015		230	185
	进口量	283	11	28			32	24	3	20	66	65	83	7		27	6
	出口量	611	9	121			179	132	64	5	116	116	17	9		69	22
	消费量	9782	362	1627			623	577	734	650	1310	1259	2106	2013		188	169
	消费比例	100.00	3.70	16.63			6.37	5.90	7.50	6.64	13.39	12.87	21.53	20.58		1.92	1.73
2014 年	生产量	10470	325	1715			775	685	830	650	1395	1345	2180	2155		250	195
	进口量	282	5	31			34	26	4	20	64	64	86	5		27	6
	出口量	681	9	117			184	124	75	5	158	158	26	8		72	27
	消费量	10071	321	1629			625	587	759	665	1301	1251	2240	2152		205	174
	消费比例	100.00	3.19	16.18			6.21	5.83	7.54	6.60	12.92	12.42	22.24	21.37		2.04	1.73
2015 年	生产量	10710	295	1745			770	680	885	665	1400	1340	2245	2225		265	215
	进口量	287	6	37			34	26	3	21	61	60	84	9		26	6
	出口量	645	2	102			162	110	71	5	162	162	32	6		74	29
	消费量	10352	299	1680			642	596	817	681	1299	1238	2297	2228		217	192
	消费比例	100.00	2.89	16.23			6.20	5.76	7.89	6.58	12.55	11.96	22.19	21.52		2.10	1.85

注：数据来源于历年中国造纸协会发布的《中国造纸工业年度报告》。

（邱江惠）

我国纸浆分国别(地区)进口情况(2005—2015年)

Imports of Market Pulp by Country or Region in China (2005 - 2015)

我国纸浆分国别(地区)进口量(2005—2015)

单位：吨

国家或地区	2005年	2006年	2007年	2008年	2009年	2010年	2011年	2012年	2013年	2014年	2015年
漂白硫酸盐针叶木浆	2893762	2751639	3074579	3552554	4765426	3995085	5827316	6590558	6499861	6683699	7313072
其中：											
加拿大	1009050	983316	1015869	1131740	1285510	1384799	2287440	2305442	2336645	2308972	2688923
美国	359899	390641	515202	703184	895251	780040	948342	1179423	1263743	1217673	1374709
智利	500736	385656	550167	649543	1083180	666062	819896	1090107	1108095	1176489	1195015
俄罗斯	537099	507031	488362	550714	593574	527691	603835	593054	613288	913727	1053233
芬兰	72412	179499	178069	231752	325702	330999	577814	778661	773766	780762	777368
新西兰	143789	92572	136556	86320	88724	93052	133787	114265	78196	66029	76941
德国	87343	67296	72888	67990	120078	27743	74648	137090	63339	74873	55753
瑞典	113012	105914	66527	66698	173077	60029	125974	249724	152043	80118	72056
日本	11861	7991	23733	21969			34360			38637	15172
阿根廷	52199	9424	5018	21410	85322	24812	52377	13585	19894	10088	
法国			10834	3883		38126	53340	23463			
巴西	1998				25499						
乌拉圭					30245						
印度尼西亚											
葡萄牙							48895	5120			
挪威								59200	27445		
澳大利亚								10606			
其他国家	4364	22299	11354	17351	59264	61732	66608	30818	63407	16331	3902
漂白硫酸盐阔叶木浆	2598185	2937726	2965080	3725205	5931295	4412147	5254978	6077833	6552399	7091538	7911180
其中：											
印度尼西亚	1342763	1172225	1037772	1208920	1227586	987384	1331786	1575807	2039405	2154451	2041372
巴西	635660	905696	796956	1177741	2432765	1764630	1884770	2306892	2422071	3203213	3560474

续表

国家或地区	2005 年	2006 年	2007 年	2008 年	2009 年	2010 年	2011 年	2012 年	2013 年	2014 年	2015 年
智利	141750	153962	409279	432481	653000	210751	316701	315650	438338	379984	521455
乌拉圭				235588	510448	409715	391338	473799	491472	617618	865362
俄罗斯	150723	159769	192874	197504	220798	189193	211448	235004	148165	177180	196051
加拿大	164343	232429	180768	175936	241589	181363	375083	325924	196855	51773	209743
美国	72931	123567	120571	126106	314845	366168	382287	429661	337554	222579	257860
泰国	46492	91312	124296	67518	68810	30696	35775	23850	32683	3480	
葡萄牙			9490		57635		25068	15534	36008	12708	
日本	14248	34335	41134	42152	15605	133447	145494	148544	186051	121263	120073
芬兰	11729	21903	24765	25527	13320			7218	15330		
南非			12814	11073	45874	23013	75854	76890	79382	72894	78888
法国				8451							
新西兰	8622	9585	5016								
比利时				4717							
德国	5009	5693		4214							
瑞典	712										
新加坡											
韩国					80144	63894					
中国台湾						23661					
西班牙							36266	100619	29770		
荷兰								5907			
越南									44123	25354	
其他国家	3203	27250	9345	7277	48876	28232	43108	36534	55192	49041	59902
未漂硫酸盐针叶木浆	**762073**	**700771**	**714148**	**532090**	**633230**	**464698**	**598515**	**673784**	**522983**	**505028**	**558886**
其中：											
俄罗斯	204015	214762	214348	204038	149744	152001	198608	199543	106308	106691	116557
美国	228905	207362	269808	105188	101606	63105	114960	146240	38108	88457	80051
智利	134456	97789	82879	92833	168064	90217	120749	170666	184937	118020	145792
日本	60609	88113	86589	79955	87456	117121	120161	105993	114661	113784	123563
加拿大	49275	34137	25942	27345	50070	30312	31803	30723	52558	60194	63588
瑞典											9559
斯威士兰	50799	49024	21339	14098	34384	3877					
巴西									9992		
瑞士	5577										
罗马尼亚	3608										
新西兰	3492										
德国	1163										
南非	9909										
葡萄牙	6729	5519									

续表

国家或地区	2005 年	2006 年	2007 年	2008 年	2009 年	2010 年	2011 年	2012 年	2013 年	2014 年	2015 年
其他国家	3536	4065	13243	8633	41906	8065	12234	20619	16419	17882	19776
未漂硫酸盐阔叶木浆	**3763**	**6500**	**16168**	**4046**			**25831**	**4941**	**139**	**1797**	**2777**
机械浆和半化学浆	**927612**	**1037943**	**1043705**	**1065895**	**1336683**	**1426471**	**1401406**	**1416971**	**1386679**	**1509213**	**1731647**
机械浆	**59659**	**70802**	**61776**	**25916**	**48353**	**61345**	**58442**	**10767**	**2626**	**4850**	**4631**
其中： 加拿大	48652	65252	59418	22688	44834	52034	55418	8372			
新西兰	7190										
瑞典											
挪威				2559							
俄罗斯	2025										
美国											
德国									2235	3393	2164
其他国家	1792	5550	2358	669	3519	9311	3024	2395	391	1457	2467
半化学浆	**867950**	**967141**	**981929**	**1039979**	**1288330**	**1365126**	**1342964**	**1406204**	**1384053**	**1504363**	**1727016**
其中： 加拿大	718027	815713	840547	826167	1053856	1114135	1121487	1128497	1113253	1160974	1313306
新西兰	99523	81713	87377	89579	84019	90407	106172	120911	163611	213904	268112
芬兰						36143	22835	58080	27142	13775	
瑞典	34090	36937	34669	35992	57362	36582	25475	47705	44443	61551	66990
挪威	10268	5484	4463	17650	18479	25084	9973	7575	4264	31100	33169
俄罗斯				57122	29440	33677	44039	30322	22028	12002	
爱沙尼亚			8465	5759	31068	18157					
印度尼西亚		9834	1500								
德国	2015										
其他国家	4027	17460	4908	7710	14106	10941	12983	13114	9312	11057	45439
溶解浆	**293699**	**396147**	**527147**	**498791**	**851688**	**963999**	**1146314**	**1578485**	**1803648**	**2082223**	**2247184**
亚硫酸盐针叶木浆	**24096**	**38683**	**35601**	**28502**	**55775**	**24117**	**92843**	**34421**	**13238**	**15274**	**23627**
亚硫酸盐阔叶木浆	**16535**	**11884**	**9290**	**3337**	**3997**	**6860**	**9675**	**5919**	**6336**	**7551**	**5737**
其他浆	**71784**	**76673**	**63410**	**44817**	**76955**	**66484**	**81692**	**78929**	**67262**	**69759**	**46902**
总计	**7591509**	**7957966**	**8449128**	**9455238**	**13655049**	**11359861**	**14438570**	**16461841**	**16852545**	**17966082**	**19841012**

（梁　川）

我国废纸分类别进口情况(2003—2015年)

Imports of Waste Paper by Grade in China (2003 - 2015)

我国废纸分类别进口情况(2003—2015) 单位：吨

废纸种类	废瓦楞纸板箱(OCC)	化学浆废纸及纸板	废报纸(ONP)	其他废纸	总计
2003	4009840	322179	3453468	1596307	9381794
2004	5776791	246612	3871290	2405989	12300682
2005	8921371	170783	4724380	3219636	17036170
2006	10420298	223219	5027301	3952535	19623353
2007	11998970	193711	5774745	4594733	22562159
2008	13663977	270573	6490778	3777901	24203229
2009	16243783	275685	7170639	3811329	27501436
2010	14167672	490919	5927197	3766223	24352011
2011	15447918	699381	6651315	4481549	27280163
2012	17243777	836348	6832711	5153339	30066175
2013	16569270	834004	6515548	5318469	29237291
2014	15550383	705809	5566061	5697903	27520156
2015	16670358	849786	5745291	6018932	29284367

(梁　川)

2015 年国际不同地区纸浆价格

International Prices of Market Pulp by Region in 2015

表 1　2015 年美洲市场纸浆价格（美国东部交货价）　单位：美元/吨

浆　种	1 月	2 月	3 月	4 月	5 月	6 月	7 月	8 月	9 月	10 月	11 月	12 月
漂白硫酸盐针叶木浆												
北方（加拿大）	1000～1020	990～1000	980	980	980	980	980	960	960	955	940	940
南方（美国）	960～975	950～960	940	940	940	940	940	920	920	915	900	900
漂白硫酸盐阔叶木浆												
北方混合木（加拿大/美国）	830～840	840～850	845～855	865	875	875～885	880	880	880	880	880	880
南方混合木（美国）	830～840	840～850	845～855	865	875	875～885	880	880	880	880	880	880
桉木	840～855	860	860～880	880	890	900	900	900	910	910	910	905
特种浆												
未漂硫酸盐针叶木浆（加拿大/美国）	910～960	910～960	880～920	900	900	900	900	880	880	880	860	860
绒毛浆（美国南部未漂硫酸盐针叶木卷筒浆）	1050	1040～1050	1030～1050	1035	1035	1035	1035	1035	1035	1035	1030	1025
脱墨浆（美国风干，100%废纸，用于印刷/书写纸，离岸价）	780～820	780～820	780～820	800	800	800	800	800	800	795	785	775

表 2　　2015 年北欧市场纸浆价格（到岸价）　　单位：美元/吨

浆　种	1 月	2 月	3 月	4 月	5 月	6 月	7 月	8 月	9 月	10 月	11 月	12 月
漂白硫酸盐针叶木浆												
北方（加拿大/北欧）	910 ~ 920	900	860 ~ 870	850 ~ 860	850 ~ 860	860	850	850	830 ~ 840	830	810 ~ 820	795 ~ 805
南方（美国）	860 ~ 870	850 ~ 890	820 ~ 830	810 ~ 820	810 ~ 820	820	810	810	790 ~ 800	780 ~ 790	770 ~ 780	760 ~ 770
漂白硫酸盐阔叶木浆												
北欧桦木/（欧元/吨）	631 ~ 640	656 ~ 661	718 ~ 728	717 ~ 726	694 ~ 704	699 ~ 708	728 ~ 737	727	721 ~ 730	708	744 ~ 753	710 ~ 719
桉木（巴西）/（欧元/吨）	631 ~ 640	650 ~ 661	718 ~ 728	717 ~ 726	694 ~ 704	699 ~ 708	728 ~ 737	727	721 ~ 730	708	744 ~ 753	710 ~ 719
北方混合木（加拿大/美国）	720 ~ 730	730 ~ 740	740 ~ 750	740 ~ 750	770	770 ~ 780	780 ~ 790	780 ~ 790	780 ~ 790	780 ~ 790	770 ~ 780	760 ~ 770
南方混合木（美国）	710 ~ 720	720 ~ 730	730 ~ 740	730 ~ 740	760	760 ~ 770	770 ~ 780	770 ~ 780	770 ~ 780	770 ~ 780	760 ~ 770	750 ~ 760
特种浆												
绒毛浆（美国南部未漂硫酸盐针叶木卷筒浆）	1050	1040 ~ 1050	1030 ~ 1050	1030 ~ 1040	1030 ~ 1040	1030 ~ 1040	1030 ~ 1040	1030 ~ 1040	1030 ~ 1040	1030 ~ 1040	1020 ~ 1040	1025
漂白化学热磨机械浆 BCTMP（加拿大白杨，白度 85%）	630 ~ 640	640 ~ 650	640 ~ 650	640 ~ 650	660 ~ 670	670 ~ 680	670 ~ 680	670 ~ 680	670 ~ 680	670 ~ 680	670 ~ 680	660 ~ 670

表 3　　2015 年亚洲市场纸浆价格（到岸价）　　单位：美元/吨

浆　种	1 月	2 月	3 月	4 月	5 月	6 月	7 月	8 月	9 月	10 月	11 月	12 月
日本												
漂白硫酸盐针叶木浆												
北方（加拿大）	790	770	730	730	740	740	710 ~ 720	710	710	700	670 ~ 680	670
南方（美国）	720 ~ 730	700	660	660	670	670	650 ~ 660	650 ~ 660	650 ~ 660	650 ~ 660	630 ~ 640	630 ~ 640
漂白硫酸盐阔叶木浆												
南方混合木（美国）	610	620	620	630	650	650	650	650 ~ 660	650 ~ 660	630 ~ 640	620	600
亚洲其他												
北方漂白硫酸盐针叶木浆（韩国）	805	775 ~ 785	755	765	775	775	735	735	735	715	695	695
北方漂白硫酸盐针叶木浆（中国）	690 ~ 720	670 ~ 680	650 ~ 670	660 ~ 680	680 ~ 700	680 ~ 700	645 ~ 665	630 ~ 650	630 ~ 650	610 ~ 630	590 ~ 610	590 ~ 610

注：表 1、表 2、表 3 数据均来源于《PPI Pulp & Paper Week》杂志。

（臧旺英）

2015 年国际废纸价格

International Prices of Waste Paper in 2015

表 1　2015 年美国部分地区的废纸价格（卖方离岸价）　单位：美元/短吨

品种	1 月	2 月	3 月	4 月	5 月	6 月	7 月	8 月	9 月	10 月	11 月	12 月
东北部（纽约）												
混合废纸（2）	55～60	50～55	50～55	50～55	50～55	50～55	50～55	50～55	50～55	50～55	50～55	50～55
制盒纸板边角料（4）	70～75	70～75	70～75	70～75	70～75	70～75	70～75	70～75	70～75	70～75	70～75	70～75
特级供脱墨用废报纸（8）	60～65	55～60	55～60	55～60	55～60	55～60	55～60	55～60	55～60	55～60	55～60	55～60
废杂志（10）	100～110	100～110	100～110	95～105	90～100	90～100	90～100	90～100	90～100	90～100	90～95	90～95
废瓦楞纸箱（11）	85～90	75～80	75～80	75～80	75～80	75～80	85～90	85～90	85～90	85～90	85～90	80～85
双挂面牛皮瓦楞纸新边角料（13）	90～95	80～85	80～85	80～85	80～85	80～85	90～95	90～95	90～95	90～95	90～95	85～90
空白报纸（24）	230～240	240～250	240～250	240～250	240～250	240～250	240～250	240～250	240～250	240～250	240～250	240～250
硬质白纸边（30）	340～350	340～350	330～340	320～330	320～330	320～330	320～330	320～330	315～325	310～320	310～320	310～320
硬质白信封边角料（31）	370～380	370～380	360～370	350～360	350～360	350～360	350～360	350～360	335～345	330～340	330～340	330～340
经拣选的办公室废杂纸（37）	155～165	155～165	150～160	150～160	150～160	150～160	150～160	145～155	140～150	135～145	130～140	130～140
拣选的白账簿纸（40）	255～265	265～275	265～275	255～265	255～265	255～265	255～265	255～265	240～250	230～240	220～230	215～225
白色账簿打印纸（41）	255～265	265～275	265～275	255～265	255～265	255～265	255～265	255～265	240～250	230～240	220～230	215～225
涂布书籍纸（43）	155～165	155～165	150～160	150～160	150～160	150～160	150～160	145～155	140～150	135～145	130～140	125～135
含磨木浆的涂布纸（44）	100～110	100～110	100～110	95～105	90～100	90～100	90～100	90～100	90～100	90～100	90～95	90～95

续表

品种	1 月	2 月	3 月	4 月	5 月	6 月	7 月	8 月	9 月	10 月	11 月	12 月
漂白纸板边角料（45）												
轻印刷的	235 ~ 245	250 ~ 260	250 ~ 260	240 ~ 250	240 ~ 250	240 ~ 250	240 ~ 250	240 ~ 250	235 ~ 245	225 ~ 235	215 ~ 225	210 ~ 220
重印刷的	165 ~ 175	165 ~ 175	165 ~ 175	165 ~ 175	165 ~ 175	165 ~ 175	165 ~ 175	160 ~ 170	160 ~ 170	160 ~ 170	155 ~ 165	155 ~ 165
不带印刷油墨的漂白纸板（47）	330 ~ 340	330 ~ 340	320 ~ 330	310 ~ 320	310 ~ 320	310 ~ 320	310 ~ 320	310 ~ 320	300 ~ 310	295 ~ 305	295 ~ 305	295 ~ 305
中西部（芝加哥）												
混合废纸（2）	35 ~ 40	30 ~ 35	30 ~ 35	30 ~ 35	30 ~ 35	30 ~ 35	40 ~ 45	40 ~ 45	40 ~ 45	40 ~ 45	40 ~ 45	40 ~ 45
制盒纸板边角料（4）	70 ~ 75	60 ~ 65	55 ~ 60	55 ~ 60	50 ~ 55	50 ~ 55	50 ~ 55	60 ~ 65	60 ~ 65	60 ~ 65	60 ~ 65	60 ~ 65
特级供脱墨用废报纸（8）	50 ~ 55	45 ~ 50	45 ~ 50	40 ~ 45	40 ~ 45	40 ~ 45	45 ~ 50	45 ~ 50	45 ~ 50	45 ~ 50	45 ~ 50	45 ~ 50
废杂志（10）	90 ~ 100	90 ~ 100	90 ~ 100	90 ~ 100	90 ~ 95	90 ~ 95	90 ~ 95	90 ~ 95	90 ~ 95	90 ~ 95	85 ~ 90	85 ~ 90
废瓦楞纸箱（11）	65 ~ 70	60 ~ 65	60 ~ 65	60 ~ 65	60 ~ 65	60 ~ 65	70 ~ 75	75 ~ 80	75 ~ 80	75 ~ 80	70 ~ 75	65 ~ 70
双挂面牛皮瓦楞纸新边角料（13）	85 ~ 90	80 ~ 85	80 ~ 85	80 ~ 85	80 ~ 85	80 ~ 85	90 ~ 95	95 ~ 100	95 ~ 100	95 ~ 100	90 ~ 95	80 ~ 85
空白报纸（24）	220 ~ 230	220 ~ 230	220 ~ 230	220 ~ 230	220 ~ 230	220 ~ 230	220 ~ 230	220 ~ 230	220 ~ 230	220 ~ 230	220 ~ 230	220 ~ 230
硬质白纸边（30）	305 ~ 315	305 ~ 315	305 ~ 315	300 ~ 310	300 ~ 310	300 ~ 310	300 ~ 310	300 ~ 310	295 ~ 305	290 ~ 300	290 ~ 300	285 ~ 295
硬质白信封边角料（31）	335 ~ 345	335 ~ 345	335 ~ 345	330 ~ 340	330 ~ 340	330 ~ 340	330 ~ 340	330 ~ 340	325 ~ 335	320 ~ 330	320 ~ 330	320 ~ 330
经拣选的办公室废杂纸（37）	135 ~ 145	135 ~ 145	135 ~ 145	135 ~ 145	130 ~ 140	130 ~ 140	130 ~ 140	130 ~ 140	125 ~ 135	120 ~ 130	115 ~ 125	105 ~ 115
拣选的白账簿纸（40）	220 ~ 230	220 ~ 230	230 ~ 240	230 ~ 240	230 ~ 240	230 ~ 240	230 ~ 240	230 ~ 240	220 ~ 230	210 ~ 220	200 ~ 210	190 ~ 200
白色账簿打印纸（41）	220 ~ 230	220 ~ 230	230 ~ 240	230 ~ 240	230 ~ 240	230 ~ 240	230 ~ 240	230 ~ 240	220 ~ 230	210 ~ 220	200 ~ 210	190 ~ 200
涂布书籍纸（43）	135 ~ 145	135 ~ 145	135 ~ 145	135 ~ 145	130 ~ 140	130 ~ 140	130 ~ 140	130 ~ 140	125 ~ 135	120 ~ 130	115 ~ 125	105 ~ 115
含磨木浆的涂布纸（44）	95 ~ 105	95 ~ 105	95 ~ 105	95 ~ 105	90 ~ 95	90 ~ 95	90 ~ 95	90 ~ 95	90 ~ 95	90 ~ 95	85 ~ 90	85 ~ 90
漂白纸板边角料（45）												
轻印刷的	205 ~ 215	205 ~ 215	215 ~ 225	215 ~ 225	210 ~ 220	210 ~ 220	210 ~ 220	210 ~ 220	210 ~ 220	205 ~ 215	195 ~ 205	185 ~ 195
重印刷的	150 ~ 160	150 ~ 160	150 ~ 160	150 ~ 160	145 ~ 155	145 ~ 155	145 ~ 155	145 ~ 155	145 ~ 155	145 ~ 155	140 ~ 150	130 ~ 140
不带印刷油墨的漂白纸板（47）	290 ~ 300	290 ~ 300	290 ~ 300	285 ~ 295	285 ~ 295	285 ~ 295	285 ~ 295	285 ~ 295	280 ~ 290	275 ~ 285	275 ~ 285	270 ~ 280
东南部												
混合废纸（2）	50 ~ 55	45 ~ 50	45 ~ 50	45 ~ 50	45 ~ 50	45 ~ 50	45 ~ 50	45 ~ 50	45 ~ 50	45 ~ 50	45 ~ 50	40 ~ 45
制盒纸板边角料（4）	70 ~ 75	60 ~ 65	55 ~ 60	50 ~ 55	50 ~ 55	55 ~ 60	55 ~ 60	60 ~ 65	60 ~ 65	60 ~ 65	55 ~ 60	55 ~ 60
特级供脱墨用废报纸（8）	55 ~ 60	50 ~ 55	50 ~ 55	50 ~ 55	50 ~ 55	50 ~ 55	50 ~ 55	55 ~ 60	55 ~ 60	55 ~ 60	55 ~ 60	50 ~ 55

续表

品种	1月	2月	3月	4月	5月	6月	7月	8月	9月	10月	11月	12月
废杂志（10）	95～105	95～105	95～105	90～100	90～95	90～95	90～95	100～105	95～100	95～100	90～95	90～95
废瓦楞纸箱（11）	85～90	75～80	75～80	75～80	75～80	85～90	90～95	95～100	95～100	95～100	90～95	85～90
双挂面牛皮瓦楞纸新边角料（13）	95～100	85～90	85～90	85～90	85～90	95～100	100～105	100～110	100～110	100～110	95～105	90～100
空白报纸（24）	225～235	225～235	225～235	225～235	225～235	225～235	225～235	225～235	225～235	225～235	225～235	225～235
硬质白纸边（30）	340～350	340～350	340～350	330～340	330～340	330～340	330～340	330～340	320～330	310～320	300～310	300～310
硬质白信封边角料（31）	355～365	355～365	355～365	345～355	345～355	345～355	345～355	345～355	335～345	325～335	315～325	315～325
经拣选的办公室废杂纸（37）	145～155	145～155	140～150	140～150	135～145	135～145	135～145	130～140	120～130	115～125	105～115	105～115
拣选的白账簿纸（40）	230～240	230～240	235～245	230～240	230～240	230～240	230～240	230～240	220～230	210～220	200～210	195～205
白色账簿打印纸（41）	230～240	230～240	235～245	230～240	230～240	230～240	230～240	230～240	220～230	210～220	200～210	195～205
涂布书籍纸（43）	145～155	145～155	140～150	140～150	135～145	135～145	135～145	130～140	120～130	115～125	105～115	105～115
含磨木浆的涂布纸（44）	95～105	95～105	95～105	90～100	90～95	90～95	90～95	100～105	95～100	95～100	90～95	90～95
漂白纸板边角料（45）												
轻印刷的	225～235	225～235	230～240	220～230	220～230	220～230	220～230	220～230	220～230	210～220	200～210	190～200
重印刷的	155～165	155～165	155～165	155～165	150～160	150～160	150～160	145～155	145～155	140～150	130～140	130～140
不带印刷油墨的漂白纸板（47）	325～335	325～335	325～335	315～325	315～325	315～325	315～325	315～325	300～310	290～300	280～290	280～290
西南部												
混合废纸（2）	50～55	45～50	45～50	45～50	45～50	50～55	55～60	55～60	55～60	55～60	55～60	50～55
制盒纸板边角料（4）	65～70	60～65	55～60	55～60	60～65	65～70	65～70	65～70	65～70	65～70	60～65	60～65
特级供脱墨用废报纸（8）	55～60	50～55	50～55	50～55	50～55	55～60	60～65	60～65	60～65	60～65	60～65	55～60
废杂志（10）	90～100	90～100	90～100	90～100	90～95	90～95	90～95	90～95	90～95	90～95	85～90	80～85
废瓦楞纸箱（11）	75～80	70～75	70～75	70～75	75～80	80～85	80～85	90～95	90～95	90～95	85～90	85～90
双挂面牛皮瓦楞纸新边角料（13）	90～100	90～95	90～95	90～95	90～100	90～100	90～100	100～110	100～110	100～110	95～105	90～100
空白报纸（24）	225～235	225～235	225～235	225～235	225～235	225～235	225～235	225～235	225～235	225～235	225～235	225～235
硬质白纸边（30）	325～335	325～335	325～335	325～335	325～335	325～335	325～335	325～335	315～325	305～315	305～315	305～315
硬质白信封边角料（31）	345～355	345～355	345～355	345～355	345～355	345～355	345～355	345～355	335～345	325～335	325～335	325～335
经拣选的办公室废杂纸（37）	140～150	145～150	140～150	140～150	135～145	135～145	135～145	135～145	130～140	120～130	110～120	105～115
拣选的白账簿纸（40）	235～245	245～255	245～255	240～250	240～250	240～250	240～250	240～250	230～240	220～230	210～220	205～215

续表

品种	1月	2月	3月	4月	5月	6月	7月	8月	9月	10月	11月	12月
白色账簿打印纸（41）	235~245	245~255	245~255	240~250	240~250	240~250	240~250	240~250	230~240	220~230	210~220	205~215
涂布书籍纸（43）	140~150	140~150	140~150	140~150	135~145	135~145	135~145	135~145	130~140	120~130	110~120	105~115
含磨木浆的涂布纸（44）	95~105	95~105	95~105	90~100	90~95	90~95	90~95	90~95	90~95	90~95	85~90	80~85
漂白纸板边角料（45）												
轻印刷的	225~235	235~245	235~245	230~240	230~240	220~230	220~230	220~230	220~230	210~220	200~210	195~205
重印刷的							145~155					
不带印刷油墨的漂白纸板（47）	295~305	295~305	295~305	295~305	295~305	295~305	295~305	295~305	290~300	280~290	280~290	280~290
洛杉矶－旧金山												
混合废纸（2）	60~75	55~70	50~65	50~65	50~65	55~70	60~75	60~75	60~75	60~75	55~70	55~70
制盒纸板边角料（4）	80~90	65~75	55~70	55~70	60~70	65~75	70~80	70~80	70~80	70~80	65~75	65~75
特级供脱墨用废报纸（8）	70~80	65~75	55~70	60~75	60~75	65~80	70~85	70~85	70~85	70~85	65~80	65~80
废杂志（10）	120~130	120~130	120~130	120~130	120~130	125~135	125~135	125~135	125~135	125~135	115~125	115~125
废瓦楞纸箱（11）	85~100	70~85	65~80	65~80	70~80	80~95	90~105	90~105	85~100	85~100	80~95	80~95
双挂面牛皮瓦楞纸新边角料（13）	90~105	75~90	70~85	70~85	75~85	85~100	95~110	95~110	90~105	90~105	85~100	80~95
空白报纸（24）	250~260	250~260	250~260	250~260	250~260	250~260	250~260	250~260	250~260	250~260	245~255	245~255
硬质白纸边（30）	300~310	300~310	300~310	300~310	300~310	300~310	300~310	300~310	300~310	300~310	295~305	295~305
硬质白信封边角料（31）	325~335	325~335	325~335	325~335	325~335	325~335	325~335	325~335	325~335	325~335	320~330	320~330
经拣选的办公室废杂纸（37）	170~180	170~180	170~180	170~180	170~180	170~180	170~180	170~180	160~170	155~165	140~150	135~145
拣选的白账簿纸（40）	235~245	235~245	235~245	245~255	245~255	245~255	245~255	245~255	240~250	235~245	225~235	220~230
白色账簿打印纸（41）	235~245	235~245	235~245	245~255	245~255	245~255	245~255	245~255	240~250	235~245	225~235	220~230
涂布书籍纸（43）	165~175	165~175	165~175	170~180	170~180	170~180	170~180	170~180	160~170	155~165	140~150	135~145
含磨木浆的涂布纸（44）	120~130	120~130	120~130	120~130	120~130	125~135	125~135	125~135	125~135	125~135	115~125	115~125
漂白纸板边角料（45）												
轻印刷的	225~235	225~235	225~235	235~245	235~245	235~245	235~245	235~245	235~245	230~240	215~225	210~220
重印刷的	175~185	175~185	175~185	175~185	175~185	175~185	175~185	175~185	175~185	170~180	155~165	150~160
不带印刷油墨的漂白纸板（47）	280~290	280~290	280~290	280~290	280~290	280~290	280~290	280~290	280~290	280~290	275~285	275~285

注：1 短吨约为 907 千克。

表 2　2015 年美国不同地区出口亚洲废纸价格（当月公开市场交易交付）　单位：美元/吨

品种	目的地	1月	2月	3月	4月	5月	6月	7月	8月	9月	10月	11月	12月
纽约出口亚洲废纸价格													
始发港船边交货价格													
混合废纸（2）	中国	87～90	81～84	81～84	84～87	88～91	99～102	90～102	97～100	100～103	100～103	93～96	85～88
特级供脱墨用废报纸（8）	中国	98～101	95～98	97～100	100～103	102～105	109～112	111～114	107～110	106～109	105～108	96～99	88～91
废瓦楞纸箱（11）	中国	134～137	119～122	120～123	125～128	131～134	142～145	143～146	143～146	149～152	144～147	139～142	133～136
双挂面牛皮瓦楞纸新边角料（13）	中国	137～140	121～124	121～124	136～139	142～145	153～156	155～158	155～158	158～161	162～165	157～160	147～150
拣选办公废纸（37）	中国	200～203	204～207	202～205	200～203	200～203	195～198	195～198	190～193	187～190	174～177	162～165	160～163
拣选白账簿纸（40）	亚洲	296～299	306～309	317～320	317～320	314～317	314～317	311～314	311～314	297～300	287～290	257～260	257～260
目的地港口到岸价格													
混合废纸（2）	中国	139～142	132～135	130～133	135～138	135～138	146～149	145～148	135～138	138～141	135～138	130～133	121～124
特级供脱墨用废报纸（8）	中国	150～153	147～150	145～148	148～151	150～153	157～160	157～160	145～148	145～148	142～145	135～138	128～131
废瓦楞纸箱（11）	中国	189～192	173～176	170～173	170～173	184～187	195～198	195～198	184～187	189～192	187～190	179～182	173～176
拣选废瓦楞纸箱（11）	印度	197～200	192～195	192～189	201～204	202～205	207～210	214～217	207～210	199～202	197～200	192～195	182～185
双面废瓦楞纸箱（12）	印度	202～205	197～200	194～197	209～212	212～215	217～220	220～223	215～218	207～210	202～205	200～203	192～195
双挂面牛皮瓦楞纸新边角料（13）	中国	205～208	194～197	192～195	196～199	202～205	210～213	212～215	206～209	207～210	207～210	190～193	184～187
拣选办公废纸（37）	中国	264～267	266～269	266～268	266～269	266～269	257～260	257～260	244～247	239～242	231～234	200～203	197～200
拣选白账簿纸（40）	亚洲	350～360	360～370	360～370	360～370	360～370	360～370	360～370	360～370	357～360	352～355	332～335	332～335
洛杉矶出口亚洲废纸价格													
始发港船边交货价格													
混合废纸（2）	中国	105～108	95～98	92～95	95～98	104～107	115～118	115～118	111～114	111～114	109～112	102～105	95～98
特级供脱墨用废报纸（8）	中国	116～119	110～113	107～110	110～113	115～118	124～127	125～128	119～122	117～120	114～117	106～109	98～101
废瓦楞纸箱（11）	中国	154～157	132～135	129～132	134～137	147～150	162～165	163～166	154～157	159～162	154～157	149～152	144～147
双挂面牛皮瓦楞纸新边角料（13）	中国	168～171	152～155	148～151	152～155	160～163	175～178	175～178	172～175	172～175	172～175	160～163	154～157

续表

品种	目的地	1月	2月	3月	4月	5月	6月	7月	8月	9月	10月	11月	12月
拣选办公废纸（37）	中国	221～224	219～222	219～222	219～222	219～222	213～216	212～215	209～212	207～210	197～200	167～170	162～165
拣选白账簿纸（40）	亚洲	295～298	305～308	305～308	305～308	307～310	307～310	307～310	307～310	302～305	292～295	264～267	259～262
目的地港口到岸价格													
混合废纸（2）	中国	141～144	135～138	129～132	129～132	137～140	148～151	148～151	137～140	140～143	137～140	132～135	123～126
特级供脱墨用废报纸（8）	中国	152～155	150～153	148～151	151～154	155～158	158～161	159～162	148～151	148～151	144～147	137～140	130～133
废瓦楞纸箱（11）	中国	192～195	176～179	172～175	172～175	186～189	198～201	197～200	188～191	191～194	188～191	181～184	177～180
双挂面牛皮瓦楞纸新边角料（13）	中国	207～210	197～200	194～197	198～201	205～208	215～218	215～218	208～211	208～211	208～211	192～195	186～189
拣选办公废纸（37）	中国	266～269	269～272	269～272	269～272	269～272	255～258	255～258	245～248	242～245	235～238	202～205	199～202
拣选白账簿纸（40）	亚洲	350～360	360～370	360～370	360～370	360～370	360～370	360～370	360～370	357～360	352～355	332～335	332～335

注：表1、表2数据均来源于《PPI Pulp & Paper Week》杂志。

（臧旺英）

2015 年国际纸及纸板价格

International Prices of Paper and Paperboard in 2015

2015 年美国纸及纸板售价（无特殊说明均为美国东部价格）

单位：美元/短吨

纸及纸板种类	1 月	2 月	3 月	4 月	5 月	6 月	7 月	8 月	9 月	10 月	11 月	12 月
纸张												
新闻纸												
30 磅　东海岸/吨	590	580	570	560	550	540	525	520	510	505	505	505
30 磅　西海岸/吨	575	565	555	545	535	520	505	500	490	485	485	485
27.7 磅　东海岸/吨	630	620	610	600	585	575	560	555	545	540	540	540
27.7 磅　西海岸/吨	615	605	595	585	570	555	540	535	525	520	520	520
未涂布机械木浆纸												
20.9 磅　白色记录簿纸	720 ~ 740	720 ~ 740	720 ~ 740	720 ~ 740	720 ~ 740	720 ~ 740	720 ~ 740	720 ~ 740	720 ~ 740	720 ~ 740	720 ~ 740	720 ~ 740
35 磅　纸机压光胶印纸 亮度 65%	630 ~ 650	630 ~ 650	630 ~ 650	620 ~ 640	620 ~ 640	620 ~ 640	610 ~ 630	610 ~ 630	610 ~ 630	610 ~ 630	610 ~ 630	610 ~ 630
35 磅　超级压光纸（SC ~ A）	775 ~ 795	775 ~ 795	775 ~ 795	775 ~ 795	775 ~ 795	775 ~ 795	755 ~ 775	755 ~ 775	755 ~ 775	755 ~ 775	755 ~ 775	755 ~ 775
33 磅　超级压光纸（SC ~ B）	770 ~ 790	770 ~ 790	770 ~ 790	770 ~ 790	770 ~ 790	770 ~ 790	745 ~ 765	745 ~ 765	745 ~ 765	745 ~ 765	745 ~ 765	745 ~ 765
45 磅　胶版印刷替代纸 白度 83/84	755 ~ 785	755 ~ 785	755 ~ 785	755 ~ 785	755 ~ 785	755 ~ 785	755 ~ 785	755 ~ 785	755 ~ 785	755 ~ 785	755 ~ 785	755 ~ 785

续表

纸及纸板种类	1月	2月	3月	4月	5月	6月	7月	8月	9月	10月	11月	12月
涂布纸												
80磅 优质 平板	1255～1355	1255～1355	1255～1355	1255～1355	1255～1355	1255～1355	1255～1355	1255～1355	1255～1355	1255～1355	1255～1355	1250～1350
80磅 经济型 平板	970～990	970～990	980～1000	990～1010	990～1010	990～1010	990～1010	990～1010	990～1010	990～1010	990～1010	990～1010
3号50磅 卷筒	930～960	950～990	950～990	950～990	950～990	950～990	930～970	930～970	925～970	925～970	925～970	925～970
3号60磅 卷筒	890～910	900～920	900～920	900～920	900～920	900～920	880～900	880～900	875～900	875～900	875～900	870～900
4号50磅 磨木浆印刷纸 卷筒 亮度79%	830～850	830～850	840～860	850～870	850～870	850～870	840～860	840～860	835～860	835～860	835～860	820～860
5号34磅 轮转印刷纸 卷筒	930～950	935～955	935～955	935～955	935～955	935～955	915～935	915～935	905～935	905～935	905～935	895～935
5号40磅 胶印纸 卷筒	805～825	805～825	805～825	810～830	810～830	810～830	790～810	790～810	780～810	780～810	780～810	770～810
未涂布不含磨木浆纸												
20磅 再生证券纸 亮度92%（小裁纸）	985～1025	985～1025	985～1025	985～1025	985～1025	975～1015	975～1015	975～1015	975～1015	975～1015	975～1015	970～1010
20磅 30% PCW 再生证券纸 亮度92%（小裁纸）	1040～1075	1040～1075	1040～1075	1040～1075	1040～1075	1030～1065	1030～1065	1030～1065	1030～1065	1030～1065	1030～1065	1030～1065
50磅 胶印纸 卷筒	875～895	875～895	875～895	875～895	875～895	875～895	875～895	860～880	860～880	860～880	860～880	860～880
24磅 布纹白封套纸 亮度92% 卷筒	995～1035	995～1035	995～1035	995～1035	995～1035	995～1035	970～1010	970～1010	970～1010	940～990	940～990	940～990
20磅 证券表格用纸	1005～1045	1005～1045	1005～1045	985～1025	985～1025	985～1025	955～995	955～995	955～995	955～995	955～995	955～995
50磅 书本胶印纸 卷筒	1060～1100	1060～1100	1060～1100	1060～1100	1060～1100	1060～1100	1060～1100	1060～1100	1060～1100	1060～1100	1060～1100	1060～1100
特种纸												
55克 POS热敏打印纸（每千平方英尺）	12.68	12.68	12.68	12.43	12.43	12.43	12.43	11.70	11.70	12.15	12.15	12.15
40磅 SCK离型标签纸（每千平方英尺）	8.50	8.50	8.50	8.50	8.25	8.25	8.25	8.25	8.25	8.05	8.05	8.05
13～16磅 无碳复写纸 上纸 中卷	1930	1930	1930	1970	2010	2010	2010	2010	2010	2010	2010	2010
10点漂白光泽纸 单面涂布 卷筒	1255～1275	1255～1275	1255～1275	1255～1275	1255～1275	1255～1275	1255～1275	1255～1275	1255～1275	1255～1275	1255～1275	1255～1275

续表

纸及纸板种类	1 月	2 月	3 月	4 月	5 月	6 月	7 月	8 月	9 月	10 月	11 月	12 月
纸板/包装纸和纸板												
挂面纸板（42 磅），公开市场价格												
未漂硫酸盐浆　东海岸	625 ~ 635	625 ~ 635	625 ~ 635	625 ~ 635	625 ~ 635	625 ~ 635	625 ~ 635	625 ~ 635	625 ~ 635	625 ~ 635	625 ~ 635	625 ~ 635
西海岸	635 ~ 645	635 ~ 645	635 ~ 645	635 ~ 645	635 ~ 645	625 ~ 635	625 ~ 635	625 ~ 635	625 ~ 635	625 ~ 635	625 ~ 635	625 ~ 635
35 ~ 36 磅　高性能挂面纸板	645 ~ 655	645 ~ 655	645 ~ 655	645 ~ 655	645 ~ 655	645 ~ 655	645 ~ 655	645 ~ 655	645 ~ 655	645 ~ 655	645 ~ 655	645 ~ 655
白色面层　东海岸	835 ~ 845	835 ~ 845	835 ~ 845	835 ~ 845	835 ~ 845	835 ~ 845	835 ~ 845	835 ~ 845	835 ~ 845	835 ~ 845	835 ~ 845	835 ~ 845
西海岸	845 ~ 855	845 ~ 855	845 ~ 855	845 ~ 855	845 ~ 855	845 ~ 855	845 ~ 855	845 ~ 855	845 ~ 855	845 ~ 855	845 ~ 855	845 ~ 855
出口挂面纸板												
175 克/米^2　出口到南欧的挂面纸板（到岸价欧元/吨）	450 ~ 470	470 ~ 490	480 ~ 500	500 ~ 520	500 ~ 520	500 ~ 520	490 ~ 510	480 ~ 500	480 ~ 500	480 ~ 500	470 ~ 490	470 ~ 480
175 克/米^2 出口到香港的挂面纸板（离岸价　加运费/吨）	640 ~ 660	640 ~ 660	640 ~ 660	640 ~ 660	640 ~ 660	630 ~ 650	630 ~ 650	620 ~ 640	620 ~ 640	620 ~ 640	620 ~ 640	610 ~ 630
42 磅　出口到墨西哥的未漂硫酸盐浆挂面纸板/吨	625 ~ 645	625 ~ 645	625 ~ 645	625 ~ 645	625 ~ 645	625 ~ 635	625 ~ 635	620 ~ 630	620 ~ 630	610 ~ 620	600 ~ 610	600 ~ 610
瓦楞纸芯（26 磅），公开市场价格												
半化学浆法　东海岸	565 ~ 575	555 ~ 656	555 ~ 565	555 ~ 565	555 ~ 565	555 ~ 565	555 ~ 565	555 ~ 565	555 ~ 565	540 ~ 550	540 ~ 550	540 ~ 550
西海岸	590 ~ 600	575 ~ 585	575 ~ 585	575 ~ 585	575 ~ 585	555 ~ 565	555 ~ 565	555 ~ 565	555 ~ 565	540 ~ 550	540 ~ 550	540 ~ 550
未漂白牛皮纸												
50 磅　伸性多层货用袋纸	1190 ~ 1210	1190 ~ 1210	1190 ~ 1210	1190 ~ 1210	1190 ~ 1210	1190 ~ 1210	1190 ~ 1210	1190 ~ 1210	1190 ~ 1210	1190 ~ 1210	1190 ~ 1210	1190 ~ 1210
50 磅　多层货用袋纸	1035 ~ 1045	1035 ~ 1045	1035 ~ 1045	1035 ~ 1045	1035 ~ 1045	1035 ~ 1045	1035 ~ 1045	1035 ~ 1045	1035 ~ 1045	1035 ~ 1045	1035 ~ 1045	1035 ~ 1045
70 磅　食品杂货袋纸	985 ~ 995	985 ~ 995	985 ~ 995	985 ~ 995	985 ~ 995	985 ~ 995	985 ~ 995	985 ~ 995	985 ~ 995	985 ~ 995	985 ~ 995	985 ~ 995
30 磅　食品杂货袋纸	1175 ~ 1195	1175 ~ 1195	1175 ~ 1195	1175 ~ 1195	1175 ~ 1195	1175 ~ 1195	1175 ~ 1195	1175 ~ 1195	1175 ~ 1195	1175 ~ 1195	1175 ~ 1195	1175 ~ 1195

续表

纸及纸板种类	1 月	2 月	3 月	4 月	5 月	6 月	7 月	8 月	9 月	10 月	11 月	12 月
漂白牛皮纸												
30 磅　食品杂货袋纸	1455 ~ 1465	1455 ~ 1465	1455 ~ 1465	1455 ~ 1465	1455 ~ 1465	1455 ~ 1465	1455 ~ 1465	1455 ~ 1465	1455 ~ 1465	1455 ~ 1465	1455 ~ 1465	1430 ~ 1440
全漂白硫酸盐纸板												
16 点折叠纸板　单面涂布	1170 ~ 1220	1155 ~ 1205	1155 ~ 1205	1155 ~ 1205	1155 ~ 1205	1155 ~ 1205	1155 ~ 1205	1155 ~ 1205	1155 ~ 1205	1155 ~ 1205	1155 ~ 1205	1155 ~ 1205
14 点纸杯纸板　双面淋膜（PE 膜）	1450 ~ 1505	1450 ~ 1505	1450 ~ 1505	1450 ~ 1505	1450 ~ 1505	1450 ~ 1505	1450 ~ 1505	1450 ~ 1505	1450 ~ 1505	1450 ~ 1505	1450 ~ 1505	1450 ~ 1505
涂布未漂硫酸盐纸板												
20 点折叠纸板　单面涂布	1085 ~ 1145	1075 ~ 1135	1075 ~ 1135	1075 ~ 1135	1075 ~ 1135	1075 ~ 1135	1075 ~ 1135	1075 ~ 1135	1075 ~ 1135	1075 ~ 1135	1075 ~ 1135	1075 ~ 1135
再生折叠箱纸板												
20 点白土涂布	945 ~ 965	945 ~ 965	945 ~ 965	945 ~ 965	945 ~ 965	945 ~ 965	945 ~ 965	995 ~ 1015	995 ~ 1015	995 ~ 1015	995 ~ 1015	995 ~ 1015
20 点耐折叠纸板	685 ~ 715	685 ~ 715	685 ~ 715	685 ~ 715	685 ~ 715	685 ~ 715	685 ~ 715	685 ~ 715	685 ~ 715	720 ~ 750	720 ~ 750	720 ~ 750

注：1. 数据来源《PPI Pulp & Paper Week》杂志。
2. 1 短吨约为 907 千克。

（臧旺英）

2015 年国内市场部分纸张价格

Domestic Prices of Part of Paper and Paperboard Grades in 2015

2015 年国内市场部分纸张价格（仅供参考，以供应商实际报价为准）

产品名称	品牌/厂家	定量/（克/米^2）	价格/（元/吨）											
			1 月	2 月	3 月	4 月	5 月	6 月	7 月	8 月	9 月	10 月	11 月	12 月
铜版纸	华夏	64	7000	7000	6900	6900	6900	6900	6900	6900	6900	7000	7000	7000
		70	6800	6800	6700	6700	6700	6700	6700	6700	6700	6800	6800	6800
		80	6600/6500	6600/6500	6500/6400	6500/6400	6500/6400	6500/6400	6500/6400	6500/6400	6500/6400	6600/6500	6600/6500	6600/6500
		90	6400/6300	6400/6300	6300/6200	6300/6200	6300/6200	6300/6200	6300/6200	6300/6200	6300/6200	6400/6300	6400/6300	6400/6300
		100～105	6200/6100	6200/6100	6100/6000	6100/6000	6100/6000	6100/6000	6100/6000	6100/6000	6100/6000	6200/6100	6200/6100	6200/6100
		120～250	6000	6000	5900	5900	5900	5900	5900	5900	5900	6000	6000	6000
	天阳	128～230	5800	5800	5700	5700	5700	5700	5700	5700	5700	5800	5800	5800
	东帆	105（双铜）	5710	5710	5710	5710	5710	5610	5610	5510	5510	5510	5410	5410
		120～157（双铜）	5510	5510	5510	5510	5510	5410	5410	5310	5310	5310	5210	5210
	长鹤	105（双铜）	5510	5510	5560	5510	5560	5360	5360	5310	5260	5210	5160	5110
		120～200（双铜）	5310	5310	5260	5310	5260	5160	5160	5110	5060	5010	4960	4910
	神盾	105（双铜）	5210	5210	5210	5210	5210	—	—	—	—	—	—	—
		120～200（双铜）	5010	5010	5010	5010	5010	—	—	—	—	—	—	—

续表

产品名称	品牌/厂家	定量/（克/米^2）	价格/（元/吨）											
			1月	2月	3月	4月	5月	6月	7月	8月	9月	10月	11月	12月
铜版纸	紫兴	128～200（双铜）	5710	5610	5510	5510	5510	5410	5410	5410	5410	5410	5410	5410
		230～300（双铜）	5910	5810	5710	5710	5710	5610	5610	5610	5610	5610	5610	5610
	华泰牡丹	100～105（双铜）	5310	5310	5260	5250	5210	5110	5110	5110	5110	5060	5060	5060
		120～200（双铜）	5010	5010	4960	4950	4910	4910	4910	4910	4860	4810	4810	4810
	金海鲸王	140～150（双铜）	5010	5060	5010	5010	4960	4860	4760	4760	4710	4710	4710	4710
		200～150（双铜）	4910	4960	4910	4910	4860	4810	4710	4710	4660	4660	4660	4660
	晨鸣雪兔	100～200（双铜）	4910	4910	4910	4910	4860	4860	4860	4860	4760	4760	4760	4760
	晨鸣雪鹰	105～200（双铜）	5310	5410	5410	5410	5210	5310	5310	5310	5210	5210	5010	5010
	太空梭	128～200（亚光）	5710	5710	5710	5710	5610	5610	5610	5610	5610	5610	5410	5410
	金海鲸王	140～200（亚光）	5010	5010	5010	5010	4910	4860	4810	4760	4660	4660	4660	4660
	紫兴	128～200（亚光）	5710	5610	5510	5510	5510	5410	5410	5410	5410	5410	5410	5410
		230～300（亚光）	5910	5810	5710	5710	5710	5610	5610	5610	5610	5610	5610	5610
铜版卡纸	亚洲酋长	250～400	4910	4810	4710	4610	4610	4560	4510	4510	4410	4410	4410	4410
	UV2 宁波	205～270（双铜，高松）	5810	5910	5810	5710	5610	5410	5410	5410	5210	5210	5210	5210
	金太阳	190～400	7310～7510	7310～7510	7310～7510	7310～7510	7310～7510	7310～7510	7310～7510	7310～7510	7310～7510	7310～7510	7310～7510	7310～7510
	万国骄阳	170～350	5610～5810	5610～5810	5610～5810	5610～5810	5610～5810	5610～5810	5610～5810	5610～5810	5610～5810	5610～5810	5610～5810	5610～5810
食品卡纸	金太阳	250～350（白芯）	7810	7810	7810	7810	7810	7810	7810	7810	7810	7810	7810	7810
		250～350（黄芯）	7610	7610	7610	7610	7610	7610	7610	7610	7610	7610	7610	7610
胶版纸	华夏	60	6600	6600	6400	6400	6400	6400	6400	6400	6400	6400	6400	6400
		70～120	6400	6400	6200	6200	6200	6200	6200	6200	6200	6200	6200	6200
	金太阳	60	6900	6900	6700	6700	6700	6700	6700	6700	6700	6700	6700	6700
		70～120	6700	6700	6500	6500	6500	6500	6500	6500	6500	6500	6500	6500

续表

产品名称	品牌/厂家	定量/（克/米^2）	价格/（元/吨）											
			1月	2月	3月	4月	5月	6月	7月	8月	9月	10月	11月	12月
涂布白卡纸	华夏太阳	190～400	6410～6610	6410～6610	6410～6610	6410～6610	6410～6610	6410～6610	6410～6610	6310～6510	6310～6510	6310～6510	6310～6510	6310～6510
	金太阳	190～360（高松）	7810～8110	7810～8110	7810～8110	7810～8110	7810～8110	7810～8110	7810～8110	7810～8110	7810～8110	7810～8110	7810～8110	7810～8110
	万国光芒	190～400	6110～6310	6110～6310	6110～6310	6110～6310	6110～6310	6110～6310	6110～6310	6110～6310	6110～6310	6110～6310	6110～6310	6110～6310
	万国骄阳	170～400	5410～5910	5410～5910	5410～5910	5410～5910	5410～5910	5410～5910	5410～5910	5210～5610	5210～5610	5210～5610	5210～5610	5210～5610
	红梅	190～230	6200～6300	6200～6300	6200～6300	6200～6300	6200～6300	6200～6300	6200～6300	6200～6300	6200～6300	6200～6300	6200～6300	6200～6300
	金桂金蝶兰	250～350	4610	4710	4610	4410	4310	4210	4210	4160	4160	4260	4360	4360
	富桂	235～365	—	—	—	—	4410	4310	4310	4260	4260	4360	4460	4510
	博汇	235～365（高松）	4710	4810	4710	4610	4410	4310	4310	4260	4260	4360	4360	4410
	宁波酋长	250～400	4710	4810	4710	4610	4610	4610	4610	4610	4560	4560	4560	4560
	骄阳	250～400	4910	5010	5010	4910	4710	4710	4710	4710	4710	4710	4710	4810
	海龙	250～400	5010	5110	—	4410	—	—	—	—	—	—	—	—
涂布白纸板	海龙	3460	250	3560	3610	3560	3560	3460	3410	3410	3410	3460	3460	3460
		300	3410	3460	3410	3410	3310	3260	3260	3260	3310	3310	3310	3310
		350～450	3260	3310	3260	3260	3210	3110	3110	3110	3160	3160	3160	3160
	地龙	250	3310	3360	3310	3310	3210	3160	3160	3160	3210	3210	3210	3210
		300	3210	3260	3210	3210	3110	3060	3060	3060	3110	3110	3110	3110
		350～400	3110	3160	3110	3110	3010	2960	2960	2960	3010	3010	3010	3010
珠光纸	臻彩/APP亚龙	120～300（高档冰白，A）	10700	10400	10400	—	—	—	—	—	—	—	—	—
		120～300（普通冰白，A）	8700	8400	8400	—	—	—	—	—	—	—	—	—
	APP 亚龙	120～250（浅色系列，A）	9200	8900	8900	—	—	—	—	—	—	—	—	—
		120～250（深色系列，A）	10300	10000	10000	—	—	—	—	—	—	—	—	—

续表

产品名称	品牌/厂家	定量/（克/米^2）	价格/（元/吨）											
			1月	2月	3月	4月	5月	6月	7月	8月	9月	10月	11月	12月
复印纸	Double A（泰国）	80（B）	9400	9600	9800	10000	10000	10000	10000	10000	10000	9600	9800	10000
	绿叶/蔡伦纸业	80（C）	9000	9200	9400	9400	9400	9400	9400	9400	9400	9400	9400	9400
	太阳/广东太阳纸业	80（C）	7600	7800	8000	8200	8400	8200	8200	8400	8400	8400	8200	8200
	百旺/亚太森博（广东）	80（B）	7800	8400	8600	8400	8600	8400	8200	8400	8400	8200	8000	8200
	云雀/互益纸业	70/80（C）	8000	8200	8400	8600	8800	8400	8200	8400	8400	8200	8000	8000
	羚羊/互益纸业	70/80（C）	7100	7300	7600	7800	8000	7600	7400	7600	7600	7400	7200	7200
	银羊/互益纸业	70/80（C）	6800	7000	7300	7500	7800	7400	7200	7400	7400	7200	7000	7000
	小钢炮/APP	80（C）	7600	7800	8200	8400	8600	8400	8200	8400	8400	8200	8000	8000
	金丝雀/APP	80（C）	9200	9600	9800	10000	10000	9600	9800	10000	10000	9600	9400	9600

注：A 表示纸张规格为 787×1092/889×1194；B 表示 5 包/箱，500 张/包；C 表示 10 包/箱，500 张/包。

（郭彩云）

2015 年中国造纸协会纸浆指数

China Paper Association Pulp Index (CPAPI) in 2015

2014—2015 年中国造纸协会纸浆物量、价格总指数及纸浆分类物量、价格指数（包括定基指数和环比指数）见图 1 ~ 图 6。

进入 2015 年，前 2 个月纸浆整体价格和物量指数呈下降趋势，但幅度不大，春节假期过后，3 月各纸厂基本恢复正常开工，纸浆市场成交迎来反弹式增长，纸浆整体成交量迅速回升，3 月和 4 月纸浆物量指数和价格指数大幅上涨，3 月物量指数环比大增 12.99%。在经历了 2 个月的增长后，5 月纸浆市场成交量开始回落，但是纸浆价格指数仍然上涨，纸浆价格基本在高位维稳。6 月纸浆市场进入淡季，由于纸张市场需求低迷，多家纸厂停、限产，传导至上游纸浆市场，导致纸浆需求同样低迷，其市场成交量价齐跌，物量指数较 5 月下滑 6.40 点，环比跌幅 7.30%，价格总指数为 97.65 点，较 5 月下滑 1.18 点，环比跌幅 1.19%。7 月淡季持续，我国纸浆成交价格下滑但成交量增加。8 月，国内市场纸浆需求弱格局依旧延续，但纸浆成交价格有所上涨。受当前国际、国内经济形势影响，2015 年纸浆及造纸行业“金九银十”旺季格局并未形成，9 月，中国造纸协会纸浆物量及价格指数双双下滑。自 9 月之后，纸浆价格指数呈现连续下跌趋势；物量指数降幅收窄，在年底有所回升。就市场需求而言，下游纸厂因临近年底需求本就清淡，又因“雾霾”等因素影响，多有停、限产，纸浆市场需求持续清淡。从 2015 年纸浆市场整体情况来看，我国造纸行业经营状况要好于 2014 年。

分浆种来看，漂白硫酸盐针叶木浆价格自 2014 年以来连跌 1 年时间，价格指数与 2014 年的持续下跌趋势有所不同，2015 年价格指数呈震荡式下跌。2015 年 3 月其价格指数跌至 95.12 点，但随着 4 月

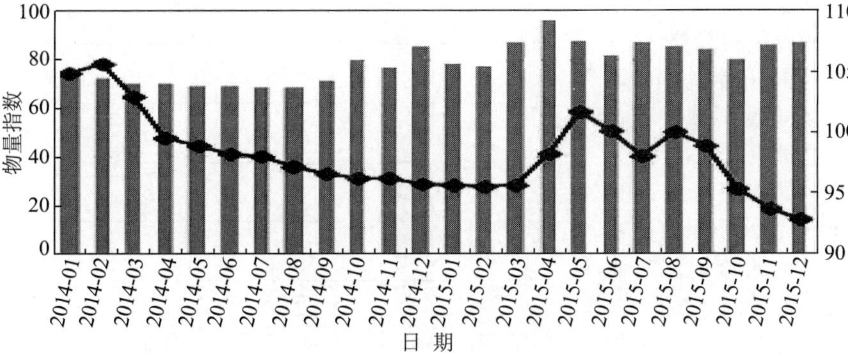

图1　2014—2015年中国造纸协会纸浆指数——定基总指数

物量　价格

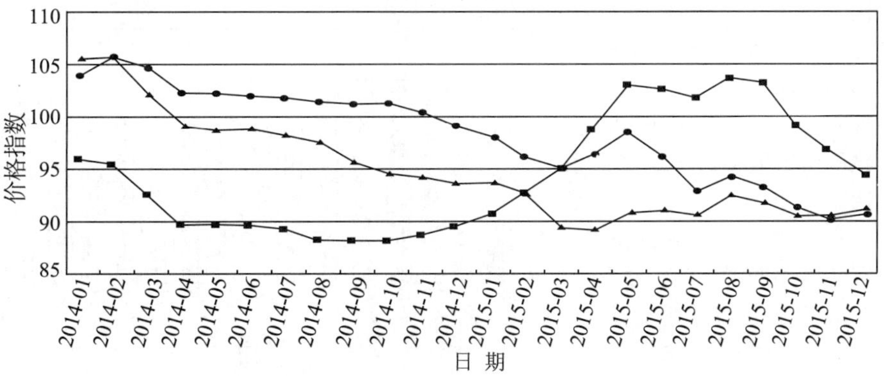

图2　2014—2015年中国造纸协会纸浆指数——分类价格定基指数

漂白硫酸盐针叶木浆　漂白硫酸盐阔叶木浆　本色浆

外盘报价提涨，其价格回升，市场成交量增加，4—5 月，漂白硫酸盐针叶木浆价格指数连续 2 个月收涨，5 月环比涨幅 2.26%，物量指数则连续 2 个月上涨后在 5 月开始回落，环比降幅 4.60%。5 月之后，漂白硫酸盐针叶木浆市场淡季明显，需求不足，价格指数仍呈下跌趋势，8 月有所改善。进入年底，漂白硫酸盐针叶木浆价格及物量指数均上涨，12 月漂白硫酸盐针叶木浆物量指数环比上涨 6.46%，价格指数环比上涨 0.45%，在连续 3 个月下滑后迎来反弹。

2015 年漂白硫酸盐阔叶木浆的价格指数呈现先涨后跌的趋势。1—5 月，漂白硫酸盐阔叶木浆市场热度不减，其价格和物量指数大幅上涨，3 月物量指数涨幅高达 15.65%，因为漂白硫酸盐阔叶木浆流通现货紧缺及外盘报价连续提涨，漂白硫酸盐阔叶木浆价格提涨疯狂。漂白硫酸盐阔叶木浆价格提涨过快，导致与漂白硫酸盐针叶木浆价格差距逐步缩小，甚至部分超过。5 月，漂白硫酸盐阔叶木浆价格指数突破 100 点，达到 103.05 点，连续 8 个月上涨。漂白硫酸盐阔叶木浆价格较高及下游纸厂需求未见明显增长，5 月之后漂白硫酸盐阔叶木浆成交量下降，5—7 月价格指数连跌 2

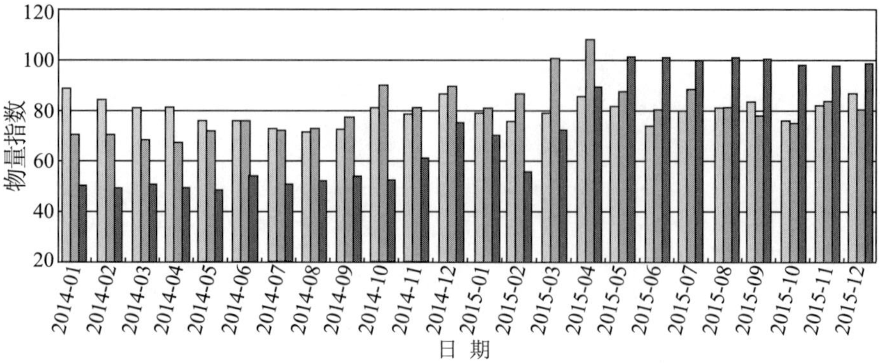

图3 2014—2015年中国造纸协会纸浆指数——分类物量定基指数

□漂白硫酸盐针叶木浆 □漂白硫酸盐阔叶木浆 ■本色浆

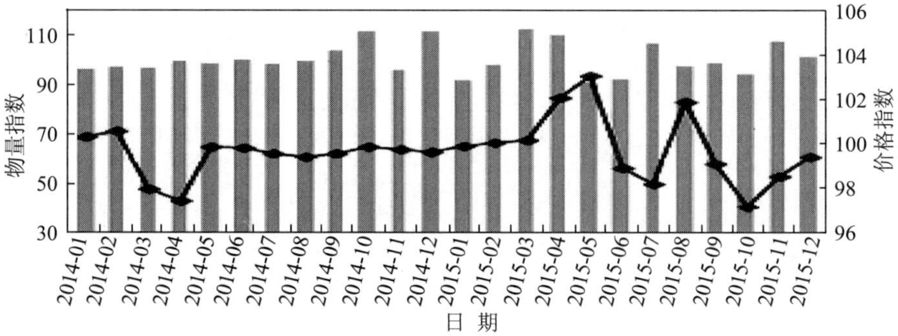

图4 2014—2015年中国造纸协会纸浆指数——环比总指数

物量 —◆—价格

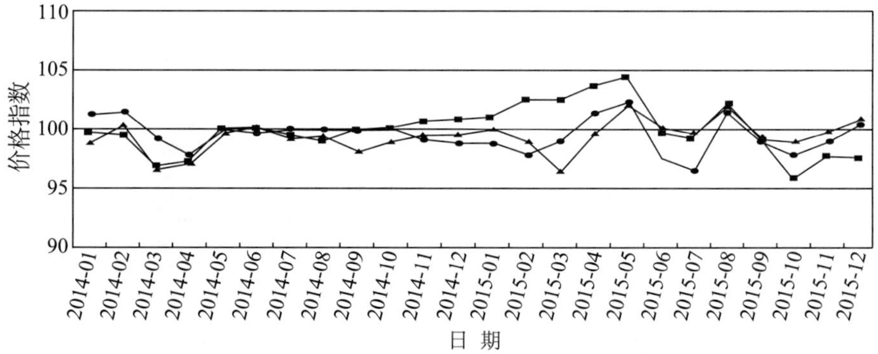

图5 2014—2015年中国造纸协会纸浆指数——分类价格环比指数

—●—漂白硫酸盐针叶木浆 —■—漂白硫酸盐阔叶木浆 —▲—本色浆

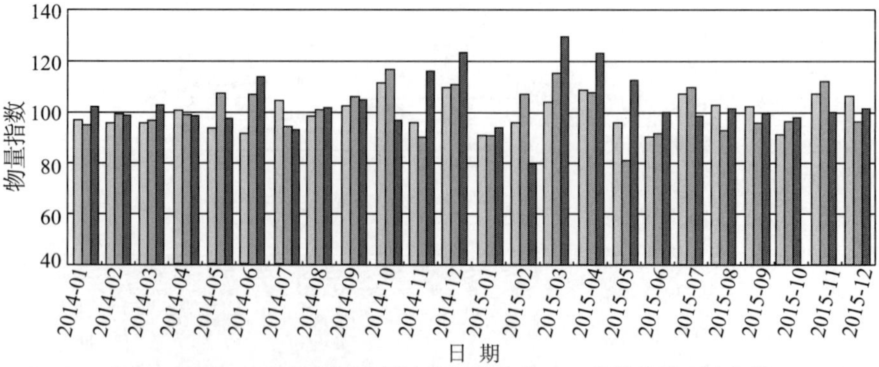

图6 2014—2015年中国造纸协会纸浆指数——分类物量环比指数

□漂白硫酸盐针叶木浆 □漂白硫酸盐阔叶木浆 ■本色浆

个月，但5—9月其价格指数基本在高位维稳。9月之后，漂白硫酸盐阔叶木浆市场行情明显走弱，物量指数在8—10月下跌，价格指数持续下滑，部分漂白硫酸盐阔叶木浆价格跌幅在200元/吨以上。11月漂白硫酸盐阔叶木浆物量指数环比上涨12.4%，物量指数三连降后转增，但12月呈现出量价齐跌。需求方面，一方面因临近年底出于回笼资金及因雾霾停、限产等因素影响，下游纸厂采购减少，漂白硫酸盐阔叶木浆需求清淡；另一方面，因与漂白硫酸盐针叶木浆价格接近，其需求受漂白硫酸盐针叶木浆需求增加而进一步有所削减。价格方面，需求下滑是导致漂白硫酸盐阔叶木浆价格下行的主要原因，12月漂白硫酸盐阔叶木浆外盘价格的下滑也是打压其现货价格持续走低的重要因素。

本色浆由于市场需求相对漂白硫酸盐针叶木浆、漂白硫酸盐阔叶木浆较少，其市场成交波动一般较大。1—4月本色浆价格指数持续下滑，4月之后，其价格指数呈震荡上升态势，而9月其价格指数回落开启新一轮下滑走势。本色浆物量指数2月之后持续上涨，5月之后基本维稳，5月本色浆物量指数上涨至101.59点，环比涨幅12.90%，前期本色浆市场行情持续低迷导致市场库存较低，致使本色浆现货市场偏紧，价格提涨，这是5月本色浆成交量价齐增的主要原因。从本色浆价格和物量指数的波动态势分析，本色浆市场成交或将持续清淡，业内人士认为或很难出现较大改变。

（杨　扬　整理）

2015 年全球主要产浆国化学商品浆情况

General Situation of Market Chemical Pulp in Main Pulp Manufacture Countries in 2015

全球 20 个主要产浆国包括阿根廷、奥地利、比利时、巴西、加拿大、智利、芬兰、法国、德国、日本、摩洛哥、新西兰、挪威、南非、韩国、西班牙、斯威士兰、瑞典、美国和乌拉圭，其化学浆生产量占全球总生产量的 82%。

2014—2015 年主要产浆国化学商品浆的出货量见图 1。2015 年 1—9 月，化学商品浆的出货量高于 2014 年同期的出货量，2015 年 9—11 月与 2014 年同期的出货量持平，2015 年 11—12 月出货量明显高于 2014 年同期。2015 年全年出货量比 2014 年增长 3.3%，其中，漂白硫酸盐针叶木浆的出货量同比增长 1.1%，漂白硫酸盐阔叶木浆出货量同比增长 5.5%，本色浆/亚硫酸盐浆的出货量同比增长 2.7%。

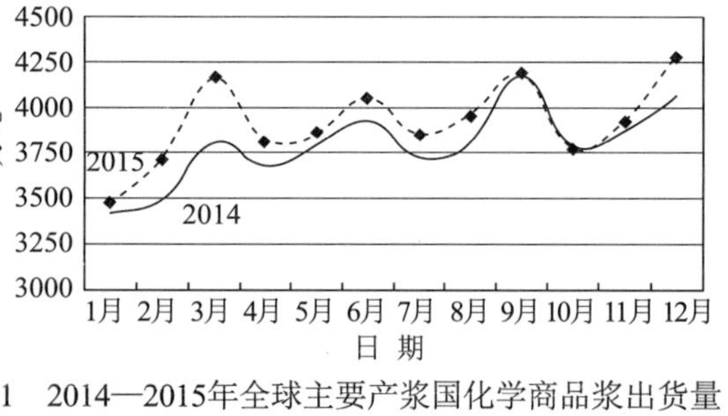

图1 2014—2015年全球主要产浆国化学商品浆出货量

2015 年全球按地区分化学商品浆的需求增长率见图 2。从图 2 可以看出，与 2014 年相比，2015 年我国化学商品浆需求增长幅度最大，增长率高达 11.0%，比 2014 年增加 8.5 个百分点。其次是大洋洲和其他亚非地区，需求增长率分别为 3.8% 和 3.0%。北美和西欧地区的化学商品浆需求增长率略有增加。日本市场由于仍处于疲软状态，需求增长率延续了 2014 年的下行趋势，2015 年的化学商品浆需求增长率同比下降 2.4%，比 2014 年的 0.2% 减少 2.2 个百分点。

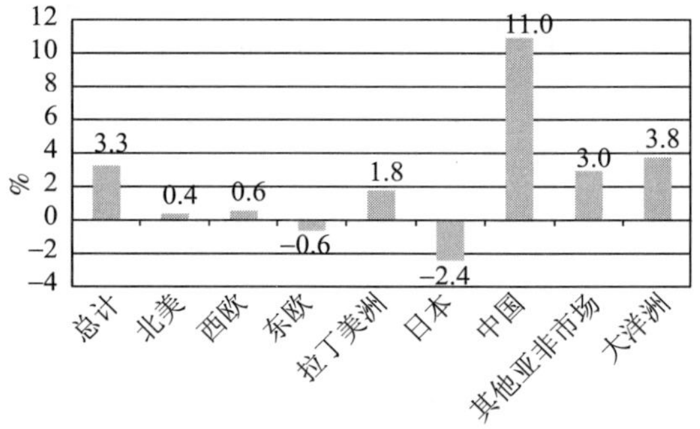

图2 2015年全球按地区分化学商品浆的需求增长率（与2014年相比）

图 3 所示为 2006—2015 年全球化学商品浆生产库存天数。2006—2007 年以及 2009—2010 年化学商品浆库存量库存天数低于 30 天，库存量紧张，2008—2009 年库存天数明显增加，由于 2008 年金融危机导致库存量处于高位。2012—2015 年化学商品浆库存相对较稳定，年底库存有所回落。

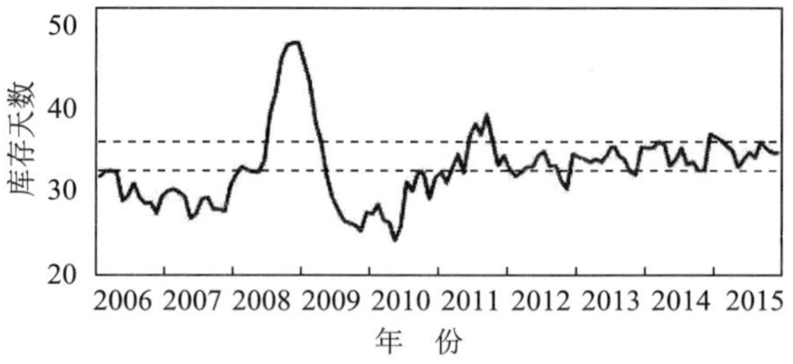

图3 全球化学商品浆库存按季节因素调整后的库存天数

注：用上限和下限的平均水平，加上或减去一个标准差，根据最近的60个数据点。

信息来源：纸浆纸张产品理事会、中国造纸协会。

（杨 扬 整理）

产品与市场

PRODUCTS AND MARKET

3

2015年我国造纸工业产销情况分析

Analysis of Production and Sale Situation of China's Paper Industry in 2015

一、2015年我国造纸工业生产和经济运行情况

1. 生产完成情况

据中国造纸协会调查资料，2015年全国纸及纸板生产企业约2900家，全国纸及纸板生产量10710万吨，同比增长2.29%。消费量10352万吨，同比增长2.79%，人均年消费量为75千克(13.75亿人)。

2. 经济指标完成情况

据国家统计局统计数据，2015年1—12月规模以上制浆造纸及纸制品业企业主要经济指标完成情况如下。

(1)主营业务收入　全行业累计完成13923.44亿元，同比增长3.40%。其中，纸浆制造业累计完成141.77亿元，同比增长1.96%；造纸业完成8002.75亿元，同比增长2.33%；纸制品制造业完成5778.92亿元，同比增长4.95%。

(2)利税总额　全行业累计完成1174.04亿元，同比增长5.02%。其中，纸浆制造业累计完成4.54亿元，同比增长714.41%；造纸业完成611.46亿元，同比增长2.87%；纸制品制造业完成558.04亿元，同比增长6.44%。

(3)利润总额　全行业累计完成744.39亿元，同比增长6.23%。其中，纸浆制造业累计完成-1.10亿元，同比增长82.44%；造纸业完成372.56亿元，同比增长2.90%；纸制品制造业完成372.93亿元，同比增长8.12%。

从国家统计局提供的快报数据可以看出，2015年制浆造纸及纸制品业生产经营运行基本平稳，主要的经济指标完成情况较好。

3. 纸及纸板的进出口情况

2015年纸及纸板累计进口286.99万吨，同比增长1.82%；用汇33.36亿美元，同比减少6.02%。

2015年纸及纸板产品分品种进口量同比下降较大的品种有：生活用纸、白纸板、特种纸及纸板，分别下降了21.96%、6.20%、2.76%。进口量同比增长的品种有：瓦楞原纸、未涂布印刷书写纸、新闻纸，分别增长75.18%、22.04%、21.95%。

2015年纸及纸板累计出口645.72万吨，同比减少5.20%；出口额91.57亿美元，同比增长2.91%。出口量增长较大的产品有：箱纸板、白纸板、特种纸及纸板，增幅分别为25.79%、2.15%、2.08%。出口量减少较大的品种有：新闻纸、瓦楞原纸、包装纸，降幅分别为79.86%、18.25%、13.09%。

4. 商品纸浆和废纸的进出口情况

2015年累计进口纸浆1984.24万吨，同比增长10.45%；用汇127.56亿美元，同比增长5.72%。累计进口废纸2928.44万吨，同比增长6.41%；用汇52.80亿美元，同比减少1.24%。

2015年国内出口各类商品纸浆10.20万吨，同比增长4.58%；出口各类废纸700.86吨，同比减少5.58%。

二、生产和经济运行中存在的问题

根据统计数据分析，2015年制浆造纸及纸制品行业生产和经济运行情况基本稳定，产销基本平衡，形势略好于2014年，但市场信心尚未完全恢复，企业盈利空间收窄，部分产品阶段性、结构性过剩问题仍然突出。

1. 纸及纸板生产和消费增速趋缓，消费量低于生产量

2015年纸及纸板生产量10710万吨，同比增长2.29%。根据生产和进出口情况分析，全国纸及纸

板表观消费量 10352 万吨，同比增长 2.79%，消费量低于生产量。

2. 制浆企业生产经营情况有所好转，但仍处困境

2015 年纸浆生产量同比增长 0.12%。主营业务收入同比增长 1.96%，利润总额亏损 1.10 亿元，经济指标略好于 2014 年。

3. 应收账款净额增加

2015 年制浆造纸及纸制品业应收账款净额合计 1502.50 亿元，同比增长 8.36%。其中，纸浆制造业应收账款净额 13.33 亿元，同比减少 294.99%；纸及纸板生产企业应收账款净额 866.95 亿元，同比增长 10.79%；纸制品业应收账款净额 622.22 亿元，同比增长 1.86%。

4. 纸及纸板生产企业亏损额增加

2015 年纸及纸板生产企业中亏损企业 366 家，累计亏损 66.16 亿元，同比增长 11.35%。

三、纸浆、废纸及纸张主要品种生产消费分析

1. 纸浆生产及商品纸浆进口情况分析

据统计，2015 年国内生产各类纸浆 7984 万吨，同比增长 0.99%。其中，各类木浆 966 万吨，非木材浆 680 万吨，废纸浆 6338 万吨。

2015 年我国进口各类商品纸浆 1984.24 万吨，同比增长 10.45%；每月平均进口 165.35 万吨，比 2014 年每月进口增加 15.64 万吨。出口纸浆 10.20 万吨，同比增长 4.58%。

从进口的商品木浆种类来看，漂白硫酸盐针叶木浆进口 731.56 万吨，比 2014 年增加 63.24 万吨，平均价格为 660 美元/吨，比 2014 年下降 58 美元/吨；漂白硫酸盐阔叶木浆进口 790.63 万吨，比 2014 年增加 81.94 万吨，平均价格为 598 美元/吨，比 2014 年上涨 21 美元/吨；本色硫酸盐木浆进口 57.28 万吨，比 2014 年增加 5.59 万吨，平均价格为 555 美元/吨，比 2014 年下降 69 美元/吨；化学机械浆进口 172.79 万吨，比 2014 年增加 22.45 万吨，平均价格为 449 美元/吨，比 2014 年下降 95 美元/吨；溶解木浆进口 224.73 万吨，比 2014 年增加 16.14 万吨，平均价格 907 美元/吨，比 2014 年下降 33 美元/吨。

从以上数据可以看出，主要品种纸浆进口量均有增加。在价格方面，漂白硫酸盐阔叶木浆单价有所上涨，其他品种纸浆的单价同比均有不同程度的下降。

2. 废纸进口情况分析

2015 年全国造纸生产用浆中废纸浆 6338 万吨，占总用浆量的 65%。折合废纸总量约 7760 万吨，其中，国内回收的各类废纸 4832 万吨。

2015 年累计进口各类废纸 2928 万吨，比 2014 年增加 176 万吨，同比增长 6.40%；月平均进口 244 万吨，比 2014 年月平均进口增加 15 万吨；每吨进口平均价格 180 美元，比 2014 年下降 14 美元。

从废纸进口价格走势来看，2015 年废纸进口平均价格走势比较平稳，9 月最高为 185 美元/吨，12 月废纸进口平均价格为 176 美元/吨，同比减少 4.75%，环比减少 1.76%。

从进口废纸的品种来看，2015 年累计进口废瓦楞纸板箱 1667.04 万吨，同比增长 7.21%；进口平均价格 187 美元/吨，比 2014 年下降 18 美元/吨。累计进口废报纸和废杂志纸 574.51 万吨，同比增长 3.23%；进口平均价格 168 美元/吨，比 2014 年下降 13 美元/吨。累计进口混合废纸 601.89 万吨，同比增长 5.63%；进口平均价格 157 美元/吨，比 2014 年下降 4 美元/吨。累计进口办公废纸 84.95 万吨，同比增长 20.34%；进口平均价格 253 美元/吨，比 2014 年上涨 1 美元/吨。

从以上废纸分品种进口情况来看，各类废纸进口量均有不同程度增加。

3. 新闻纸

2015 年新闻纸生产量 295 万吨，同比减少 9.23%；进口新闻纸 6 万吨，同比增长 20.00%；出口 2 万吨，同比减少 77.78%；全年表观消费量 299 万吨，同比减少 6.85%。

4. 书刊用纸

2015 年未涂布印刷书写纸生产量 1745 万吨，同比增长 1.75%；进口未涂布印刷书写纸 37 万吨，同比增长 19.35%；出口 102 万吨，同比减少 12.82%；全年表观消费量 1680 万吨，同比增长 3.13%。

5. 铜版纸

2015 年铜版纸生产量 680 万吨，同比减少 0.73%，进口铜版纸 26 万吨，与 2014 年持平；出口 110 万吨，同比减少 11.29%；全年表观消费量 596 万吨，同比增长 1.53%。

6. 生活用纸

2015 年生活用纸生产量 885 万吨，同比增长 6.63%；进口生活用纸 3 万吨，同比减少 25.00%；出口 71 万吨，同比减少 5.33%；全年表观消费量

817 万吨，同比增长 7.64%。

7. 白纸板

2015 年白纸板生产量 1400 万吨，同比增长 0.36%；进口白纸板 61 万吨，同比减少 4.69%；出口白纸板 162 万吨，同比增长 2.53%；全年表观消费量 1299 万吨，同比减少 0.15%。

8. 箱纸板和瓦楞原纸

2015 年我国 GDP 增长 6.9%，其中，第一产业和第二产业 GDP 仍然占比近 50%，制造业增长需求及快递业务等新的用纸领域发展迅猛，拉动了箱纸板和瓦楞原纸市场需求有一定量的增长。另外，随着新平衡的逐渐形成，此类产品竞争已趋向平淡，市场价格已有转好迹象。受经济大环境的影响，尤其是我国各类商品出口增速下降，市场需求减弱，竞争激烈。这两年大中型生产企业新增产能较多，竞争优势明显，而中小型企业受生产成本及政策等方面的影响，困难增多，处境艰难，加上 2015 年工业和信息部公布的两批各地淘汰落后的 460 万吨造纸产能中大部分是瓦楞原纸和箱纸板企业。综合增减情况，加上一些新兴产业对包装纸板的需求增加，总体看箱纸板和瓦楞原纸市场比较平稳。

2015 年箱纸板生产量 2245 万吨，同比增长 2.98%；进口箱纸板 84 万吨，同比减少 2.33%；出口箱纸板 32 万吨，同比增长 23.08%；全年表观消费量 2297 万吨，同比增长 2.54%。

2015 年瓦楞原纸生产量 2225 万吨，同比增长 3.25%；进口瓦楞原纸 9 万吨，同比增长 80.00%；出口瓦楞原纸 6 万吨，同比减少 25.00%；全年表观消费量 2228 万吨，同比增长 3.53%。

四、国内造纸生产和市场走势

根据当前国际国内大的经济形势，结合造纸工业生产和国内外纸张市场走势，作出 2015 年和 2016 年国内造纸工业生产和市场总体态势分析。

1. 2015 年造纸行业生产和市场总体走势

(1)2015 年造纸行业生产运行整体情况基本保持平稳态势，产销基本平衡，但产品市场分化，有涨有落。全年纸及纸板生产量和表观消费量略有增长，但增长幅度不大。

(2)2015 年造纸行业主营业务收入有所增长，主要经济指标完成情况尚好，但主营业务中的纸及纸板生产和销售不温不火，市场信心依旧趋弱，多数产品市场价格还维持在低位运行，行业尚未完全走出困境。

(3)2015 年新闻纸、铜版纸等文化用纸品种，随着国内多媒体的发展和经济增速及市场需求放缓，生产量有不同程度降低，尤其是新闻纸下降幅度明显。

(4)制浆造纸属资金密集型产业，目前负债较高，2015 年由于多数产品市场形势不乐观，竞争较为激烈，造成企业盈利空间收窄，资金链收紧，生产运行困难的企业增多。

(5)2015 年由于国内纸及纸板生产量增长的拉动，国内原生纸浆生产略有增加，但增量不大。另外，商品纸浆市场价位整体趋势较为低迷，促使商品纸浆和废纸的进口量增加。

(6)受国际经济形势和各国限制我国纸张出口措施增多的影响，2015 年纸及纸板出口量有所减少，直接出口降低 5.29%，间接影响了国内纸张生产和消费增长。

(7)“新环保法”“水十条”等相关政策出台并实施，管理和执法更加严格，使制浆造纸生产企业压力加大，成本增加。

2. 2016 年国内造纸工业生产和市场总体态势

(1)2016 年是“十三五”开局之年，由于经济发展放缓，需求增长也会下降，加上产能的结构性、阶段性过剩问题凸显，造纸产业形势短期内难于得到有效改善，因此，预计 2016 年国内制浆造纸及纸制品行业生产和消费将会延续 2015 年的态势，行业总体会保持平稳，大宗商品价格下跌和外部金融环境收紧的现象可能有所缓解，市场可能会形成先低后高态势，整体表现应会略好于 2015 年。

(2)随着经济增速放缓，消费增幅会进一步减缓，国内部分产品生产量大于表观消费量的局面将会持续，另外，阶段性、结构性过剩产能消化尚需时间，因此，这部分产品市场竞争还会持续。

(3)由于纸张市场需求增幅下降，个别品种甚至已出现负增长，加上多数产品价位持续低迷，企业盈利空间已明显收窄，因此，市场竞争虽然存在但已趋向平淡，新的平衡也正在形成，所以预计 2016 年的纸张市场价格总体水平会有所改善，但变化幅度不会很大。

(4)由于部分纸张品种市场价格长时间低位运行，企业盈利能力下降甚至亏损，致使部分企业现金流和贷款融资方面遭遇困境，预计这些企业处境会越发艰难，有的将会被迫退出市场。

(5)随着我国生态文明建设加快，环保政策会更加趋严，部分地区结构性、政策性淘汰落后力度会加大，将致使生产企业数量减少，区域供给形势发生改变，将给部分企业留出发展空间，同时加速造纸产业区域结构和集中度优化。

(6)我国政府推进的"一带一路"经济圈和多个自由贸易区逐步形成，将促使我国造纸产业面向国际国内两个市场，同时也必须要适应这种局势变化对造纸产业形成的"双刃剑"作用。我们要利用好后续相应关税税率的调整，境外人民币结算等政策变化，扩大我国纸张产品市场。

(7)2016 年是"十三五"规划开局年，各方压力都会进一步增大，尤其是环境保护方面政策和制度将更加系统、完善、严格，会迫使企业加大投入，进一步抬高生产经营成本。

随着造纸产业调整进程深入，行业相关政策也会作出相应调整或改变，因此，各企业要关注投资发展、环境保护、节能减排、淘汰落后及税收等相关的政策变化，及时调整各自发展战略。另外，使用外汇较多的企业也要注意汇率变化风险。

纵观 2015 年造纸工业经济运行情况，在诸多不利的环境下，制浆造纸及纸制品产业仍然做到了生产运营保持基本平稳，实现产销平衡。展望 2016 年，虽然造纸产销形势难有根本性好转，但通过优化结构、有效控制新增产能，注重发展质量，增强创新能力，内部挖潜，提升抗风险能力和竞争力，将会保持造纸产业平稳发展。

（赵 伟）

2015 年我国浆纸市场分析

Analysis of China's Pulp and Paper Market in 2015

一、2015 年我国纸张市场分析

(一)我国造纸生产企业整体运行情况

据中国造纸协会公布的数据，2015 年全国纸及纸板生产企业约 2900 家，纸及纸板生产量 10710 万吨，同比增长 2.29%；全年消费量为 10352 万吨，同比增长 2.79%(见图 1)。2006—2015 年，全国纸及纸板生产量年均增长率 5.71%，消费量年均增长率 5.13%。按全国人口 13.75 亿计算，2015 年纸及纸板人均年消费量 75.38 千克，同比增长 2.42%。2015 年生产量及消费量增幅较大的纸种主要集中在生活用纸、包装纸和特种纸等品种。其中，生活用纸生产量和消费量的增长率分别达到 6.63% 和 7.64%。受电子媒体冲击，新闻纸生产及消费量继续下滑，生产量同比减少 9.23%。

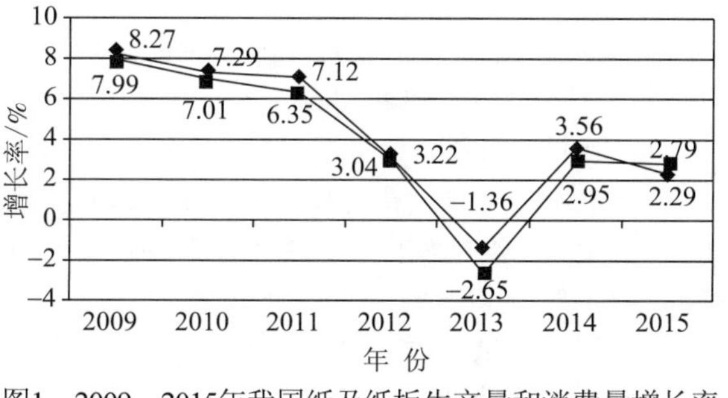

图1　2009—2015年我国纸及纸板生产量和消费量增长率

—◆— 生产量增长率　—■— 消费量增长率

注：数据来源中国造纸协会。

2015 年，在宏观经济增速放缓的影响下，造纸行业需求持续向弱。短期内，造纸行业市场需求改善空间有限，整体仍将处于较低水平。供给方面，虽然现有企业与新进入者的扩张意愿减弱，但前期释放产能过多，行业去产能的任务呈现长期化的趋势。短期内，造纸行业产能过剩矛盾依然突出。

产能严重过剩使造纸企业失去产品定价权，纸张出厂价格节节下滑。以铜版纸为例，2008 年铜版纸价格一度飙升至 7800 元/吨，2015 年暴跌至 4200 元/吨，甚至低于其原料纸浆的价格。同时，国际纸浆市场价格持续下跌，也给岳阳林纸股份有限公司、贵州赤天化纸业股份有限公司等国内制浆企业带来冲击，加剧了这些企业的亏损；广西南宁凤凰纸业有限公司 12 万吨/年的漂白硫酸盐针叶木/阔叶木浆生产线 2015 年全年处于彻底停产状态，有消息称，该纸浆生产线将彻底停产并拍卖；广西贺达纸业有限公司 10 万吨/年漂白硫酸盐阔叶木浆生产线 2015 年全年处于停产状态。

近些年来，国内造纸企业在人工、物流、环保、税费等方面的成本节节攀升，进一步摊薄了企业利润。尤其是环保方面，随着“水十条”“大气十条”等政策法规陆续出台，造纸企业环保压力空前加大。雪上加霜的是，美国、欧盟相继对我国产铜版纸、新闻纸等进行“双反”，导致纸张出口关税陡升。

正是在这些多重不利因素的叠加作用下，造纸行业陷入前所未有的困局。虽然包括玖龙纸业(控股)有限公司、理文造纸有限公司等在内的各大型造纸企业的业绩在 2015 年均有明显提升：山东太阳纸业股份有限公司 2015 年实现营业收入 108.25 亿元，同比增长 3.51%，归属于上市公司股东的净利润 6.67 亿元，同比增长 42.20%；理文造纸有限公司净利增长 22.75%；中顺洁柔纸业股份有限公司增长 26.65%；山东晨鸣纸业集团股份有限公司增长 13.99%；安徽山鹰纸业股份有限公司增长 36.53%……但是，部分国有造纸企业和大量中小型造纸企业的业绩呈现一派惨淡景象：2015 年亏损纸厂数量从 2014 年的 337 家增加到 379 家，其中，绝大多数是国有和中小型造纸企业；岳阳林纸股份有限公司发布 2015 年年报，报告期内公司实现营业收入 59.29 亿元，同比下降 12.83%，亏损 3.90

亿元；福建省青山纸业股份有限公司发布 2015 年业绩预告，公司预计 2015 年度亏损 1.23 亿～1.28 亿元；2015 年 10 月 9 日，因与山东太阳纸业股份有限公司合资的 3 家纸厂亏损高达 76 亿元，美国国际纸业公司以惨亏的结局退出我国；中冶美利纸业集团股份有限公司 2015 年总营业收入 5.57 亿元，同比下降 10.50%；2015 年，河南银鸽实业投资股份有限公司实现营业收入 28.20 亿元，同比下降 6.16%；延边石岘白麓纸业股份有限公司预计 2015 年度经营业绩将亏损，实现归属于上市公司股东的净利润为 -3211 万元左右；2015 年 6 月 1 日，国企中冶纸业银河有限公司因裁员引发员工示威，此前，因企业连连亏损，导致 38.79 亿元银行债务无法偿还……

(二)主要品种市场分析

1. 出版印刷用纸

2015 年出版印刷用纸主要纸种铜版纸和双胶纸大致的价格走势如图 2 所示。由图 2 可知，2015 年一季度铜版纸市场交投气氛低迷，买家仅按需采购，纸厂库存高企。很多纸厂借春节之际停机放假，停机时间比往年长，以此来维护铜版纸价格。二季度铜版纸市场依旧疲软，需求低迷、供求关系失衡。一些经销商为降低库存、回笼资金，不惜低价抛售，铜版纸价格开始下滑。从夏季到年底，纸厂一直处于出货缓慢、库存高位的状态，很多纸厂只好轮流停机或降低车速来保持供需平衡。即使如此，铜版纸价格依旧一路阴跌。

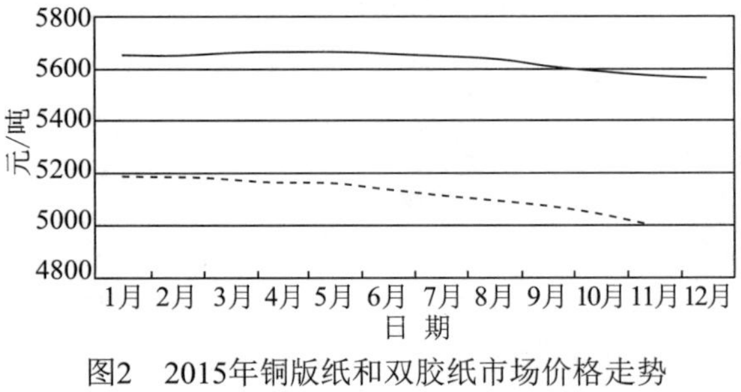

图2 2015年铜版纸和双胶纸市场价格走势

----铜版纸(定量157克/米²) ——双胶纸(定量100克/米²)

注：数据来源RISI公司。

受生产成本、原材料、人工成本等因素影响，为了正常生存经营，10 月国内几大铜版纸生产商在中国造纸协会组织下在北京市召开座谈会，宣布 10 月及 11 月铜版纸价格上调，2 次涨幅合计达 200 元/吨。虽然下游企业对这次提价接受程度有限，但此举压制了市场报价混乱、攀比压价的不良风气。

双胶纸市场情况好于铜版纸。学生教材及教辅材料、社会用纸是双胶纸强有力的刚需支撑。但由于双胶纸也是产能大于需求，市场竞争也较为激烈。上半年双胶纸需求与生产都比较稳定，价格也非常稳定。进入夏季后，双胶纸市场需求开始下降，成交气氛低迷。尤其是 7 月之后，双胶纸需求量大幅减少，纸厂出货量较前期下降。供大于求情况加剧，为争夺订单，企业之间开始打价格战，价格开始松动并逐步下滑。

2. 包装纸板

2015 年全年多数白卡纸企业的销售价格在 5000 元/吨上下徘徊。众多白卡纸厂只好采取停机或减速来维持产销平衡以求生存。这说明白卡纸的销售价格已经接近或超过了企业的承受底线。

2015 年灰底白纸板市场表现非常平静。下游需求疲软，市场整体低迷，全年价格维持稳定。这主要是因为灰底白纸板价格已经是历史低位，纸厂利润微薄，价格已没有下行空间。2015 年白卡纸及灰底白纸板市场价格走势见图 3。

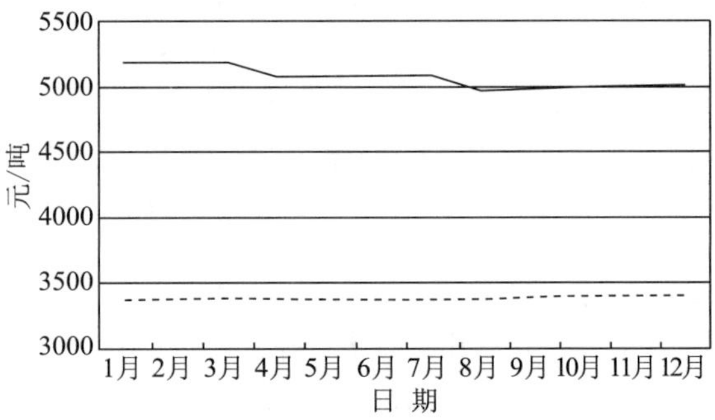

图3 2015年白卡纸及灰底白纸板市场价格走势

---灰底白纸板 ——白卡纸

注：数据来源RISI公司。

箱纸板和瓦楞原纸是包装纸板中最大宗的消费纸种。2015 年我国箱纸板生产量和消费量分别为 2245 万吨和 2297 万吨，同比分别增长 2.98% 和 2.54%。瓦楞原纸生产量和消费量分别为 2225 万吨和 2228 万吨，同比分别增长 3.25% 和 3.53%。

2015 年，广东省东莞市市政府突然决定，提前半年淘汰 57 家落后造纸企业。结果造成箱纸板和瓦楞原纸供应有所减少，大厂订单开始增加，价格持续上行。进入夏季后是箱纸板和瓦楞原纸的传统淡季，下游纸箱厂需求冷淡，纸厂订单不足，箱纸板和瓦楞原纸的价格同步下滑。低迷行情一直持续到 10 月。受“双十一”火爆网购以及为即将到来的新年和春节备货的影响，箱纸板和瓦楞原纸生产厂的订单明显增加。另一方面，受四季度江苏和浙江地区“国际能源变革论坛”“中国－东欧国家领导人‘16＋1’会晤”以及“第二届世界互联网大会”影响，周边纸厂限产、停产。这几方面因素导致箱纸板和瓦楞原纸价格在2015年年底成功上调。2015年箱纸板和瓦楞原纸市场价格见图4。

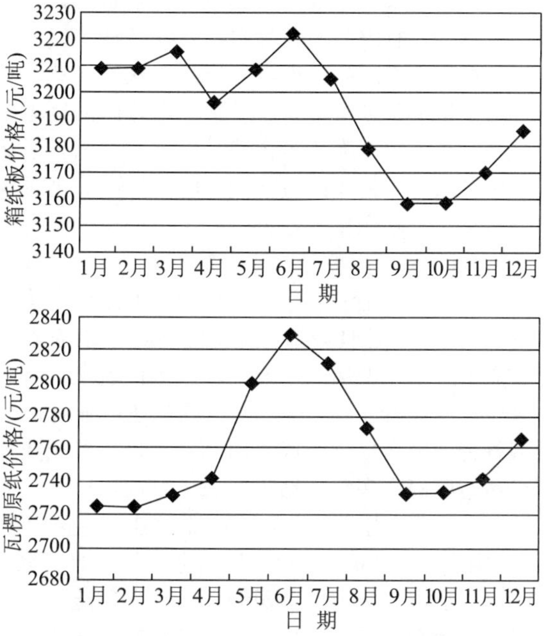

图4　2015年箱纸板和瓦楞原纸市场价格走势

注：数据来源RISI公司。

3. 生活用纸

2015年我国生活用纸生产量885万吨，同比增长6.63%；消费量817万吨，同比增长7.64%。2015年，国内生活用纸行业继续有新的产能投产（见表1），造成生活用纸生产能力和市场实际需求愈加不平衡，各生产企业为争夺市场份额不得不低价竞争。产能小、能耗高、成本高、没有创新能力的企业被淘汰出局。

2015年，广东省东莞市为申请“国家级新型环境友好城市”要求产能5万吨/年以下的生活用纸企业全部淘汰。淘汰企业13家，涉及生活用纸产能17.7万吨/年；2015年4月，广西壮族自治区生活用纸产能最大的企业——广西华美纸业集团有限公司（产能40万吨/年）因老板失联而停产至10月底。

2015年上半年，由于这些产能的消失及新增产能释放不多，导致2015年上半年生活用纸市场旺季氛围明显，1—5月上旬，生活用纸价格累计上调2～3次，平均价格较2014年初成功上涨200元/吨。但下半年后，由于进入生活用纸的传统淡季以及新增产能集中释放，生活用纸市场价格进入下行通道，价格持续下滑，至2015年年底，北方地区自提大轴卫生纸原纸平均价格降至6300～6500元/吨（未税），远远低于年初的6700～6800元/吨。

表1　2015年国内主要生活用纸生产企业生产能力

企业	产能/万吨		同比/%
	2014年	2015年	
金红叶纸业集团有限公司	139	157	12.9
恒安国际集团有限公司	96	102	6.2
维达纸业（中国）有限公司	89	95	6.7
中顺洁柔纸业股份有限公司	44.5	47	5.6
东顺集团股份有限公司	31.6	45.6	44.3
山东泉林纸业有限责任公司	23	23	0
永丰余投资控股（股份）有限公司	15	17.5	16.7
理文（重庆）造纸有限公司	3	15	400.0
山东太阳纸业股份有限公司	6	12	100.0

注：数据来源中国造纸协会生活用纸专业委员会。

（三）欧美国家的“双反”制裁导致出口量下降

2015年我国纸及纸板（包括废纸、纸浆及纸制品）出口量928.75万吨，同比下降3.0%，其中，机制纸及纸板出口量645万吨，同比下降5.29%，纸制品出口284万吨，同比增长2.90%。

近几年，多数纸种都处于供过于求状态，国内纸张消费市场无法吸收这些过剩产能，许多造纸企业通过各种渠道开拓海外市场。现在国内很多造纸企业生产设备及生产技术已经与国际先进水平相差无几，产品已完全被国际上接受和认可，所以近几年纸及纸板出口数量增长较快（见图5）。但由于受欧美等国家对我国生产的铜版纸等纸种的反倾销反补贴制裁，与2014年相比，2015年纸及纸板出口量下降，其中，铜版纸出口量下滑11.3%，高档未涂布印刷纸下滑12.9%。因此，尽管纸制品出口量有所增加，但包含纸制品、废纸及纸浆在内的纸及纸板出口总量依然有较大幅度下降。

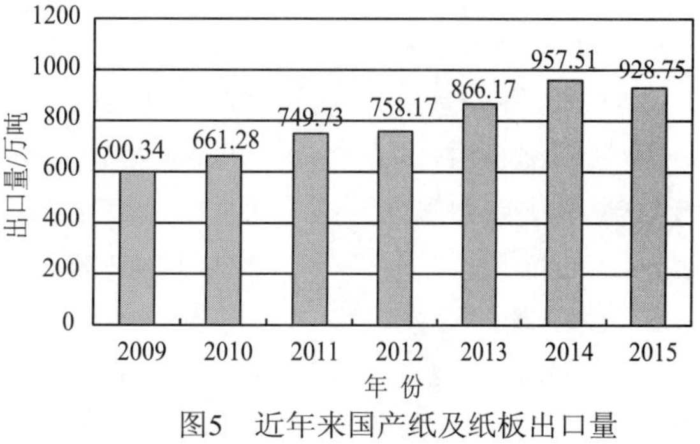

图5　近年来国产纸及纸板出口量

注：数据来源海关。

二、2015年我国纸浆市场分析

(一)2015年我国纸浆生产及消耗情况

根据中国造纸协会数据，2015年全国纸浆生产量7984万吨，同比增长0.98%。其中，木浆966万吨，同比增长0.42%；废纸浆6338万吨，同比增长2.41%；非木材浆680万吨，同比减少9.93%。2015年全国纸浆总消耗量9731万吨，同比增长2.60%。其中，木浆2731万吨，占纸浆消耗总量的28%，其中，进口木浆占18%，国产木浆占10%；废纸浆6338万吨，占纸浆总消耗量的65%，其中，进口废纸浆占25%，国产废纸浆占40%；非木材浆680万吨，占纸浆消耗总量的7%。

2015年，国内木浆生产量966万吨，较2014年略有增加，但相比于1.07亿吨的纸及纸板生产量，木浆生产量显然过低，只能逐年增加进口木浆数量，使进口木浆在纸浆总消耗量中所占比例逐年增加。我国木浆生产受纤维资源、环境容量、淘汰落后产能及历史遗留问题等多方面因素的限制而无法大力发展，虽然近年来国内也有部分新增木浆产能投产，但相比于庞大的市场需求，目前和今后相当长的时期内，依然无法满足，还将严重依赖进口。

(二)2015年我国主要木浆生产企业生产情况

1. 国产漂白硫酸盐针叶木浆

受原料等因素限制，我国漂白硫酸盐针叶木浆产能及生产量都非常低，仅湖南怀化骏泰浆纸有限公司、广西南宁凤凰纸业有限公司、云南云景林纸股份有限公司生产漂白硫酸盐针叶木浆。2015年，进口漂白硫酸盐针叶木浆现货价格一直不高，但国产漂白硫酸盐针叶木浆生产成本又太高，双重压力导致国内漂白硫酸盐针叶木浆生产企业压力巨大。湖南怀化骏泰浆纸有限公司无奈转产溶解浆；广西南宁凤凰纸业有限公司针叶木浆全年停产；仅云南云景林纸股份有限公司正常生产漂白硫酸盐针叶木浆，主要是由于进口木浆运送到西南地区的运输成本过高，在该地区无竞争优势。因此，云南云景林纸股份有限公司的漂白硫酸盐针叶木浆产品受进口浆冲击不大，生产比较稳定。

2. 国产漂白硫酸盐阔叶木浆

2015年，尽管进口漂白硫酸盐阔叶木浆价格持续低迷，但受到国内漂白硫酸盐阔叶木浆需求旺盛、需求量逐年增加的影响，国产漂白硫酸盐阔叶木浆生产企业开工率均较高(广西贺达纸业有限公司因种种原因造成生产成本居高不下，导致企业亏损严重，已停产多年。据悉，该厂目前已被某私人企业收购)。国内四大主要阔叶木浆生产企业亚太森博(山东)浆纸有限公司、海南金海浆纸业有限公司、湛江晨鸣浆纸有限公司和江苏王子制纸有限公司基本满负荷生产，且生产量保持稳定。这4家浆厂的总产能共计475万吨/年(见表2)，约占国产木浆总产能的70%，但仅占2015年木浆总消耗量的17.4%左右，虽然比2014年略有增加，但与国内木浆市场需求量相比依然相差甚远。

表2 2015年国产木浆主要生产企业及开工情况

浆厂	生产浆种	生产能力/万吨	投产日期	开工情况
海南金海浆纸业有限公司	漂白硫酸盐桉木浆	150	2005-03	满产
亚太森博(山东)浆纸有限公司	漂白硫酸盐桉木浆	35	2002-10	满产
	漂白硫酸盐桉木浆	150	2010-07	满产
湖南怀化骏泰浆纸有限公司	漂白硫酸盐针叶木/阔叶木浆	40	2006	转产溶解浆
广西南宁凤凰纸业有限公司	漂白硫酸盐针叶木/阔叶木浆	12	1999	全年停产
广西贺达纸业有限公司	漂白硫酸盐桉木浆	10	1994-12	全年停产
广东鼎丰纸业有限公司	漂白硫酸盐竹浆	11	2001-01	满产
山东太阳纸业股份有限公司	漂白硫酸盐阔叶木浆	25	2010-01	转产溶解浆
山东博汇纸业股份有限公司	漂白硫酸盐阔叶木浆	15	2007-03	满产
湛江晨鸣浆纸有限公司	漂白硫酸盐桉木浆	70	2011-08	满产
云南云景林纸股份有限公司	漂白硫酸盐针叶木/阔叶木浆	20	2001	满产
江苏王子制纸有限公司	漂白硫酸盐桉木浆	70	2014年三季度	满产
斯道拉恩索(广西)浆纸有限公司	漂白硫酸盐桉木浆	70	2016年一季度	

（三）2015年我国木浆进口情况分析

1. 2015年木浆进口量

2015年，我国进口木浆1971万吨（包括漂白硫酸盐针叶木浆、漂白硫酸盐阔叶木浆、本色硫酸盐浆、机械浆及溶解浆），同比增长9.71%。2006—2015年我国木浆进口量见图6，2015年我国木浆分品种进口量见表3。由表3可知，2015年木浆进口量大幅增加，同比增长9.71%，比2014年的6.59%提高了3.12个百分点。其中，漂白硫酸盐阔叶木浆、漂白硫酸盐针叶木浆和溶解浆增幅显著，分别增长11.56%、9.46%和7.74%。木浆进口量大幅增加的原因，除国内纸及纸板生产量增加，用浆量增加外，也是我国近年来纸张产品结构调整、淘汰落后产能、环保以及2015年进口木浆价格较低等各方面因素综合造成的。

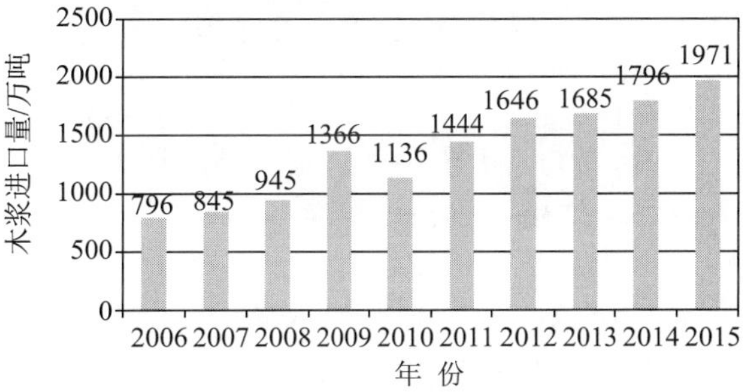

图6　2006—2015年我国木浆进口量

注：数据来源海关。

表3　　2015年进口木浆分品种数量

税号及木浆种类	进口量/吨		同比/%	占比/%
	2014年	2015年		
(47010000)机械浆	4850	4631	-4.52	0.02
(47020000)溶解浆	2085858	2247342	7.74	11.40
(47031100)未漂白硫酸盐针叶木浆(USKP)	505028	558887	10.66	2.84
(47031900)未漂白硫酸盐阔叶木浆	1798	1770	-1.56	0.01
(47032100)漂白硫酸盐针叶木浆(BSKP)	6683159	7315645	9.46	37.12
(47032900)漂白硫酸盐阔叶木浆（BHKP)	7086864	7906254	11.56	40.12
(47041100+2100)亚硫酸盐针叶木浆	15274	23627	54.69	0.12
(47041900+2900)亚硫酸盐阔叶木浆	7551	5717	-24.29	0.03
(47050000)半化学浆	1503387	1727916	14.93	8.77
(47061000+47062000+47069100+9200+9300)其他化学、机械、半化学浆	69579	46902	-32.59	0.24
合计	17963528	19707738	9.71	100

注：数据来源海关。

2. 我国进口木浆的来源分布

（1）漂白硫酸盐针叶木浆　2009—2015年漂白硫酸盐针叶木浆5大进口来源国的进口量见图7。从图7可以看出，加拿大一直是我国漂白硫酸盐针叶木浆最大的进口来源国，占漂白硫酸盐针叶木浆总进口量的37%；紧随其后的是美国、智利、俄罗斯、芬兰。2015年从这5个国家进口的针叶木浆总量占针叶木浆总进口量的97%左右，进口来源集中度非常高。2015年漂白硫酸盐针叶木浆进口来源国占比见图8。

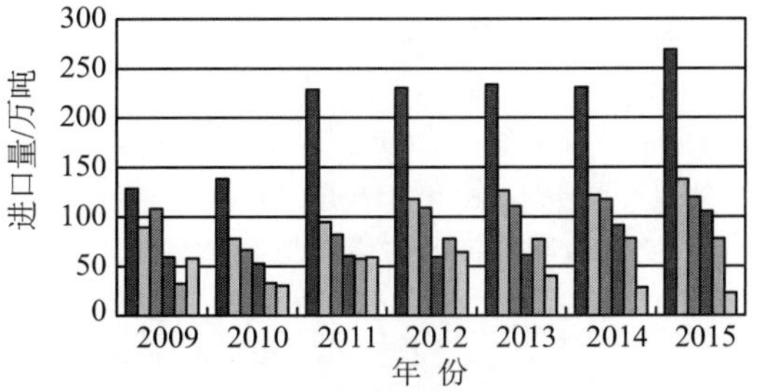

图7　2009—2015年漂白硫酸盐针叶木浆5大进口来源国的进口量

注：数据来源海关。

（2）漂白硫酸盐阔叶木浆　2015年我国漂白硫酸盐阔叶木浆前5大进口来源国依次为巴西、印度尼西亚、乌拉圭、智利和美国（见图9）。2015年我国从巴西进口的漂白硫酸盐阔叶木浆总量达到355.6万吨，占漂白硫酸盐阔叶木浆进口总量的45%，排在第2位的是印度尼西亚，进口量占总量的26%（见图10）。

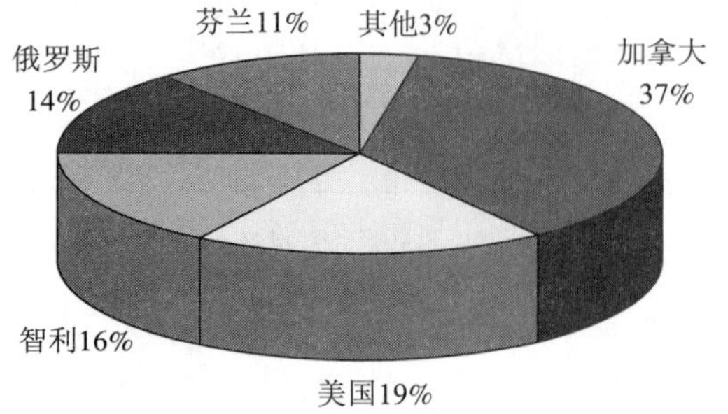

图8 2015年漂白硫酸盐针叶木浆进口来源国占比

注：数据来源海关。

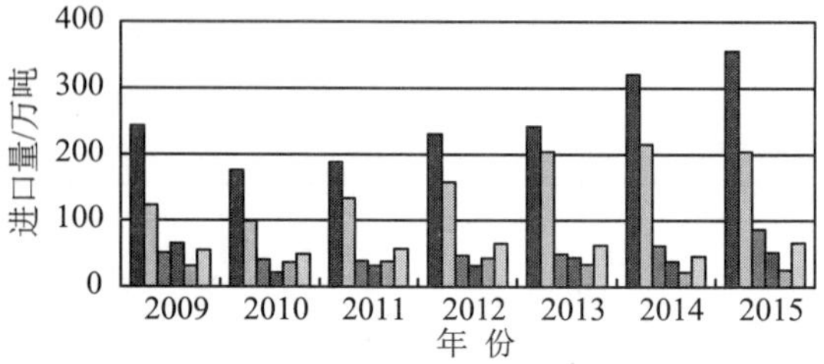

图9 2009—2015年漂白硫酸盐阔叶木浆5大进口来源国的进口量

■巴西 ■印度尼西亚 ■乌拉圭 ■智利 ■美国 ■其他

注：数据来源海关。

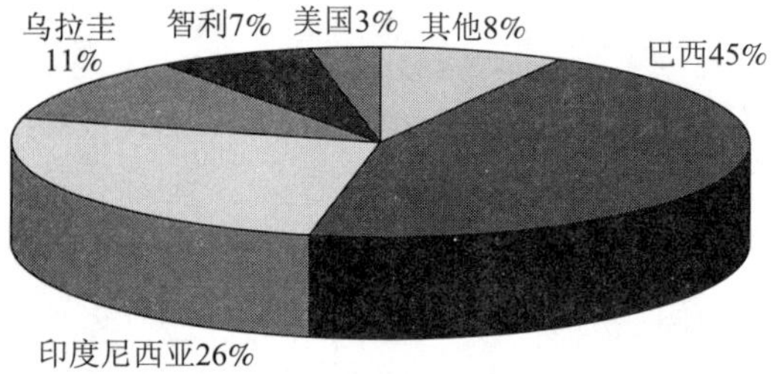

图10 2015年漂白硫酸盐阔叶木浆进口来源国占比

注：数据来源海关。

(四)2015 年我国木浆市场行情分析

与进口木浆相比，我国国产木浆生产量较低，尤其是商品木浆生产量更少，对市场影响力非常小。因此仅以进口木浆为例进行分析。

1. 漂白硫酸盐针叶木浆市场行情分析

2015 年进口木浆现货价格指数见图 11。由图 11 可知，2015 年漂白硫酸盐针叶木浆市场行情继续疲弱，市场需求持续清淡。现货价格全年走势呈逐渐下滑态势，仅在 4 月和 5 月因前期库存消化及在漂白硫酸盐阔叶木浆行情带动下略有上涨，但随后在市场淡季情况下价格继续下滑。

一般情况下，我国进口的漂白硫酸盐针叶木浆主要有 3 种材种，即北方松、辐射松和南方松，其

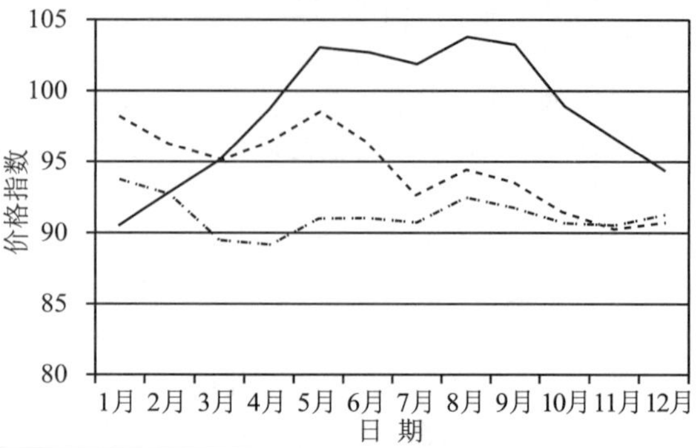

图11 2015年进口木浆现货价格指数

-----漂白硫酸盐针叶木浆 ——漂白硫酸盐阔叶木浆

-·-·-本色浆

注：数据来源中国造纸协会。

纤维长度逐渐递减，纸浆价格一般是：北方松最贵，辐射松居中，南方松最便宜。

本文以智利的“银星”牌漂白硫酸盐针叶木浆（辐射松）及加拿大进口的“月亮”牌漂白硫酸盐针叶木浆（北方松）为例，表示漂白硫酸盐针叶木浆的价格。图 12 为 2015 年从智利进口的“银星”牌漂白硫酸盐针叶木浆的现货、期货成交价格。图 13 为 2015 年由加拿大进口的“月亮”牌漂白硫酸盐针叶木浆的现货、期货成交价格。由图 12 和图 13 可知，虽然“月亮”牌纸浆整体上比“银星”牌纸浆略贵，但其整体价格走势是一致的。由图 13 可知，“银星”牌漂白硫酸盐针叶木浆 2015 年年初价格、5 月最高价格及 12 月下旬现货价格分别为 4700、4830、4500 元/吨。

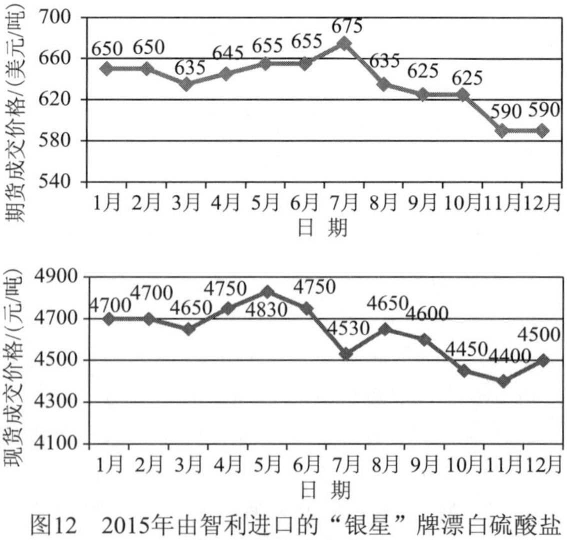

图12 2015年由智利进口的“银星”牌漂白硫酸盐针叶木浆成交价格

任何商品价格的涨跌都是由供需关系变化引起的。2015 年我国漂白硫酸盐针叶木浆全年市场现货

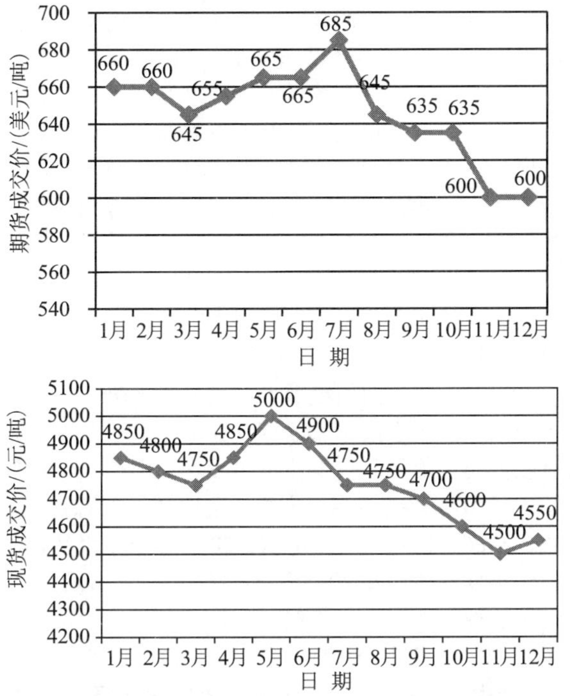

图13　2015年由加拿大进口的“月亮”牌漂白硫酸盐针叶木浆成交价格

价格持续下滑，主要是由于供应量增加所致。由于溶解浆市场表现疲软，美国 Rayonier 公司于 2013 年将其部分溶解浆产能转产绒毛浆以保持开工率。与此同时，由于对绒毛浆市场远期看好，美国 GP 公司和 IP 公司都陆续收购了一些以南方松为原料的浆厂，改造后转产绒毛浆。2014 年二季度，IP 公司决定将其旗下南方松针叶木浆产能全面改产绒毛浆，期望绒毛浆会为其商品浆部门提供帮助，提振其市场需求。但这一行动仅持续了 2 个季度，绒毛浆市场并未像预期的那样，需求提升缓慢。于是，IP 公司于当年四季度回抄南方松造纸级木浆（漂白硫酸盐针叶木浆），并以当时极有竞争力的价格卖到我国，使得相对稳定的国内漂白硫酸盐针叶木浆市场价格出现松动。此事带来的进一步影响是，Rayonier 公司也于 2015 年回抄造纸浆并在我国销售，使得原本由于市场供大于求而造成的价格低迷局面进一步恶化。

2. 漂白硫酸盐阔叶木浆市场行情分析

与漂白硫酸盐针叶木浆不同，2015 年上半年，漂白硫酸盐阔叶木浆价格一路上涨（见图 11）。据中国浆纸网统计的数据显示，2015 年 1—5 月，巴西“鹦鹉”牌漂白硫酸盐桉木浆及“金鱼”牌漂白硫酸盐桉木浆由 4200 元/吨上涨至 4900 元/吨，涨幅达 700 元/吨（见图 14）；而 7 月亚太森博（山东）浆纸有限公司浆线停机以及 8 月众多因素则将价格再次拉升，直达 5000～5050 元/吨。

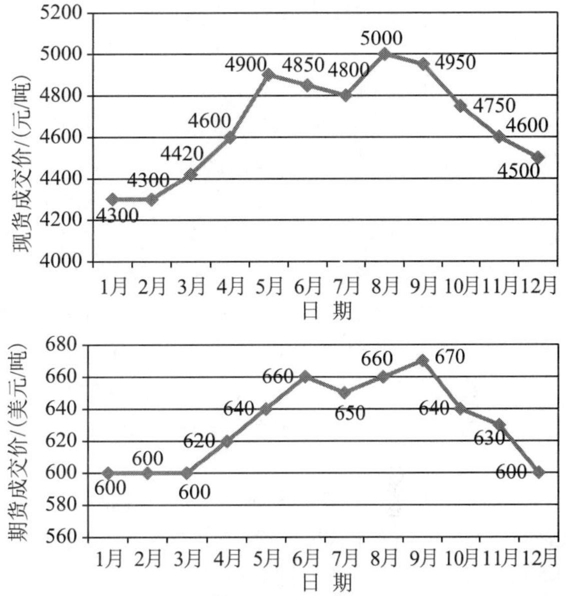

图14　2015年由巴西进口的漂白硫酸盐桉木浆成交价格

引起漂白硫酸盐阔叶木浆价格上涨的原因主要有 3 个：①国内造纸企业对漂白硫酸盐阔叶木浆的需求量持续增加。②2015 年春节后，新疆地区出于环保整改要求，区内全部黏胶短丝及所属的棉短绒浆线全部关闭。尽管国内市场上黏胶短丝需求量并未改善，但黏胶短丝的供应面却在短期内发生了颠覆性的变化，断崖式的供应量减少使得黏胶短丝价格急升，从年初的不足 11000 元/吨升至 10 月底的 14580 元/吨。这一变化促使国内因需求不足而闲置的黏胶短丝产能纷纷重启，陡然加大了对市面上黏胶短丝原料——溶解浆的需求，使得溶解浆价格出现了与整体供需关系不一致的上涨。在这种情况下，国内可以生产溶解浆的造纸级浆线（山东太阳纸业股份有限公司、湖南怀化骏泰纸业有限公司、安徽华泰林浆纸有限公司）均停掉阔叶木浆生产，全面改产溶解浆。导致国内造纸用漂白硫酸盐阔叶木浆一时紧张。③亚太森博（山东）浆纸有限公司由于夏季干旱缺水而停产，造成市场上漂白硫酸盐阔叶木浆供应量减少。供应量减少、供需不平衡的结果自然是价格上涨。

然而进入 10 月后，由于纸张价格一直低位徘徊，造纸企业对高企的漂白硫酸盐阔叶木浆价格开始抵触，其现货价格开始下滑。另外，亚太森博（山东）浆纸有限公司漂白硫酸盐阔叶木浆生产线复产，市场供应增加。阔叶木浆价格一路下滑到年底。巴西漂白硫酸盐桉木浆现货价格由 8 月最高时的5000元/吨，下滑到12月底的4350元/吨。

三、2015年市场回顾

尽管2015年世界经济呈周期性温和复苏态势，但不稳定、不确定性因素依然较多，且对我国经济的拉动效应并不明显。受国内经济下行压力影响，2015年我国造纸行业进入第5个寒冬，市场信心趋弱，行业处于困难阶段，且看不到明显好转的迹象。2015年造纸行业总生产量与总消费量较2014年均有一定幅度的增长，但行业结构性产能过剩矛盾依然突出。部分纸种依旧产能严重大于需求，产品竞争激烈，多数纸种价格低位徘徊，致使企业盈利空间大幅收窄，生存困难，一些企业亏损甚至倒闭。

虽然整体经济环境不乐观，但在全行业的共同努力下，克服了重重困难，调整产品结构，节能降耗，降低生产经营成本，积极迎合市场需求，实现了生产运营基本平稳，产销基本平衡，我国造纸工业在深度调整中保持了稳定发展和适度增长的好成绩。

有分析认为，2015年是我国造纸工业市场的天花板，但从全年数据来看，2015年我国造纸工业市场的情况是：除新闻纸外的文化用纸企稳，包装纸及纸板有一定的回升，生活用纸和特种纸保持持续增长。因此，2015年或许会成为我国造纸工业发展的谷底，通过去产能去库存、调整优化产品结构、加大供给侧改革以及布局“一带一路”，2016年我国造纸产业或许会进入企稳回升阶段。

四、2016年浆纸市场预测

2016年我国GDP增长预计在6.8%左右，将继续面对经济持续下行的压力，包括造纸行业在内的多数行业都将继续经历去产能、调结构、保生存的严峻局面。造纸行业仍将面临产能过剩、需求低迷的困境，部分纸种纸张价格上涨难度较大，纸厂利润继续下滑，部分亏损企业将继续面临寒冬。

（一）纸张市场预测

2016年我国造纸行业市场需求仍将不会出现产销两旺的局面，纸张价格上涨幅度不会太大。但是，由于很多纸种价格长期低位徘徊，已经严重影响企业生存状态，尤其是白卡纸、铜版纸生产企业产能严重供过于求，价格几乎接近甚至有时低于生产成本，这些企业将会协调减产以争取价格上调。

受外贸出口复苏以及持续强劲增长的电子商务的影响，货物包装类需求旺盛。2016年，包装纸、箱纸板及瓦楞原纸市场需求均会继续保持一定幅度的增长，但近两年包装纸及纸板的新增产能也在持续增加，2016及2017年会迎来部分新增产能的集中释放，因此，包装纸及纸板市场会保持相对平稳的发展态势，不会有太大波动。

特种纸产业整体向好，产能和需求尚未失衡，市场会保持相对稳定，2016年市场价格会较为平稳或略有提高。

近几年，生活用纸需求一直处于上升阶段，许多原来不生产生活用纸的企业如山东太阳纸业股份有限公司、山东晨鸣纸业集团股份有限公司等纷纷加入，2015年生活用纸产能继续增加，市场竞争加剧，产品价格难以大幅上涨，2016年全年生活用纸整体市场价格会在2015年年底的水平上小幅上涨，但企业盈利空间逐渐收窄。

（二）纸浆市场预测

2016年对纸浆市场影响较大的因素将有2个，一是巴西Klabin浆厂的漂白木浆生产线于2016年3月投产。该厂产能为150万吨/年，其中的40万吨/年漂白硫酸盐针叶木浆将用于生产绒毛浆。另外110万吨/年为漂白硫酸盐桉木浆，其中的90万吨/年产能作为商品浆外销，届时将有30万吨/年的漂白硫酸盐桉木浆进入我国市场；二是APP公司的200万吨/年漂白硫酸盐阔叶木浆生产线计划于2016年10月投产，其中的大部分产品将进入我国市场。这些新增产能进入我国后，将对我国木浆市场产生较大影响。

白俄罗斯Svetlogorsk浆厂投资9.8亿美元建设的40万吨/年商品木浆生产线预计将于2016年年底投产。该项目的EPC总承包商为中国中轻国际工程有限公司，投产后主要生产漂白硫酸盐针叶木浆、漂白硫酸盐阔叶木浆及溶解浆。产品除其国内自用外，大部分用于出口，主要出口地为我国。

2015年12月底，加拿大、智利、俄罗斯的漂白硫酸盐针叶木浆的外盘成交价格为570～600美元/吨，已基本触底，此价位将要触及加拿大漂白硫酸盐针叶木浆的生产成本线。因此，2016年上半年漂白硫酸盐针叶木浆供应商会不遗余力地上调价格，而造纸企业由于纸价上涨困难将会抵触纸浆价格上涨，双方会在一段时间内进行价格博弈。

（王 岩）

2015 年国内外废纸市场概况

Market Situation of Waste Paper in China & the World in 2015

一、2015 年我国废纸回收和利用情况

1. 废纸回收率与废纸利用率

2015 年，我国在废纸回收和利用方面基本保持平稳增长态势。表 1 为近年来我国废纸回收利用情况。从表 1 可以看出，我国废纸回收量由 2003 年的 1462 万吨持续增加到 2012 年的 4473 万吨；虽然 2013 年略有下降，为 4451 万吨；但是 2014 年增加到 4841 万吨，2015 年与 2014 年持平，仍为 4841 万吨。废纸回收率从 2003 年的 30.4% 提高到 2013 年的 45.5%，2014 年继续提高到 48.1%，达到历史最好水平，2015 年下降至 46.8%。废纸消耗量从 2003 年的 2400 万吨持续增加到 2012 年的 7479 万吨；2013 年略有下降，为 7425 万吨；随后持续增加到 2015 年的 7776 万吨。废纸利用率从 2003 年的 55.8% 提高到 2013 年的 73.4%，2014 年下降到 72.5%，2015 年略增长至 72.6%。目前，我国废纸利用率增长较快，已达到世界较高水平；而废纸回收率增长较慢，仍在世界较低水平徘徊。

表 1　　近年来我国废纸回收与利用情况

年份	纸及纸板消费量/万吨	废纸回收量/万吨	废纸回收率/%	纸及纸板生产量/万吨	废纸消耗量/万吨	废纸利用率/%
2003	4806	1462	30.4	4300	2400	55.8
2004	5439	1651	30.4	4950	2881	58.2
2005	5930	1809	30.5	5600	3513	62.7
2006	6600	2263	34.3	6500	4225	65.0
2007	7290	2765	37.9	7350	5021	68.3
2008	7935	3128	39.4	7980	5549	69.5
2009	8569	3424	40.0	8640	6246	72.3
2010	9173	4016	43.8	9270	6631	71.5
2011	9752	4348	44.6	9930	7075	71.2
2012	10048	4473	44.5	10250	7479	73.0
2013	9782	4451	45.5	10110	7425	73.4
2014	10071	4841	48.1	10470	7593	72.5
2015	10352	4841	46.8	10710	7776	72.6

注：废纸回收率 = 废纸回收量/国内纸及纸板消费总量 ×100%；废纸利用率 = 废纸消耗量/国内纸及纸板生产总量 ×100%。

2015 年我国废纸回收量虽与 2014 年持平，但废纸回收率较 2014 年的 48.1% 减少了 1.3 个百分点，下降至 46.8%。一方面是由于行业处于低谷期，部分国废打包厂及供应商的利润微薄甚至亏损，纷纷寻求转型，另一方面因进口废纸价格低迷，与国废相比，纤维品质更好的进口废纸性价比

优势凸显，废纸进口量显著增加，这在一定程度上也影响了国废的需求和回收。

2015 年 6 月 11 日，财政部、国家税务总局联合下发“关于印发《资源综合利用产品和劳务增值税优惠目录》的通知”，该通知自 2015 年 7 月 1 日起执行。根据通知，利用废纸生产的造纸企业将获得 50% ~70% 的增值税返点。这是自财税〔2008〕157 号文取消废旧物资免征增值税和抵扣进项税的政策后，再一次获得税收政策支持。相信这一政策的实施将对我国废纸回收利用产生巨大影响。

2. 废纸浆使用率

我国废纸浆占纤维原料消耗总量的比例历经连年增长后，目前已成为所占比例最大的造纸原料，近 8 年来废纸浆使用率一直维持在 60% 以上的水平，2014 年最高，达到 65. 3%，2015 年为 65. 1%，基本与 2014 年持平，见表 2。

表 2　近年来我国废纸使用率变化情况

年份	纸浆总消耗量/万吨	废纸浆消耗量/万吨	废纸浆使用率/%
2003	3910	1920	49. 1
2004	4455	2305	51. 7
2005	5200	2810	54. 0
2006	5992	3380	56. 4
2007	6769	4017	59. 3
2008	7360	4439	60. 3
2009	7980	4997	62. 6
2010	8461	5305	62. 7
2011	9044	5660	62. 6
2012	9348	5983	64. 0
2013	9147	5940	64. 9
2014	9484	6189	65. 3
2015	9731	6338	65. 1

注：废纸浆使用率 = 废纸浆消耗量/国内纸浆总消耗量 ×100%。

3. 以废纸为主要原料纸种的生产量与消费量

2015 年全国纸及纸板生产量 10710 万吨，同比增长 2. 29%。消费量 10352 万吨，同比增长 2. 79%。其中，以废纸为主要原料的新闻纸、包装纸、白纸板、箱纸板和瓦楞原纸 5 个品种生产量合计为 6830 万吨，同比增长 1. 86%，占纸及纸板总生产量的 63. 77%。2015 年这 5 种产品的消费量合计为 6804 万吨，同比增长 1. 87%，占纸及纸板总消费量的 65. 73%，见表 3。

表 3　近年以废纸为主要原料纸种的生产量与消费量

纸种	生产量/万吨				同比/%	消费量/万吨				同比/%
	2012 年	2013 年	2014 年	2015 年		2012 年	2013 年	2014 年	2015 年	
新闻纸	380	360	325	295	-9. 23	393	362	321	299	-6. 85
包装纸	640	635	650	665	2. 31	655	650	665	681	2. 41
白纸板	1390	1360	1395	1400	0. 36	1379	1310	1301	1299	-0. 15
箱纸板	2080	2040	2180	2245	2. 98	2157	2106	2240	2297	2. 54
瓦楞原纸	2020	2015	2155	2225	3. 25	2027	2013	2152	2228	3. 53
合计	6510	6410	6705	6830	1. 86	6611	6441	6679	6804	1. 87
当年总量	10250	10110	10470	10710	2. 29	10048	9782	10071	10352	2. 79
占比例/%	63. 51	63. 40	64. 04	63. 77		65. 79	65. 85	66. 32	65. 73	

从表 3 可以看出，2015 年我国以废纸为主要原料的 5 个品种的生产量和消费量同比分别有所增长，其中，新闻纸的生产量和消费量都与 2014 年一样仍出现较大幅度的减少，分别减少 9. 23% 和 6. 85%。总体看来，2015 年这 5 个品种的生产量和消费量合计占纸及纸板总生产量的比例和占纸及纸板总消费量的比例在近年首次出现微幅下降。

4. 近年部分废纸相关项目建设情况

随着我国经济的不断增长和各类商品包装及出口的需要，拉动了市场对各类包装纸和纸板需求的增长。从 2009 年起，我国瓦楞原纸生产量超过美国，已跃居世界之首，瓦楞纸箱已成为纸包装领域一种具备新兴、环保、便于运输等优点的主流包装方式。

近年来，以废纸为主要原料的新建项目和计划新建项目较多，规模也较大。其中，瓦楞原纸、箱纸板、白纸板等成为了这几年我国生产量较大，增量较多的产品。然而随着国际、国内经济形势的不断变化，一些计划新建项目可能会出现延期或更改等情况，表 4 列出了废纸相关新建项目的情况。

表 4　近年我国部分以废纸为原料纸种的新建项目

企业名称	项目内容	生产能力/(万吨/年)	建设地点	投产时间
浙江景兴纸业股份有限公司	高强瓦楞原纸	30	浙江	2015 年下半年
玖龙纸业(控股)有限公司	高强瓦楞原纸	30	四川乐山	2014 - 01
	牛皮箱纸板	35	辽宁沈阳	2014 - 09
		35		2016
理文造纸有限公司	箱纸板	32	重庆	2014 - 08
	瓦楞原纸	45	江西	2014 - 11
	箱纸板	35	江西九江	2014 - 06
	高档包装纸板	100	江西瑞昌	计划于 2016 年年底前投产（已完成桩基建设）
湖北宏发再生资源科技发展有限公司	牛皮箱纸板	30	湖北宜都	2014
福建联盛纸业有限公司	白纸板	60	福建漳州	2014 - 03
	牛卡纸	45		2014 - 03
安徽山鹰纸业股份有限公司	瓦楞原纸	45	安徽马鞍山	2014 - 09
	牛皮纸	35		2014 - 09
	低定量箱纸板	35.7	广东东莞	2014 年年底
	挂面箱纸板	45		2015 - 03
	高强瓦楞原纸	15		2015 年年底
	高强瓦楞原纸	15		预计于 2016 年
四川新津晨龙纸业有限公司	高强瓦楞原纸	30	四川新津	2015
亚太森博(山东)浆纸有限公司	液体包装纸板	30	山东日照	2014 - 06
江苏富星纸业有限公司	白纸板	30	江苏响水	2014
广丰县芦林纸业有限公司	低定量高强瓦楞原纸	30	江西广丰	预计 2016 年年底前试产（目前已完成成品库及造纸车间的土建工程）
	牛皮箱纸板	40		
浙江兴舟纸业有限公司	瓦楞原纸	10.5	浙江嘉兴	2014 - 05
山东枣庄荣华纸业有限公司	白纸板	20	山东枣庄	2014 - 06
宁波亚洲浆纸业有限公司	白纸板	80	浙江宁波	2014 - 06
成都美岭纸业有限公司	高强瓦楞原纸	15	四川成都	2014 - 07
江门星辉造纸有限公司	涂布白纸板	30	广东江门	2014 - 11
甘肃静宁县恒达有限责任公司	箱纸板	15	甘肃静宁	2014 - 11
贵州鹏昇纸业有限公司	瓦楞原纸	10	贵州安龙	2014
浙江嵊州市白云纸业有限公司	瓦楞原纸	10	浙江嵊州	2014
安徽省萧县林平纸业有限公司	箱纸板	15	安徽萧县	2014

续表

企业名称	项目内容	生产能力/(万吨/年)	建设地点	投产时间
浙江嵊州市宇信纸业有限公司	高强瓦楞原纸	10	浙江嵊州	2014
德州泰鼎新材料科技有限公司	高强瓦楞原纸	20	山东德州	2014
成都海龙纸业有限公司	高强瓦楞原纸	10	四川成都	2014
浙江嵊州市恒丰纸业有限公司	高强瓦楞原纸	13	浙江嵊州	2014－12
江苏正大联合纸业股份有限公司	包装纸板	200	江苏灌云	2015
广东振隆纸业有限公司	牛皮箱纸板	30	广东江门	完成可研报告
浙江永泰纸业有限公司	高档包装纸	50	浙江富阳	2014 年 5 月开工建设
四川迅源纸业有限公司	高强瓦楞原纸	30	四川大邑	建设中(一期 15 万吨/年已于 2014 年投产)
云南东晟纸业有限公司	高档包装纸	30	云南宜良	2015 年 3 月开工建设
荣成纸业(中国)控股有限公司	箱纸板、瓦楞原纸、纸管原纸(产能分别为 40 万、35 万、5 万吨/年)	80	湖北松滋	2015 年 6 月开工建设
湖北祥兴纸业科技有限公司	包装纸	100	湖北荆州	2015 年 7 月开工建设
湖北炬垲纸业有限公司	高强瓦楞原纸	20	湖北枝江	2015 年 10 月开工建设
浙江荣成纸业有限公司	高强瓦楞原纸	18	浙江嘉兴	2016
山东太阳宏河纸业有限公司	高档牛皮箱纸板	50	山东邹城	预计于 2016 年三季度
浙江荣晟环保纸业股份有限公司	高强瓦楞原纸	20	浙江嘉兴	计划于 2016 年 8 月建成投产
四川金田纸业有限公司	再生纸板	60	四川合江	预计于 2016 年 8 月投产(一期 30 万吨已于 2016 年 2 月投产)
台州森林造纸有限公司	高档包装纸	10	浙江温岭	计划于 2016 年 11 月建成投产
江西柯美纸业有限公司	低定量高强瓦楞原纸	20	江西萍乡	计划于 2016 年 6 月投产
湖北秦楚纸业有限公司	瓦楞原纸	10	湖北荆州	计划于 2017 年 6 月投产

二、2015 年我国废纸进出口情况

1. 废纸进出口量与金额

据海关统计，2015 年，我国废纸进口量 2928 万吨，同比增长 6.41%；价值 52.8 亿美元，同比减少 1.31%；进口废纸的平均价格为 180.3 美元/吨，同比减少 7.25%。

2015 年，我国废纸出口量 0.07 万吨，同比减少 5.53%；价值 31.1 万美元，同比增长 4.36%；出口废纸平均价格为 443.7 美元/吨，同比增长 10.48%。近年我国废纸进出口情况见表 5。

表5　近年我国废纸进出口情况

年份	进口			出口		
	进口量/万吨	金额/亿美元	均价/(美元/吨)	出口量/吨	金额/万美元	均价/(美元/吨)
2003	938	12.3	131.2	1100	18.0	163.6
2004	1230	17.3	140.3	740	10.9	147.3
2005	1703	24.6	144.2	100	2.8	277.8
2006	1962	27.5	140.1	100	2.0	203.5
2007	2256	40.4	179.2	500	8.4	168.3
2008	2421	55.6	229.6	20	0.4	203.0
2009	2750	38.0	138.0	270	5.9	218.8
2010	2435	53.5	219.8	796	15.3	191.8
2011	2728	69.7	255.4	3600	77.7	215.8
2012	3007	62.6	208.6	2432	81.2	334.2
2013	2924	59.3	202.8	1049	47.5	452.8
2014	2752	53.5	194.4	742	29.8	401.6
2015	2928	52.8	180.3	701	31.1	443.7

由表5可见，2015年我国废纸进口量有所增加，出口量有所下降。

众所周知，废纸市场和宏观经济密切相关，近几年全球经济低迷，欧洲、美国、日本等废纸主要出口地区和国家经济复苏缓慢，可供回收的废纸数量有所下降。目前，我国仍然是全球最大的废纸进口国，进一步增加国内废纸回收率，减少对国外进口废纸的依赖，仍然是摆在造纸行业面前的一大任务。

2. 进口废纸浆占原料比例变化

2015年我国废纸浆消耗量为6338万吨，其中，进口废纸浆2392万吨，占废纸浆总消耗量的37.7%，占纸浆总消耗量的24.6%。近年进口废纸浆消耗量占原料比例变化情况见表6。从表6可以看出，我国国产废纸浆消耗量在废纸浆消耗总量中仍占有主要地位。

表6　近年来进口废纸浆消耗量占原料比例变化情况

	2003年	2004年	2005年	2006年	2007年	2008年	2009年	2010年	2011年	2012年	2013年	2014年	2015年
纸浆总消耗量/万吨	3910	4455	5200	5992	6769	7360	7980	8461	9044	9348	9147	9484	9731
废纸浆消耗量/万吨	1920	2305	2810	3380	4017	4439	4997	5305	5660	5983	5940	6189	6338
废纸浆进口量/万吨	750	773	1360	1570	1805	1936	2056	2092	2182	2405	2379	2243	2392
占废纸浆比例/%	39.1	33.5	48.4	46.4	44.9	43.6	41.1	39.4	38.6	40.2	40.1	36.2	37.7
占总浆量比例/%	19.2	17.4	26.2	26.2	26.7	26.3	25.8	24.7	24.1	25.7	26.0	23.7	24.6
废纸浆国产量/万吨	1170	1532	1450	1810	2212	2503	2941	3213	3478	3578	3561	3946	3946
占废纸浆比例/%	60.9	66.5	51.6	53.6	55.1	56.4	58.9	60.6	61.4	59.8	59.9	63.8	62.3
占总浆量比例/%	29.9	34.4	27.9	30.2	32.7	34.0	36.9	38.0	38.5	38.3	38.9	41.6	40.6

3. 进出口废纸种类及数量

2015 年，我国进口废纸中，废箱纸板类进口量 1667.0 万吨，同比增长 7.20%，占废纸总进口量的 56.93%；进口用汇金额 31.6 亿美元，同比减少 0.94%。办公室废杂纸类进口量 85.0 万吨，同比增长 20.40%，占废纸总进口量的 2.90%；进口用汇金额 2.1 亿美元，同比增长 16.67%。废报纸类进口量 574.5 万吨，同比增长 3.23%，占废纸总进口量的 19.62%；进口用汇金额 9.7 亿美元，同比减少 3.96%。其他混杂废纸进口量 601.9 万吨，同比增长 5.63%，占废纸总进口量的 20.55%；进口用汇金额 9.4 亿美元，同比减少 3.09%。

2015 年废纸进口主要品种与数量见表 7，2015 年废纸出口主要品种与数量见表 8。

表 7　2015 年废纸进口主要品种与数量

废纸类别	海关商品税号	进口量			用汇	
		数量/万吨	占比/%	同比/%	金额/亿美元	同比/%
进口总量		2928.4	100	6.41	52.8	-1.31
废箱纸板类	47071000	1667.0	56.93	7.20	31.6	-0.94
办公室废杂纸类	47072000	85.0	2.90	20.40	2.1	16.67
废报纸类	47073000	574.5	19.62	3.23	9.7	-3.96
其他混杂废纸	47079000	601.9	20.55	5.63	9.4	-3.09

表 8　2015 年废纸出口主要品种与数量

废纸类别	海关商品税号	出口量			创汇	
		数量/万吨	占比/%	同比/%	金额/亿美元	同比/%
进口总量		700.8	100	-5.59	31.1	4.36
废箱纸板类	47071000	—	—	—	—	—
办公室废杂纸类	47072000	64.1	9.15	-33.23	1.2	-29.41
废报纸类	47073000	—	—	—	—	—
其他混杂废纸	47079000	636.7	90.85	14.97	29.9	15.89

4. 废纸主要来源国家、进口地区及口岸

表 9 为 2015 年废纸主要来源国家、进口地区及口岸情况（均取前 10 位）。从表 9 可以看出，2015 年，美国依然是我国最大的进口废纸来源地，2015 年进口量为 1301.8 万吨，占我国废纸进口总量的 44.45%。进口地区则仍然以广东省、浙江省、江苏省、山东省、福建省等地区为主，进口量分别为 1115.5 万吨、501.1 万吨、377.5 万吨、275.1 万吨、221.4 万吨，分别占我国废纸进口总量的 38.09%、17.11%、12.89%、9.39%、7.56%。进口口岸仍以深圳、杭州、广州、南京等口岸排名居前。

表 9　不同废纸种类主要来源国家、进口地区及口岸（按贸易金额排序）

序号	主要来源国家或地区			主要进口地区			主要进口口岸		
	国家或地区	进口量/吨	金额/万美元	地区	进口量/吨	金额/万美元	口岸	进口量/吨	金额/万美元
47071000 废箱纸板类（包括废纸箱、OCC、废瓦楞纸箱，废纸袋、废褐色牛皮纸等）									
1	美国	7151476	143574	广东省	6495050	122173	深圳海关	3097593	58882
2	英国	2277766	41247	江苏省	2728400	53538	南京海关	2760186	54018
3	日本	1221019	23055	浙江省	1808877	33348	广州海关	2277395	41841
4	荷兰	957834	16997	福建省	1474539	25970	杭州海关	1792447	32990
5	意大利	822670	14250	山东省	1155313	22434	厦门海关	1419526	24943

续表

序号	主要来源国家或地区			主要进口地区			主要进口口岸		
	国家或地区	进口量/吨	金额/万美元	地区	进口量/吨	金额/万美元	口岸	进口量/吨	金额/万美元
6	西班牙	633878	11151	天津市	925828	17000	天津海关	1030823	19615
7	中国香港	480625	9186	安徽省	899671	16869	青岛海关	895777	17280
8	比利时	476166	8456	重庆市	391908	8637	黄浦海关	866166	16952
9	法国	435802	7766	河北省	272833	5450	合肥海关	899394	16864
10	澳大利亚	410469	7241	上海市	248654	4827	重庆海关	391908	8637
47072000 办公室废杂纸类(包括办公室废杂纸，白纸板、铜版纸、白卡纸、书纸等的边角料)									
1	美国	229127	6181	广东省	467725	11743	深圳海关	303609	7649
2	日本	222168	5403	浙江省	161243	3836	广州海关	143172	3485
3	荷兰	68687	1706	江苏省	107061	2824	南京海关	107015	2823
4	澳大利亚	70459	1693	福建省	46415	1139	宁波海关	95327	2246
5	西班牙	44935	1131	湖南省	28606	760	杭州海关	64652	1561
6	中国香港	48525	966	山东省	20632	661	厦门海关	43193	1052
7	英国	29596	755	河南省	9760	276	长沙海关	28519	756
8	加拿大	26366	707	上海市	4339	114	青岛海关	24373	743
9	巴西	25493	682	重庆市	1560	50	黄浦海关	12496	313
10	韩国	17612	487	河北省	1199	30	江门海关	8447	296
47073000 废报纸类(包括废报纸、废杂志纸、美废 8 号等)									
1	美国	3595316	59669	广东省	1751910	29130	济南海关	1296443	21287
2	加拿大	938214	14831	山东省	1541261	25792	广州海关	1016461	16512
3	中国香港	312865	5722	浙江省	870857	14728	杭州海关	831258	13959
4	日本	260225	5405	福建省	493606	7826	深圳海关	405830	6758
5	澳大利亚	280963	4533	江苏省	335033	5636	南京海关	406662	6747
6	英国	184619	3184	湖南省	157238	3557	厦门海关	415612	6501
7	意大利	41974	876	河北省	200673	3281	青岛海关	248042	4493
8	巴西	34112	705	重庆市	114313	2043	天津海关	228267	3823
9	比利时	21187	364	安徽省	121623	2037	长沙海关	156551	3542
10	韩国	12585	259	天津市	113867	1893	黄埔海关	152661	3012
47079000 其他混杂废纸(包括混合废杂纸、混合包装废纸、日废 3 号混合废纸等)									
1	美国	2041840	30077	广东省	2440042	37463	杭州海关	1804194	26724
2	日本	1300535	24361	浙江省	2169990	33513	深圳海关	1431310	22774
3	英国	1231588	18185	江苏省	604034	10178	广州海关	744946	10727
4	加拿大	383062	5528	天津市	314557	4797	南京海关	608779	10267
5	荷兰	274197	4054	福建省	199786	3231	宁波海关	343837	6349
6	澳大利亚	246722	3614	安徽省	107251	2008	天津海关	348121	5406
7	意大利	165113	2604	河北省	63269	1054	厦门海关	199786	3231
8	爱尔兰	109192	1607	重庆市	59560	978	黄埔海关	187109	2912
9	比利时	77952	1304	山东省	33991	585	合肥海关	107251	2008
10	法国	64843	1000	江西省	17310	315	江门海关	76678	1050

三、2015 年废纸市场价格变化情况

1. 国际废纸价格走势

近几年，国际废纸市场波动较大，价格波动周期由长变短，波动加速，幅度加大。

表 10 为 2015 年部分主要废纸种类在美国主要城市典型月份的价格。与 2011 年同期相比，美国废纸价格在 2012—2014 年有较大幅度下降的基础上，2015 年与 2014 年同期相比，大部分废纸价格下降，仅有废杂志（10）等小部分废纸价格略有增长。

表 10　2015 年部分主要废纸种类在美国主要城市典型月份的价格

单位：美元/短吨（卖方离岸价）

品种（标号）	月份	东北部（纽约）	中西部（芝加哥）	东南部	西南部	洛杉矶-旧金山
混合废纸（2）	2	50～55	30～35	45～50	45～50	55～70
	5	50～55	30～35	45～50	45～50	50～65
	8	50～55	40～45	45～50	55～60	60～75
	12	50～55	40～45	40～45	50～55	55～70
特级供脱墨用废报纸（8）	2	55～60	45～50	50～55	50～55	65～75
	5	55～60	40～45	50～55	50～55	60～75
	8	55～60	45～50	55～60	60～65	70～85
	12	55～60	45～50	50～55	55～60	65～80
废杂志（10）	2	100～110	90～100	95～105	90～100	120～130
	5	90～100	90～95	90～95	90～95	120～130
	8	90～100	90～95	100～105	90～95	125～135
	12	90～95	85～90	90～95	80～85	115～125
废瓦楞纸箱（11）	2	75～80	60～65	75～80	70～75	70～85
	5	75～80	60～65	75～80	75～80	70～80
	8	85～90	75～80	95～100	90～95	90～105
	12	80～85	65～70	85～90	85～90	80～95
经拣选的办公室废杂纸（37）	2	155～165	135～145	145～155	145～150	170～180
	5	150～160	130～140	135～145	135～145	170～180
	8	145～155	130～140	130～140	135～145	170～180
	12	130～140	105～115	105～115	105～115	135～145

2. 国内主要废纸品种市场价格水平

表 11 为 2015 年国内主要废纸品种市场价格水平情况，表中数据由各地区公布的价格综合统计得来。总体而言，2015 年在成品纸市场低迷的情况下，国内废纸价格整体走低。

表 11　2015 年国内市场主要废纸品种价格水平　单位：元/吨

月份	废箱纸板	废书本纸	废报纸	废黄纸板
1	1260～1350	1280～1400	1350～1520	1080～1180
2	1240～1340	1250～1380	1350～1520	1080～1150
3	1240～1340	1220～1350	1330～1480	1060～1160
4	1220～1320	1200～1320	1330～1460	1030～1130
5		1220～1320	1350～1500	1040～1150

续表

月份	废箱纸板	废书本纸	废报纸	废黄纸板
6	1220～1320	1220～1320	1350～1500	1030～1140
7	—	1040～1300	1260～1480	1000～1130
8	1150～1250	1010～1250	1260～1520	1000～1110
9	1130～1230	1000～1240	1250～1480	1040～1130
10	1110～1210	1000～1340	1200～1410	970～1140
11	1120～1220	1020～1340	1220～1490	1000～1150
12	1150～1250	1010～1320	1250～1500	1000～1170

（郭彩云）

2014 年我国出版印刷用纸市场综述

Market Review of China's Publication Paper in 2014

作为国民经济发展和人民生活不可或缺的一个重要产业，我国印刷业在"十一五"期间实现了年均总产值接近 20% 的增长率，"十二五"期间由于国内外经济大环境的影响，我国印刷业由超高速发展阶段进入平稳发展阶段。作为印刷消耗材料的纸张生产也由高速发展进入平稳发展的态势。2014 年，出版印刷业增长趋缓，造纸业产销平衡，市场需求也呈疲弱态势。

一、2014 年新闻出版行业概况

截至 2014 年年底，全国共有出版社 583 家(包括副牌社 33 家)，其中，中央级出版社 221 家(包括副牌社 13 家)，地方出版社 362 家(包括副牌社 20 家)。

2014 年我国出版行业的营业收入、净资产、利润等都处于较好增长水平。表 1 为 2014 年我国出版、印刷、发行服务主要经济指标数据。

表 1 2014 年我国出版、印刷、发行服务主要经济指标

经济指标	金额/亿元	同比/%
营业收入	19967.11	9.4
资产总额	18726.72	8.83
所有者权益(净资产)	9543.61	5.77
利润总额	1563.73	8.58
纳税总额	857.60	-1.24

2014 年，全国共出版图书、期刊、报纸、音像制品和电子出版物 583.5 亿册(份、盒、张)。其中，图书占 14.0%，期刊占 5.3%，报纸占 79.5%，其他音像制品等占 1.0%。从总印张来看，图书占总量的 25.1%，期刊占总量的 6.5%，报纸占总量的 68.4%。

2014 年，全国图书、期刊、报纸的总印数和总印张均比 2013 年有不同程度的降低，2013—2014 年我国出版物印张及折合用纸量见表 2。

表 2 2013—2014 年我国出版物总印张及折合用纸量

出版物名称	总印张/亿印张			折合用纸量/万吨		
	2013 年	2014 年	同比/%	2013 年	2014 年	同比/%
图书	712.58	704.25	-1.17	167.48	165.51	-1.18
期刊	194.70	183.58	-5.71	45.26	42.49	-6.12
报纸	2097.84	1922.30	-8.37	482.50	442.13	-8.37
总计	3005.12	2810.13	-6.49	695.24	650.13	-6.49

从表 2 可以看出，除了报纸印量持续较大幅度下降外，图书、期刊也一改往年增长的势头，出现下降，尤以期刊下降较多。这反映出在电子媒体的冲击和影响下，纸媒体在日益萎缩，且萎缩的速度在加快。

1. 图书

2014 年全国共出版图书 448431 种，同比增长 0.90%，总印数 81.85 亿册(张)，同比下降 1.51%，总印张 704.25 亿印张，定价总金额 1363.47 亿元，同比增长 5.75%。图书出版实现营业收入 791.18 亿元，同比增长 2.65%，利润总额 117.07 亿元，同比下降 1.27%。其中，书籍出版 355611 种，总印数 46.55 亿册，总印张 428.87 亿

印张，折合用纸量 100.78 万吨，定价总金额 989.37 亿元；课本出版 92370 种，总印数 34.99 亿册，总印张 273.99 亿印张，折合用纸量 64.39 万吨，定价总金额 367.62 亿元；图片出版 450 种，总印数 0.05 亿册，总印张 0.11 亿印张，折合用纸量 0.04 万吨，定价总金额 0.54 亿元。

2. 期刊

2014 年全国共出版期刊 9966 种，平均期印数 15661 万册，总印数 30.95 亿册，总印张 183.58 亿印张，定价总金额 249.38 亿元。与 2013 年相比，种数增加 0.90%，平均期印数下降 4.81%，总印数下降 5.44%，总印张下降 5.71%，定价总金额下降 1.57%。实现营业收入 212.03 亿元，同比下降 4.49%，利润总额 27.06 亿元，同比下降 5.35%。

(1)综合类期刊 365 种，总印数 22893 万册，总印张 1205355 千印张；占期刊总品种的 3.66%，总印数的 7.40%，总印张的 6.57%。与 2013 年相比，种数下降 0.82%，总印数下降 4.59%，总印张下降 6.31%。

(2)哲学、社会科学类期刊 2618 种，总印数 137315 万册，总印张 7270172 千印张；占期刊总品种的 26.27%，总印数的 44.37%，总印张的 39.60%。与 2013 年相比，种数增长 1.59%，总印数下降 4.17%，总印张下降 3.47%。

(3)自然科学、技术类期刊 4974 种，总印数 42587 万册，总印张 3441932 千印张；占期刊总品种的 49.91%，总印数的 13.76%，总印张的 18.75%。与 2013 年相比，种数增长 0.61%，总印数下降 8.11%，总印张下降 9.28%。

(4)文化、教育类期刊 1363 种，总印数 71349 万册，总印张 4316538 千印张；占期刊总品种的 13.68%，总印数的 23.06%，总印张的 23.51%。与 2013 年相比，种数增长 0.74%，总印数下降 5.65%，总印张下降 5.47%。

(5)文学、艺术类期刊 646 种，总印数 35309 万册，总印张 2123936 千印张；占期刊总品种的 6.48%，总印数的 11.41%，总印张的 11.57%。与 2013 年相比，种数增长 1.73%，总印数下降 7.05%，总印张下降 7.27%。

(6)少年儿童期刊 209 种，总印数 51983 万册，总印张 1994850 千印张；占期刊总品种的 2.10%，总印数的 16.80%，总印张的 10.87%。与 2013 年相比，种数增长 45.14%，总印数增长 27.08%，总印张增长 79.38%。

(7)出版画刊(不含面向少年儿童的画刊)61 种，总印数 1182 万册，总印张 108847 千印张；占期刊总品种的 0.61%，总印数的 0.38%，总印张的 0.59%。与 2013 年相比，种数持平，总印数下降 7.05%，总印张下降 9.71%。

(8)出版动漫期刊 32 种，总印数 12914 万册，总印张 879642 千印张；占期刊总品种的 0.32%，总印数的 4.17%，总印张的 4.79%。与 2013 年相比，种数增长 18.52%，总印数增长 2.51%，总印张增长 0.41%。

3. 报纸

2014 年全国共出版报纸 1912 种，同比下降 0.16%。报纸总印数 463.90 亿份，同比下降 3.84%。总印张 1922.30 亿印张，同比下降 8.37%。定价总金额 443.66 亿元，同比增长 0.75%。报纸出版实现营业收入 697.81 亿元，同比下降 10.15%；利润总额 76.44 亿元，同比下降 12.81%。

(1)各级报纸出版情况　全国性和省级报纸 1013 种，总印数 312.82 亿份，总印张 1264.73 亿印张；占全国报纸总品种的 52.98%，总印数的 67.43%，总印张的 65.79%。与 2013 年相比，种数下降 0.49%，总印数下降 4.08%，总印张下降 8.22%。其中，①全国性报纸 221 种，总印数 80.43 亿份，总印张 235.24 亿印张；占报纸总品种的 11.56%，总印数的 17.34%，总印张的 12.24%。与 2013 年相比，种数增长 0.91%，总印数下降 0.48%，总印张增长 1.83%。②省级报纸 792 种，总印数 232.39 亿份，总印张 1029.49 亿印张；占报纸总品种的 41.42%，总印数的 50.09%，总印张的 53.55%。与 2013 年相比，种数下降 0.88%，总印数下降 5.27%，总印张下降 10.24%。

地、市级报纸 880 种，总印数 150.26 亿份，总印张 655.98 亿印张；占报纸总品种的 46.03%，总印数的 32.39%，总印张的 34.12%。与 2013 年相比，种数增长 0.23%，总印数下降 3.35%，总印张下降 8.67%。

县级报纸 19 种，总印数 0.83 亿份，总印张 1.59 亿印张；占报纸总品种的 0.99%，总印数的 0.18%，总印张的 0.08%。与 2013 年相比，种数持平，总印数下降 0.34%，总印张下降 2.59%。

(2)各类报纸出版情况　综合报纸 823 种，总印数 311.03 亿份，总印张 1585.46 亿印张；占报纸总品种的 43.04%，总印数的 67.05%，总印张的 82.48%。与 2013 年相比，种数增长 0.24%，总印数下降 2.61%，总印张下降 7.85%。

专业报纸1089种，总印数152.87亿份，总印张336.84亿印张；占报纸总品种的56.96%，总印数的32.95%，总印张的17.52%。与2013年相比，种数下降0.46%，总印数下降6.23%，总印张下降10.72%。

从报业协会印刷工作委员会的调查来看，统计的150家中央级、省市级、部分地市级报纸印刷厂报纸印刷量2014年比2013年下降的有114家，占76%。在2013年年印刷量10亿印张以上的33家大型报纸印刷厂中，2014年有32家印刷厂报纸印刷量下降，占97%。从全国31个省市自治区的年印刷量来看，有23个省市自治区报纸印刷量下降。其中，下降超过10%的有天津、山西、辽宁等13个省市；印刷量增长的有内蒙古、广西、海南、贵州、西藏、甘肃、青海和宁夏8个省、自治区。按地区算，以东北、西南地区下降幅度最大。2014年是全国范围报纸印刷量连续下降的第3年，且下降的幅度进一步加大。

近年来，国内中央和省市级报纸印刷技术已达到较高水平，计算机直接制版、色彩管理、数字化工作流程等新技术广泛采用，报纸质量有了很大提高。如CTP制版量占总制版量的比例已超过90%，有力地推进了报纸印刷数字化的进展。报纸印刷行业的胶印轮转机中多数为较先进的设备，这使得报纸印刷的色彩和高质成为现实。国内新闻纸的质量水平有了较大提高，基本满足了高质量报纸印刷的需要。

二、2014年印刷行业基本概况

目前，我国印刷行业总量规模已占世界第2，成为世界印刷大国和世界印刷中心。2014年，印刷复制业(包括出版物印刷、包装装潢印刷、其他印刷品印刷、专项印刷、打字复印、复制和印刷物资供销)实现营业收入11740.2亿元，同比增长5.8%；利润814.7亿元，同比增长5.0%。黑白印刷生产量3.2亿令，同比下降3.0%；彩色印刷生产量25.3亿令，同比下降1.2%；装订生产量3.2亿令，同比下降11.1%。2014年印刷行业基本情况见表3。

在全部印刷营业收入中，出版物印刷主营业务收入1514.29亿元，同比增长1.34%；包装装潢印刷营业收入8764.62亿元，同比增长7.53%；其他印刷品印刷营业收入1077.96亿元，同比下降2.72%。在全部印刷利润中，出版物印刷利润130.57亿元，同比增长4.46%；包装装潢印刷利润531.34亿元，同比增长7.53%；其他印刷品印刷利润108.12亿元，同比下降8.23%。

表3 2014年印刷行业基本情况 单位：亿元

项目	数值
印刷企业数量/个	105000
资产总额	11763
营业收入	11740.2
从业人员数量/万人	339.4
对外加工贸易额	866.2
利润	814.7

近年来，我国印刷行业整体结构在持续优化。一是出版物印刷产值保持基本稳定，书报刊充分满足了人民群众的阅读需求。二是包装装潢印刷产值保持快速增长，占整个印刷总产值的比例稳步提升。2014年，包装装潢印刷产值占印刷总产值的比例约为75%。三是高品质书刊和商品包装的印刷产值的比例不断提高。高品质书刊主要使用涂布印刷纸，一般用于摄影艺术画册、儿童图画书、高档彩色杂志等；高品质商品包装主要使用白纸板，一般用于高档化妆品、食品盒等。目前，我国印刷产品结构在满足大众化需求的同时，呈现品质化、个性化、订制化的多元发展趋势。

根据国家统计局数据，2014年全国规模以上印刷企业4950家(年营业收入在2000万元以上)，同比增长16%。主营业务收入6579.52亿元，同比增长26%。规模以上印刷企业占全国印刷企业数量的5%，其主营业务收入占全印刷行业的60%以上，充分说明了规模以上印刷企业在全印刷行业中的骨干作用，也显示了规模以上重点印刷企业的主力军地位继续巩固和扩大。2014年规模以上印刷企业的综合利润率在7%～8%。目前，我国印刷产值超过10亿元的大型骨干印刷企业已经超过40家。同时，近年来分工较细特点明显的绿色印刷、数字印刷、艺术品印刷等中小企业数量快速上升，影响力日益扩大。我国印刷行业基本形成了大型骨干企业引领辐射、中小特色企业协调补充的良好发展态势。

目前，国内印刷行业在总量基本稳定的情况下，出现如下特点：

(1)受宏观经济增长趋缓、互联网及数字媒体应用的双重压力，国内出版物的总印量呈现连续下降的趋势，而包装装潢印刷则呈持续上涨态势。目前，在10万家印刷企业中包装装潢企业有近5万家，占印刷企业总数的1/2。在1万多亿元的印刷总产值中，包装装潢印刷占全部印刷总产值的70%

以上，成为推动我国印刷行业发展的主要因素。

(2)在不利的市场环境中，规模以上印刷企业依托规模优势，通过整合传统业务、拓展新的市场而巩固了其市场地位。近年来，规模以上印刷企业赢得了较大的市场份额，而规模以下印刷企业订单减少，经营困难，利润下降，举步维艰。出版物印刷企业市场集中度的趋势愈加明显。

(3)越来越多的印刷企业对接资本市场，为企业实现跨越式发展提供资金保障。通过上市，拓宽了融资渠道，缓解了企业转型升级中的资金压力，为企业新一轮发展带来了动力。2014 年在上海、深圳上市的 10 家印刷企业流通市值合计达 701.9 亿元，比 2013 年增加了 142.8 亿元，同比增长了 25.5%。

(4)随着网络技术的发展，创建以互联网为平台，以服务为中心的新型印刷经营模式。借助于互联网，越来越多的企业应用云计算、大数据、移动互联等新的技术手段，颠覆传统的出版印刷边界，开创出新的增值服务。

三、印刷与造纸相关问题探讨

由于新兴媒体和移动终端的发展以及纸质媒体广告版面的减少，报纸的印刷量持续下滑，且下降幅度进一步加大。受到市场需求的下降，我国新闻纸生产量近年一直呈现下降的趋势，未涂布印刷书写纸和涂布印刷纸生产量自 2012 年后也呈现出增长乏力，造纸行业市场的持续低迷，导致印刷行业原材料市场波动较大。面对困难，新闻纸生产企业和报纸印刷企业应积极探索转型，争取新的增长点，纸质书的出版商和印刷商需要求新求变，通过提升图书品质，将新媒体技术融入传统的出版印刷行业，从而谋求更高的附加值和可持续发展。如青岛报业传媒成立数字印刷产业园，通过转型数字印刷，拓展了多元化经营；人民日报印刷厂先后引进单张纸彩色数字印刷机和喷墨轮转双色数字印刷生产线，提质增效。

目前，我国纸张生产的整体方向是绿色环保，最大限度降低造纸对环境的负荷。采用环保印刷用纸，成为绿色印刷系列标准的重要内容。我国造纸和印刷行业应打破传统的行业界限，整合产业链上下游，实现创新发展。

四、我国印刷行业未来发展前景

目前，许多传统印刷企业都面临着被市场淘汰的威胁，全球印刷行业呈现出整体下行的趋势，面对如此局势，创新改革、转型升级成必然。在我国印刷行业“十三五”规划中，一是突出对大型国有印刷企业的政策引导和扶持，并为利好政策的下沉制定有效路径；二是突出对新技术、新工艺推广使用方面的政策引导和扶持，优化印刷行业与上、下游产业之间的资源配置，促进印刷技术的改造升级；三是突出对印刷业与互联网融合发展的政策引导和扶持，推动行业转型升级，确保行业与经济、文化发展的高度匹配。以加工工业为市场定位的印刷行业需要重新定位，对接现代服务业、对接文化产业，通过跨行业发展延伸产业链，挖掘市场潜在需求争取更大的发展机遇。

绿色印刷已成发展方向。2014 年，秋季学年全国中小学生教科书实现了绿色印刷全覆盖；平版印刷、商业票据、凹版印刷 3 项环境标志标准全部完成，实现了绿色印刷标准全覆盖；国家多个地区通过各种渠道对绿色印刷给予政策和资金支持，大大提高并强化了印刷企业与出版社实施绿色印刷的主动性。

传统与现代融合，数字技术继续受关注。2014 年国务院发布的《关于推行文化创意和设计服务等相关产业融合发展的若干意见》指出，要大力推动传统文化企业与新媒体的融合发展，为个性定制等文化创意产品提供强有力的政策支持和资金扶持。数字印刷已经成为工业化印刷生产中短版印刷的有益补充，未来几年，个性化定制的流行，物联网的发展都会极大促进数字印刷的普及。

包装印刷、标签印刷潜力巨大。我国对快速消费品需求的增加促进了包装和标签业供需的飞速增长。随着创意创新、环保设计、“互联网 +”等在印刷产业中的广泛应用，重获生机的传统包装、开始盛行的个性包装、消费需求的分装包装、备受欢迎的创意包装以及技术推动的创新包装成为发展趋势。以电子标签、二维码为内核的智能包装展示出良好的前景，目前，智能包装已经在食品药品安全和产品营销领域扮演重要角色，在未来的物联网时代，智能包装将发挥更大的作用。

印刷行业面对机遇与挑战并存的大环境，应树立并切实贯彻创新、协调、绿色、开放、共享的发展理念，加快转型升级，向绿色化、数字化、智能化发展。

（袁建湘　杨　扬）

2015 年我国生活用纸行业概况和展望

Market Situation and Outlook of China's Tissue Paper in 2015

2015 年，我国经济运行总体平稳、稳中有进，GDP 总量达到 67.7 万亿元，同比增长 6.9%。内需持续扩大，社会消费品零售总额 300931 亿元，同比增长 10.7%，扣除价格因素，实际增长 10.6%。但我国经济依然面临着冲击和挑战，经济下行压力不断加大，经济运行稳中趋缓、稳中有忧。

2015 年我国生活用纸市场在此大背景下继续保持增长，总规模比 2014 年增长 8.7%，达到 881.7 亿元；除净进口量、产品平均价格，其他指标包括产能、生产量、销售量、消费量、人均消费量等均比 2014 年有所增长；在国家加大环保要求和市场竞争的推动下，行业落后产能的淘汰步伐加快，进一步推动了产业结构的优化升级。

但整个行业供需失衡加剧，行业产能过剩，市场竞争更加激烈，产品平均价格下降，企业的生产经营压力加大。得益于年内主要原料纸浆价格仍整体处于低位，企业毛利率维持在合理区间。虽然 2015 年新增产能达到 110 万吨以上，但投资热已经降温，增长趋势放缓。表现在 2015 年新增加的产能主要集中在已有的企业，新进入行业的企业明显减少；另外不少投资项目延期。

一、市场规模

根据中国造纸协会生活用纸专业委员会（简称"生活用纸委员会"）的统计，2015 年生活用纸生产量约 802.4 万吨（按设备利用率 78% 计），消费量约 713.9 万吨，同比增长 11.0%，人均年消费量约 5.2 千克（见表 1），已超过 RISI 统计的 2014 年世界人均 4.7 千克的消费水平。国内市场规模约 881.7 亿元，同比增长 8.7%。

表 1 2015 年我国生活用纸行业的总规模

	2014 年	2015 年	同比/%
生产量/万吨	736.3	802.4	9.0
出口量/万吨	74.7	71.2	-4.7
消费量/万吨	643.1	713.9	11.0
人均消费量/千克	4.7	5.2	10.6
国内市场规模/亿元	810.9	881.7	8.7

注：根据国家统计局资料，2015 年年底总人口 13.75 亿人，2014 年年底总人口 13.68 亿人；2015 年、2014 年市场零售均价按出厂均价加价率 30% 计。

二、产业结构优化

经过 20 多年的发展，我国生活用纸行业已从以国内市场为主转型为具有国际竞争力的产业结构。由于国家实施节能减排和强制淘汰落后产能政策，以及市场的竞争，促使行业现代化产能的比例持续提高。2015 年，环保要求和市场竞争加速了河北满城、广东东莞、广西壮族自治区等地区为代表的中小型生活用纸生产企业对高能耗的小纸机的淘汰进程。已知涉及淘汰和停产的产能约 47 万吨。2015 年新增产能中，中小型企业纸机更新换代项目明显增加，也进一步推动了行业的优化升级。2009—2017 年新增现代化产能情况见表 2。

表 2 2009—2017 年新增现代化产能情况

	2009 年	2010 年	2011 年	2012 年	2013 年	2014 年	2015 年	2016 年计划	2017 年及之后计划
新增产能/万吨	33.3	40.35	57.4	110.5	83.15	124.2	111.7	182.3	141

引进先进卫生纸生产线提高了生活用纸行业现代化产能占比，据生活用纸委员会统计，截至2015年年底，我国已投产的进口新月型成形器卫生纸机累计达117台，产能合计457.8万吨/年；真空圆网型卫生纸机累计达90台，产能合计123.8万吨/年；斜网卫生纸机1台，产能1万吨/年。以上进口卫生纸机产能总计为582.6万吨/年，约占2015年生活用纸总产能的56.6%。

装备现代化的趋势还表现在新月型纸机逐步成为引进纸机的主导机型，而且单条纸机生产线能力达6万吨/年及以上的项目不断增加，2009年2条，2010年3条，2011年4条，2012年12条，2013年3条，2014年9条，2015年7条，2016年计划11条，2017年及之后计划6条。

三、进出口情况

2015年生活用纸出口量为71.2万吨，同比下降4.7%，出口量约占总生产量的8.9%；出口金额为209204万美元，同比增长16.3%，出口额占工厂销售总额的17.7%。自2011年以来，生活用纸出口量首次出现下降。表明全球经济下行，我国生活用纸出口形势不容乐观。但出口额比2014年增长，说明出口的生活用纸产品平均价格上涨。出口生活用纸中，原纸只占26.20%，说明2015年出口产品仍然是以生活用纸成品为主，其中卫生纸份额最大，占总出口量的38.26%。

我国生活用纸是出口型行业，从2011年开始，进口量基本是持续降低的趋势，2015年进口量和进口额比2014年分别下降21.9%和17.0%，2015年进口量只有2.8万吨，仅占总生产量的0.35%，说明国产生活用纸已能充分满足消费者的需求。进口生活用纸中，原纸量占进口总量的69.81%，说明进口产品仍然主要是原纸。

出口产品的企业相对集中，恒安国际集团有限公司(简称“恒安集团”)、维达国际控股有限公司(简称“维达国际”)、金红叶纸业集团有限公司3家企业占总出口量的38.3%。出口量排名前20位的企业的出口量合计约37.83万吨，约占出口总量的53.1%。

四、产能过剩，投资热降温，增长趋缓

由于前几年投资过热，形成的产能明显过剩，因此，整个行业的投资热降温，增长趋缓，表现为：一是2015年新增的产能主要集中在已有的企业。二是新进入者明显减少，2015年新进入生活用纸领域的制浆造纸企业只有贵州赤天化纸业股份有限公司，2015年7月正式开工建设，规划30万吨/年生活用纸产能。另外，行业企业的扩产步伐趋缓，部分投资项目在原计划基础上有延期的情况。2014年计划投产244.6万吨，实际投产124.2万吨，2015年计划投产213.4万吨，实际投产111.7万吨。三是2015年新项目投资已趋于理性，新投产产能111.7万吨，比2014年减少10.1%，产能净增长的趋势放缓。

五、主要竞争者

金红叶纸业集团有限公司是APP在我国的生活用纸集团，是位居第1位的生活用纸生产商。2015年产能增至157万吨/年。

恒安集团是目前居我国第2位的生活用纸生产商。根据恒安集团年报，2015年，生活用纸业务销售额为108.0亿港元，同比下跌0.5%，占集团总销售额的44.2%。生活用纸业务的毛利率上升至35.6%，主要由于木浆价格下跌，抵销了因市场竞争激烈、加大推广促销及品牌宣传力度的负面影响。

维达国际是我国最早的生活用纸专业生产商之一，多年来保持平稳发展的领先地位，目前是居第3位的生活用纸生产商。根据维达国际年报，2015年维达国际实现营业收入(含少量湿巾、妇女卫生巾、婴儿纸尿裤)97亿港元，同比增长21.4%；毛利润29.59亿港元，同比增长22.8%。其中，生活用纸整体营业额上升18.9%至93.57亿港元。产品类别方面，卷纸类及非卷纸类产品销售占比分别为49.9%及50.1%。其中，毛利润较高的软抽面巾纸、盒装面巾纸、手帕纸及湿巾的销售增长均非常突出，分别增长34.1%、29.0%、34.6%及32.1%。

中顺洁柔纸业股份有限公司目前是居第4位的生活用纸生产商，根据中顺洁柔纸业股份有限公司业绩快报，2015年公司营业收入(主要为生活用纸业务销售额)达29.59亿元，同比增长17.34%；净利润为8695.21万元，同比增长28.81%。2015年的经营状况有所改善。

位居第5位的是东顺集团股份有限公司，近几年快速增长，2015年新增产能10万吨，包括1台DS1200擦手纸机和2台新月型纸机，总产能达40.8万吨。目前，有2个原纸生产基地(山东东平、黑龙江肇东)，位于浙江富阳的第3个原纸生产基地正在建设中(规划10万吨/年)。

永丰余家品(昆山)有限公司是永丰余投资控股(股份)有限公司在我国大陆的生活用纸企业，2015年新增产能2.5万吨，2016年1月新增产能2.5万吨，都是在广东肇庆的生产基地，目前总产能达到20万吨。

重庆理文造纸有限公司是2014年投产进入到生活用纸领域的大型企业，以自身原料(自制竹浆)、能源等成本优势，创造新的运营模式。2014年投产2.5万吨，2015年增加产能12万吨，目前总产能14.5万吨。2015年下半年、2016年一季度又签订了4台维美德公司6万吨/年卫生纸机，计划2016年年底投产。全部投产后产能达到38.5万吨。规划2017年产能达到52万吨。

保定港兴纸业有限公司是河北省保定满城地区代表性企业，目前产能10万吨/年，品牌“丽邦”。引进4台日本川之江纸机，是保定地区最早淘汰落后产能、更新换代设备的企业。

六、产品结构

根据生活用纸委员会2015年对企业样本调查推算，国内消费的生活用纸产品结构见表3。从近几年产品结构的变化来看，我国生活用纸的产品结构不断向发达国家和地区水平接近。

表3　2015年生活用纸的产品结构及与2014年对比

产品	2015年消费量/万吨	2015年市场份额/%	2014年市场份额/%
卫生纸	409.0	57.3	59.0
面巾纸	182.0	25.5	24.5
手帕纸	56.9	8.0	7.7
餐巾纸	23.2	3.3	3.1
厨房纸巾	7.7	1.1	0.8
擦手纸	25.0	3.5	3.2
衬纸	8.9	1.2	1.1
其他	1.1	0.2	0.6
生活用纸合计	713.9	100	100

在西欧、北美和日本等发达国家和地区，卫生纸在生活用纸产品中的份额(销售量)大约在55%左右，2015年我国卫生纸所占份额虽然比2014年下降1.7个百分点，但仍高于发达国家，主要是由于擦拭纸类产品(厨房纸巾和擦手纸)的消费量，特别是厨房纸巾的消费量仍然远低于发达国家水平(发达国家擦拭纸份额约30%)。从各类生产商的产品结构来看，一般大企业的产品结构中，卫生纸的份额低于平均水平，如按生产量计，2015年恒安集团、金红叶纸业集团有限公司均低于50%，金佰利公司和王子妮飘公司约为25%～35%；而中小企业，或使用非木材浆、废纸原料的企业，卫生纸的份额则高于平均水平，有些甚至达90%以上。

2015年面巾纸在生活用纸中的份额继续提高。这是由于面巾纸产品进一步向三、四线城市普及，销售量有较大的提高，同时由于软抽面巾纸所占比例越来越高，使中低价产品的份额增加，所以销售额的增长主要依靠销售量的提高。此外，2015年公共场所卫生间配备擦手纸的情况进一步普及，厨房纸巾的普及率也略有提升，但还远未达到发达国家水平，是需要进行消费引导的品类。

七、原料结构

2015年，生活用纸委员会对近百家卫生纸原纸生产企业所使用的纤维原料种类进行了调查，生产量覆盖率约80%，由调查结果推算出生活用纸行业使用纤维原料的结构，见表4。

表4　2015年生活用纸纤维原料结构及与2014年对比

纤维原料	2015年比例/%	2014年比例/%
木浆	80.3	76.7
草浆	2.7	3.4
蔗渣浆	7.5	9.7
竹浆	8.0	8.0
废纸浆	1.6	2.3

生活用纸使用木浆的比例远高于造纸行业平均水平(27%)。2015年与2014年相比，生活用纸使用木浆的比例继续提高，主要是因为2015年木浆价格仍整体处于低位；以麦草浆为主要原料的中小企业，由于成本提高和环保压力加大，基本已停产；蔗渣浆由于糖生产量下降，其用量也在减少，所以木浆比例继续提高；竹浆纸以其本色纸等差异化的特性、部分企业自制浆的优势，使竹浆占比保持平稳。

基于成本与环保的压力，废纸浆的使用量继续下降。另外由于在《一次性生活用纸生产加工企业监督整治规定》中也明确规定，纸巾纸(包括面巾纸、餐巾纸、手帕纸等)不得使用回收纤维作为原料。但在美国、欧洲、日本等发达国家，则有着成熟的废纸回收和利用技术，能够利用回收纤维原料生产高品质的各种生活用纸产品，废纸浆已成为经济、环保的生活用纸主要纤维原料之一。从长期发展的角度来看，我国生活用纸行业有待进一步优化原料结构，特别是在厕用卫生纸、擦手纸生产中，应加大回收纤维的使用比例，这有利于资源的循环利用和行业的可持续发展。因此需要国内有条件的大型生活用纸企业引起重视，引领行业提高废纸浆在卫生纸、擦手纸原料中的使用比例。

八、技术进展

1. 继续引进先进纸机和加工设备

随着生活用纸新项目的设备引进和投产，我国生活用纸行业的技术装备水平大大提高。新建大项目和部分企业新增产能引进高速宽幅卫生纸机及产成品加工和包装设备，技术起点与世界先进水平同步，生产出高质量的产品。卫生纸机单机最大产能达到7万吨/年，最高车速达到2400米/分。采用的最新技术包括双层流浆箱、靴式压榨、钢制烘缸、新型起皱刮刀、热能回收系统等，2015年钢制烘缸的应用进一步得到普及。引进的产成品加工和包装设备具有世界最新技术水平。

2. 引进设备的国产化

(1)国产纸机技术进步明显　2015年，潍坊凯信机械有限公司、佛山市南海区宝拓造纸设备有限公司、上海轻良实业有限公司、辽阳慧丰造纸技术研究所(有限公司)、山东华林机械有限公司、山东信和造纸工程股份有限公司、杭州大路实业有限公司、金顺重机(江苏)有限公司、西安炳智机械有限公司、天津天轻造纸机械有限公司等国内有关设备研究制造企业继续加紧新月型、真空圆网型现代化中高速卫生纸机的研发制造工作，提高设备制造水平，取得可喜业绩。国产(含中外合作)卫生纸机生产商合计在我国投产中高速卫生纸机29台(套)，合计产能近40万吨/年，约占全年投产现代化总产能的1/3，最高设计车速达1500米/分。

(2)进口纸机供应商积极推动本土化进程　为降低成本和应对国家2008年1月1日起对幅宽小于3000毫米的纸机取消进口免税的政策，国外纸机生产商陆续在国内建厂。并不断加大在我国本土的业务内容。维美德、福伊特和安德里茨等公司加强国内工厂的制造能力，不断升级扩建项目，从事卫生纸机的制造、组装等业务。由日本川之江造机株式会社和维美德公司合作制造的首批2台DCT60卫生纸机已于2015年10月在东顺集团股份有限公司正式投产。

3. 国产加工和包装设备不断提高国际竞争力

2015年，国内后加工设备企业加大研发力度，通过提高车速、一机多能等设计理念，满足国内市场需求并替代进口。佛山市宝索机械制造有限公司自主研发出YH－PL全自动抽式面巾纸生产线，幅宽2900～3600毫米，速度可达150米/分，不停机自动分离设定抽数，销售业绩突破100台；德昌誉机械制造有限公司推出小直径无芯卫生纸生产线、卫生纸/厨房纸巾多用途的压花装置，可生产出6种复合压花和5种单面压花的卷纸品种；上海松川远亿机械设备有限公司新款ZB680S软抽中包机，可达40包/分，新型一机三用的松川圆卷纸、扁卷纸通用包装机ZB690，可在扁卷、有芯圆卷、无芯圆卷3种卫生卷纸产品间切换，兼容性更高；温州市王派机械科技有限公司OPR－120B高速全自动软抽单包机全面升级，增加了换产数据记忆功能，生产车速120包/分，新推出OPH－100B－H型方盒纸巾折叠入盒封盒机，稳定速度高于60盒/分，填补国内空白；佛山市南海铭阳机械制造有限公司推出新型14排抽纸机，可加工原纸的最大幅宽2900毫米，最大直径1600毫米，在100～210毫米的宽度范围内任意调节分切宽度。

4. 龙头企业率先引进世界领先的自动化立体仓库，节约仓储空间和提高效率

2013年3月，维达国际新会原纸生产基地一期8万吨/年工程项目全自动化生产线—包装线—自动化立体式仓库连线成功，实现生产和仓储全自动化运作，成为全国首个最先使用该物流系统的造纸企业，也是全球最早应用自动化立体式仓库的造纸企业之一。维达国际位于广东双水、浙江龙游、山东莱厂和辽宁鞍山的工厂自动化物流仓储系统项目也将陆续建成。

恒安集团的芜湖原纸基地二期项目中也在建设立体化仓库，预计于2016年投产。此外，芜湖基地于2012年投产的一期项目已建成多层厂房，通过改善工艺实现设备立体布局，使占地面积减少了1/2。2015年，恒安集团浙江工厂的自动化立体仓库建成使用。

中顺洁柔纸业股份有限公司在云浮和成都的工厂分别引进建设自动化仓库，云浮项目于2014年5月投产，自动化物流仓储系统占地面积2万多米^2，建筑高度24米，可处理成品约84万件。

山东泉林纸业有限责任公司在山东高唐生产基地的自动化物流仓储系统建设10万米^{2}货位的24

米高的立体仓库正在进行中。

2015年，重庆理文造纸有限公司的自动化立体仓库已建设成功，投入使用。

5. 绿色发展

2015年，河北省满城县投资50亿元建设占地面积100公顷的生活用纸深加工及热电联产循环经济产业园项目，全面推进集中供热、绿色发展，加快转型升级。满城县于2015年年底之前淘汰10吨/时以下的燃煤锅炉，2017年年底之前将淘汰35吨/时以下的燃煤锅炉；2015年，河北省满城县生活用纸生产企业积极淘汰高能耗、幅宽1575毫米以下的卫生纸机，加速替换成中高速纸机。

广东省制定了《广东省珠三角地区排放物限值标准》《广东省大气污染物排放指标》《广东省生活用产品能耗限额标准》等，以推动行业优化升级和可持续发展。

东顺集团股份有限公司与中国煤炭科工集团有限公司、浙江富春江集团有限公司合作，3方将以新合作的清洁能源公司为平台，发展低碳产业、促进低碳消费、提高资源利用效率。

6. 产品创新

生活用纸企业产品创新和开发差异化产品，集中在后加工和包装环节，主要表现在两个方面：一是添加香精和乳霜、芦荟、维生素等表面处理剂，使产品气味清香或具有更好的护肤性等功能性及特色包装的产品。二是以环保和可持续发展的理念，开发差异化的本色生活用纸产品的企业数量增多。

7. 营销创新

根据国家统计局数据，2015年，全国互联网上网人数6.88亿人，同比增加3951万人，其中，手机上网人数6.20亿人，同比增加6303万人。互联网普及率达到50.3%。全国网上商品零售额32424亿元，同比增长31.6%，其中，用类商品零售额增长36%。

由于生活用纸产品的特点，现代渠道、传统渠道依然是目前行业主流的营销模式，但随着互联网的发展，2015年企业针对网络渠道的营销创新加速，网络渠道销售份额稳步增加，领先企业深入推动微信营销等传播方式。2015年，维达国际电商渠道的销售收入占总收入的12.9%，达到12.48亿港元，比2014年增加6.89亿港元；恒安集团携手天猫打造“超级品牌日”，心相印、七度空间、安尔乐、安儿乐、安而康5大品牌上线微盟萌店，开启微商领域的新营销布局；东顺集团股份有限公司也全面进军微电商领域；河北省满城县借电子商务整合纸品产业，探索“电商平台+电商园区”的纸业销售模式，已建成专业电商平台“华北纸都——中国生活用纸交易网”。

8. 新进入的大型企业创新运营模式

生产其他纸种的浆纸企业，发挥自身原料、能源等成本优势，强化管理，在加强对自身生活用纸产品市场营销和品牌培育力度的同时，创造新的运营模式，提高企业的市场竞争力。

2014年投产的重庆理文卫生用纸制造有限公司具有林浆纸一体化的生产优势，2015年生活用纸产能达到13.5万吨。公司逐步增强自身品牌的建设，同时，利用重庆理文造纸有限公司的20多公顷富余用地，拟投资4.5亿元，分2期实施重庆理文卫生用纸制造有限公司后加工工业城项目及配套设施建设。该项目面向全国生活用纸加工企业招商引资，重庆理文造纸有限公司重庆负责配套厂房、加工设备、水电气及原纸供应。目前已成功吸引了5家生活用纸加工企业入驻，实现产业链上下游抱团发展。

九、市场展望

我国生活用纸人均消费量仍然较低、生活用纸具有刚性需求特征、经济增长和城市化进程加快、人口增长特别是二孩政策会提高出生率、产品品类结构继续优化、落后产能加速淘汰等因素，都将推动行业继续增长。

经济下行压力影响、近几年的快速增长造成的产能过剩使得行业增速放缓；生活用纸行业已走过了高速增长时代，进入中高速增长，但增长速度仍会高于全球平均水平。

从宣布的2016年及以后计划投产的项目总产能看，新增产能依然大于新增市场容量，所以预测未来市场竞争会更加激烈，估计有些项目还会后延，或者不能达产。企业为争取市场份额，会选择低价促销，从而有可能引发价格战。

从宣布的2016年及以后计划投产的项目企业看，中小型企业的纸机更新换代数量明显增加，所以未来落后产能的淘汰会加速，同时推动行业结构继续优化，并向中高端发展。

我国生活用纸行业主要原材料纸浆依靠进口程度高，企业面临着浆价波动及汇率波动的成本压力风险。

生活用纸生产商竞争加剧，价格战压力有可能波及到设备供应商，尤其是资金实力相对较弱的部分国产设备供应商面临被淘汰出局的风险。

（江曼霞　周　杨　张玉兰）

2015 年我国一次性卫生用品行业概况和展望

Market Situation and Outlook of China's Disposable Hygienic Paper in 2015

2015 年，我国经济在新常态下运行，结构性改革深入推进，国民经济保持中高速增长，转型升级步伐加快，改革开放不断深化，民生事业持续进步，社会发展迈上新台阶。GDP 总量达到 67.7 万亿元，同比增长 6.9%。市场销售稳定增长，全年社会消费品零售总额 30.1 万亿元，同比增长 10.7%，扣除价格因素，实际增长 10.6%。

国内一次性卫生用品(包括吸收性卫生用品和湿巾)市场继续保持增长势头。各类产品的消费量都比 2014 年有较大增长，特别是婴儿纸尿裤、成人纸尿裤和湿巾。2015 年，一次性卫生用品的市场规模(市场总销售额)达到约 766.9 亿元，同比增长 12.3%。

2015 年，由于行业竞争加剧、人民币贬值、中间环节库存加大、现金流紧张，企业盈利空间压缩，幸而由于石油等大宗商品的价格继续下滑，一次性卫生用品的主要原材料价格保持低位，对企业降低成本有所补益。

在吸收性卫生用品(包括女性卫生用品、婴儿纸尿布和成人失禁用品)市场总销售额中，女性卫生用品占 50.7%，婴儿纸尿布占 42.6%，成人失禁用品占 6.7%。相比 2014 年，2015 年女性卫生用品占比下降，婴儿纸尿布和成人失禁用品的占比显著提升，产品结构继续向成熟市场方向发展。

2011—2015 年我国一次性卫生用品的市场规模和消费量的增长情况(GAGR)见图 1。

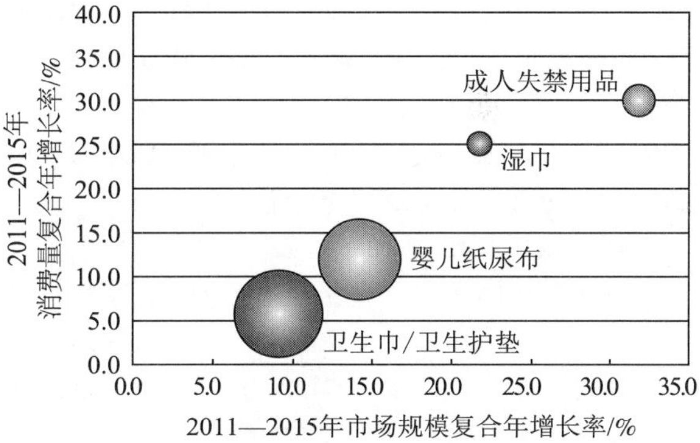

图1　2011—2015年我国一次性卫生用品的市场规模和消费量的增长情况(CAGR)

一、市场规模

1. 女性卫生用品

2015 年，女性卫生用品市场继续保持增长。根据中国造纸协会生活用纸专业委员会(简称“生活用纸委员会”)的统计，卫生巾的生产量约 888.3 亿片，销售量 817.2 亿片，工厂销售额约 253.3 亿元(按平均出厂价 0.31 元/片计算)；消费量 727.3 亿片，市场渗透率 86.9%。卫生护垫生产量 426.9 亿片，销售量 400.0 亿片，工厂销售额约 45.6 亿元(按平均出厂价 0.115 元/片计)；消费量约 360.0 亿片。卫生巾和卫生护垫合计的工厂销售额约 298.9 亿元；市场规模约 373.6 亿元(按零售加价率 40% 计)，同比增长 7.2%。

2015 年，卫生巾和卫生护垫的平均出厂价都较 2014 年提高，高档产品占比提升，使工厂销售额增长高于工厂销售量增长。

2. 婴儿纸尿布

2015 年，婴儿纸尿布的市场继续保持增长。根据生活用纸委员会的统计，婴儿纸尿布生产量为 299.9 亿片，总销售量为 272.3 亿片，总消费量约 280.5 亿片，其中，婴儿纸尿裤 228.8 亿片，婴儿纸尿片 51.7 亿片。婴儿纸尿布的工厂销售额合计约 216.2 亿元(婴儿纸尿裤按平均出厂价 0.86 元/片计，婴儿纸尿片按平均出厂价 0.53 元/片计)；市场规模达到 313.8 亿元(按零售加价率 40% 计)，同比增长 17.5%。

2015 年婴儿纸尿布的消费量比 2014 年增长 12.7%，其中，婴儿纸尿裤增长 14.7%，婴儿纸尿片增长 4.4%。市场渗透率由 2014 年的 41.0% 上升到 2015 年的 46.0%，提高了 5 个百分点。

2015 年，消费者对婴儿纸尿裤产品品质的追求日益严苛，高消费群体的形成和跨境购物渠道的畅通，加上对国际大品牌的信赖，使进口纸尿裤数量激增，尤其是原产地日本的纸尿裤产品。为顺应市场趋势，国内大型企业都提升了高档产品的比例，使得纸尿裤的平均出厂价格比 2014 年有所提升。婴儿纸尿片作为具有地域性特征的产品，虽然在婴儿纸尿布产品中的比例继续下降，但其消费量仍在增长，多集中在湖南、江西、贵州等区域。纸尿片结构和性能的不断改进，颠覆了纸尿片即低档产品的概念，而这些地区对纸尿片的偏好主要是消费习惯使然，2015 年，纸尿片产品也受到高端化需求的影响，平均出厂价较 2014 年上涨。

3. 成人失禁用品

成人失禁用品主要包括成人纸尿裤/片和护理垫。2015 年成人失禁用品市场继续以较快的速度增长，但随着基数的增大，增速放缓。与婴儿纸尿布市场不同的是，成人失禁用品的购买者普遍追求性价比，以价格为导向的消费理念仍然主导市场，为了顺应这一消费观念，很多企业加大了中低档产品的占比，导致成人失禁用品的市场规模增长速度略低于消费量增长速度。

另外，由于成人失禁用品的出口和外贸加工比例很大，受国际经济形势和社会因素的影响较大，出口贸易波动明显。2015 年，成人失禁用品的出口量继续增长，但增幅减小，出口产品中也以中低档产品居多。

根据生活用纸委员会的统计，2015 年，成人纸尿裤生产量约 22.9 亿片，销售量 21.1 亿片，工厂销售额约 31.6 亿元(按平均出厂价 1.5 元/片)。成人纸尿片生产量约 6.3 亿片，销售量 5.8 亿片，工厂销售额约 5.8 亿元(按平均出厂价 1.0 元/片计)。护理垫的生产量约 12.1 亿片，销售量约 11.2 亿片，工厂销售额约 8.7 亿元(按平均出厂价 0.78 元/片计)。成人失禁用品合计的工厂销售额约 46.1 亿元，市场规模约 49.6 亿元(按零售加价率 40% 计)，比 2014 年增长 14.2%。

2015 年，成人失禁用品的消费量比 2014 年增长 15.8%，其中，成人纸尿裤增长 21.8%，成人纸尿片增长 11.5%，护理垫增长 6.3%。在按片计的总消费量中，纸尿裤占 60.5%，同比提高 3 个百分点；纸尿片占 10.1%，同比减少 0.4 个百分点；护理垫占 29.4%，同比减少 2.6 个百分点。成人失禁用品市场对裤型产品的需求增长，但主要集中在满足基本功能的、具有较高性价比的中低档产品。生产企业普遍感觉到成人失禁用品市场正在升温，而且高档成人纸尿裤的消费人群也已悄然形成。

需要说明的是由于生活用纸委员会目前纳入统计的成人失禁用品企业覆盖面不够，有待今后改进，该品类的数据可能出入较大，仅供业内参考。

4. 湿巾

根据生活用纸委员会的统计，2015 年湿巾的生产量约 484.9 亿片，销售量约 475.2 亿片；出口量约 142.6 亿片，同比减少 0.8%；消费量约 332.6 亿片，同比增长 30.2%。工厂销售额约 31.4 亿元(按平均出厂价 0.066 元/片计)，同比增长 15.9%。市场规模(市场销售额)约 29.9 亿元(按零售加价率 40% 计)，同比增长 23.0%。

二、主要生产商和品牌

1. 女性卫生用品

经过多年的发展，女性卫生用品市场相对比较稳定，新进入的大企业很少。市场竞争者仍由多个生产商组成，领先生产商主要集中在上海、福建、广东等地，本土生产商：恒安国际集团有限公司、广东景兴卫生用品有限公司、佛山市啟盛卫生用品有限公司；国际生产商：宝洁公司、尤妮佳公司、金佰利公司、花王公司。高端市场的品牌集中度很高，国际性品牌有：苏菲、护舒宝、高洁丝、乐而雅等；全国性品牌有：七度空间、ABC、安尔乐等；区域性品牌有：洁婷、美适、自由点、倍舒特、洁伶、好舒爽等。女性卫生用品生产商/品牌的市场份额见表 1。

表 1 女性卫生用品生产商/品牌的市场份额(销售额) 单位:%

生产商/品牌	2014 年	2015 年
前 10 位国内生产商	59.7	51.0
国际生产商	20.5	21.3
其他	19.8	27.7

由于领先品牌增速放缓，甚至出现负增长，导致前 10 位国内生产商市场份额出现下滑，进口卫生巾(海关商品编号 96190020 的进口商品)数量增

长使得国际生产商的市场份额提升。

2015年，恒安国际集团有限公司卫生巾业务的销售收入仅增长3.4%，占集团整体收入的31.4%。增长率从两位数下降到一位数，主要是由于市场竞争激烈，加上部分分销商现金流紧张及存货过多，以及人民币贬值等因素导致。受惠于产品组合优化所带来的效益，以及主要原材料石油化工产品的价格继续下跌，卫生巾业务的毛利率上升至约72.6%。

2015年，宝洁公司在发展中地区（包括我国市场）的女性卫生用品销售量出现了较大幅度下降，主要是由于市场竞争激烈和成本提高造成的。

女性卫生用品销售额增长显著的企业主要有：丝宝集团增长38%，重庆百亚卫生用品股份有限公司增长20%，桂林洁伶工业有限公司增长25%，倍舒特妇幼用品有限公司增长12%，康那香企业（上海）有限公司增长22%，杭州川田卫生用品有限公司增长47%，怡佳（福建）卫生用品有限公司增长16%，妙雅卫生用品有限公司增长10%。另一方面，由于受到消费高端化趋势影响以及进口产品和互联网品牌的冲击，许多区域性品牌业绩出现明显下滑，经营压力加大。

2. 婴儿纸尿布

由于新进入的企业较多，婴儿纸尿布行业正处于调整期，市场竞争激烈。市场竞争者仍由多个生产商组成，领先生产商主要集中在上海、福建、浙江、广东等地，包括本土生产商：恒安国际集团有限公司、雀氏（福建）实业发展有限公司、爹地宝贝股份有限公司、广东百顺纸品有限公司、杭州舒泰卫生用品有限公司、广东昱升卫生用品实业有限公司等；国际生产商：宝洁公司、尤妮佳公司、金佰利公司、花王公司、大王公司等。高端市场的品牌集中度很高，国际性品牌有：帮宝适、妈咪宝贝、Moony、好奇、妙而舒、GOO. N等；全国性品牌有：安儿乐；区域性品牌有：雀氏、爹地宝贝、茵茵、名人宝宝、吉氏等。

2015年，恒安国际集团有限公司继续加强中高档纸尿裤产品的推广力度，进入新兴的母婴店和电商销售渠道。中高档纸尿裤产品销售量上升约21.9%，但由于低档纸尿裤（即纸尿片）和中档纸尿裤的市场竞争依然激烈，加上部分分销商现金流紧张及存货过多，以及人民币贬值等因素，纸尿片和中档纸尿裤的销售收入分别下降约22.6%及16.1%。因此，纸尿裤产品整体收入轻微下降1.6%，占集团整体收入的12.5%。2015年，集团产品组合优化继续见效，加上主要原材料石油化工产品的价格继续下跌，毛利率上升至约49.3%。

2015年，宝洁公司在发展中地区（包括我国市场）的婴儿纸尿裤销售量出现了一位数的下滑，主要是由于成本提高造成的。

2015年，尤妮佳公司在我国市场除了促进时尚纸尿裤和内裤式纸尿裤的销售以外，还加强网络销售并着力推广原产日本的进口纸尿裤。

婴儿纸尿布销售额有明显增长的企业有：杭州豪悦实业有限公司增长56%，广东昱升卫生用品实业有限公司增长16%，杭州珍琦卫生用品有限公司增长47%。2015年，婴儿纸尿布行业受到进口产品的冲击更大，大部分区域性品牌的业绩都出现了不同程度的下滑。与以往不同的是，市场竞争已经从价格竞争向高品质、高性价比和差异化产品方向转变。阶段性的产能过剩和进口产品的冲击是目前婴儿纸尿布行业最突出的问题。

3. 成人失禁用品

成人失禁用品生产商主要分布在福建、江苏、天津、广东、山东、河北、上海、浙江等地。2015年，市场上出现很多低端定位的品牌，且销量较好，排名前10位的成人失禁用品生产商的销售额合计约占全国总销售额的44.4%。

销售额增长较多的企业有：杭州舒泰卫生用品有限公司增长2倍多，杭州豪悦实业有限公司增长37.0%，杭州珍琦卫生用品有限公司增长22.7%。

4. 宠物卫生用品

宠物卫生用品生产企业主要分布在江苏、浙江、天津、广东、上海、安徽、辽宁、山东、福建、河北、河南等地。

5. 湿巾

湿巾生产企业主要分布在浙江、广东、江苏、上海、福建、山东、辽宁、北京、湖北、安徽等地，但全国性品牌不多，市场集中度相对较高。有很多企业是给其他国内企业或零售商做贴牌或给国外生产OEM产品。

2015年销售额增长较多的湿巾企业有：金红叶纸业集团有限公司增长29%，大连大鑫卫生护理用品有限公司增长22%，倍舒特妇幼用品有限公司增长20%，铜陵洁雅生物科技股份有限公司增长8.8%。

目前，国内市场湿巾的普及率相对较低。据生活用纸委员会统计，2015 年，婴儿专用湿巾和普通型湿巾仍是占比较大的类别，居家清洁用和卸妆用湿巾占比有所提高。

2015 年，湿巾市场出现两个跨界产品，即干湿两用巾和湿厕纸(厕用湿巾)。

(1)干湿两用巾与面巾纸形成竞争，它的优点在于可以干湿两用，尤其是冬天，给孩子用，还可以加热水，有一定的市场。另一方面，干湿两用巾也满足了那些皮肤比较敏感，既需要用湿巾又担心过敏的人群的需求。

(2)湿厕纸与卫生纸形成竞争。湿厕纸的使用特性要求产品一方面要满足消费者使用时对强度的要求，使用时不易破，另一方面又需要在冲入马桶后可分散。据了解，国内市场上湿厕纸的基材分为木浆水刺非织造布和干法纸两种，都是通过高比例的木浆纤维来获得可冲散性，其中木浆纤维含量 80% ~90% 。

三、进出口贸易活跃

1. 出口

一次性卫生用品行业出口贸易继续保持活跃，但增幅明显收窄。据海关统计数据，2015 年吸收性卫生用品的出口量比 2014 年增长 7.45%。其中，婴儿纸尿布出口量增长较大的企业有：福建亿发集团有限公司增长 1 倍多，杭州珍琦卫生用品有限公司增长 48%，怡佳(福建)卫生用品有限公司增长 41%，广东昱升卫生用品实业有限公司增长 21%，杭州舒泰卫生用品有限公司增长 10%。成人失禁用品出口量增长较大的企业有：杭州豪悦实业有限公司增长 1 倍多，山东艾丝妮乐卫生用品有限公司增长 1 倍多，杭州可靠护理用品股份有限公司增长 28%，中天集团增长 28%，福建亿发集团有限公司增长 19%，杭州珍琦卫生用品有限公司增长 10%。另外，天津依依卫生用品有限公司的宠物卫生用品出口量也有较大增长。2015 年我国一次性卫生用品出口情况见表 2。

海关数据显示，2015 年我国吸收性卫生用品出口量排名前 10 位的出口目的国和地区依次为：美国、日本、菲律宾、尼日利亚、韩国、巴基斯坦、加纳、中国香港、塞内加尔、印度。

2015 年，湿巾出口贸易由连续增长转为下降，海关数据中，“商品编号 34011990(湿巾)”一项，出口量同比下降 0.48%，出口金额减少 4.66%。湿巾出口量排名前 10 位的出口目的国和地区是：美国、日本、澳大利亚、英国、智利、菲律宾、丹麦、中国香港、秘鲁、台澎金马关税区。

表 2 2015 年我国一次性卫生用品出口情况

商品编号	商品名称	出口量/吨	出口金额/美元	同比/%	
				出口量	出口金额
吸收性卫生用品合计		544946.661	1843936712	7.45	3.70
48189000	纸浆、纸等制的其他家庭、卫生或医院用品	118463.463	252139451	2.39	-0.14
96190010	任何材料制的尿裤及尿布	289983.936	1020727776	4.74	1.79
96190020	任何材料制的卫生巾(护垫)及止血塞	79675.027	417466488	7.39	1.59
96190090	任何材料制的尿布衬里及本品目所列货品的类似品	56824.235	153602997	40.57	37.19
湿巾合计		123780.879	221787893	-0.48	-4.66
34011990	湿巾	123780.879	221787893	-0.48	-4.66

2. 进口

2015 年，吸收性卫生用品进口量和进口额均呈现大幅增长，分别比 2014 年增长 63.03% 和 75.72%。其中婴儿纸尿裤产品进口量激增，在进口卫生用品中占比达 95%。尤其是原产地日本的婴儿纸尿裤，如花王、大王、尤妮佳等公司的产品，宝洁公司也从日本进口防过敏的产品。2015 年又有更多来自欧洲(法国、意大利、希腊、德国、瑞典、波兰)、日本、韩国、新加坡、美国、澳大利亚等地的品牌进入我国市场。2015 年我国一次性卫生用品进口情况见表 3。

表 3　　2015 年我国一次性卫生用品进口情况

商品编号	商品名称	进口量/吨	进口金额/美元	同比/%	
				进口量	进口金额
吸收性卫生用品合计		219359.482	1376957576	63.03	75.72
48189000	纸浆、纸等制的其他家庭、卫生或医院用品	3819.968	13429706	-28.90	-29.12
96190010	任何材料制的尿裤及尿布	208954.554	1283269162	66.33	74.79
96190020	任何材料制的卫生巾(护垫)及止血塞	5814.804	76105659	152.09	188.04
96190090	任何材料制的尿布衬里及本品目所列货品的类似品	770.156	4153049	-37.88	2.38
湿巾合计		12021.389	19774952	-23.69	-16.61
34011990	湿巾	12021.389	19774952	-23.69	-16.61

四、市场变化和发展特征

2015 年，我国卫生用品行业虽保持增长，但增长趋势放缓，投资趋于理性；市场竞争更加激烈，迫使企业加速转型升级。我国市场发展的潜力和消费升级成为中外企业扩大生产的动力。

1. 中外企业继续投资

(1)全球知名跨国卫生用品企业继续在我国投资，长远布局　金佰利公司在天津投资的纸尿裤生产基地正式奠基，有望成为金佰利公司全球规模最大、自动化水平最高的专业婴儿护理用品生产基地，建成后主要生产金佰利旗下好奇纸尿裤系列产品；尤妮佳公司扬州项目二期投产，三期项目开工建设，妈咪宝贝婴儿纸尿裤、苏菲系列卫生巾和乐互宜成人纸尿裤都将在扬州生产，作为终端日用品项目，尤妮佳公司还带动了上下游包括物流、非织造布、高吸收性树脂等多个相关配套项目落户；大王公司将继续扩充南通工厂的生产线，同时在我国的第二家工厂也在选址中。

(2)国内大中型企业继续扩产，优化升级；跨界企业发挥品牌连带效应，强强联合，优势互补维达国际控股有限公司与爱生雅集团达成协议，整合爱生雅集团在东南亚、中国台湾和韩国的卫生用品业务；杭州可靠护理用品股份有限公司和香港合生元集团共同出资成立的合资公司杭州可艾个人护理用品有限公司正式运营；贝因美集团将生产自有品牌的婴儿纸尿裤，预计 2016 年投产；爹地宝贝股份有限公司新建的工业园 1 号车间已建成，整个工业园区将于 2017 年全面竣工投产；康程投资(中国)有限公司创建国内首个婴儿健康护理产品应用研究实验室 BakenLabs；湖南一朵生活用品有限公司二期工程奠基，将建设 GMP 标准车间，建设全智能化投递商品的分拣系统，二期工程预计 2016 年 8 月底投产，届时三期工程将开工建设。

2. 适应消费者需求的产品创新

为适应消费者的高端化需求，卫生用品企业不断创新，从低价竞争转向品质和附加值的竞争，产品整体水平有了很大的提升。一线品牌的生产商在研发、创新中处于引导消费的地位；区域生产商则更精准地定位市场，寻找消费者的“痛点”，注重产品细节和差异化特征，推出有卖点的产品。

卫生巾产品寻求高端化、个性化、细分化，“裤型卫生巾”成为亮点；乳垫、暖经巾、待产包产品线延伸，为女性不同生理时期提供全方位呵护；婴儿纸尿裤的轻薄、柔软、贴身、智能成为关键创新点，裤型纸尿裤继续增长，创新的可啦裤产品引人注目；成人纸尿裤——简易产品和高端产品共存，全面满足不同层次的需求，提供专业和延伸服务，开拓专业化渠道。2015 年内裤型纸尿裤(拉拉裤)市场持续发展，在统计涵盖的企业中，婴儿纸尿裤和成人纸尿裤的销售量中拉拉裤占比分别为 14.9% 和 22.2%。产品进一步细分为爬爬裤、乐步裤、运动裤等，根据我国情况，企业还开发了介于胶贴式纸尿裤和拉拉裤之间的可啦裤、脱拉裤。湿巾以婴儿湿巾为主，多种用途并存，湿厕纸和干湿两用巾成为跨界新亮点。

3. 原辅材料供应商不断投资和提升材料品质

为配合卫生用品的创新，原辅材料供应商不断投资新项目、引进新设备、开发新产品，提升产品品质。如山东太阳纸业股份有限公司将在美国阿肯色州新建年产 70 万吨/年的绒毛浆生产基地，项目计划投资约 13.6 亿美元，2016 年下半年开工建设，2018 年年底开机运行；贝里塑料集团(原 PGI)独资的南海南新无纺布有限公司九江工厂一期项目于 2015 年正式投入运营；吴江市信达无纺卫材有限公司推出超白超柔凹凸花版热风非织造布，可作为卫生巾和纸尿裤的面层材料，提高干爽性，减少闷热感；汉高公司推行低温胶概念，节省电耗，提高安全性，帮助生产商使用更加轻薄的材料，延缓设备的老化，提高资源利用率。

4. 国产设备水平继续稳步提高

为适应卫生用品行业的发展和产品升级，国产设备在速度、效率、开机率、自动化程度等方面不断提升。热熔胶机等相关配套装置供应商则不断研发，支持设备供应商的创新。卫生巾生产线速度达到1600片/分，全伺服在线复合全弹力腰围婴儿纸尿裤生产线速度达到800片/分，成人失禁裤生产线速度达到300片/分，湿巾折叠机速度达到1000片/分以上，且主要供应商都提供与生产线配套的堆垛机和包装机。

5. 电商渠道和互联网品牌发展迅速

卫生用品的销售仍然处于多种渠道并存的局面，但电商的发展势不可挡，各企业顺应“互联网+”趋势，积极开拓互联网渠道，取得显著成效，一些专在网上销售的互联网品牌也崭露头角。2015年“双十一”，各大企业战果显著。

合生元集团欲打造“婴童界淘宝”，开放“妈妈100”O2O商家中心平台；宝洁公司入驻阿里旗下B2B网站1688.com；日本花王公司与天猫国际达成战略合作，首次通过跨境进口电商模式战略部署我国市场；恒安国际集团有限公司旗下多个品牌正式入驻国内知名平台微商微盟萌店，为百万萌主(个人卖家)提供优质货源，开启微商领域的新营销布局。

6. 企业注重综合素质提升

企业自身素质不断提高，多家企业荣获著名商标称号，获国家级及省部级认证。各企业积极参与公益活动，践行社会责任。

恒安国际集团有限公司通过2015年国家级工业设计中心复核；重庆珍爱卫生用品有限公司入选工业和信息化部2014年工业品牌培育示范企业名单，是唯一一家入选的卫生用品企业；上海护理佳实业有限公司通过高新技术企业认定，连续第三次荣获“上海市著名商标”称号；河南护理佳纸业有限公司被认定为“安全生产标准化三级企业”；福建满山红包装股份有限公司获中环联合(北京)认证中心有限公司的绿色印刷认证，这是迄今为止福建省首家凹版印刷企业获得国家绿色印刷认证，也是全国首家获得认证的生活用纸包装企业。

7. 行业企业进入资本市场，企业借助资本市场的力量发展壮大

上海唯尔福集团有限公司、芜湖悠派卫生用品有限公司、爹地宝贝股份有限公司、诺斯贝尔(中山)无纺日化有限公司、万力黏合材料股份有限公司、厦门佳创科技股份有限公司6家卫生用品行业企业成功登陆新三板。厦门延江工贸有限公司、重庆百亚卫生用品股份有限公司、广东茵茵股份有限公司、广东欣涛新材料科技股份有限公司等积极筹备进军资本市场。

8. 传播方式多元化发展

明星代言、社交营销、粉丝营销等差异化营销模式继续普及。金佰利公司专为羊年新春策划的好奇纸尿裤“会长大的红包”活动，吸引了很多妈妈的兴趣和积极参与，实现了产品销售的裂变式推广；恒安国际集团有限公司安尔乐品牌联合《中国梦之声》节目的线上视频合作媒体进行了《中国梦之声》线上逆袭战选手投票环节的独家冠名活动；丝宝集团“洁婷”品牌携手万合天宜，推出网络轻喜剧《洁婷晓得了》，尝试新的互联网粉丝营销模式；倍舒特妇幼用品有限公司牵手女性健康管理APP大姨吗，展开战略合作，试水社交营销；湖南一朵生活用品有限公司聘请影星海清为纸尿裤及干、湿纸巾产品代言，英式集团舒比奇聘请著名节目主持人汪涵为纸尿裤代言。

五、绒毛浆和高吸收性树脂的供应情况

1. 绒毛浆

据生活用纸委员会估算，2015年我国吸收性卫生用品行业绒毛浆用量约为85万吨，以进口浆为主。2015年国产绒毛浆的数量很少，主要制造商福建腾荣达纸业有限公司BCTMP杉木绒毛浆生产能力为4万吨/年。

2. 高吸收性树脂

据生活用纸委员会统计，2015年我国卫生用品行业高吸收性树脂的用量约为47万吨，而我国大陆地区包括外商独资在内的高吸收性树脂生产企业约20家，生产能力约为115万吨/年，并且各企业还计划进一步扩产。产能的迅速增加使市场竞争更加激烈，再加上2015年石油化工原料价格下行，导致高吸收性树脂的价格大幅下滑，降至1万元/吨以下。产能过剩及价格的下跌促使企业积极寻求出口市场和其他用途市场，宜兴丹森科技有限公司有60%的产品出口，山东诺尔生物科技有限公司有50%左右的产品出口，台湾塑胶工业股份有限公司(台塑集团)30%左右产品出口。

六、市场展望

2016年是“十三五”开局之年，《国民经济和社

会发展第十三个五年规划纲要(草案)》提出，今后5年经济社会发展的主要目标任务：保持经济中高速增长，推动产业迈向中高端水平；强化创新引领作用，深入实施创新驱动发展战略；加快建设质量强国、制造强国；加快“一带一路”建设，争取国际产能合作实现新的突破，对外贸易向优进优出转变。在新的历史时期，卫生用品行业也将继续加快转型升级的步伐，推进结构调整。

1. 女性卫生用品

未来市场的主要驱动力包括：产品的高端化、使用频次的提高、适龄阶段的两端延展以及城镇化和农民可支配收入的提高造就新的消费者。

2016年国民经济仍将平稳增长，女性卫生用品所具有的快消品和生活必需品的特性将使之继续稳步增长，预计到2020年的复合年增长率仍将保持在5%或以上的水平，之后进一步放缓。

2. 婴儿纸尿布

随着全面二孩政策的实施，加上我国农历猴年效应，预计2016年我国将迎来新一波生育高峰。2015年我国新生儿数量为1655万人，据卫计委预测，未来几年每年新生儿数量将超过1700万。虽然我国近几年婴儿纸尿布的生产和市场有很大的发展，但市场渗透率及婴儿人均年消耗纸尿裤的费用与发达国家相比仍有很大差距，还有很大发展空间。随着新一代年轻父母消费观念的改变，市场需求将持续走强。

预计在今后十多年婴儿纸尿裤还会有较高的增长率。激烈的市场竞争将会加速落后产能的淘汰和行业整合，假以时日阶段性的产能过剩也会得以消化，纸尿裤消费量在三、四线城市的增长更快，高端产品和拉拉裤产品的市场将得到进一步发展。

3. 成人失禁用品

预计2020年我国65周岁以上人口将达到2.43亿，2025年将突破3亿。我国进入老龄化社会时，具有明显的未富先老、未备先老特征。虽然老年人口多的特征是推动失禁用品需求增长的动力，但是，未富先老使老年人的生活照料问题日益凸显。随着未来进入老年阶段人群消费能力的提高和观念的转变以及社会养老机构的增加，预期今后数年内或将迎来成人失禁用品增长的井喷期。

在发达国家市场，成人失禁用品细分为轻度失禁用品、中度失禁用品和重度失禁用品，而我国成人失禁用品市场处于发展初期，主要的使用者为中度、重度失禁人群，消费的产品多为纸尿裤/片和护理垫，几乎没有专为轻度失禁人群开发的产品。未来，随着市场的进一步发展，轻度失禁用品的细分市场也将迅速增长。

为了更好地挖掘成人纸尿裤市场，恒安国际集团有限公司等领先生产商已计划将战略重心从重度失禁产品开发及策略转向以服务中轻度人群为主，同时也在积极探索男士卫生巾的可行性。

4. 湿巾

国内市场湿巾的普及率总体相对较低，品类也相对较少，可开发的空间很大，市场将持续快速发展。

随着良好个人卫生习惯的养成，人们在外出不方便洗手时，湿巾成为必不可少的用品。普通型湿巾将在三、四线城市快速普及，杀菌型湿巾在一、二线城市的发展前景更加乐观。个人清洁用湿巾中，目前占比较高的卸妆用和女性卫生专用湿巾将继续普及，厕用湿巾、痔疮湿巾、止痒湿巾等专用湿巾市场也将逐步扩大。

湿厕纸在发达国家是非常普及的产品，国内对此的认知度还比较低，目前乐于接受新鲜事物、注重高品质生活的年轻人是湿厕纸的主要消费群体，而经济水平相对较高的一线城市或沿海地区是该品类比较畅销的地区。

婴儿专用湿巾将继续占最大市场份额，并细分为护臀用、手口用、洁齿用等。添加矿泉水、生理盐水和洋甘菊、维生素E、芦荟等有效成分，有补水、缓解鼻塞和流鼻涕等感冒症状的湿巾也将受到市场欢迎。

居家清洁用湿巾在发达国家已经过多年的发展，但在我国市场，这类产品占比仍较小。在家庭清洁用湿巾中，最有可能实现突破性增长的是厨房清洁湿巾，厨房清洁湿巾与厨房纸巾配合使用清洁厨房达到事半功倍的效果。

宠物湿巾、医用酒精单片、产业用擦拭巾等专业用途市场具有很大的发展潜力。

目前国内生产湿巾使用的基材绝大多数是水刺非织造布，有部分为国外品牌代工的产品使用的是干法纸。采用含竹纤维、棉纤维或全棉纤维基材的差异化产品由于更舒适的触感市场将进一步扩大。

环保问题得到越来越多的重视，关于湿巾的可降解和可冲散性也逐渐引起人们的关注。随着生活水平的提高，特别是厕用湿巾、女性护理湿巾和卫生间清洁用湿巾等在卫生间内使用的湿巾的发展将促进可冲散性基材的研发。

（江曼霞　孙　静　张玉兰）

2015年我国包装纸板发展概况

Packaging Paperboard Development in China in 2015

在我国造纸工业进入深度调整的新阶段，作为主要包装材料的包装纸板相对于其他包装材料更具有可持续性和成本效益优势。建立在新的产需平衡基础上的未来纸业发展，更加注重产品的质量、注重产品的细分市场和产品个性化的需求，以适于国家整体的绿色发展。

一、包装纸板市场现状

包装纸板主要由白纸板、箱纸板和瓦楞原纸组成，近10年我国包装纸板的生产量、消费量及进出口量见表1。

表1　2006—2015年包装纸板的生产量、消费量及进出口量　单位：万吨

年份	生产量			消费量			进口量			出口量		
	箱纸板	瓦楞原纸	白纸板	箱纸板	瓦楞原纸	白纸板	箱纸板	瓦楞原纸	白纸板	箱纸板	瓦楞原纸	白纸板
2006	1150	1130	940	1250	1193	972	114	71	73	14	8	41
2007	1360	1340	1050	1438	1354	1062	103	53	70	25	39	58
2008	1530	1520	1120	1605	1552	1131	88	45	64	13	13	53
2009	1730	1715	1150	1809	1758	1160	86	45	71	7	3	61
2010	1880	1870	1250	1946	1889	1254	80	24	77	14	5	73
2011	1990	1980	1340	2073	1991	1322	93	17	79	10	6	97
2012	2080	2020	1390	2157	2027	1379	84	14	72	7	7	83
2013	2040	2015	1360	2106	2013	1310	83	7	66	17	9	116
2014	2180	2155	1395	2240	2152	1301	86	5	64	26	8	158
2015	2245	2225	1400	2297	2228	1299	84	9	61	32	6	162

1. 白纸板

2015年我国白纸板的生产量为1400万吨，同比增长0.36%；消费量1299万吨，同比减少0.15%。2006—2015年我国白纸板的生产量年均增长率4.53%，消费量年均增长率3.27%。2015年白纸板的出口量162万吨，进口量61万吨，净出口量101万吨。

2. 箱纸板

2015年我国箱纸板生产量2245万吨，同比增长2.98%；消费量2297万吨，同比增长2.54%。2006—2015年我国箱纸板生产量年均增长率7.72%，消费量年均增长率6.99%。2015年箱纸板的进口量84万吨，出口量32万吨，净进口量52万吨。

3. 瓦楞原纸

2015年我国瓦楞原纸生产量2225万吨，同比增长3.25%；消费量2228万吨，同比增长3.53%。2006—2015年瓦楞原纸生产量年均增长率7.82%，消费量年均增长率7.19%。2015年我国瓦楞原纸的进口量为9万吨，出口量6万吨，净进口量3万吨。

二、包装纸板主要生产企业产能和集中度

2015年重点造纸企业生产量前30名企业的总生产量约5680万吨，占2015年全国总生产量的53%，其中，生产包装纸板的排名前3位的企业生产量约占全国包装纸板总生产量5870万吨的35%左右，相对其他纸种企业产能集中度较高，同时近几年的产能集中度也有所提高，但比国际排名前3位的国家产业集中度50%～70%相比还存在较大差距。

三、包装纸板的比例

包装纸板的生产量和消费量占纸及纸板总生产量及总消费量的比例在逐年增加，已超过总量的54%和56%。随着国内包装业的不断发展，纸包装制品将会占据更多包装产业市场，包装纸板也将在造纸业中占据更大的份额。包装纸板的生产量和消费量占纸及纸板总生产量及总消费量的比例见表2。

表2　包装纸板的生产量和消费量占纸及纸板总生产量及总消费量的比例

年份	包装纸板生产量/万吨	纸及纸板总生产量/万吨	比例/%	包装纸板消费量/万吨	纸及纸板总消费量/万吨	比例/%
2003	1900	4300	44.19	2243	4806	46.67
2004	2310	4950	46.67	2671	5439	49.11
2005	2720	5600	48.57	3013	5930	50.80
2006	3220	6500	49.54	3415	6600	51.74
2007	3750	7350	51.02	3854	7290	52.87
2008	4170	7980	52.26	4288	7935	54.04
2009	4595	8640	53.18	4727	8569	55.16
2010	5000	9270	53.94	5089	9173	55.48
2011	5310	9930	53.47	5386	9752	55.23
2012	5490	10250	53.56	5563	10048	55.36
2013	5415	10110	53.56	5429	9782	55.50
2014	5730	10470	54.73	5693	10071	56.53
2015	5870	10710	54.80	5824	10352	56.26

四、近年包装纸板的价格趋势

近年包装纸板主要生产商的产品销售价格见图1～图4。由图可知，近年主要包装纸板的产品销售价格波动不大，都在低位运行，但从2015年四季度涂布白卡纸、箱纸板和瓦楞原纸的价格有所上升。

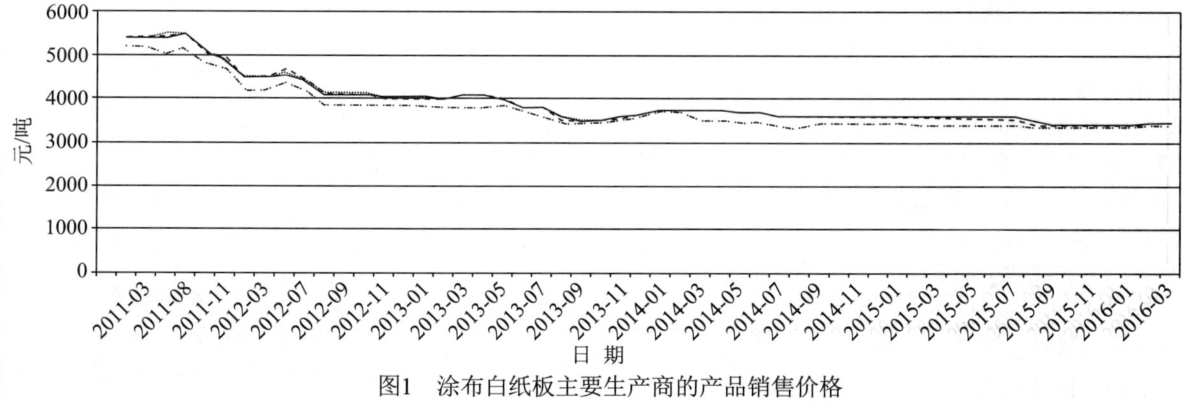

图1　涂布白纸板主要生产商的产品销售价格

——宁波中华浙江250克/米²(卷筒) ……建晖广东251克/米²(卷筒) ----玖龙广东252克/米²(卷筒) -·-·江阴长江江苏253克/米²(卷筒)

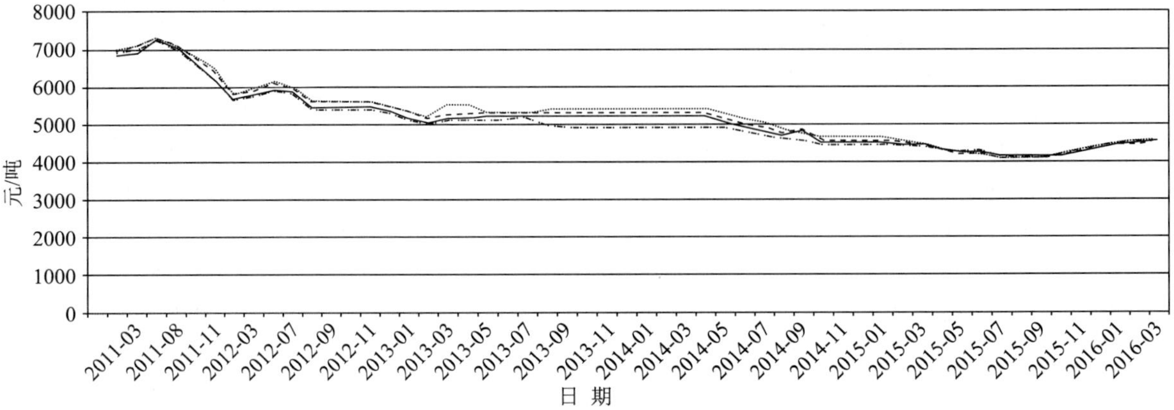

图2 涂布白卡纸主要生产商的产品销售价格

博汇纸业山东250克/米²(卷筒) 宁波中华浙江250克/米²(卷筒)
恒兴纸业河南250克/米²(卷筒) 东莞玖龙东莞250克/米²(卷筒)

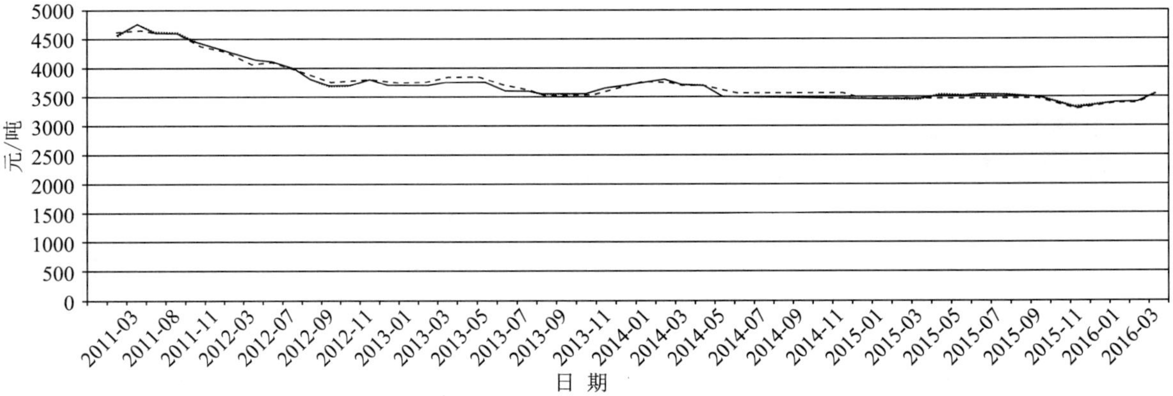

图3 箱纸板主要生产商的产品销售价格

玖龙广东A(优质)150克/米² 理文广东A(优质)160克/米² 景兴浙江A(优质)150克/米²

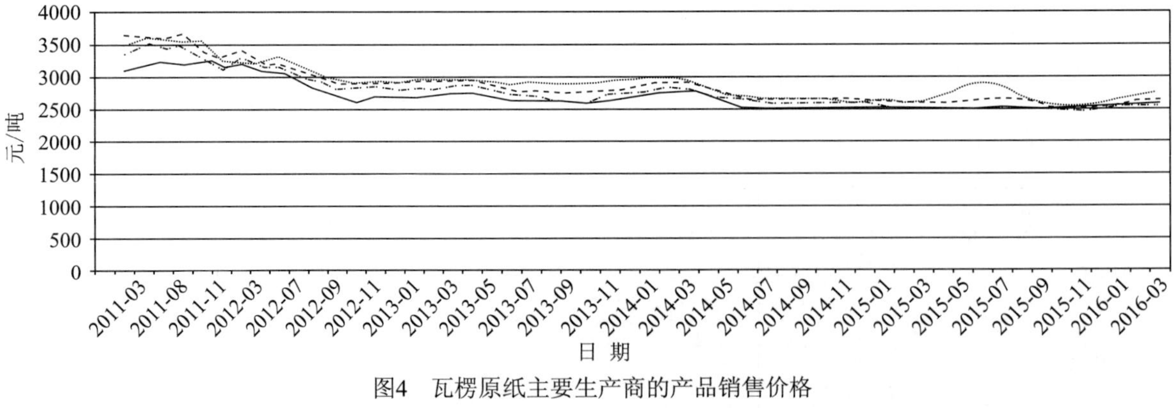

图4 瓦楞原纸主要生产商的产品销售价格

东莞顺裕广东100克/米² 常熟理文江苏100克/米² 山东贵和山东170克/米² 江苏长丰江苏120克/米²

五、包装纸板市场的特点

从 2015 年包装纸板的生产量和消费量数据可以看出，白纸板(主要为涂布白卡纸和涂布白纸板)生产量和消费量与 2014 年基本持平，产品价格低位运行，其中涂布白卡纸产品价格略有提升；箱纸板和瓦楞原纸的生产量和消费量与 2014 年相比，增长率为 2.5% ~3.5%，产品价格也在逐步上调。在目前我国进入深度调整的新阶段，我国经济从外需带动转向内需驱动，从规模带动转向价值提升。造纸行业包装纸板市场会呈缓慢增长的趋势，但也同样面临产品结构调整、环保节能等问题。

在包装材料纸、塑料、金属和玻璃中，包装纸板由于可回收性和降解性的特点，其市场应用范围将进一步扩大，增长速度也最快，发展更趋复合多元化。建立在新的产需平衡基础上的未来纸业发展，总量增长受限，量的扩张将进一步让位于质的提高，包装纸板的生产量和消费量占纸及纸板总生产量及总消费量的比例将逐年增加。同时近几年包装纸板进口量一直都在 150 万吨左右，这部分产能有待国内市场开发。如各种食品和牛奶等液态饮料，所用包装大多是复合纸包装材料。其中液体无菌包装在我国饮料和牛奶包装市场中的应用越发广泛，近年来消耗量已达 100 亿包以上，占全球市场 10% 左右。如低定量、高强度箱纸板和瓦楞原纸的应用等。

"新环保法""水十条"等相关政策出台并实施，同时部分地方政府又在国家要求的基础上进一步提高环保标准，使制浆造纸生产企业压力加大，成本增加。造纸包装纸板企业加大了对环保方面的投资，环保成为企业转型升级的硬性指标之一。随着各区域淘汰落后产能，包装纸板企业结构不断优化，将使行业发展更趋稳定。

（樊　燕）

2015 年特种纸产业发展现状及前景分析

Present Situation and Prospect Analysis of Specialty Paper Industry in 2015

2015 年，世界经济增速放缓，国内经济增速下行压力持续增大，实体经济步履维艰，整体经济运行状态尚未走出下行调整谷底期。从行业看，造纸业经营状况虽略有回升，但市场需求仍然疲软，增速缓慢；而且部分纸产品生产量和销售量仍在下滑。在此背景下，受产能过剩、行业竞争加剧、日益严苛的环保政策以及不断上升的人工成本影响，我国特种纸企业稳中求进，仍然有不俗的业绩表现。

一、全球特种纸市场概况

在 Smithers Pira 市场报告中显示，2014 年全球特种纸生产量 2650 万吨，占 2014 年全球纸和纸板总生产量的 6.52%（2014 年全球纸和纸板总生产量为 4.0649 亿吨，数据来源 RISI），2015 年增加至 2690 万吨，预计到 2020 年将达到 2930 万吨，未来 5 年内将以 1.8% 的速率增长。而据全球第二大市场研究咨询公司 Marketsandmarkets 网站发布的《特种纸市场的全球趋势及 2020 年市场预测》报告指出，全球特种纸生产量在 2020 年将达到 3487.91 万吨，2015—2020 年其年均增长率将达到 6.95%。据 Pöyry 的调查数据显示，2015 年北美地区特种纸生产量 360 万吨，占北美地区纸和纸板总生产量的 3.0%。

《特种纸市场的全球趋势及 2020 年市场预测》报告分析认为，欧洲仍然处于全球特种纸市场的领先地位，欧洲特种纸生产量占据全球特种纸生产量的 33%。由于亚太地区特种纸产品需求量的不断增加，预计亚太地区将是特种纸市场发展最快的地区。就特种纸的应用来讲，包装和标签用特种纸将成为 2015—2020 年特种纸最大的市场。

Smithers Pira 市场报告对全球特种纸生产量区域分布及预测见图 1。从图 1 可以看出，2015 年亚洲特种纸生产量超过 1000 万吨，约占全球特种纸生产量的 40%。预计到 2020 年，美洲和欧洲特种纸生产量将有小幅度增长，全球的增量将主要集中在亚洲。报告中对不同纸种的分析如图 2 所示，其中，印刷、包装和标签类特种纸生产量所占比例较大，同时也是未来 5 年市场潜力较大的纸种。

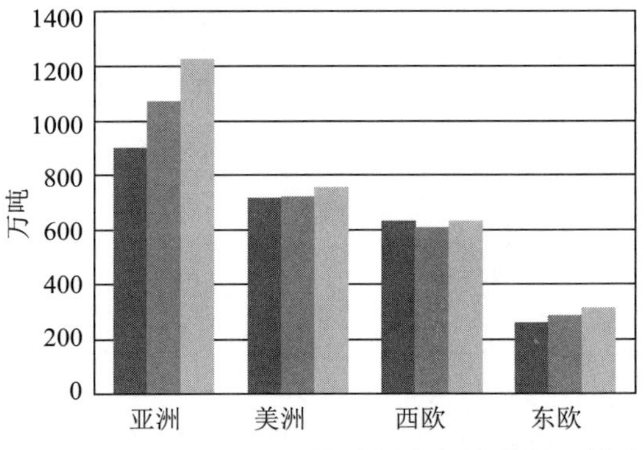

图1 世界不同地区特种纸生产量分布及预测

■2010年 ■2015年 ■2020年

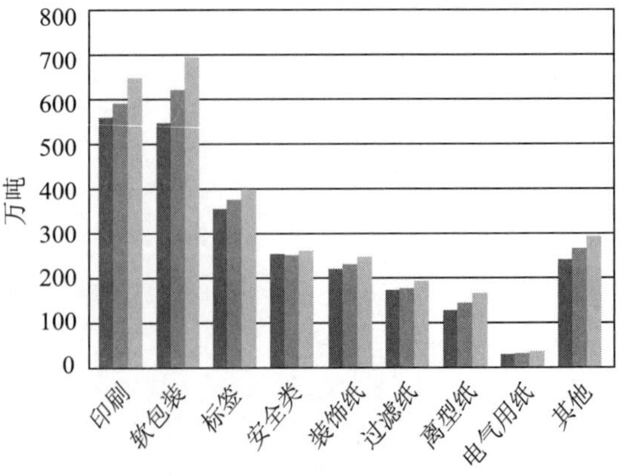

图2 全球不同种类特种纸的生产量及预测

■2010年 ■2015年 ■2020年

注：数据来源Smithers Pira。

虽然由于统计角度和方法的差异，不同报告对全球特种纸生产量的分析及预测存在一定的差异，但各报告均显示，未来5年内亚洲将是特种纸市场增长最快的地区。我国作为亚洲地区特种纸生产和销售的主要国家，预计未来5年内也将呈现良好的发展态势。

二、我国特种纸市场现状

1. 特种纸及纸板产销情况

据中国造纸学会特种纸专业委员会（简称“特种纸委员会”）统计，2015年我国特种纸及纸板生产量和占纸及纸板总生产量的比例仍然保持上升趋势，2015年我国特种纸及纸板总生产量为590万吨，同比增长9.26%。特种纸及纸板生产量占全国纸及纸板总生产量的比例为5.5%，同比增长0.5个百分点。2007—2015年我国特种纸及纸板生产量情况见图3。

2014年我国特种纸企业的经营状况较好，据不完全统计，我国特种纸企业的开工率达到84.0%，产销率达到99.2%；2015年我国特种纸企业虽然开工率不足，只有78.6%，但是产销率仍然达到了较高的水平，为96.9%。统计的企业中，2015年生产量和产能均比2014年有较大幅度的增长，生产量增长11.26%，产能增长14.13%。由此可以看出，开工率下降主要是由于生产量增速没有赶上产能增速，这表明我国特种纸企业在新建扩建项目时还存在一定的盲目性。

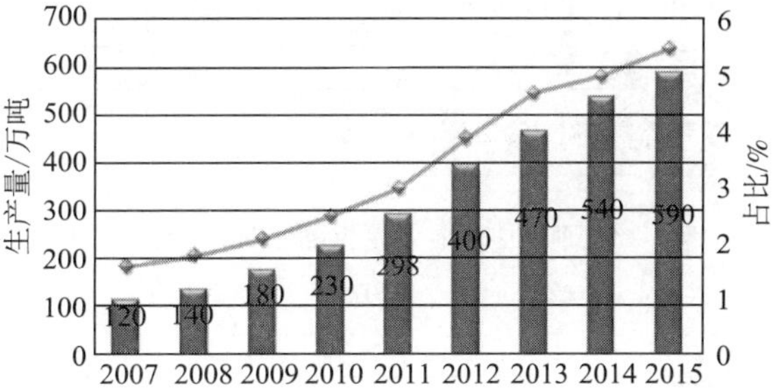

图3　2007—2015年我国特种纸及纸板生产量变化情况

生产量　占比

2. 特种纸进出口情况

2010—2015年我国特种纸进出口量的变化趋势如图4所示。从图4可以看出，2015年我国特种纸的出口量达到90.30万吨，同比增长9.31%，保持了持续增长的态势；进口量27.95万吨，同比下降0.25%。近5年来，随着我国特种纸产业的不断完善和壮大，我国大多数特种纸纸种都改善了依赖进口的局面，从2011年到2015年，我国特种纸进口量下降了12.54%，而出口量增长了24.04%，除了一些国内仍然存在技术瓶颈的特种纸品种外，我国特种纸产业基本能够满足国内需求，还有一部分产能可用于出口，我国特种纸出口量占我国特种纸生产量的15.30%。

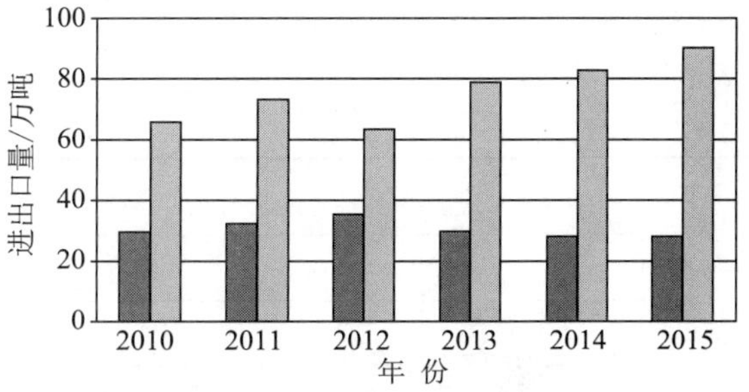

图4　2010—2015年我国特种纸及纸板进出口量

进口量　出口量

2010—2015年我国特种纸进出口价格变化趋势如图5所示。从图5可以看出，2015年我国特种纸的进出口价格均出现回落，进口价格为2809美元/吨，同比下降11.22%，出口价格2573美元/吨，同比下降5.79%。2010—2013年，我国特种纸企业飞速发展，产品质量不断提高，我国特种纸出口产品出现了量价齐升的态势。而近6年来，进口产品的价格相对稳定，基本维持在3000美元/吨，2013年进出口价格首次出现持平后，特种纸出口量价齐升的态势开始被打破，出口价格出现下降趋势，这也从侧面表明我国特种纸产品尚需依赖价格优势来保持国际竞争力。

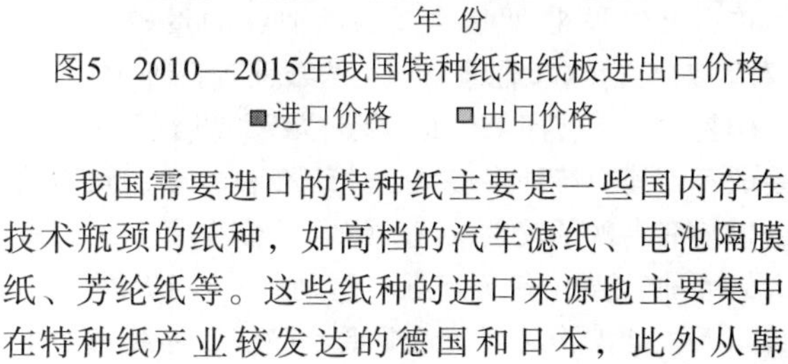

图5　2010—2015年我国特种纸和纸板进出口价格

进口价格　出口价格

我国需要进口的特种纸主要是一些国内存在技术瓶颈的纸种，如高档的汽车滤纸、电池隔膜纸、芳纶纸等。这些纸种的进口来源地主要集中在特种纸产业较发达的德国和日本，此外从韩国、法国和芬兰等地也有进口。我国特种纸出口的国家依据不同纸种存在较大差异，如壁纸原纸主要出口印度，出口该地区特种纸数量占总出口量的90%。但总体来说，我国特种纸出口国家主要为一些特种纸产业较不发达的地区，出口到只有少数纸种到美洲地区，出口到欧洲地区的量很少。东南亚国家是我国特种纸出口的主要地区（见表 1 和图 6）。

表 1　2013—2015 年我国出口东南亚国家的特种纸情况　单位：万吨、亿美元

	2013 年		2014 年		2015 年	
	出口量	出口金额	出口量	出口金额	出口量	出口金额
东南亚国家	16.44	5.60	15.93	5.02	18.94	5.36
总出口量	78.91	22.22	82.61	22.56	90.30	23.24
占比/%	20.93	25.20	19.28	22.25	20.97	23.06

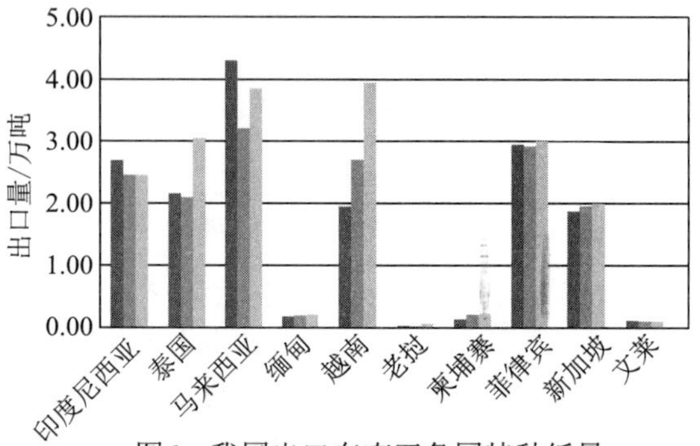

图6　我国出口东南亚各国特种纸量

■2013年　■2014年　■2015年

2015 年我国特种纸销往东南亚国家的总量为 18.94 万吨，同比增长 18.9%，占我国特种纸出口量的 20.97%。东南亚 11 国中，印度尼西亚、泰国、马来西亚、越南、菲律宾和新加坡从我国的进口量都较大，超过了 2 万吨/年。近 3 年，除了出口越南的量出现了成倍的增长，出口其他国家的量均较平稳。印度尼西亚需求量较大的纸种有滤纸及纸板、半透明纸、自黏胶黏纸、卷烟纸等；泰国需求量较大的纸种有光敏、热敏、电敏纸及纸板，自印复写纸，卷烟纸，壁纸等，其中仅光敏、热敏、电敏纸及纸板每年有超过 600 吨的需求量；马来西亚需求量较多的纸种有手工纸及纸板、自印复写纸、自黏胶黏纸、壁纸、神纸及类似纸，值得关注的是，出口马来西亚神纸及类似纸的量较大，为 1262 吨/年；越南需求量较大的纸种有特种牛皮纸、自印复写纸、转印纸、自黏胶黏纸、壁纸、滤纸和砂纸等，其中特种牛皮纸、转印纸和滤纸近几年的进口量都出现了较大幅度的增长；菲律宾需求量较大的纸种较多，有圣经纸、防油纸、自印复写纸、转印纸、自黏胶黏纸、卷烟纸、壁纸、神纸及类似纸和砂纸等，其中自印复写纸的需求量较大，为 1342 吨/年；出口新加坡的纸种主要是神纸及类似纸，为 1143 吨/年，占比超过 50%，此外复写纸及其他拷贝或转印纸和自黏胶黏纸的出口量也超过了 100 吨/年，其他纸种的出口量均较少。

我国出口至东南亚各国的特种纸的金额和价格见图 7 和图 8。从图 7 和图 8 可以看出，每年出口马来西亚和越南的特种纸产品均超过 1 亿美元；虽然出口至菲律宾的数量远大于新加坡，但是出口金额却远小于新加坡；虽然近几年越南从我国进口的数量成倍增长，但是金额却不增反降。对比近 3 年特种纸出口东南亚的价格可以看出，出口东南亚国家的特种纸产品价格都呈现了下降的趋势，进口量越大的国家平均进口价格越便宜。

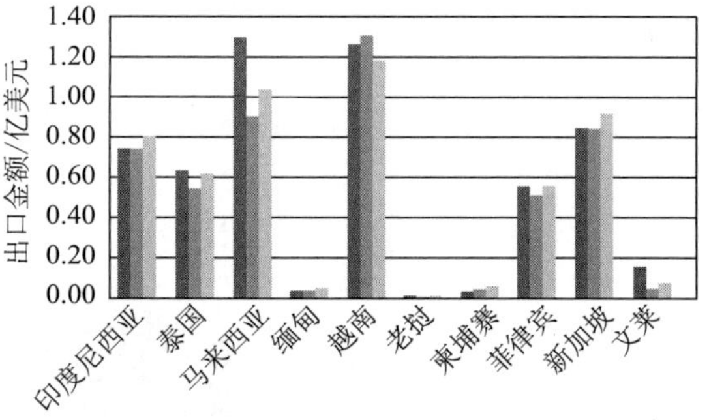

图7　我国出口至东南亚各国特种纸的出口金额

■2013年　■2014年　■2015年

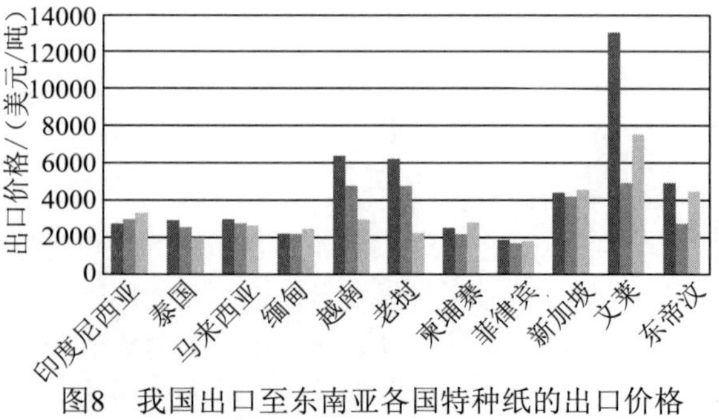

图8　我国出口至东南亚各国特种纸的出口价格

■2013年　■2014年　■2015年

随着我国“一带一路”政策的进一步推进，我国特种纸产业也将进一步加快国际化步伐，在目前的情势下，我国特种纸企业通过扩大出口来消化过剩产能已是必然的选择。这就需要我国特种纸企业做好进行国际贸易的准备，不断完善公司和产品的各项质量体系，掌握国际贸易的环节和相关的政策法规，为积极推动国际化进程而努力。

3. 特种纸上市公司利润变化情况

2015 年是我国特种纸企业的上市之年，万邦特种材料股份有限公司、浙江恒达新材料股份有限公司、浙江大盛新材料股份有限公司、浙江凯丰新材料股份有限公司、浙江金昌特种纸股份有限公司、浙江爱丽莎环保科技股份有限公司、浙江特美新材料股份有限公司 7 家特种纸企业均在 2015 年挂牌上市，加之广东冠豪高新技术股份有限公司、民丰特种纸股份有限公司、浙江凯恩特种材料股份有限公司、齐峰新材料股份有限公司和牡丹江恒丰纸业股份有限公司5 家特种纸上市公司，截至2015 年我国特种纸上市公司增至 12 家。虽然 2015 年众多特种纸企业挂牌上市，但是经营状况并不好，12 家上市公司的总资产、净资产和主营业务收入总和虽略有增长，但净利润总和却出现了大幅下降，12 家上市公司中，8 家公司的净利润同比下滑，其中 3 家公司的净利润额呈负值。

2015 年 12 家特种纸上市公司的总资产 165. 36 亿元，比 2014 年增加 7. 57 亿元，同比增长 4. 80%；净资产 107. 76 亿元，比 2014 年增加 17. 14 亿元，同比增长 18. 92%；主营业务收入 145. 38 亿元，比 2014 年增加 1. 24 亿元，同比增长 1. 43%；实现净利润 3. 15 亿元，比 2014 年减少 2. 86 亿元，同比减少 47. 63%，出现较大幅度的负增长。2009—2015 年，广东冠豪高新技术股份有限公司、民丰特种纸股份有限公司、浙江凯恩特种材料股份有限公司、齐峰新材料股份有限公司和牡丹江恒丰纸业股份有限公司 5 家特种纸上市公司的利润变化情况见图 9。2015 年这 5 家上市公司的总利润出现了显著的下降，其中4 家企业的净利润均比2014 年有所下滑。特种纸上市公司的利润下滑，主要受两方面影响，一是国际经济复苏乏力、国内经济下行压力增大，在这样的大环境下，市场需求疲软；二是同质化竞争严重，价格竞争激烈，产品利润下降，在主营业务收入维持在 2014 年水平的前提下，特种纸产业依靠生产量的发展来弥补产品的价格下降。

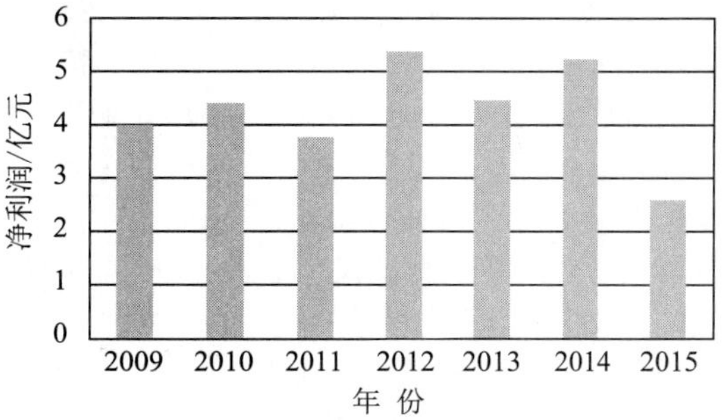

图9　2009—2015年5家特种纸上市公司的利润变化情况

4. 特种纸产业的投资情况

据特种纸委员会统计，2011—2014 年我国特种纸产业平均年投资额 40 亿元以上，每年新增产能近 100 万吨，经过近 5 年的迅猛发展，2015 年我国特种纸发展的脚步开始放缓，投资额明显降低。虽然 2015 年我国特种纸新增产能也接近 100 万吨，但其中 1/2 的产能是由大宗纸种为主的大型纸厂转型特种纸而产生的，仅山东太阳纸业股份有限公司的轻型纸项目就占据新增产能的 1/3。而且投资的纸种较集中，主要为装饰纸、离型纸、食品包装纸和信息记录类特种纸等。

近几年特种纸的集中投资，使得本来具有较高盈利能力的特种纸企业盈利能力急剧下降，特别是大型纸厂的转型，动辄几十万吨的新增产能，对特种纸的价格带来了较大的冲击。经过市场的洗礼之后，部分特种纸纸种已趋于饱和，市场竞争激烈，利润微薄，这使得我国企业对特种纸的投资也更加谨慎，投资项目须深入分析市场形势，避免盲目投资而带来的恶性竞争。2015 年部分新建、扩建特种纸项目有：

（1）浙江夏王纸业有限公司新纸机试产成功　浙江仙鹤特种纸有限公司与夏特装饰纸股份有限公司共同投资成立了浙江夏王纸业有限公司，专注于高档装饰原纸的制作和销售。2015 年 1 月 15 日，浙江夏王纸业有限公司新投资的 3 号纸机项目完成试机，3 月正式投产，年产 8 万吨。截至 2015 年 12 月，浙江夏王纸业有限公司已陆续建成了 4 条自动化高水平的生产线，形成年产 18 万吨装饰原纸生产能力。

（2）浙江晶鑫特种纸业有限公司特种胶带纸项目投产　2015 年 3 月，浙江晶鑫特种纸业有限公司年产 1 万吨特种胶带纸项目投产。该项目设计车速 150 米/分，纸机抄宽 3000 毫米，设计定量 30 ~ 100 克/米^2。

（3）浙江省华邦特种纸研究院成立　2015 年 3

月 28 日，浙江省华邦特种纸研究院成立仪式暨特种纸发展论坛在浙江世贸大酒店举行。华邦特种纸研究院被认定为省级企业研究院，拥有专业的研发团队和专家顾问团；拥有完善的分析检测仪器，从日本、美国、英国等国家进口的扫描电镜、孔径分布分析仪、动态渗透测试仪、印刷适应性测试仪、层间结合仪等；具备先进的中试平台，中试车间包括600 毫米圆网/斜网复合中试纸机和600 毫米高精度(4 种涂布方式)涂布中试机。

(4)华泰集团有限公司技改项目　华泰集团有限公司 10 号机升级改造项目总投资 2 亿元，包括增上膜转移施胶机及后干燥部等设备，该项目土建工程自 2015 年 4 月初开始动工，2015 年 12 月底完成全部新设备的安装及单机调试。2016 年 1 月 17 日顺利开机，并一次性上浆成功出纸。该条生产线改造投运后，以生产环保教材纸、无碳复写纸、淋膜原纸等为主。预计年销售收入 7.5 亿元、利税 1.35 亿元。

(5)浙江仙鹤特种纸有限公司新建扩建项目　2015 年 6 月，公司 1 台年产 3000 吨圆网特种纸机生产线投产。11 月，20 号、21 号纸机特种纸生产线投产，2 条生产线产能 3 万吨/年。到目前为止，浙江仙鹤特种纸有限公司已有 20 条生产线满负荷生产。子公司浙江哲丰新材料有限公司的常林特种纸项目于 2015 年下半年启动建设。1 号纸机厂房主体已经基本完成，4 条纸机生产线设备也已全部完成订购。常林特种纸项目总投资 5.3 亿元，占地面积 13.33 公顷，建成后可年产 12 万吨食品包装和家装用纸等特种纸，预计年产值 10 亿元，年上交各项税收 1 亿元。

(6)广西白莹特种纸股份有限公司试产顺利　2015 年 6 月，广西白莹特种纸股份有限公司新建的特种涂布纸项目第一条生产线进入试产阶段。目前，第一条生产线运行正常，第二条生产线即将安装完毕很快也进入试产阶段，其产品为无碳复写纸、热敏记录纸和不干胶纸等特种纸。

(7)山东晨鸣纸业集团股份有限公司汉阳纸厂将新闻纸机改造生产格拉辛纸　山东晨鸣纸业集团股份有限公司汉阳纸厂将 1 台年产 16 万吨的新闻纸机改造，用以生产格拉辛纸。该纸机抄宽 4800 毫米，最高车速 1100 米/分，年生产能力达 15 万吨。

(8)浙江金泽纸品科技有限公司新增加工纸生产线　2015 年 9 月，浙江金昌特种纸股份有限公司下属子公司——浙江金泽纸品科技有限公司结合市场需求及企业自身发展需要，决定新增 1 条年产 8000 吨人造革离型纸、纯纸壁纸等涂布深加工生产线。

(9)河北保定东方纸业有限公司数码相纸生产线搬迁重建项目完成　河北保定东方纸业有限公司 PM4 和 PM5 2 条数码相纸生产线已完成搬迁工作，顺利开机。2 条数码相纸生产线原位于河北省保定市徐水县城区，因政府环保要求于 2014 年 9 月开始停产搬迁，目前新的厂址是在徐水造纸厂的对面。

(10)总投资 2.5 亿元的大东全斯福特种纸业(镇江)有限公司项目　镇江大东纸业有限公司与全斯福新材料(苏州)有限公司合资成立的大东全斯福特种纸业(镇江)有限公司项目正式开工。大东全斯福特种纸业(镇江)有限公司注册资金 5600 万元，项目总投资 2.5 亿元，引进市场发展前景好、经济效益高的喷墨转移印花原纸，新增 1 台长网单缸带机内涂布纸机，生产能力达到 5 万吨/年。

(11)广东冠豪高新技术股份有限公司入驻浙江平湖新仓镇　浙江冠豪高新材料有限公司是广东冠豪高新技术股份有限公司在新仓镇独资控股的公司，占地面积 7.2 公顷，计划总投资超 6 亿元，产能达 7.5 亿$米^2$ 多层复合纸塑基新型包装材料。目前一期工程已竣工，2016 年 6 月正式投产，投产后可实现销售收入 21.5 亿元，利税 2.68 亿元，将成为全国最大的包装复合材料生产基地之一。

(12)宜宾纸业股份有限公司将扩大食品纸生产线产能　公司于 2011 年 8 月起实施整体搬迁工作，于 2015 年 10 月 16 日获得宜宾市环保局对公司试运行的批准。公司拟通过局部技改优化提高现有化学浆、食品纸生产线产能，使食品纸产能扩大到 25 万吨/年，目前该项工作已通过相关管理部门和环保部门的批复。

(13)芬欧汇川(常熟)纸业有限公司 3 号纸机进行试机　芬欧汇川(常熟)纸业有限公司 3 号纸机于 2015 年 12 月进行试机。3 号纸机项目于 2014 年启动，2015 年 8 月厂房封顶。据悉，3 号纸机项目总投资 2.77 亿欧元，总产能为 36 万吨文化用纸、17 万吨标签材料。

三、装饰原纸、壁纸、热敏纸市场概况

1. 装饰原纸

装饰原纸是一种以优质木浆和钛白粉为主要原料经特殊工艺加工而成的工业用特种纸，经印刷、三聚氰胺树脂浸胶后，主要用于纤维板、刨花板等

人造板的护面层纸、面层用纸和底层用纸。装饰原纸按照应用特性及用途，分为素色装饰原纸、可印刷装饰原纸、表层耐磨原纸、平衡原纸、封边带原纸。

近几年，我国装饰原纸的销售量如图10所示。从图10可以看出，近几年我国装饰原纸的销售量一直呈现平稳上升的趋势，2015年达到79.6万吨，同比增长1.27%，其中印刷装饰原纸的增长速度最快，且比例最大，销售量达到49万吨，同比增长8.65%。素色纸、平衡纸、表层纸的销售量略有下降趋势。

据2015年5月名士克(Munksjö)德国控股公司公布的装饰原纸市场调查报告，2014年全球装饰原纸市场(包括我国)销售总量为126.5万吨，同比增长7.9%，比Munksjö公司2008年估计的85.5万吨增长了48.0%。2014年全球总量中的45.5%在我国销售，欧洲占40.4%(其中：德国15.1%，西欧其他地区15.4%，东欧9.9%)，北美洲和南美洲占7.7%，亚洲其他地区占5.7%，其他地区占0.7%。根据中国林产工业协会装饰纸专业委员会的统计数据，2014年我国具有一定规模的人造板饰面专用原纸企业总销售量约78.6万吨，根据Munksjö的市场调查，全球总量中的57.5万吨在我国销售，这也就表明，我国装饰原纸企业的生产能力不仅能够满足国内的市场需求，还有20多万吨的产能可供出口。

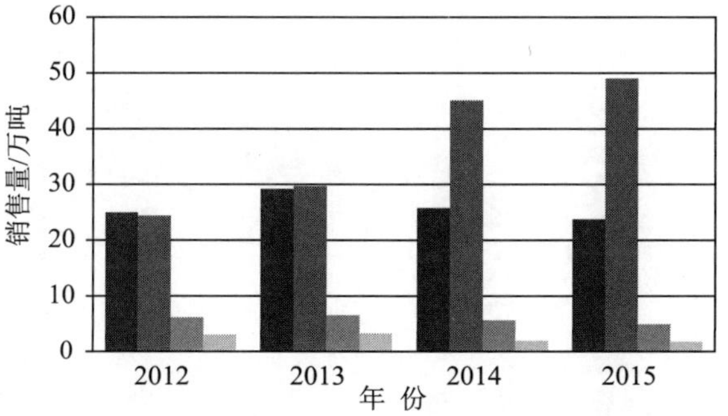

图10　2012—2015年我国装饰原纸的销售量

■素色装饰原纸　■印刷装饰原纸　■平衡纸　■表层纸

注：数据来源于中国林产工业协会装饰纸专业委员会。

我国装饰原纸生产企业约30家，主要集中在山东省、浙江省等地，其中，主要生产企业有齐峰新材料股份有限公司、浙江夏王纸业有限公司、山东鲁南新材料股份有限公司、杭州华锦特种纸有限公司、山东群星纸业有限公司、浙江大盛新材料股份有限公司、枣庄市天龙纸业有限公司等。

2. 壁纸

2011—2014年我国壁纸市场供应量见图11。2014年我国壁纸供应总量约为2.97亿卷，比2013年的3.11亿卷减少0.14亿卷，比2012年的供应量增长0.89亿卷。2011—2014年我国壁纸纸基供应量见图12，2014年，全国壁纸市场纸基供应总量为17.62万吨，比2013年的18.3万吨下降4.0%。其中，国产木浆纸8.64万吨，比2013年减少3.36万吨，国产无纺纸基7.94万吨，比2013年增加2.94万吨。2011—2014年国产无纺纸基的供应量呈现增长的趋势，2014年壁纸纸基供应量的下降主要是由于国产木浆纸的供应量下降导致。

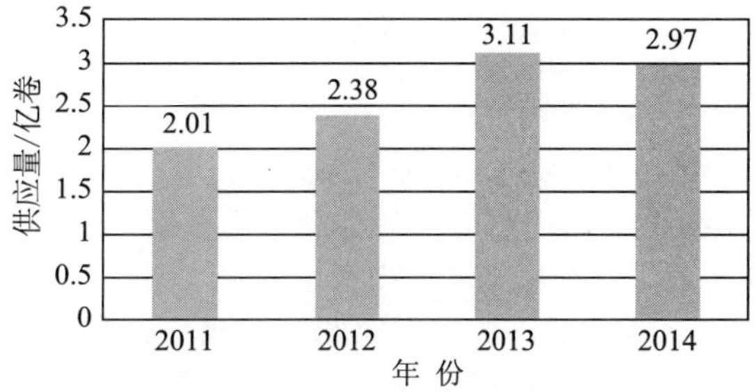

图11　2011—2014年我国壁纸供应量

注：数据来源于中国建筑装饰装修材料协会壁纸分会。

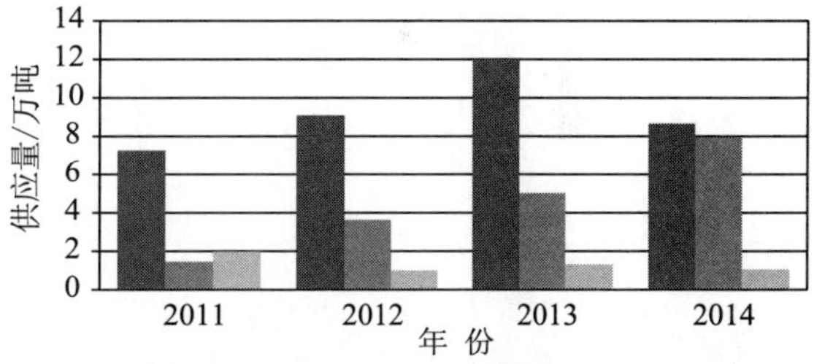

图12　2011—2014年我国壁纸纸基供应量

■国产木浆纸　■国产无纺纸基　■其他

注：数据来源于中国建筑装饰装修材料协会壁纸分会。

2010—2014年全球壁纸销售量见图13。据IGI协会发布的2014年全球壁纸销售统计报告显示，2014年大多数国家壁纸的销售量下降，按地区划分，我国、西欧、北欧地区全面下降，俄罗斯与2013年持平。总的来说，2014年IGI最新报告所涵盖的14个国家的壁纸销售总量同比下降0.3%，把我国排除在外，销售总量增长1.6%。出口方面，总体上2014年出口量略有下降，我国的出口量同比下降5.8%，除了日本、韩国、瑞典和土耳其呈现上升趋势，其他国家均出现了下降。

我国壁纸原纸主要生产企业有山东鲁南新材料股份有限公司、齐峰新材料股份有限公司、浙江华邦特种纸业有限公司、山东仁丰特种材料股份有限

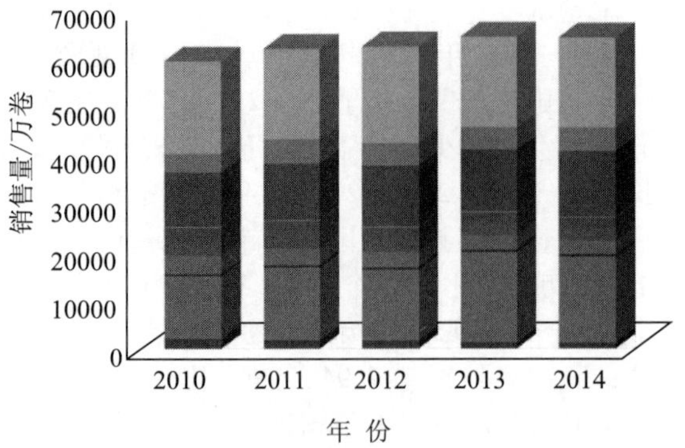

图13 2010—2014年全球壁纸销售量

■白俄罗斯 ■比荷卢经济联盟体(比利时、荷兰、卢森堡)
■中国 ■丹麦 ■芬兰 ■法国
■德国 ■英国 ■意大利 ■日本
■韩国 ■挪威 ■俄罗斯 ■瑞典

注：数据来源于IGI。

公司、浙江凯恩特种纸业有限公司、山东恒联投资有限公司、国一制纸(张家港)有限公司等。近几年，我国壁纸原纸的生产量呈爆发式增长，产品利润下降严重，生产企业利润微薄。2014 年无论是生产量还是出口量都呈现了较大幅度的下降，应引起相关纸种生产企业的高度重视，及时调整产业结构，以避免同质化恶性竞争的进一步加剧。

3. 热敏纸

热敏纸是指涂布含有成色材料、经热信号激发能够自身显色的一种信息记录纸。热敏纸经过几十年的发展，产销量在全球范围内以接近两位百分数的增速发展。从全球市场来看，热敏纸市场一直稳步增长，自 2009 年以来平均每年以 5.5% 的速度增长，到 2013 年全球热敏纸的生产量已经达到 130 万吨。热敏纸年产能超过 10 万吨的企业有科勒公司(25 万吨)、三菱公司(16 万吨)、爱普顿公司(16 万吨)、王子公司(12.5 万吨)、理光公司(12.5 万吨)。其中科勒公司产能占全球总产能的 17.1%，爱普顿公司和三菱公司各占 11.0%，理光公司和王子公司各占 8.6%。5 家公司的产业集中度达到了 56.3%，产业集中度水平较高。我国热敏纸起步较晚，2003 年，我国热敏纸生产量约 1 万吨，生产厂家 4 家，到 2015 年，我国热敏纸生产量超过 30 万吨，生产厂家增至 40 多家，年生产量 1 万吨以上的企业有：广东冠豪高新技术股份有限公司、金华盛纸业(苏州工业园区)有限公司、河南江河纸业股份有限公司、理光感热技术(无锡)有限公司、厦门安妮股份有限公司和上海汉宏纸业有限公司等。

(刘 文 曾慧均 李 政 贯程瑛)

纤维原料

FIBROUS MATERIALS

4

2003—2014 年世界主要地区和国家废纸回收利用概况

Recovery and Application of Waste Paper in Main Regions and Countries of the World in 2003 - 2014

表 1　　2003—2014 年世界主要地区废纸回收量　　单位：千吨

地区	2003 年	2004 年	2005 年	2006 年	2007 年	2008 年	2009 年	2010 年	2011 年	2012 年	2013 年	2014 年
亚洲	53927	59234	62720	72127	73382	76724	79213	87883	91447	93878	96042	99109
欧洲	48842	52556	56491	59946	63183	65389	62788	63382	64070	64410	64632	64660
北美洲	46732	50765	51820	50874	53475	51715	49857	51123	52384	50641	49973	50715
拉丁美洲	7639	8232	8395	9304	9807	10384	10034	10925	11464	12208	12528	12466
大洋洲	2126	2422	2466	2419	3380	3482	3548	3650	3610	3508	3497	3450
非洲	1723	1693	1718	1795	2110	2253	2142	2447	2451	2745	2971	3061
合计	160989	174902	183660	196466	209115	211968	209659	221825	228176	230394	232858	236513

注：2007 年合计中包括中东地区回收量 3778 千吨；2008 年合计中包括中东地区回收量 2021 千吨；2009 年合计中包括中东地区回收量 2075 千吨；2010 年合计中包括中东地区回收量 2416 千吨；2011 年合计中包括中东地区回收量 2751 千吨；2012 年合计中包括中东地区回收量 3004 千吨；2013 年合计中包括中东地区回收量 3215 千吨；2014 年合计中包括中东地区回收量 3052 千吨。

表 2　　2003—2014 年世界主要地区废纸消费量　　单位：千吨

地区	2003 年	2004 年	2005 年	2006 年	2007 年	2008 年	2009 年	2010 年	2011 年	2012 年	2013 年	2014 年
亚洲	69701	75255	82318	94237	98208	103361	107684	115229	120894	125354	126792	129161
欧洲	48347	51623	50074	52402	54672	55298	51159	55356	55016	54756	56236	56346
北美洲	35743	39538	38746	34137	36847	34730	30728	31447	30379	28937	29285	30509
拉丁美洲	9293	10238	10463	10896	11374	11748	11604	12369	12672	13109	13327	13510
大洋洲	1734	1864	1869	1265	1950	1985	2070	2019	2035	1865	1824	1752
非洲	1889	1848	1850	1955	2141	2287	2175	2376	2338	2587	2757	2898
合计	166707	180366	185319	194892	208697	211200	207211	220997	225606	229308	233068	236853

注：2007 年合计中包括中东地区消费量 3505 千吨；2008 年合计中包括中东地区消费量 1791 千吨；2009 年合计中包括中东地区消费量 1791 千吨；2010 年合计中包括中东地区消费量 2202 千吨；2011 年合计中包括中东地区消费量 2272 千吨；2012 年合计中包括中东地区消费量 2699 千吨；2013 年合计中包括中东地区消费量 2847 千吨；2014 年合计中包括中东地区消费量 2677 千吨。

表 3 2003—2014 年世界主要产纸国家废纸回收情况

国家	2003 年		2004 年		2005 年		2006 年		2007 年		2008 年	
	回收量/千吨	回收率/%	回收量/千吨	回收率/%	回收量/千吨	回收率/%	回收量/千吨	回收率/%	回收量/千吨	回收率/%	回收量/千吨	回收率/%
美国	43570	49.4	43818	47.5	46968	52.4	46997	51.9	47594	54.4	47589	58.3
中国	14620	30.4	16150	30.4	18095	30.5	22655	34.3	27650	37.9	31280	39.4
日本	20443	66.4	21507	68.5	22320	68.5	22873	72.4	23040	73.7	22746	75.1
德国	13643	73.7	13219	68.3	14413	68.3	15550	74.5	15360	72.9	15617	76.7
加拿大			4658	60.3	4852	60.3	4820	67.7	4810	70.3	4126	57.8
芬兰			796	46.8	791	46.8	825	48.0	845	43.7	829	46.5
瑞典			1501	65.2	1568	65.2	1529	63.6	1598	69.1	1521	68.1
韩国	6611	80.4	6875	83.4	7086	83.4	7460	86.3	8000	89.1	7530	85.0
法国	5909	54.4	6418	57.9	6592	57.9	6950	63.7	7070	63.5	6885	64.1
意大利			5592	48.8	5792	48.8	6000	51.3	6170	51.9	6316	60.0

国家	2009 年		2010 年		2011 年		2012 年		2013 年		2014 年	
	回收量/千吨	回收率/%	回收量/千吨	回收率/%	回收量/千吨	回收率/%	回收量/千吨	回收率/%	回收量/千吨	回收率/%	回收量/千吨	回收率/%
美国	50036	63.4	46861	63.0	47803	66.1	46261	64.4	45795	63.8	46423	65.0
中国	34238	40.0	40163	43.8	43475	44.6	44725	44.5	44513	45.5	48413	48.1
日本	21760	79.7	21623	77.5	21368	76.2	21671	78.0	21795	79.8	21678	79.3
德国	15399	84.8	15388	77.7	15269	77.2	15293	77.6	15359	78.7	15093	75.7
加拿大	4244	66.2	4262	67.6	4581	74.6	4380	73.2	4178	71.4	4292	75.0
芬兰	726	48.9	710	57.2	705	68.4	678	62.2	691	61.7	642	51.8
瑞典	1416	74.4	1236	60.7	1239	63.9	1159	61.0	1220	67.7	1001	55.4
韩国	7716	91.6	8090	86.0	8390	87.8	8659	94.6	9165	96.0	8412	88.0
法国	6907	72.5	7072	71.3	7149	74.0	7328	78.7	7243	81.0	7316	81.7
意大利	6199	62.8	6326	58.4	6288	59.3	6231	62.8	6062	62.7	6069	61.3

注：回收率 = 废纸回收量/纸和纸板消费量 × 100%。

表 4 2003—2014 年世界主要产纸国家废纸消费情况

国家	2003 年		2004 年		2005 年		2006 年		2007 年		2008 年	
	消费量/千吨	利用率/%	消费量/千吨	利用率/%	消费量/千吨	利用率/%	消费量/千吨	利用率/%	消费量/千吨	利用率/%	消费量/千吨	利用率/%
美国	32515	39.9	33677	40.4	32857	39.8	31503	37.5	30158	36.1	28899	36.2
中国	24000	55.8	28813	58.2	35125	62.7	42250	65.0	50210	68.3	55488	69.5
日本	18600	61.6	18753	60.7	18687	60.4	18790	60.0	19315	61.4	19012	61.8
德国	12449	67.2	13219	68.1	14459	73.4	15244	73.1	15822	67.9	15489	67.8
加拿大			5898	28.8	5889	30.2	5763	31.7	5454	31.4	4553	28.6
芬兰			777	5.5	683	5.5	595	4.2	766	5.3	724	5.5
瑞典			2039	17.6	2041	17.4	2030	16.8	2022	17.0	2022	17.3
韩国			8365	79.6	8690	79.5	9433	88.1	8717	79.7	8544	80.5
法国	5783	58.2	5942	58.0	5953	57.6	6002	60.0	5947	60.3	5677	60.9
意大利			5423	56.1	5423	54.9	5578	55.7	5581	55.2	5329	56.2

续表

国家	2009 年		2010 年		2011 年		2012 年		2013 年		2014 年	
	消费量/千吨	利用率/%	消费量/千吨	利用率/%	消费量/千吨	利用率/%	消费量/千吨	利用率/%	消费量/千吨	利用率/%	消费量/千吨	利用率/%
美国	29250	40. 8	28002	36. 9	27098	36. 1	26303	35. 4	26605	36. 1	27668	37. 8
中国	62463	72. 3	66311	71. 5	70750	71. 2	74791	73. 0	74250	73. 4	75933	72. 5
日本	16788	63. 1	17292	63. 2	16977	63. 8	16770	64. 3	16935	64. 5	17093	64. 6
德国	14790	70. 8	16273	70. 5	16074	70. 8	16203	71. 6	16489	73. 6	16622	73. 7
加拿大	3748	29. 2	3445	26. 9	3281	27. 1	2634	24. 5	2680	24. 1	2841	25. 7
芬兰	544	5. 1	579	4. 9	583	5. 1	567	5. 3	609	5. 7	594	5. 7
瑞典	1824	16. 7	1836	16. 1	1712	15. 2	1624	14. 2	1378	12. 8	1248	12. 0
韩国	8514	81. 2	9174	82. 6	9597	83. 5	9579	84. 5	10326	87. 5	9477	81. 0
法国	4988	60. 0	5276	59. 7	5104	59. 9	5037	62. 2	5150	64. 0	5400	65. 9
意大利	4764	56. 4	5193	56. 8	5042	55. 2	4649	53. 7	4715	54. 5	4700	53. 3

注：利用率 = 废纸消费量/纸和纸板生产量 × 100% 。

（郭彩云）

2015 年我国木片或木粒进出口情况

Imports and Exports of Wood Chips or Pellets in China in 2015

表 1　2015 年我国木片或木粒进出口情况

品种		数量/吨			金额/万美元		
		2014 年	2015 年	同比/%	2014 年	2015 年	同比/%
进口	针叶木木片或木粒	201688.0	117281.2	-41.85	3496	2096	-40.05
	非针叶木木片或木粒	8644666.4	9701708.7	12.23	150423	167271	11.20
	总　计	8846354.4	9818989.9	10.99	153919	169367	10.04
出口	针叶木木片或木粒	1.9	24.0		0.4	3.3	
	非针叶木木片或木粒	23.9	61.1		1.7	6.9	
	总　计	25.8	85.1		2.1	10.2	

表 2　2015 年我国进口针叶木木片或木粒(44012100)的主要来源国家

国家	数量/吨	金额/万美元	国家	数量/吨	金额/万美元
斐济	50962.6	912.0	新加坡	50.2	0.4
美国	42170.8	748.5	法国	19.5	0.3
澳大利亚	19878.5	359.5	英国	13.7	0.6
马来西亚	3631.0	44.7	意大利	12.6	1.3
德国	247.8	17.0	日本	8.2	4.4
荷兰	223.9	6.3	西班牙	1.0	0.02
新西兰	61.3	0.5			

表 3　2015 年我国进口针叶木木片或木粒(44012100)的主要省(区、市)

省(区、市)	进口量/吨	金额/万美元	省(区、市)	进口量/吨	金额/万美元
福建省	116642.8	2064.4	湖北省	12.8	0.9
广东省	228.2	15.5	辽宁省	7.0	3.9
上海市	226.2	5.9	浙江省	1.2	0.5
北京市	108.8	3.9	河北省	1.0	0.02
江苏省	53.0	0.2	山东省	0.2	0.3

表 4　　2015 年我国进口非针叶木木片或木粒(44012200)的主要来源国家

国家	数量/吨	金额/万美元	国家	数量/吨	金额/万美元
越南	4286219.6	68268.1	法国	126.0	48.5
澳大利亚	2687625.6	51687.7	俄罗斯	45.1	3.4
泰国	1205940.8	19034.5	德国	27.6	2.1
印度尼西亚	968160.4	16961.6	日本	8.8	1.7
智利	378565.0	7896.7	意大利	8.4	7.8
南非	87753.7	1655.4	韩国	4.0	1.6
巴西	77589.3	1549.9	丹麦	3.0	0.4
马来西亚	9235.9	115.9	匈牙利	2.7	2.3
立陶宛	199.4	4.2	加拿大	1.7	0.04
美国	181.5	27.5			

表 5　　2015 年我国进口非针叶木木片或木粒(44012200)的主要省(区、市)

省(区、市)	进口量/吨	金额/万美元	省(区、市)	进口量/吨	金额/万美元
山东省	4432936.0	84137.2	天津市	70.2	24.4
海南省	2663981.3	39830.8	湖北省	60.0	1.5
江苏省	1069304.9	17728.7	北京市	36.3	15.8
广东省	932625.1	14892.8	河南省	7.4	1.6
广西壮族自治区	313358.2	5343.6	浙江省	6.3	2.4
安徽省	195978.0	3680.0	宁夏回族自治区	4.7	3.0
江西省	66206.3	1063.9	河北省	2.7	2.3
福建省	27032.4	523.0	新疆维吾尔自治区	0.5	1.0
上海市	98.0	19.7	黑龙江省	0.4	0.1

注：数据来源于海关总署。

（杨　扬）

2015 年我国人工林建设

Construction of Plantation in China in 2015

一、2015 年全国造林完成情况

2015 年国家林业局对营造林特别是造林统计指标体系进行了改革，将人工造林、飞播造林（含荒山飞播、飞播营林）、当年新封山（沙）育林（含无林地和疏林地新封山育林、有林地和灌木林地新封山育林）以及退化林修复、人工更新面积共 5 项指标统一作为造林面积进行统计，扩大了造林统计的内涵。传统概念的造林面积仅统计以增加森林面积、森林覆盖率为主要目的的造林，新的造林面积统计指标的内涵扩展到了森林提质增效和及时恢复森林，体现了造林绿化由注重数量扩张向数量与质量并重转变。

按新统计口径，2015 年全国完成造林面积 768.37 万公顷，其中人工造林 436.26 万公顷，飞播造林（含荒山飞播、飞播营林）12.84 万公顷，新封山（沙）育林（含无林地和疏林地新封山育林、有林地和灌木林地新封山育林）215.29 万公顷，退化林修复 73.93 万公顷，人工更新 30.05 万公顷。

按可比口径，2015 年全国计划造林 633.33 万公顷，其中人工造林 386.67 万公顷，飞播造林 18.20 万公顷，无林地和疏林地新封山育林 228.46 万公顷；实际完成 603.44 万公顷，完成年计划的 95.28%，同比增长 8.74%。2015 年可比口径全国造林计划完成情况见表 1。

表 1　2015 年可比口径全国造林计划完成情况　单位：万公顷

	2015 年计划	2015 年完成	完成计划/%	2014 年完成	同比/%
造林面积	633.33	603.44	95.28	554.96	8.74
其中：人工造林	386.67	436.26	112.82	405.29	7.64
飞播造林	18.20	12.77	70.16	10.81	18.13
无林地和疏林地新封山育林	228.46	154.41	67.59	138.86	11.19

2015 年可比口径完成的造林面积中：

（1）按造林方式分　人工造林 436.26 万公顷，同比增长 7.64%，占全国造林面积的 72.29%；飞播造林 12.77 万公顷，同比增长 18.13%，占全国造林面积的 2.12%；无林地和疏林地新封山育林 154.41 万公顷，同比增长 11.19%，占全国造林面积的 25.59%。

（2）按林种用途分　用材林、经济林、防护林、薪炭林、特种用途林完成造林面积分别为 107.87 万公顷、133.54 万公顷、354.07 万公顷、5.63 万公顷和 2.33 万公顷，分别占全部造林面积的 17.88%、22.13%、58.68%、0.93% 和 0.38%。生态公益林（防护林和特种用途林）造林保持较高比例，占全国造林面积的 59.06%。

（3）按经济成分分　公有经济造林 320.73 万公顷，其中，国有经济造林 145.12 万公顷，集体经济造林 175.61 万公顷；非公有经济造林 282.71 万公顷，分别占全国造林面积的 24.05%、29.10%、46.85%。

（4）按省、自治区、直辖市分　2015 年造林面积位居前 6 位的是内蒙古自治区、云南省、湖南省、贵州省、四川省和广东省，分别完成造林 70.41 万公顷、58.25 万公顷、55.98 万公顷、48.32 万公顷、40.89 万公顷和 40.13 万公顷，6 省区合计造林面积 313.98 万公顷，占全国造林面积的 40.86%。2015 年新口径各地区造林面积见表 2。

表 2　　2015 年新口径各地区造林面积　　单位：公顷

地区	造林面积	其中				
		人工造林	飞播造林	新封山育林	退化林修复	人工更新
全国合计	7683695	4362589	128390	2152877	739334	300505
北京	20331	8133		7798	4338	62
天津	8032	8032				
河北	366523	284083		58840	18338	5262
山西	285944	220945		59999	5000	
内蒙古	704054	360896	79389	227733	26774	9262
内蒙古集团	29192	5288			23771	133
辽宁	215277	102615		100257	840	11565
吉林	199851	112003		4667	59633	23548
吉林森工集团	43825	8333			24922	10570
长白山森工集团	35466	5397			27904	2165
黑龙江	134972	41093		67038	24775	2066
龙江森工集团	26348	2672			23676	
上海	3241	3241				
江苏	45216	42576		400	299	1941
浙江	71595	20985		31739	6931	11940
安徽	236941	146000		80002	7954	2985
福建	253824	33919		139412	26308	54185
江西	233694	141678		59368	27129	5519
山东	221207	206552		1333	10417	2905
河南	216820	154749	13332	31931	16808	
湖北	288117	186022		98177		3918
湖南	559829	215728		188577	134710	20814
广东	401331	118463		124885	76846	81137
广西	197575	100764		47959	7185	41667
海南	23385	11003			1493	10889
重庆	246695	150853		88921	6921	
四川	408942	264567		59496	82328	2551
贵州	483246	329509		153737		
云南	582529	350510		151574	74864	5581
西藏	82786	29436		53350		
陕西	379086	222564	34670	69799	52053	
甘肃	319364	254308		62283	2773	
青海	112668	53042		59626		
宁夏	81313	37895		36743	6675	
新疆	279615	149553	999	87233	39122	2708
新疆兵团	48895	25976		20778	1544	597
大兴安岭	19692	872			18820	

2015 年林业重点生态工程共完成造林 284.04 万公顷，占全国造林面积的 36.97%。2015 年新口径林业重点生态工程建设情况见表 3。

2015 年国家储备林基地及速生丰产用材林建设

情况见表4。

表3 2015年新口径林业重点生态工程建设情况 单位：公顷、万元

指 标	总计	天然林资源保护工程	退耕还林工程	京津风沙源治理工程	三北及长江流域等防护林体系工程
一、造林面积	2840396	644794	636023	223251	1336328
1. 人工造林	1584216	154397	635690	110633	683496
2. 飞播造林	107391	71470		24167	11754
3. 无林地和疏林地新封	1025703	306160	333	84486	634724
4. 退化林修复	123086	112767		3965	6354
二、森林抚育面积	1759986	1537274		19727	202985
三、年末实有封山育林面积	14211762	5061480	1673597	2658683	4818002
四、全部林业投资完成额	7056599	2983638	2752809	111595	954103
其中：中央投资	5630609	2656286	2408772	81814	360104
地方投资	669310	182040	111961	25454	277236

表4 2015年国家储备林基地及速生丰产用材林建设情况

单位：公顷、万元

指标名称	2015年实际
一、国家储备林基地建设情况	
(一)营造林面积	57117
1. 集约人工林栽培面积	14106
①人工造林面积	8682
②人工更新面积	5424
2. 森林改培面积	13915
3. 森林抚育面积	29096
(二)按树种分	
1. 一般树种	42729
2. 珍稀树种	14388
(三)按培育周期分	
1. 短周期(10年以下)	16901
2. 中长周期(11~30年)	29950
3. 长周期(30年以上)	10266
(四)全部林业投资完成额	164517
1. 中央投资	18473
2. 地方配套投资	6604
3. 国内贷款	81
4. 利用外资	100
5. 自筹资金	138909
6. 其他	350

续表

指标名称	2015年实际
二、速生丰产用材林建设情况	
(一)营造林面积	263250
1. 人工造林面积	179575
其中：非林业用地造林	10353
2. 人工更新面积	69116
3. 森林改培面积	14559
(二)按培育目的分	
1. 浆纸原料林	27182
2. 人造板原料林	132705
3. 大径级和珍贵树种用材林	62633
4. 其他	40730
(三)全部林业投资完成额	418084
1. 国家投资	33334
2. 国内贷款	8130
3. 利用外资	3801
4. 自筹资金	342009
5. 其他	30810

二、重点生态修复工程建设扎实推进

天然林资源保护工程完成造林64.48万公顷，森林抚育153.73万公顷，管护森林11427万公顷。按照习近平总书记关于“研究把天保工程扩大到全

国，争取把全国的天然林都保护起来”的重要指示，东北、内蒙古重点国有林区全面停止了天然林商业性采伐，天保工程区木材生产量进一步调减，比2014 年减少 10.6%，为 608.62 万米^3，占全国木材总生产量的 8.5%。

退耕还林工程累计下达新一轮退耕还林还草任务 100 万公顷、荒山荒地造林 6.7 万公顷，工程实施范围扩大到 18 个省(区、市)和新疆生产建设兵团。2015 年，完成退耕还林工程造林 63.60 万公顷，其中退耕地造林 44.63 万公顷，荒山荒地造林 18.94 万公顷，新封山育林 333 公顷。新一轮退耕还林任务重点向西部地区倾斜，西部 12 省区(含新疆兵团)共完成退耕地造林 40.76 万公顷，占全部退耕地造林的 91.33%。国务院批准了财政部、国家林业局等五部门《关于扩大新一轮退耕还林还草规模的请示》，明确将陡坡耕地中 286.53 万公顷基本农田确需退耕还林还草的逐步调整为非基本农田。财政部、国家发展和改革委、国家林业局、国土资源部、农业部、水利部、环境保护部和国务院扶贫办共八部门联合下发了《关于扩大新一轮退耕还林还草规模的通知》，部署落实新一轮退耕还林(草)，重申了新一轮退耕还林(草)补助政策。

京津风沙源治理工程完成营造林 22.33 万公顷，完成工程固沙 0.79 万公顷。重点推广了“两行一带”、“草方格固沙”、“封造结合”等治理模式，建成了多伦县百万亩樟子松基地。完成第五次全国荒漠化和沙化监测，监测结果显示，我国现有沙化土地 17212 万公顷，荒漠化土地 26116 万公顷，与第四次监测结果相比，分别减少了 99.02 万公顷、121 万公顷。有效应对春季 11 次沙尘天气灾害，及时公布沙尘暴灾害信息。沙化土地封禁保护补助试点稳步展开，印发《国家沙化土地封禁保护区管理办法》，2015 年新增 8 个全国沙化土地封禁保护试点县，全国试点县达到 61 个。国家沙漠公园试点建设有序推进，2015 年启动 22 个国家沙漠公园试点，全国沙漠公园试点达到 55 个。编辑出版《石漠化治理中的造林树种选择与模式》，推广综合治理技术模式，治理水平有效提升。

三北及长江流域等重点防护林体系工程完成造林 133.63 万公顷，其中，三北防护林体系建设工程完成造林 76.60 万公顷，长江、珠江、沿海、太行山绿化等防护林体系建设工程完成造林 57.03 万公顷。三北防护林体系建设工程区新启动内蒙古科尔沁沙地、宁夏六盘山等 2 个百万亩防护林基地建设项目，完成造林 4.33 万公顷。河北张家口坝上地区退化林分改造试点按计划推进，完成更新造林 1.67 万公顷。

各地持续推进地方造林绿化工程建设。北京市组织实施百万亩平原造林工程，2015 年完成造林 7330 公顷，累计完成造林 7.07 万公顷，超额完成 4.95%，平原地区森林覆盖率由 2010 年的 14.85% 提高到 2015 年的 25%。内蒙古自治区启动重点区域绿化工程，完成重点区域绿化 14 万公顷，打造各级各类示范工程 380 多个。广西壮族自治区实施“美丽广西·生态乡村”村屯绿化专项活动，全面提升村屯绿化水平，全年完成区级绿化示范屯 5000 个，一般村屯绿化 5.58 万个。陕西省继续推进关中大地园林化建设，以道路、城市、村庄、荒山荒坡等为建设重点，新增绿化面积 10.16 万公顷。湖南省继续实施“十百千”珍贵树种培育工程，营造珍贵树种 2.45 万公顷，其中“百个珍贵树种培育示范基地”造林 0.98 万公顷。广东省持续推进森林碳汇、生态景观林带、森林进城围城、乡村绿化美化四大重点工程建设，全年完成森林碳汇工程造林 14.5 万公顷，新建生态景观林带 1800 千米，新建森林公园 301 个、湿地公园 66 个，建成绿化美化村庄 2874 个。浙江省实施千万亩珍贵彩色健康森林建设，优选桐庐、淳安等 12 个县为示范县，推动建设珍贵彩色健康森林。贵州省围绕山地特色新型城镇化建设、“四在农家·美丽乡村”行动计划、“多彩贵州·最美高速”“五个一百”等工程项目，着力推进城乡绿化。山东省开展水系绿化、荒山绿化、退耕还果还林、农田防护林和村镇绿化五大生态工程。山西省组织实施沿河生态环境修复治理工程，建设护岸林带和恢复沿线荒山植被。辽宁省“青山工程”、安徽省“千万亩森林增长工程”、江苏省“千村示范，万村行动”绿色村庄建设活动、四川省新一轮“绿化全川”行动、云南省美丽乡村建设等一大批地方重点工程建设扎实推进，取得显著成效。

三、造林绿化政策机制不断完善

1. 国有林区、林场等改革力度加大

中共中央、国务院印发《国有林场改革方案》和《国有林区改革指导意见》。国家林业局、人力资源社会保障部出台《国有林场岗位设置管理指导意见》，国家林业局、国家发展和改革委联合下发《国有林场改革试点验收办法》，国家林业局印发《国有林场备案办法》。截至 2015 年，全国累计发生集体林地流转面积 1520 万公顷，占已确权林地的 8.43%，确定全国林业专业合作示范社 348 家，建立林业专业合作组织 16 万个，加入合作组织的农户 1471 万户，占林改涉及农户的 9.94%。增收贡献率稳步提高，集体林权制度改革县农民人均年林业收入占年收入的比例达到 14.6%，重点林区县超过 60%。国家林业局发布《全国林权管理服务体系建设规划(2015—2020 年)》，出台《关于进一步巩固和完善集体林地家庭承包经营工作的通知》，切实稳定集体林地承包关系。

2. 造林绿化政策扶持和激励机制不断完善

2015 年中央林业直接投资 1074.5 亿元，比 2014 年增加 73.7 亿元。中央财政分别下达林木良种补贴、造林补贴资金 4.78 亿元、29.54 亿元。国家林业局、财政部联合下发《关于调整森林植被恢复费征收标准引导节约利用林地的通知》，健全资源有偿使用和生态补偿制度。中央财政投入森林保险保费补贴资金 13.52 亿元，全国共有 24 个省(区、市)、4 个计划单列市和 3 个国有森工企业纳入中央财政森林保险保费补贴范围，总投保面积 1.45 亿公顷，占全国森林总面积的 69.7%。认定第二批 129 家国家林下经济示范基地，印发《全国集体林地林药林菌发展实施方案(2015—2020 年)》，推动特色经济林、林下经济快速发展。国家林业局下发《国家储备林制度方案》，明确国家储备林制度建设任务。

3. 各地造林绿化保障措施继续加强

山西省克服经济下行压力，资金投入稳中有增，全年林业投资达到 100 亿元以上。辽宁省投资 2.9 亿元对千万亩经济林工程、省财政造林补助项目、围栏封育工程等任务进行补助。福建省安排 8.1 亿元资金用于“四绿”工程、生物防火林带、珍贵用材林和不炼山造林补助等。河南省投入近 5 亿元用于营造林生产。安徽省下发《关于加快推进林权抵押贷款工作的意见》，进一步拓宽林业融资渠道，支持鼓励各类社会主体投资造林绿化，由企业、大户、专业合作社、家庭林场等新型投资主体承担的造林任务占全年总面积的 90% 以上。湖北省各级政府出台政策、整合项目投入资金，因地制宜确定造林补助标准、补助方式，整合财政资金约 27 亿元，吸引社会投资 48 亿元。广西壮族自治区利用国家开发银行贷款 100 亿元，建设国家储备林基地一期项目。甘肃省安排林果产业发展扶持资金 6900 万元，重点扶持 61 个贫困县(区)和 17 个优势县区级单位开展林果示范基地建设，全年新增经济林面积 5.5 万公顷，完成经济林提质增效 8.32 万公顷。

四、存在的主要问题

一是造林难度越来越大。全国宜林地、疏林地以及需要退耕的坡耕地等潜在可造林地 4946 万公顷，其中 3958 万公顷宜林地中，67% 分布在旱区，12% 分布在南方岩溶石漠化地区，立地条件差，水资源短缺，造林后成活难，成活后保存难。二是区域间不平衡问题愈加突出。南方地区造林主体任务基本完成，新增森林面积空间较小，有钱没地；北方地区造林绿化空间广阔，有地没钱；城市绿化水平较高，乡村绿化水平较低，区域、城乡绿化发展不平衡问题凸显。三是政策机制尚需完善。传统的劳动力、土地等投入要素优势逐步丧失，造林抚育用工短缺，劳动力和用地成本不断上涨，但造林补助资金规模、补助标准却没有随之提高，不能充分调动各类造林主体的积极性，一些地方甚至出现了造林任务分解难、落实难等问题。四是造林绿化成果巩固任务依然艰巨，极端气候灾害频发，对造林工作影响较大，未成林地抚育管护压力增大；城乡扩张对林地、绿地侵占现象仍较严重；森林有害生物和火灾防控压力居高不下。

(王恩苓)

我国蔗渣制浆造纸现状

Status in quo of China's Bagasse Pulp and Paper

蔗渣是甘蔗制糖厂的副产品，利用蔗渣制浆造纸是国家大力提倡的循环经济。另外，我国森林资源贫乏，蔗渣代替木材制浆可减少对树木的砍伐，保护生态环境。

一、甘蔗制糖的生产概况

我国制糖业以甘蔗制糖为主，甘蔗制糖产糖量占全国产糖总量的90%以上。甘蔗制糖主要集中在广西壮族自治区、云南省、广东省和海南省4个地区，广西壮族自治区是我国制糖业第一大省，其甘蔗种植面积广阔，制糖企业集中，生产规模较大，糖生产量较高。据《中国糖业年报》等有关资料数据统计，广西壮族自治区近3年来糖的年生产量为498万~856万吨，年平均生产量占全国总生产量的62%；云南省年产糖量208万~231万吨，年平均产糖量占全国总生产量的23%，在国内制糖业位列第2位；广东省的糖厂主要集中在湛江地区，年产糖量58万~119万吨，年平均生产量占全国总生产量的8%，在国内制糖业位居第3位；海南年产糖量19万~42万吨之间，位列第4位。表1是我国近3年甘蔗制糖产糖量及蔗渣量等相关统计数据。从表1数据可以看出，供给制浆造纸用的蔗渣量随着蔗糖减产而逐年减少。

表1　　近3年国内甘蔗制糖生产情况统计表　　单位：万吨

地区	2013/2014 榨季				2014/2015 榨季				2015/2016 榨季			
	甘蔗入榨量	糖产量	蔗渣总量	蔗渣外卖量	甘蔗入榨量	糖产量	蔗渣总量	蔗渣外卖量	甘蔗入榨量	糖产量	蔗渣总量	蔗渣外卖量
广西	7095.00	855.80	1631.85	461.18	5250.00	634.00	1207.50	341.25	4330.00	498.00	995.9	281.45
云南	1910.06	230.63	439.31	76.40	1855.37	230.68	426.74	74.21	1762.60	207.90	405.40	70.50
广东	1200.00	118.50	276.00	48.00	855.86	79.85	196.85	34.23	624.80	57.50	143.70	24.90
海南	355.05	41.65	81.66	10.65	228.03	28.23	52.45	6.84	159.60	19.15	36.71	4.79
合计	10560.11	1246.58	2428.83	596.23	8189.26	972.76	1883.53	456.54	6877.00	782.55	1581.71	381.64

注：蔗渣水分以50%计；蔗渣总量以甘蔗入榨量23%计；蔗渣外卖量主要指卖给制浆造纸用的蔗渣量。

二、我国蔗渣制浆造纸发展概况

甘蔗制糖是广西壮族自治区的支柱和特色产业，糖厂每压榨1吨甘蔗约产生0.23吨蔗渣（水分以50%计）。糖厂榨汁后的蔗渣先经过除髓机进行除髓，除髓率一般为25%~35%，蔗髓用作本厂的锅炉燃料，对于能耗较低的糖厂而言，燃烧蔗髓已基本能满足制糖生产的供汽需求，但对于能耗较高的糖厂还需要补充燃烧一些蔗渣，补充锅炉燃烧剩下的蔗渣打包外卖给制浆造纸企业用作原料。经过除髓之后的蔗渣纤维素含量为46%~55%，是一种优良的造纸原料，利用甘蔗渣制浆造纸是制糖产业链的重要一环，是糖业循环经济的重要组成部分，其综合利用的社会效益和环境效益显著。

由表1可知，近3个榨季以来，每榨季糖生产量都有所下降；蔗渣外卖量（主要用于制浆造纸）也逐年减少，2014/2015榨季，蔗渣外卖量为456.54万吨，同比下降23.41%，2015/2016榨季，蔗渣外卖量为381.64万吨，同比下降16.41%。

广西壮族自治区蔗渣浆总产能为135万吨/年，按照每吨绝干蔗渣浆消耗4吨蔗渣(水分含量50%)计算，广西壮族自治区每年的蔗渣需求量为540万吨。但近几年由于国内糖价走低，使甘蔗价格也受到一定程度的影响，农民种植甘蔗的积极性不高，改种其他农作物，使种蔗面积减少，再加上天气因素等原因，甘蔗生产量下降，从而造成各制浆造纸厂的蔗渣原料供应不足，就2015/2016榨季而言，广西壮族自治区的浆厂需要购买广东省湛江市和云南省的蔗渣作为补充原料。

1. 蔗渣制浆

(1)产能及生产量　蔗渣是良好的非木材制浆造纸纤维原料，从20世纪50年代初，广东省开始有厂家利用蔗渣制浆造纸，60年代中后期，广西壮族自治区、云南省也逐步有厂家利用蔗渣制浆造纸。当时，制浆造纸生产技术落后，生产规模不大，年产能只有几千吨到几万吨。随着制糖业及制浆造纸技术的发展，我国利用蔗渣制浆造纸的企业规模迅速扩大，特别是最近15年发展较快，比较有代表性的企业有：广西贵糖(集团)股份有限公司、广西来宾东糖纸业有限公司、横县东糖糖业有限公司纸业分公司、田阳南华纸业有限公司、龙州南华纸业有限公司、广西永鑫华糖集团来宾纸业有限公司等。2013—2015年广西壮族自治区蔗渣浆产能和生产量见表2。2015年蔗渣制浆生产量前10名的企业见表3。

表2　2013—2015年广西壮族自治区蔗渣浆产能和生产量

项目	2013年	2014年	2015年
产能/万吨	135	135	135
生产量/万吨	105	99	86
产能利用率/%	78	73	64

目前我国利用蔗渣制浆造纸的企业主要集中在广西壮族自治区，广东省的蔗渣制浆厂早已全部停产，云南省也仅剩临沧南华纸业有限公司还在生产。广西壮族自治区制浆造纸企业中，利用蔗渣进行制浆的有14家工厂，漂白蔗渣浆总产能为135万吨/年。由于受蔗渣原料不足以及国际木浆价格低冲击国内市场等因素的影响，造成部分蔗渣浆厂开工率不足，实际生产量逐年下降，预计2016年广西壮族自治区蔗渣浆生产量约为65万吨。

表3　2015年蔗渣制浆生产量前10名的企业

序号	企业名称	所属省(区)	产能/(万吨/年)	生产量(绝干)/万吨
1	广西来宾东糖纸业有限公司	广西	12	11.5
2	横县东糖糖业有限公司纸业分公司	广西	12	10.5
3	田阳南华纸业有限公司	广西	12	9.6
4	广西永鑫华糖集团来宾纸业有限公司	广西	12	9.5
5	龙州南华纸业有限公司	广西	12	8.3
6	广西永凯六景纸业有限公司	广西	12	7.5
7	广西博冠纸业有限公司	广西	6	7.4
8	广西贵糖(集团)股份有限公司	广西	15	5.9
9	广西农垦糖业集团天成纸业有限公司	广西	12	5.4
10	临沧南华纸业有限公司	云南	12	5.1

蔗渣浆的生产量与制糖厂甘蔗量密切相关，随着目前糖价的逐步回升，制糖企业的情况会很快好转。广西壮族自治区正逐步打造“双高”糖料基地，改善水利设施，大力推广良种种植，甘蔗总量将会逐年增加，蔗渣总量也会随之上升，制浆厂蔗渣原料不足的状况会得到改善。

目前广西壮族自治区生产的蔗渣浆绝大多数以湿浆(水分含量65%～72%)产品形式出售，少数以干浆板出售。漂白蔗渣浆白度82%～86%；机械强度(打浆度45°SR，抄片定量60克/米^2)：抗张指数≥30牛·米/克，耐破指数≥2.0千帕·米^2/克，撕裂指数≥2.5毫牛·米^2/克；湿浆交货水分≤72%。

(2)制浆所采用的先进技术及清洁生产情况　随着科学技术的进步，蔗渣制浆已应用清洁生产技术，目前已有部分蔗渣制浆厂采用连续蒸煮、封闭筛选、氧脱木素、二氧化氯漂白等清洁生产工艺，其他生产企业也将于 2017 年年底完成工艺改造。在废水治理方面，各制浆造纸厂采用厌氧 + 好氧 + 深度处理相结合的处理工艺。原料场湿法堆储蔗渣喷淋产生的废水属高浓度有机废水，COD_{Cr} 5100 ~ 8000 毫克/升，该部分废水可生化性好，先经过厌氧系统进行处理，然后与制浆洗、选、漂的中段废水汇合进入好氧系统处理，最后再经废水深度处理达标排放。锅炉烟气脱硫方面，有部分厂家采用了白泥湿法脱硫工艺，不仅白泥得以废物利用，而且脱硫效果较好。

2. 蔗渣浆造纸

漂白蔗渣浆可用于抄造生活用纸、文化用纸、一次性餐具等。主要品种有：卫生纸、餐巾纸、擦手纸、口杯原纸、双胶纸、书写纸、静电复印纸等。

广西壮族自治区蔗渣浆制生活用纸行业近年来发展较快，现有 50 多家生产企业，年产能超过 100 万吨，其产品销往广东、山东、河南、陕西、湖北、安徽、江西、湖南、云南和贵州等地区。生产设备以国产低速圆网纸机为主，主要机型幅宽 1575 毫米、1880 毫米、2800 毫米，车速小于 200 米/分，这类设备能耗高，效率低，不符合节能减排要求，现已逐步淘汰。目前主要推广幅宽 2800 毫米以上，车速 500 ~ 800 米/分的低能耗中高速纸机。利用蔗渣浆抄纸时配入 10% ~ 20% 的木浆，采用中高速纸机可抄造一等品和优等品的生活用纸。2015 年利用蔗渣浆生产生活用纸生产量前 10 名的企业情况见表 4。

表 4　2015 年蔗渣浆生产生活用纸生产量前 10 名的企业

序号	企业名称	产品品种	产能/(万吨/年)	生产量(绝干)/万吨
1	广西田东南华纸业有限公司	卫生原纸	6	6
2	广西龙州曙辉纸业有限公司	卫生原纸	5	5
3	广西横县江南纸业有限公司	擦手纸	6	4
4	广东东莞白天鹅纸业有限公司	卫生原纸、成品纸	5	4
5	广东东莞中桥纸业有限公司	卫生原纸、成品纸	4	4
6	广西天然纸业有限公司	卫生原纸	4	4
7	广西华怡纸业有限公司	卫生原纸、成品纸	4	3
8	广西贵糖(集团)股份有限公司	卫生原纸	3	3
9	广西贵港东昇纸业有限公司	卫生原纸	4	2
10	广西来宾东糖纸业有限公司	卫生原纸	2	2

3. 蔗渣制浆造纸的优势

(1)甘蔗是一年生植物，每年制糖厂榨蔗制糖之后都会产生蔗渣副产品。蔗渣不仅资源丰富，而且集中度较高，便于收集和使用。综合利用蔗渣代替木材生产生活用纸可减少对树木的砍伐。我国森林资源贫乏，利用蔗渣制浆造纸对保护生态环境非常有利。

(2)蔗渣浆是生产生活用纸比较好的原材料，我国人口众多，对生活用纸的消费需求量大。蔗渣浆生产的生活用纸具有松厚度好、强度高等特点。另外，利用蔗渣浆生产生活用纸成本较低，有一定的市场竞争优势，在我国许多地区受到消费者的青睐，有较好的市场前景。

三、蔗渣制浆造纸的主要问题和建议

1. 加深对蔗渣制浆造纸在糖业循环经济产业链中重要性的认识

食糖是重要战略物资，广西壮族自治区正逐步打造 33.3 万公顷“双高”糖料基地，截至 2015 年年底，已实施土地整治面积 66700 公顷，实施水利建设 51000 公顷，完成良种种植 72000 公顷。随着甘蔗总量的增加，蔗渣总量也会随之上升。

蔗渣制浆造纸主产业链为蔗渣 - 制浆 - 造纸 - 纸制品加工，涉及的相关行业为物流运输、环保、化工、电气自动化及营销等。蔗渣制浆造纸在糖业循环经济与综合利用中占据极其重要的地位，必须提高蔗渣应用于制浆造纸在糖业循环经济产业链中重要性的认识。建议国家加大对蔗渣制浆造纸的政策扶持力度(例如在税收减免等优惠政策方面)，另外使退税政策长期化、常态化，促进蔗渣综合利用的健康持续发展。

2. 蔗渣原料的问题

(1)近2年蔗渣制浆造纸面临一定的困难，主要是由于制糖厂甘蔗原料量下降造成蔗渣供应量逐年减少，满足不了现有蔗渣浆厂满负荷开机生产的需求，导致部分生产厂家开工率不足。

(2)制糖厂应重视提高打包率，创造经济效益。目前广西制糖厂的锅炉主要是烧蔗髓，蔗髓不足再补充烧蔗渣，烧锅炉剩下的蔗渣打包外卖给制浆造纸企业。由于有些制糖厂的能耗较高，蔗渣打包率不理想，因此必须加强糖厂的日常管理，狠抓工艺管控，减少跑、冒、滴、漏，采用高效节能的设备及工艺，改进除髓设备及工艺等。通过上述举措，糖厂努力在节能减排方面取得成效，创造效益。

如果糖厂通过降低能耗使蔗渣打包率(即外卖蔗渣量与甘蔗量的百分比率)提高1%，以广西壮族自治区2015/2016榨季为例，甘蔗总量为4330万吨，则可增加蔗渣43.3万吨，以蔗渣出厂价250元/吨计算，可获益10825万元，对糖厂和制浆厂来说可达共赢的结果。

3. 蔗渣制浆厂集中度问题

目前国内蔗渣制浆厂仍然比较分散，集中度不高，生产规模较小，许多小厂技术装备落后，生产效率低、能耗高，市场竞争力较弱。建议以市场为主导，政府出台相应的政策加大蔗渣制浆厂的集中度，以提高生产效率，促进节能减排，降低生产成本，增强企业的抗风险能力。

4. 蔗渣制浆的环保问题

蔗渣浆在国内属于小浆种，蔗渣浆的特性是原浆打浆度较高、滤水性差，另外，浆料中的废液黏度大，因此蔗渣浆的洗涤比木浆困难，洗浆耗水量比木浆多。

5. 开发本色浆和本色纸

本色蔗渣浆相对于漂白蔗渣浆而言所需消耗的化学药品少，对环境更友好。另外，使用本色生活用纸更有利于身体健康。国外多年前就开始流行使用本色擦手纸、本色餐具盒、本色厨房用纸等产品，我国也应该引导人们对本色生活用纸产品的消费，随着本色生活用纸市场的逐渐培育，本色浆和本色纸的需求量将会越来越大。

(林伟民)

我国竹浆生产概况

Production of Bamboo Pulp in China

我国是世界上竹类植物资源最丰富的国家之一，竹林面积占全球的1/4强，竹材生产量约占世界总生产量的1/3。利用竹材制浆可以部分弥补我国森林资源的短板，缓解制浆造纸行业原料的结构性矛盾。

我国用竹材制浆造纸历史悠久，工艺精湛，早在唐代便有记录，明清时代更是鼎盛。据《天工开物》记载，从竹子原料到最终成纸，整整需要15道工序；近代用竹材制作的夹江宣纸，被绘画大师张大千称为“国之二宝”，可与安徽宣纸媲美，制作技艺被列入首批国家非物质文化遗产名录。

改革开放后，国民经济飞速发展，制浆造纸行业也不例外，造纸对原料的需求倍增，因森林资源短缺形成的结构性矛盾加剧。因此，国家在“十五”“十一五”“十二五”规划中皆制定了林浆纸一体化发展战略，竹浆纸一体化发展也成为其重要组成部分，见表1。

表1　近3个五年规划中林浆纸一体化发展目标

	新增木浆产能/万吨	新增竹浆产能/万吨
“十五”规划	210	70
“十一五”规划	435	120
“十二五”规划	630	70

在竹浆纸一体化发展战略指引下，十多年来造纸用竹林基地得到迅猛发展，竹浆也紧跟造纸工业发展步伐显著成长。从“十五”开始，一批竹浆产能20万吨/年规模的新厂和10万～15万吨/年规模的扩建厂陆续建成，改变了过去厂小数量多、能耗高、污染重、效率低的状况，使竹材制浆造纸逐步发展壮大起来。

一、竹浆生产量和消费量

据统计，2013—2015年我国竹浆生产量和消费量如表2所示。2014年竹浆生产量和消费量高于2013年和2015年，2015年竹浆生产量和消费量比2013年分别增长4.4%和6.6%，比2014年分别减少7.1%和2.6%，近3年竹浆消费量占纸浆总消费量的比例基本维持不变。

表2　2013—2015年我国竹浆生产量和消费量

	2013年	2014年	2015年
生产量/万吨	137	154	143
消费量/万吨	137	151	146
竹浆占纸浆总消耗量比例/%	1.5	1.6	1.5

二、竹浆生产工艺技术水平

随着近年来竹材制浆的发展，其主要生产工艺技术也日趋完善和成熟，主要路线是借鉴木浆经验并结合竹材特性，以节能环保和清洁生产为目的，兼顾经济效益和社会效益，总体技术达国际先进水平。

（1）化学制浆　竹片以外购为主，堆储后经筛选、洗涤、脱水后仓储，洗涤是重要环节；蒸煮大多采用硫酸盐法低温低能耗置换蒸煮，保护纤维提高得率；洗选漂采用逆流洗涤、封闭筛选、氧脱木素和ECF漂白，成浆白度达85%～87%；浆板抄造大多用气垫干燥技术，后端配切纸理纸机及自动打包线。

（2）碱回收　采用板式或管式蒸发器，采用结晶蒸发技术提高入炉黑液浓度使之达到70%左右；用单汽包低臭型碱炉，高浓臭气也入炉燃烧，配双列四电场静电除尘器，除尘率达99.5%；苛化用传统工艺配压力过滤设备，白液澄清度一般在30毫克/升以内。碱回收率达96%，蒸煮用碱自给率100%。

(3)中段水处理　以预处理+二级生化处理+三级处理为主流，完全做到达标排放，COD_{Cr}一般在80~90毫克/升，AOX远低于12毫克/升的国际标准，排水量40米^3/吨浆或以内。

由于受生产量规模和硅干扰的影响，竹材化学制浆还不能应用石灰回收技术，白泥只能用其他方式进行处理。

三、利用竹浆造纸的近况

竹浆属非木材纤维，其纤维平均长度一般为1.5~2.0毫米，竹浆性能明显优于其他草浆，有些指标甚至优于阔叶木浆。

经过几十年生产经验积累，用竹浆抄造各种纸张的生产工艺技术已经较为成熟。据不完全统计，全国采用竹浆生产的纸张有40多个品种，包含静电复印纸、书写纸、凸版纸、胶版纸、政文纸、招贴纸、扑克牌纸等文化用纸类；有拷贝纸、打字纸、邮封纸等薄页纸类；有牛皮纸、条纹牛皮纸、条纹包装纸、纸袋纸、炸药包装纸、防潮原纸、糖果包装纸等包装纸类；有卷烟纸、皱纹电缆纸等工业技术用纸类；有箱纸板、中性纸、白纸板等纸板类用纸；另外还有用于生活用纸类。

目前使用竹浆最多的三大品种是生活用纸、文化用纸和包装纸。其中，生活用纸和文化用纸完全可以用100%竹浆抄造，其品质上乘，可与阔叶木浆产品媲美。近3年竹浆在生活用纸领域的使用情况见表3。

表3　2013—2015年我国竹浆在生活用纸中的使用情况

	2013年	2014年	2015年
生活用纸生产量/万吨	680.8	736.3	802.4
竹浆用量/万吨	52.9	63.6	69.3
竹浆占比/%	7.2	8.0	8.0

注：数据来源于中国造纸协会生活用纸专业委员会发布的《生活用纸行业年度报告》。

从表3数据可以看出，竹浆在生活用纸中的用量是逐年升高的。可以预计在未来5年竹浆用量将持续增长。

2015年我国主要竹浆生产企业及开工情况见表4。

表4　2015年我国主要竹浆生产企业及开工情况

企业名称	生产浆种	生产能力/(万吨/年)	投产时间	开工情况	备注
四川永丰纸业股份有限公司	漂白硫酸盐竹浆	20	2009	满产	新建
	漂白硫酸盐竹浆	10	2012	满产	扩建
贵州赤天化纸业股份有限公司	漂白硫酸盐竹浆	20	2008	满产	新建
四川宜宾纸业股份有限公司	漂白硫酸盐竹浆	20		试机	新建，2015年8月试机
重庆理文造纸有限公司	漂白硫酸盐竹浆	18	2008	满产	新建
四川天竹竹资源开发有限公司	竹纤维浆粕	12	2014	停机	新建
四川省犍为凤生纸业有限责任公司	漂白硫酸盐竹浆	10	2013	满产	新建
赣州华劲纸业有限公司	漂白硫酸盐木/竹浆	15	2013	满产	新建，竹浆5万吨/年
广东鼎丰纸业有限公司	漂白硫酸盐木/竹浆	12	2006	满产	扩建，竹浆4万吨/年
四川银鸽竹浆纸业有限公司	漂白硫酸盐竹浆	8	2014	满产	扩建
韶能集团韶关南雄珠玑纸业有限公司	硫酸盐竹/木浆	8	2014	满产	

四、竹浆前景展望

1. 竹纤维的特点

竹子是可再生植物，繁殖能力强，一次造林成功后，生长3~5年进入正常采伐期，采伐量是每垅每年20%~30%（不用一次伐光），不伐对生长不利；之后几十年内不需重新造林，只需合理管护即可。竹林对水土保持和生物多样性保护也很好，既利于保护生态环境，又可持续利用。

竹纤维比较细，在2000倍的电子显微镜下观察竹纤维的横切面分层明显，呈中空状态，其透气性是棉纤维的3.5倍，被誉为“会呼吸的纤维皇后”，因此竹纤维产品具备较好透气性和舒适性。

我国竹材生产量约占世界总生产量的 1/3，我国和印度拥有占全球 50% 的竹资源，对有些国家而言竹浆是稀缺资源。

2. 竹材制浆造纸存在的问题

竹材制浆造纸企业规模不大。由于原料季节性收购，收购半径又不能太大，所以目前竹浆厂规模最多在 20 万吨/年左右，不能达到木浆厂 100 万吨/年的规模，因此竹浆产业链集中度偏低。

竹浆价格无明显优势。竹子的种植、管护、砍伐、搬运、切削等工序基本靠人工，随着近年劳动力成本的不断上升，竹片成本也上升，与木片比无价格优势。

竹浆及其纸产品的品牌知名度不高，影响不大。

3. 竹浆的发展展望

如何克服不足发挥优势，是今后竹浆发展的方向。在此提出以下思路。

（1）继续坚定不移地发展竹浆产业　这是市场需要，也是下游产品需要，还可降低我国对进口木浆的依赖度，减少用汇压力。

（2）拓展竹材功能，提升潜在价值　充分发挥竹纤维环保、舒适、健康的特点，在竹纤维纺织品和竹浆生活用纸产品上创新发展，使其功能更具价值。

（3）利用自身优势，加大宣传，扩展中高端市场，提高品牌知名度　竹浆及其产品的特色，需要大力推广，要从整个竹浆产业的高度进行品牌宣传，让其深入人心。

（4）发挥整体效力，实现共同价值　竹浆在我国造纸工业纤维原料中的占比仅 1.6% 左右，单一企业规模较小，只有共同努力才能壮大特色、扩大影响、避免内耗，让整个竹浆产业可持续健康发展。

（赵　琳）

节能减排
环境保护

ENERGY SAVING, DISCHARGE REDUCING AND ENVIRONMENTAL PROTECTION

5

2014 年我国造纸工业主要污染物排放及处理概况

Main Pollutants Emission from Paper Industry and Its Treatment in 2014

一、全国环境统计综述

1. 全国废水及主要污染物排放情况

(1)全国废水排放情况　2014 年，全国废水排放总量716.2 亿吨，同比增长3.0%。其中，工业废水排放量205.3 亿吨，同比减少2.1%，占废水排放总量的28.7%，比2013 年减少1.5 个百分点；城镇生活污水排放量510.3 亿吨，同比增长5.2%，占废水排放总量的71.3%，比2013 年增加1.5 个百分点；集中式污染治理设施废水(不含城镇污水处理厂，下同)排放量0.6 亿吨。2011—2014 年全国废水及主要污染物排放情况见表1。

表1　全国废水及主要污染物排放情况

年份	排放量	排放源				
		合计	工业源	农业源	城镇生活源	集中式污染治理设施
2011	废水/亿吨	659.2	230.9	—	427.9	0.4
	化学需氧量/万吨	2499.9	354.8	1186.1	938.8	20.1
	氨氮/万吨	260.4	28.1	82.7	147.7	2.0
2012	废水/亿吨	684.8	221.6	—	462.7	0.5
	化学需氧量/万吨	2423.7	338.5	1153.8	912.8	18.7
	氨氮/万吨	253.6	26.4	80.6	144.6	1.9
2013	废水/亿吨	695.4	209.8	—	485.1	0.5
	化学需氧量/万吨	2352.7	319.5	1125.8	889.8	17.7
	氨氮/万吨	245.7	24.6	77.9	141.4	1.8
2014	废水/亿吨	716.2	205.3		510.3	0.6
	化学需氧量/万吨	2294.6	311.3	1102.4	864.4	16.5
	氨氮/万吨	238.5	23.2	75.5	138.1	1.7
变化率/%	废水	3.0	-2.1	—	5.2	—
	化学需氧量	-2.5	-2.6	-2.1	-2.9	—
	氨氮	-2.9	-5.7	-3.1	-2.3	—

注：1. 自2011 年起环境统计中增加农业源的污染排放统计，农业源包括种植业、水产养殖业和畜禽养殖业排放的污染物。

2. 集中式污染治理设施排放量指生活垃圾处理厂(场)和危险废物(医疗废物)集中处理(置)厂(场)垃圾渗滤液/废水及其污染物的排放量。

3. 变化率表示与2013 年相比指标的变化情况。

4. 文中所有变化率、占比及数据修约，均是根据原始统计数据进行计算及进位，与表中修约后的数据直接计算可能有所不同，特此说明。下同。

5. 表中数据来源于历年《中国环境统计年报》。下同。

2014 年，废水排放量大于 30 亿吨的省份共 9 个，依次为广东省、江苏省、山东省、河南省、浙江省、四川省、湖南省、河北省和湖北省。9 个省份废水排放总量为 411.5 亿吨，占全国废水排放总量的 57.5%。

（2）全国化学需氧量排放情况 2014 年，全国废水中化学需氧量排放量 2294.6 万吨，同比减少 2.5%。其中，工业废水中化学需氧量排放量 311.3 万吨，同比减少 2.6%，占化学需氧量排放总量的 13.6%，与 2013 年持平；农业源化学需氧量排放量 1102.4 万吨，同比减少 2.1%，占化学需氧量排放总量的 48.0%，比 2013 年增加 0.1 个百分点；城镇生活污水中化学需氧量排放量 864.4 万吨，同比减少 2.9%，占化学需氧量排放总量的 37.7%，比 2013 年减少 0.1 个百分点；集中式污染治理设施废水中化学需氧量排放量 16.5 万吨，其中，生活垃圾处理厂（场）16.4 万吨，危险（医疗）废物集中处理（置）厂（场）992.2 吨。

化学需氧量排放量大于 100 万吨的省份有 10 个，依次为：山东省、广东省、黑龙江省、河南省、河北省、湖南省、辽宁省、四川省、江苏省和湖北省。10 个省份的化学需氧量排放总量为 1325.8 万吨，占全国化学需氧量排放量的 57.8%。

（3）全国氨氮排放情况 2014 年，全国废水中氨氮排放量 238.5 万吨，同比减少 2.9%。其中，工业废水氨氮排放量 23.2 万吨，同比减少 5.7%，占氨氮排放总量的 9.7%，比 2013 年减少 0.3 个百分点；农业源氨氮排放量 75.5 万吨，同比减少 3.1%，占氨氮排放总量的 31.7%，与 2013 年持平；城镇生活污水中氨氮排放量 138.1 万吨，同比减少 2.3%，占氨氮排放总量的 57.9%，比 2013 年增加 0.4 个百分点；集中式污染治理设施废水中氨氮排放量 1.7 万吨，其中，生活垃圾处理厂（场）1.7 万吨，危险（医疗）废物集中处理（置）厂（场）166.4 吨。

氨氮排放量大于 10 万吨的省份有 11 个，依次为：广东省、山东省、湖南省、江苏省、河南省、四川省、湖北省、浙江省、河北省、安徽省和辽宁省。11 个省份的氨氮排放总量为 146.1 万吨，占全国氨氮排放量的 61.2%。

2. 工业行业废水及主要污染物排放情况

（1）工业行业废水排放情况 2014 年，在调查统计的 41 个工业行业中，废水排放量位于前 4 位的行业依次为造纸及纸制品业、化学原料及化学制品制造业、纺织业、煤炭开采和洗选业。4 个行业的废水排放量为 88.0 亿吨，占重点调查工业企业废水排放总量的 47.1%，比 2013 年下降 0.4 个百分点。重点行业废水排放量占工业行业废水排放总量的份额见图 1。

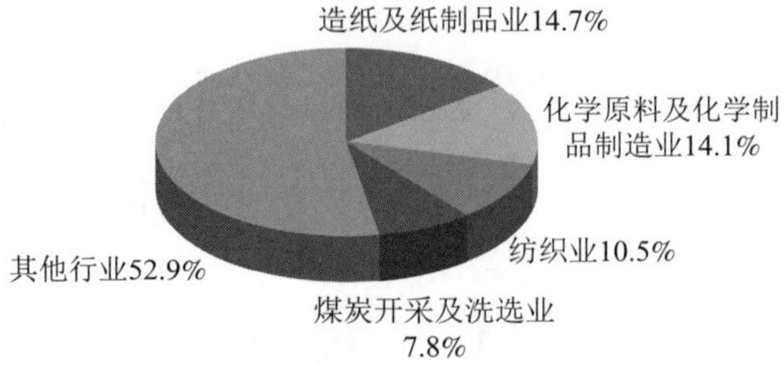

图1 工业行业废水排放情况

注：自2011年起，环境统计按《GB/T4754—2011国民经济行业分类》标准执行分类统计，下同。

2014 年，工业废水排放量前 3 位的省份是江苏省、山东省和广东省，分别占全国工业废水排放量的 10.0%、8.8% 和 8.6%。

（2）工业行业化学需氧量排放情况 2014 年，在调查统计的 41 个工业行业中，化学需氧量排放量位于前 4 位的行业依次为造纸及纸制品业、农副食品加工业、化学原料及化学制品制造业、纺织业。4 个行业的化学需氧量排放量为 149.4 万吨，占重点调查工业企业排放总量的 54.4%，比 2013 年下降 1.0 个百分点。重点工业行业化学需氧量排放量占工业行业化学需氧量排放总量的份额见图 2。

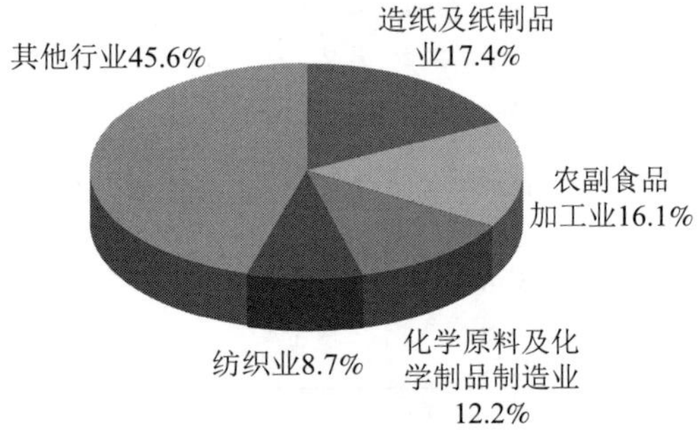

图2 工业行业化学需氧量排放情况

2014 年，工业化学需氧量排放量前 3 位的省（区）依次是广东省、江苏省和新疆维吾尔自治区，分别占全国工业化学需氧量排放量的 7.6%、6.6% 和 6.0%。

（3）工业行业氨氮排放情况 2014 年，在调查统计的 41 个工业行业中，氨氮排放量位于前 4 位的行业依次为化学原料及化学制品制造业、农副食品加工业、纺织业、造纸及纸制品业。4 个行业的氨氮排放量 11.9 万吨，占重点调查工业企业排放总量的 56.3%，比 2013 年下降 2.1 个百分点。重点工业行业氨氮排放量占工业行业氨氮排放总量的份额见图 3。

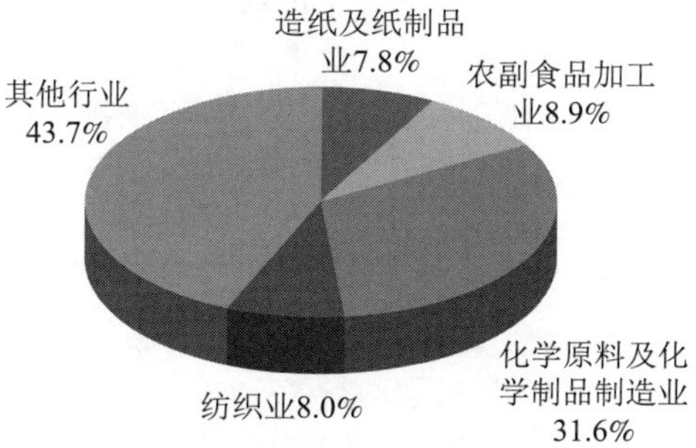

图3　工业行业氨氮排放情况

2014 年，工业氨氮排放量前 3 位的省份依次为湖南省、广东省和江苏省，分别占全国工业氨氮排放量的 9.0%、6.2% 和 5.9%。

3. 全国工业废气及废气中主要污染物排放情况

2014 年，全国工业废气排放量 694190 亿米^3（标态），同比增长 3.7%。废气及主要污染物排放情况见表 2。

表 2　全国废气及主要污染物排放情况

年份	工业废气排放量/亿米^3	二氧化硫排放量/万吨	氮氧化物排放量/万吨	烟（粉）尘排放量/万吨
2011	674509	2217.9	2404.3	1278.8
2012	635519	2117.6	2337.8	1234.3
2013	669361	2043.9	2227.4	1278.1
2014	694190	1974.4	2078.0	1740.8
变化率/%	3.7	−3.4	−6.7	36.2

注：自 2011 年起不再单独统计烟尘和粉尘，统一以烟（粉）尘进行统计。

（1）全国二氧化硫排放情况　2014 年，全国二氧化硫排放量 1974.4 万吨，同比减少 3.4%。其中，工业二氧化硫排放量 1740.4 万吨，同比减少 5.2%，占全国二氧化硫排放总量的 88.1%；城镇生活二氧化硫排放量 233.9 万吨，同比增长 12.1%，占全国二氧化硫排放总量的 11.8%；集中式污染治理设施二氧化硫排放量 0.2 万吨。

2014 年，二氧化硫排放量超过 100 万吨的省（区）依次为山东省、内蒙古自治区、山西省、河南省和河北省，5 个省（区）的二氧化硫排放量占全国排放总量的 32.9%。各地区中，工业和生活二氧化硫排放量最大的省份均是山东省。

（2）全国氮氧化物排放情况　2014 年，全国氮氧化物排放量 2078.0 万吨，同比减少 6.7%。其中，工业氮氧化物排放量 1404.8 万吨，同比减少 9.1%，占全国氮氧化物排放总量的 67.6%；生活氮氧化物排放量 45.1 万吨，同比增长 10.6%，占全国氮氧化物排放总量的 2.2%；机动车氮氧化物排放量 627.8 万吨，同比减少 2.0%，占全国氮氧化物排放总量的 30.2%；集中式污染治理设施氮氧化物排放量 0.3 万吨。

2014 年，氮氧化物排放量超过 100 万吨的省（区）依次为山东省、河北省、河南省、内蒙古自治区、江苏省、广东省和山西省，7 个省（区）氮氧化物排放量占全国氮氧化物排放总量的 44.3%。工业氮氧化物排放量最大的省份是山东省。

（3）全国烟（粉）尘排放情况　2014 年，全国烟（粉）尘排放量 1740.8 万吨，同比增长 36.2%。其中，工业烟（粉）尘排放量 1456.1 万吨，同比增长 33.0%，占全国烟（粉）尘排放总量的 83.6%；生活烟（粉）尘排放量 227.1 万吨，同比增长 83.3%，占全国烟（粉）尘排放总量的 13.0%；机动车颗粒物排放量 57.4 万吨，同比减少 3.5%，占全国烟（粉）尘排放总量的 3.3%；集中式污染治理设施烟（粉）尘排放量 0.2 万吨。

2014 年，烟（粉）尘排放量超过 100 万吨的省（区）依次为河北省、山西省、山东省、辽宁省和内蒙古自治区，5 个省（区）烟（粉）尘排放量占全国烟（粉）尘排放总量的 38.2%。各地区中，工业烟（粉）尘排放量最大的省份是河北省。

4. 全国工业固体废物产生及处理情况

2014 年，全国一般工业固体废物产生量 32.6 亿吨，同比减少 0.6%；综合利用量为 20.4 亿吨，同比减少 0.8%；综合利用率为 62.1%；贮存量为 4.5 亿吨，同比增长 5.6%；处置量为 8.0 亿吨，同比减少 3.0%；倾倒丢弃量为 59.4 万吨，同比减少 54.1%。2011—2014 年全国一般工业固体废物产生及处理情况见表 3。

表 3　2011—2014 年全国一般工业固体废物产生及处理情况　单位：万吨

年份	产生量	综合利用量	贮存量	处置量	倾倒丢弃量
2011	322722.3	195214.6	60424.3	70465.3	433.3
2012	329044.3	202461.9	59786.3	70744.8	144.2
2013	327701.9	205916.3	42634.2	82969.5	129.3
2014	325620.0	204330.2	45033.2	80387.5	59.4
变化率/%	−0.6	−0.8	5.6	−3.0	−54.1

注：1. 综合利用量包括综合利用往年贮存量，处置量包括处置往年贮存量。
2. 工业固体废物综合利用率 = 工业固体废物综合利用量/（工业固体废物产生量 + 综合利用往年贮存量）。

2014 年，一般工业固体废物产生量较大的省(区)为：河北省(41927.6 万吨，占全国工业企业产生量的 12.9%)，山西省(30198.7 万吨，占全国工业企业产生量的 9.3%)，辽宁省(28666.3 万吨，占全国工业企业产生量的 8.8%)，内蒙古自治区(23191.3 万吨，占全国工业企业产生量的 7.1%)，山东省(19199.4 吨，占全国工业企业产生量的 5.9%)。一般工业固体废物综合利用率较高的省份为：天津市、上海市、江苏省、浙江省和山东省，均高于 90%。

2014 年，全国工业危险废物产生量为 3633.5 万吨，同比增长 15.1%；综合利用量为 2061.8 万吨，同比增长 21.3%；处置量为 929.0 万吨，同比增长 32.5%；贮存量为 690.6 万吨，同比减少 14.8%。工业危险废物处置利用率为 81.2%，比 2013 年增加了 6.4 个百分点。

二、造纸及纸制品业环境统计情况

1. 造纸及纸制品业废水及主要污染物排放情况

2014 年，调查统计造纸及纸制品企业 4664 家，比 2013 年的 4856 家减少 192 家，其中，有制浆和(或)造纸生产工艺的企业 3642 家，共拥有废水治理设施 3648 套。2014 年造纸及纸制品业废水排放总量为 27.6 亿吨，同比减少 3.2%，占工业行业废水排放总量的 14.7%。废水中化学需氧量排放量为 47.8 万吨，同比减少 10.3%，占工业行业化学需氧量排放总量的 17.4%；废水中氨氮排放量为 1.6 万吨，同比减少 11.1%，占工业行业氨氮排放总量的 7.8%。2011—2014 年造纸及纸制品业废水排放及处理情况见表 4。

表 4　　2011—2014 年造纸及纸制品业废水排放及处理情况

项目	2011 年	2012 年	2013 年	2014 年
汇总工业企业数/个	5871	5235	4856	4664
工业废水排放量/万吨	382264.6	342717.3	285451.9	275501.3
其中：直接排入环境的排放量/万吨	341237.0	301484.0	242348.7	235695.0
排入废水处理厂的排放量/万吨	41027.6	41233.3	43103.3	39806.3
工业废水处理量/万吨	550236.6	438658.6	400696.3	374418.7
废水治理设施/套	5122	4574	4006	3648
废水治理设施处理能力/(万吨/日)	2709.1	2821.2	2409.5	2192.3
废水治理设施年运行费用/万元	610290.0	603670.7	578579.9	568583.6
工业废水中污染物产生量/吨				
其中：化学需氧量	666336.8	5700614.9	5079414.2	4708935.0
氨氮	60705.1	56081.8	52306.1	53660.7
石油类	262.8	361.4	551.4	524.7
挥发酚	266.1	239.2	1259.0	223.6
氰化物	0.2	0.1	0.1	0.1
六价铬	—	0.035	0.020	0.020
总铬	0.075	0.211	0.063	0.064
铅	0.099	0	0.088	—
砷	0.675	0.666	0.012	0.016
工业废水中污染物排放量/吨				
其中：化学需氧量	741672.3	623220.5	533014	478190.0
氨氮	25052.7	20698.9	17779	16319.4
石油类	66.5	71.7	164.6	195.4
挥发酚	90.7	59.9	54.3	51.5
六价铬	—	0	0	—
总铬	0.016	0.093	0.013	0.013
铅	0.098	0	0	—
砷	0.675	0.666	0.002	0.002

造纸及纸制品业废水排放量前 5 位的省份依次为：广东省、山东省、浙江省、河北省和河南省，5 个省份造纸及纸制品业废水排放量为 13.4 亿吨，占该行业重点调查工业企业废水排放量的 48.8%；

化学需氧量排放量前5位的省(区)依次为：广东省、广西壮族自治区、宁夏回族自治区、湖南省和河北省，5个省(区)造纸及纸制品业化学需氧量排放量为21.2万吨，占该行业重点调查工业企业化学需氧量排放量的44.3%；氨氮排放量前5位的省(区)依次为：河北省、山东省、广东省、湖南省和广西壮族自治区，5个省(区)造纸及纸制品业氨氮排放量为0.7万吨，占该行业重点调查工业企业氨氮排放量的45.8%。

2014年，造纸及纸制品业工业用水总量为119.6亿吨，同比减少1.2%。其中，取水量335512.4万吨，同比减少2.6%。各地区取水量位于前5位的省份分别为：广东省、浙江省、山东省、湖南省和河北省，占取水量总量的51.4%。2014年制浆及造纸行业废水产生量为369826.4万吨，同比减少2.3%；化学需氧量产生量为408.0万吨，同比减少12.2%。废水产生量前5位的省份为：浙江省、广东省、山东省、河南省和河北省；化学需氧量产生量前5位的省(区)为：浙江省、山东省、河南省、广东省和江苏省(见表5和表6)。

表5　　历年造纸及纸制品业用水情况

年份	工业用水总量/万吨	其中		工业总产值（现价）/亿元	专职环保人员数/人
		取水量/万吨	重复用水量/万吨		
2001	573679	355526	218153	1207.0	14017
2002	602054	365503	236551	1350.2	14495
2003	610900	364264	246636	1668.0	13516
2004	687566	372609	314957	1978.3	14788
2005	766593	424978	341615	2322.5	14521
2006	892355	440076	452279	2885.4	15596
2007	1003747	488216	515531	3934.0	24342
2008	1089551	488440	601112	5195.8	21013
2009	1084418.4	465933.0	618485.4	4322.8	18644
2010	1233873.6	461484.6	772389.0	5149.4	18304
2011	1287691.7	455926.1	831765.6	6764.5	—
2012	1212955.4	407844.2	805111.2	7125.8	—
2013	1211333.1	344578.2	866754.8	7051.5	—
2014	1196529.8	335512.4	861017.4	7256.3	—

表6　　2014年各地区制浆造纸行业污染排放及处理情况

地区名称	汇总工业企业数/个	造纸生产线/条	化学浆生产线/条	化机浆生产线/条	废纸浆生产线/条	取水量/万吨				
						总计	造纸生产线	化学浆生产线	化机浆生产线	废纸浆生产线
全　国	4664	3135	438	359	1563	264073.1	162861.1	47686.3	3760.2	49765.4
北　京	15	4	0	0	1	33.0	33.0	0	0	0
天　津	64	17	0	1	4	1206.1	242.9	0	9	954.3
河　北	348	288	11	5	144	20818.7	12876.2	337.4	6.8	7598.4
山　西	49	34	2	0	22	1956.9	921.7	131.3	0	903.9
内蒙古	30	8	2	1	7	539.8	237.1	207.7	0	94.9
辽　宁	89	37	4	1	11	2867.2	2011.5	95.3	175.4	585.1

续表

地区名称	汇总工业企业数/个	造纸生产线/条	化学浆生产线/条	化机浆生产线/条	废纸浆生产线/条	取水量/万吨				
						总计	造纸生产线	化学浆生产线	化机浆生产线	废纸浆生产线
吉 林	46	39	7	6	17	5663.2	1821.2	3049.8	89.7	702.5
黑龙江	47	34	11	7	14	2433.5	1735.3	349.4	40	308.8
上 海	57	21	0	0	2	1175.7	920.4	0	0	255.3
江 苏	189	146	48	45	71	14173.7	12873.3	335.9	0	964.6
浙 江	511	372	68	66	97	29051.3	26582.1	10.3	0	2458.9
安 徽	146	81	3	10	46	5408.6	3669.0	193.6	31.5	1514.5
福 建	300	225	13	8	137	8345.7	3740.4	1690.3	171.6	2743.4
江 西	144	83	3	3	80	5002.2	2173.9	909.3	108.5	1810.5
山 东	261	177	40	29	77	28172.0	15097.6	9425.2	762.3	2886.9
河 南	251	144	24	13	90	19321.9	9040.4	4352.2	726.1	5203.2
湖 北	90	74	11	11	38	9492.8	5607.7	1406.2	105.6	2373.3
湖 南	355	286	46	38	162	21011.3	12020.1	3999.4	134.2	4857.6
广 东	789	474	39	54	225	36779.8	29092.0	2481.4	63.4	5143.0
广 西	164	115	28	10	44	17541.0	6775.3	8396.6	995.0	1374.2
海 南	5	4	1	0	1	4209.0	885.3	3305.3	0	18.5
重 庆	71	59	7	3	26	5019.2	1873.0	991.4	0	2154.9
四 川	396	206	27	22	128	12132.4	6876.3	2485.5	18.9	2151.7
贵 州	38	25	4	3	9	1165.1	533.0	419.0	0	213.1
云 南	110	71	13	7	32	4293.8	2564.4	1288.9	17.5	423.0
西 藏	1	1	0	0	1	4.1	4.1	0	0	0
陕 西	52	27	8	7	25	2275.6	625.0	270.8	304.9	1074.8
甘 肃	13	11	5	2	5	1088.1	677.5	297.8	0	112.7
青 海	0	0	0	0	0	0	0	0	0	0
宁 夏	17	9	5	0	2	1945.7	776.0	1119.8	0	49.9
新 疆	116	63	8	7	45	945.7	575.5	136.5	0	233.7

地区名称	废水产生量/万吨					化学需氧量产生量/吨				
	总计	造纸生产线	化学浆生产线	化机浆生产线	废纸浆生产线	总计	造纸生产线	化学浆生产线	化机浆生产线	废纸浆生产线
全 国	369826.4	240507.6	54636.1	4566.6	70116.2	4080257.8	2411557.1	737076.4	157152.0	774472.3
北 京	25.8	25.8	0	0	0	156.5	109.3	0	0	47.2
天 津	1713.7	1076.8	0	69.8	567.1	32563.9	29294.9	0	697.5	2571.5
河 北	26799.8	16419.7	364.6	5.4	10010.1	221078.3	133768.2	1190.0	108.0	86012.0
山 西	2478.0	1209.7	300.7	0	967.6	14678.5	5425.6	1016.3	0	8236.6
内蒙古	536.9	234.5	207.7	0	94.6	4758.0	1486.9	1596.0	0	1675.1
辽 宁	2646.8	1640.3	492.7	40.2	473.7	39469.5	19489.4	6598.0	5812.5	7569.7
吉 林	5174.9	1628.9	2616.4	92.7	836.8	106244.5	43491.2	29323.6	22969.8	10459.9

续表

地区名称	废水产生量/万吨					化学需氧量产生量/吨				
	总计	造纸生产线	化学浆生产线	化机浆生产线	废纸浆生产线	总计	造纸生产线	化学浆生产线	化机浆生产线	废纸浆生产线
黑龙江	3161.9	2782.6	279.8	40.0	59.5	25899.0	16651.2	8498.8	288.7	460.3
上　海	782.8	493.6	0	0	289.2	4454.9	3281.4	0	0	1173.5
江　苏	13609.3	11724.0	340.9	0	1544.4	226311.7	199968.3	2658.0	0	23685.4
浙　江	71758.4	69247.0	10.3	0	2501.1	900652.1	878215.1	247.3	0.1	22189.6
安　徽	5382.6	3071.7	193.6	8.6	2108.8	82255.9	42373.3	3208.4	119.9	36554.3
福　建	14134.4	8484.3	1628.8	118.5	3902.8	185089.2	104412.9	2194.1	5586.4	72895.9
江　西	4911.2	2066.4	829.6	99.3	1916.0	95106.7	27761.3	7902.1	14937.5	44505.8
山　东	34173.3	17848.2	10193.3	752.1	5379.6	534590.3	199668.1	175792.1	36958.5	122171.6
河　南	31178.0	11112.0	13174.9	1476.1	5415.1	340058.6	124947.2	127595.8	31180.8	56334.7
湖　北	9981.6	5982.5	1297.2	221.5	2480.4	93094.1	40440.9	16664.6	9987.5	26001.1
湖　南	19557.7	11160.3	3241.5	132.1	5023.7	193062.8	97967.2	39630.4	7525.3	47940.0
广　东	63126.5	44030.9	3368.3	337.2	15390.3	325006.8	204924.4	30539.1	1323.6	88219.6
广　西	18092.0	7487.6	8234.8	757.4	1612.2	225086.8	61477.9	132170.9	12037.9	19400.1
海　南	2890.1	513.4	2374.2	0	2.5	48362.5	5430.5	42904.0	0	28.0
重　庆	4895.6	1883.8	473.4	0	2538.5	74801.8	28240.4	7681.6	0	38879.9
四　川	15489.9	8755.3	2076.6	64.5	4593.5	116416.3	63266.5	29478.3	268.6	23402.9
贵　州	808.1	404.4	224.2	0	179.5	4728.8	2927.8	896.1	0.1	904.8
云　南	10624.0	8555.7	1152.7	14.4	901.2	31202.2	12872.2	11125.6	864.2	6340.1
西　藏	7.9	7.9	0	0	0	282.0	141.0	0	0	141.0
陕　西	2412.9	890.7	252.6	337.0	932.7	48238.5	15782.1	8469.3	6485.1	17501.9
甘　肃	890.1	566.1	257.6	0	66.4	15071.1	8482.1	3097.0	0	3492.0
青　海	0	0	0	0	0	0	0	0	0	0
宁　夏	1549.9	533.4	970.5	0	45.9	79704.5	32908.0	45948.6	0	847.8
新　疆	1032.2	670.0	79.1	0	283.2	11832.0	6351.7	650.5	0	4829.8

2. 造纸及纸制品业废气及主要污染物排放情况

2014 年造纸及纸制品业废气排放总量为 6700.4 亿米^3，同比减少 0.3%；共拥有废气治理设施 4856 套，同比减少 105 套。其中，二氧化硫排放量为 41.2 万吨，同比减少 8.2%；氮氧化物排放量为 19.4 万吨，基本维持不变；烟粉尘排放量为 14.2 万吨，同比减少 4.7%。2011—2014 年造纸及纸制品业废气排放及处理情况见表 7。

表 7　2011—2014 年造纸及纸制品业废气排放及处理情况

项目	2011 年	2012 年	2013 年	2014 年
废气排放总量/亿米^3	17093.9	6146.0	6720.6	6700.4
废气治理设施数/套	6052	5489	4961	4856
废气治理设施处理能力/(万米^3/时)	20627.2	17510.1	17665.6	17717.7
废气治理设施 2014 年运行费用/万元	246844.0	162604.7	163132.3	172519.3
二氧化硫产生量/万吨	85.1	75.0	69.1	73.2

续表

项目	2011年	2012年	2013年	2014年
二氧化硫排放量/万吨	54.3	49.7	44.9	41.2
氮氧化物产生量/万吨	22.5	21.0	19.6	20.7
氮氧化物排放量/万吨	22.1	20.7	19.3	19.4
烟(粉)尘产生量/万吨	551.8	468.8	472.1	438.0
烟(粉)尘排放量/万吨	20.7	16.7	14.9	14.2

3. 造纸及纸制品业工业固体废弃物排放及处理情况

2014年造纸及纸制品业一般工业固体废物产生量为2170万吨，同比增长5.6%；利用量为1812万吨，同比增长4.5%；处置量为347万吨，同比增长9.5%；综合利用率为83.5%，同比减少0.9个百分点。危险废物产生量为491万吨，同比增长59.4%；危险废物综合利用量为474万吨，同比增长64.6%；危险废物处置量为17万吨，同比减少15.0%。2011—2014年造纸及纸制品业工业固体废物排放及处理情况见表8。

表8　2011—2014年造纸及纸制品业工业固体废物排放及处理情况

项目	2011年	2012年	2013年	2014年
一般工业固体废物产生量/万吨	1482	2168	2055	2170
一般工业固体废物利用量/万吨	2133	1926	1734	1812
一般工业固体废物处置量/万吨	321	231	317	347
一般工业固体废物贮存量/万吨	38	13	7	16
一般工业固体废物倾倒丢弃量/万吨	1	0	1	1
一般工业固体废物综合利用率/%	85.9	88.7	84.4	83.5
危险废物产生量/万吨	746	715	308	491
危险废物综合利用量/万吨	487	667	288	474
危险废物处置量/万吨	259	48	20	17
危险废物处置利用率/%	—	100	100	—

4. 造纸及纸制品业工业煤炭消耗和炉窑、锅炉情况

2014年造纸及纸制品业工业煤炭消耗量为4921.7万吨，比2013年的4723.7万吨增加198万吨，同比增长4.2%。其中，燃料煤消耗量4905.0万吨，比2013年的4705.1增加199.9万吨。

2014年造纸及纸制品业工业炉窑数384台，比2013年的371台增加13台。工业锅炉数4675台，比2013年的5013台减少338台，同比减少6.7%，其中，35蒸吨及以上工业锅炉544台，20(含)~35蒸吨锅炉225台，10(含)~20蒸吨锅炉764台，10蒸吨以下锅炉3142台。

（杨　扬）

制浆造纸建设项目环境影响评价文件审批原则(试行)

Approval Principles of Environmental Impact Assessment Documents for Paper Industry's Construction Projects (on Trial)

环境保护部　发布

第一条　本原则适用于以植物(木材、其他植物)或废纸等为原料生产纸浆和以纸浆为原料生产纸张、纸板等产品的制浆造纸建设项目及其配套的原料林基地工程环境影响评价文件的审批。

第二条　项目符合国家环境保护相关法律法规和政策要求,符合造纸行业相关产业结构调整、落后产能淘汰要求。

第三条　项目选址符合主体功能区规划、环境保护规划、造纸发展规划、城市总体规划、土地利用规划、环境功能区划及其他相关规划要求,涉海项目符合近岸海域环境功能区划及海洋功能区划要求。原料林基地工程选址符合林业发展规划、生态功能区划、土地利用规划及其他相关规划要求。

新建、扩建项目应位于产业园区,并符合园区规划及规划环境影响评价要求;原则上避开居民集中区、医院、学校等环境敏感区。不予批准位于自然保护区、风景名胜区、饮用水水源保护区、永久基本农田等环境敏感区的项目和严重缺水地区、城市建成区内的新建、扩建项目。原料林基地工程选址避开水土流失重点防治区、生态公益林、饮用水水源保护区等环境敏感区域,严重缺水地区禁止建设灌溉型林基地工程。

第四条　采用先进适用的技术、工艺和装备,清洁生产水平达到国内同行业清洁生产先进水平。

第五条　污染物排放总量满足国家和地方相关要求,有明确的总量来源及具体的平衡方案。特征污染物排放量满足相应的控制指标要求。

第六条　自备热电站锅炉、碱回收炉、石灰窑炉、硫酸制备装置采取合理的脱硫、脱硝和除尘措施,漂白、二氧化氯制备等环节采取有效的废气治理措施;优化蒸煮、洗涤、蒸发、碱回收等的设备选型,具有恶臭、VOCs 等无组织气体排放的环节(如废水处理和污泥处置等)密闭收集废气并采取先进技术妥善处理,减少恶臭和 VOCs 等无组织废气排放。热电站锅炉满足《GB13223 火电厂大气污染物排放标准》要求,65 蒸吨/时以上碱回收炉参照《GB13223 火电厂大气污染物排放标准》要求,65 蒸吨/时及以下碱回收炉参照《GB13271 锅炉大气污染物排放标准》中生物质成型燃料锅炉的排放控制要求执行,其他常规和特征污染物排放满足《GB16297 大气污染物综合排放标准》《GB9078 工业炉窑大气污染物排放标准》《GB14554 恶臭污染物排放标准》等要求。国家和地方另有严格要求的按其规定执行。京津冀、长三角、珠三角等区域新建项目不得配套建设自备燃煤电站。

合理设置环境防护距离,环境防护距离内已有居民区、学校、医院等环境敏感目标的,应提出可行的处置方案。

第七条　强化节水措施,减少清水用量。取用地表水不得挤占生态用水、生活用水、农业用水等。

废水分类收集、分质处理、优先回用。制浆工艺采取低污染制浆技术,碱法制浆设置碱回收系统,铵法制浆设置木素提取系统。漂白工艺不得采用元素氯漂白工艺。废水依托园区公共污水处理系统处理的,在厂内进行预处理,常规污染物和特征污染物排放均满足相关标准和纳管要求。外排废水满足《GB3544 制浆造纸工业水污染物排放标准》要求。

采取分区防渗等措施,有效防范对地下水环境的不利影响。

第八条 按照“减量化、资源化、无害化”的原则，对固体废物进行处理处置。固体废物贮存和处置满足相关污染控制技术规范和标准要求。

第九条 优化平面布置，优先选用低噪声设备，对高噪声设备采取降噪措施，厂界噪声满足《GB12348 工业企业厂界环境噪声排放标准》要求。

第十条 厂区内重大危险源布局合理，提出有效的环境风险防范和应急措施。事故废水有效收集和妥善处理，不直接进入外环境。针对项目可能产生的环境风险制定有效的风险防范和应急措施，建立项目及区域环境风险防范与应急管理体系，提出运行期环境风险应急预案编制要求。

第十一条 改、扩建项目全面梳理现有工程存在的环保问题，提出整改措施。

第十二条 选择树种适宜，采取有效措施，种植、采伐、施肥方式科学，清林整地、造林、抚育、采伐、更新等过程符合生态环境保护及工业人工林生态环境管理相关要求，项目对环境的不利影响可得到控制和减缓，能够维护生物多样性和生态系统稳定、安全。对滥砍滥伐、水土流失、病虫害、面源污染等引发的环境风险提出合理有效的环境风险防范和应急措施，项目对生态的不利影响可得到控制和减缓。

第十三条 环境质量现状满足环境功能区要求的区域，项目实施后环境质量仍满足功能区要求；环境质量现状不能满足环境功能区要求的区域，进一步强化项目污染防治措施，并提出有效的区域削减措施，改善区域环境质量。

第十四条 明确项目实施后的环境管理要求和环境监测计划。制定完善的环境质量、常规和特征污染物排放、生态等的监测计划。按照国家规定，提出污染物排放自动监控要求并与环保部门联网。

第十五条 按相关规定开展信息公开和公众参与。

第十六条 环评文件编制规范，符合资质管理规定和环评技术标准要求。

制浆造纸行业清洁生产评价指标体系

Cleaner Production Assessment Index System of Paper Industry

国家发展和改革委、环境保护部、工业和信息化部　发布

为贯彻《中华人民共和国环境保护法》和《中华人民共和国清洁生产促进法》，指导和推动制浆造纸企业依法实施清洁生产，提高资源利用率，减少和避免污染物的产生，保护和改善环境，制定制浆造纸行业清洁生产评价指标体系(以下简称“指标体系”)。

本指标体系依据综合评价所得分值将清洁生产等级划分为三级，Ⅰ级为国际清洁生产领先水平；Ⅱ级为国内清洁生产先进水平；Ⅲ级为国内清洁生产基本水平。随着技术的不断进步和发展，本评价指标体系将适时修订。

本指标体系起草单位：中国轻工业清洁生产中心、中国环境科学研究院、中国造纸协会。

本指标体系由国家发展和改革委、环境保护部会同工业和信息化部联合发布。

本指标体系由国家发展和改革委、环境保护部会同工业和信息化部负责解释。

本指标体系自公布之日起试行。

一、适用范围

本指标体系规定了制浆造纸企业清洁生产的一般要求。本指标体系将清洁生产指标分为六类，即生产工艺及设备要求、资源和能源消耗指标、资源综合利用指标、污染物产生指标、产品特征指标和清洁生产管理指标。

本指标体系适用于制浆造纸企业的清洁生产评价工作。

本指标体系不适用本体系中未涉及的纸浆、纸及纸板的清洁生产评价。

二、规范性引用文件

本指标体系内容引用了下列文件中的条款。凡不注明日期的引用文件，其有效版本适用于指标体系。

GB 11914　水质 化学耗氧量的测定 重铬酸盐法

GB 17167　企业能源计量器具配备和管理导则

GB 18597　危险废物贮存污染控制标准

GB 18599　一般工业固体废物贮存、处置场污染控制标准

GB 24789　用水单位水计量器具配备和管理通则

GB/T 15959　水质 可吸附有机卤素(AOX)的测定 微库仑法

GB/T 18820　工业企业产品取水定额编制通则

GB/T 24001　环境管理体系 要求及使用指南

GB/T 27713　非木浆碱回收燃烧系统能量平衡及能量效率计算方法

HJ 617　企业环境报告书编制导则

HJ/T 205　环境标志产品技术要求 再生纸制品

HJ/T 410　环境标志产品技术要求 复印纸

QB 1022　制浆造纸企业综合能耗计算细则

《危险化学品安全管理条例》(中华人民共和国国务院令 第591号)

《环境信息公开办法(试行)》(国家环境保护总局令 第35号)

《排污口规范化整治技术要求(试行)》(国家环保局环监[1996]470号)

《清洁生产评价指标体系编制通则》(试行稿)(国家发展和改革委、环境保护部、工业和信息化部 2013 年第 33 号公告)

三、术语和定义

GB/T 18820、HJ/T 205、HJ/T 410、《清洁生产评价指标体系编制通则》(试行稿)所确立的以及下列术语和定义适用于本指标体系。

(一)清洁生产

不断采取改进设计、使用清洁的能源和原料、采用先进的工艺技术与设备、改善管理、综合利用等措施，从源头削减污染，提高资源利用效率，减少或者避免生产、服务和产品使用过程中污染物的产生和排放，以减轻或者消除对人类健康和环境的危害。

(二)清洁生产评价指标体系

由相互联系、相对独立、互相补充的系列清洁生产水平评价指标所组成的，用于评价清洁生产水平的指标集合。

(三)污染物产生指标(末端处理前)

即产污系数，指单位产品的生产(或加工)过程中，产生污染物的量(末端处理前)。本指标体系主要是水污染物产生指标。水污染物产生指标包括污水处理装置入口的污水量和污染物种类、单排量或浓度。

(四)指标基准值

为评价清洁生产水平所确定的指标对照值。

(五)指标权重

衡量各评价指标在清洁生产评价指标体系中的重要程度。

(六)指标分级

根据现实需要，对清洁生产评价指标所划分的级别。

(七)清洁生产综合评价指数

根据一定的方法和步骤，对清洁生产评价指标进行综合计算得到的数值。

(八)碱回收率

指经碱回收系统所回收的碱量(不包括由于芒硝还原所得的碱量)占同一计量时间内制浆过程所用总碱量(包括漂白工序之前所有生产过程的耗碱总量，但不包括漂白工序消耗的碱量)的质量百分比。

(九)水重复利用率

指在一定的计量时间内，生产过程中使用的重复利用水量(包括循环利用的水量和直接或经处理后回收再利用的水量)与总用水量之比。

(十)黑液提取率

指在一定计量时间内洗涤过程所提取黑液中的溶解性固形物占同一计量时间内制浆(指漂白之前的所有工艺)生产过程所产生的全部溶解性固形物的质量百分比。

四、评价指标体系

(一)指标选取说明

本评价指标体系根据清洁生产的原则要求和指标的可度量性，进行指标选取。根据评价指标的性质，可分为定量指标和定性指标两种。

定量指标选取了有代表性的、能反映“节能”“降耗”“减污”和“增效”等有关清洁生产最终目标的指标，综合考评企业实施清洁生产的状况和企业清洁生产程度。定性指标根据国家有关推行清洁生产的产业发展和技术进步政策、资源环境保护政策规定以及行业发展规划选取，用于考核企业对有关政策法规的符合性及其清洁生产工作实施情况。

(二)指标基准值及其说明

在定量评价指标中，各指标的评价基准值是衡量该项指标是否符合清洁生产基本要求的评价基准。本评价指标体系确定各定量评价指标的评价基准值的依据是：凡国家或行业在有关政策、法规及相关规定中，对该项指标已有明确要求的，执行国家要求的指标值；凡国家或行业对该项指标尚无明确要求的，则选用国内重点大中型制浆造纸企业近年来清洁生产所实际达到的中上等以上水平的指标值。在定性评价指标体系中，衡量该项指标是否贯彻执行国家有关政策、法规的情况，按“是”或“否”两种选择来评定。

(三)指标体系

不同类型制浆造纸企业清洁生产评价指标体系的各评价指标、评价基准值和权重值见表 1 ~ 表 13。

表 1　　**漂白硫酸盐木（竹）浆评价指标项目、权重及基准值**

序号	一级指标	一级指标权重	二级指标		单位	二级指标权重	Ⅰ级基准值	Ⅱ级基准值	Ⅲ级基准值
1	生产工艺及设备要求	0.3	原料			0.05	符合国家有关森林管理的规定及林纸一体化相关规定的木片（竹片）		
2			备料			0.15	干法剥皮，冲洗水循环利用或直接采购木片（竹片）		
3			蒸煮工艺			0.2	低能耗连续或间歇蒸煮，氧脱木素		低能耗连续或间歇蒸煮
4			洗涤工艺			0.15	多段逆流洗涤		
5			筛选工艺			0.15	全封闭压力筛选		压力筛选
6			漂白工艺			0.2	TCF[b] 或 ECF[c] 漂白		
7			碱回收工艺			0.1	有污冷凝水汽提、臭气收集和焚烧、副产品回收、热电联产		碱回收设施配套齐全，运行正常
8	资源和能源消耗指标	0.2	*单位产品取水量	木浆	米^3/吨风干浆	0.5	33	38	60
				竹浆			38	43	65
9			*单位产品综合能耗（外购能源）	木浆	千克标准煤/吨风干浆	0.5	160	330	420
				竹浆[a]			280	380	550
10	资源综合利用指标	0.2	*黑液提取率	木浆	%	0.1	99	97	96
				竹浆			98	95	93
11			*碱回收率	木浆	%	0.26	98	96	94
				竹浆			96	94	93
12			*碱炉热效率	木浆	%	0.23	72	70	68
				竹浆			66	62	58
13			白泥综合利用率	*木浆	%	0.1	98	95	92
				竹浆			60	40	20
14			水重复利用率		%	0.17	90	85	80
15			锅炉灰渣综合利用率		%	0.07	100	100	100
16			备料渣（指木屑、竹屑等）综合利用率		%	0.07	100	100	100

续表

序号	一级指标	一级指标权重	二级指标		单位	二级指标权重	Ⅰ级基准值	Ⅱ级基准值	Ⅲ级基准值
17	污染物产生指标	0.15	*单位产品废水产生量	木浆	米^3/吨风干浆	0.47	28	32	50
				竹浆			32	36	55
18			*单位产品COD_{Cr}产生量	木浆	千克/吨风干浆	0.33	30	37	42
				竹浆			38	45	55
19			可吸附有机卤素（AOX）产生量	木浆	千克/吨风干浆	0.2	0.2	0.35	0.6
				竹浆			0.3	0.45	0.6
20	清洁生产管理指标	0.15	参见表7[d]						

注：1. 带*的指标为限定性指标，下同。
2. 化学品制备只包括二氧化氯、二氧化硫和氧气的制备；
a. 竹浆综合能耗（外购能源）不包括石灰窑所用能源；
b. TCF：全无氯漂白；
c. ECF：无元素氯漂白；
d. 表7计算结果为本表的一部分，计算方法与本表其他指标相同。

表2　本色硫酸盐木（竹）浆评价指标项目、权重及基准值

序号	一级指标	一级指标权重	二级指标	单位	二级指标权重	Ⅰ级基准值	Ⅱ级基准值	Ⅲ级基准值
1	生产工艺及设备要求	0.3	原料		0.1	符合国家有关森林管理的规定及林纸一体化相关规定的木片（竹片）		
2			备料		0.1	干法剥皮，冲洗水循环利用或直接采购木片（竹片）		
3			蒸煮工艺		0.15	低能耗连续或间歇蒸煮		
4			洗涤工艺		0.2	多段逆流洗涤		
5			筛选工艺		0.2	全封闭压力筛选	压力筛选	改进传统的筛选
6			碱回收工艺		0.25	有污冷凝水汽提、臭气收集和焚烧、副产品回收、热电联产		碱回收设施配套齐全，运行正常

续表

序号	一级指标	一级指标权重	二级指标		单位	二级指标权重	Ⅰ级基准值	Ⅱ级基准值	Ⅲ级基准值
7	资源和能源消耗指标	0.2	＊单位产品取水量	木浆	米^3/吨风干浆	0.5	20	25	50
				竹浆			23	30	50
8			＊单位产品综合能耗（外购能源）	木浆	千克标准煤/吨风干浆	0.5	110	200	300
				竹浆			200	250	350
9	资源综合利用指标	0.2	＊黑液提取率	木浆	%	0.1	99	98	96
				竹浆			98	95	93
10			＊碱回收率	木浆	%	0.26	97	95	92
				竹浆			95	92	90
11			＊碱炉热效率	木浆	%	0.23	70	68	66
				竹浆			64	60	56
12			白泥综合利用率	＊木浆	%	0.1	98	90	85
				竹浆			60	40	20
13			水重复利用率		%	0.17	90	85	80
14			锅炉灰渣综合利用率		%	0.07	100	100	100
15			备料渣（指木屑、竹屑等）综合利用率		%	0.07	100	100	100
16	污染物产生指标	0.15	＊单位产品废水产生量	木浆	米^3/吨风干浆	0.67	16	20	42
				竹浆			18	25	42
17			＊单位产品 COD_{Cr}产生量	木浆	千克/吨风干浆	0.33	10	18	32
				竹浆			18	25	37
18	清洁生产管理指标	0.15	参见表 7[a]						

注：a. 表 7 计算结果为本表的一部分，计算方法与本表其他指标相同。

表 3

化学机械木浆评价指标项目、权重及基准值

序号	一级指标	一级指标权重	二级指标		单位	二级指标权重	Ⅰ级基准值	Ⅱ级基准值	Ⅲ级基准值
1	生产工艺及装备指标	0.3	化学预浸渍			0.5	碱性浸渍		
			磨浆			0.5	高浓磨浆机		
2	资源和能源消耗指标	0.2	*单位产品取水量	APMP[a]	米^3/吨风干浆	0.5	13	20	38
				BCTMP[b]			13	20	38
3			*单位产品综合能耗（自用浆）		千克标准煤/吨风干浆	0.5	250	300	350
4	资源综合利用指标	0.2	水重复利用率		%	0.5	90	85	80
5			锅炉灰渣综合利用率		%	0.25	100	100	100
6			备料渣（指木屑等）综合利用率		%	0.25	100	100	100
7	污染物产生指标	0.15	*单位产品废水产生量	APMP	米^3/吨风干浆	0.6	10	15	32
				BCTMP			10	15	32
8			*单位产品 COD_{Cr}产生量	APMP	千克/吨风干浆	0.4	110	130	190
				BCTMP			90	120	190
9	清洁生产管理指标	0.15	参见表 7[c]						

注：a. APMP：碱性过氧化氢机械浆；
b. BCTMP：漂白化学热磨机械浆；
c. 表 7 计算结果为本表的一部分，计算方法与本表其他指标相同。

表 4　漂白化学非木材浆评价指标项目、权重及基准值

序号	一级指标	一级指标权重	二级指标		单位	二级指标权重	Ⅰ级基准值	Ⅱ级基准值	Ⅲ级基准值
1	生产工艺及设备要求	0.3	备料	麦草浆		0.1	干湿法或干法备料，洗涤水循环利用		
				蔗渣浆、苇浆			除髓蔗渣/湿法堆存、干湿法苇浆备料		
2			蒸煮工艺	麦草浆 蔗渣浆、苇浆		0.1	低能耗连续或间歇蒸煮，氧脱木素		低能耗连续或间歇蒸煮
3			洗涤工艺	麦草浆 蔗渣浆、苇浆		0.1	多段逆流洗涤		
4			筛选工艺	麦草浆 蔗渣浆、苇浆		0.15	全封闭压力筛选	压力筛选	压力筛选
5			漂白工艺	麦草浆 蔗渣浆、苇浆		0.2	ECF 或 TCF	ClO_2 或 H_2O_2 替代部分元素氯漂白，ECF	ClO_2 替代部分元素氯漂白
6			碱回收工艺			0.25	碱回收设施齐全，有污冷凝水汽提、副产品回收		碱回收设施齐全，运行正常
7			能源回收设施			0.1	有热电联产设施		有热回收设施
8	资源和能源消耗指标	0.2	* 单位产品取水量	麦草浆	米^3/吨风干浆	0.5	80	100	110
				蔗渣浆、苇浆			80	90	100
9			* 单位产品综合能耗（外购能源）	麦草浆（自用浆）	千克标准煤/吨风干浆	0.5	420	460	550
				蔗渣浆、苇浆（自用浆）			400	440	500
10	资源综合利用指标	0.2	* 黑液提取率	麦草浆	%	0.17	88	85	80
				苇浆			92	90	88
				蔗渣浆			90	88	86
11			* 碱回收率	麦草浆	%	0.29	80	75	70
				蔗渣浆、苇浆			85	80	75
12			* 碱炉热效率		%	0.23	65	60	55
13			水重复利用率		%	0.17	85	80	75
14			锅炉灰渣综合利用率		%	0.06	100	100	100
15			* 白泥残碱率（以 Na_2O 计）		%	0.08	1.0	1.2	1.5

续表

序号	一级指标	一级指标权重	二级指标			单位	二级指标权重	Ⅰ级基准值	Ⅱ级基准值	Ⅲ级基准值
16	污染物产生指标	0.15	*单位产品废水产生量	麦草浆		米^3/吨风干浆	0.47	60	85	90
				苇浆				60	75	85
				蔗渣浆				70	75	85
17			*单位产品 COD_{Cr} 产生量[a]	麦草浆	烧碱法	千克/吨风干浆	0.33	150	200	230
				蔗渣浆、	硫酸盐法			110	165	230
				苇浆				125	175	230
18			可吸附有机卤素（AOX）产生量			千克/吨风干浆	0.2	0.4	0.6	0.9
19	清洁生产管理指标	0.15	参见表 7[b]							

注：1. 其他草浆产品指标同麦草浆指标；

a. COD_{Cr}不包括湿法备料洗涤产生的废水；

b. 表 7 计算结果为本表的一部分，计算方法与本表其他指标相同。

表 5　非木材半化学浆评价指标项目、权重及基准值

序号	一级指标	一级指标权重	二级指标		单位	二级指标权重	Ⅰ级基准值	Ⅱ级基准值	Ⅲ级基准值
1	生产工艺及设备要求	0.3	备料	稻麦草浆、蔗渣浆、苇浆、棉秆浆		0.25	干湿法或干法备料，洗涤水循环利用		
2			蒸煮工艺	稻麦草浆、蔗渣浆、苇浆、棉秆浆		0.25	低能耗连续或间歇蒸煮		
3			洗涤工艺	稻麦草浆、蔗渣浆、苇浆、棉秆浆		0.25	多段逆流洗涤		
4			筛选工艺	稻麦草浆、蔗渣浆、苇浆、棉秆浆		0.25	全封闭压力筛选	压力筛选	
5	资源和能源消耗指标	0.25	*单位产品取水量	碱法制浆	米^3/吨风干浆	0.5	60	70	80
				亚铵法制浆			45	55	70
6			*单位产品综合能耗（自用浆，外购能源）		千克标准煤/吨风干浆	0.5	300	350	420
7	资源综合利用指标	0.15	锅炉灰渣综合利用率		%	0.4	100	100	100
8			水重复利用率		%	0.6	85	75	70
9	污染物产生指标	0.15	*单位产品废水产生量	碱法制浆	米^3/吨风干浆	0.6	50	60	65
				亚铵法制浆			40	50	60
10			*单位产品 COD_{Cr} 产生量[a]	碱法制浆	千克/吨风干浆	0.4	250	300	350
				亚铵法制浆			60	80	110
11	清洁生产管理指标	0.15	参见表 7[b]						

注：a. COD_{Cr}产生量不包括湿法备料洗涤产生的废水；

b. 表 7 计算结果为本表的一部分，计算方法与本表其他指标相同。

表 6　废纸浆评价指标项目、权重及基准值

序号	一级指标	一级指标权重	二级指标		单位	二级指标权重	Ⅰ级基准值	Ⅱ级基准值	Ⅲ级基准值
1	生产工艺及设备要求	0.3	碎浆	脱墨废纸浆		0.25	碎浆浓度 >15%	碎浆浓度 >8%	碎浆浓度 >4%
				非脱墨废纸浆			碎浆浓度 >8%	碎浆浓度 >4%	
2			筛选			0.25	压力筛选		
3			浮选			0.25	封闭式脱墨设备	开放式脱墨设备	
4			漂白			0.25	过氧化氢漂白、还原漂白（不使用氯元素漂白剂）		
5	资源和能源消耗指标	0.3	* 单位产品取水量	脱墨废纸浆	米^3/吨风干浆	0.5	7	11	30
				非脱墨废纸浆			5	9	20
6			* 单位产品综合能耗	脱墨废纸浆　废报纸	千克标准煤/吨风干浆	0.5	65	90	120
				脱墨废纸浆　其他废纸			140	175	210
				非脱墨废纸浆			45	60	85
7	资源综合利用指标	0.1	水重复利用率	脱墨废纸浆	%	1	90	85	80
				非脱墨废纸浆			95	90	85
8	污染物产生指标	0.15	* 单位产品废水产生量	脱墨废纸浆	米^3/吨风干浆	0.6	5	8	25
				非脱墨废纸浆			3	6	15
9			* 单位产品 COD_{Cr} 产生量	脱墨废纸浆	千克/吨风干浆	0.4	22	35	40
				非脱墨废纸浆			10	20	25
10	清洁生产管理指标	0.15	参见表 7[a]						

注：1. 废纸浆指以废纸为原料，经过碎浆处理，必要时进行脱墨、漂白等工序制成纸浆的生产过程；

2. 非脱墨废纸浆增加 一级热分散增加能耗 25 千克标准煤/吨风干浆（按纤维分级长短纤维各 50% 计）；

a. 表 7 计算结果为本表的一部分，计算方法与本表其他指标相同。

表 7 **制浆企业清洁生产管理指标项目基准值**

序号	一级指标	二级指标	指标分值	Ⅰ级基准值	Ⅱ级基准值	Ⅲ级基准值
1	清洁生产管理指标	＊环境法律法规标准执行情况	0.155	符合国家和地方有关环境法律、法规，废水、废气、噪声等污染物排放符合国家和地方排放标准；污染物排放应达到国家和地方污染物排放总量控制指标和排污许可证管理要求		
2		＊产业政策执行情况	0.065	生产规模符合国家和地方相关产业政策，不使用国家和地方明令淘汰的落后工艺和装备		
3		＊固体废物处理处置	0.065	采用符合国家规定的废物处置方法处置废物；一般固体废物按照 GB 18599 相关规定执行；危险废物按照 GB 18597 相关规定执行		
4		清洁生产审核情况	0.065	按照国家和地方要求，开展清洁生产审核		
5		环境管理体系制度	0.065	按照 GB/T 24001 建立并运行环境管理体系，环境管理程序文件及作业文件齐备		拥有健全的环境管理体系和完备的管理文件
6		废水处理设施运行管理	0.065	建有废水处理设施运行中控系统，建立治污设施运行台账	建立治污设施运行台账	
7		污染物排放监测	0.065	按照《污染源自动监控管理办法》的规定，安装污染物排放自动监控设备，并与环境保护主管部门的监控设备联网，并保证设备正常运行		对污染物排放实行定期监测
8		能源计量器具配备情况	0.065	能源计量器具配备率符合 GB 17167、GB 24789 三级计量要求	能源计量器具配备率符合 GB 17167、GB 24789 二级计量要求	
9		环境管理制度和机构	0.065	具有完善的环境管理制度；设置专门环境管理机构和专职管理人员		
10		废水排放口管理	0.065	排污口符合《排污口规范化整治技术要求（试行）》相关要求		
11		危险化学品管理	0.065	符合《危险化学品安全管理条例》相关要求		
12		环境应急	0.065	编制系统的环境应急预案并开展环境应急演练	编制系统的环境应急预案	
13		环境信息公开	0.065	按照《环境信息公开办法（试行）》第十九条要求公开环境信息		按照《环境信息公开办法（试行）》第二十条要求公开环境信息
14			0.065	按照 HJ 617 编写企业环境报告书		

表 8 **新闻纸定量评价指标项目、权重及基准值**

序号	一级指标	一级指标权重	二级指标	单位	二级指标权重	Ⅰ级基准值	Ⅱ级基准值	Ⅲ级基准值
1	资源和能源消耗指标	0.2	*单位产品取水量	米^3/吨	0.5	8	13	20
2			*单位产品综合能耗 a	千克标准煤/吨	0.5	240	280	330
3	资源综合利用指标	0.1	水重复利用率	%	1	90	85	80
4	污染物产生指标	0.3	*单位产品废水产生量	米^3/吨	0.5	7	11	17
5			*单位产品 COD_{Cr}产生量	千克/吨	0.5	11	15	18
6	纸产品定性评价指标	0.4	参见表 13[b]					

注：a. 综合能耗指标只限纸机抄造过程；
b. 表 13 计算结果为本表的一部分，计算方法与本表其他指标相同。

表 9 **印刷书写纸定量评价指标项目、权重及基准值**

序号	一级指标	一级指标权重	二级指标	单位	二级指标权重	Ⅰ级基准值	Ⅱ级基准值	Ⅲ级基准值
1	资源和能源消耗指标	0.2	*单位产品取水量	米^3/吨	0.5	13	20	24
2			*单位产品综合能耗[a]	千克标准煤/吨	0.5	280	330	420
3	资源综合利用指标	0.1	水重复利用率	%	1	90	85	80
4	污染物产生指标	0.3	*单位产品废水产生量	米^3/吨	0.5	11	17	20
5			*单位产品 COD_{Cr}产生量	千克/吨	0.5	10	15	18
6	纸产品定性评价指标	0.4	参见表 13[b]					

注：1. 印刷书写纸包括书刊印刷纸、书写纸等；
a. 综合能耗指标只限纸机抄造过程；
b. 表 13 计算结果为本表的一部分，计算方法与本表其他指标相同。

表 10 **生活用纸定量评价指标项目、权重及基准值**

序号	一级指标	一级指标权重	二级指标	单位	二级指标权重	Ⅰ级基准值	Ⅱ级基准值	Ⅲ级基准值
1	资源和能源消耗指标	0.2	*单位产品取水量	米^3/吨	0.5	15	23	30
2			*单位产品综合能耗[a]	千克标准煤/吨	0.5	400	510	580
3	资源综合利用指标	0.1	水重复利用率	%	1	90	85	80
4	污染物产生指标	0.3	*单位产品废水产生量	米^3/吨	0.5	12	20	25
5			*单位产品 COD_{Cr}产生量	千克/吨	0.5	10	15	22
6	纸产品定性评价指标	0.4	参见表 13[b]					

注：1. 生活用纸包括卫生纸品，如卫生纸、面巾纸、手帕纸、餐巾纸等；

a. 综合能耗指标只限纸机抄造过程；

b. 表 13 计算结果为本表的一部分，计算方法与本表其他指标相同。

表 11 **纸板定量评价指标项目、权重及基准值**

序号	一级指标	一级指标权重	二级指标		单位	二级指标权重	Ⅰ级基准值	Ⅱ级基准值	Ⅲ级基准值
1	资源和能源消耗指标	0.2	*单位产品取水量	白纸板	米^3/吨	0.5	10	15	
				箱纸板			8	13	
				瓦楞原纸			8	13	
2			*单位产品综合能耗[a]	白纸板	千克标准煤/吨	0.5	250	300	
				箱纸板			240	280	
				瓦楞原纸			250	300	
3	资源综合利用指标	0.1	水重复利用率		%	1	90	85	80
4	污染物产生指标	0.3	*单位产品废水产生量	白纸板	米^3/吨	0.5	8	12	
				箱纸板			7	11	
				瓦楞原纸			7	11	
5			*单位产品 COD_{Cr}产生量		千克/吨	0.5	11	15	22
6	纸产品定性评价指标	0.4	参见表 13[b]						

注：1. 白纸板包括涂布或未涂布白纸板、白卡纸、液体包装纸板等；

2. 箱纸板包括普通箱纸板、牛皮挂面箱纸板、牛皮箱纸板等；

a. 综合能耗指标只限纸机抄造过程；

b. 表 13 计算结果为本表的一部分，计算方法与本表其他指标相同。

表 12

涂布纸定量评价指标项目、权重及基准值

序号	一级指标	一级指标权重	二级指标	单位	二级指标权重	Ⅰ级基准值	Ⅱ级基准值	Ⅲ级基准值
1	资源和能源消耗指标	0.2	*单位产品取水量	米^3/吨	0.5	14	19	26
2			*单位产品综合能耗[a]	千克标准煤/吨	0.5	320	380	430
3	资源综合利用指标	0.1	水重复利用率	%	1	90	85	80
4	污染物产生指标	0.3	*单位产品废水产生量	米^3/吨	0.5	12	16	23
5			*单位产品 COD_{Cr}产生量	千克/吨	0.5	11	16	19
6	纸产品定性评价指标	0.4	参见表 13[b]					

注：a. 综合能耗包括纸机抄造和涂布过程；

b. 表 13 计算结果为本表的一部分，计算方法与本表其他指标相同。

表 13

纸产品企业定性评价指标项目及权重

序号	一级指标	指标分值	二级指标		指标分值	Ⅰ级基准值	Ⅱ级基准值	Ⅲ级基准值
1	生产工艺及装备指标	0.375	真空系统		0.2	循环使用水		
2			冷凝水回收系统		0.2	采用冷凝水回收系统		
3			废水再利用系统		0.2	拥有白水回收利用系统		
4			填料回收系统		0.13	拥有填料回收系统（涂布纸有涂料回收系统）		
5			气罩排风余热回收系统		0.13	采用闭式气罩及热回收		
6			能源利用		0.14	拥有热电联产设施		
7	产品特征指标	0.25	*染料	新闻纸/印刷书写纸/生活用纸	0.4	不使用附录 2 中所列染料		
				涂布纸		不使用附录 2 中所列染料，不使用含甲醛的涂料		
8			*增白剂	纸巾纸/食品包装纸/纸杯	0.2	不使用荧光增白剂		
9			环境标志	复印纸	0.4	符合 HJ/T410 相关要求		
10				再生纸制品		符合 HJ/T205 相关要求		

续表

序号	一级指标	指标分值	二级指标	指标分值	Ⅰ级基准值	Ⅱ级基准值	Ⅲ级基准值
11	清洁生产管理指标	0.375	＊环境法律法规标准执行情况	0.155	符合国家和地方有关环境法律、法规，废水、废气、噪声等污染物排放符合国家和地方排放标准；污染物排放应达到国家和地方污染物排放总量控制指标和排污许可证管理要求	符合国家和地方有关环境法律、法规，废水、废气、噪声等污染物排放符合国家和地方排放标准；污染物排放应达到国家和地方污染物排放总量控制指标和排污许可证管理要求	符合国家和地方有关环境法律、法规，废水、废气、噪声等污染物排放符合国家和地方排放标准；污染物排放应达到国家和地方污染物排放总量控制指标和排污许可证管理要求
12			＊产业政策执行情况	0.065	生产规模符合国家和地方相关产业政策，不使用国家和地方明令淘汰的落后工艺和装备	生产规模符合国家和地方相关产业政策，不使用国家和地方明令淘汰的落后工艺和装备	生产规模符合国家和地方相关产业政策，不使用国家和地方明令淘汰的落后工艺和装备
13			＊固体废物处理处置	0.065	采用符合国家规定的废物处置方法处置废物；一般固体废物按照 GB 18599 相关规定执行；危险废物按照 GB 18597 相关规定执行	采用符合国家规定的废物处置方法处置废物；一般固体废物按照 GB 18599 相关规定执行；危险废物按照 GB 18597 相关规定执行	采用符合国家规定的废物处置方法处置废物；一般固体废物按照 GB 18599 相关规定执行；危险废物按照 GB 18597 相关规定执行
14			清洁生产审核情况	0.065	按照国家和地方要求，开展清洁生产审核	按照国家和地方要求，开展清洁生产审核	按照国家和地方要求，开展清洁生产审核
15			环境管理体系制度	0.065	按照 GB/T 24001 建立并运行环境管理体系，环境管理程序文件及作业文件齐备	按照 GB/T 24001 建立并运行环境管理体系，环境管理程序文件及作业文件齐备	拥有健全的环境管理体系和完备的管理文件
16			废水处理设施运行管理	0.065	建有废水处理设施运行中控系统，建立治污设施运行台账	建立治污设施运行台账	建立治污设施运行台账
17			污染物排放监测	0.065	按照《污染源自动监控管理办法》的规定，安装污染物排放自动监控设备，并与环境保护主管部门的监控设备联网，并保证设备正常运行	按照《污染源自动监控管理办法》的规定，安装污染物排放自动监控设备，并与环境保护主管部门的监控设备联网，并保证设备正常运行	对污染物排放实行定期监测
18			能源计量器具配备情况	0.065	能源计量器具配备率符合 GB 17167、GB 24789 三级计量要求	能源计量器具配备率符合 GB 17167、GB 24789 二级计量要求	能源计量器具配备率符合 GB 17167、GB 24789 二级计量要求
19			环境管理制度和机构	0.065	具有完善的环境管理制度；设置专门环境管理机构和专职管理人员	具有完善的环境管理制度；设置专门环境管理机构和专职管理人员	具有完善的环境管理制度；设置专门环境管理机构和专职管理人员
20			废水排放口管理	0.065	排污口符合《排污口规范化整治技术要求（试行）》相关要求	排污口符合《排污口规范化整治技术要求（试行）》相关要求	排污口符合《排污口规范化整治技术要求（试行）》相关要求
21			危险化学品管理	0.065	符合《危险化学品安全管理条例》相关要求	符合《危险化学品安全管理条例》相关要求	符合《危险化学品安全管理条例》相关要求
22			环境应急	0.065	编制系统的环境应急预案；开展环境应急演练	编制系统的环境应急预案	编制系统的环境应急预案
23			环境信息公开	0.065	按照《环境信息公开办法（试行）》第十九条要求公开环境信息	按照《环境信息公开办法（试行）》第十九条要求公开环境信息	按照《环境信息公开办法（试行）》第二十条要求公开环境信息
24				0.065	按照 HJ 617 编写企业环境报告书	按照 HJ 617 编写企业环境报告书	

五、评价方法

（一）指标无量纲化

不同清洁生产指标由于量纲不同，不能直接比较，需要建立原始指标的函数。

$$Y_{g_k}(x_{ij}) = \begin{cases} 100, x_{ij} \in g_k \\ 0, x_{ij} \notin g_k \end{cases} \quad （公式5-1）$$

式中，x_{ij}表示第i个一级指标下的第j个二级指标；g_k表示二级指标基准值，其中g_1为Ⅰ级水平，g_2为Ⅱ级水平，g_3为Ⅲ级水平；$Y_{g_k}(x_{ij})$为二级指标x_{ij}对于级别g_k的函数。

如公式(5-1)所示，若指标x_{ij}属于级别g_k，则函数的值为100，否则为0。

（二）综合评价指数计算

通过加权平均、逐层收敛可得到评价对象在不同级别g_k的得分Y_{g_k}，如(公式5-2)所示。

$$Y_{g_k} = \sum_{i=1}^{m}(w_i \sum_{j=1}^{n_i} \omega_{ij} Y_{g_k}(x_{ij})) \quad （公式5-2）$$

式中，w_i为第i个一级指标的权重，ω_{ij}为第i个一级指标下的第j个二级指标的权重，其中，$\sum_{i=1}^{m} w_i = 1$，$\sum_{j=1}^{n_i} \omega_{ij} = 1$，$m$为一级指标的个数；$n_i$为第$i$个一级指标下二级指标的个数。另外，$Y_{g_1}$等同于$Y_{Ⅰ}$，$Y_{g_2}$等同于$Y_{Ⅱ}$，$Y_{g_3}$等同于$Y_{Ⅲ}$。

（三）浆纸联合生产企业综合评价指数

浆纸联合生产企业综合评价指数是描述和评价浆纸联合生产企业在考核年度内清洁生产总体水平的一项综合指标。浆纸联合生产企业综合评价指数的计算公式(公式5-3)为：

$$Y'_{g_k} = \frac{26}{28} \times \sum_{i=1}^{4} \frac{I_i \times X_i}{I_1X_1 + I_2X_2 + I_3X_3 + I_4X_4} \times Y^i_{g_k} + \frac{2}{28} \times Y^5_{g_k} \quad （公式5-3）$$

式中：Y'_{g_k}—浆纸联合生产企业综合评价指数；

$Y^i_{g_k}$—分别为浆纸联合生产企业各类纸浆制浆部分和造纸部分在级别g_k上综合评价指数，其中，$Y^1_{g_k}$为化学非木材浆的综合评价指数，$Y^2_{g_k}$为化学木浆的综合评价指数，$Y^3_{g_k}$为机械浆的综合评价指数，$Y^4_{g_k}$为废纸浆的综合评价指数，$Y^5_{g_k}$为纸产品的综合评价指数。

注：

(1) 化学木浆包括前文提到的漂白硫酸盐木(竹)浆和本色硫酸盐木(竹)浆。

(2) 如果企业同时还生产多种纸产品，可以将各种纸产品的综合评价指数按其生产量进行加权平均，即可得到$Y^5_{g_k}$。

I_i—分别为化学非木材浆(I_1)、化学木浆(I_2)、机械浆(I_3)、废纸浆(I_4)、纸产品(I_5)的污染系数。其中：

$I_1=10$　$I_2=7$　$I_3=5$　$I_4=4$　$I_5=2$

如果该企业没有生产其中一种或几种浆，则相应的$I_i=0$。

$X_i\%$—分别为化学草浆(X_1)、化学木浆(X_2)、机械浆(X_3)、废纸浆(X_4)在企业生产的各种纸浆生产量中所占的百分比，且$\sum_{i=1}^{4} X_i = 100\%$。

（四）制浆造纸行业清洁生产企业的评定

本标准采用限定性指标评价和指标分级加权评价相结合的方法。在限定性指标达到Ⅲ级水平的基础上，采用指标分级加权评价方法，计算行业清洁生产综合评价指数。根据综合评价指数，确定清洁生产水平等级。

对制浆造纸企业清洁生产水平的评价，是以其清洁生产综合评价指数为依据的，对达到一定综合评价指数的企业，分别评定为清洁生产领先企业、清洁生产先进企业或清洁生产一般企业。

根据目前我国制浆造纸行业的实际情况，不同等级的清洁生产企业的综合评价指数列于表14。

表14　制浆造纸行业不同等级清洁生产企业综合评价指数

企业清洁生产水平	评定条件
Ⅰ级（国际清洁生产领先水平）	同时满足： ——$Y'_{Ⅰ} \geq 85$； 限定性指标全部满足Ⅰ级基准值要求。
Ⅱ级（国内清洁生产先进水平）	同时满足： ——$Y'_{Ⅱ} \geq 85$； 限定性指标全部满足Ⅱ级基准值要求及以上。
Ⅲ级（国内清洁生产一般水平）	同时满足： ——$Y'_{Ⅲ} = 100$； 限定性指标全部满足Ⅲ级基准值要求及以上。

六、指标解释与数据来源

（一）指标解释

1. 单位产品取水量

企业在一定计量时间内生产单位产品需要从各

种水源所取得的水量。工业生产取水量，包括取自地表水(以净水厂供水计量)、地下水、城镇供水工程，以及企业从市场购得的其他水或水的产品(如蒸汽、热水、地热水等)，不包括企业自取的海水和苦咸水等以及企业为外供给市场的水的产品(如蒸汽、热水、地热水等)而取用的水量。

以木材、竹子、非木材类(麦草、芦苇、甘蔗渣)等为原料生产本色、漂白化学浆，以木材为原料生产化学机械浆，以废纸为原料生产脱墨或非脱墨废纸浆，其生产取水量是指从原料准备至成品浆(液态或风干)的生产全过程所取用的水量。化学浆生产过程取水量还包括制浆化学品药液制备、黑(红)液副产品(黏合剂)生产在内的取水量。以自制浆或商品浆为原料生产纸及纸板，其生产取水量是指从浆料预处理、打浆、抄纸、完成以及涂料、辅料制备等生产全过程的取水量。

注：造纸产品的取水量等于从自备水源总取水量中扣除水净化站自用水量及由该水源供给的居住区、基建、自备电站用于发电的取水量及其他取水量等。

按公式 6 - 1 计算：

$$V_{ui} = \frac{V_i}{Q} \qquad \text{(公式 6 - 1)}$$

式中：V_{ui}—单位产品取水量，米^3/吨风干浆；

V_i—在一定计量时间内产品生产取水量，米^3；

Q—在一定计量时间内产品生产量，吨风干浆。

2. 单位产品综合能耗

综合能耗中如涉及外购能源，则外购燃料能源一般以其实物发热量为计算基础折算为标准煤量，外购电按当量值进行计算，1 千瓦·时 = 0. 1229 千克标准煤。其余综合能耗按电和蒸汽等输入能源计，电按当量值进行计算，1 千瓦·时 = 0. 1229 千克标准煤，蒸汽按蒸汽热焓值计算，换算标煤：1 兆焦耳 = 0. 03412 千克标准煤。

企业消耗的各种能源包括主要生产系统、辅助生产系统和附属生产系统用能，不包括冬季采暖用能、生活用能和基建项目用能。生活用能是指企业系统内的宿舍、学校、文化娱乐、医疗保健、商业服务和托儿幼教等直接用于生活方面的能耗。

本指标体系能耗统计范围应包括纸浆、机制纸和纸板的主要生产系统消耗的一次能源(原煤、原油、天然气等)、二次能源(电力、热力、石油制品等)和生产使用的耗能工质(水、压缩空气等)所消耗的能源，不包括辅助生产系统和附属生产系统消耗的能源。辅助生产系统、附属生产系统能源消耗量以及能源损耗量不计入主要生产系统单位产品能耗。

纸浆主要生产系统是指纤维原料经计量从备料开始，经过化学、机械等方法制成纸浆或商品浆入库为止的有关工序组成的完整工艺过程和装备。包括备料、除尘、化学或机械处理(如蒸煮、预处理、磨浆、废纸碎解等)、洗涤、筛选、废纸脱墨、漂白、浓缩及辅料制备、黑液提取、碱回收、中段水处理等工序及装备。商品浆还包括浆板抄造和直接为浆板机配备的真空系统、压缩空气系统、热风干燥系统、通风系统、通汽和冷凝水回收系统、白水回收系统、液压系统和润滑系统等。

机制纸和纸板主要生产系统是指自制浆或商品浆从浆料制备开始，经纸机抄造成成品纸或纸板，直至入库为止的完整工序所使用的工艺过程和装备。包括打浆、配浆、贮浆、净化、流送、成形、压榨、干燥、表面施胶、整饰、卷纸、复卷、切纸、选纸、包装等过程，以及直接为造纸生产系统配备的辅料制备系统、涂料制备系统、真空系统、压缩空气系统、热风干燥系统、纸机通风系统、干湿损纸回收处理系统、纸机通汽和冷凝水回收系统，白水回收系统、纸机液压系统和润滑系统等。

辅助生产系统是指为生产系统工艺装置配置的工艺过程、设施和设备。包括动力、机电、机修、供水、供汽、采暖、制冷和厂内原料场地以及安全、环保等装置。

附属生产系统是指为生产系统专门配置的生产指挥系统(厂部)和厂区内为生产服务的部门和单位。包括办公室、检验室、消防、休息室、更衣室等。

单位产品综合能耗指制浆造纸企业在计划统计期内，对实际消耗的各种能源实物量按规定的计算方法和单位分别折算为一次能源后的总和。综合能耗主要包括一次能源(如煤、石油、天然气等)、二次能源(如蒸汽、电力等)和直接用于生产的能耗工质(如冷却水、压缩空气等)。

具体综合能耗按照 QB 1022 计算。按公式 6 - 2 计算：

$$E_{ui} = \frac{E_i}{Q} \qquad \text{(公式 6 - 2)}$$

式中：E_{ui}—单位产品综合能耗，千克标准煤/吨风干浆；

E_i—在一定计量时间内产品生产的综合

能耗，千克标准煤；

Q—在一定计量时间内产品生产量，吨风干浆。

3. 黑液提取率

黑液提取率，按公式6－3计算：

$$R_B = \frac{DS}{\frac{1}{\eta_p} - 1 - S_R + M_A} \times 100\% \quad \text{（公式6－3）}$$

式中：R_B—黑液提取率，%；

DS—在一定计量时间内每吨收获浆（指截止到漂白工艺之前的制浆过程所得到的浆料）送蒸发工段黑液中（指过滤纤维后）的溶解性固形物，吨/吨；

η_p—在同一计量时间内收获浆（同上）的总得率，%；

S_R—在同一计量时间内收获浆每吨（同上）的总浆渣产生量，吨/吨；

M_A—在同一计量时间内收获浆每吨（同上）的总用碱量，吨/吨。

4. 碱回收率

碱回收率（特征工艺指标）是指经碱回收系统所回收的碱量（不包括由于芒硝还原所得的碱）占本期制浆过程所用总碱量（包括漂白工艺之前所有生产过程的耗碱总量、但不包括漂白工艺之后的生产过程如碱抽提所消耗的碱量）的质量百分比。碱回收率反映碱法制浆生产工艺过程清洁生产基本水平（包括碱回收系统生产技术及其管理水平）的主要技术指标。

①计算方法1：

$$R_A = 100 - \frac{a_0 + b + A - B}{A_{11} + b \pm a_K} \times 100\% \quad \text{（公式6－4）}$$

$$a_0 = a(1 - W)\varphi P \times 0.437 \quad \text{（公式6－5）}$$

$$A_{11} = A_N K_N \quad \text{（公式6－6）}$$

$$K_N = \frac{(1 - S)(1 - R_K)}{R_K} \quad \text{（公式6－7）}$$

式中：R_A—碱回收率，%；

a_0—补充芒硝的产碱量，千克；

a—芒硝补充量，千克；

W—芒硝水分，%；

φ—芒硝的纯度，%；

P—芒硝的还原率，%；

0.437—由芒硝转化为氧化钠的系数；

b—氯漂工艺之前所有制浆过程补充的外来新鲜碱，千克；

A—统计开始时系统结存碱量，千克；

B—统计结束时系统结存碱量，千克；

A_{11}—回收碱量，千克；

A_N—回收活性碱量，千克；

K_N—转换系数；

S—硫化度，%；

R_K—苛化度，%；

a_K—白液结存碱量，千克。

②计算方法2：

$$R_A = \frac{A_{11} - a_0}{A_t} \times 100\% \quad \text{（公式6－8）}$$

式中：R_A—碱回收率，%；

A_{11}—本期回收碱量，千克；

a_0—本期补充芒硝的产碱量，千克；

A_t—本期制浆（氯漂工艺之前）生产过程的总用碱量，千克。

5. 碱炉热效率

碱炉热效率，按GB/T 27713执行。

6. 白泥综合利用率（η）

白泥综合利用率，按公式6－9计算：

$$\eta(\%) = \left(1 - \frac{S_d}{S_t}\right) \times 100\% \quad \text{（公式6－9）}$$

式中：η—白泥综合利用率，%；

S_d—本期绝干白泥排放量，千克；

S_t—本期绝干白泥总产生量，千克。

7. 水重复利用率

水的重复利用率，按公式6－10计算：

$$R = \frac{V_r}{V_i + V_r} \times 100\% \quad \text{（公式6－10）}$$

式中：R—水的重复利用率，%；

V_r—在一定计量时间内重复利用水量（包括循环用水量和串联使用水量），米^3；

V_i—在一定计量时间内产品生产取水量，米^3。

8. 锅炉灰渣综合利用率

锅炉灰渣综合利用率，按公式6－11计算：

$$\eta_a = \frac{Q_r}{Q_t} \times 100\% \quad \text{（公式6－11）}$$

式中：η_a—锅炉灰渣综合利用率，%；

Q_r—本期锅炉灰渣综合利用量，千克；

Q_t—本期锅炉灰渣总产生量，千克。

9. 备料渣（指木屑等）综合利用率

备料渣（指木屑等）综合利用率，按公式6－12计算：

$$I = \frac{H_i}{H} \times 100\% \quad \text{（公式6－12）}$$

式中：I—备料渣综合利用率，%；

H—本期备料渣总产生量，千克；

H_i—本期备料渣综合利用量，千克。

10. 单位产品废水产生量

废水产生量，按公式 6 - 13 计算：

$$V_{ci} = \frac{V_c}{Q} \quad （公式 6 - 13）$$

式中：V_{ci}—单位产品废水产生量，米^3/吨风干浆；

V_c—在一定计量时间内企业生产废水产生量，米^3；

Q—在一定计量时间内产品生产量，吨风干浆。

11. 单位产品 COD_{Cr}产生量

COD_{Cr}产生量指纸浆造纸过程产生的废水中 COD_{Cr}的量，在废水处理站入口处进行测定。

$$COD_{Cr} = \frac{C_i \times V_c}{Q} \quad （公式 6 - 14）$$

式中：COD_{Cr}—单位产品 COD_{Cr} 产生量，千克/吨风干浆；

C_i—在一定计量时间内，各生产环节 COD 产生浓度实测加权值，毫克/升；

V_c—在一定计量时间内，企业生产废水产生量，米^3；

Q—在一定计量时间内产品生产量，吨风干浆。

12. 白泥残碱率

白泥残碱率，按公式 6 - 15 计算：

$$\Gamma = \frac{N}{M} \times 100\% \quad （公式 6 - 15）$$

式中：Γ—白泥残碱率，%；

M—本期白泥总产生量，千克；

N—本期产生白泥中残碱的含量（以 Na_2O 计），千克。

（二）数据来源

1. 统计

企业的产品生产量、原材料消耗量、取水量、重复用水量、能耗及各种资源的综合利用量等，以年报或考核周期报表为准。

2. 实测

如果统计数据严重短缺，资源综合利用特征指标也可以在考核周期内用实测方法取得，考核周期一般不少于 1 个月。

3. 采样和监测

本指标污染物产生指标的采样和监测按照相关技术规范执行，并采用国家或行业标准监测分析方法，详见表 15。

表 15 污染物项目测定方法标准

监测项目	测定位置	方法标准名称	方法标准编号
化学需氧量（COD_{Cr}）	末端治理设施入口	水质 化学需氧量的测定 重铬酸钾法	GB 11914
可吸附有机卤素（AOX）	车间或生产设施废水排放口	水质 可吸附有机卤素（AOX）的测定 微库仑法	GB/T 15959

附录 禁止使用的染料

1. 属 MAKⅢA1 的致癌芳香胺 4 种

4 - 氨基联苯

联苯胺

4 - 氯 - 2 - 甲基苯胺

2 - 萘胺

2. 属 MAKⅢA2 的致癌芳香胺 20 种

4 - 氨基 - 3.2 - 二甲基偶氮苯

2 - 氨基 - 4 - 硝基甲苯

2.4 - 二氨基苯甲醚

4 - 氯苯胺

4.4 - 二氨基二苯甲烷

3.3 - 二氯联苯胺

3.3 - 二甲氧基联苯胺

3.3 - 二甲基联苯胺

3.3 - 二甲基 - 4.4 - 二甲基二苯甲烷

2 - 甲氧基 - 5 - 甲基苯胺

4.4 - 亚甲基 - 二(2 - 氯苯胺)

4.4 - 二氨基二苯醚

4.4 - 二氨基二苯硫醚

2 - 甲基苯胺

2.4 - 二氨基甲苯

2.4.5 - 三甲基苯胺

2 - 甲氧基苯胺

4 - 氨基偶氮苯

2.4 - 二甲基苯胺

2.6 - 二甲基苯胺

3. 含有汞、镉、铅或六价铬化合物的染料

装备与器材
造纸化学品

EQUIPMENT & ACCESSORIES, CHEMICALS USED IN PAPER INDUSTRY

6

我国制浆造纸装备制造业概况与展望

Review and Outlook of Pulp and Paper Equipment in China

一、我国制浆造纸装备制造业快速发展，是支撑造纸产业发展的主要力量

我国造纸工业近十多年来迅速发展。自2008年起，我国纸和纸板年生产量超过美国，成为世界第一造纸大国。“十五”是我国造纸工业实现追赶型高速发展的时期，年均增速为15.02%，“十一五”是我国造纸工业发展中具有重要历史意义的转型期，也是建设我国造纸工业现代生产体系的关键时期。2007年，以纸和纸板生产量7350万吨，首次超过消费量7290万吨为转折点，标志着数量主导型的追赶型发展阶段的结束。同时，“十一五”纸和纸板生产量增长速度逐年下降，由2006年增速16.00%下降到2010年7.29%。“十一五”年均增速已由“十五”期间的15.02%下降到9.28%。这标志着我国造纸工业已由数量主导型发展转向上质量、上水平、上档次的质量效益型发展新阶段。另一方面，造纸行业部分产品出现了结构性和阶段性过剩。造纸行业逐渐面临增速下降和产能过剩的双重压力。目前我国造纸工业正经受严峻挑战和考验。2013年我国纸和纸板生产量第一次出现-1.37%的增长。“十二五”规划提出纸和纸板年增长率为4.60%。目前前4年年均增长低于“十二五”提出的增长目标，我国造纸工业进入深度调整的新阶段。新阶段的显著特点和发展目标是：在结构优化、发展质量和效益稳定提高的基础上，积极化解产能过剩，实现新的产需平衡。纸和纸板生产总量还会适当增长但增幅不会太高，但质量和效益要有新的提高，因此加快结构优化调整和产业升级是重要任务，量的扩张将让位于质的提高。更多的是通过产品和产业链高端化战略来实现存量调整，提升产品质量和档次，进一步提高发展质量和发展效益。因此培养新的增长点和培育新的竞争优势是进入深度调整期后的重要任务。

我国制浆造纸装备制造业伴随我国造纸工业的快速发展，经历了由小到大的发展，已能为制浆造纸行业提供各种纸机、纸板机、生活用纸机，分切、涂布、包装及备料、制浆、洗选漂、碱回收等成套装备和生产线。国产装备承担了大部分生产任务，初步形成了产业链配套完整、门类齐全的现代生产体系，拥有研发、教学、设计等实力雄厚的科研队伍和一批装备制造企业。2015年实现主营收入371.09亿元，同比增长2.31%；利润总额22.28亿元，同比下降6.70%；出口额12.22亿美元，同比增长15.51%；规模以上企业213家，资产总额约266.36亿元，同比增长3.12%。国产装备业仍然具有较好的优势，总体趋于稳定发展，一直是我国造纸工业的支撑力量，为造纸工业发展作出了突出贡献。

装备制造业是为国民经济和国防建设提供技术装备的基础性和战略性产业，是各行业产业升级、技术进步的重要保证和国家综合实力的集中体现。尽管我国已是一个装备制造业大国，但是当前我国装备制造业与世界先进水平相比还有不小的差距，特别是一些高端制造装备，目前粗放式制造模式面临严峻的挑战，精细化、高端化、智能化的多样需求越来越多。工业和信息化部提出要创建若干行业技术服务平台，完善技术创新体系，夯实技术创新基础。

2014年国务院常务会议指出，我国正处于加快推进工业化进程中，制造业是国民经济的重要支柱和基础。落实政府工作报告部署的“中国制造2025”，对于推动中国制造由大变强，使中国制造包含更多中国创造因素，更多依靠中国装备、依托中国品牌，促进经济保持中高速增长、向中高端水

平迈进，具有重要意义。会议强调，要顺应“互联网+”的发展趋势，以信息化与工业化深度融合为主线(两化融合)，强化工业基础能力，提高工艺水平和产品质量，推进智能制造、绿色制造。促进生产性服务业与制造业融合发展，提升制造业层次和核心竞争力。国家对装备制造业的重视，预示着我国造纸装备制造业仍然大有可为。

二、我国制浆造纸装备制造业的主要特征

回顾制浆造纸装备制造业曲折的发展历程，大体可分为3个阶段。第一阶段是打基础、初步完成装备制造业产业布局的阶段，形成上海、西安、辽阳三大主机厂的合理布局，在20世纪60年代已成功生产3150新闻纸机。第二阶段在原国家经济贸易委员会和国家轻工业局主导、推动下，通过近10项技贸项目的实施，在关键装备和领域缩小了与国外先进装备的差距，打下了快速发展的基础。第三阶段是目前快速发展和赶超阶段。制浆造纸装备制造业取得了骄人的成绩，但由于起步晚、基础差、投入不足，与维美德公司、福伊特公司、安德里茨公司相比，差距巨大。

总地来讲，经过几十年的发展国产装备制造业目前具有如下特征。

1. 具备一定优势，教科研产业体系完善

国产造纸装备制造业能为行业提供完整的中等及以上规模的所有设备，国产装备承担了60%～70%的造纸产能，技术性能也属于中上水平，在世界上也仅次于美国、德国、芬兰、日本等少数发达国家，在某些技术装备方面还有自己的创新优势，如草类原料的备料和连蒸装备技术等。国产造纸装备制造业能为造纸工业提供完整的装备是我国造纸工业能够迈入国际造纸大国的主要原因，与此相适应的是我国还具备了从学校、科研设计到生产制造、标准检测的完整体系，包括了从人才培养、技术开发到产品质量控制的生产性服务体系。为装备制造业的长期发展提供了很好的保障。

2. 配套行业较完整

为造纸装备制造业的配套行业也是较为完整的，专业化分工基本配置合理，建立了脱水器材，各种辊子包胶，筛鼓、水印辊、流浆箱、真空辊、密封气罩等的专业制造企业，甚至还有减速机、自动化系统、真空泵等企业，既可面向造纸行业，也可面向其他行业的专业公司，保证了整个产业的无缝配套，也为行业的发展起到了保障作用。

3. 主要装备取得快速发展

(1)制浆装备　大型木片及竹片的超级间歇蒸煮主体设备已基本国产化，如大型的超级间歇蒸煮锅(250米^3)等。草类原料为主的150～300吨/日横管式连续蒸煮系统设备和自动控制系统，已全部实现国产化。国产波纹滤板、小平面阀的洗浆机现已比较适应各种非木材浆的洗涤和黑液提取，真空洗浆机转鼓的最大面积可达120米^2，可配套20万吨/年硫酸盐木浆项目。近年来，国内企业开发的新型置换双辊挤浆机系列产品，其辊子的最大规格2200毫米×8400毫米，可配150万吨/年的浆料系统，进、出浆浓度分别为3.5%～10%、25%～35%。

大中型国产ECF/TCF成套设备和技术得到发展。具有我国自主知识产权的中浓纸浆清洁生产漂白成套设备主要包括双升流塔氧脱木素段、过氧化氢漂白段以及配套的中浓浆泵和中浓高剪切混合器。漂后废水中可吸附有机氯化物(AOX)完全满足国家排放标准，同时与传统的CEH三段漂白相比，节水50%以上，能耗减少30%以上，属于清洁漂白技术装备，最高产能达50万吨/年。

用于生产各种规模的高得率化学机械浆，汽蒸仓、浸渍器和反应仓等设备可全部国产化，螺旋撕裂机和高浓盘磨机等设备国产化也取得进展。国内开发了可用于机械浆或化学机械浆的双螺杆磨浆机及APMP化学机械浆设备，目前已有60～100吨/日的成套设备，300吨/日的成套设备正在完善中。

国产废纸制浆设备规模越来越大。目前可提供600吨/日OCC生产线成套设备及300吨/日的脱墨浆生产线设备，其中关键设备鼓式碎浆机、立式碎浆机、高温高浓盘式热分散机及浮选脱墨槽已全部国产化。

国产大型木浆配套碱回收系统设备产能40万～60万吨/年，其中包括蒸发水量为600吨/时的管式降膜蒸发站、处理量2200吨/日的单汽包低臭型碱回收炉及大型盘式白液过滤机和预挂白泥过滤机等。我国在草类原料碱回收技术方面处于世界领先水平。目前在建麦草浆碱回收系统最大规模为日处理黑液固形物1200吨，蒸发采用了十一体六效全管式降膜蒸发站，蒸发水量为350吨/时，采用了黑液降黏及结晶蒸发技术。

(2)造纸装备　国产纸板机的最大幅宽已达到7000毫米，车速800米/分，产能30万吨/年以上。采用气垫或水力式流浆箱，四叠网或五叠网成形，全封闭式引纸，高线压大辊径压榨，带纸幅稳定器的单排缸加双排缸的干燥形式，独立引纸绳引纸。

目前已建成运行较多的最大国产文化用纸机，机宽 3800 毫米，工作车速 800 米/分，生产量 250 吨/日。机型长网加顶网，水力式流浆箱，四辊三压区/五辊三压区压榨，烘干部采用部分单排缸带有纸幅稳定器，独立引纸绳引纸。"十一五"国家科技支撑计划，河南江河纸业股份有限公司与华南理工大学、轻工业杭州机电设计研究院等联合研发了高速文化用纸机，标志着我国造纸机技术已经取得了突破性进展。

国内成功开发了车速 700 米/分真空圆网纸机和 1000 米/分以上新月型卫生纸机，产能 0.8 万 ~ 2.0 万吨/年。突破了水力式流浆箱、钢制扬克烘缸、夹网等技术。

主要用于长纤维或混合纤维超低浓度成形生产特种纸的斜网纸机也从无到有，国产斜网纸机最大幅宽 3300 毫米，车速 200 米/分；目前单层和双层成形斜网纸机已成功运行投产，三层成形的纸机正在开发。

4. 我国造纸装备企业数量多，规模小，性价比高

国内造纸机械厂商数量较多，有 200 多家，但其规模都不大，最大的企业年销售额为 4 亿 ~ 5 亿元。单个企业与国际大公司(如维美德公司、福伊特公司和安德里茨公司等)相比，在规模、技术及质量上存在巨大差距。国内企业相互之间技术类同，特色不突出，且基本上没有太多的开发能力。与造纸行业相比，造纸机械行业的发展比较缓慢，加工手段比较传统，更新速度较慢，规模难以扩大。但是国产装备仍然具有相对优势，尤其是性价比和售后服务，国内企业和国际大公司很难形成竞争，基本上是相互补充。

5. 技术开发手段单一，自主知识产权和有效专利数量较少

技术开发手段单一，无论是企业，还是科研院所、大专院校都未能建立起有效的装备开发试验平台及有效的运行体系。到目前为止，技术发展的手段仍然停留在以消化吸收为主，自主知识产权产品很少，有效专利数量较少。与国际大公司相比仍然差距巨大，其结果就是仿制的产品性能很难达到或超过原有水平，且还有仿造不到位产生的性能不稳定，能耗和材料消耗大，可靠性不高等问题，且这些问题在短时间内难以解决。

三、面临的问题与机遇

造纸行业进入调整期，量的简单扩张形势难以再次出现，但对质量和效益的提高永远都不会停止，这对装备制造业提出了更高的要求，应开发出更高效、更节能的设备。对现在装备的不断优化改造为装备制造业提供了新的机会，而且可以预测随着造纸工业由量的扩张到质的提高，此项任务将经历一个长期的过程。同时造纸工业的外延也在发展：一个是向生物质综合利用方向发展，比如利用植物纤维生产生物燃油、纤维素木质素材料等，另一个是向纸基功能材料方向发展，利用造纸技术进行改造优化，生产以合成纤维、无机纤维及混合纤维为原料的新材料，如电子、高精度过滤、摩擦、绝缘等材料，也为装备制造业提供了许多机会，尤其是对分散、成形、特殊干燥、热压光等新技术的需求十分紧迫。这为装备制造业提供机会的同时，也提出了新的要求。

另外，造纸工业对落后产能的淘汰也为新装备提供了市场空间，其中"十二五"期间计划淘汰落后产能 1500 万吨，随着产能出现阶段性过剩，市场对大型高速纸机及装备的需求已逐步减少，这将挤压大型进口设备的市场空间，而对性价比较高、产能中上的国产装备反而是一种利好。从 2013、2014 年的造纸装备工业总产值和利润指标可以看出，我国纸和纸板生产量增速下降对装备制造业的产值和利润影响不大，仍呈现比较正常的增长。

造纸机械具有非常独特的流程，其在技术开发上难度很大，性能和功能的开发方式决定其直接在生产线上使用和逐渐完善，还是在试验线上进行中试后完善。前一种方式风险太高，后一种方式投入和运行费用较大，两种开发方式目前都不太可能成为我国装备制造业的主要方式。因此，只有采用模仿的方式，这是一种风险小、投入少的开发路线，我国一直以来都是采用此方式开发新装备。从效果来看，成效比较显著。但该方式也是一把双刃剑，随着知识产权保护和我国广泛深入参与世界竞争，在未来的发展过程中，我国造纸装备业还是要不断提升自主创新能力和技术水平，形成自己集成创新的体系。

造纸装备处理的原料为纤维悬浮液，其他行业没有此类甚至没有类似原料，这也决定了其使用装备的独特性，例如筛选、输送、成形、压榨等。因此难以从其他行业进行借鉴，且基础理论的研究欠缺，这必然导致发展步伐缓慢，对此要有清醒的认识。

虽然技术研发存在许多困难，但我国有巨大的市场，运行有世界上最为先进的各种装备，为走消

化、吸收、再创新的路线提供了较好的保障；有完善的产业链和配套工业，只要科学定位，坚持走差异化的路线，不断提高产品质量，完全有可能走出一条有我国特色的装备制造技术发展道路。

我国正在大力推进的“一带一路”战略将极大地影响我国经济走向。随着该战略的逐步落实，区域内的经济必将取得较大发展，涌现出广阔的市场，为我国的产业和装备输出创造有利的条件，造纸工业作为与经济发展息息相关的产业，也一定会在该区域呈现出蓬勃发展的时机，尤其是包装纸和生活用纸领域，一定会呈现较大的发展。相关产业一定要深入认识该战略对国内产业调整和“走出去”的深远影响，抓住机遇把国产装备进一步推向国际市场。

四、发展与展望

1. 造纸装备制造业格局变化

造纸装备制造业总体格局将发生较大的变化，由目前的产品雷同、多而分散的格局逐渐形成具有社会化大生产和专业化协作能力的几家大企业带动众多专业化小企业的布局，优化市场资源。

(1)进入新时期的我国造纸装备业除受到造纸企业结构调整的深远影响外，也受到新技术革命，尤其是以数字化、网络化、智能化为主要特征的工业 4.0 时代的影响，新技术的应用将极大地提高资源、人力和能源的利用率，更加合理配置生产过程中的各个要素，减少浪费，从而达到节约成本、提高效率、增强竞争力。应用数字化、网络化极大地提高资源的配置能力，使得产品从设计到制造和服务的组织形势发生深刻变化，企业通过网络可将价值链和生产过程分解到不同国家和地区，产业分工更专业化和精细化，技术研发、生产和销售的多地区协作日趋加强。

(2)造纸产业智能性过剩使得市场将大大挤压装备的获利空间，与此同时生产要素成本不断上升，使企业必须进一步提升产业价值链，在研发、原料采购、生产、营销、售后服务等各环节中都应创造新的价值，这只有管理理念正确、手段先进，组织完善的大型企业才能做到。

(3)未来企业利润产生的另一个途径主要是提高劳动生产率。据报告，发达国家全要素劳动生产率对经济的贡献最高达 70%，而我国不足 30%，因此潜力巨大。而要对资源、能源、资本等要素实现最优组合，精细化管理，降低综合成本，非大企业难以实现。组织全行业专业化分工协作是一条降低成本的有效途径之一。

(4)市场对大型高速装备的需求会减少，而中小型设备的技术和加工已趋于相对成熟，部分技术难度较大，需要更多的投入和时间检验，必然会进一步加剧企业之间的激烈竞争，挤压利润空间，使得在销售、技术、管理等方面综合能力较弱的企业逐渐被兼并重组或淘汰，企业数量逐渐减少。从国际上造纸机械的发展也可得到印证，如在 20 世纪五六十年代，国际上有几十家上规模的公司，如 Beloit、Sunds、Alstrom、KMW、Sandyhill 等公司，但目前经过兼并重组，只有维美德公司、福伊特公司和安德里茨公司等几家超大型公司，这 3 家大型公司的总营业额就可达到我国造纸装备制造企业一年的销售额，所以只有整合好资源，取得较大的发展，达到较大规模的公司，才有能力参与国际竞争。

2. 造纸装备制造业市场主流产品的变化

在经过高速发展期后，许多造纸企业也逐渐认识到大型高速生产线存在造价高、备件及维修费用昂贵、改造升级不容易等缺点。产能中上规模的单条生产线或单机可能是市场发展的主流产品，如产能 30 万 ~40 万吨/年纸板机，10 万 ~20 万吨/年文化用纸机，2 万 ~4 万吨/年生活用纸机，但性能需不断优化，逐步提高自动化、智能化的水平，进一步稳定生产运行性能和产品品质。与之相适应的一些关键技术将不断成熟与完善，如稀释水水力式流浆箱、节能蒸煮技术、大型盘磨、靴式压榨、膜转移施胶机、机内软压光等。同时生产线和设备的建设将越来越强调专业化和模块化的结合创新，为今后适应市场变化和技术进步留下改造和升级空间。

3. 注重质量和创新

质量和创新是装备行业发展的两个关键任务，其中质量可能会处于更加突出的位置。造纸业高速扩张期已经过去，进入质量和效益为主，优化产业结构的新时期。造纸行业的效益和质量与装备的性能关系密切，装备性能先进，纸张的品质优良，装备的可靠性提高，造纸生产中非生产时间就会缩短，无用消耗降低，效率自然会提高。质量的提高也是一种创新，因为质量的高低与生产成本和时间效率相互矛盾，如何用创新的方法和管理手段，既提高了质量，又维持成本不升高，甚至有所下降，这一直是一个世界难题，要解决这一难题没有创新的思维和方法是很难实现的。

4. 技术发展趋势

未来相当长时间内技术发展方向不会主要集中在单机生产能力的提高上，许多关键技术也取得了初步进展，如稀释水流浆箱、靴压辊、中高浓漂白技术、节能蒸煮技术等正在完善和优化中，而品质的提高是一个较为长期的过程。因此，在新形势下，对资源、能源和环保双重约束下的造纸工业，节能减排必然引领未来技术的发展方向，同时兼顾提升品质和降低消耗。

(1)中浓流送及成形系统技术　浓度为3%及以上的中浓流送和成形技术在国内外的发展已有几十年了，但仍有一些关键技术(如质量稳定性)尚未突破，使得其在实际工业应用中没有太大进展，但中浓技术的发展意义重大，如能得到实际应用，将使能耗和水耗大幅降低50%以上，设备体积也相应缩小，尤其是对纸板生产具有十分重要的意义，值得加大在这方面的技术研发。

(2)无浆池及少浆池技术　目前浆池在造纸生产线上的数量较多，占有十分重要的位置，为生产线的正常运转提供了必要保障。但是浆池的占地面积和动力消耗较大，必须尽快加大无浆池循环磨浆、封闭筛选、自动配浆/配料等技术的研发，逐渐实现造纸流程的无浆池或少浆池的生产。

(3)超临界干燥技术　造纸生产中干燥所消耗的能源约占总能耗的60%，目前湿热空气的回收热量也只有30%左右，还有70%的热量排向大气而被消耗。湿热空气回收难的一个主要问题是干燥产生的湿热空气的湿含量太低，有太多的空气混合在其中，而湿含量太高又容易结露滴水，影响纸张质量。要解决这个问题，就必须突破现有干燥技术。超临界干燥的概念是将干燥过程转变为接近蒸发过程，这样容易将蒸发出来的大量热量进行回收且经济，热回收装置的投资、回收过程中的能耗都将大幅减少，干燥的蒸汽消耗量也可下降30%～50%。

(4)要充分利用好现代技术，尤其是以传感器技术为基础的网络化、信息化技术在造纸工业中的应用，更加合理地调配好资源和能源，使其发挥出更大的效益，同时减少人工成本，稳定产品质量。

(刘安江)

2015 年我国制浆造纸设备及新产品情况

Introduction to New Products of Domestic Pulping and Papermaking Equipment in 2015

2015 年是我国造纸产业进一步调整的一年，许多产品积压严重，大部分生产企业处于保本和亏损边缘，关、停、转现象普遍发生。短期内，国内经济与外需市场仍难言乐观，纸品需求难以获得显著提升，去库存化还会继续影响制浆造纸行业，作为配套产业的造纸机械行业也受到了难以避免的影响，但也为一些企业研发新设备、推广新产品及拓展国际市场提供了契机，并取得一定的成绩。

一、制浆设备

1. 原生浆制浆设备

(1)汶瑞机械(山东)有限公司开发的高浓漂白塔，直径 5 米，体积 300 米^3，是目前国际化学机械浆领域中规格最大的漂白塔，漂白塔内漂浆浓度为 20% ~25%，在塔体底部稀释至 8% ~10% 后由中浓浆泵将物料输送至后续工段。该机已用于广西金桂浆纸业有限公司年产 25 万吨 APMP 化学机械浆车间二段漂改造项目。

(2)轻工业杭州机电设计研究院研发设计的 15 米^3 节能型新型水力碎浆机，适用于低浓或中浓商品浆板的碎解，配用电机功率 90 千瓦。该机采用特殊的偏心转子设计，比传统碎浆机吨浆节能 20% ~25%。该机将用于四川省犍为凤生纸业有限责任公司。

(3)轻工业杭州机电设计研究院开发了 9000 米^3 秸秆原料用生物处理发酵仓。该仓体采用仓顶多点下料、底部特殊螺旋出料的结构，发酵反应时间可达 90 小时以上，发酵仓出料能力 60 ~100 米^3/时可调，出料螺旋规格 Φ700 毫米，设计转速 20 转/分，螺旋功率 160 千瓦。仓内发酵过程中排出液可循环使用。该设备即将用于宁夏紫荆花纸业有限公司的秸秆造纸循环经济示范项目即 5 万吨浆/年制浆生产线发酵工段。

2. 洗、选、筛设备

(1)汶瑞机械(山东)有限公司生产制造了用于白水回收的 DPL5209 型多圆盘过滤机。该设备采用无网袋盘片技术，盘片由微孔不锈钢板一次冲压成型，比传统的网袋式盘片具有过滤面积大、使用寿命长、运行更加可靠、无需更换滤袋、可节省运行费用等特点。该设备的白水处理能力为 16000 升/分，垫层浆采用打浆度为 32°SR 欧废短纤维；超清滤液澄清度为 40 毫克/升，清滤液澄清度为 60 毫克/升，浊滤液澄清度为 140 毫克/升，指标已达到国际同类产品水平。该设备已于 2016 年 3 月用于浙江荣成纸业有限公司。

(2)汶瑞机械(山东)有限公司研发了第五代鼓式真空洗浆机。该设备规格 67 米^2，采用了锥形流道、新型平面阀结构，每天每平米洗浆能力超过 20 吨(木浆)，单机能力已达 1360 吨/日(阔叶木浆)，其真空度在 0.03 兆帕左右，出浆干度达到 12% 以上，于 2015 年 10 月 25 日成功用于美国 Woodland 制浆厂。

3. 环保设备

山东晨钟机械股份有限公司研制了新的污泥挤压脱水设备，可将污泥的含水率从 98% 降低到 50% 左右，其产能是传统污泥压滤设备的 2.39 倍，运行成本每绝干吨降低 93.2 元。该设备于 2015 年 9 月 21 日在山东兖州顺利通过了淄博市科技局组织专家召开的成果鉴定会。目前使用厂家有山东太阳纸业股份有限公司、东莞市泰昌纸业有限公司、河南江河纸业股份有限公司等多家公司。

二、造纸设备

1. 包装纸、箱纸板机

(1)乐山市成发造纸机械有限责任公司提供给

印度 Krishna Tissues 有限公司的多层箱纸板机已经安装完成，2015 年年初开机。该机生产能力 500 吨/日，设计车速 600 米/分，幅宽 5400 毫米。

(2)山东杰锋机械制造有限公司提供给云南东晟纸业有限公司的 23 万吨 T 纸制浆项目第一批供货设备于 2015 年 3 月 16 日发货，该项目瓦楞原纸生产线已于 2015 年 9 月 6 日顺利投产。

(3)山东信和造纸工程股份有限公司供货台湾荣成纸业有限公司的 200 多网多缸纱管纸板机于 2015 年 12 月 2 日成功开机。该纸板机生产能力 150 吨/日。

(4)河南大指造纸装备集成工程有限公司承接的俄罗斯乌兰乌德色楞格纸厂 4200/600 牛卡纸机改造 EPC 工程总承包项目于 2016 年 1 月 15 日顺利完工交付。此 EPC 工程总承包包括更换水力式稀释水流浆箱(河南大指造纸装备集成工程有限公司生产)、优化上浆系统、改造 DCS 系统、新增 QCS 系统以及所供设备的安装调试工作。

(5)上海轻良实业有限公司提供给泊头龙达纸业有限公司的 5000/550 长网多缸瓦楞原纸机于 2016 年 1 月 26 日成功上线并且一次性开机成功。

(6)山东昌华造纸机械有限公司为德州泰鼎新材料科技有限公司生产制造的 4900/600 高强瓦楞原纸机于 2015 年 3 月 16 日顺利投产，生产的成纸品质优良。该纸机配备了 1 套由山东昌华造纸机械有限公司自主研发的靴式压榨成套设备，这也是山东昌华造纸机械有限公司生产的第二台套靴式压榨设备。目前该纸机运行线压力 900 千牛/米，出压榨干度已超 50%，运行平稳可靠，性能稳定，能耗低。其整体技术水平及制造水平达到国际先进水平。

2. 生活用纸机

(1)金顺重机(江苏)有限公司供货海南金海浆纸业有限公司的 12 台 2380/1800(TM2818)高速新月型卫生纸机于 2015 年 4 月全部投产运行。TM2818 型纸机使用了全新的新月型成形区及压榨部设计、国内最大的直径 5480 毫米(18 英尺)钢制扬克缸的应用和高效低耗的蒸汽气罩及 Duo 热风系统的成功应用都保证了该纸机运行车速达到破国产记录的 1800 米/分。

(2)佛山市南海区宝拓造纸设备有限公司供货肇庆万隆纸业有限公司的高效卫生纸机于 2015 年 6 月 6 日成功开机。该机型设计精巧，节能环保，具有多浆种适应性和高定量范围(13 ~ 42 克/米^2)的抄造性能。采用直径 3000 毫米扬克缸，实际车速能达到 700 米/分以上。主机采用高稳定性的流浆箱、直径 1000 毫米真空网笼、直径 700 毫米高效脱水真空托辊和直径 3000 毫米意大利喷涂技术的钢制扬克缸。纸机设计车速 800 米/分，实际运行车速 700 ~ 750 米/分。整台纸机的装机功率小于 600 千瓦，吨纸电耗 300 千瓦时以下，吨纸汽耗 2.0 吨以内。

(3)西安维亚造纸机械有限公司供货满城县富民纸业有限公司的 2800/600 中速新月型卫生纸机于 2015 年 6 月 26 日试机成功。

(4)佛山市南海区宝拓造纸设备有限公司供货湖北世纪雅瑞纸业有限公司的 SF12 - 800 高档生活用纸生产线于 2015 年 9 月 6 日成功投产。该机型具有多浆种性、宽定量(13 ~ 45 克/米^2)抄造范围，生产能耗低(吨纸电耗≤300 千瓦时，吨纸汽耗≤2.0 吨)，蓬松度好，纸纹细腻等一系列的设备特征。

(5)2015 年 11 月，四川汇丰纸业有限公司 3 台真空圆网卫生纸机顺利投产，面宽 2800 毫米，设计车速 800 米/分，其特色在于使用自制竹浆为原料。其中 2 台纸机由山东凯信机械有限公司供货，1 台纸机由中国联合装备集团宜宾机械有限公司供货，其新型流浆箱由轻工业杭州机电设计研究院配套。

(6)山东信和造纸工程股份有限公司提供保定西而曼能威纸业有限公司的 3600/1200 节能新月型卫生纸机于 2015 年 11 月 26 日顺利开机出纸。该纸机型号为 SWZ902，设计车速 1200 米/分，幅宽 3600 毫米，日产 60 吨卫生纸，定量为 13 ~ 26 克/米^2。该纸机配套的钢制扬克缸直径为 3660 毫米、面宽为 4050 毫米，流浆箱为满流飘片式，真空托辊包聚氨酯橡胶，通孔、盲孔加沟纹，配新型节能蒸汽气罩，蒸汽冷凝水系统采用可调式热泵。

3. 特种纸机及装备

(1)轻工业杭州机电设计研究院供货肇庆市中盛纸业有限公司的 2640/400 美纹纸机改造项目于 2015 年 4 月顺利开机出纸。

(2)轻工业杭州机电设计研究院供货南通中菱绝缘材料有限公司的 600/10 特种纸机网部改造工程项目于 2015 年 9 月顺利开机出纸。

(3)轻工业杭州机电设计研究院供货国内某印钞有限公司的流送系统和新型圆网布浆器于 2016 年 4 月一次试车成功，顺利投产。

4. 部分关键部件产品

(1)沙市轻工机械有限公司供货山东泉林纸业有限责任公司的 6100/1200 膜转移施胶机于 2015 年 10 月 10 日成功开机。该施胶机主要用于生产高档文化用纸，原纸定量 40 ~ 60 克/米^2，净纸幅宽

6100毫米，设计车速为1200米/分，施胶量为1.5~3.0克/米^2·面，胶料固含量5%~18%，整机运行平稳，满足了用户需要。同时，该施胶机也是目前国内幅宽最大、车速最高的国产膜转移设备。

(2)轻工业杭州机电设计研究院2011年开发研制了具有完全自主知识产权的高剪切水力碎浆机，2015年在浙江凯恩特种材料股份有限公司成功应用。

(3)山东昌华造纸机械有限公司于2015年5月28日与山东泉润纸业有限公司签订合同，为山东泉润纸业有限公司5650/1000纸机生产制做1套靴式压榨成套设备，山东泉润纸业有限公司主要生产低定量成品纸。这台纸机压榨部采用四辊三压区成形生产方式，关键部位压区设计线压1000千牛/米，压区宽度280毫米。

(4)轻工业杭州机电设计研究院于2011年开发研制了玻璃纤维过滤纸帘式施胶装置，2015年在广州华创化工材料科技开发有限公司成功应用。

(5)中国造纸装备有限公司承接的原浙江永泰纸业集团股份有限公司东恒分公司PM9改造项目——顶网成形器改造，于2015年8月21日已完成安装、调试，并顺利开机投产。此次改造采用国际先进水平的倒置弧面顶网成形器，替代原有的平面顶网成形器。改造后的顶网成形器脱水量提高了4倍多，成纸抗张强度和匀度得到很大改善，网部的传动负荷明显降低，有效节约了能耗。

(6)轻工业杭州机电设计研究院于2013年开发研制了具有完全自主知识产权的新型气流计量膜转移施胶机，2015年在山东仁丰特种材料股份有限公司成功应用。

(7)溧阳江南烘缸制造有限公司供货河北小人国纸业有限公司的直径3660毫米、幅宽3950毫米钢制扬克缸于2016年1月交货。

(8)轻工业杭州机电设计研究院于2015年开发研制了超导烘缸装置，2016年在杭州新华纸业有限公司成功应用。其烘缸直径1500毫米，面宽1550毫米，工作温度180℃，现场测试烘缸表面温度差在1℃以内。

三、涂布机及完成设备

1. 白纸板涂布机

沙市轻工机械有限公司供货印度GVG纸厂的3000/300组合刮刀涂布器于2015年9月18日成功开机。主要用于生产涂布白纸板，设计车速为300米/分，净纸幅宽2950毫米，原纸定量200~600克/米^2，涂布量8~15克/米^2，涂料固含量58%~65%。

2. 包装纸涂布机

沙市轻工机械有限公司供货河北阿木森滤纸有限公司的1880/220食品包装纸涂布机于2016月2月1日成功开机。设备原纸定量为12~15克/米^2；通过采用新型刮棒式膜转移施胶方式，施胶量在0.2克/米^{2}范围内能精确控制，固含量2%~3%；采用气浮式干燥箱，使薄页纸幅以正弦曲线的气浮状态通过干燥器，运行平稳；采用高精度张力控制和传动技术，贴切准确。此外，公司新近研发的新型余热回收装置也在该设备上首次成功使用，节能效率达20%。

3. 无碳复写纸涂布机

沙市轻工机械有限公司供货广州九恒条码有限公司的3号、4号生产线于2015年7月2日成功开机，一台是1760/400无碳纸涂布机，另一台是1880/400无碳(热敏)纸涂布机，2条生产线运行平稳，各项指标均达到了设计要求。

4. 特种纸涂布机

(1)河南大指造纸装备集成工程有限公司供货佛山新飞卫生材料有限公司的1350/450离型纸涂布机于2015年1月9日安装完毕并一次性试车成功。目前涂布机运行良好。此套涂布机主要由双工位自动接纸放收卷装置、组合刮棒涂布头、硅油涂布头、热风干燥系统、四辊湿润装置和电气控制系统等组成，车速最高可达450米/分，突破了目前国内的离型纸涂布机车速普遍在200~300米/分的瓶颈。

(2)轻工业杭州机电设计研究院供货浙江晶鑫纸业有限公司的1300/200特种纸涂布机，于2015年12月成功试车，该机用于生产美纹胶带纸、和纸等特种纸。

5. 部分关键部件产品

沙市轻工机械有限公司供货内蒙古大兴安岭浆纸有限责任公司的分区可控中高辊于2016年4月顺利完成制造并发货。该可控辊幅宽3500毫米、车速700米/分、辊径达Φ635毫米，且分区数量达9个之多，刷新了公司自制可控辊的多项记录。该辊在设计上实现了密封结构的优化，将国内普遍采用的唇形圈轴式密封方式创新为唇形接油盘式密封，确保不渗漏、不滴油；制造过程中通过特殊工装，保证了可控辊跳动精度；运用动态试验平台，进行了中高打压测试和高车速下的打压密封测试，保证了分区可控中高辊的整体使用性能。

(冯阿团 沈 栋 徐国华 文海平 张 立 杨 旭)

2015 年我国造纸脱水器材行业概况

Review of the Dewatering Devices in Paper Industry in 2015

2015 年我国造纸脱水器材行业发生了很大的变化，有明显的亮点和进步，也有很大的失落和不足。行业整体向前发展，但也暴露了一些问题，企业间分化进一步加剧。

一、2015 年我国造纸网毯企业概况

1. 造纸网

据中国造纸学会造纸器材专业委员会(简称“造纸器材专业委员会”)统计，2015 年，国内主要规模以上造纸网企业有 20 家(不包括外商在华独资网毯生产企业)。造纸网的生产量：成形网 180.90 万米^2、干网 127.71 万米^2、螺旋干网 8.00 万米^2、铜网 5.60 万米^2、不锈钢网 2.45 万米^2。与 2014 年相比，成形网、干网、螺旋干网和铜网生产量分别下降 32.39%、20.95%、49.30%、25.00%，不锈钢网生产量略有增加。

2015 年高端三层成形网的生产量为 74.54 万米^2，同比下降 26.79%，异形丝干网生产量 96.44 万米^2，同比增长 14.91%。

与 2014 年相比，2015 年只有极少数的造纸网企业生产量有所增加，大部分企业生产量基本维持，一些规模较大的造纸网生产企业，以提高质量、开发新品种为主，不仅保持了原有的客户群，而且新增了高端的客户群，成为行业的亮点。

江苏金呢工程织物股份有限公司、安徽华辰造纸网股份有限公司、安徽太平洋特种网业有限公司是生产量比较大的造纸网企业。这些企业都注重以质量开拓新市场，其三层网与异形丝干网生产量在总生产量中占有很大比例，进入高端市场也有新的进展。目前，部分国内优势造纸网产品已对进口造纸网产品形成真正的竞争，国内造纸网产品不再以价格为销售优势，其产品质量与国外造纸网产品不相上下。

部分造纸网企业处于比较困难的阶段，有些企业多年开发能力不足，产品陈旧，市场不断缩减，年生产量大幅下降，企业运转极为困难，少数企业甚至处于停产、半停产状态。但是，由于造纸网企业前期对设备的投入巨大，不少企业的硬件条件较好，反弹的机会尚存。从造纸网生产量统计数据来看，造纸网产品继续向大厂集聚。

2. 造纸毛毯

2015 年造纸器材专业委员会统计全国规模以上 20 家造纸毛毯企业生产量(不包括外商在华独资网毯生产企业的生产量)合计为 6055 吨(以历年同口径推算，全国生产量 7872 吨)，同比下降 1.72%。

2015 年国内造纸毛毯的总生产量与 2014 年基本持平。行业内骨干企业起着较强的引领作用，这些企业在生产量、市场占有率、产品质量和技术档次方面具有一定优势，坚持以产品与服务为主打，坚持较高的价格，在相对优势的环境中成长，在自身努力的基础上也有斩获，所以造纸毛毯总体状况看起来较为平稳。

2015 年造纸毛毯企业努力开拓海外市场，造纸毛毯产品出口量有所增加。但是，在市场竞争的猛烈冲击下，也有部分造纸毛毯厂处于风雨飘摇之中。有一定比例的造纸毛毯厂生产量降幅较大，个别厂下降幅度高达 30% ~50%，其市场快速萎缩，令企业陷入相当的困境之中。从整体来看，造纸毛毯产品同样继续向大厂聚集。

3. 造纸网毯进出口概况

2003—2015 年造纸网毯产品的进出口概况见表 1 和图 1 ~ 图 4，2015 年与 2014 年造纸网毯产品进出口数据对比见表 2。

表 1　2003—2015 年造纸网毯产品的进出口数据

	年份	滤网、滤布		<650 克/米² 网毯成品		≥650 克/米² 网毯成品		合计	
		数量/千克	金额/美元	数量/千克	金额/美元	数量/千克	金额/美元	数量/千克	金额/美元
进口	2003 年	321789	13179434	83823	9716679	733393	34916174	1139005	57812287
	2004 年	467009	18160299	66449	11532430	928589	45849485	1462047	75542214
	2005 年	453136	24320356	122208	18246875	922277	52269799	1497621	94837030
	2006 年	515427	38570045	103272	19820917	1147141	66040034	1765840	124430996
	2007 年	554959	41072549	164659	28287534	1320591	73807104	2040209	143167187
	2008 年	606367	46872567	205248	32106550	1398726	81335714	2210341	160314831
	2009 年	390331	39433965	282476	27209593	1069939	63213073	1742746	129856631
	2010 年	674593	54817406	152683	26341596	1257074	79184329	2084350	160343331
	2011 年	676222	65364193	195048	36256563	1429448	93074967	2300718	194695723
	2012 年	5770638	127623854	199017	35487497	1490570	92340290	7460225	255451641
	2013 年	732491	65628557	198872	39304782	1627047	97683472	2558410	202616811
	2014 年	766924	73505067	203188	39711480	1743000	97563569	2713112	210780116
	2015 年	734838	59134296	165952	32030296	1445143	83667743	2345933	174832335
出口	2003 年	166319	2691934	39871	1702536	113572	2643469	319762	7037939
	2004 年	397701	3635438	86507	2015043	132979	3073069	617187	8723550
	2005 年	691723	6670480	96740	1814304	233327	5819276	1021790	14304060
	2006 年	1150572	7735693	105995	2413436	403741	11250884	1660308	21400013
	2007 年	347923	4749570	83953	3357880	494649	14671403	926525	22778853
	2008 年	314175	5957362	156664	5046002	654007	19577994	1124846	30581358
	2009 年	573145	8689102	151286	6749313	1165831	39476960	1890262	54915375
	2010 年	767435	14156715	217889	12617780	1606415	54910625	2591739	81685120
	2011 年	1224731	19875393	221262	15067260	1879750	59108654	3325743	94051307
	2012 年	1457557	24341877	270128	15958286	1825804	55543516	3553489	95843679
	2013 年	1417962	24751543	349271	13922038	2087560	64925996	3854793	103599577
	2014 年	1521356	28815705	356718	16888059	2132604	64032585	4010678	109736349
	2015 年	1561090	27321954	302251	16701516	2345550	62032012	4208891	106055482

注：数据来源于海关总署。

表 2　2015 年与 2014 年造纸网毯产品进出口量对比

	年份	滤网、滤布			<650 克/米² 网毯成品			≥650 克/米² 网毯成品		
		数量/千克	金额/美元	单价/(美元/千克)	数量/千克	金额/美元	单价/(美元/千克)	数量/千克	金额/美元	单价/(美元/千克)
进口	2015	734838	59134296	80.5	165952	32030296	193.0	1445143	83667743	57.9
	2014	766924	73505067	95.8	203188	39711480	195.4	1743000	97563569	56.0
	同比/%	-4.18	-19.55	-15.97	-18.33	-19.34	-1.23	-17.09	-14.24	3.39
出口	2015	1561090	27321954	17.5	302251	16701516	55.3	2345550	62032012	26.4
	2014	1521356	28815705	18.9	356718	16888059	47.3	2132604	64032585	30.0
	同比/%	2.61	-5.18	-7.40	-15.27	-1.10	16.90	9.99	-3.12	-12.00

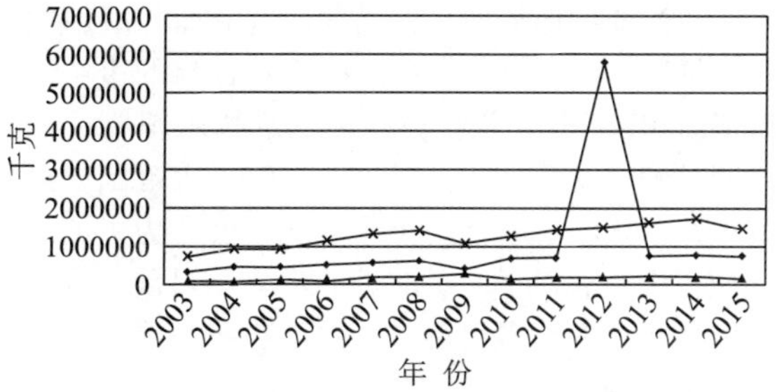

图1　2003—2015年我国造纸脱水器材产品进口量

—◆—滤网、滤布　—▲—＜650克/米²网毯成品　—×—≥650克/米²网毯成品

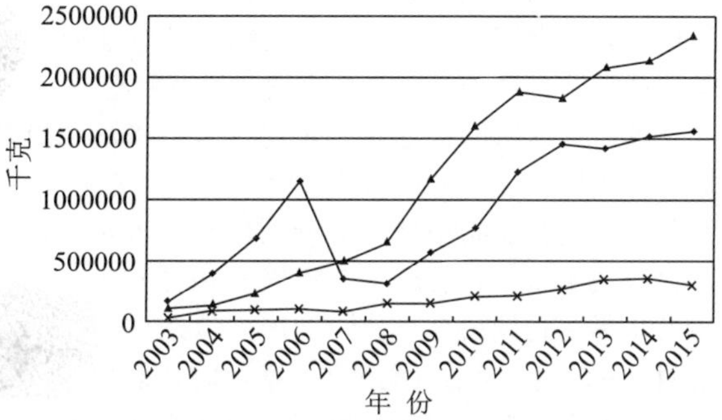

图2　2003—2015年我国造纸脱水器材产品出口量

—◆—滤网、滤布　—×—＜650克/米²网毯成品　—▲—≥650克/米²网毯成品

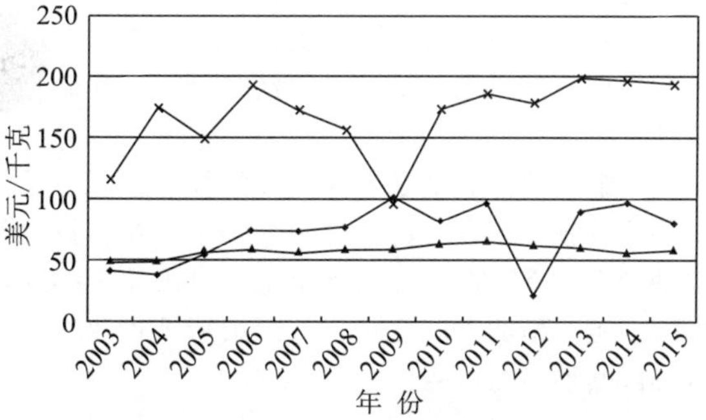

图3　2003—2015年我国造纸脱水器材进口产品单价

—◆—滤网、滤布　—×—＜650克/米²网毯成品　—▲—≥650克/米²网毯成品

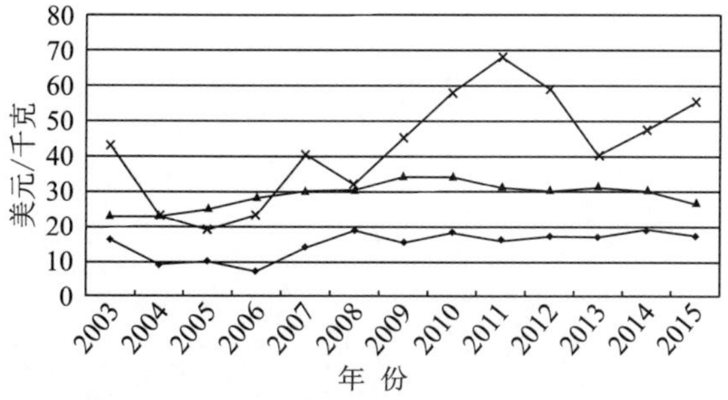

图4　2003—2015年我国造纸脱水器材出口产品单价

—◆—滤网、滤布　—×—＜650克/米²网毯成品　—▲—≥650克/米²网毯成品

与2014年进出口量相比，2015年国内造纸企业提增乏力，需求不足，对国外造纸网毯厂商带来较大压力；滤网、滤布和≥650克/米^{2}网毯产品出口量有所增加，＜650克/米^{2}网毯产品出口量减少。由于一些造纸网毯企业对产品出口较为重视，也有较多的贸易公司从事这方面的业务，因此，出口量形成一定的增量。从单价上来说，进出口价格均有一定下降，＜650克/米^{2}网毯产品出口的单价有较大提高。

我国对造纸网毯市场完全开放，进口造纸网毯（包括外资在大陆建厂所产）在我国大陆占有很大优势。近年来，国内造纸网毯企业专心致志、埋头苦干，产品质量有了很大提高，在产品的进出口量与单价上也发生了令人欣喜的变化。

二、造纸网毯行业的分析与展望

1. 造纸网毯质量的提升

经过多年的技术、装备投入，造纸网毯产品质量有了很大的提高。早期关于国内优质造纸网毯产品在高速纸机上的应用只有少数案例，现在此类案例已经相当多，几家大型造纸网毯厂非常重视产品在国内大型造纸企业的推广，一些规模不大的造纸网毯厂也不乏成功的案例，许多造纸厂也认可国内造纸网毯产品可以达到的优质水平。

但是，国内造纸网毯产品与进口产品之间仍存在明显的差距，这就要求企业不仅注重产品的物理指标方面的质量，还要注重保证质量的相关管理体系，通过精准的客户服务，减少意外故障、失误，提高产品质量的稳定性。四川环龙技术织物有限公司、安徽华辰造纸网股份有限公司、江苏金呢工程织物股份有限公司等通过大力打造客户技术服务队伍，积极为客户排忧解难，在客户群中树立了良好的形象。有些规模稍小的造纸网毯厂也拥有资深技术人员常年奔走于造纸厂，保证了用户对产品的信任感。拥有完善的技术服务保证体系，是企业产品质量的一个重要组成部分。

四川环龙技术织物有限公司继续领跑造纸毛毯质量之路。2015年，公司的多轴向造纸毛毯技术获得纺织工业联合会的"纺织之光"科技进步二等奖。2015年，公司的多轴向造纸毛毯的销售量比2014年增长了150%，产品进入诸多包装纸、文化用纸、生活用纸生产企业。公司在成都的生产基地建立了多轴向生产线。安徽华辰造纸网股份有限公司、江苏金呢工程织物股份有限公司在2015年都有新产品问世，并获得了省优秀新产品的荣誉，同时公司也扩大了产品市场。

2. 企业在资本运作上的新突破

2015 年 4 月，江苏金呢工程织物股份有限公司在新三板上市，股票代码：832334，这是造纸网毯行业在资本市场第一次有意义的突破。江苏金呢工程织物股份有限公司在造纸网毯领域一贯坚持高起点，以尖端的装备、技术营销人才及优异的产品形成显著的技术优势，公司只做三层网产品，以供应高速纸机，是国外同类产品的有力竞争者，不但在国内市场影响显著，在国外如韩国市场，也引起同行的重视。江苏金呢工程织物股份有限公司是江苏省高新技术企业，是造纸成形网行业标准的主要起草单位，其在新三板上市，有助于引起资本市场对国内造纸网毯行业的重视，有助于行业的更快发展。

行业内其他企业也有资本运作的各种做法，有些筹划企业版上市，有些在股份交易中心挂牌，还有的企业与证券公司进行合作，或融资，或吸引风投，或兼并收购，或双制转股，诸如此类，预示着造纸网毯行业在迎接新的挑战与机遇。

3. 造纸网毯行业的现状

造纸网毯行业是资金密集、技术要求高、专业面狭的小产业。多年来，我国造纸网毯业中的一部分企业埋头苦干，持续努力，克服了装备落后、技术薄弱、国际视野缺乏等不足，凭借我国造纸工业的快速发展，积极获取相关资讯，在造纸网毯的研究、开发与生产上取得了不凡的成绩。这一批企业从最初生产简单的产品到现在可与国际先进水平产品媲美，生产量未必有大的增长，但品质逐年改进，销售价格却保持不变，甚至有所下降。这些造纸网毯企业是行业的中坚力量。

在当前的形势下，造纸网毯企业面临着新的问题，早期的经营方式已不足以应对目前的市场发展形势。20 世纪 90 年代，国际造纸技术织物业遇到产能过剩，竞争剧烈，行业内实施了大范围的兼并重组，从 300 余家企业合并成五大公司为主的产业集群，重新获得了发展前进的动力。目前，我国造纸网毯企业的诸多活动，也预示着兼并重组可能会越来越成为常态。

4. 造纸网毯行业的新视野

首先，造纸网毯企业应积极地参与造纸行业重大活动，并在造纸团队组织中担任重要职务，参与各种研讨、交流活动。同时，造纸网毯企业要积极参与社会公益活动，在行业内树立良好的形象。

其次，造纸网毯企业应拓宽视野，将活动更多地延伸到国际上，更主动地进行国际间交流合作。目前，有些企业聘用外籍造纸网毯技术人员，以提高自身技术水平；有的企业积极开拓国际市场，与境外贸易公司结成合作伙伴。国内造纸网毯企业在面对国际造纸网毯跨国公司的竞争时，既要有危机感，也要有自信心，在争取国内用户方面更要善于发挥自身的优势。

再次，部分造纸网毯企业正逐步摆脱传统产品和传统产业的思维，善于学习新事物，开拓新思路，在企业管理模式、技术发展道路上敢于选择新的超常规发展的方式，探索“互联网 +”对企业的帮助。

造纸网毯行业是专业性较强的领域，但不是与世隔绝的领域，在市场经济的大潮中，在新技术新浪潮的带动下，造纸网毯行业正在打破原有的既定框架，走向新的发展之路，从而给造纸行业带来更好的配套器材与服务。

（杨金魁　韩静芬）

现代浆厂洗浆设备的综合评价及应用选择

Comprehensive Assessment and Optional Applications of Pulp Washing Devices in Modern Pulp Mills

循环、低碳、绿色是当代造纸业的发展主题，纸浆洗涤是实现主题的关键环节。制浆生产过程不仅要获取高的废液提取率、浓度、温度及浆料的高洗净度等，而且要保证节能降耗和清洁生产以及相关系统的生产效率；制浆建设过程不仅要考虑占地面积及系统投资等，而且还应遵循系统投入与产出均衡的法则。因此，不同浆种、不同规模的项目对洗浆设备的选择及组合应有一定的原则，使项目获取最佳效益并有益于企业持续发展。

一、不同类型洗浆设备的产能和洗涤效率

世界上具有洗浆功能的设备繁多，除去双辊压榨挤浆机、鼓式置换洗浆机、鼓式真空洗浆机、鼓式压力洗浆机、卡米尔压榨机，水平带式洗浆机、双网置换洗浆机、常压扩散洗涤器和压力扩散洗涤器等主要专用洗浆设备外，还有具备洗涤功能的蒸煮设备，如连续塔式置换蒸煮和间歇立锅置换蒸煮等。各专用洗浆设备不仅结构及功能特点不同，而且在不同条件及不同组合工艺下的洗涤效率也不相同，因此，对专用洗浆设备的选择应根据其设备性能并结合配套蒸煮技术的特点进行综合权衡的组合及配置。

洗涤效率可以用不同的关键指标来衡量，洗浆系统的洗涤效果一般以洗涤损失来评价或衡量，可用每吨风干浆带走多少千克的 COD_{Cr}或 Na_2SO_4 来表示。根据实践经验，目前木浆洗涤目标一般是在 2.0～3.0 的稀释因子下，浆料带入氧脱木素段的 COD_{Cr}每吨风干浆不多于 80 千克、氧脱木素后洗后浆料中 COD_{Cr}每吨风干浆不多于 8 千克为宜。

二、现代浆厂主要洗浆设备及功能特点

根据纸浆洗涤原理，纸浆洗涤实际上是稀释、过滤、挤压与置换的结合，对于某种设备往往是一种作用为主，而另一种作用为辅，对整个洗涤过程这几者则是相辅相成、不可分割的整体，但要以少的洗涤段数以及小的稀释因子获取高的洗净度，置换洗涤及其效率尤为重要。

随着制浆技术的发展，兼有置换洗涤功能的置换蒸煮技术在木(竹)浆中普遍采用，同时，经过长期实践验证，根据原料、浆厂规模、设备性能以及节能环保的要求等，现代化学制浆厂普遍采用的洗浆设备已基本锁定在具有置换洗涤功能的双辊置换压榨挤浆机(简称“双辊挤浆机”)、鼓式置换洗浆机(简称“DD 洗浆机”)和鼓式真空洗浆机(简称“真空洗浆机”)3 类设备范围内进行优化组合。

1. 双辊挤浆机

双辊挤浆机集过滤脱水、置换洗涤和压榨脱水多功能于一体，主要用于木、竹浆洗涤，也可用于草浆的洗涤，国内目前年产 100 万吨的木浆厂基本使用此设备，年产 40 万～90 万吨的木浆厂使用双辊挤浆机或 DD 洗浆机。竹浆厂由于原料的砍伐限制，大规模项目都在 20 万吨左右，从投资、运行等综合成本考虑基本是用鼓式真空洗浆机。贵州赤天化纸业股份有限公司是唯一全套引进双辊挤浆机的竹浆厂，洗浆效果不错，但投资成本较高，项目回收期较长。双辊挤浆机按结构主要有压力折流布浆和螺旋布浆 2 类设备(见图 1)。压力折流布浆双辊挤浆机主要有美卓公司和汶瑞机械(山东)有限公司(简称“汶瑞机械”)生产，按压榨辊直径可分为 Φ900、Φ1500、Φ2000 和 Φ2200 系列产品。由汶瑞

机械生产的大规格 SJA 2272 型双辊挤浆机(指压榨辊直径 Φ2200 毫米，辊面长度 7200 毫米)于 2013 年在印度尼西亚某厂成功运行并达到理想效果，2014 年汶瑞机械研发的最大规格 SJA 2284 型产品(压榨辊直径 Φ2200 毫米，辊面长度 8400 毫米)已在印度尼西亚某厂在建项目中签订合同。螺旋布浆双辊挤浆机目前主要有克瓦纳公司、维美德公司和我国三洋造纸机械设备有限公司生产，按压榨辊直径有 Φ900 和 Φ1500 系列产品，现投入运行的最大规格为 1557 型产品(指压榨辊直径 Φ1500 毫米，辊面长度 5700 毫米)，化学阔叶木浆的生产能力为 3000 吨/吨风干浆。

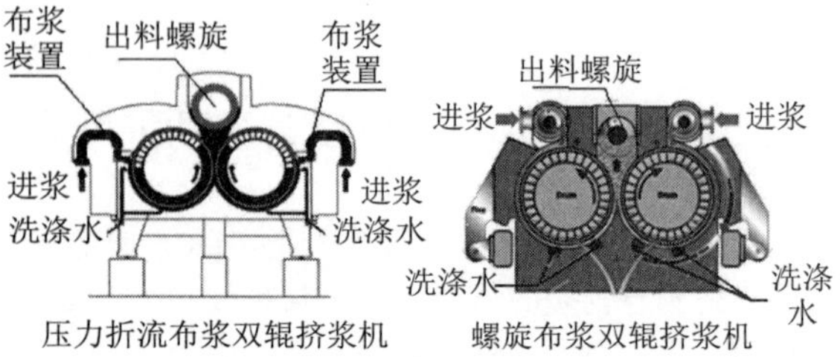

图 1 双辊挤浆机的工作原理

压力折流布浆和螺旋布浆双辊挤浆机结构有所差异，主要差别在于布浆装置，布浆装置结构决定了设备的有效过滤面积，尤其是大直径规格双辊挤浆机较为明显。螺旋布浆双辊挤浆机与压力折流布浆双辊挤浆机相比，同种规格产品的过滤面积大，在同等条件下的产能高，发展趋势比较好。汶瑞机械在自主产品压力折流布浆双辊挤浆机的基础上，集成研发了具有自主知识产权的“机械布浆”双辊挤浆机。该设备对布浆装置、槽体结构、传动装置和设备密封等结构进行了系统创新，使设备结构更加紧凑，过滤面积增大，设备性能更加可靠。压力折流布浆和螺旋布浆双辊挤浆机结构有所差异，但工作原理相同，功能特点如下：

(1)优点 集稀释过滤、置换洗涤和压榨脱水于一体，洗涤效率高；进出浆浓度高，系统循环水量和洗涤用水量少；单机产能大，可满足特大型浆厂高效生产；设备结构紧凑，占地面积少，土建费用低；操作温度高，封闭性好，热能利用率高。

(2)缺点 设备结构复杂，自动化程度高，系统投资大；硬杂物易损伤压榨辊，洗前需硬物捕集去除；滤板结垢，对水质要求高，对浆种有一定局限性；低浓进浆时的纤维流失率比较高。

2. DD 洗浆机

DD 洗浆机是一种多段置换洗涤设备，主要洗涤木、竹浆等滤水性好的浆料，国内已有几家木浆企业采用，它像一台卷成转鼓的水平带式洗浆机，采用全封闭多段逆流洗涤，各段洗涤均在同一转鼓上完成，兼有水平带式和鼓式真空洗浆机的特点。中浓或低浓浆料被泵送入喂料脱水区，借助进浆压力过滤脱水，使滤板上的浆浓快速达到 10% ~ 12%，在置换洗涤区的末端用热水洗涤，浆料随转鼓转动依次通过一段、二段或三段、四段洗涤区，逆流洗涤液均用增压泵送液，出洗涤区浆料进入真空吸滤区进一步提高出浆浓度，然后进入卸料区用压缩空气吹落浆料。两段置换洗涤的 DD 洗浆机结构原理见图 2。该设备是安德里茨公司于 20 世纪 80 年代推出的新产品，按转鼓直径可分为：Φ3000、Φ4000、Φ4500 毫米等系列产品。目前世界上运行的最大规格为 4580 型产品(转鼓直径 Φ4500 毫米，长度 8 米，约 106 米^2)，考虑运输及加工，最大适宜面积可达 140 米^2(转鼓规格 Φ4500 毫米 × 10 米)。

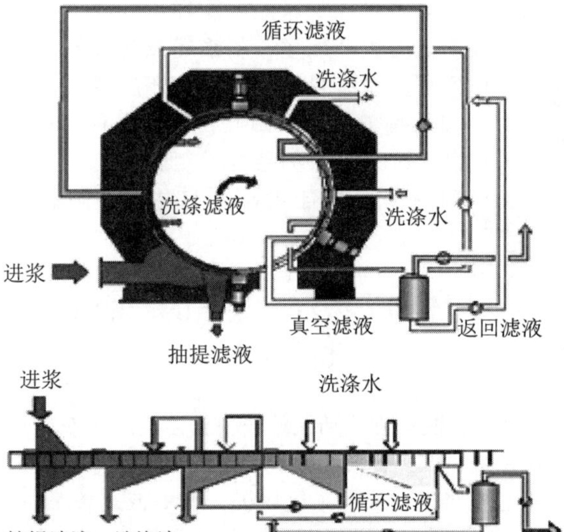

图 2 DD 洗浆机的工作原理

(1)优点 设备紧凑，安装高度低，占地面积小；进入系统的空气和泡沫少；高温进浆，封闭操作，系统热能损失小；单机产能大，适合中大规模项目；系统功率配置低，电耗比较低。

(2)缺点 相对真空洗浆机投资比较大；设备结构及控制较为复杂，维护费用高；适应性较差(适应滤水性比较好的浆料)；滤板结垢，对水质要求高；低浓进浆时的纤维流失率比较高。

3. 真空洗浆机

真空洗浆机是以稀释过滤为主、置换洗涤为辅的洗浆设备(见图 3)。以真空负压为脱水推动力，并在洗涤区进行置换洗涤，在粗浆洗涤中的洗涤段

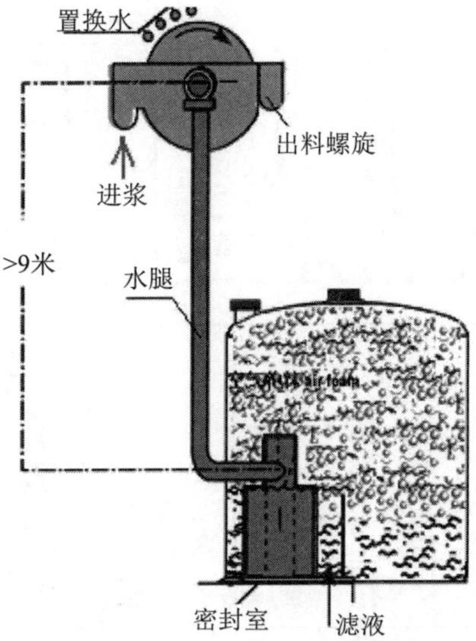

图 3　真空洗浆机的工作原理

数较多，是非木材浆和中小型木浆厂普遍采用的设备。该设备现主要有 G&V 公司、安德里茨公司和汶瑞机械生产，按转鼓直径分为：Φ2600、Φ3000、Φ3500、Φ4000、Φ4500 毫米等系列产品。目前市场运行产品的最大面积为 140 米^2(转鼓规格 Φ4500 毫米×10 米)。具有以下特点：

(1)优点　适用浆种较广(木浆和非木材浆)；操作、维护简便，自动化程度要求不高；设备价格低，综合投资少；纤维流失率低。

(2)缺点　厂房高、占地面积大，土建投资大；进浆浓度低，循环水量大，系统耗电高；系统热能损失大，蒸汽消耗多；泡沫多，消泡剂用量多或消泡设备投资大。

4. 主要洗浆设备的工艺参数

根据设备结构及功能特点，各洗浆设备具有不同的工艺参数、适宜条件和产能等，现已成熟运行的主要洗浆设备在洗涤木浆时的产能范围及相关参数见表 1。

表 1　　主要洗浆设备参数

设备名称	额定产能 /(万吨/吨风干浆)	进浆浓度 /%	出浆浓度 /%	工作温度 /℃	洗涤水量 /(吨/吨风干浆)
压力折流布浆双辊挤浆机	10～160	3.5～8.5	25～35	<100	3.5～5.5
螺旋布浆双辊挤浆机	10～110	3.5～10	25～31	<100	4.0～6.0
DD 洗浆机	10～70	4.5～10	4.5～10	<100	6.5～9.0
真空洗浆机	≤45	1.0～2.0	1.0～2.0	≤85	7.0～9.5

注：工作温度是标准大气压下的温度。

三、经典工艺及系统比较

纸浆洗涤系统除需要根据浆种进行合理地选择洗浆设备和进行优化组合外，还应结合现代置换蒸煮的洗涤效能和投资效益等综合考虑。

目前，新设计的木(竹)浆厂均采用置换蒸煮技术，现代化学木浆厂洗浆设计一般要求氧脱木素前总的洗涤效率因子值达到 15，氧脱木素后洗涤效率因子值要达到 8(此段洗净度对后序的漂白药品消耗尤为重要)。漂白工段则根据情况采用置换或无置换功能的一段浓缩洗涤设备，根据洗涤效果的期望值调节稀释因子。因此，在工程设计中应根据项目特点对洗浆设备进行优化组合而达到洗涤要求。现代木(竹)浆厂完全以双辊挤浆机、DD 洗浆机和真空洗浆机为洗浆设备而依据或借鉴洗涤效率因子值配置原则设计的经典流程介绍如下。

1. 以双辊挤浆机为代表的经典工艺

工艺流程如图 4 所示。该流程是在紧凑型蒸煮技术的基础上用双辊挤浆机为洗浆设备的木浆工艺。采用先封闭筛选、后洗涤氧脱木素和 ECF(或轻 ECF)漂白组合的工艺流程。蒸煮后浆料送入低浓出料的贮浆塔，再用低浓浆泵送经压力除节机除节后，用压力筛进行筛选，筛后浓度 3.0%～4.0% 的浆料经过一段 2 台并联的双辊置换压榨挤浆机进行洗涤，继而进行两段氧脱木素和两段置换洗涤，自氧脱木素段进行逆流洗涤，提取的黑液送往蒸煮工段进行稀释与置换洗涤浆料，置换回收的黑液经过滤后送往蒸发工段；氧脱木素后浆料进入漂白工段，第一段漂白可根据浆种采用 D_0 段或 D_{HT} 段，第四段漂白可根据情况采用 D 段或 P 段，漂白过程的酸、碱性滤液分别循环利用，余液经过纤维回收和热量回收后排入废水处理场。大规模木浆项目的黑液提取率≥99%，送蒸发的稀黑液其黑液量不高于 9 米^3/吨风干浆，固形物含量不低于 16%。

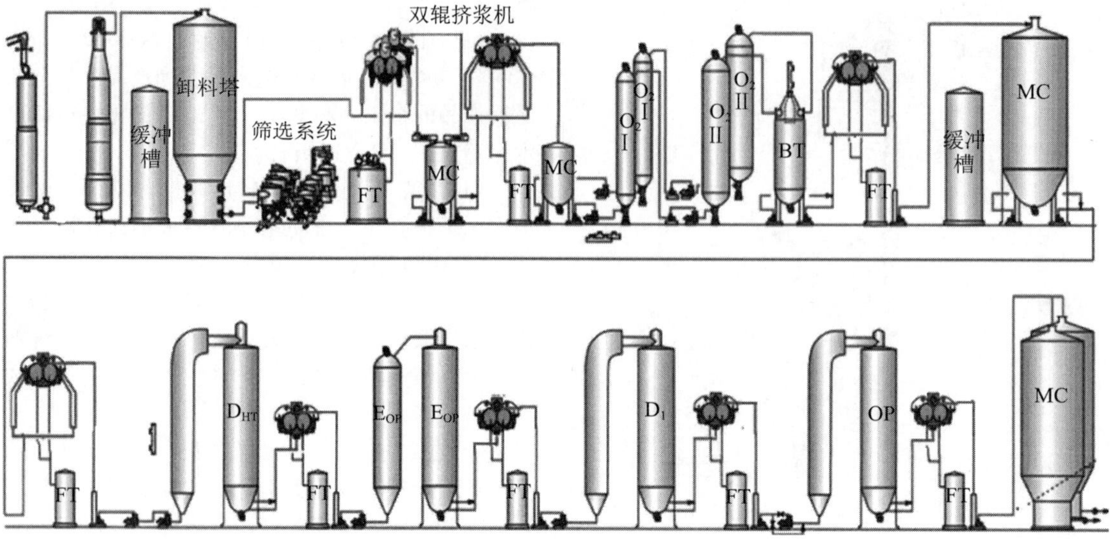

图 4 双辊挤浆机的工艺流程

2. 以 DD 洗浆机为代表的经典工艺

工艺流程如图 5 所示，该流程是在低固形物蒸煮技术的基础上用 DD 洗浆机为洗浆设备的木浆工艺。采用先洗涤氧脱木素后封闭筛选，然后进行 ECF 或轻 ECF 漂白组合的工艺流程。蒸煮后浆料送入中浓出料的贮浆塔，用中浓浆泵将 10% 左右的浆料送入 1 台或 2 台并列的 DD 洗浆机(阔叶木浆采用两段洗涤，针叶木浆采用三段洗涤)，洗后浆料经过两段氧脱木素，从喷放仓中用浆泵送经除节机和压力筛组合的封闭筛选系统，再通过增浓筛将浆料浓缩到 4.5% 左右的浓度，然后进入 1 台 DD 洗浆机(两段洗涤)，自氧脱木素段进行逆流洗涤，提取的黑液送往蒸煮工段进行稀释与置换洗涤浆料，置换回收的黑液经过滤后送往蒸发工段。氧脱木素洗涤后浆料进入酸处理塔(兼有贮浆缓冲功能)，酸处理后浆料经过 D_{HT}(D_0) - E_{OP} - D_1 - D_2(P) 四段漂白，各漂白段均用 1 台 DD 洗浆机(一段洗涤)，漂白过程的酸、碱性滤液分别循环利用，余液经热量回收后排入废水处理场。湖南骏泰浆纸有限公司年产 40 万吨木浆项目的黑液提取率≥99%，送蒸发稀黑液的黑液量 9 米^3/吨风干浆，固形物含量≥16%。

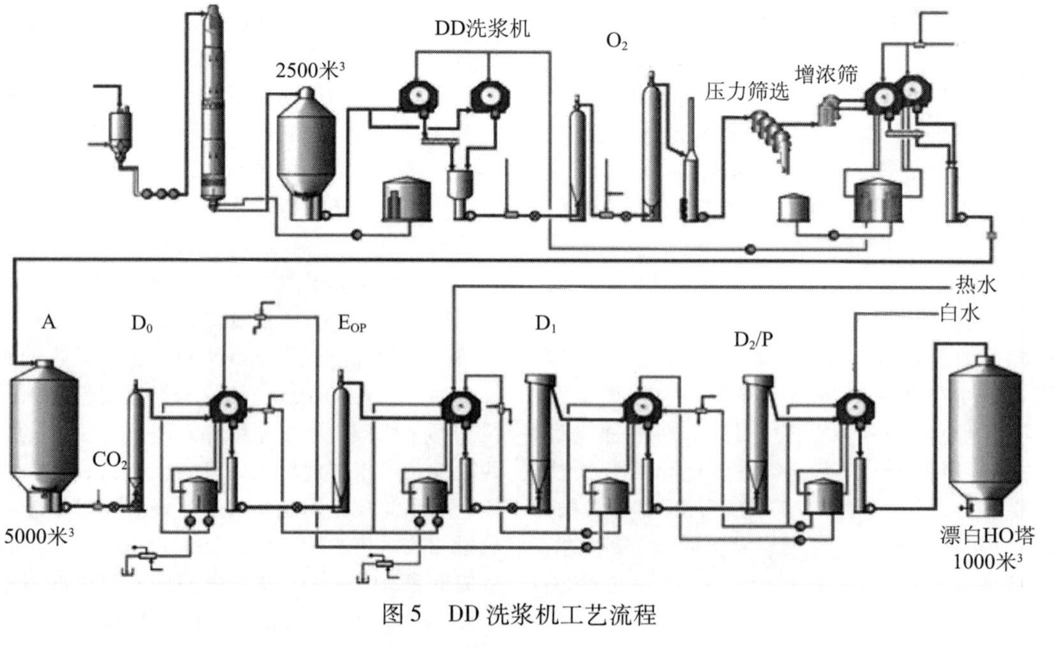

图 5 DD 洗浆机工艺流程

3. 以真空洗浆机为代表的经典工艺

工艺流程如图6所示，该流程是在间歇置换蒸煮技术的基础上用真空洗浆机为洗浆设备的竹浆工艺。采用先除节、再洗涤氧脱木素、继而筛选，然后进行ECF漂白组合的工艺流程。蒸煮后浆料送入低浓出料的贮浆塔，用低浓浆泵将浆料送入压力除节机，然后用3台串联的洗浆机洗涤，洗后浆料经过单段氧脱木素后进行筛选，筛后浆料用2台串联洗浆机洗涤后送入贮浆塔，再用1台洗浆机洗涤浓缩后送往漂白系统。自氧脱木素段进行逆流洗涤，提取的黑液送往蒸煮工段进行稀释与置换洗涤浆料，置换回收的黑液经过滤后送往蒸发工段。漂白采用 $D_0-E_{OP}-D_1$ 漂序，各漂白段均采用一段真空洗浆机，漂白过程的酸、碱性滤液分别循环利用，余液经热量回收后排入废水处理场。四川永丰纸业股份有限公司竹浆项目的黑液提取率>96%，送蒸发的稀黑液其黑液温度80～82℃，波美度8.1～8.3°Be，如与置换压榨洗浆机优化组合可在同一条件下使黑液提取率>98%。

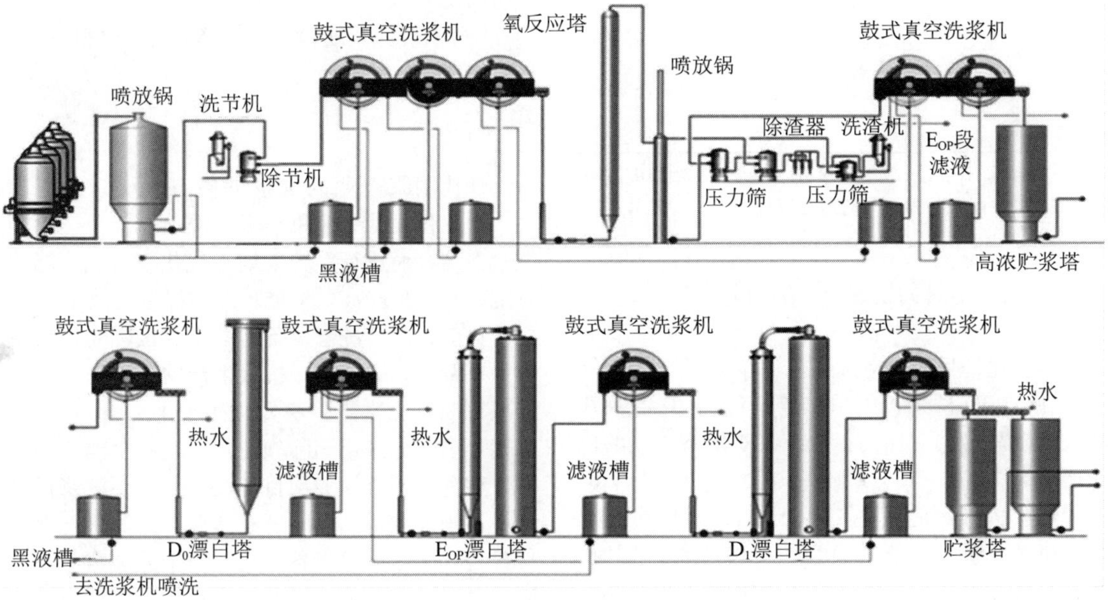

图6　鼓式真空洗浆机工艺流程

4. 系统比较及综合评价

以基本相同的蒸煮技术、稀释因子、黑液提取率及相应规模（年产40万吨木浆项目）为基础，对双辊挤浆机、DD洗浆机和真空洗浆机为代表的经典工艺的洗选漂系统进行综合评价。

（1）综合能耗　从水、电、汽单耗看，双辊挤浆机的水耗和汽耗最低，电耗介于另二者之间，DD洗浆机电耗最低，水耗和汽耗介于另二者之间，真空洗浆机的水、电、汽的消耗均最高。从3种主要洗浆设备的综合能耗看，双辊挤浆机最低，真空洗浆机最高，DD洗浆机介于二者之间。参考数值见表3。

（2）废水排放　生产过程中，自氧脱木素起逆流洗涤回收的黑液经过滤后送碱回收系统，漂白段滤液循环利用后主要有 D_0 段或 D_{HT} 段排放的酸性废水和 E_{OP} 段或 E_0 段排放的碱性废水。系统水循环利用后，双辊挤浆机的废水排放量最少，DD洗浆机次之，真空洗浆机最多，少的废水量可降低废水处理费用。废水排放量见表4。

表3　综合能耗对比表

名称	双辊挤浆机	DD洗浆机	真空洗浆机
水耗/（吨/吨风干浆）	≤13	≤24	≤26
电耗/（千瓦时/吨风干浆）	≤175	≤150	≤195
汽耗/（吨/吨风干浆）	≤450	≤490	≤500
折标煤/（千克/吨风干浆）	≤119.8	≤115.5	≤135.0

注：表中折标煤的数据为等价折标煤量，各能源的等价折标系数分别为：洗涤水（按循环水）0.143千克标准煤/吨，电0.404千克标准煤/千瓦时，中、低压饱和蒸汽综合为0.105千克标准煤/千克。

表4　废水排放量

项目名称	双辊挤浆机	DD洗浆机	真空洗浆机
废水排放量/（吨/吨风干浆）	≤10	≤16	≤18

(3)综合评价 根据3种主要洗浆设备的特点以及能耗和废水排放等综合情况，对其综合评价见表5。

表5 洗浆设备的综合评价

项目	双辊挤浆机	DD 洗浆机	真空洗浆机
综合能耗	低	中	高
单位面积产能	大	中	小
占地及建筑面积	小	中	大
项目投资	较高	中	低
废水排放	少	中	多
浆种适应性	中	差	好
纤维流失率	较高	中	低
设备维护费	高	高	低

注：项目投资比较的基础是单列设备流程或用DD洗浆机时提取两列并联和漂白单列的组合流程。

四、选择洗浆设备的建议

综前所述，目前真空洗浆机的单机最大年产能为45万吨；DD洗浆机的单机年产能为10万~70万吨(黑液提取段)；压力折流布浆双辊挤浆机的单机年产能为10万~155万吨(即将投运的SJA2284型双辊挤浆机年产能可达170万吨)；螺旋布浆双辊挤浆机的单机年产能为10万~110万吨。同时，根据洗浆机的性能特点，结合工艺需求、产能和运输、加工以及投资回报等综合考虑，对洗浆机的选择配置建议如下。

1. 综合适应性和投资性选择

(1)禾草类浆料和年产能30万吨以下竹、木浆项目应首选真空洗浆机。

(2)年产能30万~40万吨项目应选择双辊挤浆机或DD洗浆机，或根据情况选用双辊挤浆机、DD洗浆机和真空洗浆机的组合方案。

(3)非木材浆的挤压－扩散置换组合工艺应选择压榨洗浆机(包括双辊挤浆机、无置换功能的压榨洗浆机等)和真空洗浆机组合工艺。

2. 综合生产规模和投资性选择

(1)年产能40万~100万吨项目应选择双辊挤浆机或DD洗浆机。

(2)年产能超过100万吨项目应选择双辊挤浆机，特殊情况下选择DD洗浆机。

3. 以满足漂白浓度和保证能源供给选择

(1)高浓漂白应选择双辊挤浆机或无置换功能的压榨洗浆机。

(2)水资源紧缺地区应选择双辊挤浆机。

五、结 语

现代制浆企业的洗浆设备与系统集成密切相关，在工程设计中应将蒸煮、洗选漂以及蒸发等系统紧密结合而进行系统策划和优化组合，才能达到系统配套合理和高效节能环保的绿色功效。

目前，国产洗浆设备已缩小与国际先进设备之间的差距，其中，汶瑞机械生产的真空洗浆机和置换压榨洗浆机填补了多项国内空白，部分规格产品已达到国际先进或国际领先水平，完全能够满足不同浆种和不同规模的项目建设，但主要洗浆设备的种类与国外装备制造业还有差距，尤其是配套的筛选设备、中浓输送设备以及系统集成能力等还与国际先进水平有较大的差距。今后，大型项目配套的专业设备、关键部件的研制以及系统集成是我国制浆装备制造业的创新重点。为此，我们一定要持续走产学研用相结合的路子，或以产业联合、或以技术联盟的形式，优势互补的对关键设备、关键技术以及系统集成进行攻关创新，为造纸产业提供性价比最优的产品，创造最大的价值。

(陈永林 陈安江)

2015 年部分制浆造纸设备公司主要销售业绩

Sales Records of Part of Pulping and Papermaking Machinery Companies in 2015

一、郑州磊展科技造纸机械有限公司

序号	客户名称	设备(项目)名称	主要规格和参数	台(套)数	交货时间
1	昆明闽海纸业有限公司	12 万吨/年牛皮纸全套制浆设备	BFW1600 链板输送机，ZG3250 转鼓碎浆机，ZNS 系列粗筛分级筛精筛设备，高中浓除渣器，面层、芯层、底层浆流送网前筛	1 套 20 台	2016 - 05
2	江苏亿利进出口贸易有限公司	链板输送机	BFW1600	7	2015 - 02
3	伊朗 PKP 纸业公司	15 万吨/年白纸板制浆项目	ZNS 系列粗选分级筛精筛设备、流送系统网前筛、推进器	13 台压力筛	2015 - 10
4	埃及某纸业公司	5 万吨/年挂面牛皮纸全套制浆设备	面浆碎浆系统、粗筛选系统、磨浆机设备、底浆 D 型水力碎浆系统、高中低浓净化设备、筛选设备、网前流送设备等	30 余台	2016 - 03
5	孟加拉某纸业公司		BFW1400 链板机、ZG2750 转鼓碎浆机，日处理能力 200 吨	1 套	2016 - 09
6	重庆茂发再生资源有限公司	15 万吨/年箱纸板	BFW1600 链板机、ZG3250 转鼓碎浆机、ZNS 系列粗筛分级筛精筛设备、推进器	1 套	2015 - 02
7	宜春市金辉纸业有限公司	5 万吨/年花炮纸	D 型水力碎浆系统、高中低浓净化设备、筛选设备、网前流送设备等	1 套	2015 - 11
8	新疆恒发纸业有限公司	10 万吨/年箱纸板	BFW1600 链板机、ZG3000 转鼓碎浆机、ZNS 系列粗筛分级筛精筛设备、推进器	1 套	2015 - 07
9	越南富江纸业公司	5 万吨/年箱纸板	ZNS 系列粗选分级筛精筛设备、流送系统网前筛、推进器	16	2015 - 04
10	江西高安双林纸业有限公司		D 型水力碎浆系统、高中低浓净化设备、筛选设备、网前流送设备等	20	2015 - 05

二、汶瑞机械(山东)有限公司

序号	客户名称	设备名称	主要规格和参数	台(套)数	交货时间
1	印度约达尼纸厂	多盘过滤机	XPLII75、XPLII100、XPLII135	4	2015－01
2	印度尼西亚 OKI 纸厂	纸机加工设备 预制管道、管架、管夹 石灰石破碎设备		71 1批 1批	2015－01 2015－05 2015－08
3	印度 Paswara 纸厂	多盘过滤机	XPL11210	3	2015－02
4	印度 Ruchira 纸厂	黑液过滤机	TQ10	1	2015－01
5	印度尼西亚 Perawang 浆厂	双辊挤浆机	SJA1540	4	2015－01
6	印度尼西亚 Jambi 浆厂	双辊挤浆机辅机	SJA2272	1批	2015－03
7	阿根廷某纸业公司	预挂过滤机	YG55	1	2015－06
8	美国 Woodland 浆厂	洗浆机辅机	67 米^2	1批	2015－06
9	加拿大 IMI 公司	蒸发钢构、黑液槽热水槽、氧脱木素钢构、浓硫酸槽		1批	2015－03
10	印度博格瓦里纸业有限公司	多盘过滤机	XPL180	1	2015－11
11	加拿大 HSPP 公司(Howe Sound Pulp & Paper Corporation)	浓硫酸槽		1	2015－12
12	海南金红叶纸业有限公司	双辊挤浆机	SJA935	2	2015－05
13	广西金桂浆纸业有限公司	细物挤压机 二段漂白设备	SF520	3 1套	2015－03 2015－04
14	我国西南区	洗浆机 多盘过滤机 双辊混合机 黑液过滤机	ZXIV20、ZXIV25 MPL80 SZ2D76a HYS50	2 1 1 1	2015－03 2015－01 2015－12 2015－12
15	我国华中区	多排钻 多盘过滤机 洗浆机	 ZNP240 ZXIV60、ZXIV50	5 1 9	2015－05 2015－09 2015－07
16	我国东北区	多盘过滤机 浆粥塔 氯化塔	MPL40 237 米^3	4 4 1	2015－11 2015－05 2015－07
17	我国华东区	多盘过滤机 单螺旋挤浆机	XPLII180、XPL5221 ZLY600	2 1	2015－11 2015－07
18	我国华南区	双辊挤浆机	SJB1572	1	2015－08

三、许昌中亚工业智能装备股份有限公司

序号	客户名称	设备名称	主要规格和参数		台(套)数	交货时间
			幅宽/毫米	车速/(米/分)		
1	河北宝石纸业有限公司	5200型两叠网高强瓦楞原纸机	5200	650	1	2016-06
2	云南鑫盛泰纸业有限公司	4800型三叠网箱纸板机	4800	700	1	2016-04
3	湖北金庄科技再生资源有限公司	5200型两叠网挂面箱纸板机	5200	750	1	2016-12
4	江门市桥裕纸业有限公司	4800型单长网高强瓦楞原纸机	4800	600	1	2016-11
5	安徽兆隆纸业有限公司	4600型单长网高强瓦楞原纸机	4600	600	1	2016-07
6	昌黎县兴昌纸业有限责任公司	3600型长网高强瓦楞原纸机	3600	450	1	2016-06
7	福建优兰发集团实业有限公司	1880型长网特种纸机	1880	350	2	2016-07
8	浙江洁美电子信息材料有限公司	2640型特种纸机(电子载带纸)	2640	150	1	2016-10
9	正业国际控股有限公司	PM1、PM2、PM3、PM5纸机改造	3200、3600、4000		4	2016-07

四、河南大指造纸装备集成工程有限公司

序号	客户名称	设备名称	主要规格和参数		台(套)数	交货时间
			幅宽/毫米	车速/(米/分)		
1	富阳市太平纸业有限公司	膜转移施胶机	2800	450	1	2015-06
2	新乡新亚纸业集团股份有限公司	膜转移施胶机	2640	600	1	2015-06
		水力式流浆箱	1880	250	1	2016-03
3	辽宁振兴生态造纸有限公司	膜转移施胶机	2640	500	1	2015-09
4	泰安百川纸业有限责任公司	膜转移施胶机	2640	600	1	
5	海门市海天纸业有限公司	离型纸涂布机	1350	450	1	2016-06
6	石家庄方大包装材料有限公司	离型纸涂布机	1350	400	1	2016-01
7	长沙纸星机械工程有限公司	多缸纸机			1	2016-07
8	内蒙古运筹工贸有限责任公司	纸机改造	4200	600	1	2015-11
9	青岛蓝睿机械科技有限责任公司	膜转移施胶机	4240	1000	1	2016-05

五、山东昌华机械科技有限公司

序号	客户名称	设备名称	主要规格和参数		台(套)数	交货时间
			幅宽/毫米	车速/(米/分)		
1	AL SUWAIDI PAPER FACTORY	三叠网多缸挂面纸板机	4000	350	1	2015-08
2	大荔蔡伦纸业有限公司	长网多缸高强瓦楞原纸机	4600	450	1	2015-10
3	淄博欧木特种纸业有限公司	装饰原纸机	1330	300	1	2015-07
4	山东泉润纸业有限公司	长网多缸文化用纸机改造(靴压)	5650	1000	1套	2015-08

六、山东信和造纸工程股份有限公司

序号	客户名称	设备名称	主要规格和参数		台(套)数	交货时间
			幅宽/毫米	车速/(米/分)		
1	广西柳州两面针纸业有限公司	新月型卫生纸机	4100	800	1	2015 - 07
2	保定达亿纸业有限公司	新月型卫生纸机	2850	1500	2	2016 - 12
3	广西来宾华欣纸业有限公司	新月型卫生纸机	2850	900	2	2016 - 11
4	河北满城诚信纸业有限公司	高速新月型卫生纸机	3600	1000	1	2016 - 12
5	湖北荣成再生科技有限公司	多网多缸纱管纸机	3300	100	1	2015 - 11
6	福州佰优连进出口有限公司	单网单缸卫生纸机	4200	200	1	2015 - 10
7	甘肃国合技术经贸有限公司	涂布白纸板机	2700	200	1	2017 - 05

七、维美德造纸机械(中国)有限公司

序号	客户名称	设备(项目)名称	主要规格和参数	台(套)数	交货时间
1	永丰余造纸股份有限公司	OptiConcept M 箱纸板机	车速 1200 米/分，30 万吨/年	1	2016
2	浙江景兴纸业股份有限公司	纸机改造	靴压改造，新增膜转移施胶机及后烘干等移位	1	2016
3	我国某纸厂	关键部件	流浆箱和压榨部等	2	2016
4	理文造纸有限公司	生活用纸机	Advantage DCT 200，设计车速 2000 米/分	2	2016
5	山东太阳纸业股份有限公司、山东晨鸣纸业集团股份有限公司、海南金海浆纸业有限公司等	环保项目	CNCG 燃烧器，碱回收炉优化燃烧服务	多个项目	2016
6	维美德供货及其他客户	自动化	Valmet IQ 质量控制系统	近 20 套	2016
7	维美德供货及其他客户	自动化	浓度和分析仪表	500 多台	2016

八、福伊特造纸(中国)有限公司

序号	客户名称	设备名称	主要规格和参数	台(套)数	交货时间
1	河北永新纸业有限公司	转鼓碎浆机	ID45，1500 吨/日	1	2015 - 12
2	湛江晨鸣浆纸有限公司	PM4 备浆及流送系统	450 吨/日 NBKP，900 吨/日 LBKP，450 吨/日 BCTMP，配套流送系统，配套损纸处理系统，配套白水处理系统	3	2016 - 01
		PM4 改造	幅宽 9600 毫米白卡纸机	1	2016 - 07
3	理文造纸有限公司	TM9，TM10 卫生纸机	幅宽 5600 毫米卫生纸机	2	2016 - 12

九、凯登约翰逊(无锡)技术有限公司

序号	客户名称	设备名称	主要规格和参数	台(套)数	交货时间
1	无锡裕力机械有限公司	接头虹吸器	9800PTX/CSS 9750PTX/CSS	115	2015 - 12
2	台州森林造纸有限公司	蒸汽冷凝水系统		1	2015 - 12

续表

序号	客户名称	设备名称	主要规格和参数	台(套)数	交货时间
3	金凤凰纸业(孝感)有限公司	蒸汽冷凝水系统		1	2015－12
4	重庆理文造纸有限公司	卫生纸机刮刀系统	Conformatic XL	3	2015－11
5	安徽山鹰纸业股份有限公司	刮刀改造	UniClean	56	2015－07
6	上海轻良实业有限公司	刮刀夹具	UniClean	52	2015－11
7	福建省联盛纸业有限责任公司	刮刀片		760	2015－09
8	河南省龙源纸业股份有限公司	干网清洗系统	M－clean	1	2015－02
9	金凤凰纸业(孝感)有限公司	干网清洗系统	M－clean	1	2015－03
10	山东泉林纸业有限责任公司	干网清洗系统	M－clean	1	2015－04
11	中国海诚工程科技股份有限公司	清白水过滤器	GS4030/4040 MegaFlow	9	2015－12
12	河南烟草薄片有限公司	精细过滤器	Petax	1	2015－12

十、凯登制浆(中国)有限公司

序号	客户名称	设备名称	台(套)数	交货时间
1	湖北祥兴纸业科技有限公司	800 吨/日 OCC 系统	1 套	2016
2	安徽山鹰纸业股份有限公司	PM3 流送除渣器系统 PM1 面层除渣器系统	1 套 1 套	2016 2015
3	福建省联盛纸业有限责任公司	PM1 OCC 系统改造 PM3 系统设备改造	1 套 1 套	2016 2015
4	大连金洋纸业有限公司	900 吨/日 LOCC 系统粗筛圈路改造	1 套	2016
5	玖龙纸业(控股)有限公司(越南)	碎浆系统 OCC 系统高浓除渣器	1 套 1	2016 2015
6	福建省青山纸业股份有限公司	流送除渣器系统	1 套	2016
7	浙江荣盛纸业有限公司	800 吨/日 OCC 系统	1 套	2016
8	烟台市大展纸业有限公司	600 吨/日 OCC 系统	1 套	2015
9	成都印钞有限公司	损纸卸料系统	1 套	2015
10	玖龙纸业(天津)有限公司	OCC 系统高浓除渣器	1	2015
11	金凤凰(孝感)纸业有限公司	1300 吨/日 OCC 系统	1 套	2015
12	兰州兴盛源纸业有限公司	500 吨/日 OCC 系统	1 套	2015
13	武汉金凤凰纸业有限公司	Xcel 除渣器系统	1 套	2015
14	台州森林纸业有限公司	热分散系统、流送系统	1 套	2015

十一、安德里茨公司

序号	客户名称	供货范围	生产量/(吨/日)	原料	产品	交货时间
1	浙江常林特种纸业有限公司	SP 系统	120	NBKP，混合纸浆	特种纸	2016
2	玖龙纸业(控股)有限公司	SP& PMA 系统		OCC	箱纸板	2016

续表

序号	客户名称	供货范围	生产量/(吨/日)	原料	产品	交货时间
3	贵州赤天化纸业股份有限公司	SP系统	180	LBKP，竹浆	生活用纸	2016
4	PMPOLAND S. A.	SP& PMA系统	81	NBKP，LBKP	生活用纸	2015
5	云南金晨纸业有限公司	SP系统	3绝干吨/时	竹浆+NBKP，LBKP	生活用纸	2015
6	维达纸业(三江)有限公司	SP& PMA系统		NBKP，LBKP	生活用纸	2015
7	中国海诚工程科技股份有限公司	PMA系统				2015
8	Bac Giang Import - Export Joint Stock Company	SP&PMA系统	40	LBKP，NBKP	生活用纸	2015
9	昂礼曼机械设备(上海)有限公司	SP系统	70	LBKP，NBKP，Flax	高档卷烟纸	2015
10	Krishna纸厂	PMA，UKP，精磨机	500	UKP，OCC	箱纸板和瓦楞原纸	2015
11	山东华泰纸业股份有限公司	转鼓、木浆及损纸设备	500	NBKP，LBKP，BCTMP	高档文化用纸	2015
12	吉安集团有限公司	浮选、浓缩及浆渣处理系统	780	OCC	箱纸板	2016
13	Mehali纸厂	分散系统	80	DIP，MW	白纸板	2015
14	台湾正隆纸业公司	整线	400	TOCC	瓦楞原纸	2015
15	Phuong Dong纸厂	HD洗浆机，筛鼓，LC洗浆机，筛板	80			2015
16	某纸厂	双网挤浆机，碎浆机，螺旋输送机，单盘磨，斜槽，DCS系统				2015
17	某纸厂	整线	1400	桉木片、阔叶木片	白卡纸	2015
18	黄冈晨鸣浆纸有限公司	包含预水解塔的蒸煮车间，处理不凝结性气体的设备	既生产造纸用的针叶木硫酸盐浆，也生产纺织及其他行业用的溶解浆；消除浆厂的臭气排放			计划2018年4月开机
19	寿光美伦纸业有限责任公司	完整的木片处理、臭氧漂白系统的制浆生产线、蒸发站、高效碱回收炉(HERB)、生物质气化炉、白液生产车间，全厂的不凝结气体(NCG)收集和处理系统	为新建浆厂提供所有生产技术和设备			计划2017年年底或2018年年初开机
20	山东太阳纸业股份有限公司宏河项目	部分备料设备，制浆线、浆板干燥和白液制备车间的设备和工艺	制浆线可以切换生产硫酸盐浆和溶解浆			2016年年初开机
21	贵州赤天化纸业股份有限公司	PrimeLine ST C20(钢制扬克缸)	幅宽5600毫米，车速1800米/分			2016(开机)
22	广东韶能集团股份有限公司	PrimeLine COMPACT Ⅱ(钢制扬克缸)	幅宽2850毫米，车速1600米/分			2016(开机)
23	河北义厚成日用品有限公司TM2	PrimeLine COMPACT Ⅱ(钢制扬克缸)	幅宽2850毫米，车速1600米/分			2016(开机)
24	恒安(重庆)生活用纸有限公司PM24	PrimeLine TM W8(钢制扬克缸)	幅宽5600毫米，车速2000米/分			2016(开机)

十二、美辰纸业技术有限公司

序号	客户名称	设备名称	主要规格和参数	台(套)数
1	浙江仙鹤特种纸有限公司	成形器(以旧换新)	1850/150 斜网	1
		成形器(PM24)	1880/180 斜网	1
		气垫式流浆箱	1880/300	1
		气垫式流浆箱(KH 型)	3800/500	1
		稀释水水力式流浆箱(PM17)	4400/800	1
		稀释水水力式流浆箱	2800/700 单长网	1
2	浙江常林特种纸业有限公司	成形器	3800/200 斜网	1
		稀释水水力式流浆箱	2800/500	1
3	元氏金鹏纸业有限公司	水力式流浆箱	5000/550	1
4	义乌市义南纸业有限公司	满流水力式流浆箱	3600/600 特种纸机	1
5	常州昊杰纸业有限公司	气垫式双匀浆辊流浆箱	3750/330 长网	1
6	淄博国际经济技术合作有限公司	气垫式双匀浆辊流浆箱	3000/350	1
7	山东贵和显星纸业有限公司	满流水力式流浆箱	4400/550 单长网	1
8	印度 Mehali 纸厂	气垫式流浆箱	4100/400 四叠网	1
		水力式流浆箱	4100/400 四叠网	1
9	台湾荣成纸业股份有限公司	稀释水水力式流浆箱	4300/550 三叠网	1
10	江苏星光纸业有限公司	气垫式双匀浆辊流浆箱	3300/260 长网	1
11	天津天轻造纸机械有限公司	水力式流浆箱	2850/800 真空圆网	1
12	山东信和造纸工程股份有限公司	水力式流浆箱	4200/1200 新月型	1
13	昆明纳太能源科技有限公司	斜网水力式流浆箱	特种纸机	1
14	美国 MWV 印度公司	气垫式双匀浆辊流浆箱	4700/450 二叠网	1
15	贵州恒瑞辰机械制造有限公司	水力式流浆箱	3950/600 真空圆网	1
16	伊朗众建纸业股份有限公司	气垫式双匀浆辊流浆箱	4600/500 二叠网	1
17	富阳正华纸业有限公司	稀释水水力式流浆箱	3400/400 四叠网(芯网)	1
18	沁阳市第一造纸机械有限公司	气垫式双匀浆辊流浆箱	4600/500 二叠网	2
19	漳州盈晟纸业有限公司	稀释水水力式流浆箱	4800/600 单长网	1
20	金奉源(上海)有限公司	稀释水水力式流浆箱	3200/450 四叠网	1
21	浙江艾科赛仑有限公司	气垫式流浆箱	3300/200 单长网	1
22	贵州恒瑞辰机械制造有限公司	水力式流浆箱	3900/600 真空圆网	1
23	印度尼西亚 SUN 纸厂	水力式流浆箱	3600/1000 单长网	1
24	福建希源纸业有限公司	气垫双匀浆辊流浆箱	1880/350 单长网	1
25	大东全斯福特种纸业(镇江)有限公司	气垫双匀浆辊流浆箱	3400/350 单长网	1
26	杭州特种纸有限公司	满流式单层斜网	1830 斜网	1
27	福建省晋江优兰发纸业有限公司	气垫双匀浆辊流浆箱	2800/250 单长网	1

十三、山东硅元新型材料有限责任公司

序号	客户名称	设备名称	工作车速/(米/分)	台(套)数	交货时间
1	河北顺发实业有限公司	4400 纸机	700	整机配套	2015
2	河北泊头龙达纸业有限公司	PM2/4800 纸机	650	整机配套	2015
3	SILVERTOAN 纸业公司	4800 纸机	500	整机配套	2015
4	Mehali 公司	3600 纸机	500	整机配套	2015

（龚 凌）

2015—2016 年部分企业投产(订购)的卫生纸机设备

Started-up or Ordered Tissue Paper Machine in 2015 – 2016

表 1　2015 年投产的卫生纸机项目一览表

地区	公司名称	项目地点	阶段	规模/(万吨/年)	纸机					投产时间	供应商	备注
					型式	型号	数量/台	幅宽/毫米	车速/(米/分)			
河北	保定西而曼能威纸业有限公司	河北保定	新增	2.0	新月型	钢制烘缸	1	3600	1200	2015 – 11(原计划2015 年 5 月投产)	山东信和造纸工程股份有限公司	国产
	保定雨森卫生用品有限公司	河北保定	新增	1.3	真空圆网型	钢制烘缸	1	2850	1000	2015 – 06	潍坊凯信机械有限公司	国产
	保定市港兴纸业有限公司	河北保定	新增	1.5	真空圆网型	BF – 1000	1	2760	1000	2015 – 06	日本川之江造机株式会社	进口
	保定东方纸业有限公司	河北保定	新增	3.2	新月型		2	2850	1100	2015	上海轻良实业有限公司	国产
	满城诚信纸业有限公司	河北保定	新增	2.0	真空圆网型		2	3500	600	2015 – 03 2015 – 05	天津天轻造纸机械有限公司	国产
	保定达亿纸业有限公司	河北保定	新增	3.0	新月型	钢制烘缸	2	2850	1500	2015 – 07	山东信和造纸工程股份有限公司	国产
	保定富民纸业有限公司	河北保定	新增	1.0	新月型	BZ2850 – O	1	2850	700	2015 – 06	西安炳智机械有限公司	国产
	河北姬发造纸有限公司	河北保定	新增	1.7	新月型		1	2850	1300	2015	上海轻良实业有限公司	国产

续表

地区	公司名称	项目地点	阶段	规模/(万吨/年)	纸机					投产时间	供应商	备注
					型式	型号	数量/台	幅宽/毫米	车速/(米/分)			
辽宁	锦州金月亮纸业有限公司	辽宁锦州	新增	1.7	新月型		1	3600	900	2015-04	辽阳慧丰造纸技术研究所	国产
江苏	金红叶纸业集团有限公司	江苏苏州	新增	6.0	新月型		1	5630	2000	2015-02(原计划2014年12月投产)	意大利亚赛利公司	进口
		湖北孝感	新增	12.0	新月型		2	5630	2000	分别于2015年3月、6月投产	意大利亚赛利公司	进口
	永丰余造纸(扬州)有限公司	广东肇庆	新建	2.5	新月型	Intelli-Tissue® 1600	1	2800	1600	2015-12(原计划2014年投产)	波兰PMP集团	进口
浙江	浙江景兴纸业股份有限公司	浙江平湖	新增	3.0	新月型	5480毫米(18英尺)钢制烘缸	1	2850	1900	2015-06	安德里茨公司	进口
福建	恒安纸业有限公司	湖南常德	新增	6.0	新月型	5480毫米(18英尺)钢制烘缸	1	5600	1800	2015年年初(原计划于2014年12月投产)	安德里茨公司	进口
山东	东顺集团股份有限公司	山东东平	新增	6.0	新月型	DCT60	2	3000	1600	2015-08 2015-10(原计划于2014年下半年投产)	日本川之江造机株式会社与维美德公司合作	进口
		山东东平	新增	4.0	真空圆网型	擦手纸机，DS1200	1	2850	450	2015-12(原计划2014年年底投产)	日本川之江造机株式会社	进口
	山东太阳纸业股份有限公司	山东兖州	新增	6.0	新月型	5480毫米(18英尺)钢制烘缸	1	5600	2000	2015年年初	安德里茨公司	进口
	山东泉林纸业有限责任公司	山东聊城	新增	1.0	真空圆网型		1	2850	900	2015年年初	潍坊凯信机械有限公司	国产
湖北	湖北世纪雅瑞纸业有限公司	湖北荆州	新增	1.2	真空圆网型		1	2860	800	2015-09(原计划于2015年4月投产)	佛山市南海区宝拓造纸设备有限公司	中外合作

续表

地区	公司名称	项目地点	阶段	规模/(万吨/年)	纸机					投产时间	供应商	备注
					型式	型号	数量/台	幅宽/毫米	车速/(米/分)			
广东	维达纸业（中国）有限公司	四川德阳	新增	3.0	新月型	AHEAD 1.5M	1	3400	1500	2015 年三季度	意大利拓斯克公司	进口
		山东莱芜	新增	3.0	新月型	AHEAD 1.5M	1	3400	1500	2015 年四季度	意大利拓斯克公司	进口
	中顺洁柔股份有限公司	四川成都	新增	2.5	新月型	AHEAD 1.5S	1	2850	1700	2015－02（原计划 2014 年 3 月投产）	意大利拓斯克公司	进口
	理文造纸有限公司	重庆	新增	6.0	新月型	VMT4，钢制烘缸	1	5600	2000	2015－06	福伊特公司	进口
		重庆	新增	6.0	新月型	DCT200HS，软靴压	1	5600	2000	2015－10	维美德公司	进口
	广东信达纸业有限公司	广东揭阳	新增	3.4	新月型		2	3600	900	2015－02 2015－06（原计划于 2014 年 7 月投产）	辽阳慧丰造纸技术研究所	国产
	广东飘合纸业有限公司	广东汕头	新增	1.2	真空圆网型		1	2860	800	2015－01（原计划于 2013 年 8 月投产）	佛山市南海区宝拓造纸设备有限公司	中外合作
	广东肇庆万隆纸业有限公司	广东高要	新增	0.8	真空圆网型		1	2860	600	2015－06（原计划 2014 年 6 月）	佛山市南海区宝拓造纸设备有限公司	中外合作
	东莞白天鹅纸业有限公司	广东东莞	新增	3.0	新月型		2	3500	1000	2015－04	山东华林机械有限公司	国产
	东莞达林纸业有限公司	广东东莞	新增	1.5	新月型		1	4000	800	2015	上海轻良实业有限公司	国产
		广东东莞	新增	2.3	短长网型		1	4000	500	2015	上海轻良实业有限公司	国产
广西	广西华欣纸业有限公司	广西来宾	新建	2.6	新月型	钢制烘缸	2	2850	900	2015－09	山东信和造纸工程股份有限公司	国产
	柳州两面针纸业有限公司	广西柳州	新建	4.6	新月型	MODULO PLUS ES	2	2850	1500	2015－09	意大利拓斯克公司	进口

续表

地区	公司名称	项目地点	阶段	规模/(万吨/年)	纸机 型式	纸机 型号	纸机 数量/台	纸机 幅宽/毫米	纸机 车速/(米/分)	投产时间	供应商	备注
四川	四川三角纸业有限公司	四川绵阳	新增	1.7	新月型		1	2800	1200	2015－02(原计划2014年5月投产)	辽阳慧丰造纸技术研究所	国产
	成都精华纸业有限公司	四川成都	新增	1.0	新月型	钢制烘缸	1	2850	650	2015－03	山东信和造纸工程股份有限公司	国产
	成都志豪纸业有限公司	四川成都	新增	1.0	真空圆网型		1	4060	600	2015－03	绵阳同成智能装备股份有限公司	国产
	夹江汇丰纸业有限公司	四川乐山	新增	2.0	真空圆网型		2	2820	900	2015－08(原计划2014年10月投产)	潍坊凯信机械有限公司	国产
云南	云南汉光纸业有限公司	云南玉溪	新增	1.0	真空圆网型		1	2820	900	2015－05(原计划2014年8月投产)	潍坊凯信机械有限公司	国产
总计				111.7			47					

表2 2016年已投产和计划投产的卫生纸机项目一览表

地区	公司名称	项目地点	阶段	规模/(万吨/年)	纸机 型式	纸机 型号	纸机 数量/台	纸机 幅宽/毫米	纸机 车速/(米/分)	投产时间	供应商	备注
河北	河北雪松纸业有限公司	河北保定	新增	2.0	新月型	Intelli-Tissue® 1200	1	2850	1200	2016－01(原计划2015年年底投产)	波兰 PMP 集团	进口
	河北义厚成日用品有限公司	河北保定	新增	2.5(规划20)	新月型		1	2850	1650	2016(原计划2014年12月投产)	安德里茨公司	进口
	保定市东升卫生用品有限公司	保定满城	新增	5.0(规划16)	新月型		3	2850	1200	2016－07(原计划2014年12月投产)	山东华林机械有限公司	国产
	保定港兴纸业有限公司	河北保定	新增	1.6	真空圆网型	BF－1000S	1	2760	1100	2016	日本川之江造机株式会社	进口
	河北金博士集团有限公司	保定满城	新增	2.7	新月型	Intelli-Tissue® EcoEc1200，钢制烘缸	1	3650	1200	2016年年底	波兰 PMP 集团	进口

续表

地区	公司名称	项目地点	阶段	规模/(万吨/年)	纸机					投产时间	供应商	备注
					型式	型号	数量/台	幅宽/毫米	车速/(米/分)			
河北	保定雨森卫生用品有限公司	河北保定	新增	2.6	真空圆网型	钢制烘缸	2	2850	1000	2016-06 2016-09	潍坊凯信机械有限公司	国产
	河北立发纸业有限公司	河北保定	新增	1.3	真空圆网型	钢制烘缸	1	3500	950	2016-07	潍坊凯信机械有限公司	国产
	河北中信纸业有限公司	河北保定	新增	1.3	真空圆网型	钢制烘缸	1	3500	950	2016-07	潍坊凯信机械有限公司	国产
	河北瑞丰纸业有限公司	河北保定	新增	1.2	真空圆网型		1	2860	900	2016-08(原计划于2015年6月投产)	佛山市南海区宝拓造纸设备有限公司	中外合作
	保定富民纸业有限公司	河北保定	新增	1.5	新月型	BZ2850-II	1	2850	1000	2016-01	西安炳智机械有限公司	国产
	满城宝洁纸业有限公司	河北保定	新增	1.0	新月型	BZ2850-I	1	2850	700	2016年上半年	西安炳智机械有限公司	国产
	满城印象纸业有限公司	河北保定	新增	1.0	新月型	BZ2850-I	1	2850	700	2016-06	西安炳智机械有限公司	国产
	保定金能卫生用品有限公司	河北保定	新增	1.5	新月型	BZ3500-I	1	3500	700	2016-08	西安炳智机械有限公司	国产
	保定华康纸业有限公司	河北保定	新增	1.5	新月型		1	3600	900	2016	辽阳慧丰造纸技术研究所	国产
	保定明月纸业有限公司	河北保定	新增	0.8	真空圆网型		1	2900	600	2016	天津天轻造纸机械有限公司	国产
	保定立新纸业有限公司	河北保定	新增	1.0	真空圆网型		1	3500	600	2016	天津天轻造纸机械有限公司	国产
	保定金光纸业有限公司	河北保定	新增	0.8	真空圆网型		1	2880	600	2016	天津天轻造纸机械有限公司	国产
	保定豪峰纸业有限公司	河北保定	新增	1.0	真空圆网型		1	2880	800	2016	天津天轻造纸机械有限公司	国产
辽宁	辽宁阜新小保姆纸业有限公司	辽宁阜新	新增	1.0	真空圆网型		1	3500	600	2016	天津天轻造纸机械有限公司	国产

续表

地区	公司名称	项目地点	阶段	规模/(万吨/年)	纸机					投产时间	供应商	备注
					型式	型号	数量/台	幅宽/毫米	车速/(米/分)			
辽宁	辽宁豪唐纸业股份有限公司	辽宁开原	新增	3.4	新月型		2	2850	1300	2016	上海轻良实业有限公司	国产
上海	贵州赤天化纸业股份有限公司	贵州赤水	新建	6.0（规划30万吨）	新月型	PrimeLineST，6096毫米（20英尺）钢制烘缸	1	5600	1900	2016年年底	安德里茨公司	进口
江苏	金红叶纸业集团有限公司	四川遂宁	新建	6.0	新月型		1	5630	2000	2016－04（原计划2014年投产）	意大利亚赛利公司	进口
		江苏苏州	新增	12.0	新月型	DCT200，软靴压	2	5600	2000	2016－07 2016－08	维美德公司	进口
		四川雅安	新建	1.5	新月型		1	2860	1200	2016－12	金顺重机（江苏）有限公司	国产
	永丰余造纸（扬州）有限公司	广东肇庆	新建	2.5	新月型	Intelli－Tissue® 1600	1	2800	1600	2016－01（原计划2014年投产）	波兰PMP集团	进口
浙江	上海唯尔福集团有限公司	安徽六安	新建	1.2（规划5万吨）	真空圆网型	BF－W10S	1	2760	850	2016－10	日本川之江造机株式会社	进口
福建	恒安纸业有限公司	安徽芜湖	新增	12.0	新月型	DCT200	2	5600	2000	2016（原计划2015年投产）	维美德公司	进口
	歌芬卫生用品（福州）有限公司	福建福州江阴港	新建	6.0	新月型	DCT200，软靴压	1	5600	2000	2016年计划整厂转让（设备安装完毕，待投产，原计划于2011年3月投产）	维美德公司	进口
山东	东顺集团股份有限公司	山东东平	新增	6.0	新月型	DCT60	2	3000	1600	2016年年底（原计划于2015年上半年投产）	日本川之江造机株式会社与维美德公司合作	进口
		山东东平	新增	4.0	真空圆网型	擦手纸机，DS1200	1	2850	450	2016年下半年（原计划2014年年底投产）	日本川之江造机株式会社	进口

续表

地区	公司名称	项目地点	阶段	规模/(万吨/年)	纸机					投产时间	供应商	备注
					型式	型号	数量/台	幅宽/毫米	车速/(米/分)			
山东	山东泉林纸业有限责任公司	山东聊城	新增	2.0	新月型	钢制烘缸	1	2850	1600	2016－08(原计划2015年10月投产)	潍坊凯信机械有限公司	国产
		吉林德惠	新建	1.0	真空圆网型		1	2850	900	2016年上半年	潍坊凯信机械有限公司	国产
		吉林德惠	新建	3.0	真空圆网型	HY－1500	3	2850	900	2016	杭州大路实业有限公司	国产
		黑龙江佳木斯	新建	10.0	真空圆网型		10	2850	900	2016－07(原计划2015年投产)	潍坊凯信机械有限公司	国产
河南	河南宏涛纸业有限公司	河南沁阳	新增	1.0	新月型	BZ2850－I	1	2850	700	2016－03	西安炳智机械有限公司	国产
		河南沁阳	新增	1.5	新月型	BZ2850－II	1	2850	1000	2016－09	西安炳智机械有限公司	国产
湖北	湖北真诚纸业有限公司	湖北荆州	新增	2.4	新月型		1	3650	1200	2016－07	辽阳慧丰造纸技术研究所	国产
广东	理文造纸有限公司	重庆	新增	24.0	新月型	DCT200HS，软靴压	4	5600	2000	2016年下半年	维美德公司	进口
	维达纸业(中国)有限公司	山东莱芜	新增	3.0	新月型	AHEAD 1.5M	1	3400	1500	2016	意大利拓斯克公司	进口
		广东江门新会三江	新增	6.0	新月型	AHEAD 2.0M	2	3400	1600	2016	意大利拓斯克公司	进口
	广东韶能集团南雄珠玑纸业有限公司	广东韶关	新建	3.0	新月型		1	2850	1600	2016年年初(原计划2015年投产)	安德里茨公司	进口
	广东飘合纸业有限公司	广东汕头	新增	2.0	新月型		1	2850	1600	2016	潍坊凯信机械有限公司	国产
广西	广西桂海金浦纸业有限公司	广西北海	新增	3.2	真空圆网型	BF－1000S	2	2760	1050	2016－02	日本川之江造机株式会社	进口
	广西华怡纸业有限公司	广西贵港	新增	3.0	新月型		2	2800	900	2016－05	山东华林机械有限公司	国产
	广西华欣纸业有限公司	广西来宾	新建	2.6(项目总计7.8)	新月型		2	2800	900	2016－06(原计划2014年8月投产)	山东华林机械有限公司	国产

续表

地区	公司名称	项目地点	阶段	规模/(万吨/年)	纸机					投产时间	供应商	备注
					型式	型号	数量/台	幅宽/毫米	车速/(米/分)			
广西	田林荔森纸业有限公司	广西田林	新增	2.0	真空圆网型		2	2950	900	2016－10	潍坊凯信机械有限公司	国产
	广西荔森纸业有限公司	广西河池	新增	2.0	真空圆网型		2	2950	900	2016－10	潍坊凯信机械有限公司	国产
	广西天力丰生态材料有限公司	广西南宁	新增	2.0	新月型		1	3500	1300	2016年年底	上海轻良实业有限公司	国产
四川	四川蜀邦实业有限责任公司	四川彭州	新增	1.5	真空圆网型	BF－1000	1	2860	1000	2016年年底(原计划2016年4月投产)	日本川之江造机株式会社	进口
	安县纸业有限公司	四川安县	新建	2.4	真空圆网型	BF－10EX	2	2760	770	2016年年底(原计划2013年4月投产)	日本川之江造机株式会社	进口
	四川绵阳超兰卫生用品有限公司	四川绵阳	新增	1.0	真空圆网型		1	2850	900	2016	绵阳同成智能装备股份有限公司	国产
		四川绵阳	新增	1.0	真空圆网型		1	2820	900	2016(原计划2014年8月投产)	潍坊凯信机械有限公司	国产
	成都居家生活用纸有限公司	四川成都	新增	2.6	真空圆网型		2	2850	1000	2016－10	潍坊凯信机械有限公司	国产
	四川省犍为凤生纸业有限责任公司	四川乐山	新增	2.6	真空圆网型	钢制烘缸	2	2850	1000	2016－07	潍坊凯信机械有限公司	国产
		四川乐山	新增	2.6	真空圆网型		2	2850	1000	2016－12	潍坊凯信机械有限公司	国产
云南	云南汉光纸业有限公司	云南玉溪	新增	1.0	真空圆网型		1	2820	900	2016－10(原计划2015年8月投产)	潍坊凯信机械有限公司	国产
甘肃	宝马纸业有限责任公司	甘肃平凉	新增	2.0	真空圆网型		1	2860	900	2016－05	佛山市南海区宝拓造纸设备有限公司	中外合作
总计				182.3			88					

注：1. 表中未包括新增的国产普通圆网纸机项目；

2. 集团企业在不同地区有生产厂的，该集团的所有生产厂列在总部所在省份。

（中国造纸协会生活用纸专业委员会）

国内外造纸化学品概况(2013—2015)

Review of Overseas and Domestic Paper Chemicals (2013 -2015)

一、全球造纸化学品行业概况

2014 年全球纸及纸板总生产量创历史新高，达到4.0649 亿吨，同比增长1.0%。纸浆总生产量1.7850 亿吨，同比减少0.5%，其中，化学浆生产量1.3330 亿吨，同比增长0.7%；机械浆生产量2873 万吨，同比减少4.3%。

全球造纸工业继续增长，为造纸化学品提供了稳定的市场需求。总体来说，造纸化学品市场表现平稳，消耗量稳中有增，销售总额稳中有降；各种主要产品被继续沿用，应用技术无重大突破。

我国和美国是全世界使用造纸化学品最多的两个国家。综合考虑制浆、抄纸、纸加工和治污过程使用化学品的情况以及汇率变化因素，2014 年全球造纸化学品销售额约为230 亿美元，其中抄纸化学品仍然占比最大。

1. 区域特征

全球十大产纸国中有1/2 位于亚洲。2014 年亚洲纸及纸板生产量占全球总生产量的45.0%。所以按地域划分，亚洲占据全球造纸化学品的最大份额。但是，如果按市场性质划分，欧洲和北美洲则是全球最大的造纸化学品市场。欧美地区是最早使用现代造纸化学品的地区，不仅应用历史悠久，市场用量大，而且技术开发能力强。2014 年欧洲和北美洲纸及纸板生产量占全球总生产量的46.9%，纸浆生产量占全球总生产量的61.1%。

南美洲森林资源丰富，人均纸及纸板消费量低。近年来，巴西、智利、阿根廷等新兴市场国家的造纸工业快速增长，使南美洲成为世界目光焦点。虽然目前造纸工业的整体规模相对较小，但是发展潜力巨大，特别是纸浆生产。2014 年南美洲尚无一国进入世界十大产纸国行列，但是巴西和智利的纸浆生产量已经跻身世界前10 名。全球造纸化学品市场份额见图1。

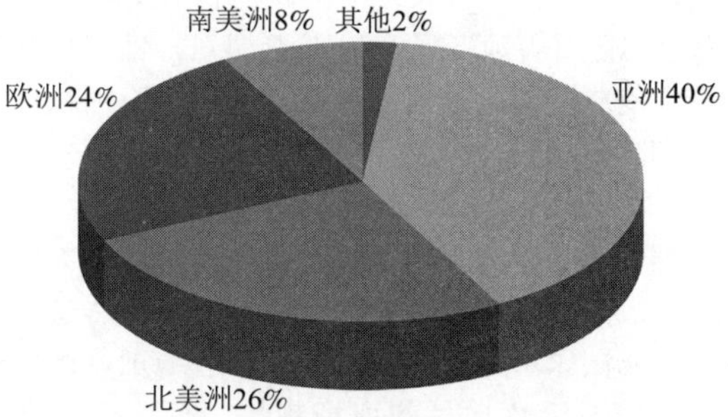

图1　全球造纸化学品市场份额

在欧洲和北美洲，造纸化学品的生产和销售规范有序，国际大型造纸化学品公司在市场中处于主导地位，占据大部分份额。而在亚洲，造纸化学品市场则相当分散，大量的本土公司占据绝大部分市场(见表1)。

表1　2014 年造纸化学品业务区域分布　单位:%

公司名称	欧洲	美洲	北美洲	亚洲	亚太地区	EMEA	其他
德国巴斯夫公司	47		23		24		6
芬兰凯米拉公司		34		8		58	
荷兰阿克苏诺贝尔公司		45		16		39	

注：EMEA 为欧洲、中东和非洲地区的合称。

2. 影响因素

造纸工业早期所使用的助剂多为简单化学品，种类也很少。到了20世纪，造纸开始向大型、高速和自动化方向发展，出现了连续蒸煮、多段漂白、碱性抄纸、封闭循环、废纸脱墨、涂布加工等新技术，同时，也激发了新的需求，各种高性能化学品由此而生。目前，造纸化学品广泛应用于造纸生产的各个环节，与纤维原料及矿物一起，成为制浆造纸的三大原料。

造纸化学品行业的发展面临三大有利因素和三大不利因素。

（1）有利因素 ①纸张生产量继续增长。在全球经济持续动荡的形势下，纸及纸板总生产量继续上行。尽管欧美日等发达国家出现萎缩，但新兴市场国家，特别是全球最大产纸国我国的造纸工业依然向好，推动全球产纸量再创新高，从而拉动造纸化学品行业继续发展。②国际油价大幅下跌。国际油价自2014年中期见顶后一直下跌，屡创新低。很多造纸化学品的原料是石油化工产品，油价低位运行，意味着低原料成本；油价大幅下跌同样也带动物流运输成本大幅下降，让许多造纸化学品企业，特别是以石化产品为原料的造纸化学品企业得以改善盈利。③环保要求不断提高。新兴市场国家的污染防治工作起步较晚，随着各国环保意识不断加强，日益严格的监管促使造纸工业必须面对环境问题，更加积极地治理和减排，从而刺激了对治污化学品的需求。

（2）不利因素 ①造纸工业产能过剩。经过多年快速增长，全球主要产纸地区先后出现产能过剩。先过剩的欧美地区生产量不断下降，后过剩的新兴市场国家增速放缓（见表2）。造纸工业产能过剩会压缩造纸化学品的市场规模，打压价格和盈利，从而给造纸化学品行业带来长期伤害。②印刷书写纸萎缩。受产能过剩和电子媒体影响，使用化学品较多的新闻纸和印刷书写纸生产量持续萎缩，而使用化学品较少的生活用纸和瓦楞材料则成为生产量增长的主力（见表3）。新闻纸和印刷书写纸生产量占纸及纸板总生产量的比例持续下降，2014年分别仅占6.5%和25.7%；相反，生活用纸和瓦楞材料生产量所占比例则逐年上升，2014年分别是8.2%和37.8%。③国际公司秋意阑珊。国际大型化工公司继续剥离和重组造纸化学品业务。国际造纸化学品公司注重产品和应用技术创新，重视为用户提高附加值，强调解决方案和现场服务，是行业的领军者。它们一方面依靠自身的开发和生产能力，不断将研发成果转化为产品；另一方面，又借助其跨国的销售网络和服务团队，大范围地推广这些新技术和新产品。国际化工公司接连淡出造纸化学品业务，不利于造纸化学品的长远发展。

表2 全球纸及纸板生产量变化情况

单位:%

地区	2012年	2013年	2014年
全球	0.2	0.6	1.0
欧洲	-1.2	-0.8	0.3
北美洲	-2.4	-0.3	-0.7
亚洲	2.0	2.1	2.3
其他	2.8	0.2	0.0

表3 主要纸种生产量变化情况

单位:%

种类	2012年	2013年	2014年
新闻纸	-5.7	-5.1	-6.2
印刷书写纸	-1.4	-2.4	-1.7
生活用纸	3.4	3.4	3.2
瓦楞材料	2.4	2.4	2.6

二、国外概况

全球两大市场（成熟市场和新兴市场）继续各自发展。西欧、北美和日本地区是造纸发达地区，属于成熟市场，生产规模和技术水平长期位居世界前列，因此是造纸化学品开发和应用的主要地区。但是，自20世纪末开始，传统发达国家的造纸工业因市场需求下降而出现产能过剩，主要造纸企业被迫削减产能和暂缓再投资。同一时期，除我国以外，以印度、印度尼西亚、巴西、智利、俄罗斯等为代表的新兴市场国家则后来居上，跻身于世界十大产纸国或产浆国之列，成为世界造纸大国。

1. 成熟市场

成熟市场面临的最大问题依然是造纸工业产能过剩和造纸化学品需求缩减。

2014年全球十大产纸国中，美国、加拿大、芬兰和瑞典的纸及纸板生产量继续负增长。这对那些规模较大、且跨洲经营造纸化学品业务的国际化学品公司影响较大。目前全球主要的国际造纸化学品公司都以成熟市场作为总部所在地和主要的业务市场，它们是造纸化学品行业的龙头骨干企业，一举一动都具有“风向标”的意义。表4列出了2014年世界主要造纸化学品公司的销售情况。

表 4　　2014 年主要造纸化学品公司的销售情况

公司名称	总部所在国	公司销售总额	造纸化学品销售总额	单位	占比/%
巴斯夫公司(BASF)	德国	743.26	13.71	亿欧元	2
凯米拉公司(Kemira)	芬兰	21.37	11.70	亿欧元	55
阿克苏诺贝尔公司(AkzoNobel)	荷兰	142.96	10.09	亿欧元	7
盛禧奥公司(Trinseo)	美国	51.28	8.72	亿美元	17
艺康化工公司(Ecolab)	美国	142.80	8.31	亿美元	6
宜瑞安公司(Ingredion)	美国	56.68	5.10	亿美元	9

从表 4 可以看出，除了凯米拉公司外，各公司造纸化学品销售额占公司总销售额的比例都很低。

大公司要在小市场里存活，需要高市场份额和高盈利的支持。近年来，受市场饱和和盈利下降的双重打击，许多国际大型化工公司的造纸化学品业务难以增长。以巴斯夫公司为例，2012 年造纸化学品销售额为 16.34 亿欧元，2013 年降至 14.42 亿欧元，2014 年再降至 13.71 亿欧元。2014 年 9 月，巴斯夫公司宣布将造纸化学品分部分拆整合到其他业务部门，其中，湿部化学品和高岭土业务并入特性化学品分部，造纸用分散体业务和可持续纸包装中心则并入分散体与颜料分部，同时关闭位于瑞士巴塞尔(Basel)的造纸化学品总部。此后，巴斯夫公司的业绩公报中将不再反映造纸化学品的销售业绩。2015 年 11 月，巴斯夫公司又宣布将特性化学品分部的造纸和水处理业务合二为一。

国际化工公司继续兼并重组造纸化学品业务，全球大型造纸化学品公司数量进一步减少，其中两大剥离和两大收购最引人注目：2014 年 2 月，美国亚什兰公司宣布将工业水处理和制浆造纸业务售予私募基金克杜瑞公司(CD&R)，新公司于 2014 年 8 月成立，更名为索理思(Solenis)公司；2014 年 7 月，阿克苏诺贝尔公司宣布将造纸化学品业务售予凯米拉公司，此次剥离不包括纸浆漂白和硅溶胶业务。2014 年 2 月，凯米拉公司宣布收购巴斯夫公司的全球 AKD 业务，前者在大力发展造纸化学品的同时，将施胶剂作为发展重点；2015 年 5 月，凯米拉公司宣布已完成对阿克苏诺贝尔公司造纸化学品业务的收购，这些业务包括助留助滤产品、施胶剂、湿强剂、涂料产品等，预计每年可带来超过 2 亿欧元的收入。凯米拉公司接收了阿克苏诺贝尔公司位于韩国、泰国、印度尼西亚、澳大利亚、西班牙和意大利的 6 家造纸化学品工厂和约 350 名员工。2015 年 9 月，凯米拉公司宣布把造纸部(Paper Segment)更名为制浆及造纸部(Pulp & Paper Segment)。

近年来，国际造纸化学品行业劲吹“紧缩风”，而凯米拉公司却大举扩张。除了上述两大收购以外，还分别在 2013 年 7 月和 9 月收购了意大利聚丙烯酰胺生产企业 3F 琪米卡公司(3F Chimica Sp A)和加拿大造纸化学品供应商索托工业公司(Soto Industries Inc)，同时四处扩产：2013 年 6 月，位于加拿大圣·凯瑟琳斯(St. Catharines)、瑞典赫尔辛堡(Helsingborg)和我国山东省兖州市的 AKD 生产工厂先后投入运行；2013 年 7 月，乌拉圭佛兰依·本托斯(Fray Bentos)工厂完成过氧化氢扩产；2013 年 9 月，在欧洲新建的胶黏剂生产线投产，将推出第二代 Fennobind 产品；2014 年 9 月，在芬兰奥卢(Oulu)工厂投资数百万欧元，提升过氧化氢生产量；2014 年 10 月，在意大利圣·乔治(San Giorgio)工厂投资数百万欧元，提升干强剂生产量；2014 年 11 月，凯米拉化学品(南京)有限公司正式落成，位于我国江苏省南京市的工厂共设有 5 条造纸化学品生产线，主要生产施胶剂、聚丙烯酸酯、聚丙烯酰胺乳液、杀菌剂、消泡剂和脱墨剂等产品，其中 ASA 施胶剂的生产规模为亚洲最大；2015 年 7 月，芬兰艾萨(Äetsä)工厂的干强剂生产线建成投产。

2015 年，凯米拉公司制浆造纸化学品的销售总额达到 14.17 亿欧元，成为全球最大的造纸化学品公司，也是全球唯一一家可以提供造纸过程、功能和施胶化学品的大型跨国公司，其中，纸浆业务占 40%，包装纸及生活用纸业务占 40%，其他纸种业务占 20%。

2. 新兴市场

新兴市场国家造纸工业的兴起为全球造纸化学品行业提供了更大的市场和新的发展机会，特别是印度尼西亚、巴西、智利、俄罗斯等国建设的大型制浆厂和造纸厂，不仅规模大而且技术先进，带动制浆和抄纸化学品的用量上升。阿克苏诺贝尔公司在巴西相继为菲普利亚(Fibria)、苏萨诺(Suzano)、埃尔多拉多(Eldorado BrasilCelulose)等集团的大型制浆厂兴建了所谓的化学岛(Chemical Island)，提供制浆所需要的漂白化学品。2014 年 5 月，凯米拉公司宣布将在巴西奥蒂盖拉(Ortigueira)兴建化学品制备站，为克来宾集团(Klabin)普玛(Puma)制浆厂新建的 150 万吨/年纸浆生产线提供漂白所需的二氧化氯。

经过多年的快速发展，新兴市场国家的经济增长明显放缓，造纸工业的增长也开始减速。但是，因为人均纸及纸板消费量低，所以未来仍然具有很大的增长潜力。

与成熟市场相比，新兴市场成本更低，市场前景更好。国际造纸化学品公司纷纷进行长期战略性投资，或扩充市场，或扩大产能，试图把新兴市场作为长期利润的重要来源，并利用新兴市场的成功来重新整合它们在全球市场的竞争优势。

三、国内概况

根据中国造纸协会调查资料，2015 年我国纸及纸板生产量 1.071 亿吨，同比增长 2.3%，其中，新闻纸同比下降 9.2%，而箱纸板和瓦楞原纸同比分别增长 3.0% 和 3.2%。

生产量最大的纸种是包装纸，占纸及纸板总生产量的 61.0% 以上；其次是印刷书写纸，占 23.5%；生活用纸和新闻纸分别占 8.3% 和 2.8%。76% 以上的纸种为未涂布纸。2015 年我国纸浆生产量 7984 万吨，其中 79.4% 为废纸浆。

纸浆和纸种结构以及生产量比例决定了我国造纸化学品中，制浆化学品和纸加工化学品的消耗量相对较低，消耗量最大的仍然是抄纸化学品。不同种类造纸化学品市场份额见图 2。

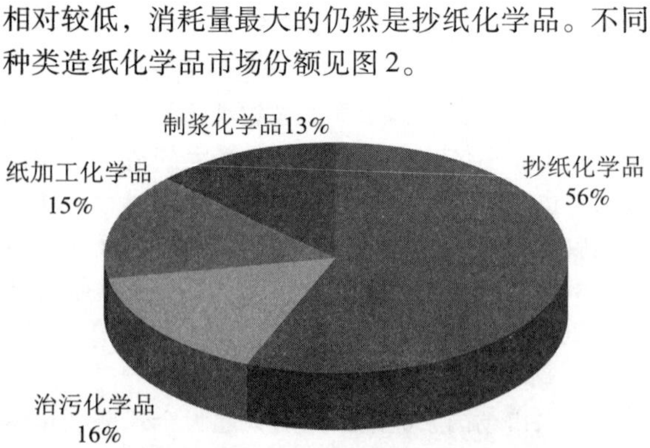

图 2 不同种类造纸化学品市场份额

2015 年，我国造纸行业继续淘汰落后及过剩产能，但全年纸及纸板总生产量仍然比 2014 年增加了 240 万吨。因此，造纸化学品消耗总量继续上升，但是销售总额继续下降。综合考虑制浆、抄纸、纸加工和治污过程使用化学品的情况以及市场价格下跌因素，我国造纸化学品市场规模约 360 亿元。

1. 市场现状

我国是世界产纸大国，也是全球重要的造纸化学品市场，始终受到国际和国内两方面的影响。国际影响主要来自国际造纸化学品公司。一方面，它们在我国造纸化学品的发展过程中起了重要的引进和推广作用，其产品、技术及服务和销售模式被广泛学习和复制；另一方面，它们依靠产品和服务优势争夺我国市场，与本土企业相互竞争。国内影响则主要来自造纸工业。我国有自己的国情，市场既有普遍性也有特殊性，由此决定了我国造纸化学品市场发展的多样性。

据国家统计局统计，2015 年我国规模以上造纸生产企业 2791 家，其中，“三资”企业 301 家，占 10.8%；国有及国有控股企业 63 家，占 2.2%；集体及其他企业 2427 家，占 87.0%。在选择和使用造纸化学品的过程中，这 3 类企业的观念、做法和运作体系相当不同，各有特点。总体来说，它们对产品品质和应用效果的追求依次递减。

2. 重点产品

广义造纸化学品包括通用化学品和专用化学品。一般来说，通用化学品可用于多种行业，例如烧碱、氯酸钠、过氧化氢等。狭义造纸化学品指专用化学品，这类化学品专为造纸过程所开发和生产，例如 AKD、湿强剂、微粒助留剂等。

通用化学品和专用化学品的一个主要区别是前者效果单一，应用简单，而后者针对性强，影响广泛，通常需要在专业指导下才能正确使用。另一个重要区别在于供应商是否关注产品的应用技术和提供现场技术服务，这个区别决定了供应商和造纸厂的合作关系。通用化学品供应商专注销售，而专用化学品供应商则以服务为本。

造纸化学品按用途可分为制浆、抄纸、纸加工和治污化学品四大类，以及蒸煮助剂、脱墨助剂、漂白助剂、助留剂、施胶剂、增强剂、防腐杀菌剂、消泡剂、沉积物控制剂、染料、荧光增白剂、清洁剂、表面施胶剂、胶黏剂、涂布助剂、生活用纸助剂、特种纸助剂、酶制剂、水处理剂、污泥脱水剂等多个小类。制浆、纸加工和治污化学品大多属于通用化学品，而专用化学品则主要集中在抄纸领域。重点造纸化学品见表 5。

表 5　　重点造纸化学品

造纸化学品	重点产品
蒸煮助剂	烧碱、硫化钠、蒽醌、绿氧
脱墨助剂	氢氧化钠、脱墨剂、硅酸钠、螯合剂
漂白助剂	氯酸钠、过氧化氢、连二亚硫酸钠、甲脒亚磺酸、硅酸钠、DTPA、EDTA
助留剂	阳离子聚丙烯酰胺、定着剂、膨润土、有机微粒
施胶剂	分散松香胶、AKD、ASA
干强剂	阳离子淀粉、聚丙烯酰胺、壳聚糖
湿强剂	甲醛树脂、聚酰胺多胺环氧氯丙烷
防腐杀菌剂	亚甲基双硫氰酸酯、均三嗪、异噻唑啉酮类、有机溴化合物、氯胺
消泡剂	有机硅、聚醚、脂肪酸酯
沉积物控制剂	滑石粉、硫酸铝、定着剂
阻垢剂	有机磷酸、羧酸盐
染料	直接染料、有机颜料
荧光增白剂	双三嗪氨基二苯乙烯衍生物
清洁剂	酸、碱、表面活性剂
表面施胶剂	改性淀粉、聚乙烯醇、羧甲基纤维素、AKD、苯乙烯丙烯酸酯共聚物
胶黏剂	丁苯胶乳
涂布助剂	淀粉、六偏磷酸钠、聚丙烯酸钠、硬脂酸钙、改性三聚氰胺甲醛树脂、碳酸锆铵
生活用纸助剂	湿强剂、柔软剂、剥离剂
特种纸助剂	光敏材料、磁性材料、防护材料、感应材料
酶制剂	生物酶
水处理剂	聚丙烯酰胺、膨润土、硫酸铝、聚合氯化铝、三氯化铁、硫酸亚铁、过氧化氢
污泥脱水剂	聚丙烯酰胺

3. 生产经营

我国造纸化学品生产企业数量众多，能够生产或提供各种常用的造纸化学品。

相对而言，生产大宗通用化学品的企业规模较大，且多采用世界先进的生产工艺。2014 年我国烧碱生产量 3180 万吨，其中 84% 的烧碱是以离子膜法制成，这是世界上工业化生产烧碱最先进的工艺方法。在二氧化氯方面，2015 年 12 月，我国第一套完全自主设计制造综合法二氧化氯系统在印度尼西亚永吉浆纸业股份有限公司开机，第二套系统建在海南金海浆纸业有限公司，将于 2016 年开机，这表明我国已完全掌握综合法二氧化氯制备技术。过氧化氢广泛用于纸浆漂白和废水的高级氧化，蒽醌法是世界工业过氧化氢的主流生产方法，我国大型过氧化氢生产装置都是蒽醌法工艺。

在专用化学品领域，我国本土生产企业目前与发达国家企业相比仍处于追赶阶段，部分产品例如阳离子聚丙烯酰胺、ASA、胶黏剂、杀菌剂、生物酶等与国外先进水平相比还存在差距。差别主要来自原料选择、企业规模、设备投资、生产控制等方面。国际造纸化学品公司也因此在这些产品上占有较高的市场份额。从全行业来看，各家产品质量参差不齐依然是一个突出问题，影响了市场良性发展。

我国目前造纸化学品生产和销售企业有上千家。经过多年兼并重组，目前活跃于我国的国际造纸化学品公司只有凯米拉（Kemira）、巴斯夫（BASF）、爱森（SNF）、纳尔科（Nalco）、阿克苏诺贝尔（AkzoNobel）、巴克曼（Buckman）、索理思（Solenis）、昂高（Archroma）、诺维信（Novozymes）、罗盖特（Roquette）等几家公司，大部分在我国设厂生产。这些企业经营相对规范，产品质量稳定可靠，服务专业完善。本土企业中规模较大的有广西农垦明阳生化集团股份有限公司、苏州天马精细化学品股份有限公司、上海东升新材料有限公司、兖州天成化工有限公司、浙江传化华洋化工有限公司、唐山奥东化工有限公司、杭州纸友科技有限公司、浙江长安仁恒科技股份有限公司、南京四新科技应用研究所有限公司、东营市诺尔化工有限责任公司、江苏富淼科技股份有限公司、河南省道纯化工技术有限公司等。由于国产化能力不断提升，造纸化学品市场一直呈现“国”进“外”退的局面。随着本土产品越来越多，越来越强，国际造纸化学品公司的整体市场份额已降至约 20%。

目前有规模的企业基本上都不是单一的造纸化学品企业，而是混合企业，即不仅生产销售造纸化学品，还经营其他化工产品，或面向其他行业。这在一定程度上反映出造纸化学品业务做大之难，同时也表明许多造纸助剂都是多用途的通用化学品。

我国地域广阔，几千家造纸企业遍布全国，仅靠造纸化学品生产企业自产自销难以满足市场要求，因此大量的代理分销企业应运而生，销售各种造纸化学品并提供相关的售后服务。

4. 市场特点

像其他行业一样，我国造纸化学品行业经过萌芽期、成长期和高峰期，目前进入成熟期，造纸化学品市场整体趋于饱和，呈现以下特点。

(1)分散性　我国本土造纸化学品企业仍然处于相对分散的状态，产品单一，规模普遍不大。2010 年 7 月，苏州天马精细化学品股份有限公司(002453)在深圳证券交易所中小板上市交易，成为国内首家以造纸化学品为核心产品的上市公司，公司以 AKD 施胶剂为主要产品，2015 年造纸化学品销售额为 4. 9 亿元，毛利 8265 万元。2015 年 1 月，浙江长安仁恒科技股份有限公司(8139. HK)在香港联合交易所创业板上市交易，公司从事膨润土精细化学品的研发和产销，2015 年营业额仅为 7744 万元，毛利 3866 万元。这样的规模与国际造纸化学品公司相比，相距甚远。2015 年，凯米拉公司造纸化学品的销售总额为 14. 17 亿欧元，约合人民币 105 亿元。纵观国际造纸化学品公司的成长史，它们通过跨国经营，经历多次重组并购，最终形成具有多系列产品和很强竞争实力的大企业。

(2)产品退化　产品经过长期应用，盈利能力越来越低。现代制浆造纸生产离不开各种化学品，但是如果要进一步提升生产效率、提高产能和改善浆纸质量，造纸厂往往更愿意更新装备或改变生产工艺。在这方面，造纸化学品显得力有不逮，主要原因就是因为产品和技术退化。

(3)逆成长　我国造纸行业掀起一波又一波产能大跃进，导致产能过剩，纸张市场因此陷入低价竞争，造纸行业利润大幅下滑。造纸厂为了得到更低的采购价格和更低的应用成本，尽量放低对产品质量和效果的要求，结果很多早期使用的高效化学品被价格更低、效能较差的产品所替代；最佳用量被次佳用量所替代。在追求低成本的市场气氛中，化学品供应商参加行业交流，聘用高资质现场服务人员以及开发推广新产品的意欲受到压制，这都在客观上造成造纸化学品行业“逆成长”。

(4)盈利过低　经过十几年的激烈竞争，造纸化学品的利润是一路向下，目前已经降到非常低的水平，造纸化学品行业普遍感到盈利艰难，后续乏力。在实践中，造纸化学品销售绝不只是卖产品那么简单。供应商除了要安排供货，还须提供制备及加入设备，并负责这些设备的保养维护；为了应付日常管理和处理突发事故，供应商多在大中型造纸厂安排驻厂服务；此外造纸企业拖欠货款现象普遍存在，付款期很长。所以，销售化学品，不仅涉及制造成本，还要牵扯大量的管理和财务费用。不少造纸化学品企业认为目前的业务已成鸡肋。

2015 年 12 月，苏州天马精细化学品股份有限公司宣布控股股东苏州天马医药集团拟将所持有的苏州天马精细化学品股份有限公司的股权全部转让给深圳市星美新能源汽车有限公司。如果转让完成，深圳市星美新能源汽车有限公司将成为苏州天马精细化学品股份有限公司的控股股东。苏州天马精细化学品股份有限公司上市近 6 年，连续 4 年净利下滑，在业绩不佳的情况下，终被大股东天马集团放弃。

5. 科研活动

造纸相关高等院校和科研院所是我国造纸化学品科研的主要力量，发挥着重要作用。目前的重点研究领域包括生物酶、聚丙烯酰胺、脱墨剂、湿强剂、表面施胶剂、涂布助剂、治污化学品等。

2013—2015 年，《中国造纸》《中国造纸学报》《纸和造纸》《国际造纸》《中华纸业》和《造纸化学品》六大全国性造纸期刊共发表有关造纸化学品的文章 590 篇，约占同期文章总数的 19%。

20 世纪 90 年代以来，随着国际造纸化学品公司大规模进入我国以及本土造纸化学品企业的兴起，新产品开发基本上被这些企业所垄断。造纸化学品公司通过销售产品和提供服务，与造纸厂形成了紧密的联系。它们既有制造能力和财力，可以把研发成果转化成为实用产品；又可以借助其销售网络和服务团队，大范围地推广这些新产品。近年来，国际造纸化学品公司先后推出新产品，并在我国推广，包括凯米拉公司的 Fennobind 胶黏剂和 Fennobond 干强剂、巴斯夫公司的 Xelorex 多功能助剂、昂高公司的 Leucophor SKH 无尿素增白剂等。

6. 未来增长

经过多年的发展，我国造纸化学品市场已经处于饱和状态。从宏观角度看，今后造纸化学品行业能否继续保持增长，关键取决于以下 4 个方面：

(1)生产量增长　对于饱和市场，造纸化学品未来市场是否还会继续扩大，主要取决于纸浆、纸及纸板生产量是否会继续上升。造纸工业已经产能过剩，目前正在通过供给侧改革去除过剩产能，所以在今后相当长的一段时期内，产纸量和产浆量将缓慢增长甚至出现小幅减少。

(2)产能转化　随着市场经济的发展和大公司战略的实施，造纸工业将继续按照增长 - 扩充 - 兼并的道路前进，生产向大公司、大企业集中。大企业设备先进，生产能力大，生产过程需要使用更多更高效的化学品。

(3)节能减排　随着国民生活不断改善，国家对造纸厂污染物排放的监管势必越来越严。造纸企业加大节水和治污力度，加强水回用和水循环。在纸及纸板生产量逐年上升的情况下，造纸工业 2012 年废水排放量为 34.27 亿吨，2013 年降至 28.55 亿吨，2014 年再降至 27.55 亿吨。如果继续保持这一趋势，将会不断地刺激治污化学品和抄纸化学品的需求。

(4)技术创新　创新是造纸化学品行业未来成长的关键。只有开发新技术、新产品、新工艺，才是增加销售和创造利润的根本手段。本土企业要想在与跨国公司的竞争中占据造纸化学品市场的主导地位，就必须通过创新，实现差异化能力，建立起独特的核心竞争力。

就化学品种类而言，抄纸和治污化学品仍然是未来主要的增长动力。

四、热点领域

造纸化学品的研发一直处于缓慢发展状态，难有重大突破。相对而言，蒸煮、漂白、脱墨、涂布等工序沿用传统生产工艺，热点不多，而行业关注的主要对象依旧是抄纸和治污化学品。除此之外，造纸工业的突出变化也是造纸化学品行业关注的热点领域。新的造纸工艺、环保法规以及应用方式等都会直接影响有关化学品的应用及需求，所以造纸化学品行业需要加以重视，并对这些变化作出应对。

1. 聚合物干强剂

阳离子淀粉和有机聚合物是最常用的干强剂，前者因为成本占优而占据大部分市场。虽然阳离子淀粉的阳离子特性有助于纸机湿部助留，但是这种影响并不显著，所以在实际应用中，干强剂和助留剂都是分开设计和分开使用的。

为了降低纤维用量，造纸厂一直以来都期望提高成纸灰分，所涉及的技术难题主要是如何提升灰分而不让成纸强度受损。越来越多的人意识到聚合物是比淀粉更有效的增强剂，将其与助留剂组合应用，不仅可以弥补因灰分上升而丧失的强度，还会提升助留剂的作用效果，从而降低助留剂的用量。此外，用聚合物干强剂替代淀粉可以降低排放水中的 COD_{Cr} 含量。

2. 高分子质量聚合物

为了提高生产效率，降低生产成本，造纸厂一方面提车速、提灰分、提白度；另一方面，则用阔叶木浆替换针叶木浆，用高得率浆替换化学浆，用废纸浆替换原生浆，用国产废纸替换进口废纸。这些措施会加剧纸机湿部化学环境的恶化，加重助留剂的处理负担，降低助留剂的使用效率，最终导致助留剂用量越来越大，助留成本不断上升。

造纸厂与助留剂供应商合作，改用更高分子质量的聚合物，取得良好效果。这种方法不涉及生产参数调整，不改变助留剂系统，既简单又易行，可以显著改善助留剂系统的助留助滤效果，从而达到降低助留剂用量及成本的目的。

众所周知，聚丙烯酰胺的作用机理为絮凝，直链分子质量越高，絮凝作用越强，对成纸匀度的影响也越大。过去纸机的车速和成纸灰分都比较低，所用纸浆较为洁净，所用助留聚丙烯酰胺主流产品的相对分子质量为 500 万 ~ 800 万。如今，纸机的车速、浆种和成纸灰分都发生了很大变化，从而为使用更高分子质量的聚合物助留助滤创造了条件。

3. 生物胶乳

胶黏剂是生产涂布纸不可缺少的涂布化学品，一直以来，用量最大的涂布胶黏剂是丁苯胶乳，它是由丁二烯和苯乙烯聚合而成，所以是石油产业的下游产品。

部分造纸厂用环保型生物胶乳部分替代石油基丁苯胶乳。所谓生物胶乳是一种以淀粉为主要原料，经过复合改性制成的新型胶黏剂产品，最早由加拿大生物合成材料公司(EcoSynthetix)所开发。它源于生物原料，生产成本低，同时也不受原油价格的制约，用它替代丁苯胶乳有利于降低及控制涂布纸的生产成本。

4. 四合一助剂

现代化造纸生产为了实现低耗、优质、高产、高效的目的，使用多种多样的化学助剂。

2013年，巴斯夫公司推出“速力佳(Xelorex)”多功能系列产品，试图通过使用一种化学品来获得助留、助滤、定着和增强4种效果，如果能够被广泛使用，一定会大大提升相关化学品的使用效率。一直以来，造纸化学品都是专品专用，多功能这种概念既新颖又实用，成为造纸化学品新的研发方向。

5. 成本包干

成本包干是实现成本控制的有效途径。部分造纸厂推行化学品用量管理，实行成本包干核算，为化学品的用量及成本设定上限，超出部分由供应商负责。这种做法并非新创，但是因为争议很大，所以实际操作非常困难。近年来，造纸厂降成本的压力大增，在推动化学品成本包干上态度更加坚决，所以成功实施的案例越来越多。

化学品成本包干有利于造纸厂控制消耗，降低成本，提高效益，但是却对化学品供应商提出了更高的要求。后者不仅不能通过增量创收，还要加大服务投入，确保产品质量稳定，并快速平抑随时出现的效果波动。

6. 本色纸浆

造纸工艺始终处于发展变化之中，一些变化对造纸化学品的发展有利，而另一些变化则不利，其中之一就是本色纸浆造纸。

一直以来，不经漂白的本色纸浆仅用于生产包装纸和部分工业用纸，生活用纸及文化用纸需要用半漂浆或全漂浆制造。2009年，山东泉林纸业有限责任公司开发的“环保型秸秆本色浆制品技术”通过中国轻工业联合会科学技术成果鉴定。该技术在制浆造纸全程中不使用漂白化学品，保持植物纤维100%的天然本色。随后更多的造纸厂加入本色生活用纸生产行列，并试图发展本色文化用纸。使用本色纸浆造纸，绿色环保，但是会大幅减少甚至完全不用漂白化学品，这在一定程度上压缩了漂白化学品的发展空间。

7. 特种纸

特种纸及纸板是我国近年来生产量增长最快的纸种，2006—2015年，生产量年均增长率达10.3%。2011年12月，中国造纸化学品工业协会公布了《中国造纸化学品行业“十二五”发展规划》，把“开发高档纸和特种纸专用关键造纸化学品与应用技术”列为造纸化学品行业在“十二五”期间的五大发展方向之一。

特种纸使用的化学品，除了助留剂、增强剂、施胶剂、胶黏剂、消泡剂、杀菌剂等常用化学品以外，还包括其他纸种很少用到的防油剂、阻燃剂、显色剂、无色染料、防锈剂等特殊化学品。

随着大宗造纸化学品市场日趋饱和，较冷门的特种纸专用化学品成为造纸化学品新的发展热点。特种纸用途广泛，是造纸行业的高利润区和转型升级的目标，所以特种纸专用化学品具有更好的市场发展前景。

8. 环保要求

公众对环境保护的要求越来越高，给造纸化学品行业带来了挑战和机会。

新的要求迫使造纸化学品企业对产品和生产过程进行更多的评估、改进和认证。2015年12月，昂高公司(原瑞士科莱恩纺织、造纸和乳液部门)宣布，已完成对造纸化学品的“生态评估”，包括染料、荧光增白剂和造纸化学品在内的175种产品符合“欧盟生态标签(EU Ecolabel)”的要求，这将为追求可持续纸张产品的客户提供更安全的选择。

另一方面，新的要求也会催生更加环保和安全的化学品，以替代那些对环境和人体健康存在风险的化学品。例如新增制浆生产线普遍使用无元素氯或全无氯漂白工艺，停止使用传统的含氯漂剂。2014年3月，芬欧汇川(常熟)纸业有限公司为了降低废水处理的总氮负荷，成功地在造纸过程中用无尿素化学品替代了原有的尿素化学品，并在短期内获得了较好的效果。

2013年12月，环境保护部发布公告，公布《造纸行业木材制浆工艺污染防治可行技术指南(试行)》《造纸行业非木材制浆工艺污染防治可行技术指南(试行)》《造纸行业废纸制浆及造纸工艺污染防治可行技术指南(试行)》3项指导性技术文件，供有关方面参照采用。其中，氧脱木素技术、无单质氯漂白技术、全无氯漂白技术、气浮技术、混凝沉淀技术、化学絮凝技术、高级氧化技术、生物助漂技术和清洁废纸脱墨技术都与造纸化学品的作用有关，这些技术的推广实施将会直接推动造纸化学品的应用和优化升级。

(刘军钛)

科技 教育 出版

SCIENCE AND TECHNOLOGY, EDUCATION AND PUBLICATION

2015 年度造纸工业获奖情况
中国造纸蔡伦奖获奖情况
2015 年我国造纸工业授权专利
2015 年造纸工业标准目录
国内制浆造纸科研设计单位简介
国家认定的造纸企业技术中心简介
国内高校制浆造纸研究机构
国内制浆造纸专业教育机构
国内主要造纸期刊介绍
《中国造纸》2015 年度“国昌天宇杯”优秀论文获奖名单

7

2015 年度造纸工业获奖情况

Science and Technology Awards of Paper Industry in 2015

一、2015 年度国家级(造纸)获奖项目

项目名称	完成单位	完成人
2015 年国家技术发明奖二等奖		
速生阔叶材制浆造纸过程酶催化关键技术及应用	齐鲁工业大学 山东晨鸣纸业集团股份有限公司 山东太阳纸业股份有限公司	陈嘉川　杨桂花　吉兴香 陈洪国　乔　军　孔凡功
碱木质素的改性及造纸黑液的资源化高效利用	华南理工大学 深圳诺普信农化股份有限公司	邱学青　楼宏铭　杨东杰 庞煜霞　周明松　孔　建

二、2015 年度中国轻工业联合会科学技术奖(造纸)获奖项目

项目名称	完成单位	完成人
技术进步奖二等奖		
高速厌氧反应器结合改良氧化沟技术处理有机工业废水研发及推广	陕西科技大学 陕西科技大学造纸环保研究所	张安龙　杜　飞　王　森 罗　清　景立明　赵　登 郗文君
轮转数码喷墨印刷纸技术研究及应用	岳阳林纸股份有限公司 长沙理工大学	陈金山　王玉珑　朱宏伟 李　丹　刘春景　刘成良 刘立新
带飘片的稀释水流浆箱	河南大指造纸装备集成工程有限公司、 河南江河纸业股份有限公司	刘铸红　姜丰伟　王国玉 祝红军　孙卯生　李治国 李长国　任红锐　李艳平 马建军
技术进步奖三等奖		
化学长纤维丝成束、分散与成形及其系列高端纸基复合材料研发	浙江金昌纸业有限公司 浙江理工大学 陕西科技大学	童树华　杜黎星　夏新兴 黄学英　陆赵情　周桂生
年产 20 万吨涂布牛卡纸国产现代高速纸机示范工程	浙江永泰纸业集团股份有限公司 华南理工大学	孙柏贵　陈克复　陈献忠 杨仁党　王建华　何永梁
技术发明奖二等奖		
废纸纤维造纸性能衰变抑制的理论研究与技术应用	华南理工大学 东莞市绿微康生物科技有限公司	万金泉　马邕文　王　艳 关泽宇　陈杨梅

三、2015年度主要省市科学技术奖(造纸)获奖项目

省(区、市)	项目名称	完成单位	完成人	获奖类别
山东省	彩色瓦楞纸箱纸板关键技术及生产应用	山东世纪阳光纸业集团有限公司 昌乐新迈纸业有限公司	盛永忠 王东兴 慈晓雷 赵长征 智伟欣 张增国	山东省科学技术进步奖
广东省	造纸法再造烟叶高效助留助滤节能减排技术的开发研究	华南理工大学 广东省金叶科技开发有限公司 中国烟草总公司广东省公司	李友明 雷利荣 万小芳 侯　铁 夏正林 傅源锋 周　兵 周　瑾 潘伟才 陈伟明	广东省科学技术奖二等奖
云南省	190米/分造纸法再造烟叶标志性生产线关键技术及装备研发	昆明船舶设备集团有限公司 云南中烟再造烟叶有限责任公司	李　涛 徐广晋 余红涛 关　平 孙旭海 杨　芳 李　军 陈正华 刘建平	云南省科学技术进步奖二等奖
云南省	国内外造纸法再造烟叶产品与技术研究及应用	云南中烟工业有限责任公司	邱　晔 王浩雅 殷艳飞 米　兰 王保兴 胡　群 王　建	云南省科学技术进步奖三等奖
安徽省	碱性电池隔膜纸的研制	安徽万邦特种材料有限公司 安庆师范学院	韩庆斌 徐志兵 李法松	安徽省科学技术奖三等奖
福建省	高级干法静电复印纸	福建省晋江优兰发纸业有限公司	郑金成 罗　伟 郑翔鹏 庄俊龙 张锦益	福建省科学技术进步奖三等奖
广西壮族自治区	大型还原法二氧化氯制备系统开发及其在纸浆无元素氯漂白中的应用	广西大学 广西博世科环保科技股份有限公司 广西永鑫华糖集团有限公司	王双飞 宋海农 詹　磊 覃程荣 周茂贤 杨崎峰 徐萃声 李许生 农　斌 何华柱 农光再 朱红祥	广西壮族自治区科学技术进步奖一等奖
湖北省	一种芳纶纤维云母纸制造装置及其制造方法	湖北平安电工材料有限公司	潘渡江 李新辉 李书武 潘斌海 朱　淼 邓明旺	湖北省科学技术发明奖三等奖
甘肃省	一种复合变性淀粉基墙纸胶的工艺研究及其产业化	甘肃圣大方舟马铃薯变性淀粉有限公司	马青斌 席建甲 郑旺斌 陆森亚 田映良 郝军元 张松龙	甘肃省科技进步奖三等奖

注：表中奖项均由各省(区、市)人民政府发布公告整理所得，部分省市未在网站公告的没有收录。

（王　斌）

中国造纸蔡伦奖获奖情况

Cailun Awards of China's Paper Industry

“中国造纸蔡伦奖”旨在表彰在造纸行业科技创新和技术进步中作出突出贡献的科技工作者。根据《中国造纸蔡伦奖评选表彰办法》，中国造纸学会于2015年开展了第二届中国造纸蔡伦奖的评选工作。经提名推荐，中国造纸蔡伦奖评审委员会专家函审初评、集中评议、无记名投票等程序，评选出第二届“中国造纸蔡伦奖”科技奖、青年科技奖各3名，经中国造纸学会常务理事会议审议通过，并在学会官网上进行了公示。

2016年5月19日，在中国造纸学会第七届理事会第三次(扩大)会议暨中国造纸学会第十七届学术年会开幕式期间，中国造纸学会公布了第二届“中国造纸蔡伦奖”获奖名单。授予山东泉林纸业有限责任公司宋明信、陕西科技大学张美云、杭州市化工研究院郑丽萍3位同志“第二届中国造纸蔡伦科技奖”；授予中国轻工业长沙工程有限公司陈劲、山东华泰纸业股份有限公司李晓亮、华南理工大学李继庚3位同志“第二届中国造纸蔡伦青年科技奖”。

第二届中国造纸蔡伦奖获奖名单

第二届中国造纸蔡伦奖科技奖

宋明信　山东泉林纸业有限责任公司

张美云　陕西科技大学

郑丽萍　杭州市化工研究院

第二届中国造纸蔡伦奖青年科技奖

陈　劲　中国轻工业长沙工程有限公司

李晓亮　山东华泰纸业股份有限公司

李继庚　华南理工大学轻工与食品学院

（中国造纸学会）

2015年我国造纸工业授权专利

Granted Patents of China's Paper Industry in 2015

2015年我国造纸工业授权专利

分类号	专利名称	发明(设计)人	公告号	授权专利号
D21H	带水印支撑结构的网笼及其制造的防伪纸	王都义 等	104611976A	ZL201510001041
C02F	一种制浆造纸废水的处理方法	李文斌	104671588A	ZL201510004150
B02C	废纸粉碎机	马 研 等	104549669A	ZL201510004180
B65H	一种造纸厂复卷机防夹手装置及使用方法	冯向华 等	104477688A	ZL201510004255
C02F	一种造纸废水深度处理系统	王 莉 等	104529090A	ZL201510005561
D21H	一种造纸涂料用高稳定性纳米碳酸钙水相分散液制备方法	唐艳军	104562840A	ZL201510006508
D21H	一种纸的上色方法	邝井卫	104499366A	ZL201510007445
D21F	一种造纸干部保洁工艺	李文斌	104631187A	ZL201510008373
D21H	一种废纸回用生产低克重高强度重型包装牛卡纸的工艺	李文斌	104631201A	ZL201510008443
D21H	生物酶在线高效改性淀粉增强成纸强度的装置以及工艺	李文斌	104593220A	ZL201510008487
D21H	具有负热膨胀系数和高耐热的电路板用合成纤维纸及其制备方法与应用	林德苗 等	104674594A	ZL201510018383
D21H	超薄型高覆盖浸渍原纸及其制备方法	李安东 等	104631203A	ZL201510023850
C02F	实现秸秆制浆造纸与废旧铅酸电池再生两产业共生互赢的节能环保新工艺	尚圣杰 等	104671497A	ZL201510030614
C02F	一种造纸废水的处理装置	张一梅 等	104710057A	ZL201510030736
C02F	一种造纸废水的处理方法	张一梅 等	104710058A	ZL201510030737
C02F	一种造纸废水的深度处理方法	张一梅 等	104710059A	ZL201510030836
C02F	一种造纸废水的深度处理装置	张一梅 等	104710060A	ZL201510030857
C08F	一种废皮工业明胶水解胶原蛋白基造纸施胶剂的制备方法	王学川 等	104628970A	ZL201510039181
D21H	一种单层超低克重挂面箱板纸生产方法	薛荣军 等	104631196A	ZL201510042714
D21H	一种造纸机表面施胶染色用于箱板纸抄造的染色方法	王贵敏 等	104674602A	ZL201510042874
D21H	一种农业用精播纸及其制备方法	吴伯超 等	104631197A	ZL201510042965
D21H	一种无汞碱性锌锰电池用隔膜纸及其制备方法	李荣年 等	104631198A	ZL201510043049
D21F	造纸织物	雷克斯·巴雷特	104805725A	ZL201510043311
D21C	一种特种浆粕的制浆方法	周立春 等	104631173A	ZL201510052897
D21H	一种液晶玻璃无尘防护纸	史 贺 等	104631193A	ZL201510052910
D21H	一种高分子造纸干强剂	尹立华	104674601A	ZL201510053087
D21H	一种造纸用可降解中性施胶剂的制备工艺	尹立华	104674599A	ZL201510053960
D21H	一种阳离子苯丙造纸表面施胶剂	尹立华	104674600A	ZL201510054170

续表

分类号	专利名称	发明(设计)人	公告号	授权专利号
D21C	一种造纸用乳液型消泡剂	尹立华	104667587A	ZL201510054346
D21H	一种环保包装纸的制备方法	宋俊富	104674608A	ZL201510059795
D21H	变色工艺纸加工工艺	林臣伟　等	104611994A	ZL201510060115
D21H	一种触感纸的制备方法	宋俊富	104674596A	ZL201510060705
D21C	连续卧式蒸煮锅	李　昊　等	104594092A	ZL201510064999
C08B	一种羧甲基羟乙基瓜尔胶的制备方法	龙　柱　等	104672341A	ZL201510066654
D21B	纸塑自动分离制浆机	侯俊民	104711882A	ZL201510071345
D21C	一种造纸废水的治理方法	戴祖新	104695269A	ZL201510071405
D21F	用于造纸机烘缸的尾气热量回收结构	徐　强	104727181A	ZL201510072416
D21C	一种无废液排放的制纸浆方法及纸浆	袁建新	104695257A	ZL201510072992
C08F	一种处理造纸白水用阳离子微球及其制备方法与应用	李军荣　等	104672389A	ZL201510077542
D21H	一种新型造纸固着剂的制备方法及其应用	李军荣　等	104693441A	ZL201510080624
D21D	一种用于提高纸浆叩解度的双盘磨浆机	李增鹏	104775317A	ZL201510083208
D21H	一种高效造纸方法	何志刚	104695276A	ZL201510090882
D21C	一种造纸黑液的处理方法	闵斗勇　等	104631182A	ZL201510093920
C01F	一种造纸专用重钙的制备方法	仇　路	104743598A	ZL201510095583
D21C	一种用于造纸黑液的矿物油消泡剂及其制备方法	张钟元　等	104771939A	ZL201510096290
D21H	一种胶合无尘纸的制造方法	陈　洁	104674605A	ZL201510099041
C02F	一种造纸废水回收监测系统	杨　英	104609681A	ZL201510099579
C08F	一种用于造纸涂料的纳米胶乳的制备方法	尹传猛	104693342A	ZL201510100686
D21H	一种使用废纸造纸污泥生产的瓦楞原纸及其生产方法	马乐凡	104674595A	ZL201510104931
D21D	一种造纸厂高效回收纤维的装置及其方法	王贵敏　等	104631183A	ZL201510110760
B26D	一种特种纸品造纸机划纸刀装置	赵希保	104727183A	ZL201510111894
D21H	一种再生高强瓦楞原纸及其制备工艺	楼旭军	104746381A	ZL201510113540
C02F	一种造纸废水处理剂及其使用方法	王安祺　等	104709987A	ZL201510118421
C02F	造纸污泥脱水复合絮凝剂	凌伟明　等	104692612A	ZL201510120077
D21H	一种纳米胶乳在造纸涂料中的应用	施立才　等	104746384A	ZL201510124529
G01B	一种快速测定纸浆纤维平均长度的方法	李玲玲　等	104764700A	ZL201510126327
C08L	一种可生物降解石头纸及其制备方法	孟跃中　等	104693710A	ZL201510128311
D21F	高速强脱水圆网造纸机	武钟涛	104727182A	ZL201510129655
D21H	一种高透气量纤维及其制备方法	岳福升　等	104746383A	ZL201510136313
C08L	一种多色定型环保合成纸的制备方法	马庆路	104744821A	ZL201510140502
C08G	一种废皮胶原蛋白改性聚氨酯型造纸施胶剂及其制备方法	王学川　等	104744663A	ZL201510141684
D21H	改进造纸中的留着和滤水	F·J·苏特曼　等	105133423A	ZL201510142117
C02F	一种纸浆造纸工业废水的处理方法	钱明江	104743750A	ZL201510143907
D21H	一种高抗水纸的生产方法	李文斌	104790256A	ZL201510147189
D21F	一种成形部装置的控制方法	应广东	104727177A	ZL201510148396
D21F	一种用于造纸机可调式陶瓷脱水元件	徐振良　等	104727178A	ZL201510150974
D21H	一种基于六氨基环三磷腈的阻燃纸的制备方法	唐林生　等	104928978A	ZL201510154745
B26D	一种多规格纸裁切装置	何再友	104772781A	ZL201510156696
B26D	一种吸附式多规格纸裁切装置	何再友	104786260A	ZL201510156760
D21D	一种造纸用分级筛	邝嘉龙　等	104775318A	ZL201510166607

续表

分类号	专利名称	发明(设计)人	公告号	授权专利号
D21H	一种铜材防变色专用中性包装纸板的制备方法	魏冬云 等	104878644A	ZL201510178647
D21C	一种利用残损人民币销毁废料制浆造纸的方法	郑睿斌	104775316A	ZL201510191041
B01D	一种造纸生产中的白水处理方法	赵剑锋 等	104857773A	ZL201510191166
D21H	一种改性碳酸钙的制备方法	王 伟 等	104831580A	ZL201510192588
D21H	一种采用微纤化纤维素改性填料提高纸张不透明度的方法	苏艳群 等	104863008A	ZL201510200326
D21C	一种棉浆粕制备及其污染治理的方法	苏振华 等	104863004A	ZL201510200328
D21B	一种精制棉制备及其污染物治理的方法	苏振华 等	104878636A	ZL201510200356
D21F	用于擦手纸生产设备的防甩浆收边轮机构及其用途	崔建同 等	104775320A	ZL201510203017
D21C	以葡萄枝为原料制浆抄造本色生活用纸的方法	张东红 等	104818638A	ZL201510203789
D21C	以玉米秸秆为原料制浆抄造本色生活用纸的方法	张东红 等	104928962A	ZL201510203856
C02F	一种造纸废水深度处理系统及工艺	崔建同 等	104787931A	ZL201510204512
B01J	一种造纸废水处理剂	俞铁明 等	104801289A	ZL201510206988
D21C	一种造纸蒸煮助剂	陈朝民	104790243A	ZL201510218169
C11D	造纸专用清防垢剂	陈朝民	104877768A	ZL201510218247
D21H	一种造纸用水性润滑剂及其制备方法	陈朝民	104846693A	ZL201510219033
D21H	造纸用水性润滑剂	陈朝民	104762848A	ZL201510219438
D21C	一种造纸蒸煮助剂及其制备方法	陈朝民	104762844A	ZL201510219577
D21C	一种造纸方法	陈朝民	104846680A	ZL201510219707
D21C	一种低碳环保清洁造纸工艺	竺华锋 等	104790240A	ZL201510220195
D21H	一种功能性低克重卷烟纸及其制备方法	岳保山 等	104790264A	ZL201510223329
C02F	一种造纸废水处理剂	邱 林	104891584A	ZL201510223507
D21F	用于造纸机的干网清洗装置	徐 强	104894907A	ZL201510224515
D21F	一种浅灰色抗疲劳纸张的生产方法	覃诗龙 等	104863009A	ZL201510225876
D21H	一种基于粉煤灰脱硅液进行纤维疏解打浆的方法	徐 鹏 等	104818641A	ZL201510230485
D21H	一种涤纶纤维导电纸及其制备方法	金 银 等	104831584A	ZL201510243635
D21H	一种苯丙乳液型高效表面施胶剂及其制备方法	贺明波	104805732A	ZL201510247336
D21H	一种造纸胶黏物控制剂及其制备方法和应用	魏晓芬 等	104894915A	ZL201510257894
D21F	造纸机、延长轧辊和生产薄纸的方法	托尔德·古斯塔夫松	104831576A	ZL201510266438
C02F	一种造纸废水絮凝剂及其制备方法	赵云龙 等	104944544A	ZL201510267655
D21H	一种用麦秆及废纸制备瓦楞原纸的方法	王正刚	104988790A	ZL201510268545
D21G	一种热敏纸的压光设备	黄钦童 等	104928969A	ZL201510272392
G06Q	一种纸厂依据废纸配比预测纸浆性能的方法	沈文浩 等	104881715A	ZL201510275906
C02F	一种造纸废水深度处理的方法	吕培友	104986915A	ZL201510278016
D21H	一种工业用纸的制备方法	姚婷婷	104947495A	ZL201510281707
D21H	一种造纸方法	王正平	104878656A	ZL201510284755
D21H	一种应用木纤维制造低定量灰底白板纸的方法	张成飞 等	104988789A	ZL201510285304
D21F	一种环保型吸塑双面涂布白板纸及其制备工艺	刘名中 等	104846684A	ZL201510286058
D21F	造纸机辐射扇板式真空网笼	程睿博	104863006A	ZL201510286352
D21C	一种麦草浆的高效清洁漂白方法	肖仙英 等	104894906A	ZL201510288369
A24B	一种高烟气浓度造纸法卷烟薄片及其制备方法	范运涛 等	105029668A	ZL201510289049
D21H	一种增强型的造纸用多功能表面施胶助剂及其制备方法	张庆辉 等	104988796A	ZL201510289090
D21F	无脉冲复合式流浆箱	孙德东 等	104878640A	ZL201510295342

续表

分类号	专利名称	发明(设计)人	公告号	授权专利号
C02F	一种用于造纸废水生化处理的生物促生剂	张安龙　等	104909467A	ZL201510295372
D21H	一种硫化胶乳密封纸板的制备工艺	夏新兴　等	104911948A	ZL201510298083
D21H	一种高平滑性不锈钢隔离纸及其制备方法	杨　飞　等	104928984A	ZL201510298796
D21H	一种高性能无纺壁纸原纸及其制备方法与应用	杨　飞　等	104911951A	ZL201510299032
D21H	一种热敏用工业预涂原纸的制造方法	喻建军　等	105040508A	ZL201510301066
D21C	用于在纸浆和纸张制造方法中控制树脂障碍和粘性物的疏水改性的聚乙二醇	古渠鸣　等	104947491A	ZL201510305024
A24B	造纸法再造烟草原料检测打浆度时绝干浆量的取样方法	孙德平　等	104856214A	ZL201510307161
C02F	一种造纸涂布废水处理工艺	王君林　等	104986916A	ZL201510307273
D21H	一种造纸工艺	楼旭军	104894912A	ZL201510307952
D21D	一种造纸用磨浆机	冯小义	105040504A	ZL201510308008
D21H	阻燃高压电缆纸的制备方法	何忠青	104947513A	ZL201510310904
G01N	一种用 ICP 测定造纸黑液中微量铝离子含量的方法	徐永建　等	104931464A	ZL201510316702
D21H	一种灰底白板纸及其制备方法	舒君明　等	104878659A	ZL201510320268
C08L	一种造纸污泥环保纸的压延制备方法	王彦华　等	104861274A	ZL201510330377
C08L	一种造纸污泥环保纸的吹膜制备方法	王彦华　等	104893072A	ZL201510330398
B29D	一种造纸污泥环保纸的双向拉伸制备方法	王彦华　等	104859165A	ZL201510330484
D21H	一种用造纸污泥制备环保纸涂料的方法	王彦华　等	104863012A	ZL201510330656
C08H	一种低液比的竹材原料中性亚硫酸盐蒸煮方法	杨仁党　等	104911939A	ZL201510330868
D21H	一种再分散粉末 AKD 施胶剂及其制备方法与应用	赵丽红　等	104947504A	ZL201510345153
C09J	一种利用微波 - CuO 处理造纸废液制备木素酚醛树脂胶黏剂的方法	伏再辉　等	104910341A	ZL201510352326
C01F	一种重质碳酸钙浆料及其在造纸涂布中的应用	白　文　等	104973614A	ZL201510354893
D21H	一种造纸用杀菌剂	裴甲来	104975539A	ZL201510361449
C02F	一种造纸制浆黑液处理系统	华亚民　等	104944708A	ZL201510366790
C02F	一种造纸制浆黑液处理方法	华亚民　等	105016571A	ZL201510368472
D21H	高比例竹浆配抄的轻型纸及其抄造方法	蒙衍强	104947498A	ZL201510370538
C02F	两类絮凝剂联用提高造纸污泥厌氧消化底物脱水性能的方法	林云琴　等	104909538A	ZL201510377803
D21H	一种造纸用防腐杀菌剂	高　珍	105040519A	ZL201510377839
C09C	一种用于造纸的改性碳酸钙及其制备方法	马明生	105038319A	ZL201510378385
D21F	一种米曲霉全细胞催化剂处理造纸白水树脂的方法	赵光磊　等	105040505A	ZL201510382996
D21H	一种高韧耐磨纸板及其制备方法	楼旭军	105064133A	ZL201510393100
D21B	一种纸张及其制备方法	楼旭军	104911937A	ZL201510393102
G06T	基于视觉注意机制的纸病检测方法	蒋　萍　等	105160651A	ZL201510395916
D21F	造纸生产线锅炉过热蒸汽调配利用系统	林　祥　等	105180150A	ZL201510396402
C08L	利用造纸废弃物复合改性沥青及其制备方法	周　健　等	105038266A	ZL201510401949
D21C	利用金孢展齿革菌降解木质素的纸浆生产方法	张代成	105019289A	ZL201510403276
D21H	一种生活用纸及制造工艺	亚历克斯　等	105088863A	ZL201510411177
D21F	一种带有薄膜不干胶胶粘纸的加工设备	黄钦童　等	105088851A	ZL201510411421
D21H	一种球型聚电解质刷双元助留体系及其提高纸浆留着率的方法	黎厚斌　等	105088859A	ZL201510413553
C08F	一种造纸污泥基两性高分子絮凝剂的制备方法	高宝玉　等	105001381A	ZL201510413881

续表

分类号	专利名称	发明(设计)人	公告号	授权专利号
D21C	一种竹材溶解浆的漂白工艺	李文俊	104963229A	ZL201510414560
D21C	提高纸浆白度的漂白工艺	李文俊	104963230A	ZL201510414582
C02F	制浆造纸厂废水富铁污泥回收利用方法	葛 强 等	105016451A	ZL201510417572
B01F	一种生物可降解固体颗粒乳化剂及造纸施胶剂	于得海	105056830A	ZL201510417679
D21H	一种格拉辛纸的制备方法	甘木林	104947511A	ZL201510417892
D21F	一种无碳原纸的生产方法	曹 旭 等	105113313A	ZL201510417901
D21H	玫瑰纸	蒋 魁	105113322A	ZL201510419744
D21H	一种瓦楞纸生产过程中添加双元助留助滤剂的方法	杜莹莹 等	105113330A	ZL201510422256
C08H	一种分离回收造纸废水中木质素的方法	董燕敏	105152458A	ZL201510425310
D21H	一种天然本色高透气度成形纸及其制备方法	王小平	105133416A	ZL201510427698
C02F	一种造纸工业废水脱色的处理方法及新型复合脱色剂	董荣琴	105000712A	ZL201510427766
D21C	芦苇盐催化高沸醇法制浆工艺	刘艳兰 等	104988782A	ZL201510433876
D21B	草类机械浆生产设备	夏 琦	105019285A	ZL201510440631
D21H	一种防燃壁纸原纸	商剑晖	105040510A	ZL201510440696
D21F	一种亲水性转移印花原纸的生产方法	陈志强	105155327A	ZL201510440733
D21F	黑曲霉全细胞催化降解造纸白水中聚半乳糖醛酸的方法	赵光磊 等	105133412A	ZL201510448604
D21H	纳米壳聚糖基季铵烷基淀粉醚复合抗菌纸及其制备与应用	杨仁党 等	105040509A	ZL201510449615
D21F	一种工业造纸机纸浆输送装置	杜 玮	105088850A	ZL201510451295
D21H	一种提高纸张强度的方法、造纸浆料	王正平	105088849A	ZL201510452858
B65H	卷纸机操作侧自动引纸装置	程黔	105129474A	ZL201510453471
C02F	一种造纸废液的处理方法	李平兰	105036429A	ZL201510456628
D21C	一种杨木板皮溶解浆预水解废液中木素的去除方法	吴朝军 等	105002768A	ZL201510457045
C02F	一种造纸废液处理剂	李平兰	104986841A	ZL201510457078
D21H	一种添加漂白竹浆粕和纤维接枝剂的书画纸及制备方法	李文俊 等	104963233A	ZL201510457295
F26B	利用蒸汽、热风联供锅炉的纸张干燥能源综合利用系统	叶竹竹 等	105066657A	ZL201510457395
B29C	一种柔性无机纤维纸及其制备方法	陈 庆 等	105128360A	ZL201510457698
D21C	一种造纸用软化剂以及一种低碳制浆工艺	卢术林 等	105088841A	ZL201510461328
C07C	造纸网毯保洁剂、油酸酰胺类苯磺酸及其制备方法	郝凤岭 等	105130852A	ZL201510465380
A61K	一种冲散型湿厕纸及其制造方法	张 进	104983649A	ZL201510465564
A61K	一种抗菌湿厕纸及其制造方法	张 进	105148146A	ZL201510467862
A61K	抗菌湿巾纸及其制造方法	张 进	104998163A	ZL201510468599
D21H	用含乙烯胺的聚合物和含丙烯酰胺的聚合物处理提高纸张干强度的方法	C·L·布兰加德特 等	105040517A	ZL201510471542
D21H	一种微粒助留助滤方法	王高升 等	105155339A	ZL201510476720
D21H	阳离子淀粉及其制备方法、由阳离子淀粉制备的造纸增强剂及其制备方法	翁浥程 等	105131137A	ZL201510481101
D21C	一种制浆造纸蒸解釜筛板处理方法	赵 鹏	105019290A	ZL201510481102
D21H	以纤维素乙醇的发酵残余物为原料制备造纸表面施胶剂的方法	程少博 等	105178102A	ZL201510486389
D21H	一种提升文化用纸厚度的方法	蔡文亮 等	105088856A	ZL201510486658
C02F	一种造纸生产用水循环用零排放的方法	江 昊	105174607A	ZL201510489299
C02F	一种浆纸废水处理工艺	贾华东 等	105000718A	ZL201510491230

续表

分类号	专利名称	发明(设计)人	公告号	授权专利号
D21C	一种造纸黑液处理方法	江　昊	105019291A	ZL201510491452
C02F	一种造纸废水处理方法	江　昊	105060641A	ZL201510491453
C02F	一种废水生化处理装置及应用	郑　刚　等	105130104A	ZL201510491690
C02F	一种用于造纸白水回收系统	江　昊	105000608A	ZL201510492316
C02F	一种废纸造纸废水处理系统	江　昊	105016585A	ZL201510492337
C10L	一种造纸三废再生燃料的方法	江　昊	105062611A	ZL201510492588
D21B	一种转子及应用其的 D 型碎浆机	丁延莉　等	105178077A	ZL201510494468
D21F	一种柔软薄页纸生产方法	叶传婢	105113315A	ZL201510495148
D21F	一种造纸脱水装置	江　昊	105002769A	ZL201510496031
D06C	一种用于造纸毛毯的热定型炉	江　昊	105019177A	ZL201510496035
C02F	造纸厂白水多级处理回用系统	郭有雄　等	105036483A	ZL201510496161
B29B	用于造纸废渣造粒的过滤器	丁延莉　等	105172103A	ZL201510497654
C02F	一种造纸废水处理剂及其制作方法	俞亮亮	105060444A	ZL201510498837
D21H	一种阻燃壁纸基纸及其制造方法	孙利福　等	105178092A	ZL201510500756
C08G	一种造纸湿强剂的制备方法	许桂红　等	105085906A	ZL201510501729
D21H	纸加工用组合物和方法	马可·萨维奥·波尔韦拉里　等	105178097A	ZL201510504885
C02F	一种造纸厂废水的物理式预处理系统	叶　澄	105152450A	ZL201510506375
C02F	一种造纸厂废水的预处理方法	叶　澄	105016559A	ZL201510506376
D21F	ITO 导电膜玻璃防护纸及制作方法	方利吉　等	105200841A	ZL201510506379
D21H	一种新型涂布纸及其制备方法	刘晋嵩　等	105088897A	ZL201510513729
D21H	一种植物纤维和 PHA 复合吸油纸及其制备方法	赵丽红　等	105155351A	ZL201510514198
C09J	以造纸黑液为原料合成胶黏剂及其生产方法	李　晓　等	105018011A	ZL201510516982
C02F	一种新型制浆造纸废水处理工艺及其处理剂	张学亮	105060649A	ZL201510521731
D21F	一种竹制生活用纸	飞　莉	105064116A	ZL201510521763
C10L	一种造纸黑液水煤浆	黄荣翠	105154155A	ZL201510524332
D21C	一种造纸黑液中的碱回收工艺	黄荣翠	105155326A	ZL201510524882
C02F	一种造纸废水深度处理工艺	黄荣翠	105152395A	ZL201510525003
C10L	造纸厂废弃物处理设备及其工艺方法	郭拥军	105132072A	ZL201510529049
C02F	一种处理造纸废水用复合高分子废水处理絮凝剂及其制备方法	刘广利	105016448A	ZL201510529749
C02F	一种造纸废水的处理方法	叶　澄	105130113A	ZL201510533328
C02F	一种造纸废水的处理系统	叶　澄	105060652A	ZL201510533613
D21B	一种造纸机械用碎浆机	岑立强	105064108A	ZL201510536668
D01F	一种利用玉米秸秆制备多孔纳米纤维的方法	雷思宇　等	105088374A	ZL201510539603
C02F	一种分子分离技术深度处理含氯造纸废水系统及方法	杨仁党　等	105110428A	ZL201510540679
D06M	一种造纸用硅灰石纤维及其制备方法	陈　庆　等	105155265A	ZL201510543309
C02F	一种造纸清洁生产中减少产生废水的方法	戴红旗　等	105198116A	ZL201510544241
C02F	一种造纸废水絮凝剂	韩功篑	105129942A	ZL201510547390
D21H	一种造纸用荧光增白剂	程云霞　等	105155344A	ZL201510549405
D21C	一种芦苇浆的无元素氯漂白方法	刘艳兰　等	105040500A	ZL201510555854
D21H	一种废水污泥用做造纸辅料的方法	韩　卿　等	105155340A	ZL201510559743
C08H	一种造纸黑液中木质素分级分离装置及其方法	谢　勤	105064112A	ZL201510560992

续表

分类号	专利名称	发明(设计)人	公告号	授权专利号
D21C	一种由造纸黑液提取分离木质素的装置及方法	许俊鸿　等	105088847A	ZL201510561740
D21C	浆纸黑液超浓缩装置、浆纸黑液处理系统及方法	李金毛　等	105088848A	ZL201510561783
B01J	一种造纸泥质活性炭吸附材料的制备方法	张安龙　等	105126756A	ZL201510570041
D21H	一种纸张上色装置	储　涛	105155349A	ZL201510571036
A01N	一种造纸白水用多功能杀菌剂及其制备方法	冯文田	105192007A	ZL201510576376
B01D	一种造纸厂制浆臭气的处理装置	郑皓元　等	105107361A	ZL201510579830
B65H	一种切纸机下料装置	梁庆欢　等	105084077A	ZL201510588498
D21H	一种用海藻酸钠改性 PCC 的方法及其在制备纸张上的应用	甘木林　等	105178095A	ZL201510592661
D21C	以生物酶预处理 + 碱法稻草制浆生产本色生活用纸的方法	徐和刚　等	105155322A	ZL201510594106
D21F	一种湿法起皱生产擦手纸的方法	张若营　等	105113316A	ZL201510606248
D21H	一种造纸增强剂及其制备方法	邹学辉	105061774A	ZL201510608286
C09K	一种膨胀型阻燃剂的制备方法	吉婉丽	105112074A	ZL201510609689
C12N	一种嗜热毛壳菌纤维素酶在制浆造纸工艺中的应用	慈元钊　等	105155324A	ZL201510611987
D21C	一种生物酶预处理辅助竹浆 ECF 漂白的方法	宋雪萍　等	105200836A	ZL201510615793
D21B	一种高效造纸用水力碎浆机	林桂清	105113305A	ZL201510630860
C02F	造纸尾水回用及零排放预处理工艺	葛　强　等	105174637A	ZL201510636996
C02F	制浆造纸废水除钙装置	葛　强	105110517A	ZL201510637886
C02F	一种造纸废水处理剂及其制备方法	颜启祯　等	105198056A	ZL201510640675
D21F	一种造纸机及其烘缸	王向超　等	105200839A	ZL201510656877
C02F	造纸废水处理工艺	杨　林	105174462A	ZL201510670589
B65H	一种电子纸带造纸质量在线检测系统	姜兆宏　等	105203557A	ZL201510709483
B02C	废纸粉碎机	马　研　等	204469819U	ZL201520005491
D21H	造纸喷涂刮平烘干装置	谢剑晓	204401363U	ZL201520008289
D21F	一种箱板纸用 16 综三层成型网	刘家田　等	204530305U	ZL201520011873
D21F	一种快速高效造纸设备干燥部	冯冠文　等	204435101U	ZL201520030843
D21F	一种造纸生产线上的脱水装置	冯冠文　等	204435099U	ZL201520036663
D21F	一种造纸用高压喷淋系统	李文斌	204780452U	ZL201520039227
B65H	一种复卷机纸边收集装置	范永明　等	204433900U	ZL201520039239
D21H	用于造纸的自动加药控制设备	张景争　等	204703006U	ZL201520050039
D21F	造纸机用干燥辊、烘干部及造纸机	彭　煜　等	204530311U	ZL201520054992
D21G	造纸机的走台	沈　磊	204530315U	ZL201520054995
D21F	烘干架、造纸机烘干装置以及造纸机	黄湘雯	204530312U	ZL201520055098
B65H	造纸机、卷纸机及卷纸辊传动系统	宋晓花	204453957U	ZL201520056764
D21F	造纸机毛布真空吸水箱及其吸气面板	胡　伟	204608502U	ZL201520062370
D21F	造纸机毛布真空吸水箱	唐育萍　等	204608503U	ZL201520065887
C02F	造纸废水资源化处理系统	侯成南	204454788U	ZL201520066567
D21G	一种造纸机纸幅稳定装置	丰先磊　等	204455708U	ZL201520068237
F28D	一种造纸机空气系统余热交换装置	丰先磊　等	204461153U	ZL201520068586
D21F	一种提高再造烟叶造纸机湿纸页脱水效率的预压榨装置	陈恩根　等	204530310U	ZL201520081301
D21H	一种造纸表面施胶辅助处理装置	姜兆宏　等	204662179U	ZL201520081570
D21B	用于造纸的喷淋浸泡装置	谢常青	204455693U	ZL201520087592

续表

分类号	专利名称	发明(设计)人	公告号	授权专利号
D21F	用于造纸机烘缸的尾气热量回收结构	徐　强	204455706U	ZL201520098076
D21F	用于造纸烘缸的除毛喷淋装置	张声智	204509857U	ZL201520101179
D21H	鞭炮纸烘干机	刘丛标	204491312U	ZL201520102414
D21F	鞭炮纸生产线	刘丛标	204491309U	ZL201520102466
D21H	云母造纸机分部变频传动控制系统	许祖芬	204530313U	ZL201520106277
D21F	钎焊带肋筋结构的造纸机烘缸	张卫民	204608504U	ZL201520108963
D21D	一种用于提高纸浆叩解度的双盘磨浆机	李增鹏	204626158U	ZL201520112581
C02F	供锅炉用水的造纸白水处理系统	吕培友	204588929U	ZL201520123597
D21D	间歇及连续打浆系统	吕培友	204702996U	ZL201520123619
D21D	两种浆料的连续打浆系统	吕培友	204589695U	ZL201520123795
C05F	造纸污泥回收利用系统	吕培友	204588959U	ZL201520124419
D21F	一种造纸压力圆网成型器装置	姜兆宏　等	204509854U	ZL201520129089
D21F	一种等压等流量多管布浆器	姜兆宏　等	204509855U	ZL201520129175
B65H	一种卷筒纸卷纸机构	李　俊	204473945U	ZL201520129540
B65H	一种卷纸机压纸机构	李　俊	204473953U	ZL201520129551
B65H	一种卷筒纸收卷机构	李　俊	204473946U	ZL201520129572
B65H	一种带有压纸辊的卷纸机构	李　俊	204473954U	ZL201520129573
B65H	一种卷纸机	李　俊	204473955U	ZL201520129588
F16D	一种卷纸用卷筒驱动结构	李　俊	204473951U	ZL201520129610
D21H	一种造纸加碱装置的添加漏斗	陈方勇　等	204551131U	ZL201520133760
D21D	新型高效率粗筛系统	林启群　等	204491305U	ZL201520133958
D21F	造纸成型装置	林启群　等	204570372U	ZL201520134149
D21F	一种造纸成型板	林启群　等	204491306U	ZL201520134215
D21F	一种造纸用微波烘干机构	侯学慧	204475041U	ZL201520140727
D21C	一种造纸厂制浆工段低能耗布局结构	王贵敏　等	204626156U	ZL201520143745
D21D	一种造纸厂高效回收纤维的装置	王贵敏　等	204475038U	ZL201520143746
B26D	一种特种纸品造纸机划纸刀装置	赵希保	204491311U	ZL201520145699
B65G	造纸用废纸原料杂质分选的分料装置	郭启程　等	204528589U	ZL201520147277
D06C	一种造纸网定型机	刘家田　等	204530191U	ZL201520147816
D06C	一种造纸网定型机针板装置	刘家田　等	204530195U	ZL201520148143
G01N	一种造纸网缺陷检验装置	刘家田　等	204536299U	ZL201520154116
D06C	一种造纸网定型封边一体装置	刘家田　等	204530192U	ZL201520155151
B05C	一种造纸网边缘封胶装置	刘家田　等	204523415U	ZL201520155520
D21F	圆网造纸机抽气负压网笼	武钟涛	204703000U	ZL201520166948
D21F	圆网造纸机专用三吸区真空托辊	武钟涛	204703002U	ZL201520167080
D21F	高速强脱水圆网造纸机	武钟涛	204703004U	ZL201520167161
D21B	造纸用原料粉碎机	刘学礼	204690485U	ZL201520172565
D21F	造纸干燥部余热回收循环装置	李文斌	204570376U	ZL201520172971
D21B	造纸用原料粉碎机	刘学礼	204690486U	ZL201520173913
D21C	一种造纸用高效浓缩机	李文斌	204570367U	ZL201520174199
D21F	快速造纸成型机	刘学礼	204690498U	ZL201520174279
B65H	自动卷纸和落料的卷纸机	刘学礼	204873056U	ZL201520176135
D21H	一种造纸施胶机的胶液回流系统	李文斌	204644783U	ZL201520187890

续表

分类号	专利名称	发明(设计)人	公告号	授权专利号
D21H	一种高抗水纸的生产系统	李文斌	204644784U	ZL201520187900
D21D	一种用于处理浆渣和回用白水的轴式旋转圆筒筛装置	李文斌	204644766U	ZL201520187904
B01D	一种用于清洗浓缩机过滤网的高压喷头和喷管	李文斌	204637728U	ZL201520187905
D21G	一种板式引纸器	李文斌	204644782U	ZL201520187906
D21F	一种提高纸幅均匀度的真空脱水箱	李文斌	204644773U	ZL201520187916
D21B	一种有效节水的碎浆系统	李文斌	204644760U	ZL201520187928
D21F	一种造纸烘干的夹层式气罩	李文斌	204644778U	ZL201520187929
D21F	槽式可清理真空分配系统	李文斌	204644772U	ZL201520187946
D21F	一种造纸伏辊自脱水装置	李文斌	204644774U	ZL201520187947
D21G	顶压式压光机	李文斌	204644780U	ZL201520187951
B65H	一种吹风式稳纸系统	李文斌	204643281U	ZL201520187954
D21F	一种提高纸面洁净度的烘干系统	李文斌	204644775U	ZL201520187977
D21B	一种多通道式脱墨系统	李文斌	204644758U	ZL201520187981
D21F	错层式叠网成形装置	李文斌	204644779U	ZL201520187990
D21D	一种卧式除渣装置	李文斌	204644767U	ZL201520187995
D21G	用于烘缸的双刮刀装置	李文斌	204644781U	ZL201520187998
D21C	一种造纸浆的白度调整装置	李文斌	204644764U	ZL201520187999
D21F	一种用于切割纸张边缘的系统	李文斌	204644771U	ZL201520188010
D21F	一种用于造纸机可调式陶瓷脱水元件	徐振良　等	204702999U	ZL201520191985
B26D	一种吸附式多规格纸裁切装置	何再友	204505351U	ZL201520198819
B26D	一种多规格纸裁切装置	何再友	204566216U	ZL201520198842
B65H	一种压纸装置	何再友	204508366U	ZL201520199124
F16L	用于造纸机的排水法兰连接装置	王玉龙　等	204611143U	ZL201520205041
D21F	造纸机饰面网	李彦志	204530308U	ZL201520205051
F16H	用于造纸机的化学品混合器传动系统	王玉龙　等	204610722U	ZL201520205063
D21F	造纸机用衬网	李彦志	204530309U	ZL201520205381
D21C	蒸煮器循环水利用装置	吴世军　等	204551125U	ZL201520209462
G01N	一种造纸用取样器	邝嘉龙　等	204570356U	ZL201520210499
D21D	一种造纸用分级筛	邝嘉龙　等	204530301U	ZL201520211213
D21D	一种中高浓磨浆机	邝嘉龙　等	204570369U	ZL201520211224
D21G	线压力可调节的自重刮刀及应用其的造纸机	苏立波　等	204608506U	ZL201520213283
D21F	一种烘缸装置	亚历克斯　等	204589700U	ZL201520218625
D21H	一种造纸生产中的钛白粉添加系统	俞晓峰　等	204662178U	ZL201520244055
D21H	一种造纸浆料添加装置	吕明元　等	204780454U	ZL201520258119
F23G	一种造纸污泥高温无害化处理装置	周英宝　等	204588966U	ZL201520258276
C02F	一种造纸废水深度处理系统	崔建同　等	204752397U	ZL201520258286
D21D	造纸轻渣和纸浆的精细化分离系统	李文斌	204662170U	ZL201520273206
D21D5	造纸轻渣和纸浆的回用系统	李文斌	204728133U	ZL201520273208
D21F	用于造纸机的干网清洗装置	徐　强	204589696U	ZL201520283984
F04D	高效造纸工艺流程泵	方　波　等	204729310U	ZL201520288311
F04D	一种具有降低泵磨损结构的造纸工艺流程泵	方　波　等	204729311U	ZL201520290211
D21F	一种造纸机械网部自动张紧装置	高　静	204715124U	ZL201520306469
D21C	一种造纸分散设备用分散装置	范有为	204690491U	ZL201520308754

续表

分类号	专利名称	发明(设计)人	公告号	授权专利号
B01F	一种造纸分散设备用对向分散设备	范有为	204684990U	ZL201520309079
D21C	一种造纸分散装置	范有为	204690492U	ZL201520309200
D21B	一种造纸成浆设备	范有为	204690488U	ZL201520309207
D21F	一种造纸设备	佟　勤	204715126U	ZL201520310905
B65D	纸浆模塑手机包装盒	张维强	204726892U	ZL201520310943
D21F	半自动无轴芯卷浆整形系统	程　曦　等	204644765U	ZL201520316211
D21B	一种造纸车间的浆板碎浆机	叶龙方　等	204690489U	ZL201520320048
D21B	一种办公废纸再生设备	李　健　等	204626153U	ZL201520321557
D21D	一种造纸过程中纸浆处理设备	范有为	204690493U	ZL201520322758
D21D	一种用于工业造纸的多轴制浆机	寿建儿	204780443U	ZL201520336114
D21F	一种锥形布浆器	张　峰　等	204676366U	ZL201520346572
B07B	一种新型造纸化学用品过滤装置	李庆同	204724464U	ZL201520354466
B65G	一种新型造纸化学品用计量装置	张朝波	204751421U	ZL201520359244
D21F	造纸机辐射扇板式真空网笼	程睿博	204690495U	ZL201520360511
B01D	一种新型造纸化学品用热气冷却装置	李庆勇	204735202U	ZL201520366282
B01J	一种新型可移动式造纸化学品用试剂反应釜	李庆勇	204735218U	ZL201520367746
D21C	一种纸厂用多层真空陶瓷净水机	罗玉付	204780439U	ZL201520370297
D21C	一种纸厂用多层真空陶瓷净水机专用真空净水机	罗玉付	204780440U	ZL201520370565
D21F	无脉冲复合式流浆箱	孙德东　等	204728134U	ZL201520371188
B08B	一种造纸用木片洗涤、甄选系统	徐常宁　等	204699988U	ZL201520375933
F17D	一种造纸用木片磨浆蒸汽回收系统	徐常宁　等	204702992U	ZL201520375936
D21B	一种造纸用浆渣处理装置	周洪亮　等	204662167U	ZL201520376169
D21B	一种造纸用高效节能水力碎浆机转子	陈培岭　等	204662168U	ZL201520376271
C02F	一种处理造纸废水的复合人工湿地结构	朱四喜　等	204752472U	ZL201520380034
G01N	用于测量纸浆或烟草浆的细小组分含量的装置	赵德清　等	204630870U	ZL201520383328
D21F	一种造纸烘干施胶设备	骆寿英　等	204849474U	ZL201520383410
C02F	一种造纸废水的净化装置	张伟飞	204752407U	ZL201520393219
D21F	造纸圆网成型器	程剑飞	204780444U	ZL201520394951
B26D	一种抄纸复卷机分切装置	范永明　等	204712157U	ZL201520417451
C02F	一种造纸制浆黑液处理系统	华亚民　等	204727743U	ZL201520455744
D21C	一种造纸用竹浆甩干装置	陈爱珍	204702995U	ZL201520464807
C02F	一种造纸装置造纸废水生化出水深度处理及回用装置	陈业钢　等	204897644U	ZL201520485710
D21F	造纸生产线锅炉过热蒸汽调配利用系统	林　祥　等	204829873U	ZL201520487294
D21F	一种用于长网造纸机的真空气水分离器	李镜壁	204780451U	ZL201520488361
B07B	一种新型造纸化学用品过滤装置	林少疆　等	204817179U	ZL201520505823
F16K	造纸设备调节阀结构装置	张　鸽	204901018U	ZL201520507552
D21C	一种提高和稳定浆板白度的漂白系统	李文俊	204919193U	ZL201520511206
D21C	高浓竹浆黑液的回收系统	李文俊	204919198U	ZL201520511243
D21D	一种环保低黏度竹材浆的制备系统	李文俊	204919201U	ZL201520511295
D21C	一种竹材溶解浆的漂白系统	李文俊	204919194U	ZL201520511398
D21C	一种提高纸浆白度的漂白系统	李文俊	204919195U	ZL201520511400
D21C	一种高强度的竹材溶解浆的漂白系统	李文俊	204919196U	ZL201520511550
D21G	一种造纸压光机	李文俊	204919210U	ZL201520514295

续表

分类号	专利名称	发明(设计)人	公告号	授权专利号
B01D	白泥回收系统	李文俊	204919197U	ZL201520515644
G01B	一种测试纸浆纤维平均长度的测量仪	李玲玲　等	204854638U	ZL201520518666
B01F	一种造纸用的污泥搅拌机	李文斌	204911324U	ZL201520519658
B01D	一种污泥浓缩机	李文斌	204918335U	ZL201520519660
B01D	一种造纸废水循环利用装置	李培月　等	204798955U	ZL201520523419
C02F	一种造纸污泥回收装置	郭明勤	204874222U	ZL201520526906
D21C	一种浮选脱墨机及废纸脱墨系统	李风志	204849464U	ZL201520533230
D21F	一种新型边缘增强造纸机网毯	叶传婢	204875352U	ZL201520545017
D21F	一种新型纱管纸压榨装置	严炳兴	204898426U	ZL201520545078
B26D	能标切的切纸机	韩　勇　等	204748772U	ZL201520549156
B26D	稳定切纸的切纸机	韩　勇　等	204748760U	ZL201520549159
D21F	一种新型造纸成型网装置	丁明惠	204875358U	ZL201520549515
D21F	一种新型聚酯复合网	万　勇	204875353U	ZL201520549716
B65H	卷纸机操作侧自动引纸装置	程　黔	204847518U	ZL201520557696
D21H	一种造纸用三元助留系统	李文斌	204919218U	ZL201520566858
B01D	一种造纸脱硫系统	李文斌	204911217U	ZL201520566971
B01D	一种石灰石浆液制备系统	李文斌	204911242U	ZL201520567341
D21F	一种带有碳化物陶瓷涂层的造纸烘缸	薛云岭	204875355U	ZL201520571438
C02F	一种造纸厂生产废水的处理系统	李程伟	204824539U	ZL201520573385
B65H	具有粗选功能的切纸机	韩　勇　等	204847545U	ZL201520586511
D21H	一种造纸浸泡式表面施胶装置	李秀波　等	204875373U	ZL201520601780
D21D	一种流量可调式湿法造纸磨浆系统	姜兆宏　等	204875348U	ZL201520601804
D21D	一种预搅拌湿法造纸磨浆系统	姜兆宏　等	204849469U	ZL201520602025
D21D	一种湿法造纸磨浆系统	姜兆宏　等	204825492U	ZL201520602159
C02F	一种废水生化处理装置	郑　刚　等	204897654U	ZL201520603355
B09B	造纸废弃物资源回收及再利用处理系统	周　健　等	204892545U	ZL201520603357
C02F	一种用于造纸白水回收系统	江　昊	204897454U	ZL201520605146
C02F	一种废纸造纸废水处理系统	江　昊	204848599U	ZL201520605211
D21B	一种 D 型碎浆机	丁延莉　等	204825486U	ZL201520605804
D21D	用于制浆造纸筛选工段的稀释水管	郑　冰　等	204825495U	ZL201520610741
B01D	用于造纸废渣造粒过滤器的刮刀	丁延莉　等	204841123U	ZL201520610742
D21D	用于制浆造纸筛选工段的弯管节能器	郑　冰　等	204849470U	ZL201520610884
D21C	螺旋挤浆机	郑　冰　等	204825490U	ZL201520610897
D21F	造纸用微晶脱水装置	王长林　等	204875354U	ZL201520612579
D21H	一种造纸染料添加系统	张小龙　等	204919219U	ZL201520615831
C02F	一种造纸厂废水的物理式预处理系统	叶　澄	204824512U	ZL201520621512
C02F	一种造纸废水的处理系统	叶　澄	204918318U	ZL201520653292
D21F	一种水溶性卫生纸的生产设备	郭永涛	204898428U	ZL201520668710
C08H	一种造纸黑液中木质素分级分离装置	谢　勤	204919199U	ZL201520687195
D21D	一种节能制浆磨浆系统	姜兆宏　等	204919200U	ZL201520708787

（王　斌）

2015 年造纸工业标准目录

Standards of China's Paper Industry in 2015

到目前为止，造纸工业标准共有 432 项，其中国家标准 330 项，行业标准 102 项。2015 年新批准发布造纸标准 17 项，其中国家标准 8 项，行业标准 9 项。

以下列出最新造纸工业标准目录，表 1 为 2015 年新批准发布的造纸标准目录，表 2 为现有造纸产品标准目录(227 项)，表 3 为现有造纸测试方法标准目录(205 项)。

表 1　2015 年新批准发布的造纸标准目录

序号	标准号	标准名称	发布日期	实施日期	代替标准号
1	GB/T 1910—2015	新闻纸	2015-12-31	2016-07-01	GB/T 1910—2006
2	GB/T 7968—2015	纸袋纸	2015-12-31	2016-07-01	GB/T 7968—1996
3	GB/T 19341—2015	育果袋纸	2015-12-31	2016-07-01	GB 19341—2003
4	GB/T 2679. 2—2015	薄页材料 透湿度的测定 重量(透湿杯)法	2015-09-11	2016-04-01	GB/T 2679. 2—1995
5	GB/T 13528—2015	纸和纸板 表面 pH 的测定	2015-09-11	2016-04-01	GB/T 13528—1992
6	GB/T 31479—2015	与食品接触染色纸和纸板色牢度的测定	2015-05-15	2015-12-01	
7	GB 31825—2015	制浆造纸单位产品能源消耗限额	2015-06-30	2016-07-01	
8	GB/T 31905—2015	纸和纸板　边渗透的测定	2015-09-11	2016-04-01	
9	QB/T 4818—2015	无纺壁纸原纸	2015-04-30	2015-10-01	
10	QB/T 4819—2015	食品包装用淋膜纸和纸板	2015-04-30	2015-10-01	
11	QB/T 4820—2015	pH 试纸原纸	2015-04-30	2015-10-01	
12	QB/T 4895—2015	载带封装用纸板	2015-10-10	2016-03-01	
13	QB/T 4896—2015	废纸浆脱墨效率的测定	2015-10-10	2016-03-01	
14	QB/T 4897—2015	镜头擦拭纸	2015-10-10	2016-03-01	
15	QB/T 4898—2015	溶解浆	2015-10-10	2016-03-01	
16	QB/T 4899—2015	标牌用仿皮纸	2015-10-10	2016-03-01	
17	QB/T 4900—2015	双电层电容器纸	2015-10-10	2016-03-01	

表 2　造纸产品标准目录

序号	标准号	标准名称	发布日期	实施日期
1	GB/T 1468—2011	描图纸	2011-12-30	2012-09-01
2	GB/T 1525—2006	制图纸	2006-03-10	2006-10-01
3	**GB/T 1910—2015**	**新闻纸**	**2015-12-31**	**2016-07-01**
4	GB/T 1911—2011	拷贝纸	2011-12-30	2012-07-01

续表

序号	标准号	标准名称	发布日期	实施日期
5	GB/T 1912—2007	字典纸	2007-12-05	2008-09-01
6	GB 1913. 1—2005	未漂浸渍绝缘纸	2005-03-23	2005-09-01
7	GB/T 1914—2007	化学分析滤纸	2007-12-05	2008-09-01
8	GB/T 2675—2006	地图纸	2006-03-10	2006-10-01
9	GB/T 2676—2006	海图纸	2006-03-10	2006-10-01
10	GB/T 3147—2006	信息处理未穿孔纸带	2006-03-10	2006-10-01
11	GB/T 3148—2008	漂白苇浆	2008-08-19	2009-05-01
12	GB/T 6544—2008	瓦楞纸板	2008-01-04	2008-09-01
13	**GB/T 7968—2015**	**纸袋纸**	**2015-12-31**	**2016-07-01**
14	GB 7969—2003	电力电缆纸	2003-10-20	2004-06-01
15	GB 7970—1999	通讯电缆纸	1999-08-12	2000-02-01
16	GB/T 7971—2007	半导电电缆纸	2007-12-05	2008-09-01
17	GB/T 8938—2008	打字纸	2008-08-19	2009-05-01
18	GB/T 8939—2008	卫生巾(含卫生护垫)	2008-01-04	2008-09-01
19	GB/T 10335. 1—2005	涂布纸和纸板　涂布美术印刷纸(铜版纸)	2005-03-23	2005-09-01
20	GB/T 10335. 2—2005	涂布纸和纸板　轻量涂布纸	2005-03-23	2005-09-01
21	GB/T 10335. 3—2004	涂布纸和纸板　涂布白卡纸	2004-03-15	2004-11-01
22	GB/T 10335. 4—2004	涂布纸和纸板　涂布白纸板	2004-03-15	2004-11-01
23	GB/T 10335. 5—2008	涂布纸和纸板　涂布箱纸板	2008-08-19	2009-05-01
24	GB/T 11541—2008	照相原纸	2008-08-19	2009-05-01
25	GB/T 12654—2008	书写纸	2008-08-19	2009-05-01
26	GB/T 12913—2008	电容器纸	2008-08-19	2009-05-01
27	GB/T 13023—2008	瓦楞芯(原)纸	2008-01-04	2008-09-01
28	GB/T 13024—2003	箱纸板	2003-10-20	2004-06-01
29	GB/T 13505—2007	高纯度绝缘木浆	2007-12-05	2008-09-01
30	GB/T 13506—2008	漂白亚硫酸盐木浆	2008-08-19	2009-05-01
31	GB/T 13507—1992	本色亚硫酸盐木浆	1992-06-12	1993-03-01
32	GB/T 16797—2008	无碳复写纸	2008-12-30	2009-09-01
33	GB 18585—2001	室内装饰装修材料　壁纸中有害物质限量	2001-12-10	2002-01-01
34	**GB/T 19341—2015**	**育果袋纸**	**2015-12-31**	**2016-07-01**
35	GB/T 20808—2011	纸巾纸	2011-12-30	2012-07-01
36	GB 20810—2006	卫生纸(含卫生纸原纸)	2006-12-01	2007-06-01
37	GB 20811—2006	废纸再利用技术要求	2006-12-01	2007-06-01
38	GB/T 21244—2007	纸芯	2007-12-05	2008-09-01
39	GB/T 21301—2007	喷墨打印纸	2007-12-05	2008-09-01
40	GB/T 21331—2008	绒毛浆	2008-01-04	2008-09-01
41	GB/T 22803—2008	制鞋纸板	2008-12-30	2009-09-01

续表

序号	标准号	标准名称	发布日期	实施日期
42	GB/T 22806—2008	白卡纸	2008-12-30	2009-09-01
43	GB/T 22812—2008	半透明纸	2008-12-30	2009-09-01
44	GB/T 22813—2008	薄页包装纸	2008-12-30	2009-09-01
45	GB/T 22814—2008	防锈原纸	2008-12-30	2009-09-01
46	GB/T 22815—2008	封套纸板	2008-12-30	2009-09-01
47	GB/T 22816—2008	复写原纸	2008-12-30	2009-09-01
48	GB/T 22817—2008	钢纸管	2008-12-30	2009-09-01
49	GB/T 22818—2008	钢纸原纸	2008-12-30	2009-09-01
50	GB/T 22820—2008	工艺礼品纸	2008-12-30	2009-09-01
51	GB/T 22821—2008	光学字符阅读纸	2008-12-30	2009-09-01
52	GB/T 22822—2008	厚纸板	2008-12-30	2009-09-01
53	GB/T 22823—2008	胶带原纸	2008-12-30	2009-09-01
54	GB/T 22824—2008	蜡光原纸	2008-12-30	2009-09-01
55	GB/T 22825—2008	蜡光纸	2008-12-30	2009-09-01
56	GB/T 22826—2008	盲文印刷纸	2008-12-30	2009-09-01
57	GB/T 22827—2008	手风琴风箱纸板	2008-12-30	2009-09-01
58	GB/T 22828—2008	书画纸	2008-12-30	2009-09-01
59	GB/T 22829—2008	书皮纸	2008-12-30	2009-09-01
60	GB/T 22830—2008	水彩画纸	2008-12-30	2009-09-01
61	GB/T 22831—2008	提花纸板	2008-12-30	2009-09-01
62	GB/T 22832—2008	涂布美术印刷纸原纸(铜版原纸)	2008-12-30	2009-09-01
63	GB/T 22833—2008	图画纸	2008-12-30	2009-09-01
64	GB/T 22834—2008	信封用纸	2008-12-30	2009-09-01
65	GB/T 22835—2008	信息处理用连续格式纸	2008-12-30	2009-09-01
66	GB/T 22865—2008	牛皮纸	2008-12-30	2009-09-01
67	GB/T 22869—2008	金属板带衬纸	2008-12-30	2009-09-01
68	GB/T 22870—2008	漂白浆挂面箱纸板	2008-12-30	2009-09-01
69	GB/T 22871—2008	普通玻璃纸	2008-12-30	2009-09-01
70	GB/T 22875—2008	卫生巾高吸收性树脂	2008-12-30	2009-09-01
71	GB/T 22905—2008	纸尿裤高吸收性树脂	2008-12-30	2009-09-01
72	GB/T 22920—2008	电解电容器纸	2008-12-30	2009-09-01
73	GB/T 22927—2008	口罩纸	2008-12-30	2009-09-01
74	GB/T 22928—2008	烟花爆竹用纸	2008-12-30	2009-09-01
75	GB/T 23758—2009	工业羊皮纸	2009-05-04	2009-11-01
76	GB/T 23759—2009	特细羊皮纸	2009-05-04	2009-11-01
77	GB/T 23760—2009	农业羊皮纸	2009-05-04	2009-11-01
78	GB/T 24285—2009	晒图原纸	2009-07-31	2010-03-01

续表

序号	标准号	标准名称	发布日期	实施日期
79	GB/T 24286—2009	黑色不透光包装纸	2009-07-31	2010-03-01
80	GB/T 24287—2009	伸性纸袋纸	2009-07-31	2010-03-01
81	GB/T 24292—2009	卫生用品用无尘纸	2009-07-31	2010-03-01
82	GB/T 24320—2009	回用纤维浆	2009-09-30	2010-02-01
83	GB/T 24321—2009	未漂白硫酸盐针叶木浆	2009-09-30	2010-02-01
84	GB/T 24322—2009	漂白硫酸盐竹浆	2009-09-30	2010-02-01
85	GB/T 24393—2009	非正常成品纸和纸板规范	2009-09-30	2010-02-01
86	GB/T 24446—2009	铁木贴花衬纸	2009-10-15	2010-03-01
87	GB/T 24455—2009	擦手纸	2009-10-15	2010-03-01
88	GB/T 24695—2009	食品包装用玻璃纸	2009-11-30	2010-05-01
89	GB/T 24696—2009	食品包装用羊皮纸	2009-11-30	2010-05-01
90	GB/T 24988—2010	复印纸	2010-08-09	2010-12-01
91	GB/T 24989—2010	装饰原纸	2010-08-09	2010-12-01
92	GB/T 24995—2010	铸涂原纸	2010-08-09	2010-12-01
93	GB/T 24999—2010	纸和纸板亮度(白度)最高限量	2010-08-09	2010-12-01
94	GB/T 25435—2010	精细过滤纸板	2010-11-10	2011-05-01
95	GB/T 25436—2010	热封型茶叶滤纸	2010-11-10	2011-05-01
96	GB/T 25437—2010	支撑过滤纸板	2010-11-10	2011-05-01
97	GB/T 26173—2010	超级压光纸	2011-01-14	2011-06-15
98	GB/T 26174—2010	厨房纸巾	2011-01-14	2011-06-01
99	GB/T 26187—2010	美纹纸	2011-01-14	2011-06-15
100	GB/T 26188—2010	漂白碱法麦草浆	2011-01-14	2011-06-15
101	GB/T 26199—2010	医用包装原纸	2011-01-14	2011-06-15
102	GB/T 26201—2010	育苗纸	2011-01-14	2011-06-15
103	GB/T 26202—2010	纸管纸板	2011-01-14	2011-06-15
104	GB/T 26204—2010	纸面石膏板护面纸板	2011-01-14	2011-06-15
105	GB/T 26390—2011	浸渍纸层压木质地板用表层耐磨纸	2011-05-12	2011-09-15
106	GB/T 26391—2011	马桶垫纸	2011-05-12	2011-09-15
107	GB/T 26454—2011	造纸用单层成形网	2011-05-12	2011-09-15
108	GB/T 26455—2011	造纸用多层成形网	2011-05-12	2011-09-15
109	GB/T 26456—2011	造纸用异形丝干燥网	2011-05-12	2011-09-15
110	GB/T 26457—2011	造纸用圆丝干燥网	2011-05-12	2011-09-15
111	GB/T 26462—2011	种子发芽纸	2011-05-12	2011-09-15
112	GB/T 26705—2011	轻型印刷纸	2011-06-16	2011-12-01
113	GB/T 27589—2011	纸餐盒	2011-12-05	2012-06-01
114	GB/T 27590—2011	纸杯 《纸杯》第 1 号修改单 2014-03-31	2011-12-05	2012-06-01
115	GB/T 27591—2011	纸碗	2011-12-05	2012-06-01

续表

序号	标准号	标准名称	发布日期	实施日期
116	GB/T 27728—2011	湿巾	2011-12-30	2012-07-01
117	GB/T 27731—2011	卫生用品用离型纸	2011-12-30	2012-07-01
118	GB/T 27733—2011	心电图纸	2011-12-30	2012-07-01
119	GB/T 28004—2011	纸尿裤(片、垫)	2011-09-29	2012-02-01
120	GB/T 28005—2011	纸内裤	2011-09-29	2012-02-01
121	GB/T 28119—2011	食品包装用纸、纸板及纸制品 术语	2011-12-30	2012-08-01
122	GB/T 28120—2011	面粉纸袋	2011-12-30	2012-08-01
123	GB/T 28121—2011	非热封型茶叶滤纸	2011-12-30	2012-08-01
124	GB/T 28207—2011	离型原纸	2011-12-30	2012-09-01
125	GB/T 28210—2011	热敏纸	2011-12-30	2012-09-01
126	GB/T 29282—2012	格拉辛纸	2012-12-31	2013-09-01
127	GB/T 29283—2012	水转移印花底纸	2012-12-31	2013-09-01
128	GB/T 30129—2013	壁纸原纸	2013-12-17	2014-12-01
129	GB/T 30130—2013	胶版印刷纸	2013-12-17	2014-12-01
130	GB/T 30132—2013	胶印书刊纸	2013-12-17	2014-12-01
131	GB/T 30133—2013	卫生巾用面层通用技术规范	2013-12-17	2014-12-01
132	GB/T 31122—2014	液体食品包装用纸板	2014-09-03	2015-02-01
133	GB/T 31123—2014	固体食品包装用纸板	2014-09-03	2015-02-01
134	QB/T 1014—2010	食品包装纸	2010-04-22	2010-10-01
135	QB/T 1016—2006	鸡皮纸	2006-09-14	2007-05-01
136	QB/T 1017—2006	仿羊皮纸	2006-09-14	2007-05-01
137	QB/T 1018—1991(2009)	仪表记录原纸	1991-03-30	1991-12-01
138	QB/T 1019—2010	水松原纸	2010-10-29	2011-04-01
139	QB/T 1020—2010	纸和纸板印刷适性用标准油墨	2010-04-22	2010-10-01
140	QB/T 1212—1991	信息处理未穿孔卡纸	1991-09-10	1992-04-01
141	QB/T 1312—2010	砂纸原纸	2010-04-22	2010-10-01
142	QB/T 1313—2010	中性包装纸	2010-04-22	2010-10-01
143	QB/T 1314—1991(2009)	标准纸板	1991-11-25	1992-08-01
144	QB/T 1319—2010	气相防锈纸	2010-04-22	2010-10-01
145	QB/T 1320—1991	玻璃纤维高效空气滤纸	1991-11-25	1992-08-01
146	QB/T 1455—2012	涂布邮票纸(含涂布邮票原纸)	2012-05-24	2012-11-01
147	QB/T 1456—1992	薄凸版纸	1992-04-14	1992-12-01
148	QB/T 1459—1992	感光纸原纸	1992-04-14	1992-12-01
149	QB/T 1597—1992(2009)	单页电传打字原纸	1992-11-10	1993-07-01
150	QB/T 1633—2010	贴花面纸	2010-04-22	2010-10-01
151	QB/T 1678—2007	漂白硫酸盐木浆	2007-12-03	2008-06-01
152	QB/T 1704—2010	铝箔衬纸	2010-12-29	2011-04-01

续表

序号	标准号	标准名称	发布日期	实施日期
153	QB/T 1706—2006	条纹牛皮纸	2006-09-14	2007-05-01
154	QB/T 1712—1993	滤芯纸板	1993-04-15	1993-12-01
155	QB/T 1937—1994(2009)	照相原纸木浆	1994-04-23	1994-12-01
156	QB/T 2090—1995(2009)	沥青防潮纸	1995-05-08	1996-01-01
157	QB/T 2091—1995(2009)	沥青防潮原纸	1995-05-08	1996-01-01
158	QB/T 2103—2010	蚕种纸	2010-04-22	2010-10-01
159	QB/T 2104—1995(2009)	造纸铜网　单织网	1995-05-08	1996-01-01
160	QB/T 2105—1995(2009)	造纸铜网　三织网	1995-05-08	1996-01-01
161	QB/T 2192—2011	卷缠绝缘纸	2011-12-30	2012-07-01
162	QB/T 2195—1996(2009)	火柴纸	1996-01-31	1996-09-01
163	QB/T 2199—1996(2009)	硬钢纸板	1996-03-22	1996-12-01
164	QB/T 2200—1996(2009)	软钢纸板	1996-03-22	1996-12-01
165	QB/T 2205—2012	重氮盐晒图纸	2012-05-24	2012-11-01
166	QB/T 2235—1996(2009)	中性石蜡原纸	1996-10-11	1997-07-01
167	QB/T 2236—1996(2009)	中性石蜡纸	1996-10-11	1997-07-01
168	QB/T 2237—1996(2009)	条纹柏油原纸	1996-10-11	1997-07-01
169	QB/T 2249—1996	凹版印刷纸	1996-10-11	1997-07-01
170	QB/T 2250—2005	单面白纸板	2005-03-19	2005-09-01
171	QB/T 2352—1997(2009)	单面书写纸	1998-01-16	1998-09-01
172	QB/T 2430—1999	铁笔蜡纸原纸	1999-05-06	1999-12-01
173	QB/T 2431—1999	打字蜡纸原纸	1999-05-06	1999-12-01
174	QB/T 2432—2013	打字蜡纸衬纸	2013-10-17	2014-03-01
175	QB/T 2433—1999(2009)	条纹柏油纸	1999-05-06	1999-12-01
176	QB/T 2688—2005	绝缘纸板	2005-03-19	2005-09-01
177	QB/T 2689—2005	滤嘴棒纸	2005-03-19	2005-09-01
178	QB/T 2692—2005	110～330 千伏高压电缆纸	2005-03-19	2005-09-01
179	QB/T 2693—2005	彩色胶版印刷纸	2005-03-19	2005-09-01
180	QB/T 2694—2005	热敏彩票纸	2005-03-19	2005-09-01
181	QB/T 2807—2006	扑克牌纸板	2006-09-14	2007-05-01
182	QB/T 2810—2006	吸尘器集尘袋外层纸	2006-09-14	2007-05-01
183	QB/T 2811—2006	造纸研磨碳酸钙	2006-09-14	2007-05-01
184	QB/T 2898—2007	餐用纸制品	2007-12-03	2008-06-01
185	QB/T 3502—1999(2009)	棉条筒钢纸板	1999-04-21	1999-04-21
186	QB/T 3504—1999(2009)	铸涂白纸板	1999-04-21	1999-04-21
187	QB/T 3505—1999(2009)	字型纸板	1999-04-21	1999-04-21
188	QB/T 3507—1999	电子计算机连续记录格式原纸	1999-04-21	1999-04-21
189	QB/T 3509—1999(2009)	工业自动化仪表用记录纸	1999-04-21	1999-04-21

续表

序号	标准号	标准名称	发布日期	实施日期
190	QB/T 3517—1999	单面胶版印刷纸	1999-04-21	1999-04-21
191	QB/T 3518—1999(2009)	铸涂纸	1999-04-21	1999-04-21
192	QB/T 3520—1999(2009)	500 千伏油纸套管绝缘纸	1999-04-21	1999-04-21
193	QB/T 3524—1999(2009)	凸版印刷纸	1999-04-21	1999-04-21
194	QB/T 3525—1999(2009)	雪茄烟纸	1999-04-21	1999-04-21
195	QB/T 3528—1999(2009)	导火索纸(导火线纸)	1999-04-21	1999-04-21
196	QB/T 3531—1999	液体食品包装用复合材料	1999-04-21	1999-04-21
197	QB/T 3701—1999	造纸用原料　蔗渣	1999-04-21	1999-04-21
198	QB/T 4030—2010	电话纸	2010-04-22	2010-10-01
199	QB/T 4031—2010	阻燃性汽车空气滤纸	2010-04-22	2010-10-01
200	QB/T 4032—2010	纸杯原纸	2010-04-22	2010-10-01
201	QB/T 4033—2010	餐盒原纸	2010-04-22	2010-10-01
202	QB/T 4034—2010	壁纸	2010-04-22	2010-10-01
203	QB/T 4039—2010	造纸用原料 芦苇	2010-04-22	2010-10-01
204	QB/T 4124—2010	造纸毯通用规范	2010-10-29	2011-04-01
205	QB/T 4125—2010	纸浆　亮度(白度)最高限量	2010-12-29	2011-04-01
206	QB/T 4250—2011	500 千伏变压器匝间绝缘纸	2011-12-30	2012-07-01
207	QB/T 4320—2012	鲜花包装纸	2012-05-24	2012-11-01
208	QB/T 4378—2012	蜂窝纸板	2012-12-28	2013-06-01
209	QB/T 4379—2012	手提纸袋	2012-12-28	2013-06-01
210	QB/T 4380—2012	无碳复写纸原纸	2012-12-28	2013-06-01
211	QB/T 4381—2012	吸尘器集尘袋内层纸	2012-12-28	2013-06-01
212	QB/T 4508—2013	卫生用品用吸水衬纸	2013-07-22	2013-12-01
213	QB/T 4509—2013	本色生活用纸	2013-07-22	2013-12-01
214	QB/T 4758—2014	强化木地板底层用平衡原纸	2014-07-09	2014-11-01
215	QB/T 4759—2014	灰纸板	2014-07-09	2014-11-01
216	QB/T 4760—2014	阔叶木碱性过氧化氢机械浆	2014-07-09	2014-11-01
217	QB/T 4761—2014	工业擦拭纸	2014-07-09	2014-11-01
218	QB/T 4762—2014	铅酸蓄电池护板用纸	2014-07-09	2014-11-01
219	QB/T 4763—2014	纸浆模塑餐具	2014-07-09	2014-11-01
220	**QB/T 4818—2015**	**无纺壁纸原纸**	**2015-04-30**	**2015-10-01**
221	**QB/T 4819—2015**	**食品包装用淋膜纸和纸板**	**2015-04-30**	**2015-10-01**
222	**QB/T 4820—2015**	**pH 试纸原纸**	**2015-04-30**	**2015-10-01**
223	**QB/T 4895—2015**	**载带封装用纸板**	**2015-10-10**	**2016-03-01**
224	**QB/T 4897—2015**	**镜头擦拭纸**	**2015-10-10**	**2016-03-01**
225	**QB/T 4898—2015**	**溶解浆**	**2015-10-10**	**2016-03-01**
226	**QB/T 4899—2015**	**标牌用仿皮纸**	**2015-10-10**	**2016-03-01**
227	**QB/T 4900—2015**	**双电层电容器纸**	**2015-10-10**	**2016-03-01**

注：黑体字为 2015 年新批准发布标准。

表 3　　造纸方法标准目录

序号	标准号	标准名称	发布日期	实施日期
1	GB/T 147—1997	印刷、书写和绘图用原纸尺寸	1997-06-26	1997-12-01
2	GB/T 148—1997	印刷、书写和绘图纸幅面尺寸	1997-06-26	1997-12-01
3	GB/T 450—2008	纸和纸板　试样的采取及试样纵横向、正反面的测定	2008-08-19	2009-05-01
4	GB/T 451. 1—2002	纸和纸板尺寸及偏斜度的测定	2002-06-13	2002-12-01
5	GB/T 451. 2—2002	纸和纸板定量的测定	2002-06-13	2002-12-01
6	GB/T 451. 3—2002	纸和纸板厚度的测定	2002-06-13	2002-12-01
7	GB/T 454—2002	纸耐破度的测定	2002-07-22	2003-02-01
8	GB/T 455—2002	纸和纸板撕裂度的测定	2002-07-22	2003-02-01
9	GB/T 456—2002	纸和纸板平滑度的测定(别克法)	2002-07-22	2003-02-01
10	GB/T 457—2008	纸和纸板　耐折度的测定	2008-08-19	2009-05-01
11	GB/T 458—2008	纸和纸板　透气度的测定	2008-08-19	2009-05-01
12	GB/T 459—2002	纸和纸板伸缩性的测定	2002-09-05	2003-01-01
13	GB/T 460—2008	纸　施胶度的测定	2008-08-19	2009-05-01
14	GB/T 461. 1—2002	纸和纸板毛细吸液高度的测定(克列姆法)	2002-09-06	2003-01-01
15	GB/T 461. 3—2005	纸和纸板　吸水性的测定(浸水法)	2005-09-26	2006-04-01
16	GB/T 462—2008	纸、纸板和纸浆　分析试样水分的测定	2008-08-19	2009-05-01
17	GB/T 464—2008	纸和纸板的干热加速老化	2008-03-24	2008-10-01
18	GB/T 465. 1—2008	纸和纸板　浸水后耐破度的测定	2008-08-19	2009-05-01
19	GB/T 465. 2—2008	纸和纸板　浸水后抗张强度的测定	2008-08-19	2009-05-01
20	GB/T 740—2003	纸浆　试样的采取	2003-10-20	2004-06-01
21	GB/T 742—2008	造纸原料、纸浆、纸和纸板　灰分的测定	2008-08-19	2009-05-01
22	GB/T 743—2003	纸浆　乙醚抽出物的测定	2003-08-25	2003-12-01
23	GB/T 744—2004	纸浆　抗碱性的测定	2004-03-15	2004-10-01
24	GB/T 745—2003	纸浆　多戊糖的测定	2003-08-25	2003-12-01
25	GB/T 747—2003	纸浆　酸不溶木素的测定	2003-08-25	2003-12-01
26	GB/T 1539—2007	纸板　耐破度的测定	2007-12-05	2008-09-01
27	GB/T 1540—2002	纸和纸板吸水性的测定　可勃法	2002-10-15	2003-04-01
28	GB/T 1541—2013	纸和纸板　尘埃度的测定	2013-10-10	2014-05-01
29	GB/T 1543—2005	纸和纸板　不透明度(纸背衬)的测定(漫反射法)	2005-09-26	2006-04-01
30	GB/T 1545—2008	纸、纸板和纸浆　水抽提液酸度或碱度的测定	2008-08-19	2009-05-01
31	GB/T 1546—2004	纸浆　卡伯值的测定	2004-03-15	2004-10-01
32	GB/T 1547—2004	纸浆　高锰酸钾值的测定	2004-03-15	2004-10-01
33	GB/T 1548—2004	纸浆　黏度的测定	2004-03-15	2004-10-01
34	GB/T 2677. 1—1993	造纸原料分析用试样的采取	1993-03-01	1993-10-01
35	GB/T 2677. 2—2011	造纸原料水分的测定	2011-12-30	2012-09-01
36	GB/T 2677. 4—1993	造纸原料水抽出物含量的测定	1993-03-01	1993-10-01
37	GB/T 2677. 5—1993	造纸原料1%氢氧化钠抽出物含量的测定	1993-03-01	1993-10-01
38	GB/T 2677. 6—1994	造纸原料有机溶剂抽出物含量的测定	1994-09-24	1995-03-01

续表

序号	标准号	标准名称	发布日期	实施日期
39	GB/T 2677.8—1994	造纸原料酸不溶木素含量的测定	1994-09-24	1995-03-01
40	GB/T 2677.9—1994	造纸原料多戊糖含量的测定	1994-09-24	1995-03-01
41	GB/T 2677.10—1995	造纸原料综纤维素含量的测定	1995-07-06	1996-04-01
42	GB/T 2678.1—1993	纸浆筛分测定方法	1993-08-07	1994-03-01
43	GB/T 2678.2—2008	纸、纸板和纸浆　水溶性氯化物的测定	2008-03-24	2008-10-01
44	GB/T 2678.3—1995	纸浆氯耗量(脱木素程度)的测定	1995-07-06	1996-04-01
45	GB/T 2678.4—1994	纸浆和纸零距抗张强度测定法	1994-09-24	1995-03-01
46	GB/T 2678.6—1996	纸、纸板和纸浆水溶性硫酸盐的测定(电导滴定法)	1996-06-25	1997-01-01
47	GB/T 2679.1—2013	纸 透明度的测定 漫反射法	2013-12-17	2014-12-01
48	**GB/T 2679.2—2015**	**薄页材料 透湿度的测定 重量(透湿杯)法**	**2015-09-11**	**2016-04-01**
49	GB/T 2679.6—1996	瓦楞原纸平压强度的测定	1996-05-21	1996-012-01
50	GB/T 2679.7—2005	纸板　戳穿强度的测定	2005-09-26	2006-04-01
51	GB/T 2679.8—1995	纸和纸板环压强度的测定	1995-07-06	1996-04-01
52	GB/T 2679.10—1993	纸和纸板短距压缩强度的测定法	1993-08-07	1994-03-01
53	GB/T 2679.11—2008	纸和纸板　无机填料和无机涂料的定性分析　电子显微镜/X 射线能谱法	2008-08-19	2009-05-01
54	GB/T 2679.12—2013	纸和纸板　无机填料和无机涂料的定性分析　化学法	2013-12-17	2014-12-01
55	GB/T 2679.14—1996	过滤纸和纸板最大孔径的测定	1996-06-25	1997-01-01
56	GB/T 2679.17—1997	瓦楞纸板边压强度的测定(边缘补强法)	1997-06-26	1997-12-01
57	GB/T 3332—2004	浆料　打浆度的测定(肖伯尔-瑞格勒法)	2004-03-15	2004-10-01
58	GB/T 3333—1999	电缆纸工频击穿电压试验方法	1999-08-12	2000-02-01
59	GB/T 3334—1999	电缆纸介质损耗角正切(tgδ)试验方法(电桥法)	1999-08-12	2000-02-01
60	GB/T 4687—2007	纸、纸板、纸浆及相关术语	2007-12-05	2008-09-01
61	GB/T 4688—2002	纸、纸板和纸浆纤维组成的分析	2002-10-15	2003-04-01
62	GB/T 5032—2002	纸、纸板和纸浆表示性能的单位	2002-10-15	2003-04-01
63	GB/T 5399—2004	纸浆　浆料浓度的测定	2004-03-15	2004-10-01
64	GB/T 5400—1998	纸浆铜价的测定	1998-05-19	1999-02-01
65	GB/T 5401—2004	纸浆　碱溶解度的测定	2004-03-15	2004-10-01
66	GB/T 5406—2002	纸透油度的测定	2002-09-06	2003-01-01
67	GB/T 6545—1998	瓦楞纸板耐破强度的测定法	1998-05-19	1999-02-01
68	GB/T 6546—1998	瓦楞纸板边压强度的测定法	1998-05-19	1999-02-01
69	GB/T 6547—1998	瓦楞纸板厚度的测定法	1998-05-19	1999-02-01
70	GB/T 6548—2011	瓦楞纸板黏合强度的测定法	2011-05-12	2011-09-15
71	GB/T 7973—2003	纸、纸板和纸浆　漫反射因数的测定(漫射/垂直法)	2003-10-20	2004-06-01
72	GB/T 7974—2013	纸、纸板和纸浆 蓝光漫反射因数 D65 亮度的测定(漫射/垂直法，室外日光条件)	2013-10-10	2014-05-01
73	GB/T 7975—2005	纸和纸板　颜色的测定(漫反射法)	2005-09-26	2006-04-01
74	GB/T 7977—2007	纸、纸板和纸浆　水抽提液电导率的测定	2007-12-05	2008-09-01

续表

序号	标准号	标准名称	发布日期	实施日期
75	GB/T 7978—2005	纸浆　酸不溶灰分的测定	2005-09-26	2006-04-01
76	GB/T 7979—2005	纸浆　二氯甲烷抽出物的测定	2005-09-26	2006-04-01
77	GB/T 8940.2—2002	纸浆亮度(白度)试样的制备	2002-10-15	2003-04-01
78	GB/T 8941—2013	纸和纸板　镜面光泽度的测定	2013-12-17	2014-12-01
79	GB/T 8942—2002	纸柔软度的测定	2002-09-06	2003-01-01
80	GB/T 8943.1—2008	纸、纸板和纸浆　铜含量的测定	2008-01-04	2008-09-01
81	GB/T 8943.2—2008	纸、纸板和纸浆　铁含量的测定	2008-01-04	2008-09-01
82	GB/T 8943.3—2008	纸、纸板和纸浆　锰含量的测定	2008-01-04	2008-09-01
83	GB/T 8943.4—2008	纸、纸板和纸浆　钙、镁含量的测定	2008-01-04	2008-09-01
84	GB/T 8944.1—2008	纸浆　成批销售质量的测定　第1部分：浆板浆包及浆块(急骤干燥浆)浆包	2008-08-19	2009-05-01
85	GB/T 8944.2—2008	纸浆　成批销售质量的测定　第2部分：组合浆包	2008-12-30	2009-09-01
86	GB/T 10336—2002	造纸纤维长度的测定　偏振光法	2002-10-15	2003-04-01
87	GB/T 10337—2008	造纸原料和纸浆　酸溶木素的测定	2008-08-19	2009-05-01
88	GB/T 10338—2008	纸浆　羧基含量的测定	2008-08-19	2009-05-01
89	GB/T 10339—2007	纸、纸板和纸浆的光散射和光吸收系数的测定	2007-12-05	2008-09-01
90	GB/T 10340—2008	纸和纸板　过滤速度的测定	2008-08-19	2009-05-01
91	GB/T 10342—2002	纸张的包装和标志	2002-10-15	2003-04-01
92	GB/T 10739—2002	纸、纸板和纸浆试样处理和试验的标准大气条件	2002-09-06	2003-01-01
93	GB/T 10740—2002	纸浆尘埃和纤维束的测定	2002-10-15	2003-04-01
94	GB/T 10741—2008	纸浆　苯醇抽出物的测定	2008-08-19	2009-05-01
95	GB/T 10742—2008	造纸原料　果胶含量的测定	2008-08-19	2009-05-01
96	GB/T 12032—2005	纸和纸板　印刷光泽度印样的制备	2005-09-26	2006-04-01
97	GB/T 12033—2008	造纸原料和纸浆中糖类组分的气相色谱的测定	2008-08-19	2009-05-01
98	GB/T 12658—2008	纸、纸板和纸浆　钠含量的测定	2008-08-19	2009-05-01
99	GB/T 12659—2008	纸浆　实验室打浆　约克罗(Jokro)磨法	2008-08-19	2009-05-01
100	GB/T 12660—2008	纸浆　滤水性能的测定　“加拿大标准”游离度法	2008-08-19	2009-05-01
101	GB/T 12661—2008	纸和纸板　菌落总数的测定	2008-08-19	2009-05-01
102	GB/T 12910—1991	纸和纸板二氧化钛含量的测定法	1991-05-18	1992-03-01
103	GB/T 12911—1991	纸和纸板油墨吸收性的测定法	1991-05-18	1992-03-01
104	GB/T 12914—2008	纸和纸板　抗张强度的测定	2008-08-19	2009-05-01
105	**GB/T 13528—2015**	**纸和纸板　表面pH的测定**	**2015-09-11**	**2016-04-01**
106	GB/T 18402—2001	纸浆滤水性能的测定(滤水时间法)	2001-08-06	2002-2-01
107	GB/T 18829.6—2002	纤维粗度的测定	2002-09-05	2003-01-01
108	GB/T 20216—2006	有效残余油墨的测定	2006-03-10	2006-10-01
109	GB/T 21245—2007	纸和纸板　颜色的测定(C/2°漫反射法)	2008-08-19	2009-05-01
110	GB/T 21557—2008	废纸中胶黏物的测定	2008-03-24	2008-10-01

续表

序号	标准号	标准名称	发布日期	实施日期
111	GB/T 22363—2008	纸和纸板　粗糙度的测定(空气泄漏法)　本特生法和印刷表面法	2008-08-19	2009-05-01
112	GB/T 22364—2008	纸和纸板　弯曲挺度的测定	2008-08-19	2009-05-01
113	GB/T 22365—2008	纸和纸板　印刷表面强度的测定	2008-08-19	2009-05-01
114	GB/T 22804—2008	纸浆、纸和纸板　汞含量的测定	2008-12-30	2009-09-01
115	GB/T 22805. 1—2008	纸和纸板　耐脂度的测定　第 1 部分：渗透法	2008-12-30	2009-09-01
116	GB/T 22805. 2—2008	纸和纸板　耐脂度的测定　第 2 部分：表面排斥法	2008-12-30	2009-09-01
117	GB/T 22811—2008	瓦楞纸板　分离后组成原纸定量的测定	2008-12-30	2009-09-01
118	GB/T 22819—2008	高透气纸张透气性的测定	2008-12-30	2009-09-01
119	GB/T 22836—2008	纸浆　纤维帚化率的测定	2008-12-30	2009-09-01
120	GB/T 22837—2008	纸和纸板　表面强度的测定(蜡棒法)	2008-12-30	2009-09-01
121	GB/T 22872—2008	强韧纸板　分层定量的测定	2008-12-30	2009-09-01
122	GB/T 22873—2008	瓦楞纸板　胶黏抗水性的测定(浸水法)	2008-12-30	2009-09-01
123	GB/T 22874—2008	单面和单瓦楞纸板　平压强度的测定	2008-12-30	2009-09-01
124	GB/T 22876—2008	纸、纸板和瓦楞纸板　压缩试验仪的描述和校准	2008-12-30	2009-09-01
125	GB/T 22877—2008	纸、纸板和纸浆　灼烧残余物(灰分)的测定(525℃)	2008-12-30	2009-09-01
126	GB/T 22878—2008	纸和纸板　杂质的估算	2008-12-30	2009-09-01
127	GB/T 22879—2008	纸和纸板　CIE 白度的测定，C/2°(室内照明条件)	2008-12-30	2009-09-01
128	GB/T 22880—2008	纸和纸板　CIE 白度的测定，D65/10°(室外日光)	2008-12-30	2009-09-01
129	GB/T 22881—2008	纸和纸板　粗糙度(平滑度)的测定(空气泄漏法) 通用方法	2008-12-30	2009-09-01
130	GB/T 22893—2008	纸和纸板　基本尺寸办公用纸　成包纸页卷曲的测定	2008-12-30	2009-09-01
131	GB/T 22894—2008	纸和纸板　加速老化　在 80℃ 和 65% 相对湿度条件下的湿热处理	2008-12-30	2009-09-01
132	GB/T 22895—2008	纸和纸板　静态和动态摩擦系数的测定　平面法	2008-12-30	2009-09-01
133	GB/T 22896—2008	纸和纸板　卷曲的测定　单个垂直悬挂试样法	2008-12-30	2009-09-01
134	GB/T 22897—2008	纸和纸板　抗透水性的测定	2008-12-30	2009-09-01
135	GB/T 22898—2008	纸和纸板　抗张强度的测定　恒速拉伸法(100 毫米/分)	2008-12-30	2009-09-01
136	GB/T 22899. 1—2008	纸和纸板　湿膨胀率的测定　第 1 部分：最大相对湿度增加到 68% 过程的湿膨胀率	2008-12-30	2009-09-01
137	GB/T 22899. 2—2008	纸和纸板　湿膨胀率的测定　第 2 部分：最大相对湿度增加到 86% 过程的湿膨胀率	2008-12-30	2009-09-01
138	GB/T 22901—2008	纸和纸板　透气度的测定(中等范围)　通用方法	2008-12-30	2009-09-01
139	GB/T 22902—2008	纸浆　丙酮可溶物的测定	2008-12-30	2009-09-01
140	GB/T 22903—2008	纸浆　物理试验用标准水	2008-12-30	2009-09-01
141	GB/T 22904—2008	纸浆、纸和纸板　总氯和有机氯的测定	2008-12-30	2009-09-01
142	GB/T 22906. 1—2008	纸芯的测定　第 1 部分：试样的采取	2008-12-30	2009-09-01
143	GB/T 22906. 2—2008	纸芯的测定　第 2 部分：试样的温湿处理	2008-12-30	2009-09-01
144	GB/T 22906. 3—2008	纸芯的测定　第 3 部分：水分含量的测定(烘箱干燥法)	2008-12-30	2009-09-01

续表

序号	标准号	标准名称	发布日期	实施日期
145	GB/T 22906.4—2008	纸芯的测定 第4部分：尺寸的测定	2008-12-30	2009-09-01
146	GB/T 22906.5—2008	纸芯的测定 第5部分：同轴旋转特性的测定	2008-12-30	2009-09-01
147	GB/T 22906.6—2008	纸芯的测定 第6部分：弯曲强度的测定(三点法)	2008-12-30	2009-09-01
148	GB/T 22906.7—2008	纸芯的测定 第7部分：弹性模量的测定(三点法)	2008-12-30	2009-09-01
149	GB/T 22906.8—2008	纸芯的测定 第8部分：固有频率和弹性模量的测定(试验模型分析法)	2008-12-30	2009-09-01
150	GB/T 22906.9—2008	纸芯的测定 第9部分：平压强度的测定	2008-12-30	2009-09-01
151	GB/T 22921—2008	纸和纸板 薄页材料水蒸气透过率的测定 动态气流法和静态气体法	2008-12-30	2009-09-01
152	GB/T 23144—2008	纸和纸板 静态弯曲挺度的测定 通用原理	2008-12-30	2009-09-01
153	GB/T 23175—2008	纸浆 纤维长度的测定(光栅法)	2008-12-30	2009-09-01
154	GB/T 24288—2009	纸和纸板 主波长和兴奋纯度的测定 D65/10°漫反射法	2009-07-31	2010-03-01
155	GB/T 24289—2009	纸和纸板 镜面光泽度的测定 平行光束75°，DIN法	2009-07-31	2010-03-01
156	GB/T 24290—2009	造纸用成形网、干燥网测量方法	2009-07-31	2010-03-01
157	GB/T 24291—2009	纸和纸板 卷筒纸芯内径的规定	2009-07-31	2010-03-01
158	GB/T 24323—2009	纸浆 实验室纸页 物理性能的测定	2009-09-30	2010-02-01
159	GB/T 24324—2009	纸浆 物理试验用实验室纸页的制备 常规纸页成型器法	2009-09-30	2010-02-01
160	GB/T 24325—2009	纸浆 实验室打浆 瓦利(Valley)打浆机法	2009-09-30	2010-02-01
161	GB/T 24326—2009	纸浆 物理试验用实验室纸页的制备 快速凯塞法	2009-09-30	2010-02-01
162	GB/T 24327—2009	纸浆 实验室湿解离 化学浆解离	2009-09-30	2010-02-01
163	GB/T 24328.1—2009	卫生纸及其制品 第1部分：总则及术语	2009-09-30	2010-02-01
164	GB/T 24328.2—2009	卫生纸及其制品 第2部分：厚度、层积厚度和表观密度的测定	2009-09-30	2010-02-01
165	GB/T 24328.3—2009	卫生纸及其制品 第3部分：抗张强度、断裂时伸长率和抗张能量吸收的测定	2009-09-30	2010-02-01
166	GB/T 24328.4—2009	卫生纸及其制品 第4部分：湿抗张强度的测定	2009-09-30	2010-02-01
167	GB/T 24328.5—2009	卫生纸及其制品 第5部分：定量的测定	2009-09-30	2010-02-01
168	GB/T 24328.6—2009	卫生纸及其制品 第6部分：吸水时间和吸水能力(篮筐浸没法)	2009-09-30	2010-02-01
169	GB/T 24328.7—2009	卫生纸及其制品 第7部分：球形耐破度的测定	2009-09-30	2010-02-01
170	GB/T 24394—2009	非正常成品纸和纸板的检验	2009-09-30	2010-02-01
171	GB/T 24447—2009	纸浆 纤维粗度的测定 偏振光法	2009-10-15	2010-03-01
172	GB/Z 24987—2010	纸、纸板和纸浆 测试方法不确定度的评定	2010-08-09	2010-12-01
173	GB/T 24990—2010	纸、纸板和纸浆 铬含量的测定	2010-08-09	2010-12-01
174	GB/T 24991—2010	纸、纸板和纸浆 铅含量的测定 石墨炉原子吸收法	2010-08-09	2010-12-01
175	GB/T 24992—2010	纸、纸板和纸浆 砷含量的测定	2010-08-09	2010-12-01
176	GB/T 24993—2010	造纸湿部Zeta电位的测定	2010-08-09	2010-12-01

续表

序号	标准号	标准名称	发布日期	实施日期
177	GB/T 24994—2010	造纸湿部溶解电荷量的测定	2010-08-09	2010-12-01
178	GB/T 24996—2010	纸张中脱墨回用纤维的判定	2010-08-09	2010-12-01
179	GB/T 24997—2010	纸、纸板和纸浆 镉含量的测定 原子吸收光谱法	2010-08-09	2010-12-01
180	GB/T 24998—2010	纸和纸板 碱储量的测定	2010-08-09	2010-12-01
181	GB/T 25001—2010	纸、纸板和纸浆 7 种多氯联苯(PCBs)含量的测定	2010-08-09	2010-12-01
182	GB/T 25002—2010	纸、纸板和纸浆 水抽提液中五氯苯酚的测定	2010-08-09	2010-12-01
183	GB/T 26203—2010	纸和纸板 内结合强度的测定(Scott 型)	2011-01-14	2011-06-01
184	GB/T 26459—2011	纸、纸板和纸浆 返黄值的测定	2011-05-12	2011-09-15
185	GB/T 26460—2011	纸浆 零距抗张强度的测定(干法或湿法)	2011-05-12	2011-09-15
186	GB/T 26464—2011	造纸无机颜料亮度(白度)的测定	2011-05-12	2011-09-15
187	GB/T 27741—2011	纸和纸板　可迁移性荧光增白剂的测定	2011-12-30	2012-07-01
188	GB/T 28218—2011	纸浆 纤维长度的测定　图像分析法	2011-12-30	2012-09-01
189	GB/T 29285—2012	纸浆 实验室湿解离 机械浆解离	2012-12-31	2013-09-01
190	GB/T 29286—2012	纸浆 保水值的测定	2012-12-31	2013-09-01
191	GB/T 29287—2012	纸浆 实验室打浆 PFI 磨法	2012-12-31	2013-09-01
192	GB/T 29775—2013	纸浆 纤维粗度的测定 图像分析法	2013-10-10	2014-05-01
193	GB/T 29779—2013	纸浆 纤维长度的测定 非偏振光法	2013-10-10	2014-05-01
194	GB/T 31110—2014	纸和纸板 Z 向抗张强度的测定	2014-09-03	2015-08-01
195	**GB/T 31479—2015**	**与食品接触染色纸和纸板色牢度的测定**	**2015-05-15**	**2015-12-01**
196	**GB 31825—2015**	**制浆造纸单位产品能源消耗限额**	**2015-06-30**	**2016-07-01**
197	**GB/T 31905—2015**	**纸和纸板　边渗透的测定**	**2015-09-11**	**2016-04-01**
198	QB/T 1938—2010	松软纸厚度的测定	2010-04-22	2010-10-01
199	QB/T 2804—2006	纸和纸板白度测定法　45/0 定向反射法	2006-07-27	2006-10-11
200	QB/T 2805—2006	纸和纸板表面吸收速度的测定	2006-07-27	2006-10-11
201	QB/T 2812—2006	纸张定量、水分的在线测定(近红外法)	2006-09-14	2007-05-01
202	QB/T 2896—2007	纸和纸板　湿拉毛和湿排斥的测定	2007-12-03	2008-06-01
203	QB/T 2897—2007	纸和纸板　表面疏松物的测定	2007-12-03	2008-06-01
204	QB/T 4319—2012	硫酸盐全无氯漂白纸浆的判定	2012-05-24	2012-11-01
205	**QB/T 4896—2015**	**废纸浆脱墨效率的测定**	**2015-10-10**	**2016-03-01**

注：黑体字为 2015 年新批准发布标准。

（全国造纸工业标准化技术委员会）

国内制浆造纸科研设计单位简介

Domestic Organizations of R&D, Engineering Consultant of Paper Industry

中国制浆造纸研究院

中国制浆造纸研究院（简称“中国纸院”）始建于 1956 年，前身为轻工业部造纸工业科学研究所，1999 年转制为科技型企业，现为国资委监管企业中国轻工集团公司的全资子公司。

中国纸院是国家级专业科研机构，科技资源丰富，设有制浆造纸国家工程实验室、全国造纸工业标准化技术委员会、国家纸张质量监督检验中心、中国造纸杂志社、造纸工业生产力促进中心、全国造纸工业信息中心和生活用纸中心。主要业务为：行业技术和产品的研究开发、工程试验、成果转化和行业服务等。

中国纸院多年来在制浆造纸技术方面取得了优异的成绩，研究开发的科研项目涉及造纸工业各个领域。先后主持/参与了国家科技支撑计划、863 计划等多个国家和省部级重大科研专项，形成科研成果 1700 多项，其中 180 多项获得国家、部（委）奖励，是推动我国造纸工业技术进步的骨干力量。中国纸院还是中国造纸工业对外技术交流和开展国际合作的推动者，积极参加国际造纸界的各类专业会议，承担国际合作及援外项目，为我国造纸工业扩大国际影响作出了贡献。

中国纸院也是我国造纸工程科技人才的培养基地，拥有制浆造纸和造纸环境保护专业硕士研究生学位授予权，并于 2006 年获得批准建立了制浆造纸博士后科研工作站。2009 年从国外引进的 1 名列为中组部“千人计划”的国家特聘专家已在中国纸院工作多年，并带领团队在高性能产品研发中取得较好的效益。博士后工作站的运行和高水平人才引进，进一步充实了中国纸院的研究开发队伍。

2009 年经国家发展和改革委批准立项，中国纸院牵头建设了我国造纸行业唯一的国家工程实验室——制浆造纸国家工程实验室，项目总投资 7571 万元，2014 年全面建成并通过国家验收。制浆造纸国家工程实验室总建筑面积 19423 米^2，拥有各种实验设备 144 台套，分析检测仪器 107 台套以及各种中试和生产试验装置 37 台套。国家工程实验室的建成将为行业提供先进的技术与装备创新平台，凝聚行业高级工程技术研发人才，重点开展造纸资源高效循环利用、制浆造纸清洁生产、重大技术装备自主研发与产业化应用等研究，为造纸产业技术革新、转型升级提供科技创新平台和技术保障。

作为“十二五”重大战略部署之一，2009 年中国纸院开始筹建行业创新孵化平台。该平台坐落于河北省廊坊市，占地 3. 33 公顷，总建筑面积 44000 米^2，总投资 2. 6 亿元，于 2015 年底落成并投入使用，成为中国纸院科技创新体系的重要组成部分。该平台现拥有 8 条生产试验线，装备先进、配套设施完善，可提供打浆、抄纸、施胶、涂布、压光、起皱、分切、检测等全流程中试和生产服务，是造纸行业实施产品开发、技术验证和科研成果转化的多功能创新孵化平台。

面向未来，中国纸院将继续坚持“传承文明、开拓创新”的理念，坚持科技强院的发展战略，积极开发推广行业转型升级关键技术，努力开创中国纸院的新局面，为中国纸院的转型发展谱写新的篇章。

院长：曹春昱
地址：北京市朝阳区望京启阳路 4 号中轻大厦
邮编：100102
电话：010 - 64778000
传真：010 - 64778001
邮箱：bgs@ cnppri. com
网址：www. cnppri. com

中国中轻国际工程有限公司

中国中轻国际工程有限公司(CLIEC)(简称“中轻国际”)即原中国轻工业北京设计院，成立于1953年1月。2000年10月成为交中央管理的大型科技型设计企业，2001年3月更名为中国轻工国际工程设计院，2003年1月23日经国家经贸委、财政部等有关部委批准，改制更名为中国轻鑫工程有限责任公司，2004年4月更名为中国中轻国际工程有限公司。现为国务院国资委监管的中央企业中国轻工集团公司的下属企业。

CLIEC是以咨询、设计、监理、项目管理、工程总承包为主体业务的大型工程公司，拥有的资质包括：进出口企业资格证书；轻纺全行业、化工石化医药行业(化工工程)、市政行业(排水工程、环境卫生工程)、农林行业(林产化学工程)、建筑行业(建筑工程)和环境工程(水污染防治工程、大气污染防治工程)专项设计甲级资质；城市规划、招标代理、化工石化医药行业(生化、生物药、化学原料药)、电力行业(火力发电)、商物粮行业、建材行业(新型建筑材料工程)、市政行业(给水工程、城镇燃气工程、热力工程)和环境工程(固体废物处理处置工程)专项设计乙级资质；机电安装工程施工总承包二级资质、建筑装饰装修工程设计与施工二级；工程咨询、工程造价、工程监理甲级资质以及压力容器设计、压力管道设计许可证；中华人民共和国海关进出口货物收发货人报关注册登记证书、对外贸易经营者备案登记表、中华人民共和国对外承包工程资格证书和自理报检单位备案登记证明书；质量、环境和职业健康安全管理体系认证证书；国家高新技术企业认证证书。

中轻国际是国际咨询工程师联合会(FIDIC)、中国勘察设计协会、中国国际工程咨询协会、中国工程咨询协会等国际及国内100余个协会、学会的主要成员。1995年1月在世界银行“DACON”数据库认可登记(登记号：576)。1992年6月在国内设计单位中首批获得国家授予的对外经营权。2009年通过国家高新技术企业认证，2012年通过复评审核。

中轻国际于1997年12月率先在轻工设计系统通过ISO 9001质量体系认证。2008年8月通过质量体系、环境管理体系、职业健康安全管理体系“三标”认证。

中轻国际现有注册员工710人，其中：国家级设计大师1人、享受政府特殊津贴的专家8人、轻工行业设计大师6人、教授级高级工程师104人、高级工程师172人、工程师240人；各类国家注册工程师254人次、工程总承包项目经理76人。

中轻国际为国内5000余家大中型企业，国外20多个国家、60余个大中型项目提供了工程设计、咨询、项目管理、总承包等服务，与国内外著名的350余家大型公司建立了实质性合作和业务往来关系。

中轻国际高度重视工程设计成果的创优评优工作。自1980年以来，共获得部(委)级以上各种嘉奖390余项，其中国家级优秀设计、咨询奖和科技进步奖50余项，共拥有85项专利，其中发明专利15项。

经过60年的创业、发展、壮大，中轻国际已成为国内外知名的大型科技型企业，中轻国际坚持以市场为导向，以项目为中心，以创新为动力，以服务为宗旨，以质量为保证，为顾客提供全过程、多方位、专业化、质量高、效果好的满意服务。

中轻国际通过科技兴业、质量强业、管理治业的可持续发展之路，正在向科技型国际工程公司目标迈进。

法人代表、董事长：张建新

总经理：邢培栋

总工程师：李　耀

地址：北京市朝阳区白家庄东里42号

邮编：100026

电话：010－65826358

传真：010－65823590

邮箱：cliec@ cliec. cn

网址：www. cliec. cn

辽宁省轻工设计院有限公司

辽宁省轻工设计院有限公司成立于1955年，是具有较强综合技术实力，拥有国家轻工、化工甲级，电力、建筑、商物粮、环保乙级等多项资质的咨询设计单位。从事轻工、化工、电力、建筑、环保、农林等行业建设项目的工程咨询、工程设计、规划、设备成套、项目管理、工程总承包等业务的综合单位。

辽宁省轻工设计院有限公司造纸工程技术中心近年来的主要技术研究成果：

(1)尿素催化剂法生产本色或全无氯漂白纸浆、纸和纸板，综合利用农业秸秆，蒸煮废液可灌溉，废弃物制饲料、沼气，沼渣制硅肥。

(2)生物质精炼技术综合利用玉米秆。玉米秆除髓后，叶和穰添加保鲜剂制饲料。皮制溶解浆，水解液制木糖醇、糠醛，蒸煮黑液制二甲亚砜后进行碱回收。清洁生产，节能减排，环境友好，经济效益突出。

(3)常压蒸煮－漂白一步法制漂白纸浆。

(4)菊芋秆制浆造纸及其尿素催化剂法制浆废液和硅肥相结合生产固沙沙漠改良剂。

(5)硅肥技术。硅肥可以提高农作物生产量、质量(抑制作物吸收有毒有机物和重金属)。当前稻米镉等有害物超标，此项研究更具深远意义，已于2008年12月15日通过沈阳市科技局验收。

法人代表：卢秉刚
院长：王　君
总工程师：徐军强
造纸中心主任：罗少初
地址：辽宁省沈阳市皇姑区泰山路46号
邮编：110031
电话：024－26115800
传真：024－86802976
邮箱：lnqgy@ qq. com
网址：www. lnqgy. cn

黑龙江省造纸工业研究所

黑龙江省造纸工业研究所占地面积2.2公顷，建筑面积1.2公顷。设有黑龙江省制浆造纸中试基地、黑龙江省造纸技术研究中心，是省级专业期刊《黑龙江造纸》编辑部、黑龙江省造纸产品质量监督检验站、黑龙江省造纸学会挂靠单位。

黑龙江省造纸工业研究所为从事制浆造纸应用研究的省属研究所。主要研究方向为农业、工业特种纸材料，同时开展制浆造纸技术研究及相关咨询服务，促进造纸行业及地方经济发展。

现有正式员工38人，科技人员17人，其中，研究员级高级工程师3人，高级工程师11人，中级职称1人；享受国务院政府津贴待遇2人。近年来，共取得科研成果25项，其中，获国家科技奖励1项，省级科技奖励9项，市级科技奖励13项，获国家专利7项。

现有1条特种纸中试生产线、3条自主研发系列育苗纸筒生产线、1条自主设计的印制板钻孔用上垫板生产线，水电气配套设施齐全。可进行纸张材料的基础研究、新产品研发、科研成果的转化及部分产品的批量生产。

目前，可批量生产的产品为甜菜、林木、蔬菜、玉米、棉花、西瓜等农林系列育苗纸筒；工农业用特种纸；区电印制板行业配套材料等。育苗纸册年生产能力200余万册，垫板年生产能力20万米^2。

法人代表、所长：杨易平
总工程师：任国庆
地址：黑龙江省牡丹江市阳明区光华街17号
邮编：157013
电话：0453－6332195、6332060(销售)
传真：0453－6332195、6332060(销售)
邮箱：hzskyb@ 163. com
网址：www. hljzzyjs. com

中国海诚工程科技股份有限公司

中国海诚工程科技股份有限公司隶属于国务院国资委管理的中国轻工集团公司，由成立于1953年的原轻工业部下属中国轻工业上海设计院经整体改制而设立，主要从事工程总承包、设计、咨询和监理，是国内第一家专业设计服务业上市公司。公司服务领域囊括轻纺、商物粮、农林、机械、市政公用、化工医药、建筑等行业，其中制浆造纸工程的全过程服务是公司主要业务之一，客户遍及世界各地。

公司总部设在上海市，并在北京、广州、长沙、武汉、南宁、成都、西安等地拥有11家全资子公司。公司致力于从策划到开车全方位一体化工程服务，设计和建造优质精品工程。改制10年来，公司获得国家、省部级工程设计、工程咨询、工程总承包及科技进步奖近800项。被国家统计局编撰的《共和国之最》列为“获国家优秀设计项目最多的设计院”。

自1992年以来，公司连年被国家建设部、统计局评为“中国勘察设计综合实力百强单位”；自2004年起，连续11年被美国《工程新闻记录》(ENR)与我国《建筑时报》列入“中国工程设计企业60强”。公司还被认定为“高新技术企业”，连续10届蝉联上海市“文明单位”称号。

法人代表：严晓俭
地址：上海市宝庆路21号
邮编：200031
电话：021－64370093
传真：021－64334045

邮箱： info@ haisum. com
网址： www. haisum. com

中国林业科学研究院制浆造纸研究开发中心

中国林业科学研究院制浆造纸研究开发中心为国家林业局从事林纸一体化研究开发的专业机构，是博士、硕士学位培养点和博士后流动站。主要研究方向：①人工林制浆性能早期预报和技术经济评价；②速生材、小径材、木材加工剩余物、竹材和农业秸秆原料的高得率制浆技术研究及工程设计；③高效、低耗清洁制浆及漂白技术研究；④制浆造纸废水高效低成本处理工艺技术研究及工程设计；⑤制浆造纸过程生物质精炼技术开发。

研发中心拥有完备的纤维形态及化学成分分析、制浆造纸性能评价、废纸回收利用、废水污染物特征等检测分析手段，全套进口化学机械浆中试系统，中试涂布机及压光机，废水处理小试及中试系统，以及 FQA 纤维质量、胶黏物、纤维束分析仪、纤维筛分仪、毛细管孔隙仪等大型专业测试仪器。致力于纤维资源及纸浆材性评估、制浆造纸新技术、造纸及环保化学品、有机废弃物资源化利用、造纸工业节能减排新技术的研究开发与工程化应用。承接高得率制浆生产线、废水处理系统的设计、工程建造、运行优化任务。

研发中心承担了 ACIAR、UNDP、SIDA、EU、UNESCO“BIO – DEV”等国际合作项目。与澳大利亚 CSIRO、法国国家农科院丝状真菌研究所、普鲁旺斯大学、波尔多第一大学、加拿大造纸研究所、魁北克大学、纽布朗斯维克大学、美国林产品实验室、安德里茨公司春田研究开发中心、马来西亚国家林业研究院等学术机构进行了密切的科技合作。承担了“七五”至“十二五”国家科技项目、自然科学基金倾斜项目、国家林业局“948”先进生产技术引进、国家外专局引智及江苏省科技攻关等项目。技术成果在全国十多个省市 40 余家大中型企业获得推广应用。已在国内设计建造了 7 条具有自主知识产权的清洁制浆生产线，在马来西亚设计建造 1 条棕榈果串清洁制浆生产线。

中心主任： 房桂干
地址： 江苏省南京市锁金五村 16 号
邮编： 210042
电话： 025 – 85482542
传真： 025 – 85482620
邮箱： fangguigan@ icifp. cn
网址： www. icifp. cn

浙江省造纸研究所（浙江省普瑞科技有限公司）

浙江省普瑞科技有限公司即浙江省造纸研究所，占地面积 4. 5 公顷，建筑面积 3. 3 公顷。现有职工 180 人，其中，专业技术人员 60 人，教授级高工 6 人，技术力量雄厚，是国内以化学合成纤维、无机纤维、矿物纤维等特种纤维抄造特种功能纸技术的开拓者，成为我国特种功能纸科研生产基地，建有普瑞特种纸省级高新技术研究开发中心和浙江省特种纤维纸基功能材料技术研究重点实验室。装备有 2 条湿法造纸生产线、2 条干法造纸生产线，其中引进国际先进斜网成形器的湿法造纸生产线和引进气流成形网干法造纸生产线各 1 条，配备了完善的造纸工艺试验设备、纸张性能测试仪器和特性指标测试仪器，为研制产品的中试与生产提供了良好条件。制定有完善的质量管理体系，通过中国新时代认证中心 GJB9001B – 2009 和 GB/T19001 – 2008 质量管理体系认证。已完成的 151 项省部级以上科研成果中，国家科技攻关项目 6 项，获省部级科技进步奖 27 项。近年申请国家专利 15 项，其中发明专利 12 项，已授权的 13 项专利中，发明专利 10 项。主导产品有电池隔膜材料系列、超净擦拭纸系列、高低温隔热材料系列、农用功能材料系列、过滤材料系列、医疗卫生用纸等特种功能纸。长期以来，全体员工本着“敬业、诚信、创新、实效”的企业精神，以“技术创新，质量一流，强化管理，用户至上”的方针，为高新工程和国民经济高新行业提供了大量优质材料和良好服务。

法人代表、董事长： 蒋　冰
总经理、所长： 郑鹏遵
地址： 浙江省杭州市萧山经济技术开发区鸿兴路 181 号
邮编： 311215
电话： 0571 – 88170685
传真： 0571 – 88173641
邮箱： zjprime@ 263. net
网址： www. zjprime. com

轻工业杭州机电设计研究院

轻工业杭州机电设计研究院是专业从事制浆造

纸装备设计开发研制的国家级重点设计研究单位，同时具备制浆造纸工程设计、设备研发和配套电气控制系统研制能力，是国家发展和改革委"制浆造纸国家工程实验室"的依托建设单位之一。中国造纸学会机械设备专业委员会、全国轻工机械标准化委员会及造纸机械、食品机械分标委员会、全国压力容器标准化委员会专用压力容器分标委员会、全国食品加工机械标准化技术委员会、中国轻工总会造纸食品日用化工塑料机械质量监督检测中心、工业和信息化部工业(轻工机械)产品质量控制和技术评价实验室、国家中小企业公共服务示范平台、中国科技核心期刊《轻工机械》杂志社等均设在本院。具有中国对外承包工程经营资质，工程设计甲级资质，工程咨询资质，一、二、三类压力容器设计资质和 GC1 级管道压力设计资质等证书。

近年来，承担多项国家科技攻关项目，其中承担和完成国家"863"项目 2 项、国家十一五科技支撑项目 3 项和科技部"科研院所技术开发研究专项资金"项目 10 项和"社会公益研究专项"项目 1 项，省科技计划项目 3 项。获得各种奖励共 91 项(其中：国家科技进步二等奖 1 项，三等奖 6 项；省部级科技进步一等奖 2 项，二等奖 11 项，三等奖 39 项；其它奖励 32 项)，取得中国专利 46 项，完成行业标准编制 80 多项。

共完成设备研究设计项目 900 余项，工程咨询项目 170 余项，工程设计项目 220 余项，产品生产 3000 余台(套)，生产线成套项目 30 余项。包括出口俄罗斯的隔音板等项目。

现有在职职工 174 人，其中，教授级高级工程师 26 人，高级工程师 44 人，中级及初级技术人员 72 人，享受国务院特殊津贴专家 2 人，一级注册建筑师和注册结构师共 7 人，注册投资咨询师 9 人，注册化工师 8 人，注册电气工程师 2 人，公用设备注册工程师 4 人，注册设备监理师 18 人，注册监理工程师 19 人。拥有一大批中高级工程技术人员，应用先进的设计手段和 3D 设计开发软件，长期从事专业的研究设计，积累了丰富的实践经验。并拥有实力雄厚、装备完善的新产品开发试制基地。可以为企业提供从试验、研究、设备开发设计、工程咨询、项目管理服务、技术服务、工程设计、设备成套到项目总承包等全方位的服务。

法人代表：刘安江
总工程师：杨　旭
地址：浙江省杭州市体育场路 71 号
邮编：310004
电话：0571 – 85186716
传真：0571 – 85186432
邮箱：hzjdy@ hmei. com. cn
网址：www. hmei. com. cn

江西省轻工业研究所

江西省轻工业研究所始建于 1953 年，现隶属江西省工业和信息化委员会。研究所下设江西省纸张质量监督检验站、造纸研究室暨古纸工艺研究室、日用化工研究室、食品研究室、中试生产车间等业务机构。江西省造纸印刷工业协会暨江西省造纸学会也挂靠在研究所内。

江西省轻工业研究所拥有一支高素质的工程技术人员队伍。全所现有职工 73 人，其中，科技人员 49 人，具备正高职称研究员或教授级高级工程师 7 人、高级工程师 16 人。建所 60 多年来，获国家、省、部级科技进步成果奖、优秀新产品奖多项，在省级以上的专业刊物或学术交流会议上共发表论文 300 多篇。

江西省轻工业研究所造纸研究室暨古纸工艺研究室有 20 多名工程技术人员，并拥有完备的小型和中型试验设备，所内设有制浆工艺研究室、造纸实验室、纸张物化性能实验室等。研究室主要开展纸和纸制品新产品开发暨工艺技术创新工作，同时开展造纸化学品新产品研究暨应用工艺技术条件工作，其主要宗旨是开发出符合市场需求的产品。江西省纸张质量监督检验站是省质量技术监督局首批授权的法定省级检验机构，也是国家质量监督检验检疫总局批准确定的食品包装纸、食品用纸容器制品生产许可发证检验定点检验单位。该站每年承担国家质检总局、省质监局及省工商局的监督抽查任务，同时承担省内外各类纸张、纸板、标准信封、扑克牌、食品包装纸包装材料、食品用纸容器制品、中小学生作业本等纸产品的委托及仲裁检验工作，检验数据在中华人民共和国境内均有效。

所长：管步军
分管造纸副所长：雷建民
地址：江西省南昌市北京东路 138 号
邮编：330029
电话：0791 – 88333891
传真：0791 – 88333891
邮箱：leijianmin1@ 126. com

济南市造纸科学研究所

济南市造纸科学研究所隶属济南市经济和信息化委员会，主要从事造纸工业新产品、新工艺的研制，纸张物理检测和技术咨询服务。研究所拥有高中级工程技术人员。研制的电子阅卷纸曾荣获国家科技奖；煤矿井下堵炮眼纸、井下吸尘纸受到煤矿行业的好评；制浆造纸清洁新工艺得到了省专家的认可，已通过省级鉴定，此项目填补了国内空白。

所长：张建军

地址：山东省济南市槐荫区经一纬九路 273 号 1 号楼 2 单元 314 室

邮编：250012

电话：0531－86911272、86150010

传真：0531－86150010

邮箱：jnzzhkys@163.com

山东省造纸工业研究设计院

山东省造纸工业研究设计院始建于 1978 年 11 月，隶属于山东省轻工业协会。现有在职职工 100 人，专业技术人员 65 人，院内设有科研所、设计所、检测中心、《中华纸业》杂志社、技术开发公司、实验厂等主要业务部门。另外，山东省涂布加工纸技术重点实验室、山东省纸张质量监督检验站、山东省造纸学会、山东省造纸行业生产力促进中心等均设在该院。

科研工作曾多次荣获省科技进步奖。目前与多家造纸企业及造纸化学助剂等相关企业建立了合作关系，已承担企业委托项目 200 余项。收到了良好的经济效益和社会效益。

设计工作具有国家建设部颁发的轻纺行业（制浆造纸）工程设计甲级证书及国家发展和改革委颁发的轻工工程咨询甲级证书。近年来，完成制浆造纸工程咨询设计项目 600 余项，多次荣获省级优秀勘察设计奖、省级优秀工程咨询成果奖和中国轻工业优秀工程咨询成果奖。

《中华纸业》是中国造纸协会会刊，由中国造纸协会和该院共同主办。它是由创刊于 1979 年的《山东造纸》发展而来，期间经历了《北方造纸》重要的阶段，《中华纸业》从原技术刊转型定位于行业综合性刊。自 1996 年以来，由季刊改为半月刊，在内容、版面设计、广告策划上都具有自己的独特风格，成为我国造纸行业最有影响力的期刊之一。

检测工作主要承担全省纸张产品质量监督检验、第三方评价性检验、产品质量仲裁检验和各单位委托检验。为全省造纸企业提供检测技术服务、质检员培训、新标准宣贯等工作。山东省纸张质量监督检测站是山东省质量技术监督局授权机构。

技术开发公司主要致力于造纸工业新技术、新产品、新设备的开发应用，为造纸行业提升技术水平提供优质服务。

实验厂承担省科技厅下达的中试任务，实验生产了过滤纸、一次性医疗器械包装纸、水果吸湿纸等一系列具有先进水平的产品，同时研究开发无毒环保的纸塑复合包装产品。

近年来，该院在科研单位改革改制的推动下，树立以市场为导向，以优良的服务为纽带，以质量求生存，以信誉求发展的经营理念，解放思想，开拓创新，充分发挥自身优势，急企业之所急，全面服务企业。

法人代表、院长：王泽风

总工程师：陈　东

地址：山东省济南市工业南路 101 号

邮编：250100

电话：0531－88947041

传真：0531－88947041

邮箱：shandongpaper@163.com

中国轻工业武汉设计工程有限责任公司

中国轻工业武汉设计工程有限责任公司（原中国轻工业武汉设计院，）始建于 1958 年，现系中国海诚工程科技股份有限公司成员单位，是集工程总承包、工程咨询、工程设计、工程监理及工程项目管理等多功能于一体的知识密集型国有科技型企业。拥有国家颁布的轻工行业、民用建筑、医药、环保设计、工程咨询、工程监理等 7 项甲级资质，已形成工程设计、咨询、监理和总承包四大主业，并顺利完成了“三标一体”的认证工作。拥有中国轻工行业勘察设计大师 3 人，国家级、省部级专家及教授级高级工程师 40 余人，各类注册工程师 160 余人，高级工程师 120 余人。经营业绩 20 多年来保持近 30% 的高速增长。

制浆造纸是该公司工程设计的传统行业，有着 50 多年的设计历史。历年来完成制浆造纸行业工程设计及服务 800 余项，多项设计获省、部级奖励。

设计和服务范围涵盖制浆、造纸、碱回收、废水处理、纸加工、热电及综合利用等造纸行业的各个环节。在制浆及碱回收、无氯漂白、化学机械浆、特种纸、纸板、废水处理、污泥生物质发电等方面形成独立的技术集成、特色技术和多项专利专有技术，具有较高的市场占有率，其中非木材制浆（竹子、芦苇、秸秆）及碱回收是环境保护部最佳实用技术依托单位，项目地域覆盖全国包括台湾在内30多个省、市、自治区及白俄罗斯、缅甸、巴基斯坦、尼泊尔、孟加拉、吉尔吉斯斯坦、印度尼西亚、埃塞俄比亚、越南、伊朗、加纳和加蓬等国家。

法人代表：周　波

总工程师：杨晓臻

联系人：梁　斌

地址：湖北省武汉市武昌区首义路176号

邮编：430060

电话：027－88044007、13808641636

传真：027－88043744

邮箱：13808641636@163.com

网址：www.qgsj.com

中国轻工业长沙工程有限公司

中国轻工业长沙工程有限公司（简称“CEC”），原名为中国轻工业长沙设计院，创建于1953年，是我国成立较早的大型咨询设计单位之一。2002年12月改制重组后，成为国务院国资委管理的中国轻工集团——中国海诚工程科技股份有限公司的全资子公司，公司注册资金为2000万元。

CEC主营业务为工程设计、工程咨询、工程监理和工程总承包，服务于制浆造纸、能源环保、制盐及盐化工、家用电器、食品、建筑、市政等行业领域。持有国家主管部门颁发的轻纺、建材、市政、农林、建筑、环境工程（水污染防治工程、固体废物处理处置工程）甲级工程设计证书和与之相对应的甲级工程总承包资格、甲级工程咨询资格证书、甲级工程造价咨询单位资质证书；持有电力（火力发电、新能源）、化工、机械、商物粮、风景园林行业乙级设计资质证书，城市规划编制乙级资格证书，压力容器及压力管道设计许可证；持有工程监理综合资质证书；拥有对外经营权、对外承包工程经营资格。1998年通过ISO 9001质量管理体系认证，2007年通过ISO 14001环境管理及GB/T 28001职业健康安全管理体系认证；拥有60余项专利技术，并广泛运用于项目中，2008年被认定为高新技术企业。公司在制浆造纸行业的服务遍及各种类各环节，其中，制浆领域涵盖化学浆、机械浆、废纸浆等各个浆种；造纸领域涵盖了各类文化用纸、包装纸、生活用纸及特种纸等各类纸种；在该行业的服务还延伸到纸容器制造及彩印等。并与国内外众多知名制浆造纸企业建立了紧密的战略合作伙伴关系。

公司从事工程咨询设计60年，完成咨询、设计、承包、监理等项目4000余项，市场占有率和核心竞争力均位于行业前列。自1982年国家开展评选优秀设计以来，公司获得国家及省部级优秀设计奖、科技进步奖200余项，其中，在制浆造纸行业获国家金银铜奖10余项。

CEC现已发展成为集工程咨询、设计、造价、监理、项目管理和工程总承包于一体、为工程建设实施全方位、全过程服务的科技服务型企业。公司的工程总承包业务，涵盖了项目投资、选址、规划、技术经济分析、设计、造价、采购、施工、安装、开车等各个方面。作为总承包商，公司先后承建了缅甸、巴基斯坦、埃及、印度、印度尼西亚、泰国等国外项目以及国内湖南湘丰特种纸业有限公司、焦作瑞丰纸业有限公司、南宁凤凰纸业有限公司、福建青山纸业股份有限公司、中国造纸装备有限公司、江门星辉纸业有限公司、宜宾纸业股份有限公司、浙江景兴纸业股份有限公司、浙江传承实业有限公司等多项制浆造纸领域的总承包工程。其中，缅甸YENI制浆造纸项目获“第五届优秀工程总承包金钥匙奖”，湖南湘丰特种纸业有限公司总承包工程获“第五届优秀工程总承包铜钥匙奖”及“轻工行业第三届优秀工程总承包项目一等奖”，焦作瑞丰纸业有限公司总包工程获“轻工行业第四届优秀工程总承包项目二等奖”，福建省青山纸业股份有限公司项目获“第七届优秀工程总承包项目铜钥匙奖”。

CEC奉行“诚信、严谨、创新、高效”的理念，坚持以顾客满意为中心、以环境友好为己任、以安全健康为基点的价值观，坚持以打造国际知名的服务品牌作为CEC的企业目标，一如既往地为国内外顾客提供优质的技术服务和工程产品。

法人代表：樊　燕

总经理：陈志明

地址：湖南省长沙市雨花区新兴路268号

邮编：410114

电话：0731－85770333

传真：0731－85584415

邮箱： office@ cecchina. com
网址： www. cecchina. com

湖南省造纸研究所有限公司

湖南省造纸研究所有限公司是经湖南省科技厅认定的集科、工、贸于一体的由省属科研事业单位转制而成的高新技术企业，是湖南省造纸产品质量监督检验授权站、湖南省造纸学会等机构组织挂靠单位。始建于1972年，占地面积3.5公顷，固定资产1200万元。现有员工109人，其中，专业从事研究开发人员36人，本科以上学历28人，中级以上职称32人，高级职称6人。

多来年，先后完成了国家、部级科技攻关项目80余项。其中，27项获国家、部、省等各级科研成果技术奖，已有30多项科研成果转化为生产力。公司现有3条生产线，年生产能力在5000吨以上。其中，2条特种工业用纸生产线，年生产量3000吨，主要生产高强纱管封面纸、各类纤维板表层纸等。产品占国内市场较大份额。1条涂布纸生产线，年生产量可达2500吨，所产彩喷纸、高光数码相纸、名片纸等涂布纸，可以替代进口产品。

公司于2002年通过了ISO 9001:2000质量管理体系认证，本着“创造卓越品质，追求持续满意”的质量方针，建立了持续、稳定、有效的科学管理体系，产品质量达到了国际先进水平。近几年来，公司紧跟市场需求，发展更加迅猛，致力于文化创新、科技创新、管理创新，积极培育和提升核心竞争力，形成了以市场带动科研、以科研促进生产、以生产服务市场的良好循环轨道。

法人代表： 宋善军
地址： 湖南省湘潭市建设中路7号
邮编： 411104
电话： 0731－58523214、58561602
传真： 0731－58561602
网址： www. hnprc. com

广东省造纸研究所

广东省造纸研究所创建于1973年，占地面积7500米^2，是广东省唯一的省级造纸研究所，是广东省高新技术企业，所内建设有广东省造纸技术与装备公共实验室、广东省造纸精细化学品工程技术研究中心，并通过了ISO 9001质量管理体系认证。拥有一支高素质(包括教授级高工在内)的工程技术人员队伍，全所在职职工80多人，专业技术人员30多人。广东省造纸研究所以“打造品牌、开拓创新、持续发展”为宗旨，全体职工团结一致，共同奋斗，创造了优秀的业绩。

广东省造纸研究所业务范围涵盖造纸行业科研、开发、产品检测与鉴定、技术咨询、技术服务、技术培训、技术承包和项目设计，销售造纸原料、造纸仪器等，是集科研开发、检验检测、生产、销售于一体的多元化科技企业。每年承接广东省质量技术监督局、工商局、海关等政府机构的抽样检测任务。主要产品有PPE造纸湿强剂、干强剂、剥离剂、柔软剂、白钢纸、阻燃型绝缘钢纸板、复印纸等，是广东省内多家大型造纸企业的原料供应商。

研究所拥有1000多米^{2}的专业试验室，拥有完备的小型试验和中型试验装备，近年来，共承担省级以上科研项目20多项，拥有专利技术近20项，曾获得省部级奖励10多项。目前在全国同类造纸科研院所中，科研综合实力排在前3名以内。

国家轻工业纸张质量监督检测广州站、广东省质量监督造纸产品检验站(简称“检验站”)设在广东省造纸研究所内，是政府授权的检测机构，检验站被授权具有造纸和包装产品145个品种及物理、化学、光学性能等40个参数的检验资质。检验站近年先后主持制定国家标准、行业标准、地方标准十多项，2010年被评为“标准化制定突出贡献单位”。

广东省造纸研究所和广东省造纸学会合办了《造纸科学与技术》期刊。近年来所内科技人员在国内核心刊物和省级以上刊物上发表多篇论文。

研究所的产业化基地位于增城市中新镇大田工业区内，占地面积25000米^2，已建成了1800米^{2}的造纸助剂生产车间、纸张整饰及涂布加工纸生产车间和特种纸车间，具有年产7000吨造纸助剂的能力。自主研发的造纸助剂、冷压自黏胶带纸、阻燃钢纸等科研成果已实现产业转化，经过多年的市场培育，造纸助剂形成的产业规模，助剂年产销量达到4400吨，产品供省内外100多家造纸及相关企业使用。

法人代表/所长： 伍泽荣
副所长： 马学逵
地址： 广东省广州市海珠区新港西路154号
邮编： 510300
电话： 020－34300901
传真： 020－34300901

业务电话：020－34300599
邮箱：gdpiri@ sti. gd. cn
网址：www. gdzaozhisuo. com

中国轻工业南宁设计工程有限公司

中国轻工业南宁设计工程有限公司(简称"中轻南宁公司")创建于1974年，前身为轻工业部南宁设计院、中国轻工业南宁设计院。2002年12月改制成为由国务院国资委监管的中央企业——中国轻工集团公司下属的科技型企业。2010年荣获高新技术企业证书。

中轻南宁公司持有国家颁发的工程设计甲级、工程咨询甲级、工程总承包甲级、工程建设监理甲级、工程造价甲级、机电安装工程施工总承包贰级、工程招标代理等多项资质证书，拥有对外承包工程经营资格和进出口经营许可证书。中轻南宁公司建立了严格规范的现代企业管理制度，获得了质量、环境、职业健康安全管理体系认证证书。

中轻南宁公司在制浆造纸方面具有很强的优势，一直致力于用成熟先进的技术为广大客户提供全方位的科技服务，所承担的制浆造纸工程咨询、设计、监理及总承包项目遍布广西、广东、湖南、江苏、云南、重庆等省(区、市)以及越南、缅甸、印度尼西亚、马来西亚、泰国、白俄罗斯等国家，项目多达500余项。制浆造纸工程项目涵盖碱法制浆、酸法制浆、废纸制浆、化学机械浆等，涉及的原料有木材(软、硬木)和竹子、甘蔗渣、桑枝，产品涵盖国内现有的各种浆、纸品种。中轻南宁公司目前在漂白木浆、漂白甘蔗渣浆、漂白竹浆、纸张生产线等设计方面居国内领先地位，先后有多个项目荣获国家、省部级优秀工程一、二、三等奖。

法人代表：唐明明
地址：广西壮族自治区南宁市星光大道42号
邮编：530031
电话：0771－4800448
传真：0771－4830802
邮箱：cnec@ vip. 163. com
网址：www. zqnn. cn

重庆造纸工业研究设计院有限责任公司

重庆造纸工业研究设计院有限责任公司始建于1953年，是我国制浆造纸工业和轻工、军工重要的综合性科研和生产基地，是重庆制浆造纸工程中心和重庆市高新技术企业，是国家轻工业造纸质量监督站重庆站、重庆市造纸产品质量监督检验站和重庆市造纸产品计量站所在地。该院拥有较完备的制浆造纸和特种纸研究科研和中试手段，拥有大量的科研成果、高新技术产品和雄厚的研发实力，拥有一批高素质的管理、科研、生产团队，在玻璃纤维空气过滤、液体过滤和油气分离纸及特殊要求的玻璃纤维纸研制、生产、技术装备和检测手段方面处于国内领先地位。该院通过了ISO 9001:2000质量管理体系认证和军工生产许可证认证等，完善健全了现代化的管理体系，为科研生产良性循环奠定了基础。

重庆造纸工业研究设计院有限责任公司以雄厚的科技实力，优质的产品质量，良好的企业信誉，为客户提供满意的服务。

法人代表、院长：孙 骏
地址：重庆市南岸区茶园新区蔷薇路26号
邮编：401336
电话：023－63862408
传真：023－63609345
邮箱：cqzz666@ 163. com
网址：www. cqzzyiy. com

中国轻工业成都设计工程有限公司

中国轻工业成都设计工程有限公司(原中国轻工业成都设计院，简称"成都设计公司")，始建于1958年，于2002年12月改制为国有控股的公司制企业，为中国海诚工程科技股份有限公司(代码002116)子公司。

成都设计公司已通过质量、环境、职业健康安全三标管理体系认证，是"成都市劳动关系和谐企业""成都市模范单位""高新技术企业"。

成都设计公司业务领域涵盖制浆造纸、烟草、食品加工、火力发电、新能源、环境工程、市政工程、物流配送等行业，拥有工程设计、工程咨询、工程造价咨询、工程总承包、环境影响评价、工程建设监理甲级以及商务部对外经营合格证书等资质。

成都设计公司现有员工450余人，专业技术人员占员工总数的95%，其中已获得各类工程师职称的人员约占60%，拥有中国轻工业勘察设计大师及享受国务院政府特殊津贴专家1人。50余年来，成都公司先后承担了国内外工程咨询、工程设计、工程监理和工程总承包项目3000多个。其中，广安综合食品厂、焦作纸厂、长江纸厂、缅甸糖厂荣获工程设计一等奖；缅甸糖厂荣获中国勘察设计协会与中国工程咨询协会的“工程总承包银钥匙奖”；四川天竹竹资源开发有限公司竹纤维浆粕项目荣获“中国轻工业勘察设计协会优秀工程咨询成果一等奖”，也是目前国内建成投产的最大的专业竹纤维浆粕工厂。

制浆造纸是成都设计公司传统产业，涉及的原料有竹子、木材、麦草、废纸、龙须草、红麻、棉秆、蔗渣、棉短绒等；采用的制浆工艺有硫酸盐法、烧碱法、半化学机械制浆法等；蒸煮方法有连续蒸煮、超级间歇蒸煮（置换蒸煮）；生产的产品有漂白竹浆、文化用纸、生活用纸、包装纸、浆粕、绒毛浆等。多项设计成果处于国内领先水平，有的还填补了国内的空白，目前设计均采用三维设计。

公司具有丰富的国内外项目咨询、设计、项目管理、工程总承包经验，先后完成了不同生产规模的大中型制浆造纸厂工程设计、工程总承包 120 余项。

联系人：罗建雄（13111868788）
地址：四川省成都市少城路 9 号
邮编：610015
电话：028－86630940、86634360
传真：028－86643706、86634360
邮箱：qrsjljx@ 126. com
网址：www. qrsj. com

中国轻工业西安设计工程有限责任公司

中国轻工业西安设计工程有限责任公司（简称“中轻西设”）是隶属于中国海诚工程科技股份有限公司的子公司，前身为成立于 1958 年的中国轻工业西安设计院，2003 年改制为有限责任公司，是集工程咨询、设计、总承包、监理、项目管理等多种功能为一体的知识、技术和管理密集型国有科技企业。

中轻西设拥有国家颁发的轻纺工程、建筑工程、工程咨询、工程造价、环境影响评价和工程监理的甲级资格证书；电力、电子通讯、广电、化工、石化、医药、农林、商物粮、市政公用工程、城市规划、劳动安全评价、压力容器和压力管道工程设计资格证书；同时具有工程总承包、工程招标代理、对外经济技术合作和出口企业等资质。

中轻西设长期从事制浆造纸、食品发酵、甜菜制糖、皮革轻化、农副产品加工、畜牧产品加工、塑料制品、民用建筑及市政公用工程等行业的咨询、设计和工程总承包服务，并积累了丰富的经验。

中轻西设具备完善的技术、经营、生产、财务管理制度。2000 年通过了 GB/T 19001 和 ISO 9001 质量管理体系认证；2009 年通过了陕西省高新技术企业认定；2010 年通过了三标管理体系认证，取得了认证证书。

第一工程咨询设计所是中轻西设以制浆造纸专业为主业的综合设计所，已有 50 多年的历史。现有专业人员 51 人（其中，制浆造纸工艺专业 18 人），具有高级职称 23 人（其中，教授级高级工程师 8 人），均长期从事制浆造纸行业的咨询、设计和总承包工作，具有丰富的工作和实践经验。

第一工程咨询设计所先后完成了 200 余项制浆造纸工程设计及服务项目，涵盖制浆、造纸、碱回收、造纸废水处理、纸加工、特种纸、热电联产等造纸行业的各个环节；项目覆盖全国 20 多个省、市、自治区及马来西亚、阿尔及利亚、越南等国家；设计产品包括生活用纸、包装纸、文化用纸、石头纸、特种纸等。在生活用纸、包装纸、非木材制浆等方面居国内领先地位。

法人代表：李一文
总监（制浆造纸）：刘尚典（第一工程咨询设计所副所长）
地址：陕西省西安市柿园路 222 号
邮编：710048
电话：029－82400169、13519188228
传真：029－82487815
邮箱：liusdy@ 163. com
网址：www. haisum－xa. com

甘肃省轻工研究院

甘肃省轻工研究院（原甘肃省轻工业科学研究所）始建于 1959 年，是甘肃省最早成立的以轻工、化工研究开发为主的科研院所，2001 年 9 月转制为科技型企业。目前是集科研开发、技术服务、成果转化、工程咨询、清洁生产审核、节能审核及评估、产品检验、人员培训为一体的应用开发研究单位，是甘肃省重点科研院所，同时被省科技厅认定为甘肃省高新技术企业。

内设部门：食品发酵研究室、分离中心、工艺设计室、造纸室、环境保护与资源综合利用研究室、中轻轻工产品质检有限责任公司、中小企业服务中心、中试车间及华瑞新技术开发公司。

科研队伍：在职职工86人，其中，教授级高工2人，高级工程师19人，中级职称23人，初级职称8人；研究生学历12人，在读博士1人；注册咨询工程师12人，国家清洁生产审核师7人，节能评估师9人；甘肃省领军人才2人，省级学科带头人1人，省级科技专家、工程咨询专家委员会成员6人。

科研基础条件：拥有科研、办公、中试等建筑面积10000米^2，其中，办公、科研、工程咨询、产品检测等用房面积7500米^2；拥有超临界CO_2萃取设备、亚临界萃取设备、分子蒸馏设备、液相色谱仪、气相色谱仪、生化培养箱等天然产物提取、食品发酵、精细化工、产品检测等试验和中试科研仪器设备200多台套，总资产达到5000多万元。

具有国家轻工专业工程咨询甲级资质，医药、化工和商物粮专业工程咨询乙级资质；具有清洁生产审核资质、节能量审核机构资质和甘肃省固定资产投资项目节能评估机构资质、甘肃省固定资产投资项目节能评估文件评审机构资质；具有工业和信息化部备案的银河培训机构资质。

甘肃中轻轻工产品质检有限责任公司具备化妆品、口腔清洁用品、洗涤用品等日用化学品及纸制品检验能力，取得了甘肃省检验机构计量认证资质。每年承担着甘肃省质量技术监督局和各级主管部门安排的轻工产品检测任务及企业委托的检测和仲裁工作。

多年来，甘肃省轻工研究院坚持“一手抓创新、一手抓成果转化与服务”，通过平台建设和创新服务体系的建设，不断提高自身的创新能力。申请发明专利10项，授权4项，均在企业转化。每年服务的中小企业都在300家以上，服务的专业技术人员200人次以上。近年完成工程项目800多项，帮助企业争取建设资金上亿元。

有多项科技成果获得国家级、省部级奖励。2009年该院农副产品深加工创新团队获“甘肃省五一劳动奖状”。2010年荣获国家科技部“技术市场金桥奖”。

法人代表：赵　煜

地址：甘肃省兰州市城关区金昌南路101号

邮编：730000

电话：0931－8126510、8126518、13993170089

传真：0931－8124557

邮箱：707891113@ qq. com

网址：www. gsqgyjy. com

新疆轻工业设计研究院有限责任公司

新疆轻工业设计研究院有限责任公司前身为新疆轻工业设计研究院，成立于1958年。2001年3月完成了企业化转制。现有专业技术人员110人，其中，高级职称以上40多人，国家一级注册建筑师5人，国家一级注册结构工程师5人，国家注册监理工程师19人，注册造价工程师3人，其他注册工程师30余人。

公司在2000年10月通过工程咨询、工程设计（含设备设计）ISO 9001和工程建设监理ISO 9002标准质量体系认证。2003年通过了换版认证。公司全力推广CAD技术，CAD出图率达到100%。被国家科技部授予“全国CAD应用工程示范企业”，并获得“自治区CAD应用先进单位”“自治区勘察设计行业CAD软件正版化示范单位”称号，获“自治区级文明单位”称号，2007年取得首批“新疆勘察设计行业诚信单位”称号。

公司拥有轻纺、建筑、商物粮行业工程设计，工程咨询，房屋建筑工程监理、设备安装工程监理甲级资质；化工石化医药、农林、市政公用工程、电力行业工程设计乙级资质；压力管道GB类（GB2级）、GC类（GC2级）设计资质；工程勘察、城市规划编制咨询、工程总承包乙级资质；国外承包工程劳务合作经营许可证及进出口企业资格证书。所从事的轻工行业工程有：甜菜制糖、食品、发酵、啤酒、麦芽、果酒、白酒、饮料、乳制品、味精、各类罐头、制浆造纸、毛革毛皮及其制品、塑料制品及节水灌溉设施、农副产品加工、制盐及盐化工、日用化工、日用硅酸盐等。

近年来获得国家级、部级及自治区级和市级各种优秀设计、咨询、勘察奖项数10项。其中，年产2万吨农用节水滴灌材料项目获“2004年国家优秀设计金奖”、自治区“第十二届优秀工程设计一等奖”，国家康居示范工程华美·文轩家园2006年获“国家康居住宅示范工程建筑设计金奖”。拥有国家专利局授予的2项发明专利、10项实用新型专利。

法人代表：卢向豹

总工程师：董晓辉

地址：新疆维吾尔自治区乌鲁木齐市新华北路8号红山新世纪A座30－31层

邮编：830004

电话：0991－8861777、8862777

传真：0991－2826506

邮箱：dL@ xjd. cn

网址：www. xjdl. cn

（王　斌）

国家认定的造纸企业技术中心简介

National Certificated Enterprise Technical Centers in Paper Industry

山东晨鸣纸业集团股份有限公司企业技术中心

山东晨鸣纸业集团股份有限公司企业技术中心（简称“晨鸣集团企业技术中心”）成立于1996年，1999年3月被山东省政府认定为省级企业技术中心，2000年1月被国家发展和改革委等部门认定为国家级企业技术中心。

晨鸣集团企业技术中心设有制浆工艺研究室、造纸工艺研究室、涂布印刷研究室、特种纸技术开发研究室、造纸湿部化学研究室、环保研究室和精密仪器分析室7个研究室。研发设施齐全，技术装备先进，现拥有国际先进的双管循环药液蒸煮器、纸样抄取器、高剪切黏度计、微观扫描仪、电动涂布机、实验用超级压光机等一大批制浆造纸研究实验仪器和设备140多台。拥有抗张强度测试仪、高精度厚度仪、粗糙度仪、撕裂度仪、匀度仪、挺度仪、耐折度仪、平滑度仪等国际先进的检测仪器和设备200多台，装备水平领先国内同行业。

晨鸣集团企业技术中心加大人才队伍建设，并积极与中国制浆造纸研究院、齐鲁工业大学、天津科技大学、青岛科技大学、中国科学院天津工业生物技术研究所等研究机构和高等院校开展产学研合作，培养了一大批技术水平高、具有实践经验的专业技术带头人。现技术中心拥有科技人员897人，其中，高级专家8人、博士16人，形成了一支知识层次合理、技术水平高，具有丰富实践经验的高素质创新人才队伍，逐步将技术中心打造成以企业为主体，以市场为导向，产学研用相结合的科研团队。

山东晨鸣纸业集团股份有限公司以国家级企业技术中心为依托，大力开展科技研发活动，每年开展科技活动达110项以上。近年先后投资4018万元对原有实验室进行了仪器功能完善和实验室室内环境的部分改造。主要针对制浆工艺研究室、涂布印刷研究室、纸张检测实验室及精密仪器分析室，先后购置引进了纤维分析仪、自动纸浆黏度测试仪、制浆分析仪、气体分析系统、PFI磨浆机、全自动沉降粒度分析仪、匀度测试仪、纸张物性自动检测仪、余热回收节能装置等国内外先进水平的关键实验仪器设备。实验装备水平处于国内同行业先进，显著提高了清洁制浆技术及应用实验室的研发创新能力。

法人代表：陈洪国
地址：山东省寿光市农圣街2199号
邮编：262700
电话：0536－2158571
传真：0536－2156111
邮箱：cmbgs09@163.com
网址：www.chenmingpaper.com

华泰集团有限公司企业技术中心

华泰集团有限公司企业技术中心组建于1997年，1999年被认定为省级企业技术中心，2001年被认定为国家级企业技术中心，是一家含二次纤维制浆研究所、涂布纸造纸研究所等8个科研所的大型企业技术中心。

技术中心现有员工379人，其中，高级专家36人，中高级职称200余人，形成了以博士和高级工程师为核心的研发团队，并且大部分研究人员为中青年专业技术人员，有效保证了团队的可持续性。技术中心拥有扫描电子显微镜、实验室压光机、涂布机、粒度分布仪、超高剪切黏度计、动态滤水仪等一大批国际一流的实验检测仪器。实验仪器设备原值达1.7亿元。依托完备的实验设施和充足的科研经费，中心重点进行废纸制浆关键技术、高得率制浆及其配抄技术、涂布印刷纸生产关键技术及造纸工业生物技术应用等领域的研究。

多年来，技术中心贯彻落实科学发展观，不断加大科研投入，技术创新工作取得了丰硕的成果。技术中心先后参与了"生物质基废纸再生环保助剂的研制及应用""废纸制浆关键技术研究"等国家科技支撑计划项目5项；山东省自主创新专项、山东省科技攻关计划项目等省级以上科技计划项目20多项；授权专利69项，其中，发明专利10项；参与制定国家标准13项，其中，主持制定2项；获省部级以上科技奖励14项，特别是技术中心参与完成的"造纸纤维组分的选择性酶解技术及其应用""废纸生产低定量高级彩印新闻纸""制浆和碱回收过程优化控制系统的研究与应用"和"草浆的生物预漂白和酶法改性技术"4项获得国家科技进步二等奖。

法人代表： 李建华

总工程师： 张凤山

地址： 山东省东营市广饶县潍高路251号

邮编： 257335

电话： 0546－7798857

传真： 0546－6888018

邮箱： jszx@ huatai. com

网址： www. huatai. com

山东泉林纸业有限责任公司企业技术中心

山东泉林纸业有限责任公司企业技术中心成立于2000年，2007年9月20日被国家发展和改革委、科技部、财政部、海关总署、国家税务总局批准为国家认定企业技术中心。

技术中心以企业发展和环境保护的双赢为目的，以创新和环保为着力点，进行了一系列技术创新，构建了基于农作物秸秆综合利用的独具泉林特色的循环经济发展技术。目前已形成以涵盖秸秆收储、备料、制浆、纸制品制造、肥料、环保、热电铵法脱硫、装备制造八大系统的200余项专利技术和"秸秆清洁制浆""环保型秸秆本色浆制品"等4项国际领先技术为支撑，以农作物秸秆为原料，构建并不断完善了秸秆生产本色浆及本色浆制品、制造黄腐酸肥料、废气氨法脱硫后副产品作为制浆化工原料、制浆中段水综合治理后回用于生产4项主要的循环经济生产技术，被誉为"泉林模式"。"泉林模式"不仅破解了制约造纸企业发展的纤维原料、环境保护和水资源三大技术瓶颈，还实现了资源－产品－再生资源的良性循环，环境、经济、社会效益显著，形成了公司独特的产业竞争优势。

截至目前，技术中心科技人员745人。其中，高级技术职称人员141人，泰山学者1人，享受国家、省政府津贴9人，博士13人，硕士36人，外部专家23人。下设浆纸、环保、肥料、纸浆模塑、装备等多个专业研究机构，技术力量雄厚。

法人代表： 李洪法

地址： 山东省高唐县光明东路15号

邮编： 252800

电话： 0635－3961721

传真： 0635－3961597

邮箱： quanlinhao@ 163. com

网址： www. tralin. com

山东太阳纸业股份有限公司企业技术中心

山东太阳纸业股份有限公司企业技术中心于1999年年底成立，2002年被认定为市级技术中心，2007年被认定为省级技术中心，2010年被认定为国家级企业技术中心。

（1）机构设置　技术中心拥有研发人员468人。技术中心建筑面积5000米^2，拥有符合CNAS标准的恒温恒湿实验室、20多个专业实验室，包括制浆、湿部分析、生物分析、色谱分析、环保、涂布整饰、印刷实验室，中试车间等机构。配备先进的制浆造纸实验仪器设备，承担国家级企业技术中心创新能力建设项目1项。

（2）科研课题及成果　先后承担了国家科技部"863"项目，"十二五"科技支撑计划，工业和信息化部等国家、省部级重大科技项目。完成及在研科研项目50余项，完成新产品、新项目80多项，先后获得国家、省部级奖20多项，包括国家科技进步二等奖、国家教育部科技进步二等奖、中国轻工业联合会科技进步一等奖、山东省技术发明一等奖、中国林业产业（林浆纸类）科技进步一等奖和山东省科技进步奖等。

技术中心不断实现技术专利化，专利标准化，对创新成果实施有效保护，获得授权专利共计76项，其中，发明专利19项，实用新型45项，外观设计12项，共主持参与14项国家行业标准的制订与修订。

（3）科研投入　技术中心不断加大科技研发经

费的投入，研发费用占产品销售收入的4.0%以上，用于技术中心基础设施的建设、先进设备购置和科研开发经费，不断提高技术中心核心竞争力。

（4）产学研合作　与中国制浆造纸研究院、华南理工大学、齐鲁工业大学、陕西科技大学、天津科技大学、山东大学、中国科学院青岛生物能源与过程研究所等一批科研院所和高等院校建立长期合作关系，实现产学研紧密结合和优势互补。

法人代表： 李洪信
总工程师： 应广东
地址： 山东省兖州市友谊路1号
邮编： 272100
电话： 0537－7928719
传真： 0537－7928719
邮箱： zhangwei@ sunpaper. cn
网址： www. sunpapergroup. com

中冶纸业银河有限公司企业技术中心

中冶纸业银河有限公司企业技术中心成立于1995年，2006年被山东省经贸委认定为省级企业技术中心，2009年被认定为国家级企业技术中心。

技术中心科研楼总面积2000多米^2，包括中心实验室、化验分析室和恒温恒湿实验室，拥有纤维质量分析仪、Zeta电位测定仪、PCD－04胶体电荷测定仪、动态滤水仪、纸页动态成形器、IGT印刷适性仪、纸张匀度分析仪、L&W粗糙度测试仪、激光粒度分布测试仪、TSO测试仪等先进的仪器设备。

技术中心拥有专业技术人员132人，其中，具有中高级职称的56人，本科以上学历106人，形成了一支结构合理和业务水平较高的技术人才队伍。

技术中心在产品创新、麦草制浆及碱回收新工艺开发、制浆造纸环保技术创新和循环经济开展等方面处于国内领先水平。近几年，技术中心自主开发了一系列高附加值且在行业内具有重要影响力的产品，主要有高档轻型纸、高白纯质纸、雅质纸（《舌尖上的中国》及作家出版社出版的《莫言文集》用纸）、象牙白纸（《朱镕基讲话实录》及《乔布斯传》用纸）、银河书纸、高档纸杯原纸等产品。其中，开发项目“雅质印刷纸的生产技术”及“高白纯质纸生产技术”通过了山东省科技厅的鉴定，其技术水平均填补了国内空白。技术中心与陕西科技大学合作开发的“制浆和碱回收过程优化控制系统的研究与应用”项目荣获国家科学技术进步二等奖；国家火炬计划“草浆碱回收联产轻质碳酸钙研究”项目荣获全国造纸行业节能减排优秀技术创新成果一等奖及中国轻工业联合会科学技术进步三等奖；碱回收白泥精制碳酸钙荣获国家重点新产品证书；“10万吨/日造纸废水深度处理及中水回用技术”项目获得中国轻工业联合会科学技术进步二等奖；技术中心与清华大学合作开发的“有机酸法制浆技术与工艺研究”及自主研发的“造纸混合污泥生产有机肥技术”和“稳定并提高轻型纸白度的技术”项目通过了山东省科技厅的鉴定，技术水平均达到国内领先水平。技术中心共拥有有效专利108项，其中，发明专利8项。2012年技术中心被中国轻工业联合会评为“‘十一五’轻工业科技创新先进集体”。

技术中心将继续以研究开发为主要内容，加大创新能力建设力度，力争成为国内未涂布印刷纸工程技术的创新基地及产业化研发平台。

法人代表： 李树俭
地址： 山东省临清市西门里街297号
邮编： 252600
电话： 0635－2433943
传真： 0635－2432945
邮箱： yhjszx@ 163. com
网址： www. mccyinhe. com

恒安国际集团有限公司企业技术中心

恒安国际集团有限公司（简称“恒安集团”）企业技术中心成立于2003年，经多年管理变革及职能优化，逐步形成了以技术委员会与专家委员会为技术评估决策机关、下设5个技术管理部门及6个研究所的创新体系。2008年，经国家5部委联合认定，授予国家认定企业技术中心资格。2012年12月，技术中心实验室被福建省科技厅认定为福建省一次性卫生用品企业重点实验室。2013年经CNAS评定委员会审定，恒安集团检测中心获CNAS认可。

（1）主要职能　技术中心承担着恒安集团新技术、新材料、新工艺、新产品的研究开发、产品测试及对制造系统的技术支持。负责制订并实施企业中长期科技发展规划，同时担负公司标准、专利、成果等管理工作。

（2）研发成果　技术中心共取得科技成果300多项，获福建省科技进步奖5次，多项地市级科技、专利奖项；荣获“全国知识产权示范单位”“全国质量工作先进单位”“福建省第一批实施技术标准战略试点”等称号。

（3）研发设施 技术中心目前拥有中心实验室（产品研发、材料应用研究）、中心检验室和4个中试基地。仪器设备投入6000多万元，占地面积5000多米^2（含中试基地），各种仪器设备基本齐全，具备了实验、小试和中试的能力。

技术中心所属实验室拥有的研发及试验基础条件包括：产品测试、材料测试、化学测试、中试实验、数据信息五大系统。配备有液相色谱仪、气质联用仪、傅里叶变换红外光谱仪、万能拉力测试仪、钠离子浓度测量仪、透光率/雾度测定仪、计算机动态模拟测试系统、粒径分布测试仪等先进测试仪器，覆盖了《卫生巾（含卫生护垫）》《纸尿裤（含纸尿片/垫）》《一次性使用卫生用品卫生标准》《卫生纸（含卫生纸原纸）》《纸巾纸（含湿巾）》等国家和行业标准的所有检测项目。

（4）科研团队 技术中心现有员工205人，其中，博士9人，硕士研究生41人，高级职称8人，中级职称42人。

技术中心所辖材料应用、精细化工、产品开发、机电设备、专利情报等相关技术部门，均有高级工程师或以博士、硕士为主的技术带头人，涵盖了机电、化学、化工、非织造布、高分子材料、工业设计、材料工程、制浆造纸等不同专业背景，形成了老中青三代技术人员组成的梯次型创新队伍。

法人代表： 许连捷
总经理： 张群富
地址： 福建省晋江市东石镇井林安东工业区
邮编： 362271
电话： 0595－85526583
传真： 0595－85708666－5508
邮箱： zhangqf@ hengan. com
网址： www. hengan. com

河南江河纸业股份有限公司企业技术中心

河南江河纸业股份有限公司企业技术中心组建于2002年，2007年被认定为省级企业技术中心，2013年被认定为国家级企业技术中心，是一家主要从事高速、宽幅大型造纸成套装备，多功能、节能型造纸成套设备及关键造纸设备的研发和制造，赶超世界造纸装备先进水平的企业技术中心。

技术中心现有员工261人，其中，中高级工程师98人，博士9人，硕士5人。技术中心与华南理工大学、浙江大学、天津科技大学等大专院校合作，形成了以“设备制造业”和“用户企业”紧密结合的研发创新体系。与行业大专院校及骨干企业建立产学研创新联盟，形成了以院士为指导，以享受国务院特殊津贴专家、博士、高级工程师为核心的研发团队。并且大部分研究人员为中青年专业技术人员，与行业院校联合培养专业人才，有效保证了团队的可持续性。技术中心拥有实验室纸机、压光机、涂布机、纸张抗张力实验机、纸张质量控制系统、石油产品水分试验机、压光机检测系统、粗糙度检测仪、硬度检测仪等一大批国际一流的实验检测仪器。技术中心仪器设备原值7780万元，拥有研究开发建筑面积1965米^2，中试基地面积2916米^2。

技术中心坚持贯彻科学发展观，以自主创新为主，以“适用、创新、经济、先进”为原则，研发造纸设备，提高产品质量档次，降低生产成本，提高企业核心竞争力和行业装备技术水平及节能减排技术水平。技术中心承担国家支撑计划项目7项，省级重大科技攻关项目2项，掌握并实践了高速纸机的关键、集成、运行技术，相继研制出800米/分、1000米/分、1200米/分造纸成套设备。并对稀释水流浆箱、夹网成形器、靴式压榨、膜转移涂布机等纸机核心基础部件有重大创新和突破。完成国家“十一五”重点科技支撑计划“国产高速纸机的研制”项目，研制1台幅宽5600毫米、工作车速达到1350米/分的高速文化用纸机，达到国际先进水平。已研制成功的造纸成套装备和单体装备都是国内领先或国际先进水平。拥有国家发明专利6项、实用新型专利102项，受理发明专利8项；省部级科技成果14项；获得省部级科技进步一等奖2项、二等奖4项、三等奖1项，多项技术成果获得行业和地市科技进步奖。

技术中心以“赶超世界先进水平，振兴民族造纸工业”为己任，经过长期卓有成效的创新和不懈追求，研发的造纸装备已经达到国际先进水平。独具特色的创新模式、稳固的产学研联盟、完善的研究开发试验条件和强有力的创新团队，必将在造纸装备自主化方面创造出更加显著的业绩，对于整个造纸行业结构调整和产业升级将产生重要的影响。

法人代表： 姜丰伟
总工程师： 刘铸红
地址： 河南省武陟县文化路555号
邮编： 454950

电话： 0391－7268191
传真： 0391－7268389
邮箱： wzjhzy@126. com
网址： www. jianghe. com

泰格林纸集团股份有限公司企业技术中心

泰格林纸集团股份有限公司企业技术中心（简称“泰格林纸技术中心”）成立于2000年3月，并于同年7月获湖南省省级技术中心认证。2005年10月被国家发展和改革委等部委认定为国家级企业技术中心。泰格林纸技术中心拥有科技人员307人，其中，享受国家津贴的专家4人，博士5人，硕士25人，高级工程师31人，形成了一支知识层次合理，技术水平高，具有丰富实践经验的高素质创新人才队伍，逐步将技术中心打造成以企业为主体，以市场为导向，产学研相结合的科研团队。

泰格林纸技术中心承担着整个集团公司的新技术引进、消化吸收、推广应用及新产品开发、生产调研、工程设计、林业研究、技术咨询服务职能；承担着各类标准及新产品标准的制定、重大项目前期方案策划、知识产权保护等专业领域的科研工作。

泰格林纸技术中心拥有专门用于试验研究、设计开发、项目前期策划于一体的科技办公楼，符合ISO标准的恒温恒湿实验室和最新的CAD设计中心。拥有专门的调研分析实验室，各类分析、检测、实验设施齐全。近2年又不断添置了一批国际先进水平的科研仪器和设备，技术中心的科研开发条件居全国同行业之前列。

泰格林纸技术中心逐年加大企业科研开发经费的投入，研究开发经费支出已占到销售收入的5.0%以上。技术中心大力开展科技研发活动，每年开展科技活动近100余项。技术中心研发的“意大利杨APMP新工艺制浆及其应用”是造纸行业中屈指可数的企业独立完成的获国家科技进步二等奖项目，其核心专利技术意大利杨盘磨漂白制浆工艺获2007年第十届全国优秀专利奖。意大利杨APMP制浆新工艺研究应用，为我国速生丰产林高得率制浆技术的发展树立了样板，为缓解我国木材资源紧张局面、推动速生丰产林基地的建设、保护生态环境、带动地方经济发展等方面发挥了重要的作用。

泰格林纸技术中心已与奥地利安德里茨公司、芬兰美卓公司、加拿大制浆造纸研究所、中国制浆造纸研究院、中国林业科学研究院林产化学工业研究所、华南理工大学、陕西科技大学、长沙理工大学等20多所知名高校和科研院所建立了产学研合作关系。2002年，泰格林纸技术中心与中国林业科学研究院林产化学工业研究所合办研究开发机构，成立泰格林纸集团技术中心南京实验室；2006年，与华南理工大学合作成立泰格—华工生物质化工合作实验室；2009年泰格林纸集团加入林产化工产业技术创新战略联盟。公司拥有高得率制浆及其应用、高得率浆配抄高档文化用纸、碱法草浆白泥精制碳酸钙作造纸填料、荻苇浆ECF漂白工艺、废纸脱墨浆配抄轻量涂布纸、木材纤维制浆等多项核心技术。

技术中心研究成果、专利及获奖情况：

（1）知识产权建设　获国家授权有效专利86项，其中，发明专利76项，专利形成标准10项。同时公司获得“湖南省首批知识产权培育工程优势企业”“第四批全国企事业单位知识产权试点企业”等荣誉称号。

（2）科技成果情况　先后获得国家级新产品6项，省部级以上科技进步奖28项，专利发明奖6项。

（3）承担科技项目情况　先后承担国家科研计划项目8项，省级科研项目22项。

法人代表： 黄　欣
总工程师： 朱宏伟
邮编： 414002
电话： 0730－8590222
传真： 0730－8561262
网址： www. tigerfp. cn

广西贵糖（集团）股份有限公司企业技术中心

广西贵糖（集团）股份有限公司企业技术中心成立于1996年，是国家认定的企业技术中心。企业技术中心抓住技术创新六要素（企业、市场、人才、技术基础、资金、环境），制定企业创新规划和创新激励机制，充分实现创新资源的优化配置与创新活动的相互促进。

（1）组织建设　为了实现规范化、制度化，技术中心形成了领导重视，职工积极参与技术创新、产品创新、工艺创新的极好的创新环境和文化氛围。技术中心下属有博士后科研工作站、制糖研究所、造纸研究所、环保研究所、计算机信息中心“一站、三所、一中心”。

技术中心拥有各类专业工程技术人员268人，其中有博士后、博士、硕士和数百名专科以上学历的各层次和年龄结构合理的研究、生产、管理团队。为了拓展博士后研究工作的领域，企业博士后科研工作站先后招收了7名博士。博士在站期间作了多项研究，其中有3个课题的研究成果已应用于公司的生产实践中。

（2）创新机制建设 2013—2014年公司强化科技投入保障机制，确保科技活动经费支出额占产品销售收入3%以上。为了增强企业的研究开发新技术、新产品的持续能力，提升企业竞争力，2014年技术中心先后与多家科研院所和企业进行了富有成效的合作。2014年公司还修订和完善了12项相关的管理制度。

技术中心采取“走出去，请进来”等多种形式开展广泛的技术交流与合作，了解和掌握行业最尖端科学技术的研究发展和应用状况，及时引进、消化和吸收行业最尖端科学技术和应用技术，确保公司的产品科技含量和生产工艺技术处于同行业先进水平。

技术中心根据自身的实际情况和未来发展的要求向国家知识产权局申请了24项国家发明专利和10项外观设计专利、6项实用新型专利，其中8项已获发明专利证书。2013年获得授权的发明专利及实用新型专利各1项，获得受理的实用新型专利1项。2014年申请并获得受理的专利10项，其中，发明专利5项，实用新型专利5项。

（3）基础设施建设 公司建立中心综合实验室，各种科研设备进行集中调配，并不断添置用于新产品开发和研究的试验仪器设备，既有独立的实验室，又实现了资源共享；同时配备了一批具有研发能力的工程技术人员，取得了可喜的科研成果。如具有世界先进水平的运用甘蔗渣制浆抄造中高档文化用纸和生活用纸技术、造纸白水回收技术、中段废水处理技术等。2015年技术中心开始筹建广西贵糖特种纸研究院，将进一步提升造纸的研发能力。

现具有的研究试验设施、检测设施、信息化设施包括：精制糖生产澄清工艺——糖汁碳酸法－离子交换树脂清净处理中试流程；制糖混汁上浮中试设备和流程；膜超滤技术应用的设备与生产流程；高速试验纸机研发生活用纸新品种流程；以蒸煮器、筛浆机、打浆机、纸页成形器为主的造纸中试及新产品开发的设备和流程；建立沼气提纯净化实验室，配备相应的分析仪器；IC厌氧中试反应器1套；碳酸钙小试设备和流程，并配备颗粒测量仪器和水分快速检测仪各1套，能通过配置的软件进行数据的分析处理；制浆造纸废水好氧生化处理中试设备1套。

法人代表：但昭学
地址：广西壮族自治区贵港市幸福路100号
邮编：537102
电话：0775－4201380
传真：0775－4260088
邮箱：438229202@qq.com
网址：www.guitang.com

（雷 煌）

国内高校制浆造纸研究机构

Domestic University' s Pulp and Paper Research Institutions

江南大学造纸技术研发中心

江南大学造纸技术研发中心成立于 2003 年 12 月，具有制浆造纸工程硕士、博士学位点及博士后流动站。拥有专业教师 5 人，其中，教授 1 人，副教授 3 人；博士生导师 1 人，硕士生导师 3 人。其中有 2 名教师分别入选杭州钱江特聘专家和无锡市社会事业领军人才计划。截至 2015 年 12 月，已毕业博士生 5 人，硕士生 24 人。目前在校硕士和博士生共 15 人，在站博士后 2 人。研发中心在国内外学术刊物上发表 SCI、EI 和 ISTP 三大检索收录论文 100 余篇，出版专著 8 部，获得发明专利 15 项。主持和承担各类科研项目 50 余项，其中国家级和省部级科研项目 20 余项。荣获国家科技进步二等奖 1 项，省级科技进步二等奖 1 项、三等奖 3 项，市局级一等奖 10 余项。积极参与社会科技创新和服务体系建设，推进科技成果产业化，与国内外多家单位建立了全面合作关系，在特种纸、轻化工助剂等方面已初步形成了一定的特色。

隶属单位：教育部

法人代表：陈　坚

造纸研发中心主任：龙　柱

造纸研发中心所在学院：江南大学纺织服装学院

地址：江苏省无锡市蠡湖大道 1800 号

邮编：214122

电话：0510－85912107

手机：13771579993

传真：0510－85912009

邮箱：longzhu@ jiangnan. edu. cn

网址：www. jiangnan. edu. cn

研究生招生：每年招收硕士生 2～4 人，博士生 1 人，另招收博士后 1～2 人。

研究方向：纸基功能材料和特种纸，轻化工助剂(造纸、石油和印染)，生物质综合利用。

浙江理工大学制浆造纸研究所

专业设置时间：2004 年 9 月在“轻化工程”专业中开始招收制浆造纸工程专业方向本科生，2003 年 9 月在“材料加工工程”和“材料物理与材料化学”两个硕士点招收制浆造纸工程和包装材料方向硕士研究生，2004 年 5 月申报成功“轻工技术与工程”领域工程硕士专业学位授权点，2004 年 9 月在“轻工技术与工程”领域招收制浆造纸工程、包装材料和印刷技术方向工程硕士专业学位研究生，2008 年 9 月在纺织工程学科博士点招收制浆造纸工程和包装材料方向博士研究生。

专业课程设置：植物纤维化学、制浆原理与工程、造纸原理与工程、制浆造纸机械与设备、制浆造纸过程控制与自动化、废纸再生利用技术、制浆造纸工程综合实验、制浆造纸工程专业英语、制浆造纸环境保护、制浆造纸工程设计概论、制浆造纸工程课程设计、纸与纸板的结构与性能、特种纸与加工纸制造技术、制浆造纸化学品与纸机湿部化学、植物资源化学与工程、制浆造纸新技术导论、包装印刷概论等。

隶属单位：浙江省教育厅

造纸专业所在院系：浙江理工大学材料与纺织学院

研究所所长：薛国新

地址：浙江省杭州市下沙高教园区西区 2 号大街 928 号

邮编：310018

电话：0571－86843263

传真：0571－86843263

邮箱：xueguoxin@ 126. com

网址： www. zstu. edu. cn

研究生招生： 每年招收硕士生 16 ~ 20 人；博士生 1 ~ 2 人。

研究方向： 制浆造纸科学与技术，包装印刷材料与工程技术，造纸机湿部化学机理和技术优化，制浆造纸助剂和化学品，特种纤维纸基功能材料，植物纤维资源综合利用等。

陕西科技大学造纸环保研究所

陕西科技大学造纸环保研究所（简称“环保研究所”）成立于 2000 年，于 2013 年获批为陕西省技术转移示范机构，于 2015 年获批为陕西省研究生联合培养示范工作站。环保研究所依托陕西科技大学雄厚的科研实力和广泛的国际交流与合作渠道，在借鉴和吸收国内外造纸环保领域先进技术的基础上，致力于工业及市政领域污染治理新技术的研究开发与科技成果的市场化、产业化、规模化。

环保研究所专家团队成员具有造纸和环保双学历，聘请加拿大 UNB 大学倪永浩教授（加拿大工程院院士）担任技术顾问。下设技术开发部、分析实验中心、环保工程部、设备制造中心及综合部。环保研究所共有工程技术人员 42 人，其中，教授、高级工程师 9 人，工程师 18 人。业务范围包括市政污水及工业废水处理工程设计、技术咨询、BOT 及 EPC 项目、环保设备制造与安装调试、水处理药剂研发及销售、工程调试及运营管理等。

环保研究所已获 14 项国家专利；先后承担国家及陕西省多项废水处理技术研究重点科技攻关项目，项目均通过了国家或省科委组织的鉴定和验收，成果达到国际先进水平。其中，供气式低压射流曝气好氧生物处理氧化沟工艺（专利号：ZL 03 2 62786. 6）已在造纸、食品、化工等多个行业的废水处理工程及市政污水处理中广泛应用；已建成运行 6 座 UASB 厌氧污泥床反应器和 11 座 HSASB 高速厌氧反应器（专利号：ZL 2014 2 0050344. 9）处理效果稳定、在冬季低温情况下运转良好，而且长期运行无结垢现象；为适应更严格环保排放标准而开发的 Fenton 流化床深度处理技术（专利号：ZL 2013 2 0281998. 8）药剂消耗量少，运行成本低，已在多个实际工程中得到了成功应用；针对加强高浓废水生化系统微生物活性而研发的氮磷复合剂，在工业废水生化处理系统中成功应用并推广。目前，环保研究所已完成包括造纸废水、食品加工废水、化工废水及市政污水等 130 多项废水处理工程项目。

环保研究所作为专业的高科技环保服务机构，将始终不渝地坚持以适用的先进技术为支撑，在专业技术团队的共同努力下治理环境污染，让环保扎根现在，用绿色昭示未来。

隶属单位： 陕西科技大学

法人代表、所长： 张安龙

手机： 13991006901

邮箱： anlongzh63@ 163. com

总工程师： 景立明

手机： 13891914541

邮箱： jingmolla@ 163. com

环保研究所所在学院： 陕西科技大学轻工与能源学院

地址： 陕西省西安市经济技术开发区凤城十二路凯瑞 B 座 704 – 705

邮编： 710021

电话： 029 – 89600026

传真： 029 – 89600026

邮箱： susthbs@ 126. com

网址： www. susthbs. com

研究生招生： 陕西科技大学造纸环保研究所作为陕西省研究生联合培养示范工作站，每年接收 1 ~ 2名博士生和 2 ~ 4 名硕士生。

研究方向： 有机工业废水处理及废弃物污染控制技术。

湖北工业大学制浆造纸工程研究所

湖北工业大学制浆造纸工程研究所（简称“研究所”）成立于 2009 年，为湖北工业大学直属科研实体。研究所目前拥有专职和兼职科研人员共 20 余人，其中，教授 4 人、副教授 6 人、湖北省“楚天学者”特聘教授 1 名、湖北省有突出贡献中青年专家 1 名、享受国务院特殊津贴专家 1 名。实验仪器设备总值 1100 余万元，实验室面积 1200 米^2。

近 5 年来，研究所先后承担国家自然科学基金项目 8 项，省部级项目 24 项，企事业单位委托科研项目 50 多项，其中获省部级奖 8 项，国家发明专利 16 项，发表学术论文 400 多篇，其中有近 100 篇被三大索引收录。

研究所针对造纸行业的资源、环境以及产业升级等问题，在纤维原料的开发、绿色制浆新技术与污染控制、特种纸及纤维复合材料等领域进行了较深入的研究，并形成了如下具有特色和优势的研究领域与招生方向。

（1）植物纤维资源化学　立足于造纸工业纤维原料的可持续供给的要求，在速生制浆材的选育、化学成分特点、纤维素/半纤维素/木素等主要成分的结构和综合利用等方面做了大量的工作。

（2）绿色制浆技术与污染控制　主要研究高得率制浆等新型制浆工艺、污染控制技术及关键设备。

（3）特种纸及纸基复合材料　近年来，在新型造纸法烟草薄片、装饰原纸、无甲醛纤维板、木素基聚氨酯保温材料等产品的研发方面做了大量的研究工作。

研究所十分注重高层次人才培养，每年招收 8 名研究生。还与华中科技大学、齐鲁工业大学和华南理工大学等国内著名院校联合培养了多名优秀研究生。近年来，国际交流也十分活跃，与日本名古屋大学、京都大学、美国佐治亚理工学院等院校建立了紧密的合作关系。

隶属单位： 湖北工业大学

所长： 谢益民

制浆造纸研究所所在学院： 湖北工业大学制浆造纸工程学院

地址： 湖北省武汉市洪山区南李路 28 号

邮编： 430068

电话： 027－59750459

传真： 027－59750459

邮箱： ppymxie@163.com

网址： www.qgxb.hbut.edu.cn/paper/

郑州大学制浆造纸研究所（造纸技术（河南）服务公司）

郑州大学制浆造纸研究所成立于 2003 年 6 月，是郑州大学校级科研机构，其职能主要是面向制浆造纸企业，进行全方位的产学研结合和技术服务，并将科研成果实施产业转化。

郑州大学制浆造纸研究所拥有一支高素质的科研开发队伍，现有人员 16 人，其中，特聘教授 1 名、教授 5 人、副教授和高级工程师 6 人、工程师 3 人。现有喷爆制浆、无氯漂白、特种纸等技术。

郑州大学与美国、芬兰、俄罗斯、加拿大、日本、澳大利亚、韩国、中国台湾等国家和地区的 80 所知名高校建立了校际合作关系。2008 年 6 月引进外资与技术联合成立“造纸技术（河南）服务公司”，立足河南省面向全国为制浆造纸企业提供技术服务。

郑州大学制浆造纸研究所（造纸技术（河南）服务公司）为企业提供如下便利服务。

（1）项目建议书、可研报告的编写，项目论证、工程咨询、工厂设计、专利申报等。

（2）清洁生产、节能减排、环境评价方案的制定等。

（3）“四新”（新产品、新技术、新设备、新工艺）技术的鉴定和推广等；

（4）名牌（河南、中国）产品的推荐工作等。

（5）国际 ISO 9000、ISO 14000、ISO 18000（质量、环境、安全）咨询认证等。

（6）为企业提供免费法律咨询服务、律师聘请等。

法人代表： 王三保

单位负责人： 李尚武

地址： 河南省郑州市文化路 97 号

邮编： 450002

电话： 0371－87520359

传真： 0371－63886906

邮箱： hnszzxh@126.com

华南理工大学造纸与污染控制国家工程研究中心

华南理工大学造纸与污染控制国家工程研究中心（以下简称“研究中心”）是国家发展和改革委于 1996 年 3 月批准依托华南理工大学建设的国家科技发展项目。2005 年通过建设验收，并多次获得国家发展和改革委的良好评价，被授予“重大成就奖”称号。经国家发展和改革委批准，2012 年投入 2900 万元进行创新能力建设，完成多项技术研发平台建设，提高研究中心的技术成果工程化能力，持续为行业技术升级提供支撑。

研究中心是集高新技术装备研发和推广及人才培养于一体的工程化技术和装备研发机构，是科研成果向生产力转化的“通道”，是高新技术与产品的创新平台，其建设宗旨是将国内外有市场价值的重要科研成果进行后续工程化研究和系统集成，开发制浆造纸行业节能减排清洁生产、特种纸基材料等工程化共性集成技术与装备，提升我国制浆造纸节能减排清洁生产和特种纸生产技术水平。

目前，研究中心建设了多个工程化技术研发平台，包括制浆造纸废水循环回用技术研发平台、节能技术与装备研发平台、制浆造纸废弃物资源化研发平台和综合实验室。研究中心下设清洁生产项目部、环境与生态项目部、纸页成形项目部、节能技术项目部、特种纸基项目部、生物工程项目部、固体废物资源化项目部等技术与产品研发部门，在制浆造纸清洁生产、纸浆绿色漂白、造纸废水处理与生态循环回用、企业系统能耗优化、高效节能中浓磨浆、固体废物资源化利用、特种纸基功能材料、生物工程等方面的技术和装备研发推广成绩卓越。

研究中心与相关企业建立了良好的合作关系，成立了联合研发基地，实现了技术与成果共享。

研究中心下设有独立法人经济实体，开展高新技术和产品服务与经营。现有各类人员 50 人，包括教授级高工 13 人，高级工程师 22 人和中级 6 人。其中，博士 30 人，硕士 3 人，参研研究生近 100 人，研发设计经营人员配套齐全。

研究中心每年招收硕士生、博士生和博士后 40 多人，研究方向主要包括：制浆造纸清洁生产与污染控制、节能与控制、资源化利用、纸基特种材料、生物工程等。

所长：李友明

单位负责人：王迎军

制浆造纸研究所所在学院：华南理工大学轻工工程与科学学院

地址：广东省广州市五山路 381 号华南理工大学

邮编：510640

电话：020－87112614

传真：020－87113840

邮箱：pperc@ scut. edu. cn

网址：www. pperc. com. cn

广西大学造纸科学研究所

广西大学造纸科学研究所成立于 1997 年，隶属于广西大学，其职能主要是面向企业，进行全方位的产学研合作，并将高等院校的科研成果实施产业化。经过十几年的建设发展，目前研究所已初具规模，并逐渐形成了自己的特色。已成为广西壮族自治区制浆造纸、轻工环保等行业的主要研究单位，在国内同行业中具有较高的影响力。研究所拥有一支高素质的科研开发队伍，现有研究人员 21 人，其中，教授 6 人，副教授 4 人，拥有博士学位的 13 人，留学回国人员 7 人，形成了结构较为合理的人才梯队。

研究所依托广西大学，具有良好的基础设施和实验设备条件，其中中试车间拥有小型制浆造纸生产线、废纸脱墨浆生产线、工业有机废水厌氧及好氧中试生产线和纸质餐饮具中试生产线。ISO 标准恒温恒湿纸张检测室已通过国家气象计量站的认定，实验室拥有液相色谱仪、凝胶色谱仪、电感耦合等离子体发射光谱仪、顶空气相色谱仪、红外光谱仪、紫外光谱仪、流动分析仪、FS 300 纤维测定仪、Zeta 电位仪、PFI 磨浆机、TAPPI 标准纸页成形器、PPS 表面粗糙度仪、IGT 拉毛强度仪、包装材料透气性测试仪、包装振动实验机等大型仪器。近年来，实验室不仅满足教师及学生的科研要求，还逐步办成了开放实验室，积极为企业提供分析检测服务，大大促进了企校之间的合作与交流。

近年来，研究所先后负责承担国家 863 计划重大项目 1 项，国家 973 计划项目 1 项，国家自然基金项目 6 项，国家科技攻关项目 1 项，取得了多项科研成果。“轻工过程高浓度有机废水处理关键设备及工程化技术集成创新”经专家鉴定“总体技术水平达到国际先进水平，其中部分技术达到国际领先水平”，成果已成功应用于俄罗斯赤塔州阿玛扎尔北极星纸浆工业联合体、白俄罗斯戈梅里州多布鲁斯市劳动英雄造纸厂、缅甸 CTMP 新闻纸厂、玖龙纸业（控股）有限公司、广东理文造纸有限公司、山东博汇集团有限公司等国内外 140 多家企业，先后获得教育部科技进步奖一等奖和中国轻工业联合会科技进步奖一等奖。“BSC 还原法二氧化氯制备及纸浆无元素氯漂白技术”打破了我国造纸企业大型二氧化氯生产系统均为国外成套进口的现状，提高纸浆漂白过程的清洁化程度推动造纸工业产业结构调整，成果已成功应用在 APP 集团 IKPP 浆厂（35 吨/日）和 LONTAR 浆厂、海南金海浆纸业有限公司（35 吨/日）、广西永鑫华糖集团有限公司等国内外 20 多家企业，获 2015 年度广西科技进步奖一等奖。

所长：王双飞

地址：广西壮族自治区南宁市大学路 100 号

邮编：530004

电话：0771－3237097

传真：0771－3237079

邮箱：wangsf@ gxu. edu. cn

网址：www. gxu. edu. cn

（王　斌）

国内制浆造纸专业教育机构

Domestic Education Institutions Offering Pulping and Papermaking Courses

北京林业大学

造纸专业所在院系：材料科学与技术学院化学工程系

材料科学与技术学院院长：孙润仓

地址：北京市海淀区清华东路 35 号

邮编：100083

电话：010－62338152、62338358

隶属单位：教育部

专业设置时间：1987 年

专业课程设置：植物纤维化学、制浆原理与工程、造纸原理与工程、制浆机械与设备、高效清洁制浆、造纸助剂、废纸再生利用技术、加工纸、制浆造纸工厂设计、林化概论、专业英语、造纸工业环境污染与控制、造纸专业实验技术、木质素利用技术、生物工程概论、专业课程设计、纸的结构与性能、纸张概论、纸张与包装、纸张与印刷等。

2015 年在校专业学生人数：本科生 190 人，硕士生 100 人，博士生 45 人。

至 2015 年专业毕业生总人数：本科毕业生 1100 人，硕士生 170 人，博士生 40 人。

2015 年毕业生人数：本科生 50 人，硕士生 30 人，博士生 10 人。

2015 年专业教师情况：专业教师 40 人，其中，长江学者特聘教授 1 人，教授 11 人，副教授 15 人，讲师 8 人，高级实验师 3 人。

2015 年招收本科生人数：60 人。

2015 年招收专业硕士生人数：35 人。

2015 年招收硕士生的指导教师：孙润仓、许凤、蒋建新、蒲俊文、张力平、樊永明、姚春丽、何静、雷建都、吴玉英、金小娟、宋先亮、张学铭、马明国、韩春蕾、李瑞、彭峰、王波、王昆、李明飞。

2015 年招收专业博士生人数：15 人。

2015 年招收博士生的指导教师：孙润仓、许凤、蒲俊文、蒋建新、张力平、樊永明、姚春丽、何静、雷建都、马明国、张学铭、宋国勇。

中国制浆造纸研究院

研究院院长：曹春昱

地址：北京市朝阳区望京启阳路 4 号中轻大厦

邮编：100102

电话：010－64778000

传真：010－64778001

网址：www. cnppri. com

隶属单位：中国轻工集团公司

专业设置时间：1982 年

专业课程设置：制浆造纸生物技术、造纸助剂与湿部化学、纸张结构与性能、制浆化学、制纸科学、非木材造纸、造纸工业环境保护。

2015 年在读专业学生人数：硕士生 13 人。

至 2015 年专业毕业生人数：硕士生 74 人。

2015 年毕业生人数：5 人。

2015 年专业教师情况：专业教师 11 人。

2015 年招收专业硕士生人数：3 人。

2015 年招收硕士生的指导教师：曹春昱、卢宝荣、刘文、彭建军、冯文英、庄金风、刘金刚、陈曦、张清文、李杰辉、陈雪峰。

天津科技大学

造纸专业所在院系：造纸学院

造纸学院院长：刘　忠

地址：天津市泰达开发区十三大街 29 号

邮编：300457

电话： 022－60601293

传真： 022－60602510

隶属单位： 天津市

专业设置时间： 天津科技大学前身为1939年的中央技术专业学校，随后相继与北洋大学、四川化工学院等相关学科合并迁至天津大学。1959年和1971年分两次将造纸专业调至天津轻工业学院。2015年4月天津科技大学造纸学院成立。至今该学科已有70多年的历史。

专业课程设置： 植物纤维化学、植物纤维化学实验、制浆原理与工程、造纸原理与工程、制浆造纸工艺实验、高分子物理与化学、过程测控、制浆造纸工程设计、仪器分析、环保工程、化工设备、加工纸、废纸再生利用、化工助剂、高得率制浆、浆料流体力学、生物化学导论、制浆造纸清洁生产原理与技术、生物质精炼、制浆造纸导论等。

2015年在校专业学生人数： 本科生454人，硕士生87人，博士生25人。

至2015年专业毕业生人数： 本科生2747人，专科生496人(包括高等教育自学考试)，硕士生287人，博士生80人。

2015年毕业生人数： 本科生137人，硕士生38人，博士生3人。

2015年专业教师情况： 专业教师共32人，其中，教授10人，副教授7人，讲师8人。

2015年招收本科生人数： 110人。

2015年招收专业硕士生人数： 21人。

2015年招收硕士生的指导教师： 倪永浩、刘忠、侯庆喜、司传领、刘廷志、高玉杰、刘秋娟、李群、王高升、裴继诚、刘泽华、张红杰、惠岚峰、刘洪斌、刘鹏涛、洪义梅、张文晖。

2015年招收专业博士生人数： 3人

2015年招收博士生的指导教师： 倪永浩、刘忠、侯庆喜、李群、司传领、刘廷志、姜涛、曹振雷、王昶、陈嘉川、秦梦华。

大连工业大学

造纸专业所在院系： 轻工与化学工程学院

轻工与化学工程学院院长： 张绍印

地址： 辽宁省大连市甘井子区轻工苑1号

邮编： 116034

电话： 0411－86323327－602

传真： 0411－86323649

隶属单位： 辽宁省教育厅

专业设置时间： 1959年

专业课程设置： 植物纤维化学、制浆原理与工程、造纸原理与工程、轻化工仪表及自动化、轻化工设备、轻化工环境保护、轻化工工艺实验、热工与节能、文献检索、轻化工科技英语、轻化工工厂设计、废纸回收工程、制浆造纸化学品、植物纤维资源综合利用、加工纸、设备维护与过程控制、制浆造纸前沿技术等。

2015年在校专业学生人数： 本科生330人，硕士生51人。

至2015年专业毕业生总人数： 本科生2792人，硕士生235人。

2015年毕业生人数： 本科生78人，硕士生23人。

2015年专业教师情况： 专业教师和工程技术人员16人，其中，教授5人，副教授(含副研究员和高级工程师)8人，讲师(含工程师)3人。

2015年招收本科生人数： 90人。

2015年招收专业硕士生人数： 15人。

2015年招收硕士生的指导教师： 周景辉、平清伟、牛梅红、韩颖、鲁杰、石海强、张健、孙广卫、李海明、郭延柱。

东北林业大学

造纸专业所在院系： 材料科学与工程学院

材料科学与工程学院院长： 刘守新

地址： 黑龙江省哈尔滨市香坊区和兴路26号

邮编： 150040

电话： 0451－82191744、82190394

传真： 0451－82191744

隶属单位： 教育部

专业设置时间： 1987年

专业课程设置： 无机化学、有机化学、分析化学、物理化学、化工原理、植物纤维化学、造纸原料各论、制浆原理与工程、造纸原理与工程、加工纸工艺、造纸助剂与湿部化学、制浆综合实验(含植物纤维化学、造纸原料各论、制浆分析、污染防治)、造纸综合实验(含造纸助剂与湿部化学、造纸分析、加工纸工艺)、专业外语(英)、制浆造纸过程测量与控制、制浆造纸机械与设备、制浆造纸工程设计、计算机在造纸工业中的应用、高得率浆生产技术、制浆废液资源化利用、制浆造纸技术进展、轻化工程专业导论、制浆造纸节能技术、造纸企业污染防治等。

2015 年在校专业学生人数：本科生 198 人，硕士生 20 人，博士生 7 人。

至 2015 年专业毕业生总人数：本科毕业生 774 人，硕士生 63 人，博士生 8 人。

2015 年毕业生人数：本科生 46 人，硕士生 6 人。

2015 年专业教师情况：专业教师和工程技术人员 13 人，其中，中国工程院院士 1 人（外聘）；教授 4 人，副教授（含副研究员和高级工程师）6 人，讲师（含工程师）3 人。

2015 年招收本科生人数：63 人。

2015 年招收专业硕士生人数：2 人。

2015 年招收硕士生的指导教师：钱学仁、刘文波、岳金权、沈静。

2015 年招收专业博士生人数：1 人。

2015 年招收博士生的指导教师：钱学仁。

齐齐哈尔大学

造纸专业所在院系：轻工与纺织学院

轻工与纺织学院院长：赵　欣

地址：黑龙江省齐齐哈尔市文化大街 42 号

邮编：161006

电话：0452 – 2738192

传真：0452 – 2738192

网址：www. qqhru. edu. cn

隶属单位：黑龙江省教育厅

专业设置时间：1988 年

专业课程设置：轻化工合成材料基础、轻化工生物技术、计算机在轻化工程中的应用、植物纤维化学、制浆造纸原理与工程、制浆造纸机械与设备、加工纸原理与技术、造纸助剂、造纸仪表与自动化、造纸环保与污染治理技术、制浆造纸工厂设计等。

2015 年在校专业学生人数：本科生 520 人（轻化工程专业）。

2015 年毕业生人数：本科生 124 人。

2015 年专业教师情况：专业教师 7 人，其中，教授 1 人，副教授 5 人，讲师 1 人。

2015 年招收本科生人数：120 人。

东北电力大学

造纸专业所在院系：化学工程学院

化学工程学院院长：孙墨杰

地址：吉林省吉林市长春路 169 号

邮编：132013

电话：0432 – 4806371

传真：0432 – 4806620

隶属单位：吉林省教育厅

专业设置时间：中专 1950 年，本科 2001 年

专业课程设置：植物纤维化学、植物纤维化学实验、轻化工仪表自动化、轻化工计算机辅助设计、轻化工环境保护、制浆原理与工程、造纸原理与工程、工艺实验、印刷工艺学、包装原理与工程、文献检索、专业外语（英）、制浆造纸机械与设备、轻化工工厂设计、制浆漂白新技术（英）、造纸湿部化学、制浆造纸助剂、化工设备、生物技术在造纸工业中应用、加工纸与特种纸、二次纤维回用技术等。

2015 年在校专业学生人数：本科生 146 人。

至 2015 年专业毕业生总人数：本科生 804 人。

2015 年毕业生人数：本科生 38 人。

2015 年专业教师情况：专业教师和工程技术人员 32 人，其中，教授 6 人，副教授（含副研究员和高级工程师）24 人，讲师（含工程师）2 人。

2015 年招收本科生人数：37 人。

南京林业大学

造纸专业所在院系：轻工科学与工程学院

轻工科学与工程学院院长：张　辉

地址：江苏省南京市龙蟠路 159 号

邮编：210037

电话：025 – 85428793

传真：025 – 85428793

隶属单位：江苏省教育厅、国家林业局

专业设置时间：1964 年

专业课程设置：（1）本科生专业课程主要为：植物资源化学、制浆原理与工程、造纸原理与工程、制浆造纸机械与设备、制浆造纸过程系统控制、制浆造纸工程设计、纸加工原理与技术、废纸再生利用技术、植物资源化学实验、制浆造纸工艺实验、制浆造纸专业英语、现代造纸机械状态监测与故障诊断（加实验）、制浆造纸机械制造工艺、制浆造纸设备腐蚀与防护（加实验）、制浆造纸设备安装与维修（加实验）等。（2）研究生专业课程主要为：高等木材化学研究方法（含实验）、木质素化学、糖类化学、制浆化学、造纸化学、制浆造纸专题、现代造纸机械监诊学、工程信号采集与处理、制浆造纸装备专题、高等纸浆与造纸分析方法等。

2015年在校专业学生人数：本科生755人，硕士生102人，博士生25人。

至2015年专业毕业生总人数：专科生1063人，本科生3061人，硕士生365人，博士生74人。

2015年毕业生人数：本科生156人，硕士生37人，博士生3人。

2015年专业教师情况：专业教师和工程技术人员56人，其中，国际木材科学院院士1人，江苏省“333”高层次人才培养工程中青年学术带头人培养对象4人，江苏省“青蓝工程”中青年学术带头人培养对象3人，美国特聘教授1人，国内外兼职教授8人；教授14人，副教授（含副研究员和高级工程师）18人，讲师（含工程师）16人。

2015年招收本科生人数：175人。

2015年招收专业硕士生人数（含全日制工程硕士）：40人。

2015年招收硕士生的指导教师：张辉、翟华敏、戴红旗、曹云峰、胡慕伊、周小凡、童国林、金永灿、景宜、龚木荣、吴彩娥、杨益琴、时留新、吴淑芳、苏二正、宋君龙、任浩、程金兰、王志国、吴伟兵、王琪、邢洁芳、石瑞。

2015年招收专业博士生人数：8人。

2015年招收博士生的指导教师：张辉、曹云峰、翟华敏、戴红旗、周小凡、童国林、金永灿、景宜、魏先福、房桂干、吴彩娥、宋君龙。

江南大学

造纸专业所在院系：纺织服装学院轻化工程系

纺织服装学院院长：王鸿博

地址：江苏省无锡市蠡湖大道1800号

邮编：214122

电话：0510－85912107

传真：0510－85912009

网址：www.jiangnan.edu.cn

隶属单位：教育部

专业设置时间：2003年

专业课程设置：现代制浆造纸理论及研究前沿、纤维表面物理与界面科学（双语）、造纸物理、造纸湿部化学、现代包装材料学、近代仪器分析实验、制浆化学、造纸助剂、制浆造纸分析与检测、纸页结构与性能、废纸再生技术、印刷适性与材料分析、生物质能源与化工、非织造技术进展、纤维材料表面功能化（双语）、二次纤维利用新技术、高聚物结构与性能、制浆造纸科技前沿讲座、加工纸与特种纸等。

2015年在校专业学生人数：硕士生12人，博士生5人。

至2015年专业毕业生总人数：硕士生25人，博士生6人。

2015年毕业生人数：硕士生3人，博士生1人。

2015年专业教师情况：专业教师和工程技术人员5人，其中，教授2人（其中兼职教授1人），副教授3人。

2015年招收专业硕士生人数：5人。

2015年招收硕士生的指导教师：龙柱、蒋学、张丹。

2015年招收专业博士生人数：1人。

2015年招收专业博士后人数：1人。

2015年招收博士生的指导教师：龙柱。

浙江科技学院

造纸专业所在院系：生物与化学工程学院/轻工学院

生物与化学工程学院/轻工学院院长：刘士旺

地址：浙江省杭州市留和路318号

邮编：310023

电话：0571－85070782

传真：0571－85070785

隶属单位：浙江省教育厅

专业设置时间：2005年

专业课程设置：植物纤维化学、植物纤维化学实验、制浆原理与工程、造纸原理与工程、制浆造纸过程模拟与控制、工艺实验、制浆造纸机械与设备、制浆造纸工厂设计、轻化工环保、加工纸与特种纸、制浆造纸专业英语、包装原理与工程、制浆造纸助剂、二次纤维回用技术等。

2015年在校专业学生人数：本科生238人，硕士生4人，博士生1人。

至2015年专业毕业生总人数：本科生323人。

2015年毕业生人数：本科生57人。

2015年专业教师情况：专业教师和工程技术人员14人，其中，校级特聘教授1人；教授3人，副教授（含副研究员和高级工程师）8人，讲师（含工程师）3人。

2015年招收本科生人数：60人。

浙江理工大学

造纸专业所在院系：材料与纺织学院制浆造纸研究所

材料与纺织学院制浆造纸研究所所长：薛国新

地址：浙江省杭州市下沙高教园区西区2号大街928号

邮编：310018

电话：0571－86843263

传真：0571－86843263

隶属单位：浙江省教育厅

专业设置时间：2004年9月在"轻化工程"专业中开始招收制浆造纸工程专业方向本科生，2003年9月在"材料加工工程"和"材料物理与材料化学"两个硕士点招收制浆造纸工程和包装材料方向硕士研究生，2004年5月申报成功"轻工技术与工程"领域工程硕士专业学位授权点，2004年9月在"轻工技术与工程"领域招收制浆造纸工程、包装材料和印刷技术方向工程硕士专业学位研究生，2008年9月在纺织工程学科博士点招收制浆造纸工程和包装材料方向博士研究生。

专业课程设置：植物纤维化学、制浆原理与工程、造纸原理与工程、制浆造纸机械与设备、制浆造纸过程控制与自动化、废纸再生利用技术、制浆造纸工程综合实验、制浆造纸工程专业英语、制浆造纸环境保护、制浆造纸工程设计概论、纸与纸板的结构与性能、特种纸与加工纸制造技术、制浆造纸化学品与纸机湿部化学、植物资源化学与工程、制浆造纸新技术导论、包装印刷概论等。

2015年在校专业学生人数：本科生81人，研究生84人。

至2015年专业毕业生总人数：本科生220余人，硕士生72人，博士生1人。

2015年毕业生人数：本科生20人，硕士生18人，博士生1人。

2015年专业教师情况：专业教师和工程技术人员9人，其中，教授2人，副教授4人，讲师2人，工程师(实验员)1人。

2015年招收本科生人数：23人。

2015年招收硕士生情况：招收制浆造纸工程学术型硕士生6人，工程硕士生28人。

2015年招收硕士生的指导教师：薛国新、夏新兴、张秀梅、唐艳军、张勇、张俊华。

2015年招收博士生的指导教师：薛国新、夏新兴。

福建农林大学

造纸专业所在院系：材料工程学院轻化工程系

材料工程学院院长：陈礼辉

地址：福建省福州市仓山区上下店路15号

邮编：350002

电话：0591－83715175

传真：0591－83715175

隶属单位：福建省教育厅

专业设置时间：1986年设制浆造纸专科，1989年设制浆造纸工程本科，2003年设制浆造纸工程硕士点，2010年设轻工技术与工程专业硕士点。

专业课程设置：化工原理、植物纤维化学、制浆原理与工程、造纸原理与工程、制浆造纸机械与设备、制浆造纸工厂设计、废纸再生利用技术、造纸化学品、天然产物化学、精细化学品生产工艺学。

2015年在校专业学生人数：本科生233人，硕士生53人，工程硕士生9人，博士生13人。

2015年毕业生人数：本科生59人，硕士生26人，博士生8人。

2015年专业教师情况：专业教师28人，其中，教授8人，副教授9人，讲师11人。

2015年招收本科生人数：60人。

2015年招收研究生人数：硕士生18人，博士生5人。

2015年招收硕士生的指导教师：陈礼辉、谢拥群、黄六莲、黄彪、林金国、曹石林、郑德勇、卢泽湘、罗小林、吴慧、刘凯、马晓娟、张敏、刘婧、胡会超。

齐鲁工业大学

造纸专业所在院系：造纸与植物资源工程学院

造纸与植物资源工程学院院长：王　锋

地址：山东省济南市长清区大学路3501号

邮编：250353

电话：0531－89631681

传真：0531－89631163

隶属单位：山东省教育厅

专业设置时间：1978年

专业课程设置：造纸植物资源化学、制浆原理与工程、造纸原理与工程、制浆造纸机械与设备、制浆造纸分析与检测、制浆造纸环境保护概论、制浆造纸助剂、加工纸与特种纸、制浆造纸设备安装与维修、制浆造纸工厂设计。

2015 年在校专业学生人数： 本科生 639 人，硕士生 85 人。

至 2015 年专业毕业生总人数： 本科生 2595 人，硕士生 291 人。

2015 年毕业生人数： 本科生 167 人，硕士生 52 人。

2015 年专业教师情况： 专业教师和工程技术人员 48 人，其中，泰山学者特聘教授 1 人，特聘教授 1 人；教授 17 人，副教授(含副研究员和高级工程师)16 人，讲师(含工程师)10 人。

2015 年招收本科生人数： 195 人。

2015 年招收硕士生人数： 12 人。

2015 年招收硕士生的指导教师： 陈嘉川、秦梦华、赵传山、刘玉、杨桂花、刘温霞、傅英娟、韩金梅、徐清华、孔凡功、李宗全、王正顺、刘娜、王代启、吴朝军、王振、庞志强、王哲、王慧丽、王守娟、吕高金、王强、王锋、王海松、王习文。

青岛科技大学

造纸专业所在院系： 化工学院

化工学院院长： 武玉民

地址： 山东省青岛市四方区郑州路 53 号

网址： www. qust. edu. cn

隶属单位： 山东省教育厅

专业设置时间： 2003 年

专业课程设置： 天然高分子化学、轻化工工艺、轻化工设备、轻化工环境保护、科技文献检索、造纸湿部化学、制浆造纸助剂、纤维素功能化、生物技术在造纸工业中应用、加工纸与特种纸、二次纤维回用技术等。

2015 年在校专业学生人数： 本科生 220 人，硕士生 23 人，博士生 6 人

至 2015 年专业毕业生总人数： 本科生 422 人，硕士生 56 人。

2015 年毕业生人数： 本科生 60 人，硕士生 7 人。

2015 年专业教师情况： 专业教师和工程技术人员 17 人，其中，教授 5 人，副教授(含副研究员和高级工程师)8 人，讲师(含工程师)4 人。

2015 年招收本科生人数： 58 人。

2015 年招收专业硕士生人数： 9 人。

2015 年招收硕士生的指导教师： 武玉民、陈夫山、于世涛、刘福胜、黎振球、范金石、张恒、何为、王松林、宋晓明。

2015 年招收专业博士生人数： 6 人。

2015 年招收博士生的指导教师： 武玉民、陈夫山、刘福胜、于世涛。

山东工业技师学院

造纸专业所在院系： 海洋生化系

海洋生化系主任： 董振涛

地址： 山东省潍坊市西环路 6789 号

邮编： 261053

电话： 0536－8335608、8337236

传真： 0536－8335608

网址： www. gyjsxy. com

隶属单位： 山东省人力资源和社会保障厅

专业设置时间： 1978 年

专业课程设置： 制浆造纸工艺、制浆造纸设备与操作、制浆造纸化验与物检、制浆造纸自动控制、制浆造纸安装与维修。

2015 年在校专业学生人数： 高级技工 700 人，技师 190 人。

至 2015 年专业毕业生总人数： 中级技工 1300 人，高级技工 4960 人，技师 900 人。

2015 年毕业生人数： 中级技工 50 人，高级技工 300 人，技师 100 人。

2015 年专业教师情况： 专业教师和工程技术人员 26 人，其中，副教授(含副高级实习指导教师)16 人，讲师(含工程师)10 人。

2015 年招收技师人数： 50 人。

湖北工业大学

造纸专业所在院系： 制浆造纸工程学院

制浆造纸工程学院院长： 谢益民

地址： 湖北省武汉市洪山区南李路 28 号

邮编： 430068

电话： 027－59750459

传真： 027－59750459

隶属单位： 湖北省教育厅

专业设置时间： 1977 年湖北轻工业学院成立后，设置了化工系制浆造纸工艺教研室；1998 年该专业获得制浆造纸工程硕士授予权；1999 年本科专业制浆造纸工程更名为轻化工程；2002 年开始招收

轻工技术专业工程硕士；2009 年制浆造纸工程批准为“湖北省楚天学者计划”设岗学科，同年成立了制浆造纸工程研究所。

专业课程设置： 植物纤维化学、植物纤维化学实验、制浆原理与工程、造纸原理与工程、制浆造纸工艺实验、无机化学、分析化学、有机化学、物理化学、化工原理、机械设计基础、机械设计与制造、加工纸工艺、制浆造纸机械与设备、轻工自动化仪表、造纸湿部化学、造纸化学品、轻工产品设计、废纸再生利用、高得率制浆、轻化工环保等。

2015 年在校专业学生人数： 本科生 162 人，硕士生 18 人。

至 2015 年专业毕业生人数： 本科生 2333 人，硕士生 138 人。

2015 年毕业生人数： 本科生 55 人，硕士生 8 人。

2015 年专业教师情况： 专业教师共 16 人，其中，教授 3 人，副教授 6 人，讲师 6 人，高级实验师 1 人。

2015 年招收本科生人数： 35 人。

2015 年招收硕士生人数： 6 人。

2015 年招收硕士生的指导教师： 谢益民、袁世炬、杨海涛、文琼菊、刘智、王鹏。

湖北轻工职业技术学院

造纸专业所在院系： 轻化工程学院

轻化工程学院院长： 徐功瑾

地址： 湖北省武汉市洪山区石牌岭东二路

邮编： 430070

电话： 027－87156391

传真： 027－87156391

网址： www. hbliti. com

隶属单位： 湖北省教育厅

专业设置时间： 中专 1956 年、高职 2001 年

专业课程设置： 植物纤维化学、制浆工艺、造纸工艺、制浆造纸机械设备与操作、制浆造纸分析与检验、纸加工工艺、制浆造纸环境保护概论、制浆造纸仪表自动化。

2015 年在校专业学生人数： 专科生（高职）138 人。

至 2015 年专业毕业生总人数： 中专毕业生 1510 人，专科生(高职)1006 人。

2015 年毕业生人数： 专科生(高职)80 人。

2015 年专业教师情况： 副教授 5 人，讲师 3 人，工程师 1 人，高级实验师 1 人，楚天名师 1 人。

2015 年招收专科生(高职)人数： 38 人。

长沙理工大学

造纸专业所在院系： 化学与生物工程学院轻化工程系

化学与生物工程学院院长： 杨荣华

地址： 湖南省长沙市雨花区万家丽南路二段 960 号

邮编： 410114

电话： 0731－85258733

传真： 0731－85258733

网址： www. csust. edu. cn

隶属单位： 湖南省教育厅

专业设置时间： 1958 年

专业课程设置： 植物纤维化学、制浆原理与工程、造纸原理与工程、制浆造纸机械与设备、制浆造纸清洁生产、造纸化学品、涂布加工纸与特种纸、印刷工艺学、包装防伪技术等。同时开设以高新技术为主导的不同专业方向的系列选修课程及自主实践性强的综合性实验。

2015 年在校专业学生人数： 本科生 265 人，硕士生 28 人。

至 2015 年专业毕业生总人数： 本科生 508 人，硕士生 56 人。

2015 年毕业生人数： 本科生 62 人，硕士生 11 人。

2015 年专业教师情况： 专业教师和工程技术人员 21 人，其中，教授 5 人，副教授(含副研究员和高级工程师)11 人，讲师(含工程师)5 人。

2015 年招收本科生人数： 70 人。

2015 年招收专业硕士生人数： 15 人。

2015 年招收硕士生的指导教师： 马乐凡、张运雄、胡可信、王萍、王玉珑、晏永祥、夏畅斌、肖忠良、陈启杰、张雄飞。

华南理工大学

造纸专业所在院系： 轻工与食品学院

轻工与食品学院院长： 扶　雄

地址： 广东省广州市天河区五山街 381 号

邮编： 510640

电话： 020－87113848

传真： 020－87110738

网址： www. scut. edu. cn

隶属单位： 教育部

专业设置时间： 1952 年

专业课程设置： 植物纤维化学、植物纤维化学实验、轻化工仪表自动化、工业设计基础、轻化工计算机辅助设计、轻化工环境保护、制浆造纸原理与工程、制浆造纸工艺实验、印刷工艺学、包装原理与工程、科技文献检索、林产化学、专业英语、制浆造纸机械与设备、轻化工工厂设计、制浆漂白新技术（双语教学）、造纸湿部化学、制浆造纸助剂、纤维素功能化、化学制浆技术（全英教学）、生物技术在造纸工业中的应用、加工纸与特种纸、废纸回收回用技术等。

2015 年在校专业学生人数： 本科生 387 人，硕士生 293 人，博士生 87 人。

至 2015 年专业毕业生总人数： 本科生 2889 人，硕士生 609 人，博士生 260 人。

2015 年毕业生人数： 本科生 74 人，硕士生 70 人，博士生 24 人。

2015 年专业教师情况： 专业教师和工程技术人员 92 人，其中，中国工程院院士 1 人，俄罗斯工程院外籍院士 1 人，长江学者特聘教授 2 人；教授 24 人，副教授（含副研究员和高级工程师）46 人，讲师（含工程师）22 人。

2015 年招收本科生人数： 本科生 105 人。

2015 年招收专业硕士生人数： 招收全日制学术型硕士生 63 人，全日制专业硕士生 18 人。

2015 年招收硕士生的指导教师： 陈克复、何北海、李友明、武书彬、陈港、胡健、唐爱民、付时雨、谌凡更、叶君、敖日格勒、沈文浩、陈小泉、刘明友、马邕文、万金泉、陈广学、刘传富、莫立焕、钱丽颖、万小方、杨进、梁云、张宏伟、杨仁党、周雪松、李继庚、樊惠明、雷以超、陈广学、李军、田英姿、朱小林、柴新生、孙润仓，王小英、侯轶、刘德桃、陶劲松、徐峻、杨飞、刘颖、庄军平、刘浩、任俊莉。

2015 年招收专业博士生人数： 22 人。

2015 年招收博士生的指导教师： 陈克复、何北海、陈港、李友明、孙润仓、武书彬、陈广学、柴新生、谌凡更、付时雨、杨仁党、胡健、李军、刘传富、任俊莉、梁云、沈文浩、王小慧。

广东轻工职业技术学院

造纸专业所在院系： 轻化工程系

轻化工程系主任： 胡志华

地址： 广东省广州市海珠区新港西路 152 号

邮编： 510300

电话： 020 - 61230200（院办）、61230950（系办）

传真： 020 - 61230000（院办）、61230951（系办）

网址： www. gdqy. edu. cn

隶属单位： 广东省教育厅

专业设置时间： 1958 年

专业课程设置： 制浆工艺学、造纸工艺学、造纸化学品、纸的加工技术、制浆造纸工厂设计概论、制浆造纸企业管理、制浆造纸分析与检验、制浆造纸机械设备、制浆造纸设备安装修理、制浆造纸工业环境保护、专业英语。

2015 年在校专业学生人数： 专科生 284 人。

至 2015 年专业毕业生总人数： 本科生 191 人，专科生 855 人，中专生 1331 人，技工 415 人。

2015 年毕业生人数： 专科生 86 人。

2015 年专业教师情况： 专业教师和工程技术人员 9 人，其中，教授 4 人，副教授（含高级实验师）5 人。

2015 年招收专科生人数： 96 人。

广西大学

造纸专业所在院系： 轻工与食品工程学院

轻工与食品工程学院院长： 王双飞

地址： 广西壮族自治区南宁市大学路 100 号

邮编： 530004

电话： 0771 - 3237301、3231382

传真： 0771 - 3237097

网址： www. gxu. edu. cn

隶属单位： 教育部

专业设置时间： 1978 年

专业课程设置： 植物纤维化学、制浆原理与工程、造纸原理与工程、制浆造纸设备、造纸湿部化学与化学品、制浆造纸工程设计、加工纸、化工仪表与自动化、二次纤维回用技术。

2015 年在校专业学生人数： 本科生 170 人，硕士生 72 人，博士生 15 人。

至 2015 年专业毕业生总人数： 本科生 1239 人，硕士生 254 人，博士生 32 人。

2015 年毕业生人数： 本科生 36 人，硕士生 24 人，博士生 2 人。

2015 年专业教师情况： 专业教师 15 人，其中，教授 6 人，副教授 5 人，讲师 4 人。

2015 年招收本科生人数：38 人。

2015 年招收专业硕士生人数：26 人。

2015 年招收硕士生的指导教师：王双飞、李可成、黄显南、覃程荣、周敬红、朱红祥、黄崇杏、陈国宁、农光再、黄丽婕、宋雪萍、骆莲新、梁辰。

2015 年招收专业博士生人数：4 人。

2015 年招收博士生的指导教师：王双飞、李可成、覃程荣、黄崇杏。

四川工商职业技术学院

造纸专业所在院系：轻工工程系

轻工工程系主任：余　勇

地址：四川省都江堰市天府大道聚源段 8 号

邮编：611830

电话：028－87282243

传真：028－87282095

网址：www. sctbc. net

隶属单位：四川省经济和信息化委员会

专业设置时间：1959 年

专业课程设置：植物纤维化学、制浆技术、造纸技术、制浆造纸机械设备与操作、制浆造纸分析与检验、纸加工技术、制浆造纸环境保护概论、制浆造纸化学助剂等。

2015 年在校专业学生人数：专科生 110 人。

至 2015 年专业毕业生总人数：近 2680 人，其中，中专生 1850 人，大专生 830 人。

2015 年毕业生人数：大专生 40 人。

2015 年招收大专生人数：40 人。

2015 年专业教师情况：专业教师 8 人，其中，教授 2 人，副教授 3 人，讲师 3 人。

四川理工学院

造纸专业所在院系：生物工程学院轻化工程系

生物工程学院院长：罗惠波

地址：四川省自贡市汇兴路 180 号

邮编：643000

电话：0813－5505270

传真：0813－5505872

隶属单位：四川省教育厅

专业设置时间：1991 年

专业课程设置：专业导论、植物纤维化学、制浆原理与工程、造纸原理与工程、专业实验、制浆造纸机械与设备、制浆造纸环境保护、专业外语（英）、造纸助剂及湿部化学、加工纸与特种纸、二次纤维回用技术、制浆造纸工厂设计、化工仪表自动化、计算机辅助设计等。

2015 年在校专业学生人数：本科生 292 人。

至 2015 年专业毕业生总人数：本科生 825 人，专科生 355 人。

2015 年毕业生人数：本科生 65 人。

2015 年专业教师情况：专业教师 12 人，其中，教授 6 人，副教授 2 人，讲师 1 人。

2015 年招收本科生人数：85 人。

昆明理工大学

造纸专业所在院系：化学工程学院轻工工程系

化学工程学院院长：梅　毅

地址：云南省昆明呈贡大学城昆明理工大学

邮编：650500

电话：0871－5920298

传真：0871－5920171

隶属单位：云南省教育厅

专业设置时间：1979 年

专业课程设置：植物纤维化学、制浆原理与工程、造纸原理与工程、制浆造纸机械与设备、植物纤维实验技术、造纸化学品、工业纸板生产与应用技术、纸加工技术、轻化工程设计概论、纸包装与印刷技术等。

2015 年在校专业学生人数：本科生 81 人，硕士生 13 人，博士生 3 人。

至 2015 年专业毕业生总人数：本科生 723 人，硕士生 39 人。

2015 年毕业生人数：本科生 33 人，硕士生 4 人。

2015 年专业教师情况：专业教师 11 人，其中，教授 2 人，副教授 5 人，讲师 3 人，实验师 1 人。

2015 年招收本科生人数：29 人。

2015 年招收专业硕士生人数：4 人。

2015 年招收硕士生的指导教师：陈克利、周学飞、刘玉新、孙兵、何洁、彭林才。

2015 年招收博士生的指导教师：陈克利。

陕西科技大学

造纸专业所在院系：轻工与能源学院

轻工与能源学院院长：李志健

地址：陕西省西安市未央大学园区陕西科技大学

邮编：710021

电话：029－86168236

传真：029－86168238

网址：www. zaozhi. sust. edu. cn

隶属单位：陕西省教育厅

专业设置时间：1958 年

专业课程设置：有机化学、物理化学、化工原理、植物纤维化学、制浆原理与工程、造纸原理与工程、制浆造纸机械与设备、制浆造纸工程设计、制浆造纸实验、加工纸原理与技术、二次纤维利用技术、制浆造纸专业英语、制浆造纸环境工程技术等。

2015 年在校专业学生人数：本科生 848 人，硕士生 60 人，博士生 15 人。

至 2015 年专业毕业生总人数：本科生 5474 人，硕士生 394 人，博士生 18 人。

2015 年毕业生人数：本科生 186 人，硕士生 16 人，博士生 3 人。

2015 年专业教师情况：专业教师和工程技术人员 48 人，其中，中青年专家 1 名，教授 15 人，副教授(含副研究员和高级工程师)8 人，讲师(含工程师)15 人。

2015 年招收本科生人数：215 人。

2015 年招收专业硕士生人数：18 人。

2015 年招收硕士生的指导教师：张美云、王志杰、李新平、韩卿、李志健、张安龙、王海毅、徐永建、张素风、林涛、王建、李金宝、陆赵情、王森、李佩燚。

2015 年招收专业博士生人数：7 人。

2015 年招收博士生的指导教师：张美云、李新平、韩卿、李志健、徐永建、张素风。

(林 媛)

国内主要造纸期刊介绍

China's Main Periodicals Related to Pulp and Paper

《中国造纸学报》

《中国造纸学报》是由中国造纸学会主办、中国制浆造纸研究院承办的造纸学术性期刊，创刊于1986年。主要刊登造纸专业研究论文、学术报告及综合性评述，反映我国造纸工业在原材料、制浆、造纸、废液综合利用及污染防治、机械设备、分析检验、工艺和质量控制自动化以及制浆造纸专业基础理论等方面的新进展和新成果，是我国造纸工业理论性强、水平高的学术性期刊。它为我国造纸工业提供了一个极好的学术交流平台，对国内造纸工业的技术进步做出了较大贡献。该刊的固定栏目有：研究论文与综述等。

《中国造纸学报》连续多年入选"中文核心期刊""中国科技论文统计源期刊""中国科学引文数据库来源期刊""中国科学文献评价数据来源期刊"，入选"中国科协精品科技期刊工程第四期项目"，并被 Scopus、CA 等国外著名期刊索引收录。《中国造纸学报》为国内外公开发行刊物。

《中国造纸学报》为季刊，出版日期为3月25日、6月25日、9月25日、12月25日。

刊号：CN 11－2075/TS，ISSN 1000－6842；自办发行。

《中国造纸学报》为大16开本。单价20元/册，全年80元。

地址： 北京市朝阳区望京启阳路4号院中轻大厦607室
邮编： 100102
电话： 010－64778173（发行部）
64778165（编辑部）
传真： 010－64778174
邮箱： tcpp@ vip. 163. com
网址： www. cppmp. com

《中国造纸》

《中国造纸》为专业科技性刊物，国内外公开发行，由中国造纸学会和中国制浆造纸研究院主办。主要报道我国造纸工业在原材料、制浆、造纸、废液综合利用及污染防治、机械设备、分析检验、工艺和质量控制自动化以及制浆造纸专业基础理论等方面的新成就和重要科技成果。

《中国造纸》除及时报道各研究机构、高等院校在科研理论方面取得的突破成果外，还注重报道各制浆造纸厂引进或自行研究探索的新工艺、新技术。《中国造纸》将理论与实践有机结合，更好地满足了科研工作者以及制浆造纸工厂技术人员的需要。《中国造纸》是我国造纸界权威性技术期刊，连续多年入选"中文核心期刊""中国科技论文统计源期刊""中国科学引文数据库来源期刊""中国科学文献评价数据来源期刊"，并已被 Scopus、CA 等国外著名的期刊索引收录。入选"中国科协精品科技期刊工程第四期项目"。

《中国造纸》（刊号：CN 11－1967/TS，ISSN 0254－508X）为月刊，每月25日出版，大16开，国内：10元/册，全年120元；国外及港澳台地区：20美元/册，全年240美元。

《中国造纸》国内总发行：北京市报刊发行局，邮发代号：2－194；国外总发行：中国出版对外贸易总公司，发行代号：DK11070。

地址： 北京市朝阳区望京启阳路4号院中轻大厦6层
邮编： 100102
电话： 010－64778173（发行部）
64778158、64778161（编辑部）
传真： 010－64778174
邮箱： cpp2108@ vip. 163. com（编辑）

网址：www. cppmp. com

《造纸信息》

《造纸信息》是由中国造纸协会、中国造纸学会和中国制浆造纸研究院共同主办的造纸综合信息类期刊。已被“中国期刊全文数据库”和“万方数据——数字化期刊群”收录。

《造纸信息》全面、及时、准确地报道我国和世界造纸工业以及相关行业的信息，是我国造纸行业唯一公开发行的综合信息类刊物。

《造纸信息》以为造纸企事业单位及相关行业提供国内外造纸工业信息服务为主要宗旨，汇集行业专家观点、聚焦行业热点问题、展示领军企业风采，及时报道行业政策、企业动态、新技术和新成果，以及全球造纸企业的最新动向，为读者全方位了解造纸行业提供独家参考，为企业提供政策性指导和经营决策信息。

常设栏目有：企业风采、政策法规、节能减排、行业纵横、新建扩建、企业报道、市场动态、分析/预测、行业热点 · 焦点论坛、管理与营销、新产品/新技术、环球纸业、协会 · 学会动态、会展传真等。

为使海外读者更多了解中国造纸工业的发展情况，特在每年第 8 期增加英文内容。

《造纸信息》为国内外公开发行(刊号：CN 11 - 3667/TS，ISSN 1006 - 8791)，月刊，每月 10 日出版。全彩色大 16 开，另附彩色及专色广告，定价：10 元/册，全年 120 元；国外及港澳台地区 10 美元/册，全年 120 美元。邮发代号：82 - 881，国外发行代号：DK11071。

地址：北京市朝阳区望京启阳路 4 号院中轻大厦 607 室

邮编：100102

电话：010 - 64778169、64778170

64778171(编辑部)

64778173(发行部)

64778166、64778168(广告部)

传真：010 - 64778174

邮箱：cpi@ vip. 163. com

网址：www. cppmp. com

《中华纸业》

《中华纸业》是中国造纸协会会刊，行业综合指导类科技期刊，国内外公开发行，是中国学术期刊(光盘版)、中国期刊网、万方数据资源系统、中文科技期刊数据库、美国《化学文摘》等统计源期刊。

办刊宗旨：研讨发展战略、促进科学管理、推动技术进步、服务产业经济。

报道内容：国家产业政策，行业发展规划，市场分析预测，企业发展战略，行业技术进步，企业技术创新，企业生产实践，市场动态信息等。

内容特色：具有导向性、创新性、前瞻性、实用性和时效性。

读者对象：企业决策层，以及企业管理、经营及工程技术人员，行业协会组织，政府有关部门及产业经济研究人员，科研设计及大专院校有关工作人员。

《中华纸业》(刊号：CN 37 - 1281/TS，ISSN 1007 - 9211)为半月刊，大 16 开，彩色印刷。国内定价 10 元/期，全年订价 240 元；港澳台及国外地区 10 美元/册，全年 240 美元。邮发代号：24 - 136。

地址：山东省济南市工业南路 101 号中华纸业杂志社

邮编：250100

电话：0531 - 88522949、88929286、88935343

传真：0531 - 88926310

邮箱：adv@ cppi. cn(广告部)

cbb@ cppi. cn(采编室)

QQ：609352141、940438201

网址：www. cppi. cn

《纸和造纸》

《纸和造纸》系中国造纸学会主办，四川省造纸学会和四川工商职业技术学院联办，国内外公开发行的制浆造纸专业科技期刊。自 1982 年创刊以来，本刊始终坚持“普及制浆造纸科技知识，介绍先进适用的生产工艺、装备技术和管理经验，报道制浆造纸行业的重要新闻信息，促进造纸工业的科技进步和持续发展，为提高造纸、用纸从业人员的素质服务”的办刊宗旨，不断提高刊物质量和服务水平，具有很强的知识性、实用性、导向性和科学性的特点，是知名度很高、发行量很大和影响面很广的造纸科技期刊，深受读者欢迎，曾被原国家轻工业部、中国科学技术协会评为优秀期刊，并连续多年入选“中文核心期刊”“中国学术期刊综合评价数据库来源期刊”。

本刊开设有专论与综述、企业风采、工艺技

术、装备器材、试验研究、造纸化学品、环境保护与综合利用、分析检验、仪表自控、知识之窗、产品天地、探讨与质疑、信息传真等30余个栏目。

本刊为月刊，大16开，内页双色印刷，国内外公开发行。刊号：CN 11－2709/TS，ISSN 1001－6309，邮发代号：62－111。国内定价10元/册，全年120元；港澳台地区6美元/册，全年72美元；国外地区8美元/册，全年96美元。

地址：四川省都江堰市天府大道聚源段8号
四川工商职业技术学院内
邮编：611830
电话：028－87281943(编辑)
87284769(广告)
87267806(发行)
传真：028－87203119
邮箱：myppm@263.net(编辑)
wuyingppm@126.com(发行)

《造纸科学与技术》

《造纸科学与技术》是广东省造纸学会会刊、入编中国学术期刊(光盘版)，并荣获中国学术期刊(光盘版)、中国期刊网全文收录证书；中国学术期刊综合评价数据库来源期刊证书以及中国知网统计刊原证书，并多次入选"中文核心期刊"。

《造纸科学与技术》由广东省造纸学会和广东省造纸研究所主办，华南理工大学制浆造纸工程国家重点实验室承办，由联合国教科文组织植物资源化学国际专家委员会委员、华南理工大学博士生导师陈嘉翔教授任主编。

主要刊登制浆造纸科学与工程的论文与报告、实践与经验，介绍制浆造纸原理与技术、造纸化学品、分析与检测、制浆造纸生物技术、设备与控制以及生物质精炼的研究进展与技术进步、企业转型升级、清洁生产与环境保护、节能减排与低碳经济，还设立了科普园地。内容丰富、可读性强，是造纸行业中水平较高的期刊之一。

《造纸科学与技术》为双月刊，双月底出版，大16开，刊号：CN 44－1532/TS，ISSN 1671－4571，全年订费90元。

地址：广东省广州市华南理工大学制浆造纸工程国家重点实验室《造纸科学与技术》编辑部
邮编：510640
电话：020－87112854
传真：020－87112854
邮箱：gdtappi@vip.163.com

《生活用纸》

由中国造纸协会生活用纸专业委员会承办的《生活用纸》杂志于1993年创刊。

办刊宗旨：推进生活用纸及相关行业技术进步，促进科学管理，宣传产业政策，服务企业发展，提供国内外发展动态信息和市场产销信息。

内容：卫生纸、面巾纸、手帕纸、餐巾纸、厨房用纸、擦手纸等卫生纸品；女性卫生用品、婴儿纸尿裤/片、成人失禁用品、宠物卫生用品、擦拭巾、一次性医用非织造布制品等卫生用品；相关原辅材料及设备等。

主要栏目：协会工作、行业动态、发展论坛、市场与营销、质量与管理、技术与设备、他山之石、消费与流行趋势、环球资讯等。

本刊是国内唯一关于生活用纸行业的专业性科技类综合性刊物，内容丰富，专业性、时效性强，是生活用纸及相关行业的企业管理人员、市场营销人员、工程技术人员以及技术工人的良师益友。

本刊为月刊，每月10日发行，全年12期，并附赠2期增刊，大16开，全彩版印刷。刊号：CN 11－4571/TS，ISSN 1009－9069。国内零售15元/本，全年订价240元，国外及港台地区全年订价700元或120美元。

地址：北京市朝阳区望京启阳路4号院中轻大厦
邮编：100102
电话：010－64778181、64778182(编辑)
64778193、64778194(广告)
64778186、64778187(发行)
传真：010－64778197(编辑)
64778199(广告)
邮箱：editor@cnhpia.org(编辑)
cidpex@cnhpia.org(广告)
网址：www.cnhpia.org

《造纸化学品》

中国造纸化学品工业协会会刊《造纸化学品》是由中国造纸化学品工业协会、全国造纸化学品信息站、杭州市化工研究所联合主办的国内外公开发行、全面报道制浆造纸化学品的全国性科技期刊。

主要报道造纸用化学品(尤其是精细化学品)的研制、开发、应用及国内外发展动向等。本刊以造纸界、化工界、科研机构、事业单位从事科研、生产的广大科技人员、技术工人、管理干部及大专院校相关专业的师生为服务对象。

《造纸化学品》是"中国核心期刊(遴选)数据库"收录期刊,"中国学术期刊(光盘版)""中国期刊网""中国学术期刊综合评价数据库""万方数据——数字化期刊群""中文科技期刊数据库"全文收录期刊、"中国学术期刊综合评价数据库"统计源期刊。美国《化学文摘》、波兰《哥白尼索引》收录期刊。

《造纸化学品》(刊号:CN 33 - 1202/TQ,ISSN 1007 - 2225)为双月中旬出版,每年 6 期加 1 期增刊,共 7 期,全年订价 140 元。

地址:浙江省杭州市上塘路石灰坝 7 号《造纸化学品》编辑部

邮编:310014

电话:0571 - 88315561

传真:0571 - 88315561

邮箱:paperchemj@ 163. com

网址:www. paperchemicals. org

《华东纸业》

《华东纸业》是由上海、山东、江苏、浙江、福建、江西、安徽七省市造纸学会主办的科技类制浆造纸工业专业技术刊物。

《华东纸业》办刊宗旨:面向全国造纸行业,传播纸业信息,推广高新造纸技术与成果。打造纸业信息交流平台,使之成为经验交流的园地,市场信息的窗口,是拓展我国纸业技术、参与国际市场竞争的企业家和广大科技人员的良师益友。

《华东纸业》主要栏目:专题与综述、企业家论坛、制浆与造纸、设备与电仪、涂布纸与特种纸、造纸化学品、环保与节能、脱水器材、国内外纸业信息等。全面报道有关造纸的新材料、新技术、新工艺、新产品、新装备的应用以及我国造纸工业的方针政策和技术经济信息、市场动态等内容。

《华东纸业》是广大企业家和工程技术人员科技活动的园地和论坛。

《华东纸业》为双月刊,大 16 开,面向国内外公开发行。刊号:CN 31 - 2034/TS,ISSN 1674 - 6937。每册定价 10 元,全年订价 60 元。

地址:上海市武宁路 1500 号南楼 403 室

邮编:200063

电话:021 - 52040673

传真:021 - 52040673

邮箱:menger2010@ 126. com

《湖北造纸》

《湖北造纸》创刊于 1963 年,是湖北省造纸学会会刊。现由湖北省造纸学会、中国轻工业武汉设计工程有限责任公司主办。自 1995 年经国家科委批准公开发行以来,得到了有关企业和广大读者的支持和欢迎,成为造纸及相关行业从业人员的重要参考资料。《湖北造纸》是"中国期刊全文数据库"全文收录期刊、"中国学术期刊综合评价数据库"统计源期刊、"中国核心期刊(遴选)数据库"全文收录期刊。

主要内容:学术论文、科研报告、技术革新、成果推广、产品开发、污染治理、企业管理、经验交流、各地动态、行业规则等。

《湖北造纸》(刊号:CN 42 - 1390/TS,ISSN 1006 - 9631)为季刊,大 16 开,技术性刊物。

地址:湖北省武汉市武昌首义路 176 号

邮编:430060

电话:027 - 88064312

传真:027 - 88041709

邮箱:fbzz@ chinajournal. net. cn

网址:fbzz. chinajournal. net. cn

《湖南造纸》

《湖南造纸》是一本创办了 30 多年的专业性季刊,面向全国自办发行,国内统一刊号 CN43 - 1232/TS,国际刊号 ISSN1672 - 3066,由湖南省造纸研究所有限公司和湖南省造纸学会联合主办,是中国核心期刊(遴选)数据库、中国学术期刊(光盘版)、中文科技期刊数据库、超星发现的入编刊物。《湖南造纸》始终坚持以宣传行业科学技术为核心;以推广实用技术与经验为要素;以促进行业发展为目的的办刊宗旨,宣传行业的政策法规和科技进步,推进行业的科技成果转化;坚持理论与实际相结合,努力推广行业内先进、成熟的管理经验、生产经验,使之成为行业的一面旗帜,影响和带动行业的健康和快速发展。同时《湖南造纸》注意在选材上紧跟形势,把握时代脉搏,掌握行业动态,报道行业热点问题、焦点问题,为企业决策提供科学依据，为科技工作者服务，为他们提供交流信息、学习经验的平台。该刊辟有行业发展、工艺与技术、造纸化学品与应用、环保与节能、分析与检验、设备与自动化、企业管理、国外技术、教改与研究等核心栏目。另外还设有信息栏目，以简讯的方式，主要从新产品、新工艺、新技术，行业动态，市场动态几方面报道行业内的最新技术成果、发展动向和市场变化等情况。

《湖南造纸》全年共出版 4 期，大 16 开版，自办发行，每季度末出版，全年订费 30 元。

地址：湖南省湘潭市建设中路 7 号《湖南造纸》编辑部
邮编：411104
电话：0731 - 58523295
传真：0731 - 58523295
邮箱：hunanpaper@ 163. com

《黑龙江造纸》

《黑龙江造纸》是由黑龙江省造纸工业研究所、黑龙江省造纸学会主办的制浆造纸综合性技术刊物，是"中国学术期刊综合评价数据库"统计源期刊，被"中国期刊全文数据库"全文收录，在"万方数据——数字化期刊群"全文上网，被"中国核心期刊(遴选)数据库"收录。

本刊立足黑龙江省内，报道国内外制浆造纸行业中科研、生产、经营、管理的先进技术、实践经验和市场信息，可供广大技术工人、科技人员、管理干部及大专院校的师生参考。

《黑龙江造纸》为季刊，刊号：CN23 - 1258/TS，ISSN 1673 - 0283，全年订价 25 元。

地址：黑龙江省牡丹江市光华街 5 号
邮编：157013
电话：0453 - 6320013
传真：0453 - 6331516
邮箱：hlj_ zz@ sina. com

《天津造纸》

《天津造纸》于 1979 年创刊，由天津造纸厂有限公司和天津市造纸学会主办，已编入中国学术网络出版宗库《中国学术期刊(光盘版)电子杂志社(CNKI)》、中华期刊网、北京万方数据核心期刊(遴选)数据库、重庆维普资讯中文期刊数据库、教育阅读网全文数据库。也是"中国科技论文统计源期刊""中国科学引文数据库来源期刊"及"中国科学文献评价数据来源期刊"。

本刊主要栏目有论著、制浆与造纸、造纸设备、环保节能、造纸化学品、新产品新技术、纸厂经验及经营管理等方面的科研成果和应用报告。这些栏目以快讯的形式主要报道行业内的最新技术成果、行业发展动向、市场变化等情况。主要面向造纸企事业单位的工程技术人员、经营管理人员、技术工人及大专院校相关专业的教师和学生以及国内外相关行业机构和人士。

《天津造纸》为季刊，大 16 开本，刊号：CN 12 - 1155/TS，ISSN1674 - 5469，全年订价 25 元。

地址：天津市津南区双港工业园发港南路 29 号
邮编：300350
电话：022 - 88823010
邮箱：tjzzs@ 126. com

（王　斌）

《中国造纸》2015 年度“国昌天宇杯”优秀论文获奖名单

“Guochang Tianyu Cup” Excellent Papers of “China Pulp & Paper” in 2015

一等奖(1 篇)

我国制浆造纸 AOX 的来源分析及其减量化建议(第 7 期)
张升友　曹瀛戈　苏振华　张　羽　冯文英
中国制浆造纸研究院
制浆造纸国家工程实验室

二等奖(2 篇)

$SR\text{-}AOP_S$ 深度处理制浆造纸废水的研究(第 1 期)
万金泉　朱应良　马邕文　王　艳　黄明智　韩东晖
华南理工大学环境与能源学院
华南理工大学制浆造纸工程国家重点实验室
华南理工大学工业聚集区污染控制与生态修复教育部重点实验室

杨木废弃物湿氧化预处理提高酶解效率的工艺研究(第 1 期)
房桂干　刘姗姗　沈葵忠
中国林业科学研究院林产化学工业研究所
国家林业局林产化学工程重点开放性实验室
生物质化学利用国家工程实验室
江苏省生物质能源与材料重点实验室
中国林业科学研究院林业新技术所
齐鲁工业大学

三等奖(5 篇)

废纸造纸废水厌氧处理中降低反应器颗粒污泥钙化的研究(第 2 期)
薛方勤　孙振亮　钱　明　付宏祥　赵雪峰
北京国环清华环境工程设计研究院有限公司
清华大学环境学院
无锡丰陆环保科技有限公司
苏州清泽环境技术有限公司

基于 OPC 技术卡伯值软测量的实现(第 2 期)
汤　伟　甘文涛　党世红　王　震　于东伟
陕西科技大学轻工与能源学院

100% OCC 生产的箱纸板碳足迹评价(第 3 期)
张清文　陈　曦
中国制浆造纸研究院

现代浆厂洗浆设备的综合评价及应用选择(第 3 期)
陈永林　陈安江
汶瑞机械(山东)有限公司

铜版纸全研磨碳酸钙面涂涂料配方的优化研究(第 7 期)
张凤山　杨路明　张金芝　张彩虹　曹春昱　刘　忠　查瑞涛
中国制浆造纸研究院
制浆造纸国家工程实验室
天津科技大学
山东华泰纸业股份有限公司

优秀奖(7 篇)

纳米 $CaCO_3$ 用于颜料化表面施胶的研究(第 2 期)

谢清萍　彭建军　张　权　沈臻煌

中国制浆造纸研究院

制浆造纸国家工程实验室

阳离子淀粉与碳酸钙预絮聚加填技术研究及生产应用(第 4 期)

朱宏伟　刘春景　银　辉　罗云鹰

岳阳林纸股份有限公司

国家生活用纸产品质量监督检验中心

纤维基抗水材料的制备(第 4 期)

陈夫山　吴海鹏　张俊宏

青岛科技大学化工学院

造纸系统环境对胶黏物沉积性能的影响(第 6 期)

裴继诚　郑雪莉　张冬旭　张方东　章海涛

天津科技大学天津市制浆造纸重点实验室

诺维信(中国)投资有限公司

全棉秆脱果胶动力学研究(第 6 期)

赵雨萌　刘 忠　惠岚峰　李 群

天津科技大学天津市制浆造纸重点实验室

竹材蒸煮同步除硅研究及黑液结垢性能初步评价(第 8 期)

徐永建　章伟鹏　张鼎军　林　涛

陕西科技大学轻工与能源学院

陕西省造纸技术及特种纸品开发重点实验室

贵州赤天化纸业股份有限公司

对纤维浆料过程流源污染的再认知(第 10 期)

李友明

华南理工大学制浆造纸工程国家重点实验室

(马　忻)

大事记

EVENTS

8

2015 年中国造纸工业 10 项要闻

Top 10 News of China's Paper Industry in 2015

2015 年 12 月 18 日，由中国造纸杂志社《造纸信息》杂志举办的 2015 中国造纸工业 10 项要闻评选会在中国制浆造纸研究院召开。中国造纸工业 10 项要闻评选活动自 2000 年开始举办，在全国部分省区市造纸协会、造纸学会、大专院校、科研院所和企业的领导及专家推荐的基础上进行评选，此届有 21 名京津地区的有关领导专家应邀出席了评选会。评选专家从我国造纸工业可持续发展的大局出发，梳理了我国造纸界 2015 年所发生的重要事件，最终评选出 2015 年中国造纸工业 10 项要闻。

1. 1 月 9 日，2014 年度国家科学技术奖励大会在北京人民大会堂召开。由福建农林大学、陕西科技大学、福建宏远集团有限公司、四川永丰纸业股份有限公司、福建省晋江优兰发纸业有限公司、贵州赤天化纸业股份有限公司、湖南拓普竹麻产业开发有限公司联合研究的“竹纤维制备关键技术及功能化应用”项目荣获 2014 年度国家科技进步奖二等奖。

2. 1 月 27 日，并购重组后的贵州赤天化纸业股份有限公司正式恢复生产。贵州赤天化纸业股份有限公司原为贵州赤天化集团下属的子公司，因各种原因已停产一年半的贵州赤天化纸业股份有限公司于 2014 年 12 月 3 日由上海泰盛制浆(集团)有限公司整体并购重组，2015 年完全恢复生产并发挥了建设产能。

3. 4 月 15 日，国家发展和改革委、环境保护部、工业和信息化部联合发布 2015 年第 9 号公告，整合修编了《制浆造纸行业清洁生产评价指标体系》，进一步形成统一、系统、规范的清洁生产技术支撑文件，指导和推动企业依法实施清洁生产。

4. 4 月 16 日，国务院印发《水污染防治行动计划》(水十条)。行动计划中的 238 项具体治理措施中，除了 136 项改进强化措施、12 项研究探索性措施外，重点提出了 90 项改革创新措施。涉及造纸行业取缔不符合国家产业政策的小型造纸、专项整治、城区污染较重造纸企业搬迁改造或依法关闭、废水深度处理回用等多项内容。

5. 5 月 8 日，国家主席习近平在莫斯科克里姆林宫同俄罗斯总统普京举行会谈。国家主席习近平与俄罗斯总统普京一起见证了中俄 32 项大单的签署，总价值达 250 亿美元。其中包括了新疆中泰(集团)有限责任公司、新疆富丽达纤维有限公司以及俄罗斯 RosKitInvest 公司合资建设的林业综合利用项目。项目总投资 9.833 亿美元，计划于 2015—2020 年实施。

6. 6 月 11 日，《中国造纸》《中国造纸学报》双双入选“中国科协精品科技期刊工程” 第四期项目。该项目是中国科协为了进一步发挥学会办刊的学术和专业优势，打造一批在本学科和专业领域内有较强影响力和专业辐射力的中文精品科技期刊而设立的，以更好地发挥其在引领自主创新、服务科技发展中的作用。

7. 6 月 12 日，财政部、国家税务总局联合下发“关于印发《资源综合利用产品和劳务增值税优惠目录》的通知”，该通知自 2015 年 7 月 1 日起执行。根据通知，利用废纸、甘蔗渣和秸秆造纸企业将获得 50% ~70% 的增值税返点。

8. 6 月 30 日，国家质量监督检验检疫总局、国家标准化管理委员会批准发布了《GB 31825—2015 制浆造纸单位产品能源消耗限额》强制性国家标准。该标准将于 2016 年 7 月 1 日起正式实施，重点规定了纸浆、机制纸和纸板主要生产系统单位产品能源消耗限额的技术要求、能耗统计范围、计算方法等，适用于以植物纤维为主要原料的纸浆、机制纸和纸板主要生产系统单位产品能源消耗的计算、考核，以及对新建及改扩建企业(装置)的能耗控制。

9. 10 月 9 日，美国国际纸业公司(International Paper Co., IP)发布公告称，已与中国合作伙伴山东太阳纸业股份有限公司达成一项最终协议，将向后者出售其在双方合资的万国纸业太阳白卡纸有限公司、山东国际纸业太阳纸板有限公司、山东万国太阳食品包装材料有限公司 3 家企业中分别所持有的 55% 股权。

10. 11 月 11 日，“双十一”当天维达及旗下品牌线上销售额突破 9500 万元，这是维达第一次携旗下的生活用纸、成人护理、婴儿护理及女性护理四大品类，进行以多品类组合布局的线上大型主题营销活动。据了解，京东商城、天猫超市、苏宁超市及 1 号店四大主流电商平台“双十一”总销售额中生活卫生用纸品类均居第一位。

（梁 川）

2015 年中国造纸工业大事记

Important Events of China’s Paper Industry in 2015

1 月

1 月 8 日，维达纸业(四川)有限公司续建 2 万吨/年生活用纸项目举行了开工仪式，项目总投资 2 亿元。项目建成后，维达纸业(四川)有限公司生产规模将达到6.52 万吨/年，实现工业产值8.5 亿元。

1 月 8 日，中国造纸装备有限公司向 PMT 意大利公司注资，入股 PMT 意大利公司。2014 年 4 月，中国造纸装备有限公司与 PMT 意大利公司签署了一项协议，协议兼顾了双方的利益和共同成长的战略目标。

1 月 9 日，2014 年度国家科学技术奖励大会在北京市召开，共授奖 318 项成果。造纸行业的“竹纤维制备关键技术及功能化应用”项目荣获国家科技进步奖二等奖。项目是以低值中小径级竹材为原料，研发出竹纤维制备及其功能化应用关键技术，解决了传统竹纤维生产能耗高、污染严重和产品性能差等技术难题，实现竹纤维在纺织、包装、装饰等行业的高值化应用。

1 月 10 日，纪念蔡伦发明造纸术 1910 周年座谈会在宁夏回族自治区银川市召开。2015 年纸品研究学会通过中国邮政发行了纪念蔡伦发明造纸术 1910 周年明信片。

1 月 15 日，浙江夏王纸业有限公司新投资的 3 号纸机项目完成试机。3 号纸机项目投资 2 亿元，浙江夏王纸业有限公司由德国夏特集团和浙江仙鹤特种纸有限公司共同出资成立，运行后浙江仙鹤特种纸有限公司 2015 年预计可新增产值 5 亿多元。

1 月 16 日，中国轻工业联合会发布“关于 2014 年度中国轻工业联合会科学技术奖励的决定”，对为我国轻工业科技进步、经济发展、轻工行业现代化建设作出较大贡献的科学技术人员和组织给予奖励。2014 年度中国轻工业联合会授奖项目共 165 项，其中造纸行业 6 项。

1 月 20 日，中国轻工业联合会发布了“2014 年度轻工企业管理现代化创新成果的决定”。其中，河南江河纸业股份有限公司申报的“造纸企业‘问题导向责任管控’的创新与实践”项目被审定为三等成果，是本次评选中造纸行业入围的唯一项目成果。

1 月 26 日，湖南恒安纸业有限公司常德基地五期项目第 2 条 6 万吨/年生活用纸生产线(18 号纸机)投产。18 号纸机是恒安常德基地五期项目的第二台卫生纸机，设计车速 2000 米/分，幅宽 5600 毫米，由安德里茨公司提供。

1 月 26 日，中国造纸协会、中国财贸轻纺烟草工会联合下发《关于表彰第三届全国造纸行业节能减排优秀技术创新成果和职工优秀技术奖的决定》，公布第三届全国造纸行业节能减排优秀技术创新成果和职工优秀技术奖获奖名单。东营华泰新能源科技有限公司的“60000 标准米^3/日沼气回收综合利用”项目等 22 个项目和福建优兰发集团实业有限公司柯吉熊的“脱墨浆在拷贝纸、薄页包装纸中的应用”等 12 个职工项目分获节能减排优秀技术创新成果和职工优秀技术一、二、三等奖和优秀奖。

1 月 27 日，并购重组后的贵州赤天化纸业股份有限公司正式恢复生产。贵州赤天化纸业股份有限公司原为贵州赤天化集团下属的子公司，因各种原因已停产一年半的公司于 2014 年 12 月 3 日由上海泰盛制浆(集团)有限公司整体并购重组，2015 年完全恢复生产并发挥了建设产能。

1 月 28 日，中国造纸杂志社《中国造纸》2014 年度“太阳纸业杯”优秀论文评选京津地区专家终评会在北京市召开，最终评选出 15 篇优秀论文。其中，一等奖 1 篇，二等奖 2 篇，三等奖 5 篇，优秀奖 7 篇。

1 月，浙江景兴纸业有限公司的 PrimeLineST C8 生活用纸生产线投产。纸机由奥地利安德里茨公司提供，产品为高档面巾纸和卫生纸，车速 1900 米/分，幅宽 2850 毫米。纸机配备了 5480 毫米(18 英尺)钢制扬克缸，其与蒸汽加热罩相结合，在最少的能耗下取得更好的干燥效果。

2 月

2 月 2 日，澳大利亚反倾销委员会宣布，将拒绝澳大利亚国内产业的申请，不对中国生产的 A4 和 A3 格式的复印纸产品启动反倾销和反补贴调查。

2 月 10 日，上海市造纸学会第十一届会员代表大会在上海市召开。大会审议通过了第十届理事会工作总结报告、财务审计报告，以及上海市造纸学会章程修改说明；选举产生了以姜海斌为理事长的上海市造纸学会第十一届理事会。

2 月 11 日，福建省青山纸业股份有限公司发布定增预案，公司拟以 2.95 元/股的价格，非公开发行合计不超过 10.9 亿股，募集资金总额不超过 32 亿元，拟用于“年产 50 万吨食品包装原纸技改工程”及补充公司流动资金。

3 月

3 月 4 日，安徽山鹰纸业股份有限公司发布公告称，公司年产 80 万吨造纸项目(含 2011 年募集资金建设项目年产 45 万吨的 PM5 挂面箱纸板生产线)及其配套工程已完成工程建设、设备调试等前期工作，经马鞍山市环保局的环境保护竣工验收正式投产。

3 月 6 日，工业和信息化部印发《2015 年工业强基专项行动实施方案》，决定 2015 年继续实施“工业强基专项行动”，要求各地根据本地区产业发展实际组织开展相关工作，持续提升关键基础材料、核心基础零部件(元器件)、先进基础工艺和产业技术基础等工业基础能力，加快促进工业转型升级。

3 月 9 日，工业和信息化部印发《关于开展 2015 年智能制造试点示范专项行动的通知》，并下发了《2015 年智能制造试点示范专项行动实施方案》，决定自 2015 年启动实施智能制造试点示范专项行动，以促进工业转型升级，加快制造强国建设进程。实施方案中明确了专项行动的总体思路和目标，部署了 2015 年的具体工作。

3 月 10 日，国家发展和改革委、商务部发布第 22 号令，公布《外商投资产业指导目录(2015 年修订)》。本次目录修订是推动新一轮对外开放的重要举措。

3 月 12 日，云南东晟纸业有限公司投资建设的 30 万吨/年高档包装纸项目开工。项目计划投资 4.7 亿元，规划建设 3 条生产线，设计产能 30 万吨/年，预计于 2017 年全部建成。

3 月 17—19 日，2015 山东(国际)制浆造纸技术及装备展览会暨 2015 山东(国际)生活用纸及纸制卫生品展览会在山东省济南市举办，同期举办数场技术专题讲座。

3 月 24—25 日，由全国工商联纸业商会主办的 2015 年中国国际纸浆峰会在上海市召开。峰会以“寻找浆纸价值回归之道”为主题，邀请商务部领导、经济学家、行业专家，全球制浆造纸行业有影响力的企业家到会演讲、对话。

3 月 26 日，山东晨鸣纸业集团股份有限公司发布公告称，公司全资子公司晨鸣(香港)有限公司拟用自有资金对山东晨鸣融资租赁有限公司进行分期增资 50 亿元。本次增资完成后，山东晨鸣融资租赁有限公司注册资本由 40.72 亿元变更为 90.72 亿元。

3 月 27 日，Hawkins Wright 和 Brian McClay &Associates 在上海市联合举办了第三届纸浆研讨会，来自中国、美国、加拿大、澳大利亚、瑞典、日本、智利、巴西等国家的主要纸浆生产商、贸易商、纸浆用户齐聚上海，共同探讨纸浆产业可持续发展的未来。

4 月

4 月 1 日，工业和信息化部印发《关于开展 2015 年智能制造试点示范项目推荐的通知》，制定了智能制造试点示范项目推荐的基本条件、程序及申报要求等。并以附件的形式发布《智能制造试点示范项目要素条件》。

4 月 2 日，山东晨鸣纸业集团股份有限公司发布公告称，公司拟斥资 3 亿元参股上海中能企业发展(集团)有限公司，认购上海中能新增注册资本 30% 的股份，进行资本市场投资。

4 月 9 日，财政部、环境保护部联合印发了《关于推进水污染防治领域政府和社会资本合作的实施意见》，对水污染防治领域政府和社会资本合作(PPP)项目操作流程作出明确规范。

4 月 9 日，华泰集团有限公司“造纸废渣无害化处理和综合利用技术研究与示范”项目通过验收。

该项目技术成果应用于实际生产过程中，实现了造纸固废的减量化、资源化、无害化处理。

4月10日，在新《环境保护法》实施100天之际，在我国环境保护部的指导下，由中国环境新闻工作者协会、责任网联合发起主办的“美丽中国环境论坛”在北京市召开，论坛以“新环保法助推环保新常态”为主题，中国境内共100家企业（含在中国经营的外资企业）发出了“美丽中国环保倡议”。亚太森博集团等14家企业代表在《倡议书》上签字。

4月10日，商务部发布2015年第9号公告，决定即日起对原产于欧盟、美国和日本的进口未漂白纸袋纸（又称未漂白纸袋牛皮纸，或未漂白袋用牛皮纸，或未漂白伸性（半伸性）纸袋纸等）进行反倾销立案调查。

4月10—12日，2015第三届中国西部（成都）制浆造纸技术装备、纸张、生活用纸展览交易会、四川造纸行业“四新”推广会暨省纸协、学会、生活用纸分会常务理事扩大会在四川省成都市召开。

4月13—14日，博闻锐思商务咨询（北京）有限公司（RISI）主办的以“经济新常态下的中国纸包装行业——挑战与机遇”为主题的第二届RISI中国纸包装高峰论坛（CPPS 2015）在上海市召开。

4月13—14日，山东省造纸行业协会第五届第六次会员代表大会暨全省造纸行业会议在山东省日照市召开。会议确认了2014年度山东省造纸行业十强企业和十佳企业，并组织了典型发言和专题交流。

4月14日，国家发展和改革委下发“国家发展和改革委关于印发《2015年循环经济推进计划》的通知”（简称《计划》）。《计划》明确要抓好重点行业循环经济发展，制修订电力、造纸、光伏等重点行业的清洁生产评价指标体系，以京津冀、长三角等区域以及资源消耗大、污染防治任务重的行业为重点，开展清洁生产审核，实施清洁生产技术改造；要求制定《促进生物质能供热发展的指导意见》，加快出台成型燃料、成型设备、生物质锅炉、工程建设和锅炉排放等标准，实施生物质成型燃料锅炉供热工程。

4月15日，国家发展和改革委、环境保护部、工业和信息化部联合发布2015年第9号公告，整合修编了《制浆造纸行业清洁生产评价指标体系》。该指标体系规定了制浆造纸企业清洁生产的一般要求，将清洁生产指标分为生产工艺及设备要求、资源和能源消耗指标、资源综合利用指标、污染物产生指标、产品特征指标和清洁生产管理指标六类。

4月16日，国务院印发《水污染防治行动计划》。238项具体治理措施中，除了136项改进强化措施、12项研究探索性措施外，重点提出了90项改革创新措施。在自然资源用途管制、水节约集约使用、生态保护红线、资源环境承载能力监测预警机制、资源有偿使用、生态补偿、环保市场、社会资本投入、环境信息公开、社会监督等方面体现了改革创新的新要求，并确定了10个方面的措施。涉及造纸行业取缔不符合国家产业政策的小型造纸、专项整治、城区污染较重造纸企业搬迁改造或依法关闭、废水深度处理回用等多项内容。

4月17日，浙江省造纸行业协会（学会）2015年年会在浙江省杭州市富阳区召开，来自中国造纸学会、浙江省、杭州市富阳区、山东省、江苏省造纸行业协会的有关领导，以及研究院所、高等院校及造纸、环保、造纸装备等企业的代表参加了会议。

4月18日，山东太阳纸业股份有限公司发布公告称，为促进山东太阳宏河纸业有限公司投资项目的顺利实施，公司拟与山东宏河矿业集团有限公司对控股子公司山东太阳宏河纸业有限公司再次增资，将山东太阳宏河纸业有限公司的注册资本由6000万元变更为10.64亿元。

4月18—30日，应美国制浆造纸工业技术协会（TAPPI）之邀，中国造纸学会特种纸专业委员会首次组团赴境外交流，前往美国参加TAPPI百年庆典学术交流活动，同时访问多家美国及加拿大公司。

4月22—23日，由中国造纸化学品工业协会主办的2015（第二十六届）全国造纸化学品开发与造纸新技术研讨会暨特种纸专用化学品论坛在浙江省衢州市召开。来自特种纸、造纸化学品生产企业以及大专院校相关专业的专家学者共150余名代表参加了会议。

4月，金顺重机（江苏）有限公司迎来新的里程碑，为海南金海浆纸业有限公司交付的12台1800米/分高速新月型卫生纸机全部投产运行，并创造30万吨年生产量。至此金顺重机（江苏）有限公司共为国内外纸厂提供了36台高速新月型卫生纸机。

5月

5月4日，工业和信息化部、水利部、全国节约用水办公室发布2015年第31号公告《高耗水工艺、技术和装备淘汰目录(第一批)》(简称《淘汰目录》)。《淘汰目录》涵盖钢铁、纺织、造纸、建材等4个行业16项用水工艺、技术和装备，其中涉及造纸行业的有3项。

5月6日，合肥金红叶纸业有限公司的6万吨/年生活用纸项目正式投产。项目总投资4.49亿元，占地面积66600米^2。

5月7日，工业和信息化部发布"关于印发《工业清洁生产审核规范》和《工业清洁生产实施效果评估规范》的通知"，以贯彻落实《中华人民共和国清洁生产促进法》，规范工业清洁生产审核和实施效果评估，切实将清洁生产审核的规定落到实处，促进工业企业不断提高清洁生产水平。

5月8日，国家主席习近平在莫斯科克里姆林宫同俄罗斯总统普京举行会谈。国家主席习近平与俄罗斯总统普京一起见证了中俄32项大单的签署，总价值达250亿美元。其中包括新疆中泰(集团)有限责任公司、新疆富丽达纤维有限公司以及俄罗斯RosKitInvest公司合资建设的林业综合利用项目。项目总投资9.833亿美元，计划于2015—2020年实施。

5月9日，黑龙江省福庆纸业有限公司项目正式开工。项目总投资20190万元，建成后将年进口纸浆板7万吨、年产高档生活用纸6万吨。

5月16日，国务院印发《关于推进国际产能和装备制造合作的指导意见》(简称《意见》)。《意见》提出了推进国际产能和装备制造合作的指导思想和基本原则、目标任务、政策措施，是当前及今后一个时期推进国际产能和装备制造合作的重要指导性文件。

5月19日，国务院印发《中国制造2025》，部署全面推进实施制造强国战略。这是我国实施制造强国战略第一个10年的行动纲领。

5月20日，中国造纸协会第四届理事会第二次会议(扩大)在江苏省南京市召开。会议分为表彰颁奖、审议工作报告、中国造纸协会2014年度报告说明、专题座谈会4个环节。

5月21日，中国造纸协会主办了以"趋势与对策2015：新常态·新机遇·新举措"为主题的2015中国纸业高层峰会。会议围绕当前宏观经济领域的"新常态""大数据""互联网+""一带一路""走出去"等热门话题展开。

5月25—27日，第二十二届生活用纸国际科技展览及会议(CIDPEX 2015生活用纸年会暨妇婴童、老人卫生护理用品展会)在广东省深圳市会展中心召开，共吸引来自35个国家和地区的近700家国内外企业参展，展出面积达80000米^2。

5月28—29日，河南省造纸工业协会第四届第七次会员大会暨第五届第一次常务理事扩大会在河南省郑州市召开。会议通过了"河南省造纸工业协会第四届理事会工作报告"和"河南省造纸工业协会第四届理事会财务报告"，选举成立了新一届理事会。

6月

6月1—3日，由博闻锐思商务咨询(北京)有限公司(RISI)主办的第十六届RISI亚洲浆纸展望大会在上海市召开。会议主题为"造纸行业的可持续发展——浆纸行业的新常态"。

6月4—5日，在北京市召开的"第十届中国企业社会责任国际论坛暨2014金蜜蜂企业社会责任·中国榜"发布典礼上，亚太森博(山东)浆纸有限公司荣膺"金蜜蜂奖·成长型企业"奖项。

6月6日，荣成纸业(中国)控股有限公司在湖北省松滋市投资的湖北荣成纸业有限公司150万吨/年高档纸板及10万千瓦热电联产项目一期项目开工建设。根据公开资料显示，该期项目预计于2017年6月投产运行。

6月8日，河南大指装备集成工程有限公司与佛山市新飞卫生材料有限公司的第2套幅宽1350毫米、车速450米/分离型纸涂布机合作项目完成发货。该套用于卫生材料的离型纸高速涂布机，突破了目前国内的离型纸涂布机车速普遍在200~300米/分的瓶颈。

6月11日，《中国造纸》《中国造纸学报》双双入选"中国科协精品科技期刊工程第四期项目"。该项目是中国科协为了进一步发挥学会办刊的学术和专业优势，打造一批在本学科和专业领域内有较强影响力和专业辐射力的中文精品科技期刊而设立的，以更好地发挥其在引领自主创新、服务科技发展中的作用。

6月12日，财政部、国家税务总局联合下发"关于印发《资源综合利用产品和劳务增值税优惠目录》的通知"，该通知自2015年7月1日起执行。根据通知，利用废纸、甘蔗渣和秸秆造纸企业将获得50%~70%的增值税返点。

6月12日，以"新常态、新驱动、新思路"为主题的第四届中国轻工企业家高峰论坛暨百强企业颁奖盛典在北京市召开。会议上宣读了中国轻工业百强企业公告，发布了“2014 年度中国轻工业百强企业”荣誉榜单以及市场能力、盈利能力、价值能力、成长能力、电商能力、财政能力及研发能力等七大分项能力百强榜单。

6 月 25 日，中国纸业投资有限公司牡丹江生物质能源产业示范基地项目暨林业科技产业园项目开工仪式在牡丹江市阳明经济开发区举行。项目总投资 35. 8 亿元。其中生物质能源产业示范基地项目投资 17. 5 亿元。

6 月 25 日，中国轻工业联合会主持召开了由凉山州锡成新材料股份有限公司与中国制浆造纸研究院共同完成的“造纸涂布级超细滑石粉制造技术”项目技术鉴定会。项目通过专家鉴定，项目产品已批量生产，取得了良好的经济和社会效益，推广应用前景广阔。

6 月 29 日，山东博汇纸业股份有限公司发布公告称，公司拟以 35 万吨/年高档包装纸板核心生产线设备及 20 万吨/年纸板部分生产设备作为标的物，以售后回租方式向建信金融租赁有限公司申请融资租赁，融资金额不超过 4 亿元，租赁期限 3 年。

6 月 30 日，国家质量监督检验检疫总局、国家标准化管理委员会批准发布了《GB 31825—2015 制浆造纸单位产品能源消耗限额》强制性国家标准。该标准将于 2016 年 7 月 1 日起正式实施，重点规定了纸浆、机制纸和纸板主要生产系统单位产品能源消耗限额的技术要求、能耗统计范围、计算方法等，适用于以植物纤维为主要原料的纸浆、机制纸和纸板主要生产系统单位产品能源消耗的计算、考核，以及对新建及改扩建企业(装置)的能耗控制。

7 月

7 月 6 日，中国造纸协会副理事长兼秘书长赵伟等受邀参加了在俄罗斯莫斯科召开的金砖国家工商理事会会议及行业工作小组会议。中国造纸协会希望借助金砖国家工商理事会这一平台代表林纸业发声，向政府反映企业诉求，推动金砖国家间林纸业的沟通合作，理清合作障碍，并提出解决方案。

7 月 8 日，《财富》发布 2015 年中国上市公司 500 强排行榜，其覆盖范围包括在中国境内外上市的所有中国公司，所依据数据为上市公司在各证券交易所正式披露的信息。造纸行业有 6 家企业荣登榜单。

7 月 10 日，国家环境宣传教育示范基地揭牌开放，其中亚太森博(山东)浆纸有限公司城市中水回用项目入选。该项目投资 6800 万元，日处理废水能力 4 万吨，每年可节约清水用量 1000 余万吨。

7 月 15—17 日，2015 第十二届广州国际纸展(Paper ExpoChina 2015)在广东省广州市举行，集中展示了文化用纸、包装纸、印刷用纸、工业用纸、特种纸等各类纸种及先进的设备、技术、造纸化学品等。

7 月 16 日，贵州赤天化纸业股份有限公司 30 万吨/年生活用纸原纸项目举行开工典礼。项目一期工程建设期为 18 个月，预计投资 8 亿元，形成年产 12 万吨生活用纸原纸和纸制品的生产能力。

7 月 22 日，山东晨鸣纸业集团股份有限公司发布公告称其全资子公司黄冈晨鸣浆纸有限公司为建设年产 30 万吨漂白硫酸盐针叶木浆项目，分别与 FMW Foerderanlagen Gmbh. 、Valmet Technologies Oy、Valmet(China) Co., Ltd. 、Andritz Oy 及 Andritz (China) Ltd. 订立国外和国内设备采购合同，9 个合同总价款约为 9. 51 亿元。

7 月 23 日，在联合国全球契约中国网络主办的“关注气候中国峰会”上，APP(中国)凭借其历年来践行绿色低碳发展的卓越佳绩入选“中国企业十大绿色行动”，并被作为减排典范企业案例收录进《关注气候——中国在行动》成果集。

7 月 23 日，财政部会同国家发展和改革委、环境保护部联合印发《排污权出让收入管理暂行办法》，对经财政部、国家发展和改革委、环境保护部确认及有关省、自治区、直辖市自行确定开展排污权有偿使用和交易试点地区的排污权出让收入征收、使用和管理作出了明确规定。

7 月 24 日，江门市环境保护局发布“江门星辉造纸有限公司年产 30 万吨高档涂布白纸板工程竣工环境保护验收公示”的通知，并在其网站上对该项目竣工环境保护验收情况进行公示(7 月 25—31 日)，拟通过该公司年产 30 万吨高档涂布白纸板工程竣工环境保护验收。

7 月 25 日，湖北祥兴纸业科技有限公司项目开工建设。项目总投资 12. 4 亿元，计划分三期建设，一期投资 5 亿元。项目建成后，可年产 100 万吨包装纸。

7 月 27 日，工业和信息化部发布“关于 2015 年工业转型升级重点项目指南的通知”，明确了重点支持方向：智能制造和“互联网 + ”行动支撑保障能力、绿色制造、中药材提升与保障、工业强基等四大重点领域和中小企业服务体系重点专项，共实施

20 项任务 73 个方向。

7 月，国家质检总局组织专家组，对通过初审的 108 家(172 家次)申报材料和监督抽查实施方案进行了会评，共有 42 家(52 家次)检验机构通过竞争性遴选，国家纸张质量监督检验中心被质检总局选定为食品用纸包装国家监督抽查承检机构。

8 月

8 月 1 日，安徽山鹰纸业股份有限公司发布公告称，公司在湖北黄冈设立的子公司山鹰纸业(湖北)有限公司近日取得了营业执照。山鹰纸业(湖北)有限公司注册资本 5000 万元，经营范围为纸板、瓦楞原纸、箱纸板制造；生活用纸制造加工。

8 月 18 日，中国造纸学会在北京市召开了中国造纸蔡伦奖评审委员会第二次会议，评选出：第二届中国造纸蔡伦科技奖的获奖者为宋明信、张美云、郑丽萍；第二届中国造纸蔡伦青年科技奖的获奖者为陈劲、李晓亮、李继庚。

8 月 20 日，由全国工商联纸业商会和开原市人民政府共同主办的振兴东北纸业市场中国造纸企业开原行会议在辽宁省开原市召开。会议就振兴东北纸业市场，发展铁岭造纸产业进行了交流和探讨。

8 月 25 日，全国工商联在北京市召开 2015 中国民营企业 500 强新闻发布会。会上先后发布 2015 中国民营企业 500 强、2015 中国民营企业制造业 500 强等调研分析报告。造纸和纸制品业有 5 家企业入围 2015 中国民营企业 500 强，8 家造纸和纸制品企业入围 2015 中国民营企业制造业 500 强。

8 月 25—27 日，由中国造纸学会主办的纸基新功能材料制造与节能减排技术培训班在浙江省衢州市龙游县举办。开幕式上，中国造纸学会有关领导为学会在衢州市成立的“纸基功能材料高层次区域交流服务项目专家工作站”揭牌，同时向首批入站专家代表教授颁发了聘书。

8 月 31 日，商务部、国家发展和改革委、财政部、银监会联合发布《商务部、国家发展和改革委、财政部、银监会关于给予国家鼓励的进口商品信贷支持的补充通知》，在现行中国进出口银行优惠利率进口信贷支持范围的基础上，将国家发展和改革委、财政部、商务部发布的《鼓励进口技术和产品目录(2015 年版)》纳入进口信贷支持范围，对该目录中的先进技术、关键装备及零部件和紧缺资源性产品给予优惠利率进口信贷支持。

9 月

9 月 9 日，潍坊凯信机械有限公司与四川省犍为凤生纸业有限责任公司成功签约 4 台 HC-1000 高速卫生纸机。潍坊凯信机械有限公司至今已经向市场推出 72 条卫生纸机生产线。

9 月 16 日，山东太阳纸业股份有限公司 30 万吨/年轻型纸改扩建项目(PM29)举行开机仪式。PM29 项目自 2014 年 8 月开工建设，纸机抄宽 7330 毫米，设计车速 1800 米/分，定量范围 50 ~ 120 克/米^2。

9 月 16 日，河南江河纸业股份有限公司承担的河南省大气污染治理科技专项“造纸生产过程节能与减少废气污染物排放关键技术研究”项目通过验收。该项目于 2013 年立项，资金总预算 1026 万元，重点研究造纸生产过程各个环节中降低热能、电能消耗，提高原料转化率，挖掘废弃物综合利用技术。

9 月 16—18 日，由中国造纸协会、中国造纸学会和中国制浆造纸研究院共同主办，中国造纸杂志社承办的 2015 中国国际造纸科技展览会及会议在北京市全国农业展览馆举办。展会云集了来自 20 个国家和地区的近 200 家造纸装备制造、造纸化学品及与造纸相关知名企业参展，展出面积 13000 米^2。

9 月 17 日，由中国造纸学会、芬兰造纸工程师协会及中国制浆造纸研究院联合主办，中国造纸杂志社承办的 2015CIPTE 国际造纸技术报告会在北京市喜来登长城饭店召开。会上，来自中国、芬兰、美国的 11 位造纸行业专家就造纸行业市场发展、原材料供应、行业发展趋势、新技术应用等方面做了专题演讲。

9 月 19—20 日，福建省造纸学会第五届第三次理事会暨华东七省市造纸学会第二十九届学术年会、第十五届福建省科协年会分会场——第五届海西纸业论坛在福建省福州市福建农林大学举行。

9 月 21—22 日，2015 山东造纸行业“四新”技术交流及推广会议在山东省济宁市兖州区召开。山东省造纸行业协会每年举办一次行业“四新”技术交流及推广会议。

9 月 21 日，中国制浆造纸研究院廊坊基地的 PM6 长网纸机试验线成功出纸，试生产的 4 吨成品纸(规格分别为 200 克/米^2 和 300 克/米^2)通过了客户的现场验收。

9 月 25 日，维达集团在广东省阳江市举行维达第 10 个生产基地——阳江项目奠基仪式。阳江项目首期初步规划年产高档生活用纸 19 万吨。

10 月

10 月 9 日，美国国际纸业公司发布公告称，已与中国合作伙伴山东太阳纸业股份有限公司达成一项最终协议，将向后者出售其在双方合资的万国纸业太阳白卡纸有限公司、山东国际纸业太阳纸板有限公司、山东万国太阳食品包装材料有限公司 3 家企业中分别所持有的 55% 股权。

10 月 14 日，中国纸业投资有限公司与中冶国际工程集团有限公司、中国中轻国际工程有限公司在北京市签署《关于促进我国制浆造纸技术及设备向国外发展的战略合作协议》。协议中，3 方达成一致意见，积极响应“一带一路”的国家战略，抓住机遇加快我国制浆造纸企业优质产能和资产快速进入国际市场。

10 月 15—16 日，河南省造纸学会第二次会员代表大会暨制浆造纸环保化学品“四新”技术交流会在河南省郑州市召开。会议选举产生了由 32 名常务理事组成的新一届常务理事会及领导成员；同时，选举产生 90 名理事、86 个团体理事单位。

10 月 15—18 日，由中国造纸学会、中国制浆造纸研究院和衢州市人民政府主办，中国造纸学会特种纸专业委员会承办的 2015 全国特种纸技术交流会暨特种纸委员会第十届年会和 2015 特种纸产业发展和节能减排高峰论坛在浙江省衢州市举办。来自多个国家的近 200 家企业的 350 多位代表参加了会议。

10 月 16—18 日，由中国造纸学会、中国制浆造纸研究院和衢州市人民政府主办，中国造纸学会特种纸专业委员会承办的 2015 中国国际特种纸展览会及会议在浙江省衢州市会展中心召开。

10 月 21—23 日，以“转型重构与优化提升”为主题的第八届中国纸业发展大会于 2015 年在广东省东莞市召开。来自国内外的业内领导、专家、会员代表共 400 多人出席了大会。

10 月 26—28 日，中国造纸化学品工业协会在上海市召开了 2015（第二十七届）全国造纸化学品开发与造纸新技术应用研讨会。会议围绕造纸和造纸化学品工业的现状及发展、新型造纸化学品的开发以及造纸工业新技术应用等诸多课题展开了深入研讨。

10 月 27—28 日，全球领先的工业消耗品和服务供应商致睿公司在江苏省昆山市成功举办了以“致睿 · 臻享造纸之悦”为主题的致睿技术研讨会暨致睿昆山工厂开业庆典。致睿昆山工厂总投资 9800 万美元，主要生产高品质的造纸成形网和压榨毛毯等纸机织物。

10 月 29 日，福伊特公司与华泰集团有限公司（简称“华泰集团”）签署了一份战略性合作协议。国务院总理李克强和正在访华的德国总理默克尔共同见证了签约仪式。根据协议，未来 5 年里，福伊特公司将与华泰集团在多个领域展开深入合作。华泰集团将投资 8.4 亿元，升级改造现有的造纸生产线，建立造纸研发中心，并实施“工业 4.0”战略。

10 月，湖北炬垲纸业有限公司 20 万吨/年 A 级高强瓦楞原纸扩建项目开工。项目建设期为一年，预计于 2016 年建成，届时湖北炬垲纸业有限公司高强瓦楞原纸产能将达到 30 万吨/年。

11 月

11 月 6 日，安徽省环保厅下发文件，宣布安徽华泰林浆纸有限公司年产 30 万吨漂白商品木浆林纸一体化项目通过竣工环境保护验收。

11 月 6 日，由中国造纸学会主办的造纸工业互联网 + 论坛在北京市召开，来自制浆造纸企业、机械设备公司、高等院校和科研院所等单位的 80 多名代表参加了会议，针对大数据时代造纸企业如何实现自动化和信息化进行了交流。

11 月 11 日，“双十一”当天维达集团及旗下品牌线上销售额突破 9500 万元，这是维达集团第一次携旗下的生活用纸、成人护理、婴儿护理及女性护理四大品类，进行以多品类组合布局的线上大型主题营销活动。据了解，京东商城、天猫超市、苏宁超市及 1 号店四大主流电商平台“双十一”总销售额中生活卫生用纸品类均居第一位。

11 月 12 日，环境保护部正式批准金东纸业（江苏）股份有限公司 25 万吨/年化学机械浆项目通过环保验收，可投入正式生产。

11 月 12—14 日，由中国造纸协会主办的 2015 中国国际造纸和装备博览会暨全国纸张订货交易会在海南省国际会展中心召开。博览会和交易会以“科技创新、绿色发展”为主题，展示面积近 1 万米^2，在博览会和交易会期间还举办了多场专题研讨会。

11 月 13 日，富春环保 · 东顺集团年产 10 万吨高档生活用纸项目启动仪式在杭州市富阳区举行。项目总投资 6 亿元，有望于 2016 年底进入调试生产，预计年销售额 12 亿元。

11 月 18 日，江苏省造纸学会第六次会员代表大会在江苏省南京市南京林业大学召开。大会选举产生了江苏省造纸学会第六届理事会和第一届监事会及其领导成员，并表彰了江苏省造纸学会 2011—2015 年度先进集体和先进个人。

11 月 18 日，由江苏省造纸学会及南京林业大学林业资源协同创新中心联合主办的江苏省造纸学会第十三届学术年会在江苏省南京市南京林业大学召开。

11 月 19 日，以"提升质量共赢未来"为主题的第四届中日废纸交流会在江苏省南京市召开。来自造纸行业、废纸回收行业的领导和嘉宾就中日双方关心的问题及当前中国互联网 + 、新常态下废纸回收利用等热点问题进行了交流。

11 月 20 日，山东太阳纸业股份有限公司投资美国阿肯色州绒毛浆项目合作备忘录签约仪式在山东省举行。项目投资约 13. 6 亿美元，采用全球最为先进的生物质精炼技术，利用美国当地的南方针叶松生产绒毛浆，产能 70 万吨/年。

11 月 23—26 日，全国造纸工业标准化技术委员会年会在贵阳市召开，来自国内外各企业、质检机构、科研院所和高校的 170 多位委员及专家代表参加了会议。会议审查并通过了 17 项标准。

11 月 24 日，工业和信息化部官方微博消息，工业和信息化部、能源局表示，18 个行业均完成 2014 年淘汰落后和过剩产能目标任务。淘汰造纸落后和过剩产能 547 万吨。

11 月 26—27 日，由广东省造纸行业协会、广东省造纸行业工业联合会主办的 2015 年广东省行业协会年会暨第五届广东省造纸行业协会理事(监事)会换届大会在广东省开平市召开。来自广东省政府部门、中国造纸协会、外省行业协会的领导，协会会员单位代表，相关行业的嘉宾及行业媒体共计 210 余人参加了大会。会议产生了第六届广东省造纸行业协会理事会和监事会。

11 月 30 日，ST 宜纸(600793)发布公告，公司第一大股东宜宾市国有资产经营有限公司和第二大股东五粮液集团有限公司于 11 月 26 日和中环国投控股集团有限公司(简称"中环国投")签订了上市公司股份转让协议，宜宾市国有资产经营有限公司和五粮液集团有限公司同意将其合计持有的公司 5669. 18 万股(占公司股本总额的 53. 83%)以及由此衍生的所有股东权益，转让给中环国投，中环国投将成为 ST 宜纸的控股股东，公司实际控制人也将发生变化。

12 月

12 月 1 日，安徽山鹰纸业股份有限公司发布公告称，公司拟以自有资金 5. 6 亿元对全资子公司吉安集团有限公司(简称"吉安集团")进行增资，增资后吉安集团的注册资本将增至 18. 6 亿元。

12 月 2—4 日，博闻锐思商务咨询(北京)有限公司(RISI)主办的第四届 RISI 中国国际废纸利用大会(RCP 2015)在广东省深圳市举行。来自海内外行业协会、纸厂、国废和外废供应商、咨询分析机构等 70 家公司的 120 余位代表参加了会议。

12 月 3 日，在北京市召开的第八届中国企业社会责任报告国际研讨会上，"金蜜蜂 2015 优秀企业社会责任报告"榜单揭晓。《亚太森博 2013—2014 可持续发展报告》上榜"金蜜蜂 2015 优秀企业社会责任报告 · 外资及港澳台企业"。

12 月 4 日，中国再生资源回收利用协会废纸分会第一届第三次理事会暨废纸打包行业经营模式创新研讨会在广东省深圳市召开。来自废纸造纸企业、废纸贸易商、废纸回收企业等与废纸回收、利用相关企业的 80 余位代表参加了会议。

12 月 10 日，商务部发布"关于原产于美国、欧盟和日本的进口未漂白纸袋纸反倾销调查初步裁定的公告"，对美国、欧盟和日本的相关公司征收从 14. 9% ~ 29. 0% 不等的保证金比率。该产品归在《中华人民共和国进出口税则》：48041100，48042100，48043100，48044100，48045100。

12 月 18 日，由中国造纸杂志社《造纸信息》杂志举办的"2015 年中国造纸工业 10 项要闻评选会"在中国制浆造纸研究院召开，评选出 2015 年度中国造纸工业 10 项要闻。

中国制浆造纸研究院与广州华创化工材料科技开发有限公司联合申请的国家科技支撑计划材料领域 2015 年项目"非石棉纤维密封和过滤复合材料开发及产业化示范"项目通过科技部批准立项。项目主要任务为建成 1 条产能 5000 吨/年的非石棉纤维密封材料长网纸机连续化生产示范线，完成 8 个非石棉纤维密封材料系列新产品的研制和试生产实验，建成产能 8000 吨/年的过滤复合材料生产示范线，形成国际领先的 F8 级新品种 1 种，滤清器性能指标达到 EN779-2012 的 F8 级别。

(梁 川)

2015 年造纸行业会展信息

Exhibition and Conference News of Paper Industry in 2015

2 月 10 日，上海市造纸学会第十一届会员代表大会在上海市隆重召开。大会由第十届理事会副理事长戚永宜主持。大会审议通过了“第十届理事会工作报告”“第十届理事会财务审计报告”“上海市造纸学会章程修改说明”。会议选举产生了 19 名理事、3 名监事，随即召开新一届理事会第一次会议。会上选举产生了以姜海斌为理事长的上海市造纸学会第十一届理事会，尹华、吴丹国、杨金魁、张荣毅、戚永宜当选为副理事长，蒋鸿勇当选为秘书长，吴满亮当选为监事长。

3 月 17 日，由山东省轻工业协会、山东出版集团有限公司主办，山东省造纸行业协会、山东省印刷物资有限公司承办的 2015 山东(国际)制浆造纸技术及装备展览会暨 2015 山东(国际)生活用纸及纸制卫生品展览会在山东省济南市隆重开幕。展会展出面积约 20000 米^2，围绕造纸新技术和节能降耗组织了数场较高水平的技术专题讲座。

3 月 24—25 日，由全国工商联纸业商会主办的 2015 年中国国际纸浆峰会在上海市召开。本届纸浆峰会以“寻找浆纸价值回归之道”为主题，邀请商务部领导、经济学家、行业专家，全球制浆造纸行业有影响力的企业家到会演讲、对话，共同探讨如何通过建立良性的传导机制，实现浆纸价值回归，引领浆纸产业继续携手面对发展过程中的困难，共同推动制浆造纸行业实现健康、可持续发展。会议期间，还举办了高峰见面会，国际纸浆供应商和我国主要大型企业的高层围绕我国造纸行业的产能过剩、我国纸浆市场地位等问题进行了深入交流。

3 月 27 日，Hawkins Wright 和 Brian McClay & Associates 在上海市联合举办第三届纸浆研讨会。来自中国、美国、加拿大、澳大利亚、瑞典、日本、智利、巴西等国家的主要纸浆生产商、贸易商、纸浆用户齐聚上海，共同探讨纸浆产业可持续发展的未来。

4 月 9—10 日，由国家食品安全风险评估中心主办，宁波出入境检验检疫局和珠海经济特区红塔仁恒纸业公司承办的食品安全国家标准纸和纸板研讨会及纸质食品包装安全技术研讨会在广东省珠海经济特区召开。大家围绕高水平纸质食品包装安全标准的制定进行了充分的交流和讨论。

4 月 10—12 日，由四川省造纸行业协会、四川省造纸学会、德纳展览集团有限公司共同主办的 2015 第三届中国西部(成都)制浆造纸技术装备、纸张、生活用纸展览交易会和四川造纸行业“四新”推广会暨省纸协、学会、生活用纸分会常务理事扩大会在四川省成都市召开。参展单位 100 家，展位 140 个，参展范围涵盖制浆造纸装备、生活用纸加工设备，纸张、生活用纸、造纸化学品等领域。近 300 名代表参加了此次推广会。

4 月 13—14 日，由博闻锐思商务咨询(北京)有限公司(RISI)主办的第二届 RISI 中国纸包装高峰论坛在上海市召开。本届论坛以“经济新常态下的中国纸包装行业——挑战与机遇”为主题，云集纸包装行业专家和 RISI 资深经济学家，与参会代表一起关注全球纸包装行业创新进展，剖析现状、发现机遇，探索如何在当今亚洲市场环境下培养良好的商业意识。来自国内外 80 家公司 160 余名代表参加了会议。

4 月 13—14 日，由山东省造纸行业协会和亚太森博(山东)浆纸有限公司主办，日照锦湖金马化学有限公司、山东思源水业工程有限公司、台励福机器设备(青岛)有限公司、山东华屹环境科技工程有限公司协办的山东省造纸行业协会第五届第六次会员代表大会暨全省造纸行业会议在山东省日照市召开。150 名代表参加了会议。会议总结了 2014 年山东省造纸行业生产经营情况，分析了行业发展特点，提出了 2015 年行业发展目标、工作重点及措施，并总结了 2014 年山东省造纸行业协会的工作，确认了 2014 年度山东省造纸行业十强企业和十佳企业。

4 月 17 日，浙江省造纸行业协会(学会)2015 年年会在浙江省杭州市富阳召开。会上，富阳造纸协会秘书长董良兴、浙江省造纸行业协会(学会)秘书长陆文荣、山东省造纸行业协会秘书长赵振东分别介绍了富阳、浙江省和山东省 2014 年造纸行业发展情况。

4 月 14—17 日，2015 中国国际瓦楞展在上海市隆重举行。来自 20 多个国家和地区的 600 余家瓦楞生产设备及配件耗材相关知名企业参展，展出面积 67000 米^2。本届展会首度设立智能化工厂专区与纸箱预印专区，集中展示了专业领域的技术，提供了多元化的智能与预印解决方案。

4 月 22—23 日，由中国造纸化学品工业协会主办的 2015(第二十六届)全国造纸化学品开发与造纸新技术研讨会暨特种纸专用化学品论坛在浙江省衢州市召开，来自特种纸生产和相关企业以及大专院校的代表共 150 余人参加本次会议。为期 2 天的技术交流会上，杭州市化工研究院院长姚献平、浙江省造纸行业协会副理事长陆文荣、山东省造纸学会常务副理事长兼秘书长张金声分别做了报告；衢州市经济信息委员会副主任蒋建平介绍了衢州市造纸行业的发展情况。

5 月 4 日，由纸品研究学会主办的"纪念蔡伦发明造纸术 1910 周年征文启动仪式"活动在北京市举行。中国造纸学会、中华全国集邮联合会、中国书画院、中国楹联学会、中国制浆造纸研究院、共青团宁夏委员会等多家单位的领导和专家学者 40 多人参加了此次活动。

5 月 12 日，由博闻锐思商务咨询(北京)有限公司(RISI)与世界纺织信息网(WTiN)共同举办的第二届亚太非织造布产业论坛(APNS2015)在上海市召开。此次会议的主题为"中国卫生用品市场解析——立足当下·展望 2020"，来自 25 个国家的 150 位代表参加会议，共同探讨了非织造布市场未来趋势和中国卫生用品应用等热点问题。

5 月 20 日，中国造纸协会第四届理事会第二次(扩大)会议在江苏省南京市召开。来自全国各地造纸协会、科研院所、高等院校、造纸及相关行业的企业多位代表参加了大会。会议对"第三届全国造纸行业节能减排优秀技术创新成果和职工优秀技术奖"进行了表彰。审议并通过了"中国造纸协会第四届理事会第二次会议工作报告""中国造纸协会 2015—2016 年度工作计划""中国造纸协会第四届理事会 2014 年度财务报告""关于陈士能同志、钱桂敬同志辞去中国造纸协会第四届理事会名誉理事长的提案""关于吸收 6 个单位为中国造纸协会团体会员的议案"5 个报告。20 日下午，包装纸板未来发展趋势专题座谈会、印刷用纸未来发展趋势专题座谈会同时召开。会上，各协会分会及造纸企业的相关领导、代表分别就包装纸板及印刷用纸的未来发展趋势进行了分析与交流。

5 月 21 日，由中国造纸协会、江苏省造纸行业协会主办，中华纸业杂志社承办的 2015 中国纸业高层峰会在江苏省南京市成功举办，本届峰会的主题为"趋势与对策 2015——新常态·新机遇·新举措"，来自国内外的 225 名专家、学者、企业家等参加了会议，围绕当前宏观经济领域的新常态、大数据、互联网 +、一带一路、走出去等热门话题，针对新形势下行业面临的困难和问题，共商行业和企业如何通过深度调整，实现产业升级发展。

5 月 24 日，第二十一届中国生活用纸企业家高峰会议在广东省深圳市举行，来自成员企业和特邀企业的代表共计 33 人参加了会议。会上张玉兰常务副秘书长代表生活用纸专业委员会秘书处做了报告，介绍了 2014 年我国生活用纸行业总体运营情况，并对市场前景作出分析预测。各企业代表重点围绕秘书处报告中阐述的内容，结合企业近期自身的生产和发展状况，以及经济新常态下生活用纸市场格局的变化，企业如何转型升级来应对产能过剩及产品同质化，共同促进行业健康发展等多个议题展开深入讨论。

5 月 25—27 日，由中国造纸协会生活用纸专业委员会主办，广东昱升卫生用品实业有限公司、爹地宝贝股份有限公司、佛山市宝索机械制造有限公司、邦丽达(福建)新材料股份有限公司协办的第二十二届生活用纸国际科技展览及会议(CIDPEX 2015 生活用纸年会暨妇婴童、老人卫生护理用品展会)在广东省深圳市会展中心举行。作为全球最大的生活用纸和卫生用品行业展会，本届年会共吸引来自 35 个国家和地区，近 700 家国内外企业参展，1000 余个品牌亮相，3 万名海内外专业观众参会，展出面积达 80000 米^2。参展企业和参会代表收获圆满。

5 月 28—29 日，河南省造纸工业协会第四届第七次会员大会暨第五届第一次常务理事扩大会在河南省郑州市召开。100 余名代表参加了会议。会议通过了由理事长刘承祯代表第四届理事会做的"河南省造纸工业协会第四届理事会工作报告""河南省造纸工业协会第四届理事会财务报告"。选举成立了以刘承祯为名誉理事长，耿海燕为理事长，夏耀玲为秘书长的新一届理事会。新一届理事长耿海燕宣读了《关于表彰“2014 年度河南省造纸行业十强企业”和“河南省造纸行业先进企业”的决定》，到会领导为获奖企业颁发了奖牌。

6 月 1—3 日，由博闻锐思商务咨询（北京）有限公司主办的第十六届 RISI 亚洲浆纸展望大会在上海市召开。会议期间 22 位报告人做了精彩演讲。会议期间还举行了一场行业高管圆桌论坛，以互动的形式就“造纸行业的可持续性发展——浆纸行业的新常态”主题畅言己见。

6 月 12 日，中国轻工业联合会在北京市举办了以“新常态、新思路、新驱动”为主题的第四届中国轻工企业家高峰论坛暨百强企业颁奖盛典。国家发展和改革委、国资委、工业和信息化部、商务部、国家统计局、中国轻工业联合会等相关领导及相关单位和媒体代表 500 多人出席了会议。会上发布了“2014 年度中国轻工业百强企业”荣誉榜单以及市场能力、盈利能力、价值能力、成长能力、电商能力、财政能力及科研投入七大分项能力百强榜单。有关部委、中国轻工业联合会和全国性行业协会领导为获奖企业颁奖。同时发布了《中国轻工行业竞争力报告》。

7 月 6 日，中国造纸协会副理事长兼秘书长赵伟、安徽山鹰纸业股份有限公司总经理助理连巧灵、中国造纸协会综合业务部副主任王华同受邀参加了在俄罗斯莫斯科召开的“金砖国家工商理事会会议及行业工作小组会议”。7 月 6 日上午召开了金砖国家工商理事会中方理事及成员会议。会上中方秘书处总结汇报了过去一年的工作成果，通报了金砖国家工商理事会一系列会议的筹备情况，并作出相关部署。中方各理事单位、行业工作小组代表出席了会议。

7 月 15—17 日，由广东省造纸行业协会、广东省造纸行业工会联合会、山东省轻工机械协会、河南省造纸工业协会、浙江省造纸行业协会、四川省造纸行业协会以及广西造纸行业协会联合主办，广州市奥驰展览服务有限公司承办的 2015 第十二届广州国际纸展（Paper Expo China 2015）在广东省广州市琶洲·保利世贸博览馆隆重举行。本届展会集中展示了文化用纸、包装纸、印刷用纸、工业用纸、特种纸、食品用纸等各类纸种及先进的设备、技术、造纸化学品、原料，吸引来自中国及亚洲、欧美等地区的专业观众到会参观、采购。展会同期还举办了 2015 广州国际造纸化学品技术展览会及 2015 国际造纸化学品技术（广州）发展论坛，为行业同仁提供了技术探讨、创新技术推广与项目合作的机会。

8 月 20 日，由全国工商联纸业商会和开原市人民政府共同主办的振兴东北纸业市场中国造纸企业开原行会议在辽宁省开原市召开。全国工商联纸业商会领导、业内专家、铁岭市和开原市两级市领导，来自造纸和相关行业的企业家、会员企业代表、中国造纸杂志社等行业媒体和地方媒体共 100 余人出席了此次会议。会上，专家与企业家首先对铁岭（开原）八宝造纸产业园进行了考察，会上专家们结合东北地区市场和资源特点，就我国造纸产业的新格局，文化用纸、包装纸、生活用纸市场的发展进行了专题演讲。召开了专家座谈会和企业洽谈对接会。

8 月 25—27 日，由中国造纸学会主办，中国造纸学会特种纸专业委员会、浙江省特种纸公共创新服务平台、浙江省衢州市龙游县造纸行业协会承办的“纸基新功能材料制造与节能减排技术培训班”在浙江省衢州市龙游县成功举办。共有来自全国各地 40 余家企事业单位的近百名代表参加了本次培训班。本次培训班邀请了 7 位不同领域的专家进行了为期 2 天的授课。专家结合代表们在生产实践中遇到的问题，给出了解决办法和建议。

8 月 27—28 日，由山东省轻工机械协会和广东、广西、河南、河北、浙江、江苏、四川、福建、湖北省区造纸协会/学会主办，山东泉林纸业有限责任公司、德州泰鼎新材料科技有限公司、山东昌华造纸机械有限公司、山东恒星股份有限公司、山东信和造纸工程股份有限公司、山东晨钟机械股份有限公司、山东造纸机械厂、山东福华造纸装备有限公司、山东杰锋机械制造有限公司等单位协办的十省区造纸装备新产品、新技术交流会议在山东省聊城市召开。造纸企业和造纸装备企业的 100 余位代表参加会议。会议就目前造纸行业现状，“十三五”行业发展设想，国内造纸装备业的现状、存在的问题、发展思路和发展展望、山东省装备企业开发的代表性新产品和新技术进行了交流。

9 月 9—11 日，第十八届木材、纤维与制浆化学国际研讨会（ISWFPC 2015）在奥地利维也纳召开。会议共发布 96 个口头报告（包括 3 个大会报告）、180 个墙报，来自 29 个国家的 330 余人参加了会议。我国参会人数达到 26 人。

9 月 16 日，中国造纸学会第七届常务理事会第四次会议在北京市召开，常务理事及常务理事单位代表共40人参加了本次会议。会议由曹振雷常务副理事长主持。此次会议审议并通过了《常务副理事长曹振雷同志主持本届理事会工作的提议》《中国造纸学会2016年主要工作要点》《中国造纸学会“十三五”发展规划》《中国造纸学会推选院士候选人工作实施细则》，中国造纸蔡伦奖评审专家委员会对《中国造纸蔡伦奖评选表彰办法》的修改建议、《关于增补中国纸业投资总公司为学会特聘常务理事及副理事长单位的提议》和《关于同意亚太森博（山东）浆纸有限公司特聘副理事长单位更换代表人的提议》，通报了学会2015年上半年完成的主要工作和下半年工作计划、第二届中国造纸蔡伦奖获奖名单并作出表彰决定，批准了美国特种矿物有限公司上海代表处自2015年10月起正式成为学会的团体会员。

9月16—18日，由中国造纸协会、中国造纸学会和中国制浆造纸研究院共同主办，中国造纸杂志社承办的2015中国国际造纸科技展览会及会议在北京市全国农业展览馆隆重举办。展会云集了来自20个国家和地区的近200家造纸装备制造、造纸化学品及与造纸相关知名企业参展，展出面积13000米^2。展会期间还举办了多场技术交流会。

9月17日，由中国造纸学会、芬兰造纸工程师协会及中国制浆造纸研究院联合主办，中国造纸杂志社承办的2015 CIPTE国际造纸技术报告会在北京市隆重召开。来自国内外制浆造纸及相关企业、高等院校、科研院所的200余名代表参加了本次会议。来自中国、芬兰、美国的11位造纸行业专家就造纸行业市场发展、原材料供应、行业发展趋势、新技术应用等方面做了专题演讲。讨论环节，中外参会代表分别就其感兴趣的话题与演讲嘉宾进行了热烈讨论和交流。

9月19—20日，福建省造纸学会五届三次理事会暨华东七省市造纸学会第二十九届学术年会和第十五届福建省科协年会分会场——第五届海西纸业论坛在福建省福州市福建农林大学举行。华东七省市学会领导、大专院校、研究院所、造纸企业、造纸机械供应商等71个单位共128位代表参加了本次论坛。9月19日，福建省造纸学会五届三次理事会上，福建省造纸学会理事长谢拥群做了福建省造纸学会2015年1—9月工作报告。9月20日，召开了“学术年会 + 纸业论坛”学术活动，19位嘉宾进行了技术论文的演讲并针对演讲内容互动交流，会议共收集论文86篇，涵盖了动态、管理、工艺、化学品、设备、控制等6各方面。

9月21—22日，2015山东造纸行业“四新”技术交流及推广会议在山东省济宁市召开。相关企业共160余人参加活动。会议突出了“节能减排、降本增效”的主题，促进山东省造纸行业转型升级和可持续发展。

10月15—18日，由中国造纸学会、中国制浆造纸研究院和衢州市人民政府主办，中国造纸学会特种专业委员会承办的2015全国特种纸技术交流会暨特种纸委员会第十届年会和2015特种纸产业发展和节能减排高峰论坛在浙江省衢州市隆重召开。会议共有来自近200家企业的350余位代表参加。年会邀请了国内外10余位专家、学者、企业家对特种纸及相关产业的新观点、新产品、新技术、新工艺以及特种纸市场的现状和发展趋势进行了深入的交流和探讨。通过展会结合的形式，真正实现了产、学、研、用的无缝对接。本届年会共收录了论文及PPT57篇，评出优秀论文10篇。

10月15—16日，河南省造纸学会第二次会员代表大会暨制浆造纸环保化学品“四新”技术交流会在河南省郑州市召开。会议选举产生了新一届常务理事会和领导成员，王卫华当选理事长，李尚武当选秘书长，姜丰伟、刘洁等10人当选副理事长，大河纸业有限公司、郑州磊展科技造纸机械有限公司、许昌中亚造纸设备有限公司等当选副理事长单位，选举产生了90名理事、86个团体理事单位。会议审议通过了第一届理事会工作报告、财务报告、河南省造纸学会章程修订说明以及学会会费管理办法，通过了聘任第二届理事会名誉理事长、顾问、常务理事单位以及颁发荣誉证书等事项的决定。会员代表大会结束后，召开了制浆造纸环保化学品“四新”技术交流会。

10月16—18日，由中国造纸学会、中国制浆造纸研究院和衢州市人民政府主办、中国造纸学会特种纸专业委员会承办的2015中国国际特种纸展览会及会议在浙江省衢州市衢州会展中心隆重召开。这是我国首次举办的特种纸国际性展览会。本次展览会共有119家企业参展，参展商以特种纸企业为主，还涵盖了化学品、原材料、生产设备、特种纸后加工等多个领域的相关企业，其中特种纸生产企业55家，是历届造纸行业举办的展览会中特种纸企业参展最多的一次盛会，吸引了来自美国、法国、德国、奥地利、芬兰、日本、韩国、印度、巴西等多个国家和地区的专家、学者、企业代表和专业观众1200多人。

10月21—23日，由全国工商联纸业商会与国内外20家大型造纸企业联合主办的第八届中国纸业发展大会在广东省东莞市胜利召开。本次会议以“转型重构与优化提升”为主题，共同探讨了纤维原料利用、绿色制浆技术、纸和纸板生产的先进技术、未来纸张新产品主要方向、新常态下造纸装备发展等内容。来自国内外的业内领导、专家、会员代表共400多人出席了大会。

10月26—28日，由中国造纸化学品工业协会主办的2015(第二十七届)全国造纸化学品开发与造纸新技术应用研讨会暨2015(第十届)中国国际造纸化学品展览会在上海市举行。此次会议的召开进一步加强我国造纸化学品的技术创新与开发，促进新型造纸化学品和各种造纸新技术在造纸行业的应用，积极应对国内外宏观经济环境对造纸化学品和造纸行业发展的影响，进一步深化产业节能减排和结构调整，更好地推进造纸化学品和造纸行业的协调发展。

11月6日，由中国造纸学会主办，芬欧汇川(中国)有限公司、华章科技有限公司和ABB(中国)有限公司协办的造纸工业互联网+论坛在北京市召开，此次论坛针对大数据时代如何实现传统的造纸业与现代化的互联网融合、互联网的去中心化、造纸厂采用自动化仓储物流系统的优势以及未来发展、大数据时代造纸企业如何实现自动化和信息化等问题进行了探讨与交流，吸引了来自制浆造纸企业、机械设备公司、高等院校和科研院所等80余位代表的参与。

11月7日，中国造纸学会纳米纤维素及材料专业委员会(简称“NMC委员会”)成立大会暨学术报告会在北京中国科学院国家纳米科学中心隆重召开。会议按照中国造纸学会专业委员会工作条例，通过民主程序，民主产生了以蒋兴宇博士为主任委员的第一届委员会主要领导人。NMC委员会第一次全体委员会议通过了NMC委员会的会徽、工作条例及未来发展规划。学术报告会上，来自中国科学院、中国制浆造纸研究院、华南理工大学和东北林业大学等单位的9名报告人就纳米纤维素的研究、制备及应用做了精彩的报告。来自全国各高校、科研院所和制浆造纸企业等20多家单位的委员或委员代表参加了会议。

11月11—13日，由中国造纸协会主办的2015中国国际造纸和装备博览会暨全国纸张订货交易会在海南省海口市海南国际会展中心隆重开幕。本届博览会以“科技创新、绿色发展”为主题，参会人员2万多人，展示面积近10000米^2，参展企业100余家，是目前国内最具规模和权威性的专业展会。博览会期间还举办了2015年中国纸浆市场形势研讨会、2015年造纸产业及技术装备发展研讨会多场专题研讨会。

11月18日，江苏省造纸学会第六次会员代表大会在江苏省南京市南京林业大学召开。大会审议通过了张辉理事长做的第五届理事会工作报告、关于修改《江苏省造纸学会章程》的报告、江苏省造纸学会第五届理事会财务工作报告。选举产生了江苏省造纸学会第六届理事会和第一届监事会，同时还分别召开了江苏省造纸学会第六届理事会和第一届监事会会议，选举产生了江苏省造纸学会第六届理事会常务理事、理事长、副理事长、秘书长、专职常务副秘书长和第一届监事会主席。张辉当选第六届理事会理事长，景宜当选秘书长，王国荣当选第一届监事会主席；会议还审议通过了关于聘请江苏省造纸学会名誉理事长、高级顾问的提案和学会秘书处及各工作委员会、专业委员会设置和人员组成。会议表彰了学会2011—2015年度先进集体和先进个人。来自全省造纸及造纸相关行业的200名会员代表参加了大会。

11月18日，由江苏省造纸学会及南京林业大学林业资源协同创新中心联合主办的江苏省造纸学会第十三届学术年会在江苏省南京市南京林业大学隆重召开。来自高校、研究所及造纸相关企业的200多位代表参加了会议。本届年会邀请了4位专家结合中国制造2025、互联网+等发展战略，结合江苏省造纸行业实际突出“创新”，围绕“新常态下造纸工业的绿色发展”等内容做了主题报告，选择了代表性论文进行了学术交流。年会共征集会议论文68篇，评选产生了优秀论文一等奖3篇、二等奖6篇和优秀奖9篇。

11月19日，由中国造纸协会和中国再生资源回收利用协会主办，江苏省纸联再生资源有限公司和无锡荣成环保科技有限公司承办，江苏省造纸行业协会和江苏省造纸学会协办的第四届中日废纸交流会在江苏省南京市召开。本届交流会以“提升质量共赢未来”为主题，针对中日双方关心的问题及当前中国互联网+、新常态下废纸回收利用等热点问题进行了交流，对如何更好地回收利用废纸、如何实现造纸业和废纸回收业的合作与共赢、中国和日本在废纸回收利用方面的进一步合作等方面做了深入探讨。共计220位代表参加了此次会议。

11月23日—26日，全国造纸工业标准化技术委员会年会在贵州省贵阳市如期召开。来自国内外各企业、质检机构、科研院所和高校的170多位委员及专家代表参加了会议。大会审议通过2014—2015年度工作报告。在分组审查会中，各委员、专家代表对《卫生巾(含卫生护垫)》《卫生纸》《室内装饰装修材料——壁纸中有害物质限量》等7项国家标准、《漂白硫酸盐木浆》《热升华转印纸》等10项行业标准进行了审查，并对《婴儿纸尿裤》《纸尿裤和卫生巾高吸收性树脂》《儿童用纸品基本安全技术规范》《废纸分类技术要求》4项国家标准进行了研讨，所审查的17项标准全部通过会议审查。

11月26—27日，由广东省造纸行业协会、广东省造纸行业工业联合会主办的2015年广东省造纸行业协会年会暨广东省造纸行业协会理事(监事)会换届大会在广东省开平市召开。210余位代表参加了大会。会上，广东省造纸行业协会相关领导做了第五届理事会工作报告、第五届监事会和财务总结报告。会议选举产生了第六届广东省造纸行业协会理事会和监事会，翁卓当选第六届协会会长，陈竹当选第六届协会秘书长。会议对“2014年度广东省造纸行业协会诚信单位”、2015广东省造纸行业工业联合会“优秀阅览室”及能效“领跑者”进行了表彰，并对节能减排的新技术和新产品进行了推介。

12月2—4日，由博闻锐思商务咨询(北京)有限公司(RISI)主办，纸业联讯、广东省造纸行业协会、中国再生资源回收利用协会、中国包装联合会纸制品包装委员会、Moore&Associates的大力支持，德国FMS物流公司赞助的第四届RISI中国国际废纸利用大会在广东省深圳市成功举行。会议期间演讲嘉宾就国废市场和外废亚洲市场两个层面进行了交流互动。来自海内外70家公司的120余位行业代表参加了会议。

12月4日，中国再生资源回收利用协会废纸分会一届三次理事会暨废纸打包行业经营模式创新研讨会在广东省深圳市召开。来自废纸造纸企业、废纸贸易商、废纸回收企业等以及与废纸回收、利用相关企业的80余位代表参加了会议。中国再生资源回收利用协会废纸分会秘书长唐艳菊女士主持了会议并做了2015年工作报告。2015年，废纸分会大力推进和宣贯《废纸分类等级规范》，并完成了《废纸分拣加工经营管理规范》的立项和起草。与会代表在废纸经营模式的创新、供应链金融在废纸交易中的应用、再生资源支付创新及打包厂进销存信息管理等方面展开了深入探讨。

12月9日，中国造纸协会蔗渣浆工作委员会年会在广西壮族自治区南宁市召开。焦念民主任委员对蔗渣浆工作委员会成立一年来的工作和所取得的成绩进行了总结，并对下一步开展的工作提出了设想和目标。中国造纸协会副理事长兼秘书长赵伟针对当前造纸行业形势和“十三五”发展趋势向各成员单位进行了通报，并针对当前如何稳定蔗渣原料供应和扩大蔗渣浆利用等问题提出了建议。

12月16日，由广东省造纸学会和中堂镇人民政府联合举办的广东省造纸学会2015学术年会暨中堂纸业论坛在广东省东莞市召开，会议邀请6位来自骨干企业、纸业协会和高等院校的企业家和专家围绕“转型与创新”的主题，结合“造纸工业互联网+”与“智能制造”的专题，畅谈了企业转型升级、技术创新的实践与心得，回顾了产学研结合的举措与成效，展望了广东省造纸工业的发展方向与前景。会议期间还召开了广东省造纸学会第十届理事会第五次会议，接纳了新的团体会员，颁发了2015年广东省造纸学会科学技术奖。

(王　斌)

地方造纸工业

LOCAL PAPER INDUSTRY

广东省造纸工业
山东省造纸工业
浙江省造纸工业
江苏省造纸工业
河南省造纸工业
福建省造纸工业
广西壮族自治区造纸工业
湖北省造纸工业
天津市造纸工业
四川省造纸工业
江西省造纸工业
云南省造纸工业
陕西省造纸工业
山西省造纸工业
上海市造纸工业
辽宁省造纸工业

9

广东省造纸工业

Paper Industry in Guangdong Province

面对当前我国造纸工业以"调整、质量、效益"为主线的发展现状，广东省造纸工业继续以市场为导向，以节能减排为抓手，积极谋划转型升级。2015 年，广东省造纸工业保持平稳增长，经济运行状况良好。广东省纸及纸板生产量和消费量继续位居全国第 1 位。

【行业概况】

2015 年，广东省造纸工业规模以上企业 206 家；造纸及纸制品业平均用工总人数达 22.2 万人，同比下降 0.8%；机制纸及纸板生产量 2078 万吨，同比增长 0.3%（根据广东省统计局数据，同比增长 4.3%）；完成工业增加值 453.7 亿元，同比增长 4.9%。

广东省纸及纸板生产量和消费量均居全国第 1 位，是国内纸及纸板生产和消费大省，也是国内使用废纸造纸最多的省份。

全年造纸及纸制品业实现利润总额 87.16 亿元，同比增长 18.8%；主营业务收入 1858.43 亿元，同比增长 4.4%；工业销售产值达 1903.4 亿元，同比增长 5.4%；出口交货值 1898 亿元，同比下降 3.8%；应交增值税 39.17 亿元，同比增长 14.0%。表 1 所示为 2015 年广东省重点造纸企业主要品种完成情况。

表 1　　2015 年广东省重点造纸企业主要产品生产量　　单位：万吨

纸及纸板品种	广东省生产量			全国生产量	占全国比例/%
	2015 年	2014 年	同比/%	2015 年	
纸及纸板	2078	2071	0.3	10710	19.4
1. 新闻纸	56	68	-17.6	295	19.0
2. 未涂布印刷书写纸	163	165	-1.2	1745	9.3
其中：书刊印刷纸	150	150	0		
书写纸	13	15	-13.3		
3. 涂布纸（含白卡纸）	53	58	-8.6	770	6.9
4. 生活用纸	94	90	4.4	885	10.6
5. 包装纸（含灰纸板、水泥袋纸等）	120	130	-7.7	665	18.0
6. 白纸板	285	295	-3.4	1400	20.4
其中：涂布白纸板	274	280	-2.1	1340	20.4
7. 箱纸板	725	702	3.3	2245	32.3
8. 瓦楞原纸	487	465	4.7	2225	21.9
9. 特种纸及纸板	45	48	-6.3	265	17.0
10. 其他纸及纸板	51	50	2.0	215	23.7
商品浆	15	15	0		

【原料】

广东省造纸工业所用的纤维原料主要来自回收纤维，占比80%，其大部分来自进口。随着广东省文化用纸、特种纸及生活用纸产能的增加，特别是湛江晨鸣浆纸有限公司新项目的建成投产，木浆的使用比例有增加的趋势。

【重点造纸企业】

2015年，广东省纸及纸板年产能超过10万吨的造纸企业有41家，其中，100万吨以上的企业有5家；30万～100万吨的企业有19家；10万～30万吨的企业有17家。

【名优产品】

广东省名牌产品有9个，分别是：佛山市宝索机械制造有限公司的生活用纸加工设备，佛山市南海区德昌誉机械制造有限公司的生活用纸加工设备，广州市兴世机械制造有限公司的生活用纸加工设备，东莞玖龙纸业有限公司的“玖龙”牌牛皮挂面箱纸板，东莞金洲纸业有限公司的“金洲”牌牛皮挂面箱纸板，东莞玖龙纸业有限公司的“玖龙”牌涂布白纸板，东莞建晖纸业有限公司的“建晖”牌涂布白纸板，广东松炀再生资源股份有限公司的“玉阳”牌涂布白纸板，广东天元实业集团股份有限公司的“天元”牌三层热敏纸不干胶。

【清洁生产】

2015年，广东省造纸行业有4家企业获“广东省清洁生产企业”称号，分别是：月亮(英德)纸品有限公司、汕头市澄海区洋新纸业有限公司、高州市金墩纸业有限公司、维达纸业(中国)有限公司新会分公司。

【节能减排】

据广东省环保厅2014年对全省789家造纸及纸制品企业统计，2014年用水量24.7亿吨，其中，清水用量4.2亿吨，重复用水20.5亿吨，占全省工业取水量的13.8%，水重复利用率为82.9%。造纸工业废水排放量3.9亿吨，占全省工业废水排放总量的22.1%。排放废水中COD_{Cr}为5.1万吨，占全省工业COD_{Cr}排放量的21.5%。造纸工业废水处理设施年运行费用为7.7亿元。

【转型升级】

2015年，东莞市政府对水乡特色发展经济区“两高一低”造纸企业进行全面整治，引导企业转型升级。截至2015年10月，共引导53家企业停产，合计淘汰产能532.74万吨。其中，瓦楞原纸19家，282.57万吨；箱纸板4家，72.71万吨；白纸板3家，27.82万吨；灰纸板6家，94.91万吨；生活用纸19家，49.99万吨；填充纸2家，4.74万吨。全省积极响应供给侧结构性改革的相关政策，调整经济结构，造纸行业逐渐步入转型升级调整期。

【科研与技术进步】

广东省目前除有华南理工大学制浆造纸工程国家重点实验室、造纸与污染控制国家工程研究中心，广东轻工职业技术学院和广东省造纸研究所等科研院校和科技平台外，广东省造纸企业在政府的引导和自身发展的驱使下，龙头企业相继建立各级技术研究开发中心，并以产学研为纽带，利用广东省的科技优势，共同促进广东省造纸工业的技术进步。目前广东省拥有省级技术中心(工程中心)的企业有7家：广州造纸集团有限公司、中顺洁柔纸业股份有限公司、广东理文造纸有限公司、维达纸业(江门)有限公司、东莞玖龙纸业有限公司、珠海经济特区红塔仁恒纸业有限公司、亚太森博(广东)纸业有限公司，其中，亚太森博(广东)纸业有限公司是2015年新增的省级企业技术中心。另外，华南理工大学造纸学科从原来华南理工大学轻工与食品学院分拆出来，新成立了华南理工大学轻工科学与工程学院。

(1)广东省造纸学会2015年学术年会暨中堂纸业论坛于2015年12月16日在东莞市中堂镇召开。会议由广东省造纸学会和中堂镇人民政府联合举办。广东省造纸学会理事长、俄罗斯工程院外籍院士刘焕彬教授致开幕词。中堂镇人民政府姚铸锐镇长致欢迎词并介绍了造纸名镇——中堂镇的纸业概况及转型升级的良好发展势头。广东省造纸学会副理事长兼秘书长陈港教授主持了中堂纸业论坛，以互动形式讨论提问，6位来自骨干企业、纸业协会和高等学校的企业家和专家围绕“转型与创新”的主题，畅谈了企业转型升级、技术创新的实践与体会，回顾了产学研结合的举措与成效，展望了广东省造纸工业的发展方向与前景。“造纸工业互联网+与智能制造”是本次学术年会的主要专题。在广东省造纸学会常务副理事长何北海教授主持下，华南理工大学李继庚博士做了“智慧能源——造纸企业能量系统管控平台”的研究报告，珠海经济特区红塔仁恒纸业有限公司唐聪高级工程师介绍了该公司“DT 时代的造纸信息化实践”。刘焕彬理事长做了“构建我国智能造纸企业的思考”的主题演讲，介绍了工业 4.0 的核心特点和智能工厂的含义、组成框架与愿景，分析了造纸工业加入智能化行列的趋势与基础，论述了智能管理平台和智能造纸工厂的构建，强调了面向造纸企业智能化关键共性技术的研发。此外，广州造纸集团有限公司、广东冠豪高新技术股份有限公司、珠海经济特区红塔仁恒纸业有限公司、亚太森博(广东)纸业有限公司等企业及广东省造纸研究所等单位介绍了新产品、新技术的研发与节能减排技术创新。

会议期间，还召开了广东省造纸学会第十届理事会第五次会议，接纳了特大型企业湛江晨鸣浆纸有限公司为广东省造纸学会团体会员。年会上还颁发了 2015 年广东省造纸学会科学技术奖。“热升华转印纸”等 5 项成果获成果一等奖，“PM9 高速纸机生产线节能减排技术创新”等 9 项成果获成果二等奖。“干燥部纸幅干燥过程关键参数测试与分析”等 5 篇论文获论文一等奖，“外加木素对矿区土壤中铅形态分布的影响”等 9 篇论文获论文二等奖。本次会议虽只有一天时间，但内容丰富，形式新颖，效率高，获益多。

(2)广东省造纸行业协会于 2015 年 11 月 26—28 日在广东省开平市召开 2015 年广东省造纸行业协会年会。同时，广东省造纸行业协会第五届理事(监事)会现已任期届满，根据章程规定，召开广东省造纸行业协会第六届理事(监事)会换届大会及广东省造纸行业协会第六届理事(监事)会第一次会议，翁卓当选为新一届理事长。

(3)华南理工大学、广东省金叶科技开发有限公司、中国烟草总公司广东省公司“造纸法再造烟叶高效助留助滤节能减排技术的开发研究”获 2015 年广东省科学技术奖二等奖。广东冠豪高新技术股份有限公司“新型票据防伪技术的研究及产业化”获 2015 年广东省科学技术奖三等奖。

(4)广东省造纸行业协会于 2015 年 4 月 23 日上午在广州市召开了 2015 年广东省造纸行业节能技术研讨和交流会。会议对 2014 年广东省能效对标工作进行了总结，介绍了 2015 年的工作要点，并对《广东省造纸行业能效对标系统平台》进行了介绍。还邀请了芬兰兰泰克系统有限公司、瑞辰星生物技术(广州)有限公司、通用电气公司的代表介绍了先进的节能技术和产品。

(陈　港　陈　竹)

山东省造纸工业

Paper Industry in Shandong Province

【行业概况】

2015 年是"十二五"收官之年，在优化存量，控制增量，实现产业转型和结构调整方面，山东省造纸行业取得了很大成效，积累了许多成功经验，经济规模连续 21 年居全国前列。

1. 纸及纸板生产量

2015 年，山东省纸及纸板生产量 1780 万吨，同比增长 1.7%，占全国纸及纸板总生产量的 16.6%。其中，印刷书写纸 350 万吨，与 2014 年持平，占全国印刷书写纸总生产量的 20.0%；新闻纸 120 万吨，同比减少 14.3%，占全国新闻纸总生产量的 40.7%；包装纸板 350 万吨，同比增长 22.8%，占全国包装纸板总生产量的 7.8%；白纸板 330 万吨，占全国白纸板总生产量的 23.6%。"十二五"期间，山东省纸及纸板生产量年均递增 3.3%，高于全国同期年均 2.9% 的增长率，低于山东省"十一五"期间年均 7.7% 的增长率。

2. 纸及纸板出口

2015 年，山东省纸及纸板出口量 132 万吨，占全省纸及纸板总生产量的 7.4%（高于全国 6.0% 的平均水平），占全国纸张出口总量的 20.4%；实现出口交货值 61 亿元，占山东省造纸行业销售收入的 5.0%（低于全国 7.4% 的水平），占全国出口交货值的 10.4%。其中，15 家造纸企业有浆纸出口贸易，为缓解国内纸张市场压力作出了较大贡献。"十二五"期间，山东省纸张出口量和交货值分别年均递增 12.3% 和 8.1%，出口量高于全国同期年均递增 8.3%，交货值低于全国同期年均递增 14.1%。

3. 主要经济指标

2015 年，山东省造纸行业实现产品销售收入 1230 亿元，占全国造纸行业销售收入的 15.4%；完成利税合计 96 亿元，同比增长 2.1%，占全国造纸行业利税总额的 15.7%；总资产 1580 亿元，同比增长 4.0%，占全国造纸行业总资产的 15.9%。山东省造纸行业主要经济指标占全国比例有所降低，与核算基数有关。"十二五"期间，山东省造纸行业产品销售收入年均递增 3.8%，低于"十一五"期间年均递增 10.4%。

【原料情况】

1. 原生纸浆生产量

2015 年，山东省自制原生纸浆生产量 450 万吨，同比减少 2.2%，占全国原生纸浆生产量的 27%。其中，草浆生产量 45 万吨，与 2014 年持平，占全国草浆生产量的 15%；木浆生产量 405 万吨，同比减少 2.4%，占全国木浆生产量的 42%。目前，山东省拥有自制原生纸浆的企业不到 20 家，亚太森博（山东）浆纸有限公司为满足山东省内木浆需求作出了重要贡献。"十二五"期间，山东省自制原生纸浆生产量年均递增 4.0%，高于全国同期年均递减 3.8%，低于山东省"十一五"期间年均递增 10.6%。其中，木浆生产量年均递增 7.7%，高于全国同期年均递增 6.2%。

2. 原料结构

2015 年，山东省造纸纤维原料消耗比例为：自制原生纸浆 25%、商品纸浆 35%、废纸浆 40%，与 2015 年全国造纸行业纤维原料消耗比例：自制原生纸浆 17%、商品纸浆 18%、废纸浆 65% 有一定差距。

3. 原料消耗趋势

随着纸及纸板产品结构的不断调整和优化，山东省商品木浆的需求量将会越来越大，短期内很难改变依赖进口的局面。必须坚持技术进步、科技创新和工艺优化，寻找新原料，适度增加阔叶木浆配比，合理降低对针叶木浆的过度依赖。

山东泉林纸业有限责任公司在农作物秸秆的原料收购、制浆方法、废液治理综合利用、新产品开发等多方面的研究和应用均有重大突破，成为非木材制浆造纸企业的典范。

目前山东省使用的废纸有进口和国产两大类。进口废纸主要来自欧美两大洲和日本等地区。国产废纸的分类标准、收购、营销体系日趋成熟，国内已有年销售量达到150万吨的废纸专营公司。

【生产企业】

1. 生产企业规模

据行业协会汇总分析，2015年产业集中度进一步提高。山东省规模以上造纸企业约200家，平均生产规模9万吨/年，是全国平均生产规模的2.4倍。浆纸生产量超过10万吨/年的企业37家，其中，超过100万吨/年的企业6家，50万～100万吨/年的企业3家，20万～50万吨/年的企业13家。

2. 年产100万吨/年以上企业

2015年，山东省浆纸生产量100万吨/年以上的6家企业其纸及纸板总生产量和山东省内生产量分别为：山东晨鸣纸业集团股份有限公司416万吨，省内254万吨；山东太阳控股集团有限公司314万吨；华泰集团有限公司308万吨，省内247万吨；亚太森博(山东)浆纸有限公司189万吨，其中，漂白木浆155万吨；山东博汇纸业股份有限公司182万吨，省内111万吨；山东世纪阳光纸业集团有限公司120万吨。6家企业山东省内浆纸生产量合计占全省总生产量的比例分别是：木浆82%、纸及纸板62%。在中国造纸协会公布的《中国造纸工业2015年度报告》中，山东晨鸣纸业集团股份有限公司、山东太阳控股集团有限公司、华泰集团有限公司、山东博汇纸业股份有限公司、山东世纪阳光纸业集团有限公司进入全国18家纸及纸板年生产量超过100万吨的企业之列，亚太森博(山东)浆纸有限公司漂白木浆生产量居全国第1位。据税务部门公布的信息，山东太阳控股集团有限公司、山东晨鸣纸业集团股份有限公司、华泰集团有限公司和山东博汇纸业股份有限公司4家企业进入2015年度山东省纳税百强排行榜，分列第57、67、73和99位。

3. “双十”标杆企业

2015年，山东省造纸行业“十强企业”有：山东晨鸣纸业集团股份有限公司、华泰集团有限公司、山东太阳纸业股份有限公司、山东博汇纸业股份有限公司、山东泉林纸业有限责任公司、亚太森博(山东)浆纸有限公司、山东世纪阳光纸业集团有限公司、齐峰新材料股份有限公司、山东恒联投资有限公司、山东华金集团有限公司。

2015年，山东省造纸行业“十佳企业”有：东顺集团股份有限公司、山东鲁南新材料股份有限公司、山东贵和显星纸业有限公司、枣庄华润纸业有限公司、德州泰鼎新材料科技有限公司、山东江河纸业有限责任公司、山东金蔡伦纸业有限公司、山东天地缘实业有限公司、山东天和纸业有限公司、山东仁丰特种材料股份有限公司。

这部分骨干企业支撑着山东省造纸行业的持续发展。

【基建与技改】

2015年，山东省造纸行业建成投产浆纸生产线产能约100万吨/年，为山东省造纸工业的健康和持久发展奠定了基础。2016年，全行业在建浆纸项目总产能约250万吨，产业转型升级步伐进一步加快。

2015年，山东晨鸣纸业集团股份有限公司山东省内实施的主要项目有：寿光40万吨/年化学浆项目已做好全面开工的准备；寿光白牛卡纸项目顺利搬迁湛江，计划于2016年8月建成投产。

2015年，华泰集团有限公司竣工投产的项目有：动工建设总投资2亿元的20万吨/年新闻纸升级改造项目，采用膜转移施胶技术，生产以脱墨浆和机械浆为主要原料的微涂胶版纸、无碳复写原纸等市场紧俏的低定量纸种，2016年1月完成改造投产。

山东太阳纸业股份有限公司按照“四三三”的发展战略，加快转型升级的步伐。生活用纸年产能12万吨，向快消品领域转型步伐加快；30万吨/年轻型纸投产后产销两旺；宏河天然纤维素项目开机；低定量牛皮箱纸板和瓦楞原纸31号、32号纸机生产线预计2016年下半年投产。

山东泉林纸业有限责任公司在抓好本部年处理150万吨秸秆综合利用项目建设的同时，吉林德惠、黑龙江佳木斯以及泉林美国项目也得到了突破性进展。本部项目60万吨/年本色草浆项目一期工程10万吨/年产能已顺利投产，是公司自主设计制造的第一条自动化程度最高、单条生产线产能最大的立式连续蒸煮生产线，制浆工艺及配套装备均是世界领先技术；10万吨/年文化用纸6100生产线建成投产，结合草浆特点和生产工艺，对设备实施了全面技术改造。吉林德惠和黑龙江佳木斯两地项目均实现生活用纸和黄腐酸肥料工段投产。将通过输出技术和管理，在美国弗吉尼亚州切斯特菲尔德县分三期完成年处理100万吨秸秆综合利用项目，“中国技术，美国制造”的泉林本色生活用纸和黄腐酸肥料将顺利进入美国市场。

2015 年，齐峰新材料股份有限公司总投资 9 亿元新建 6 个项目，其中，19 号、20 号、21 号 3 台纸机已经建成投产，另有 1 条生产线预计 2016 年 4 月投产，投产后年产能将达到 43 万吨。

2015 年 6 月，山东贵和显星纸业有限公司对 5650 箱纸板机进行节能技术改造，主要对施胶机进行膜转移施胶机改造，改造完成后整条生产线吨纸汽耗从 2.1 吨降至 1.7 吨左右，施胶质量均匀，产品品质提升。

2015 年 3 月，德州泰鼎新材料科技有限公司 4800/600 瓦楞原纸项目试机运行，取得较好效益。并对 3300/500 新闻纸机打浆流送系统进行技术改造和流程优化，实现吨纸节电 100 千瓦 · 时，技改效果显著。

【科研与技术进步】

在国家大力提倡“大众创业、万众创新”的感召下，山东省造纸行业和部分高校不断加大技术研发和创新投入，科技创新成果不断涌现。“十二五”期间，山东省造纸行业取得省级科技进步奖或技术发明奖及以上奖项 8 项，其中，国家技术发明奖二等奖 2 项，省部级技术发明奖或科技进步奖一等奖 3 项。华泰集团有限公司、山东晨鸣纸业集团股份有限公司、山东太阳纸业股份有限公司、山东泉林纸业有限责任公司、中冶纸业银河有限公司 5 家大型企业设有国家级企业技术中心，4 家企业设有院士或博士后工作站。2015 年，由齐鲁工业大学、山东晨鸣纸业集团股份有限公司和山东太阳纸业股份有限公司合作的“速生阔叶材制浆造纸过程酶催化关键技术及应用”项目获得 2015 年度国家技术发明奖。华泰集团有限公司建立健全了六大省级以上科研平台，打造了一支优质高效的科研人才队伍，是荣获国家科技进步奖(4 项)最多的企业。山东泉林纸业有限责任公司“秸秆清洁制浆及其废液肥料资源化利用新技术”荣获 2012 年度国家技术发明奖。2015 年 3 月 20 日，山东泉林纸业有限责任公司“秸秆立式连续蒸煮制浆技术”通过中国轻工业联合会科学技术成果鉴定，被认定为国际领先水平。东顺集团股份有限公司研制出了婴儿用纸、厨房用纸、商务用纸、成人纸尿裤等新产品。上述企业的创新发展，为山东省造纸行业赢得了诸多话语权。

2015 年，山东晨鸣纸业集团股份有限公司获得 3 项国家发明专利及 11 项实用新型专利授权，2 项技术列入 2015 年度山东省技术创新项目计划，另有 2 项分别进入山东省技术创新优秀新产品一等奖、优秀新成果一等奖公示名单。

2015 年，山东太阳纸业股份有限公司不断加强自主创新体系建设，获得 1 项国家发明二等奖，2 项国际发明专利。

山东泉林纸业有限责任公司“泉林模式”是一项科技含量高、推广价值大、与国家政策高度契合的生态型发展模式；中国工程院陈克复、郝吉明、袁隆平等 8 位院士联名提议在全国推广山东泉林纸业有限责任公司的先进技术模式。

2015 年，亚太森博(山东)浆纸有限公司 7 项科技成果通过了技术鉴定，其中，2 项成果处于国际领先水平、3 项成果达到国际先进水平、2 项成果居国内领先水平，各项成果均具有很强的经济和环保价值，对推动浆纸行业的技术进步和创新发展具有重要意义。

2015 年，山东恒联投资有限公司与齐鲁工业大学合作中标“再生纤维素膜(玻璃纸)清洁生产新工艺与产业化示范项目”和“造纸新型酶微生物制造关键技术及节能减排集成应用与示范项目”2 个山东省重大专项。

山东天地缘实业有限公司近 3 年投入 1.14 亿元研发资金，完成新产品、新工艺研发项目 17 项，通过市级科技成果鉴定 2 项，申请专利 37 项，授权 35 项，显著提高了企业的核心竞争力和市场占有率。聘请专家教授研发成功防静电碳纤维高强瓦楞原纸、低定量高强度防潮防水高强瓦楞原纸、环保型高档箱纸板、水果蔬菜纸质包装材料、冷库专用纸质包装材料等新型产品。

【环境保护】

1. 淘汰落后产能

2015 年，山东省淘汰落后浆纸产能 10.3 万吨。“十二五”期间，山东省累计淘汰落后浆纸产能 270 万吨，是《山东省造纸工业“十二五”发展规划》目标的 135%，涉及到 99 家造纸企业。山东晨鸣纸业集团股份有限公司、华泰集团有限公司、山东太阳纸业股份有限公司等大企业淘汰落后产能的力度，已超出国家《产业结构调整指导目录》(2013 年本)的要求。

2. 环境保护新要求

用严于国家标准的地方污染物排放标准倒逼产业转型，是山东省造纸行业实现持续稳定发展的一大特征。2015 年 1 月，实施新《环保法》《水十条》

《GB 13271—2014 锅炉大气污染物排放标准》等环保法规和标准。“十二五”期间，山东省也在制修订地方标准：2011 年 12 月修改《山东省南水北调沿线水污染物综合排放标准》等 4 项标准，从 2013 年 1 月 1 日起“一级标准”和“二级标准”的 COD_{Cr}、氨氮、BOD_5、SS、色度和动植物油排放浓度限值分别下调加严；2014 年 1 月发布《山东省南水北调沿线水污染物综合排放标准》等 4 项标准增加全盐量指标限值修改单；2015 年 8 月发布《关于加快推进燃煤机组(锅炉)超低排放的指导意见》。

3. 部分企业环保治理状况

华泰集团有限公司先后投资近 30 亿元用于“三废”环保治理。“十二五”期间总投资 6 亿多元，连续增建华泰热力、华泰清河、华泰化工及日照华泰热电机组布袋除尘、脱硫脱硝工程，脱除效率达到 85% 以上，年减排氮氧化物 5000 吨。

山东太阳纸业股份有限公司“十二五”期间投入近 11 亿元，建成太阳宏河水处理、生物质电厂等项目，完成 2 万吨/日中水回用项目的前期准备工作。实施异味控制、大气治理的脱硫脱硝和除尘改造。污泥、碱回收白泥等固废完成资源化综合利用。

山东泉林纸业有限责任公司采取源头消减、过程控制、末端治理、循环利用等多项措施，外排废水 COD_{Cr} 等指标优于国际标准。目前，企业总排口 COD_{Cr} 浓度稳定在 30 毫克/升以下，严于国家标准的地方环保标准 $COD_{Cr} \leqslant 60$ 毫克/升要求；吨浆排水量 20 米^3，是国家标准的 1/3。

亚太森博(山东)浆纸有限公司投资 6800 万元建成 4 万吨/日的城市“中水”回用工程，利用日照市第一污水处理厂处理后的外排“中水”，采用超滤 + 反渗透膜处理工艺深度处理。处理后清水 COD_{Cr} 浓度低于 5 毫克/升，用于补充锅炉软化水，年节约清水 1000 余万吨。该项目已成为环境保护部环境宣传教育示范基地。

山东恒联投资有限公司在前期综合治理的基础上，重点围绕烟气深度治理、异味治理、固废资源化综合利用等方面开展治理工作。

潍坊恒联浆纸有限公司和山东光华纸业集团有限公司已将碱回收白泥精制成轻质碳酸钙，作为造纸填料回用于纸张生产中，取得良好经济效益和显著环境效益。

2015 年 6 月，山东金蔡伦纸业有限公司开始兴建总投资 1.18 亿元的大型环保项目——森泉湿地水质净化工程，建设面积 70 余公顷，设计中水处理量 7 万吨/日，出水水质可稳定达到地表水Ⅳ类标准。森泉湿地建成后不仅可作为中水水源回用于周边企业、为环城水系提供稳定补水水源，而且可对区域生态环境起到重要的调节作用。

总之，山东省造纸行业正在进行结构调整和转型升级，还面临许多结构性矛盾和问题，必须加快优化存量，控制增量，实施供给侧结构性改革，实现提质增效，为我国造纸工业持续健康发展做出更大贡献。

（赵振东　高兴杰　张金声　牟洺铭）

浙江省造纸工业

Paper Industry in Zhejiang Province

【行业概况】

2015 年是“十二五”规划的收官之年，是经济发展不平凡的一年，是浙江省工业适应经济发展新常态、锐意推进结构改革和转型升级并取得丰硕成果的一年。造纸产业面对错综复杂的国际环境和国内经济下行的巨大压力，面对资源、能源和环境的约束以及造纸企业盈利空间收窄和企业生产成本增长的挤压，2015 年浙江省造纸工业的运行缓中企稳，产销基本平衡；转型升级稳中有进、进中向好，生产方式升级，以低碳生产、绿色发展引领，企业结构兼并重组出现拐点式优化趋势；不少企业强管理降成本，加快科技创新出成果、去库存出效率等方面成果明显。可以说浙江省造纸工业持续发展又上了一个新的台阶。

据浙江省统计局统计，2015 年浙江省造纸行业规模以上造纸企业有 275 家，从业人员 6.47 万人。完成机制纸及纸板生产量 1739.6 万吨，同比增长 6.6%；完成工业总产值 788.70 亿元，同比增长 5.0%；实现销售收入 689.94 亿元，同比增长 5.0%；实现利润 29.66 亿元，同比下降 3.7%；上缴税金 24.22 亿元，同比增长 17.4%。应收账款 164.60 亿元，同比增长 15.9%；产成品库存 43.86 亿元，同比减少 11.4%；全行业资产合计 14065.40 亿元，同比增长 2.7%；合计负债 665.80 亿元，同比减少 1%。

浙江省规模以上造纸企业中亏损企业 64 家，同比增长 10.3%，亏损企业的亏损金额 4.99 亿元，同比增长 91.0%。

1. 2015 年浙江省造纸工业总体运行情况

(1)2015 年一季度运行情况　2015 年一季度，完成机制纸及纸板生产量 365.8 万吨，同比增长 4.4%；完成工业总产值 165.50 亿元，同比增长 4.0%；实现销售收入 140.60 亿元，同比增长 0.4%；实现利润 4.30 亿元，同比增长 30.7%；上缴税金 4.10 亿元，同比增长 12.7%；亏损企业有 83 家，同比下降 15.3%；亏损金额 13867.7 万元，同比增长 21.4%。

(2)2015 年上半年运行情况　2015 年上半年，完成机制纸及纸板生产量 826.2 万吨，同比增长 6.4%；完成工业总产值 372.62 亿元，同比增长 5.8%；实现销售收入 359.55 亿元，同比增长 8.0%；实现利润 12.96 亿元，同比增长 20.4%；上缴税金 9.44 亿元，同比增长 9.1%。上半年亏损企业有 77 家，同比增长 8.5%，共亏损 21063.3 万元，同比增长 11.7%。

(3)2015 年前三季度运行情况　2015 年前三季度完成机制纸及纸板生产量 1264.5 万吨，同比增长 6.3%；完成工业总产值 569.00 亿元，同比增长 5.7%；实现销售收入 487.90 亿元，同比增长 2.6%；实现利润 19.60 亿元，同比增长 6.3%；上缴税金 14.40 亿元，同比增长 9%。前三季度亏损企业有 72 家，同比增长 1.4%，共亏损 36171.8 万元，同比增长 20.6%。

从以上情况可以看出，机制纸及纸板生产量、产值、销售收入均有平稳增长，说明产销增长稳定。可以预计生产量的增值会高于全国的平均水平。实现利润的水平，逐步下降，从一季度增长 30.7% 到全年下降 3.7%。亏损企业数同比均有增长，亏损金额均两位数增长，直到全年达 91%。

从整体看，2015 年纸及纸板市场需求不温不火。白纸板需求仍然处于低迷状态；箱纸板、瓦楞原纸需求总体平衡，略有增长；不少特种纸企业的订货量萎缩，许多产品价格在下降。据浙江省统计局统计，2015 年 12 月，浙江省工业生产者出厂价格指数已连续 48 个月下降，国际市场低迷的同时，一向表现较好的国内需求也出现萎缩迹象。从供给角度看，目前浙江省迎合现阶段市场需求变化的有效供给不足，质优、高效、安全等中高端需求无法满足，而低端产品供给又存在严重过剩。

浙江省造纸企业受盈利艰难与负担总体较重两头挤压，不少企业通过加快转型升级实现了收入与利润双增，但仍有相当数量的造纸企业生产经营较为困难，亏损企业增加、亏损额增长。不少企业资金回笼困难，尽管国家出台了一系列减税降费的政策，但数据显示造纸企业税负仍较重，同时企业用工支出持续增长也加重了企业的负担，生产经营困难的企业增加，特别是一些主要靠融资新建项目和运行的企业，风险大增。

2. 2015 年浙江省规模以上造纸企业分布情况

2015 年浙江省规模以上造纸企业和完成机制纸及纸板生产量的分布情况见表 1。其中，舟山市 2014 年仅存 1 家造纸企业，2015 年已关闭。

【生产企业】

2015 年完成机制纸及纸板生产量在 10 万吨以上的企业名单见表 2。这 32 家造纸企业合计完成机制纸及纸板 1345. 94 万吨，占全省造纸企业完成机制纸及纸板生产量的 77. 4%，比 2014 年 10 万吨以上企业完成生产量占全省的 73. 1% 上升了 4. 3 个百分点。

表 1　　2015 年浙江省规模以上造纸企业和机制纸及纸板生产量分布情况

区域名称	企业数/个	生产量/吨	同比/%	占全省生产量比例/%
浙江省	275	17395874	6. 57	100. 00
杭州市	138	5971205	0. 93	34. 33
宁波市	12	2529080	3. 99	14. 54
温州市	7	183854	－11. 32	1. 06
嘉兴市	21	4572141	15. 81	26. 28
湖州市	16	537756	3. 09	3. 09
绍兴市	14	776921	44. 05	4. 47
金华市	16	776746	－6. 60	4. 46
衢州市	37	1630557	7. 45	9. 37
台州市	7	310012	4. 29	1. 78
丽水市	7	107601	－4. 65	0. 62

表 2　　2015 年浙江省完成机制纸及纸板生产量 10 万吨以上的企业名单

序号	企业名称	生产量/万吨	主要品种
1	浙江吉安集团股份有限公司	153. 1	箱纸板、瓦楞原纸、白面牛卡纸
2	宁波亚洲浆纸业有限公司	150. 8	白纸板
3	浙江景兴纸业股份有限公司	123. 2	箱纸板、瓦楞原纸、白面牛卡纸
4	浙江永正控股集团有限公司	105. 6	白纸板
5	浙江春胜控股集团有限公司	100. 8	白纸板
6	浙江鸿昊控股集团有限公司	100. 0	白纸板
7	浙江新胜大控股集团有限公司	87. 0	白纸板
8	平湖荣成环保科技有限公司	66. 5	箱纸板、瓦楞原纸
9	宁波中华纸业有限公司	48. 6	白纸板
10	龙游金龙纸业有限公司	44. 0	箱纸板、白纸板、瓦楞原纸
11	浙江华川实业集团有限公司	35. 6	箱纸板、瓦楞原纸、特种纸
12	浙江道勤纸业有限公司	35. 0	白纸板
13	浙江荣晟环保纸业股份有限公司	27. 1	箱纸板、瓦楞原纸

续表

序号	企业名称	生产量/万吨	主要品种
14	台州森林纸业有限公司	21.9	箱纸板、瓦楞原纸
15	浙江华联纸业有限公司	18.2	箱纸板
16	浙江夏王纸业有限公司	17.8	特种纸
17	浙江仙鹤特种纸有限公司	17.6	特种纸
18	嘉兴大洋纸业股份有限公司	17.5	箱纸板
19	杭州通达纸业有限公司	17.5	白纸板
20	浙江三星纸业有限公司	16.7	白纸板
21	杭州华鑫纸业有限公司	16.5	白纸板
22	浙江牡牛纸业有限公司	16.1	箱纸板、特种纸
23	杭州引发纸业有限公司	14.0	白纸板
24	杭州富亨纸业有限公司	12.0	白纸板
25	嘉兴民丰特种纸股份有限公司	11.4	特种纸
26	富阳钓鱼实业有限公司	11.0	白纸板
27	浙江华天纸业有限公司	10.9	白纸板
28	杭州民源纸业有限公司	10.0	白纸板
29	浙江上游纸业有限公司	10.0	白纸板
30	浙江金昌纸业有限公司	10.0	白纸板
31	浙江高阳纸业有限公司	10.0	白纸板
32	富阳灵泰纸业有限公司	10.0	白纸板

2015 年完成工业产值前 10 位的造纸企业见表 3。10 家造纸企业合计完成工业产值 346.43 亿元，占全省造纸企业完成工业产值的 43.9%。

表 3　2015 年浙江省完成工业产值前 10 位的造纸企业名单

序号	企业名称	工业产值/亿元
1	宁波亚洲浆纸业有限公司	62.17
2	浙江景兴纸业股份有限公司	58.85
3	浙江吉安集团股份有限公司	55.02
4	浙江永正控股集团有限公司	44.81
5	浙江春胜控股集团有限公司	30.00
6	宁波中华纸业有限公司	24.11
7	浙江夏王纸业有限公司	21.54
8	浙江仙鹤特种纸有限公司	17.52
9	平湖荣成环保科技有限公司	16.84
10	浙江华川实业集团有限公司	15.57

2015 年实现销售收入前 10 位的造纸企业见表 4。10 家造纸企业合计实现销售收入 292.95 亿元，占全省造纸企业实现销售收入的 42.5%。

表 4　2015 年实现销售收入前 10 位的造纸企业名单

序号	企业名称	销售收入/亿元
1	浙江景兴纸业股份有限公司	58.02
2	浙江永正控股集团有限公司	48.63
3	浙江吉安集团股份有限公司	42.00
4	宁波亚洲浆纸业有限公司	33.21
5	浙江春胜控股集团有限公司	30.00
6	宁波中华纸业有限公司	17.46
7	平湖荣成环保科技有限公司	16.84
8	浙江夏王纸业有限公司	16.83
9	浙江华川实业集团有限公司	15.06
10	浙江仙鹤特种纸有限公司	14.96

2015 年上缴税金前 10 位的造纸企业有：浙江吉安集团股份有限公司、浙江仙鹤特种纸有限公司、浙江夏王纸业有限公司、浙江春胜控股集团有限公司、浙江华川实业集团有限公司、浙江景兴纸

业股份有限公司、浙江永正控股集团有限公司、嘉兴民丰特种纸股份有限公司、宁波亚洲浆纸业有限公司、浙江荣晟环保纸业股份有限公司。10家造纸企业合计上缴税金11.63亿元，占全省造纸企业上缴税金的48.0%。

2015年实现利润前10位的企业有：浙江吉安集团股份有限公司、浙江永正控股集团有限公司、浙江春胜控股集团有限公司、浙江夏王纸业有限公司、宁波亚洲浆纸业有限公司、浙江仙鹤特种纸有限公司、浙江荣晟环保纸业股份有限公司、浙江华川实业集团有限公司、杭州华旺纸业集团有限公司。10家造纸企业合计实现利润14.64亿元，占全省造纸企业实现利润的55.4%。

【基建与技改】

1.2015年建成投产的主要项目

(1)浙江景兴纸业股份有限公司继第1条引进安德里茨公司的幅宽2850毫米、车速1800米/分、年产3万吨生活用纸机于2014年投产后，第2条同类型的生活用纸生产线于2015年上半年建成投产。另1条投资5亿元引进维美德公司的幅宽5650毫米、车速1000米/分、年产30万吨70～120克/米^{2}高强瓦楞原纸生产线于2015年下半年建成投产。

(2)宁波亚洲浆纸业有限公司年产50万吨白纸板生产线已于2015年建成投产。

(3)嘉兴民丰特种纸股份有限公司投资3.45亿元，幅宽3300毫米、车速450米/分、年产1.3万吨高档特种纸生产线于2015年12月调试、试生产。

(4)平湖荣成环保科技有限公司投资1.50亿美元，引进维美德公司年产18万吨瓦楞原纸生产线已于2015年年底建成。

(5)富阳市金利纸业有限公司经技改建成4700型年产30万吨白纸板生产线，于2015年4月调试，并成功生产出优质白纸板。该纸机主导产品为双面涂布白纸板。

(6)浙江夏王纸业有限公司投资2亿元的3号纸机于2015年1月完成试机，投产后预计新增产值5亿元。

2.2015年在建的主要项目

(1)浙江吉安集团股份有限公司总投资27.70亿元，建设16号纸机、17号纸机、18号纸机3条生产线，新增年产能120万吨。其中包括年产50万吨低定量强韧牛卡纸、43万吨低定量高强瓦楞原纸和27万吨渣浆纱管原纸生产线。目前，各项审批工作已基本完成。热电厂冷却塔、清水项目、废纸原料棚等部分基础配套设施正在施工中，整体项目建设时间待定。该项目建成后，浙江吉安集团股份有限公司在海盐将拥有7条生产线，年产能将达到225万吨。另外，投资1400万元的13号纸机短纤浮选+多盘技改项目和投资770万元的11号纸机、13号纸机胸辊摇振技改项目将于2016年年底完成。

(2)浙江永正控股集团有限公司总投资9亿元，建设年产50万吨高档包装纸技改项目，建设5600造纸生产线2条，其中1条年产30万吨牛皮箱纸板，另1条年产20万吨牛皮纸，目前形象进度已达60%，计划于2016年年底建成投产。

(3)杭州华丰纸业有限公司搬迁项目，在安吉新区建设年产1.5万吨卷烟纸和年产0.5万吨成型纸生产线各1条。目前正在紧锣密鼓的建设之中，将在2016年建成，并整体搬迁到安吉新区。

(4)浙江荣晟环保纸业股份有限公司投资2.50亿元建设1条5200/600瓦楞原纸生产线，新增年产能20万吨。目前已完成主体厂房和造纸主体设备安装，将于2016年8月建成投产。

(5)台州森林纸业有限公司总投资2.90亿元建设1条5100牛皮纸生产线，新增年产能10万吨。目前土建已基本完工，设备在同步安装，计划于2016年11月建成投产。

(6)浙江富春江集团有限公司与山东东顺集团股份有限公司于2015年9月签订项目合作意向书，将在富阳市建设年产10万吨生活用纸项目。

(7)浙江仙鹤特种纸有限公司总投资4.06亿元，建设3800/500造纸生产线1条和1800/300造纸生产线2条，2015年12月开始土建，建成后新增高档特种纸年产能5万吨。

(8)由浙江仙鹤特种纸有限公司投资建设的浙江常林纸业有限公司总投资5.30亿元，建设4400/800造纸生产线2条、3800/300造纸生产线和2800/500造纸生产线各1条，已于2015年9月开工土建。目前已完成2栋厂房建设，建成后新增特种纸年产能10.8万吨。

(9)浙江景兴纸业股份有限公司投资9500万元对箱纸板生产线的施胶机进行技术改进，以提高箱纸板产品的强度指标，降低生产成本，进而增强产品的市场竞争力，提高盈利水平。据测算，该生产线技改完成后，每年可减少费用开支966.5万元，生产总量保持不变。由于品质提升，产品销售价格提高，年增长利润2031.5万元，静态投资回收期为6.6年。

【科研与技术进步】

1. 浙江景兴纸业股份有限公司顺利通过能源管理体系认证

2015年8月，由万泰认证有限公司等组成的审核组，对公司进行为期3天的能源管理体系二阶段审核暨获证初审，对公司体系边界内的15个部门进行现场查看、资料查阅及交流沟通等，公司顺利取得了能源管理体系的证书。能源管理体系认证的通过，进一步推进了浙江景兴纸业股份有限公司管理工作的精益化运营，有效提升了公司整体管理水平和节能减排意识。这是继浙江华丰纸业科技有限公司后浙江省又一家通过能源管理体系认证的公司。

2. 郑丽萍高工荣获第二届中国造纸蔡伦科技奖

根据《中国造纸蔡伦奖评选表彰办法》，中国造纸学会于2015年8月在北京市召开了中国造纸蔡伦奖评审委员会第二次会议。评审会上，评委对申报材料进行了认证的讨论评议，采取了无记名投票方式进行了评选，并按照“获奖人选需经到会评委2/3以上同意方为通过”的规定，在全国共评出3位获奖者，其中浙江省杭州市化工研究院郑丽萍同志是其中之一。

3. 杭州特种纸业有限公司入围“2015年度国家知识产权优势企业”

2015年12月4日，国家知识产权局正式公布了“2015年度国家知识产权示范企业和优势企业”名单。全国58家企业被评为2015年度国家知识产权示范企业，其中有1家造纸企业入围；609家企业被评为2015年国家知识产权优势企业，其中有4家造纸企业入围，浙江省杭州特种纸有限公司为全国4家入围的造纸企业之一。

【环境保护与节能减排】

1. 浙江景兴纸业股份有限公司入围第一批国家节水标杆企业

2015年，国家公布了国家节水标杆企业和标杆指标(第一批)，全国钢铁、造纸、印染、饮料等行业12家企业入围。其中有4家造纸企业入围，浙江景兴纸业股份有限公司是其中之一。并公布了公司主要产品箱纸板、瓦楞原纸的单位产品取水量，以及在节水管理、节水工艺技术方面的主要做法。

2. 浙江省单位能耗水平继续位居全国前列

2015年8月，浙江省最新能源利用白皮书发布，“十二五”以来，浙江省围绕国家下达的单位GDP能耗下降指标，积极组织制定和实施重点用能行业能耗限额地方标准。特别是纺织、造纸、化纤等高能耗产品能耗限额地方标准的研制，填补了国内标准空白。浙江省节能地方标准的平均标龄为1.4年，远比山东省的7.8年和广东省的6.1年要短，达到发达国家的水平。

3. 富阳市通过国家级生态区验收，造纸业功不可没

2015年6月26日，富阳市顺利通过国家级生态区创建验收。富阳市自正式启动生态区创建以来，共淘汰关停造纸企业107家，规范提升和整合入园了一批造纸企业，造纸废水主要污染物总量得到了有效控制，废水排放量削减41.9%，COD_{Cr}排放量削减48.3%。

4. 国家减排核查组来浙江景兴纸业股份有限公司现场核查

由国家环保部、浙江省环保厅、嘉兴市环保局、平湖市环保局相关领导组成的减排核查组对浙江景兴纸业股份有限公司2015年上半年减排工作进行现场核查。核查组首先听取了企业基本情况及环保运行设备投入管理情况汇报，并实地查看了中水回用项目运行情况。随后查阅了《公司能源审计报告》和《清洁生产审核报告》，对咨询单位提交的审核报告，认为符合编制要求，符合企业实际，具有一定的可行性和可操作性，核查组充分肯定了浙江景兴纸业股份有限公司节能减排工作取得的成效。

5. 宁波亚洲浆纸业有限公司热电厂脱硫脱硝项目通过环保验收

宁波亚洲浆纸业有限公司积极顺应环保发展要求，组织专家组对自备热电厂进行脱硫脱硝项目改造。该项目经过1年建设并经过半年的试运行，后经多次的调整和改变运行参数，最终于2015年1月12日通过168小时测试，并投入运行，在试运行10个月后，于2015年年底获得环保部门验收。

项目实施后，原有的烟气排放浓度大幅削减，二氧化硫排放浓度由原来的小于400毫克/米^3，降到小于50毫克/米^3，氮氧化物浓度由原来的小于450毫克/米^3，降至小于100毫克/米^3，烟气浓度由原来的小于30毫克/米^3，降至小于20毫克/米^3。运行后，实际各项污染物排放量分别下降50%、60%、20%，达到了设计要求和环保排放要求。同时也为企业减少了排放经费的支出。

【2015年重大事件】

1. 企业结构出现拐点式兼并重组

2015年年初，富阳市政府出台了《关于富阳造

纸企业大集团组建的实施意见(试行)》，提出按照资源集团配置、土地集约利用、产业集群发展的要求，有效整合江南新区内春江、灵桥、大源三个造纸工业园区资源，为造纸大集团发展提供空间。通过企业兼并重组，重点打造3～5家百万吨级造纸大企业集团。

继2015年年初，浙江永泰纸业集团与浙江正大控股集团联合重组，成立浙江永正控股集团有限公司后，浙江春胜纸业集团收购华胜纸业有限公司等8家造纸企业股权，成立浙江春胜控股集团有限公司。2016年年初，由浙江金东纸业有限公司等7家造纸企业发起成立了浙江鸿昊控股集团有限公司。

目前，富阳市成立的3家企业大集团，审批年产能均超过100万吨，2016年3月浙江新胜大控股集团有限公司又成功组建，富阳市造纸产业从此告别低小散状况，步入了集团式发展的新征程。

2. 企业资金风险加大

2015年，有一些造纸企业由于连续几年造纸业不景气，纸品出厂价格连续下降，盈利空间收窄，甚至接近亏损的边缘。有的企业新建和技改项目靠银行贷款，融资成本高，再加上受生产成本高和纸品价格下降的两头挤压，企业资金紧张。有些企业出现互相担保中一家企业资金链断裂，影响到担保链中的其他企业。还有的企业前几年项目和生产流动资金以民间融资借贷运作，而民间融资成本太高，以致压垮了企业。

3. 一些企业挂牌上市

据悉位于龙游县的浙江恒达纸业有限公司、浙江凯丰纸业有限公司，遂昌县的浙江惠同纸业有限公司等多家造纸企业已在新三板挂牌上市。浙江金昌纸业有限公司、浙江大盛纸业有限公司等企业已完成了前期的券商、审计、律师尽调、企业重组以及股改审计等工作，等待审批挂牌上市。这是中小企业进入多层次资本市场的有益尝试，拓宽了融资渠道，有利于推动企业的生产、销售、研发进入更加良性的循环，也是本土企业迈向上市走出的实质的一步。

【“十二五”回顾】

“十二五”期间浙江省造纸工业的完成情况见表5。从表5可以看出，机制纸及纸板生产量2015年比2011年净增208万吨，年均增长3.2%；工业产值2015年比2011年净增133.00亿元，年均增长4.7%；销售收入2015年比2011年净增57.54亿元，年均增长2.2%；上缴税金2015年比2011年净增3.70亿元，年均增长4.3%；实现利润2015年比2011年净减少6.24亿元，年均下降4.7%；企业数2015年比2011年减少96家。

表5　浙江省造纸工业2011—2015年完成情况

年份	机制纸及纸板生产量/万吨	同比/%	产值/亿元	同比/%	销售收入/亿元	同比/%	上缴税金/亿元	同比/%	利润/亿元	同比/%	企业数/个
2011	1531.6	10.8	655.70	20.4	632.40	15.0	20.50	16.9	35.90		371
2012	1627.4	3.2	673.60	6.4	652.60	5.3	19.20	-0.1	22.60	-23.8	389
2013	1660.5	4.6	745.70	5.0	682.00	4.6	22.00	7.7	32.80	43.8	365
2014	1693.7	0.3	767.00	1.7	669.40	-2.9	21.20	-4.3	31.80	-3.0	332
2015	1739.6	6.6	788.70	5.2	689.90	5.0	24.20	17.4	29.70	-3.7	275

进入21世纪后，2010年和2011年是实现利润最多的2年，分别为36.00亿元和35.90亿元。从以上5个主要经济完成情况看，只有实现利润是在减少的，其他4个指标均为正增长。

【2016年的展望】

2016年是全面实施“十三五”规划的开局之年，也是全面建设小康社会决胜阶段的开局之年和推进结构性改革的改革之年。

经济增长放缓，需求增长也会下降。由于浙江省造纸产能的结构性、阶段性过剩凸显，造纸产业形势短期内难以得到有效的改善，所以2016年国内造纸及纸制品行业生产和消费将仍会持续近几年的态势，但浙江省造纸产业总体会保持平稳增长。预计大宗商品价格下跌和外部金融环境收紧的现象有所缓解，市场的整体表现会略好于2015年。

由于纸张市场需求增幅下降，有些纸产品甚至出现负增长，多数产品的价位持续低迷，预计2016

年的纸张市场价格总体水平较2015年会有所改善，但幅度不大。

由于已连续几年一些纸张品种市场价格长期处于低位，处于保本线上下，企业生产经营困难，致使部分企业现金流和贷款融资遭遇困境，预计这些企业处境会越发困难，由于资金风险的加大，有些企业将会被迫退出市场。

随着我国生态文明建设加快，浙江省将执行更加严格的环保政策，且环境的监督力度会加大，企业必须严格执行环保的排放政策，否则企业将无法生存。

受互联网的冲击，纸张作为文化传播的用途大大降低，相应的书写纸、新闻纸等纸种的生产量逐年下降。纸的用途向包装等工业用纸转移，这意味着纸越来越无法独立成为商品，只能附属在其他产品之上。而纸张品种多样，已渗透到各行各业，不同纸种的行情波动能清晰折射出宏观经济的变化，同时也给了造纸企业转型的方向和空间。如包装纸市场的个性化消费，要求造纸企业有更多的特色和差异性，以更高的科技含量，满足众多行业的多样性多功能需求。

总体看造纸行业是可持续的永续产业，除传统纸张产品外，在先进科技的支撑下，还可生产出丰富多彩的功能性纸产品。造纸行业以植物纤维为主要原料，是可持续发展的循环经济，造纸企业具有打造百年基业的潜质，在新技术革命的推动下，浙江省造纸行业正在脱胎换骨，使产业从传统走向现代，造纸企业已逐步从传统造纸向新材料的研发生产转变。

只要我们主动适应工业经济发展速度变化、结构优化、动力转化的新特点，妥善化解浙江省造纸工业运行中存在的主要问题，积极培育造纸工业发展的新动能，着力改造浙江省造纸工业发展的传统动能，努力打好转型升级“组合拳”，切实做好造纸工业经济稳增长、调结构、增效益的工作。面对行业现状和发展大势，行稳致远，浙江省造纸工业只有走绿色发展和产品中高端路线才能屹立于市场大潮中，立于不败之地。

全省造纸行业同仁应同心同德，增强发展信心，坚持变中求新、变中求进，勇于突破，共同努力，在“十三五”的开局之年迈出新步伐、创出新业绩、实现新跨越，为加快推进浙江省从造纸大省向造纸强省的转变作出新贡献。

（陆文荣）

江苏省造纸工业

Paper Industry in Jiangsu Province

【行业概况】

2015 年，国际经济复苏未及预期，国内经济增速下滑，造纸行业面对的宏观经济形势没有明显好转，造纸产业的产能仍然相对过剩，造纸行业的总体发展依旧不振。江苏省造纸工业的发展在 2015 年也面临了较大的困难，遭受了严峻的挑战，总生产量在近十多年来首次出现负增长，行业总体经济效益明显下滑，产能过剩和过度竞争导致企业之间的分化加剧，中小型造纸企业停产、减产增多，大型造纸企业总体发展平稳，行业整合步伐明显加快，行业集中度持续提升。

1. 机制纸及纸板生产量

据江苏省造纸行业协会调查统计，2015 年江苏省造纸工业累计生产机制纸及纸板 1331 万吨，比 2014 年的 1341 万吨减少 0.7%。

(1)文化用纸　2015 年江苏省文化用纸生产量 398 万吨，占全省机制纸及纸板总生产量的 29.9%，比 2014 年的 390 万吨增长 2.1%。其中，铜版纸生产量 258 万吨，比 2014 年的 257 万吨微增 0.4%；双胶纸和复印纸原纸生产量 140 万吨，比 2014 年的 133 万吨增长 5.3%。

(2)包装纸及纸板　2015 年江苏省包装纸及纸板生产量为 753 万吨，占江苏省机制纸及纸板总生产量的 56.6%，比 2014 年的 795 万吨减少 5.3%。其中，瓦楞原纸生产量 255 万吨，比 2014 年的 301 万吨减少 15.3%；箱纸板生产量 356 万吨，比 2014 年的 359 万吨减少 0.8%；涂布白纸板生产量 61 万吨，比 2014 年的 63 万吨减少 3.2%；纸管原纸生产量 10 万吨，与 2014 年持平；涂布白卡纸生产量 71 万吨，比 2014 年的 62 万吨增长 14.5%。

(3)生活用纸　2015 年江苏省生活用纸生产量 135 万吨，占江苏省机制纸及纸板总生产量的 10.1%，比 2014 年的 113 万吨增长 19.5%。

(4)特种纸及纸板　2015 年江苏省特种纸及纸板生产量为 45 万吨，包括无碳复写纸、防伪票证纸、热敏纸、纸杯原纸、三滤纸、蚊香片纸、箱包纸板、鞋底纸板等，占江苏省机制纸及纸板总生产量的 3.4%，比 2014 年的 43 万吨增长 4.7%。

2. 实现产值、销售收入、税金及利润情况

2015 年，江苏省造纸工业总计完成工业总产值 506 亿元，比 2014 年的 504 亿元微增 0.4%；实现销售收入 509 亿元，比 2014 年的 502 亿元增长 1.4%；上缴税金 19 亿元，比 2014 年的 18 亿元增长 5.6%；实现利润 18 亿元，比 2014 年的 23 亿元减少 21.7%。

3. 区域生产量分布情况

2015 年，苏南地区纸及纸板生产量 1040 万吨，占江苏省纸及纸板总生产量的 78.1%，比 2014 年的 80.4% 减少 2.3 个百分点；苏中地区纸及纸板生产量 116 万吨，占江苏省纸及纸板总生产量的 8.7%，比 2014 年的 7.3% 增长 1.4 个百分点；苏北地区纸及纸板生产量 175 万吨，占江苏省纸及纸板总生产量的 13.1%，比 2014 年的 12.3% 增加 0.8 个百分点。苏中和苏北地区的纸及纸板生产量占比继续提升。

4. 内资、外(合)资企业生产量比例

2015 年，江苏省内资纸及纸板企业生产量 249 万吨，占江苏省机制纸及纸板总生产量的 18.7%，比 2014 年的 22.1% 减少 3.4 个百分点；江苏省外(合)资企业纸及纸板生产量 1082 万吨，占江苏省机制纸及纸板总生产量的 81.3%，比 2014 年的 77.9% 增加 3.4 个百分点，外(合)资企业生产量占比继续提升。

【原料】

2015 年江苏省纸浆总用量 1088 万吨，比 2014 年的 1121 万吨减少 2.9%。其中，木浆用量 420 万吨，比 2014 年的 411 万吨增长 2.2%，占总用浆量

的38.6%，比2014年的36.7%增长了1.9个百分点；废纸浆用量663万吨，比2014年的706万吨减少6.1%，占总用浆量的60.9%，比2014年的63.0%减少2.1个百分点；非木材浆用量5万吨，比2014年的4万吨增长25.0%，占总用浆量的0.5%，比2014年的0.3%增长了0.2个百分点。

【运营情况】

1. 文化用纸生产量小幅增长，但部分生产企业经济效益下滑明显

2015年，江苏省文化用纸增产8万吨，同比小幅增长2.1%，其中，铜版纸生产量保持稳定，双胶纸和复印原纸增产7万多吨，主要是江苏王子制纸有限公司和金华盛纸业(苏州工业园区)有限公司的双胶纸生产量合计增产7.4万吨。

2015年，江苏省文化用纸销售收入同比增长2.6%，但实现利润同比下降25.6%。互联网应用和相关电子产品丰富了信息传递的途径，对传统印刷产业、纸质媒体和文化用纸市场的负面影响在近年来已经有所显现。近几年来江苏省文化用纸产销量增长乏力，经济增速的下滑和产能的阶段性过剩导致纸价始终在低位徘徊，企业各项成本支出的上升致使江苏省文化用纸生产企业的总体经济效益逐年下滑，并且实现利润的下降速度由2014年的11.1%加快到2015年的25.6%，部分文化用纸生产企业的经济效益下滑明显，运营压力不断加大。

2. 包装纸及纸板生产量出现负增长，企业分化加剧

2015年，江苏省包装纸及纸板减产42万吨，主要是部分中小型包装纸及纸板生产企业停产、减产，致使瓦楞原纸减产46万吨。涂布白卡纸增产9万吨，同比增幅较大，达14.5%，继续保持两位数的增幅，主要是江苏博汇纸业有限公司的涂布白卡纸生产量在近2年逐步达产。

尽管互联网的迅猛发展拉动了社会对包装纸及纸板的需求增量，但经济增速的下行，纸价的沉底，环保监管的趋严，对于在规模、技术、成本、效率、环保治理、产品质量和资金状况等方面处于劣势的中小包装纸及纸板生产企业仍然造成了较大的冲击，因经营困难、资金链断裂、环保压力等原因被迫减产、停产的中小型包装纸及纸板生产企业增多，从而导致2015年江苏省包装纸及纸板生产量出现负增长，同比减少5.3%。省内大型包装纸及纸板生产企业运营稳健，部分优势企业的经济效益出现明显回升。

3. 生活用纸生产量继续快速增长，企业运营基本平稳

2015年，江苏省生活用纸生产量继续保持两位数的增长速度，同比增产22万吨，增幅达到19.5%，主要是金红叶纸业集团有限公司增产15万吨，永丰余生活用纸(扬州)有限公司和永丰余纸业(昆山)有限公司增产5万吨。生活用纸销售收入同比增长16.1%，实现利润同比增长14.2%，均实现了两位数的增长，但销售收入和经济效益的增长速度均低于生产量的增幅。自2013年开始，随着国内生活用纸产能的快速扩张，产能增长速度明显高于需求增长速度，供求关系随之慢慢失衡，市场渐趋饱和，竞争也随之日趋激烈。总体看，2015年江苏省生活用纸企业运营基本平稳，但市场竞争压力明显增大，少数企业的经营出现恶化，大型生活用纸生产企业的放量迫使部分小型生活用纸加工企业开始寻求产品的错位经营。

【生产企业】

1. 2015年生产量10万吨以上的造纸企业

2015年江苏省纸及纸板生产量达到10万吨的造纸企业共20家，生产量在50万吨以上的企业有9家，见表1。

表1 2015年江苏省纸及纸板生产量50万吨以上的造纸企业

序号	企业名称	销售收入/亿元
1	玖龙纸业(太仓)有限公司	279
2	金东纸业(江苏)股份有限公司	203
3	江苏理文造纸有限公司	120
4	金红叶纸业集团有限公司	97
5	无锡荣成环保科技有限公司	94
6	芬欧汇川(中国)有限公司	91
7	江苏博汇纸业有限公司	71
8	永丰余造纸(扬州)有限公司	71
9	金华盛纸业(苏州工业园区)有限公司	63
	合　计	1089

2015年，江苏省纸及纸板生产量50万吨以上的大型造纸企业合计生产量达到1089万吨，占全省纸及纸板总生产量的81.8%，比2014年的78.4%增加3.4个百分点。2015年，江苏省纸及纸板生产量10万吨以上的造纸企业合计生产量为

1251 万吨，占全省纸及纸板总生产量的 93.9%，比 2014 年的 93.4% 增加 0.5 个百分点。2015 年，江苏省纸及纸板生产量 10 万吨以上造纸企业的平均规模为 63 万吨，比 2014 年的 60 万吨增加了 3 万吨。行业生产集中度和企业平均规模进一步提升。其中，年产 200 万吨以上规模企业 2 家，年产 100 万～200 万吨规模企业 1 家，年产 50 万～100 万吨规模企业 6 家，年产 10 万～50 万吨规模企业 11 家。

2. 实现销售收入前 10 名的造纸企业情况

2015 年，江苏省实现销售收入前 10 名的造纸企业合计实现销售收入 425 亿元(见表 2)，占全省造纸工业实现销售收入总额的 83.5%，比 2014 年的 80.5% 增加 3.0 个百分点。

表 2　2015 年江苏省实现销售收入前 10 名的造纸企业

序号	企业名称	销售收入/亿元
1	金红叶纸业集团有限公司	95
2	金东纸业(江苏)股份有限公司	79
3	玖龙纸业(太仓)有限公司	69
4	金华盛纸业(苏州工业园区)有限公司	36
5	芬欧汇川(中国)有限公司	32
6	江苏理文造纸有限公司	32
7	江苏博汇纸业有限公司	28
8	无锡荣成环保科技有限公司	22
9	江苏王子制纸有限公司	16
10	永丰余造纸(扬州)有限公司	16
	合　计	425

3. 实现利税总额前 10 名的造纸企业情况

2015 年，江苏省实现利税总额前 10 名的造纸企业有：金东纸业(江苏)股份有限公司、玖龙纸业(太仓)有限公司、芬欧汇川(中国)有限公司、金红叶纸业集团有限公司、江苏理文造纸有限公司、金华盛纸业(苏州工业园区)有限公司、无锡荣成环保科技有限公司、江苏博汇纸业有限公司、江阴新浩再循环纸业有限公司、江苏双灯纸业有限公司。10 家企业实现利税总额合计达到 44 亿元，占全省造纸工业实现利税总额的 117%，比 2014 年的 100% 增加 17.0 个百分点。

【结语】

2015 年，造纸行业总体发展依旧不振，生产量增长乏力、纸价继续低位运行、盈利空间狭小是行业整合期的新常态。江苏省纸及纸板生产量在近十多年来首次出现负增长，同比减少 0.7%，造纸行业总体经济效益出现明显下滑，实现利润同比下降 21.7%，部分中小造纸企业因成本偏高、销售不畅、资金短缺、经营困难而被市场所淘汰，行业整合的步伐加快。同时，部分大型造纸企业在市场洗牌阶段充分发挥成本和质量竞争优势，进一步扩大产销量，抢占市场份额，大型造纸企业的市场份额继续扩大，生产集中度持续提升。生产集中度的提高有利于平衡市场供求关系，减少众多企业之间的恶性竞争，增强造纸企业对上下游的话语权，同时也有利于行业环保工作和节能降耗水平的提升，有利于造纸行业的技术进步，促进造纸行业的健康发展。

(王国荣)

河南省造纸工业

Paper Industry in Henan Province

【行业概况】

根据河南省造纸学会对综合信息资料调查，2015年河南省机制纸及纸板生产企业约180家，机制纸及纸板生产量698.4万吨，同比下降5.6%；主营业务收入592.0亿元，同比下降8.5%；利润总额40.2亿元，同比下降10.9%。相比2014年，2015年机制纸及纸板的生产量、主营业务收入、税金、利润都大量减少。

河南省造纸企业主要分布在漯河、濮阳、驻马店、焦作、新乡等地区，2015年生产能力超过10万吨的造纸企业有28家，其生产量占全省纸及纸板生产量的70%以上。麦草等非木材浆造纸生产量约30万吨，占全省纸及纸板生产量的4.3%；废纸造纸生产量约430万吨，占全省纸及纸板生产量的61.6%；木浆造纸生产量约238.4万吨，占全省纸及纸板生产量的34.1%。主要产品有：书刊印刷纸、双胶纸、书写纸、无碳复写纸等文化、工业用纸180万吨，箱纸板230万吨，瓦楞原纸210万吨，白纸板30万吨，生活用纸35万吨，其他纸种13万吨。

河南省制浆造纸企业废水全部按河南省和地方环保部门要求达标排放。重点骨干企业生产和效益都有所下降。

【原料】

河南省木材资源缺乏，全省有杨木枝桠材制浆企业4家，年生产能力40万吨，加上驻马店市白云纸业有限公司、新乡鸿泰纸业有限公司等生产的少量木片化学浆，2015年木浆实际生产量约40万吨。长期以来，制浆造纸原料主要以麦草为主，原料结构调整是河南省造纸工业一个较大的难题。近年来，原料结构调整初见成效。2015年河南省造纸工业非木材浆生产量约25万吨，占总用浆量的4.2%；废纸应用发展较快，废纸浆生产量约366万吨，占总用浆量的61.8%；商品木浆、自制木浆用量达到195.7万吨(河南省自产木浆约40万吨)，占总用浆量的33.0%。

为了解决造纸原料问题，河南省各级政府部门、大型造纸企业都非常重视造纸原料的开发，认真贯彻落实国家发展和改革委、财政部、林业局《关于加快造纸工业原料基地建设的若干意见》，结合河南省实际，从河南省国民经济和造纸工业发展的战略高度，积极倡导和实施林纸一体化，扎实细致地做好沿黄、沿淮及其他宜林地区的速生杨丰产林基地建设工作，已先后在三门峡、洛阳、焦作、新乡、开封、濮阳、南阳、信阳、商丘等地建立了造纸用林基地。

【生产企业】

截至2015年年底，河南省制浆造纸企业约180家，其中，以麦草等非木材为原料的化学、半化学制浆造纸生产企业6家；使用废纸造纸的企业132家；木浆造纸企业42家。

2015年河南省纸及纸板生产量、主营业务收入、主营税金、利润总额前10名的造纸企业情况见表1~表4。

表1　2015年河南省纸及纸板生产量前10名的造纸企业

序号	单位名称	生产量/万吨
1	新乡新亚纸业集团有限公司	68.6
2	大河纸业有限公司	60.0
3	漯河银鸽实业集团有限公司	58.4
4	河南省龙源纸业股份有限公司	49.0
5	河南江河纸业股份有限公司	31.9
6	濮阳龙丰纸业有限公司	29.9
7	驻马店市白云纸业有限公司	29.8
8	新乡鸿泰纸业有限公司	14.0
9	河南天邦纸业集团有限公司	13.0
10	河南三鑫纸业集团有限公司	10.0

表 2　2015 年河南省主营业务收入前 10 名的造纸企业

序号	单位名称	主营收入/亿元
1	大河纸业有限公司	42.0
2	新乡新亚纸业集团有限公司	30.5
3	漯河银鸽实业集团有限公司	28.2
4	河南江河纸业股份有限公司	27.4
5	驻马店市白云纸业有限公司	15.2
6	濮阳龙丰纸业有限公司	15.0
7	河南省龙源纸业股份有限公司	10.3
8	河南天邦纸业集团有限公司	6.8
9	新乡鸿泰纸业有限公司	6.6
10	焦作瑞丰纸业有限公司	4.5

表 3　2015 年河南省主营税金前 10 名的造纸企业

序号	单位名称	税金/万元
1	漯河银鸽实业集团有限公司	22000
2	新乡新亚纸业集团有限公司	21400
3	河南省龙源纸业股份有限公司	11600
4	河南江河纸业股份有限公司	11449
5	大河纸业有限公司	11000
6	河南天邦纸业集团有限公司	5662
7	新乡鸿泰纸业有限公司	3948
8	焦作瑞丰纸业有限公司	3600
9	舞钢市群望纸板有限公司	3000
10	河南三鑫纸业集团有限公司	1100

表 4　2015 年河南省利润总额前 10 名的造纸企业

序号	单位名称	利润总额/万元
1	新乡新亚纸业集团有限公司	13000
2	漯河银鸽实业集团有限公司	12400
3	河南省龙源纸业有限公司	7400
4	河南天邦纸业集团有限公司	3230
5	新乡鸿泰纸业有限公司	2632
6	河南江河纸业股份有限公司	2397
7	河南三鑫纸业集团有限公司	2000
8	焦作瑞丰纸业有限公司	1800
9	舞钢市群望纸板有限公司	1500
10	河南飞达技术产业股份有限公司	1000

【基建与技改】

2015 年河南省造纸工业发展困难，基建和技改投资及项目投产减少。2015 年完成和在建的造纸项目主要有：河南江河纸业股份有限公司新建 1 台 3200/600 型和 2 台 5600/1200 型文化用纸机生产线，河南天邦纸业集团有限公司完成 10 万吨高档文化用纸项目等。

【科研与技术进步】

造纸科学技术为河南省造纸工业的发展起到了推动作用，并使产品档次逐渐提高，品种逐渐增多，也使造纸行业装备水平稳步提高。

2015 年，河南省对防油纸、无碳复写纸、热敏纸、离型原纸、防水防油热敏纸、彩色喷墨打印纸、石膏板护面纸、装饰原纸、耐磨纸、无氯漂白等技术进行了研究。有能力的企业成立了科研开发机构，如河南江河纸业股份有限公司成立院士工作站、国家级企业技术中心，河南银鸽实业集团有限公司建立院士工作站，濮阳龙丰纸业有限公司、驻马店市白云纸业有限公司、焦作瑞丰纸业有限公司、河南省民通华瑞纸业有限公司等公司都成立了省级技术中心，为企业新产品开发服务。他们在新原料、新工艺、新技术、新产品、新助剂和新设备等的研究、开发、使用方面投入了大量的人力、物力，对企业的发展和技术进步起到了重要的促进作用。

焦作市崇义轻工机械有限公司开发了 1200 米/分新月型高速卫生纸机，郑州磊展科技造纸机械有限公司研究开发了节能型压力筛，河南博奥泵业有限公司研究开发了高性能系列苏澳水泵等。

河南省造纸工业加大了科技投入和人才培养，省内大、中专院校为造纸企业培养了大批制浆造纸专业技术人员。除此之外，较大企业每年都选送在职职工到陕西科技大学、郑州大学、郑州轻工业学院等大学学习，充实一线技术人员，还不断从外省招聘高技术人才。

河南省造纸工业在科技投入和人才培养方面，做了大量的工作，促进了造纸工业快速、健康、可持续发展。目前，许多企业认识到，市场竞争是产品竞争，产品竞争是技术竞争，技术竞争归根到底是人才竞争。许多企业在市场竞争中，认识到重视科技、重视人才、重视新产品开发，加大科技和人才培养投入的重要性，不断转变观念，适应市场发展的需求，发展和壮大自己，抢占市场竞争制高点，抓人才、抓科技、抓产品、抓市场、抓效益。

【环境保护与节能】

为了贯彻国家保护生态环境的有关政策、法

规，使淮河、黄河、海河、长江等河流在河南省出境断面符合国家和人民的要求，河南省把治理污染作为全省造纸行业的重点工作来抓。随着国家加大对水污染防治立法、执法力度，全省造纸工业加快了废水治理的步伐，并取得了较大进展。

2015年年底，河南省又关、停、并、转麦草制浆造纸企业6家；3万吨/年以下废纸制浆造纸企业7家。各企业普遍注意清洁生产，减少污染物的产生和排放，加强废水治理和回收利用，大多数造纸企业都通过了环保部门的验收，能达到稳定达标排放。河南龙泉集团豫北纸业有限公司、河南华丰纸业有限公司、河南一林纸业有限责任公司、河南舞阳银鸽纸产有限责任公司、河南银鸽一基地已经全部停车。

2015年制浆造纸企业淘汰落后产能50多万吨。

【发展目标】

近几年，河南省造纸工业实现了传统造纸工业向可持续发展的现代绿色造纸工业转变的关键阶段。河南省造纸工业调整原料结构、产品结构，淘汰落后产能取得实效，产业集中度不断提升，装备水平快速提高，资源消耗不断降低，污染排放明显下降。

1. 发展目标

（1）原料结构　到2016年，全省纸浆产能达到638万吨/年；造纸原料结构：木浆35%、废纸浆61%、非木材浆4%。

（2）造纸生产量　到2016年，全省造纸产能达到1200万吨/年，中高档纸及纸板产能比例达到75%。实际生产量达750万吨，继续保持全国第5位。

（3）企业规模　到2016年，全行业平均生产规模10万吨/年，综合实力前20位企业纸及纸板生产量占比80%～85%。10万吨/年以上企业数量达到30家，其中，50万～100万吨/年6家，30万～50万吨/年10家。

（4）节能减排　到2016年，省内重点企业达到国家发展和改革委发布的《制浆造纸行业清洁生产评价指标体系》要求。全行业单位产品平均综合能耗和单位产品平均取水量分别比2014年降低8%和10%，污染物COD_{Cr}排放总量降低12%。“十三五”期间，节能减排工作继续走在全国前列。

2. 重点续建拟建项目

郑州浦发纸业有限公司建设年产30万吨包装纸项目，河南江河纸业股份有限公司续建30万吨/年高档文化用纸项目，河南省民通华瑞纸业有限公司续建、在建20万吨/年优质轻型纸项目，河南省龙源纸业股份有限公司续建10万吨/年高强瓦楞原纸项目，河南中峰集团纸业有限公司在建15万吨/年瓦楞原纸项目，河南兴泰纸业有限公司续建10万吨/年白纸板项目，河南永威安防股份有限公司开建20万吨/年装饰面纸项目，焦作鑫鹿纸业有限公司续建10万吨/年脱墨浆、20万吨/年特种纸项目，河南盛元纸业有限公司开建30万吨/年箱纸板项目，东华（河南）环保纸业有限公司开建30万吨/年瓦楞原纸项目等。

（李尚武）

福建省造纸工业

Paper Industry in Fujian Province

【行业概况】

2015 年福建省造纸及纸制品行业(以下简称“福建纸业”)总体形势是市场需求疲软，产品销售困难，产能过剩 1/3 左右，产成品库存增大，纸和纸板价格低位徘徊，企业严重缺乏流动资金，经济效益下降等。亏损和关停的企业数急剧攀升。在此严峻形势下，福建纸业全体同仁竭尽努力，经过一整年的拼搏，终于完成了福建省政府下达的调结构、稳增长的目标，实现了中低速发展。根据福建省统计局数据，其经济指标摘要如下。

1. 生产量

2015 年纸浆(原生浆及废纸浆)35.75 万吨，同比增长 12.5%；机制纸及纸板(外购原纸加工除外)665.37 万吨，同比增长 2.2%；纸制品 424.44 万吨，同比增长 8.0%，其中，瓦楞纸箱 179.78 万吨，同比增长 4.5%，生活用纸制品 10.86 万吨，同比减少 28.7%。

2. 产值

造纸及纸制品业总产值(现行价格)981.89 亿元，同比增长 7.9%。其中，制浆 5.51 亿元，同比增长 9.8%；造纸 364.72 亿元，同比增长 8.0%；纸制品 611.65 亿元，同比增长 8.0%。

3. 主要经济效益指标

年销售额 2000 万元以上的规模企业共计 435 家。其中，制浆 3 家，与 2014 年相比，企业数不变；造纸 130 家，比 2014 年减少 6 家；纸制品 302 家，比 2014 年增加 7 家。亏损企业 42 家，同比增长 7.7%，其中，造纸 12 家，同比增长 9.1%。企业存货 69.84 亿元，同比减少 4.0%，其中，造纸 33.24 亿元，同比减少 4.7%。存货中产成品 33.99 亿元，同比增长 2.1%，其中，造纸 18.74 亿元，同比增长 5.2%。资产总计 724.79 亿元，同比减少 7.3%，其中，造纸 344.91 亿元，同比减少 2.8%。负债合计 414.81 亿元，同比减少 12.9%，其中，造纸 211.53 亿元，同比减少 7.0%。营业收入 905.01 亿元，同比增长 6.9%，其中，造纸 333.30 亿元，同比增长 9.4%。主营业务收入 876.46 亿元，同比增长 7.4%，其中，造纸 330.02 亿元，同比增长 9.6%。营业成本 777.99 亿元，同比增长 6.9%，其中，造纸 288.33 亿元，同比增长 7.9%。营业税金及附加 4.38 亿元，同比增长 5.0%，其中，造纸 2.94 亿元，同比增长 4.2%。销售费用 23.36 亿元，同比减少 3.5%，其中，造纸 5.17 亿元，同比增长 10.5%。管理费用 30.57 亿元，同比增长 2.4%，其中，造纸 11.04 亿元，同比增长 9.7%。财务费用 13.68 亿元，同比增长 20.0%，其中，造纸 9.91 亿元，同比增长 26.1%。投资收益 2.83 亿元，同比减少 52.0%，其中，造纸 0.53 亿元，同比减少 83.0%。营业利润 56.04 亿元，同比减少 2.2%，其中，造纸 16.12 亿元，同比减少 19.3%。利润总额 58.41 亿元，同比增长 0.1%，其中，造纸 16.77 亿元，同比减少 16.4%。亏损企业亏损总额 8.39 亿元，同比增长 45.9%，其中，造纸 7.83 亿元，同比增长 52.9%。税金总额 32.15 亿元，同比增长 2.3%，其中，造纸 16.06 亿元，同比增长 8.7%。应交增值税 27.82 亿元，同比增长 1.8%，其中，造纸 14.63 亿元，同比增长 6.3%。平均用工人数 8.5 万人，同比减少 3.2%，其中，造纸 2.64 万人，同比减少 7.7%。

需要说明的是，福建省的 130 家造纸企业是统计的所有上报企业，其中包括一年内只开工一两个月的企业。根据近期大规模现场调查和通讯调查情况汇总，目前福建省正常生产(一年至少能够开机 8 个月以上)的造纸企业不足 100 家。尽管如此，目前纸和纸板年产能(含已停产未报停的产能)合计仍然有 1000 万吨左右。

福建省纸业产业布局相对集中，以产值排位泉州市位列第 1 位，其纸业产值占福建省纸业的

43.7%；以生产量排位漳州市位列第 1 位，其生产量占 40% 以上。

在许多中型造纸企业极度困难的同时，福建省大型优势造纸企业运行情况较好，如恒安国际集团有限公司、福建联盛纸业有限公司、玖龙纸业(泉州)有限公司、福建优兰发集团实业有限公司等。尤其是福建联盛纸业有限公司(简称“联盛纸业”)，2015 年该公司纸和纸板生产量达到 239 万吨，比 2014 年的 190 万吨增长 25.8%。2015 年，仅联盛纸业 1 家就增产了 49 万吨，全省纸和纸板生产量比 2014 年仅增产 14 万吨，这就意味着其他纸企合计减产 35 万吨。总结 2015 年福建省造纸工业的总体趋势是：强弱分化更加严重了。

【原料】

2015 年商品纸浆生产量 35.75 万吨，同比增长 12.5%，终止了四连跌的历史，原因是 2015 年纸浆的价格有微量回升。福建省造纸企业生产的纸浆主要是流体浆(湿浆)，是企业作为自己生产纸和纸板原材料的纸浆，由于没有进入市场销售，没有计入纸浆生产量。因此，福建省纸浆实际生产量比统计局公布的商品纸浆生产量大得多。2015 年福建省造纸工业使用纸浆约 665 万吨，其中，木浆 67 万吨，占 10.1%；非木材浆 30 万吨，占 4.5%；其他 568 万吨为废纸浆，占 85.4%。福建省使用的 67 万吨木浆中，约 30 万吨来自本省，37 万吨来自进口。30 万吨非木材浆中有 4 万吨来自本省(主要是竹浆和芒秆浆)，其他 26 万吨来自外省(主要是麦草浆和芦苇浆)。福建省造纸工业使用的 568 万吨废纸浆中 90% 以上是造纸企业自制的，只有不到 10% 来自商品废纸浆(主要为漂白废纸浆，其余的是难以用普通方法制造的废纸浆，如高湿强废纸浆等)。废纸原料 57% 来自国内，43% 来自进口。2015 年有几家大型造纸企业的生产线进行了技改，国产废纸生产的废纸浆质量有较大提高，2015 年使用国产废纸的比例还在上升。

【生产企业】

2015 年大型(年产能 100 万吨以上)、中型(年产能 30 万 ~100 万吨)和小型(年产能 30 万吨以下)制浆造纸企业的名称、数量、产能及生产量情况见表 1。

表 1　2015 年福建省不同规模造纸企业产能和生产量汇总

企业规模(年产能)	企业名称	生产能力/(万吨/年)	生产量/(万吨/年)
100 万吨以上造纸企业(1 家)	福建联盛纸业有限公司	250	239
30 万 ~100 万吨的造纸企业(6 家)	福建优兰发集团实业有限公司	95	87
	玖龙纸业(泉州)有限公司	65	60
	福建省青山纸业股份有限公司	30(+木浆 10)	18(+木浆 0.8)
	福建省南纸股份有限公司	40	12
	恒安(中国)纸业有限公司	30	23
	漳州盈晟纸业有限公司	30	19
30 万吨以下企业(123 家)	略	450	207

注：1. 表 1 中福建省青山纸业股份有限公司的年产能和生产量均未计算溶解浆的产能(15 万吨)和生产量(1.97 万吨)；
2. 福建省造纸企业的产能至少有两个概念，一是实际配置的装备设计产能，二是环保局总量控制允许的理论产能，表 1 中的数据是兼顾两者，再考虑实际产能和开机率以及企业的难处等因素综合处理出来的数据。

福建省最强的造纸企业是恒安国际集团有限公司，年销售值 200 多亿元，但是参加统计的仅仅是其在福建省的造纸基地——恒安(中国)纸业有限公司，所以将恒安(中国)纸业有限公司放在造纸企业中阐述。2015 年福建省造纸企业百万吨以上企业有 1 家：福建联盛纸业有限公司。联盛纸业是一家生产包装纸板的企业，有 2 个生产基地：一个在漳州长泰县，年产能 80 万吨；另一个在漳州龙海市，年产能 170 万吨。2 个基地合计年产能 250 万吨，2015 年纸和纸板生产量为 239 万吨，属于满负荷生产。这是一个综合制浆造纸企业，含热电厂、废水处理厂和固废资源化利用工厂等。联盛纸业配置的生产线都是当今我国先进的废纸制浆造纸设备。除此之外，福建省年产能 30 万 ~100 万吨的企业有 6 家：①福建优兰发集团实业有限公司年产能 95 万吨；②玖龙纸业(泉州)有限公司年产能 65 万吨；③福建省青山纸业股份有限公司年产能 40 万吨(未计入年产能 15 万吨溶解浆)，其中，商品硫酸盐纸浆10万吨、机制纸30万吨；④福建省南纸股份有限公司年产能40万吨；⑤恒安(中国)纸业有限公司是恒安国际集团有限公司在福建省的一个造纸基地，高档低定量生活用纸原纸年产能30万吨；⑥漳州盈晟纸业有限公司包装纸板年产能30万吨。其余造纸企业都是年产能30万吨以下的规模，较好的有：福建港兴纸业有限公司包装纸板年产能25万吨，生产量15.25万吨；漳州友利达纸业有限公司包装纸板年产能20万吨，生产量15.39万吨；福建利树浆纸有限公司因位于兴宁工业区的生产基地被城市规划要求拆迁，年产能下降10万吨，年产能仅保留20万吨，生产量为11万吨。

【基建与技改】

近期，企业根据所在地政府有关部门的要求，主要进行的是节能减排技改项目，并积极按照福建省提出的“互联网+制造业”的新思维，做好供给侧结构性改革工作，有些造纸企业进行了一些工艺过程的技术改造项目。目前福建省造纸产业主要技改和建设项目如下。

(1)恒安国际集团有限公司在晋江投资63亿元，建设恒安生活用品智能化生产基地项目，已经部分完成，并不断地向前推行中。

(2)福建省青山纸业股份有限公司3号机技改成年产12万吨纸袋纸项目，正在进行中。

(3)福建联盛纸业有限公司新建9号机年产45万吨箱纸板项目和10号机年产60万吨白纸板项目，尚在前期工作之中。

(4)玖龙纸业(泉州)有限公司新建年产45万吨牛卡纸生产线项目，尚在前期工作之中。

(5)福建利树浆纸有限公司技改年产15万吨食品包装用白面牛卡纸项目，尚在前期工作之中。

【科研与技术进步】

在2015年的科技奖励评选中，福建优兰发集团实业有限公司的“100%国产废纸脱墨浆生产擦手纸”荣获2014年度福建省科技进步三等奖，“环保型静电复印纸的研制与生产”分别荣获2014年度泉州市科技进步二等奖、晋江市科技进步一等奖，“80%脱墨混合浆制造半透明纸的技术开发与应用”荣获2015年度福建省科技进步二等奖，“薄页纸起皱的新方法的研究与应用”获2015年度晋江市科技进步三等奖。获专利授权8项，申请专利16项。此外，福建优兰发集团旗下的泉州华祥纸业有限公司获专利授权1项，申请专利7项。漳州希源纸业有限公司获专利授权11项，申请专利14项。

【环境保护与节能】

2012—2015年的4年间，福建省造纸行业主动淘汰了200多万吨落后产能，在国家画出红线范围内的落后产能，已经基本淘汰完毕，目前正在进行的是去过剩产能工作。目前福建省拟用5年时间促进产能10万吨以下造纸生产线整合提升，其中2016年重点推进产能3万吨以下生产线提升，并已纳入省委书记、省长与各市委书记、市长签订的《党政领导生态环境保护目标责任书》中。

自2013年起福建省造纸行业就开始执行比国家更加严格的地方水污染物排放标准(DB35/1301—2013)，其中制浆企业比国家现行标准最高从严80%，造纸企业最高从严75%，并且还在逐年加严。福建省造纸行业污染物减排量交易实行“只出不进”的行业总量控制制度，即造纸企业新项目总量只能从造纸行业内购买，但出让时可以出售给其他行业。2014年，福建省还出台了排污许可证管理办法，属于地方规章，具有法律效力，要求各排污企业均要申领。2017年年底前福建省要全面完成无元素氯漂白工艺和全无氯漂白的技术改造。

在水污染防治方面，根据国家和省“水十条”的要求，所有造纸企业都要建设在线监控和中控系统，将环保监控数据纳入生产中控系统之中。在大气污染方面，目前重点推进锅炉、自备电站脱硫脱硝和除尘技改，其中，10蒸吨以上锅炉应于2015年完成，10蒸吨以下锅炉于2016年6月底前完成。

2015年福建省环保执法力度非常大，全省共行政处罚造纸企业91家，44个企业或项目被责令停产、限产、停建，15家企业负责人被行政拘留。有1家企业因为实施环保技改后，排放指标依然不佳，被罚款150万元。上述处罚，还未包括未申领排污许可证的情况。

福建省已经提出环保工程建设要实施“规模效益”战略，因为环保项目规模太小会导致项目投资高且治理效益差的效果，因此要加强企业规模的把控。

【发展目标和专项工程】

1. 发展目标

(1)产值、生产量预估　“十三五”期间造纸产业生产量发展速度预计为年均增长4%左右，产值预计年均增长9%左右。到2020年纸和纸板生产量指标可能达到800万吨的水平。预计2020年造纸及纸制品行业工业总产值可能达到1200亿元左右，其中造纸工业产值可能达到450亿元左右。

（2）提高产业集中度　福建省造纸产业"十二五"期间已经培育了1个年产百万吨以上的企业集团，"十三五"期间将再培育1～2个年产百万吨以上的大型造纸企业或企业集团，再发展若干个年产30万吨以上的造纸企业。到2020年年末，福建省前20名造纸企业纸和纸板生产量将占全省总生产量的85%以上。

（3）节能减排，促进生态文明建设　在福建省建设全国生态文明省的精神指导下，造纸产业要大力强化节能减排工作。到2020年，在纸和纸板生产量达到800万吨的前提下，水污染物排放总量、取水总量和能源消耗总量在2015年的基础上再下降10%。

2. 专项工程

福建省有关造纸企业在"十三五"期间拟建项目有：

（1）恒安国际集团有限公司在晋江投资63亿元，建设恒安生活用品智能化生产基地项目。

（2）福建联盛纸业有限公司新建9号机年产45万吨箱纸板项目和10号机年产60万吨白纸板项目。

（3）玖龙纸业（泉州）有限公司原计划建设规模为年产200万吨，一期工程为65万吨包装纸板工程已建成投产。"十三五"期间拟续建200万吨产能规模。

（4）福建省青山纸业股份有限公司年产50万吨食品包装原纸技改工程。

（5）福建利树浆纸有限公司年产15万吨食品包装用白面牛卡纸技改项目。

（6）上海泰盛制浆（集团）有限公司林浆纸一体化项目，设想建成年产200万吨废纸制浆生产包装纸板的项目。

（郑宝琛）

广西壮族自治区造纸工业

Paper Industry in Guangxi Zhuang Autonomous Region

【行业概况】

2015年广西壮族自治区制浆造纸规模以上企业104家，主要分布在南宁市、柳州市、来宾市、贵港市、百色市、崇左市。其中以木材为原料的制浆造纸企业4家，以蔗渣、竹子为原料的制浆造纸企业20家，以废纸为原料的造纸企业20家，以商品浆为原料的造纸企业和纸加工企业60家。从业人员44000人。

2015年全区纸浆生产量184.5万吨，同比下降2.2%，其中，化学浆生产量118万吨(其中，蔗渣浆86万吨，竹浆3万吨，木浆29万吨)，木材化学机械浆66.5万吨。蔗渣浆生产量下降较多，主要是受到了甘蔗减产而导致的蔗渣量减少及2015年几家主要企业因各种原因相继停机、停产的影响，竹浆减产7.3万吨，木浆增产17.2万吨，纸浆总生产量下降不多。

2015年全区机制纸及纸板生产量273.6万吨，同比增长6.1%，其中，生活用纸82万吨，文化用纸16万吨，特种纸40万吨，白卡纸91.6万吨，纱管纸9万吨，瓦楞原纸35万吨。生活用纸及文化用纸生产量下降。广西华美纸业集团有限公司因资金问题导致旗下田阳华美纸业有限公司、来宾华美纸业有限公司、崇左华美纸业有限公司3家企业停产，广西南宁桂攀纸业有限公司停产，广西欣瑞纸业有限公司等一些生活用纸企业一直处于半开机状态；文化用纸企业中，广西永凯大桥纸业有限责任公司停机，广西贵糖(集团)股份有限公司、田阳南华纸业有限公司、广西劲达兴纸业有限公司文化用纸机生产线开机不足；特种纸生产量增速较快，增产30.6万吨，白卡纸同比增长34.7%，瓦楞原纸、纱管纸生产量与2014年持平。

2015年工业总产值224.38亿元，同比增长6.4%，利税19.07亿元，同比增长6.4%。

去产能情况：广西南宁凤凰纸业有限公司、南宁糖业股份有限公司蒲庙纸厂、华劲集团股份有限公司南宁浆厂因政策原因关闭，广西贺达纸业有限责任公司、广西金竹源纸业有限公司、广西东亚纸业有限公司因经营原因停产，减少产能共47万吨。

【原料】

制浆主要纤维原料为蔗渣、废纸、马尾松、桉木、竹子、林业加工剩余物等，具体用量为：蔗渣180.6万吨，木材136.2万吨，竹子6万吨，废纸48.4万吨。造纸纤维原料结构为：蔗渣浆34.1%，木浆45.6%，竹浆1.2%，废纸浆19.0%。

广西壮族自治区化学浆的生产以蔗渣浆为主，大部分以湿浆(干度28%左右)销售给区内生产生活用纸的企业，有少部分销售到广东、湖南、福建等省。生产蔗渣浆的主要企业有：广西洋浦南华糖业集团股份有限公司、东糖集团的冠桂纸业有限公司、来宾东糖纸业有限公司，广西贵糖(集团)股份有限公司、广西永鑫华糖集团来宾纸业有限公司、广西凤糖鹿寨纸业有限公司、广西博冠纸业有限公司和广西农垦集团天成纸业有限公司等；生产化学木浆、半化学机械浆的主要企业有：广西金桂浆纸业有限公司、广西劲达兴纸业有限公司、广西桂海金浦纸业有限公司、防城港宏源浆纸有限公司和柳州两面针纸业有限公司等；竹浆的生产企业以柳州两面针纸业有限公司为主，大多数销售到生产生活用纸的企业配抄生活用纸。2015年广西壮族自治区进口桉木浆、针叶木浆20万吨左右。

【生产企业】

到目前为止，广西壮族自治区只有广西金桂浆纸业有限公司生产量超百万吨，其余绝大多数是中小企业。2015年全区制浆造纸主要生产企业见表1。

表 1　2015 年广西壮族自治区制浆造纸主要生产企业情况

序号	企业名称	产　品	生产能力/(万吨/年)	生产量/(万吨/年)
1	广西金桂浆纸业有限公司	化学机械浆	60.0	66.4
		白卡纸	80.0	91.6
2	广西劲达兴纸业有限公司	化学浆	35.0	18.8
		文化用纸	32.0	4.7
		离型纸		11.9
		热敏纸		8.6
		无碳纸		9.5
		精致牛皮纸		0.6
3	广西农垦天成纸业有限公司	浆	9.5	6.5
		文化用纸	20.0	5.0
4	广西田东金荣纸业有限公司	高强瓦楞原纸	18.0	17.5
		化学浆	3.0	2.6
		生活用纸	3.0	2.6
5	广西贵糖(集团)股份有限公司	化学浆	12.0	7.7
		文化用纸	10.0	2.1
		生活用纸	4.0	6.1
6	广西田阳南华纸业有限公司	化学浆	9.8	9.6
		文化用纸	6.0	2.1
7	广西来宾东糖纸业有限公司	化学浆	9.8	11.5
		生活用纸	3.0	2.2
8	横县东糖糖业有限公司纸业分公司	化学浆	18.0	10.5
9	广西龙州南华纸业有限公司	化学浆	9.8	9.2
10	广西柳州两面针纸业有限公司	化学浆	6.0	5.6
		生活用纸	3.0	2.9
		擦手纸	5.0	0.8
11	广西永鑫华糖集团来宾纸业有限公司	化学浆	9.8	9.5
12	广西林业荔浦纸业有限公司	化学浆	3.0	1.6
		特种纸	8.0	5.5
13	广西华欣纸业集团有限公司	生活用纸	8.0	3.2
14	广西博冠纸业有限公司	化学浆	5.0	7.6
15	广西鹿寨凤糖纸业有限公司	化学浆	5.0	4.2
16	广西防城港宏源浆纸有限公司	化学浆	5.5	3.7
17	广西田东南华纸业有限公司	生活用纸	6.0	6.0

【基建与技改】

(1)广西桂海金浦纸业有限公司是广西桂海林浆纸有限公司在北海市合浦工业园区投资设立的国有独资全资子公司，是广西林业集团旗下企业。生活用纸项目计划投资 4 亿元，分二期建设，一期投资 2 亿元，年产能 3 万吨。项目全部投产后预计产值 4 亿元，利税 5000 万元。经过近一年的筹建、安装和调试，项目一期工程设备选用 2 台日本 BF－10 型 2750 毫米纸机，于 2016 年 2 月 23 日试车成功，第一捆下线的产品质量达到了设计要求。

(2)广西贵糖(集团)股份有限公司的整体搬迁技改工程建设内容主要有：日榨 10000 吨甘蔗热电循环糖厂项目、年产 10.9 万吨漂白浆项目、年产 8 万吨生活用纸项目、年产 8 万吨特种纸项目、办公生活配套项目。总体目标：2017 年年底前建成日榨 10000 吨甘蔗的新糖厂，确保 2017/2018 榨季在新糖厂开榨；2018 年年底前建成年产 10.9 万吨新制浆厂；2018 年年底前建成 8 万吨/年生活用纸和 8 万吨/年特种纸生产线。整体搬迁改造周期为 3 年。

(3)2015 年 9 月，广西柳州两面针纸业有限公司 8 万吨/年生活用纸项目二期 2 台中高速纸机顺利投入使用，一次投料成功出纸。目前，经过几个月的调试，这2台纸机已逐渐正常生产。这2台意大利特斯克公司生产的MODULO PLUSES型卫生纸机，设计车速为1500米/分，纸机抄宽2850毫米，单台纸机年生产量1.7万吨，特斯克公司的供货还包括蒸汽加工热罩、备料系统以及自动化控制系统。

(4)广西一哥纸业有限公司和广西嵘兴中科发展有限公司年产5万吨高档生活用纸项目，环评已获批准通过。

(5)龙州南华纸业有限公司配套5万吨生活用纸项目，征地及环评工作正在开展中。

(6)广西天力峰纸业有限公司年产5万吨生活用纸及配套后加工扩建工程正在建设中，在原有规模水平上增设2台高速纸机。

(7)广西宾阳佳达纸业有限公司在原有2台中高速纸机基础上，再增加2台，新增设备正在安装，投产后，企业生活用纸年生产能力将达到5万吨。

(8)广西壮族自治区和北海市重点推进的重大项目、广西壮族自治区目前最大的利用外资项目——斯道拉恩索林纸一体化一期项目，年产45万吨液体包装纸的厂房建设、设备安装已基本完工，将于2016年6月正式投产运行。

【科研与技术进步】

(1)2015年，由广西金桂浆纸业有限公司和钦州学院联合申报的“单一化机浆废水回收药液循环利用的技术研发及应用示范”荣获2014年度广西壮族自治区科学技术进步奖三等奖。

(2)2015年12月，广西博世科环保科技股份有限公司承建的APP金光集团35吨/日综合法二氧化氯项目正式开机投产。该装置是我国第一套完全自主设计制造的纸浆漂白综合法装置，也是目前国产设计的最大产能的二氧化氯装置。该装置的投运，彻底打破了国外企业在该领域内的技术垄断，是我国二氧化氯制备行业发展上的里程碑。

(3)2015年，广西贵糖(集团)股份有限公司生活用纸一厂纯点QC小组、生活用纸二厂QC小组获得了由中国质量协会、全国总工会、全国妇联、中国科协联合授予的“2015年度全国优秀质量管理小组”荣誉称号。

广西贵糖(集团)股份有限公司生活用纸二厂QC小组题为“提高1930规格原纸一等品率”的成果，在湖北省宜昌市召开的全国第37次质量管理小组代表会议上发表，并获“全国优秀QC小组成果发表优胜奖”，成为47个成果发布中8个优胜奖之一。

(4)2015年，广西贵糖(集团)股份有限公司在中国质量协会和全国用户委员会组织开展的全国实施用户满意工程活动中成绩突出。根据市场用户评价，中国质量协会和全国用户委员会联合授予该公司“全国用户满意企业”称号；“桂花”牌书写纸、胶版印刷纸获“全国用户满意产品”称号。

【存在的问题】

1. 制浆造纸纤维原料丰富，但未能科学利用

广西壮族自治区在制浆造纸纤维原料方面是资源大省，有全国1/7的木材资源，但不是强省，根据《广西壮族自治区造纸与木材加工业调整和振兴规划》，在2015年后，全区速生丰产林总面积稳定在266.67万公顷左右，每年可采伐速生丰产林28.33万公顷，供应木材3000万米^{3}以上，可生产木浆300万吨，提供全区用材的70%以上；但广西壮族自治区的木浆企业少，2014年广西南宁凤凰纸业有限公司和广西贺达纸业有限责任公司停产，2015年木浆生产企业只有4家，生产量只有95万吨；而销售到外省的木片为60万干吨，可见木材资源没有得到充分利用。

蔗渣浆是广西壮族自治区的主要浆种，但近年来由于糖价持续低迷，成本和销售价格倒挂，使得制糖行业出现了罕见的大面积亏损，制糖企业不能及时兑付甘蔗款，农民种蔗积极性下降，供给制浆蔗渣量每年以20%的速度下降，且价格上涨，导致不合理竞争的同时，也进一步缩小了浆厂利润空间。

原料结构不合理，木材纤维原料未充分利用，木浆比例小，蔗渣原料不足，蔗渣浆厂开工不足，生产量低，企业亏损，这是影响广西壮族自治区制浆造纸工业发展的主要原因之一。

2. 企业规模小、整体装备水平落后，严重阻碍全要素生产率的提高

广西壮族自治区制浆造纸企业除广西金桂浆纸业有限公司和斯道拉恩索(广西)林浆纸有限公司是大中型企业外，大部分是小型企业，其中，大多数企业以蔗渣浆为主要原料，产品以卫生纸、面巾纸或餐巾纸的中低档次原纸为主，木浆纸、混浆纸不多。2015年全区生活用纸生产量82万吨，中高速纸机只有9台，生产量不足20万吨，其余全是低速、高能耗、窄幅纸机，平均每台年产能不足1000吨。

从以上企业规模及装备水平分析可见，企业未能产生规模化效益，全要素生产率低下，制约行业发展。

3. 产品品种少，同质化严重，缺乏竞争优势

纸产品品种只有约 20 个，以生活用纸和食品包装卡纸为主，其次是文化用纸、特种纸、纱管纸、瓦楞原纸等。在品牌方面，自有品牌特别是知名品牌少，高档次产品少，整体生产量低；生活用纸大部分以原纸销售，后加工生产量不足 30 万吨，几乎没有新产品研发，未能形成新的增长点，因而在全国同行业中的竞争性不强。

4. 清洁生产及环境保护

目前，全区已采用 ECF 或 TCF 漂白的制浆造纸企业仅有 10 家，有 11 家浆厂尚未采用 ECF 或 TCF 漂白。距离国家发展和改革委、环境保护部、工业和信息化部联合发布并开始施行《制浆造纸行业清洁生产评价指标体系》和《水十条》的要求还有相当大的差距。

5. 融资渠道少，缺少资金投入

广西壮族自治区制浆企业漂白工艺改造还需要近 10 亿元资金投入，在《国家水污染防治行动计划》等法规实施后，在用水和治污成本方面将增加约 200 元/吨纸，如以全区蔗渣浆生产量 100 万吨计，将增加成本 2 亿元；目前大部分生活用纸的抄纸设备是窄幅、能耗高、效率低的小纸机，升级换代也需要一大笔资金，这对原本利润空间狭窄、举步维艰的制浆造纸生产企业而言，又是一个不小的考验，无疑是困难重重。

【发展目标】

广西壮族自治区造纸工业的总体发展目标：转型升级、结构调整、狠抓重点、稳步发展。

全面节约，高效利用资源，树立节约集约利用资源观。在未来的“十三五”规划中，将重点培育有原料资源的制浆造纸企业，特别要走糖纸一体化、林浆纸一体化道路；鼓励制浆造纸企业结构重组，组建集团公司，节约、科学合理利用资源，避免恶性竞争，增强竞争力，使企业健康发展，认真践行“创新、协调、绿色、开放、共享”的发展理念。

（黄显南）

湖北省造纸工业

Paper Industry in Hubei Province

【行业概况】

2015 年湖北省制浆造纸及纸制品企业 282 家，其中，制浆企业 4 家，造纸企业 108 家，纸制品企业 170 家。规模以上机制纸及纸板企业 56 家。

2015 年湖北省机制纸及纸板生产量 266.24 万吨，同比增长 12.63%，其中，新闻纸 1.92 万吨，同比下降 3.27%；未涂布印刷书写纸 56.76 万吨，同比下降 1.98%；生活用纸原纸 22.52 万吨，同比增长 14.78%；瓦楞箱纸板 4.16 万吨，同比增长 8.67%。纸浆生产量为 12.30 万吨，同比增长 41.25%。纸制品生产量 324.69 万吨，同比增长 6.41%，其中，瓦楞纸箱生产量 174.62 万吨，同比增长 7.64%。

【原料】

湖北省位于长江中下游，水资源相对充裕，有利于发展造纸工业。植被具有南北过渡特征，湖北省土地总面积 1859.00 万公顷，其中，林地面积 849.85 万公顷，占全省总面积的 45.72%；森林面积 713.86 万公顷，森林覆盖率 38.40%。活立木总蓄积 31324.69 万米^3，森林蓄积 28652.97 万米^3。

湖北省造纸纤维原料丰富，除木材纤维原料外，非木材纤维原料品种也较多，有芦苇、竹子、芒秆、麦草、稻草、龙须草等，湖北省在大力发展林浆纸一体化产业链、废纸回收再利用的同时也在积极开发秸秆植物纤维的综合利用。随着湖北省纸及纸板生产量不断增长，解决造纸原料的供应不足和结构不合理问题，已成为造纸工业发展的重要因素，湖北省需要坚持“十三五”提出的“生态立省”战略，走生产发展、生活富裕、生态良好的文明发展道路来促进原料资源的开发和高效利用。

【生产企业】

2015 年湖北省年产能前 10 名的造纸企业见表 1。2015 年纸及纸板生产量前 10 名的造纸企业见表 2。

表 1　2015 年湖北省年产能前 10 名的造纸企业

序号	企业名称	产能/(万吨/年)	主要产品
1	武汉金凤凰纸业有限公司	50	高强瓦楞原纸
2	湖北拍马纸业集团	43	烟卡纸、涂布白纸板等
3	湖北宏发再生资源科技发展有限公司	30	高强箱纸板
4	武汉晨鸣汉阳纸业有限公司	25	文化用纸、生活用纸
5	湖北翔陵纸业有限公司	18	高强瓦楞原纸
6	金红叶纸业(湖北)有限公司	18	生活用纸
7	维达纸业(湖北)有限公司	17	生活用纸
8	金凤凰纸业(孝感)有限公司	20	高强瓦楞原纸
9	湖北广水恒兴纸业有限公司	15	瓦楞原纸
10	湖北华海纤维科技有限公司	12	文化用纸

表2 2015年湖北省纸及纸板生产量前10名的造纸企业

序号	企业名称	生产量/万吨
1	武汉金凤凰纸业有限公司	47.3
2	湖北拍马纸业集团	43.0
3	武汉晨鸣汉阳纸业有限公司	22.0
4	维达纸业(湖北)有限公司	16.0
5	湖北翔陵纸业有限公司	14.0
6	金凤凰纸业(孝感)有限公司	13.3
7	金红叶纸业(湖北)有限公司	12.9
8	湖北晨力纸业有限公司	9.8
9	湖北华海纤维科技有限公司	8.3
10	湖北宝塔沛博科技有限公司	6.9

除上述10家企业外，2015年生产量10万吨以下的主要造纸企业有：湖北金庄纸业有限公司(6.5万吨)、湖北大枫纸业有限公司(6.2万吨)、湖北书林纸业有限公司(6.0万吨)、湖北应强纸业有限公司(5.9万吨)、湖北广发纸业有限公司(5.6万吨)、武汉木兰汉北集团有限公司(5.5万吨)、湖北炬垲纸业有限公司(4.5万吨)等。

【基建与技改】

湖北省孝感市南城新区是全国生活用纸生产基地，随着全国生活用纸排名前5名的企业维达纸业(中国)有限公司、恒安国际集团有限公司、中顺洁柔纸业股份有限公司、金红叶纸业集团有限公司、武汉洁伶卫生用品有限公司齐聚孝南，以及与世界排名第2位的爱生雅集团顺利签约，孝感由“华中纸都”，正一步步向“中华纸都”迈进。

(1)金红叶纸业(湖北)有限公司规划占地面积108公顷，总建筑面积80万米^2。设计年产84万吨生活用纸，2015年建成2条年产能12万吨的生活用纸生产线，另有2条年产能12万吨的生活用纸生产线正在设计中。建成后，总年产能将达到36万吨。

(2)维达纸业(孝感)有限公司规划占地面积26.67公顷，年产16万吨生活用纸，二期将新增4条生产线。

(3)武汉洁伶卫生用品有限公司规划占地面积23.33公顷，总建筑面积20万米^2。分2期检核，计划建设50条生产线。项目投产后，年产30亿片卫生巾，1亿片纸尿片，产值20亿元以上，利税1亿元以上。

(4)湖北森源纸业有限公司项目2015年规划占地面积4.67公顷，对原企业进行转型升级。主要从事艺术卡纸、灰纸板的加工生产，年产2万吨艺术卡纸、3万吨灰纸板。

(5)黄冈晨鸣浆纸有限公司林纸一体化二期(造纸部分)项目拟在林纸一体化一期30万吨/年纸浆项目的基础上，建设1条年产37万吨低定量牛皮箱纸板生产线，1条年产46万吨高定量牛皮箱纸板生产线，1条年产20.4万吨口杯原纸生产线，1条20.4万吨涂布白面牛卡纸生产纸以及1条年产6.8万吨生活用纸生产线，共计5条生产线，年生产能力为130.2万吨。其他配套工程包括自备热电站、变电站、给水处理站、废水处理站等。占地面积57.4公顷，总投资52.8亿元。

【重点项目建设运行情况】

1. 湖北拍马纸业集团

湖北拍马纸业集团组建于2001年，总部位于荆州市荆州区城南经济开发区拍马村，是国家林业重点龙头企业，固定资产18.6亿元，拥有员工3260人，产品涉及造纸、林浆、印刷包装、烟用包装材料、热电联供、农副产品加工六大支柱产业，是中南地区最大的造纸包装基地。集团建有拍马工业园，园区以湖北骏马纸业有限公司、湖北拍马纸业股份有限公司为龙头，现有造纸企业7家，纸品年生产能力55万吨。主要产品有烟用白卡纸、高档生活用纸、书写纸、牛皮纸以及无碳复写纸，其原料80%为进口木浆、20%为国内废纸。2015年尽管经济运行压力很大，但是集团调结构、促发展、稳增长，仍然完成纸品生产加工50.2万吨，实现产值76.9亿元，销售收入66亿元，上缴国家税金9903万元。

“十三五”期间，集团将围绕林浆纸一体化产业链，全力打造产业集群，重点落实“三个发展”，计划到“十三五”末，纸品生产、加工达到100万吨以上，确保年总产值、销售收入双过150亿元，力争达到200亿元，实现利税30亿元。

一是重点发展林浆产业，新上年产30万吨杨木化学机械浆项目，总投资12亿元，新增产值20亿元，利税3.5亿元。二是重点发展烟用包装材料，加快湖北中烟工业有限责任公司烟用包装材料基地发展，完成湖北骏马纸业(江陵)有限公司年产20万吨烟用卡纸建设；加速老企业骏马纸业有限公司进一步技术改造，推进产品提档升级；加大湖北绿新环保包装科技有限公司、湖北龙马全息科技股份有限公司防伪烟标新产品开发。烟用包装材料新增产值30亿~50亿元、利税15亿元。三是重点发展造纸产业链延伸，投资4.5亿元，新建年产10万吨数码相纸项目；投资3亿元，新建年产15万吨食品包装纸项目。新增产值18亿元、利税2.7亿元。

2. 武汉晨鸣汉阳纸业有限公司

公司计划投资17亿元，新建2条高档生活用纸生产线，年生产能力13.6万吨，第1条生产线纸机幅宽5600毫米，工作车速1900米/分，年产6.8万吨高档面巾纸、毛巾纸及卫生纸，已于2015年投产，另1条生产线择机实施。

3. 武汉金凤凰纸业有限公司

2013年11月，武汉金凤凰纸业有限公司收购湖北保丽纸业有限公司，同期组建金凤凰纸业(孝感)有限公司。2014年11月招商引资，引进年产130万吨大型包装纸项目，该项目由深圳中恒泰投资控股集团有限公司、武汉金凤凰纸业有限公司、湖北保丽纸业有限公司合资建设。目前一期年产30万吨包装纸项目正在实施，预计2016年6月试运行。

4. 湖北真诚纸业股份有限公司

湖北真诚纸业股份有限公司总投资2.5亿元，在荆州市公安县青吉造纸工业园内建设4条生产线，年产8万吨“真诚缘”牌高档生活用纸。2015年10月12日湖北真诚纸业股份有限公司在武汉股权托管交易中心挂牌。

5. 湖北秦楚纸业有限公司

湖北秦楚纸业有限公司项目总投资5.4亿元，建设年产30万吨涂布白纸板及年产10万吨瓦楞原纸生产线。2016年2月，白纸板生产线试运行，瓦楞原纸生产线将于近期启动。

6. 湖北炬垲纸业有限公司

2015年10月，湖北炬垲纸业有限公司承建的20万吨A级高强瓦楞原纸扩建项目开工。项目建设期为一年，预计2016年建成，届时公司的高强瓦楞原纸年产能将达到30万吨。

7. 湖北荣成再生科技有限公司

2015年，湖北荣成再生科技有限公司项目顺利推进，年产150万吨高档箱纸板及热电联产项目，分2期建设。一期工程有3条制浆造纸生产线，年产能85万吨，配备1台220吨/时锅炉，35兆瓦背压机组和2台130吨/时循环流化床锅炉(一备一用)。经过几个月的努力工作，项目的外资企业设立审批、工商注册登记、税务登记、造纸项目备案、一期林地占用审批、一期土地供地、安评审批、能评审批、稳评审批、热电厂烟囱空域管制审批等行政审批事项已经完成。项目于2015年9月启动建设。

8. 湖北祥兴纸业科技有限公司

2015年1月13日，湖北祥兴纸业科技有限公司年产100万吨高档包装纸项目环境影响评价第一次公示，7月25日，项目正式开工建设。该项目总投资12.4亿元，征地面积80公顷，计划分3期建设，一期投资5亿元。项目建成后，可年产100万吨包装纸，年产值20亿元，税收6000万元。

9. 山鹰纸业(湖北)有限公司

2015年5月5日，山鹰纸业(湖北)有限公司包装纸生产基地项目签约仪式在黄冈市黄州区隆重举行。由安徽山鹰纸业股份有限公司在黄州区分期投资建设的年产200万吨的包装纸和再生纸生产基地，总投资约90亿元，占地面积200公顷。项目分2期建设完成，共建5条大型工业包装纸生产线。一期将实现产值50亿元，利税3亿元，带动就业2500人。项目全部投产后，将实现年产200万吨工业包装纸。

10. 咸丰县楚焱日用纸业有限责任公司

咸丰县楚焱日用纸业有限责任公司年产10万吨瓦楞原纸项目位于咸丰县工业园区。该项目2012年7月获湖北省环保厅建设批复，8月底开工建设，项目总投资1.5亿元，占地面积4公顷。项目建成投产后，年产值可达3亿元，实现利税4000万元，新增就业岗位200个。2015年2月，年产10万吨瓦楞原纸项目开机试生产。

【发展目标】

2015年，从湖北省造纸行业生产运行和主要经济指标完成情况来看，主要产品市场需求在合理平稳的增长，但行业发展形势总体仍处于低迷阶段，低速增长成为新常态，产业结构、产品档次、产品创新、自主研发方面有待突破。纸类、纸制品的质量参差不齐，纤维原料结构的不合理及原材料供应市场不足，已经严重制约了造纸工业发展，更加严格的新环保法和“水十条”出台，对造纸企业又有了新的要求。

湖北省造纸工业位于全国第12位，政府对造纸行业重视和支持，湖北省造纸工业通过优化结构，增强创新能力，发挥交通及水资源等优势，积极开发利用优势资源，在提升抗风险能力和竞争力下保持健康成长，相信在“十三五”期间湖北省造纸工业将迎来一个全新而美好的发展前景。

（顿志强）

天津市造纸工业

Paper Industry in Tianjin City

【行业概况】

2015 年，天津市造纸行业克服外部宏观经济的压力，紧密结合本地资源特点和周边市场需求，进一步发挥港口优势，以和谐发展、科学发展为指导思想，坚持环境友好型造纸企业的建设理念，以废纸等再生植物纤维资源为主要原料，以现代化纸板生产线完成各种包装纸板产品的大规模生产，进一步提高产业的集中度和生产的集约化。2015 年，天津市造纸工业规模以上机制纸生产量 249.7 万吨，同比增长 4.4%，其产品种类以各等级的高强瓦楞原纸和挂面箱纸板为主，还包括多种牛卡纸、白卡纸、白面牛卡纸等，此外还有部分高档证券纸、防伪纸等高附加值产品。

2015 年，天津市规模以上造纸及纸制品相关工业企业 131 家，工业总产值 233.9 亿元，同比增长 13.7%，从业人员 21440 多人。其中，大中型企业 14 家，工业总产值 137.1 亿元，同比增长 15.8%，从业人数 9458 人。资产总值 230.3 亿元，固定资产总值 115.1 亿元，固定资产投资 41.6 亿元，同比下降 23.9%。主营业务收入 228.2 亿元，同比下降 9.6%，利税总额 18.6 亿元，利润总额 12.7 亿元，同比下降 12.4%。

2015 年新建项目中以废纸为原料的白卡纸、灰底白卡纸、白面白卡纸为主要产品种类。天津市造纸原料来源主要依托港口优势，以进口美废为主，国废和少量自制浆的使用规模也在日益提高，以不断适应周边市场对不同等级产品的多层次需求。

【生产企业】

天津市造纸工业的发展面临着水资源和林产资源短缺等不利因素，同时也具有港口城市交通便利、进出口贸易发达等优势特点。这些因素共同决定了天津市造纸工业的发展必须遵循低污染、低消耗，主要原料和产品均为外购外销等发展途径。一些落后的生产经营方式因难以适应新的发展形势和需求必将被逐步淘汰。今后，随着天津市整体工业构架的逐步明晰和完善，具有一定生产规模、适应天津市资源特点的造纸企业，将逐步成为天津市造纸工业发展的中流砥柱。根据现有资料，目前发展态势较好并具有一定生产规模的部分企业见下述。

1. 玖龙纸业(天津)有限公司

玖龙纸业(天津)有限公司(简称“天津玖龙”)坐落在宁河经济开发区，由香港上市公司玖龙集团投资建设。该集团在广东、江苏、重庆均有造纸基地，是亚洲最大的高档包装纸生产商，也是全球最大的箱纸板生产商之一。

天津玖龙生产基地占地面积 240 公顷，计划总投资超百亿元，共分三期建成 5 条现代化生产线，引进世界一流的生产设备和先进工艺，主要生产牛卡纸、白卡纸、白面牛卡纸、高强瓦楞原纸等高档包装纸，建成行业最新、国内领先、国际先进的环保型现代化造纸基地。

一期工程于 2009 年 9 月投产，2 条生产线生产能力 80 万吨/年。二期工程于 2011 年 5 月投产，2 条生产线生产能力 80 万吨/年。三期工程于 2012 年 6 月投产，新建 1 条生产能力 55 万吨/年的生产线，采用靴式压榨、红外干燥、软压光等先进工艺技术生产涂布白纸板、涂布白卡纸等产品，达到世界同类纸种的最尖端生产水平。一、二、三期工程 5 条生产线总生产能力为 215 万吨/年，年销售收入 70 亿元，吸纳就业 2800 人。

天津玖龙引进了世界先进的造纸生产工艺，从源头抓污染，在污染控制方面取得显著成效。

天津玖龙项目设备全部采用当今世界最先进的造纸设备和控制系统，其中制浆及造纸的主体设备由美国、芬兰和德国提供，控制系统由 ABB、SEIMENS 等公司提供。纸机幅宽 6660 毫米，车速 1000 米/分。

主要产品为高档牛卡纸、高强瓦楞原纸和环保纸、高档涂布纸。生产线采用了废纸制浆、热分散处理、稀释水流浆箱、靴式压榨等先进的工艺技术，同时也应用了白水回收、热回收等高效的节能环保技术，体现了玖龙集团“没有环保，就没有造纸”的理念。

2. 天津广聚源纸业有限公司

天津广聚源纸业有限公司(简称“广聚源纸业”)坐落在天津市津南区咸水沽镇的海河科技园区，毗邻海河高教区(大学城)和天津大道，距市区10千米、距滨海新区6千米。

广聚源纸业始建于2005年，厂区占地面积40公顷，建筑面积8万米^2，注册资金1.665亿元，现有员工400余名，拥有大批专业技术人才和生产骨干，企业年产值2亿元。公司以高新技术为依托，本着建设资源节约型、环境友好型企业的宗旨，努力促进循环经济的发展，打造环保、低碳、高效的新型企业。曾荣获天津市劳动和社会保障局授予的“A级劳动关系和谐企业”、政府授予的“津南区纳税大户”“循环经济示范企业”等荣誉称号，已成为天津地区的支柱产业。

公司经营范围涉及机制纸和纸板制造、生物纸浆销售等业务。拥有国内先进的生产技术和设备，公司现有1条造纸生产线，年生产能力6万吨。2016年拟建节能型年产12万吨高档工业原纸生产线以及相应的辅助系统改造。包括新增1台DCS、QCS自控双叠网4200/500纸机、1套自动制浆生产线及6台可控热泵系统、密闭气罩热能回收装置等附属设备。该公司正式投入生产运行以来，连续两年总产值超过1亿元。企业2010年年底投产的二期建设项目使产能再扩大3倍，年产值达到12亿元以上。

广聚源纸业以农作物废弃物(稻草、棉秆)和生活包装废弃物(废纸箱)为纤维原料，将废弃物转化为再生资源，不仅变废为宝，而且保护了环境，促进了循环经济的发展。在实际生产中，企业积极引进科技手段，采用生物预处理机械制浆技术生产稻草、棉秆高得率本色浆，制浆得率高、能耗低、质量好、污染轻，形成了具有自主知识产权的清洁制浆技术。公司主要使用城市污水处理厂的中水为主要生产用水，在工艺流程设计中对生产过程的用水采取了节流－治污相结合的方法，水的重复利用率超过了90%，保证企业步入了清洁、节能的生产轨道，实现了资源优化配置。

3. 天津中钞纸业有限公司

天津中钞纸业有限公司是中国印钞造币总公司所属的中钞实业有限公司控股的股份制公司，是中国防伪行业协会会员单位，专业从事特种高档防伪水印纸和非防伪特种纸的生产。

公司地处天津市西青经济开发区，占地面积75825米^2，总资产1.5亿元，拥有1条1760长网纸机生产线，2条1575圆网纸机生产线，各种防伪纸及证券纸的年产能6000吨，生活用纸年产能700吨。公司现有员工280人，其中，工程技术人员38人，还有专门从事钞票纸生产的专家及高级管理人员数名。

天津中钞纸业有限公司技术力量雄厚、生产设备先进、生产管理严格，从原料的投入到最终成品的全过程都有严格的监测控制。生产管理过程中，沿用行业内的安全管理程序，严格控制各工序的工艺条件，实行严格的数字管理和安全保密管理，具有严格的质量保证体系，并通过了ISO 9001：2000质量体系认证以及上级主管部门的验收，完全达到防伪证券纸的生产、安全、保密的管理要求。

目前公司可生产40～300克/米^{2}各种防伪证券纸、防伪水印纸、防伪纤维纸、防涂改纸及化学敏感性纸、带开窗或全埋安全线防伪纸及卡纸，可为金融系统、保险业等部门提供有价证券、银行票据、凭证等专用防伪纸。同时公司也在大力开拓民用防伪纸市场，为各行业订做各类专用防伪水印或防伪纤维的产品说明书、合格证、保修单、商标、吊牌以及书籍防伪扉页、各种代金券、各类防伪证书等用纸以及个性化办公用纸。其中，带有水印及开窗或全埋安全线卡纸已申报国家专利，其功能主要用于名烟、名酒、药品、保健品、化妆品等的防伪外包装，同时公司还可以生产多种非防伪特种纸、中性纸(环保不返黄)、花式纸、艺术纸及含棉纤维的系列生活用纸。

【基建与技改】

目前在天津市生存和发展的造纸企业，大都具有资源消耗最小化，污染控制技术有特色、有成效等技术特点，这是天津市自然条件、政策条件以及市场条件等多种因素共同作用的必然结果，也是天津市造纸工业可持续发展的必经之路。

2015年，天津市造纸及纸制品制造以及制浆设备制造行业完成投资项目83个，计划投资45亿元，2015年完成投资32亿元；新建技改项目25个，计划投资10.5亿元，2015年完成技改投资9.4亿元。

【科研与技术进步】

目前天津市造纸行业坚持走"产学研结合"技术发展之路，各企业和科研院所以科技创新为先导，积极开展科研项目合作以及技术开发工作，达到促进企业良性健康发展的目的。天津市大中型造纸工业企业积极开展科学研究与试验发展（R&D）活动，2015 年企业 R&D 活动经费内部支出总额 4.28 亿元，同比增长 11.7%，R&D 项目数为 127 个；大中型工业企业科技机构 13 个，科技机构 R&D 活动经费支出 4100 万元，同比增长 28.1%；专利申请数 413 件，其中，发明专利 104 件，同比增长 126%。

2015 年 4 月，天津科技大学造纸学院成立。造纸学院与天津市乃至国内外众多造纸企业保持着多年的紧密合作关系。现已完成多项来自于国际合作、国家"十一五"规划、"十二五"规划和天津市科学技术委员会以及全国大中型造纸企业的委托科研项目，对于促进我国造纸工业的技术进步和发展起到了重要的作用。

近两年来，天津科技大学承担的国家级重大科研项目有：

（1）国家科技支撑计划项目，速生材高得率制浆污染物处理与综合利用技术，研究经费 214 万元。

（2）国家自然科学基金项目，玉米秸秆分级直接液化机理的研究，研究经费 65 万元。

（3）国家自然科学基金项目，自水解预处理木质纤维超微结构及化学组成对后续制浆碱液吸收影响机制的研究，研究经费 63 万元。

（4）国家自然科学基金项目，木质纤维原料组分清洁高效分离及其机理的研究，研究经费 82 万元。

（5）国家自然科学基金项目，漆酶诱导白水中酚类物质迁移至纤维表面的机理研究，研究经费 60 万元。

（6）国家自然科学基金项目，非木材植物纤维原料碱法制浆过程中甲醇发生量和发生及控制机理的研究，研究经费 29 万元。

（7）天津市重点基础项目，APMP 制浆废水中化感物质的提取及对藻类化感效应的研究，研究经费 20 万元。

（8）天津市重点基础项目，多相催化氧化深度处理造纸废水机理研究，研究经费 20 万元。

（9）天津市重点基础项目，高浓/高剪切工况微纤化纤维素阳离子改性反应特性，研究经费 20 万元。

（10）天津市重点基础项目，农业剩余物联产纸浆、葡萄糖和沼气技术的研究，研究经费 20 万元。

【环境保护与节能】

天津市作为国内重要的大型工业城市，历来重视环境保护工作，对于所属企业的污染排放限制提出了严格的要求。天津市造纸企业非常重视此项工作，在实际运行中，投入了大量的技术和资金对水资源利用和排放进行了重点治理。其中比较有代表性的玖龙纸业（天津）有限公司，实现了吨纸消耗清水 5 吨以下。通过采用荷兰的厌氧、好氧 + 三级深度处理技术，实现了废水 COD_{Cr} 排放低于 60 毫克/升；对烟气处理，增加了进口脱硫设备，采用炉内喷钙加湿法脱硫，实现了 SO_2 排放不超过 100 毫克/米^3，粉尘排放指标不超过 30 毫克/米^3；在综合利用方面，将废水处理系统产生的沼气收集进行生物发电；利用污泥干化再利用系统，对废纸脱墨产生的脱墨污泥进行干化处理，作为燃料在热电锅炉中燃烧，回收热能；在行业率先引入环保燃烧锅炉，对造纸轻废渣进行了燃烧利用。2009 年天津玖龙被评为天津市循环经济试点单位。在此基础上，公司积极推行清洁生产，将工作重点放到实施生产工艺和设备的技术改造方面，进一步节能降耗，完成清洁生产审核和能源审计工作。

【发展中的问题】

天津市具有良好的制浆造纸工业基础，积极整合资源、充分发挥现有技术力量和设备条件，提高产业产品竞争力，充分利用口岸优势，扩大废纸资源利用率，提高农业废弃物等非木材植物纤维资源利用率，解决原料问题，是天津市造纸工业保持良性发展的关键。

（惠岚峰）

四川省造纸工业

Paper Industry in Sichuan Province

【行业概况】

2015 年是实施“十二五”规划收官之年，四川省造纸行业实现主营业务收入 461.12 亿元，同比增长 2.28%。四川省规模以上制浆造纸企业 115 家，共生产机制纸及纸板 189.8 万吨，商品纸浆 26 万吨；规模以上纸制品企业 170 家，生产纸制品 309.3 万吨。全行业实现利润 21.75 亿元，同比下降 2.66%，利税总额 35.55 亿元，同比下降 5.55%。规模以下造纸企业近 130 家，共生产机制纸及纸板 90 万吨。2015 年四川省全行业共生产机制纸及纸板 280 万吨，同比下降 10.35%。

【原料与产品结构】

四川省制浆造纸原料结构：木浆 7%（进口或省外商品纸浆），自制竹浆 38%，废纸 55%（省内或进口）。主要产品有：商品竹浆板、食品包装纸板、包装纸板（高强瓦楞原纸、牛皮箱纸板、箱纸板、涂布白纸板、工业纸板等）、生活用纸、办公文化用纸（静电复印纸、双胶纸、书写纸、打字纸、无碳复写原纸等）、工业用纸（绝缘纸、电缆纸、电容器纸、育果袋纸等）、牛皮包装纸、新闻纸、特种纸及其他纸种。

【生产企业】

2015 年四川省生产量前 10 名的企业有：四川永丰纸业股份有限公司、玖龙浆纸（乐山）有限公司、四川新津晨龙纸业有限公司、四川华侨凤凰纸业有限公司、四川迅源纸业有限公司、成都美岭纸业有限公司、四川省犍为凤生纸业有限公司、四川银鸽竹浆纸业有限公司、四川蜀邦实业有限责任公司和中顺洁柔（四川）纸业有限公司。

2015 年四川省销售收入前 10 名的企业有：四川永丰纸业股份有限公司、玖龙浆纸（乐山）有限公司、四川新津晨龙纸业有限公司、四川华侨凤凰纸业有限公司、中顺洁柔（四川）纸业有限公司、维达纸业（四川）有限公司、四川迅源纸业有限公司、四川省犍为凤生纸业有限公司、四川银鸽竹浆纸业有限公司和沐川禾丰纸业有限责任公司。

【基建与技改】

宜宾纸业股份有限公司异地搬迁年产 20 万吨浆纸项目已投产，占地面积 33.33 公顷的什邡绿色低碳竹浆生活用纸加工工业园以四川望风青苹果纸业有限公司为首的 10 家生活用纸加工项目已投产，中顺洁柔（四川）纸业有限公司扩建年产 8 万吨高档生活用纸项目已投产，维达纸业（四川）有限公司二期扩建年产 6 万吨高档生活用纸项目已投产。四川金田纸业有限责任公司新建年产 60 万吨工业纸板项目正在建设中，四川金红叶纸业有限公司在遂宁市新建年产 12 万吨高档生活用纸项目正在建设中，简阳市永和纸业有限公司技改扩建年产 10 万吨废纸脱墨生产文化用纸项目正在建设中。

【品牌建设情况】

四川省造纸行业协会、四川省造纸行业协会生活用纸分会先后推荐：四川永丰浆纸股份有限公司“永丰”牌，维达纸业（四川）有限公司“维达”牌，沐川禾丰纸业有限责任公司“禾丰”牌，四川津诚纸业有限公司“津诚”牌，四川佳益卫生用品有限公司“佳益”牌，四川兴睿龙实业有限公司“千唯”牌、“多柔多”和“U&U”牌，四川省金福纸品有限公司“金福桦”牌，玖龙浆纸（乐山）有限公司“雪杉”牌为四川省、成都市、绵阳市、乐山市等著名商标、知名商标和名牌产品。

【环境保护与节能】

为贯彻国家保护生态环境、节能减排、淘汰落后产能的相关政策，四川省环保厅对全省制浆造纸企业实行严格监管措施，对企业排污口实施全天候监控管理，每个企业必须达标排放。四川省经济和信息化委员会每年向制浆造纸企业下达节能减排、淘汰落后产能工作目标，根据四川省淘汰落后产能工作协调小组办公室“关于下达2015年全省淘汰落后和过剩产能目标任务的通知”（川淘汰落后办〔2015〕17号），四川省制浆造纸行业淘汰22家企业，淘汰落后产能42.95万吨，关闭6家造纸企业。

【发展目标和拟建项目】

四川省制浆造纸行业的总体发展目标：转型升级，结构调整，狠抓重点，稳步发展。四川省重点拟建项目如下：

1. 重点抓好竹浆纸产业

四川永丰浆纸股份有限公司叙永县江门20万吨/年竹浆纸一体化项目工程，玖龙浆纸（乐山）有限公司扩建年产10万吨竹浆一体化项目，雅安市拟建年产15万吨竹浆粕项目和竹浆纸一体化生产项目。

2. 重点抓好包装纸板生产

四川金田纸业有限公司新建年产60万吨工业纸板项目，四川新津晨龙纸业有限公司30万吨/年强韧牛皮箱纸板项目，四川迅源纸业有限公司扩建年产25万吨强韧牛皮箱纸板项目，玖龙浆纸（乐山）有限公司扩建年产45万吨牛皮卡纸项目，四川内江金子山纸业有限公司异地搬迁建设年产30万吨高强瓦楞原纸项目和现有纸板企业的技改扩能项目。

3. 重点抓好生活用纸生产

四川金红叶纸业有限公司在遂宁市新建年产12万吨高档生活用纸项目以及在雅安新建年产12万吨高档生活用纸项目，中顺洁柔（四川）纸业有限公司、维达纸业（四川）有限公司技改扩能项目，宜宾纸业股份有限公司扩建年产10万吨高档生活用纸项目，四川省犍为凤生纸业有限公司扩建年产10万吨高档生活用纸项目，四川福华竹浆纸业有限公司扩建10万吨高档生活用纸项目，四川石化雅诗纸业有限公司年产10万吨本色竹浆生活用纸加工项目，四川圆周实业有限公司年产6万吨高档生活用纸生产与加工项目。

4. 文化用纸发展的重点方向

实现规模化生产，凸显规模效益，老企业扩建及改造年产能达5万吨及以上，新建生产线年产能10万吨及以上。鼓励使用幅宽4000毫米以上、车速800米/分的大型文化用纸机，逐步淘汰能耗高，幅宽1760毫米、车速120米/分以下的文化用纸机。

（李　途　罗福刚）

江西省造纸工业

Paper Industry in Jiangxi Province

【行业概况】

2015年江西省造纸行业克服了经济运行过程中的各种困难，稳步发展。据江西省工业和信息化委员会统计，2015年江西省规模以上造纸及纸制品工业企业实现工业增加值87.7亿元，同比增长10.7%；主营业务收入336.3亿元，同比增长7.1%；利税总额36.9亿元，同比增长15%；利润总额23.9亿元，同比增长13.6%。纸浆完成生产量33.1万吨，同比增长2.6%；机制纸及纸板(外购原纸加工除外)完成生产量173.6万吨，同比增长7.9%；纸制品完成生产量217.6万吨，同比增长56.7%。

据不完全统计，江西省制浆、造纸、纸制品工业规模以上工业企业共有162家，规模以下的企业50多家，造纸产品主要有以下四大类：

(1)文化用纸　主要品种有：轻型纸、低定量涂布纸、教材专用纸、中小学生作业本专用纸、书写纸、双胶纸。

(2)包装纸　主要品种有：涂布白纸板、箱纸板、牛皮挂面箱纸板、牛皮箱纸板、瓦楞原纸、纱管纸、牛皮纸、黑卡纸、牛皮卡纸、食品包装纸板。

(3)生活用纸　主要品种有：纸巾纸、卫生纸、湿巾、卫生巾、擦手纸、厨房用纸。

(4)特种纸与加工纸　主要品种有：砂纸原纸、水砂原纸、载带封装用纸板、引线砂纸、茶叶滤纸、淋膜纸、电容器纸、扑克牌纸板、炸药卷纸、卫生筷包装纸、烟花鞭炮纸、金银卡纸、鞭炮红纸、红炮包装纸、花炮纸、连四纸、迷信纸、转移印花纸、果袋纸。

【原料】

江西省是国内生态环境较好的省份，植物纤维原料丰富。据江西省林业厅发布的公告显示，江西省森林资源覆盖率已达63.2%，仅次于福建省，位于全国第2位。但由于政府管理部门考虑制浆对环境的影响等多方面的因素，江西省内绝大部分丰富的可利用的造纸植物纤维原料均未得到充分的利用，这些廉价的植物纤维原料除少部分销往邻省外，均未得到利用，资源优势未转化为经济优势。

据调查，江西省内采用原生植物纤维原料制浆的企业主要有江西晨鸣纸业有限责任公司。该企业于2008年投资新建了1条采用木材为主要原料的漂白化学热磨机械浆(BCTMP)生产线。该浆主要用于配抄轻型纸及低定量涂布纸系列产品。该生产线自投产后至今运行正常，年生产量从最初的18万吨到现在已实现年生产量达25万吨。江西晨鸣纸业有限责任公司另有1条脱墨浆生产线，多年来运行正常，年生产量约15万吨，除自用一部分脱墨浆外，剩余的脱墨纸浆全部外销。

赣州华劲纸业有限公司采用立锅蒸煮自制杂木原生浆，与其他浆料配比生产纸巾纸、卫生纸及文化用纸产品。现该企业全部采用当地家具厂加工家具后的针叶木、阔叶木木材废料为原料制浆，生产生活用纸及文化用纸产品。由于充分利用了当地丰富廉价的木材加工剩余物，降低了原料生产成本，企业经济及社会效益均较好。

江西含珠实业有限责任公司采用100%嫩竹为原料，将传统的造纸工艺与现代造纸技术相结合，生产国家级非物质文化遗产古籍书用纸及古籍纸文物档案修复用纸、古籍精品印刷纸等产品。

除以上3家企业采有原生植物纤维原料外，其他造纸企业所用的造纸纤维原料主要依靠外购各种浆板和废纸。生产生活用纸的企业除赣州华劲纸业有限公司采用自制木浆为主要原料外，其余企业均是采用针叶木、阔叶木浆板原料配比生产；生产牛皮纸的企业采用回收废报纸为原料；生产砂纸原纸的企业采用本色针叶木、阔叶木浆板为原料；生产箱纸板的企业采用本色针叶木浆挂面，芯浆、底浆采用废纸原料；生产瓦楞原纸、涂布白纸板等产品的企业全部采用废纸原料。据估算，江西省造纸纤维原料结构为废纸 30.6%，木浆 68.6%，竹浆 0.8%。采用木竹原生植物纤维原料生产自制浆的实际年生产量约 50 吨。

【生产企业】

据调查，江西省年生产能力 100 万吨以上的大型企业仅 1 家，年生产能力 30 万～100 万吨的中型企业 2 家，年生产能力 5 万～30 万吨的企业有 31 家，剩余企业均是年生产能力 5 万吨以下的小型企业。年生产能力 30 万吨以上的造纸企业情况见表 1，年生产能力 10 万～30 万吨的造纸企业情况见表 2。

表 1　2015 年江西省年生产能力 30 万吨以上的造纸企业

序号	企业名称	年生产能力/万吨	主要品种
1	江西理文造纸有限公司	150	牛皮箱纸板、瓦楞原纸
2	江西晨鸣纸业有限责任公司	70	轻涂纸、低定量涂布纸、食品包装纸板
3	赣州华劲纸业有限公司	35	高档生活用纸、文化用纸

表 2　2015 年江西省年生产能力 10 万～30 万吨的造纸企业

序号	企业名称	年生产能力/万吨	主要品种
1	广丰县芦林纸业有限公司	70(2016 年年底达产后的产能)	高档箱纸板、瓦楞原纸
2	上栗县恒达纸业有限公司	30	涂布白纸板
3	上栗县萍锋纸业有限公司	30	箱纸板、牛皮卡纸、瓦楞原纸、烟花鞭炮纸
4	上栗县富春江特种纸厂	30	引线砂纸、茶叶滤纸、果袋纸、淋膜纸
5	江西明盛实业有限公司	10	涂布白纸板
6	江西省新洪兴纸业有限公司	20	高档包装纸
7	江西八达纸业有限公司	10	茶纸板、箱纸板、纱管纸
8	江西富丰纸业有限公司	10	牛皮纸、涂布白纸板
9	江西泰丰纸业有限公司	10	牛皮纸、涂布白纸板
10	江西省永祥纸业有限公司	10	涂布白纸板
11	瑞昌市荣昌包装有限公司	10	包装纸
12	江西泽晖纸业有限公司	10	原纸及特种纸
13	乐平加金纸业有限责任公司	10	包装纸
14	于都县步兴纸品纸业有限公司	10	包装纸
15	峡江县富兴纸业有限公司	10	涂布白纸板
16	泰和县金丰实业有限公司	10	涂布白纸板
17	宜黄县星泰纸业有限公司	10	包装纸
18	广丰县华龙实业有限公司	10	箱纸板、瓦楞原纸

【基建与技改】

1. 江西理文造纸有限公司二期新建项目

江西理文造纸有限公司是由香港理文集团投资百亿元的造纸企业，是江西省最大的港资企业。该企业于 2010 年 9 月落户于江西瑞昌市码头工业城，占地面积 110 万米^2，是理文造纸企业在全球的第 7 个生产基地。该项目计划分三期建设年产 250 万吨高档包装纸和 30 万吨生活用纸，总投资 100 亿元，其中固定总资产投资 60 亿元。

该企业一期工程固定资产共投资 38 亿元，建设 3 条生产线，现已建成并投入生产，生产高档包装纸，年生产能力达 150 万吨，配套建设热电站、

10万吨水厂、8万吨废水处理站。生产线主体设备为维美德公司 OptiConcept M 纸机生产线，原料全部采用废纸浆。该生产线运行成本低、生产量高，纸机设计车速1200米/分，年生产能力30万吨。生产线包括工艺自动化、空气系统和复卷机在内的完整箱纸板生产线。一期工程已配套建成公用码头，大型废纸堆场、成品仓库、水厂、废水处理站等。二期固定资产投资16亿元，建设2条生产线，年生产能力100万吨，年产值40亿元，生产高档包装纸板。该生产线已完成桩基建设，按计划将于2016年年底前投产。该项目三期工程拟建5条年生产能力30万吨的生活用纸生产线，年产值18亿元。该项目完成后，预计可实现年产值118亿元，利税5亿元，可解决3000人就业。

截至2015年年底，江西理文造纸有限公司已完成投资37亿元，计划2016年完成投资16亿元，累计完成投资已达38亿元以上。

2. 江西晨鸣纸业有限责任公司二期新建项目

江西晨鸣纸业有限责任公司二期新建工程于2014年1月开工建设，已于2015年6月试运行，现已正式生产。该项目计划总投资20亿元，实际总投资为18.3亿元，其中建设投资约14.8亿元，流动资金约3亿元，项目建设期为18个月，年产35万吨高档食品包装纸板，采用商品漂白木浆及自制机械浆，引进国际先进水平的生产技术和装备生产，达产达标后，预计可实现销售收入18.58亿元，利税约2.15亿元，其中利润约1.6亿元。该项目建设地点为江西省南昌市经济技术开发区白水湖工业园晨鸣工业园内，项目占地面积56461.8米^2，项目总建筑面积42217.3米^2，其中制浆造纸联合厂房30525.3米^2，浆板仓库1836米^2，成品库9856米^2。浆料制备设备分别处理NBKP、LBKP、化学机械浆浆料，配套上浆系统、纸板机及完成设备等，最终形成年产35万吨高档食品包装纸板的生产能力。

3. 江西芦林纸业有限公司扩建项目

2012年下半年，广丰县芦林纸业有限公司年产70万吨高档纸板扩建项目获批。该项目于2014年4月开工建设，总投资16.4亿元，占地面积36万米^2，全部采用废纸原料生产高强瓦楞原纸和高档箱纸板产品。截至2015年底已完成投资8亿元，计划2016年再完成投资8.4亿元，项目达产达标后，年产值可达20亿元以上，实现利税2.5亿元，税金1.5亿元。该项目主要建设内容包括新建1条高强瓦楞原纸生产线，1条牛皮箱纸板生产线，1座给水处理站，1座废水处理站，锅炉及2×12兆瓦汽轮发电机能力的自备动力车间、仓库、附属用房及环保设施等。目前已完成12000米^{2}成品库及2个造纸车间的土建工程，预计2016年底前完成设备安装并开始调试生产。

4. 赣州华劲纸业有限公司

赣州华劲纸业有限公司充分利用当地周边南康市家具工业园内的廉价家具木材剩余物原料自制浆，降低了生产成本，同时利用杂竹植物纤维原料，增加了企业效益。公司决定建设生活用纸扩建工程，2016年初已投资购买5台幅宽3900毫米的生活用纸机。这些纸机单机产能为1.8万吨/年，主体设备4月到货，预计2016年下半年可完成设备安装和土建工程，并开始试运行生产。为满足现有抄纸产能及新增生活用纸生产线产能的需要，改变制浆产能与抄纸产能不匹配的现状，2015年12月9日开始，赣州华劲纸业有限公司5号蒸煮锅进入试生产阶段，投入使用后，公司制浆能力可提高20%以上，且有利于对蒸煮工艺的优化调整，有利于优化竹木原料的配合使用，进一步降低原料成本。

5. 广丰县双鼎纸业有限公司年产15万吨纸制品项目开工建设

广丰县双鼎纸业有限公司拥有1条年产2万吨的瓦楞原纸生产线。新建项目总投资2亿元，占地面积6万米^2，计划新建年产15万吨纸制品生产线，该项目全部达产达标后可实现产值5亿元，税收达3000多万元。

6. 亿发包装(南昌)有限公司新建项目

该新建项目总投资为15亿元，计划年产纸尿裤3.2亿片，年产湿巾1.2亿片，项目一期工程于2013年8月开工建设，计划2015年3月竣工。但现实际工程进度为设备采购安装阶段，截至2015年年底已完成投资8亿元，现累计投资8.7亿元，预计全部项目完工并达产达标后主营业务收入达8亿元，利税4000万元。

7. 江西映山红纸业有限公司新建项目

该新建项目计划于2014年3月开工建设，2016年年底完工，现已开工建设土建工程。该项目为年产10万吨薄型纸，总投资为12亿元，截至2015年底已完成投资2亿元，预计全部项目完工并达产达标后主营业务收入达10亿元，利税达1亿元。

8. 江西富安纸业有限公司计划新开工项目

江西富安纸业有限公司年产20万吨涂布白纸板项目计划于2015年6月开工建设，2017年6月竣工，项目总投资15亿元，达产达标后主营收入预计达15亿元，利税2亿元。但由于资金问题等原因目前暂未开工建设。

9. 峡江县金威纸业有限公司计划新开工项目

峡江县金威纸业有限公司年产10万吨涂布白纸板项目计划2015年开工建设，2017年6月竣工，项目总投资10亿元，达产达标后主营收入预计达10亿元，利税达1400万元，该项目暂未开始动工建设。

10. 浙江雨兰建材有限公司年产300万卷壁纸生产线项目

由浙江雨兰建材有限公司投资2亿元新建的壁纸生产线项目占地面积4万米^2，于2014年底开工建设，2015年底进入试运行阶段。项目达标达产后，年产壁纸300万卷，年产值达3亿元以上，年可上交税收达600万元以上。

11. 浙江五星纸业有限公司年产110万吨特种纸项目

由浙江五星纸业有限公司投资建设的年产110万吨特种纸新建项目总投资60亿元，分二期建设，建设周期为2014年12月至2016年6月。一期建设年产40万吨特种纸和年产20万吨机械磨木浆，于2014年底开工建设；二期建设年产70万吨特种纸项目。

【科技与进步】

由江西省轻工业研究所与江西弘泰纸业有限公司共同研制与开发的载带用纸板研究与开发项目通过了江西省工业和信息化委员会组织的省级鉴定，该特种纸产品填补了国内空白，技术国内领先，产品主要供电子信息行业使用，该产品已获“2016年度江西省优秀新产品一等奖”。

【发展中存在的问题】

江西省造纸行业“十二五”期间获得了稳步发展，但整体发展缓慢，特别是与东部发达省份相比差距较大，其主要原因是政府管理部门担心发展造纸产业后会对现有的自然生态环境产生不良影响，造纸行业没有列入工业优先发展行业，影响了行业的发展。除此之外，江西省造纸行业的发展中还存在以下主要问题。

1. 小型企业多，市场竞争能力差，环保压力大

据初步调查，江西省规模以下的小型企业有50家左右，造纸年产能1万吨及以下的造纸企业有47家，均是采用废纸原料，生产低档瓦楞原纸、鞭炮纸、低档涂布白纸板、箱纸板、纱管纸、卫生纸等产品，市场竞争能力差，环保压力大，效益不好，设备落后，缺乏造纸及相关技术人员，无专职检化验人员，管理落后。

2. 产品结构不合理，高档产品少，中低档产品多

江西省造纸企业生产的机制纸和纸板产品中，高档产品数量少，中低档品种数量多，普通产品纸种数量占绝大多数，产品结构不合理。

3. 丰富的植物纤维原料及木材加工剩余物原料未得到充分利用

江西省森林资源覆盖率高，自然生态环境好，地表水资源多，植物纤维原料品种多且数量大，木竹植物纤维原料资源丰富，优越的生态条件及气候为植物的生长创造了条件，但竹木加工剩余物及多品种非木材纤维原料等宝贵资源均未得到充分利用，价格低廉的优质原生植物纤维原料是造纸行业潜在的待开发利用的宝贵资源。造成以上情况的主要原因是环保废水排放标准及制浆条件的限制，与江西省森林资源丰富及地表面水资源充足的现状有利于发展造纸行业的基础条件极不适应。

（雷建民）

云南省造纸工业

Paper Industry in Yunnan Province

【行业概况】

2015 年是“十二五”规划的收官之年，也是造纸行业深度调整的关键一年。面临着“国家经济增速趋缓、结构性和阶段性产能过剩、企业盈利空间收窄”等众多的挑战以及节能减排和环境治理等环保压力。2015 年云南省造纸行业总体保持平稳低速增长。随着国家“一带一路”战略的提出，云南省作为我国面向南亚、东南亚国家的辐射中心，不少造纸企业积极抓住时机，迎接纸业的新机遇与新挑战。

据云南省造纸行业协会统计，2015 年云南省制浆造纸企业 65 家，年销售收入 1000 万元以上的制浆造纸企业 51 家，其中，制浆企业 2 家，纸及纸板生产企业 49 家。纸浆年产能 30 万吨，纸及纸板年生产量 85 万吨，比 2014 年的 80 万吨增长 6.0%。主营业务收入 28.5 亿元，同比增长 3.2%。

【原料】

云南省是全国竹木资源最丰富、造纸原料最充足的地区之一。2015 年全省林业用地面积 2500 万公顷，森林覆盖率为 55.7%，森林蓄积量为 17.68 亿米^3，其中，商品林面积 1250.0 万公顷，竹子种植面积 38.0 万公顷，甘蔗种植面积 33.3 万公顷。

从原料林基地建设来看，云南云景林纸股份有限公司是西南地区最大的制浆造纸企业，也是云南省唯一一家配套有原料林基地的企业。2015 年新增造林面积 1260 公顷，采供纤维原料 93.13 万米^3（自供率 70% 以上）。截至 2015 年，云南云景林纸股份有限公司累计造林 77663 公顷，其中，思茅松 35651 公顷、桉树 40532 公顷、竹子 729 公顷。2016 年计划新增造林面积 333 公顷。

【生产企业】

云南省造纸企业的产品主要以纸浆、包装纸、生活用纸、特种纸为主。据初步统计，云南省生产纸浆的企业有 2 家，包装纸（箱纸板、瓦楞原纸）企业 49 家，生活用纸生产企业 12 家（不包括后加工），特种纸企业 2 家（云南红塔蓝鹰纸业有限公司和云南省玉溪市华宁昊兴纸业有限公司），文化用纸企业目前全部关停。2015 年云南省主要制浆造纸企业情况见表 1。

表 1　2015 年云南省主要制浆造纸企业情况

序号	企业名称	生产能力/（万吨/年）	产品种类
1	云南云景林纸股份有限公司	25 3	纸浆 生活用纸
2	云南临沧南华纸业有限公司	10	纸浆
3	云南东晟纸业有限公司	30	瓦楞原纸
4	云南建水春秋纸业有限公司	10	瓦楞原纸
5	云南宜良红星兄弟纸业有限公司	5	瓦楞原纸、箱纸板
6	云南宜良创宇有限公司	5	瓦楞原纸
7	富民宝地纸业有限公司	5	瓦楞原纸、箱纸板
8	大理盛泰纸业有限公司	5	瓦楞原纸

续表

序号	企业名称	生产能力/(万吨/年)	产品种类
9	禄丰县永兴纸业有限公司	5	瓦楞原纸
10	云南易门科发纸业有限公司	5	瓦楞原纸
11	云南江川恒昌纸业有限公司	3	瓦楞原纸、箱纸板
12	云南华宁裕丰纸业有限公司	3	瓦楞原纸、箱纸板
13	云南红塔蓝鹰纸业有限公司	3	卷烟纸
14	云南省玉溪市华宁昊兴纸业有限公司	0.4	铝箔衬纸
15	云南通海汉光纸业有限公司	2	生活用纸
16	云南新平南恩糖纸有限责任公司	2	生活用纸

云南省造纸企业主要分布在昆明、玉溪、红河、楚雄、普洱、临沧6个州市。其中以普洱、昆明和玉溪为主，产品主要以木浆、包装纸和生活用纸为主。由于受市场、交通、原料等因素的影响，企业分布不均，滇中地区成为云南省纸制品业较发达地带，滇南、滇西地区在木竹(甘蔗)资源的优势下，成为云南省主要的纸浆供应区。

云南省主要造纸企业介绍如下：

1. 云南云景林纸股份有限公司

云南云景林纸股份有限公司(简称“云景林纸”)是云南省投资控股集团有限公司的控股公司；是云南省首次利用亚洲开发银行贷款，以当地森林资源开发及木材永续利用、振兴边疆少数民族地方经济为目的，按照林纸结合模式兴建的国内首批林浆纸一体化企业；是云南省林业、农业龙头企业和首批循环经济试点企业、重点培育上市企业和首家森林碳汇交易企业，通过了“三标一体化”管理体系认证、森林认证，建成了中国林科院和国家林业局林业试验示范基地、云南省林浆纸工程技术研究中心和省级企业技术中心，被认定为高新技术企业和创新型企业，是全国人工林可持续经营首批6家试点企业之一；获得了“中国林业产业突出贡献奖特别奖”“全国安全文化建设示范企业”“全国清洁生产示范企业”“首届省政府质量奖”等荣誉；“三针”牌纸浆和“三针”商标被评为云南省“名牌产品”和“中国驰名商标”。

云景林纸主要技术和装备从美国、加拿大、芬兰、瑞典等国家引进，整体处于国内领先水平。现有员工1400多人，拥有2条制浆生产线、1条高档生活用纸生产线、1座9万吨煤矿和7.8万公顷原料林基地。目前，纸浆生产能力25万吨/年、生活用纸生产能力3万吨/年，产值10亿元左右，上缴税费2亿元，是我国西南地区最大的商品木浆生产企业。

2015年纸浆生产量23万吨，生活用纸生产量2.1万吨，造林1260公顷，销售纸浆19万吨，销售生活用纸2.1万吨，营业总收入8.65亿元；完成投资1.19亿元，融资24.05亿元。2016年主要生产经营目标：新增造林面积333公顷；采供纤维原料103万米^3；生产纸浆24万吨，生活用纸2.3万吨。

2. 云南红塔蓝鹰纸业有限公司

云南红塔蓝鹰纸业有限公司(简称“红塔蓝鹰”)是云南省第1家集卷烟纸生产、销售、研发为一体的国家高新技术企业。目前，红塔蓝鹰拥有由法国引进的2条高档卷烟纸生产线及1台特型压纹纸生产线，进口美国霍尼维尔、德国ABB、意大利IMS等公司仪器设备用于产品生产过程和质量控制。年生产能力达到2.4万吨，主营产品包括A级卷烟盘纸、嘴棒成形纸。

2015年9月，德国格拉茨金融公司将25.1%的股权全部转让给广东省金叶科技开发有限公司，公司性质由中外合资企业变为国有控股，注册资金为23455万元。截至2015年年底，共生产各类卷烟纸17374吨，销售各种卷烟纸16953吨。全年销售收入完成32904万元，实现利润总额4556万元。

【基建与技改】

2015年，随着环保政策趋严，淘汰落后产能力度加大，云南省部分小型企业由于在技术、规模、成本、资金和环保等方面处于劣势，处境较为艰难，减产、停产甚至关停的现象较为普遍。同时，部分规模企业则在市场洗牌阶段牢牢把握时机，新建项目，扩大市场份额。

(1)2015年云南东晟纸业有限公司落户宜良县工业园区箱纸板包装片区，该公司主要经营高档包装纸，占地面积13公顷，仓库面积9000米^2，计划分三期建设3条生产线，一期建设1条年产10万吨瓦楞原纸生产线，于2015年10月试车投产；三期设计产能共30万吨/年瓦楞原纸、箱纸板。其建设内容包括制浆车间、造纸车间、锅炉房、成品库、料场、废水处理站、自备发电机组、集中供热系统及配套的生活办公设施，配置3台4800长网多缸瓦楞原纸机生产线。首期项目已建成，现有2台长网多缸瓦楞原纸机已投入生产，后期项目正在建设中，预计2017年全部建成。

(2)2015年保山鑫盛泰纸业有限公司年产30万吨包装纸项目建设进展顺利，项目对原保山市造纸厂进行改造，利用现有土地、部分厂房和设备及保山市周边的废纸资源建设年产30万吨包装纸项目。项目新建生产厂房、成品仓库、原料仓库；新建1台35吨/时燃煤锅炉和脱硫、脱硝系统；新建废水处理站、纤维分离、废塑料回收设施等；生活设施、供水、供电、供热系统利用原有设施。目前已完成厂房、主体车间、配套设施的建设。该项目预计投资3.5亿元。建成后将是云南省内颇具规模的包装纸生产企业之一。

(3)云南云泓纸业有限公司年产25万吨包装纸和5万吨防潮纸项目于2015年12月在云南省武定县禄金工业园区开工建设，占地面积14公顷，预计投资4.4亿元。计划分三期建设3条生产线，一期建设1条15万吨/年高强瓦楞原纸生产线，将于2016年12月试车投产；三期设计产能共25万吨/年瓦楞原纸和5万吨/年防潮纸。其建设内容包括制浆车间、造纸车间、锅炉房、成品库、料场、废水处理站、供热系统及配套的生活办公设施。主要引进维美德、福伊特、亚赛利、西尔伍德、凯登等公司的国际先进制浆造纸技术工艺及装备，配套全自动化DCS、QCS控制系统，整体装备水平处于国内先进水平，废水处理采用华章科技控股有限公司的先进工艺及设备，废水处理后大部分回收利用，排放的废水达到国家标准。

【科研与技术进步】

云南云景林纸股份有限公司拥有完备的营林造林和制浆技术研发体系，建成了省级企业技术中心、省级林浆纸工程技术研究中心、云南省林浆纸产品质量控制和技术评价实验室和云南省最大的工厂化种苗培育基地、组培工厂及思茅松种子园。公司还联合省内林业龙头企业、高校、科研单位成立了云南省林产业技术创新战略联盟，并被列为云南省第四批技术创新战略试点联盟。截至2015年12月31日，公司试验场地面积133500米^2(包括良种选育基地、中心化验室等)，研发人员255人，其中高级工程师8人，工程师211人。公司研发人员承担了20余项国家、省、市及公司重大科研项目。

云南红塔蓝鹰纸业有限公司2015年进一步加强了技术中心队伍的建设，有力地保障了公司产品研发、技术服务等工作的顺利进行。技术人员本着“精耕细作”的科研技术观念，完成了离子色谱仪引进工作，并投入正常使用；完成了气相色谱烟碱、水分检测模块安装使用；技术中心通过大量的实验和评测，逐步找到了有效的解决方案，成功开发了强包灰卷烟纸，效果非常理想并获得了客户的认可。2015年，公司获得了多项财政资金支持，已具备了使用天然色素自主调色生产各类彩色纸的能力。成立“云南省卷烟纸工程技术研究中心”，通过“云南省卷烟纸工业产品质量和技术评价实验室”平台建设项目立项。自主开发的“盘纸打码软件系统”获得国家版权局软件著作权登记授权，并以此为基础申请云南省工业和信息化委员会“工业人才队伍建设(培训类)”项目获得立项通过。

【环境保护与节能】

2015年是环保政策年，各项环境保护和节能减排政策密集出台，管理和执法更加严格，云南省制浆造纸生产企业努力提质增效、挖潜降耗、积极推进各项环保工作。

云南云景林纸股份有限公司重点开展臭气治理、锅炉烟气脱硫除尘改造、废渣堆场隐患治理等工作。2015年累计投入污染治理费用1.69亿元，全年缴纳排污费约170万元。

在节能减排方面，2015年云南云景林纸股份有限公司全力推进能源管理体系建设，全年累计使用生物质燃料8.2万吨，替代原煤4万吨；通过外电直购和错峰用电节约电费255万元；以能源合同管理模式引入投资者开展节能降耗工作，完成循环水节能改造和抄浆蒸汽冷凝水回收改造，总节电率达38.7%；引入合作方出资利用副产品盐酸生产高效净水剂，降低盐酸处理费用和净水剂采购成本。

在污染源监控方面，云南云景林纸股份有限公司采用自动监控与手工监测相结合方式，按时组织开展废水COD_{Cr}、BOD_5、SS、pH值、氨氮、流量、总磷、总氮和烟气流速、SO_2、NO_x、烟尘、O_3、温度、厂界噪声14项指标的自行监测和信息公开工作，自行监测完成率100%，公布率100%。

【发展目标】

云南省以建设成为全国重要的林纸基地为目标，积极改造中低产林地，大力发展以思茅松、桉树为主要树种的纸浆原料基地林建设。坚持以木材纤维为主，以竹、麻、蔗渣等非木材纤维为辅的原料供给模式，加快构建具有云南特色的林(竹)浆纸一体化产业新格局，成为全国重要的林纸基地。

云南云景林纸股份有限公司计划到“十三五”末，发展成为云南省林产业中拥有林地、林木资源最多，产值最大，林下经济建设最具示范带动作用，并同时拥有纸浆、纸、林板、林化及林下经济、林业服务、林业科技研究等多元业务的绿色、低碳、可持续的综合性现代林产集团。实现总资产50亿元，营业收入25亿元，利润2亿元，发展成为云南省林产业的一面旗帜。

2016年是“十三五”规划开局之年，也是云南省造纸工业实现产业升级的关键时期。云南省造纸行业一直以来存在产品结构不合理、产品档次低、污染防治投入低、技术创新能力不强、企业负债沉重、融资困难等一系列问题，各企业在关注投资发展、环境保护、节能减排、淘汰落后产能及税收等相关的政策变化之外，应紧跟当代造纸工业最新发展动态和发展趋势，重点从资源、环境、创新3个方面着手。

1. 把握政策，发挥地区及资源优势

云南省地处我国西南边陲，处在中国、东南亚、南亚的结合部，与东南亚地区的缅甸、老挝、越南3个国家接壤，边境线长达4060千米。随着人民生活质量的提高和电子商务的迅速发展，云南省造纸企业应紧跟国家“一带一路”和“互联网+”的战略步伐，充分发挥云南省资源优势，实现云南省造纸产业的转型升级，开拓境外市场。

2. 坚持走绿色发展道路

随着新环保法的颁布，相关配套政策的陆续出台，未来我国将进一步加大对环境污染的治理力度，并逐步完善和规范节能减排行业的发展，宽松的环保执法时代已经“一去不复返”，环保成为造纸企业转型升级的硬性指标之一。云南省造纸企业必须坚持走绿色发展道路，自觉加强环保意识，重视并加大环保投入，从源头做好节能减排工作。

3. 不断加强创新意识，提升企业核心竞争力

一是依靠技术进步，坚持用更新技术改造传统产业，打造技术、装备新优势；二是大力发展新技术、开发新产品。云南省在充分发挥地域优势，提高产品质量的情况下，还应注意产业链的延伸，努力实现纸和纸板从原料属性向终端产品的转变，注重单纯生产型向生产服务型的转变，以赢得更大发展空间。

（董璐佳）

陕西省造纸工业

Paper Industry in Shaanxi Province

【行业概况】

2015年陕西省规模以上造纸及纸制品企业29家，比2014年减少6家，从业人员8370人。机制纸及纸板生产量84.60万吨，纸制品生产量30.50万吨，实现销售收入44.70亿元，利税1.68亿元。

陕西省造纸企业主要分布在关中地区的宝鸡、咸阳、西安、渭南4个地市。陕西省造纸产品主要为三大类：第一类是包装箱纸板和瓦楞原纸，主要生产企业有陕西圣龙纸业有限责任公司、陕西武功东方纸业集团有限公司、陕西法门寺纸业有限责任公司、岐山县圣龙箱板纸有限责任公司等；第二类是生活用纸，主要生产企业有陕西欣雅纸业有限公司、陕西法门寺纸业有限责任公司、西安蔡伦纸业有限责任公司等；第三类是特种纸，主要有育果袋纸、特种引线卷筒纸、覆铜板纸、热压垫板纸、湿法骨材无纺布(高透纸)、无菌防油纸、胶带原纸、银行专用扎钞纸等，主要生产企业有宝鸡科达特种纸业有限责任公司、蒲城康钰纸业有限公司等。

【原料】

陕西省造纸企业按原料结构主要分为三类：第一类为以麦草化学浆和少量商品浆为原料生产文化用纸和生活用纸的企业，共计2家，年生产能力达27万吨，其中，麦草原料占62%左右；第二类为以废纸为原料生产纸板的企业，共计21家，年生产能力65万吨；第三类为以废纸和商品浆为主要原料生产文化用纸、生活用纸和特种纸的企业，共计6家，年生产能力9.5万吨。

陕西省造纸原料中废纸浆占主导地位，在造纸原料中占72.3%，全部来自国内收购的废纸；化学草浆占16.5%，企业自制；特种纸和少量生活用纸用商品浆占11.2%，主要为进口商品木浆。

【生产企业】

1. 2015年区域生产量分布情况

宝鸡市机制纸及纸板生产量41.20万吨，占全省机制纸及纸板生产量的48.7%；渭南市20.70万吨，占24.5%；咸阳市12.60万吨，占14.9%；西安市8.20万吨，占9.7%；安康市0.62万吨，占0.7%；汉中市1.20万吨，占全省机制纸及纸板总生产量的1.4%。

2. 2015年陕西省机制纸及纸板生产量前10名的造纸企业

2015年陕西省机制纸及纸板生产量前10名的造纸企业见表1。这10家造纸企业合计生产量68.6万吨，占全省机制纸及纸板总生产量的81.1%。陕西省主要生产企业有陕西法门寺纸业有限责任公司、陕西圣龙纸业有限责任公司、陕西欣雅纸业有限公司、蒲城县永丰利亚造纸有限责任公司等，并形成了蒲城造纸工业园和武功东方工业园2个产业集群，具有一定的市场竞争能力和发展后劲，为陕西省造纸工业今后的发展奠定了一定的基础。在全国造纸行业大环境下，陕西省部分造纸企业由于受到开工率不足或搬迁项目的影响，实际生产量与生产能力间差距较大。

表1　2015年陕西省机制纸及纸板生产量前10名的造纸企业　单位：万吨

序号	企业名称	生产量
1	陕西法门寺纸业有限责任公司	14.5
2	陕西圣龙纸业有限责任公司	12.0
3	蒲城东兴纸业有限公司	8.2
4	陕西欣雅纸业有限公司	7.0
5	西安渭丰纸业有限公司	6.2
6	宝鸡科达特种纸业有限责任公司	5.5
7	蒲城县永丰利亚造纸有限责任公司	5.4
8	岐山县圣龙箱板纸有限责任公司	5.0
9	咸阳华西纸业有限公司	4.8
10	宝鸡市凤翔县万力纸业有限公司	4.3

(1)陕西法门寺纸业有限责任公司　陕西法门寺纸业有限责任公司是由原陕西省扶风造纸厂改制而成的股份制企业。企业现有3家分厂，27条生产线，年生产能力18万吨，年产值5亿元。主要产品有书写纸、胶印书刊纸、生活用纸和瓦楞原纸四大系列40多个品种。2013年3月新建1台4600毫米长网多缸纸板机用于生产高强瓦楞原纸，已于2014年9月正式投产运行。

(2)陕西圣龙纸业有限责任公司　陕西圣龙纸业有限责任公司现拥有资产总额5亿元，以废瓦楞纸箱为原料，生产纱管纸和瓦楞原纸，年生产能力18万吨。公司现有3条造纸生产线，包括1条年产10万吨4400毫米长网多缸纸机生产线，1条年产5万吨2820毫米四叠网多缸纸机生产线。4500千瓦/时热电站及20000米^3/日废水处理站各1座。该公司是陕西省规模最大的造纸企业之一，属宝鸡市重点扶助发展企业。

(3)陕西欣雅纸业有限公司　陕西欣雅纸业有限公司(原陕西兴包企业集团有限责任公司)是民营股份制企业，主要生产中高档生活用纸，年生产能力6.5万吨。企业占地面积33.33余公顷，现有资产4.6亿元，员工1500多人。其主导产品“欣雅”“欣家”牌生活用纸被陕西省评为“陕西省名牌产品”和“陕西省著名商标”，2009年入选为“陕商绿色环保行业十大重点推广品牌”，公司2007年被评为“陕西省优秀民营企业”“陕西省农业产业化重点龙头企业”，公司通过了清洁生产认证、ISO 14001:2004环境体系认证、ISO 9001:2008质量体系认证。

(4)陕西蔡伦纸业有限公司　陕西蔡伦纸业有限公司始建于1992年，是民营企业，占地面积46.67多公顷，拥有员工2500多人，技术人员110多名，公司总生产能力21.6万吨/年。其中，以废纸为原料生产高强瓦楞原纸、涂布白纸板、挂面箱纸板等年生产能力18万吨；以漂白麦草浆和木浆配抄生产生活用纸，年生产能力3.6万吨；拥有各类中低速纸机20多台套。公司还拥有发电能力为36兆瓦的自备热电站，制浆黑液碱回收系统、废水处理厂等。目前该公司在渭南市大荔县建设年产30万吨浆纸工程项目，计划于2016年年底投产。

(5)陕西东方纸业集团有限公司　陕西东方纸业集团有限公司是民营股份制企业，也是咸阳市造纸行业的骨干企业，现有员工1100多人，其中，专业技术人员50人，固定资产5000多万元，占地面积8公顷。公司原有造纸生产线40余条，主要生产文化用纸。由于生产设备简陋，属于国家列入淘汰目录的落后产能，企业于2014年全部淘汰了这些落后造纸生产线，投资建设了年产10万吨高强瓦楞原纸生产线，该项目已于2014年12月竣工，2015年6月投产运行，配套的废水处理系统也同期达标运行。

(6)宝鸡科达特种纸业有限责任公司　宝鸡科达特种纸业有限责任公司创建于1991年，是集科研、生产于一体的股份制高新技术企业。公司占地面积10万米^2，拥有员工1082名。固定资产2.3亿元，年生产能力5万吨，工业总产值3亿元。公司主要产品有：特种引线卷筒纸、纺织用纸线原纸、覆铜板纸、热压垫板纸、湿强覆铜板原纸、湿法骨材无纺布(高透纸)、无菌防油纸、胶带原纸、半透明纸、高档双光育果袋纸、薄页纸、单双拷贝纸、银行专用扎钞纸、色原纸、高档包装纸等30多个品种，产品远销20多个省市。产品获得“中国绿色环保产品”，企业获得“国家AAA重质量守信誉单位”“全国市场质量合格诚信经营示范单位”，公司已通过ISO 9001:2000质量管理体系认证，14000环境管理体系认证。2012年顺利通过了陕西省环保厅的清洁生产审核。

【基建与技改】

陕西法门寺纸业有限责任公司于2015年2月投资建设2条年产2万吨的废纸脱墨生产线，1条日产60吨漂白脱墨浆生产线用于生产生活用纸和1条日产60吨漂白脱墨浆生产线用于生产文化用纸，该项目已于2015年9月竣工，2015年10月投产运行。

西安渭丰纸业有限公司2014年11月新建1条年产8万吨高强瓦楞原纸生产线，包括废纸制浆生产线和1台4200毫米长网多缸纸板机生产线，项目于2015年7月投产运行。

陕西蔡伦纸业有限公司整体搬迁渭南市大荔县开发区。公司30万吨/年制浆造纸工程项目正在进行中，目前该项目的主体工程已经完工，正在进行后期的道路、绿化和整理工作，公司计划于2016年9月投入试生产。该项目包括10万吨/年以自制漂白麦草浆为主、辅以漂白针叶木浆的生活用纸生产线，20万吨/年以回收废纸为原料的高强瓦楞原纸生产线，配套建设9.8万吨/年制浆车间、动力车间(35千伏总降压站)，1×15兆瓦自备热电站，废水处理厂、热电厂锅炉烟气处理等环保工程。

【科研与技术进步】

陕西省造纸学会挂靠单位陕西科技大学轻工科学与工程学院，2015 年获得各级各类项目共计 43 项，其中，国家自然科学基金项目 1 项，部级科研项目 12 项，厅局级科研项目 12 项，横向科研项目 18 项。全年到位科研经费 365 万元。2015 年，轻工科学与工程学院发表科研论文共计 120 余篇，其中 SCI、EI 收录 24 篇，获发明专利 38 项，实用新型专利 47 项。

张美云教授主持的“基于高性能微晶纤维素制备的麦草高值利用技术与应用”获 2015 年陕西省科学技术奖二等奖，张安龙教授主持的“高效厌氧好氧二级生化加芬顿氧化技术用于有机废水处理的技术推广”获 2015 年陕西省科学技术奖二等奖，张安龙教授主持的“高速厌氧反应器结合改良氧化沟技术处理有机工业废水研发及推广”获 2015 年中国轻工业联合会科学技术进步奖二等奖。

【环境保护与节能】

陕西省政府颁布的地方环保标准《DB 61/224—2011 黄河流域（陕西段）污水综合排放标准》要求造纸行业废水排放的 COD_{Cr} 浓度要达到 50 毫克/升以下。该标准于 2012 年 7 月 1 日起开始执行，已经执行了 3 年。全省所有造纸企业陆续按照环保厅的要求，建设废水深度处理设施，安装了在线监控装置并与环保部门联网，实现了造纸废水排放的实时监控。

1. 化学制浆企业

为了进一步贯彻新环保法和陕西省渭河流域环保行动计划，陕西省环保部门对现有化学制浆企业进行了更加严格的环保监管。陕西法门寺纸业有限责任公司的化学制浆只有年产 3.4 万吨的规模，由于规模和效益问题，以及日益严格的环保压力，陕西法门寺纸业有限责任公司于 2015 年 12 月关闭了麦草化学制浆生产线，改为以废纸和商品浆为生产原料。现有的 2 家化学制浆企业，其中，陕西蔡伦纸业有限公司搬迁项目正在进行中，只有陕西欣雅纸业有限公司的碱回收系统正常运行，中段废水达标运行的情况下，都已建成并运行了废水深度处理设施。

2. 半化学制浆企业

现有 2 家半化学制浆企业，按照陕西省环保厅的要求，在 2015 年年底前关闭了半化学制浆生产线，改为利用废纸和商品浆原料进行生产。废水处理系统增加了厌氧处理系统和深度处理系统。

3. 废纸制浆企业

部分利用废纸无脱墨生产瓦楞原纸的造纸企业已经达到了水的封闭循环利用，生产过程中无废水排放，实现了清洁生产；其余的企业也都实现了达标排放。利用废纸脱墨生产文化用纸及生活用纸的企业，废水经二级生化处理后，也增加了深度处理设施，实现了达标排放。

【发展目标】

根据陕西省目前和未来造纸企业通过环评的建设项目和发展规划，在未来 3 年内，陕西省计划新增造纸产能 60 万吨，加上现有的 100 万吨产能，未来 5 年内，陕西省制浆造纸总产能将达到 160 万吨。

（张安龙）

山西省造纸工业

Paper Industry in Shanxi Province

【行业概况】

山西省造纸工业以小规模企业为主，只有1家中型企业。2015年，山西省造纸行业规模以上企业20家，从业人数约8000人。机制纸及纸板生产能力150万吨，受市场产能过剩和企业排污等因素影响，实际生产量约75万吨，其中瓦楞原纸、箱纸板30万吨，石膏板护面纸板30万吨，防火阻燃类纸板10万吨，生活用纸3万吨，另外有少量的新闻纸、炸药包装原纸、文化用纸、热敏特种纸。完成工业总产值35亿元，实现销售收入约30亿元，利税总额约8300万元，实现利润约3000万元，与2014年相比，各项指标均有所下滑。

截至2015年年底造纸企业有72家，大部分是小型民营企业。受市场下行压力的影响，企业融资难问题较为突出，有1家中型企业因担保问题受到其他企业破产牵连，资金链断裂导致停产。有20余家中小企业由于环保不达标或者资金紧张处于半停产状态。从发展趋势和环境保护治理上分析，今后还有部分企业被淘汰，产能会逐步集中，达到造纸行业产业政策要求。

从原料情况看，麦草等农作物秸秆可收购量呈下降趋势，企业的产品结构有所调整。商品纸浆和废纸用量继续增加。从产品档次上看，纸板类产品档次逐步提升，多数企业产品等级达到B级或B级以上。使用麦草制浆的运城市4家企业，在废水处理过程中生产部分木质素磺酸盐，一方面使环保要求达标排放，另一方面提高了企业的经济效益。

【原料】

2015年，山西省造纸工业使用的原料仍以废纸为主，麦草、棉秆、商品浆等占一定比例，个别企业使用废旧纺织物、灌木、枝桠材及矿物纤维为原料。废纸占原料比例82%左右，其中进口废纸占20%左右，当地收购废纸占80%。商品浆占原料比例7%左右，麦草占原料比例4%左右，其他种类原料占7%。自制漂白化学麦草浆企业有4家，集中在晋南地区，汽爆制浆企业有2家均在吕梁市。麦草、谷草等秸秆资源收购价格一直在上升，麦草浆生产量和比例呈下降趋势。

【生产企业】

山西省造纸企业主要分布在运城、太原、晋中、吕梁、长治、临汾。

1. 山西强伟纸业有限公司

山西强伟纸业有限公司是晋中市寿阳县“十二五”期间实现经济转型的重点企业，于2009年7月入驻寿阳县工业园区，年产30万吨石膏板护面纸，生产量占全国同类产品生产量的40%，全国排名第一位，从设计到设备和工艺流程在节能减排上实现了创新和突破。

2. 太原吉兴造纸厂

太原吉兴造纸厂是民营股份制企业，位于晋源区。主要产品为高强瓦楞原纸和箱纸板，年生产能力10.5万吨，2015年实际生产量为5万吨。主要原料为国产废纸。企业配备完整的废水物化、生化处理系统。

3. 太原玉盛源能源发展有限公司

太原玉盛源能源发展有限公司位于清徐县，是民营股份制企业。企业与有关科研单位合作，利用矿渣生产矿物纤维、软化矿物纤维，再与废纸板纤维配抄生产防火纸板，是专业从事无机纤维及产品深加工的绿色环保能源型企业。主要产品为防火护面纸、防火板、贴纸饰面板、防火墙壁纸和防火毡等。产品防火性好，达到A1级标准，质量轻、板材耐老化、防霉、防菌、防虫和防白蚁等，纸板年生产能力20万吨，实际生产量10万吨。

4. 山西合盛工贸有限公司

山西合盛工贸有限公司是民营股份制福利企

业。产品种类有瓦楞原纸、卫生纸和木质素磺酸盐。瓦楞原纸年生产能力 10 万吨，卫生纸生产能力 2 万吨。主要原料为废纸、麦草和商品浆。漂白麦草浆采用亚硫酸钠法蒸煮工艺和多段漂白工艺生产。该企业自备热电联产发电厂，并配备完整的废水物化、生化处理系统。由于受到担保连带责任的影响，资金链断裂，企业处于停产状态。

5. 山西鸿昌农工贸科技有限公司

山西鸿昌农工贸科技有限公司是一家民营股份制企业。主要产品为卫生纸和木质素磺酸盐，卫生纸年生产能力 5 万吨，实际产量 2.1 万吨。主要原料为麦草和商品浆。漂白麦草浆采用亚硫酸钠法蒸煮工艺生产。配备完整的废水物化、生化处理系统。年产 10 万吨瓦楞原纸生产线设备安装到位，但一直处于停运状态。

6. 山西东方纸业有限公司

山西东方纸业有限公司是民营股份制企业，位于闻喜县。主要产品为新闻纸，年生产能力 2 万吨（部分设备报废、能力下降），实际年生产量 2 万吨。主要原料为废纸和商品浆。配备完整的废水处理系统。企业拥有自有速生杨树林基地。因资金等原因新建杨木机械浆生产线的计划一直未能实施，新建 5 万吨再生文化用纸项目还在筹备建设中。

7. 长治华南纸业有限公司

长治华南纸业有限公司是民营股份制企业，位于长治县。主要产品为瓦楞原纸和箱纸板，年生产能力 10 万吨，实际生产量 6.8 万吨。主要原料为废纸和商品纸浆。

8. 山西则天纸业有限公司

山西则天纸业有限公司是股份制企业，位于文水县。主要产品为瓦楞原纸，年生产能力 10 万吨，实际生产量 7.3 万吨。主要原料为麦草、谷草等秸秆采用汽爆制浆所得物理浆，另加部分废纸和商品浆。

2015 年山西造纸行业综合实力前十名企业有：山西强伟纸业有限公司、太原玉盛源能源发展有限公司、太原吉兴造纸厂、山西合盛工贸有限公司、山西则天纸业有限公司、长治华南纸业有限公司、山西东方纸业有限公司、山西林纸造纸有限公司、山西鸿昌农工贸科技有限公司、襄汾宏峰林纸有限公司。

【基建和技改】

（1）大同市恒洁卫生用品有限公司新建卫生纸生产线，当年累积完成投资 9600 万元，目前建成投产。

（2）长治市海晟印业有限公司有序推进高档彩印包装生产线项目的建设，当年完成投资 2200 万元。

（3）运城市闻喜县东方新闻纸业有限公司新建年产 10 万吨再生纸生产线技改项目，当年完成全部投资 1 亿元，目前已经建成投产。

（4）运城市盐湖区锋星木业有限公司新建年产 20 万米^3 贴面纸项目，当年累积完成投资 9300 万元，目前正在进行设备购置和安装。

（5）运城市临猗县力达纸业有限公司新建年产 2 万吨绿色环保本色高档生活用纸建设项目，当年完成投资 5820 万元，目前正在进行设备购置和安装。

【科研与技术进步】

（1）山西强伟纸业有限公司制浆系统设备和生产工艺技术全部从发达国家引进，电器及控制系统均选用先进的装备和技术。该企业是山西省造纸行业技术进步的示范企业。

（2）山西鸿昌农工贸科技有限公司与太原工业大学合作的制浆蒸煮黑液生产治理沙漠有机肥技术研究取得较好成绩，推广初步见到成效。

（3）太原玉盛源能源发展有限公司组织进行的矿物纤维软化技术研究、矿物纤维配抄阻燃纸板技术成果不断转入生产过程。

【环境保护与节能】

山西鸿昌农工贸科技有限公司、山西志峰农科贸有限公司、山西昌兴纸业有限公司蒸煮黑液生产木质素磺酸盐系统运行良好，经济技术指标均达到较好水平，减排效果明显，同时给企业带来可观的经济利益。近两年来淘汰落后产能、技术改造对环境保护和节能的贡献逐步释放出来。

【发展目标】

山西省造纸工业发展滞后，重点目标是调整产品结构、适应市场需求，提高经济效益。由于政府近几年来一直强调转变经济增长方式，山西省造纸行业应抓住机遇，一方面下决心淘汰落后产能，一般纸种的生产需进一步集中；另一方面，对特种纸的生产企业予以支持和鼓励。根据总体规划，山西省造纸行业将依托太原、晋中、运城的产业基础优势，培育以石膏板护面纸、特种工业用纸为主的特色造纸产业集群，推进以卫生纸、拷贝纸、高强瓦楞原纸为主的生活用纸、包装用纸造纸产业集群，构建高效、清洁、低碳、循环的绿色造纸体系。推广应用废料、废渣及无机矿物原料生产环保纸的成熟技术，鼓励造纸原料以废纸为主料，完善废纸回收市场体系，降低造纸企业原料成本，实现资源节约型、环境友好型、经济效益高的良性循环造纸产业链。发展薄页纸、生活用纸、包装装潢用纸和特种纸产品，鼓励造纸产品向低量化、高品质目标发展。

（高文珍）

上海市造纸工业

Paper Industry in Shanghai City

【行业概况】

2015 年是全面完成“十二五”规划的收官之年。上海市政府始终从国家大局出发谋划自身发展，坚持以改革创新统领全局，集中发展“四个中心”，重点发展服务业、金融业，按照社会主义现代化国际大都市的要求模式进行合理的布局，实施战略性的产业结构调整和城市功能转型。上海市政府在“关于制定上海市国民经济的社会发展第 13 个五年计划的建议”中特别强调：必须大力加强环境保护的生态建设。始终把生态环境作为城市发展不可逾越的底线和红线，决不以牺牲环境为代价求发展，用更高标准、更大力气、更严执法，加强环境建设和污染治理，遏制环境恶化势头，切实把科学发展落实到生态环境改善上。

造纸在上海市并不是一个被扶持的行业，曾经辉煌过的上海市造纸工业，近几年内几乎每年都有关、停、并、转现象发生。所以，上海市造纸产能逐年下降。

据上海市纸业行业协会统计，2015 年上海市机制纸及纸板生产量 70.05 万吨，比 2014 年的 85.44 万吨减少 15.39 万吨，同比减少 18.01%。2014—2015 年上海市造纸行业主要产品及生产量汇总见表 1。

表 1　2014—2015 年上海市造纸行业主要产品及生产量

产品名称	2014 年		2015 年		增减量/万吨	同比/%
	生产量/万吨	占总产品比例/%	生产量/万吨	占总产品比例/%		
新闻纸	11.81	13.82	3.57	5.10	-8.24	-69.77
瓦楞原纸和箱纸板	45.10	52.78	39.77	56.77	-5.33	-11.82
其中：高强瓦楞原纸和箱纸板	40.10	占本品种 88.91	39.77	占本品种 100	-0.33	-0.82
食品卡纸和白卡纸	11.50	13.46	11.10	15.84	-0.40	-3.48
生活用纸	14.82	17.34	13.84	19.76	-0.98	-6.61
其中：高档生活用纸	12.92	占本品种 87.18	12.12	占本品种 87.57	-0.80	-6.19
其他	2.21	2.59	1.77	2.53	-0.44	-19.91
合计	85.44	100	70.05	100	-15.39	-18.01

从表 1 可以看出，2015 年新闻纸生产量变化最大，2015 年只生产了 3.57 万吨，而 2014 年新闻纸生产量达到 11.81 万吨，总量减少 8.24 万吨。其主要原因是上海市最大的新闻纸生产企业上海股泰纸业有限公司在 2015 年 6 月正式停产。

【原料】

2015 年上海市造纸木浆用量 24.97 万吨，比 2014 年的 26.48 万吨减少 1.51 万吨，同比下降 5.70%。木浆占全部原料的 37.30%，比 2014 年的 31.70% 提高了 5.52 个百分点。废纸浆用量 41.12 万吨，比 2015 年的 56.20 万吨减少 15.08 万吨，同比下降 26.83%，废纸浆占全部纸浆用量的 61.42%，比 2015 年的 67.45% 下降 6.03 个百分点。其中，国内废纸占 51.83%，比 2014 年的 43.91% 提高了 7.92 个百分点。2015 年上海市造纸行业进口原料依存度为 59.34%，比 2014 年的 63.01% 下降 3.67 百分点。以上数据说明，2015 年上海市造纸行业产能变化较大，预计 2016 年还会有大的变化发生。

【生产企业】

1. 上海殷泰纸业有限公司

1998 年，由美国潜利工业有限公司与上海宝山石洞口经贸总公司共同投资新建专业生产新闻纸的企业，几年里多次更换企业名称，最终改为上海殷泰纸业有限公司。该企业建厂时即配备当时世界先进水平的造纸生产设备和技术，1 条专业生产高速彩印新闻纸生产线，年生产能力 14 万吨。公司在投产一年多的时间里先后荣获"先进技术企业""环保希望奖""上海百强企业"等称号。并通过了 ISO 9002 质量体系认证。先进的工艺、优质的产品，赢得了客户的青睐，用 100% 的废纸作生产原料，每年可保护 210 万棵 30 年树龄的砍伐。

近几年来，我国互联网和新媒体获得了蓬勃发展，对新闻纸的生产和消费产生了前所未有的冲击。互联网经济及新媒体的出现，对纸及纸板消费结构产生深远影响。特别对新闻纸来说走向萎缩已是不争的事实。上海殷泰纸业有限公司尽管借助各方力量支撑一段时间，但是，最终还是回天乏力，在 2015 年 6 月遭遇停产歇业。

2. 金奉源纸业(上海)有限公司

2004 年，由印尼金光集团(APP)和上海星火制浆造纸厂、开伦板纸总厂组建的合资企业，取名为金奉源纸业(上海)有限公司。改名后企业的产品结构进行了重大调整，由原来生产涂布白纸板转为生产高附加值的食品系列类涂布卡纸。

企业从芬兰 Tampella 公司引进 1 台纸机，在生产量和质量上都有很大的提高。其生产的液体无菌包装原纸、高松厚度防油食品卡纸等先后被国家知识产权局授权实用新型专利。近年来，为了适应市场的需求，公司适时进行了多次较大规模的技术改造，既迎合了造纸技术装备向大型、高速、节能、环保配置的特点，又满足了企业长远发展的要求。

金奉源纸业(上海)有限公司，是上海市"五星级诚信创建企业"，2015 年荣获"创新先锋，上海典范"荣誉称号。

3. 上海中隆纸业有限公司

由我国台湾地区最大的工业用纸及纸机制造集团——正隆股份有限公司投资的上海中隆纸业有限公司(简称"中隆纸业")，成立于 2002 年 10 月，是目前上海地区最大的生产高档箱纸板(牛皮卡纸)的我国台湾地区独资企业。2015 年中隆纸业生产量 42 万吨，占上海市造纸生产量的 59.95%。

中隆纸业主要装备全部引进世界先进设备，采用国际先进管理技术，推行企业发展规划(ERP)系统，不断研发创新，提升产品质量。中隆纸业是上海地区规模最大、废纸用量最多、生产量最高的造纸企业。中隆纸业在发展过程中不断提高自己的技术水平和管理水平，十分重视清洁生产，奉行环保作业守则，注重环保，积极推动工业减废，资源节流，中隆纸业始终履行其社会责任。公司运行 12 年内荣获了"节能减排奖""轻工业节能减排十佳金点子奖"等多项集体与个人荣誉。在上海市造纸业内率先获得 ISO 14001 及 OHSAS 18001 管理系统认证。

4. 上海东冠纸业有限公司

东冠集团旗下的上海东冠纸业有限公司是上海地区最大的生产生活用纸的现代化企业。近年来，上海东冠纸业有限公司发展迅猛，产品连续 9 年在上海市场排名第 1。

上海东冠纸业有限公司面对环境保护和资源不可再利用之间的矛盾，利用自己独特的造纸研发技术，经过多年的研发试验，终于突破了技术上的难题，推出了全新的"自由森林"环保生活用纸系列产品。产品以牛奶饮料包装纸盒为主要原料，生产过程中 100% 不含原生木纤维。面对造纸资源不足与之日益增长需求之间的矛盾，废纸的循环利用、非木材纤维的使用已成为造纸经济发展的重要资源，发展再生纸也已经成为上海东冠纸业有限公司刻不容缓的发展道路。

5. 上海嘉龙纸业有限公司

上海嘉龙纸业有限公司规模较小，但其作用不可小觑。公司始终把环保当作企业发展的方向，将资源利用和环境保护作为企业生存的根本。公司承担的上海市创新基金项目"废复合纸膜再生利用技术研究及产业化"，成功解决了铝塑复合纸包装材料的铝、塑、浆分离这一难题，被上海市立项为"上海市高新技术成果转化"项目。上海嘉龙纸业有限公司是上海保密废纸定点处理工厂，2015 年年初，公司又投入部分资金，准备研究制浆厂在制浆过程中产生的废渣的处理及回用。但是，2015 年 7 月，因上海市内工厂不允许燃烧小型锅炉而被关闭。

6. 上海新江南纸业有限公司

上海新江南纸业有限公司是一家专业生产涂布

加工纸的工厂。其主导产品有铜版纸、CCK 纸和邮票纸，是我国唯一生产邮票纸系列产品的定点企业。虽然企业规模不大，但产品的技术含量很高，产品都具有自主知识产权，被列为“上海市高新技术成果转化项目”“上海市名牌产品”。国内重大的、具有特别意义的特种邮票发行，都离不开上海新江南纸业有限公司提供的邮票纸。公司从生产出第一张邮票纸开始就不断利用新技术、新工艺开发新产品，用科学技术进步来推动企业可持续发展。

6. 上海金佰利纸业有限公司

上海金佰利纸业有限公司是美国金佰利集团在国内拥有的 4 家生产工厂之一。公司生产的“舒洁”“好奇”“高洁丝”等品牌生活用纸系列，已经成为国内知名品牌。

7. 其他造纸企业

上海乐凯纸业有限公司是中国乐凯胶片集团公司下属的分公司，主要生产系列影像用纸、涂塑纸基、特种高档工业用纸、铸涂相纸原纸、特级艺术卡纸、工业离型纸等特种高档工业用纸。2015 年因各种原因年生产量只达到 4800 吨。

长谊特种纸(上海)有限公司是第 1 家在上海市建立的专业生产立体彩纹纸、工业用纸等特种纸的台商独资企业。

骏源特种纸(上海)有限公司是继长谊特种纸(上海)有限公司后兴建的第 2 家专业生产特种纸的企业。

上海力德纸业有限公司是专业生产医用包装纸、氧化锌版纸的企业。

上海基隆腊光纸有限公司是专业生产各色蜡光纸的工厂，产品销往国内外市场。

以上这些造纸企业在造纸行业内规模都不大，但是，这些企业生产的产品都是属于特种纸系列。前几年经济效益都尚可，但是在 2015 年受到各种因素的干扰，大多数企业都受到了一些影响，个别企业开工不足销售不畅。

【基建与技改】

1. 上海中隆纸业有限公司

公司进行了 2 项技改项目：①优化磨浆流程。其目的是使底浆长纤维能全部经过磨浆机，提高耐破品质，降低干强剂用量。具体执行状况是：停用面浆系统流程中的 1 台 580 千瓦磨浆机；修改管道流程，减少 1 座浆池，停用了 90 千瓦与 37 千瓦电机；修改底浆 1 台磨浆机减速比，降低转速的同时降低了能耗；在抄造定量低于 140 克/米^2 的纸时停用 1 台底浆磨浆机，在抄造定量高于 140 克/米^2 的纸时底浆磨浆机负载由 700 千瓦改为 400 千瓦。②纸机 1P/2P 压力最适化调整节能项目。具体执行状况：1P/2P 靴压下辊使用福伊特公司特殊沟纹加盲孔及 G2000 包胶。纸张入烘缸的水分由原来的 47% 下降到 45%，节约了蒸汽用量。

2. 金奉源纸业(上海)有限公司

公司对纸机部分设备与流程又进行了更新与改造：①原纸机芯层气垫式流浆箱自 2003 年使用至今，因车速提高、产品更新，抄造出的产品存在横幅定量误差大的问题。公司在 2015 年 9 月投资 264 万元更新了 1 台新流浆箱，解决了前期存在的问题。②PDF 白水回用项目。改造前纸机网部高压喷淋水采用清水，造成清水水耗高。经过多次摸索，公司投资 80 多万元，在纸机白水系统中增加过滤器，经过滤后的白水用于纸机高压喷淋水，大大节约了清水用量。③芯层更新冲浆泵。原芯层冲浆泵使用了 14 年，虽然经过多次维修与零件更换，但是整体有不同程度的磨损，造成冲浆泵流量不稳、浆料泄漏严重，公司投入 30 万元更换新泵，更换后噪声减小、电流稳定、流量稳定，而且彻底解决了跑、冒、滴、漏现象。④上网浆池、BCTMP 搅拌器改造。原来生产量较低，采用的浆池搅拌在车速明显提高后，出现搅拌能力严重不够的问题，造成浆池内浆推力不足、浆料混合不均，造成浓度不稳定、纵向定量波动大。公司在 2015 年 9 月大修时投入 75 万元对 9 台搅拌器进行了更换，解决了生产上的问题。

【环境保护与节能】

1. 上海中隆纸业有限公司

上海中隆纸业有限公司是上海市造纸行业节能减排的先进单位。在建厂时公司选址浦东开发区，但是，随着上海整体的发展，现在中隆纸业周围都盖起了居民住宅，企业与居民的矛盾逐渐增加，而且上海市政府对企业的环保管理也越来越严格，2014 年公司投入 2000 万元开展“废气处理系统”项目，该系统投入后大幅度降低废气排放中的氮氧化物浓度。近几年中隆纸业在环保方面立项 5 个项目。①热电厂冷凝水槽顶部排向大气的废气之余热回收利用。在锅炉吹灰疏水时，冷凝水槽顶部通大气的排气口会冒很大的蒸汽。为了充分利用余热，将其排向大气的蒸汽引出，用以加热自来水，作为洗澡用水，每天有 60 吨热水可用。②废水处理厂设置迭螺机。在废水处理系统内新设迭螺机，将原来使用带压机脱水污泥的含水率由 80% 降低至 75%，正常生物污泥量由 50 吨/日降低至 40 吨/日。③热电厂 SCR 脱硝工程持续调适优化。将锅炉排烟气中氮氧化物控制在 100 毫克/米^3 以下。④热电厂烟尘去除工程持续调适优化。将原来电除尘器第一、第二室改为高频变压器、选购含灰分低的煤作燃料，将锅炉排烟气中粉尘控制在 20 毫克/米^3 以下。⑤热电厂脱硫工程持续调适优化。FGD 更换高效率脱水盘、选用较高质量及较高纯度的氧化镁、选用含硫成分较低的燃煤。有效地将锅炉排烟气中硫氧化物控制在 30 毫克/米^3 以下。

2. 上海金佰利纸业有限公司

上海金佰利纸业有限公司是上海市第一家使用天然气作为燃料的造纸生产企业。刚使用时由于经验不足，在使用过程中碰到不少问题。例如，当天然气气流喷进锅炉时会发出振动，造成很大的噪声；天然气在锅炉内难以完全燃烧。公司发动大家群策群力，对稳烟盘进行改造，并在烟囱上加装一顶帽子，改善了噪声和废气的排放。公司制作了制氧装置，使天然气能富氧燃烧。从表面来看，燃料成本上升了，但是锅炉燃烧时所产生的一系列环保问题得到全部解决，而且节约了公司锅炉操作工。在成本上给公司带来了盈利的空间。

【发展中的问题】

“十三五”时期是我国全面建成小康社会的决胜阶段，是上海市基本建成“四个中心”和社会主义现代化国际大都市的决定性时期。上海市环保局 2014 年发布的《锅炉大气污染物排放标准》中特别强调大幅加严对落后炉型的燃用重污染燃料的污染控制要求。在国家特别排放限值的基础上进一步加严了燃煤、燃重油锅炉大气污染物的排放限值。所以，上海市造纸企业在 2016 年形势更加严竣，个别造纸企业还会有停产的可能。

（姜海斌　蒋鸿勇）

辽宁省造纸工业

Paper Industry in Liaoning Province

【行业概况】

2008 年辽宁省规模以上造纸及纸制品企业 417 家，实施严格环保政策后，企业数量逐年减少。2015 年，辽宁省规模以上造纸及纸制品企业数继续减少，比 2014 年的 224 家减少 30 家，现在有 194 家；从业人员由 2014 年的 3.10 万人减少为 2.72 万人；规模以上企业生产量由 48.8 万吨降至 41.2 万吨。企业主要分布在沈阳、辽阳、丹东、大连、营口、朝阳、鞍山、本溪、抚顺、铁岭、锦州、阜新等几个规模较大的城市，2015 年辽宁省几个城市规模以上企业的生产量分别为沈阳 4.9、大连 16.3、丹东 7.7、锦州 4.5、阜新 1.8 和盘锦 5.2 万吨。

现有 194 家企业中，按资产投入分类，国有及国有控股企业 2 家，约占 1.0%，外商投资企业 16 家，占 8.2%，其余为个体私营企业；按企业规模分类，大中型企业数量较少，只有 19 家，约占 10%；从资产规模看，国有企业资产总计 15.83 亿元，占 8.75%，外资企业资产总计 23.80 亿元，占 13.15%，其余为私营资产。

2015 年工业企业面临经济指标下滑趋势，造纸及纸制品加工企业主营业务收入 354.36 亿元，较 2014 年的 372.96 亿元下降 4.99%，利税总额由 28.13 亿元增至 28.20 亿元；从利润额度看，国有企业亏损 0.63 亿元，外资企业利润 1.24 亿元。由于辽宁省对制浆废液排放的严格限制，很多制浆造纸厂转型发展，现在生产特种纸和纸基功能材料的企业占大多数，这些企业虽然生产规模不大，但经济效益较好。小型特种纸及纸制品加工企业利润额较高，为 20.46 亿元，而大中型企业利润额只有 7.74 亿元。

从产品产销情况看，产销基本平衡，产品销售率仍保持较高水平，为 97.71%，产值总计 180.98 亿元，与 2014 年的 189.74 亿元相比，略有下降。

【原料】

辽宁省造纸原料以芦苇和废纸为主，外购部分商品浆。盘锦辽河三角洲是我国第二大芦苇产区，金城造纸股份有限公司和辽宁振兴生态造纸有限公司以盘锦辽河三角洲的芦苇为原料制备文化用纸和商品浆板。废纸资源，国内外各占 50% 左右，琥珀纸业有限责任公司、大连金洋纸业有限公司箱纸板主要以国内废纸及欧美废纸为原料。

【生产企业】

1. 金城造纸股份有限公司

金城造纸股份有限公司位于辽宁省凌海市大凌河东岸，北依京哈铁路，南临京沈高速公路，毗邻亚洲最大的盘锦芦苇生产基地和辽西杨木富产区，地下水资源丰富，交通便利。金城造纸股份有限公司的前身为金城造纸厂，1939 年由日本王子株式会社始建，经多次变更，是一个具有 70 余年发展历史的企业。现有职工 2196 人，其中工程技术人员 418 人，管理人员 165 人。金城造纸股份有限公司占地面积 294 万米^2，建筑面积 25 万米^2，现有年生产能力 15 万吨，副产品黏合剂（木质素磺酸盐）年生产能力 18 万吨。

公司主要产品有胶印书刊纸、胶版印刷纸、书写纸、期刊专用纸。其主导产品“金城”牌胶印书刊纸生产工艺获国家发明专利，1991 年获国家印刷纸金质奖章。

金城造纸股份有限公司原属大型国有企业，1993 年通过改制、分立重组，发展成为国有大型股份制公司，1998 年 5 月上市，2006 年 7 月锦州鑫天纸业有限公司收购金城造纸（集团）有限责任公司，2011 年，锦州最大的房地产企业锦州宝地建设集团有限公司收购锦州鑫天纸业有限公司成为金城造纸股份有限公司的实际控制人。

2015 年公司机制纸生产量 4.2 万吨，黏合剂生产量9.2万吨。实现销售收入2.3亿元，2015年公司完成了10号纸机的技术改造目标，2016年公司将通过环保深度处理，实现废水达标排放，进一步提高产品质量、服务质量，不断提升品牌影响力。

2. 琥珀纸业有限责任公司

琥珀纸业有限责任公司(简称"琥珀纸业")成立于2010年，是抚顺矿业集团有限责任公司的全资子公司。注册资金8.1亿元，占地面积67.28万米^2。年产30万吨箱纸板生产线采用德国福伊特公司整套制浆和造纸工艺，生产"金珀""银珀""铜珀"牌系列箱纸板原纸和"镁珀"牌瓦楞原纸；年产5万吨生活用纸生产线采用奥地利安德里茨公司的新月型纸机，生产卫生纸、面巾纸、手帕纸、餐巾纸系列优质原纸；引进中国台湾和意大利等先进生产线，生产"琥珀"牌系列卫生卷纸、手帕纸、面巾纸和餐巾纸。

2015年，琥珀纸业相继顺利通过了"110万吨造纸项目"环评验收、ISO 9000/14000质量及环境管理体系认证、卫生纸及纸巾纸纯木浆"100%原生态"产品认证和国家清洁生产中心"清洁生产验收报告"审核。

3. 辽宁振兴生态造纸有限公司

辽宁振兴生态造纸有限公司是集芦苇原料基地、制浆、造纸生产为一体的大型企业，成立于2007年，注册资金5.7亿元，坐落于辽宁省盘锦市辽河口经济区东郭造纸工业园，公司已于2009年11月17日全线投料生产。生产采用碱法连续蒸煮、氧脱木素、真空及双辊黑液提取、封闭热筛选、二氧化氯漂白(ECF)、白水封闭循环、碱回收、石灰脱硫和烟气净化，清洁生产高档无元素氯漂白芦苇浆和文化用纸。

公司计划在8年内漂白苇浆年生产量达到40万吨，二次纤维浆生产量60万吨，生活用纸生产量25万吨，文化用纸生产量70万吨，包装纸及纸板生产量105万吨。累计浆的生产量为120万吨，累计纸及纸板的生产量为200万吨，总建设投资115亿元。公司主营产品为高档文化用纸，2015年生产量为5.2万吨，主要原料为芦苇。

4. 辽宁兴东纸业有限公司

辽宁兴东纸业有限公司于2012年5月注册成立，坐落于开原市八宝镇大湾村造纸工业园区，是一家集研发、生产、销售为一体的专业化造纸公司。公司计划总投资10亿元，规划用地23.4公顷。公司现有1条幅宽4600毫米、车速600米/分的高档包装纸板生产线，并建有高档包装纸板制浆车间和处理能力6000吨的废水处理站，还建设了单台装机容量75吨/时的产业园集中供热中心。公司公用设施配套齐全，并配有完善的原料、半成品、成品检测和环境监测等分析手段以及新产品开发试验设备。

公司的主要产品为高档牛皮挂面箱纸板和高强瓦楞原纸，各种包装纸板年产能20万吨，年产值预计达6亿元以上。产品主要销往东三省及京津唐地区。公司的发展愿景：向国际化纸业公司发展，流程更加合理化、专业化、集团化，成为占领东三省50%以上市场销售份额、最优秀的造纸行业领军企业。

5. 丹东奥美轻工机械有限公司

丹东奥美轻工机械有限公司地处风光锦秀、气候怡人的鸭绿江畔，占地面积3万米^2，厂房面积12000米^2。现有职工210人，工程师以上职称的专业技术人员30多人，高级工程师3人，是专业生产制浆造纸设备的高新技术企业，是大型纸机和辅机生产骨干单位，公司生产的浆板机在同行业中，市场占有率高。设计生产的清洁制浆生产线大大减少了废水排放量。公司主要产品有：造纸机、制浆设备、辅机设备等系列产品。造纸设备销售覆盖了新疆、山西、陕西、广东、广西、四川、河北、山东、辽宁、吉林等多个地区，销往朝鲜、马来西亚、越南、菲律宾、孟加拉等国家。公司拥有雄厚的技术力量及规范的产品质量和完善的售后服务。

公司的加工车间建筑面积达6800米^2，具有非常强的加工装配实力，有丹东地区最大、精度最高的机械加工设备多套。如大型卧式车床、卧式镗床、立式铣床、端面铣床，及满足工艺要求的各种型号的立式车床、普通车床、龙门刨床、铣床、龙门磨床、钻床、航吊、动平衡机等。

6. 大连金洋纸业有限公司

大连金洋纸业有限公司位于大连市金州新区中长街道。2001年建立，注册资金9000万元。公司集废纸再生造纸、纸板、纸箱制作、印刷一条龙服务。公司自建立以来，稳定扎实、快速跳跃式的发展壮大，曾经创下大连地区包装行业第一、东北三省最大的包装企业以及同行业龙头企业的辉煌业绩。具有进出口商检许可、商标许可、环评认证资格。公司现有员工300余人，技术力量雄厚，中高级技术人员30余名。公司以大连地区丰富的废纸为原料，回收再生抄纸，发展循环经济，实现资源的永续利用，即"原料-产品-废弃物-再生资源-产品"的新经济增长模式。

公司现有现代化造纸生产线多条，能充分对生产过程中的余热、余压、废渣、废水进行综合利用。主机及配套设施采用高科技，节能、降耗、环保、循环利用。生产的高档箱纸板和高强瓦楞原纸可满足客户的不同需要。年产能达 30 余万吨，生产稳定，在大连地区市场占有率 80% 左右。

2012—2013 年，公司从德国进口 6 台套 BHS1800 型、2200 型、2500 型纸板生产线设备（单层、三层、五层、七层纸板、纸箱），6 台套纸板生产线日产能 80 万～100 万米^2，同时进口五到六色水印印刷设备。配有齐全的实验、检测设备，同时进口先进的物流传送设备，能充分节约人力资源，实现闭路自动化生产，其先进性在全国和亚洲都属于一流水平。

7. 凤城市众合纸业有限公司

凤城市众合纸业有限公司成立于 2008 年，主要生产加工如厕纸等特种纸，如厕纸年生产量约 30 亿张（平均每月出口 30 个标准货柜），其他特种纸生产量 3000 吨（水果套袋纸、染色纱管面纸、工业皱纹纸、过滤纸、玻璃隔层衬纸等），系全国最大的如厕纸成品生产厂家之一，占全国同类产品生产量的 20% 以上。年销售额 1 亿元。

公司现有特种纸机 5 台，生产 13～130 克/米^2 各种定量的特种纸。员工 400 余人，10 余名造纸工艺高级工程师。公司具有自主出口资格，并通过了 ISO 9000 认证。

8. 沈阳思特雷斯纸业有限责任公司

沈阳思特雷斯纸业有限责任公司以沈阳防锈包装材料有限责任公司为投资主体，致力于发展为国内最专业的不锈钢垫纸及多金属用衬垫纸的研发、生产的专业造纸企业，公司坐落在国家级开发区——沈阳经济技术开发区。

公司始建于 2005 年 11 月，2007 年 6 月竣工投产。公司现有员工 180 余人，拥有 2640 毫米、1092 毫米 2 条特种纸生产线，具备 2 万吨/年的市场供应能力，是国内最大、具有鲜明特色的高品质不锈钢垫纸、其他金属及非金属行业衬垫纸的重要供应基地。着眼未来，公司与宁波宝新不锈钢有限公司战略合作，合资兴建的宁波思特雷斯金属防护材料有限公司，2014 年正式投产，综合产能达 4 万吨/年。

公司是国内最早研发和生产不锈钢垫纸的造纸企业，在国内不锈钢垫纸市场中占据大量市场份额，拥有 30 余名技术专家，在产品研发、生产、服务，尤其是不锈钢垫纸的系统应用与维护方面，处于国内领先地位。同时公司产品着眼多领域使用，在食品包装纸、医疗卫生包装纸、玻璃行业衬垫纸、农业用水果育袋纸等方面具备先进的研发与生产技术以及优良的销售渠道与服务。

企业坚持贯彻现代企业管理制度，为行业内最早通过 ISO 9001 质量管理认证和 ISO 14001 环境管理认证的企业之一。企业拥有配套齐全的生产设施，可以生产幅宽在 2700 毫米以内，定量 30～70 克/米^2 具有不同强度性能、个性化的不锈钢垫纸系列产品。产品主要供应国内多家不锈钢板生产企业，并有部分产品出口至韩国、越南、我国台湾等国家和地区。

【环境保护与节能】

从 2008 年起，辽宁省造纸企业一直执行严格的环保标准（辽宁省地方标准，DB21/1627—2008）。该标准规定制浆企业吨浆用水量不高于 40 米^3，造纸企业吨纸不高于 10 米^3，浆纸联产企业不高于 30 米^3，废水处理厂排放废水需要达到如下主要指标：SS≤20 毫克/升，BOD_5≤10 毫克/升，COD_{Cr}≤50 毫克/升。该标准的实施淘汰了落后产能，一些规模小、污染大、效益差的企业纷纷被关停，造纸企业数锐减，一些大中型企业开始落户辽宁省。同时，也促进了现有企业环保与节能技术的进步。

金城造纸股份有限公司注重节能减排，公司现有环保系统 8 套设备，包括已经完成的三段漂白、白水回收、废水生化处理、废水厌氧处理、电厂脱硫除尘等系统以及废水生物净化及红液蒸发系统。

辽宁振兴生态造纸有限公司建立环保产业，公司拥有高度一致、超前的生态环保理念和区域综合利用措施，走可持续发展道路。公司斥巨资引进国内先进的碱回收生产线，有效解决造纸行业中的黑液污染难题。同时，在废水处理方面，公司引进具有国际先进水平的荷兰卡鲁塞尔 2000 版氧化沟、直径长达 15 米的超效浅层气浮器等设备和工艺，形成“厂内三级处理＋厂外氧化塘、潜流湿地”废水处理系统，变废为宝，经过处理后的水再进入 1333 公顷芦苇湿地灌溉区，实现水资源的综合循环利用，实现真正意义上的“绿色制浆，生态造纸”的理念。为实现循环经济（即 3R 模式）打下了坚实的基础。

琥珀纸业有限责任公司通过技术改造，基本实现了用水的封闭循环，降低了吨纸用水消耗量，也为企业带来显著的经济效益。

辽宁兴东纸业有限公司建有日处理能力 6000 吨

的废水处理站，还建设了单台装机容量 75 吨/时的产业园集中供热中心。

【发展目标】

辽宁省自 2012 年起陆续建起造纸产业（工业）园，便于废弃物集中处理，鼓励制浆造纸企业入园发展。目前已有抚顺造纸产业园、盘锦东郭造纸工业园、铁岭开原造纸产业园、丹东前阳造纸产业园、黑山胡家造纸产业园、鞍山台安造纸产业园、朝阳开发区造纸工业园等园区。琥珀纸业有限责任公司入驻抚顺造纸产业园、辽宁兴东纸业有限公司（年产 20 万吨包装纸）和辽宁豪糖纸业股份有限公司（年产 15 万吨生活用纸）入驻开原造纸产业园、辽宁鞍安纸业有限公司（年产 100 万吨箱纸板）入驻鞍山台安造纸产业园、辽宁振兴生态造纸有限公司入驻盘锦东郭造纸工业园、玖龙纸业（沈阳）有限公司（年产 12 万吨生活用纸）入驻新民市东城街工业园区。预计不久的将来，辽宁省造纸行业会迎来新的春天。

（平清伟）

重点企业介绍

KEY ENTERPRISES

玖龙纸业(控股)有限公司
山东晨鸣纸业集团股份有限公司
华泰集团有限公司
理文造纸有限公司
山东太阳纸业股份有限公司
海南金海浆纸业有限公司
山东世纪阳光纸业集团有限公司
金东纸业(江苏)股份有限公司
中国纸业投资有限公司
亚太森博(山东)浆纸有限公司
广西金桂浆纸业有限公司
金红叶纸业集团有限公司
宁波亚洲浆纸业有限公司
山东泉林纸业有限责任公司
浙江景兴纸业股份有限公司
浙江永正控股有限公司
广州造纸集团有限公司
恒安国际集团有限公司
大河纸业有限公司
维达纸业(中国)有限公司
新乡新亚纸业集团股份有限公司
无锡荣成环保科技有限公司
芬欧汇川(中国)有限公司
山东华金集团有限公司
金华盛纸业(苏州工业园区)有限公司
山东恒联投资有限公司
漯河银鸽实业集团有限公司
中顺洁柔纸业股份有限公司
宁波中华纸业有限公司
河南省龙源纸业股份有限公司
上海中隆纸业有限公司
东顺集团股份有限公司
河北省保定市东方造纸有限公司
河南江河纸业股份有限公司
贵州赤天化纸业股份有限公司
嘉兴民丰集团有限公司

10

玖龙纸业(控股)有限公司

Nine Dragons Paper (Holdings) Limited

【企业概况】

玖龙纸业(控股)有限公司(简称“玖龙纸业”)成立于1995年，总部位于广东省东莞市，在各级领导的关心和支持下已成长为世界最大的废纸环保造纸的现代化包装纸制造集团。玖龙纸业于2006年3月3日在香港地区成功上市，目前已在东莞、太仓、重庆、天津、泉州、沈阳以及海外的越南等地建立造纸基地。玖龙纸业是中国首个年产能过千万吨的造纸集团(目前集团年产能超过1300万吨，年总产值400多亿元)，连续4年蝉联中国造纸行业榜首，2015年名列中国民营企业500强第63位。

集团主要生产各类牛卡纸、高强瓦楞原纸、涂布灰底白纸板、高档白卡纸、环保型文化用纸等产品，为客户提供多元化产品系列和包装纸的一站式服务，占据行业龙头地位，引领纸包装行业往绿色低碳方向发展。“玖龙”商标被国家工商总局商标局评为“中国驰名商标”。

玖龙纸业一贯秉承“没有环保，就没有造纸”的理念，致力于环境保护和节能减排，倡导可持续发展的循环经济。不仅使用可以回收循环利用的废纸作原料，还与时俱进，不断加大环保投入，使玖龙纸业各项环保和能耗指标都做到优于国家标准，是资源节约型和环境友好型企业的典范。

在未来，玖龙纸业将继续朝着环保、节能型、国际化管理的企业目标迈进，巩固行业龙头地位，奠定企业百年基业。

单位地址：广东省东莞市麻涌镇新沙港工业区(集团总部)　邮编：523147
联系电话：0769－88234888　联系传真：0769－88824198
联系邮箱：info_group@ndpaper.com　单位网址：www.ndpaper.com
企业性质：香港上市集团公司
法人代表：张　茵
成立时间：1995年，职工总数：1.7万余人
主要产品：各类包装纸、环保型文化用纸、特种纸
主要纤维原料：废纸
纸机总数：38台(现有包装纸及文化用纸机数量)

【主要生产线】

主要造纸生产线

生产线名称	产品品种	纤维原料	生产能力/(万吨/年)
东莞、太仓、重庆、天津、泉州、沈阳、乐山、河北永新和越南公司	牛卡纸、高强瓦楞原纸、涂布白纸板、涂布牛卡纸、环保型文化用纸等	废纸	1373

(卢燕芳)

山东晨鸣纸业集团股份有限公司

Shandong Chenming Paper Group Co., Ltd.

【企业概况】

山东晨鸣纸业集团股份有限公司(简称“晨鸣集团”)是我国造纸行业龙头企业。公司从1958年创立至今，历经半个多世纪的创业创新，现已发展成为以造纸、金融、纤纱、林业、地产五大产业板块为主体，同时涉足矿产、能源、物流、建材、酒店等领域的大型综合性现代化企业集团，是全国唯一一家A、B、H 3种股票上市公司，以及造纸行业内第一家拥有财务公司和融资租赁公司的产融结合企业。集团在山东省、广东省、湖北省、江西省、吉林省等地均建有生产基地，企业总资产800多亿元，浆纸年产能850多万吨，经济效益主要指标连续20年在全国同行业保持领先地位，综合实力位居中国企业500强第234位、中国上市公司收入百强轻工制造行业榜第1名，以及中国最具竞争力的50家蓝筹公司之一。

目前，晨鸣集团正坚持稳中求进和绿色、低碳、循环、可持续发展的总基调，以《中国制造2025规划》为指导，以科学发展为主题，以提质增效为中心，以促进生产制造业与金融服务业产融结合、工业化与智能化深度融合为主线，转方式、调结构，全面提升质量效益，全面提升管理水平，全面提升科技含量，全面提升幸福指数，全面提升品牌形象，推进公司做强做优做大，力争“十三五”期间实现利税过百亿，建成最具成长性的世界一流企业集团。

单位地址：山东省寿光市农圣街2199号 邮编：262700

联系电话：0536－2158000 联系传真：0536－2156111

联系邮箱：cm2158571@hotmail.com 单位网址：www.chenmingpaper.com

企业性质：股份有限公司

法人代表：陈洪国，经营负责人：陈洪国，技术负责人：邵学军

2015年纸浆生产量：245万吨，纸和纸板生产量：429万吨

2015年销售收入：719亿元，利税总额：28亿元，利润总额：15亿元

主要产品：机制纸及纸板

主要纤维原料：木片、商品针叶木浆、商品阔叶木浆、废纸

纸机总数：24台

【主要生产线】

主要制浆生产线

生产线名称	纤维原料	制浆方法	蒸煮器	主体设备供货厂商	产品品种	生产能力/(万吨/年)	投产时间
化学机械浆线	木片	BCTMP		美卓公司	化学机械浆	25	2004
机械浆线	木片	TMP		美卓公司	机械浆	500吨/日	2012
脱墨浆线	废纸	DIP		安德里茨公司	废纸浆	20	2006
湛江化学木浆线	木片	碱法	连续蒸煮	安德里茨公司	化学木浆	70	2011
寿光化学木浆线	木片	化学法	连续蒸煮	美卓公司	化学木浆	15	2009

主要造纸生产线

生产线名称	纸机			主体设备供货厂商	产品品种	纤维原料	生产能力/(万吨/年)	投产时间
	网部形式	幅宽/毫米	工作车速/(米/分)					
轻涂纸生产线	叠网	4550	1280	美卓公司	高档低定量涂布纸	化学木浆	10	1998
铜版纸生产线	叠网	4685	1220	美卓公司	高档涂布铜版纸	化学木浆	30	2001
白卡纸生产线	叠网	5650	730	福伊特公司	高档涂布白卡纸	化学木浆、化学机械浆	40	2004
新闻纸生产线	夹网	11150	1750	美卓公司	高档彩色胶印新闻纸	废纸浆	40	2006
热敏纸生产线	叠网	4038	1050	美卓公司	热敏纸	化学木浆	12	2009
低定量铜版纸生产线	夹网	11150	1560	美卓公司、福伊特公司、安德里茨公司	高档低定量铜版纸	化学木浆	80	2011
文化用纸生产线	夹网	11150	1750	美卓公司	高档静电复印纸、涂布纸	化学木浆	40	2011

（张雪梅）

华泰集团有限公司

Hua Tai Group Co., Ltd.

【企业概况】

华泰集团有限公司（简称“华泰集团”）是一家以造纸、化工为主导产业，集印刷、热电、物流、林业、环保、商贸、房地产等十大产业于一体的全国500强企业集团。公司总资产300亿元，年造纸生产能力400万吨，化工及造纸助剂200万吨，年承接印刷能力80万色令，是全球最大的高档新闻纸生产基地和全国最大的盐化工生产基地。

“十五”以来，华泰集团投资近300亿元，先后从德国、芬兰等国引进世界先进造纸生产线，实现了在黄河、长江、珠江三角洲“三点一线”全国战略布局。同时，集团坚持实施创新驱动战略，建设有博士后科研工作站、国家级企业技术中心、国家级实验室、泰山学者岗、废纸综合利用工程技术研究中心和废弃物综合利用重点实验室六大省级以上科研平台，先后与3家世界500强企业实现合资合作，产品填补国内空白。

面对国内外经济环境下行压力和行业变革需求，华泰集团紧紧围绕创新和转型两大主题，加快转调步伐，改造提升造纸产业，拓宽拉长产业链条，按照造纸、化工为主，印刷、林业、物流、金融、地产、餐饮旅游等多业并举，首尾衔接的多元产业发展路子，实现各产业强强联合，优势互补。

公司先后被评为“国家重点高新技术企业”“中国上市公司百强企业”“全国守合同重信用企业”“全国质量管理先进企业”“改革开放30年山东省功勋企业”等多项荣誉称号。2015年，在中国企业联合会、中国企业家协会发布的中国企业500强榜单中，华泰集团排名第240位；入围全球浆纸百强企业，在中国轻工业十强行业中位居行业首位；在山东省国税局、地税局联合发布的纳税百强榜单中，华泰集团位居第79位，在全省造纸行业中排名第1位。

单位地址：山东省广饶县大王镇潍高路251号　　邮编：257335

联系电话：0546－7798229　　联系传真：0546－6888018

联系邮箱：huatairen@163.com　　单位网址：www.huatai.com

企业性质：民营企业

法人代表：李建华，经营负责人：李晓亮，技术负责人：张凤山

成立时间：1976年，职工总数：12632人，其中技术人员数：1112人

2015年纸浆生产量：276万吨，纸和纸板生产量：308万吨

2015年销售收入：602亿元，利税总额：59.6亿元，利润总额：29.9亿元

主要产品：新闻纸、铜版纸、胶版纸

主要纤维原料：废纸、杨木片

纸机总数：12台

【主要生产线】

主要制浆生产线

生产线名称	纤维原料	制浆方法	蒸煮器	主体设备供货厂商	产品品种	生产能力/(万吨/年)	投产时间
8号机	木浆板	碎浆、打浆		安德里茨公司	木浆	40	2011
9号机	废纸、木浆板	浮选脱墨		福伊特公司	脱墨浆、木浆	16	2001
10号机	废纸、木浆板	浮选脱墨		福伊特公司	脱墨浆、木浆	25	2003
11号机	废纸	浮选脱墨		福伊特公司	脱墨浆	40	2005
12号机	废纸	浮选脱墨		福伊特公司	脱墨浆	45	2006
杨木浆生产线	杨木片	BCTMP		美卓公司	杨木 BCTMP	10	2006
安徽华泰漂白化学浆	阔叶木、针叶木	硫酸盐法	超级间歇蒸煮	美卓公司、安德里茨公司	化学浆	30	2012
广东华泰650吨脱墨线	废纸	脱墨法		美卓公司	脱墨浆	40	2011
日照华泰10万吨阔叶木浆生产线	阔叶木、针叶木	DDS间歇蒸煮	立锅	安阳机械厂、美国ITT公司等	针叶木浆、阔叶木浆	10	2010
河北华泰新闻纸机	废纸	浮选脱墨		福伊特公司	脱墨浆	30	2005

主要造纸生产线

生产线名称	纸机			主体设备供货厂商	产品品种	纤维原料	生产能力/(万吨/年)	投产时间
	网部形式	幅宽/毫米	工作车速/(米/分)					
8号机	夹网	8100	1700	美卓公司	铜版纸	木浆	70	2011
9号机	叠网	6500	1400	福伊特公司	文化用纸	脱墨浆、木浆	16	2001
10号机	夹网	7100	1800	福伊特公司	文化用纸	脱墨浆、木浆	25	2003
11号机	夹网	10200	1800	福伊特公司	新闻纸	脱墨浆	40	2005
12号机	夹网	11000	2000	福伊特公司	新闻纸	脱墨浆	45	2006
安徽华泰1号机	叠网	4450	1000	美卓公司	文化用纸	自制化学浆、机械磨木浆	15	2012
广东华泰1号机	夹网	6100	1800	美卓公司	新闻纸	脱墨浆	40	2011
河北华泰新闻纸机	夹网	7900	1950	美卓公司	新闻纸	脱墨浆	30	2005

（成小敏）

理文造纸有限公司

Lee & Man Paper Manufacturing Limited

【企业概况】

理文造纸有限公司的主要产品为包装用牛皮箱纸板、瓦楞原纸及涂布白纸板，年生产量550万吨，是行业内最具规模及实力的造纸企业之一，也是亚太地区同类产品规模最大的造纸厂商之一。理文造纸有限公司于2003年9月在香港联合交易所上市，股份编码：02314。

理文造纸有限公司目前在我国设有5家造纸工厂，分别为：广东理文造纸有限公司、东莞理文造纸有限公司、江苏理文造纸有限公司、重庆理文造纸有限公司、江西理文造纸有限公司。另外，在越南的芹苴市设有越南理文造纸有限公司，同时还在美国、欧洲等地设有办事处。

理文造纸有限公司配有完善的配套设施，包括先进的造纸生产线、汽电一体化的发电站、水厂、废水处理站、码头、大型废纸堆场、成品仓库及庞大的运输车队等；并设有现代化的办公大楼及完善的生活设施，如饭堂、运动场、图书室、网吧及员工娱乐中心等。

理文造纸有限公司自有庞大的水陆运输队伍，能充分保障及时快捷地将成品送到客户指定的地点。公司采用全计算机化管理，从原料采购、原料运输、生产成品，到成品纸运送给客户的过程，可全程查询，让供货更快捷、更准确、更可靠。

理文造纸有限公司非常注重节能环保工作，生产过程严格按照国际环境保护管理体系要求执行。公司已获得ISO 14001、ISO 9001、OHSAS 18001、QCO 80000、FSC－COC产销监管链国际认证，以及能源管理体系认证。

单位地址：香港九龙观塘敬业街61—63号利维大厦5字楼

联系电话：00852－2319－9889　联系传真：00852－2319－9393

联系邮箱：samco_liu@leemanpaper.com　单位网址：www.leemanpaper.com

企业性质：中外合资

法人代表：李文斌，经营负责人：李文俊，技术负责人：李文斌

成立时间：1994年，职工总数：8500人，其中技术人员数：2563人

2015年纸浆生产量：18.4万吨，纸和纸板生产量：526.4万吨

2015年销售收入：151.3亿元，利税总额：15.8亿元，利润总额：11.6亿元

主要产品：牛卡纸、瓦楞原纸、涂布灰底白纸板、竹浆、生活用纸

主要纤维原料：废纸、竹浆、木浆

纸机总数：31台

蒸(球)煮器总数：7台

【主要生产线】

主要制浆生产线

生产线名称	纤维原料	制浆方法	蒸煮器	主体设备供货厂商	产品品种	生产能力/(万吨/年)	投产时间
BKP1	竹片	硫酸盐法	间歇蒸煮锅	GLV公司、潍坊凯信机械有限公司	竹浆	18	2008－10

主要造纸生产线

生产线名称	纸机			主体设备供货厂商	产品品种	纤维原料	生产能力/(万吨/年)	投产时间
	网部形式	幅宽/毫米	工作车速/(米/分)					
PM1	长网	3200	300	福伊特公司	瓦楞原纸	废纸	5.5	1998－04
PM2	二叠网	3200	300	福伊特公司	仿牛卡纸	废纸	5.5	1998－07
PM3	三叠网	4200	700	日本小林制作所	牛卡纸	废纸、木浆	22	2000－08
PM4	夹网	5500	1100	福伊特公司	牛卡纸	废纸、木浆	40	2002－09
PM5	三叠网	4400	750	日本小林制作所	牛卡纸	废纸、木浆	32	2003－11
PM6	长网	6600	900	韩国金星机械公司	仿牛卡纸	废纸	35	2004－10
PM7	三叠网	6650	1000	三菱重工业株式会社	牛卡纸	废纸	50	2006－01
PM8	三叠网	6600	1000	美卓公司	牛卡纸	木浆、废纸	50	2007－02
PM9	三叠网	6650	1000	美卓公司	牛卡纸	木浆、废纸	50	2007－06
PM10	三叠网	5500	800	日本小林制作所	白面牛卡纸	木浆、废纸	40	2007－09
PM11	三叠网	5500	750	日本小林制作所	牛卡纸	木浆、废纸	40	2007－07
PM12	二叠网＋顶网	6650	1000	韩国金星机械公司	仿牛卡纸	废纸	45	2008－05
PM13	三叠网	5450	800	日本小林制作所	牛卡纸	废纸	40	2008－06
PM15	三叠网	6650	1100	美卓公司	牛卡纸	废纸	50	2011－08
PM16	长网＋夹网	6000	900	韩国金星机械公司、日本小林制作所	仿牛卡纸	废纸	40	2011－11
PM17	四叠网＋MB网	6650	750	美卓公司	涂布灰底白纸板	废纸、木浆	60	2012－07
PM18	长网	6650	1000	韩国金星机械公司	挂面箱纸板	废纸	35	2013－06
PM19	长网	6650	900	韩国金星机械公司	白面牛卡纸、挂面箱纸板、瓦楞原纸	废纸	40	2016－08(预计)
PM20	三叠网	6650	1000	美卓公司	瓦楞原纸	废纸	35	2014－07
TM1	圆网	2760	1000	日本川之江造机株式会社	生活用纸	竹浆、木浆	1.5	2014－07
TM2	圆网	2760	1000	日本川之江造机株式会社	生活用纸	竹浆、木浆	1.5	2014－07
TM3	新月型	5600	2000	福伊特公司	生活用纸	竹浆、木浆	6	2015－06
TM4	新月型	5600	2000	维美德公司	生活用纸	竹浆、木浆	6	2015－10
TM5	新月型	5600	2000	维美德公司	生活用纸	竹浆、木浆	6	2016－08(预计)
TM6	新月型	5600	2000	维美德公司	生活用纸	竹浆、木浆	6	2016－09(预计)
TM7	新月型	5600	2000	维美德公司	生活用纸	竹浆、木浆	6	2016－11(预计)
TM8	新月型	5600	2000	维美德公司	生活用纸	竹浆、木浆	6	2016－12(预计)
TM9	新月型	5600	2000	福伊特公司	生活用纸	竹浆、木浆	6	2017－03(预计)
TM10	新月型	5600	2000	福伊特公司	生活用纸	竹浆、木浆	6	2017－05(预计)
TM11	新月型	5600	2000	维美德公司	生活用纸	竹浆、木浆	6	2017－05(预计)
TM12	新月型	5600	2000	维美德公司	生活用纸	竹浆、木浆	6	2017－07(预计)

（刘　凯）

山东太阳纸业股份有限公司

Shandong Sun Paper Industry Joint Stock Co., Ltd.

【企业概况】

山东太阳纸业股份有限公司(简称“太阳纸业”)是山东太阳控股集团旗下子公司，是全球先进的跨国造纸集团和林浆纸一体化上市公司，是中国造纸行业的领军企业。集团公司拥有资产总额288亿元，浆纸年产能450万吨。位列中国500强企业第312位，是世界造纸百强企业。

公司主导产品有：高档涂布包装纸板、高档美术铜版纸、高档文化办公用纸、特种纤维溶解浆、生活用纸、工业包装纸六大系列产品。拥有“金太阳”、“华夏太阳”、“天阳”、“威尔”、“乐考”、“酷印”、“幸福阳光”等主要品牌。纸机装备处于国际领先水平。

追求企业、环境、社会的和谐统一与互惠共赢是全体太阳人的不懈努力和追求。截至2015年年底，公司累计投入40多亿元用于环保工作，使废水 COD_{Cr} 出境水质达到30毫克/升以下，BOD_5 达到10毫克/升以下，化学机械浆废水全部实现零排放，平均吨纸耗水降到3～5米^3，达到国际领先水平。同时，公司不断加大科技研发投入，从产品、原料等方面降低对环境的影响，积极植树造林，不断优化生态环境，取得了经济效益、环境效益和社会效益的多赢。

未来，公司将继续走内涵式、绿色发展之路，主动适应经济发展的“新常态”，以振兴民族纸业为使命，加快战略结构调整和转型升级，实现“四三三”发展战略，努力把太阳纸业打造成为可持续发展的、受人尊重的世界一流企业。

单位地址：山东省济宁市兖州区友谊路1号　　邮编：272100

联系电话：0537－7928711/8713　　联系传真：0537－7928489

联系邮箱：songweihua@sunpaper.cn　　单位网址：www.sunpapergroup.com

企业性质：民营企业

法人代表：李洪信，经营负责人：李洪信，技术负责人：应广东

成立时间：1982年，职工总数：11600人，其中技术人员数：608人

2015年纸浆生产量：75万吨，纸和纸板生产量：314万吨

2015年销售收入：428亿元，利税总额：12.3亿元，利润总额：7.6亿元

主要产品：高档涂布包装纸板、高档美术铜版纸、高档文化办公用纸、特种纤维溶解浆、生活用纸、工业包装纸

主要纤维原料：进口木浆和自制木浆

纸机总数：18台

制浆生产线：7条

【主要生产线】

主要制浆生产线

生产线名称	纤维原料	制浆方法	蒸煮器	主体设备供货厂商	产品品种	生产能力/(万吨/年)	投产时间
过氧化氢中浓漂白化学浆线	杨木板皮	碱法	四管连续蒸煮器	天津中轻机械有限公司	化学阔叶木浆	7	2003 - 07
碱性过氧化氢机械浆线	杨木片、桉木片等	APMP	高浓磨(主要磨浆设备)	安德里茨公司	化学机械浆	60	2008 - 01
溶解浆	进口木片	连蒸连煮	低固形物连续蒸煮	安德里茨公司	特种纤维	20	2011 - 10

主要造纸生产线

生产线名称	纸机			主体设备供货厂商	产品品种	纤维配比	生产能力/(万吨/年)	投产时间
	网部形式	幅宽/毫米	工作车速/(米/分)					
PM24	夹网	8100	1800	福伊特公司	高档美术铜版纸	针叶木浆、阔叶木浆、化学机械浆	30	2011 - 07
高档食品包装卡纸生产线	夹网	6100	950	美卓公司	高档食品白卡纸	针叶木浆、阔叶木浆、化学机械浆	60	2012 - 09
高档生活用纸生产线	夹网	5600	1900	安德里茨公司	高档生活用纸原纸	针叶木浆、阔叶木浆	12	2013 - 06

（宋伟华）

海南金海浆纸业有限公司

Hainan Jinhai Pulp & Paper Co., Ltd.

【企业概况】

海南金海浆纸业有限公司(简称“金海浆纸”)是APP(中国)投资建设的特大型制浆造纸企业，占地面积533.3公顷。一期工程年产100万吨漂白硫酸盐桉木浆，总投资105亿元，项目于1999年注册成立，2003年5月动工兴建，2005年3月28日正式投产。金海浆纸二期年产160万吨造纸项目总投资115亿元，于2005年12月20日由国家发展和改革委批准成立，第一阶段年产90万吨文化用纸项目于2007年3月29日开工建设，2011年7月6日投产；第二阶段年产70万吨生活用纸项目已完成所有设备安装，进入调试阶段。

公司以“绿色造纸，保护环境”为己任，先后投入34.5亿元用于环境治理，从源头控制，达到清洁生产、节能降耗、污染预防的目的，确保所有排放物经过处理后最终均达到或优于国家一级排放标准。

公司在取得生态效益、经济效益的同时，积极致力于公益捐赠、慈善事业来回报社会。截至到目前，在教育与环保等方面累计捐赠已达4300万元。

秉持“植树造林，造福自然；制浆造纸，服务人民”的经营理念，金海浆纸以“科学营林、环保制浆和绿色造纸”来实现经济效益、社会效益和生态效益同步发展，通过实践林浆纸一体化大循环和企业节能减排、综合利用的小循环，创造可持续发展的绿色循环经济。

单位地址：海南省洋浦经济开发区D12区 邮编：578001

联系电话：0898－28821568 联系传真：0898－28828256

联系邮箱：yp_secr@appjh.com.cn 单位网址：www.appjh.com.cn

企业性质：中外合资

法人代表：黄志源，经营负责人：陈志勤，技术负责人：杨长建、何建军

成立时间：1999年，职工总数：2819人，其中技术人员数：155人

2015年纸浆生产量：150万吨，纸和纸板生产量：107万吨

2015年销售收入：91.50亿元，利税总额：11.80亿元，利润总额：5.07亿元

主要产品：漂白硫酸盐桉木浆、文化用纸、生活用纸

主要纤维原料：桉木

纸机总数：1台

蒸(球)煮器总数：1台

【主要生产线】

主要制浆生产线

生产线名称	纤维原料	制浆方法	蒸煮器	主体设备供货厂商	产品品种	生产能力/(万吨/年)	投产时间
制浆生产线	桉木	硫酸盐蒸煮及无元素氯(ECF)漂白	连续蒸解釜	克瓦纳公司	漂白硫酸盐桉木浆	100	2005

主要造纸生产线

生产线名称	纸机			主体设备供货厂商	产品品种	纤维原料	生产能力/(万吨/年)	投产时间
	网部形式	幅宽/毫米	工作车速/(米/分)					
文化用纸生产线	夹网	10960	1800	福伊特公司	高档文化用纸	漂白硫酸盐桉木浆	90	2011

〔APP(中国)〕

山东世纪阳光纸业集团有限公司

Shandong Century Sunshine Paper Group Co., Ltd.

【企业概况】

山东世纪阳光纸业集团有限公司于2007年在香港联合证券交易所主板挂牌上市。现有总资产80亿元，下设昌乐新迈纸业有限公司、阳光王子(寿光)特种纸有限公司、阳光概念包装(上海)有限公司、昌乐盛世热电有限责任公司、山东阳光概念包装有限公司、潍坊大环再生资源有限公司、潍坊申易物流有限公司等8个子公司，造纸年产能120万吨。公司以独特的产品定位和差异化战略目标，确立了在我国纸业细分市场行业的领先地位，成为亚洲白面牛卡纸、涂布白面牛卡纸及纸管原纸生产规模最大、装备能力最强、产品档次最高的生产基地之一，全球最先进的预印产品基地，进入我国民营企业500强、全国造纸15强。

公司建成了拥有100多名专业技术人员的技术中心，已获得50多项自主知识产权和发明、实用新型国家专利，受国家行业主管部门的委托，制定了白面牛卡纸系列产品的5套国家标准，被命名为“国家级高新技术企业”。

公司在国内设有30多个销售分公司，在日本、美国、东南亚等设有6个国外分公司和联络处，形成了覆盖全国、辐射海外的营销格局，与“青岛啤酒”“蒙牛”“伊利”“统一”“康师傅”“娃哈哈”“百威英博”“双汇”等众多快速消费品和耐用消费品终端客户实施了战略合作，引领包装纸低定量化新潮流。

为加快集团转调创步伐，公司顺应国际包装潮流，打造一体化的阳光概念互联网+包装解决方案，为联盟成员和客户创造价值。为此，建成了阳光概念包装产业园，与全球著名印刷装备制造商德国博斯特公司合作，量身定做5条全球最先进的预印生产线，其中2条生产线已于2014年上半年在集团总部的预印中心投产，以其生产效率高、纸张定量低、套印精度高、质量稳定、产品环保等优势在印刷设备中独领风骚。与传统工艺相比，在确保纸箱质量的前提下，用纸成本可降低30%以上，生产效率提高40%以上。公司在上海成立了集创意设计、运营、营销、管理于一体的阳光概念包装(上海)有限公司，作为解决方案的大本营。在全国范围内以控股、参股等方式与100家包装企业缔结为紧密型战略合作联盟，形成覆盖全国、辐射全球的“阳光包装联合体”，以打造对传统包装工艺及商业模式进行颠覆性创新的阳光新概念包装解决方案。

与此同时，与世界500强之一的日本王子株式会社合资组建了阳光王子(寿光)特种纸有限公司，已形成年产装饰原纸10万吨的产能，拉开了打造特种纸板块的序幕，核心竞争力不断增强。

单位地址：山东省昌乐县寿阳山路607号 邮编：262400

联系电话：0536－6856001 联系传真：0536－6856006

联系邮箱：sjygbgs@126.com 单位网址：www.sjygzyjt.com

企业性质：中外合资

法人代表：王东兴，经营负责人：王长海，技术负责人：周美萍

成立时间：2000年，职工总数：1680人，其中技术人员数：316人

2015年纸浆生产量：102.7万吨，纸和纸板生产量：113.8万吨

2015年销售收入：55.36亿元，利税总额：2.17亿元，利润总额：0.95亿元

主要产品：白面牛卡纸、涂布白面牛卡纸、纸管原纸、高强瓦楞原纸

主要纤维原料：木浆、白纸边、页子纸、书本纸、混合书本、美废、国废、日废等
纸机总数：5 台

【主要生产线】

主要制浆生产线

生产线名称	纤维原料	制浆方法	主体设备供货厂商	产品品种	生产能力/(万吨/年)	投产时间
1 号线	木浆、白纸边、页子纸、废报纸、美废、国废、日废	废纸	济宁华一轻工机械有限公司	BKP、白纸边浆、DIP、OCC 浆	11.7	2004－06
2 号线	木浆、白纸边、页子纸、废报纸、美废、国废、日废	废纸	凯登制浆设备(中国)有限公司	BKP、白纸边浆、DIP、OCC 浆	20.9	2006－11
3 号线	国废	废纸	凯登制浆设备(中国)有限公司	OCC 浆	5.4	2008－11
4 号线	国废、美废	废纸	凯登制浆设备(中国)有限公司	OCC 浆	19.1	2008－10
5 号线	木浆、页子纸、书本纸、混合书本、美废、国废、日废	废纸	凯登制浆设备(中国)有限公司	BKP、DIP、OCC 浆	45.6	2010－10

主要造纸生产线

生产线名称	纸机			主体设备供货厂商	产品品种	纤维原料	生产能力/(万吨/年)	投产时间
	网部形式	幅宽/毫米	工作车速/(米/分)					
1 号线	四叠网	3400	516	江苏省太仓市国球造纸机械有限公司	白面牛卡纸	BKP、DIP、OCC 浆	12.0	2004－06
2 号线	四叠网	4500	746	昆山市中联第一造纸机械厂	白面牛卡纸	BKP、DIP、OCC 浆	21.6	2006－11
3 号线	长网	3200	605	山东昌华造纸机械有限公司	瓦楞原纸	OCC 浆	5.9	2008－11
4 号线	三叠网	3200	330	山东海天造纸机械有限公司	纸管原纸	OCC 浆	20.3	2008－10
5 号线	三叠网	6600	927	美卓公司	白面牛卡纸、涂布白面牛卡纸	BKP、DIP、OCC 浆	54.0	2010－10

（山东世纪阳光纸业集团有限公司）

金东纸业(江苏)股份有限公司

Gold East Paper (Jiangsu) Co., Ltd.

【企业概况】

金东纸业(江苏)股份有限公司(简称“金东纸业”)地处长江第三大港——江苏省镇江大港，占地面积533公顷，总投资35.1亿美元，年产铜版纸200万吨以上，已成为世界上单厂规模最大的铜版纸生产企业。

作为金光集团APP中国的旗舰企业，金东纸业秉承集团永续经营的理念，不断实践着循环经济和绿色造纸，走出了一条可持续发展的新型工业化道路，迄今环保投入已超17亿元。金东纸业在环保建设中所做的努力得到了我国各级政府的充分肯定，2003年获得“国家环保百佳工程”，2004年获得了国家环保最高荣誉——“国家环境友好企业”称号。2006年3月，再次得到全国绿化委员会通报表彰，也是全国172个“绿化模范单位”中唯一受到表彰的造纸企业。2007年1月，金东纸业被国家旅游总局评为工业旅游示范点(造纸行业第一家)。2011年1月，金东纸业获得中国环境标志(Ⅱ型)产品认证证书，同年荣获“2010—2011年度中国造纸工业环境友好企业”称号。2012年被列为国家“资源节约型环境友好型企业”首批创建试点企业。2013年被评为国家重点行业“清洁生产示范企业”。

成立至今，金东纸业连续多年入选“中国500强企业”和“中国企业效益200佳”排行榜。在管理领域，金东纸业将6Sigma、CTR等先进工具引入企业管理中，提高了企业运营效率。先后通过了ISO 9001质量管理体系认证、ISO 14001环境管理体系认证、OHSAS 18001职业健康安全管理体系认证和PEFC(森林认证认可计划)认证。

在客服方面，金东纸业在全国配备了高素质的营销和专业客服人员，并开通了800免费服务热线。与此同时，金东纸业还在全球多个国家和地区设立分公司，透过经销商辐射全世界范围内的广大用户，从而与客户、与经销商共同成长，以共创多赢的圆融关系。

金东纸业主要产品有：双面铜版纸、单面铜版纸、亚光铜版纸、轮转铜版纸、数码专用纸、手袋专用纸等。主要品牌有：“太空梭”“东帆”“长鹤”“神盾”“NEVIA”“Space Shuttle”“XPLORE ”“Nireus”“Art-tech”“Sunbrite”等，其中“太空梭”于2007年被认定为“中国驰名商标”，其品牌知名度、满意度、市场占有率排名在全国同行业中遥遥领先，并入选“2014—2016年度江苏省重点培育和发展的国际知名品牌”。

单位地址：江苏省镇江市大港兴港东路8号 邮编：212132

联系电话：0511-88998888 联系传真：0511-88997000

联系邮箱：service@goldeastpaper.com.cn 单位网址：www.goldeastpaper.com.cn

企业性质：中外合资

法人代表：黄志源，经营负责人：胡巧忠，技术负责人：吴国泉

成立时间：1997年，职工总数：4449人，其中技术人员数：1400人

2015年纸和纸板生产量：204.48万吨

2015年销售收入：78.09亿元，利税总额：10.6亿元，利润总额：8.1亿元

主要产品：单面铜版纸、双面铜版纸、亚光铜版纸、轮转铜版纸、数码专用纸

主要纤维原料：原生木浆

纸机总数：3台

【主要生产线】

主要造纸生产线

生产线名称	纸机			主体设备供货厂商	产品品种	纤维原料	生产能力/(万吨/年)	投产时间
	网部形式	幅宽/毫米	工作车速/(米/分)					
福伊特纸机	夹网	9770	1500	福伊特公司	双胶纸和涂布原纸	原生木浆	54	1999－02
福伊特纸机	夹网	9770	1500	福伊特公司	双胶纸和涂布原纸	原生木浆	54	1999－05
美卓涂布机		9770	1700	维美德公司	铜版纸	原生木浆	60	1999－06
美卓涂布机		9770	1700	维美德公司	铜版纸	原生木浆	60	2001－08
集造纸涂布于一体纸机	夹网	10600	1700	福伊特公司	不含磨木浆涂布纸、铜版纸	原生木浆	70	2005－05

〔APP(中国)〕

中国纸业投资有限公司

China Paper Corporation

【企业概况】

中国纸业投资有限公司(简称“中国纸业”)是国务院国资委监管的大型企业集团——中国诚通控股集团有限公司的全资子公司，是以林浆纸生产、开发及利用为主业的国有大型企业。产品涵盖纸浆、文化用纸、涂布白纸板、特种纸等多个领域，品种多达数十种，质量和生产量居国内造纸行业前列。目前，中国纸业旗下控股3家上市公司：粤华包B(200986)、冠豪高新(600433)、岳阳纸业(600963)，另外托管一家上市公司美利纸业(000815)。

中国纸业致力于发展成为具有市场领导地位的国际化纸业集团，在不断完善产业链的同时，自觉履行社会责任，实现绿色环保，提供更加优质的产品和服务，向股东回馈更加丰厚的回报。

单位地址：北京市丰台区南四环西路188号总部基地六区17号楼　邮编：100070

联系电话：010－83673111　联系传真：010－83673151

单位网址：www. chinapaper. com. cn

企业性质：国有企业

法人代表：童来明，经营负责人：童来明，技术负责人：吴义荣

成立时间：1988年，职工总数：11514人，其中技术人员数：918人

2015年纸浆生产量：25万吨，纸和纸板生产量：176万吨

2015年销售收入：196亿元，利润总额：4.65亿元

主要产品：白卡纸、白纸板、文化用纸、薄型包装纸、特种纸、溶解浆

主要纤维原料：木材、芦苇、废纸

纸机总数：38台

蒸(球)煮器总数：10台

【子公司简介】

珠海经济特区红塔仁恒纸业有限公司

Zhuhai S. E. Z. Hongta Renheng Paper Co., Ltd.

珠海经济特区红塔仁恒纸业有限公司(简称“红塔仁恒”)是由云南红塔集团有限公司和新加坡仁恒工业有限公司于1991年共同投资兴建的集现代化机械设备和技术于一体的大型现代化造纸企业。

红塔仁恒位于珠海市前山工业区，占地面积34公顷，现有2条总生产能力30万吨/年造纸生产线，主要产品为高档涂布白卡纸。公司的主要技术装备分别从芬兰、奥地利、德国等国家引进。珠海华丰纸业有限公司(简称“珠海华丰”)为红塔仁恒的全资子公司，位于珠海市高栏港，现有1条生产线，项目总投资15亿元，设计生产能力30万吨/年高档涂布白纸板，设计车速700米/分，幅宽4650毫米，全套纸机设备由美卓公司提供。2010年经过技术改造后可同时生产高档涂布白卡纸及高档涂布白纸板。

公司主导产品有：“红塔”牌高档涂布白卡纸、液体食品无菌包原纸、食品包装涂布白卡纸、防伪涂

布白卡纸、“银冠”牌高档涂布白卡纸、“红梅”牌高档涂布白卡纸以及“金丰”和“蓝丰”牌高档涂布白纸板。

红塔仁恒是世界上屈指可数的能够同时生产烟卡、利乐包、屋顶包及SIG康美包的造纸企业，公司产品多次荣获国家和地区科技奖。公司曾获“广东省企业100强”和“广东省服务行业100强”称号；公司被评定为“广东省高新科技企业”；“红塔”牌高档涂布白卡纸被评为“广东省名牌产品”。

2006年，红塔仁恒通过了质量、环境、职业健康安全及食品安全管理体系认证；2007年，公司建立了FSC－COC产销监管链体系并通过了世界著名的认证行SGS的认证审核。珠海华丰在2008年通过了BSI公司ISO 9001、ISO 14001、OHSAS 18001三标一体管理体系认证；2010年，通过FSC森林管理体系认证。

公司从建立以来就一直重视环境保护，坚持走可持续发展道路，2008—2009年，公司连续2年被评为“环保诚信企业”，为公司产品顺利进入欧美市场提供了绿色通行证。

广东冠豪高新技术股份有限公司

Guangdong Guanhao High－tech Co.，Ltd.

广东冠豪高新技术股份有限公司(简称“冠豪高新”)是国家级重点高新技术企业，公司于1993年筹建，1995年初建成投产，是国内首家大规模生产热敏纸的专业公司和国内目前生产设备及工艺最先进的大型无碳复写纸、不干胶标签材料生产基地。公司于2003年公开发行A股，在上海证券交易所挂牌上市，证券代码：600433，证券简称：冠豪高新。

冠豪高新从欧洲相继引进代表世界先进水平的生产线，现拥有2条原纸生产线、6条涂布生产线，原纸年生产能力18万吨，涂布纸年生产能力20万吨。公司拥有湛江冠龙纸业有限公司和广东冠豪新港印务有限公司2家全资子公司，湛江冠龙纸业有限公司为冠豪高新配套生产优质无碳复写纸、热敏纸、CF纸、防伪纸等特种纸原纸；广东冠豪新港印务有限公司是商业表格印刷品、彩色印刷品、特种印刷品以及办公用纸、仪器仪表记录纸的生产基地，为华南地区品种最齐全的大型票据印刷企业之一。

公司拥有“冠豪”“豪正”“豪印”“豪新”牌系列产品，其中“冠豪”商标荣获“广东省著名商标”和“中国驰名商标”称号，“冠豪”牌无碳复写纸获“广东省名牌产品”称号。公司的无碳复写纸产品广泛应用于税务、邮政、银行、商业等各行各业；热敏纸产品广泛用于票据、标签、传真、收银及ATM用纸，其中公司自主研发的三防特种热敏纸应用于中国体育彩票、中国福利彩票、民航登机卡及铁路列车票等高端产品；不干胶标签材料广泛应用于物流、医药、日化、食品、酒类等行业的可变信息标签、防伪标签及基础标签，质量达到国际先进水平。

公司于1997年6月被国家科学技术委员会认定为“国家火炬计划重点高新技术企业”，1999年通过了ISO 9001质量管理体系认证，2006年获中启计量认证中心的AAA级测量管理体系认证证书，2011年11月获森林管理委员会颁发的FSC－COC认证证书。

公司始终坚持对技术创新和产品开发的高投入，拥有广东省唯一的省级特种纸工程技术研究开发中心，多项技术填补了国内空白，先后获得5项无碳纸产品技术发明专利，科研与技术开发能力在同行业中处于领先水平。

冠豪高新在北京、上海、广州设立了三大销售公司，以及在全国各大城市设立了13个销售办事处，同时建立了湛江、广州、上海、北京4个不干胶分切配送中心，产品直接销售到全国各地，并远销到美洲、欧洲、大洋洲、非洲、东南亚等地区。

公司东海岛特种纸及涂布纸产业基地项目于2014年投产。新建特种纸原纸生产线及涂布纸加工生产线，并迁建现厂区的6条涂布生产线。冠豪高新将继续发挥在国内特种纸生产制造领域领军者的优势，实施增长型战略，进一步完善产品结构布局，积极拓展造纸相关产业，成为全球特种纸行业的龙头企业。

泰格林纸集团股份有限公司

Tiger Forest & Paper Group Co., Ltd.

泰格林纸集团股份有限公司(简称“泰格林纸”)主要从事林业经营，以及文化用纸、工业包装纸和商品木浆的生产与销售，是湖南“林纸一体化”产业的支撑企业和“双百”工程的重点企业。公司是国家级农业产业化龙头企业，属于典型的涉农企业，解决的就业人员和直接的相关利益主题包括数万名产业工人、湖区数十万苇农、林区数百万林农。公司在维护地方社会稳定、支撑地方经济健康发展、支农促农方面担负着重大责任。

公司是国有造纸企业的旗舰，下辖岳阳、益阳、永州、怀化四大原料基地和生产基地，纸及商品浆生产能力达到 190 万吨/年，拥有自营纸材林基地 13.33 万公顷，加上订单、合作造林、收购青山等营林模式，公司可控林业资源超过 33.33 万公顷。公司总部位于长沙经济技术开发区，是整个集团的管理和资本运作中心，下属共 10 余家子公司，其中由泰格林纸集团控股的岳阳纸业股份有限公司(简称“岳阳纸业”)已于 2004 年 5 月 25 日在上海证券交易所成功上市。

秉承“承载文明、装点生活，为顾客创造价值”的企业使命，继承“先忧后乐”的湘楚文化精髓，公司推出“泰格风”“泰格雅”“泰格颂”系列产品，其中主要产品轻涂纸、轻型纸、静电复印纸、书写纸、精品牛皮纸、纸袋纸以及长纤维商品木浆等畅销全国各地和东亚、西亚、东南亚、北非等地区。

公司为国家首批“两型”创建试点企业；公司产品于 2006 年通过了 ISO 14001:2004 环境管理体系以及 GB/T 28001—2001 职业健康安全管理体系认证，成为国内为数不多的“质量、环境、职业健康安全”管理体系认证企业之一；2009 年获得 FSC 森林管理体系认证。泰格林纸产品曾荣获“国家质量金奖”“全国用户满意产品奖”。

泰格林纸汇聚了当今世界最先进的制浆造纸生产线、国内最多元化的自制浆生产线、全国最大的自营纸材林基地。有了央企的强大支撑以后，泰格林纸将以湖南作为战略核心，布局西南、东南沿海以及东南亚等海外战略要点，以资源控制为主要着力点，继续推进和优化以林、浆为重点的林浆纸产业链。

【主要生产线】

公司名称	生产线名称	纸机			主体设备供货厂商	产品品种	纤维原料	生产能力/(万吨/年)	投产时间
		网部形式	幅宽/毫米	工作车速/(米/分)					
红塔仁恒	1 号线	三叠网	2460	300	福伊特公司	涂布白卡纸	木浆	7	1995
红塔仁恒	2 号线	三叠网+顶网	4260	600	福伊特公司	涂布白卡纸	木浆	21	1999
珠海华丰	3 号线	四叠网+顶网	4650	700	美卓公司	高档涂布白纸板	木浆	30	2006
冠豪高新	原纸生产线	长网	3320	1000	维美德公司	无碳复写纸、原纸	木浆	6	2000
岳阳安泰	圆网多缸纸机	四圆网	1600	60	岳阳国泰机械制造有限公司	箱纸板	浆渣、废纸	1.2	1995
湘江纸业	1 号纸机	顶网	3300	500	岳阳国泰机械制造有限公司	精品包装纸	木浆	6.2	2006
湘江纸业	2 号纸机	顶网	3300	500	岳阳国泰机械制造有限公司	伸性包装纸	木浆	6.1	2006
湘江纸业	3 号纸机	顶网	2400	250	岳阳国泰机械制造有限公司	工业包装纸	木浆	2.7	2002

续表

公司名称	生产线名称	纸机			主体设备供货厂商	产品品种	纤维原料	生产能力/(万吨/年)	投产时间
		网部形式	幅宽/毫米	工作车速/(米/分)					
湘江纸业	4 号纸机	长网	3400	350	岳阳国泰机械制造有限公司	工业包装纸	木浆	3.6	2003
湘江纸业	6 号纸机	顶网	1760	250	零陵轻工机械厂	工业包装纸	木浆	1.6	1996
湘江纸业	7 号纸机	长网	1760	80	上海造纸机械厂	工业包装纸	木浆	0.9	1977
岳阳纸业	1 号纸机	顶网	3940	650	芬兰 BELOIT 公司	颜料整饰胶版纸 B	木浆、苇浆、废纸	6.5	1968
岳阳纸业	2 号纸机	长网	1760	280	上海造纸机械厂	轻型纸	木浆、苇浆、废纸	1.3	1985
岳阳纸业	3 号纸机	顶网	3800	850	法国 SAKKO-POYRYSA 公司	食品包装纸	木浆、苇浆、废纸	10	1998
岳阳纸业	4 号纸机	长网	2362	250	上海造纸机械厂	工业淋膜原纸	木浆、苇浆、废纸	1.3	1976
岳阳纸业	5 号纸机	长网	2362	250	上海造纸机械厂	工业淋膜原纸	木浆、苇浆、废纸	1.3	1976
岳阳纸业	8 号纸机	夹网	6400	1600	美卓公司	轻涂纸	木浆、苇浆、废纸	25	2003
岳阳纸业	9 号纸机	顶网	5280	1400	福伊特公司	静电复印纸、高白双胶纸	木浆、苇浆、废纸	20	2009
岳阳纸业	10 号纸机	顶网	5280	1400	福伊特公司	静电复印纸、高白双胶纸	木浆、苇浆、废纸	20	2009
沅江纸业	6 号纸机	顶网	3520	600	岳阳国泰机械制造有限公司	胶版纸	木浆、苇浆	8	2005
沅江纸业	7 号纸机	长网	2362	240		书写纸	木浆、苇浆	1.2	
沅江纸业	8 号纸机	长网	2362	240		书写纸	木浆、苇浆	1.2	
沅江纸业	9 号纸机	长网	1760	260	上海造纸机械厂	道林纸	木浆、苇浆	0.95	1987
沅江纸业	10 号纸机	长网	1760	260	上海造纸机械厂	道林纸	木浆、苇浆	0.95	1987
沅江纸业	11 号纸机	长网	2640	300	岳阳国泰机械制造有限公司	书写纸	木浆、苇浆	2.9	2005
沅江纸业	12 号纸机	长网	2640	300	岳阳国泰机械制造有限公司	书写纸	木浆、苇浆	2.9	2005
洪江纸业	2 号纸机	长网	1575	200	岳阳国泰机械制造有限公司	精制牛皮纸	木浆	1.0	2007
洪江纸业	3 号纸机	长网	1575	160	河南省沁阳造纸机械厂	牛皮纸	木浆	1.0	2008
洪江纸业	4 号纸机	长网	2040	120	西安造纸机械厂	纸袋纸	木浆	1.2	1985
洪江纸业	5 号纸机	长网	1760	120	零陵轻工机械厂	牛卡纸	木浆	1.1	1992
洪江纸业	6 号纸机	四圆网	1600	60	湖北沙市轻工机械厂	本色浆板	木浆	1.7	2001

（王杨弘）

亚太森博(山东)浆纸有限公司

Asia Symbol (Shandong) Pulp and Paper Co., Ltd.

【企业概况】

亚太森博(山东)浆纸有限公司是目前我国最大的木浆生产企业,运营着世界上单条规模最大、工艺技术装备和环保水平领先的木浆生产线,是浆纸行业产业升级、技术进步、绿色发展的标杆企业。2015年,公司作为主要受托单位参与国家漂白硫酸盐木浆行业标准的起草。

公司已完成179亿元的投资,年产液体包装纸板、食品卡、烟卡等高档纸板和高档化学木浆合计250万吨。公司环保投资达40亿元,无论是环保投资总额还是占总投资的比例,均创国内单个浆纸工厂之最。公司的工艺技术装备和主要环保指标处于行业世界领先水平。

公司引进新加坡的设计和技术,建成的城市中水回用项目,平均每天可回收日照市污水处理厂中水4万$米^3$,处理后用于锅炉和循环冷却水补水。该项目每年可节约原水1000多万$米^3$,节约的水量可供10万个普通家庭(约30万人)使用,同时减少污染物的排放,使城市生态环境处于更为良好的平衡状态。该项目被评为全国外商投资企业最佳社会责任案例和《WTO经济导刊》“金蜜蜂奖”。该项目模型已进入国家环保宣教基地进行展示推广。

公司秉承“利民、利国、利业”的经营理念,坚持经济效益和社会效益相结合。公司已累计投入9000万元用于救灾、文化、教育、扶贫、环保等社会公益事业。

公司已通过国际ISO 9001质量管理、ISO 14001环境管理、OHSAS 18001职业健康安全管理、PEFC-COC林产品产销监管链认证、食品包装纸FSSC 22000认证、QS许可认证及中国合格评定国家认可委员会(CNAS)认可。

单位地址:山东省日照市北京路369号 邮编:276826

联系电话:0633-3361270 联系传真:0633-3361280

联系邮箱:xiaolei_yang@asiasymbol.com 单位网址:www.asiasymbol.com

企业性质:中外合资

法人代表:李建绍,经营负责人:汪 波,技术负责人:陈德海

成立时间:2005年8月,职工总数:2038人

2015年纸浆生产量:155万吨,纸和纸板生产量:34万吨

2015年销售收入:72亿元,利税总额:2.94亿元,利润总额:0.18亿元

主要产品:漂白硫酸盐阔叶木浆、高档白卡纸、液体包装纸板

主要纤维原料:桉木、相思木

纸机总数:2台

蒸(球)煮器总数:2台

【主要生产线】

主要制浆生产线

生产线名称	纤维原料	制浆方法	蒸煮器	主体设备供货厂商	产品品种	生产能力/(万吨/年)	投产时间
一期制浆生产线	相思木、桉木	漂白硫酸盐制浆法	低固形物连续蒸煮	安德里茨公司	漂白硫酸盐阔叶木浆	31.5	2002-10
二期制浆生产线	相思木、桉木	漂白硫酸盐制浆法	紧凑蒸煮 G2 技术	美卓公司	漂白硫酸盐阔叶木浆	100	2010-11

主要造纸生产线

生产线名称	纸机			主体设备供货厂商	产品品种	纤维原料	生产能力/(万吨/年)	投产时间
	网部形式	幅宽/毫米	工作车速/(米/分)					
一期纸板生产线	多网	3625	600	福伊特公司	高档白卡纸板	化学浆、机械浆	17	2002-10
液体包装纸板生产线	多网	4600	1000	福伊特公司	液体包装纸板	化学浆、机械浆	30	2014-06

（杨晓雷）

广西金桂浆纸业有限公司

Guangxi Jingui Pulp & Paper Co., Ltd.

【企业概况】

广西金桂浆纸业有限公司(简称“金桂”)是 APP(中国)在华投资建设的大型制浆造纸企业，也是目前国内最早实现林浆纸一体化的企业之一。金桂厂区占地面积 220 多公顷，总投资 117 亿元，现已建成年产 75 万吨化学机械浆和 100 万吨白卡纸的生产线，拥有原料林基地 9 万公顷。

金桂是目前国内最大的化学机械浆生产企业，生产的“金钱豹”牌化学机械浆为纯桉木原生木浆，其产品松厚度高、白度好，可用于抄造多种纸和纸板。金桂拥有目前世界上最长、最快、最先进的机内涂布白卡纸生产线，纸机设计车速 1400 米/分，净纸宽 8100 毫米，所生产的白卡纸产品印刷适性好，主打的食品级白卡纸适用于食品、药品、化妆品、香烟等产品的包装。“四季桂”“富桂”“金蝶兰”等多个品牌产品畅销国内外。

金桂于 2011 年 6 月通过了 ISO 9001 质量管理、ISO 14001 环境管理、OHSAS 18001 职业健康安全管理三大体系认证。2012 年 9 月通过 PEFC - COC 产销监管链体系认证。2013 年 10 月取得食品用纸包装容器等纸制品生产许可证。

金桂是国家林业重点龙头企业、广西林业产业龙头企业，还先后荣获“中国林业产业突出贡献奖”“安全生产标准化二级企业”“广西北部湾经济区优秀创业企业”“广西五一劳动奖状”等多项荣誉称号。

金桂将透过林浆纸一体化，实践绿色循环，传承造纸文明，提升生活质量，致力于创造中国食品级白卡纸第一品牌，积极履行社会责任和经济责任，不断推动中国造纸业的现代化革新。

单位地址：广西壮族自治区钦州市钦州港金光工业园　邮编：535008

联系电话：0777 - 3698888　联系传真：0777 - 3696666

联系邮箱：gxjg3696666@163.com　单位网址：www.appjg.com.cn

企业性质：中外合资

法人代表：黄志源，经营负责人：李俊逸，技术负责人：周雪林

成立时间：2003 年，职工总数：2000 人，其中技术人员数：1250 人

2015 年纸浆生产量：66.5 万吨，纸和纸板生产量：91 万吨

2015 年销售收入：45.57 亿元

主要产品：化学机械浆、单面涂布白卡纸、高松厚度单面涂布白卡纸、超高松厚度艺能卡纸、单面涂布食品白卡纸、超高松厚度食品卡纸、超高松厚度餐盒原纸、超高松厚度纸杯原纸、超高松厚度面碗原纸、高档纸杯原纸

主要纤维原料：桉木

纸机总数：1 台

【主要生产线】

主要制浆生产线

生产线名称	纤维原料	制浆方法	主体设备供货厂商	产品品种	生产能力/(万吨/年)	投产时间
化学机械浆生产线	桉木	APMP	安德里茨公司	化学机械浆	75	2011

主要造纸生产线

生产线名称	纸机			主体设备供货厂商	产品品种	纤维原料	生产能力/(万吨/年)	投产时间
	网部形式	幅宽/毫米	工作车速/(米/分)					
白卡纸生产线	三长网	8100	1000～1200	福伊特公司	高档白卡纸	桉木浆	100	2013

〔APP(中国)〕

金红叶纸业集团有限公司

Gold Hongye Paper Group Co., Ltd.

【企业概况】

金红叶纸业集团有限公司由 APP(中国)1996 年投资建设，专业生产、销售生活用纸系列产品，产品主要包括：卫生纸、面巾纸、手帕纸、餐巾纸、厨房纸巾、擦手纸和湿巾等。主要品牌有："唯洁雅""清风"和"真真"。

目前公司拥有 6 个原纸生产基地，分布在江苏苏州、海南海口、湖北孝感、辽宁沈阳、四川遂宁和四川雅安。在天津、沈阳、成都、武汉、福州、广东、海南、青岛等地设有后加工基地，并设有遍布全国的营运销售网络。

单位地址：江苏省苏州市工业园区胜浦分区金胜路 1 号　邮编：215126
联系电话：0512－62810228　联系传真：0512－62818276
联系邮箱：customer_service@ghy.com.cn　单位网址：www.ghy.com.cn

企业性质：外商独资
法人代表：黄志源
2015 年纸和纸板产能：157 万吨
主要产品：生活用纸
主要纤维原料：木浆
纸机总数：45 台(至 2015 年)

【主要生产线】

主要造纸生产线

生产基地	产品品种	纤维原料	生产能力/(万吨/年)	纸机台数
江苏苏州	生活用纸	木浆	43	12
海南海口	生活用纸	木浆	84	28
湖北孝感	生活用纸	木浆	24	4
辽宁沈阳	生活用纸	木浆	6	1
合　计			157	45

注：至 2015 年，位于四川省的 2 个生产基地尚未投产。

2015 年新增生产线

生产线名称	纸机			主体设备供货厂商	产品品种	纤维原料	生产能力/(万吨/年)
	网部形式	幅宽/毫米	工作车速/(米/分)				
卫生纸机(3 台)	新月型	5630	2000	亚赛利公司	生活用纸	木浆	18

（中国造纸协会生活用纸专业委员会）

宁波亚洲浆纸业有限公司

Ningbo Asia Pulp and Paper Co., Ltd.

【企业概况】

宁波亚洲浆纸业有限公司项目总投资 118 亿元，分期实施建设，一期项目年产能 100 万吨，于 2004 年底建成；二期项目年设计产能 25 万吨，于 2014 年 6 月底投入试生产。

公司现有 2 台大型现代化纸机，配备了世界上最完善的 QCS 质量控制系统及国际领先的 DCS 自动化控制系统，其中 1 台为世界上单机产能最大、生产技术最先进的纸板机。

公司主要生产高档涂布白卡纸、铜版卡纸、扑克牌专用纸、烟包纸等系列产品。其中“金采”牌单面涂布白卡纸，独具抗菌功能，适用于各式需抗菌功能保护的商品包装。扑克牌产品系列中的蓝芯扑克牌纸获国家专利。白纸板系列产品通过中国环境标志 II 型产品认证。

生产经营，环保先行。公司投资 8 亿多元用于环保建设，各项排放指标远低于国家标准。在废水回收利用方面，采用全封闭的白水回收系统，大幅提升了水的循环利用，也成为国内耗水最低的造纸企业之一。公司先后通过 ISO 14001 环境管理体系、ISO 9001 质量管理体系、OHSAS 18001 职业健康安全管理体系、PEFC 森林监管链管理体系认证及 ISO 14064 温室气体排放监管体系核查申明，并获得“浙江省绿色企业”“宁波市‘十一五’节能降耗先进单位”“浙江省中外合资合作百强企业”等荣誉称号。

单位地址：浙江省宁波市北仑区小港青峙工业区宏源路 88 号　邮编：315012

联系电话：0574－86989888　联系传真：0574－86989898

单位网址：www. zhonghua－paper. com

企业性质：中外合资

法人代表：黄志源，经营负责人：王乐祥，技术负责人：王乐祥

成立时间：2002 年，职工总数：1989 人，其中技术人员数：212 人

2015 年纸和纸板生产量：125 万吨

2015 年销售收入：33 亿元，利税总额：2.3 亿元，利润总额：1.6 亿元

主要产品：单面涂布白卡纸、双面涂布环保铜版卡纸、蓝芯/黑芯扑克牌纸、烟包纸等

主要纤维原料：废纸、木浆

纸机总数：2 台

【主要生产线】

主要造纸生产线

生产线名称	纸机			主体设备供货厂商	产品品种	纤维原料	生产能力/(万吨/年)	投产时间
	网部形式	幅宽/毫米	工作车速/(米/分)					
6 号纸机	五层长网	8100	1000	维美德公司	单面涂布白卡纸、双面涂布环保铜版卡纸、蓝芯/黑芯扑克牌纸、烟包纸等	木浆、废纸	100	2004－10
4 号纸机	三层长网	6100	600	维美德公司	单面涂布白卡纸	木浆、废纸	25	2014－06

〔APP(中国)〕

山东泉林纸业有限责任公司

Shandong Tranlin Paper Co., Ltd.

【企业概况】

山东泉林纸业有限责任公司(简称"泉林纸业")是以秸秆制浆造纸综合利用为核心的大型集团化企业。公司通过了国际质量、环境、职业健康与安全三合一管理体系认证和国家AAAA级标准化良好行为企业认证，建有国家级企业技术中心，是国家创新型企业、国家第一批循环经济试点单位、中国造纸行业十强企业。曾荣获"全国五一劳动奖状""全国循环经济工作先进单位""国家级循环经济标准化试点单位""中国工业大奖表彰奖"等多项荣誉称号。

公司主导产品有：秸秆本色浆、本色文化用纸、本色生活用纸、食品包装盒、黄腐酸肥料五大类上百个品种。其中，本色浆系列制品不经传统漂白，环保、健康、安全；黄腐酸肥料产品对农作物提质增产效果明显，且具有提高化肥利用率、减少化肥用量等显著功效，对保障国家粮食安全、发展绿色生态农业具有重要意义。

公司依托自主创新技术，以小麦、玉米等农作物秸秆为原料，构建并不断完善了秸秆生产本色浆制品、制造黄腐酸肥料、废气氨法脱硫后副产品作为制浆化工原料、制浆中段水综合治理后用于农业灌溉和回用于生产4条主要循环经济产业链，被誉为"泉林模式"。"泉林模式"不仅破解了制约造纸企业发展的纤维原料、环境保护和水资源三大技术瓶颈，形成了独特的产业竞争优势，还实现了秸秆资源高附加值全效利用，对传统行业转型升级、新时期农业发展、农民增收、治理大气污染、保护生态环境等具有重大意义。

单位地址：山东省高唐县光明东路15号 邮编：252800
联系电话：0635－3961106 联系传真：0635－3961597
联系邮箱：06353177@163.com 单位网址：www.tranlin.com
企业性质：民营企业
法人代表：李洪法，经营负责人：李洪法，技术负责人：宋明信
成立时间：1976年，职工总数：14000人，其中技术人员数：502人
2015年纸浆生产量：41.53万吨，纸和纸板生产量：77.36万吨
2015年销售收入：132.75亿元，利税总额：16.22亿元，利润总额：11.67亿元
主要产品：精制本色草浆、本色文化用纸、本色生活用纸、本色食品包装盒、黄腐酸肥料
主要纤维原料：本色草浆
纸机总数：10台
蒸(球)煮器总数：6台

(郭希燕)

浙江景兴纸业股份有限公司

Zhejiang Jingxing Paper Joint Stock Co., Ltd.

【企业概况】

浙江景兴纸业股份有限公司经过 31 年发展，由一家名不见经传的造纸作坊发展成为以造纸为龙头、集纸制品加工为一体的上市公司。公司主导产品为牛皮箱纸板、白面牛卡纸、瓦楞原纸、纸箱、生活用纸等系列产品。2006 年 9 月 15 日，景兴纸业(002067)8000 万 A 股在深圳证券交易所上市。通过上市和增发，公司迈入快速发展的轨道。公司先后被上级授予“全国首批资源节约型环境友好型企业试点”“首批国家节水标杆企业”“国家级工程实践教育中心”“国家高新技术企业”“浙江省行业龙头骨干企业”“浙江省绿色企业”，并在同行中率先通过了 ISO 9001 质量体系认证和 ISO 14001 环境体系认证。目前公司拥有 5 条国际国内先进水平的包装纸生产线，3 条生活用纸生产线。

2015 年，公司纸产品生产量及销售量创造了历史新高，30 万吨包装纸及 6.8 万吨生活用纸项目、景包新纸箱流水线等新项目顺利建成投产。2015 年中水回用深度处理系统一期工程累计产水 150 万吨，二期工程正在有条不紊地推进，为进一步节水和减少污染物排放奠定了良好的基础。2015 年股份公司及其子公司实现纸和纸板生产量 110.78 万吨，销售量 109.07 万吨，纸箱产销量 1 亿米^2。

单位地址：浙江省平湖市曹桥街道　邮编：314214

联系电话：0573 - 85960318　联系传真：0573 - 85966983

联系邮箱：zhangaiqi5768924@163.com　单位网址：www.zjjxjt.com

企业性质：民营企业

法人代表：朱在龙，经营负责人：王志明，技术负责人：丁明其

成立时间：1984 年，职工总数：2391 人，其中技术人员数：1896 人

2015 年纸和纸板生产量：110.78 万吨

2015 年销售收入：29.54 亿元，利税总额：1.17 亿元，利润总额：195 万元

主要产品：牛皮箱纸板、白面牛卡纸、瓦楞原纸、生活用纸

主要纤维原料：废纸

纸机总数：8 台

【主要生产线】

主要造纸生产线

生产线名称	纸机			主体设备供货厂商	产品品种	纤维原料	生产能力/(万吨/年)	投产时间
	网部形式	幅宽/毫米	工作车速/(米/分)					
10号箱纸板生产线	四叠网	4800	500	辽阳造纸机械股份有限公司	200~300克/米^2 AJ/UJ箱纸板	面：UKP 衬芯底：LOCC浆/JOCC浆/AOCC浆	20	2002
12号箱纸板生产线	三叠网	5650	1000	美卓公司	110~200克/米^2 AJ/UJ箱纸板	面：UKP 衬芯底：LOCC浆/JOCC浆/AOCC浆	45	2007
13号瓦楞原纸生产线	二网超成形	5200	450	日本小林制作所	110~200克/米^2 AJ/UJ/瓦楞原纸	面：UKP 衬芯底：LOCC浆/JOCC浆/AOCC浆	15	2004
15号白面牛卡纸生产线	三叠网+顶网	4880	700	华东造纸机械有限公司	125~200克/米^2 白面牛卡纸/石膏护面纸	面：NBKP/UBKP 衬：DIP 底：LOCC浆/JOCC浆/AOCC浆	25	2010
16号高强瓦楞原纸生产线	单长网+顶网	5650	1000	维美德公司	70~120克/米^2 AJ瓦楞原纸	LOCC浆/EOCC浆/AOCC浆	30	2015
1号生活用纸机	真空圆网	2850	1800	安德里茨公司	12~24克/米^2 面巾纸、卫生纸、餐巾纸等	100%原生木浆	3	2015
2号生活用纸机	长网	2850	1800	安德里茨公司	12~24克/米^2 面巾纸、卫生纸、餐巾纸等	100%原生木浆	3	2015
3号生活用纸机	真空圆网	2850	800	佛山市南海区宝拓造纸设备有限公司	12~24克/米^2 面巾纸、卫生纸、餐巾纸等	100%原生木浆	0.8	2014

（章爱其）

浙江永正控股有限公司

Zhejiang Yongzheng Holdings Co., Ltd.

【企业概况】

浙江永正控股有限公司位于“中国白纸板基地”——浙江省杭州市富阳区，集造纸、热电、废水处理、造纸废渣处置、科研和贸易为一体，由浙江永泰纸业集团和浙江正大控股集团合并组建而成，下属 11 家子公司，具有装机容量 36 兆瓦自备电站和 10 万米^3/日废水处理站各 1 座。现有职工 3500 余人，专业技术人员占 20% 以上；主要产品有：涂布白纸板、白卡纸、防伪纸、扑克牌纸和特种艺术纸。产品通过了 FSC 森林认证，持有“中国驰名商标”2 个，企业具有自营进出口权，产品广销国内外。

公司坚持“环保立企、品牌强企、科技兴企、文化融企”的战略方针，重视环境保护工作，积极倡导绿色管理，发展循环经济。奉行“以人为本、诚实守信”的经营理念，注重企业和社会效益的经营实效，以质量效益为中心，营造“博爱、真诚、包容、共赢”的人文环境，创造和谐阳光永正。公司建有浙江省级企业技术中心、国家级博士后科研工作站、浙江省院士专家工作站、浙江省企业研究院等平台，研发出了一大批具有自主知识产权的新产品，申请专利 31 项，自主创新能力走在行业前列。

公司秉承“团结、奉献、务实、创新”的企业精神，紧紧围绕“结构调整、产业升级、绿色纸业”三大关键主题推动企业进步，实现公司发展再上新台阶。

单位地址：浙江省杭州市富阳区春江街道造纸工业功能区　邮编：311421

联系电话：0571 - 63583055　联系传真：0571 - 63583055

联系邮箱：zjyt080808@163.com　单位网址：www.yongtaipaper.com

企业性质：民营企业

法人代表：孙柏贵，经营负责人：王文忠，技术负责人：陈献忠

成立时间：2015 年，职工总数：3500 人，其中技术人员数：750 人

2015 年纸和纸板生产量：105.58 万吨

2015 年销售收入：48.63 亿元，利税总额：3.26 亿元，利润总额：2.42 亿元

主要产品：涂布白纸板

主要纤维原料：废纸、木浆

纸机总数：10 台

【主要生产线】

主要造纸生产线

生产线名称	纸机			主体设备供货厂商	产品品种	纤维原料	生产能力/(万吨/年)	投产时间
	网部形式	幅宽/毫米	工作车速/(米/分)					
东恒	长网	4400	500	山东昌华造纸机械有限公司、德国博汉公司	涂布牛卡纸、白底白纸板、灰底白纸板	废纸、木浆	28	2011
永鸿	长网	3400	230	辽阳造纸机械股份有限公司	白卡纸、白底白纸板、灰底白纸板	废纸、木浆	10	2001
永利	长网	2400	230	上海爱建造纸机械有限公司、辽阳造纸机械股份有限公司	灰底白纸板	废纸、木浆	7.8	1997
翔龙	长网	2400	170		灰底白纸板	废纸	5	
光明	长网	4300	660	华东盖康机械公司	高强涂布牛卡纸、灰底白纸板	废纸、木浆	27	2011
宏盛	长网	2640	250	辽阳造纸机械股份有限公司	白底白纸板、灰底白纸板	废纸、木浆	9	2004
文博	长网	2880	250	乐山市成发造纸机械有限公司	灰底白纸板	废纸、木浆	9	2004
正大	长网	1880	180	大宇造纸机械有限公司	灰底白纸板	废纸	5	2004
建新	长网	2640	350	山东昌华造纸机械有限公司	平衡纸	废纸	3.8	2009
国佳	长网	2640	250	辽阳华兴实业有限公司	灰底白纸板、白底白纸板	废纸、木浆	9	2005

（叶　强）

广州造纸集团有限公司

Guangzhou Paper Group Co., Ltd.

【企业概况】

广州造纸集团有限公司(简称“广纸集团”)是集制浆、造纸、热电、环保于一体的大型现代化、综合性高端制造企业。现有资产总额 80 多亿元，纸及纸板年生产能力超过 80 万吨。

主营产品新闻纸的产能规模达 60 万吨/年，生产工艺技术与装备达到了国际先进水平，拥有世界最先进的新闻纸机，单机产能 40 万吨/年，曾创造了世界最快开机车速的世界纪录，为我国南方最大的新闻纸造纸基地，行业排名全国第二，华南地区第一。产品质量优良，畅销全国各地并远销十多个国家和地区。多年来，企业及其产品获得无数奖项和荣誉。

2014—2015 年，广纸集团通过自身的转产转型，对产能富余的新闻纸生产线进行设备技术改造、调整原料结构、工艺优化等，成功研发试卷纸、环保书写纸、环保牛皮纸、淋膜原纸等新产品，实现了应用普通新闻纸机生产多纸种的巨大飞跃。

广纸集团坚持走自主研发和科技创新之路，立足于新产品、新技术的研发，不断开发新资源、推广新技术、应用新装备、改进生产工艺技术。先后组建“广州市制浆造纸重点技术工程研究开发中心”和“广东省级企业技术中心”；建成符合国家工程实验室标准的研发实验室、分析检验室、产品测试室等；配备行业先进的各种制浆造纸实验、分析测试仪器和设备共 300 多台套。近年来获得国家发明专利 5 项；承担并完成 4 项国家、地方及行业标准的研制；10 多个科研项目成果荣获政府、行业科技奖；培养出技术能力强、专业水平高的研发人才队伍，打造出行业领先的科研创新体系。

广纸集团倡导低碳环保、绿色办公、绿色出行，拥有领先于行业的清洁生产和节能环保体系。2015 年荣获“广州市清洁生产优秀企业”称号，并持续争创国家“环境友好型”企业。“十二五”期间，万元产值能耗低于广东省行业平均水平，工业“三废”完全实现达标排放，排放指标优于欧洲和国家标准，并首创性建设废渣焚烧锅炉，实现固废的“零排放”。

广纸集团将秉持深耕主业与发展转型并行的“十三五”战略，肩负起国有企业负责任有担当的光荣传统，坚守新闻纸事业，不断开拓创新，发挥自身优势，全面深入推进改革，向着打造“广纸梦、百年店”的目标努力奋斗。

单位地址：广东省广州市南沙区珠江街新广一路 29 号　邮编：511462
联系电话：020－34663302　联系传真：020－34663302
联系邮箱：gzpaper@ oa. gzpaper. cn　单位网址：www. gzpaper. cn
企业性质：国有企业
法人代表：周　耘，经营负责人：周　耘，技术负责人：周　耘
成立时间：1936 年，职工总数：813 人，其中技术人员数：190 人
2015 年纸浆生产量：53 万吨，纸和纸板生产量：52 万吨
2015 年销售收入：18. 4 亿元，利税总额：8. 9 亿元，利润总额：3. 6 亿元
主要产品：新闻纸、文化用纸、淋膜原纸
主要纤维原料：废纸、废报纸
纸机总数：3 台

【主要生产线】

主要制浆生产线

生产线名称	纤维原料	制浆方法	主体设备供货厂商	产品品种	生产能力/(万吨/年)	投产时间
PM9 脱墨生产线	废报纸	脱墨	福伊特公司、安德里茨公司	脱墨浆	47	2007
PM1、PM5 脱墨生产线	废报纸	脱墨	福伊特公司、安德里茨公司	脱墨浆	22.8	2006

主要造纸生产线

生产线名称	纸机			主体设备供货厂商	产品品种	纤维原料	生产能力/(万吨/年)	投产时间
	网部形式	幅宽/毫米	工作车速/(米/分)					
PM9	立式夹网	10200	1750	美卓公司	新闻纸	100%脱墨浆	35	2007
PM1	水平夹网	4880	1550	美卓公司	新闻纸、环保书写纸、环保牛皮纸	100%脱墨浆	15	2006
PM5	叠网	3950	700	美卓公司	新闻纸、环保书写纸、试卷纸、环保牛皮纸、淋膜原纸	100%脱墨浆	6	1956

（王向华）

恒安国际集团有限公司

Hengan International Group Co., Ltd.

【企业概况】

恒安国际集团有限公司(简称“恒安集团”)，是最早进入我国卫生巾市场的企业之一，是目前国内最大的生活用纸和卫生用品企业。生产和经营领域涉及妇幼卫生用品和家庭生活用纸两大系列，销售和分销网络覆盖全国。恒安集团于 1998 年在香港成功上市。2015 年，生活用纸业务占整体收入的 44.2%，达到 108.0 亿港元。

恒安集团以中国驰名商标“安尔乐”和“心相印”，以及“安乐”“七度空间”“安儿乐”“安而康”等著名品牌为依托，生产与销售 100 多个规格、品种的妇女卫生巾、婴儿纸尿裤和成人纸尿裤、湿巾，以及纸巾纸、卫生纸等生活用纸系列产品。其中，生活用纸原纸在湖南常德、山东潍坊、福建晋江、安徽芜湖、重庆巴南设有 5 个生产基地。

单位地址：福建省晋江市安海镇恒安工业城　邮编：362261
联系电话：0595－85708749　联系传真：0595－85708666
联系邮箱：hengan@ hengan. com　单位网址：www. hengan. com. cn
企业性质：民营企业
法人代表：许连捷
成立时间：1985 年
2015 年纸和纸板产能：102 万吨
2015 年销售收入：244.5 亿港元，利润总额：40.5 亿港元
主要产品：生活用纸、卫生用品
主要纤维原料：木浆
纸机总数：18 台

【主要生产线】

主要造纸生产线

生产基地	产品品种	纤维原料	生产能力/(万吨/年)	纸机台数
湖南常德	生活用纸	木浆	30	6
山东潍坊	生活用纸	木浆	18	3
福建晋江	生活用纸	木浆	30	5
安徽芜湖	生活用纸	木浆	12	2
重庆巴南	生活用纸	木浆	12	2
合　计			102	18

2015 年新增生产线

生产线名称	纸机			主体设备供货厂商	产品品种	纤维原料	生产能力/(万吨/年)
	网部形式	幅宽/毫米	工作车速/(米/分)				
卫生纸机	新月型	5600	1800	安德里茨公司	生活用纸	木浆	6

（中国造纸协会生活用纸专业委员会）

大河纸业有限公司

Dahe Paper Co., Ltd.

【企业概况】

大河纸业有限公司(简称“大河纸业”)系河南投资集团全资子公司，注册资金25亿元，企业资产总规模70亿元，受河南投资集团委托，按照集团化、精细化、专业化的要求，专业经营林、浆、纸、板业务。旗下控股浆、纸、板企业5家，分别为濮阳龙丰纸业有限公司、驻马店市白云纸业有限公司、焦作瑞丰纸业有限公司、周口大河林业有限公司和大河纸业(香港)有限公司。

大河纸业主要经营中高档全木浆文化用纸(双胶纸、涂布纸、静电原纸等)、APMP杨木化学机械浆(湿浆、浆板)、中高密度纤维板生产和销售业务。目前文化用纸年产能突破65万吨、杨木化学机械浆年产能达35万吨、中高密度纤维板年产能22.5万米^3，拥有林地1.67万公顷，是河南省首批林浆纸一体化示范企业。

大河纸业主要生产设备包括1条美卓公司立式夹网纸机生产线、1条安德里茨公司长网纸机生产线、1条德国迪芬巴赫公司中高密度纤维板生产线、2条安德里茨公司杨木化学机械浆生产线、1条ECF漂白工艺生产线和多条国产纸机生产线。拥有“纸立方”“云时代”“丰赢”“云之彩”“丰朵”等多个文化用纸知名品牌和“丰”“云台”“大河天”等化学机械浆、纤维板品牌。其中，公司全木浆文化用纸还远销中东、东南亚、南美等多个国家和地区，深得广大用户的一致好评。

今天，大河纸业正在以饱满的热情、优质的产品、完善的服务，在“尊重客户，尊崇自然”的理念指导下飞速发展，阔步向前。

单位地址：河南省郑州市农业路41号河南投资大厦10楼　邮编：450008

联系电话：0371－69515191　联系传真：0371－69158697

联系邮箱：dhzy@dahepaper.com　单位网址：www.dahepaper.com

企业性质：国有企业

法人代表：郭　辉，经营负责人：王　根

成立时间：2010年，职工总数：3300人，其中技术人员数：470人

2015年纸浆生产量：35万吨，纸和纸板生产量：65万吨，纤维板生产量：22万米^3

2015年销售收入：42亿元

主要产品：50～120克/米^{2}胶版纸、米黄书写纸、复印纸、50～120克/米^{2}亚光和高光涂布纸，热敏原纸、铸涂原纸，镂铣门板、模压门板、砂光板、压光板等中高密度纤维板，杨木化学机械浆湿浆、浆板等

主要纤维原料：漂白硫酸盐针叶木浆(NBKP)、漂白硫酸盐阔叶木浆(LBKP)、碱性过氧化氢机械浆(APMP)

纸机总数：7台

蒸(球)煮器总数：5台

【主要生产线】

主要制浆生产线

生产线名称	纤维原料	制浆方法	蒸煮器	主体设备供货厂商	产品品种	生产能力/(万吨/年)	投产时间
瑞丰化学机械浆生产线	杨木片	APMP		安德里茨公司	APMP 杨木浆	15	2006－04
龙丰化学机械浆生产线	杨木片	APMP		安德里茨公司	APMP 杨木浆	12	2005－11
白云二期制浆	麦草、木片	无元素氯漂白	连续蒸煮管	安德里茨公司	ECF 麦草浆、木浆	8	2013－07

主要造纸生产线

生产线名称	纸机			主体设备供货厂商	产品品种	纤维原料	生产能力/(万吨/年)	投产时间
	网部形式	幅宽/毫米	工作车速/(米/分)					
龙丰纸机	夹网	7280	1400～1500	美卓公司	胶版纸、轻涂纸、复印纸、热敏纸、食品包装纸等	NBKP、LBKP、APMP	33	2008－12
白云 8 号机	长网	5850	1300～1400	福伊特公司	胶版纸、复印纸、热敏纸等	NBKP、LBKP、APMP	22	2012
白云 4 号、5 号、6 号、7 号机	长网	2640	200	宜宾造纸设备厂	胶版纸、轻型纸、书本纸等	NBKP、LBKP、APMP	5	2005－12
白云 1 号机	长网	2640	450	辽阳造纸设备厂	胶版纸、轻型纸、书本纸等	NBKP、LBKP、APMP	5	2002－12

（刘金令）

维达纸业(中国)有限公司

Vinda Paper (China) Co., Ltd.

【企业概况】

维达纸业(中国)有限公司(简称"维达")专注研发生产高档生活用纸。2007年在香港成功上市，时至今日，维达已从一个地方性民营企业成长为一个以"维达"品牌为核心的中国名牌企业。

维达时刻力求创新和进步，并以敏锐的目光洞察市场需求，产品推陈出新以满足消费者不断变化的需求。专注生产卫生卷纸、手帕纸、盒装面巾纸、软包抽取式面巾纸等高品质生活用纸系列产品。2012年开始推出婴儿纸尿裤、卫生巾，以多元化的产品巩固了维达品牌地位。目前在全国有9个生产基地，形成了"米"字形的生产布局。第十个生产基地位于广东省阳江市，2015年9月已奠基。

2014年7月，维达集团以总价11.4亿港元收购爱生雅集团(SCA)在我国内地、香港及澳门的商业营运业务，取得了SCA品牌"Tempo得宝""Dr. P包大人"及"Sealer嘘嘘乐""TORK多康""TENA添宁""Libresse轻曲线""Libero丽贝乐"在我国内地、香港及澳门的商标拥有权或独家使用权。新业务整合有助于维达拓展卫生用品业务，通过各品牌的市场定位及营销策略，提升集团整体市场份额。2016年，维达完成了对爱生雅马来西亚、爱生雅韩国、爱生雅台湾的收购，为维达多元化发展奠定了基础。

单位地址：广东省江门市新会区东候工业开发区　邮编：529100

联系电话：0750-6168535　联系传真：0750-6124027

联系邮箱：guangdong@vinda.com　单位网址：www.vindapaper.com

企业性质：中外合资

法人代表：李朝旺

成立时间：1985年

2015年纸和纸板产能：95万吨

2015年销售收入：97亿港元，利润总额：30亿港元

主要产品：生活用纸、卫生用品

主要纤维原料：木浆

纸机总数：53台

【主要生产线】

主要造纸生产线

生产基地	产品品种	纤维原料	生产能力/(万吨/年)	纸机台数
广东江门新会会城	生活用纸	木浆	6.0	3
湖北孝感	生活用纸	木浆	18.0	13
北京	生活用纸	木浆	3.0	3
四川德阳	生活用纸	木浆	7.5	5
广东江门新会双水	生活用纸	木浆	12.0	6
浙江龙游	生活用纸	木浆	15.0	8
辽宁鞍山	生活用纸	木浆	5.5	4
广东江门新会三江	生活用纸	木浆	20.0	8
山东莱芜	生活用纸	木浆	8.0	3
合　计			95.0	53

2015 年新增生产线

生产线名称	纸机			主体设备供货厂商	产品品种	纤维原料	生产能力/(万吨/年)
	网部形式	幅宽/毫米	工作车速/(米/分)				
卫生纸机(2 台)	新月型	3400	1500	拓斯克公司	生活用纸	木浆	6

(中国造纸协会生活用纸专业委员会)

新乡新亚纸业集团股份有限公司

Xinxiang Xinya Paper Group Co., Ltd.

【企业概况】

新乡新亚纸业集团股份有限公司(简称“新亚纸业集团”)是以制浆造纸为主，集热电联产、医药化工、物流商贸、机械制造、农林开发、环保综合治理于一体的企业集团，年造纸能力70万吨，总资产32.9亿元，是河南省最大的造纸企业，全国制浆造纸30强企业。

新亚纸业集团于2005年顺利通过了ISO 14001环境管理体系认证和ISO 9001质量管理体系认证。质量、成本控制处于国内领先水平。主要产品有涂布白卡纸、胶版印刷纸、书刊纸、彩胶纸、道林纸、口杯原纸、高强瓦楞原纸、静电复印纸、电脑打字纸、轻型纸、生活用纸等数十种。“新亚”“新辉煌”“新锦秀”“新亚雪锦”等品牌荣获“中国名优产品”“河南省十大驰名品牌”“河南省著名商标”称号。

为最大限度地降低对环境的负载，新亚纸业集团先后投资10亿多元引进世界先进的环保技术与设施，先后对废水、废气实施了碱回收、中段水回用、废水深度处理、烟气回收、烟气脱硫脱硝等环保治理系统，以及有机复合肥等固废处理循环经济工程，并不断将其工艺提升改进。不仅废水和烟气的排放指标远优于国家和地方规定的排放标准，而且通过中水回用，包装纸生产实现了零排放，先后获得了由国家、省、市颁发的环境保护领域的多项殊荣。其中，麦草半化学浆黑液碱回收技术荣获“全国节能减排技术二等奖”。

新亚纸业集团在北京、上海、广州、武汉等地设有八大销售区，通过集团强大的销售网络，将产品销往全国各地。

单位地址：河南省新乡纸制品工业园区(107国道686公里处) 邮编：453731

联系电话：0373-5681188 联系传真：0373-5680286

联系邮箱：xinyaren@126.com 单位网址：www.xinyapaper.cn

企业性质：民营企业

法人代表：宋敬志，经营负责人：宋敬亮，技术负责人：王少光

成立时间：2003年，职工总数：4000人，其中技术人员数：500人

2015年纸浆生产量：26.0万吨，纸和纸板生产量：68.6万吨

2015年销售收入：30.50亿元，利税总额：2.14亿元，利润总额：1.37亿元

主要产品：白卡纸、双胶纸、高强瓦楞原纸

主要纤维原料：木片、麦草、废纸

纸机总数：21台

【主要生产线】

主要制浆生产线

生产线名称	纤维原料	制浆方法	蒸煮器	主体设备供货厂商	产品品种	生产能力/(万吨/年)	投产时间
漂白麦草浆生产线	麦草、木皮	碱法	连蒸	天津中轻机械有限公司	化学浆	20	2004
杨木化学机械浆生产线	杨木	化学机械法		安德里茨公司	化学机械浆	10	2008
未脱墨废纸浆线	废纸	碎解筛选		郑州运达造纸设备有限公司	废纸浆	10	2010

主要造纸生产线

生产线名称	纸机			主体设备供货厂商	产品品种	纤维原料	生产能力/(万吨/年)	投产时间
	网部形式	幅宽/毫米	工作车速/(米/分)					
白卡纸	叠网	4260	500	昆山中联造纸设备厂	白卡纸	杨木	15	2008
高强瓦楞原纸	长网	3200	250		高强瓦楞原纸	麦草、废纸	15	2010
文化用纸(4条)	长网	3520 3150 2640	500	辽阳造纸机械股份有限公司	全木浆高档双胶纸、彩胶纸	草浆、全木浆	22	2009
软包	三叠网	3200	250	宜宾造纸机械厂	口杯纸	全木浆	5	2013

（韩丽丽）

无锡荣成环保科技有限公司

Wuxi Long Chen Greentech Co., Ltd.

【企业概况】

无锡荣成环保科技有限公司系苏台合资企业，注册资金 17180 万美元，投资总额 36090 万美元，占地面积 373333 米^2。长期以来全体员工秉持“致力于发展高效率利用资源的技术，制造生活必须的纸制品，我们有责任留给子孙更多的资源及更干净的生活环境”为经营信念。

目前公司生产规模为年产 90 万吨包装箱纸板，分三期投资：一、二期工程投资额为 9800 万美元，PM1 年产 10 万吨高档牛皮箱纸板于 2000 年投产，PM2 年产 25 万吨高强瓦楞原纸于 2004 年投产；三期工程投资总额 26290 万美元，PM3A 年产 25 万吨低定量高强瓦楞原纸生产线于 2010 年投产，PM3B 年产 30 万吨制浆造纸生产线于 2013 年 7 月投产。

配套环保设施投资 1.17 亿元，设置厌氧 + 好氧 + 深度氧化工艺处理废水，确保废水排水 COD_{Cr} 符合太湖流域国家标准要求的低于 60 毫克/升。

公司有良好的技术开发力、市场开拓力和品质竞争力，在江苏省乃至华东地区有较高的知名度和影响力。公司上下有强烈的环保意识，先后荣获“江苏省优秀包装企业”“中国 200 强先进包装企业”“江苏省环保先进企业”“全国模范职工之家”“全国五一劳动奖状”等称号。

单位地址：江苏省无锡市惠山区洛社镇中兴西路 43 号　邮编：214187
联系电话：0510－83316666　联系传真：0510－83311826
联系邮箱：w5015@longchengreentech.com　单位网址：www.longchengreentech.com

企业性质：苏台合资

法人代表：陶龙法，经营负责人：姚长坤，技术负责人：高威宏

成立时间：1997 年，职工总数：970 人，其中技术人员数：100 人

2015 年纸和纸板生产量：94 万吨

2015 年销售收入：22.08 亿元，利税总额：17500 万元，利润总额：7500 万元

主要产品：工业包装纸

主要纤维原料：废纸

纸机总数：4 台

【主要生产线】

主要造纸生产线

生产线名称	纸机		主体设备供货厂商	产品品种	纤维原料	生产能力/(万吨/年)	投产时间
	幅宽/毫米	工作车速/(米/分)					
PM1	3200	480	裕力机械股份有限公司	纸板	废纸	10	2000
PM2	4650	600	裕力机械股份有限公司	瓦楞原纸	废纸	20	2004
PM3A	6600	825	韩国金星造纸技术有限公司、福伊特公司	瓦楞原纸	废纸	20	2010
PM3B	6600	825	裕力机械股份有限公司、福伊特公司	纸板	废纸	20	2013

（许武军）

芬欧汇川(中国)有限公司

UPM (China) Co., Ltd.

【企业概况】

芬欧汇川(中国)有限公司(简称“芬欧汇川”)是芬欧汇川集团的全资子公司，是芬兰在华最大的单项投资项目，总投资额已达到20亿美元，年生产能力为140万吨，是我国最大的全化学木浆胶版纸和复印纸生产企业之一。公司拥有代表当前国际最佳技术的3台纸机生产线，分别于1999年、2005年和2015年投产，同时配备有电厂、废水处理厂、码头等完善的现代化生产设施，集生产、研发、电力、环保、储运设施于一体。公司曾被评为我国进出口“红名单”企业，其自备电厂也成功并入国家华东电网。

芬欧汇川一贯坚持可持续发展的原则，不断提升自身的经济、社会和环境表现。2014年下半年，公司自备电厂现有燃煤锅炉的烟气处理系统顺利完成升级改造，大幅降低了二氧化硫、氮氧化物和烟尘的排放量。2015年，公司又投资600万美元对现有的废水处理厂进行了一系列的优化改造，旨在使其具备独一无二的操控灵活性，同时确保被处理后的废水能够达到最佳的净化效果。

迄今为止，芬欧汇川常熟纸厂的环保投资总额已超过4亿元，拥有优异的环保表现，在2005年被环保总局授予“国家环境友好企业”称号，2008年又率先成为首家持有中国环境标志的复印纸生产企业。从2011年开始，芬欧汇川连续5年被评为“中国杰出雇主”。2015年9月，芬欧汇川亚洲纸业执行副总裁金宝森先生荣获“江苏友谊奖”的殊荣，成为江苏省常熟市第3位、芬欧汇川第2位获此荣誉的优秀外国专家。

2015年11月中旬，芬欧汇川常熟纸厂二期增资扩建项目中的第3台造纸生产线顺利建成并投入试生产。这条多功能造纸生产线可生产不同规格的产品，在进一步丰富芬欧汇川在华产品组合的同时也提升了公司的成本竞争力。第3台造纸生产线正式投产后，芬欧汇川常熟纸厂的年生产能力将达到140万吨。

不仅如此，芬欧汇川还将“芬兰式”的领导力文化和有中国特色的运营方式相结合，把可持续发展和企业社会责任的理念引入中国，注重安全和员工健康，做到绿色环保和可持续发展，经济效益和社会效益共赢。

单位地址：江苏省常熟经济技术开发区兴业路2号　邮编：215536

联系电话：010－85570866　联系传真：010－85570856

联系邮箱：yuan. xiaoyu@ upm. com　单位网址：www. upm. com/cn

企业性质：外商独资

法人代表：Raul Ikonen，经营负责人：Pentti Putkinen，技术负责人：杨国柱

成立时间：1995年，职工总数：1400人

2015年纸和纸板生产量：89.5万吨

主要产品：高档文化用纸

主要纤维原料：原生木浆

纸机总数：3台

【主要生产线】

主要造纸生产线

生产线名称	纸机			主体设备供货厂商	产品品种	生产能力/(万吨/年)	投产时间
	网部形式	幅宽/毫米	工作车速/(米/分)				
1 号纸机	夹网	9660	2000	维美德公司	未涂布纸	45	2005
2 号纸机	双网成形	8600	1500	维美德公司	涂布纸	35	1999
3 号纸机	长网	7500	1600	福伊特公司	未涂布纸	60	2015

（胡蓉晖）

山东华金集团有限公司

Shandong Huajin Group Co., Ltd.

【企业概况】

山东华金集团有限公司(简称"山东华金")是以造纸及纸制品加工为主，集发电、科研、贸易为一体，跨行业、跨地区的国家大型现代化企业集团。公司总资产 48.56 亿元，拥有 16 条国内先进水平造纸生产线，8 条特种纸生产线，年产能 85 万吨。主要产品有：中高档工业用原纸，中高档办公自动化、文化用纸，无碳复写纸、三防无碳纸，条码纸、热敏纸，中高档包装纸五大系列 120 多个品种，产品远销海内外。2015 年实现出口创汇 5500 万美元。

公司先后荣获"中国民营企业 500 强""中国造纸百强企业""中国纸业功勋企业""全国守合同重信用企业""山东省造纸经济效益十佳企业""全国造纸 20 强""省造纸十强企业""明星企业""省级信誉'AAA'企业""山东省诚信企业""建国 60 周年功勋企业""全国制浆造纸优秀企业""全国最具发展潜力企业""低碳山东贡献单位"等多项殊荣，是山东省淮河流域治污达标企业、ISO 9001 标准达标企业，2002 年被列入按国际标准划分的全国大型工业企业。

集团公司始终本着"环保为本，诚信经营"的理念，努力创建资源节约型、环保友好型企业，加强清洁生产，发展低碳经济。累计环保投资 6.8 亿元，先后建成碱回收、微电波反应、白水回用、物化处理、二级生化、深度脱治、氧化塘等系统工程，被国家、省环保局列为行业治污示范工程。

面对当前严峻的经济大环境，山东华金积极调整结构，转型发展，适时投资、投运项目，新增纸板及涂布加工纸生产能力 30 万吨/年；同时配套新增发电机组及纸张深加工、治污设施等，使配套产业达到新的平衡点。山东华金力争"十三五"实现生产量过百万和销售收入过百亿的"双百"目标，使经营生产运行质量保持良好状态，为地方经济发展和国家造纸产业转型作出积极努力。

单位地址：山东省济宁市泗水县金庄镇 818 号　邮编：273201

联系电话：0537－4036961　联系传真：0537－4036160

联系邮箱：sdkxl2007@163.com　单位网址：www.huajinpaper.com

企业性质：民营企业

法人代表：邢东尚，经营负责人：王新立，技术负责人：甘建安

成立时间：1978 年，职工总数：3600 人，其中技术人员数：1236 人

2015 年纸浆生产量：5.45 万吨，纸和纸板生产量：60.89 万吨

2015 年销售收入：38.5 亿元，利税总额：4.06 亿元，利润总额：3.2 亿元

主要产品：食品包装纸、铸涂原纸、热敏原纸、无碳原纸、防黏原纸、无碳纸、三防无碳纸、热敏纸、条码纸

主要纤维原料：化学木浆

纸机总数：16 台

蒸(球)煮器总数：1 台连蒸，10 台蒸球

【主要生产线】

主要制浆生产线

生产线名称	纤维原料	制浆方法	蒸煮器	主体设备供货厂商	产品品种	生产能力/(万吨/年)	投产时间
制浆车间	杨木	碱法	四管连蒸	天津中轻机械有限公司	漂白化学浆	6	2002
化学机械浆车间	杨木	机械法	盘磨	美卓公司	化学机械浆	8	2013

主要造纸生产线

生产线名称	纸机			主体设备供货厂商	产品品种	纤维原料	生产能力/(万吨/年)	投产时间
	网部形式	幅宽/毫米	工作车速/(米/分)					
11 号机	长网	1880	600	维美德公司、西安造纸机械有限公司	无碳原纸	针叶木浆、阔叶木浆	2.5	1997
1 号、2 号、3520 车间	长网	3520	600	维美德公司、西安造纸机械有限公司	无碳原纸、防黏原纸	针叶木浆、阔叶木浆	11	2014
3 号 3520 车间	长网	3520	600	维美德公司、西安造纸机械有限公司	铸涂原纸	针叶木浆、阔叶木浆	12	2015
3400 车间	四叠网	3400	550	山东昌华造纸机械有限公司	白卡纸	化学浆、机械浆	25	2011
1 号涂布车间		1800	550	沙市轻工机械有限公司	热敏纸、条码纸		3	2012
2 号涂布车间		1800	550	沙市轻工机械有限公司	无碳纸		3	2010

（孔祥莲）

金华盛纸业（苏州工业园区）有限公司

Gold Huasheng Paper (Suzhou Industrial Park) Co., Ltd.

【企业概况】

金华盛纸业（苏州工业园区）有限公司（简称“金华盛纸业”）是世界纸业十强之一的金光集团 APP 于 1996 年投资建设的现代化大型造纸企业，是目前我国大型的多元化的特种纸供应商。公司投资总额 14.8152 亿美元，生产的产品分为文化用纸和特种纸两大类，纸品种类丰富。

金华盛纸业装备 4 台大型纸机以及多台涂布机，自备热电厂以及日供 5 万吨的废水处理厂，专业生产无碳复写纸（包括热敏纸）、双胶纸、铜版卡纸和办公用纸等系列产品。“立可得”“金球”“金彩蝶”等产品已经成为公司的主打品牌，“金彩蝶”“立可得”等被评为“江苏省著名商标”，“立可得”“金球”“金彩蝶”系列文化用纸被评选为“江苏省名牌产品”。其产品在国内外享有较高评价，曾被认定为 2008 年奥运会、2009 年全国“两会”、2010 年上海世博会、2011 年世界园艺博览会、2015 年米兰世博会中国馆指定用纸。依托 APP 贸易公司，目前金华盛纸业的产品远销全球各地。

单位地址：江苏省苏州工业园区金胜路 2 号　邮编：215126

联系电话：0512－62836666　联系传真：0512－62815491

单位网址：www.goldhs.com.cn

企业性质：中外合资

法人代表：黄志源，经营负责人：蔡贵量，技术负责人：陈汉彬

成立时间：1997 年，职工总数：2200 人

2015 年纸和纸板生产量：64.3 万吨

2015 年销售收入：36.27 亿元，利税总额：3.60 亿元，利润总额：3.32 亿元

主要产品：双胶纸、铜版纸、无碳复写纸、热敏纸等

主要纤维原料：长纤维浆、短纤维浆

纸机总数：4 台

【主要生产线】

主要造纸生产线

生产线名称	纸机			主体设备供货厂商	产品品种	纤维原料	生产能力/(万吨/年)	投产时间
	网部形式	幅宽/毫米	工作车速/(米/分)					
PM1	夹网	7360	1500	日本 MHI 公司	无碳复写原纸、热敏原纸、双胶纸、静电复印原纸、账单纸	长纤维浆、短纤维浆、机械浆	30	1999-05
PM2	长网+上网	3250	800	德国 ESCHER WYSS 公司	东方书纸、高定量双胶纸、特种双胶纸	长纤维浆、短纤维浆、机械浆	11	2003-04
PM3	长网+上网	3300	500	福伊特公司、德国 KUFFER-ATH 公司	铜版原纸、双胶纸	长纤维浆、短纤维浆、机械浆	15	2003-09
PM4	长网+上网	3600	1100	日本 IHI 公司、福伊特公司	无碳复写原纸、热敏原纸、东方书纸	长纤维浆、短纤维浆、机械浆	9	2006-03

〔APP(中国)〕

山东恒联投资有限公司

Shandong Henglian Investment Co., Ltd.

【企业概况】

山东恒联投资有限公司系一家集新型包装材料、特种文化生活类纸制品及化学浆、棉浆生产加工于一体的大型企业。目前公司主要下属企业有：山东恒联新材料股份有限公司、潍坊恒联特种纸有限公司、潍坊恒联浆纸有限公司、潍坊恒联美林生活用纸有限公司、山东光华纸业集团有限公司、山东冠骏科技新材料有限公司、岳阳丰利纸业有限公司等 17 家控股子公司，业务涉及制浆、造纸、纤维素膜、清洁材料、精细化工、房地产、热电等领域。公司总资产 37.17 亿元，银行信用等级为 AA+，是山东省造纸行业"十强企业"。公司依托完善的法人治理结构和差异化发展战略，坚持推行技术创新、管理创新、经营创新，加快企业转型升级步伐，全面实践"价值源于创新、规范孕育和谐"的核心价值观。

截至目前，公司拥有授权专利 98 项，其中，发明专利 49 项、实用新型专利 26 项、外观设计专利 23 项，其中排他许可发明专利 3 项。公司建有省级企业技术中心、省级玻璃纸工程技术研究中心、重点实验室等研发平台，与中国科学院化学研究所、中国制浆造纸研究院、齐鲁工业大学、华南理工大学等科研院校机构建立了战略合作关系，致力于纤维素膜新技术、特种涂布纸技术、特种纤维素技术、新型清洁材料技术等的研发与生产。先后承担了 2 项山东省科技重大专项项目，获得 1 项山东省科学技术奖(科技进步奖类)二等奖。

单位地址：山东省潍坊市高新区东风东街 3019 号　邮编：261000

联系电话：0536－8671538　联系传真：0536－8671538

联系邮箱：bairu888@163.com　单位网址：www.henglianpaper.com

企业性质：民营企业

法人代表：李瑞丰，经营负责人：李瑞丰，技术负责人：盛秀华

成立时间：1946 年，职工总数：3806 人，其中技术人员数：601 人

2015 年纸浆生产量：20.412 万吨，纸和纸板生产量：41.751 万吨

2015 年销售收入：35.249 亿元，利税总额：2.225 亿元，利润总额：0.917 亿元

主要产品：再生纤维素膜(玻璃纸)、特种涂布纸、特种文化用纸、包装纸、杨木化学机械浆、棉浆粕、高档生活用纸、苇浆及相关造纸化学品

主要纤维原料：木浆、棉浆、杨木片、棉短绒、芦苇

纸机总数：36 台

蒸(球)煮器总数：6 台

【主要生产线】

主要制浆生产线

生产线名称	纤维原料	制浆方法	蒸煮器	主体设备供货厂商	产品品种	生产能力/(万吨/年)	投产时间
连蒸制浆线	杨木片	烧碱－蒽醌法	横管连续蒸煮器	天津中轻机械有限公司、张家港市华杭造纸机械设备有限公司	漂白杨木浆	12	2010
溶解浆生产线	棉短绒	化学法	蒸球	天津蒸球厂	化纤棉浆粕	10	2008
苇浆生产线	芦苇	化学法	连蒸		芦苇浆	10	2015

主要造纸生产线

生产线名称	纸机			主体设备供货厂商	产品品种	纤维原料	生产能力/(万吨/年)	投产时间
	网部形式	幅宽/毫米	工作车速/(米/分)					
涂布纸生产线	刮刀	1880	1000	瑞典 KMW 公司、日本 IHI 公司	铜版纸		15	2000
玻璃纸生产线	喷涂	1800	100	瑞士毛勒公司	玻璃纸		0. 8	1988
生活用纸生产线	新月型	3300	1100	日本川之江造机株式会社、维美德公司	生活用纸	木浆	5	2005
文化用纸生产线	长网	2640	800	辽阳造纸机械股份有限公司	双胶纸	木浆	10	2010

（董正祥）

漯河银鸽实业集团有限公司

Luohe Yinge Industrial Group Co., Ltd.

【企业概况】

漯河银鸽实业集团有限公司是世界500强企业——河南能源化工集团有限公司(原河南煤业化工集团有限公司)全资子公司，其旗下拥有河南银鸽实业投资股份有限公司(证券代码600069)、河南银鸽地产有限公司、漯河银鸽物业管理有限公司等多家企业，年生产能力60万吨，形成了以纸业为主、多元发展的大型现代化企业集团，是河南省百户重点企业、造纸行业十大领袖企业，享有“中国草浆第一股”的美誉。

公司依托“两站三中心”(即国家级博士后科研工作站、河南银鸽制浆造纸院士工作站、两个省级认定企业技术中心、河南省特种纸工程技术研究中心)，加强与科研院所合作，研发的超疏水纳米结构表面纸、防伪专用水印纸、格拉辛纸、聚银活性纸等多项技术填补了国内空白。目前已形成文化用纸、包装纸、特种纸、生活用纸四大纸种及湿巾、纸尿裤、床垫7个系列产品，先后通过了ISO 9001、ISO 14001、OHS 18001三标一体化认证，是安全生产标准化二级企业。“银鸽”牌纸品是河南省名牌产品，“银鸽”牌文化用纸、卫材纸是业内第一品牌，产品畅销全国，并出口亚洲、欧洲、非洲等地。

漯河银鸽实业集团有限公司秉承“用心做事、追求卓越”的核心价值观和“人企合一、顺势而行”的企业哲学，按照“优化包装纸、提升特种纸、重点发展生活用纸、拓展多元化产业”的发展思路，强力推进“规范化、制度化、市场化”和对标管理，全力推进科技创新和管理创新，加强品牌建设，持续提升企业核心竞争力，倾力打造百年卓越银鸽。

单位地址：河南省漯河市中山路银鸽大厦　邮编：462300
联系电话：0395－5615581　联系传真：0395－5615583
联系邮箱：yinge123456@126.com　单位网址：www.yinge.com.cn
企业性质：国有企业
法人代表：贾粮钢，经营负责人：贾粮钢
成立时间：2002年，职工总数：3270人，其中技术人员数：179人
2015年纸浆生产量：3.96万吨，纸和纸板生产量：58.41万吨
2015年销售收入：28.2亿元，利税总额：2.2亿元，利润总额：1.2亿元
主要产品：文化用纸、生活用纸、包装纸、特种纸
主要纤维原料：商品浆、废纸、竹子
纸机总数：19台
蒸(球)煮器总数：3台

【主要生产线】

主要制浆生产线

生产线名称	纤维原料	制浆方法	蒸煮器	主体设备供货厂商	产品品种	生产能力/(万吨/年)	投产时间
置换蒸煮系统	竹子	硫酸盐法	立锅	GLV 公司	竹浆	8.0	2013

主要造纸生产线

生产线名称	纸机			主体设备供货厂商	产品品种	纤维原料	生产能力/(万吨/年)	投产时间
	网部形式	幅宽/毫米	工作车速/(米/分)					
4400	三叠网	4400	500	辽阳造纸机械股份有限公司	箱纸板	废纸	15.0	2005
4800	三叠网	4800	600	华金机械厂	箱纸板	废纸	20.0	2008
2650	斜网	2650	480	意大利	生活用纸	木浆	0.5	1994
2850	新月型	2850	1000	韩国	生活用纸	木浆	1.5	2008
2850	新月型	2850	1100	韩国	生活用纸	木浆	1.5	2011
5600	新月型	5600	1900	德国	生活用纸	木浆	6.0	2012
5600	新月型	5600	1900	德国	生活用纸	木浆	6.0	2012
2240	长网	2240	300	日本	特种纸	木浆	1.5	2007
3800	长网	3800	800	上海昆山	特种纸	木浆	5.0	2008

（齐云洹）

中顺洁柔纸业股份有限公司

C & S Paper Co., Ltd.

【企业概况】

中顺洁柔纸业股份有限公司(简称"中顺洁柔")是国内首家A股上市的生活用纸企业，专业生产生活用纸系列产品。公司分别在广东中山、广东江门、广东云浮、四川成都、浙江嘉兴、湖北孝感、河北唐山建有七大生产基地(2014年年底宣布，中山基地的生产设备转移至浙江嘉兴基地，之后中山基地不再生产原纸)，其中广东云浮生产基地于2014年5月建成投产。销售网络辐射华东、华南、华西、华北、华中和港澳六大区域，产品远销东南亚、中东、大洋洲、非洲等海外市场。

七大生产基地分布在我国东、南、西、北、中部地区，串联散布全国的多家商贸公司、近700个经销商的营销网络，构筑了一个点线面结合、覆盖全国的全方位生产销售网络。

中顺洁柔依靠科技进步和科学管理促进发展，公司先后引进奥地利、德国、意大利、日本、韩国、中国台湾等国家和地区的先进造纸设备及加工设备。并通过了ISO 14001环境体系认证、ISO 9001质量体系认证。

单位地址：广东省中山市西区彩虹大道136号　邮编：528411
联系电话：0760－88553333　联系传真：0760－88553033
联系邮箱：cnsnpaper@126.com　单位网址：www.zhongshungroup.com
企业性质：民营企业
法人代表：邓颖忠
2015年纸和纸板产能：50.2万吨
2015年销售收入：29.59亿元，利润总额：8695.21万元
主要产品：生活用纸
主要纤维原料：木浆
纸机总数：47台

【主要生产线】

主要造纸生产线

生产基地	产品品种	纤维原料	生产能力/(万吨/年)	纸机台数
广东江门	生活用纸	木浆	17.0	7
湖北孝感	生活用纸	木浆	2.0	2
四川成都	生活用纸	木浆	12.7	6
浙江嘉兴	生活用纸	木浆	4.0	4
河北唐山	生活用纸	木浆	2.5	1
广东云浮	生活用纸	木浆	12.0	2
合　计			50.2	22

注：本表中未计入国产小纸机。

2015 年新增生产线

生产线名称	纸机			主体设备供货厂商	产品品种	纤维原料	生产能力/(万吨/年)
	网部形式	幅宽/毫米	工作车速/(米/分)				
卫生纸机	新月型	2850	1700	拓斯克公司	生活用纸	木浆	2.5

（中国造纸协会生活用纸专业委员会）

宁波中华纸业有限公司

Ningbo Zhonghua Paper Co., Ltd.

【企业概况】

宁波中华纸业有限公司占地面积63万米^2，年产各类高档涂布白纸板60万吨。公司利用废报纸、办公废纸、废杂志纸等作为主要原料，加工生产工业包装纸。主要产品有：单面涂布白卡纸、单面涂布白芯白卡纸(烟包专用)、超高松厚度单面涂布白卡纸、双面涂布铜版卡纸、单面涂布灰底白纸板等。其中双面涂布铜版卡纸曾被评为“国家级重点新产品”，“金贝”牌单面涂布灰底白纸板曾获得“国家质量金奖”，“金贝”“金鸥”“彩蝶”牌涂布白纸板为“浙江省名牌产品”。“金鸥”品牌获“浙江省著名商标”称号。

公司投资3亿多元用于环保及其配套工程，对白水、废水、废渣、废气等污染物进行全面综合治理。1999年公司率先通过了SGS国际认证机构14001环境管理体系认证，成为我国首家通过该体系认证的造纸企业，并在2005年荣获国家环保局企业最好环保荣誉——“国家环境友好企业”称号。其后，公司相继通过了ISO 14064温室气体排放监管体系、PEFC森林监管链管理体系等认证。公司还积极进行节能技改，先后获得了“宁波市节能标兵”、“浙江省节能先进集体”等荣誉称号。

单位地址：浙江省宁波市海曙区段塘镇丁家街108号　邮编：315000

联系电话：0574－87464811　联系传真：0574－87493450

单位网址：www.zhonghua－paper.com

企业性质：中外合资

法人代表：黄志源，经营负责人：王乐祥，技术负责人：王乐祥

成立时间：1994年，职工总数：1296人，其中技术人员数：165人

2015年纸和纸板生产量：49万吨

2015年销售收入：17.5亿元，利税总额：0.65亿元，利润总额：0.45亿元

主要产品：单面涂布灰底白纸板、单面涂布黄芯白卡纸、单面涂布高松厚度白卡纸、双面涂布铜版卡纸、高档白卡纸及扑克牌纸

主要纤维原料：废纸、木浆

纸机总数：3台

【主要生产线】

主要造纸生产线

生产线名称	纸机		主体设备供货厂商	产品品种	纤维原料	生产能力/(万吨/年)	投产时间
	幅宽/毫米	工作车速/(米/分)					
1 号纸机	2400	150	日本小林制作所	单面涂布灰底白纸板	木浆、废纸	5	1994 - 09
2 号纸机	4270	500	福伊特公司	单面涂布灰底白纸板、单面涂布黄芯白卡纸、单面涂布高松厚度白卡纸等	木浆、废纸	55	1996 - 11
3 号纸机	4270	500	福伊特公司	单面涂布白芯白卡纸、双面涂布铜版卡纸、双面涂布环保铜版卡纸、双面涂布扑克牌专用纸	木浆、废纸		1997 - 05

〔APP(中国)〕

河南省龙源纸业股份有限公司

Henan Longyuan Paper Co., Ltd.

【企业概况】

河南省龙源纸业股份有限公司(简称“龙源纸业”)是一家集包装纸、热电、废水处理、供热和科研于一体的民营股份制公司。公司注册资金1亿元，年生产能力55万吨，主导产品为AA级高强瓦楞原纸、高档箱纸板。公司通过了ISO 9001：2008质量管理体系认证、ISO 14001：2004环境管理体系认证。

公司拥有市级高强瓦楞原纸技术中心，各类工程专业技术人员200多人，技术力量雄厚。公司始终坚持“以质量求发展，以诚信求双赢”的宗旨，致力于“发展循环经济，推行生态造纸”的经营理念，把节能减排、环境治理作为企业的生命线，组织发挥自身技术、市场和生产优势，持续提升其核心竞争力，生产经营快速平稳增长，企业管理不断增强。

公司高度重视环保治理工作，2014年投资2000多万元建成了脱硫脱硝项目，2015年投资1000多万元对燃煤锅炉进行超低排放改造，使烟尘、二氧化硫、氮氧化物排放量达到国家环保标准的排放浓度要求和排放总量要求。

公司非常注重产品质量的提升，2015年投资3000多万元对纸机网部进行升级改造，使龙源纸业主导产品从A级高强瓦楞原纸升级为AA级高强瓦楞原纸。

龙源纸业以“环境友好型和资源节约型”作为发展目标，采取节能减排、可持续发展的循环经济发展模式，着力打造一个技术含量高、发展前景广、综合效益显著的新兴企业。

单位地址：河南省太康县西二环路工业集聚区　邮编：450016
联系电话：0371－67187910　联系传真：0371－67187910
联系邮箱：mlc2888@126.com　单位网址：www.hnlyzy.com

企业性质：民营企业
法人代表：冯新建，经营负责人：冯新建，技术负责人：王玉州
成立时间：2004年，职工总数：1320人，其中技术人员数：200人
2015年纸和纸板生产量：48.98万吨
2015年销售收入：10.31亿元，利税总额：1.16亿元，利润总额：0.74亿元
主要产品：高档箱纸板、AA级高强瓦楞原纸
主要纤维原料：国内废纸、木浆
纸机总数：5台

【主要生产线】

主要造纸生产线

生产线名称	纸机			主体设备供货厂商	产品品种	纤维原料	生产能力/(万吨/年)	投产时间
	网部形式	幅宽/毫米	工作车速/(米/分)					
4800/500	双叠网	4800	500	上海轻良实业有限公司	A级高强瓦楞原纸	国废	15	2010-12
4400/450	单叠网	4400	450	上海轻良实业有限公司	A级高强瓦楞原纸	国废	12	2008-06

（马林冲）

上海中隆纸业有限公司

Shanghai Chung Loong Paper Co., Ltd.

【企业概况】

上海中隆纸业有限公司(简称“上海中隆”)隶属于中隆纸业(控股)有限公司，成立于2002年10月，于2004年11月正式投产，占地面积222000米^2。上海中隆作为正隆集团唯一一家在大陆的上游造纸厂，其下游纸器厂和加工厂遍及华东、华南、华北地区三大事业群，共19个加工厂或纸器厂，公司业务集中覆盖在珠江三角洲、长江流域，并向西部和内地辐射延伸。

上海中隆主要经营、生产高档箱纸板，年生产量42万吨。产品能耗达到世界领先水平。公司生产的箱纸板具有纸面干净度佳、色泽均一、耐破度佳等特性。其主要原料是96%的回收废纸以及4%的木浆，可实现环保和资源再利用。

造纸部采用新式自动化大型设备，充分发挥制程回收循环的特性，具有减废、节能、省水等多重功能，以购买回收废纸为主要原料，每年使用废纸逾百万吨，尽善社会废弃物的经济和环境效益外，也对抑制温室气体具有重大贡献。落实清洁生产技术，并投资废水处理、空气污染防治和热回收锅炉，将回收废纸中夹杂的固体废弃物转为热能使用。在精良的操作维护技术下，维持远低于排放标准的实绩，屡获肯定。公司致力于资源有效利用、清洁生产、绿色产品等经营实践。迈向“开心生活、善用资源、贡献社会”之愿景。

单位地址：上海市浦东康桥工业园秀浦路489号　邮编：201315

联系电话：021－58129798　联系传真：021－58128986

联系邮箱：clp@mail.clc.com.tw　单位网址：www.shclc.com.cn

企业性质：台资企业

法人代表：游晴辉，经营负责人：张荣毅，技术负责人：詹益发

成立时间：2002年，职工总数：300人，其中技术人员数：180人

2015年纸和纸板生产量：42万吨

2015年销售收入：10亿元

主要产品：箱纸板(110～250克/米^2)

主要纤维原料：废纸

纸机总数：1台

【主要生产线】

主要造纸生产线

生产线名称	纸机			主体设备供货厂商	产品品种	纤维原料	生产能力/(万吨/年)	投产时间
	网部形式	幅宽/毫米	工作车速/(米/分)					
PM1	双网夹缝和上网	6300	500～1200	福伊特公司	箱纸板	废纸、木浆	42	2004

（郑　霞）

东顺集团股份有限公司

Dongshun Group Co., Ltd.

【企业概况】

东顺集团股份有限公司专业生产、销售生活用纸和卫生用品，公司通过了 ISO 9001 国际质量体系认证及 ISO 14001 环境体系认证。主要产品有“顺清柔”牌高档生活用纸、“A & S”牌卫生巾、“哈里贝贝”牌婴儿纸尿裤、“伴宁”牌成人纸尿裤、“洁昕”牌湿巾。东顺集团股份有限公司是近几年来生活用纸领域快速发展的企业，2015 年公司的生活用纸总产能已位居全国第 5 位。集团公司先后在黑龙江肇东、湖南湘西、浙江临安、浙江杭州富阳设立了生产基地，实现了全国市场战略布局。公司引进全球领先的生活用纸和卫生用品生产设备，已经形成卫生卷纸、面巾纸、手帕纸、盒巾纸、擦手纸、纸尿裤、卫生巾、湿巾等系列 200 多种产品。

单位地址：山东省东平县东顺工业园　邮编：271500

联系电话：0538－2820378　联系传真：0538－2820378

企业性质：民营企业

法人代表：陈树明

成立时间：2000 年

2015 年纸和纸板产能：40.8 万吨

主要产品：生活用纸

主要纤维原料：木浆

纸机总数：20 台

【主要生产线】

主要造纸生产线

生产基地	产品品种	纤维原料	生产能力/(万吨/年)	纸机台数
山东东平	生活用纸	木浆	38	18
黑龙江肇东	生活用纸	木浆	2.8	2

2015 年新增生产线

生产线名称	纸机			产品品种	纤维原料	生产能力/(万吨/年)
	网部形式	幅宽/毫米	工作车速/(米/分)			
2 台卫生纸机	新月型	3000	1600	生活用纸	木浆	6
1 台卫生纸机	真空圆网型	2850	450	生活用纸	木浆	4

（中国造纸协会生活用纸专业委员会）

河北省保定市东方造纸有限公司

Hebei Baoding Orient Paper Milling Co., Ltd.

【企业概况】

河北省保定市东方造纸有限公司(简称“东方纸业”)总部位于河北省保定市徐水区。东方纸业是河北省大型造纸企业之一，也是亚洲地区唯一一家在美国纽约证券交易所上市的造纸企业。公司经过近 20 年的妥善经营、精心管理，形成了一个由生产基地带动加工基地，北以保定、南以邢台为中心，进而覆盖全国市场的集团公司。公司现有生产线 9 条，主要致力于包装纸、文化用纸和生活用纸的研发、生产和销售。产品主要包括高强瓦楞原纸、普通瓦楞原纸、隔热膜原纸、中高档双胶纸、数码相纸、防伪纸和生活用纸等。生活用纸作为公司最新的扩张项目，已于 2015 年 4 月成功投放市场，主打产品为“青沐”牌卫生纸、面巾纸和手帕纸等。

东方纸业地处北京市、天津市和河北省石家庄市的黄金三角地带，交通十分便利。优越的地理位置为公司提供了广阔的销售渠道、充足的原料供应、更低的运输成本和更有效的生产周转率等竞争优势。公司现拥有稳定客户上百家，主要为国内外的中高端市场服务。

东方纸业以“环境友好型和资源节约型”作为发展理念，采取节能减排、可持续发展的循环经济发展模式，在扩展新项目和完善设备工程上实现了跨越式发展，达到了经济效益和社会效益的持续增长。东方纸业持续以“传承华夏文明、打造循环经济”为企业使命，以“开拓、创新、超越、领先”为企业核心价值观，以“坚持绿色环保、立足可持续发展、打造循环经济基地”为企业的社会责任，进一步推进技术创新、产能扩张、节能减排，将东方纸业发展成为世界东方的一颗璀璨明珠。

单位地址：河北省保定市徐水区巨力路　邮编：072550

联系电话：0312 - 8698215　联系传真：0312 - 8698212

联系邮箱：info@ orientpaperinc. com　单位网址：www. orientpaperinc. com

企业性质：民营企业

法人代表：刘振勇，经营负责人：刘振勇，技术负责人：梁树亭

成立时间：1996 年，职工总数：700 人，其中技术人员数：60 人

2015 年纸和纸板生产量：32. 2 万吨

2015 年销售收入：8. 41 亿元，利税总额：1. 35 亿元，利润总额：1. 32 亿元

主要产品：高强瓦楞原纸、低定量瓦楞原纸、隔热膜原纸、双胶纸、数码相纸、生活用纸

主要纤维原料：国废、木浆

纸机总数：9 台

【主要生产线】

主要造纸生产线

生产线名称	纸机			产品品种	纤维原料	生产能力/(万吨/年)	投产时间
	网部形式	幅宽/毫米	工作车速/(米/分)				
5600叠网多缸纸机	叠网	5600	1200	高强瓦楞原纸	国废	36	2012
3200叠网多缸纸机	叠网	3200	700	低定量瓦楞原纸、隔热膜原纸	国废	6	2014
2400长网多缸文化用纸机	长网	2400	600	双胶纸	国废	5	2006
1880长网多缸文化用纸机	长网	1880	500	双胶纸	国废	4	2008
1550数码相纸机	长网	1550	50	高光/亚光数码相纸	木浆	0.25	2010
2850卫生纸机	新月型	2850	1100	卫生纸、面巾纸、手帕纸	木浆	3	2015

（王亚静）

河南江河纸业股份有限公司

Henan Jianghe Paper Co.，Ltd.

【企业概况】

河南江河纸业股份有限公司位于河南省武陟县产业集聚区，注册资金9000万元，占地面积56万米^2，拥有资产总额30亿元，特种纸年生产能力达40万吨。公司采取多元化经营，现有河南大指造纸装备集成工程有限公司、河南南北纸业有限公司和河南江河生物质能热电有限公司等多家关联子公司。

公司在董事长姜丰伟的带领下，坚持“干精细事，做精品纸”的生产经营理念和“全员创新，产业延伸，精细发展，开源节流”的发展思路，不断取得骄人的业绩。

公司主导产品有：无碳复写纸、热敏纸、离型纸、机内整饰涂布纸等产品。国内市场占有率20%以上，并远销50多个国家和地区，其中“水”牌无碳复写纸荣获“河南省名牌产品”“河南省著名商标”和“河南省国际知名品牌”。2015年公司被河南省政府批准为省级造纸及纸制品出口基地。公司生产的造纸装备主要产品有中高速宽幅文化用纸造纸成套设备和单体设备，技术水平国内领先。

目前公司拥有国家级企业技术中心、省级工程技术研究中心、省造纸装备院士工作站，并拥有6项国家发明专利、102项国家实用新型专利，另获得13项省部级科技成果。公司先后被评为“国家级高新技术企业”“国家知识产权优势企业”“中国造纸工业环境友好企业”“全国轻工业卓越绩效先进企业”“河南省民营百强企业”“河南省标准化良好行为AAAA级企业”并荣获“焦作市市长质量奖”。

单位地址：河南省武陟县文化路555号　邮编：454950

联系电话：0391－7268389　联系传真：0391－7268389

联系邮箱：jhr2002@126.com　单位网址：www.jianghe.com

企业性质：民营企业

法人代表：姜丰伟，经营负责人：姜丰伟，技术负责人：刘铸红

成立时间：2002年，职工总数：2650人，其中技术人员数：960人

2015年纸和纸板生产量：32万吨

2015年销售收入：22亿元，利税总额：1.5亿元，利润总额：0.4亿元

主要产品：无碳复写纸、热敏纸、离型纸、机内整饰涂布纸等特种纸

主要纤维原料：商品木浆板、脱墨浆、化学机械浆

纸机总数：5台

【主要生产线】

主要造纸生产线

生产线名称	纸机			主体设备供货厂商	产品品种	纤维原料	生产能力/(万吨/年)	投产时间
	网部形式	幅宽/毫米	工作车速/(米/分)					
一线	叠网	2640	800	俄罗斯公司	无碳复写纸、证券纸、格拉辛纸等	商品木浆、脱墨浆	5	2002－08
二线	叠网	3150	1000	大指造纸装备集成工程有限公司	无碳复写纸、胶带纸、双胶纸	商品木浆、脱墨浆	5	2007－08
三线	叠网	3200	1000	辽阳造纸机械股份有限公司	无碳复写纸、胶带纸、双胶纸	商品木浆	5	2009－08
五线	叠网	3300	1200	大指造纸装备集成工程有限公司	离型纸、无碳原纸	商品木浆	5	2010－08
六线	水平夹网	5600	1350	大指造纸装备集成工程有限公司	双胶纸、铸涂原纸等	商品木浆、化学机械浆	20	2012－09

（郭胜利）

贵州赤天化纸业股份有限公司

Guizhou Chitianhua Paper Industry Co., Ltd.

【企业概况】

贵州赤天化纸业股份有限公司(简称“赤天化纸业”)成立于2003年10月18日，于2008年4月建成投产。2014年11月，赤天化纸业被上海泰盛制浆(集团)有限公司(简称“泰盛集团”)整体收购。

泰盛集团收购赤天化纸业后，立即投入巨额资金启动企业转制、员工招聘、竹子原料收购、设备检修、恢复生产等工作，经过赤天化纸业员工队伍上下齐心，积极努力，在2015年1月恢复生产。

赤天化纸业是全国首批循环经济试点企业，贵州省农业产业化经营重点龙头企业，是全球唯一一家通过FSC竹子原料认证和采用TCF漂白工艺的生产厂家，并在2011年通过了ISO 9001、ISO 14001、ISO 18001和FSC认证。公司获得了27项国家专利，有16项科研和技改项目获国家资金支持，其中“竹浆深度脱木素蒸煮和清洁漂白技术开发”是2008年度国家重大产业技术开发专项项目，“竹纤维制备关键技术及功能化应用”获2014年度国家科学技术进步奖二等奖。

赤天化纸业引进世界一流的制浆造纸先进工艺技术和现代化的装备，主要产品有TCF/light ECF漂白竹浆板。为了满足不同客户的个性化需求，还开发出了特殊用途的本色浆板和纤维素纤维用浆等系列产品。

赤天化纸业生产的TCF/light ECF漂白竹浆板具有环保、绿色、高强度的特点。产品出口到美国、德国、英国、比利时、日本、韩国、泰国等国家，广泛适用于食品和医药包装、妇女婴儿的生活用纸、发达国家中小学生的课本用纸、高档文化用纸以及建材、人造纤维等。

赤天化纸业是竹浆行业中引导市场、引导绿色和环保、引导健康消费的倡导者。

单位地址：贵州省赤水市金华化工路90号　邮编：564707

联系电话：0851-22879800　联系传真：0851-22879729

联系邮箱：zdj69@126.com　单位网址：www.cthzhiye.cn/main.html

企业性质：民营企业

法人代表：康　敏，经营负责人：林延生，技术负责人：王心君

成立时间：2003年10月，职工总数：475人，其中技术人员数：58人

主要产品：TCF/ light ECF漂白竹浆板、竹浆纤维素纤维用浆

主要纤维原料：竹子

纸机总数：2台

蒸(球)煮器总数：1台

【主要生产线】

主要制浆生产线

生产线名称	纤维原料	制浆方法	蒸煮器	主体设备供货厂商	产品品种	生产能力/(万吨/年)	投产时间
制浆车间	杂竹	硫酸盐法	紧凑蒸煮 G2 技术	克瓦纳制浆公司	TCF/ECF漂白竹浆板	28	2008-04

主要造纸生产线

生产线名称	纸机			主体设备供货厂商	产品品种	纤维原料	生产能力/(万吨/年)	投产时间
	网部形式	幅宽/毫米	工作车速/(米/分)					
浆板车间	双网压榨	4850	80～140	安德里茨公司	全竹浆 TCF/ECF、纤维用浆板、800～1200 克/米^2	竹浆	25	2008-04

（张鼎军）

嘉兴民丰集团有限公司

Jiaxing Minfeng Group Limited

【企业概况】

嘉兴民丰集团有限公司注册资金近6亿元，系民丰特种纸股份有限公司、桐乡民丰房地产开发有限公司、湖州民丰置业有限公司的控股母公司，拥有一家分支机构嘉兴民丰医院，并参股上海天盈投资发展有限公司、成都农村商业银行、嘉兴银行。

2015年，嘉兴民丰集团有限公司实现销售收入23.42亿元，利税总额1.08亿元，利润总额负2.25亿元。

单位地址：浙江省嘉兴市角里街70号　　邮编：314000

联系电话：0573－82839008

单位网址：www.mfspchina.com

企业性质：有限责任公司

法人代表：陈　坚(—2015年5月)，冯水祥(2015年5月—至今)

民丰特种纸股份有限公司

Minfeng Special Paper Co., Ltd.

民丰特种纸股份有限公司主导产品有：卷烟配套系列用纸、描图纸、电容器纸、格拉辛纸、涂布纸以及其他工业配套用纸。

2015年，造纸行业经营状况虽略有回升，但市场需求仍然疲软。民丰特种纸股份有限公司面对困难局面积极而为，在主导产品销售、新区项目建设等方面都取得了成绩。

在国家对卷烟销售策略的调整等一系列因素的影响下，国内卷烟销量首度出现负增长，与之配套的卷烟纸需求量同步下降。民丰特种纸股份有限公司及时调整营销策略，进一步满足了客户对产品个性化的需求。2015年，纯卷烟纸销量创历史较高水平。

至2015年年底，民丰新区以新纸机为核心的多个项目在预算、进度、质量、安全、管理5个方面均达到预期目标。

为进一步提升实验室管理水平，不断满足客户日益提高的要求。民丰特种纸股份有限公司于2015年着手，积极推进中国合格评定国家认可委员会实验室认可(CNAS)工作，2015年年底通过CNAS审核小组评审。

单位地址：浙江省嘉兴市角里街70号　邮编：314000

联系电话：0573－82839051

单位网址：www.mfspchina.com

企业性质：上市公司

法人代表：吴立东(—2016年2月)，卢卫伟(2016年2月—至今)，经营负责人：卢卫伟(—2016年2月)，曹继华(2016年2月—至今)

(邹见明)

社团工作

ASSOCIATION AFFAIRS

11

中国造纸学会组织机构

The Organization of China Technical Association of Paper Industry (CTAPI)

顾问：余贻骥　胡宗渊　潘锡五　陈克复

理事长：陈学忠

常务副理事长：曹振雷

副理事长：刘　忠　李　耀　李义民　李友生　何北海　张　辉　张美云　陈鄂生　陈嘉川　赵　伟　胡开堂　姜海斌

（按姓氏笔画排序）

秘书长：曹春昱（法人代表）

常务理事（31 人）

王双飞　卢宝荣　刘　忠　刘　琦　刘安江
关兴江　杨　旭　李　耀　李义民　李友生
何北海　张　辉　张金声　张美云　陈学忠
陈鄂生　陈嘉川　房桂干　赵　伟　胡开堂
姜丰伟　姜海斌　曹朴芳　曹春昱　曹振雷
戚永宜　韩　力　程言君　靳福明　詹怀宇
樊　燕

（按姓氏笔画排序）

个人理事（103 人）

马　宁　马乐凡　戈海华　王　蘅　王双飞
王华军　王茂君　王海佩　卢宝荣　平清伟
龙　柱　伍泽荣　关兴江　刘　文　刘　忠
刘　洁　刘　涛　刘　琦　刘安江　刘国造
孙　玲　孙　骏　牟洺铭　何北海　佟克本
吴丹国　宋善军　应广东　张　云　张　辉
张凤山　张安龙　张自敏　张金声　张美云
张鼎军　李　艳　李　群　李　臻　李　耀
李义民　李友生　李尚武　李建国　杜　宏
杨　旭　杨本彬　杨易平　杨金魁　纳巨波
陈　健　陈　港　陈礼辉　陈克利　陈明邦
陈学忠　陈鄂生　陈嘉川　周　耘　周卫东
周后炼　房桂干　林　媛　林小琦　林伟民
罗建雄　范学斌　范谋斌　侯庆喜　姜丰伟
姜海斌　胡开堂　胡文军　赵　力　赵　伟
赵　林　赵　琳　赵　煜　程言君　袁建湘
钱　毅　高英杰　戚永宜　曹朴芳　曹春昱
曹振雷　梁　好　梅树亚　黄六莲　黄显南
彭国昌　景　宜　童来明　谢拥群　谢益民
韩　力　韩　彪　蒲俊文　詹怀宇　雷建民
靳福明　樊　燕　魏雨虹

（按姓氏笔画排序）

团体理事单位（23 个）

李建华　华泰集团有限公司
李洪信　山东太阳纸业股份有限公司
李洪法　山东泉林纸业有限责任公司
佟克本　山东鲁南纸业股份有限公司
徐　祥　牡丹江恒丰纸业集团有限责任公司
宋敬志　新乡新亚纸业集团股份有限公司
林昭远　广州造纸集团有限公司
吴和均　四川永丰纸业股份有限公司
但昭学　广西贵糖（集团）股份有限公司
袁晓宇　芬欧汇川（中国）有限公司
黄志源　金光纸业（中国）投资有限公司
吕建中　亚太森博（山东）浆纸有限公司
柯吉熊　福建省晋江优兰发纸业有限公司
王敏良　浙江仙鹤特种纸有限公司
彭国昌　唐山国泰纸业有限公司
周后炼　中国造纸装备有限公司
童来明　中国纸业投资有限公司
刘安江　中国联合装备集团公司
徐　雷　汶瑞机械（山东）有限公司
李祥凌　福建省轻工机械设备有限公司
朱根荣　华章科技控股有限公司
沈根莲　四川环龙技术织物有限公司
姚献平　杭州市化工研究院有限公司

（排名不分先后）

特聘常务理事单位(22个)

华泰集团有限公司 李建华
山东太阳纸业股份有限公司 李洪信
山东泉林纸业有限责任公司 李洪法
山东鲁南纸业股份有限公司 佟克本
牡丹江恒丰纸业集团有限责任公司 徐 祥
新乡新亚纸业集团股份有限公司 宋敬志
广州造纸集团有限公司 林昭远
广西贵糖(集团)股份有限公司 但昭学
芬欧汇川(中国)有限公司 袁晓宇
金光纸业(中国)投资有限公司 黄志源
亚太森博(山东)浆纸有限公司 吕建中
浙江仙鹤特种纸有限公司 王敏良
唐山国泰纸业有限公司 彭国昌
中国造纸装备有限公司 周后炼
汶瑞机械(山东)有限公司 徐 雷
福建省轻工机械设备有限公司 李祥凌
福建省晋江优兰发纸业有限公司 柯吉熊
华章科技控股有限公司 朱根荣
四川环龙技术织物有限公司 沈根莲
杭州市化工研究院有限公司 姚献平
中国联合装备集团公司 刘安江
四川永丰纸业股份有限公司 吴和均
(排名不分先后)

特聘副理事长单位(21个)

华泰集团有限公司 李建华
山东太阳纸业股份有限公司 李洪信
山东泉林纸业有限责任公司 李洪法
山东鲁南纸业股份有限公司 佟克本
牡丹江恒丰纸业集团有限责任公司 徐 祥
新乡新亚纸业集团股份有限公司 宋敬志
广州造纸集团有限公司 林昭远
广西贵糖(集团)股份有限公司 但昭学
芬欧汇川(中国)有限公司 袁晓宇
金光纸业(中国)投资有限公司 黄志源
亚太森博(山东)浆纸有限公司 吕建中
浙江仙鹤特种纸有限公司 王敏良
唐山国泰纸业有限公司 彭国昌
中国造纸装备有限公司 周后炼
汶瑞机械(山东)有限公司 徐 雷
福建省轻工机械设备有限公司 李祥凌
福建省晋江优兰发纸业有限公司 柯吉熊
华章科技控股有限公司 朱根荣
四川环龙技术织物有限公司 沈根莲
杭州市化工研究院有限公司 姚献平
中国纸业投资有限公司 童来明 (排名不分先后)

办事机构

中国造纸学会秘书处为学会常设办事机构，由学术部、科普部、会员部、账务部组成。

秘书长：曹春昱
常务副秘书长：杜荣荣
副秘书长：齐晓东

资深专家顾问委员会

主 任：余贻骥
副主任：胡宗渊 潘锡五 陈克复
委 员：钟香驹 邝仕均 孙树建 刘焕彬
黄祖壬 刘福玉 李发祥 顾民达
黄运基 胡 楠 李有元 杨懋暹
黄润斌 李威灵 谭祖光 萧启寿
马石辉 谭国民 李忠正 蒋荣祺
张 熙 (排名不分先后)

工作委员会

1. 学术交流工作委员会
主任：曹振雷
副主任：靳福明 陈嘉川 何北海 房桂干
顾问：邝仕均

2. 科普工作委员会
主任：曹春昱
副主任：张美云 胡开堂 张 辉 齐晓东
顾问：曹朴芳

3. 编辑工作委员会
主任：李 耀
副主任：刘 忠 卢宝荣 杜荣荣
顾问：孙树建

4. 组织工作委员会
主任：陈学忠
副主任：曹振雷 曹春昱 杜荣荣

5. 咨询工作委员会
主任：陈鄂生
副主任：赵 伟 姜海斌 李友生 李义民

专业委员会

1. 涂布加工纸专业委员会
主任委员：刘福玉

秘书长：姜海斌
挂靠单位：上海新江南纸业有限公司
通讯地址：上海市普陀区武宁路 1500 号 408 室
邮政编码：200063
电话：021－52040672

2. 新闻纸专业委员会
主任委员：周　耘
秘书长：焦　东
挂靠单位：广州造纸集团有限公司
通讯地址：广东省广州市南沙区万顷沙镇新广一路 29 号
邮政编码：511462
电话：020－34663163

3. 书写印刷纸专业委员会
主任委员：崔棣章
秘书长：孙　平
挂靠单位：山东省造纸工业研究设计院
通讯地址：山东省济南市工业南路 101 号
邮政编码：250100
电话：0531－88590468

4. 特种纸专业委员会
主任委员：李义民
秘书长：刘　文
挂靠单位：中国制浆造纸研究院
通讯地址：北京市朝阳区望京启阳路 4 号中轻大厦
邮政编码：100102
电话：010－64778096

5. 包装纸和纸板专业委员会
主任委员：伍泽荣
秘书长：马学逵
挂靠单位：广东省造纸研究所
通讯地址：广东省广州市海珠区新港西路 154 号
邮政编码：510300
电话：020－34301343

6. 非木材制浆专业委员会
主任委员：陈嘉川
秘书长：赵传山
挂靠单位：齐鲁工业大学
通讯地址：山东省济南市长清大学科技园大学路
邮政编码：250353
电话：0531－89631161

7. 木材制浆专业委员会
主任委员：李洪信
秘书长：应广东
挂靠单位：山东太阳纸业股份有限公司
通讯地址：山东省兖州市友谊路 1 号
邮政编码：272100
电话：0537－3658677

8. 手工纸与造纸史委员会
主任委员：陈学忠
秘书长：张黎雨
挂靠单位：中国造纸学会
通讯地址：北京市朝阳区望京启阳路 4 号中轻大厦 B 座 10 层
邮政编码：100102
电话：010－64778760

9. 节能与环保专业委员会
主任委员：邝仕均
秘书长：齐晓东
挂靠单位：中国造纸学会
通讯地址：北京市朝阳区望京启阳路 4 号中轻大厦 B 座 10 层
邮政编码：100102
电话：010－64778756

10. 造纸器材专业委员会
主任委员：杨金魁
秘书长：韩静芬
挂靠单位：上海金熊造纸网毯有限公司
通讯地址：上海市金山区枫泾镇兴塔工业园建安路 78 号
邮政编码：201502
电话：021－67361072

11. 制浆造纸化学品专业委员会
主任委员：沈一丁
秘书长：费贵强
挂靠单位：陕西科技大学
通讯地址：陕西省西安市未央大学园区
邮政编码：710021
电话：029－86168828

12. 废纸回收利用专业委员会
主任委员：曹春昱
秘书长：杜荣荣
挂靠单位：中国制浆造纸研究院
通讯地址：北京市朝阳区望京启阳路 4 号中轻大厦 B 座 10 层
邮政编码：100102

电话：010－64778156

13. 机械设备专业委员会
主任委员：刘安江
秘书长：杨　旭
挂靠单位：轻工业杭州机电设计研究院
通讯地址：浙江省杭州市体育场路 71 号
邮政编码：310004
电话：0571－85183937

14. 自动化专业委员会
主任委员：李　耀
秘书长：王　丹
挂靠单位：中国中轻国际工程有限公司
通讯地址：北京市朝阳区白家庄东里 42 号
邮政编码：100026
电话：010－65826241

15. 造纸技术经济专业委员会
主任委员：吴永和
秘书长：陈奇志
挂靠单位：中国中轻国际工程有限公司
通讯地址：北京市朝阳区白家庄东里 42 号
邮政编码：100026
电话：010－65826022

16. 纳米纤维素及材料专业委员会
主任委员：蒋兴宇
秘书长：查瑞涛
挂靠单位：中国科学院国家纳米科学中心
通讯地址：北京市海淀区中关村北一条 11 号
邮政编码：100190
电话：010－82545621

（中国造纸学会）

各省(区、市)造纸学会

Local Technical Association of Paper Industry

北京市造纸学会
理事长： 孙树建
副理事长： 马石辉(常务)　邝仕均　黄祖壬
秘书长： 马石辉(兼)
副秘书长： 赵　青
地址： 北京市朝阳区广渠路39号院1号楼
邮编： 100022
电话： 010－67043033
传真： 010－67043080

天津市造纸学会
名誉理事长： 谭国民
理事长： 刘　忠
副理事长： 黄永兴　姜宏谅　王唯力　张自敏　李相臣　李　群
秘书长： 李　群
副秘书长： 惠岚峰
地址： 天津市泰达经济技术开发区13大街29号天津科技大学造纸学院
邮编： 300457
电话： 022－60601988、18622267958(李　群)
022－60602006、13752173746(惠岚峰)
传真： 022－60601988

河北省造纸学会
理事长： 刘国造
副理事长： 龚德利(常务)　彭国昌　陈生龙　魏秋生　郭玉祥　张东和
秘书长： 龚德利(兼)
地址： 河北省石家庄市合作路北和街18号
邮编： 050051
电话： 13333042630
传真： 0311－87086240

山西省造纸学会
理事长： 刘　涛
秘书长： 高文珍
地址： 山西省太原市上肖墙10号
邮编： 030002
电话： 13835176139(刘　涛)
13613472031(高文珍)

内蒙古自治区造纸学会
理事长： 范学斌
副理事长： 高世明　郭建军
秘书长： 王景文
地址： 内蒙古自治区呼和浩特市新城西街4号(内蒙古轻工业设计研究院)
邮编： 010050
电话： 13897861555(范学斌)

辽宁省造纸学会
理事长： 张运展
秘书长： 刘秉钺
代秘书长： 平清伟
地址： 辽宁省大连市甘井子区轻工苑一号
挂靠单位： 大连工业大学
邮编： 116034
电话： 0411－86324620、13840903048(平清伟)
传真： 0411－86323736

吉林省造纸学会
副理事长： 马增源　方嘉华　刘　怀　柳风林　曹宪斌
秘书长： 徐淑敏
地址： 吉林省长春市人民大街副54号
邮编： 130051
电话： 0431－88829158

传真：0431－85518433

黑龙江省造纸学会
理事长：杨易平
副理事长：白晓明 苏文强 李劲松 陈海涛 陈正旺 郑日亭 杨柏森 魏雨虹
秘书长：杨金玲
地址：黑龙江省牡丹江市阳明区光华街 17 号
邮编：157013
电话：0453－6330924、6320013（杨金玲）
传真：0453－6320013

上海市造纸学会
理事长：姜海斌
副理事长：尹 华 吴丹国 杨金魁 张荣毅 戚永宜
秘书长：蒋鸿勇
地址：上海市普陀区武宁路 1500 号南楼 403 室
邮编：200063
电话：021－52040672、52040673
传真：021－52040673

江苏省造纸学会
理事长：张 辉
副理事长：房桂干 王自力 田宝凤 刘 克 李长林 李鸿斌 沈 滨 郑乃监 赵 琳 董原兴 翟华敏
秘书长：景 宜
地址：江苏省南京市龙蟠路 159 号南京林业大学轻工科学与工程学院 104 室
邮编：210004
电话：025－85428235（办公室）、85428793
传真：025－85428235、85428793

浙江省造纸学会
理事长：胡开堂
副理事长：戈海华 毛菊仙 黄晓钢 陈万平 孙柏贵 吴明武 梁中平 陈建明 姚向荣 王敏良 叶素芳 杨 旭 刘川江 陆文荣
秘书长：陆文荣
副秘书长：李土根 郑梦樵
地址：浙江省杭州市艮山西路 182 号
邮编：310004
电话：0571－86958853
传真：0571－86958853

安徽省造纸学会
理事长：蔡锡枢
副理事长：王德贤 何家富 魏宝华 朱春明 包志保 宋作侃 李光源
秘书长：陈明邦
地址：安徽省合肥市马鞍山路富城大厦 10 层安徽轻工设计院有限公司
邮编：230088
电话：0551－62627882、13856081568（陈明邦）
传真：0551－62627882

福建省造纸学会
名誉理事长：张道沛
理事长：谢拥群
副理事长：陈礼辉 林小琦 徐宗明 林孝帮 柯吉熊 高晓明 李 艳 诸建华 吴宗华 林秀英 刘明华 郭 盛
秘书长：黄六莲
地址：福建省福州市六一北路 204 号
邮编：350013
电话：0591－87577134（办公室）
0591－83708361、13960786960（谢拥群）
0591－83715175、13950283739（黄六莲）
传真：0591－83708361（谢拥群）、83715175（黄六莲）

江西省造纸学会
理事长：管步军
副理事长：雷建民 戴圣光
秘书长：雷建民（兼）
地址：江西省南昌市北京东路 138 号
邮编：330029
电话：0791－88333891、13507911422
传真：0791－88333891

山东省造纸学会
名誉理事长：李伟鸣 陈嘉川
理事长：滕建军
副理事长：秦梦华 崔棣章 张金声 王泽风 陈洪国 李建华 李洪信 李洪法 佟克本 李振忠 丁延莉 杨延良 李学峰 徐 建 李树俭 田立忠 邢东尚 王东兴 朱玉国
秘书长：张金声（兼）

地址： 山东省济南市工业南路 101 号
邮编： 250100
电话： 0531 - 88191566、88519559
传真： 0531 - 88191566

河南省造纸学会
理事长： 王卫华
副理事长： 高丹盈　李尚武　姜丰伟　刘　洁　郭　辉　马　冠　周大鹏　万洪安
秘书长： 李尚武(兼)
地址： 河南省郑州市文化路 97 号(郑州大学工学院)
邮编： 450002
电话： 0371 - 63886906、13608691192(李尚武)
传真： 0371 - 63886906
邮箱： hnszzxh@ 126. com
网址： www. hnspaper. org
QQ：97881539

湖北省造纸学会
理事长： 刘　力
副理事长： 谢益民　梁　斌　徐功谨　彭宜纯　张厚蛟　周卫东
秘书长： 邓振强
地址： 湖北省武汉市汉口建设大道 623 号福星科技大厦 B 座 1506 室
邮编： 430030
电话： 027 - 88044716
传真： 027 - 88041709

湖南省造纸学会
名誉理事长： 刘晓明　吴佳林
理事长： 宋善军
副理事长： 樊　燕　杨傲林　马乐凡　刘湘松　魏冬云
秘书长： 杨李双
地址： 湖南省湘潭市建设中路 7 号
邮编： 411104
电话： 0731 - 58523295
传真： 0731 - 58523295

广东省造纸学会
理事长： 刘焕彬
副理事长： 何北海(常务)　詹怀宇　周　耘　林润惠　伍泽荣　李朝旺　黄阳旭　林　英　吴义荣　林伟民　陈　港
秘书长： 陈　港(兼)
地址： 广东省广州市五山路华南理工大学制浆造纸工程国家重点实验室
邮编： 510640
电话： 020 - 87112854
传真： 020 - 87112854

广西壮族自治区造纸学会
理事长： 黄显南
常务副理事长： 覃程荣
副理事长： 宁　俊　林伟民　陈　健　葛　友　谢洪武　蒙　伟　唐先陆　蒙广全　赖可宾
秘书长： 覃程荣(兼)
地址： 广西壮族自治区南宁市大学路 100 号广西大学科研所
邮编： 530004
电话： 0771 - 3272225、13977116386(黄显南)
传真： 0771 - 3272225

四川省造纸学会
名誉理事长： 甘道明
理事长： 李发祥
副理事长： 杨雪鸿　冯锦花　崔玉琦　李文俊　刘一山　吴和均　赵　琳　梁　好　范池木　李勇祥　李云川　王修明　左　建　熊贻林　李伙军　罗建平　沈根莲　邹以斌　税　典　李　途　罗福刚　罗建雄　范谋斌
秘书长： 李　途
副秘书长： 罗福刚　罗建雄
地址： 四川省成都市福兴街 30 号省轻工厅大厦 10 楼
邮编： 610016
电话： 028 - 86265842
传真： 028 - 86785924

重庆市造纸学会
理事长： 陈先谦
副理事长： 米庆元　王友伦　冯地庆　彭支瑞
秘书长： 王友伦
地址： 重庆市江北区兴隆路 1 号蔚蓝世纪 A 栋 6 - 6 室
邮编： 400020

电话： 13330275860（王友伦）

贵州省造纸学会
联系人： 林育德
地址： 贵州省贵阳市青云路 111 号一轻公司宿舍
邮编： 550002
电话： 0851－85575624（林育德）

云南省造纸学会
顾问： 李元禄　孙鹤章　孙光宗
理事长： 彭增华
副理事长： 陈克利（常务）　王　水　王亚明　杨发甲
秘书长： 陈克利（兼）
地址： 云南省昆明市呈贡大学城昆明理工大学化工学院内
邮编： 650050
电话： 0871－65920329、13987638634（陈克利）
传真： 0871－65920329

甘肃省造纸学会
负责人： 赵　煜
地址： 甘肃省兰州市金昌南路 101 号甘肃省轻工业研究院
邮编： 730000
电话： 0931－8126518、13993170089（赵　煜）
传真： 0931－8124557

宁夏回族自治区造纸学会
名誉理事长： 聂有才　陈钟灵
顾问： 李沛春　雷道远
理事长： 李瑾明
副理事长： 刘德林（常务）　丁吉文　王宁成　李书庆　李秦龙　张弥金　郭旭斌
秘书长： 杜　宏
地址： 宁夏回族自治区银川市解放西街 425 号
邮编： 750001
电话： 0951－5043123、13895186087（杜　宏）
传真： 0951－5044986

陕西省造纸学会
理事长： 张美云
常务副理事长： 王志杰
副理事长： 张飞跃
秘书长： 张安龙
地址： 陕西省西安市未央大学园区陕西科技大学造纸工程学院 209 室
邮编： 710021
电话： 029－86168292
传真： 029－86168230

新疆维吾尔自治区造纸学会
理事长： 梅树亚
副理事长： 董晓辉　徐　林　周俊英
秘书长： 李云德
地址： 新疆维吾尔自治区乌鲁木齐市民主路 88 号新疆轻工业行业管理办公室规划处
邮编： 830002
电话： 0991－2825525（李云德）
15109919125（梅树亚）
传真： 0991－2825525

（中国造纸学会）

2015 年中国造纸学会主要工作

Main Activities of CTAPI in 2015

2015 年，中国造纸学会在中国轻工业联合会和中国科学技术协会（简称“中国科协”）的领导下，以提高学会影响力和自我发展能力为主线，以提高学术交流质量和学术能力建设为核心，增强大局意识、服务意识和改革意识，不断创新和拓展学会学术工作领域，推动学会整体工作可持续并向更高水平发展，使学会真正成为促进造纸科技事业和造纸行业持续健康发展的重要社会力量。

一、完成中国造纸学会“十三五”发展规划的编写工作

根据中国科协办公厅 2014 年 11 月 26 日发布的科协办发计字〔2014〕52 号文件的要求，中国造纸学会 2015 年年初开始撰写中国造纸学会“十三五”发展规划初稿，后经几次修改完成。按科协要求于 2015 年 6 月 30 日前将中国造纸学会“十三五”发展规划报送了中国科协。中国造纸学会“十三五”发展规划总结了学会“十二五”期间在组织建设、国内外学术交流、期刊编辑、科普活动、继续教育等方面所取得的成绩以及存在的问题。制定了中国造纸学会“十三五”发展总体思路及主要任务。指出学会“十三五”期间的主要任务是：①开展国内外学术交流，促进造纸学科发展。②积极承接政府转移职能工作，努力成为能负责、能问责的现代科技社团。③充分发挥造纸科技工作者的作用。④激励、培养创新人才，促进科技工作者的成长和提高。⑤加强科普工作，创造良好创新氛围。⑥继续提升学术编辑水平，培育精品书刊，不断扩大业界的认可度和社会知名度。⑦建设好造纸科技信息网络平台。⑧提高学会组织建设水平，增强为行业及会员服务的能力。“十三五”发展规划的制定使学会今后工作有了明确的方向和工作的动力。

二、组织机构与自身建设

1. 召开常务理事会及理事会

2015 年 3 月 27 日以通讯形式召开了中国造纸学会第七届第三次常务理事会。各位常务理事对新修订的中国造纸学会工作委员会和专业委员会工作条例、成立中国造纸学会纳米纤维素及材料专业委员会、学会 2014 年工作总结和 2015 年工作要点等内容进行了审议。另外，秘书处汇报了 2014 年学会进行优秀科技人才举荐的相关工作。

2015 年 9 月 16 日在北京市召开了中国造纸学会第七届常务理事会第四次会议。会议主要审议了关于常务副理事长曹振雷主持本届理事会工作的提议、中国造纸学会“十三五”发展规划、中国造纸学会推选院士候选人工作实施细则、《中国造纸蔡伦奖评选表彰办法》的修改建议、关于增补中国纸业投资有限公司为学会特聘常务理事及副理事长单位的提议、关于同意亚太森博（山东）浆纸有限公司特聘副理事长单位更换代表人的提议等内容。通报了学会 2015 年上半年完成的主要工作和下半年工作计划、2016 年主要工作要点，通报了“第二届中国造纸蔡伦奖”获奖名单并作出了表彰决定。汶瑞机械（山东）有限公司对本次会议提供了支持。

2015 年 12 月 25 日，中国造纸学会以通讯方式召开了第七届理事会第二次会议。本次会议对中国造纸学会 2015 年工作总结和 2016 年工作计划，2014 年财务状况，常务理事会通过的《关于常务副理事长曹振雷同志主持本届理事会工作的提议》的决议，《中国造纸学会推选院士候选人工作实施细则》，第二届中国造纸蔡伦奖获奖名单等内容进行了审议。

2. 成立新的专业委员会

2014 年 12 月，国家纳米科学中心向中国造纸

学会提交申请，希望成立“中国造纸学会纳米纤维素及材料专业委员会”。经学会组织工作委员会、学术交流工作委员会走访国家纳米科学中心并与其进行交流及沟通，认为纳米纤维素材料的研发和应用与制浆造纸行业的关系越来越紧密，成立“纳米纤维素及材料专业委员会”必要且可行，同时对申报材料内容进行了初步审核，提交理事长办公会审议。

2015 年 2 月 10 日，经过学会理事长办公会议研究，建议成立“纳米纤维素及材料专业委员会”。申请材料提交 2015 年 3 月 27 日中国造纸学会第七届第三次常务理事会会议审议通过。有关资料已报送中国科协备案。

2015 年 11 月 7 日，中国造纸学会纳米纤维素及材料专业委员会成立大会暨学术报告会在北京市中国科学院国家纳米科学中心隆重召开。中国造纸学会秘书长曹春昱主持了纳米纤维素及材料专业委员会成立仪式。学会常务副理事长曹振雷博士和纳米纤维素及材料专业委员会顾问赵旭涛教授为纳米纤维素及材料专业委员会举行了揭牌。

3. 建立专家库

为了今后承接政府职能转移、两院院士候选人推荐、职称评审等工作进行人员储备，中国造纸学会建立了中国造纸学会专家库，已向各位学会理事，大专院校、科研设计院、企业技术中心的专家发了通知，目前入库专家有近 200 人。

4. 举荐优秀科技人才

根据《中国造纸蔡伦奖评选表彰办法》的要求，中国造纸学会于 2015 年 6 月 1 日启动了第二届中国造纸蔡伦科技奖、中国造纸蔡伦青年科技奖的推荐评选工作，并于 2015 年 8 月 18 日在北京召开了中国造纸蔡伦奖评审委员会第二次会议，并评选出了第二届中国造纸蔡伦奖的获奖人。第二届中国造纸蔡伦科技奖的获奖者为：宋明信（山东泉林纸业有限责任公司）、张美云（陕西科技大学）、郑丽萍（杭州市化工研究院）。第二届中国造纸蔡伦青年科技奖的获奖者为：陈劲（中国轻工业长沙工程有限公司）、李晓亮（山东华泰纸业股份有限公司）、李继庚（华南理工大学）。

根据中国科协要求，完成了第十一届光华工程科技奖候选人、第十四届中国科技奖候选人的推荐工作。

5. 优化人员结构

为了提高办事机构的专业素质和优化人员结构，学会新引进了 2 位专业技术人员，他们很快就投入了学会工作，提高了学会工作效率。

6. 规范学会工作

2015 年年初学会秘书处将以前制定的规章制度进行了疏理，新修订了 4 项工作条例和规章制度，新制定了 10 项规章制度，进一步规范了学会工作。

7. 财务工作

按要求完成了年检、各类统计报表等工作。获得中国科协授予的“2014 年全国学会财务决算工作先进单位”。

8. 总结考评工作

2016 年年初中国造纸学会召开了秘书处年终总结会并对工作人员的工作进行了考评。

三、学术交流工作

1. CIPTE 2015 国际造纸技术报告会

2015 年 9 月 17 日，CIPTE 2015 国际造纸技术报告会在北京喜来登长城饭店隆重召开。CIPTE 2015 国际造纸技术报告会由中国造纸学会、芬兰造纸工程师协会及中国制浆造纸研究院联合主办，中国造纸杂志社承办。来自国内外制浆造纸及相关企业、高等院校、科研院所的 204 名代表参加了本次技术报告会，其中有来自芬兰、德国、挪威、意大利、印度尼西亚、印度、韩国和日本 8 个国家的外籍代表 35 名。

为期 1 天的 CIPTE 2015 国际造纸技术报告会分别由中国造纸学会副理事长何北海先生及中国造纸学会学术交流工作委员会副主任靳福明先生主持，来自中国、芬兰、美国的 11 位造纸行业专家就造纸行业市场发展、原材料供应、行业发展趋势、新技术应用等方面做了专题演讲。

在技术报告会的讨论环节，中外参会代表分别就其感兴趣的话题与演讲嘉宾进行了热烈讨论和交流。最后，中国造纸学会秘书长曹春昱在会议总结发言中指出，中国造纸工业在经历了规模扩张、技术装备水平提升的两个阶段后，目前正处于转型升级、增强核心竞争力的发展新阶段，在此过程中，节能减排、满足新需求是造纸工业可持续发展的关键，为此高水平的技术交流和信息传播以及新理念的探讨非常重要，CIPTE 2015 国际造纸技术报告会正是为造纸行业同仁提供了沟通交流的平台。此次中国造纸学会及芬兰造纸工程师协会共同策划的 11 个选题新颖、针对性强，涉及制浆造纸行业焦点、热点问题，为中国造纸行业可持续发展提供了参考。

本次会议收录 11 篇论文及 PPT，出版论文集 1 本。

2. 纸基功能材料高层次区域交流服务活动

为加速地方经济转型升级提供智力支持和科技支撑，中国造纸学会与浙江省科协联合中国制浆造纸研究院共同开展了纸基功能材料高层次区域交流服务活动，目的在于充分发挥衢州市特种纸产业优势、中国制浆造纸研究院强大的技术创新研发优势以及中国造纸学会拥有的科技人才队伍，通过为企业提供前瞻性、针对性、创新性服务，促进科技成果的转化，促进区域产业的做大做强。

项目活动初期，成立了有中国造纸学会、浙江省科协和中国制浆造纸研究院参加的工作小组。中国造纸学会常务副理事长曹振雷任组长，浙江省科协学会交流处处长楼颂平、中国制浆造纸研究院副院长卢宝荣任副组长、组员为中国造纸学会秘书处相关人员。工作小组办公地点设在学会秘书处，负责各方联系和日常组织工作，并制订了项目工作计划。

按计划完成的工作：

(1)成立专家工作站，邀请相关的科研设计院所和高等院校的 10 名专家进站并开展工作。

2015 年 8 月 25 日，由中国造纸学会主办，中国造纸学会特种纸专业委员会、浙江省特种纸公共创新服务平台、浙江省衢州市龙游县造纸行业协会承办的纸基新功能材料制造与节能减排技术培训班在浙江省衢州市龙游县成功举办。本次培训班得到了衢州市政府、龙游县政府、衢州市特种纸行业协会、中国制浆造纸研究院衢州分院的大力支持。共有来自全国各地 40 余家企事业单位的近 100 名代表参加了本次培训班。中国造纸学会常务副理事长曹振雷、中国造纸学会特种纸专业委员会秘书长刘文、衢州市特种纸行业协会会长周向军、龙游县政协副主席严志源出席了本次培训班的开幕式。开幕式由中国造纸学会常务副秘书长杜荣荣主持。

开幕式上，衢州市特种纸行业协会会长周向军介绍了衢州市特种纸产业的现状和未来规划以及衢州地区发展特种纸产业的地区与资源优势。龙游县政协副主席严志源介绍了龙游县本地特种纸企业的现状及特种纸产业的未来发展规划。中国造纸学会常务副理事长曹振雷介绍了举办本次培训班的目的，并对我国特种纸产业未来的发展方向进行了展望。中国造纸学会在衢州市专门成立了“纸基功能材料高层次区域交流服务项目专家工作站”，工作站设立在中国制浆造纸研究院衢州分院，曹振雷常务副理事长和周向军会长共同为专家工作站揭牌，同时向首批入站专家代表刘文和刘金刚教授颁发了聘书。

(2)2015 年 8 月 25—27 日，在衢州市举办造纸企业中高级专业技术和管理人员参加的特种纸实用技术培训班，邀请国内 7 位本领域享有较高学术声誉，具有较高水平，且有最新研究成果的专家进行了为期 2 天的授课。通过研修班脱产学习，使参训人员及时了解特种纸研究成果、市场需求及实用技术的最新进展，力求为我国造纸工业的可持续发展提供新思路。

培训班课程结束后，授课专家与学员进行了互动、交流，针对学员提出的生产实践中出现的问题，给出了解决办法和建议。之后，刘文教授级高工对本次培训班进行了总结并对授课专家以及前来参加培训的企业表示感谢。最后，中国造纸学会常务副秘书长杜荣荣和特种纸专业委员会秘书长刘文为本次培训班的学员颁发了“培训班结业证书”。

(3)2015 年 10 月 16—18 日，由中国造纸学会、中国制浆造纸研究院和衢州市人民政府主办，中国造纸学会特种纸专业委员会承办的 2015 中国国际特种纸展览会及会议在浙江省衢州市衢州会展中心隆重召开。这是我国首次举办的特种纸国际性展览会。本次展览会共有 119 家企业参展，参展商以特种纸企业为主，涵盖了化学品、原材料、生产设备、特种纸后加工等多个领域的相关企业，其中，特种纸生产企业 55 家，是历届造纸行业举办的展览会中特种纸企业参展最多的一次盛会，吸引了来自美国、法国、德国、奥地利、芬兰、日本、韩国、印度、巴西等多个国家和地区的专家、学者、企业代表和专业观众 1200 多人。

(4)组织专家分工段、分纸种、分规模等对衢州市衢江区 9 家典型特种纸企业 14 个产品的节能减排现状开展充分详尽的调研，历时 3 个月，基本调查清楚衢江区特种纸企业的能耗情况。通过分析，衢江区具有整体能耗降低 10% 和水耗降低 15% 的潜力。通过进一步了解企业生产工艺和设备情况，为下一步提出具体节能方案，提供了可靠的基础依据。

(5)完成特种纸新产品、特种功能材料合作开发 5 项，完成科研成果转让、技术服务等 12 项。

3. 造纸工业互联网 + 论坛

2015 年 11 月 6 日，造纸工业互联网 + 论坛在北京市渔阳饭店成功召开。此次论坛由中国造纸学会主办，芬欧汇川(中国)有限公司、华章科技有限公司和ABB(中国)有限公司协办，来自制浆造纸企业、机械设备公司、高等院校和科研设计院所80余位代表参加了本次论坛。

论坛共有8位嘉宾就互联网与造纸工业的融合进行了主题演讲。随后，参会者针对大数据时代造纸企业如何实现自动化和信息化与演讲嘉宾进行了互动和交流。我国造纸行业的企业信息化经过几年的发展和努力，已经取得了一定的成果，具有一定规模的造纸企业基本上已实现了财务电算化，但基于企业级的管理信息系统尚未在行业内普及和应用。因此，从总体上来说，仍处于起步阶段。无论是从信息化发展水平和自身发展角度，还是从企业参与竞争层面来看，造纸行业的企业信息化仍然任重道远。举办互联网+论坛旨在通过跨学科、跨部门的学术研讨，推动产学研优势互补，强化对造纸企业信息化宣传，促进造纸企业信息化的建设步伐。

本次活动收录8篇论文及PPT，出版论文集1本。

4. 启动第十七届学术年会

学术交流工作委员会确定了第十七届学术年会的有关事宜及年会的主要内容，决定中国造纸学会第十七届学术年会于2016年5月召开。为使第十七届学术年会开成一届高水平的学术交流会，学会领导已将此届年会作为2016年工作的重点。目前，年会重点工作是进行征集年会论文，并已向各省市造纸学会、各专业委员会、高等院校、科研设计单位、造纸及相关企业寄送了征集年会论文的通知，同时在中国造纸科技网和有关刊物上进行了宣传。

四、科普工作

2015年按照年初制定的科普活动计划，在学会科普专家团队的带领下，依靠广大的会员，积极响应十八届四中全会的号召，按照国家科普法和科学素质纲要的精神，对照学会所属行业的具体情况开展了多项科普活动。

当前，我国造纸行业正处在发展方式和发展模式的转换期，学会号召造纸行业要以万众创新这一结构性改革激发全行业的创造力，科普先行和科技创新成为我们新时期的发展引擎。为此，我们围绕行业特点，结合学会的具体情况，积极申报了以节能减排和循环经济为主的科普项目，对一些适合行业需求和发展的新技术和新装备进行了宣传和推广。

2015年恰逢造纸术发明家蔡伦发明造纸术1910周年，为纪念此项发明，2015年5月4日学会在北京市举行了“纪念蔡伦发明造纸术1910周年征文启动仪式”活动。参加活动的专家学者和大专院校的志愿者50多人。选择“五四”青年节期间举行此项活动，是希望让更多的青年一代牢记我国四大发明之一的造纸术及发明者蔡伦。勉励他们要学习先祖的发明创造精神，在国家创新驱动进程中作出贡献。学会秘书长曹春昱也在启动仪式上发表了讲话。他讲道，蔡伦发明造纸术对人类社会的进步和发展、文化的传播和历史的记载起到了不可磨灭的贡献，认为从造纸术到造纸技术的进步是科学发展的必然趋势。并感谢社会各界对我国造纸行业的关心和关注，作为承载四大发明之一的造纸技术我们将不负众望，并使之发扬光大。会议期间，众多前辈为来参与发行仪式的清华大学、北京林业大学、北京人民大学、北京电子信息学校的学生代表和集邮领域的代表发放了征文专用邮筒。征文自2015年2月10日开始，先后在银川、北京、兰州等地举行了启动和联谊活动，并在《纸和造纸》《中国集邮报》《中华纸业》、银川晚报等媒体网站公布征文启示，截至2015年9月10日，共收到来自全国20多个省区、直辖市的征文信息千余件。

2015年9月12日，学会与宁夏纸文化博物馆、纸品研究学会等特别在西安市长安区北张一村举办了“纪念蔡伦造纸术发明1910周年”征文总结活动，活动邀请了北张一村的造纸非物质文化遗产传人讲述了造纸术的演变过程；同时现场观摩了造纸技艺，说到蔡伦造纸，造纸村的村民都竖大拇指。蔡伦的造纸术在这里不仅得到了传承，这个村子的人也因为造纸走上富裕，改变了生活。

五、会员工作

1. 日常会员工作

一是继续做好学会单位会员的发展工作。目前学会会员单位203个，其中，22个特聘常务理事单位。有2个单位有意向成为学会单位会员，登记表邮件发去，尚未收到回复。由于这几年造纸行业发生了很大变化，因此，在年鉴编辑核定企业名录相关信息时，对部分会员单位也进行了核对。下一步秘书处将组织对单位会员进行重新登记，核定相关信息，失去联系的单位将取消其中国造纸学会会员单位资格。二是努力吸收新会员。截至2015年11月底，重新登记会员总数达到1183人，年内发放会员证 231 个。

2. 中国科协会员日活动

2015 年 12 月 15 日，我们又迎来了科技工作者自己的节日——中国科协会员日。为了充分体现学会是科技工作者之家，更好地为科技工作者服务的精神，根据“中国科协办公厅关于举办 2015 年中国科协会员日活动的通知”（科协办发组字〔2015〕39 号）的文件精神，按照“‘家’的温馨节日的问候”的主题，学会由秘书长牵头，会员部与学术部一起组织开展了相应的活动，活动情况如下：

（1）广泛宣传中国科协会员日　按照厉行节约、节俭务实的精神要求，在会员日期间，学会采用了网站宣传和发送电子邮件的方式，向广大会员转发了《中国科协会员日贺信》，同时向各位理事发送了第二届“中国造纸蔡伦奖”奖项的评选结果和获奖人的材料简介。经过最近几年的宣传和介绍，越来越多的会员知道了科协会员日，对学会的“中国造纸蔡伦奖”认知度也越来越高。另外，学会也在网站及杂志上对中国科协会员日及会员日期间开展的活动进行了宣传报道。

（2）组队参加 2015 中国科协会员日乒乓球赛（第六届）活动　为充分体现党组织对科技工作者的关怀，营造“建家交友”的良好氛围，增强科协组织和全国学会的凝聚力及学会会员的归属感，增进全国学会之间的沟通与交流，由中国科协机关党委、中国科协学会服务中心党委举办的 2015 中国科协会员日乒乓球赛（第六届）活动于 2015 年 11 月 28—29 日在北京月坛体育馆举行。

今年是学会第一次组织学会会员参加科协会员日乒乓球赛，本着多交流、多学习的目的，我们共 10 名队员报名参加了除理事长秘书长组和 55 岁以上组以外的其他全部组别的比赛。单项赛中 35 周岁以下组 1 人和 35～45 周岁组 1 人打进 16 强。通过此次交流比赛，会员之间在球技、工作内容和行业知识的传播上都有了一些收获。主办单位中国科协机关党委和中国科协学会服务中心党委授予中国造纸学会“2015 中国科协会员日乒乓球赛（第六届）团体组织奖”。

（3）看望在京老造纸科技工作者代表，走访从事造纸工业设计、研发和管理的一线科技工作者　学会常务副理事长曹振雷、秘书长曹春昱带领学术部、会员部、编辑部的相关人员于 12 月 4 日、16 日、17 日分别看望了我国造纸行业资深专家、学会资深专家顾问委员会中的余贻骥、潘锡五、胡宗渊、顾民达、杨懋暹、邝仕均等人，向他们介绍了学会一年来开展的工作和 2016 年的活动计划，希望他们多注意身体。

2015 年 8 月 28 日，学会学术部和会员部相关人员提前走进中国制浆造纸研究院衢州分院，举行了青年会员沙龙活动。活动上特意邀请到了分院刘文院长对衢州地区特种纸发展现状和分院下一步发展计划做了简单介绍。通过交流，各位青年造纸科技工作者对各自的职业发展和规划有了更多的思考。此次活动，学术部和会员部相关人员还分别介绍了“中国造纸蔡伦奖”的奖项设立情况及各奖项的申报条件，个人会员的申请、登记工作方式。青年会员对学会举办的活动也提出了一些建议：希望学会人员能多出来走访，把国家最新的政策及时带到一线；希望学会能把学术活动多放在产业集中地区举行，使更多的造纸科技工作者能够参与其中并有所收获。

2015 年 12 月 17 日，学会有关人员走进中国纸业投资有限公司，与公司领导、学会常务理事和一线科技工作者交流座谈。公司董事长童来明介绍了公司一年来的生产经营情况。学会有关人员对学会一年来举办的活动和 2016 年工作计划，以及学会目前开展的科技服务工作做了介绍。结合公司拥有一家国家级企业技术中心的优势，大家就开展建设区域学术、技术培训中心展开了讨论。活动中，公司对学会的工作提出了一些建议：希望学会多举办会员单位之间的交流活动，使广大造纸科技工作者能凝聚在一起。并计划下次座谈组织下属单位技术中心负责人一起，更有针对性的提出大家的需求，希望学会能更有针对性的指导。

2015 年 12 月 23 日，学会有关人员走进北京京纸集团有限公司，与公司领导、学会的理事及常务理事和会员一起交流座谈。学会常务理事、京纸集团总工程师刘琦对集团的发展情况和转型升级情况作了详细的介绍。交流中，大家对北京市造纸学会的发展困境也进行了讨论，对学会的工作提出了一些建议：希望学会能多到公司来，为公司下一步转型升级提供支持；希望加强中国造纸学会和地方造纸学会的交流合作，通过举办各种活动带动地方学会一起发展。

六、分支机构开展的主要工作

1. 特种纸专业委员会

2015 年中国造纸学会特种纸专业委员会完成了网站和微信公众平台等网络服务平台的改版和建设

工作，管理更新网站信息、收集上传海关特种纸进出口数据、走访和接待来访的会员单位等工作外，特种纸专业委员会还组织了以下9项活动。

(1)赴美国和加拿大考察活动 2015年4月18—29日，特种纸专业委员会首次组织国内的特种纸企业赴美国和加拿大进行参观考察。本次活动共有来自22家企业的32人参加。

(2)国信机电节能环保技术新产品交流会 2015年5月11—12日，特种纸专业委员会为会员单位淄博国信机电科技有限公司筹办了国信机电节能环保新产品技术交流会，会议在浙江省衢州市召开，近70人参加了会议，获得了委托企业的认可和满意。

(3)特种纸专业委员会卷烟系列用纸学组第三届技术交流会 2015年5月13—15日，特种纸专业委员会协办并参加了在湖南省长沙市举办的特种纸专业委员会卷烟系列用纸学组第三届技术交流会。会议有近60人参加，共发表了12篇相关论文。

(4)特种纸产业情况调查统计 特种纸专业委员会开展了特种纸产业的情况调查统计，并完成了2014年特种纸市场概况的报告。

(5)纸基新功能材料制造与节能减排技术培训班 2015年8月25—27日，由特种纸专业委员会承办的纸基新功能材料制造与节能减排技术培训班在浙江省龙游县召开，共有来自全国特种纸及相关企业的64人参加了培训。

(6)2015中国国际特种纸展览会及会议 2015年10月16—18日，特种纸专业委员会在浙江省衢州市承办了首届中国国际特种纸展览会及会议，展览会共有参展企业119家，其中包含特种纸企业55家，共有来自美国、法国、德国、奥地利、芬兰、日本、韩国、印度、巴西等多个国家和地区的专家、学者、企业代表和专业观众1200多人参观。

(7)特种纸专业委员会第十届年会 2015年10月15日，特种纸专业委员会在浙江省衢州市举办了第十届年会，共有会员单位近200人参加。

(8)特种纸产业发展和节能减排高峰论坛 2015年10月16日，特种纸专业委员会在浙江省衢州市举办了首届特种纸产业发展和节能减排高峰论坛。论坛邀请了10余位权威专家和企业家共同探讨了特种纸产业形势和发展趋势，论坛共有近400余人参加。

(9)全国特种纸技术交流会 2015年10月17—18日，特种纸专业委员会在浙江省衢州市举办了第十届全国特种纸技术交流会，共有来自中国、美国、法国、韩国、日本、奥地利、加拿大、德国、中国台湾及香港等多个国家和地区的近200家企业350多人参加了会议。本届年会收录了论文及PPT共57篇，评出优秀论文10篇，出版论文集1本。

2. 造纸器材专业委员会

(1)造纸器材专业委员会年会 2015年9月11日，造纸器材专业委员会在云南省腾冲市举行了造纸网毯行业年会。有30多家企业单位，61人参加会议。

(2)造纸网毯行业情况调查统计 造纸器材专业委员会对我国主要造纸网毯企业2014年生产经营情况进行调查统计并进行了汇总。

(3)走访企业 2015年造纸器材专业委员会走访了15家企业，对有些企业进行了多次走访。在走访过程中与企业交流，了解了企业经营、管理、生产能力、新品种的研制、设备等情况。通过走访了解了各企业发展情况及需求，并征求了各会员单位对造纸器材专业委员会工作的意见及建议，为造纸器材专业委员会更好地为行业服务打下了扎实的基础。

(4)科学普及 造纸器材专业委员会组织会员参加了2015中国国际产业用纺织品及非织造布展览会(35人)，纺织机械展览会(81人)，非织造材料展览会(47人)和中国国际纸浆、造纸、纸制品工业展览会(71人)。

(5)对外交流 2015年接待了瑞士EMS公司、德国莱茵公司、美国英威达工业纤维部门、德国朗盛公司、瑞士理宝公司(仪器)、法国罗地亚公司、德国欧瑞康公司(设备)等公司的来访、交流市场信息。

3. 机械设备专业委员会

(1)编写"十三五"造纸机械行业的发展规划 机械设备专业委员会组织了以陈克复院士为组长的专家组对造纸装备制造业进行了详细市场和技术调查，初步完成了中国轻工机械协会有关"十三五"造纸机械行业的发展规划。内容涉及新一代清洁制浆技术、创新与集成制浆造纸节能减排技术、高效利用纤维原料的复合型生物精炼技术和生物衍生新材料的机械装备。为造纸装备制造企业研发制造节能、高效、低排放、低成本的造纸装备提供了明确的方向，也为造纸企业加快提高先进装备技术水平，促进造纸行业结构调整和优化升级提供发展条件。

(2)公共服务示范平台的测评工作 2015年3

月机械设备专业委员会参与了工业和信息化部国家中小企业公共服务示范平台的测评工作。在此基础上，本年度为3个造纸机械制造企业作了义务的质量提高咨询服务。

4. 涂布加工纸专业委员会

(1)学术年会　2015年9月19—20日，涂布加工纸专业委员会与华东七省市造纸学会联合在福建农林大学召开了华东七省市造纸学会第二十九届学术年会。全国各省市参加这次学术年会的代表达128名，收集论文86篇，会议上交流论文18篇，其中3篇由涂布加工纸专业委员会提供。

(2)走访企业　2015年3月31日—4月3日，上海市造纸学会副理事长和专业委员会副秘书长陪同中国造纸学会领导参观、访问、调研了中国造纸网毯的4家主要企业及上海2家造纸企业。2015年5月14日，专业委员会副秘书长陪同上海嘉龙纸业有限公司董事长，走访了山东省3家制浆造纸企业。2015年6月18日，上海市造纸学会副理事长和专业委员会副秘书长陪同浙江省造纸学会秘书长，参观、考察了上海金熊造纸网毯有限公司。

5. 非木材制浆专业委员会

(1)举办了轻工学术论坛　2015年3月19日，非木材制浆专业委员会举办了轻工学术论坛。邀请了国内外专家进行学术交流。齐鲁工业大学校长陈嘉川出席了轻工学术论坛，并作了题为“制浆造纸生物技术”的首场学术报告。部分企业代表参加了报告会。

(2)科学普及　非木材制浆专业委员会组织会员参加了2015年3月15日中国国际造纸设备展览会(15人)、2015年5月15日中国生活用纸年会及展览会(5人)、2015年10月16—18日浙江衢州特种纸第十届年会(7人)。

(3)走访企业　非木材制浆专业委员会走访了中治纸业银河有限公司、山东泉林纸业有限责任公司等非木材制浆造纸厂，进行了交流和沟通。

6. 包装纸和纸板专业委员会

参加省内多个项目的可行性评审和项目验收会。2015年3月，包装纸和纸板专业委员会参加了广东省质监局组织的广东省东莞市质量监督检测中心“阅读类印刷品环保检测技术研究”项目验收鉴定会。2015年4月8日，参加了广东省造纸行业协会组织的广东华泰纸业有限公司“利用大型全自动新闻纸生产线生产系列文化用纸，实现产品结构升级”项目鉴定会。2015年10月27日，参加了广东省科技厅委托广东省质监局组织广州市质量监督检测研究院“皮革制品质量检测公共服务平台”项目验收会。

7. 纳米纤维素及材料专业委员会

(1)纳米纤维素及材料专业委员会成立　2015年11月7日，中国造纸学会纳米纤维素及材料专业委员会成立大会暨学术报告会在北京市中国科学院国家纳米科学中心隆重召开。中国造纸学会常务副理事长曹振雷，纳米纤维素及材料专业委员会顾问赵旭涛教授，国家纳米科学中心科技处任红轩处长，及来自全国各高等院校、科研院所和制浆造纸企业等20多家单位的委员或委员代表参加了本次会议。

中国造纸学会秘书长曹春昱主持了纳米纤维素及材料专业委员会成立仪式。中国造纸学会常务副理事长曹振雷首先就新的形势下国内外制浆造纸行业的现状做了深入分析，并就中国造纸学会成立纳米纤维素及材料专业委员会(以下简称“NMC委员会”)的情况做了简要说明。学会常务副理事长曹振雷博士和NMC委员会顾问赵旭涛教授为NMC委员会揭牌。学会曹春昱秘书长就NMC委员会的成立及委员会主要负责人建议人选等做了简要说明，会议按照中国造纸学会专业委员会工作条例，通过民主程序，民主产生了以蒋兴宇博士为主任委员的第一届委员会主要领导人。

(2)学术报告会　2015年11月7日，中国造纸学会纳米纤维素及材料专业委员会成立大会暨学术报告会在北京市中国科学院国家纳米科学中心隆重召开。

学会曹春昱秘书长和刘忠副理事长主持了学术报告会。来自中国科学院、中国制浆造纸研究院、华南理工大学和东北林业大学等单位的9名报告人就纳米纤维素的国内外研究现状与进展、纳米微晶纤维素的制备与产业化、纳米纤维素在制浆造纸行业及生物医用领域等的应用做了精彩的报告。

七、年鉴及期刊出版工作

《2015中国造纸年鉴》经过各位撰稿人和编辑部工作人员的共同努力，按计划完成了全部编辑出版及广告销售工作，进入发行阶段。

《中国造纸学报》《中国造纸》《纸和造纸》《国际造纸》《造纸信息》专业期刊按时完成了2015年全年的编辑出版发行工作。《中国造纸学报》全年发表论文48篇，《中国造纸》全年发表论文196篇，《纸和造纸》全年发表论文258篇，《国际造纸》全年发表论文 59 篇。近年来整个造纸行业遇到一些困难，其专业期刊运行也受到了行业不景气及新媒体的冲击，但大家努力克服困难，不断提高期刊质量。

《中国造纸学报》《中国造纸》双双入选“2015 年中国科协精品科技期刊工程项目”以及中文核心期刊(造纸行业就此 2 本期刊入选)。

《中国造纸学报》在中国科协 2015 年 3 月起开展的对主管期刊 2014 年度核验工作和审读工作中，获得 2014 年度中国科协主管科技期刊审读“优级”期刊。

中国造纸学会与中国制浆造纸研究院共同主办的《国际造纸》，重点报道现代全球造纸工业先进生产技术、浆纸装备、环保技术、造纸化学品的应用与研究、全球最新造纸动态，受到广大读者的欢迎。然而，随着国际化进程的加快，造纸及相关产业的技术进步也得到快速发展，科研领域的新成果、新技术层出不穷。为争得中国造纸行业科技创新成果在世界范围的话语权，并在国际上得到认可，国内一些科研成果纷纷发表在国外被 SCI 收录的相关期刊上，而国内一些著名刊物，如《国际造纸》逐渐面临缺乏高质量稿源的困境，从而使国内造纸科技期刊在进一步提升学术质量方面受到影响，且不利于国内造纸科技成果的交流与科技进步。目前国内还没有相关领域的英文刊物，无法满足科学研究人员日益增长的学术交流要求，因此，学会与中国制浆造纸研究院商议决定，将《国际造纸》改为英文刊物，并将刊物名称变更为能够适应现代造纸行业发展方向的生物质材料，即《Paper and Biomaterials》。经国家新闻出版部署批准，《国际造纸》更名为《Paper and Biomaterials》，文种由中文变更为英文，刊期由双月刊变更为季刊。现正在进行前期的准备工作，如成立编委会等。

八、社团评估工作

2015 年中国造纸学会参加了民政部组织的社会组织评估。为了全力做好申报和现场评估工作，切实提升学会自身能力，为建设现代学术社团打好基础，学会领导非常重视此项工作，特成立了学会组织评估工作小组，学会常务副理事长任组长、秘书长任副组长、组员为学会秘书处。学会工作人员从春节后就开始认真准备 2010 年以来需要申报及现场评估的资料。2015 年 10 月 30 日已将申报资料报送给了民政部和中国科协。现场评估资料及 PPT 已经准备好。

九、继续教育

根据中国科协学会学术部颁发的科协学函改字〔2015〕103 号“关于组织申报 2015 年度人力资源和社会保障部专业技术人才知识更新工程急需紧缺人才培养培训项目的通知”精神，中国造纸学会 2015 年举办 1 期培训班。为提高特种纸企业专业技术人员的知识水平，学会于 2015 年 8 月在衢州市举办了“纸基新功能材料制造与节能减排技术培训班”。64 名学员参加了本次培训活动。本次培训班邀请 7 位不同领域的专家进行了为期 2 天的授课。培训班课程结束后，授课专家还与学员进行了互动、交流，针对学员提出的生产实践中出现的问题，给出了解决办法和建议。之后，刘文教授级高工对本次培训班进行了总结并对授课专家以及前来参加培训的企业表示感谢。最后，中国造纸学会常务副秘书长杜荣荣和特种纸专业委员会秘书长刘文为本次培训班的学员颁发了“培训班结业证书”。

十、友好交流

适逢美国制浆造纸技术协会(TAPPI)成立百年之际，应 TAPPI 之邀，2015 年 4 月 18—30 日，中国造纸学会特种纸专业委员会组团、中国造纸学会秘书长曹春昱带队，国内造纸科研院所、高校、协会和特种纸、设备等企业以及国外相关企业共 22 家单位的专家、教授、企业负责人和技术负责人共 32 人参加了美国 TAPPI 百年庆典学术交流活动，同时访问考察了美国图形包装国际公司(Graphic Packaging)和国际纸业公司(International Paper)以及加拿大林产品创新研究院(FPInnovations)和加拿大福特斯特殊纤维素股份有限公司(Fortress Specialty Cellulose Inc.)，并与这几家企业进行了交流。此次考察的目的是了解国际造纸科研开发的动态，学习国际先进造纸企业的技术和管理理念，感受美国和加拿大造纸行业的发展现状，为转型期的中国制浆造纸业提供借鉴和发展思路，并进一步推动国内特种纸企业与国际接轨及合作。

2015 年 6 月 8 日，中国造纸学会秘书长曹春昱，常务副秘书长杜荣荣，学术部副主任雷煌等共同接待了日本惠尔得株式会社专务铃木淳一等一行来访。会见中，曹春昱秘书长首先简要介绍了中国造纸学会概况和第七届理事会换届情况。铃木淳一专务介绍了日本造纸行业的现状、对中国造纸工业发展的预测和日本惠尔得株式会社的市场情况。

2015 年 8 月 11 日，美国矿物技术有限公司（Minerals Technologies Inc.，简称 MTI）亚太区副总裁黄启光一行 4 人对我学会进行了访问。中国造纸学会常务副理事长曹振雷、中国造纸学会常务副秘书长杜荣荣共同接待了来宾。曹振雷常务副理事长代表中国造纸学会对 MTI 公司的来访表示欢迎，并介绍了学会的基本情况以及学会在我国造纸行业所发挥的关键作用。黄启光博士对 MTI 公司在中国的发展战略及主要业务进行了介绍。此外，双方就技术评价及技术规范和知识产权保护方面进行了沟通交流，并希望通过这次会见建立 MTI 公司与中国造纸学会的联系，促进双方在制浆造纸领域的科技合作。

2015 年 11 月 9 日，日本惠尔得株式会社（日惠得）大山芳男、铃木淳一、谷崎大司一行 5 人到访中国造纸学会，学会秘书长曹春昱、常务副秘书长杜荣荣、编辑杨扬会见了到访客人。首先，曹春昱秘书长对日本惠尔得株式会社的到访表示欢迎，大山芳男会长对中国造纸学会为日惠得在我国的业务发展所做的努力和支持表示衷心感谢。

随后，大山芳男会长介绍了日本造纸行业的发展现状和对新产品的开发。针对日惠得推出的新产品以及在中国的发展，曹春昱秘书长提出了一些建议。此次日惠得一行人的到访是 2015 年来的第二次到访，曹春昱秘书长表示，学会会在力所能及的范围内帮助和推进日惠得在中国的业务发展，同时也希望日惠得能够提供更多适合中国造纸企业的产品和服务。

（中国造纸学会秘书处）

中国造纸协会办事及分支机构

Administrative and Affiliated Agency of China Paper Association (CPA)

理事长：赵 伟

1. 秘书处

秘书长：钱 毅

副秘书长：卢慧敏 张新平 巴永红

(1)办公室

电话：010－68396540

传真：010－68396572

(2)会员部

电话：010－68396541

传真：010－68396572

(3)会展部

电话：010－68396542

传真：010－68396672/6572

(4)综合业务部

电话：010－68396544

传真：010－68396572

(5)信息咨询部

电话：010－68396546

传真：010－68396572

2. 中国造纸协会环境保护专业委员会
3. 中国造纸协会标准化专业委员会
4. 中国造纸协会能源专业委员会
5. 中国造纸协会生活用纸专业委员会
6. 中国造纸协会造纸工业林专业委员会
7. 中国造纸协会造纸芦苇基地分会
8. 中国造纸协会无碳复写纸、热敏纸分会
9. 中国造纸协会铜版纸分会
10. 中国造纸协会卷烟纸分会
11. 中国造纸协会新闻纸分会
12. 中国造纸协会包装纸及纸板分会
13. 中国造纸协会专家工作委员会
14. 中国造纸协会溶解浆工作委员会
15. 中国造纸协会蔗渣浆工作委员会

（中国造纸协会）

2015 年中国造纸协会主要工作

Main Activities of CPA in 2015

一、充分发挥协会服务功能、努力做好行业各项工作

积极配合、协助国家发展和改革委、环境保护部、工业和信息化部、商务部、财政部、水利部、全国节约用水办公室、中国轻工业联合会等相关部门的工作，在造纸行业发展规划研究、产业结构调整、淘汰落后产能、节能减排、清洁生产、环境保护、商务贸易、信息统计、技术合作、资源利用等方面做了大量调查研究工作，为政府部门制定相关政策和决策提供了多项研究、分析报告并提出了相应参考意见和建议。

1. 受国家发展和改革委产业协调司委托，协会启动了造纸工业“十三五”发展规划研究工作，在充分调研的基础上，编制完成了《造纸工业“十三五”发展研究》初稿，并向国家发展和改革委产业协调司汇报，经讨论后，又完成了《造纸工业“十三五”发展研究》第二稿。

2. 根据国家“十三五”规划的总体部署，为了确保《节水型社会建设“十三五”规划》编制工作有序进行，国家发展和改革委环资司委托协会开展了造纸行业节水情况及“十三五”节水重点任务研究，协会在广泛调研的基础上，于 2015 年 10 月完成有关报告并提交给国家发展和改革委环资司，同时受国家发展和改革委委托，协会在造纸行业内开展了征集《国家鼓励发展的节水产品（设备）目录（2016 版）》备选产品（设备）工作。

3. 按照国家发展和改革委办公厅《关于提供对东盟重点国家双边产能合作重点项目清单的函》的部署和要求，帮助国内企业推动对泰国、老挝、马来西亚、柬埔寨和越南 5 国的重大投资项目，协会协助国家发展和改革委对造纸行业企业正在实施和跟踪推进中的产能合作重大项目有关情况进行了调研，并完成了《对东盟重点国家产能合作项目情况表》的填报工作。

4. 协会参加了国家发展和改革委组织的“中国碳市场建设形势分析会”，对《全国碳市场配额试算方法（试行）》提出相应修改意见。根据国家发展和改革委组织开展国家重点节能技术征集和更新工作的通知要求，协会向《国家重点节能低碳技术推广目录》推荐了造纸行业重点节能低碳技术目录，并派员陪同国家发展和改革委领导赴山东省有关企业调研。参与并配合国家发展和改革委环资司完成了《造纸行业清洁生产评价指标体系》修订稿并发布。

5. 协会对环境保护部的环境保护综合名录（2015 版）和环境保护综合名录（2015 年新增）征求意见稿中涉及到造纸行业的部分提出修改意见和建议；完成了《中国环境年鉴》“中国造纸协会环境保护”章节部分编写；对国务院法制办交办的《环境保护税法》征求意见稿做了研究并回复了意见。

6. 协会参加了环境保护部《关于征求火电等七类建设项目环境影响评价文件审批原则》征求意见稿和《制浆造纸建设项目环境影响评价文件审批原则》征求意见稿及制浆造纸行业建设项目环境影响评价技术评估报告要点要求等政策研讨会；针对相关内容和问题，研究后提出了反馈意见和建议。

7. 协会参加了环境保护部总量司组织的造纸行业排污许可证研讨会、造纸行业排污许可证设计工作方案会议、排污许可证国际研讨会、“十三五”主要水污染物总量控制制度基本思路及技术路线专家研讨会等活动，协助并参与了环境保护部总量司对造纸行业排污许可证方案设计；派专家参与了环境保护部组织的重点行业总量减排培训班并提供造纸专业方面讲座。

8. 协会承担了环境保护部对外合作中心委托的《全球环境基金“中国制浆造纸行业二噁英减排项目”中制浆造纸行业应用二噁英减排最佳可行技术/

最佳环境实践(BAT/BEP)的技术经济可行性调研评估子项目》，组织专业力量，先后赴山东、河南、四川、贵州、广西壮族自治区等地相关企业开展现场调研，了解制浆企业现行二噁英减排最佳可行技术/最佳环境实践(BAT/BEP)实施情况，并筛选5家典型企业聘请专业检测机构进行了现场采样和检测工作，检测结果均符合现行标准。

9. 派员参加工业和信息化部组织的工业节水治污技术示范推广工作座谈会，并向工业和信息化部推荐了造纸行业具有市场推广前景的先进节水工艺、技术和装备及示范工程；与全国节约用水办公室、水利部水情教育中心合作，共同开展“节水优先——企业在行动”专项活动，展示造纸企业节水成效，宣传节水经验，造纸行业共有6家企业入选《节水优先——企业节水案例集萃》；协助工业和信息化部、水利部、全国节约用水办公室完成了《高耗水工艺、技术和装备淘汰目录(第一批)》中造纸行业子目录部分，同时按照水利部要求，编制完成了《国家重点节水技术推广目录(第二批)》中造纸行业子目录部分并上报。

10. 根据工业和信息化部要求，组织编制了中国制造“2025”绿色制造工程实施方案造纸重点工程清单，上报了“十三五”期间造纸行业拟开展的节能减排重点工程目录，重点节能技术推荐目录，绿色制造重大工程支撑材料等。派员参与了工业和信息化部、财政部组织的造纸行业淘汰落后产能审核工作。

11. 协会联合华南理工大学及山东太阳纸业股份有限公司、华泰集团有限公司等企业承接了国家“重点流域水污染治理与控制重大科技专项”项目。根据项目需要开展了调研工作，先后对山东、河南二十几家制浆造纸企业进行了实地走访并与企业的技术、环保负责人进行了座谈交流，了解了企业的生产经营、环保设备运行等情况，听取了企业对环境监管、政策制定及执行、污染管理机制等方面的意见，编写了《山东省造纸企业调研报告》及《河南省造纸企业调研报告》；同时按照项目整体进度要求，协会会同华南理工大学对水专项课题的承担单位项目进度开展了中期检查和中期评估，目前该项目任务量已经完成约60%，计划2016年年底可完成此项目的全部工作。

12. 随着国际化进程加快，国内外造纸产业间交流增加，但矛盾和摩擦也增多，尤其是倾销与反倾销、补贴与反补贴等贸易上的摩擦问题。对此问题协会积极配合商务部有关部门，协助相关企业积极开展应对工作。2015年分别就美国、澳大利亚发起的针对我国未涂布印刷纸反倾销和反补贴调查案，协会积极组织相关企业协商，提交有利的抗诉材料，配合商务部参与磋商，经多方努力，目前澳大利亚已撤销立案。另外对我国与东盟自贸区谈判、对台湾自贸区谈判和WTO《环境产品协定》谈判等，协会就谈判中涉及有关造纸问题向相关部门提出了意见和建议。

13. 针对造纸行业近年来生产运行情况及废纸原料发展循环经济和资源回收利用的特点，协会积极向财政部等有关部门多次汇报并反映实际情况，财政部、国家税务总局于2015年6月联合发布了《资源综合利用产品和劳务增值税优惠目录》，对造纸行业利用废纸原料生产给予税收优惠，此政策将有利于企业尽快走出困境，提高效益。

14. 为使造纸企业生产运营更加平稳，同时拥有更多资本平台和避险工具，化解经营风险，协会正在积极推进商品纸浆期货品种交易上市工作。继2014年，协会与上海期货交易所达成了战略合作协议后，2015年，协会与上海期货交易所共同努力，已经完成“纸浆期货”上市前的准备工作并计划上报证监会审批。

15. 在充分调研的基础上，2015年5月完成了《2014中国造纸工业年度报告》，同时对已经正式发布的中国造纸协会纸浆指数进行了平台完善，为企业和相关部门提供了生产消费和市场运行等情况。

二、组织并参加多项活动，增强协会凝聚力和影响力

1. 2015年5月组织召开中国造纸协会第四届理事会第二次会议，来自各省协会、企业、院校、科研院所等92个理事单位，共计130位代表出席了会议。会议审议并通过了《中国造纸协会第四届理事会第二次会议工作报告》《中国造纸协会2015—2016年度工作计划》《中国造纸协会第四届理事会2014年度财务报告》《关于陈士能同志、钱桂敬同志辞去中国造纸协会第四届理事会名誉理事长的提案》《关于吸收9个单位为中国造纸协会团体会员的议案》。同时在会议上还与全国财贸轻纺烟草工会联合表彰了第三届全国造纸行业节能减排优秀技术创新成果和职工优秀技术奖的企业和个人并颁发了奖牌和证书。

2. 协会联合全国财贸轻纺烟草工会共同组织开

展了“2015 年全国造纸行业节能减排达标竞赛活动”。在各省协会和工会的共同组织下，各企业积极参与，另外，协会还在此次评选的优秀企业中评选了部分优秀企业推荐到全国总工会，参加全国性更高荣誉表彰，现已推荐 2 个企业获得“全国五一奖状”，7 个企业的班组获得“全国工人先锋号”荣誉称号。

3. 根据中国轻工业联合会企业关于 2014 年度轻工行业造纸十强企业、轻工百强企业评价工作办法，协会推荐 20 余家排头兵企业参加申评。中国轻工业联合会评价审定，评选出华泰集团有限公司、玖龙纸业(控股)有限公司、山东晨鸣纸业集团股份有限公司、山东太阳控股集团有限公司、山东泉林纸业有限责任公司、山东博汇纸业股份有限公司、理文造纸有限公司、金东纸业(江苏)股份有限公司、中国纸业投资有限公司、安徽山鹰纸业股份有限公司 10 家企业为 2014 年度轻工行业造纸十强企业。

4. 金砖国家工商理事会研究决定在工商理事会成立农业经济工作小组，经多方协商后于 2015 年 2 月由金砖国家工商理事会中方理事长单位(中国远洋集团公示)正式邀请中国造纸协会加入了农业经济工作组，担任中方组长并负责组建中方工作组。经邀请并报有关部门批准，中国纸业投资有限公司、安徽山鹰纸业股份有限公司、山东泉林纸业有限责任公司已成为该小组中方工作组成员。协会派员参加了金砖国家工商理事会中方秘书处 2015 年第一次会议和在莫斯科召开的金砖国家工商理事会会议及行业工作组会议。此举为行业又搭建了一个对外合作交流平台，各成员单位可充分利用这一窗口加强与金砖国家合作。

5. 2015 年协会分别接待了日本制纸联合会理事长羽山正孝一行，芬欧汇川亚洲纸业执行副总裁 Bernd Eikens 一行，美国缅因州州长率领的政府代表团、芬兰贸易会、美国麻省理工大学及多家国外公司高管等人员来访，分别就造纸行业发展情况和共同关注的议题及信息交换等进行了广泛的交流。另外，协会还与联合国粮农组织(FAO)合作，为编写全球林纸业可持续发展报告提供了中国造纸工业发展状况并交换了数据。

三、积极组织会展活动、努力丰富会议内容

1. 协会于 2015 年 11 月在海南省海口市组织召开了 2015 中国国际造纸和装备博览会暨全国纸张订货交易会。来自世界各地的采购商，参展企业近 2 万余人参加了会议。

为了使广大参展企业和参会代表获得更多的信息，在博览会和交易会期间还举办了 2015 年中国纸浆市场形势研讨会和 2015 造纸产业及技术装备发展研讨会等多场专题研讨会。邀请了政府有关部门领导、行业协会负责人、业内资深专家等就当前企业共同关注的重点和热点问题进行了详细的分析预测和深入探讨。参会代表一致表示会议内容丰富，对广大制浆造纸企业的生产与销售起到较强的指导作用，同时也为企业领导层的战略决策提供了有力支撑。

2. 协会与江苏省造纸行江苏省业协会、《中华纸业》杂志社联合于 2015 年 5 月在江苏省南京市举办了 2015 中国纸业高层峰会。本届峰会针对新形势下行业面临的困难和问题，共商行业和企业如何通过深度调整，实现产业升级发展，造纸及相关行业代表约 300 人参加了此次峰会。

3. 中国造纸协会、中国造纸学会和中国制浆造纸研究院于 2015 年 9 月在北京共同主办了 2015 中国国际造纸科技展览会及会议。来自 20 多个国家和地区的近 200 家造纸装备制造、造纸化学品及与造纸相关的知名企业参展。

四、加强协会内部建设

1. 认真贯彻落实党的十八届五中全会精神，组织学习中央领导重要讲话，及时了解政府机构改革和职能转变背景下，协会工作所面临的新形势和新机遇，积极参加民政部、国资委等单位组织的各种培训活动，全面提高协会服务水平。

2. 加强分支机构管理，促进分支机构积极开展多项活动。

根据协会工作计划，经过多方组织筹备，协会于 2015 年 9 月在北京市召开了主要制浆造纸机械生产企业座谈会，大家共同探讨了制浆造纸机械企业的发展现状及前景，达成了成立中国造纸协会制浆造纸装备工作委员会的意向，目前筹备工作正在进行中。2015 年 12 月，协会还在四川省成都市召开了竹浆生产企业座谈会并就筹建中国造纸协会竹浆工作委员会进行了深入探讨。

针对新闻纸市场需求萎缩，而生产能力又远远超出市场需求的现状，2015 年，协会先后共召开了 3 次新闻纸分会工作会议，就产品结构调整、化解

产能过剩、降低企业库存、抑制市场无序竞争加强企业间的协调沟通，对稳定新闻纸产销平衡起到了关键作用。

组织召开铜版纸分会重点企业座谈会，针对铜版纸企业生产和经营中存在的产能过剩、市场需求低迷等严峻形势和问题进行了深入分析，同时就铜版纸企业面临的诸多问题，寻找对策和办法，各企业表示将以停产、转产、限产、扩大市场范围等措施来稳定市场，同时加强企业之间沟通互信，防止恶性竞争，共同努力扭转目前的困难局面。

协会箱纸板和瓦楞原纸分会、蔗渣浆工作委员会、溶解浆工作委员会，依据信息共享和数据交流工作要求，按月度进行了箱纸板和瓦楞原纸、蔗渣浆、溶解浆生产企业数据统计。2015 年 12 月，协会还在广西南宁召开了蔗渣浆工作委员会主任会议。

3. 积极发展新会员，自 2015 年 5 月中国造纸协会第四届理事会第二次会议召开以来，共发展新会员单位 13 个，提交本次理事会审议批准。

4. 加强了协会与会员企业之间的联系和沟通，积极汇总企业反映的各种意见、建议和诉求，完善《纸协通讯》的编制工作，向国家有关部委和造纸骨干企业提供最新的协会和行业资讯，2015 年共出版 12 期。同时努力做好网站的维护和运营，及时发布相关政策、协会动态、企业信息、行业报告，使网站信息与内容更加完整、丰富，提升了协会在行业中的影响力和知名度。

（中国造纸协会）

中国造纸学会部分团体会员单位介绍

（截至 2015 年 6 月 23 日）

Introduction of Part of CTAPI's Company Members

中国制浆造纸研究院

企业性质： 全民所有制企业
地址： 北京市朝阳区望京启阳路 4 号院中轻大厦
邮编： 100102
法人代表： 曹春昱
技术负责人： 曹春昱
电话： 010 - 64778000
传真： 010 - 64778001
网址： www. cnppri. com
联系人： 刘若冰
电话： 010 - 64778015
邮箱： bgs@ cnppri. com

企业详细介绍见“国内制浆造纸科研设计单位简介”栏目。

中国造纸装备有限公司

企业性质： 国有企业
地址： 北京市朝阳区望京启阳路 4 号中轻大厦 18 楼
邮编： 100102
法人代表： 周后炼
经营负责人： 姬俊彪
技术负责人： 郭文华
电话： 010 - 64778200
传真： 010 - 65202911
网址： www. cpmcchina. cn
联系人： 郭颖超
电话： 010 - 64778205
邮箱： chenxiangz@ cpmcchina. cn
投产日期： 2012 年

中国造纸装备有限公司是中国轻工集团公司的全资子公司，集造纸及其他通用装备研发设计、制造、系统集成、安装、调试生产及技术服务于一体，具备全面核心技术的国际一流轻工装备制造和技术服务商。公司总部位于北京市中轻大厦，现有河北分公司（永清基地）、中轻国泰机械有限公司（岳阳基地）、意大利 PMT 公司，并在全球主要区域设有技术服务机构和办事处。意大利 PMT 公司的前身是意大利 Beloit 公司，是全球领先的造纸装备和技术服务商之一。

ABB（中国）有限公司

企业性质： 外商独资企业
地址： 北京市朝阳区酒仙桥路 10 号恒通商务园
邮编： 100015
法人代表： 顾纯元
电话： 010 - 84566688
传真： 010 - 64231626
联系人： 管　静
电话： 010 - 64231317
邮箱： jing. guan@ cn. abb. com

ABB 集团位列全球 500 强，是电力和自动化技术领域的领导企业。ABB 致力于帮助电力、工业、交通和基础设施等领域客户提高业绩，同时降低对环境的影响。ABB 集团业务遍布全球近 100 个国家，拥有 14 万名员工。ABB 集团在我国拥有研发、制造、销售和工程服务等全方位的业务活动，员工 1. 9 万名，拥有 39 家本地企业和遍布全国 126 个城市的销售与服务网络。

国昌天宇集团有限公司

企业性质： 民营企业

地址：河北省唐山市玉田县杨家套乡李官屯村西北
邮编：064102
法人代表：彭国昌
经营负责人：惠竹林
技术负责人：衣华乐
电话：0315－7679900
传真：0315－7679901
网址：www. gtpaper. cn
联系人：魏 娜
电话：13402466309
邮箱：weina@ gcty－group. com. cn
投产时间：2014 年
职工总数：3500 人
技术人员：105 名

国昌天宇集团有限公司在河北省唐山市注册，在北京设立办事处，位于朝阳区建国门外大街 58 号院 1 号楼 B 座。集团公司经营范围：主营业务为造纸，拥有唐山国泰纸业有限公司、河北昌泰纸业有限公司、国泰纸业（唐山曹妃甸）有限公司、昌泰纸业（湖北广水）有限公司四大纸业公司。目前造纸产能达 130 万吨/年。2016 年造纸产能预计可达到 300 万吨，纸业板块筹划上市。辅业包括三星级国泰国际酒店、玉泉豪门饮品饮料、竞优钢结构、环保机械制造、农牧种养基地、商业贸易、再生资源回收利用、物品运输等 15 个子公司。目前，集团公司总资产达 120 亿元，年产值 150 亿元，员工 4500 人。集团公司为中国造纸协会理事成员单位，并通过了 ISO 9001 质量和 14000 环境体系认证以及清洁生产审核验收。

《中国环境报》、中央 CCTV－7 电视台等多家媒体对集团公司在节能环保方面作出的成绩进行了全方位的宣传报道。集团公司先后荣获“河北省先进节水单位”“省级园林式先进单位”“河北省遵纪守法先进单位”“十佳科技创新企业”“唐山市农业产业化重点龙头企业”“环保达标先进单位”“省级诚信企业”“市水务系统先进节水企业”等多项殊荣。

集团公司以科学发展观为创新理念，本着“创国际知名品牌，兴民族生态纸业”的目标，坚持以环境战略为先导，发展循环经济。

中轻特种纤维材料有限公司

企业性质：国有企业
地址：河北省廊坊市开发区紫杉路 50 号
邮编：065001
法人代表：朱晓红
经营负责人：刘文波
技术负责人：刘文波
电话：0316－2575530
传真：0316－2575609
联系人：任 彪
电话：0316－2575782
网址：www. sinopaper. com
投产日期：2010 年
职工总数：120 人
技术人员：20 名

中轻特种纤维材料有限公司前身为廊坊中轻造纸工程技术有限公司，成立于 2008 年 8 月，坐落于河北省廊坊市中科科技谷园区内，占地面积 3.33 公顷，注册资金 8000 万元，为中国制浆造纸研究院全资子公司，主要从事特种纤维材料的生产开发工作。公司现有员工 120 人，已通过 ISO 9001：2008 质量管理体系认证。

一期建设用地 2.0 公顷，建筑面积约 1.5 万米^2，其中，中试车间建筑面积 1.1 万米^2，规划建设有 1260/80 双圆网特种纸生产线（2 号纸机）、1260/20 高性能造纸法无石棉纤维复合密封材料生产线（1 号纸机），1092/80 超薄型电容器纸生产线（3 号纸机），以及 600 毫米多功能涂布机试验线（4 号纸机）。

二期建设用地 1.33 公顷，由实验中心楼、实验中心服务楼 2 栋建筑物组成，建筑面积约 2.7 万米^2。其中，实验中心楼规划建设 1 条 600 毫米圆网试验线、1 条 600 毫米长网试验线、1 条 800 毫米长网试验线、化学助剂试验室、仪器仪表加工车间、培训中心及仓库。

中轻特种纤维材料有限公司在中国制浆造纸研究院的统一领导下，主要依托制浆造纸国家工程实验室（国家发展和改革委批复建设）的科技创新实力，以“成为行业一流的制浆造纸工程化、产业化研究生产平台”为发展方向，充分把握“产研结合，以产促研，以研保产”的科学发展模式，为行业的发展和科技的进步作出突出贡献。

目前公司已形成食品过滤纸、邮资机专用签条纸、全热交换纸、药检纸、育果用纸、烟用滤纸、吸尘器纸袋纸、高透成型纸、化纤壁纸、高性能无石棉纤维复合密封材料和超薄型电容器纸等多系列产品的生产能力，在食品、医药、光学电子、建筑装潢、军工、航空航天、邮政、烟草等行业和领域得到广泛应用，是特种纸行业一个重要的研发、中试和高端特种纸产品生产的综合基地。

牡丹江恒丰纸业股份有限公司

企业性质：国有企业
地址：黑龙江省牡丹江市阳明区恒丰路11号
邮编：157013
法人代表：徐　祥
经营负责人：李迎春
技术负责人：李劲松
电话：0453－6886000
传真：0453－6886302
网址：www. hengfengpaper. com
联系人：刘兴三
电话：0453－6886772
邮箱：6321678@163. com
投产时间：1952年
职工总数：2202人
技术人员：216名

牡丹江恒丰纸业股份有限公司是牡丹江恒丰纸业集团有限责任公司的控股子公司，是世界著名的卷烟配套用纸生产企业，是国内首家通过科技部和中国科学院认定的造纸行业重点高新技术企业。公司于2000年12月28日在上海证券交易所上市(股票代码：600356)。

公司主要生产卷烟纸、滤棒成型纸、纸嘴芯纸、接装纸原纸、烟用内衬纸及原纸、铝箔复合纸、高级字典纸和其他特种工业用纸，是我国最大的卷烟配套用纸生产企业。产品销往世界各著名卷烟、卷烟材料及印刷企业。

公司占地面积48公顷，资产总额27亿元。拥有18条机制纸生产线和1条制浆生产线，年生产机制纸16万吨，漂白亚麻浆3000吨。

公司通过了ISO 9001质量保证体系、ISO 14001环境管理体系认证和GB/T 28001职业健康安全管理体系认证；通过了ISO 17025实验室管理体系CNAS认可。世界领先的产品品质、制造设备和专业的团队正在为客户提供物超所值的产品和服务。

索理思(上海)化工有限公司

企业性质：外资企业
地址：上海市莘庄工业区申富路688号
邮编：201108
法人代表：丁波波
电话：021－54422323
传真：021－54421739
网址：www. solenis. com
联系人：姚丹丹
电话：021－54422323－5729
邮箱：dandan_ yao@ solenis. com
投产时间：2008年
职工总数：230人
技术人员：40名

索理思是世界领先的特种化学品公司，为制浆造纸、石油天然气、化学过程、采矿、生物精炼、电力和市政建设等耗水产业提供解决方案。索理思的产品组合包括一系列工艺过程、功能性及水处理化学品以及尖端监控系统，可用于提高操作效率和产品质量，同时保护设备资产并减少对环境的影响。

公司总部位于美国特拉华州威尔明顿市，在五大洲118个国家拥有30座生产基地以及3500名员工。

美国特种矿物有限公司上海代表处

企业性质：外资企业
地址：上海市长宁区江苏路369号兆丰世贸大厦7楼F座
邮编：200050
法人代表：黄国辉
技术负责人：旺忻曙
电话：021－62093079
传真：021－62195894
联系人：胡承伟
电话：021－62093279
邮箱：aaron. hu@ mineralstech. com
职工总数：250人
技术人员：12名

美国特种矿物有限公司上海代表处是一家资源和科技型公司，隶属于美国上市公司美国矿物技术有限公司，股票代码MTX。该公司第一家造纸轻质碳酸钙卫星工厂成立于1898年，2014年基于美国特种矿物有限公司的全球性公司，年销售额总计20.98亿美元。造纸轻质碳酸钙工厂共62个，其中，北美地区25个，欧洲9个，亚洲21个，拉丁美洲6个，非洲1个。1997年公司正式进入我国，在我国的第一个造纸轻质碳酸钙卫星厂于1999年开机投入运营。目前，在我国有10家企业正在运营或正在建设卫星工厂，截至2015年12月，我国卫星厂轻质碳酸钙总产能83.7万吨。

美国特种矿物有限公司采用石灰、水、二氧化碳气体，利用化学方法生产轻质碳酸钙，通过对轻质碳酸钙晶型结构、粒径大小、粒径分布、比表面积及表面化学进行有效控制，为客户量身定制高质量的轻质碳酸钙产品。

采取轻质碳酸钙卫星厂的经营模式，通过管道将轻质碳酸钙(固含20%左右)直接运输到纸机，省去巨额运输费用，达到综合效益最大化。

产品有填料级和涂布级轻质碳酸钙两大系列几十种产品。

日惠得造纸器材(上海)贸易有限公司

企业性质： 外资企业
地址： 上海市长宁区娄山关路85号东方国际大厦C1108室
邮编： 200336
法人代表： 川口和信
经营负责人： 佐藤吉保
技术负责人： 村木德親
电话： 021-62350159
传真： 021-62195442
网址： www.felt.co.jp
联系人： 丁莉勤
电话： 13764306237
邮箱： lqding@felt.co.jp
职工总数： 605人
技术人员： 48名

主要产品：制浆造纸用毛毯、网、靴套和其他工业用毛毯。造纸用毛毯，制浆用毛毯，石板及建材制造用毛毯，造纸及其他工业用塑料织物。

业务内容：纸张、纸浆、石板及其他工业用毛毯的制造、加工及销售。各种纤维制品的制作、加工及销售。工业用洗涤剂、其他化学工业药品的制造及销售等。

上海新江南纸业有限公司

企业性质： 有限责任公司
地址： 上海市武宁路1500号南楼408室
邮编： 200063
法人代表： 姜海斌
经营负责人： 王基辉
技术负责人： 芮坚克
电话： 021-62543871
传真： 021-62543871
联系人： 王利生
电话： 021-62543871
邮箱： shpapers@163.com
投产日期： 2002年
职工总数： 160人
技术人员： 48名

由创立于1925年的江南造纸厂改制而成的上海新江南纸业有限公司，是上海造纸行业中的大型骨干企业之一，也是全国铜版纸制造业为数不多的高新技术企业之一。上海新江南纸业有限公司在产品开发能力和产品技术含量方面均居行业领先水平。"福鹿"牌铜版纸、防伪特种邮票纸多次被评为上海市名牌产品；CCK纸、防水瓶贴纸、医用防菌包装纸等皆为新开发的高技术含量高附加值产品。上海新江南纸业有限公司迄今已连续4届获得"上海市文明单位"荣誉称号。公司于1997年10月正式通过ISO 9002质量体系认证，2004年6月又通过了ISO 9001:2000版质量体系认证审核。公司全体员工在"先一步，高一格"六字企业精神的引导下，正以雄厚科技力量，高端企业管理，一流产品质量，良好商业信誉等四大优势，在激烈的市场竞争中继续谱写美好篇章。

上海新江南纸业有限公司主要产品有：防伪特种邮票纸、医用防菌包装纸、单双面铜版纸、静电复印纸、CCK纸、防水瓶贴纸等。

无锡荣成环保科技有限公司

企业性质： 苏台合资
地址： 江苏省无锡市惠山区洛社镇中兴西路43号
邮编： 214187
法人代表： 陶龙法
经营负责人： 姚长坤
技术负责人： 高威宏
电话： 0510-83316666
传真： 0510-83301903
网址： www.longchenpaper.com
联系人： 许武军
电话： 13961848775

邮箱：w5015@longchenpaper.com
投产日期：1997 年
职工总数：970 人
技术人员：100 名

企业详细介绍见“重点企业介绍”栏目。

江苏王子制纸有限公司

企业性质：中外合资企业
地址：江苏省南通市经济技术开发区通达路 18 号
邮编：226017
法人代表：渡边正
技术负责人：张　威
联系人：山田信夫
电话：0513－81198108
传真：0513－81198465

一期工程：40 万吨/年铜版纸（2011 年 4 月营业生产）。主要利用外购硫酸盐浆板生产高档铜版纸。主要工段由浆料准备、抄造系统、涂布系统、白水回收系统和分切组成。辅助配套设施有：给水处理厂、废水处理厂、热电厂、码头及仓库等。

二期工程：70 万吨/年化学木浆（建设中）。采用外购木片经过备料、蒸煮、洗涤筛选、氧脱木素、漂白等工段制成成品浆。碱回收车间由蒸发、燃烧、苛化、石灰回收等工段组成。化学品制备车间由二氧化氯、二氧化硫、制氧及臭氧制备工段组成。

以生产木浆时产生的废弃物作为燃料，通过碱回收锅炉的蒸汽，进行热电联产，在提高废弃物能源利用效率的同时，可大幅减少煤炭的使用量，抑制 SO_2、NO_x、CO_2 的生成。此外，燃煤锅炉采用了循环流化床锅炉，废水和污泥等废弃物都可以进行燃烧和热回收。

制浆和造纸工序等主要设备及相关附属设备从资源的利用效率、节水和节能等方面出发，采用了最新的高科技。同时，还力求通过纸机的大型化和高速化来实现节能和高效化。

日本王子制纸株式会社创立于 1873 年，是日本最早的造纸企业，也是日本首家股份有限公司。经过不断地兼并、重组等产业活动，现已发展成为以生产和销售各种纸及纸板为主的综合性制浆造纸企业集团。江苏王子制纸（南通）有限公司由日本王子制纸集团和南通经济技术开发区共同出资，于 2003 年 9 月 28 日在工商局注册并被批准成立。2007 年开工建设，2010 年下半年投入生产。

金东纸业（江苏）股份有限公司

企业性质：中外合资企业
地址：江苏省镇江市大港兴港东路 8 号
邮编：212132
法人代表：黄志源
经营负责人：胡巧忠
技术负责人：吴国泉
电话：0511－88998888
传真：0511－88997000
网址：www.goldeastpaper.com.cn
邮箱：service@goldeastpaper.com.cn
联系人：卜正芳
电话：0511－88996512
投产日期：1997 年
职工总数：4449 人
技术人员：1400 名

企业详细介绍见“重点企业介绍”栏目。

苏州紫兴纸业有限公司

企业性质：中外合资企业
地址：江苏省苏州市新区竹园路 1 号
邮编：215011
法人代表：宋望球
经营负责人：王自力
技术负责人：李　洪
电话：0512－68251060
传真：0512－68251711
网址：www.storaenso.com
联系人：周　玲
电话：0512－68251060－2318
邮箱：Wendy.Zhou@Storaenso.com
投产日期：1996 年
职工总数：500 人
技术人员：68 名

苏州紫兴纸业有限公司是全球领先的林纸集团斯道拉恩索（STORA ENSO）投资并控股的高档文化用纸生产企业，公司成立于 1993 年，并于 1996 年正式投产。

公司坐落于江苏省苏州市高新技术产业开发区，占地面积 28 公顷，总投资约 20 亿元。专业生产以“SPCO”为商标的涂布美术印刷纸（高档铜版纸），产品规格 128～300 克/米^2，生产能力 24 万吨/年。产品行销全国各地，是国内涂布美术印刷纸（高档铜版纸）市场的著名品牌。

公司秉承斯道拉恩索集团的经营理念，以企业宗旨和价值观指导、激励全体员工，致力于企业的发展，努力为客户提供优质的产品和服务，履行社会责任。

从 2000 年开始公司相继通过了 ISO 9001 质量管理体系、ISO 14001 环境管理体系、OHSAS 18001 职业健康和安全管理体系以及森林监管链认证。公司在不断发展经营的同时，坚持积极地致力于环境、社会和经济的可持续发展。

公司的产品主要用于出版、包装装潢、广告设计和商业印刷等领域。产品“SPCO”铜版纸通过集团在全国的销售网络分销到国内各主要城市的经销客户及用户。

芬欧汇川（中国）有限公司

企业性质： 外商独资企业
地址： 江苏省常熟市经济开发区通港路 88 号
邮编： 215536
法人代表： Kim Poulsen
经营负责人： Pentti Putkinen
技术负责人： 杨国柱
电话： 010－85570866
传真： 010－85570856
网址： www. upm. com；www. upm. cn
联系人： 袁晓宇
电话： 010－85570856
邮箱： yuan. xiaoyu@ upm. com
投产时间： 1999 年
职工总数： 1060 人

企业详细介绍见“重点企业介绍”栏目。

徐州工业用呢厂

企业性质： 国有企业
地址： 江苏省徐州市城泉山经济开发区时代大道 7 号
邮编： 221000
法人代表： 陈国荣
经营负责人： 刘洪伟
技术负责人： 付　玲
电话： 0516－66692378
传真： 0516－85796891
网址： www. xzgyync. com
联系人： 王金萍
电话： 0516－66692378
邮箱： xzwangjinping@ 163. com
投产日期： 1996 年
职工总数： 609 人
技术人员： 180 名

徐州工业用呢厂始建于 1981 年，是从事产业用布生产的国有企业，江苏省高新技术企业。厂区占地面积 10. 87 公顷，注册资金 8888 万元，总投资 3. 18 亿元。企业主要生产经营工业用造纸毛毯、过滤布、皮革毡套、转移印花毡套、螺旋干网等产业用纺织品，2013 年 10 月被中国产品用纺织品行业协会评为非织造布行业“最具成长性十强企业”。

多年来，企业十分重视科技进步、产学研工作，以江南大学、南京林业大学等院校为技术依托单位，以公司的企业技术中心为开发载体，引进国外先进技术，结合企业自有技术，先后开发了具有“专毯专用、功能细化”特色的多种系列造纸毛毯新产品上百种。2013 年 5 月企业与江南大学共同成立“徐州三环江南大学造纸毛毯研究中心”。

近几年，企业相继承担并完成了国家级、省级火炬计划项目，开发完成了国家级新产品及省级新产品数十项，多次荣获科技进步奖。企业通过了 ISO 9001 质量管理体系、ISO 14001 环境管理体系、OHSAS 18001 职业健康安全管理体系认证。拥有国内最宽的瑞典宽幅重型织机（宽幅 26. 6 米），技术最先进的 10 米梳理预刺生产线，奥地利产 13. 2 米主针刺机和 10. 2 米热定型生产线，产品以产量、质量、品种、销售 4 个领先的优势使企业成为全国造纸毛毯行业的领军企业，在同行享有很高的声誉。

华章科技控股有限公司

企业性质： 外资企业
地址： 浙江省杭州市祥园路 99 号运河广告产业大厦 2 号楼 11 层
邮编： 310012
法人代表： 朱根荣
技术负责人： 金　皓
电话： 0571－88994499
传真： 0571－88994466
网址： www. hzeg. com
联系人： 张　菁

电话： 0571－88994499－830

邮箱： zhangjing@ hzeg. com

华章科技控股有限公司（简称“华章科技”，股票代码：08276）是一家提供一站式高品质综合自动化系统和固液分离产品的研发、设计、制造、销售及增值服务供货商。公司在自动化系统行业拥有超过10年的经验，主要服务造纸行业，也逐步拓展至冶金、电力、市政等行业。根据权威机构 Euromonitor 的统计，华章科技在我国造纸工业自动化行业拥有重大市场份额，在造纸行业与国际知名企业已形成鼎足竞争之势，成为我国造纸工业自动化产品的领先供应商之一。华章科技的业务以强大的研发力量和工程师队伍为依托，目前已获得28项发明专利，40项实用新型专利和3项软件登记，依靠自己的品牌及独有的专利产品和技术，日益见证华章科技的实力。

华章科技在2008年被国家认定为高新技术企业，是中华全国工商业联合会纸业商会副会长单位、浙江造纸学会/协会副会长单位、全国分离机械标准化技术委员会常务理事单位。公司于2013年在香港联合交易所成功上市。

同时，华章科技以保护环境、节能减排为己任，自主研发了钢带式压榨过滤机，拥有多项国家发明和实用新型专利，并于2011年获得国家重点新产品证书。华章科技创新的将全自动厢式隔膜压滤机和钢带式压榨过滤机结合，真正做到了污泥高效、深度脱水，实现污泥低成本、成量化、无害化、绿色循环处理。在市场上，华章科技的固液分离处理产品已是知名品牌。

华章科技拥有完善的质量、环境和职业健康安全的保障体系，在同行业中率先通过了ISO 9001质量体系认证、ISO 14001环境管理体系认证以及OHSAS 18001职业健康安全管理体系认证。

展望未来，华章科技始终把“节能减排”作为核心使命，不断加大投入，提高自主创新能力，顺应国家未来发展方向。公司的目标是实现多行业多领域协同发展，成为我国自动化行业重要领导者，成为世界固液分离创新设备的创造者

民丰特种纸股份有限公司

企业性质： 股份制企业

地址： 浙江省嘉兴市角里街70号

邮编： 314000

法人代表： 卢卫伟

经营负责人： 曹继华

技术负责人： 韩继友

电话： 0573－82839051

传真： 0573－82831135

网址： www. mfspchina. com

联系人： 王洪祥

电话： 0573－82839052

邮箱： zjb@ mfspchina. com

企业详细介绍见“重点企业介绍”栏目。

浙江仙鹤特种纸有限公司

企业性质： 民营企业

地址： 浙江省衢州市衢江区通江路81号

邮编： 324022

法人代表： 王敏良

经营负责人： 李志敏

技术负责人： 戴贤中

电话： 0570－2833055

传真： 0570－2931631

网址： www. xianhepaper. com

联系人： 张　诚

电话： 0570－8755298

邮箱： cnzhangcheng@ 126. com

投产日期： 1998年

职工总数： 1500人

技术人员： 500名

浙江仙鹤特种纸有限公司创建于1997年，注册资金4.5亿元，总资产25亿元，员工1500多人，是一家生产经营高档薄型特种纸的股份制民营企业。公司坚持“自主创新，特色经营”策略，把握市场、苦练内功，一步一个台阶滚动式发展，短短的十几年，已成为我国规模最大、设备最先进的特种纸生产企业之一。公司主要生产卷烟配套用纸、裱潢装饰用纸、薄型印刷用纸、食品包装纸、医用包装纸、电气材料用纸、防伪票据用纸、间隔材料用纸、标签离型纸九大系列60多个品种的特种纸。

公司生产全面推行6S管理，通过ISO 9001:2008质量管理体系、ISO 14001:2004环境管理体系、OHSAS 18001:2007职业安全管理体系、ISO测量管理体系、SGS国际森林5项认证，先后获得首批“浙江省绿色企业”“浙江省名牌产品”“浙江省著名商标”“浙江省‘十一五’节能降耗先进集体”等荣誉。

公司拥有独资、合资造纸企业8家，及其他资本运作公司，目前已达到造纸设备装机能力年产特种纸及纸制品50万吨，已建成纸机生产线25条，涂布、印刷、超压生产线20多条。已有浙江省衢州市的衢江区和常山县、河南省南阳市3个造纸基地，占地面积200公顷，加快特种纸产业布局，还涉足热电联产、光伏发电等产业，预计到2020年可实现工业总产值100亿元。

杭州市化工研究院

企业性质：科研院所
地址：浙江省杭州市拱墅区石灰坝7号
邮编：310014
法人代表：赵文彦
技术负责人：姚献平
电话：0571－87893088
传真：0571－88030316
网址：www. hhs. cn
联系人：张亚萍
电话：0571－88030316
邮箱：hhy_ zyp@ 163. com
职工总数：300人
技术人员：140名

杭州市化工研究院成立于1958年，2003年整体转制为股份制科研院所。专业从事造纸化学品、石油加工助剂、高分子材料抗静电剂、新材料等领域的研发和成果转化；编辑出版《造纸化学品》《杭州化工》期刊；是中国造纸化学品工业协会理事长单位，国家造纸化学品工程技术研究中心、全国造纸化学品信息站、浙江省造纸化学品开发工程试验基地的依托单位；领衔组建浙江省造纸化学品关键技术开发与应用创新团队；建有变性淀粉、水溶性高分子、石油化工助剂等省级企业技术研发中心，浙江省、杭州市企业技术中心。曾获得130多项次国家、部省市科技成果奖，13项国家级重点新产品，33项发明专利，多项技术具有国际领先或先进水平。在浙江、吉林、山东、广东等地建立了成果转化基地，造纸化学品产业化能力达40万吨/年。转制以来，成果转化收入累计50多亿元，利税10亿元，上缴税收3.5亿元。

造纸化学品主要产品有：

（1）湿部化学品　造纸用阴/阳/多元变性淀粉系列，造纸用AKD、ASA乳化淀粉、高分子淀粉、高取代度阳离子淀粉系列，两性聚丙烯酰胺（PAM）增强剂系列，阴/阳离子松香施胶剂系列，造纸填料表面改性剂系列，助留、助滤、废水处理高分子聚丙烯酰胺系列。

（2）施胶/涂布化学品　阴/阳/非离子型表面施胶淀粉系列，聚合物表面施胶及表面增强剂系列，涂布淀粉、生物胶乳系列。

（3）特种纸专用化学品　PAE湿强剂、湿强解离剂、剥离剂、柔软剂、消泡剂、脱墨剂系列，抗油、疏水、耐溶剂、耐高温、抗菌、生物活性化学品系列。

（4）大型高速纸机关键应用技术及装备研发　造纸用变性淀粉连续蒸煮器，连续喷射混合器等。

轻工业杭州机电设计研究院

企业性质：国有企业
地址：浙江省杭州市体育场路71号
邮编：310004
法人代表：刘安江
经营负责人：于　宏
技术负责人：杨　旭
电话：0571－85186716
传真：0571－85186432
网址：www. hmei. com. cn
联系人：王　飞
电话：0571－85186596
邮箱：hzjdy@ hmei. com. cn
职工总数：174人
技术人员：135名

企业详细介绍见“国内制浆造纸科研设计单位简介”栏目。

华泰集团有限公司

企业性质：民营企业
地址：山东省广饶县大王镇潍高路251号
邮编：257335
法人代表：李建华
经营负责人：李晓亮
技术负责人：张凤山
电话：0546－6888818
传真：0546－6888018
网址：www. huatai. com
联系人：任文涛
电话：18354603888

邮箱：htjt0546@163. com
投产日期：1993 年
职工总数：12632 人
技术人员：1112 名
企业详细介绍见“重点企业介绍”栏目。

山东泉林纸业有限责任公司

企业性质：民营企业
地址：山东省高唐县光明东路 15 号
邮编：252800
法人代表：李洪法
经营负责人：李洪法
技术负责人：宋明信
电话：0635－3961106
传真：0635－3961597
网址：www. tralin. com
联系人：郭希燕
电话：0635－3961847
邮箱：06353177@163. com
成立时间：1976 年
职工总数：14000 人
技术人员：502 名
企业详细介绍见“重点企业介绍”栏目。

亚太森博(山东)浆纸有限公司

企业性质：中外合资企业
地址：山东省日照市北京路 369 号
邮编：276826
法人代表：李建绍
经营负责人：汪　波
技术负责人：陈德海
电话：0633－3361270
传真：0633－3361280
网址：www. asiasymbol. com
联系人：杨晓雷
电话：0633－3369188
邮箱：botao_ liu@asiasymbol. com
企业详细介绍见“重点企业介绍”栏目。

山东恒联投资有限公司

企业性质：民营企业
地址：山东省潍坊市高新区东风东街 3019 号
邮编：261061
法人代表：李瑞丰
经营负责人：李瑞丰
技术负责人：盛秀华
电话：0536－8671516
传真：0536－8665348
网址：www. henglianpaper. com
联系人：董正祥
电话：0536－8671538
邮箱：bairu888@163. com
成立时间：2002 年 12 月
职工总数：3086 人
技术人员：601 名
企业详细介绍见“重点企业介绍”栏目。

山东鲁南新材料股份有限公司

企业性质：股份有限公司
地址：山东省郯城县人民路 313 号
邮编：276100
法人代表：佟克本
经营负责人：张余民
技术负责人：佟克本
电话：0539－6788168
传真：0539－6130863
网址：www. lunanpaper. com
联系人：刘长冬
电话：15653923356
邮箱：lunanpaper@126. com
投产时间：2005 年
职工总数：1510 人
技术人员：466 名

山东鲁南新材料股份有限公司是国内著名的特种纸及工业特种材料生产企业，是国内最大的建筑装饰用纸生产基地。公司的主要产品有：装饰原纸、生态纸、无纺纸、无纺滤材、电解电容器纸、隔膜纸等。其中，装饰原纸有素色类、印刷类、平衡类三大系列 200 多个品种；无纺纸有短纤维无纺纸、长纤维无纺纸、无纺纯纸、阻燃无纺纸等系列产品；电解电容器纸有低压、中高压系列产品。

公司现为山东省高新技术企业，拥有省级企业技术中心，目前共获得 28 项专利，其中，发明专利 4 项，实用新型专利 13 项，外观设计专利 11 项，参与制定了《人造板饰面专用纸》国家标准、《无纺壁纸原纸》和《装饰装修材料售后服务管理规范(壁纸原纸)》行业标准。化纤无纺壁纸原纸等多个项目被列入国家火炬计划项目和国家重点新产品。

公司长期以来重视创新和可持续发展，通过了质量管理体系、环境管理体系、职业健康安全管理体系认证，企业发展战略方向重点放在特种纸及工业特种材料领域，在国内外特种纸生产行业具有很高的企业知名度和品牌知名度。

中冶纸业银河有限公司

企业性质：国有企业
地址：山东省临清市西门里街297号
邮编：252600
法人代表：许仕清
经营负责人：李良英
技术负责人：张义华
电话：0635－2433877
传真：0635－2433968
联系人：刘　静
电话：0635－2433968
传真：0635－2433968
网址：www. mccyinhe. com
邮箱：yhzybgs@ 126. com
投产日期：1958年
职工总数：4896人
技术人员：267名

中冶纸业银河有限公司(简称“银河纸业”)，坐落于山东省临清市，系国有大型制浆造纸企业，现为中国诚通控股集团有限公司下属中国纸业投资有限公司的造纸企业之一。现有员工近5000人，占地面积133.33公顷，拥有5280、4400、3600、2640等不同型号纸机35台，造纸生产能力80万吨/年，制浆能力50万吨/年，发电能力7万千瓦。产品有印刷文化用纸、包装纸和加工纸三大系列上百个花色品种。主导产品为：高档双胶纸、高档复印纸、雅质纸、胶版印刷纸、象牙白双胶纸、米色道林双胶纸、轻型印刷纸、静电复印纸、铸涂原纸、电脑打印纸、信封纸、防黏原纸、120～450克/米^{2}高定量双胶纸、食品包装纸、纸杯原纸、淋蜡原纸、铜版原纸、无碳复写原纸、精印书写纸、纯质纸、银河书纸和高强瓦楞原纸，其中，胶版印刷纸为“国家免检产品”，静电复印纸、精印书写纸为“山东省名牌产品”，精印书写纸、多功能办公用纸、铸涂原纸、高强瓦楞原纸为“中国名优产品”。产品畅销全国各省、市、自治区，并出口到世界80多个国家和地区。

企业拥有“瑞雪”“皓月”“华章”“银光”“祥云”“如意”“书纸”七大商标，其中，“银光”和“瑞雪”商标为“山东省著名商标”，“银光”商标被中国企业联合会评为“中国驰名商标”。公司通过了ISO 9001质量管理体系认证、ISO 4000环境管理体系认证、OHSAS 18000职业健康安全管理体系认证和FSC－COC产销监管链体系认证，拥有自营进出口权；曾获“全国五一劳动奖状”“中国轻工业造纸行业十强企业”“全国企业文化建设优秀单位”“全国造纸行业劳动关系和谐企业”“产品质量(国家)免检单位”“山东省守合同重信用企业”等60多项省级以上荣誉称号。

汶瑞机械(山东)有限公司

企业性质：外资企业
地址：山东省安丘市潍徐南路287号
邮编：262100
法人代表：翟京丽
经营负责人：徐　雷
技术负责人：陈永林
电话：0536－4361881
传真：0536－4362807
联系人：李安娜
电话：0536－4362288
网址：www. wenrui. com. cn
邮箱：lianna@ wenrui. com. cn
职工总数：850人
技术人员：100名

汶瑞机械(山东)有限公司始建于1956年，坐落于山东省安丘市，拥有2个主要生产基地，总占地面积32.2公顷，厂房面积约18万米^2。公司持续的努力和创新，使产品品质和市场占有率在行业内保持领先。

公司是我国造纸行业最大的制浆洗选漂及碱回收装备研发基地，国家环保总局认定的重点技术依托单位，国家重点高新技术企业。

公司拥有山东省造纸制浆装备工程技术研发中心和制浆造纸研究所，技术及生产加工实力雄厚，并打造了完善的客服体系。

公司于1999年在行业内率先通过了ISO 9001质量体系认证，2013年通过了美国地区压力容器制造ASME“U”钢印认证。

公司已为全球600余家造纸企业提供了3300余

台(套)设备，产品出口至加拿大、印度、印度尼西亚、俄罗斯、泰国、缅甸、越南、巴西、孟加拉、巴基斯坦等国家。

公司下属控股子公司潍坊汶瑞环保过滤机械股份有限公司，主要产品有：过滤机械、灌装、除尘、蒸发、结晶等设备，广泛服务于烟草、粮食淀粉深加工、医药、制糖、饮料、化工、矿山、电力、环保等行业。

滕州力华米泰克斯胶辊有限公司

企业性质：合资企业
地址：山东省滕州市经济开发区恒源北路366号
邮编：277500
法人代表：朱宏伟
经营负责人：龙敦东
技术负责人：赵曰永
电话：0632－5699259
传真：0632－5699275
网址：www. sdliua. com
联系人：秦佑凤
电话：0632－5699298
邮箱：sdlihua@ vip. 163. com
投产日期：1985年
职工总数：428人
技术人员：100名

滕州力华米泰克斯胶辊有限公司2001年与德国米泰克斯胶辊有限公司合资。2003年在江苏省昆山市投资建成苏州力华米泰克斯胶辊制造有限公司。滕州公司占地面积8万米^2，昆山公司占地面积4万米^2，公司拥有资产3亿元，职工428人，工程技术人员100多名。公司拥有30多年制造胶辊的经验、技术，是山东省高新技术企业、省级胶辊工程研发中心。公司能够根据客户需求提供设计，包覆材料优选，辊体加工制造，维修，在线测试等业务。产品应用于造纸、钢铁、纺织印染、塑料、矿山机械、木业、印刷等工业领域。

公司始终坚持科研开发，自主创新的技术理念，适应客户需求变化，不断加大产品研发创新的力度，提升产品质量和档次。形成了橡胶、聚氨酯、纤维树脂复合材料、喷涂四大覆层系列；以及真空辊、高速导辊、大辊径制造配套的产品体系，同时还可提供辊面磨削、钻孔、动平衡等维修服务。完全能够满足纸机装备、不锈钢连续退火酸洗、碳钢酸洗、镀锌、彩涂、有色金属板带箔、高密度板辊压平压、纺织浆纱印染、塑膜等生产线的高速、高线压、高温、耐酸碱介质腐蚀等工艺性能要求。具有研磨周期长，使用寿命长，性价比高的特点。公司将以客户需求为关注焦点，提供优质的产品和服务；以技术创新为驱动力，努力打造成国内外最值得信赖的胶辊生产制造商。

新乡新亚纸业集团股份有限公司

企业性质：民营企业
地址：河南省新乡市新乡县七里营工业园区
邮编：453731
法人代表：宋敬志
经营负责人：宋敬亮
技术负责人：王少光
电话：0373－5681188
传真：0373－5680286
网址：www. xinyapaper. cn
联系人：胡封亮
电话：0373－5699008
邮箱：xinyaren@ 126. com
投产日期：1978年
职工总数：4000人
技术人员：500名

企业详细介绍见“重点企业介绍”栏目。

武汉锅炉集团工程技术有限公司

企业性质：国有企业
地址：湖北省武汉市江夏区江夏大道特一号
邮编：430070
法人代表：王保华
经营负责人：王大伟
技术负责人：杨文海
电话：027－87655092
传真：027－87655494
网址：www. whtzgl. com
联系人：杜秀珍
电话：15997459609
邮箱：40535213@ qq. com
职工总数：147人
技术人员：90名

武汉锅炉集团工程技术有限公司是集研发、设计、市场经营与销售及工程成套服务的专业化公司，具有对外自主经营权。公司产品规格齐全，以总承包/成套经营各种类型的锅炉(碱回收锅炉、电站锅炉、皂化液锅炉、燃油/气锅炉、立式旋风锅炉、循环流化床锅炉、水煤浆锅炉、甘蔗渣锅炉、余热锅炉及垃圾焚烧锅炉等)而著称，产品及工程成套项目遍及国内外市场。

武汉锅炉集团工程技术有限公司自20世纪60年代初研究试制碱回收锅炉，是长期坚持碱回收技术开发的专业化公司。具有丰富的碱回收技术经验，拥有碱回收锅炉设计的自主知识产权和技术专利。公司结合我国造纸工业原料的特点，潜心研究开发了以麦草浆为代表的草浆碱回收锅炉并广泛推广应用，对我国造纸工业的飞速发展作出了显著的贡献，麦草浆黑液焚烧技术处于世界领先地位。为适应造纸工业规模化、集团化发展和节能减排的需要，公司设计开发了以日处理2200吨黑液固形物为代表的大型碱回收锅炉及其专用辅助设备，将自动清焦、垫层火焰监视、高低浓臭气收集和处理等系统技术成功地应用于碱回收工程。

已设计生产的碱回收锅炉日处理固形物量37.5～2500吨/日、蒸汽出口压力1.27～8.4兆帕、蒸汽出口温度194～480℃，满足制浆造纸企业供汽或发电的要求；产品适用性广，已设计运行的碱回收锅炉能处理木材、芦苇、竹子、甘蔗渣、红麻、麦草、棉秆、桑枝等化学浆、化学机械浆和溶解浆废液；具有运行性能好、碱回收率高、连续运行时间长、吨碱耗油指标低、投资回收周期短、经济效益高等优点。

武汉锅炉集团工程技术有限公司已设计制造300余台碱回收锅炉。目前公司已研制开发了固形物处理量为3300吨/日和5500吨/日的碱回收锅炉，具有更高的经济效益和环保指标，将逐渐抢占碱回收锅炉高端市场。

中国轻工业长沙工程有限公司

企业性质： 国有企业
地址： 湖南省长沙市雨花区新兴路268号
邮编： 410114
法人代表： 樊　燕
经营负责人： 陈志明
电话： 0731－85770333
传真： 0731－85584415
联系人： 曹　静
电话： 0731－85770333

企业详细介绍见“国内制浆造纸科研设计单位简介”栏目。

四川永丰纸业股份有限公司

企业性质： 股份制企业
地址： 四川省乐山市沐川县永福镇
邮编： 614500
法人代表： 吴和均
技术负责人： 赵　琳
电话： 0833－4651066
传真： 0833－4651066
联系人： 张　燕
电话： 0833－4651066
投产日期： 1982年
职工总数： 1500人
技术人员： 500名

四川永丰纸业股份有限公司是四川省规模最大的林浆纸产业集团，生产基地集中在四川省沐川县。现下设5个子公司，总资产16亿元，制浆造纸生产能力20多万吨/年，销售收入10亿元以上。公司相继被评为“四川省优秀企业”“四川省88家重点优势企业”“省级扶贫龙头企业”，被国家九部委确定为“农业产业化国家重点龙头企业”“国家级农业产业化优秀龙头企业”。

公司拥有40年竹浆造纸经验，生产规模、工艺技术、产品质量在全国竹浆造纸领域处于领先水平。主体装备包括：2条制浆生产线，7条高档文化用纸及多条生活用纸生产线；其中，年产16.5万吨制浆线采用DDS低能耗超级置换蒸煮、封闭筛选、二氧化氯中浓漂白等国际先进技术。主导产品包括：高档竹浆板、文化用纸、生活用纸等。

公司于1996年在全国同行业中首批获得ISO 9001质量体系及产品认证。产品经SGS国际机构检测不含有毒元素，主导品牌“永丰”牌2005年被认定为中国驰名商标。产品畅销全国各地，深受客户青睐，产销率多年来保持100%。据统计，静电复印纸占西部市场份额的60%，生活用纸占四川省市场份额的近20%。

四川环龙技术织物有限公司

企业性质： 有限责任公司
地址： 四川省成都市温江区海峡两岸科技产业开发园新华路西段
邮编： 611130

法人代表： 周　骏
经营负责人： 谢宗国
技术负责人： 周兴富
电话： 028－82782930
传真： 028－82782920
联系人： 邱卫宁
电话： 028－82782930
网址： www. vanov. cn
邮箱： huanlongglb@ 126. com

四川环龙技术织物有限公司是我国最大的造纸网毯研发、生产与销售的专业供应商，拥有“GOBEAR”和“VANOV”2 个造纸毛毯知名品牌，是中国造纸学会副理事长单位、中国造纸学会脱水器材专业委员会成员单位，是国家级高新技术企业，并通过了 ISO 9001∶2008 国际质量体系认证，拥有先进的管理模式，丰富的生产技术经验。

公司的“多向多层叠网造纸毛毯”获得 2014 年中国产业用纺织品行业十大创新产品、技术。公司首创研发出的国内第四代新产品，在高速造纸机上运用技术已达到国际先进水平。与国外同类产品相比，在毛毯吨纸耗量上能够节约 3～5 元/吨，为主流纸机高效率运行创造新价值。其中，斜织毛毯是针对高车速包装纸/文化用纸机所研发的高抗压性毛毯，适用于 500～1000 米/分车速纸机。通过使用斜织毛毯，给纸机运行带来优异的毛毯厚度保持能力，稳定的毛毯容水空间，持续的毛毯脱水能力，延长毛毯的使用寿命。接缝毛毯针对包装纸、文化用纸机研发，适用于 800 米/分包装纸机所有部位、文化用纸机部分位置。更换毛毯省时（常规毛毯 4～6 个小时，接缝毛毯 2 个小时）、保证纸机高速安全运行，使用接缝毛毯是一种行业趋势（目前国际上接缝毛毯的使用率北美 70% 以上、欧洲 30% 以上）。无交织毛毯是最新一代的造纸毛毯，通过核心的无交织基网结构取代常规的织造基网，适用于所有纸种高速纸机。

公司 20 多年来一直专注于造纸压榨织物的技术研发和生产，着眼造纸毛毯基础理论的前沿研究，不断提升应用研发水平。在稳定和持续优化叠层、多层复合造纸压榨毛毯品质的同时，大力研发接缝压榨毛毯、斜织复合造纸压榨毛毯、非织造压榨造纸毛毯，与国际造纸毛毯技术接轨，实现了第三代压榨织物叠层技术跨入第四代国际先进技术的质的飞跃，达到国际先进水平，为提高主流纸机运行效率创造新价值。经过多年的发展，公司业务已覆盖全国及北美、欧洲、东南亚等国际市场，赢得了客户的广泛信赖。公司致力于做世界一流的造纸毛毯供应商，做亚洲知名的过滤材料供应商，以技术、研发为先导，做专家型企业，建立世界一流的工业滤材自主高端品牌。

广东省造纸研究所

企业性质： 国有企业
地址： 广东省广州市海珠区新港西路 154 号
邮编： 510300
法人代表： 伍泽荣
经营负责人： 马学逵
技术负责人： 陈新泉
电话： 020－34301776
传真： 020－34301776
网址： www. gdzaozhisuo. com
联系人： 马学逵
邮箱： xuekma@ 126. com
成立时间： 1973 年
职工总数： 92 人
技术人员： 49 名

企业详细介绍见“国内制浆造纸科研设计单位简介”栏目。

广州造纸集团有限公司

企业性质： 国有企业
地址： 广东省广州市南沙区珠江街新广一路 29 号
邮编： 511462
法人代表： 周　耘
经营负责人： 周　耘
技术负责人： 周　耘
电话： 020－34663302
传真： 020－34663302
网址： www. gzpaper. cn
联系人： 王向华
电话： 020－34663158
邮箱： 13527876705@ 139. com
投产时间： 1936 年
职工总数： 813 人
技术人员： 190 名

企业详细介绍见“重点企业介绍”栏目。

广西金桂浆纸业有限公司

企业性质： 中外合资企业

地址：广西壮族自治区钦州市钦州港金光工业园
邮编：535008
法人代表：黄志源
经营负责人：李俊逸
技术负责人：周雪林
电话：0777－3698888
传真：0777－3696666
网址：www. appjg. com. cn
联系人：姚志桂
电话：0777－3698012
邮箱：gxjg3696666@163. com
投产时间：2003 年
职工总数：2000 人
技术人员：1250 名

企业详细介绍见"重点企业介绍"栏目。

广西贵糖(集团)股份有限公司

企业性质：国有企业
地址：广西壮族自治区贵港市幸福路100号
法人代表：但昭学
经营负责人：陈　健
技术负责人：蓝贤州
电话：0775－4201380
传真：0775－4260088
网址：www. guitang. com
联系人：韩伟荣
电话：0775－4201682
邮箱：438229202@qq. com
投产日期：1956 年
职工总数：2188 人
技术人员：268 名

广西贵糖(集团)股份有限公司(简称"贵糖")，由广西贵港甘蔗化工厂独家发起定向募集改组创立，其前身是广西贵县糖厂，于1956年建成投产，是国家"一五"期间的重点建设项目之一。1994 年贵糖完成了股份制改造，1998 年 11 月 11 日，贵糖股票在深圳证券交易所上市(股票代码：000833)。

贵糖经过近 60 年的技改扩建，滚动发展，制糖产能由原来日榨甘蔗 1500 吨发展为目前的日榨 10000 吨规模，并依靠科技创新对甘蔗资源进行全面的综合开发，利用甘蔗渣生产的文化用纸、生活用纸等综合利用产品已占全公司工业总产值的 70%以上。主要产品年生产能力为：白砂糖 15 万吨、可加工原糖 30 万吨、文化用纸 11 万吨、生活用纸 7 万吨、甘蔗渣制浆 15 万吨、酒精 1 万吨、轻质碳酸钙 3 万吨、回收烧碱 3. 5 万吨、复合肥 3 万吨。

贵糖是全国 100 家现代企业制度试点单位和 512 家重点扶持企业之一，国家农业产业化重点龙头企业。2005 年 11 月，贵糖被国家发展和改革委等 6 部委列入全国首批循环经济试点企业。贵糖拥有国家认定企业技术中心和博士后科研工作站，是广西壮族自治区首批 13 家自治区级人才小高地单位之一。公司先后荣获"全国企业管理优秀奖(金马奖)""全国企业管理杰出贡献奖""国家农业产业化重点龙头企业""全国资源综合利用先进企业""全国环境保护先进企业""全国用户满意企业""中国食品企业百强企业""全国五一劳动奖状""广西食品卫生等级 A 级单位"等荣誉称号。1998 年，贵糖取得了 ISO 9001：1994 版国际质量体系认证，是全国制糖行业首家通过 ISO 9001 国际质量体系认证的企业；2005 年导入 HACCP 管理理念，建立了食品安全管理体系，并于 2007 年获取 ISO 2200 食品安全管理体系认证证书；2007 年建立和实施了 ISO 10012：2003 标准测量管理体系。

近几年来，贵糖以循环经济"减量化、再利用、资源化"的原则为导向，推行清洁生产，实施清洁生产中高费方案，应用环保新技术、新工艺和新设备，重点对废水减排、工业废水循环利用、烟气脱硫等方面进行综合治理，不断增强高效利用资源和保护环境的能力。"变废为宝、节能降耗、推行清洁生产、打造循环经济"成为贵糖的主旋律。

目前，粤桂(贵港)热电循环经济产业园投资建设为贵糖提供了一个很好的发展平台，主要是立足于本地资源优势，按照"减量化、再利用、再循环"的原则，借助华电贵港电厂的能源优势，以广西广业粤桂投资集团有限公司现有制糖、浆纸业务为依托，发挥贵糖股份龙头企业带动作用，延伸制糖、浆纸产业链，实现资源整合和利用；同时，将产业与资本市场、产业与科研和创新应用、产业与现代工业互联和大数据应用、产业与新型城镇化进行有机结合，走新型工业化之路，努力将产业园建设成为生产永续下的特色现代产业与绿色数字化园区。

面对新的机遇与挑战，贵糖将遵循科学发展观，加快技术创新和产业升级，提升企业核心竞争力，寻求新的突破，进一步发展壮大。

(雷　煌)

附　　录

APPENDIXES

2015 年国民经济与社会发展统计公报(节选)
2015 年相关政策法规摘要
2014 年世界造纸工业概况
国外开设制浆造纸专业的大学简介
中国轻工业出版社造纸工业图书出版目录
《PPI》杂志 2014 年全球造纸排名前 100 位的公司及地域分布
国外主要造纸期刊介绍
国外制浆造纸相关团体与研究机构名录

12

2015年国民经济与社会发展统计公报(节选)

Annual Statistic Report on National Economic and Social Development (Excerpt) in 2015

2015年，面对错综复杂的国际形势和艰巨繁重的国内改革发展稳定任务，党中央、国务院团结带领全国各族人民，按照“五位一体”总体布局和“四个全面”战略布局的总要求，牢固树立和贯彻落实创新、协调、绿色、开放、共享的发展理念，适应经济发展新常态，坚持改革开放，坚持稳中求进工作总基调，坚持稳增长、调结构、惠民生、防风险，不断创新宏观调控思路与方式，深入推进结构性改革，扎实推动大众创业万众创新，努力促进经济保持中高速增长、迈向中高端水平，转型升级步伐加快，改革开放不断深化，民生事业持续进步，经济社会发展迈上新台阶，实现了“十二五”圆满收官，为“十三五”经济社会发展、决胜全面建成小康社会奠定了坚实基础。

一、综　合

初步核算[1]，全年国内生产总值676708亿元，同比增长6.9%(见图1)。其中，第一产业增加值60863亿元，同比增长3.9%；第二产业增加值274278亿元，同比增长6.0%；第三产业增加值341567亿元，同比增长8.3%。第一产业增加值占国内生产总值的比例为9.0%，第二产业增加值比例为40.5%，第三产业增加值比例为50.5%，首次突破50%(见图2)。全年人均国内生产总值49351元，同比增长6.3%。全年国民总收入[2] 673021亿元。

2015年年末全国大陆总人口137462万人，比2014年年末增加680万人，其中，城镇常住人口77116万人，占总人口比例(常住人口城镇化率)为56.10%，同比提高1.33个百分点。全年出生人口1655万人，出生率为12.07‰；死亡人口975万人，死亡率为7.11‰；自然增长率为4.96‰。全国人户

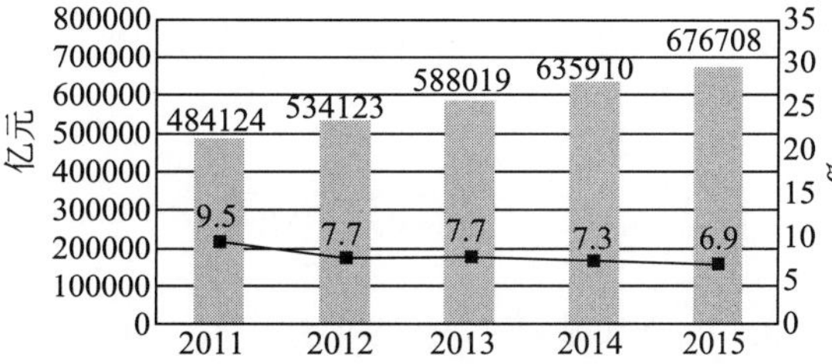

图1　2011—2015年国内生产总值及增长率

国内生产总值　同比增长

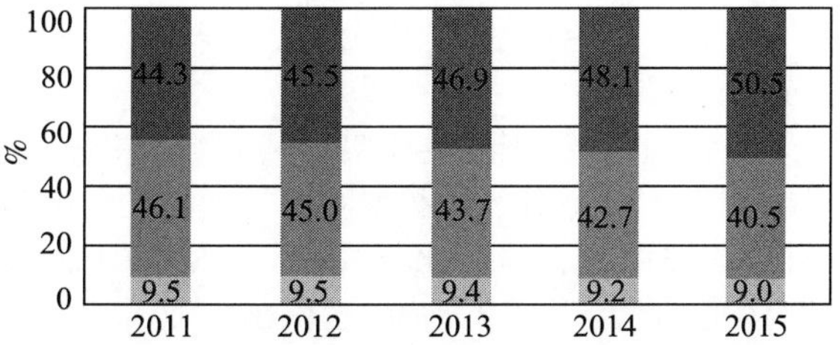

图2　2011—2015年三次产业增加值占国内生产总值比例

第一产业　第二产业　第三产业

分离[3]的人口2.94亿人，其中，流动人口[4] 2.47亿人。人均预期寿命76.34岁。

2015年年末全国就业人员77451万人，其中，城镇就业人员40410万人。全年城镇新增就业1312万人，2015年年末城镇登记失业率为4.05%。全国农民工总量27747万人，同比增长1.3%。全年全员劳动生产率[5]为76978元/人，同比提高6.6%。

全年居民消费价格比2014年上涨1.4%。全年全国一般公共预算收入152217亿元，比2014年同口径增加8324亿元，增长5.8%，其中，税收收入124892亿元，增加5717亿元，同比增长4.8%。年末国家外汇储备33304亿美元，比2014年年末减少5127亿美元。全年人民币平均汇率为1美元兑6.2284元人民币，比2014年贬值1.4%。

二、农　业

全年粮食种植面积 11334 万公顷，比 2014 年增加 62 万公顷。棉花种植面积 380 万公顷，同比减少 42 万公顷。油料种植面积 1406 万公顷，同比增加 1 万公顷。糖料种植面积 174 万公顷，同比减少 16 万公顷。

全年粮食生产量 62144 万吨，比 2014 年增加 1441 万吨，同比增产 2.4%。全年棉花生产量 561 万吨，同比减产 9.3%。油料生产量 3547 万吨，同比增产 1.1%。糖料生产量 12529 万吨，同比减产 6.2%。

全年木材生产量 6832 万米^3，同比下降 17.0%。

三、工业和建筑业

全年全部工业增加值 228974 亿元，同比增长 5.9%。规模以上工业增加值增长 6.1%。在规模以上工业中，分经济类型看，国有控股企业增长 1.4%；集体企业增长 1.2%；股份制企业增长 7.3%；外商及港澳台商投资企业增长 3.7%；私营企业增长 8.6%。

全年规模以上工业企业实现利润 63554 亿元，同比下降 2.3%。分经济类型看，国有控股企业实现利润 10944 亿元，同比下降 21.9%；集体企业 508 亿元，同比下降 2.7%；股份制企业 42981 亿元，同比下降 1.7%；外商及港澳台商投资企业 15726 亿元，同比下降 1.5%；私营企业 23222 亿元，同比增长 3.7%。

全年全社会建筑业增加值 46456 亿元，同比增长 6.8%。全国具有资质等级的总承包和专业承包建筑业企业实现利润 6508 亿元，同比增长 1.6%，其中，国有控股企业 1676 亿元，同比增长 6.0%。

四、固定资产投资

全年全社会固定资产投资 562000 亿元，同比增长 9.8%，扣除价格因素，实际增长 11.8%。其中，固定资产投资(不含农户)551590 亿元，同比增长 10.0%。

在固定资产投资(不含农户)中，第一产业投资 15561 亿元，同比增长 31.8%；第二产业投资 224090 亿元，同比增长 8.0%；第三产业投资 311939 亿元，同比增长 10.6%。2015 年按领域分固定资产投资(不含农户)及其占比见图 3。

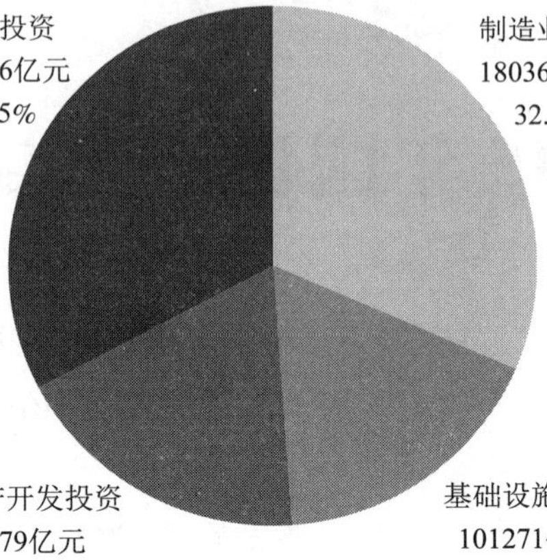

图3　2015年按领域分固定资产投资(不含农户)及其占比

五、国内贸易

全年社会消费品零售总额 300931 亿元，同比增长 10.7%，扣除价格因素，实际增长 10.6%。全年网上零售额[6] 38773 亿元，同比增长 33.3%，其中，网上商品零售额 32424 亿元，同比增长 31.6%。

六、对外经济

全年货物进出口总额 245741 亿元，同比下降 7.0%。其中，出口 141255 亿元，同比下降 1.8%；进口 104485 亿元，同比下降 13.2%。货物进出口差额(出口减进口)36770 亿元，比 2014 年增加 13244 亿元。其中，2015 年纸浆进口量 1984 万吨，同比增长 2.9%，金额 2793 亿元，同比下降 11.8%。

全年吸收外商直接投资(不含银行、证券、保险)新设立企业 26575 家，同比增长 11.8%。实际使用外商直接投资金额 7814 亿元(折 1263 亿美元)，同比增长 6.4%。其中，“一带一路”沿线国家吸收外商直接投资新设立企业 2164 家，增长 18.3%；实际使用外商直接投资金额 526 亿元(折 85 亿美元)，增长 25.3%。全年对外直接投资额(不含银行、证券、保险)7351 亿元，同比增长 14.7%。其中，我国对“一带一路”沿线国家对外直接投资额达 148 亿美元，增长 18.2%。全年对外承包工程业务完成营业额 9596 亿元，同比增长

8.2%。对外劳务合作派出各类劳务人员 53 万人，下降 5.7%。

七、交通、邮电和旅游

全年货物运输总量 417 亿吨，同比增长 0.2%。货物运输周转量 177401 亿吨千米，同比下降 1.9%。全年旅客运输总量 194 亿人次，同比下降 4.4%。旅客运输周转量 30047 亿人·千米，同比增长 4.9%[7]。

2015 年年末全国民用汽车保有量达到 17228 万辆（包括三轮汽车和低速货车 955 万辆），同比增长 11.5%，其中，私人汽车保有量 14399 万辆，同比增长 14.4%。

全年完成邮电业务总量 28220 亿元，同比增长 29.2%。其中，邮政行业业务总量 5079 亿元，同比增长 37.4%；电信业务总量 23142 亿元，同比增长 27.5%。年末全国电话用户总数达到 153673 万户，其中，移动电话用户 130574 万户。移动电话普及率上升至 95.5 部/百人。互联网上网人数 6.88 亿人，增加 3951 万人，其中，手机上网人数 6.20 亿人，增加 6303 万人。互联网普及率达到 50.3%。

全年国内游客 40 亿人次，同比增长 10.5%，国内旅游收入 34195 亿元，增长 13.1%。国际旅游收入 1137 亿美元，增长 7.8%。

八、人民生活和社会保障

全年全国居民人均可支配收入 21966 元，同比增长 8.9%，扣除价格因素，实际增长 7.4%；全国居民人均可支配收入中位数[8] 19281 元，增长 9.7%。全国居民人均消费支出 15712 元，同比增长 8.4%，扣除价格因素，实际增长 6.9%。2015 年全国居民人均消费支出及其构成见图 4。

2015 年年末全国参加城镇职工基本养老保险人数 35361 万人，比 2014 年年末增加 1236 万人。参加城乡居民基本养老保险人数 50472 万人，增加 365 万人。参加城镇基本医疗保险人数 66570 万人，增加 6823 万人。参加失业保险人数 17326 万人，增加 283 万人。年末全国领取失业保险金人数 227 万人。参加工伤保险人数 21404 万人，增加 765 万人。参加生育保险人数 17769 万人，增加 730 万人。年末全国共有 1708.0 万人享受城市居民最低生活保障，4903.2 万人享受农村居民最低生活保障，农村五保供养 517.5 万人。全年资助 5910.3 万城乡困难群众参加基本医疗保险。按照每人每年 2300 元（2010 年不变价）的农村扶贫标准计算，2015 年农村贫困人口 5575 万人，比 2014 年减少 1442 万人。

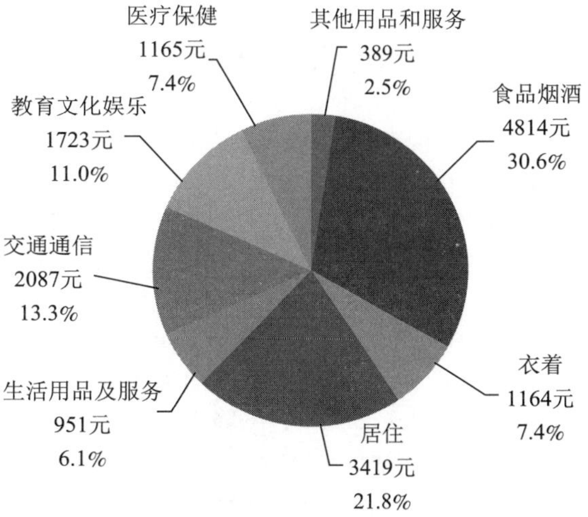

图4　2015年全国居民人均消费支出及其构成

九、科技教育

全年研究与试验发展（R&D）经费支出 14220 亿元，同比增长 9.2%，与国内生产总值之比为 2.10%，其中基础研究经费 671 亿元。全年国家安排了 3574 项科技支撑计划课题，2561 项“863”计划课题。截至 2015 年年底，累计建设国家工程研究中心 132 个，国家工程实验室 158 个，国家认定企业技术中心 1187 家。国家新兴产业创投计划[9] 累计支持设立 206 家创业投资企业，资金总规模 557 亿元，投资创业企业 1233 家。全年受理境内外专利申请 279.9 万件，授予专利权 171.8 万件。截至 2015 年年底，有效专利 547.8 万件，其中，境内有效发明专利 87.2 万件，每万人口发明专利拥有量 6.3 件。全年共签订技术合同 30.7 万项，技术合同成交金额 9835 亿元，同比增长 14.7%。

2015 年年末全国共有产品检测实验室 31768 个，其中国家检测中心 641 个。全国现有产品质量、体系认证机构 221 个，已累计完成对 136780 个企业的产品认证。全国共有法定计量技术机构 3830 个，全年强制检定计量器具 7354 万台（件）。全年制定、修订国家标准 1931 项，其中，新制定 1330 项。全年中央气象台和省级气象台共发布气象预警信号 5939 次，警报 6107 次。全国共有地震台站 1687 个，区域地震台网 32 个。全国共有海洋观测站（点）124 个。

十、资源环境

全年水资源总量28306亿米^3。全年平均降水量644毫米。2015年年末全国监测的614座大型水库蓄水总量3645亿米^3，与2014年年末蓄水量基本持平。全年总用水量6180亿米^3，同比增长1.4%。其中，生活用水增长3.1%，工业用水增长1.8%，农业用水增长0.9%，生态补水增长1.7%。万元国内生产总值用水量104米^3，同比下降5.1%。万元工业增加值用水量58米^3，下降3.9%。人均用水量450米^3，同比增长0.9%。

全年完成造林面积632万公顷，其中，林业重点生态工程完成造林面积242万公顷，占全部造林面积的38.2%。截至2015年年底，自然保护区达到2740个，其中，国家级自然保护区428个。新增水土流失治理面积5.4万平方千米，新增实施水土流失地区封育保护面积2.0万平方千米。

初步核算，全年能源消费总量43.0亿吨标准煤，同比增长0.9%。煤炭消费量下降3.7%，原油消费量增长5.6%，天然气消费量增长3.3%，电力消费量增长0.5%。煤炭消费量占能源消费总量的64.0%，水电、风电、核电、天然气等清洁能源消费量占能源消费总量的17.9%。全国万元国内生产总值[10]能耗下降5.6%。工业企业吨粗铜综合能耗下降0.79%，吨钢综合能耗下降0.56%，单位烧碱综合能耗下降1.41%，吨水泥综合能耗下降0.49%，每千瓦时火力发电标准煤耗下降0.95%。

年末城市污水处理厂日处理能力达到13784万米^3，比2014年末增长5.3%；城市污水处理率达到91.0%，提高0.8个百分点。城市生活垃圾无害化处理率达到92.5%，提高0.7个百分点。城市集中供热面积64.2亿米^2，增长5.1%。城市建成区绿地面积189万公顷，增长3.7%；建成区绿地率达到36.3%，提高0.05个百分点；人均公园绿地面积13.16米^2，增加0.08米^2。

注释：

[1]本公报中数据均为初步统计数。各项统计数据均未包括香港特别行政区、澳门特别行政区和台湾省。部分数据因四舍五入的原因，存在着与分项合计不等的情况。

[2]国民总收入，原称国民生产总值，是指一个国家或地区所有常住单位在一定时期内所获得的初次分配收入总额。它等于国内生产总值加上来自国外的净要素收入。

[3]人户分离的人口是指居住地与户口登记地所在的乡镇街道不一致且离开户口登记地半年及以上的人口。

[4]流动人口是指人户分离人口中扣除市辖区内人户分离的人口。市辖区内人户分离的人口是指一个直辖市或地级市所辖区内和区与区之间，居住地和户口登记地不在同一乡镇街道的人口。

[5]全员劳动生产率为国内生产总值(以2010年价格计算)与全部就业人员的比率。

[6]网上零售额是指通过公共网络交易平台(包括自建网站和第三方平台)实现的商品和服务零售额。其中，网上零售额包括的服务类商品，以及少部分用于生产经营用或被转卖的商品不统计在社会消费品零售总额中。

[7]2015年公路客货运量、周转量数据的核算方法和统计口径发生变化，增速按可比口径计算。

[8]人均收入中位数是指将所有调查户按人均收入水平从低到高(或从高到低)顺序排列，处于最中间位置调查户的人均收入。

[9]国家新兴产业创投计划是指中央财政专项资金通过与地方政府资金、社会资本共同发起设立创业投资企业，或以股权投资模式直接投资创业企业等方式，培育和促进新兴产业发展的活动。

[10]万元国内生产总值用水量、万元工业增加值用水量和万元国内生产总值能耗按2010年价格计算。

附表　　2011—2015年国民经济与社会发展总量指标

指标	单位	2011年	2012年	2013年	2014年	2015年
人口	万人					
总人口(年末)		134735	135404	136072	136782	137462
男性人口		69068	69395	69728	70079	70414
女性人口		65667	66009	66344	66703	67048
城镇人口		69079	71182	73111	74916	77116

续表

指标	单位	2011 年	2012 年	2013 年	2014 年	2015 年
乡村人口		65656	64222	62961	61866	60346
国民经济核算	亿元					
国内生产总值		484123	534123	588019	636463	676708
第一产业		46153	50893	55322	58332	60863
第二产业		223390	240200	256810	271392	274278
第三产业		214580	243030	275887	306739	341567
固定资产投资	亿元					
全社会固定资产投资总额		311485	374695	446294	512761	562000
城镇固定资产投资		302396	364854	435747	502005	551590
房地产开发完成投资额		61797	71804	86013	95036	95979
对外贸易	亿元					
货物进出口总额		236402	244160	258169	264334	245741
出口额		123241	129359	137131	143912	141255
进口额		113161	114801	121037	120423	104485
外商投资	亿美元					
外商直接投资		1160	1117	1176	1196	1263
资源和环境						
石油储量	亿吨	32.4	33.3	33.7	34.3	
煤炭储量	亿吨	2158	2299	2363	2400	
天然气储量	亿米^3	40206	43790	46429	49452	
能源消费总量	亿吨标准煤	34.8	36.2	37.5	42.6	43.0
水资源总量	亿米^3	23257	29527	27958	28370	28306
用水总量	亿米^3	6107	6142	6183	6220	6180
造林总面积	万公顷	600	560	610	603	632
主要产品产量						
农林牧渔业总产值	亿元	81304	89453	96995	102226	
工业总产值	亿元	191571	204540	217264	227991	228974
粮食	万吨	57121	58958	60193	60710	62144
木材	万米^3	8146	8175	8438	8178	6832
原煤	亿吨	35.2	36.5	36.8	38.7	37.5
原油	万吨	20288	20571	20947	21143	21456
天然气	亿米^3	1027	1070	1170	1302	1346
卷烟	亿支	24474	25161	25604	26098	25891
水泥	亿吨	21.0	22.1	24.2	24.8	23.6
钢材	万吨	88620	95578	106762	112557	112350
科技教育文化						
研究与试验发展经费支出	亿元	8687	10298	11847	13312	14220

续表

指标	单位	2011 年	2012 年	2013 年	2014 年	2015 年
技术市场成交额	亿元	4764	6437	7469	8577	9835
普通高等学校在校学生数	万人	2308	2391	2468	2733	2625
普通中学在校学生数	万人	7519	7230		6785	6686
普通小学在校学生数	万人	9926	9696	9360	9451	9692
图书总印数	亿册	77.0	79.2	83.1	84.0	81.0
期刊出版总印数	亿册	32.8	33.5	32.7	32.0	30.0
报纸出版总印数	亿份	467.4	482.3	482.4	465.0	440.0
交通、邮电、旅游						
旅客运输量	亿人	352.6	380.4	212.3	220.7	194.0
货物运输量	亿吨	370.0	410.0	409.9	439.1	417.0
民用汽车拥有量	万辆	9356	10933	12670	15447	17228
私人汽车拥有量	万辆	7327	8839	10502	12584	14399
邮电业务总量	亿元	13333	15019	18432	21846	28220
快递量	亿件	36.7	56.8	91.9	139.6	206.7
国内游客	亿人	26.4	29.6	32.6	36.1	40.0
国内旅游总花费	亿元	19305	22706	26276	30312	34195
医疗卫生						
医疗卫生机构数	万个	95.4	95.0	97.4	98.2	99.0
医疗卫生机构床位数	万张	516.0	572.5	618.2	652.0	708.0
卫生技术人员数	万人	620.3	667.6	721.1	739.0	803.0

资料来源：中华人民共和国国家统计局。

（杨　扬　整理）

2015 年相关政策法规摘要

Abstracts of the Policies and Regulations Related to Paper Industry in 2015

工业和信息化部印发《2015 年工业强基专项行动实施方案》

3 月 6 日，工业和信息化部印发《2015 年工业强基专项行动实施方案》(简称《实施方案》)，决定 2015 年继续实施“工业强基专项行动”，要求各地根据本地区产业发展实际组织开展相关工作，持续提升关键基础材料、核心基础零部件(元器件)、先进基础工艺和产业技术基础(简称“四基”)等工业基础能力，加快促进工业转型升级。

《实施方案》指出，在 2014 年工业强基专项行动基础上，2015 年将加强工业强基战略研究，加快研究编制工业“四基”发展目录，引导未来 2～3 年要素聚集；开展工业强基示范应用，鼓励整机、系统和基础企业合作研发和协同攻关，推动整机和系统采用自主产品和技术；创建和认证一批产业技术基础公共服务平台，推动建立产业技术创新服务体系；组织实施工业强基示范工程，围绕重点领域发展亟需，突破“四基”工程化、产业化瓶颈；开展工业质量品牌推进行动计划，促进工业质量品牌基础能力提升。

工业和信息化部启动 2015 年智能制造试点示范专项行动

3 月 9 日，工业和信息化部印发《关于开展 2015 年智能制造试点示范专项行动的通知》，并下发了《2015 年智能制造试点示范专项行动实施方案》(简称《实施方案》)，决定自 2015 年启动实施智能制造试点示范专项行动，以促进工业转型升级，加快制造强国建设进程。

《实施方案》明确了专项行动的总体思路和目标。明确要坚持立足国情、统筹规划、分类施策、分步实施的方针，以企业为主体、市场为导向、应用为切入点，持续推进试点示范。通过试点示范，关键智能部件、装备和系统自主化能力大幅提升，产品、生产过程、管理、服务等智能化水平显著提高，智能制造标准化体系初步建立，智能制造体系和公共服务平台初步成形。试点示范项目目标是要实现运营成本降低 20%，产品研制周期缩短 20%，生产效率提高 20%，产品不良品率降低 10%，能源利用率提高 4%。

国家发展和改革委、商务部发布《外商投资产业指导目录(2015 年修订)》

3 月 10 日，国家发展和改革委、商务部发布第 22 号令，公布《外商投资产业指导目录(2015 年修订)》。本次目录修订适应我国改革发展和经济全球化新形势，主要的政策导向：一是放宽外资准入。进一步放开一般制造业，取消钢铁、乙烯、造纸、起重机械、输变电设备、名优白酒等股比要求。有序推进服务业开放，在商贸物流、电子商务、交通运输、社会服务、金融、文化等领域提出了一系列开放措施。二是引导外资投向。鼓励外商投资现代农业、高新技术、先进制造、节能环保、新能源、现代服务业等领域。鼓励外商投资研发环节，推动引资、引技、引智有机结合。三是完善政策体系。从注重外资准入管理更多地转为市场调节和行业监管，通过节能、环保、技术、安全等措施能够实现内外资一致监管的条目不列入限制类，限制类条目从 79 条减至 38 条。提高政策透明度，允许类项目不再保留外资股比限制。

工业和信息化部印发《关于开展 2015 年智能制造试点示范项目推荐的通知》

4 月 1 日，工业和信息化部印发《关于开展 2015 年智能制造试点示范项目推荐的通知》（简称《通知》），规定了智能制造试点示范项目推荐的基本条件、程序及申报要求等。并以附件的形式发布《智能制造试点示范项目要素条件》。

智能制造试点示范项目推荐的基本条件：①项目实施单位应是在中华人民共和国境内注册，具有独立法人资格，运营和财务状况良好。②项目技术上处于国内领先或国际先进水平，示范项目使用的装备和系统需自主安全可控。③项目须符合《智能制造试点示范项目要素条件》中相应类别的具体要求。智能制造试点示范项目要素条件包括：以数字化工厂/智能工厂为方向的流程制造试点示范项目，以数字化车间/智能工厂为方向的离散制造试点示范项目，以信息技术深度嵌入为代表的智能装备（产品）试点示范项目，以个性化定制、网络协同开发、电子商务为代表的智能制造新业态新模式试点示范项目，以物流管理、能源管理智慧化为方向的智能化管理试点示范项目，以在线监测、远程诊断与云服务为代表的智能服务试点示范项目。④项目在降低运营成本、缩短产品研制周期、提高生产效率、降低产品不良品率、提高能源利用率五个方面已取得显著成效，并保持持续提升，具有良好的增长性。

财政部、环境保护部联合发布《关于推进水污染防治领域政府和社会资本合作的实施意见》

4 月 9 日，财政部、环境保护部联合印发了《关于推进水污染防治领域政府和社会资本合作的实施意见》（简称《意见》），对水污染防治领域政府和社会资本合作（PPP）项目操作流程作出明确规范，以切实实施好《水污染防治行动计划》。

《意见》提出了完善制度规范，优化机制设计，转变供给方式，改进管理模式，推进水污染防治，提高水环境质量的总体目标和存量为主、因地制宜、突出重点三大原则。要求水污染防治领域推广运用 PPP 模式，以费价机制透明合理、现金流支撑能力相对较强的存量项目为主，适当兼顾部分新建项目，充分考虑不同地区、不同流域和湖泊、不同领域项目特点，对纳入国家重点支持江河湖泊动态名录或水污染防治专项资金等相关资金支持的地区，采取差异化的合作模式与推进策略，率先推进 PPP 模式。

《2015 年循环经济推进计划》出台

4 月 14 日，国家发展和改革委下发“国家发展和改革委关于印发《2015 年循环经济推进计划》（简称《计划》）的通知”。《计划》要求以资源高效循环利用为核心，着力构建循环型产业体系，推动区域和社会层面循环经济发展；以推广循环经济典型模式为抓手，提升重点领域循环经济发展水平；大力传播循环经济理念，推行绿色生活方式；加强政策和制度供给，营造公开公平公正的政策和市场环境，进一步发挥循环经济在经济转型升级中的作用，努力完成“十二五”规划纲要提出的循环经济各项目标，以及《循环经济发展战略及近期行动计划》提出的目标任务。

《计划》明确要抓好重点行业循环经济发展。制修订电力、造纸、光伏等重点行业的清洁生产评价指标体系，以京津冀、长三角等区域以及资源消耗大、污染防治任务重的行业为重点，开展清洁生产审核，实施清洁生产技术改造。

《计划》要求制定《促进生物质能供热发展的指导意见》，加快出台成型燃料、成型设备、生物质锅炉、工程建设和锅炉排放等标准，实施生物质成型燃料锅炉供热工程，在京津冀鲁、长三角、珠三角地区建设 120 个大型先进生物质锅炉供热项目，替代燃煤锅炉供热；在粮食主产区有序推进生物质热电联产，鼓励对常规生物质发电实行热电联产改造，到 2015 年年底热电联产机组容量超过 100 万千瓦。

整合修编的《制浆造纸行业清洁生产评价指标体系》出台

4 月 15 日，国家发展和改革委、环境保护部、工业和信息化部联合发布 2015 年第 9 号公告。公告指出，为贯彻落实《清洁生产促进法》（2012 年修正案），进一步形成统一、系统、规范的清洁生产技术支撑文件体系，指导和推动企业依法实施清洁生产，整合修编了《电力（燃煤发电企业）行业清洁生产评价指标体系》、《制浆造纸行业清洁生产评价指标体系》，制定了《稀土行业清洁生产评价指标体系》，予以发布并于公布之日起施行。

国家发展和改革委发布的《制浆造纸行业清洁生产评价指标体系（试行）》（国家发展和改革委2006年第87号公告）、《火电行业清洁生产评价指标体系（试行）》（国家发展和改革委2007年第24号公告），环境保护部发布的《清洁生产标准造纸工业（漂白碱法蔗渣浆生产工艺）》（HJ/T317—2006）、《清洁生产标准造纸工业（漂白化学浆烧碱法麦草浆生产工艺）》（HJ/T339—2007）、《清洁生产标准造纸工业（硫酸盐化学木浆生产工艺）》（HJ/T340—2008）、《清洁生产标准造纸工业（废纸制浆）》（HJ 468—2009）同时停止施行。

《制浆造纸行业清洁生产评价指标体系》由中国轻工业清洁生产中心、中国环境科学研究院、中国造纸协会起草。该指标体系规定了制浆造纸企业清洁生产的一般要求，将清洁生产指标分为六类，即生产工艺及设备要求、资源和能源消耗指标、资源综合利用指标、污染物产生指标、产品特征指标和清洁生产管理指标。

该指标体系适用于制浆造纸企业的清洁生产评价工作，不适用本体系中未涉及的纸浆、纸及纸板的清洁生产评价。该指标体系依据综合评价所得分值将清洁生产等级划分为三级，I级为国际清洁生产领先水平；II级为国内清洁生产先进水平；III级为国内清洁生产基本水平。

国务院印发《水污染防治行动计划》

4月16日，国务院印发《水污染防治行动计划》（简称《行动计划》）。这是当前和今后一个时期全国水污染防治工作的行动指南。《行动计划》238项具体治理措施中，除了136项改进强化措施、12项研究探索性措施外，重点提出了90项改革创新措施。

《行动计划》强调全面控制污染物排放，狠抓工业污染防治：取缔“十小”企业。全面排查装备水平低、环保设施差的小型工业企业。2016年底前，按照水污染防治法律法规要求，全部取缔不符合国家产业政策的小型造纸、制革、印染、染料、炼焦、炼硫、炼砷、炼油、电镀、农药等严重污染水环境的生产项目（环境保护部牵头，工业和信息化部、国土资源部、能源局等参与，地方各级人民政府负责落实。以下均需地方各级人民政府落实，不再列出）。专项整治十大重点行业，制定造纸、焦化、氮肥、有色金属、印染、农副食品加工、原料药制造、制革、农药、电镀等行业专项治理方案，实施清洁化改造。新建、改建、扩建上述行业建设项目实行主要污染物排放等量或减量置换。2017年年底前，造纸行业力争完成纸浆无元素氯漂白改造或采取其他低污染制浆技术，钢铁企业焦炉完成干熄焦技术改造，氮肥行业尿素生产完成工艺冷凝液水解解析技术改造，印染行业实施低排水染整工艺改造，制药（抗生素、维生素）行业实施绿色酶法生产技术改造，制革行业实施铬减量化和封闭循环利用技术改造（环境保护部牵头，工业和信息化部等参与）。

三部门公告《高耗水工艺、技术和装备淘汰目录（第一批）》

5月4日，工业和信息化部、水利部、全国节约用水办公室发布2015年第31号公告：《高耗水工艺、技术和装备淘汰目录（第一批）》（简称《淘汰目录》）。旨在推动工业企业加快实施节水技术改造，淘汰高耗水工艺、技术和装备，提升用水效率。公告要求，水行政主管部门要严格水资源管理，对采用《淘汰目录》中高耗水工艺、技术和装备的新、改、扩建项目不予批准水资源论证和取水许可申请；对未按期淘汰的高耗水工艺、技术和装备的企业单位，不予批准取水许可延续和变更申请。《淘汰目录》涵盖钢铁、纺织、造纸、建材等4个行业16项用水工艺、技术和装备，其中涉及造纸行业的有3项，见表1。

表1　《高耗水工艺、技术和装备淘汰目录（第一批）》中与造纸行业相关工艺

序号	名称	工艺技术内容	应用领域	淘汰理由及替代技术	淘汰时限
1	槽式洗浆机	用于漂白后浆料、废纸脱墨后浆料及其他浆料洗涤的设备	洗浆、漂白、脱墨工段	吨浆耗水量50～100米^3，产能低、耗水量大、效率低。可由真空洗浆机替代	2017-12

续表

序号	名称	工艺技术内容	应用领域	淘汰理由及替代技术	淘汰时限
2	地池浆制浆工艺（宣纸除外）	造纸原料及碱性化学品在地池内混合、浸泡的生产工艺	制浆工段	混合浸泡时间在 24 小时以上，生产环境差、产品质量低、用水量大。可由立锅间歇或连续蒸煮替代	2017-12
3	侧压浓缩机	一种纸浆浓缩的设备，进口浓度 2% ~3%，出口浓度低，为 4% ~6%	洗涤、浓缩工序	耗水量大且生产效率低。可由真空洗浆机替代	2017-12

《工业清洁生产审核规范》和《工业清洁生产实施效果评估规范》出台

5 月 7 日，工业和信息化部印发“关于印发《工业清洁生产审核规范》和《工业清洁生产实施效果评估规范》的通知”（简称“通知”）。“通知”指出，为贯彻落实《中华人民共和国清洁生产促进法》，规范工业清洁生产审核和实施效果评估，切实将清洁生产审核的规定落到实处，促进工业企业不断提高清洁生产水平，工业和信息化部组织制定了《工业清洁生产审核规范》和《工业清洁生产实施效果评估规范》。

《工业清洁生产审核规范》包括总则、审核类型、审核方式、组织实施和鼓励措施 5 部分。《工业清洁生产实施效果评估规范》可有效指导和鼓励工业企业有效实施清洁生产审核提出的方案，规范实施效果评估程序。

国务院印发《关于推进国际产能和装备制造合作的指导意见》

5 月 16 日，国务院印发《关于推进国际产能和装备制造合作的指导意见》（简称《意见》）。《意见》提出了推进国际产能和装备制造合作的指导思想和基本原则、目标任务、政策措施。

《意见》提出，坚持“企业主导、政府推动，突出重点、有序推进，注重实效、互利共赢，积极稳妥、防控风险”的基本原则，将与我国装备和产能契合度高、合作愿望强、合作条件和基础好的发展中国家作为重点国别，并积极开拓发达国家市场，以点带面，逐步扩展。将钢铁、有色、建材、铁路、电力、化工、轻纺、汽车、通信、工程机械、航空航天、船舶和海洋工程等作为重点行业，分类实施，有序推进。

《意见》确立的主要目标为：力争到 2020 年，与重点国家产能合作机制基本建立，一批重点产能合作项目取得明显进展，形成若干境外产能合作示范基地。推进国际产能和装备制造合作的体制机制进一步完善，支持政策更加有效，服务保障能力全面提升。形成一批有国际竞争力和市场开拓能力的骨干企业。国际产能和装备制造合作的经济和社会效益进一步提升，对国内经济发展和产业转型升级的促进作用明显增强。

国务院印发《中国制造 2025》

5 月 19 日，国务院印发《中国制造 2025》，部署全面推进实施制造强国战略。这是我国实施制造强国战略第一个 10 年的行动纲领。《中国制造 2025》提出，坚持“创新驱动、质量为先、绿色发展、结构优化、人才为本”的基本方针，坚持“市场主导、政府引导，立足当前、着眼长远，整体推进、重点突破，自主发展、开放合作”的基本原则，通过“三步走”实现制造强国的战略目标：第一步，到 2025 年迈入制造强国行列；第二步，到 2035 年我国制造业整体达到世界制造强国阵营中等水平；第三步，到新中国成立 100 年时，我国的制造业大国地位更加巩固，综合实力进入世界制造强国前列。

围绕实现制造强国的战略目标，《中国制造 2025》明确了九项战略任务和重点：一是提高国家制造业创新能力；二是推进信息化与工业化深度融合；三是强化工业基础能力；四是加强质量品牌建设；五是全面推行绿色制造；六是大力推动重点领域突破发展，聚焦新一代信息技术产业、高档数控机床和机器人、航空航天装备、海洋工程装备及高技术船舶、先进轨道交通装备、节能与新能源汽车、电力装备、农机装备、新材料、生物医药及高性能医疗器械等十大重点领域；七是深入推进制造业结构调整；八是积极发展服务型制造和生产性服务业；九是提高制造业国际化发展水平。2020 年和 2025 年制造业主要指标见表 2。

表 2　　2020 年和 2025 年制造业主要指标

类别	指标	2013 年	2015 年	2020 年	2025 年
创新能力	规模以上制造业研发经费内部支出占主营业务收入比例/%	0.88	0.95	1.26	1.68
	规模以上制造业每亿元主营业务收入有效发明专利数[1]/件	0.36	0.44	0.70	1.10
质量效益	制造业质量竞争力指数[2]	83.1	83.5	84.5	85.5
	制造业增加值率提高	—	—	比 2015 年提高 2 个百分点	比 2015 年提高 4 个百分点
	制造业全员劳动生产率增速/%	—	—	7.5 左右（“十三五”期间年均增速）	6.5 左右（“十四五”期间年均增速）
两化融合	宽带普及率[3]/%	37	50	70	82
	数字化研发设计工具普及率[4]/%	52	58	72	84
	关键工序数控化率[5]/%	27	33	50	64
绿色发展	规模以上单位工业增加值能耗下降幅度	—	—	比 2015 年下降 18%	比 2015 年下降 34%
	单位工业增加值二氧化碳排放量下降幅度	—	—	比 2015 年下降 22%	比 2015 年下降 40%
	单位工业增加值用水量下降幅度	—	—	比 2015 年下降 23%	比 2015 年下降 41%
	工业固体废物综合利用率/%	62	65	73	79

注：1. 规模以上制造业每亿元主营业务收入有效发明专利数＝规模以上制造企业有效发明专利数/规模以上制造企业主营业务收入。
2. 制造业质量竞争力指数是反映我国制造业质量整体水平的经济技术综合指标，由质量水平和发展能力两个方面共计 12 项具体指标计算得出。
3. 宽带普及率用固定宽带家庭普及率代表，固定宽带家庭普及率＝固定宽带家庭用户数/家庭户数。
4. 数字化研发设计工具普及率＝应用数字化研发设计工具的规模以上企业数量/规模以上企业总数量（相关数据来源于 3 万家样本企业，下同）。
5. 关键工序数控化率为规模以上工业企业关键工序数控化率的平均值。

财政部、国家税务总局印发《资源综合利用产品和劳务增值税优惠目录》

6 月 12 日，财政部、国家税务总局发布“关于印发《资源综合利用产品和劳务增值税优惠目录》的通知”（简称“通知”），为了落实国务院精神，进一步推动资源综合利用和节能减排，规范和优化增值税政策，决定对资源综合利用产品和劳务增值税优惠政策进行整合和调整。“通知”自 2015 年 7 月 1 日起执行。《资源综合利用产品和劳务增值税优惠目录》中与造纸行业相关的内容摘录如表 3 所示。

表 3　　资源综合利用产品和劳务增值税优惠目录中与造纸行业相关的内容

类别	序号	综合利用的资源名称	综合利用产品和劳务名称	技术标准和相关条件	退税比例/%
废渣、废水（液）、废气	2.11	蔗渣	蔗渣浆、蔗渣刨花板和纸	1. 产品原料 70% 以上来自所列资源； 2. 生产蔗渣浆及各类纸的纳税人符合国家发展和改革委、环境保护部、工业和信息化部《制浆造纸行业清洁生产评价指标体系》规定的技术要求	50

续表

类别	序号	综合利用的资源名称	综合利用产品和劳务名称	技术标准和相关条件	退税比例/%
再生资源	3.8	废纸、农作物秸秆	纸浆、秸秆浆和纸	1. 产品原料70%以上来自所列资源； 2. 废水排放符合《制浆造纸工业水污染物排放标准》（GB3544—2008）规定的技术要求； 3. 纳税人符合《制浆造纸行业清洁生产评价指标体系》规定的技术要求； 4. 纳税人必须通过ISO 9000、ISO 14000认证	50
农林剩余物及其他	4.2	三剩物、次小薪材、农作物秸秆、沙柳	纤维板、刨花板，细木工板、生物炭、活性炭、栲胶、水解酒精、纤维素、木质素、木糖、阿拉伯糖、糠醛、箱纸板	产品原料95%以上来自所列资源	70

《制浆造纸单位产品能源消耗限额》强制性国家标准正式批准发布

6月30日，国家质量监督检验检疫总局、国家标准化管理委员会批准发布了《GB 31825—2015 制浆造纸单位产品能源消耗限额》强制性国家标准。该标准由中国制浆造纸研究院、中国造纸协会、芬欧汇川（中国）有限公司和东顺集团股份有限公司负责制定，将于2016年7月1日起正式实施，重点规定了纸浆、机制纸和纸板主要生产系统单位产品能源消耗限额的技术要求、能耗统计范围、计算方法等，适用于以植物纤维为主要原料的纸浆、机制纸和纸板主要生产系统单位产品能源消耗的计算、考核，以及对新建及改扩建企业（装置）的能耗控制。

国务院办公厅印发《关于运用大数据加强对市场主体服务和监管的若干意见》

7月1日，国务院办公厅印发《关于运用大数据加强对市场主体服务和监管的若干意见》（简称《意见》）。《意见》提出4项主要目标：一是提高政府运用大数据能力，增强政府服务和监管的有效性；二是推动简政放权和政府职能转变，促进市场主体依法诚信经营；三是提高政府服务水平和监管效率，降低服务和监管成本；四是实现政府监管和社会监督有机结合，构建全方位的市场监管体系。

《意见》明确了5个方面重点任务：提高对市场主体服务水平、加强和改进市场监管、推进政府和社会信息资源开放共享、提高政府运用大数据的能力、积极培育和发展社会化征信服务。

国务院印发《关于积极推进“互联网+”行动的指导意见》

7月4日，国务院印发《关于积极推进“互联网+”行动的指导意见》（简称《指导意见》）。

《指导意见》提出，到2018年，互联网与经济社会各领域的融合发展进一步深化，基于互联网的新业态成为新的经济增长动力，互联网支撑大众创业、万众创新的作用进一步增强，互联网成为提供公共服务的重要手段，网络经济与实体经济协同互动的发展格局基本形成。到2025年，“互联网+”新经济形态初步形成，“互联网+”成为我国经济社会创新发展的重要驱动力量。

《指导意见》围绕转型升级任务迫切、融合创新特点明显、人民群众最关心的领域，提出了11个具体行动：一是“互联网+”创业创新，充分发挥互联网对创业创新的支撑作用，推动各类要素资源集聚、开放和共享，形成大众创业、万众创新的浓厚氛围。二是“互联网+”协同制造，积极发展智能制造和大规模个性化定制，提升网络化协同制造水平，加速制造业服务化转型。三是“互联网+”现代农业，构建依托互联网的新型农业生产经营体系，发展精准化生产方式，培育多样化网络化服务模式。四是“互联网+”智慧能源，推进能源生产和消费智能化，建设分布式能源网络，发展基于电网的通信设施和新型业务。五是“互联网+”普惠金融，探索推进互联网金融云服务平台建设，鼓励金融机构利用互联网拓宽服务覆盖面，拓展互联网金融服务创新的深度和广度。六是“互联网+”益民服务，创新政府网络化管理和服务，大力发展线上线下新兴消费和基于互联网的医疗、健康、养老、教育、旅游、社会保障等新兴服务。七是“互联网+”高效物流，构建物流信息共享互通体系，建设智能仓储系统，完善智能物流配送调配体系。八是“互联网+”电子商务，大力发展农村电商、行业电商和跨境电商，推动电子商务应用创新。九是“互联网+”便捷交通，提升交通基础设施、运输工具、运行信息的互联网化水平，创新便捷化交通运输服务。十是“互联网+”绿色生态，推动互联网与生态文明建设深度融合，加强资源环境动态监测，实现生态环境数据互联互通和开放共享。十一是“互联网+”人工智能，加快人工智能核心技术突破，培育发展人工智能新兴产业，推进智能产品创新，提升终端产品智能化水平。

财政部三部门联合印发《排污权出让收入管理暂行办法》

7月23日，财政部会同国家发展和改革委、环境保护部联合印发《排污权出让收入管理暂行办法》(简称《办法》)，对经财政部、国家发展和改革委、环境保护部确认及有关省、自治区、直辖市自行确定开展排污权有偿使用和交易试点地区的排污权出让收入征收、使用和管理作出了明确规定。

《办法》明确，排污权出让收入为政府以有偿出让方式配置排污权取得的收入。排污权出让收入属政府非税收收入，全额上缴地方国库，纳入地方财政预算管理。由地方环保部门按照污染源管理权限负责征收，并定期向社会公开污染物总量控制、排污权核定、排污权出让方式、价格和收入、排污权回购和储备等信息。排污权出让收入纳入一般公共预算，统筹用于污染防治。政府回购排污单位的排污权、排污权交易平台建设和运行维护等排污权有偿使用和交易相关工作经费，由地方同级财政预算予以安排。同时，《办法》明确，排污权出让收入的征收、使用和管理应当接受审计监督。

工业和信息化部发布“关于2015年工业转型升级重点项目指南的通知”

7月27日，工业和信息化部发布“关于2015年工业转型升级重点项目指南的通知”(简称“通知”)。“通知”指出，为了贯彻落实《工业转型升级规划(2011—2015年)》、《中国制造2025》等文件精神，工业和信息化部围绕重大技术装备和重大工程，促进制造业创新发展、提质增效，整合原有相关专项，组织实施2015年工业转型省级重点项目。

“通知”明确了重点支持方向：2015年转型升级资金重点针对智能制造和“互联网+”行动支撑保障能力、绿色制造、中药材提升与保障、工业强基等4大重点领域和中小企业服务体系重点专项，共实施20项任务73个方向。支持绿色制造工程相关三大重点领域共5个支持方向，分别为：传统行业节能改造工程，终端用能产品能效提升工程，能源监控、管理、分析管控一体化系统，高耗水行业节水治污技术改造，非常规水利用工程。其中，高耗水行业节水治污技术改造包括的与造纸行业相关的主要内容和产品(技术)要求如下：

(一)工业废水膜处理回用：采用高效生化处理加膜分离等深度处理再生处理工艺，适用于钢铁、焦化、化工、纺织印染、造纸、食品、医药等行业工业废水再生处理，实现废水处理回用。废水回用率大于50%，年节水量20万米^{3}以上。

(二)工业废水联合再生回用集成：采用高效澄清过滤处理加膜分离等深度处理再生处理工艺，将企业废水和城市中水再生处理回用。废水回用率75%以上，年节水量500万米^{3}以上。

(三)多圆盘过滤节水：采用多圆盘过滤清洁生产技术替代传统工艺，主要用于纸机抄纸过程中产生的白水回收和制浆过程中的浆料浓缩。年节水量不低于50万米^3，重复利用率95%以上。

(四)逆流洗涤封闭筛选：采用逆流洗涤封闭筛选技术替代传统筛选工艺，实现节水减排，适用于化学法制浆系统。年节水量不低于50万米^3，重复利用率90%以上。

“关于给予国家鼓励的进口商品信贷支持的补充通知”将《鼓励进口技术和产品目录(2015年版)》纳入进口信贷支持范围

8月31日，商务部、国家发展和改革委、财政部、银监会联合发布“关于给予国家鼓励的进口商品信贷支持的补充通知”(简称“通知”)。“通知”指出，在现行中国进出口银行优惠利率进口信贷支持范围的基础上，将国家发展和改革委、财政部、商务部发布的《鼓励进口技术和产品目录（2015 年版）》纳入进口信贷支持范围，对该目录中的先进技术、关键装备及零部件和紧缺资源性产品给予优惠利率进口信贷支持。《鼓励进口技术和产品目录（2015 年版）》中与造纸有关的内容见表 4 ~ 表 6。

表 4　《鼓励进口技术和产品目录（2015 年版）》中鼓励引进的与造纸相关的先进技术

序号	技术名称
A121	幅宽 6000 毫米以上，车速 1200 米/分以上的先进造纸机械制造技术
A122	高速精密平板切纸机设计制造技术
A123	年产能 15 万吨以上 APMP 高得率制浆生产线制造技术
A124	无氯漂白浆设备制造技术
A125	高效碱回收设备制造技术

表 5　《鼓励进口技术和产品目录（2015 年版）》中鼓励进口的与造纸相关的重要装备

序号	商品编码	商品名称
B61	84391000	纸浆生产的大型机器：年产 30 万吨以上化学浆生产设备；年产 10 万吨以上化学机械浆生产设备
B62	84392000	浆板机：幅宽≥8000 毫米，工作车速≥300 米/分
B63	84392000 84393000	造纸机：幅宽≥7000 毫米，工作车速≥1500 米/分
B64	84392000	年产 30 万吨以上纸板生产机器
B65	84414000	纸浆、纸或纸板制品模制成型机器
B74	844130 844140 844180	瓦楞纸板生产设备：速度 >300 米/分，板宽 >2500 毫米，7 层以上

表 6　《鼓励进口技术和产品目录（2015 年版）》中鼓励发展的与造纸相关的重点行业

序号	行业名称
C8	生物质直燃、气化发电技术开发与设备制造
C42	高效、低能耗废水处理与再生技术开发
C45	大气污染治理装备：300 兆瓦以上燃煤电站烟气 SCR 脱硝技术装备（脱氮效率 90% 以上，催化剂使用寿命 16000 小时以上）；钢铁烧结烟气循环流化床干法脱硫除尘成套装备（钙硫比：1.2 ~ 1.3）；1000 兆瓦超超临界机组配套电除尘技术装备；电袋复合除尘技术装备（烟尘排放浓度 <30 毫克/米^3）；1000 兆瓦超超临界以上机组脱硫氧化多级离心鼓风机（风量≥450 米^3/分、升压≥14000 毫米水柱）；等离子体废气净化机（废气去除率 >95%）
C46	“三废”综合利用及治理工程
C47	节能、节水、节材环保及资源综合利用等技术开发、应用及设备制造

修订后的《中华人民共和国大气污染防治法》于 2016 年 1 月 1 日起施行

8 月 29 日，第十二届全国人民代表大会常务委员会第十六次会议表决通过了修订后的《中华人民共和国大气污染防治法》。修订后的大气污染防治法于 2016 年 1 月 1 日起施行，共设 8 章 129 条，除总则、法律责任和附则外，分别对大气污染防治标准和限期达标规划、大气污染防治监督管理、大气污染防治措施、重点区域大气污染联合防治、重污染天气应对等内容做出规定。

修订后的大气污染防治法重点解决了当前大气污染防治中存在的突出问题。比如大气污染的主要污染源是燃煤、工业排放、机动车排放。针对这些方面，法律中做出具体规定，尤其是对重点区域联防联治、重污染天气的应对措施也做出明确要求。还增加了建立大气环境保护目标责任制和考核评价制度、重点领域大气污染防治、重污染天气的预警和应对等内容，提高了对大气污染违法行为的处罚力度。

国务院印发《促进大数据发展行动纲要》

9 月 5 日，国务院印发《促进大数据发展行动纲要》(简称《纲要》)，系统部署大数据发展工作。《纲要》明确，推动大数据发展和应用，在未来 5 ~ 10 年打造精准治理、多方协作的社会治理新模式，建立运行平稳、安全高效的经济运行新机制，构建以人为本、惠及全民的民生服务新体系，开启大众创业、万众创新的创新驱动新格局，培育高端智能、新兴繁荣的产业发展新生态。

《纲要》确定 10 项大数据工程：①政府数据资源共享开放工程。②国家大数据资源统筹发展工程。③政府治理大数据工程。④公共服务大数据工程。⑤工业和新兴产业大数据工程。⑥现代农业大数据工程。⑦万众创新大数据工程。⑧大数据关键技术及产品研发与产业化工程。⑨大数据产业支撑能力提升工程。⑩网络和大数据安全保障工程。《纲要》明确了 7 方面政策机制。一是建立国家大数据发展和应用统筹协调机制。二是加快法规制度建设，积极研究数据开放、保护等方面制度。三是健全市场发展机制，鼓励政府与企业、社会机构开展合作。四是建立标准规范体系，积极参与相关国际标准制定工作。五是加大财政金融支持，推动建设一批国际领先的重大示范工程。六是加强专业人才培养，建立健全多层次、多类型的大数据人才培养体系。七是促进国际交流合作，建立完善国际合作机制。

国务院印发《关于积极发挥新消费引领作用加快培育形成新供给新动力的指导意见》

11 月 23 日，国务院印发《关于积极发挥新消费引领作用加快培育形成新供给新动力的指导意见》(简称《指导意见》)，全面部署以消费升级引领产业升级，以制度创新、技术创新、产品创新增加新供给，满足创造新消费，形成新动力。

《指导意见》指出，以传统消费提质升级、新兴消费蓬勃兴起为主要内容的新消费，特别是服务消费、信息消费、绿色消费、时尚消费、品质消费、农村消费等重点领域快速发展，将引领相关产业、基础设施和公共服务投资迅速成长，拓展未来发展新空间。《指导意见》还提出了 4 个方面的具体措施。

环境保护部下发“关于规范火电等七个行业建设项目环境影响评价文件审批的通知”

12 月 22 日，环境保护部下发“关于规范火电等七个行业建设项目环境影响评价文件审批的通知”(简称“通知”)。“通知”指出，为进一步规范建设项目环境影响评价文件审批，统一管理尺度，环境保护部组织编制了《火电、水电、钢铁、铜铅锌冶炼、石化、制浆造纸、高速公路七个行业建设项目环境影响评价文件审批原则(试行)》。地方各级环保部门应切实加强建设项目环境影响评价管理，严格落实国家相关环境保护政策、规划及规划环评的要求，优化项目选址选线，提出有效的环境保护措施和风险防范措施，强化总量控制、区域削减、以新带老等污染减排要求，有效预防环境污染和生态破坏，促进区域环境质量改善，推动绿色发展。其中，《制浆造纸建设项目环境影响评价文件审批原则(试行)》适用于以植物(木材、其他植物)或废纸等为原料生产纸浆和以纸浆为原料生产纸张、纸板等产品的制浆造纸建设项目及其配套的原料林基地工程环境影响评价文件的审批。

(梁　川)

2014 年世界造纸工业概况

General Situation of Global Paper Industry in 2014

一、全球纸浆、纸和纸板生产量及消费量

1. 纸和纸板生产量

2014 年全球纸和纸板总生产量为 4. 0645 亿吨，比 2013 年 4. 0261 亿吨增长 0. 9%。各大纸种的生产量分别是：新闻纸 2648 万吨，比 2013 年 2829 万吨减少 6. 4%；印刷书写纸 1. 0455 亿吨，比 2013 年 1. 0629 亿吨减少 1. 6%；生活用纸 3346 万吨，比 2013 年 3242 万吨增长 3. 2%；瓦楞材料(瓦楞原纸和箱纸板)1. 5365 亿吨，比 2013 年 1. 4962 亿吨增长 2. 7%；其他纸板 5618 万吨，比 2013 年 5457 万吨增长 2. 95%。在产品结构方面，新闻纸占 6. 5%，印刷书写纸占 25. 7%，生活用纸占 8. 2%，瓦楞材料占 37. 8%，其他纸板占 13. 8%。新闻纸生产量在纸和纸板总生产量中所占比例连续多年下降；相反，生活用纸和瓦楞材料所占比例逐年上升。

世界纸和纸板生产量仍以亚洲地区最高，欧洲其次，北美洲居第 3 位。2014 年它们的生产量分别为 1. 8295 亿吨、1. 0628 亿吨和 0. 8426 亿吨，分别占全球总生产量的 45%、26. 2% 和 20. 7%。与 2013 年相比，亚洲生产量增长 2. 3%，欧洲生产量增长 0. 1%，北美洲生产量下降 0. 8%。

2014 年我国纸和纸板生产量名列首位，美国居第 2 位，日本居第 3 位。它们的生产量分别为 1. 047 亿吨、7319 万吨和 2647 万吨，分别比 2013 年增长 3. 6%、下降 0. 8% 和增长 0. 9%。这 3 个国家纸和纸板生产量分别占全球纸和纸板总生产量的 25. 8%、18% 和 6. 5%，这 3 个国家纸和纸板总生产量占全球纸和纸板总生产量的 51%，已超过1/2。我国纸和纸板总生产量在全球总生产量中所占比例由 2005 年的 15. 3% 增加至 2014 年的 25. 8%，超过全球纸和纸板总生产量的 1/4。

表 1 是 2014 年纸和纸板生产量排名前 10 位的国家。2013 年排名前 10 位的国家仍继续入围 2014 年的前 10 位，而且前 6 位的名次不变；印度尼西亚从第 10 位跃居第 7 位，瑞典、芬兰分别退居第 9 位和第 10 位。在这 10 个造纸大国中，有 5 个国家纸和纸板生产量是负增长，尤以瑞典、芬兰为甚，分别为 -3. 5% 和 -1. 7%；而我国和印度尼西亚分别以 3. 6% 和 3. 4% 的速度增长。

表 1　2014 年纸和纸板生产量排名前 10 位的国家

排序	国家	生产量/万吨	同比/%
1	中国	10470	3. 6
2	美国	7319	-0. 8
3	日本	2647	0. 9
4	德国	2254	0. 6
5	韩国	1170	-0. 8
6	加拿大	1108	-0. 7
7	印度尼西亚	1094	3. 4
8	印度	1087	1. 9
9	瑞典	1042	-3. 5
10	芬兰	1041	-1. 7

2. 纸浆生产量和消费量

2014 年全球纸浆总生产量为 1. 78495 亿吨，比 2013 年 1. 78220 亿吨增长 0. 15%。其中，化学浆生产量 1. 33297 亿吨，比 2013 年增长 0. 9%；机械浆生产量 2873 万吨，比 2013 年下降 1. 4%。北美洲地区纸浆总生产量为 6537 万吨，比 2013 年下降 1. 2%，北美洲地区纸浆总生产量占全球纸浆总生产量的 36. 6%。欧洲和亚洲纸浆总生产量分别为 4369 万吨和 3986 万吨，分别占全球总生产量的 24. 5% 和 22. 3%。全球机械浆生产集中在北美洲和

欧洲，它们的生产量分别为1119 万吨和1095 万吨。这两个地区机械浆生产量总和占全球机械浆总生产量的77.1%。

美国、中国和加拿大是纸浆生产量最多的3 个国家，2014 年它们的纸浆总生产量分别是4841 万吨、1717 万吨和1696 万吨。

表2 列出了2014 年纸浆生产量排名前10 位的国家。2013 年排名前10 位的国家全部入围2014 年的前10 位。由于我国非木材浆生产量达755 万吨，因此其原生浆总生产量超过加拿大仅次于美国。10 个国家中有6 个国家是负增长，其中瑞典和美国均为－2.0%，而巴西和俄罗斯增幅分别为8.8% 和3.4%。

表2　2014 年纸浆生产量排名前10 位的国家

排序	国家	生产量/万吨	同比/%
1	美国	4841	－2.0
2	中国	1717	0.4
3	加拿大	1696	－1.7
4	巴西	1649	8.8
5	瑞典	1101	－2.0
6	芬兰	1020	－1.7
7	日本	896	2.2
8	俄罗斯	732	3.4
9	印度尼西亚	677	－0.4
10	智利	523	－0.1

2014 年全球纸浆表观消费量为1.79623 亿吨，其中，木浆1.68177 亿吨，非木材浆1145 万吨。2014 年纸浆表观消费量比2013 年的1.79985 亿吨下降0.2%。

3. 纸和纸板消费量

2014 年全球纸和纸板表观消费量为4.07523 亿吨，比2013 年增长0.7%。全球人均表观消费量为56.8 千克。世界各地区中以北美洲人均消费量最高，为218.1 千克，其次是大洋洲和欧洲，分别为117.8 千克和115.6 千克。拉丁美洲地区人均消费量为46.7 千克，亚洲为46.8 千克，非洲只有8.0 千克。

2014 年世界各国中，我国纸和纸板表观消费量最高，为1.0071 亿吨；其次是美国，为7143 万吨；第3 位是日本，为2735 万吨。这3 个国家的人均表观消费量分别是74 千克、224 千克和215 千克。

表3 和表4 分别列出2014 年纸和纸板表观消费量和人均表观消费量前5 位的国家。

表3　2014 年纸和纸板表观消费量前5 位的国家

排序	国家	纸和纸板表观消费量/万吨	同比/%
1	中国	10071	3.0
2	美国	7143	－0.5
3	日本	2735	0
4	德国	1993	2.1
5	印度	1265	1.4

表4　2014 年纸和纸板人均表观消费量前5 位的国家

排序	国家	纸和纸板人均表观消费量/千克
1	比利时	317
2	奥地利	256
3	德国	246
4	阿联酋	236
5	芬兰	235

纸和纸板消费大国除上述5 个国家，表观消费量超过1000 万吨的还有巴西1011 万吨。这6 个消费大国中，中国、德国和印度的表观消费量比2013 年分别增长了2.95%、2.1% 和1.4%。美国是负增长，为－0.5%，日本持平。

2014 年，纸和纸板人均表观消费量在200 千克以上的除了上述5 个国家，还有美国224 千克，日本215 千克和荷兰202 千克。

二、世界纸业贸易概况

1. 纸浆

表5 和表6 分别是纸浆净进口量、出口量较多的国家。

纸浆净进口量较多的国家有中国、德国、意大利、韩国、法国5 个国家。5 个国家纸浆净进口量和2013 年相比除我国增长6.6% 外，其余4 个国家均有较大幅度下降，法国、韩国、德国和意大利下降分别达到－13%、－12.7、－9.0% 和－4.8%。除上述5 个国家外，纸浆净进口量较多的国家还有日本126 万吨、英国114 万吨等。纸浆净出口量较多的国家是巴西、加拿大、智利、瑞典和芬兰，它们的净出口总量为2400 万吨。巴西和瑞典的净出口量分别为1019 万吨和271 万吨，增幅分别为13.3% 和4.2%。加拿大和芬兰净出口量各为864

万吨和 247 万吨，同比分别下降 1.2% 和 1.6%，巴西超越加拿大成为纸浆净出口第一大国。此外，印度尼西亚、俄罗斯、乌拉圭、葡萄牙、新西兰也有较多纸浆净出口，分别为 225 万吨、176 万吨、133 万吨、100 万吨、87 万吨。

表 5　2014 年主要纸浆净进口国

排序	国家	净进口量/万吨
1	中国	1787
2	德国	335
3	意大利	311
4	韩国	223
5	法国	145

表 6　2014 年主要纸浆净出口国

排序	国家	净出口量/万吨
1	巴西	1019
2	加拿大	864
3	智利	465
4	瑞典	271
5	芬兰	247

2. 废纸

2014 年全球废纸回收量为 2.36513 亿吨，回收率为 58%。欧洲废纸回收量为 6466 万吨，回收率为 66%；北美洲回收量为 5072 万吨，回收率为 65.7%；亚洲回收量为 9911 万吨，回收率为 54%。北美洲是最主要的废纸净出口地区，2014 年其净出口量为 1978 万吨；欧洲净出口量 831 万吨；大洋洲净出口量 170 万吨。上述 3 个地区净出口总量为 2979 万吨。这些数据表明全球可供应的废纸量估计在 3000 万吨左右。亚洲 2014 年废纸净进口量为 3005 万吨。

2014 年废纸进口量最多的是我国，高达 2752 万吨，比 2013 年 2924 万吨下降了 5.9%。2014 年北美洲地区和欧洲地区废纸净出口总量为 2809 万吨，还略比中国净进口量少。2014 年我国的废纸进口量占亚洲废纸净进口总量 3005 万吨的 91.6%。

表 7 是 2014 年一些国家的废纸回收量及进出口量。

表 7　2014 年一些国家的废纸回收量及进出口量

国家	回收量/万吨	回收率/%	利用率/%	出口量/万吨	进口量/万吨	废纸用量/万吨
美国	4642	65.0	37.8	1911	78	2767
日本	2168	79.3	64.6	462	3	1709
德国	1509	75.7	73.8	238	391	1662
英国	810	86.8	84.5	445	7	371
法国	732	81.7	65.9	286	94	540
意大利	607	61.3	53.3	168	31	470
中国	4984	49.5	73.9	0	2752	7736

3. 纸和纸板产品

表 8 和表 9 分别是一些国家和地区纸和纸板的净出口量和净进口量。

表 8　2014 年一些国家纸和纸板净出口量

排序	国家	净出口量/万吨
1	芬兰	917
2	瑞典	861
3	加拿大	535
4	印度尼西亚	350
5	奥地利	276
6	德国	261
7	韩国	214
8	俄罗斯	132

表 9　2014 年一些国家和地区纸和纸板净进口量

排序	国家和地区	净进口量/万吨
1	英国	493
2	墨西哥	275
3	土耳其	255
4	印度	178
5	比利时	127
6	意大利	108
7	中国香港	89

由表 8 可知，芬兰、瑞典和加拿大是纸和纸板

净出口量最多的国家，芬兰的净出口量为 917 万吨，占其纸和纸板总生产量的 88%，瑞典和加拿大净出口量分别占其纸和纸板总生产量的 83% 和 48%。从表 9 可知，英国是纸和纸板净进口量最多的国家，它的净进口量为 493 万吨，占其表观消费量的 53%，1/2 以上的消费量依赖于进口。净进口量较多的国家还有墨西哥和土耳其，它们的净进口量分别为 275 万吨和 255 万吨。

表 10 是 2014 年一些国家新闻纸生产量及进出口量。2014 年加拿大的新闻纸无论是生产量还是出口量都位列第 1 位，生产量 399 万吨，出口量为 331 万吨，出口量占其生产量的 83%。我国新闻纸生产量 325 万吨，位居第 2 位；日本新闻纸生产量 313 万吨，位列第 3 位。俄罗斯新闻纸出口量 118 万吨，占其生产量的 71%，是国际上第二大新闻纸出口国。新闻纸生产量在 300 万吨以上的国家有加拿大、中国和日本。上述 3 个国家新闻纸总生产量 1037 万吨，占全球新闻纸总生产量的 39%。我国新闻纸生产量占全球新闻纸总生产量的 12%。美国是进口新闻纸最多的国家，2014 年进口量为 190 万吨，占其表观消费量的 56%。美国新闻纸消费量由 2008 年的 681 万吨连续减至 2014 年的 337 万吨，这也反映了全球新闻纸消费量不断下降的趋势。进口新闻纸较多的国家和地区还有印度 125 万吨、德国 93 万吨、意大利 61 万吨、英国 50 万吨、土耳其 39 万吨、荷兰 35 万吨、法国 35 万吨及中国的香港地区 23 万吨和台湾 21 万吨。

表 10　2014 年一些国家新闻纸生产量及进出口量　　单位：万吨

国家	生产量	进口量	出口量
加拿大	399	2	331
中国	325	5	9
日本	313	5	1
美国	192	190	45
德国	173	93	72
俄罗斯	167	0.4	118
韩国	142	0	128
瑞典	126	1	96
英国	116	50	36
法国	72	35	73

表 11 是 2014 年一些国家印刷书写纸的生产量和进出口量。生产量位居前 3 位的是中国、美国和日本，分别为 2490 万吨、1532 万吨和 849 万吨。印刷书写纸出口量最多的依次是芬兰 571 万吨、德国 531 万吨和中国 301 万吨，它们的出口量分别占其生产量的 98%、74% 和 12%。印刷书写纸进口量最多的依次是美国 499 万吨、德国 457 万吨和法国 238 万吨，它们的进口量分别占其消费量的 27%、72% 和 75%。2014 年，上述国家除印度尼西亚印刷书写纸的生产量同比略有增加(2.9%)外，其余国家的印刷书写纸生产量都有不同程度的下降。

表 11　2014 年一些国家印刷书写纸生产量及进出口量　　单位：万吨

国家	生产量	进口量	出口量
中国	2490	65	301
美国	1532	499	215
日本	849	130	65
德国	713	457	531
芬兰	581	9.3	571
印度尼西亚	456	12	287
加拿大	327	83	279
瑞典	307	14	391
法国	196	238	119

表 12 是 2014 年一些国家涂布印刷纸的生产量和进出口量。涂布印刷纸生产量最高的依次是中国 775 万吨、美国 635 万吨、日本 499 万吨、德国 367 万吨和芬兰 361 万吨；与 2013 年相比，表 12 中各国均为减产。出口量最多的是芬兰 358 万吨和德国 330 万吨，进口量最多的也是德国 245 万吨，净出口量最多的是芬兰，达 353 万吨。芬兰、日本和德国的涂布印刷纸生产量占其印刷书写纸生产量的比例分别高达 62%、59% 和 52%；而我国涂布印刷纸生产量仅占印刷书写纸生产量的 30%。涂布印刷纸是我国出口量最大的纸种，2014 年出口量达 184 万吨，仅在芬兰、德国之后。

表 12　2014 年一些国家涂布印刷纸生产量及进出口量　　单位：万吨

国家	生产量	进口量	出口量
中国	775	34	184
美国	635	145	96
日本	499	63	44
德国	367	245	330
芬兰	361	5	358
意大利	216	66	140
奥地利	123	28	119
法国	91	122	71

表 13 列出 2014 年一些国家瓦楞材料的生产量和进出口量。我国的瓦楞材料生产量比美国多 1000 万吨以上，我国和美国瓦楞材料生产量分别为 4335 万吨和 3209 万吨，占全球瓦楞材料总生产量的 28% 和 21%，这两个国家瓦楞材料生产量已占全球总生产量的近 1/2。瓦楞材料净出口量最大的仍属美国，净出口量达 466 万吨；净出口量大的国家还有德国 201 万吨和瑞典 160 万吨。净进口量较多的有意大利 121 万吨和中国 57 万吨。

表 13　2014 年一些国家瓦楞材料的生产量和进出口量　　单位：万吨

国家	生产量	进口量	出口量
中国	4335	91	34
美国	3209	96	562
日本	910	8	26
德国	764	206	407
韩国	454	11	22
法国	335	100	118
俄罗斯	326	8	63
意大利	232	132	11
瑞典	207	29	189
加拿大	188	90	98

表 14 是 2014 年一些国家生活用纸生产量和进出口量。生活用纸生产量以中国和美国最高，分别为 830 万吨和 761 万吨。这两个国家生活用纸生产量占全球生活用纸总生产量的 47.6%。生活用纸的贸易量较少。

表 14　2014 年一些国家生活用纸生产量和进出口量　单位：万吨

国家	生产量	进口量	出口量
中国	830	4	75
美国	761	80	54
日本	177	19	3
意大利	156	8	81
德国	144	71	72

参考资料：RISI 有关数据和中国造纸协会发布的《中国造纸工业 2014 年度报告》。

（邝仕均）

国外开设制浆造纸专业的大学简介

Foreign Universities Offering Pulping and Papermaking Courses

美国(AMERICA)

奥本大学

奥本大学是美国一所规模比较大的有着全面教育的公立大学，成立于1856年。位于阿拉巴马州的奥本大学城。奥本大学设有农业学院、建筑学院、商学院、教育学院、塞缪尔吉恩工程学院、林业和野生生物科学学院、研究生院、荣誉学院、人文科学院、文理学院、护理学院、哈里森药学院、数学科学院和兽医学院，另外还设有MBA项目。可授予本科、硕士和博士学位，专业设置广泛。与制浆造纸相关专业有：生物工程/森林工程、化学工程、环境科学、林业、材料工程。

下设Alabama造纸和生物资源工程研究中心。有制浆造纸基金会。

佐治亚理工学院

佐治亚理工学院始建于1885年10月13日，最初被称作佐治亚技术学校，位于美国佐治亚州的亚特兰大，是一所公立研究型大学。佐治亚理工学院是佐治亚大学系统的一部分，该校在佐治亚州的沙瓦纳、法国的梅斯、爱尔兰的阿斯龙、中国的上海和新加坡等地设有卫星校区。学院最初成立时，仅设立机械工程专业。1901年，该校的专业已扩展到电子工程、土木工程、化学工程专业。1948年，学校正式更名为佐治亚理工学院。目前，佐治亚理工学院共下设6所学院，包括31个系别，学科重点设在自然科学和技术领域。学校著名的专业有工程学、计算机、自然科学，颁发建筑学、文学和管理学学位。佐治亚理工学院的排名情况一直很好，在最近10年时间里，该校一直居于美国十大公立大学行列。

佐治亚理工学院的代表学科是工科，该校是美国最好的理工学院之一，造纸科技研究所(IPST)专门从事造纸科学与技术的研究及教育，是佐治亚理工学院下设的机构，在造纸科技方面处于世界一流水平。造纸科技研究所于1989年搬到佐治亚理工学院所在的校区，并与其建立了多方面的合作关系。学校提供有专科证书、硕士学位和博士学位，其中，硕士专业有化学与生物分子工程、化学和生物化学、材料科学与工程和机械工程等。此外还有众多的研究项目，包括防护涂层、智能包装、纤维复合材料、纳米材料、森林生物学、新化工产品、热加工、回收、环境控制、二氧化碳减排、环境可持续发展的化学处理、制浆和漂白、化学回收、脱水和干燥、涂料、腐蚀、能源、传感器和控制、全球化的影响、企业效益等。造纸科技研究所的造纸以及相关产业一直处于行业科学技术的领先水平，有着非常悠久的历史。

迈阿密大学

迈阿密大学成立于1925年，是一所私立的非宗教大学。迈阿密大学目前拥有建筑学院、教育学院、工学院、法学院、通信学院、工商管理学院、艺术与科学学院、海洋与大气科学学院、医学院、音乐学院、护理与卫生学院、研究生学院12个学院，提供180多个本科、硕士和博士专业。有造纸科学与工程基金会。

北卡罗莱纳州立大学

北卡罗莱纳州立大学是一所公立的研究型大学，位于美国北卡罗莱纳州雷利市，是北卡罗莱纳州教育系统的主要教育机构。北卡罗莱纳州立大学于1887年3月7日由北卡罗莱纳州联合会成立。如今，北卡罗莱纳州立大学在校学生超过3万名，是目前北卡罗莱纳州规模最大的大学。学校在农业、设计、工程和纺织品方面有着非常悠久的历史，目前学校可授予学士、硕士和博士学位，同时开设有相关领域的证书课程，专业设置广泛。

下设森林与生物材料科学系和木材与造纸科学系。

纽约州立大学

纽约州立大学最初于1816年成立于纽约波茨坦，随着各个州立大学的成立，直至1948年纽约州立大学趋于完善，由64个学院组成，近47万名在校学生和8万多名教职员工。在众多分校中以宾汉姆顿、布法罗、石溪和奥尔巴尼分校4所国家级研究型大学最为卓著。四大分校中又以宾汉姆顿分校排名和声望最高，被誉为纽约州立大学"皇冠上的珍珠"。

环境科学与林业学院——造纸与生物处理工程系设有造纸研究所。

威斯康星大学－麦迪逊分校

威斯康星大学麦迪逊分校创建于1848年，位于美国威斯康星州首府麦迪逊市，是美国顶尖公立研究型大学，也是世界上最负盛名的公立大学。该校是威斯康星大学系统的旗帜性学校，是美国大学协会的创始会员之一，也是美国知名的十大联盟的创始成员之一，被誉为"公立常春藤"，与加州大学伯克利分校和密歇根大学齐名。

该校拥有人文科学研究所、埃尔维耶姆艺术博物馆、科勒艺术图书馆、米尔斯音乐图书馆、自然科学实验室、空间科学与工程中心、威斯康星临床癌症研究中心、生物技术中心、农业试验研究所、食品研究所、酶研究所、植物园、材料科学研究中心、贫困问题研究所、罗伯特－拉福莱特公共事务研究所、社会科学研究所、教育研究和发展中心、环境研究所、人口统计学和生态学中心、工业关系研究所、USDA林产品实验室、国立大气研究中心、伍兹·霍尔海洋生物学实验室等一大批知名的科研教学设施。

该校设有生物化学专业和生物能源研究中心。

缅因大学

缅因大学于1865年成立，前身是缅因农业与机械艺术学院，1897年成为缅因大学。1968年，发展成为拥有7所独立大学校园和10个独立教学中心的缅因大学体系，现为缅因州最大的大学。缅因大学主校区位于美国东北部缅因州欧洛诺市(Orono)。缅因大学下设5个学院，分别是商业、公共政策与健康学院，教育与人类发展学院，工程学院，文学院，自然资源、森林与农业学院。学校可提供学士、硕士、博士学位课程，同时开设语言中心和继续教育网络课程，为更多的学生提供学习机会。

与造纸相关的有林业生物质产品研究所，包括制浆造纸、生物质精炼等研究方向。

明尼苏达大学

明尼苏达大学双城分校是一所位于美国明尼苏达州双城(即明尼阿波利斯市－圣保罗市都会区)的公立大学，为明尼苏达大学系统中历史最悠久、规模最大的分校，常被直接称为明尼苏达大学。校园主体面积达1104.8公顷，位列全美第6位。

明尼苏达大学始建于1851年。经过160多年的发展，已经成为拥有5所分校、370个专业、5万多名在校学生以及众多国际知名教授和学者的高等教学和研究机构。明尼苏达大学是十大联盟的成员大学之一，位居最负盛名的大学之列，具有优秀的教育、体育和服务社会传统，被誉为"公立常青藤"。明尼苏达大学也是美国最具综合性的高等学府，该校共有161个学士专业、218个硕士专业和114个博士专业。明尼苏达大学拥有顶尖的理工学院，其排名一直保持在全美前20名之列。

华盛顿大学

华盛顿大学(西雅图)建于1861年，是一所公立研究型大学，也是美国西岸历史最悠久的公立大学，为美国大学协会的成员。大学建校时是私立学校，到1889年被收归华盛顿州所有。该校设有多个学院，如人造环境学院、艺术与科学学院、迈克尔G·福斯特商学院、口腔学院、教育学院、工程学院、森林资源学院、信息学院、亨利M·杰克逊国际研究学院、法学院、医学院、护理学院、海洋与渔业科学学院、药学院、丹尼尔J·埃文斯公共事务学院、公共健康学院、社会工作学院。华盛顿大学开设了多个本科、硕士、博士课程，如美国伦理研究、人类学、应用数学、艺术、亚洲语言和文学、生物学、化学、古典学、通信学、比较文学、计算机科学、舞蹈、数字艺术和实验媒体、戏剧、地球与空间科学、经济学、英语、环境研究、地理学、日耳曼语、历史、科学史与科学哲学、人文学、国际研究、法学等。

西密歇根大学

西密歇根大学建于1903年，坐落于美国密歇根州喀拉马索市，是密歇根州第四大公立大学。西密歇根大学是一所研究型大学，可提供学士、硕士、博士学位。西密歇根大学设有艺术与科学学院、航空学院、哈沃什商业学院、教育学院、工程与应用科学学院、美术学院、卫生与公共服务学院和研究生学院。

与造纸相关的有造纸工程、化学工程专业。

巴西(BRAZIL)

维索萨联邦大学

维索萨联邦大学成立于 1922 年，是一所中型规模的公立研究型综合大学。

加拿大(CANADA)

新布伦瑞克大学

新布伦瑞克大学是加拿大一所坐落在新布伦兹维克省的公立大学，是加拿大资格最老的英语语言大学，也是北美地区最早的公共院校。主校区于 1785 年建立在弗雷德里克顿市，分校区于 1964 年建立于圣约翰市。另外，还有 2 个小的卫星健康科学校区分别坐落在巴瑟斯特市和蒙克顿市。新布伦瑞克大学曾被《麦克林》杂志誉为加拿大最著名的 5 所综合性大学之一。

与造纸相关的有利莫瑞克制浆造纸中心，位于加拿大新布伦瑞克省弗雷德里顿市。

英属哥伦比亚大学

英属哥伦比亚大学是加拿大著名的 8 所大学之一。成立于 1908 年，距今已有 100 多年历史。英属哥伦比亚大学以其极高的声望和影响力，以及广泛的专业设置，吸引成千上万的国内外学生前来就读。英属哥伦比亚大学不仅是北美名牌大学之一，在国际上也享有盛誉。

与造纸相关的有制浆造纸中心。

魁北克大学三河分校

魁北克大学是为了满足魁北克社会发展需要于 20 世纪 70 年代成立的一所法语大学，由分布在魁北克省几个重要地区的 10 个分校组成，是目前加拿大办学规模最大，在校学生最多的大学。魁北克大学各个分校及学院既有合作又保持相对独立，其办学方向及课程设置各具特色，其中，蒙特利尔分校(UQAM)规模最大，三河分校(UQTR)位居第二。

三河分校地处魁北克省中心地带，位于美洲第二大法裔文明古城三河市内，建校于 1969 年，开设了包括本科、硕士、博士三个阶段的教育，近 150 个专业的课程，现有学生 11000 多人，其中，包括来自 57 个国家的近 900 名国际学生。

魁北克大学三河分校的办学特色在于其“以人为本，研究为上”的办学方针和宽松的学习研究氛围。全校共有约 20 多个研究团队，集中在纸浆与造纸、生物工程、工业电子、中小型企业管理等领域，具备极强的科研实力。对于母语不是法语的国际学生而言，三河分校的另一个显著特点及优势是设有帮助学生更快融入法语学习的国际法语学院。

麦吉尔大学

麦吉尔大学(McGill University)，坐落在加拿大魁北克省蒙特利尔市，于 1821 年遵循 James McGill 先生的遗嘱所建，百年来一直在国际上极负盛誉，历史上与哈佛大学齐名，是一所蜚声全球的世界顶尖研究型大学。麦吉尔大学吸引了加拿大、美国及世界各地最优秀的学生，其新生入学平均分数位居加拿大第一，是全加拿大最难申请的大学。麦吉尔大学有着辉煌历史和非凡成就，长期以来，在欧美声誉崇高，极受推崇和青睐。教学及研究水准被认为可媲美美国八大常春藤盟校，其研究水平享誉世界，被称为“北方哈佛”。多次名列加拿大第一，世界大学排名前 20 位。

与造纸相关的有环境工程、生物资源工程。

麦克马斯特大学

麦克马斯特大学成立于 1887 年，位于加拿大安大略省汉密尔顿市。作为加拿大中型规模的大学，麦克马斯特大学以其独特的创新性和求实理念而成为加拿大最著名的大学之一。其革新性的教学，具有国际竞争性的奖学金和研究成果人所共知。在加拿大一流大学评比中，麦克马斯特大学连年被誉为最富有创造力与革新精神的学府。麦克马斯特大学在能源、材料、制造、机械等传统工业方面的研究能力首屈一指，在数字通讯和电脑硬件等高科技领域也堪称一流。

制浆造纸研究中心归属化学工程系。

多伦多大学

多伦多大学是加拿大最古老、最著名的公立大学之一，学校始于 1827 年英国乔治四世颁布的皇家宪章，是殖民时代加拿大最早建立的高等学府。受英国大学制度影响，多伦多大学是美洲少数实行独立书院制的学府，各书院享有高度自治权。多伦多大学共有 3 个校区，分别是位于乔治校区(St-George Campus)，也是多伦多大学的主校区；位于士嘉堡的士嘉堡校区(University of Toronto at Scarborough)；以及位于密西沙加的密西沙加校区(University of Toronto at Mississauga)。多伦多大学以其极高的声望和影响力，吸引了世界各地的大批优秀学生前来就读。多伦多大学已连续多年位于加拿大国内大学排名榜榜首，被公认为加拿大综合实力最强的顶尖学府。

制浆造纸中心归属于化学工程和应用化学系，始建于 1987 年，由 Doug Reeve 教授创建。

肯高迪亚大学

肯高迪亚大学是加拿大一所综合性的公立大学，学校位于加拿大魁北克省蒙特利尔市。该校也是加拿大最大的高等教育机构之一。肯高迪亚大学的学术根源可以追溯到 19 世纪后期，学校最早作为 2 个独立的学校存在——基督教经营的罗耀拉大学和香港中华基督教青年会的乔治·威廉姆斯大学。学校在 1974 年由这 2 个机构合并而成，名字来源于蒙特利尔市的座右铭——肯高迪亚萨卢斯，意味着安宁和睦。据巴黎高等矿业学院的全球排名统计，肯高迪亚大学毕业生占据财富五百强 CEO 位置的比例加拿大排名第一，世界排名第 33 名。肯高迪亚大学也是公认的加拿大顶级的工程学院之一。

澳大利亚(AUSTRALIA)

莫纳什大学

莫纳什大学是澳大利亚规模最大的国立大学之一，始建于 1958 年。莫纳什大学是澳大利亚八大名校之一，是一所国际性的大学，在墨尔本本部有 6 个校区；在南非、马来西亚设有分校；在全球共设有 75 个研究中心，此外还与美洲、亚洲、非洲、中东地区、欧洲超过 110 个研究中心建立了全球化研究网络与交流链接。2014 年，该校将其吉普斯兰校区分离出来，与原巴拉瑞特大学合并成了澳大利亚联邦大学。莫纳什大学设有十大学院，包括艺术与设计学院、文学院、商学与经济学院、教育学院、工程学院、信息技术学院、法学院、医学护理与健康学院、制药学院以及理学院。学校的优势学科有商业与经济学、信息技术、教育、艺术与设计、工程学、法律、医学等。莫纳什大学被评为澳大利亚五星级大学。

澳大利亚制浆造纸研究院成立于 1989 年，是莫纳什大学化学工程系的一部分。

悉尼大学

悉尼大学(The University of Sydney)是一所世界顶尖研究型学府，始建于 1850 年，是澳大利亚第一所大学。悉尼大学是澳大利亚 6 所砂岩学府(Sandstone Universities)之一，也是澳大利亚八大名校(Group of Eight)的核心盟校成员，国际著名研究型大学联盟组织环太平洋大学联盟(APRU)、亚太国际贸易教育暨研究联盟(PACIBER)的成员大学之一。

与造纸相关专业有可持续技术、化学与生物分子工程。

日本(JAPAN)

东京大学

东京大学诞生于 1877 年，初设法学、理学、文学、医学 4 个学部，是日本第一所国立大学，也是亚洲最早的西制大学之一。学校于 1886 年更名为帝国大学，这也是日本建立的第一所帝国大学。1897 年，易名东京帝国大学，以区分同年在京都创立的京都帝国大学；1947 年 9 月，正式定名为东京大学。

造纸相关：农业与生命科学院生物材料科学系木材化学实验室。

北海道大学

北海道大学是日本一所国立大学，也是历史上 7 所旧制帝国大学之一，建立于 1876 年，1918 年开设大学教育。硕士、博士专业开设有文学研究科、教育学研究科、法学研究科、经济学研究科、理学院研究院、医学研究科、齿学研究科、药学研究科、工学研究科、农学院研究院、兽医学研究科、水产科学院、水产科学研究院、国际广报媒体研究科、情报科学研究科、环境科学院、地球环境科学研究院、生命科学院、先端生命科学研究院、公共政策学教育部、连协研究部。大学附属研究所包括低温科学研究所、电子科学研究所、遗传因子病制御研究所、机器分析中心、高等教育机能开发综合中心、高等法政教育中心、综合博物馆等。在日本高等教育学府中占有举足轻重的地位。

造纸相关：农学院，工学院，环境学院。

韩国(KOREA)

忠北国立大学

忠北国立大学位于韩国忠清北道清州市，至今已有半个世纪的历史，是韩国的主要 10 所大学之一。自 1957 年大学最初以清州初级农业学院成立以来，现今忠北国立大学已经成长为在韩国教育和研究领域处于领先地位的综合机构。大学共设有 12 个学院，包括人文学院、社会科学学院、自然科学学院、商业管理学院、工程学院、农学院、法学院、教育学院、人类生态学院、兽医学院、制药学院、医学院，10 个学校，55 个系和 6 个研究生院。

大学在信息通讯、保健医疗、生命工程、农业、林业、水产业等方面独具特色，特别是被指定为国家重点支援大学。

造纸相关：农生学院木材与造纸科学系。

忠南大学

忠南大学是韩国一所 4 年制国立大学，于 1952 年成立，地处具有韩国“硅谷”之称的大德研究基地。忠南大学共开设了 13 个研究生院(包括一般研究生院、经营研究生院、教育研究生院、行政研究生院、保健研究生院、产业研究生院、专利法务研究生院、安全保障研究生院、医学专门研究生院、法学专门研究生院、分析科学技术研究生院、绿色能源技术专门研究生院、新药专门研究生院)、15 个单科学院(人文学院、社会科学学院、自然科学学院、经商学院、工科学院、农业生命科学学院、法学院、医学院、药学院、生活科学学院、艺术学院、兽医学院、师范学院、看护学院、生命系统科学学院)和 1 个自由专门学部。

造纸相关：生命科学与农业学院－生物质材料。

联系方式：Dept. of Biobased Materials，College of Life Science and Agriculture，Chungnam National University，Daejeon，South Korea。

江原大学

江原大学建校于 1947 年，为国立综合大学，位于韩国东北部的江原道省会城市春川，由 17 个本科大学(4 年制、5 年制)，5 个研究生院(硕士 2 年、博士 3 年、硕博连读 5 年)，2 个专门研究生院(法学专门研究生院、医学专门研究生院)，共有 288 个本科专业、120 个研究生专业、59 个博士生专业，已获得博士学位的教授占 99%。

大学设有造纸工学系。

首尔国立大学

首尔国立大学原名汉城大学，是韩国最有名望的国立大学，也是韩国三大名校之一。1946 年 10 月 15 日，根据《国立汉城大学设立相关法令》合并汉城附近 10 所学校成立汉城大学，合并的学校有：京城大学、京城法学专门学校、京城工业专门学校、京城矿山专门学校、京城医学专门学校、水原农林专门学校、京城经济专门学校、京城齿科医学专门学校、京城师范学校、京城女子师范学校。开设本科、硕士和博士课程，设立人文学院、社会科学院、自然科学院、看护学院、经营学院、理工科学院、农业生命科学学院、美术学院、法学院、生活科学学院、兽医学院、药学院、音乐学院、医科学院、自由专业学院、联合专业学院等本科学院。研究生院包括一般研究生院和专门研究生院，包括保健研究生院、行政研究生院、环境研究生院、国际研究生院、齿科研究生院、经营专门研究生院、医学研究生院、法学研究生院、融合科学技术研究生院。

造纸相关：农业与生命科学学院林业科学系。

联系方式：Department of Forest Sciences，College of Agriculture and Life Sciences，Seoul National University，151－921，Seoul，Korea。

庆熙大学

庆熙大学是 1949 年创办的一所综合性大学，是韩国的著名高等学府，现有 3 个校区及 20 多个系科，分布在首尔、水原和光陵。现已是代表韩国的最佳私立大学之一，在韩国排名第 5 位。该校至今开设了人文、社会、理工、医学、艺术、体育等方面的 100 多个专业，其中，经营学、经济学、医学、新闻信息学方面的研究业绩尤为突出，而且正积极引入酒店观光经营学等新学部制度。

庆熙大学开设 26 个学院和 16 个研究生院，并设有庆熙网络大学。庆熙大学开设本科、硕士、博士课程。

造纸相关：化学工程、环境工程、环境化学及新材料科学、高分子纤维新材料。

联系方式：Center for Environmental Studies，Department of Environmental Science and Engineering，Kyung Hee University，Seocheon-dong 1，Gyeonggi-Do，446－701，Korea。

印度尼西亚(INDONESIA)

茂物农业大学

茂物农业大学(IPB)兼具农、林、渔、畜以及社会科学的多种学科和领域的综合性大学，尤其热带作物研究处于世界领先水平。

马来西亚(MALAYSIA)

马来西亚国民大学

马来西亚国民大学是一所马来西亚教育部和我国教育部一致认可的公立大学。创立于 1970 年，是马来西亚一所极负盛名的综合性大学，同时也是马来西亚政府创办的第 3 所公立大学。学校排名居全亚洲前 20 位，具备学士、硕士、博士颁发资格，其工程和科技专业一直处于国内大学的领先水准。学校共设有12个学院，作为一所综合性大学，专业非常广泛，包括文科、理科、商科、教育、工程、法律、医学、伊斯兰研究等各类学科。

造纸相关：材料科学、环境科学。

泰国(THAILAND)

亚洲理工学院

亚洲理工学院(Asian Institute of Technology，简称AIT)，始创于1959年，当时是东盟为了促进亚洲高级工程方面的教育而成立的，1967年11月开始正式使用目前的学院名称。现已发展成为由全世界许多国家和地区的政府(包括我国政府)、国际组织、基金会、商务机构和个人资助的亚洲最大的国际性研究生院之一。

亚洲理工学院位于泰国巴吞他尼府，是泰国一所私立性综合大学。由4个学校构成：高级技术学校、内部工程学校、环境资源与开发学校和管理学校。每一个学校都具有授予博士学位、硕士学位及学士学位的资格。

造纸相关：制浆与造纸技术，环境工程管理。

伊朗(IRAN)

古尔甘农业科学和自然资源大学

古尔甘农业科学和自然资源大学成立于1957年，大学设置9个学院，包括本科及研究生共2800人。大学位于历史古城戈勒斯坦省(Golestan)的戈尔甘市(Gorgan)。

造纸相关：制浆造纸系，林业和木材技术。

伊斯兰自由大学

伊斯兰自由大学是世界上第三大大学，世界上第一大的私立大学。总部位于伊朗德黑兰。成立于1982年，150万名在校生，在国内及国外有100多个分支机构。

造纸相关：农业科学与自然资源系。

德黑兰大学

德黑兰大学是伊朗最古老的现代化大学，也被称作“伊朗的母亲大学”，被冠以“伊朗最好的大学”的美誉。提供111个学士学位项目，177个硕士学位项目及156个博士学位项目。

造纸相关：自然资源系。

奥地利(AUSTRIA)

维也纳农业大学

维也纳农业大学是奥地利的一所公立高等院校，成立于1872年。该校教学与研究方向以自然科学、工程学和社会经济学等专业为主。现设有多个专业院系：材料科学与工艺技术、生物技术、水-大气-环境、纳米生物技术、化学、综合生物学和生物多样性研究、食品科学与技术、景观空间与基础设施、经济学和社会学、可持续发展农业体系、工程学与自然灾害、森林与土壤科学、应用植物科学与植物生物技术、农业生物技术和应用遗传学和细胞生物学等学院。维也纳农业大学本科课程有：食品学与生物技术、环境与生物资源管理、木材研究、农业学等；硕士专业课程有：环境与生物资源管理、景观规划与景观设计、水资源与环境、森林资源、动物学、农业生物学等；博士学位课程有：土地开垦、社会经济学。此外，维也纳农业大学还为留学生提供德语培训课程。

英国(ENGLAND)

伯明翰大学

伯明翰大学(University of Birmingham)，位于英国第二大城市伯明翰市，始建于1825年，世界百强名校，英国顶尖学府，在英国乃至全世界一直享有极高美誉。英国著名的6所“红砖大学”之一，英国名校联盟“罗素大学集团”和国际大学组织“Universitas 21”的创始成员。伯明翰大学以其优秀的教学质量与科研水平在国际上享有较高声誉。

造纸相关：环境科学。

威尔士大学

威尔士大学是一所联合大学，于1893年根据英国皇家宪章成立。2007年学校由联邦制改为独立机构，从而使其旗下的几所大学于2008年获得自主授予学位的权利，并就此成为独立的教育机构，如邦格大学、斯旺西大学、艾伯瑞斯特维斯大学等。威尔士大学因其注重教育而广为人知。

威尔士大学由6所分校和2所学院组成，这6所大学和2所学院承担了威尔士大学主要的教学和科研任务。威尔士大学是其分校和英国国内外数十所成员学院的学位证书颁发的认证和管理机构，在国内外有较大的影响。学校开设从预科到博士各种层次的专业课程，包括表演、古代史、人类学、应用哲学、考古学、中国研究、古典研究、算法、创意写作、神学、数码插图、英语与英语教学、历史学、管理与信息技术、摄影、心理学、小学教育、宗教研究、体育、旅游等。学校同时开设网络教育，主要提供研究生阶段学位和证书课程。

造纸相关：生物合成研究中心。

法国(FRENCH)

巴黎综合理工大学

巴黎综合理工大学，系 1794 年创立的法国工程师学校，创立时校名为“中央公共工程学院”。它是一所公立的教学、科研机构，隶属于法国国防部。从 2007 年起，综合理工大学成为法国高等教育和科研的核心之一——巴黎高科集团的创立成员。

巴黎综合理工大学每届培养 500 名工程师学生。学校还培养博士生(从 1985 年起)和硕士生(从 2004 年起)。“综合理工人”毕业后大多进入法国或者国际上的私有企业，还有 20%的优秀毕业生选择进入国家高级机关单位。

麻省理工学院和哥伦比亚大学认为它是法国最负盛名的工程师大学。在世界大学排行中，《泰晤士报》将巴黎综合理工大学排在第 34 位；在上海交通大学的排名中位居第 201 位；巴黎矿业学校的“国际高等教育机构专业排名”将其排在第 14 位。

格勒诺布尔理工大学

格勒诺布尔理工学院(又称 le groupe Grenoble INP)成立于 2007 年，是由创办于 1970 年的国立格勒诺布尔理工学院和创建于 1900 年的电气学院合并而成。到 2008 年初，国立格勒诺布尔综合理工学院是由 6 所工程师学院(土木工程学院，流体机械及环境工程学院，应用数学与信息学院，物理、电子与材料学院，国际造纸工程、印刷通讯和生物材料学院，先进系统与网络学院)、1 个工程师预科班(与洛林国立理工学院和图卢兹国立理工学院合作开办)、1 所博士生研究院和 26 个研究实验室所组成的联合体。学校主要开设的专业有：电力工程、信号处理、自动化技术、造纸工程、材料、电化学、工艺工程、机械工程、土木工程、电子学与电信、计算机信息与应用数学、核物理、固体物理、工业工程、先进工业系统。学校每年可以提供 1100 个文凭和近 200 篇博士研究论文。

下设的造纸与印刷工程学院建立于 1988 年，是一所国际性的关于造纸、印刷通讯及生物材料的学校。该校是欧洲最大的工程师培训中心，属于格勒诺布尔省。法国造纸与印刷工业学校获得了 ISO 9001 认证，为有关文件印刷、包装和环境等方面培养未来的领导人。该校课程设置广泛，有很多与基础工程相结合的涉及到具体课程的选择性学科，不断适应行业的需要，随着社会的发展而发展。学校还提供了对数字信息管理的专业执照，制定了与欧洲大学合作的国际培训。该校与工业界建立了密切的合作伙伴关系，每年允许 60 个毕业生能够获得在法国甚至国外的学习机会。在纸浆和纸张工程实验室进行有助于改善流程的创新研究，以满足特定的环保要求。该校所有的这些活动都确保得到科学技术发展中的前沿教育。

芬兰(FINLAND)

阿尔托大学(原赫尔辛基理工大学)

阿尔托大学是一所具有古老建校历史，拥有百年经验的北欧知名全新大学，在欧洲乃至全世界享有盛誉。阿尔托大学是由欧洲顶尖级理工类院校赫尔辛基理工大学(Helsinki University of Technology)和北欧最大的艺术类院校赫尔辛基艺术设计大学(The University of Art and Design Helsinki)、全欧洲第一所商学院赫尔辛基经济学院(The Helsinki School of Economics)3 所芬兰著名大学合并建立而成，这 3 所大学分别是理工类、艺术类、经济类所属专业领域的佼佼者。世界排名第 180 位左右，国家高校排名第 2 位。

赫尔辛基理工大学于 1849 年成立于赫尔辛基市，1908 年升级为大学。目前有 246 位教授任职，超过 15000 名注册学生，分设 12 个科系，19 个学位项目。阿尔托大学颁发以下方面学位：工程学位、建筑学位、环境设计学位。

造纸相关：科技学校化学与材料科学学院林产工艺系：木材科学方向、生物质精炼方向、生物质材料方向。

埃博学术大学

埃博学术大学建于 1918 年，是一所瑞典语教学的公立大学。埃博学术大学下辖 7 个学院，分别是：艺术学院、数学与自然科学学院、经济与社会科学学院、技术学院(该学院下设信息技术系与化学工程系)、神学院、教育学院、社会与保健科学学院。埃博学术大学的主要授课语言为瑞典语，但为了吸引国际学生，该校还开设了 4 个英语授课的硕士学习项目，包括化学工程、电子与移动商务、嵌入式计算以及国际人权法。

造纸相关：纤维与纤维素工艺技术实验室。

赫尔辛基大学

赫尔辛基大学是位于芬兰首都赫尔辛基的世界级著名高等学府。1640 年创建于芬兰古都土尔库，1828 年迁至赫尔辛基。赫尔辛基大学以其悠久的历史，丰富的藏书，一流的设备，齐备的专业以及杰出的成就，闻名欧洲。它同时也是芬兰在国际上享有盛誉的著名高等学府，全球广泛使用的 Linux 操作系统于 1991 年 10 月 5 日诞生于此。世界排名第 60 位左右，国家高校排名第 1 位。

造纸相关：森林与环境工程。

坦佩雷理工大学

坦佩雷理工大学是芬兰第二大理工科类大学。约有教职员工 1800 名，其中，80% 从事教学和科研工作。学生人数为 11700 名，有 120 名海外学生在此攻读硕士学位，130 名攻读博士学位。近年来，坦佩雷理工大学吸引了越来越多的国外学生的关注，仅 2003 年就有 400 名本科交换学生。

造纸相关：造纸与包装。

奥卢大学

奥卢大学是芬兰北部城市奥卢的一所公立综合性大学，是 LAOTSE 成员学校。1958 年 7 月 8 日，奥卢大学正式成立。最早设立的学科主要为理科、工科和师范类。奥卢大学设有 6 个学院，分别是人文学院、教育学院、理学院、医学院、经济学院以及工学院。奥卢大学以研究生层次的教育为主，专业有：教育与全球化、财政与管理会计、国际商务、财政与经济学、蛋白质科学与技术、环境工程、建筑设计、极地地区的健康和福利等。

塞马应用科技大学(原南卡列里拉理工学院)

南卡列里拉理工学院位于芬兰的南芬兰省，其校区分布在该省的拉彭兰塔城和伊马特拉城，现更名为塞马应用科学大学。下辖工商管理学院、美术设计学院、卫生保健与社会服务学院、技术学院、旅游与酒店管理学院 5 个学院。塞马应用科学大学提供本科与硕士层次的高等教育，其主要授课语言为芬兰语，但为了吸引国际学生，该校还开设了一部分用英语授课的专业。塞马理工学院的本科专业有：国际商务、工商管理学、视觉艺术、设计、紧急救护、物理疗法、护理学与卫生保健、社会服务、职业病治疗、机械工程与生产、机械与制造技术、物流学、造纸技术、土木与施工工程、电气工程等，硕士专业为英语授课的工商管理学(国际商业管理方向)。

造纸相关：造纸技术。

德国(GERMAN)

弗里德里希·席勒－耶拿大学

耶拿大学全名弗里德里希·席勒－耶拿大学，位于德国图林根州耶拿市。耶拿大学正式成立于 1558 年，是一所公立的综合型大学，也是德国最古老的大学之一。

翻看耶拿大学的光辉历史，众多世界名人曾在耶拿大学讲学和进行学术研究，他们的成功和名望推动了耶拿大学成为德国学术科研的中心，耶拿市也成为闻名德国和欧洲的大学城。

德国达姆施塔特工业大学

德国达姆施塔特工业大学(Technische Universitat Darmstadt)成立于 1877 年，是一所世界知名的综合性大学，现有学生 25000 人，教职工 4000 人，在德国大学中综合排名前 20 位，工学排名第 2 位。该校的工程学、计算机科学和政治学等领域在国际上享有较好声誉。目前，与清华大学、同济大学、南京大学、西安交通大学、大连理工大学、香港大学、香港理工大学开展了广泛的合作与交流。

挪威(NORWAY)

挪威科技大学

1996 年挪威科技大学由 Tyrondeheim 大学发展而成，Tyrondeheim 大学是由挪威技术学院、艺术科学学院、自然历史和考古博物馆合并而成。下有 7 个二级学院、74 个系，包括农业与美术学院、艺术学院、信息技术、数学、电气工程学院、工程科学和技术学院、药学院、自然科学与技术学院、社会科学和技术管理学院。共有在校生 2000 人，其中 700 名为外国留学生。大学每年将授予 2000 个专业硕士或博士学位。学校有教职工 3300 人。学校占地面积 50 公顷，学校图书馆藏书 250 万册，收集杂志 15000 册。

造纸相关：化工系生物精炼和纤维技术组。

葡萄牙(PORTUGAL)

阿威罗大学

阿威罗大学成立于 1973 年，迅速成为最具活力和创新的大学之一。阿威罗大学拥有近 15000 名学生就读本科和研究生。学校的研究领域有：环境科学与教育、自然科学与教育、数学教育、英语、葡萄牙语、葡萄牙语、法语、教育与素质教育、幼儿教育到高等教育的教师培训、工业管理、音乐、旅游、材料、工业化学品和新技术。

造纸相关：环境科学与工程。

瑞典(SWEDEN)

卡尔斯塔德大学

卡尔斯塔德大学位于瑞典卡尔斯塔德市，是一所公立大学。下设有 4 个系：经济学系、通讯及信息技术系、科学技术系、社会与生命科学系和艺术与教育系。大学开设了门类丰富的本科与研究生专业，包括化学、生物学、商业管理、化学工程、比较文学、计算机科学、教育学、教育工作、英语、环境和能源系统、人类地理学、信息系统、材料工程、数学、媒体和通信、护理学、物理、政治学、心理学、公共卫生学、宗教学和神学、社会学、工作生命科学、计算机科学、能源和环境工程、工程物理、地理信息系统工程、工业工程与管理、信息技术、测绘学、机电工程、创新与设计工程、信息技术、生物医学分析药剂、牙科保健等。

造纸相关：纸张表面处理中心，制浆造纸技术中心。

皇家理工学院

皇家理工学院(KTH)位于瑞典首都斯德哥尔摩市，建于 1827 年，与芬兰的赫尔辛基理工大学(TKK)并称为斯堪的纳维亚半岛上最大的理工类高校，同时也是欧洲理工大学的顶尖院校之一。皇家理工学院开设有丰富的英语和瑞典语授课的本科和硕士专业，如化学工程与技术、生物技术、建筑照明设计、经济创新和增长、环境和可持续的基础设施工程、大地测量学和地理信息、基础设施工程、土地管理、房地产管理、空间规划、运输系统、城市规划和设计、水系统技术、化学科学与工程、电力工程、材料科学与工程、数学、科学计算法、航空航天工程等。

造纸相关：纤维与聚合物技术学院。

(刘俊杰　赵雨萌)

中国轻工业出版社造纸工业图书出版目录

Catalogue of Books Related to Paper Industry Published by China Light Industry Press

一、造纸专业科学与技术图书

序号	书名	著者	定价/元	开本	书号
1	中高浓制浆造纸技术的理论与实践(精装)——“十一五”国家重点图书/国家科学技术学术著作出版基金	陈克复　主编	60.00	16 开	ISBN978 - 7 - 5019 - 5877 - 1
2	制浆造纸现代节水与污水资源化技术——“十一五”国家重点图书出版规划项目	林跃梅　主编	58.00	异 16 开	ISBN978 - 7 - 5019 - 6844 - 2
3	纸张颜料涂布与表面施胶——芬兰造纸科学技术丛书 11 分册	[芬] Esa · Lehtinen 著/曹邦威　译	88.00	16 开	ISBN7 - 5019 - 4651 - 5
4	制浆造纸工业的环境治理——造纸科学与技术丛书	曹邦威　编著	45.00	异 16 开	ISBN978 - 7 - 5019 - 6054 - 5
5	制浆造纸节能新技术——造纸科学与技术丛书	刘秉钺　主编	58.00	异 16 开	ISBN978 - 7 - 5019 - 7114 - 5
6	纸和纸板的后加工——造纸科学与技术丛书	曹邦威　编著	38.00	异 16 开	ISBN978 - 7 - 5019 - 6643 - 1
7	造纸工业安全生产——造纸科学与技术丛书	万金泉　等编著	30.00	异 16 开	ISBN978 - 7 - 5019 - 7504 - 4
8	当代废纸制浆技术——实用造纸技术丛书	陈庆蔚　编著	59.00	大 32 开	ISBN7 - 5019 - 4827 - 5
9	造纸毛毯技术与应用——实用造纸技术丛书	吕向阳　等编著	25.00	16 开	ISBN978 - 7 - 5019 - 6996 - 8
10	造纸车间技术管理的优化及技术支持——实用造纸技术丛书	张承武，段永成编著	18.00	大 32 开	ISBN978 - 7 - 5019 - 6953 - 1
11	制浆造纸厂化验室化验检验方法——实用造纸技术丛书	吴　楠　等编著	42.00	16 开	ISBN978 - 7 - 5019 - 6868 - 8
12	英汉造纸工业词汇	许向阳　编	50.00	32 开	ISBN7 - 5019 - 4269 - 2
13	英汉 - 汉英造纸工业词汇	许向阳　编	80.00	32 开	ISBN978 - 7 - 5019 - 6966 - 1
14	造纸辞典	刘仁庆　编著	35.00	大 32 开	ISBN7 - 5019 - 5153 - 5
15	中国造纸原料纤维特性及显微图谱	王菊华　主编	200.00	16 开	ISBN978 - 7 - 5019 - 2345 - 0

续表

序号	书名	著者	定价/元	开本	书号
16	简明中国手工纸(书画纸)及书画常识辞典	刘仁庆　编著	39.00	异16开	ISBN978-7-5019-6391-1
17	纸浆性质软测量原理与技术——造纸科学与技术专著丛书	刘焕彬　著	55.00	16开	ISBN978-7-5019-6629-5
18	废纸回用过程中胶黏物障碍与控制——造纸科学与技术专著丛书	王双飞，骆莲新 编著	35.00	16开	ISBN978-7-5019-6954-8
19	纸包装结构设计(第二版)	孙　诚　著	35.00	异16开	ISBN7-5019-5216-7
20	造纸趣话妙读	刘仁庆　著	28.00	大32开	ISBN978-7-5019-6055-2
21	最新纸机抄造工艺	[美] B. A. Thorp 编/曹邦威　译	98.00	16开	ISBN7-5019-2536-4
22	制浆造纸手册——第九分册-纸张抄造	张承武　主编	68.00	大32开	ISBN7-5019-2004-4
23	造纸工业环境工程导论	万金泉，马邕文 编著	30.00	大32开	ISBN7-5019-4935-9
24	造纸湿部化学原理及其应用	张光华　编	16.00	大32开	ISBN7-5019-2254-3
25	工业纸板制造与应用	李锡香　编著	25.00	大32开	ISBN7-5019-2562-3
26	制浆造纸节能技术	刘秉钺　编著	30.00	大32开	ISBN7-5019-2405-8
27	麦草浆碱回收技术指南	张　珂　主编	23.00	大32开	ISBN7-5019-2461-9
28	纸加工原理与技术	张美云　编著	34.00	大32开	ISBN978-7-5019-2127-X
29	制浆技术问答(第二版)	梁实梅　编著	40.00	大32开	ISBN7-5019-4270-6
30	造纸技术问答	梁实梅　编著	40.00	大32开	ISBN978-7-5019-1417-6
31	制浆造纸工业环境管理	联合国环境署　著	23.00	大32开	ISBN7-5019-2236-5
32	最新碱法制浆技术	曹邦威　译	98.00	16开	ISBN978-7-5019-1417-3
33	表面活性剂在造纸中的应用技术	张光华　编著	25.00	大32开	ISBN978-7-5019-3083-8
34	棉短绒制浆概论	陈嘉川　编著	35.00	16开	ISBN978-7-5019-7894-6
35	制浆造纸工艺计算手册	王忠厚，许志晔 主编	68.00	16开	ISBN978-7-5019-8037-6
36	制浆造纸经济学——中芬合著：造纸及其装备科学技术丛书(第一卷)	姜丰伟，曹振雷，胡楠　著	68.00	16开	ISBN978-7-5019-8692-7
37	禾草类纤维制浆造纸——中芬合著：造纸及其装备科学技术丛书(第二卷)	李忠正　著	68.00	16开	ISBN978-7-5019-9156-3
38	制浆技术——造纸及其装备科学技术丛书	詹怀宇　主编	89.00	16开	ISBN978-7-5019-8866-2
39	纸张结构与印刷适性——造纸及其装备科学技术丛书	周景辉　主编	60.00	16开	ISBN978-7-5019-9014-6
40	现代造纸机械状态监测与故障诊断	张　辉　主编	50.00	16开	ISBN978-7-5019-9188-4
41	造纸助留剂与干湿增强剂的理论与应用——造纸科学与技术丛书—十二五国家重点图书出版规划项目	曹邦威　编著	58.00	异16开	ISBN978-7-5019-8146-5
42	植物纤维资源化学	李忠正　主编	79.00	16开	ISBN978-7-5019-8701-6
43	化学制浆 II 化学品和能量回收——中芬合著：造纸及其装备科学技术丛书(第三卷)	刘秉钺　等译著	120.00	16开	ISBN978-7-5019-8118-2

续表

序号	书名	著者	定价/元	开本	书号
44	环境管理和控制——中芬合著：造纸及其装备科学技术丛书(第四卷)	程言君　等译	68.00	16 开	ISBN978 – 7 – 5019 – 9735 – 0
45	森林资源的生物质精炼——中芬合著：造纸及其装备科学技术丛书(第五卷)	孙润昌　等译	68.00	16 开	ISBN978 – 7 – 5019 – 9736 – 7
46	江苏造纸简史	张　辉　主编	48.00	异 16 开	ISBN978 – 7 – 5019 – 9545 – 5
47	造纸技术——造纸及其装备科学技术丛书	张美云　主编	68.00	16 开	ISBN978 – 7 – 5019 – 9488 – 5
48	机械制浆——中芬合著：造纸及其装备科学技术丛书(第六卷)	詹怀宇　等译著	140.00	16 开	ISBN978 – 7 – 5184 – 0036 – 2
49	化学制浆 I——中芬合著：造纸及其装备科学技术丛书(第七卷)	刘秋娟　等译著	200.00	16 开	ISBN978 – 7 – 5184 – 0668 – 5
50	造纸化学——中芬合著：造纸及其装备科学技术丛书(第八卷)	张素风　等译著	90.00	16 开	ISBN978 – 7 – 5184 – 0588 – 6
51	造纸 I 纸料制备与湿部——中芬合著：造纸及其装备科学技术丛书(第九卷)	刘温霞　等译著	140.00	16 开	ISBN978 – 7 – 5184 – 0494 – 0

二、造纸专业高等学校专业教材

序号	书名	著者	定价/元	开本	书号
1	制浆造纸工程大全(第二版)——北欧及北美造纸专业本科教材	[加拿大]G. A. 斯穆克　著/曹邦威　译	50.00	16 开	ISBN7 – 5019 – 3132 – 1
2	造纸工业清洁生产原理与技术——教育部高等学校轻化工程教学指导委员会推荐特色教材	何北海　主编	34.00	16 开	ISBN7 – 5019 – 5681 – 2
3	制浆造纸概论——教育部高等学校轻化工程教学指导委员会推荐特色教材	刘　忠　主编	30.00	16 开	ISBN978 – 7 – 5019 – 5740 – 8
4	制浆造纸专业英语——高等学校专业教材	曹邦威、张东成　编	18.00	16 开	ISBN7 – 5019 – 5349 – 3
5	制浆原理与工程(第三版)——普通高等教育“十一五”国家级规划教材	詹怀宇　主编	58.00	16 开	ISBN978 – 7 – 5019 – 6532 – 8
6	造纸原理与工程(第三版)——普通高等教育“十一五”国家级规划教材	何北海　主编	58.00	16 开	ISBN978 – 7 – 5019 – 4411 – 3
7	纸页的结构与性能——教育部高等学校轻化工程教学指导委员会推荐特色教材	胡开堂　主编	40.00	16 开	ISBN7 – 5019 – 5060 – 1
8	植物纤维化学(第四版)——高等学校专业教材	裴继诚　主编	48.00	16 开	ISBN978 – 7 – 5019 – 8744 – 3
9	制浆造纸分析与检测——普通高等教育“十五”国家级规划教材	石淑兰　主编	48.00	16 开	ISBN7 – 5019 – 3920 – 9
10	制浆造纸机械与设备(上)(第三版)——普通高等教育“十一五”国家级规划教材	陈克复　主编	58.00	16 开	ISBN7 – 5019 – 8137 – 3
11	制浆造纸机械与设备(下)(第三版)——普通高等教育“十一五”国家级规划教材	陈克复　主编	58.00	16 开	ISBN7 – 5019 – 8221 – 9

续表

序号	书名	著者	定价/元	开本	书号
12	制浆造纸助剂——高等学校专业教材	安郁琴，刘　忠　主编	28.00	大 32 开	ISBN7－5019－3925－X
13	制浆造纸污染控制——普通高等教育“十一五”国家级规划教材	刘秉钺　主编	35.00	16 开	ISBN978－7－5019－6271－6
14	制浆造纸工程设计——普通高等教育“十一五”国家级规划教材	王志杰　主编	34.00	16 开	ISBN978－7－5019－6660－8
15	制浆造纸过程自动测量与控制(第二版)——普通高等教育“十一五”国家级规划教材	刘焕彬　主编	54.00	16 开	ISBN7－5019－6886－2
16	加工纸与特种纸(第三版)——普通高等教育“十一五”国家级规划教材	张美云　主编	39.00	16 开	ISBN978－7－5019－7130－5
17	热工基础与造纸节能(第二版)——教育部高等学校轻工与食品学科教学指导委员会推荐教材	刘秉钺　主编	36.00	16 开	ISBN978－7－5019－7086－5
18	制浆造纸实验——普通高等教育轻工与食品专业实验类系列规划教材	王双飞　主编	23.00	16 开	ISBN978－7－5019－7489－4
19	造纸湿部化学——普通高等教育“十一五”国家级规划教材	刘　忠　主编	35.00	16 开	ISBN978－7－5019－7740－6
20	加工纸与特种纸实验教程——普通高等教育“十二五”规划教材	刘文波　主编	24.00	16 开	ISBN978－7－5019－8847－1
21	现代造纸机械状态监测与故障诊断(第二版)——普通高等教育“十二五”规划教材	张　辉　主编	50.00	16 开	ISBN978－7－5019－9188－4
22	现代造纸机械状态监测与故障诊断(第三版)——普通高等教育“十二五”规划教材	张　辉　主编	65.00	16 开	ISBN978－7－5184－0833－7
23	制浆造纸工程设计——“十三五”普通高等教育本科规划教材	陈务平　主编	45.00	16 开	ISBN978－7－5184－0819－1

三、造纸专业高等职业教育教材

序号	书名	著者	定价/元	开本	书号
1	制浆造纸分析与检验	林润惠　主编	36.00	大 32 开	ISBN7－5019－2662－6
2	制浆工艺及设备	邝守敏　主编	48.00	16 开	ISBN7－5019－2912－2
3	造纸工艺及设备	吴葆敦　主编	45.00	16 开	ISBN978－7－5019－2735－9
4	制浆造纸工厂设计概论	李土根　主编	36.00	16 开	ISBN7－5019－2759－6
5	制浆造纸专业英语	李桂芳　主编	15.00	大 32 开	ISBN7－5019－2795－2
6	纸加工技术	沙力争　主编	32.00	16 开	ISBN978－7－5019－6657－8/TS.3874
7	制浆造纸设备安装与维修(第二版)	李向华　主编	28.00	16 开	ISBN978－7－5019－7041－4
8	制浆造纸助剂及其应用技术	刘一山　主编	30.00	16 开	ISBN978－7－5019－7720－8
9	制浆技术	陈向斌　主编	48.00	16 开	ISBN978－7－5019－9473－1

四、造纸专业技工教材

序号	书名	著者	定价/元	开本	书号
1	制浆造纸设备与操作(第二版)	王忠厚　主编	45.00	16 开	ISBN7 - 5019 - 5266 - 3
2	制浆造纸工艺(第二版)	王忠厚　主编	42.00	16 开	ISBN 7 - 5019 - 5205 - 1
3	长网纸机抄造	曹邦威、张周宏　编	18.00	大 32 开	ISBN7 - 5019 - 2167 - 9

五、造纸工业行业标准

序号	书名	著者	定价/元	开本	书号
1	中国轻工业标准汇编(造纸卷)上册	本书编写组编	108	大 16 开	ISBN978 - 7 - 5019 - 7025 - 6
2	中国轻工业标准汇编(造纸卷)下册	本书编写组编	138	大 16 开	ISBN978 - 7 - 5019 - 7026 - 1

购书办法：各地新华书店，本社网站(http//www.chlip.com.cn)、当当网(http://list.dangdang.com/01.63.18.htm)、卓越网(http://www.joyo.com/)、邮购联系电话：010 - 65241695

造纸专业编辑　林媛：010 - 85119815/1399084423@qq.com

(林　媛)

《PPI》杂志 2014 年全球造纸排名前 100 位的公司及地域分布

Top 100 Paper Companies Selected by *PPI* and Its Geographical Distribution in 2014

表 1　2014 年全球造纸排名前 100 位的公司(按销售额排名)

公司名称及总部地址	制浆、造纸及纸加工业务				2014 年		雇员人数/个
	2014 年排名	2013 年排名	2014 年销售额/亿美元	同比/%	商品浆生产量/万吨	纸和纸板生产量/万吨	
International Paper(Memphis, TN, 美国)	1	1	236.170	-18.8	161.1	2249.2	58000
Procter & Gamble(Cincinnati, Ohio, 美国)	2	2	209.500	24.8	na	na	118000
UPM(Helsinki, 芬兰)	3	3	127.329	-2.8	220.0	1028.0	20414
Oji Paper(Tokyo, 日本)	4	6	127.318	1.1	154.8	1202.7	33668
Stora Enso(Helsinki, 芬兰)	5	4	110.844	-13.2	137.1	951.3	27200
Smurfit Kappa Group(Dublin, 爱尔兰)	6	5	107.287	1.6	0	700.0	41523
Svenska Cellulosa Aktiebolaget(SCA)(Stockholm, 瑞典)	7	9	107.145	17.6	31.8	538.4	44247
Kimberly Clark(Dallas, TX, 美国)	8	7	100.330	0.7	0	0	43000
RockTenn(Norcross, GA, 美国)	9	10	95.319	5.0	41.0	852.8	26600
Marubeni(Tokyo, 日本)	10	8	89.562	-1.2	48.5	57.2	4379
Nippon Paper(Tokyo, 日本)	11	11	87.559	9.2	42.0	575.7	13000
Mondi (Addlestone, 英国; Johannesburg, 南非)	12	12	84.975	-1.1	51.8	536.4	25100
Sappi(Johannesburg, 南非)	13	13	60.610	2.3	109.0	752.4	13064
Packaging Corporation of America(Lake Forest, IL, 美国)	14	27	58.520	59.7	10.0	431.3	14000
DS Smith(Maidenhead, Berkshire, 英国)	15	17	57.938	4.6	0	608.0	22014
Metsä Group(Espoo, 芬兰)	16	14	57.299	-0.1	190.0	124.6	10410
MWV(Richmond, VA, 美国)	17	16	56.310	6.5	0	279.5	15000
Domtar(Montreal, QC, 加拿大)	18	15	55.630	3.2	139.1	286.3	9800
玖龙纸业(控股)有限公司(中国广东)	19	20	47.072	0.7	8.5	1226.0	17800
Rengo(Osaka, 日本)	20	19	46.494	5.7	0	253.1	14060

续表

公司名称及总部地址	制浆、造纸及纸加工业务				2014 年		雇员人数/个
	2014 年排名	2013 年排名	2014 年销售额/亿美元	同比/%	商品浆生产量/万吨	纸和纸板生产量/万吨	
Sequana(Paris，法国)	21	22	44.717	1.3	0	67.0	9615
Graphic Packaging(Marietta，GA，美国)	22	21	42.405	-5.3	0	227.4	11500
Daio Paper(Ehime，日本)	23	23	41.284	4.4	20.0	351.8	8174
Empresas CMPC(Santiago，智利)	24	18	39.236	-17.9	264.7	131.8	16824
Sonoco Products(Hartsville，SC，美国)	25	25	38.650	3.0	0	145.1	20800
Resolute Forest Products(Montreal，QC，加拿大)	26	24	36.618	-5.9	170.0	410.0	7700
Cascades(Kingsey Falls，QC，加拿大)	27	26	32.250	-7.5	0	265.2	11000
Suzano Papel e Celulose(Sao Paulo，巴西)	28	35	30.887	27.7	298.2	130.1	7000
BillerudKorsnäs AB(Solna，瑞典)	29	31	30.405	5.2	na	269.9	4194
Fibria Celulose(São Paulo，SP，巴西)	30	28	30.120	2.4	527.4	0	13204
山东晨鸣纸业集团股份有限公司(中国山东)	31	32	29.249	-1.5	7.0	426.0	12833
Mayr-Melnhof Karton(Vienna，奥地利)	32	34	27.706	4.4	0	158.5	9399
Sofidel(Rome，意大利)	33	39	23.505	4.2	0	na	5255
Lenzing Group(Lenzing，奥地利)	34	37	23.302	0.1	0	0	6356
Holmen(Stockholm，瑞典)	35	36	23.247	-1.8	6.7	182.5	3359
KapStone Paper & Packaging(Northbrook，IL，美国)	36	51	23.000	31.6	0	244.9	4628
理文造纸有限公司(中国香港)	37	41	22.050	0.8	16.5	500.5	6300
Arauco(Santiago，智利)	38	42	21.880	0.3	326.9	0	13576
Burgo Group(Altavilla，Vicentina，意大利)	39	30	21.529	-28.8	17.7	217.4	3771
Hokuetsu Kishu Paper(Tokyo，日本)	40	40	20.836	2.5	0	216.9	4394
Klabin(São Paulo，巴西)	41	43	20.810	6.4	0	177.1	11449
Siam Cement Public Company (Bangkok，泰国)	42	46	19.754	8.5	9.0	284.8	51100
Mitsubishi Paper Mills(Tokyo，日本)	43	44	19.715	3.9	72.5	114.5	4341
Clearwater Paper(Spokane，Washington，美国)	44	48	19.671	4.1	36.3	127.5	3290
Weyerhaeuser(Federal Way，WA，美国)	45	47	19.360	1.8	185.9	26.5	12800
Norske Skog(Skøyen，Oslo，挪威)	46	38	19.283	-8.9	0	261.2	2976
Heinzel Group(Vienna，奥地利)	47	50	18.669	5.8	23.3	110.2	2102
Lecta(Barcelona，西班牙)	48	45	18.529	-4.8	0	160.2	3522
永丰余纸业有限公司(中国台湾)	49	86	18.439	146.5	0	263.8	10233
Portucel Soporcel(Setúbal，葡萄牙)	50	49	18.234	2.8	26.0	155.9	2325
Glatfelter(York，PA，美国)	51	52	18.020	4.6	0	96.1	4610

续表

公司名称及总部地址	制浆、造纸及纸加工业务				2014 年		雇员人数/个
	2014 年排名	2013 年排名	2014 年销售额/亿美元	同比/%	商品浆生产量/万吨	纸和纸板生产量/万吨	
Palm(Aalen，德国)	52	54	16.591	8.7	0	na	4000
Prinzhorn Holding(Wiener Neudorf，奥地利)	53	56	16.101	13.6	0	na	5144
Orora(Melbourne，澳大利亚)	54	55	14.928	-3.0	0	na	5500
正隆纸业有限公司(中国台湾)	55	55	14.453	1.4	0	207.8	9099
恒安国际集团有限公司(中国福建)	56	60	14.001	6.4	0	67.6	34000
Ahlstrom(Helsinki，芬兰)	57	59	13.288	-1.4	0	37.5	3396
Verso Paper(Memphis，TN，美国)	58	57	12.970	-6.6	24.9	122.4	1630
Moorim Group(Seoul，韩国)	59	62	12.802	1.1	0	119.8	1450
山东太阳纸业股份有限公司(中国山东)	60	53	12.780	-7.0	20.0	315.0	6206
Södra(Växjö，瑞典)	61	58	12.111	-5.8	150.0	0	3524
华泰集团有限公司(中国山东)	62	61	11.940	-8.5	16.0	315.5	8668
安徽山鹰纸业股份有限公司(中国安徽)	63	65	11.663	11.9	0	242.0	8949
山东博汇集团有限公司(中国山东)	64	76	11.190	21.8	0	105.8	6180
Mercer International(Seattle，WA，美国)	65	68	10.736	7.8	148.5	0	1430
Eldorado Brasil Celulose(São Paulo，巴西)	66	89	10.630	59.2	156.8	0	3000
VPK Packaging(Aalst，比利时)	67	73	10.619	11.2	0	0.1	3724
EUROPAC Papeles y Cartones de Europa(Madrid，西班牙)	68	63	10.289	-3.3	0	105.0	2100
Tembec(Montreal，QC，加拿大)	69	70	10.170	10.7	75.8	37.6	3400
维达纸业有限公司(中国广东)	70	78	10.149	17.3	0	477.3	7818
岳阳林纸股份有限公司(中国湖南)	71	69	10.055	0.4	35.6	99.7	5486
Catalyst Paper(Richmond，BC，加拿大)	72	66	10.046	5.5	34.4	106.0	2800
Canfor(Vancouver，BC，加拿大)	73	72	9.985	10.3	120.0	14.4	5118
Arctic Paper(Kostrzyn n/Odra，波兰)	74	71	9.827	-0.2	na	76.0	1800
Rayonier Advanced Materials (Jacksonville，FL，美国)	75	64	9.580	-8.1	67.5	0	1300
Kruger Products(Montreal，QC，加拿大)	76	75	9.475	9.5	0	36.3	2500
Bio-PAPPEL(Durango，墨西哥)	77	77	9.246	3.1	0	115.2	8661
Neenah Paper(Alpharetta，GA，美国)	78	79	9.027	6.9	0	na	2000
Chuetsu Pulp and Paper(Tokyo，日本)	79	81	8.997	16.8	32.0	91.7	786
Papierfabrik August Koehler SE (Oberkirch，德国)	80	74	8.930	-5.5	0	50.0	1777
LEIPA Georg Leinfelder(Schwedt，德国)	81	67	8.628	-14.5	0	92.6	1450
Fedrigoni SpA(Verona，意大利)	82	90	8.113	10.2		41.3	2199
Appvion(Appleton，Wisconsin，美国)	83	84	8.098	0.3	0	na	1565
West Fraser Timber(Vancouver，BC，加拿大)	84	87	7.354	4.1	108.6	13.2	7500

续表

公司名称及总部地址	制浆、造纸及纸加工业务				2014 年		雇员人数/个
	2014 年排名	2013 年排名	2014 年销售额/亿美元	同比/%	商品浆生产量/万吨	纸和纸板生产量/万吨	
Exacompta Clairefontaine (Etival Clairefontaine，法国)	85	92	7.313	5.1	0	22.0	3144
Tokushu Tokai Paper(Tokyo，日本)	86	85	7.291	1.3	7.0	88.8	1500
Altri(Porto，葡萄牙)	87	88	7.083	-3.0	99.1	0	662
Greif(Delaware，Ohio，美国)	88	83	7.068	4.6	0	63.5	13325
ENCE(Madrid，西班牙)	89	82	6.663	-17.9	113.7	0	838
Celulose Nipo-Brasileira(CENIBRA)(Belo Oriente，Minas Gerais，巴西)	90	91	6.490	-1.1	119.9	0	4288
ITC(Kolkata，印度)	91	96	5.969	11.2	0	66.1	25787
BILT-Ballarpur Industries(New Delhi，印度)	92	80	5.948	-30.5	21.5	83.0	6000
Reno de Medici(Milan，意大利)	93	93	5.656	-0.5	0	80.5	1169
Progroup(Landau/Pfalz，德国)	94		5.421	5.8	0	103.4	911
山东世纪阳光纸业集团有限公司(中国山东)	95	95	5.328	-7.1	0	108.8	2218
Nampak(Sandton，南非)	96	94	5.265	-0.9	na	na	9269
De la Rue(Basingstoke，Hampshire，英国)	97	98	5.236	-6.7	0	0.9	3950
SWM(Alpharetta，GA，美国)	98	97	4.963	-8.7	0	10.0	3000
Lintec(Tokyo，日本)	99	99	3.523	-1.4	0	14.7	2552
Wausau Paper(Mosinee，WI，美国)	100	100	3.520	1.0	0	15.9	870

注：全球造纸排名前 100 位的公司是按照纸浆、纸和纸板、纸加工及纸制品贸易的净销售额进行排名。2013 年数据为 2014 年修订后的财务数据，并非 2014 年《PPI》出版的数据。除非下文指出，财务年度报告是从 2014 年 1 月 1 日—12 月 31 日。收入指税后和去除特殊项目后的净收益。na 表示未知。

表 2　　2014 年全球造纸排名前 100 位公司的地域分布

地区	公司数量[1]/个	2014 年销售额[2]/亿美元	2013 年销售额/亿美元	同比/%	占 2014 年总销售额的比例/%	商品浆生产量[3]/万吨	占商品浆总生产量的比例/%	纸和纸板生产量[4]/万吨	占纸和纸板总生产量的比例/%
欧洲	34	1073.81	1087.65	-1.3	33.6	1067.3	19.4	6678.8	30.5
北美	28	1154.74	1167.32	-1.1	36.2	1323.0	30.2	6061.1	27.6
亚洲	27	715.42	723.95	-1.2	22.4	510.9	11.7	7876.6	35.9
拉丁美洲	8	169.30	172.54	-1.9	5.3	1693.9	38.7	554.2	2.5
非洲	2	65.88	65.22	1.0	2.1	109.0	0	752.4	3.4
大洋洲	1	14.93	45.24	-67.0	0.5	0	0	na	0
总计	100	3194.08	3261.92	-2.0	100	4704.1	100	21923.1	99.9

注：1. 由于一些公司进行了兼并重组，进入全球造纸排名前 100 位的公司有所变动，其地域分布情况也随之变动。发生变动的公司按照总部所在地列在特定的区域。

2. 仅包括纸浆、纸及纸制品加工销售额。

3. 只包括生产商品浆的公司。

4. 只包括生产纸和纸板的公司。na 表示未知。

（梁　川）

国外主要造纸期刊介绍

Main Foreign Periodicals Related to Pulp and Paper

《澳大利亚和新西兰纸浆与造纸工业技术协会志》
Appita Journal（*APPITA J*）

主要刊载纸浆、纸张的生产、加工和设备相关方面的研究论文和技术报告，报道国内外造纸工业动态和该协会的会议活动。

创刊时间： 1947 年
主办单位： 澳大利亚和新西兰纸浆与造纸技术协会
出版周期： 季刊
ISSN： 1038－6807
出版国： 澳大利亚
地址： Appita Inc.，Ste. 47，Level 1，Carlton Clocktower，255 Drummond St，Carlton，VIC，3053，Australia
电话： ＋61－3－9347－2377
传真： ＋61－3－9348－1206
邮箱： admin@ appita. com. au
网址： www. appita. com. au

《亚洲纸业》
Paper ASIA

《亚洲纸业》是亚洲领先的纸浆和造纸杂志，也涵盖了瓦楞、加工和包装。其读者所覆盖的行业非常广泛，包括一些行业的专业人士和决策者。该杂志在 20 个国家发行。2007 年，该杂志首次刊登中文对照。

创刊时间： 1985 年
出版单位： SHP Media Sdn. Bhd.
出版周期： 双月刊
ISSN： 0218－4540
出版国： 马来西亚
地 址： C-17-1，17th Floor，Tower C，Megan Avenue 11，12，Jalan Yap Kwan Seng，P. O. Box 10836，50726 Kuala Lumpur，MALAYSIA
电话： ＋603－2166－0852/5175
传真： ＋603－2161－0541
邮箱： info@ shpmedia. com
网址： www. shpmedia. com/pub_ paperasia. htm

《中东生活用纸》
ME Tissue

《中东生活用纸》是中东地区生活用纸及无纺布行业的第一本杂志。该杂志致力于为从事生活用纸及无纺布行业的专业人士提供有关节能、安全、优质的生产解决方案，原料，技术，研究和开发等更多信息。其内容涵盖了整个生活用纸的供应链，从原材料到生活用纸生产，与生产、加工、包装相关的技术，以及无纺布行业的新趋势、新技术及研究和发展。《中东生活用纸》为英语和阿拉伯语双语期刊。

创刊时间： 2008 年
主办单位： MEAC Group Holding
出版周期： 季刊
出版国： 黎巴嫩
地址： P. O. Box：45－134 Hazmieh-Lebanon
电话： ＋961－3－798－204
传真： ＋961－5－450－930
邮箱： info@ metissue. com
网址： www. metissue. com

《日本造纸技术》
Japanese Journal of Paper Technology

《日本造纸技术》内容涵盖制浆造纸、深加工、精加工、涂布、测量和分析技术及能源和环保措施等。

创刊时间：1958 年
主办单位：Paper Industry Times Company
出版周期：月刊
ISSN：0453－1507
出版国：日本
地址：日本东京都千代田区神田锦町 3-13-7
电话：＋81－3－3233－2580
传真：＋81－3－3233－2690
网址：www. st-times. co. jp

《制浆造纸技术》
Journal of Pulp and Paper Technology

出版单位：Shizuoka Pulp and Paper
出版周期：月刊
ISSN：0287－5586
出版国：日本
地址：日本静冈县富士市大渕 2590 番地-1（静冈县工业技术研究所富士工业技术支援中心内）〒417－0801
电话：＋81－545－35－5025
传真：＋81－545－35－5027
邮箱：skamipagk@ cotton. ocn. ne. jp
网址：www. shizuoka-tappi. or. jp

《日本制浆造纸协会志》
Japan TAPPI Journal

《日本制浆造纸协会志》的内容涉及制浆造纸行业的广泛信息，主要包括：最新研究技术公告；运行经验介绍；最新的研究技术成果；科研机构介绍；海内外制浆造纸动态及相关会议；专利信息和新产品；先进测试技术；商业新闻和显性统计；协会新闻等。

主办单位：日本制浆造纸技术协会
创刊时间：1996 年
出版周期：月刊
ISSN：0022－815X
出版国：日本
地址：日本东京都中央区银座 3-9-11（制浆造纸会馆 11 层）〒104－8139
电话：＋81－3－3248－4841
传真：＋81－3－3248－4843
网址：www. japantappi. org

《纸业 360°》
Paper 360°

《纸业 360°》报道世界各地造纸行业最新的资讯。

主办单位：纸浆与造纸工业技术协会
出版周期：双月刊
ISSN：1933－3684
出版国：美国
地址：10429 Newberry Park Lane，Charlotte，NC 28277，USA
电话：＋1－978－750－8400
传真：＋1－770－209－7206
邮箱：gostle@ tappi. org
网址：www. tappi. org

《纸浆与造纸工业技术协会志》
TAPPI Journal

《纸浆与造纸工业技术协会志》自创刊以来一直是造纸行业同行评审论文的首选论坛，提供行业内最新、最相关的研究。2009 年 12 月，《纸浆与造纸工业技术协会志》从印刷期刊转为电子期刊。2011 年 6 月开始，《纸浆与造纸工业技术协会志》的内容涵盖来自独家刊物《纸张回收进展》（*Progress in Paper Recycling*，*PPR*）的内容，*PPR* 是一本有关纸浆、纸和纸板产品回收的科学、技术和经济性探索的杂志。

主办单位：纸浆与造纸工业技术协会
出版周期：月刊
ISSN：0734－1415
出版国：美国
地址：15 Technology Parkway South，Suite 115 Peachtree Corners，GA 30092，USA
电话：＋1－770－446－1400
传真：＋1－770－446－6947
邮箱：memberconnection@ tappi. org
网址：www. tappi. org

《纸浆与纸》
Pulp & Paper

《纸浆与纸》刊载美国国内外造纸业经济与市场动态，造纸技术和设备的进展与新产品等方面的论文和简讯。

出版单位： C M P Media LLC
出版周期： 月刊
ISSN： 0033 – 4081
出版国： 美国
地址： 2018 Powers Ferry Rd, Ste 600, Atlanta, GA 30339, USA
电话： +1 – 678 – 598 – 8800
传真： +1 – 678 – 589 – 8888
邮箱： kferguson@ mfi. com
网址： www. cmp. com

《国际纸浆与造纸》
Pulp and Paper International (PPI)

《国际纸浆与造纸》是制浆造纸行业生产和管理者最广泛阅读的杂志，可使读者随时了解世界各地最新的业务发展、经营技巧和技术创新。《国际纸浆与造纸》的发行覆盖北美、欧洲、亚洲、拉丁美洲、中东和非洲等地区。

出版单位： RISI, Inc.
出版周期： 月刊
ISSN： 0033 – 409X
出版国： 美国
地址： 326, Avenue Louise, Box 22-B-1050 Brussels, Belgium, USA
电话： +1 – 32 – 2 – 2 – 538 – 60 – 40
传真： +1 – 32 – 2 – 537 – 56 – 26
邮箱： news@ risi. com
网址： www. risiinfo. com

《纸张时代》
Paper Age

《纸张时代》为世界上造纸行业重要的专业期刊之一，涉及的内容包括：制浆、造纸、纸品加工、技术开发、公司介绍及与主要行业领导者独家采访。

出版单位： O' Brien Publications, Inc.
创刊时间： 1884 年
出版周期： 双月刊
ISSN： 0031 – 1081
出版国： 加拿大
地址： P. O. Box 25058, London BRC. Ontario, N6C 6A8, Canada
电话： +781 – 378 – 2126
传真： +781 – 923 – 1389
邮箱： jobrien@ paperage. com
网址： www. paperage. com

《纸浆与造纸科学杂志》
Journal of Pulp and Paper Science

《纸浆与造纸科学杂志》刊载制浆和造纸科学和技术方面的研究论文和评论，是加拿大造纸工业的主要学术期刊。

主办单位： 加拿大制浆造纸技术协会
创刊时间： 1983 年
出版周期： 季刊
ISSN： 0826 – 6220
出版国： 加拿大
地址： 740 rue Notre Dame Ouest, Bureau 810, Montreal, PQ, H3C 3X6, Canada
电话： +01 – 514 – 392 – 6962
传真： +01 – 514 – 392 – 0369
邮箱： pubs@ paptac. ca
网址： www. paptac. ca

《加拿大纸浆与纸》
Pulp & Paper Canada

《加拿大纸浆与纸》刊载加拿大造纸、纸浆和木材化学等相关技术和设备应用等领域的技术论文、设备与产品介绍和消息报道。

主办单位： 加拿大制浆造纸技术协会
出版单位： Pulp & Paper Canada Magazine Group
出版周期： 月刊
ISSN： 0316 – 4004
出版国： 加拿大
地 址： Business Information Group, 1450 Don Mills Rd, Toronto, ON, M3B 2X7, Canada
电话： +1 – 416 – 442 – 2122
传真： +1 – 416 – 442 – 2191

邮箱：media@ pulpandpapercanada. com
网址：www. pulpandpapercanada. com

《造纸工业》
Paper Industry

《造纸工业》是北美制浆造纸行业新产品资讯的权威性刊物。报道造纸行业密切相关的新技术、工艺和服务及行业新闻、产品和服务评价的最新信息。

出版单位：Paper Industry Publishing Office
出版周期：月刊
出版国：加拿大
地 址：62 Birch Hill, PO Box 263, Hudson, Quebec Canada
电话：+1-450-458-4571
传真：+1-450-458-4571
邮箱：editor@ paperindustrymag. com
网址：www. paperindustrymag. com

《纸张、薄膜及箔片加工》
Paper, Film & Foil Converter(PFFC)

《纸张、薄膜及箔片加工》刊载的内容涵盖纸张、薄膜、箔片加工及包装印刷行业的各个部分和加工行业的业务发展趋势和技术创新。

创刊时间：1927 年
出版周期：月刊
ISSN：0031-1138
出版国：美国
地址：5624 W. Wilson Ave. Chicago, USA
电话：+1-303-674-0577
传真：+1-303-674-0577
邮箱：ysimonsis@ pffc-online. com
网址：www. pffc-online. com

《纸业技术》
Paper Technology

《纸业技术》是造纸工业技术领域的一个权威性刊物，报道行业的新闻、产品和服务的信息，技术更新，案例研究和评论，及造纸工业技术协会会议报告等。通常的特色栏目有纸机织物备件、造纸化学品、维护和自动化等。涉及的领域包括造纸及林产品等行业。

创刊时间：20 世纪 60 年代
主办单位：造纸工业技术协会
出版周期：双月刊
ISSN：0958-6024
出版国：英国
地 址：5 Frecheville Court, Bury, Lancashire, BL9 0UF, United Kingdom
电话：+44-1753-251635
传真：+44-1617-645353
邮箱：info@ pita. co. uk
网址：www. pita. co. uk

《国际纸业》
International Paper World (IPW)

《国际纸业》是为国际纸浆和造纸工业服务的贸易杂志。

主办单位：制浆造纸化学工程师协会
出版单位：Keppler-Junius GmbH & Co. KG
出版周期：季刊
出版国：德国
地址：Keppler-Junius GmbH & Co. KG, Ruesterstr. 11, Frankfurt a. M., 60325, Germany
电话：+49-69-20-73-76-20
传真：+49-69-20-73-75-84
邮箱：edit@ ipwonline. de
网址：www. ipwonline. de

《专业造纸》
Professional Papermaking

《专业造纸》是深受国际造纸行业龙头企业(造纸厂、纸品供应和加工企业)领导者和高层决策者(包括业务管理人员、采购人员、销售经理等)喜爱的贸易刊物。内容涉及纸浆、纸和纸板生产的科学技术报告及公司有关提高生产力、改善质量、降低成本方面创新的通知，全球市场发展趋势，经济和公司的最新报告，涵盖贸易展览会、会议、事件等的最新文章。主要栏目有备料，造纸，纸加工，水、废水处理，涂布。

出版周期：半年刊
出版单位：Deutscher Fachverlag GmbH
出版国：德国
地址：Mainzer Landstr. 251, 60326 Frankfurt am Main, Germany

电话：+49－69－7595－1291
传真：+49－69－7595－1290
邮箱：info@ professional-papermaking. com
网址：www. professional-papermaking. com

《造纸技术》
Wochenblatt Fur Papierfabrikatipn

《造纸技术》刊载纸张、纸板和纸浆工业生产技术方面的技术报告、会议论文和文摘，报道造纸工业技术进展与国内外行业动态。

出版单位：dfv Corporate Media
出版周期：半月刊
ISSN：0043－7131
出版国：德国
地 址：Deutscher Fachverlag GmbH，Mainzer Landstr 251，Frankfurt Am Main，60326，Germany
电话：+49－69－759501
传真：+49－69－75952999
邮箱：info@ dfv. de
网址：www. dfv. de

《国际纸业经济》
Internationale Papierwirtschaft

《国际纸业经济》刊载有关纸浆、纸张与纸板的生产、纤维素化学工艺和造纸业历史方面的文章，以及专利、文摘、技术通讯、国外消息和书评等。

出版周期：月刊
ISSN：0070－4296
地址：Verein Zellcheming，Emilstr. 21，Darmstadt，64293，Germany
电话：+49－6151－33264
传真：+49－6151－311076
邮箱：zellcheming@ zellcheming. de
网址：www. zellcheming. de

《纸张与木材》
Paper and Timber

《纸张与木材》论述芬兰制浆、造纸、纤维与木材化学方面工艺技术与设备的研究和开发成果，报道芬兰林业的发展，介绍芬兰在造纸方面与国外的经济和技术合作以及行业动态。文章用英文、芬兰文或瑞典文发表。

主办单位：芬兰森林工业总协会
出版单位：Paperija Puu Oy
出版周期：季刊
ISSN：0031－1243
出版国：芬兰
地址：Melkonkatu 28 D，00210 Helsinki，Finland
电话：+358－10－229－1631
邮箱：irmeli. hannula@ paperjournal. fi
网址：www. paperjournal. fi

《法国造纸工业技术协会志》
ATIP

主办单位：法国造纸工业技术协会（ATIP）
出版周期：季刊
ISSN：0997－7554
出版国：法国
地址：23，rue d' Aumale F-75009 Paris，France
电话：+33－145621191
传真：+33－145635309
邮箱：atip@ wanadoo. fr

《北欧纸浆和造纸研究杂志》
Nordic Pulp & Paper Research Journal（NPPRJ）

《北欧纸浆和造纸研究杂志》是一本国际性的科学杂志，刊载木材或生物质成分、制浆造纸及其所涉及的植物纤维原料和废纸原料，以及制浆、生物质精炼副产品的基础研究及能源问题等方面的研究论文。

主办单位：Mittuniversitetet（瑞典中部大学）
出版周期：季刊
ISSN：0283－2631
出版国：瑞典
地 址：Mid Sweden University，Holmgatan 10，SE-851 70 Sundsvall，Sweden
电话：+46－771－975000
邮箱：info@ npprj. se
网址：www. npprj. se

《浆·纸·纸板》
Pulp · Paper · Board

《浆·纸·纸板》为俄罗斯和独联体国家制浆造

纸行业的专家所喜爱的刊物。主要栏目有技术、效率和质量，演示，设备，自动化等。

创刊时间：1904 年

出版周期：每年 10 期

出版国：俄罗斯

地址：4, bldg. 2, Dmitrovsky per., Moscow p/o 107031, Russia

电话：+7－495－258－39－36、258－39－37、258－39－38

传真：+7－495－258－39－36

邮箱：info@ cbk. ru

网址：www. cbk. ru

《印刷与造纸》
Print and Paper

出版单位：Whitmar Publications Ltd.

出版周期：月刊

出版国：英国

地址：30 London Road, Southborough, Tunbridge Wells, Kent TN4 0RE, England

电话：+44－1892－542099

邮箱：circulation@ whitmar. co. uk

网址：www. paperandprint. com

《纤维素》
Cellulose

《纤维素》刊载纤维素及其衍生物的化学、生化、物理学和材料科学特性的研究论文，以及纤维素技术开发和应用方面的研究论文、评论文章及技术说明。

创刊时间：1994 年

出版周期：季刊

ISSN：0969－0239

出版国：荷兰

地 址：Springer, Van Godewijckstraat 30, Dordrecht, 3311 GZ, Netherlands

电话：+49－6221－345－4303

网址：www. springer. com/10570/

《纤维素化学与工艺》
Cellulose Chemistry and Technology

《纤维素化学与工艺》刊载食品、纺织品、造纸、木材、黏合剂、医药、油田等领域碳水化合物工业应用的研究论文。栏目主要包括结构和性能研究、生物和产业开发、分析方法、化学和微生物改性、与其他材料的相互作用。除刊登原创研究论文外，也刊登短讯、书评和读者来信等。

创刊时间：1966 年

出版周期：双月刊

ISSN：0576－9787

出版国：罗马尼亚

地址：Editura Acad Romane, Calea 13 Septembrie NR 13, SECTOR 5, Bucuresti, 050711, Romania

邮箱：vipopa@ ch. tuiasi. ro

网址：www. cellulosechemtechnol. ro

《南非制浆造纸工业技术协会志》
TAPPSA Journal

《南非制浆造纸工业技术协会志》主要服务于南非地区的纸浆、纸张和森林产品行业。刊登南非地区造纸行业的技术论文，以及报道全球造纸行业的发展概况。

主办单位：南非纸浆和造纸工业技术协会

出版国：南非

地址：PO Box 1633, Kloof 3640, Southern Africa

电话：+27－31－764－2494

邮箱：mwtappsa@ iafrica. com

网址：www. tappsa. co. za

（郭彩云）

国外制浆造纸相关团体与研究机构名录

Foreign Associations and Research Institutions of Paper Industry

韩国纸业协会(KPMA)
Korea Paper Manufactures' Association
505, Sinsa-dong, Gangnam-gu, Seoul
电话: +82-2-549-0981
传真: +82-2-549-0980
邮箱: kpma@ paper. or. kr
网址: www. paper. or. kr

韩国制浆造纸工业技术协会(KTAPPI)
Korea Technical Association of the Pulp & Paper Industry
Suite 701, Chungmu Bldg., 44-13, Yoido-Dong, Yongdungpo-gu, Seoul, 150-890, Korea
电话: +82-2-786-8620
传真: +82-2-786-8621
邮箱: ktappi@ ktappi. or. kr
网址: www. ktappi. or. kr

菲律宾造纸商协会(PULPAPEL)
Pulp and Paper Manufacturers Association of Philippines
6/F, Ace Bldg., 101Rada Cor. Dela Rosa St. Legaspi Village, Makati City, Philippines
电话: +63-2-894-0053
传真: +63-2-894-0056

菲律宾制浆造纸技术协会
Technical Association of the Pulp and Paper Industry of Philippines (TAPPI-phils)
Fiber Industry Development Authority, BAI Compound, Visayas Ave., Diliman 1104 Quezon City, Philippines

越南制浆造纸协会(VPPA)
Vietnam Pulp and Paper Association
18C Pham Dinh Ho St., Hai BaTrung Dist Hanoi, Vietnam
电话: +84-4-8210455
传真: +84-4-9718684
邮箱: vietnampaper@ hn. vnn. vn
网址: www. vppa. com. vn

泰国制浆造纸行业协会(TPPIA)
The Thai Pulp and Paper Industries Association
6th Fl, Bldg. 4, 1 Siam Cement Rd., Bangsue, Bangkok, 10800, Thailand
电话: +66-2-586-4504
传真: +66-2-586-2999
邮箱: kanungnc@ scg. co. th

马来西亚制浆造纸协会
Malaysia Pulp and Paper Manufacturers Association
Bangunan Muda, Lot No. 7 Jln. 51 A/241, Petaling Jaya, Selangor, 46100 Malaysia
电话: +60-3-77859988
传真: +60-3-77856888

马来西亚森林研究所(FRIM)
Forest Research Institute Malaysia
Selangor Darul Ehsan, 52109 Kepong, Malaysia
电话: +60-3-62797000
传真: +60-3-62731314
邮箱: webgroup@ frim. gov. my
网址: www. frim. gov. my

印度尼西亚制浆造纸协会
Indonesian Pulp & Paper Association
Jalan, Cimandiri No. 6, Flat 1/2, 10330 Jakaruta, Indonesia
电话: +62-21-31926084

传真：+62－21－3140168
邮箱：ippasec@ indo. net. id

印度纸业生产商协会(IPMA)
Indian Paper Manufacturers Association
PHD House (4th Floor), 4/25 Siri Institutional Area, Opp. Asian Games Village, 110 016 New Delhi, India
电话：+91－11－2651－8379
传真：+91－11－2651－3415
邮箱：ipma@ vsnl. com
网址：www. ipma. co. in

印度制浆造纸技术协会(IPPTA)
Indian Pulp and Paper Technical Association
CPPRI Campus, PO Box 47, 247001 Saharanpur, Uttar Pradish, India
电话：+91－132－2714082
传真：+91－132－2714081
邮箱：sg@ ipma. co. in
网址：www. ipptaonline. org

印度中央制浆造纸研究所(CPPRI)
Central Pulp & Paper Research Institute
752, GF, Mathura Road, Bhogal, New Delhi, 110014, India
电话：+91－11－24375400
传真：+91－11－24375401
邮箱：info@ cppri. org. in
网址：www. cppri. org. in

澳大利亚/新西兰制浆造纸技术协会(APPITA)
Technical Association of the Australian and New Zealand Pulp and Paper Industry
澳大利亚：Suite 47, Level 1, 255 Drummond Street, Carlton, Vic 3053, Australia
电话：+61－3－9347－2377
传真：+61－3－9348－1206
邮箱：admin@ appita. com. au
网址：www. appita. com
新西兰：PO Box 6042, Whakarewarewa Rotorua, New Zealand
电话：+64－7－350－2252
传真：+64－7－350－2253
邮箱：appita. nz@ xtra. co. nz

澳大利亚农业资源经济局
Australian Bureau of Agricultural and Resource Economics (ABARE)
GPO Box 1563, Canberra, ACT 2601, Australia
电话：+61－2－62722260
传真：+61－2－62722346
邮箱：abareproducts@ abare. gov. au
网址：www. abare. gov. au

澳大利亚林产及造纸工业委员会(A3P)
Australian Plantation Products and Paper Industry Council 29 Torrens Street, Braddon ACT 2612, Australia
电话：+61－2－6273－8111
传真：+61－2－6273－8011
邮箱：info@ a3p. asn. au
网址：www. a3p. asn. au

欧洲造纸工业联合会(CEPI)
Confederation of European Paper Industries
250 Avenue Louise, Box 80, B-1050 Brussels, Belgium
电话：+32－2－627－4911
传真：+32－2－646－8137
邮箱：mail@ cepi. org
网址：www. cepi. org

欧洲纸板制造工业联合会(FEFCO)
The European Federation of Corrugated Board Manufacturers
Avenue Louise 250, BE-1050 Brussels, Belgium
电话：+32－2－646－4070
传真：+32－2－646－6460
邮箱：info@ fefco. org
网址：www. fefco. org

派诺国际
Pira International
Pira House, Cleeve Road, Leatherhead, Surrey KT22 7RU, United Kingdom
电话：+44－1372－802000
传真：+44－1372－802249
邮箱：info@ pira-international. com
网址：www. pira-international. com

挪威工业联合会(Norsk Industri)
Federation of Norwegian Industries
Middelthuns gate 27, Majorstuen, Oslo, Norwey
电话: +47-23-08-8800
邮箱: post@ norskindustri. no
网址: www. norskindustri. no

挪威制浆造纸工业技术协会(PTF)
The Technical Association of the Norwegian Pulp and Paper Industry
Essendrops gate 3, 7, etasje, No-0305 Oslo, Norway
电话: +47-23-08-78-10
传真: +47-23-08-78-99
邮箱: kari. bakken. ptf@ norskindustri. no
网址: www. ptf. no

瑞典森林工业协会(Skogs Industrierna)
Swedish Forest Industries Federation
Box 55525, SE-102 04 Stockholm, Sweden
电话: +46-8-762-72-60
传真: +46-8-611-71-22
邮箱: info@ forestindustries. se
网址: www. forestindustries. se

瑞典制浆造纸研究所
Innventia AB
Drottning Kristinasvag 61, SE-11486 Stockholm, Sweden
电话: +46-8-676-7000
传真: +46-8-411-5518
邮箱: info@ stfi. se
网址: www. innventia. com

芬兰森林研究所(METLA)
Finnish Forest Research Institute
Jokiniemenkuja 1, Box 18, FI-01301 Vantaa, Finland
电话: +358-10-2111
传真: +358-10-211-2103
邮箱: kirjaamo@ metla. fi
网址: www. metla. fi

芬兰森林工业联合会
Finnish Forest Industries Federation
Snellmaninkatu 13, Fl-00170 Helsinki, Finland
电话: +358-9-132-61
传真: +358-9-132-4445
邮箱: name. surname@ forestindustries. fi
网址: www. forestindustries. fi

芬兰造纸工程师协会(PI)
Finnish Paper Engineers Association
Snellmaninkatu 13, PO BOX 118, 00171 Helsinki, Finland
电话: +358-9-132-6688
邮箱: info@ papereng. fi
网址: www. papereng. fi

芬兰制浆造纸研究所(KCL)
The Finish Pulp and Paper Research Institute (Oy Keskuslaboratorio-Centrallaboratorium AB)
Tekniikantie 2, 02150 Espoo, Finland
电话: +358-20-7477-100
传真: +358-9-464-305
邮箱: kcl@ kcl. fi
网址: www. kcl. fi

捷克制浆造纸工业协会(ACPP)
Association of the Czech Pulp and Paper Industry
Litomericka 272, CZ-411 08 Steti, Czech Republic
电话: +420-416-803-934
传真: +420-416-803-935
邮箱: acpp@ acpp. cz
网址: www. acpp. cz

比利时制浆造纸工业协会(COBELPA)
Association of the Belgian Pulp, Paper and Boards Industries
Avenue Louise 306 Bte, b-1050 Brussels, Belgium
电话: +32-2646-6450
传真: +32-2646-8297
邮箱: general@ cobelpa. be
网址: www. cobelpa. be

奥地利造纸工业协会(Austropapier)
The Association of the Austrian Paper Industry
Gumpendorferstr. 6, A-1061 Wien Austria
电话: +43-1-58-8860
传真: +43-1-58-886-222
邮箱: austropapier@ austropapier. at
网址: www. austropapier. at

奥地利制浆造纸技术研究所(IPZ)

Institute for Paper, Pulp and Fiber Technology
Kopernikusgasse 24, A-8010 Graz, Austria
电话: +43 - 316 - 87 - 37 - 510
传真: +43 - 316 - 87 - 38 - 010
邮箱: wolfgang. bauer@ tugraz. at
网址: www. ipz. tugraz. at

德国制浆造纸协会(VDP)

German Pulp and Paper Association
Adenauerallee 55, Bonn 53113, Germany
电话: +49 - 228 - 267050
传真: +49 - 228 - 2670562
邮箱: info@ vdp-online. de
网址: www. vdp-online. de

德国造纸技术研究所(PTS)

The Paper Technology Specialists
Hess-Strasse 134, D-80797 Munich
电话: +49 - 89 - 121460
传真: +49 - 89 - 1214636
邮箱: info@ ptspaper. de
网址: www. ptspaper. de

英国木浆协会(BWPA)

The British Wood Pulp Association
Penrallt, Copthill Lane, Kingswood, Surrey KT20 6HL, United Kingdom
电话: +44 - 1737 - 358444
传真: +44 - 1737 - 363069
邮箱: bwpasec@ tiscali. co. uk
网址: www. bwpa. org. uk

英国纸业联合会(CPI)

The Confederation of Paper Industries
1 Rivenhall Road, Swindon, Wiltshire SN5 7BD United Kingdom
电话: +44 - 1793 - 889600
传真: +44 - 1793 - 878700
邮箱: cpi@ paper. org. uk
网址: www. paper. org. uk

英国造纸工业技术协会(PITA)

Paper Industry Technical Association
5 Frecheville Court, Bury Lancashire BL9 0UF, United Kingdom
电话: +44 - 161 - 764 - 5858
传真: +44 - 161 - 764 - 5353
邮箱: info@ pita. co. uk
网址: www. pita. co. uk

意大利纸及纸制品行业协会(ASSOCARTA)

Association of Italian Paper, Board and Pulp Production
Bastioni di Porta Volta, 7-20121 Milano, Italy
电话: +39 - 2 - 29003018
传真: +39 - 2 - 29003396
邮箱: assocarta@ assocarta. it
网址: www. assocarta. it

意大利制浆造纸技术协会(ATICELCA)

Technical Association of the Italian Pulp and Paper Industry
Bastioni di Porta Volta, 7-20121 Milano, Italy
电话: +39 - 2 - 29003018
传真: +39 - 2 - 29003396
邮箱: assocarta@ assocarta. it
网址: www. assocarta. it

法国造纸工业联盟(COPACEL)

French Confederation of Pulp Paper and Board Producer
154 Boulevard Haussmann, F-75008 Paris, France
电话: +33 - 153 - 89 - 2400
传真: +33 - 153 - 89 - 2401
邮箱: contacts@ copacel. fr
网址: www. internet. copacel. org

法国造纸技术协会(ATIP)

Technical Association of the French Paper Industry
154 Boulevard Haussmann, F-75008 Paris, France
电话: +33 - 1 - 4562 - 1191
传真: +33 - 1 - 4563 - 5309
邮箱: atip@ wanadoo. fr
网址: www. atip. asso. fr

西班牙制浆造纸协会(ASPAPEL)

Spanish Paper Institute
Association of Spanish Pulp and Paper Manufacturers
Avenida de Baviera, 15, 28028 Madrid, Spain
电话: +34 - 91 - 576 - 3003
传真: +34 - 91 - 577 - 4710

邮箱：aspapel@ aspapell. es
网址：www. aspapel. es

西班牙造纸研究所(IPE)
Instituto Papelero Espanol
Avenida de Baviera 15, 28028 Madrid, Spai
电话：+34 -91 -576 -3003
传真：+34 -91 -577 -4710
邮箱：ipe@ ipe. es
网址：www. ipe. es

葡萄牙纸和纸板工业协会(ANIPCI)
National Association of Paper and Board Industries
Rua 14, No. 871 P-4500-233 Espinho, Portugal
电话：+351 -227 -346 -416
传真：+351 -227 -343 -085
邮箱：geral@ anipc. pt
网址：www. anipc. pt

俄罗斯制浆造纸企业协会(BUMPROM)
Russia Association of Pulp and Paper Organization and Enterprises
3rd krasnoselsky lane 21, str. l Rm. 307, 107140 Moscow, Russia
电话：+7 -495 -651 -9102
传真：+7 -495 -651 -9340
邮箱：office@ bumprom. ru
网址：www. bumprom. ru

俄罗斯造纸科学研究所(CNIIB)
Central Scientific & Research Institute of Paper
u1. Lenina 15/1, 21460 pos. Pravdinskiy,
Pushkinskiy rayon, Moskovskaya Obl., Russia
电话：+7 -095 -993 -3623
邮箱：cniib@ pues. ru
网址：www. cniib. ru

美国林业及纸业协会(AF&PA)
American Forest & Paper Association
1111 19th Street, NW Suite 800 Washington, DC 20036, USA
电话：+1 -202 -463 -2700
传真：+1 -202 -463 -2785
邮箱：info@ afandpa. org
网址：www. afandpa. org

美国制浆造纸技术协会(TAPPI)
Technical Association of the Pulp and Paper Industry
15 Technology Parkway South, Norcross, GA 30092, USA
电话：+1 -770 -446 -1400
传真：+1 -770 -446 -6947
邮箱：dbell@ tappi. org
网址：www. tappi. org

加拿大林产品协会(FPAC)
Forest Products Association of Canada
Suite 410-99 Bank Street, Ottawa, Ontario, Canada, K1P 6B9
电话：+1 -613 -563 -1441
传真：+1 -613 -563 -4720
邮箱：ottawa@ fpac. ca
网址：www. fpac. ca

加拿大制浆造纸技术协会(PAPTAC)
Pulp and Paper Technical Association of Canada
740 Notre-Dame West, Suite 1070, Montreal, QC, Canada, H3C 3X6
电话：+1 -514 -392 -0265
传真：+1 -514 -392 -0369
邮箱：tech@ paptac. ca
网址：www. paptac. ca

巴西纸浆和纸业协会(BRACELPA)
Brazilian Pulp and Paper Association
Rua Olimpiadas, 66, 9° andar Vila Olimpia, Sao Paulo, CEP 04551-000, Brazil
电话：+55 -11 -3018 -7800
传真：+55 -11 -3018 -7813
邮箱：faleconosco@ bracelpa. org. br
网址：www. bracelpa. org. br

巴西制浆造纸技术协会(ABTCP)
Brazilian Pulp and Paper Technical Association
Rua Zequinha de Abreu, 27, Pacaembu, 01250-050-S, Sao Paulo, SP, Brazil
电话：+55 -11 -3874 -2700
传真：+55 -11 -3874 -2730
邮箱：abctp@ abctp. org. br
网址：www. abtcp. org. br

巴西制浆造纸研究所(IPT)

Institute for Technological Research, Pulp and Paper
Av. Prof. Almeida Prado, 532 Cid. Universitaria. 05508-901 Sao Paulo, SP, Brazil
电话: +55-11-3767-4126
传真: +55-11-3767-4002
邮箱: sac@ipt. br
网址: www. ipt. br

智利纤维素与造纸技术协会(ATCP Chile)

Chile Technical Association of Cellulose and Paper
janequeo 884 Depto. 402, Concepcion Ⅷ -Region del Biobio Chile
电话: +56-41-288-8130
传真: +56-41-288-8133
邮箱: atcpchile@atcp. cl
网址: www. atcp. cl

阿根廷纸浆、纸张行业协会(AFCP)

Association of Pulp and Paper Manufacturers
Av. Belgrano 2852 (C1209AAN), Buenos Aires, Argenctina
电话: +54-011-4931-0051
传真: +54-11-4931-0053
邮箱: afcparg@afcparg. org. ar
网址: www. afcparg. org. ar

南非造纸行业协会(PAMSA)

Paper Manufacturers Association of South Africa
Corner Austin&Morris Sts., Woodmead Sandton, Rivonia, 2128 South Africa
电话: +27-11-803-5063
传真: +27-11-803-6708
邮箱: jane. molony@pamsa. co. za
网址: www. pamsa. co. za

南非制浆造纸工业技术协会(TAPPSA)

Technical Association of the Pulp and Paper Industry of Southern
Africa, 20 Impangele Road, Kloof, 3610 South Africa
电话: +27-31-7642494
传真: +27-31-7640676
邮箱: secretary@tappsa. co. za
网址: www. tappsa. co. za

(郭彩云)

企业名录

ENTERPRISES LIST

13

国内制浆造纸企业名录

Directory of Domestic Pulping and Papermaking Companies

北 京 市

北京京纸集团有限公司
北京市朝阳区广渠路 39 号院 1 号楼
邮编 100022
电话 010－67043080、67043081
传真 010－67043080
网址 www. bjjzjt. com
产品 利乐包装纸、办公印刷用纸

中国纸业投资有限公司
北京市丰台区南四环西路 188 号总部基地 6 区 17 号楼
邮编 100070
电话 010－83673111
传真 010－83673151
网址 www. chinapaper. com. cn
邮箱 admin@ chinapaper. com. cn
产品 白卡纸、白纸板、文化用纸、薄型包装纸、特种纸、溶解浆

北京造纸一厂
北京市顺义区空港工业 B 区安庆大街 9 号
邮编 101318
电话 010－80484585
传真 010－80490790
网址 www. sanyipaper. com
邮箱 office@ sanyipaper. com
产品 办公用纸、文化用纸、印刷用纸

利乐包装(北京)有限公司
北京市亦庄经济技术开发区东环南路 15 号
邮编 100176
电话 010－67887117
网址 www. tetrapak. com
产品 液体复合包装材料(利乐包装纸)

维达北方纸业(北京)有限公司
北京市平谷区航宇街 16 号
邮编 101200
电话 010－69932777
网址 www. vinda. com
产品 生活用纸

永丰余家纸(北京)有限公司
北京市平谷区马坊工业区东区 1 号
邮编 101204
电话 010－60999688
传真 010－60999686
网址 www. yfycpg. com
产品 生活用纸

北京坤隆纸业有限公司
北京市房山区韩村河镇西南章村
邮编 102406
电话 010－61320196
传真 010－61320058
产品 涂布白纸板

北京市鑫宏鹏纸业有限公司
北京市房山区周口店镇瓦井
邮编 102452
电话 010－69309918
传真 010－61397195
邮箱 bjsxhpzy@ 163. com
产品 精制牛皮纸、纸袋纸、复合纸

北京爱华中兴纸业有限公司
北京市海淀区西三旗东路
邮编 100096
电话 010－82929866、82918325
传真 010－82927452
网址 www. yipianyun. com
邮箱 yipianyun@ yipianyun. com
产品 生活用纸

北京倍舒特妇幼用品有限公司
北京市密云县经济开发区远光街 1 号
邮编 101500
电话 010－69061748、84721230(营销中心)
网址 www. bjbest. com. cn
产品 女性卫生用品、婴幼儿纸尿裤、湿巾

天 津 市

玖龙纸业(天津)有限公司
天津市宁河县经济开发区五纬路
邮编 301500
电话 022－59326666
传真 022－59329148
网址 www. ndpaper. com
邮箱 info_ tj@ ndpaper. com
产品 高档包装用纸

天津造纸厂有限公司
天津市津南区双鑫工业园发港南路 29 号

邮编 300350
电话 13920220737
产品 瓦楞原纸

天津广聚源纸业有限公司
天津市津南区咸水沽海河工业园福鑫路 16 号
邮编 300021
电话 022－88510939
传真 022－88823029
网址 www. gjyzy. cn
邮箱 tjgjyzy@ 163. com
产品 高强瓦楞原纸

天津市中钞纸业有限公司
天津市西青经济开发区兴华道 38 号
邮编 300381
电话 022－23960572
网址 www. tjzczy. com. cn
邮箱 zhchpaper@ vip. sina. com
产品 防伪证券纸、防伪水印纸、安全线纸

天津万利天然纤维薄膜有限公司
天津武清区石各庄敖咀村北口
邮编 301718
电话 022－22159091
产品 高强瓦楞原纸

天津市韩东纸业有限公司
天津市北辰区汾河南道 1 号
邮编 300402
电话 022－26735940
产品 卫生巾

天津金证科技造纸有限公司
天津市河东区津塘路 178 号
邮编 300300
电话 022－84397070
产品 静电复印纸、漂白棉浆

天津市发达造纸有限公司
天津市宝坻区黑狼口工业区
邮编 301822
电话 022－82489065
传真 022－82488988
邮箱 fdzaozhi@ 126. com
产品 高强瓦楞原纸

天津广大纸业有限公司
天津市北辰区红光农场工业园
邮编 300401
电话 022－26952860
产品 心电图纸、脑电图纸、胎儿监护记录纸

天津市星河纸业有限公司
天津市宁河县造纸厂院内
邮编 301505
电话 022－69455666
产品 黄纸板、高强瓦楞原纸

天津弗西比纸业有限公司
天津市津南区八里台工业园南区禄纬道 1 号
邮编 300353
电话 022－88814868
网址 www. wastepaper. com
邮箱 fcb@ wastepaper. net
产品 废纸、空白报纸、白卡纸、卫生纸、牛卡纸

河　北　省

石家庄市

元氏县金鹏纸业有限公司
河北省元氏县嘉惠街南段
邮编 051130
电话 0311－84623867
传真 0311－84623867
网址 www. jpzy. cn
邮箱 jpzy@ jpzy. cn
产品 高强瓦楞原纸

河北华泰纸业有限公司
河北省赵县石塔西路工业一街
邮编 051530
电话 0311－84955555－217
产品 高档彩色新闻纸

河北深泽县造纸厂
河北省石家庄市深泽县桥头经济开发区
邮编 052560
电话 0311－83598815、83598192
传真 0311－83598471
产品 胶版纸、有光纸、书写纸、轻型印刷纸

河北吉藁化纤有限责任公司
河北省藁城市东宁路 2 号

邮编 052160
电话 0311－88042886、88041472
传真 0311－88048224、88158418
网址 www. jghx. cn
邮箱 jghx@ jghx. cn
产品 棉浆粕、纤维浆粕

石家庄诚信纸业有限公司
河北省石家庄市高新区东区珠江大道 49 号天山花园 7－4－101室
邮编 050035
电话 0311－86151369
传真 0311－86151369
产品 滤油纸、油漆过滤纸

鹿泉市顺发工业公司
河北省鹿泉市曲寨工业园
邮编 050200
电话 0311－82296911
传真 0311－82296144
产品 箱纸板

河北藁城市光明纸业有限公司
河北省藁城市市府东路副 1 号
邮编 052160
电话 0311－88049850、88042810
传真 0311－88046054
网址 www. gmpaper. cn
邮箱 guangming@ gmpaper. cn
产品 书写纸、有光纸、薄页纸

石家庄大章纸业有限公司
河北省藁城市南董镇南大章工业园区
邮编 052167
电话 0311－88061031
传真 0311－88469867
产品 双灰纸板、全灰纸板、高光纸板

唐山市

河北永新纸业有限公司
河北省唐山市滦南县西马路 88 号
邮编 063500
电话 0315－4123124
传真 0315－4123486
产品 牛皮箱纸板、高强瓦楞原纸、涂布白纸板

迁安市恒茂纸业有限公司
河北省迁安市北代营南 7 街 86 号
邮编 064400
电话 0315－5217818
传真 0315－7043599
产品 玻璃防霉垫纸、书写纸、胶印书刊纸

唐山融丰特种纸业有限公司
河北省唐山市路南区文化南北街 88 号
邮编 063001
电话 0315－7063258、7063208
传真 0315－2860340
产品 防伪纸、水松原纸、铝箔衬纸、滤嘴棒成型纸

唐山国泰纸业有限公司
河北省唐山市丰润区银城道中国动车城内
邮编 064000
电话 0315－7760089、7760096
传真 0315－7760088、7760051
邮箱 tsguotaizhiye@ 163. com
产品 涂布白纸板、高强瓦楞原纸、白牛皮纸

海丰实业集团唐山信诚浆纸有限公司
河北省唐山市唐海县第八农场
邮编 063207
电话 0315－8888289
传真 0315－8888377
产品 牛皮箱纸板、高强瓦楞原纸

国昌天宇集团有限公司
河北省唐山市玉田县杨家套乡李官屯村西北
邮编 064102
电话 0315－7679900
传真 0315－7679901
网址 www. gtpaper. cn
产品 包装纸

河北昌泰纸业有限公司
河北省唐山市玉田县杨家套乡李官屯村北
邮编 064102
电话 0315－7679914
传真 0315－7679900
产品 石膏板护面纸、低定量瓦楞原纸

玉田天正纸业有限公司
河北省唐山市玉田县林南仓镇东六村开发区
邮编 064106
电话 0315－6387777

传真 0315 －6587288
产品 白纸板、涂布白纸板、箱纸板

玉田县大众恒信纸业有限公司
河北省唐山市玉田县代家屯工业区
邮编 064100
电话 0315 －6556599
产品 箱纸板

玉田县代家屯第一造纸厂
河北省唐山市玉田县代家屯经济开发区
邮编 064105
电话 0315 －6555958
传真 0315 －6566300
产品 高强瓦楞原纸、木浆挂面纸

玉田县盛达纸业有限公司
河北省唐山市玉田县代家屯小学北
邮编 064105
电话 0315 －6564656
产品 牛皮挂面箱纸板、茶纸板、高强瓦楞原纸

唐山市昌盛纸业有限公司
河北省唐山市唐海县八农场朝武庄
邮编 063207
电话 0315 －8790841
产品 瓦楞原纸、黄纸板、灰纸板

唐山市华兴纸业有限公司
河北省唐山市唐海县八农场尚庄子生产队
邮编 063207
电话 0315 －8882312
产品 瓦楞原纸、黄纸板

秦皇岛市

秦皇岛金茂源纸业有限公司
河北省秦皇岛市抚宁县留守营镇保安庄村
邮编 066301
电话 0335 －4083536
产品 高档涂布白纸板

秦皇岛前韩纸业有限公司
河北省秦皇岛市抚宁县留守营镇前韩家林村
邮编 066301
电话 0335 －6046168
产品 涂布白纸板、箱纸板、瓦楞原纸

秦皇岛凡南纸业有限公司
河北省秦皇岛市抚宁县留守营镇樊各南村
邮编 066301
电话 0335 －6488654、6488866
产品 箱纸板

秦皇岛丰满纸业有限公司
河北省秦皇岛市北戴河西十公里处
邮编 066301
电话 0335 －6046886、6046075
传真 0335 －6046706
网址 www. fengmanqhd. com
邮箱 fmqht@ tom. com
fmqhtqhd@ sina. com
产品 挂面白纸板、箱纸板、高强瓦楞原纸、生活用纸

邢台市

柏乡县丰源(邢台)特种纸业有限公司
河北省邢台市柏乡县城
邮编 055450
电话 0319 －7701166
产品 亚麻浆板

河北航宇集团环球造纸有限公司
河北省邢台市南和县城东
邮编 054400
电话 0319 －4563541
传真 0319 －4566001
产品 双胶纸

保定市

保定钞票纸业有限公司
河北省保定市盛兴西路 98 号
邮编 071071
电话 0312 －3176416
传真 0312 －3178167
网址 www. bdcz. cbpm. cn
产品 钞票纸、罗纹水印纸、彩色双胶纸

保定兴华造纸厂
河北省保定市新市区南奇乡
邮编 071051
电话 0312 －3174425、3104008
传真 0312 －3178911
产品 卫生纸

保定三联纸业有限公司
河北省保定市西外环南段
邮编 071000
电话 0312－3239070、3239063
传真 0312－3250899
网址 www.bdslzy.com
邮箱 slzy@bdslzy.com
bdslzy@126.com
产品 牛皮箱纸板、瓦楞原纸

保定市大兴造纸厂
河北省保定市新市区南奇乡南章村
邮编 071051
电话 0312－3175020
产品 卫生纸、包装纸

保定市华融纸厂
河北省保定市新市区南章村东
邮编 071000
电话 0312－3173094
传真 0312－3173094
网址 www.bdhrzc.com
邮箱 010203_happy@163.com
产品 乳胶纸、静电原板纸、水彩画纸、素描纸、标签纸、沟槽纸等特种纸

保定市东升卫生用品有限公司
河北省保定市满城县大册营造纸工业园区
邮编 072151
电话 0312－5578886、5578889、5578887
传真 0312－5572790
网址 www.dshpaper.com.cn
邮箱 mail@dshpaper.com.cn
产品 高档生活用纸

保定市港兴纸业有限公司
河北省保定市满城县大册营造纸工业园区
邮编 072150
电话 0312－7021908
传真 0312－7021728
产品 卫生纸、卫生巾、盘纸、轴纸

保定市江城造纸厂
河北省保定市天威路
邮编 072150
电话 0312－3204686
传真 0312－3250182
产品 箱纸板、包装纸

河北省顺平县惠兴纸业有限公司
河北省保定市顺平县汽车站西 1 公里
邮编 072250
电话 0312－7625317
传真 0312－7625317
产品 育果袋纸、装饰原纸、表层耐磨纸、平衡纸

保定市天华纸制品厂
河北省保定市新市区江城乡尹庄
邮编 071051
电话 0312－3196148
传真 0312－3196148、3192458
产品 螺旋纸管、复合纸板、纸板

保定市兴冀特种纸业有限责任公司
河北省保定市利民路 68 号
邮编 071000
电话 0312－2113318、2110518
传真 0312－2116666
邮箱 rex800@tom.com
产品 A 等晒图原纸、1 号制图纸、图画纸、水彩画纸、高档全木浆生活用纸

河北义厚成日用品有限公司
河北省满城县建业路 333 号
邮编 072150
电话 0312－5576900
传真 0312－5576655
产品 妇婴卫生用品

保定市满城永兴纸业有限公司
河北省保定市满城县造纸工业园区
邮编 072150
电话 0312－7021019
传真 0312－7022288
产品 卫生纸

保定市满城金光纸业有限公司
河北省保定市满城县大册营镇方上村
邮编 072150
电话 0312－7021707
传真 0312－7021899
邮箱 maowangpaper@126.com
产品 生活用纸

河北省保定市东方造纸有限公司
河北省保定市徐水县巨力路
邮编 072550

电话 0312－8698215
传真 0312－8698212
产品 高强瓦楞原纸、低定量瓦楞原纸、隔热膜原纸、双胶纸、数码相纸、生活用纸

河北小人国纸业有限公司
河北省保定市建国路 968 号
邮编 071000
电话 0312－2177998
传真 0312－2173636
网址 www. hbxiaorenguo. com
邮箱 xrgzhiye@ 163. com
产品 生活用纸、湿巾

河北省保定市满城县新星造纸厂
河北省保定市满城县南韩村工业区
邮编 072150
电话 0312－7031168
传真 0312－7033888
产品 生活用纸

河北省满城县恒达纸业有限公司
河北省保定市满城县北外环胡町村南
邮编 072150
电话 0312－7068999
传真 0312－7068858
产品 箱纸板、灰纸板、双灰纸板、牛皮箱纸板、厚灰纸板、涂布原纸

保定华康纸业有限公司
河北省保定市满城县宏昌大街
邮编 072150
电话 0312－7074774
传真 0312－7065101
网址 www. huakangzhiye. com
邮箱 huakangzhiye@ sina. cn
产品 灰纸板、茶纸板、瓦楞原纸

河北省涿州市东立纸业有限责任公司
河北省涿州市开发区
邮编 072750
电话 0312－3750268
产品 石膏板护面纸板

河北雪松纸业有限公司
河北省保定市满城县大册营造纸工业园区
邮编 072150
电话 0312－7021606、7027008、7027007
传真 0312－7020869
网址 www. hbxuesong. cn
邮箱 xuesonghb@ 126. com
产品 卫生纸、餐巾纸

满城县中信纸业有限公司
河北省保定市满城县大册营镇
邮编 072150
电话 0312－7021807、7131212
手机 13933267755
传真 0312－7022988
网址 www. zhongxinpaper. com
邮箱 zx@ zhongxinpaper. com
产品 卫生纸

河北亚光纸业有限公司
河北省保定市满城县造纸工业区
邮编 072150
电话 0312－7021008
传真 0312－7021609、7026609
产品 生活用纸

河北大发纸品有限公司
河北省保定市容城县容城镇东牛村
邮编 071700
电话 0312－5692818、5692828
传真 0312－5692838
网址 www. dafapaper. com
邮箱 dafa@ dafapaper. com
产品 新闻纸、生活用纸

保定市满城顺利有限公司
河北省满城县大册营镇大册村
邮编 072150
电话 0312－7021218
产品 生活用纸

徐水县前进纸业有限公司
河北省保定市徐水县遂城镇栗元庄
邮编 072557
电话 0312－8903975、7021904
产品 卫生纸

张家口市

河北宣化造纸厂
河北省张家口市宣化区跃进街 5 号
邮编 075100

电话 0313－3058223
产品 特种防伪纸、文化用纸、工业包装纸、铜版纸、照相原纸

张家口市华鑫纸业有限公司
河北省张家口市桥东区姚家庄村
邮编 075000
电话 0313－4085359
产品 卫生纸

张家口市东山造纸厂
河北省张家口市桥东区陵园北街东侧
邮编 075000
电话 0313－2228872
产品 瓦楞原纸、箱纸板

沧州市

河北省青县纸业有限责任公司
河北省沧州市青县流河镇王镇店
邮编 062650
电话 0317－4271073
传真 0317－4271053
产品 箱纸板、瓦楞原纸

泊头市龙达纸业有限公司
河北省泊头市开发区
邮编 062150
电话 0317－8318556
传真 0317－8318655
产品 高强瓦楞原纸

河北宏光纸业有限公司
河北省沧州市吴桥县铁城镇
邮编 061801
电话 0317－7188366
传真 0317－7188232
产品 胶版纸

沧州临港资通纸业有限公司
河北省沧州市临港经济技术开发区
邮编 061108
电话 0317－5483108
产品 本色草浆、木浆

任丘市星火造纸有限责任公司
河北省任丘市新中驿乡张施村
邮编 062556
电话 0317－3326999
产品 胶印书刊纸、瓦楞原纸

廊坊市

中轻特种纤维材料有限公司
河北省廊坊市开发区紫杉路 50 号
邮编 065001
电话 0316－2575530
传真 0316－2575609
网址 www. sinoligthpaper. com
邮箱 ifzq22163@ 163. com
产品 超薄型电容器纸、厚纸板、吸尘器纸袋纸、化纤壁纸、育果袋纸、烟用滤纸等

东兴纸业(香河)有限公司
河北省廊坊市香河县淑阳镇金辛庄
邮编 065400
电话 0316－8327347
产品 牛皮箱纸板

衡水市

河北环达纸业有限公司
河北省衡水市景县城南 9 公里处第三工业区
邮编 053500
电话 0318－4295615
网址 www. 3231913. 71ab. com
产品 双胶纸、包装纸、有光纸

衡水市第一造纸厂
河北省衡水市新工路 218 号
邮编 053000
电话 0318－2030687
传真 0318－2030687
产品 凸版纸、生活用纸、瓦楞原纸

山　西　省

太原市

齐兴伟业造纸有限公司
山西省太原市晋源区
邮编 030050
电话 0351－5614811
传真 0351－5614811
产品 石膏板护面纸板

太原市南郊造纸二厂
山西省太原市晋源区姚村镇
邮编 030050
电话 0351－6980550
产品 瓦楞原纸、挂面箱纸板、牛皮箱纸板

太原家盛纸业有限公司
山西省太原市晋源区
邮编 030050
电话 0351－6985356
产品 高强瓦楞原纸

太原龙盛伟纸业有限公司
山西省太原市晋源区
邮编 030050
电话 0351－6933546
产品 高强瓦楞原纸

太原吉兴造纸厂
山西省太原市晋源区
邮编 030050
电话 13209821268
产品 高强瓦楞原纸、箱纸板

太原玉盛源能源发展有限公司
山西省太原市清徐县清源镇小北村旧 307 国道旁
邮编 030400
电话 0351－5709366
传真 0351－5722001
网址 www. tyysy. com
邮箱 taiyuanyushengyuan@ 163. com
产品 防火阻燃类纸板

长治市

长治华南纸业有限公司
山西省长治市长治县
邮编 047105
电话 0355－6017523
产品 瓦楞原纸、箱纸板

晋中市

榆次科迪尔造纸有限公司
山西省晋中市榆次区东郊源锅村
邮编 030600
电话 0354－2083339
产品 卫生纸、炸药用纸

山西强伟纸业有限公司
山西省晋中市寿阳县朝阳镇半月村
邮编 045400
电话 0354－3909710
传真 0354－3909710
网址 www. qwpaper. com
邮箱 info@ qwpaper. com
产品 石膏板护面纸

运城市

山西合盛工贸有限公司造纸分公司
山西省运城市稷山县汾河桥西
邮编 043200
电话 0359－5562768
传真 0359－5562768
邮箱 jywzm@ 163. com
jywzm1788@ yahoo. com. cn
产品 单面书写纸、胶版纸

山西运城市瑞马纸业有限公司
山西省运城市夏县裴介镇
邮编 043000
电话 13903595803
传真 0357－3016118－8002
产品 机制纸

山西运城东方纸业有限公司
山西省运城市闻喜县
邮编 044000
电话 15034574299
产品 书写纸、双胶纸、油光纸

临汾市

临汾新晋达纸业有限公司
(原临汾造纸厂)
山西省临汾市解放东路
邮编 041000
电话 0357－3016118、3016141
传真 0357－3016118－8002
产品 箱纸板、瓦楞原纸、再生新闻纸

襄汾宏峰林纸有限公司
山西省临汾市襄汾县邓庄镇
邮编 041503
电话 0357－3690259
产品 邮封纸、拷贝纸

山西华达纸业有限公司
山西省临汾市襄汾县邓庄镇
邮编 041503
电话 0357－3699066
产品 邮封纸

山西晋芳纸业有限公司
山西省临汾市洪洞县南坂街 1 号
邮编 041600
电话 0357－6210888
产品 生活用纸

吕梁市

山西则天浆纸有限公司
山西省吕梁市文水县
邮编 032100
电话 0358－3081706
传真 0358－3081701
产品 瓦楞原纸

内蒙古自治区

呼和浩特市

内蒙古荣信纸业有限公司
内蒙古自治区呼和浩特市土默特左旗毕克齐镇杨家堡村
邮编 010100
电话 0471－8213033
传真 0471－8213033
产品 高强瓦楞原纸

内蒙古天浩纸业有限公司
内蒙古自治区呼和浩特市金川开发区南区金 2 路东
邮编 010010
电话 0471－2370016
传真 0471－2370016
产品 高档箱纸板

呼伦贝尔市

内蒙古大兴安岭浆纸有限责任公司
内蒙古自治区扎兰屯市富伦街 33 号
邮编 162650
电话 0470－3303820
传真 0470－3303820
产品 木浆、纸袋纸、精制牛皮纸、复合原纸

海拉尔红星纸板厂
内蒙古自治区呼伦贝尔市海拉尔区建设乡红星村
邮编 021011
电话 0470－8281775
产品 瓦楞原纸

巴彦淖尔市

中冶美利内蒙古浆纸股份有限公司
内蒙古自治区巴彦淖尔市乌拉特前旗西山咀镇
邮编 014400
电话 0478－3214223
产品 箱纸板

内蒙古金星浆纸有限公司
内蒙古自治区巴彦淖尔市乌拉特前旗乌拉特山镇
邮编 014400
电话 0478－3211917
传真 0478－3215178
产品 漂白苇浆、漂白麦草浆、生活用纸、静电复印纸、双胶纸、书写纸、油光纸

乌兰察布市

集宁市宏盛纸业有限公司
内蒙古自治区乌兰察布市集宁区文化路 17 号
邮编 012000
电话 0474－8285577
传真 0474－8284037
产品 瓦楞原纸

辽 宁 省

沈阳市

玖龙纸业(沈阳)有限公司
辽宁省沈阳市新民市东城街工业园区
邮编 110300
电话 024－31782611/317
传真 024－31782630
产品 牛卡纸

沈阳久九纸板有限公司
辽宁省沈阳市铁西新区卫工街北三中路 39 号
邮编 110000
电话 024－25847459
传真 024－25848459
网址 www. syjjzb. com

邮箱 wanghuaijun@ sina. com
产品 纸板、瓦楞原纸

沈阳市宝洁纸业有限责任公司
辽宁省沈阳市和平区长白西街 68 号
邮编 110000
电话 024 –23738811
传真 024 –23736599
网址 www. baojiezhiye. cn
邮箱 846192331@ qq. com
产品 生活用纸、成人护理系列

沈阳市长城过滤纸板有限公司
辽宁省沈阳市皇姑区鸭绿江北街 45 号
邮编 110032
电话 024 –86616852
传真 024 –86671668
网址 www. cclz. com. cn
邮箱 cclz8462@ sina. com
产品 过滤纸板、滤纸

沈阳思特雷斯纸业有限公司
辽宁省沈阳市经济技术开发区十三号路六甲二号
邮编 110027
电话 024 –89303888
传真 024 –89303866
网址 www. stls. cn
邮箱 systlszy@ 163. com
产品 金属板带衬纸、不锈钢垫纸、金属板衬纸、玻璃衬垫用纸、医用包装纸、防锈包装纸

沈阳市沙金纸业有限责任公司
辽宁省沈阳市大东区莲花街 11 号
邮编 110042
电话 024 –24239280
传真 024 –24239280
邮箱 sjzy@ 21cn. com
产品 书刊纸、造纸脱水器材

辽宁尚阳纸业有限公司
辽宁省沈阳市大东区东贸路 1 号 5 –2 号楼
辽宁省铁岭市清河工业园区(厂址)
邮编 112000
电话 024 –31810270
网址 www. lnsyzy. com
邮箱 zuolp8888@ 163. com
产品 生活用纸原纸、卷纸、手帕纸、面巾纸、抽取式卫生纸

大连市

大连吉丽纸业有限公司
辽宁省大连市开发区红星工业园 6 栋 3 号
邮编 116000
电话 0411 –87511908
传真 0411 –87511438
网址 www. propitious. hk
邮箱 wangli@ propitious. hk
产品 工业擦拭纸、擦拭纸、吸油棉、擦拭布、无尘布、无尘纸

瓦房店大森纸业有限公司
辽宁省大连市瓦房店市轴承产业园
邮编 116300
电话 0411 –85666599
传真 0411 –85646253
网址 www. dasenzy. china. b2b. cn/index. htm
邮箱 1878458335@ qq. com
产品 纸管、螺旋纸管

大连中诚纸业有限公司
辽宁省大连市金州区大魏家镇王家村
邮编 116110
电话 0411 –87897288
传真 0411 –87897555
产品 箱纸板、瓦楞原纸

大连金洋纸业有限公司
辽宁省大连市金州新区中长街道中长村
邮编 116110
电话 0411 –7814748
产品 高档箱纸板、高强瓦楞原纸

鞍山市

鞍山顺电超高压绝缘材料有限公司
辽宁省鞍山市千山区鞍刘路 650 号
邮编 114000
电话 0412 –8412340
传真 0412 –8411766
网址 www. shunpower. com
邮箱 xin. wang@ shunpower. com
产品 绝缘纸板

维达纸业(辽宁)有限公司
辽宁省鞍山市千山区红旗南街 15 号

邮编 114011
电话 0412－8772558
传真 0412－8772528
网址 www. vindapaper. com
邮箱 sun. ql@ vnida. com
产品 高中档卫生卷纸、纸巾纸、盒装面巾、软包抽取式面巾、餐巾纸

抚顺市

琥珀纸业有限公司
辽宁省抚顺市望花区古城子路 4 号
邮编 113001
电话 024－52595858
传真 024－52595858
网址 www. hpzy. com. cn
www. hupozy. com
产品 生活用纸、箱纸板

本溪市

本溪尚琳纸业有限公司
辽宁省本溪市明山区程家街 78 栋 1 层 3 号
邮编 117000
电话 024－44841067
网址 www. shanglinzhiye. com
产品 高档卫生纸

丹东市

辽宁铭笙纸业有限公司
辽宁省东港市前阳经济开发区
邮编 118301
电话 0415－7816888、7816666
传真 0415－7816669、7816611
产品 高强瓦楞原纸、黄纸板

丹东市新华纸业有限公司
辽宁省东港市前阳开发区安阳大街 1－68 号
邮编 118301
电话 0415－6677377
传真 0415－6677377
产品 瓦楞原纸、覆膜皱纹包装纸、型材包装纸

凤城市合众纸业有限公司
辽宁省凤城市管理区绸厂二区
邮编 118100
电话 0415－8230039、13940595049
产品 如厕纸、水果套袋纸、染色纱管面纸、过滤纸等

锦州市

金城造纸股份有限公司
辽宁省锦州市凌海市金城街
邮编 121203
电话 0416－8350013
传真 0416－8350004
产品 胶印书刊纸、双胶纸、书写纸

营口市

营口造纸有限责任公司
辽宁省营口市站前区河湾北街一号
邮编 115001
电话 0417－2135765
传真 0417－3631195
邮箱 lyzzc@ 163. com
产品 全无氯漂白苇浆板、胶印书刊纸、单面书写纸

辽阳市

辽阳赛伦工业纸板有限公司
辽宁省辽阳市太子河区建设路 21 号
邮编 111000
电话 0419－3306969
产品 绝缘纸板、进口木浆

辽阳同盛纸业有限公司
辽宁省辽阳市白塔区建设路 21 号
邮编 111000
电话 0419－3305319
传真 0419－3305319
产品 灰纸板

盘锦市

辽宁振兴生态造纸有限公司
辽宁省盘锦市盘山县东郭造纸工业园区
邮编 124112
电话 0427－6577000
传真 0427－6577088
网址 www. zxstjt. com
邮箱 lnstzyxzb@ 126. com
产品 文化用纸、浆板

铁岭市

辽宁省开原荣信纸业有限公司
辽宁省开原市新城街工业园
邮编 112300
电话 004－73617698
传真 024－73617398
网址 www. rxzy. net
产品 打印纸、单胶纸、双胶纸、办公用纸、复印纸、纸品原材料

辽宁兴东纸业有限公司
辽宁省开原市八宝镇大湾村造纸工业园区
邮编 112322
电话 024－73672222
传真 024－73900168
网址 www. lnxdzy. com
产品 牛皮箱纸板、纱管纸

朝阳市

朝阳市纸板总厂
辽宁省朝阳市北环路 8 号
邮编 122000
电话 0421－2814799
传真 0421－2805675
产品 包装纸板、涂布白纸板、瓦楞原纸

吉 林 省

吉林市

吉林市瑞华纸业有限公司
吉林省永吉县建设路 13 号
邮编 132227
电话 0432－4918488
产品 瓦楞原纸

白山市

白山市琦祥纸业有限公司
吉林省白山市八道江区东兴街长白路 49 号
邮编 134300
电话 0439－3389008
传真 0439－3389000
产品 瓦楞原纸、箱纸板

四平市

公主岭市光大纸业有限责任公司
吉林省公主岭市秦家屯镇
邮编 136114
电话 0434－6411665
传真 0434－6411665、6411658
产品 中高强瓦楞原纸

延边朝鲜族自治州

延边石岘双鹿实业有限公司
吉林省图们市石岘镇
邮编 133101
电话 0433－3869001、3868139
传真 0433－3869001、3868139
产品 新闻纸、双面胶版纸、卫生纸、复印纸、亚硫酸盐木浆、静电复印纸、箱纸板

黑龙江省

鸡西市

黑龙江北大荒纸业有限责任公司
黑龙江省密山市兴凯湖造纸厂
邮编 158328
电话 0467－5081055
传真 0467－5081037
产品 打字纸、书写纸、胶版纸、彩色胶印纸、图画纸

佳木斯市

佳木斯龙江福浆纸有限公司
黑龙江省佳木斯市光复路 306 号
邮编 154005
电话 0454－6066887
传真 0454－6066860
邮箱 wxyjz@ 163. com
产品 精制白牛皮纸、伸性纸袋纸、本色木浆

牡丹江市

牡丹江恒丰纸业集团有限公司
黑龙江省牡丹江市阳明区恒丰路 11 号
邮编 157013
电话 0453－6331111、6886000、6886500
传真 0453－6331063、6886868

网址 www. hengfengpaper. com
邮箱 gsb@ hengfengpaper. com
产品 铜版纸、卷烟纸、铝箔衬纸、滤嘴棒纸、水松原纸、无碳复写原纸

大宇制纸有限公司
黑龙江省牡丹江市阳明区光华街 8 号
邮编 157013
电话 0453 -6325718、6325737
传真 0453 -6333577、6325711
网址 www. daewoopaper. com
产品 美术铜版纸、超感纸

牡丹江市三都特种纸业有限公司
黑龙江省牡丹江市爱民区大庆街 19 号
邮编 157009
电话 0453 -6899237
传真 0453 -6899237
产品 卫生纸、纸巾纸、擦拭纸

海林市柴河林海纸业有限公司
黑龙江省海林市柴河镇铁东路 2 号
邮编 157131
电话 0453 -7528590
传真 0453 -7528390
邮箱 lhzyxsb@ 163. com
产品 箱纸板、高强瓦楞原纸

上 海 市

上海中隆纸业有限公司
上海市浦东康桥工业区秀浦路 489 号
邮编 201315
电话 021 -58129798
传真 021 -58128986
网址 www. shclc. com. cn
产品 高档牛皮箱纸板、高强瓦楞原纸

金奉源纸业(上海)有限公司
上海市奉贤县星火开发区莲塘路 251 号
邮编 201419
电话 021 -57505588
传真 021 -57501100
网址 www. jfy-paper. com
邮箱 jfy-paper@ app. com. cn
产品 高档食品卡纸

上海富民造纸厂
上海市崇明县港沿镇八一公路
邮编 202158
电话 021 -59465361
传真 021 -59465421
产品 瓦楞原纸、茶纸板

上海嘉龙纸业有限公司
上海市金山区金张公路 5207 号
邮编 201517
电话 021 -57371450、57371707
传真 021 -57371305
网址 www. jialongzy. com
邮箱 jialong00001@ 163. com
产品 瓦楞原纸、阻燃纸、纸浆

上海同孚特种纸板厂
上海市崇明县港沿中路 588 号
邮编 202158
电话 021 -59461824
传真 021 -59461268
邮箱 sh-tongfu@ citiz. net
产品 纸浆模塑制品

上海金佰利纸业有限公司
上海市福州路 666 号金陵海欣大厦 10 楼
邮编 201600
电话 021 -37813030、61327755
传真 021 -37813030
网址 www. kimberly-clark. com. cn
产品 高档生活用纸

潜利工业有限公司
上海市宝山区月浦镇知仁路 99 号
邮编 200942
电话 021 -66031116
传真 021 -66036689、56154976
网址 www. potentialpaper. com
产品 高档生活用纸

上海新江南纸业有限公司
上海市武宁路 1500 号南楼 408 室
邮编 200061
电话 021 -62543871
传真 021 -62543871
邮箱 xinjiangnan2006@ 126. com
产品 防伪邮票纸

上海乐凯纸业有限公司
上海市普陀区常和路 308 号
邮编 200331
电话 021－62848733、62059984
传真 021－63639043、62845219
网址 www. shanghaizhiye. luckyfilm. com. cn
产品 高档彩色相纸

上海力德纸业有限公司
上海市沪青平公路 6098 号
邮编 201713
电话 021－59230220
传真 021－59230221
网址 www. leadpaper. com
邮箱 lead@ leadpaper. com
产品 透析纸、氧化锌印版纸、心电图纸

长谊特种纸(上海)有限公司
上海市宝山城市工业园区丰翔路 1369 号
邮编 200436
电话 021－36160789、62113737
传真 021－36160787、62113232
网址 www. cypnet. com. cn
产品 特种纸

骏源新材料(上海)有限公司
上海市青浦工业园区汇联路 1739 号
邮编 201707
电话 021－59706666
传真 021－59706688
网址 www. sinjunyuan. com
邮箱 webmaster@ sinjunyuan. com
产品 特种纸、耐磨纸

上海三五纸厂有限公司
上海市青浦区练塘镇朱枫公路 688 弄 2 号
邮编 201715
电话 021－59251102、59251121
产品 热敏纸、电火花纸

上海合和纸业有限公司
上海市青浦区华新镇宝丰西路 888 号
邮编 201708
电话 021－59798680
传真 021－59798812、59798660
网址 www. shhehepaper. com
邮箱 hehezhiye@ 163. com
产品 牛皮纸、加工纸

阿波制纸(上海)有限公司
上海市奉贤区星火开发区莲塘路 355 号
邮编 201419
电话 021－57505800
传真 021－57505805
邮箱 hdh@ aws. net. cn
产品 过滤纸

上海延中办公用品实业公司
上海市胶州路 941 号长久大厦 501 室
邮编 200060
电话 021－62998411
传真 021－62998423
网址 www. yanzhong. com. cn
产品 晒图纸

上海汇晔纸品有限公司
上海市常和路 198 号 4 号厂房
邮编 200331
电话 021－32050595
传真 021－32051513
产品 晒图纸

上海虹灵－迪茨根纸业有限公司
上海市闵行区中春路 6889 弄 3 号
邮编 201101
电话 021－64061122
传真 021－54881149
产品 晒图纸

上海晨江纸品有限公司
上海市松江区荣乐东路 66 号
邮编 201600
电话 021－57711008
传真 021－57710800
产品 晒图纸

上海迪佳纸业印务有限公司
上海市浦东新区瑞祥路 100 号
邮编 201209
电话 021－58567866
传真 021－58569023
产品 晒图纸

上海全兴纸业有限公司
上海市松江区新桥申江路 1500 弄 11 号
邮编 201612
电话 021－57684008

传真 021－64081025、56784318
产品 晒图纸

上海亚傲纸业有限公司
上海市澄建路351号
邮编 201108
电话 021－64341587
传真 021－64341587
产品 晒图纸

上海畅威办公用品有限公司
上海市长寿路748弄1号904室
邮编 200060
电话 021－62325238
传真 021－62314773
产品 晒图纸

上海东冠华洁纸业有限公司
上海市中山南一路893号斯米克广场西楼三楼
邮编 200023
电话 021－58636607
传真 021－53026726、53026782
网址 www.socpcn.com
邮箱 afh@socp.com.cn
产品 生活用纸

上海国峰纸业有限公司
上海市南汇区老港化工工业园区同强路
邮编 201302
电话 021－58053886
传真 021－58055656
产品 邮票原纸、晒图原纸

上海繁锦纸业有限公司
上海市南汇区祝桥东海盐朝北路8号209室
邮编 201325
电话 021－68265628
传真 021－62473126
产品 晒图纸

金光集团 APP 中国总部
上海市延安东路222号外滩中心8、9楼
邮编 200002
电话 021－63352299、63352222、63351283
传真 021－63618585、63351459
网址 www.app.com.cn
产品 漂白硫酸盐桉木浆、印刷纸、包装纸、生活用纸

上海殷泰纸业有限公司
上海市蕴川路盛桥工业小区
邮编 200942
电话 021－56649708
传真 021－56646488
产品 彩色胶印新闻纸

上海汇德利文化用品有限公司
（原上海市复写纸厂）
上海市大林路10号604室
邮编 200011
电话 021－63452255
传真 021－63010772、63454319
产品 复写纸

上海开伦造纸印刷集团有限公司
上海市武夷路477号
邮编 200050
电话 021－62400224、62104040
传真 021－62401113
网址 www.kai-lun.com
邮箱 kailun@kai-lun.com
产品 静电复印纸、瓦楞原纸、牛皮箱纸板、折叠涂布白纸板、单面涂布白纸板、茶纸板

上海雅丽纸业有限公司
上海市聚丰园路669弄50号102室
邮编 200444
电话 021－66740789
传真 021－66740790
产品 复印纸、打印纸、传真纸、扎钞纸、白卡纸

上海基隆腊光纸有限公司
上海松江区佘山镇天马新宅路600号
邮编 201603
电话 021－57662899、57663729
传真 021－57663729
网址 www.shjl-lgz.com
邮箱 tianmaxue@sina.com
产品 各色蜡光纸

江 苏 省

南京市

南京经纬纸业有限公司
江苏省南京市江宁开发区经四路138号
邮编 211100

电话 025－52106598
传真 025－52100881
网址 www. jwpaper. com
产品 纸杯纸、碗面纸、冰淇淋纸

金佰利(南京)个人卫生用品有限公司
江苏省南京市江宁经济技术开发区吉印大道 3199 号
邮编 211100
电话 025－52722999
传真 025－52721122
网址 www. kimberly-clark. com. cn
产品 妇女用卫生巾

南京瑞达纸业有限公司
江苏省南京市丰富路石榴园 330 号
邮编 210000
电话 025－84209796
传真 025－84213096
网址 www. njrdzy. com
产品 联单、热敏纸、气象防锈纸、防锈纸

南京天府纸业(集团)公司
江苏省南京市玉兰路 99 号明发商业广场 6 号楼 413－416 室
邮编 210000
电话 025－84587466、84614407
传真 025－84587466
网址 www. tfpaper. com
邮箱 304157937@ qq. com
产品 书写纸、双胶纸

无锡市

无锡双龙信息纸业有限公司
江苏省无锡市太湖国家旅游度假区 5 号碧波支路 3 号
邮编 214092
电话 0510－85996606、85996848
传真 0510－85995909
网址 www. slpz. com
邮箱 slpz@ sohu. com
产品 电脑打印纸、静电复印纸、票据纸、传真纸

无锡荣成环保科技有限公司
江苏省无锡市惠山区洛社镇中兴西路 43 号
邮编 214187
电话 0510－83316666
传真 0510－83311826
网址 www. longchenpaper. com
产品 牛皮纸板、瓦楞原纸、瓦楞纸板、瓦楞纸箱

无锡市金东纸业有限公司
(金东纸业供应站)
江苏省无锡市东亭北座工业园内
邮编 210000
电话 0510－88213110、88211363、88251188、88250206
传真 0510－82231350、88250772
网址 www. goldeastpaper. com. cn
邮箱 zhangyunfei@ app. com. cn
产品 白卡纸、双胶纸、双面铜版纸、白纸板

锡山市生力纸业有限公司
江苏省无锡市锡山区鹅湖镇望虞路 9 号
邮编 214117
电话 0510－88751447、88757850
传真 0510－88751447
产品 高强瓦楞原纸

无锡侨颂特种纸有限公司
江苏省无锡市滨湖区碧波支路 11 号
邮编 214092
电话 0510－85990528
传真 0510－85997742
产品 无碳复写纸

无锡锡山恒丰纸业有限公司
江苏省无锡市锡山区东亭镇杨亭村
邮编 214102
电话 0510－88260560
传真 0510－88261049
网址 www. wxhfzy. com
邮箱 wxhfzy@ 126. com
产品 纸箱、瓦楞原纸

无锡市锡山华盛纸业有限公司
江苏省无锡市东亭二泉东路赛维拉包装市场西
邮编 214000
电话 0510－88259207
传真 0510－88251877
网址 www. wxhszy. com
产品 铜版纸、双胶纸、白底白卡纸、白底白纸板、白底灰纸板、高档白卡纸和轻涂纸

无锡市齐力纸业有限公司
江苏省无锡市新世界国际印刷包装产业交易中心 B－32 号
邮编 214000

电话 0510－88231801
传真 0510－88083459
网址 www. qilizhiye. com
邮箱 qilizhiye@ 126. com
产品 包装纸、印刷纸、特种纸

无锡市天昱纸业有限公司
江苏省无锡市惠山经济开发区城塘路18号
邮编 214177
电话 0510－83766599
传真 0510－83761808
网址 www. wxstyzy. com
邮箱 2274739357@ qq. com
产品 淋膜口杯纸、碗面纸、餐盒纸、牛皮包装纸、白卡纸、双胶纸、化工包装纸、食品包装纸和各种防潮防水用纸

无锡市三元纸业有限公司
江苏省无锡市新区长江路8号
邮编 214028
电话 0510－85225388、85225088、85215127、85217491
传真 0510－85225699
网址 www. wxsyzy. com
邮箱 168163510@ qq. com
产品 双胶纸、铜版纸、轻涂纸、优光铜版纸、无碳压感原纸、牛皮纸

无锡泰极纸业有限公司
江苏省无锡市锡山经济开发区团结大道春雨路
邮编 214101
电话 0510－88262053、88266679
传真 0510－88261990
网址 www. wxtjpaper. com
邮箱 sales@ wxtjpaper. com
产品 化纤纸管、氨纶纸管、工业丝纸管、蜂窝板

无锡市越丰纸业有限公司
江苏省无锡市江海西路（312国道）红星段
邮编 214037
电话 0510－83071988、83072988、83070988
传真 0510－83075576
网址 www. yfpaper. com
邮箱 yf-paper@ 163. com
产品 无碳复写纸、无碳复写纸用微胶囊、电脑打印纸

无锡市江海信息纸业有限公司
江苏省无锡市新区锡达路580号3号楼
邮编 214112
电话 0510－85626099、85627393
传真 0510－85627699
网址 www. jianghaipaper. com
邮箱 jhzy163@ 163. com
产品 无碳复写票证纸、记录纸、静电复印纸、传真纸、不干胶贴纸

无锡西瑞玛纸业有限公司
江苏省无锡市扬名高新技术产业园B区076号
邮编 214024
电话 0510－85418959、85418969
传真 0510－85418979
网址 www. sunrise-paper. com
www. diamondpaper. cn
邮箱 info@ sunrise-paper. com
产品 描图纸、绘图纸、草图纸、彩激纸、工程复印纸和设计蓝图纸

江苏省江阴市顾山东方造纸厂
江苏省江阴市顾山镇永安桥
邮编 214413
电话 0510－86323688
传真 0510－86326329
产品 牛皮箱纸板、纱管纸板

江阴比图特种纸板有限公司
江苏省江阴市长泾镇经济开发区兴隆路2号
邮编 214411
电话 0510－86305989、86301263
传真 0510－86302212
网址 www. chinabesto. com
邮箱 xuyulian@ chinabesto. com
jybesto@ chinabesto. com
patrick_ besto@ hotmail. com
产品 中底纸板、快巴纸板

江阴美源实业有限公司
江苏省江阴市梅园路91号
邮编 214400
电话 0510－86890068、86877625、86891508
传真 0510－86877610、86891721
网址 www. meiyuan. com
邮箱 sales@ meiyuan. com
产品 涂布纸

江阴永丰余造纸有限公司
江苏省江阴市通江南路258号
邮编 214433

电话 0510－86114181、86105973
传真 0510－86118748
网址 www. yfy. com
产品 涂布白纸板

无锡市江南纸业有限公司
江苏省宜兴市官林镇
邮编 214251
电话 0510－87206896
传真 0510－87200108
产品 瓦楞原纸、茶纸板

江阴新浩再循环纸业有限公司
江苏省江阴市南外环路 665 号
邮编 214433
电话 0510－68826000、68822228、68821804
传真 0510－86111319、86101863
网址 www. china-haoran. com
www. xinhaopaper. com
邮箱 sales@ xinhaopaper. com
产品 白纸板、废纸浆

无锡箱板纸有限公司
江苏省无锡市山北乡山北大桥下
邮编 214037
电话 0510－83078975
传真 0510－83072771
产品 包装纸板

无锡市一正纸业有限公司
江苏省宜兴市丁蜀镇陶瓷工业园
邮编 214200
电话 0510－88566366、80383311
传真 0510－88567366
网址 www. wxyizheng. com
邮箱 jinjie6366@ 163. com
产品 卷筒卫生纸、面巾纸、餐巾纸、卫生纸、成人纸尿片、成人纸尿裤

宜兴市板纸厂
江苏省宜兴市张渚镇牛犊山
邮编 214231
电话 0510－87300130
传真 0510－87301270
产品 箱纸板、瓦楞原纸

宜兴市苏南纸厂
江苏省宜兴市张渚镇渚钢路 18 号
邮编 214231
电话 0510－87318286
传真 0510－87301375
产品 箱纸板、瓦楞原纸

宜兴市华法纸业有限公司
江苏省宜兴市经济开发区
邮编 214200
电话 0510－87125536、87125502、87121276
传真 0510－87121839
网址 www. yxhfzy. com
邮箱 sales@ yxhfzy. com
产品 箱纸板、瓦楞原纸

江苏湟里纸业有限公司
江苏省江阴市璜土镇工业园
邮编 214117
电话 0510－86652218
传真 0510－86652208
网址 www. hlpaper. cn
产品 箱纸板

徐州市

江苏新大(五洲)纸业有限公司
江苏省新沂市经济开发区上海路 2 号
邮编 210000
电话 0516－88610108、88616381
传真 0516－88619296、88610193
网址 www. xindapaper. com
邮箱 gongy@ xindapaper. com
产品 文化用纸、生活用纸

常州市

常州市五环纸业有限公司
江苏省常州市戚墅堰劳动东路 308 号
邮编 213011
电话 0519－88771206、88771258
传真 0519－88772494、88771258
网址 www. wuhuan-cn. cn
邮箱 fivering@ wuhuan-cn. cn
产品 高强瓦楞原纸、牛皮箱纸板、茶纸板、防潮纸、包装纸、牛皮纸、条纹牛皮纸

常州市协众纸塑材料有限公司
江苏省常州市劳动东路 24 号
邮编 213001

电话 0519－86881042、88863722
传真 0519－86881042
产品 离型纸、纸塑复合材料

常州市武进造纸有限公司
江苏省常州市武进区奔牛镇金牛东路 2 号
邮编 213131
电话 0519－83211283
传真 0519－83211283
产品 箱纸板、瓦楞原纸

江苏旺达纸业有限公司
江苏省常州市圩塘镇旺达工业园
邮编 213033
电话 0519－85066988、85066888
传真 0519－85066988、85066989
网址 www. wangdapaper. com
产品 箱纸板

溧阳市阳光纸业有限公司
江苏省溧阳市平陵西路 180 号
邮编 213300
电话 0519－87101328
产品 纱管纸、瓦楞原纸、箱纸板、茶纸板、白纸板

苏州市

金华盛纸业(苏州工业园区)有限公司
江苏省苏州工业园区胜浦镇金胜路 2 号
邮编 215126
电话 0512－62832118、62836666、62832600
传真 0512－62815491
网址 www. goldhs. com. cn
邮箱 webmaster_ ghs@ app. com. cn
产品 无碳复写纸、热敏纸、双胶纸、铜版卡纸

金红叶纸业集团有限公司
江苏省苏州工业园区胜浦分区金胜路 1 号
邮编 215126
电话 0512－62810228
传真 0512－62818276
网址 www. ghy. com. cn
邮箱 customer_ service@ chy. com. cn
产品 卷筒卫生纸、盒装面纸、纸杯、纸巾

江苏理文造纸有限公司
江苏省常熟市经济技术开发区沿江工业园理文路
邮编 215536
电话 0512－52698888、52653333
传真 0512－52653688
网址 www. leemanpaper. com
产品 BSKP、BHKP、牛皮箱纸板、瓦楞原纸

芬欧汇川(常熟)纸业有限公司
江苏省常熟市沿江经济开发区兴业路 2 号
邮编 215536
电话 0512－52651818
传真 0512－52652173
网址 www. upm. com
邮箱 upm. asia@ upm. com
产品 办公用纸、印刷纸

亚龙纸制品(昆山)有限公司
江苏省昆山市新南西路 369 号
邮编 215300
电话 0512－57536988
传真 0512－57538395
网址 www. yalongpaper. com
产品 办公用纸、纸袋、美术用纸、高光相纸

苏州新业造纸有限公司
江苏省吴江市梅堰镇工业开发一区
邮编 215225
电话 0512－63681399、63688102
传真 0512－63680888
网址 www. sz-xinye. com
邮箱 service@ sz-xinye. com
产品 过滤纸

永丰余纸业(昆山)有限公司
江苏省昆山市城北镇永丰余路
邮编 215316
电话 0512－53212041、57179678
网址 www. yfy. com
产品 生活用纸

耐斯特纸业(昆山)有限公司
江苏省昆山市周市镇优比路 358 号
邮编 215314
电话 0512－57628333、57629081、57629088
传真 0512－57629088
网址 www. nicetekpaper. com. cn
邮箱 sales@ nicetekpaper. com. cn
产品 白卡纸、黑卡纸、彩卡纸、珠光纸、荧光纸、背胶纸、彩色包装纸

利乐包装(昆山)有限公司
江苏省昆山市开发区顺帆南路 108 号
邮编 215301
电话 0512 – 57703148
传真 0512 – 57717729
网址 www. tetrapak. com
产品 包装纸、包装袋

苏州紫兴纸业有限公司
江苏省苏州市新区滨河路 600 号
邮编 215011
电话 0512 – 68251060
传真 0512 – 68251711
网址 www. storaenso. com
产品 高档铜版纸

苏州工业园区亚太纸品加工有限公司
江苏省苏州市跨塘镇北路 212 号
邮编 215122
电话 0512 – 62743888 – 3888/3816
传真 0512 – 62742005
网址 www. ascend-stationery. com
产品 簿本、复印纸

太仓市造纸厂
江苏省太仓市沙溪镇河南街 84 号
邮编 215421
电话 0512 – 53212041
产品 箱纸板、瓦楞原纸、白纸板

优胜专业胶带(苏州)有限公司
江苏省苏州工业园区苏虹中路 200 号出口加工区 1 – B 厂房
邮编 215021
电话 0512 – 62581360、62581362、62581351
传真 0512 – 62581350
网址 www. performancepaper. com
邮箱 sales@ performancepaper. com
jrh@ performancepaper. com
john@ performancepaper. com
产品 浸渍型美纹纸原纸

昆山钞票纸厂
江苏省昆山市震川东路 1188 号
邮编 215301
电话 0512 – 57703333
传真 0512 – 57702033
网址 www. kscz. cbpm. cn
产品 钞票纸、艺术纸、防伪纸

江苏荣成环保科技股份有限公司
江苏省昆山市陆家镇金阳东路 33 号
邮编 215331
电话 0512 – 57876688 – 111
传真 0512 – 57878080
网址 www. longchenpaper. com
产品 箱纸板、瓦楞原纸

王子制纸妮飘(苏州)有限公司
江苏省苏州市苏州新区金山路 98 号
邮编 215300
电话 0512 – 68258526
传真 0512 – 68259395
网址 www. nepia. com. cn
邮箱 nepiamk@ nepia. com. cn
产品 生活用纸

苏州市红光纸业有限公司
江苏省苏州市横塘
邮编 215009
电话 0512 – 68202971
传真 0512 – 68202971
产品 纸板

玖龙纸业(太仓)有限公司
江苏省太仓市港口开发区玖龙路 1 号
邮编 215009
电话 0512 – 53703888
传真 0512 – 53703751、53703800
网址 www. ndpaper. com
邮箱 info_ tc@ ndpaper. com
产品 纸板

常熟市第二造纸有限责任公司
江苏省常熟市唐市镇北新街
邮编 215542
电话 0512 – 52571416
传真 0512 – 52571416
产品 箱纸板、瓦楞原纸

常熟第三造纸厂有限公司
江苏省常熟市梅李镇赵市
邮编 215518
电话 0512 – 52381128
传真 0512 – 52381190
产品 箱纸板、瓦楞原纸

常熟市嘉荎纸业有限公司
江苏省常熟市南门外沪宜公路朱泾桥
邮编 215500
电话 0512－52716508
传真 0512－52716387
产品 瓦楞原纸

常熟市富士莱纸业有限责任公司
江苏省常熟市小东门杨家桥
邮编 215558
电话 0512－52837186
传真 0512－52837984
产品 箱纸板、瓦楞原纸

苏州胜宏纸业有限公司
江苏省太仓市沙溪镇河南街 84 号
邮编 215421
电话 0512－53212041
传真 0512－53212041
产品 箱纸板、瓦楞原纸

国一制纸(张家港)有限公司
江苏省张家港市凤凰镇韩国工业园
邮编 215614
电话 0512－58423721
传真 0512－58421207
网址 www. kookilpaper. com
邮箱 maeter@ kookilpaper. com
产品 胶版纸、静电复印纸、不锈钢衬纸、纸杯原纸、无尘原纸、离型原纸、装饰原纸

张家港华兴纸业有限公司
江苏省张家港市锦丰镇经济开发区东区郁家桥东首
邮编 250000
电话 0512－58951518
传真 0512－58951555
网址 www. jshuaji. com
产品 箱纸板、瓦楞原纸

张家港市华申板纸有限公司
江苏省张家港市后塍镇袁家桥
邮编 215631
电话 0512－58771241
传真 0512－58785231
产品 箱纸板、瓦楞原纸

张家港市明兴纸业有限公司
江苏省张家港市妙桥镇
邮编 215615
电话 0512－58461332
传真 0512－58466108
产品 箱纸板、瓦楞原纸

南通市

南通造纸厂
江苏省南通市唐闸北市街 63 号
邮编 226002
电话 0513－85544167
传真 0512－53703800
产品 牛皮箱纸板、高强瓦楞原纸

江苏王子制纸有限公司
江苏省南通市经济技术开发区通达路 18 号
邮编 226017
电话 0513－85996555
传真 0513－85996382
网址 www. ojipaper. cn
产品 文化用纸

淮安市

江苏金莲纸业有限公司
江苏省金湖县建设东路 89 号
邮编 211600
电话 0517－86882961
传真 0517－86892515、86882875
网址 www. jlian. com
邮箱 jhzzc@ pub. hy. jsinfo. net
产品 生活用纸

盐城市

大丰市金驹纸业有限责任公司
(原大丰市箱纸板厂)
江苏省大丰市白驹镇
邮编 224113
电话 0515－83612488
产品 箱纸板、茶纸板、黄纸板

兴业纸业有限公司
江苏省阜宁县益林镇建益路 1 号
邮编 224421
电话 0515－87799999、87792502
传真 0515－87799777、87792787
产品 高强瓦楞原纸

胜达集团江苏双灯纸业有限公司
江苏省射阳县黄沙港镇双灯工业园
邮编 224341
电话 0515－82263415、82263555
传真 0515－82263999
网址 www. chinasund. com
产品 生活用纸、女性卫生用品

江苏美灯纸业有限公司
江苏省滨海县城南丁字港船闸西 300 米
邮编 224500
电话 0515－4101662
产品 生活用纸

江苏博汇纸业有限公司
江苏省盐城市大丰港石化产业园
邮编 224100
电话 0515－83287878
产品 高档包装纸

扬州市

永丰余造纸(扬州)有限公司
江苏省扬州市春江路 168 号
邮编 225131
电话 0514－7529888－2601
产品 高级瓦楞原纸、牛皮纸

高邮市卫星卷烟材料有限公司
江苏省高邮市海潮东路 8 号
邮编 225600
电话 0514－84631158
传真 0514－84631158、84061050
产品 复合铝箔纸、烫金水松纸

江苏华金国际贸易有限公司
江苏省扬州市江都区江平路 15 号
邮编 225200
电话 0514－86880592、86882244
传真 0514－86973615
产品 纸制品

镇江市

江苏长丰造纸有限公司
江苏省丹阳市后巷镇
邮编 212312
电话 0511－86326666、86323088
传真 0511－86326006、86326600
网址 www. cfpaper. com
邮箱 ygz@ cfpaper. com
产品 高强瓦楞原纸

金东纸业(江苏)股份有限公司
江苏省镇江市大港兴港东路 8 号
邮编 212132
电话 0511－88998888、800－8283768
传真 0511－88997000
网址 www. goldeastpaper. com. cn
产品 铜版纸、双面胶版纸、静电复印纸、画刊纸、低定量涂布纸、杂志纸、喷铝专用纸、铜版卡纸

镇江大东纸业有限公司
江苏省镇江市镇江新区大港东方路 8 号
邮编 212132
电话 0511－88820202
传真 0511－88820201
网址 www. zjddzy. com
邮箱 dadong@ zjddzy. com
产品 税务发票专用纸、文化用纸、工业配套用纸、食品内包装纸、餐盒用纸、防伪纸

镇江市京口纸业有限责任公司
江苏省镇江市九里街宗泽路 3 号
邮编 212008
电话 0511－85988902
传真 0511－88805606、88807606
产品 玻璃卡纸、白卡纸、铜版纸、纸杯纸

泰州市

泰州魏德曼高压绝缘有限公司
江苏省泰州市海阳路 40 号
邮编 225300
电话 0523－86566972
传真 0523－86560610
网址 www. weidmann. com. cn
邮箱 michael. xu@ weidmann. com. hk
　　xuluping@ weidmann. com. cn
产品 绝缘纸板、绝缘成型件

泰州劲松纸业有限公司
江苏省泰州市海阳路 52 号
邮编 225300
电话 0523－82848683
产品 新闻纸、高压电缆纸、电力电缆纸、晒图纸、离

型纸、透析纸

浙　江　省

杭州市

富阳华利纸业有限公司
浙江省富阳市春江街道春联工业园区
邮编 311421
电话 0571－23222555
传真 0571－63582881
网址 www. cnhuali. net
产品 白卡纸

富阳金泰纸业有限公司
浙江省富阳市春江街道建设村
邮编 311421
电话 0571－63583095
传真 0571－63582088
产品 涂布白纸板

富阳经纬纸业有限公司
浙江省富阳市大源镇亭山村
邮编 311413
电话 0571－63591540
产品 白纸板

富阳三合纸业有限公司
浙江省富阳市鹿山街道三合村
邮编 311407
电话 0571－63488266
传真 0571－63488256
产品 皮纸、桃花纸、绵纸、胶带原纸、口罩纸、工艺纸

杭州华胜纸业有限公司
浙江省富阳市春江工业区江南路 69 号
邮编 311421
电话 0571－63583157
传真 0571－63587098、63581717
产品 双面涂布白纸板、纱管纸、工艺纸板、灰纸板、厚纸板

杭州富春江宣纸有限公司
浙江省富阳市大源镇新关方家地 1 号
邮编 311414
电话 0571－63543079
传真 0571－63543518
产品 宣纸

杭州万鳌纸业有限公司
（原富阳富春江造纸厂）
浙江省富阳市里山镇江滨路 32 号
邮编 311418
电话 0571－63531051
传真 0571－63531379
网址 www. fuyuhua. com
邮箱 fcjcao@ tom. com
产品 茶叶滤纸

富阳市亨通纸业有限公司
浙江省富阳市东州街道红旗村
邮编 311401
电话 0571－63465918
传真 0571－63465888
产品 涂布白纸板、白卡纸

富阳市华泰纸业有限公司
浙江省富阳市春江街道华共村
邮编 311421
电话 0571－63587698
传真 0571－63587699
产品 涂布白纸板

富阳市华中纸业有限公司
浙江省富阳市富阳镇华共工业园区
邮编 311401
电话 0571－63583030
传真 0571－63583030
产品 涂布白纸板

富阳市汇泰纸业有限公司
浙江省富阳市春江工业园区华共村
邮编 311421
电话 0571－63580973
传真 0571－63580972
产品 白纸板

富阳市金鑫纸业有限公司
浙江省富阳市春江工业园区华共村
邮编 311401
电话 0571－63585281
传真 0571－63585380
产品 白纸板

富阳市万马纸业有限公司
浙江省富阳市春江街道新建村
邮编 311421
电话 0571－63587913
产品 涂布白卡纸

杭州富阳康楠纸业有限公司
浙江省富阳市春江街道建华村
邮编 311421
电话 0571－23210111、23202260
传真 0571－23022279
网址 www. kangnan. net
产品 高档灰底白纸板、白底白纸板

浙江万信纸业有限公司
浙江省富阳市春江造纸工业园区
邮编 311421
电话 0571－63587561
传真 0571－63587870
网址 www. wxpaper. com
邮箱 xmq@ wxpaper. com
传真 涂布白纸板

浙江富阳华天纸业有限公司
浙江省富阳市春江造纸工业园区
邮编 311421
电话 0571－63581808
传真 0571－63150123
产品 涂布白纸板

富阳鑫达造纸有限公司
浙江省富阳市大源镇正龙村
邮编 311413
电话 0571－63591017
产品 白纸板

富阳新乐纸业有限公司
浙江省富阳市大源镇新关村
邮编 311414
电话 0571－63543288
产品 卫生纸

富阳鑫泰纸业有限公司
浙江省富阳市大源镇宫前村
邮编 311413
电话 0571－63598777
传真 0571－63598567
产品 白纸板

杭州正宏纸业有限公司
浙江省富阳市大源镇工业园区
邮编 311413
电话 0571－63594733
传真 0571－63594722
产品 白纸板

富阳知水造纸厂
浙江省富阳市大源镇蒋家村
邮编 311413
电话 0571－63591503
产品 瓦楞原纸

富阳中富纸业有限公司
浙江省富阳市场口镇桥头路 5 号
邮编 311411
电话 0571－63571116
产品 特种纸

富阳市中南纸业有限公司
浙江省富阳市富阳镇直塘村
邮编 311421
电话 0571－63159939、63159977
传真 0571－63159911
产品 涂布白纸板、扑克牌纸、白卡纸

杭州板桥纸业有限公司
浙江省富阳市春江街道八一工业区
邮编 311401
电话 0571－63585686
传真 0571－63582058
产品 涂布白纸板

杭州富阳大华造纸有限公司
浙江省富阳市灵桥镇江丰村
邮编 311418
电话 0571－63555098
产品 卫生纸

杭州华丰纸业有限公司
浙江省杭州市和睦路 555 号
邮编 310011
电话 0571－88091424
传真 0571－88091536
网址 www. hfpaper. com
邮箱 sales@ hfpaper. com
产品 卷烟纸、滤嘴棒纸、牛皮箱纸板、复印纸、贴花面纸、铝箔衬纸、拷贝纸、电话簿纸

杭州华天纸业有限公司
浙江省临安市苕溪南路 16 号
邮编 311300
电话 0571－63758033、63750133
传真 0571－63757385
产品 新闻纸、特种纸

杭州市正大纸业有限公司
浙江省富阳市春联工业区 1 号
邮编 311421
电话 0571－63583878
传真 0571－63583838
产品 涂布白纸板

浙江萧山蔡伦纸业有限公司
浙江省杭州市萧山区河上镇沙河村
邮编 311264
电话 0571－82260707
传真 0571－82260227、82260687
产品 纸板、高强瓦楞原纸、纸箱

杭州新华纸业有限公司
浙江省杭州市桐庐县春江东路 1518 号
邮编 310500
电话 0571－88075514、69817688、88803319
传真 0571－88074838、69812345
网址 www. xinhuapaper. com
邮箱 webmaster@ xinhuapaper. com
产品 打字蜡纸、滤纸、茶叶袋纸

杭州新兴纸业有限公司
浙江省富阳市大源镇新关村
邮编 311414
电话 0571－63543299、58836104
传真 0571－63543147
网址 www. xinxing. cn
邮箱 xinxing@ xinxingpaper. cn
产品 各种中高档薄型包装纸

临安青山纸业有限公司
浙江省临安经济开发区南环路 168 号
邮编 311305
电话 0571－63783698、63783628
传真 0571－63781525
网址 www. ladqspaper. com
邮箱 bgs@ laqspaper. com
bcl@ laqspaper. com
产品 牛皮纸、白牛皮纸、钢纸原纸、胶带原纸、不干胶衬纸、涂塑纸

浙江远大纸业有限公司
浙江省富阳市春江工业园区
邮编 311421
电话 0571－63586969
传真 0571－63586969
产品 涂布白纸板

浙江永泰纸业集团股份有限公司
浙江省富阳市春江街道造纸功能区
邮编 311421
电话 0571－63583521、63587935
传真 0571－63583055、63581426
网址 www. yongtaipaper. com
产品 涂布白纸板、白卡纸、扑克牌纸、防伪纸

浙江万众纸业有限公司
浙江省富阳市春江街道山建村
邮编 311421
电话 0571－63580926
传真 0571－63580988
产品 涂布白纸板

杭州特种纸业有限公司
浙江省富阳市鹿山街道上里工业区
邮编 311407
电话 0571－63488222、63488821、63488447
网址 www. special-paper. com
产品 化学分析滤纸、汽车滤纸、钢纸

浙江东方纸业有限公司
浙江省杭州市艮山西路 182 号
邮编 310004
电话 0571－86096056、86095438
总机 0571－86090161
传真 0571－86944972
网址 www. eastpaper. cn
产品 纸浆

浙江金东纸业有限公司
浙江省富阳市灵桥造纸工业园区
邮编 311418
电话 0571－63558799、63525888、63558733
传真 0571－63552789、63558969
网址 www. zjjdpaper. com
邮箱 jindongpaper@ 163. com
产品 单面涂布灰底白纸板

浙江三星纸业股份有限公司
浙江省富阳市春江街道山建工业区
邮编 311421
电话 0571－63153833（销售）、63580990、63153892（办公室）
传真 0571－63581003
网址 www.zjsxpaper.com
邮箱 zjsxpaper@fy.hz.zj.cn
产品 涂布白纸板、双面涂布白纸板、扑克牌纸

联华纸业有限公司
浙江省苍南县钱库镇振兴西街 8 号
邮编 325804
电话 0577－64464728
传真 0577－64464728
产品 白纸板、铜版纸、双胶纸、白卡纸

浙江涌金纸业有限公司
浙江省富阳市春江街道临江区
邮编 311421
电话 0571－63151202、0571－63151288
传真 0571－63151222
网址 www.zjyjpaper.com
邮箱 yj@zjyjpaper.com
产品 高档涂布白纸板

杭州众力纸业有限公司
浙江省杭州市西湖区文二路 195 号文欣苑 12 幢 403 室
邮编 310012
电话 0571－88259111
产品 文化用纸、办公用纸

宁波市

宁波中华纸业有限公司
浙江省宁波市海曙区段塘丁家街 108 号
邮编 315012
电话 0574－87464811－3006
传真 0574－87493450
网址 www.zhonghua-paper.com
邮箱 infor@mail.zhonghua-paper.com
产品 白纸板、铜版纸、白卡纸、扑克牌纸

宁波亚洲浆纸业有限公司
浙江省宁波市北仑区小港青峙工业区宏源路 88 号
邮编 315012
电话 0574－86989888、86989123
传真 0574－86989898
网址 www.nbasia.com.cn
产品 单面涂布白底白纸板、白卡纸、双面涂布环保铜版卡纸、蓝芯扑克牌纸

宁波牡牛集团有限公司
浙江省宁波市鄞州区姜山镇周韩村
邮编 315915
电话 0574－88464815、88463725、88464807、88464811
传真 0574－88465016、88463725
网址 www.muniupaper.com
邮箱 muniu@pack.net.cn
产品 高强瓦楞原纸、箱纸板、涂布白纸板

宁波三 A 集团有限公司
浙江省慈溪市周巷镇环城东
邮编 315324
电话 0574－63301978、63330727
传真 0574－63301978、63301888
网址 www.aaa-poker.cn
邮箱 poker@aaa-poker.cn
产品 扑克牌纸、玻璃卡纸、铜版纸、不干胶纸、高光泽金银纸

嘉兴市

浙江景兴纸业股份有限公司
浙江省平湖市曹桥街道
邮编 314214
电话 0573－85966228、85966256
传真 0573－85966983
网址 www.zjjxjt.com
邮箱 jxtjl5@163.com
产品 牛皮箱纸板、高强瓦楞原纸、纱管原纸

民丰特种纸股份有限公司
浙江省嘉兴市角里街 70 号
邮编 314099
电话 0573－82839051
网址 www.minfenggroup.com
产品 卷烟纸、工业配套用纸、描图纸

嘉兴市步云纸业有限公司
浙江省嘉兴市步云镇花园路 11 号
邮编 314004
电话 0573－83100377、83100823
传真 0573－83101870
产品 纱管纸

嘉兴市丰莱桑达贝纸业有限公司
浙江省嘉兴市角里街吴泾桥堍
邮编 314000
电话 0573－82820459
传真 0573－82820134
产品 高档离型原纸、彩色喷墨纸、格拉辛纸、奶面纸、无碳复写纸、环保型防黏纸、热敏纸

桐乡市冠峰纸业有限责任公司
浙江省桐乡市乌镇
邮编 314501
电话 0573－88711411
传真 0573－88712409
产品 箱纸板、涂布白纸板

浙江民丰罗伯特纸业有限公司
浙江省嘉兴市角里街70号
邮编 314000
电话 0573－82814766－805
传真 0573－82819766
产品 卷烟纸、特种纸

浙江本科特水松纸有限公司
浙江省嘉兴市南湖工业园(大桥)
邮编 314006
电话 0573－83286342
产品 水松纸

浙江荣晟环保纸业股份有限公司
浙江省平湖经济开发区
邮编 314213
电话 0573－89173322
传真 0573－85986598
网址 www. rszy. com
产品 牛皮箱纸板、瓦楞原纸

平湖荣成环保科技有限公司
浙江省平湖市独山港区
邮编 314200
电话 0573－85810999
产品 高档纸及纸板

绍兴市

嵊州市特种纸厂
浙江省嵊州市城北开发区何家
邮编 312400
电话 0575－83185577
传真 0575－83180801
产品 无碳复写纸、电脑打印纸

浙江省上虞蓝星实业有限公司
浙江省上虞市经济开发区
邮编 312300
电话 0575－82155332
传真 0575－82152181
产品 高强瓦楞原纸

金华市

浙江兰天纸业有限公司
浙江省金华市浦江县浦江工业园区
邮编 322205
电话 0579－84293535
传真 0579－84293399
产品 灰纸板、白纸板

浙江省义乌市鲁雅造纸厂
浙江省义乌市佛堂镇鲁雅村
邮编 322002
电话 0579－85730336、13906891766
传真 0579－85730629
产品 高强瓦楞原纸、箱纸板

浙江天听纸业有限公司
浙江省金华市浦江县班班大道1号
邮编 322200
电话 0579－84200200
传真 0579－84200812、84131026
产品 涂布白纸板、工业纸板、鞋内底纸板、水松原纸、胶印书刊纸、无碳复写纸、字典纸

浙江兰溪市华伦造纸有限公司
浙江省兰溪市城郊西路21号
邮编 321100
电话 0579－88230663
传真 0579－88230663
产品 牛皮箱纸板、涂布白纸板、印花纸

衢州市

浙江恒达纸业有限公司
浙江省衢州市龙游县湖镇工业园区
邮编 324401
电话 0570－7061199、7061686、7061111
传真 0570－7061234

网址 www. hengdapaper. com
邮箱 hd@ hengdapaper. com
产品 接装原纸、卷烟辅料配套用纸、医用包装原纸、装饰原纸、工业技术配套用纸

浙江天天虹特种纸业有限公司
浙江省衢州市龙游县城北开发区金星大道 33 号
邮编 324400
电话 0570－7258655、7258386
传真 0570－7258892
产品 黑卡纸、彩卡纸、彩色书写纸

浙江开泰纸业有限公司
浙江省衢州市龙游县溪口镇竹产业特色工业园区
邮编 324403
电话 0570－7772198
传真 0570－7074580
产品 电容器纸、口罩纸、热封型滤纸

龙游县金龙纸业有限公司
浙江省衢州市龙游县湖镇镇沙田湖工业区
邮编 324401
电话 0570－7036518
传真 0570－7035455
网址 www. jinlongpaper. cn
邮箱 mail@ jinlongpaper. cn
产品 白面牛卡纸、箱纸板、瓦楞原纸、纱管纸、厚灰纸板

浙江仙鹤特种纸有限公司
浙江省衢州市沈家经济开发区
邮编 324022
电话 0570－2833055、8500999
传真 0570－2931631
网址 www. xianhepaper. com
产品 烟用配套用纸、裱潢装饰用纸、薄型印刷纸、食品包装纸、医用包装纸、标签离型纸等

浙江夏王纸业有限公司
浙江省衢州市天湖南路 20 号
邮编 324022
电话 0570－8768600/621
传真 0570－8468777
网址 www. kingdecor. cn
邮箱 jin. wang@ kingdecor. cn
产品 印刷纸、素色纸

江山华盛纸业制造有限公司
浙江省江山市贺村十里牌
邮编 324109
电话 0570－4550085
传真 0570－4550085
产品 瓦楞原纸、牛皮纸板、纸袋纸、半透明纸

浙江晶鑫特种纸业有限公司
浙江省衢州市衢江区沈家经济开发区天湖西路 3 号南山路 66 号
邮编 324000
电话 0570－2831088
产品 美纹纸

浙江莱勒克纸业有限公司
浙江省衢州市沈家经济开发区春苑中路
邮编 324000
电话 0570－8520666、8520669
传真 0570－8520660
产品 电解电容器纸

衢州双熊猫纸业有限公司
浙江省衢州黄坛口
邮编 324005
电话 0570－3621120
产品 特种纸、木浆纸、脱墨浆纸

浙江鑫丰特种纸业股份有限公司
浙江省衢州市衢江区经济开发区南山路 68 号
邮编 324022
电话 0570－2833218
传真 0570－2833196
产品 育果袋纸、美纹纸

浙江金昌纸业有限公司
浙江省龙游工业园区金星大道 37 号
邮编 324400
电话 0570－7563509、7566665
传真 0570－7566675
产品 壁纸原纸、白牛皮纸、转印纸等

台州市

台州市开来纸业有限公司
浙江省临海市经济开发区清化路
邮编 317000
电话 0576－85133001
传真 0576－85133488

产品 淋膜纸、涂布纸

台州华通纸张有限公司
浙江省临海市赤城路 13 号
邮编 317000
电话 0576 - 85114091
传真 0576 - 85117311
邮箱 ht-paper@ ht-paper. com
产品 双胶纸、铜版纸、白卡纸、办公用纸

丽水市

浙江凯恩集团有限公司
浙江省丽水市遂昌县环城南路 9 号
邮编 323300
电话 0578 - 8180210、8180221、8180220
传真 0578 - 8180230
网址 www. kangroup. com
邮箱 admin@ kangroup. com
产品 电容器纸、吸尘袋纸、不锈钢衬纸

浙江凯恩特种材料股份有限公司
浙江省丽水市遂昌县凯恩路 1008 号
邮编 323300
电话 0578 - 8123029
传真 0578 - 8121286
网址 www. kangroup. com
产品 电解电容器纸、电池用纸、高透气度纸

安　徽　省

合肥市

合肥金钟纸业股份有限公司
安徽省合肥市瑶海区大兴镇钟油坊路 1 号
邮编 230011
电话 0551 - 4534116、4537433
传真 0551 - 4532820
产品 纱管纸、茶纸板、高强瓦楞原纸

合肥造纸厂
安徽省合肥市瑶海区大兴镇
邮编 230000
电话 0551 - 64539170
产品 生活用纸

合肥嘉东生活用纸有限公司
安徽省合肥市东郊大兴集
邮编 230011
电话 0551 - 64552331
传真 0551 - 64526915
产品 卫生纸

安徽集友纸业有限公司
安徽省合肥市高新技术经济开发区
邮编 230088
电话 0551 - 63844008
产品 卷烟材料

合肥兴东纸业有限公司
安徽省合肥市瑶海区大兴东岗
邮编 230011
电话 0551 - 64525707
传真 0551 - 64525707
网址 www. xingdongpaper. com
邮箱 sgh74@ 163. com
产品 工业包装纸

合肥永顺纸业有限公司
安徽省合肥市瑶海区龙岗开发区
邮编 231633
电话 0551 - 67675166
传真 0551 - 67675166
产品 工业包装纸

合肥金红叶纸业有限公司
安徽省合肥市古河路 20 号
邮编 230041
电话 0551 - 67750182
传真 0551 - 67750162
产品 生活用纸

合肥博达纸业有限公司
安徽省合肥市庐阳区濉溪路
邮编 230000
电话 0551 - 65537733
传真 0551 - 65537733
产品 牛皮纸、瓦楞原纸

合肥荣昌纸业有限责任公司
安徽省合肥市庐阳区阜阳北路
邮编 230000
电话 0551 - 65547636
传真 0551 - 65539270
产品 牛皮纸、双胶纸

合肥恒生纸业有限责任公司
安徽省合肥市庐阳区濉溪路 32－10 号
邮编 230000
电话 0551－65533800
产品 无碳复写纸、双胶纸、书写纸、牛皮纸、双胶纸、书写纸

安徽康盛纸业有限公司
安徽省合肥市胜利路与琅琊山路交口蓝鲸国际大厦 2106 室
邮编 230011
电话 0551－64219078、62917396
传真 0551－62917388
QQ 873360675
邮箱 xieming@ chinadailyuse. com
产品 办公用纸

安徽精诚纸业有限公司
安徽省合肥市肥东循环经济工业园纬五路
邮编 230000
电话 0551－62520880
传真 0551－62520818
邮箱 lzw@ jcfzzb. com
产品 医用纸、生活用纸

芜湖市

安徽天力纸业有限公司
安徽省芜湖市四褐山路 101 号
邮编 241009
电话 0553－5801199
传真 0553－5805674
网址 www. tianlipaper. com
产品 箱纸板、瓦楞原纸

三木特纸(芜湖)有限公司
安徽省芜湖市经济技术开发区长春路 9 号
邮编 241006
电话 0553－5628509
传真 0553－5841288
网址 www. mikitoku. co. jp
产品 电气绝缘纸

安徽耀华纸业有限公司
安徽省芜湖市经济技术开发区
邮编 241006
电话 0553－5841588
产品 瓦楞原纸

安徽豪森纸业有限公司
安徽省芜湖芜湖县机械工业园东区经三路 298 号
邮编 241000
电话 0553－8127996/9
网址 www. cn-hspp. com
产品 瓦楞原纸

恒安(芜湖)纸业有限公司
安徽省芜湖三山区临江工业区
邮编 241000
电话 0553－3912888
网址 www. hengan. com
产品 卫生巾、纸尿裤和生活用纸

蚌埠市

安徽中亿纸业有限公司
安徽省蚌埠市怀远县工业园区
邮编 233400
电话 0552－8501799、8501838
产品 纸杯原纸

怀远县三联纸业有限责任公司
安徽省蚌埠市怀远县城关蚌阜路 66 号
邮编 233400
电话 0552－8312909
传真 0552－8312909
产品 瓦楞原纸

淮南市

安徽景丰纸业有限公司
安徽省淮南市经济技术开发区振兴路西
邮编 232008
电话 0554－3312663
传真 0554－3312663
产品 卷烟纸、成型纸、包装纸、文化用纸

马鞍山市

安徽山鹰纸业股份有限公司
安徽省马鞍山市金家庄区勤俭路 3 号
邮编 243021
电话 0555－2826300、2826390、2826360
传真 0555－2810496
网址 www. shanyingpaper. com
邮箱 sale@ shanyingpaper. com
产品 箱纸板、牛卡纸、高强瓦楞原纸、涂布白纸板

安徽比伦生活用纸有限公司
安徽省马鞍山市当涂经济开发区
邮编 246317
电话 0555－6751888、6751889
产品 生活用纸

安徽凯艺纸业科技有限公司
安徽省马鞍山市当涂县太白镇太白工业集中区
电话 0555－8889915、8889916
传真 0555－8889990
产品 相纸、卡证纸

安庆市

安徽省潜山县汉皮纸厂
安徽省安庆市潜山县槎水镇逆水村
邮编 246317
电话 0556－8686005
产品 长纤维纸、新闻纸

安徽万邦高森造纸有限公司
安徽省安庆市怀宁县高河镇高河村
邮编 246121
电话 0556－4616040、4616019
传真 0556－4617888
网址 www. welbon. com
邮箱 gaosen@ cntmi. com
产品 电池隔膜纸

安徽三木特纸有限公司
安徽省安庆市怀宁县高河镇高埠路 36 号
邮编 246121
电话 0556－4616888
传真 0556－4616288
网址 www. mikitoku. co. jp
产品 电气绝缘纸

安徽华泰林浆纸股份有限公司
安徽省安庆市迎江区老峰镇西湖村皖江大道 1 号
邮编 246003
电话 0556－5423758、5979326
传真 0556－5979279
邮箱 huatailfz@ 126. com
产品 针叶木浆、高档文化用纸

安徽美妮纸业有限公司
安徽省安庆市潜山综合经济开发区
邮编 246300
电话 0556－8686005
产品 生活用纸

安徽省安庆市独秀纸业有限公司
安徽省安庆市怀宁县平山镇猫山街 39 号
邮编 246116
电话 0556－4805199
产品 生活用纸

安徽省三环纸业集团有限公司
安徽省怀宁工业园
邮编 246121
电话 0556－4669858
传真 0556－4669629
QQ 783904128
网址 www. ah3hjt. com
邮箱 hntzzc@ 126. com
产品 卷烟用纸

太湖集友纸业有限公司
安徽省安庆市太湖县观音路
邮编 246000
电话 0556－4180527
产品 卷烟用纸

安徽省潜山县鸣丰纸业有限公司
安徽省潜山县舒州东路 68 号
邮编 246000
电话 0556－8965019
手机 13855692188
网址 www. mfpaper. com
邮箱 mfpaper@ 163. com
产品 银行用纸

安庆市新宜造纸厂
安徽省安庆市人民路 130 号
邮编 246000
电话 0556－8729098
传真 0556－5513008
产品 生活用纸

黄山市

安徽华邦特种纸业有限公司
安徽省黄山市歙县
邮编 245202

电话 0559－6523166
传真 0559－6523588
网址 www. welbon. com
产品 机制纸、转移印花纸

安徽省休宁县齐润纸业有限公司
安徽省黄山市休宁县城南门
邮编 245400
电话 0559－7512971
产品 卫生纸、扑克牌原纸

阜阳市

安徽天都纸业有限公司
安徽省阜阳市颍上县六十铺工业开发区
邮编 236219
电话 0558－4171024
产品 瓦楞原纸、纱管原纸

太和县鸿盛纸业有限公司
安徽省阜阳市太和县经济开发区 256 号
邮编 236600
电话 0558－8219069
网址 www. ahhszy. cn
产品 瓦楞原纸、纱管原纸

亳州市

安徽新宇纸业有限公司
安徽省亳州市涡阳县城东经济开发区
邮编 233600
电话 0558－7279507
产品 瓦楞原纸

濉溪县富发纸业有限公司
安徽省淮北市濉溪县经济开发区
邮编 253000
电话 0561－6851000
手机 13805992129
传真 0561－6851022
邮箱 adminwpc@ 126. com
产品 生活用纸

宿州市

安徽省灵璧县东风造纸厂
安徽省宿州市灵璧县东关外 2 公里
邮编 234200
电话 0557－6161102、6161617
传真 0557－6161102
产品 瓦楞原纸

安徽萧县林平纸业有限公司
安徽省宿州市萧县圣泉乡北城
邮编 235200
电话 0557－5526888
传真 0557－5526115
产品 瓦楞原纸

安徽鑫光纸业股份有限公司
安徽省宿州市萧县圣泉乡薛庄
邮编 235232
电话 0557－5506918
传真 0557－5527933
产品 瓦楞原纸

六安市

安徽省六安市康乐纸业有限公司
安徽省六安市梅山北路
邮编 237009
电话 0564－3368072
传真 0564－3368072
产品 双面胶版纸、白卡纸、纸杯原纸

安徽德森特种纸有限公司
安徽省六安市经济开发区经六路
邮编 237000
电话 0564－3630428
产品 防锈原纸、胶带原纸

安徽霍山晨风纸业有限公司
安徽省六安市霍山县落儿岭镇
邮编 237283
电话 0564－3902007、3902680
产品 高强瓦楞原纸、箱纸板

六安市裕安自豪纸业有限公司
安徽省六安市裕安区独山镇龙井村
邮编 237000
电话 0564－2910107
产品 高档卫生纸

池州市

安徽省秋浦纸业有限责任公司
安徽省池州市贵池区建设路

邮编 247100
电话 0566－2024341、2022321
产品 机制纸、瓦楞原纸

浙沅纸业有限公司
安徽省池州市贵池区梅里工业园
邮编 247100
电话 0566－2241111
产品 机制纸、瓦楞原纸

安徽合顺纸业有限公司
安徽省池州市青阳县经济开发区
邮编 247100
电话 0566－5115899
传真 0566－5115499
网址 www. ahhszy. com
邮箱 ahhszy@ ahhszy. com
产品 生活用纸

安徽嘉合纸业有限公司
安徽省池州市贵池区百牙西路 199 号
邮编 247100
电话 0566－2123250
产品 包装纸、瓦楞原纸

宣城市

安徽省泾县泾川宣纸厂
安徽省宣城市泾县丁家桥镇鹿园桥头埂
邮编 242540
电话 0563－5700483
传真 0563－5701585
网址 www. ahjcxz. com
产品 宣纸

安徽省泾县汪六吉宣纸有限公司
安徽省宣城市泾县泾川镇
邮编 242530
电话 0563－5510238
传真 0563－5510078
网址 www. 13605632355. com
邮箱 lzm0101@ 163. com
产品 宣纸

安徽省泾县汪同和宣纸有限公司
安徽省宣城市泾县泾川镇官坑
邮编 242530
电话 0563－5500608
传真 0563－5500688
网址 www. wangtonghe. com
邮箱 anhui@ wangtonghe. com
产品 宣纸、书画纸

中国宣纸股份有限公司
安徽省宣城市泾县榔桥镇乌溪村
邮编 242511
电话 0563－5600008、5601218
传真 0563－5601040、5600353
网址 www. hongxingxuanpaper. com. cn
邮箱 xuan_ paper@ 163. com
产品 宣纸

安徽阳光纸业有限公司
安徽省宣城市广德县
邮编 247100
电话 0563－8958137、13909662167
产品 办公用纸

安徽广德新星纸业有限公司
安徽省宣城市广德经济技术开发区
邮编 242200
电话 0563－6010997、6010669、6010905
传真 0563－6012213
产品 白纸板、瓦楞原纸

宁国市兆丰纸业有限公司
安徽省宁国市汪溪镇工业园
邮编 242300
电话 0563－4441678、4441598、4441679、4440777
传真 0563－4441589
网址 www. chinazf. com. cn
邮箱 zf@ chinazf. com. cn
zf-mkt@ chinazf. com. cn
产品 卫生纸、环保用纸

安徽省泾县常春纸业有限公司
安徽省宣城市泾县丁家桥镇工业区
邮编 242540
电话 0563－5700348
传真 0563－5700375
产品 宣纸

安徽省泾县三星纸业有限公司
安徽省宣城市泾县丁家桥镇李园村
邮编 242540
电话 0563－5700538

产品 宣纸

安徽木易纸业有限公司
安徽省宣城市广德县桃州镇祠山岗私营工业区
邮编 242200
电话 0563－6823080
产品 宣纸

安徽泾县华盛纸业有限公司
安徽省宣城市泾县丁家镇工业区观溪路 8 号
邮编 242540
电话 0563－5700398
传真 0563－5700398
产品 卫生纸

安徽宣城万里纸业有限公司
安徽省宣城市宣州区迎宾大道 11 号
邮编 242540
电话 0563－3377177/277
传真 0563－3377177/277
产品 瓦楞原纸

安徽省绩溪县向阳纸业有限公司
安徽省宣城市绩溪县临溪镇雄路村委会
邮编 245300
电话 13857113338
产品 瓦楞原纸

淮北市

安徽天象龙盟环保纸业有限公司
安徽省淮北市杜集区段园镇工业集中区天汇大道 8 号
邮编 235058
电话 0561－5235888－8000
传真 0561－5236888
网址 www. ahtxlm. com
邮箱 lm@ ahtxlm. com
产品 环保用品

福　建　省

福州市

东联纸业(福州)有限公司
福建省福州市马尾区马江路 2 号
邮编 350015
电话 0591－83970330
传真 0591－83970352
产品 纸板、纸箱

福建罗源雄丰纸业有限公司
福建省福州市罗源县九龙坂
邮编 350100
电话 0591－26861758
传真 0591－38656858
产品 单面涂布白纸板、双面灰纸板

歌芬卫生用品(福州)有限公司
福建省福清市新厝镇新江北路 9 号
邮编 350311
电话 0591－85691637
传真 0591－85691692
产品 卷筒生活用纸、面巾纸、手帕纸等

厦门市

厦门安发纸业有限公司
福建省厦门市同安区大同镇城东工业区榕溪路 22－26 号
邮编 361100
电话 0592－7035258、7035259、7035260
传真 0592－7033859、7135133
网址 www. anfapaper. com
邮箱 xmanfa@ vip. 163. com
产品 瓦楞纸板、纸箱

德彦纸业(厦门)有限公司
福建省厦门市海沧新阳工业区霞飞路 66 号
邮编 361022
电话 0592－6512288
传真 0592－6512277
网址 www. kingpaper. com
邮箱 service@ kpp. com. tw
产品 纱管原纸、各类纸管、高档高强耐高速纸管纸板、厚纸板、灰纸板

厦门建发纸业有限公司
福建省厦门市鹭江道 52 号海滨大厦 12 楼
邮编 361001
电话 0592－2101696
传真 0592－2101695
网址 www. cndpaper. com
邮箱 fjzz@ cndpaper. com
产品 铜版纸、白卡纸、白纸板、双胶纸、纸浆、废纸、造纸化学品

厦门同安兴浪纸业有限公司
福建省厦门市同安区洪塘镇石浔村
邮编 361100
电话 0592 - 7132070
传真 0592 - 7028258
产品 挂面箱纸板

厦戎联合造纸厂同安分厂
福建省厦门市同安区大同镇梅山路
邮编 361100
电话 0592 - 7022459
产品 箱纸板

厦门安妮股份有限公司
福建省厦门市集美区锦园南路 99 号
邮编 361022
电话 0592 - 3152336、3152188
传真 0592 - 3152289、3152280
网址 www. anne. com. cn
邮箱 anne@ anne. com. cn
产品 热敏纸、商务办公用纸

永丰余纸业(厦门)有限公司
福建省厦门市湖里区常和路 6 - 12 号
邮编 361006
电话 0592 - 5627266
产品 瓦楞纸板、瓦楞纸箱

厦门市麒龙纸业有限公司
福建省厦门市同安区新民镇柑岭村
邮编 361100
电话 0592 - 7366477
产品 瓦楞原纸

厦门新阳纸业有限公司
福建省厦门市海沧区龙阳光西路 288 号
邮编 361026
电话 0592 - 6197666
传真 0592 - 6197676
网址 www. xinyangpaper. com
邮箱 xmxyzy@ 163. om
产品 中高档生活用纸、高级商务书写纸、静电复印纸、无碳复写纸、热敏打印纸

莆田市

莆田江口金龙纸业有限公司
福建省莆田市江口镇石狮村
邮编 351100
电话 0594 - 3695223
产品 高强瓦楞原纸

莆田市涵江区福利纸品厂
福建省莆田市涵江区后墩村
邮编 351111
电话 0594 - 3397428
传真 0594 - 3365205
产品 茶纸板、箱纸板

莆田市大地纸品有限公司
福建省莆田市涵江区海岑前 51 号
邮编 351111
电话 0594 - 3898742
产品 瓦楞原纸、箱纸板

莆田市南方福利涂布纸品总厂
福建省莆田市城厢区铁岭村
邮编 351100
电话 0594 - 2691946
产品 灰纸板

三明市

大田弘惠纸业有限公司
福建省三明市大田县均溪镇赤岩山路 29 号
邮编 366100
电话 0598 - 7222688
产品 卫生纸、工业用包装纸

大田县华闽纸业有限公司
福建省三明市大田县福塘轻工业园区
邮编 366100
电话 0598 - 7260618
传真 0598 - 7228026
产品 工业用纸

福建省青山纸业股份有限公司
福建省三明市沙县青州镇
邮编 365506
电话 0598 - 5656888
传真 0596 - 5653336
网址 www. qingshanpaper. com
邮箱 web@ qingshanpaper. com
产品 纸袋纸、牛皮卡纸、高强瓦楞原纸

福建省沙县盛春纸业有限公司
福建省三明市沙县涌溪桥南
邮编 365507
电话 0598－5681898、5681888
传真 0598－5681689
产品 精制牛皮纸、精制白牛皮纸、胶带原纸、复合原纸、手提袋纸、信封纸、薄页纸

沙县大洛福利造纸厂
福建省三明市沙县大洛乡大洛村
邮编 365512
电话 0598－5786188
传真 0598－5787168
产品 瓦楞原纸、箱纸板

沙县华佳纸业有限公司
福建省三明市沙县高桥镇
邮编 365503
电话 0598－5556099
产品 箱纸板、瓦楞原纸、纸箱

福建腾荣达制浆有限公司
福建省三明市将乐县古镛镇龟山北路 216 号
邮编 353300
电话 0598－2332400
传真 0598－2339566
产品 绒毛浆、本色浆、化学机械浆

福建铙山纸业集团有限公司
福建省三明市建宁县塔下路 20 号
邮编 354500
电话 0598－3988840、3982712、3986762、3959766
传真 0598－3982705
网址 www. nspaper. com
产品 高档薄型包装用纸、拷贝纸、薄页纸、炊蒸原纸、半透明纸、打字纸、静电复印纸、生活用纸

泰宁县绿山大有纸业有限公司
福建省三明市泰宁县开善乡池塘工业区
邮编 354400
电话 0598－7729633
传真 0598－7729633
产品 牛皮纸、文化用纸、特种纸

永安锦兴纸业有限公司
福建省永安市贡川水东工业园区
邮编 366001
电话 0598－3511168
传真 0598－3511155
产品 瓦楞原纸

福建省福明辉纸业有限责任公司
福建省三明市明溪县沙溪梓口坊工业区
邮编 366000
电话 0598－2782228、13960984078
产品 生活用纸、包装纸

泉州市

恒安(中国)纸业有限公司
福建省晋江市东石镇井林安东工业区
邮编 362261
电话 0595－85729667
传真 0595－85729962
网址 www. hengan. com
邮箱 zhangqf@ hengan. com
产品 生活用纸

晋江磁灶锦兴再生造纸厂
福建省晋江市磁灶镇砌田村
邮编 362214
电话 0595－85855888
产品 再生纸

泉州贵格纸业有限公司
福建省南安市码头镇佛内工业区
邮编 362312
电话 0595－86461222、86451788
传真 0595－86461188
网址 www. guigepaper. com
邮箱 guige@ vip. 163. com
产品 牛皮卡纸

福建优兰发集团实业有限公司
福建省晋江市西滨镇
邮编 362200
电话 0595－85123879、85123519
传真 0595－85123889
网址 www. youlanfa. com
产品 拷贝纸、薄型纸、复印纸、传真纸、文化用纸、牛皮箱纸板、高强瓦楞原纸

玖龙纸业(泉州)有限公司
福建省泉州市台商投资区
邮编 362123
电话 0595－27399888

传真 0595－27399889
邮箱 info_qz@ndpaper.com

福建恒利集团有限公司
福建省南安市省新工业区
邮编 362300
电话 0595－86252666、86251768
传真 0595－86252099
网址 www.fjhl.com.cn
邮箱 qingbo57@pub1.qz.fj.cn
产品 生活用纸

南安市联发纸业有限公司
福建省南安市诗山镇凤坡村五星工业区
邮编 362311
电话 0595－86483926
产品 挂面箱纸板

福建省南安市盈顺纸品有限公司
福建省南安市水头镇
邮编 362342
电话 0595－86811333
产品 再生纸

福建宏泰实业有限公司
福建省泉州市永春县榜德工业区
邮编 362600
电话 0595－23860199、23860299、23860399
传真 0595－23860499
产品 箱纸板、瓦楞原纸

福建省永春县宏美纸业有限公司
福建省泉州市永春县坑仔口西坪村
邮编 362615
电话 0595－23956088
产品 涂布白纸板、印刷纸、包装纸

泉州市永春联盛纸品有限公司
福建省泉州市永春县东平镇鸿安村
邮编 362603
电话 0595－23705699
产品 A、B、C 级箱纸板

泉州联新纸业有限公司
福建省南安市码头镇丰联工业区
邮编 362312
电话 0595－86462889
产品 箱纸板

福建泰兴特纸有限公司
福建省安溪县凤城镇
邮编 362400
电话 0595－23139619、13906997357
传真 0595－23269988
网址 www.fjtaixing.com
产品 特种包装纸

漳州市

福建港兴集团港兴纸业有限公司
福建省漳州市南靖龙山工业区
邮编 363602
电话 0596－7577269
传真 0596－7577266、7577256
产品 挂面箱纸板、高强瓦楞原纸

福建糖业股份有限公司
(原福建漳州糖厂)
福建省漳州市芗城区古塘路 55 号
邮编 363000
电话 0596－7095026
传真 0596－7095027
产品 蔗渣漂白浆

联盛纸业(龙海)有限公司
福建省龙海市南美镇凤山工业园
邮编 363900
电话 0596－6781681
传真 0596－6781798
产品 高强瓦楞原纸、灰底白纸板、牛皮箱纸板

龙海榜山民政三星造纸厂
福建省龙海市榜山镇北溪头村
邮编 363100
电话 0596－6598219
传真 0596－6597698
产品 机制纸、瓦楞原纸

龙海市信达纸业有限公司
福建省龙海市颜厝镇
邮编 363118
电话 0596－6659088
传真 0596－6655366
网址 www.lhxindazy.com
邮箱 xindazy@163.com
产品 纱管纸、涂布白纸板

龙海市佳利达纸业有限公司
福建省龙海市颜厝镇田址村
邮编 363118
电话 0596－6659278
产品 纱管纸、瓦楞原纸

福建省联盛纸业有限责任公司
福建省漳州市长泰官山工业园区
邮编 363900
电话 0596－8313788
传真 0596－8313766
网址 www.lianshengpaper.com
邮箱 lianshengmarket@hotmail.com
产品 高强瓦楞原纸、牛皮箱纸板

福建省漳州友利达纸业发展有限公司
福建省漳州市南靖县丰田镇工业区
邮编 363612
电话 0596－7672333
传真 0596－7672988
网址 www.youlidapaper.com
邮箱 cms3@sina.com
产品 高强瓦楞原纸

福建省漳州盈晟纸业有限公司
福建省漳州市华安经济开发区长富工业园
邮编 363801
电话 0596－7288668、7286555
传真 0596－7288789
产品 牛皮箱纸板、高强瓦楞原纸、灰纸板、纱管纸

福建省漳州敦信纸业有限责任公司
福建省漳州市长泰官山工业园区
邮编 363900
电话 0596－8313999
传真 0596－8313998
产品 白面牛卡纸、本色牛卡纸、高强瓦楞原纸、扑克牌纸、瓦楞纸箱

福建希源纸业有限公司
福建省漳州市台商投资区吴宅工业园
邮编 363900
电话 0596－6383383
传真 0596－6760989
邮箱 xyhr@youlanfa.com
产品 拷贝纸、薄页纸、半透明纸、转移印花纸、文化用纸(复印纸)、壁纸原纸

南平市

福建省南平延润纸业有限责任公司
福建省南平市滨江北路 177 号
邮编 353000
电话 0599－8808948
传真 0599－8802888
产品 静电复印纸、双胶纸、书刊纸、书写纸、轻涂纸、白牛皮纸、包装纸、纸袋纸、纱管纸、新闻纸、宗教纸、各种有色纸及各类造纸助剂

福建省南纸股份有限公司
福建省南平市滨江北路 177 号
邮编 353000
电话 0599－8808888
传真 0599－8808689、8808312
网址 www.nanpingpaper.com
邮箱 webmaster@nanpingpaper.com
产品 胶印新闻纸、本色硫酸盐商品木浆、静电复印纸、人纤浆粕

邵武中竹纸业有限责任公司
福建省邵武市下王塘
邮编 354000
电话 0599－6541168
传真 0599－6541090
产品 漂白硫酸盐竹浆、漂白桉木浆、漂白马尾松浆、胶版印刷纸、静电复印纸、涂布原纸、白牛皮纸

福建利树浆纸有限公司
福建省建瓯市瓯宁街道兴宁工业区
邮编 353100
电话 0599－3738906
传真 0599－3738901
产品 高强瓦楞原纸、竹浆

福建利树股份有限公司
福建省建瓯市中国笋竹城 D 区
邮编 353100
电话 0599－3699909
传真 0599－3699920
网址 www.lishugroup.com
邮箱 fjlsgfyxgs@163.com
产品 挂面箱纸板、高强瓦楞原纸

福建省建瓯市恒丰纸业有限公司
福建省建瓯市莲花坪工业区

邮编 353100
电话 0599－3591588、13960666929
传真 0599－3591933
产品 卫生纸

福建惜恩纸业有限公司
福建省建瓯市汇丰城市花园 47 幢
邮编 353100
电话 0599－3738908
传真 0599－3738901
产品 高强瓦楞原纸、挂面箱纸板、卫生纸

龙岩市

福建省龙岩市祥泰造纸包装有限公司
福建省龙岩市铁山开发区
邮编 364001
电话 0597－2348234
传真 0597－2348432
网址 www. xtpp. com. cn
邮箱 lyxt-1@ 163. com
产品 防锈纸、防水纸、涂塑纸、硅油纸、水果护套纸、全木浆生活用纸

龙岩市闽丰造纸厂
福建省龙岩市铁山街道隔口村
邮编 364001
电话 0597－2349425、2340969
产品 瓦楞原纸

龙岩南纸有限公司
福建省龙岩市铁山工业路 36 号
邮编 364001
电话 0597－2348087
传真 0597－2348737
产品 新闻纸

福建省上杭瑞翔纸业有限公司
福建省龙岩市上杭县新塘路 5 号
邮编 364200
电话 0597－3966808、3842588
传真 0597－3842223
产品 瓦楞原纸、牛皮卡纸、纱管纸

福建省连城县东方经济开发有限公司
福建省龙岩市连城县姑田镇新街 211 号
邮编 366208
电话 0597－8269869、13859502581
传真 0597－8269888
产品 特种牛皮纸、精制牛皮纸

龙岩永峰纸业有限公司
福建省龙岩市新罗区洋头
邮编 364001
电话 0597－2341777
产品 制鞋中底纸板

福建省龙岩市铭丰集团有限公司
福建省龙岩市龙雁新区龙雁工业集中区
邮编 364002
电话 0597－2208988
传真 0597－2790869
网址 www. mingfengzy. com
邮箱 mingfengjt@ mingfengjt. com
产品 生活用纸

福建省长汀县瑞华纸业有限公司
福建省龙岩市长汀县工贸新城
邮编 366300
电话 0597－6819256
传真 0597－6884688
产品 薄页纸、有光纸、单胶纸、书写纸

福建连城莲龙纸业有限公司
福建省连城县姑田镇九顺坪
邮编 366300
电话 0597－3128528
邮箱 648017454@ qq. com
产品 特种纸、育果袋纸及其纸袋、食品包装纸和民用纸

宁德市

安诺纸业(福建)有限公司
福建省福鼎市金九龙大厦 C 座 11 层
福建省福鼎市冷城安诺工业园(厂址)
邮编 355200
电话 0593－7203333
传真 0593－7919333、7290333
网址 www. anjt. com. cn
产品 手帕纸、芯卷筒卫生纸、无芯卷筒卫生纸、抽取式面巾纸、方巾纸、珍宝纸

福鼎市南阳纸业有限公司
福建省福鼎市管阳镇章边村
邮编 355215
电话 0593－7637988、7637999

传真 0593－7637288
产品 面巾纸、餐巾纸、卷筒纸、手帕纸及各种规格分切盘纸

江　西　省

南昌市

江西晨鸣纸业有限责任公司
江西省南昌市昌北经济开发区白水湖工业园
邮编 330013
电话 0791－83951998、83951968
传真 0791－83951889
网址 www. chenmingpaper. com
产品 轻型纸、低定量涂布纸

腾达纸业有限公司
江西省南昌市南昌县八一乡姜村
邮编 330200
电话 0791－85817330、85817129
产品 卫生纸、纸巾纸

南昌五丰纸业有限公司
江西省南昌市青山湖区罗家镇货场工业园
邮编 330012
电话 0791－88394989、88395989
传真 0791－88395989
产品 卫生纸

江西特种纸业有限责任公司
江西省南昌市进贤县民和镇西门路 569 号
邮编 331700
电话 0791－85693372
产品 电容器纸

八一乡淡溪造纸厂
江西省南昌市南昌县八一乡淡溪
邮编 330201
电话 13907009689
产品 包装纸

江西省轻工实业有限公司
江西省南昌市北京东路彭桥工业园区
邮编 330029
电话 0791－8182414、8314201
传真 0791－8323123
网址 www. jxlight. gov. cn
产品 无碳复写纸

景德镇市

乐平市加金纸业有限公司
江西省景德镇市乐平市塔山工业园区内
邮编 333300
电话 0798－6832428
产品 箱纸板、瓦楞原纸

萍乡市

上栗县萍峰纸业有限公司
江西省萍乡市上栗县金山镇小水村
邮编 337009
电话 0799－3885168
产品 箱纸板、瓦楞原纸、牛皮卡纸、烟花用纸

萍乡市宣风箱纸板厂
江西省萍乡市芦溪镇宣风镇水府
邮编 337009
电话 0799－7501148
产品 箱纸板

萍乡市阳光纸业有限责任公司
江西省萍乡市芦溪县宣风镇茶垣
邮编 337009
电话 0799－7501128
产品 包装纸

江西春来纸业有限公司
江西省萍乡市阁山镇
邮编 337009
电话 0799－7589998
产品 瓦楞原纸

莲花县纸业有限公司
江西省萍乡市莲花县新建东街 85 号
邮编 337100
电话 0799－7216158
产品 书写纸、新闻纸

萍乡市和泉造纸厂
江西省萍乡市湘东镇(区政府所在地)
邮编 337100
电话 0799－3440679
产品 箱纸板

芦溪县科林纸业有限公司
江西省萍乡市芦溪县

邮编 337000
电话 0799－7552092
产品 特种纸

上栗县萍锋纸业有限公司
江西省萍乡市上栗县小水村
邮编 337011
电话 0799－3885168
传真 0799－3885688
网址 www.slpfzy.com
产品 鞭炮烟花用纸、箱纸板

上栗县富春江特种纸厂
江西省萍乡市上栗县
邮编 337000
电话 0799－3629156
产品 引线纱纸、茶叶滤纸、果袋纸、淋膜纸

九江市

江西理文造纸有限公司
江西省瑞昌市码头工业区
邮编 332207
电话 0792－8996888－8117
产品 箱纸板

江西八达纸业有限公司
江西省九江市永修县军山
邮编 330300
电话 0792－3051118
产品 箱纸板、纱管纸、瓦楞原纸

共青城顺风纸业有限公司
江西省九江市德安县甘露镇
邮编 330400
电话 0792－4371273
产品 包装纸

江西省永修县恒达纸业有限公司
江西省九江市永修县东风农贸公司
邮编 330300
电话 0792－3081801
产品 包装纸

江西省永修县恒丰兴隆造纸厂
江西省九江市永修县东风农贸公司
邮编 330300
电话 0792－3080008
产品 包装纸

江西兴辉纸业有限公司
江西省九江市武宁县盘溪工业园
邮编 330400
电话 13870272001
产品 文化用纸

江西绮玉纸业有限公司
江西省九江市德安县
邮编 330400
电话 0792－4551111
传真 0792－4551111
产品 纸巾纸、卫生纸

江西泽晖纸业有限公司
江西省九江市永修县虬津镇泽晖工业园
邮编 330300
电话 0792－3110922
产品 文化用纸

赣州市

江西瑞景纸业有限公司
江西省赣州市瑞金市泽潭乡
邮编 342500
电话 0797－2390110
产品 涂布白纸板

赣州市造纸厂
江西省赣州市章贡区水东镇岗上村 32 号
邮编 341000
电话 0797－8464138
产品 卫生纸

瑞金市瑞京纸业有限公司
江西省赣州市瑞金市泽潭乡光辉村
邮编 342500
电话 0797－2335666
产品 涂布白纸板

赣州华劲纸业有限公司
江西省赣州市水西乡桑芜下 168 号
邮编 341000
电话 0797－8251112
产品 文化用纸、生活用纸

华劲集团赣州纸品有限公司
江西省赣州市章贡区水西基地
邮编 341000
电话 0797－8251388
产品 高档生活用纸

赣州市崇星实业有限公司
江西省赣州市沙石镇沙石村龙石头
邮编 341000
电话 0797－8185588
传真 0797－8185599
产品 卫生纸

吉安市

江西富丰纸业有限公司
江西省吉安市永丰县城南工业开发区
邮编 331500
电话 0796－2518888
产品 涂布白纸板

峡江县雄狮造纸有限公司
江西省吉安市峡江县巴邱镇巴丘路 114 号
邮编 331400
电话 0796－3666666、3666999、13807962876
传真 0796－3664455
产品 箱纸板、瓦楞原纸、牛皮纸

井冈山纸业有限公司
江西省吉安市井冈山石市口
邮编 343600
电话 0796－6610121、6610637
传真 0796－6610049
产品 机制纸

江西永新南方纸业有限公司
江西省吉安市永新县小屋岭
邮编 343400
电话 0796－7850858
产品 涂布白纸板

枧头富坑口机制纸厂
江西省吉安市万安县枧头镇建村
邮编 343800
电话 0796－5872482
产品 包装纸

泰和县天泰纸业有限公司
江西省吉安市泰和县工业园区
邮编 343700
电话 0796－5404758
产品 涂布白纸板

泰和县荣泰包装纸业有限公司
江西省吉安市泰和县工业园区
邮编 343700
电话 0796－5403018
产品 瓦楞原纸

江西安阳纸业有限公司
江西省吉安市万安县五丰镇工业园
邮编 343800
电话 0796－5839738
产品 白纸板

江西富新纸业有限公司
江西省吉安市永新县高桥楼镇龙江
邮编 343400
电话 0796－7850798
产品 白纸板

江西祥泰纸业有限公司
江西省吉安市泰和县工业园区
邮编 343700
电话 0796－5403987
产品 白纸板

江西同泰纸业有限公司
江西省吉安市泰和县工业园区
邮编 343700
电话 0796－5404868
产品 涂布白纸板

江西金惠纸业有限公司
江西省吉安市泰和县工业园区
邮编 343700
电话 0796－5403188
产品 涂布白纸板

江西腾龙纸业有限公司
江西省吉安市永丰县工业园新区
邮编 331500
电话 0796－2222498
产品 薄型纸

江西永发纸业有限公司
江西省吉安市永丰县工业园区
邮编 331500
电话 0796－2222458
产品 箱纸板

峡江县建材纸业有限公司
江西省吉安市峡江县造纸工业园区 5 号
邮编 331400
电话 0796－3683508
产品 涂布白纸板

江西诚信纸业有限公司
江西省吉安市永丰县工业大道
邮编 331500
电话 0796－2542888
产品 包装纸

吉水县海天纸业有限公司
江西省吉安市吉水县阜田镇黄金湖
邮编 331600
电话 0796－3591658
产品 涂布白纸板

江西明盛实业有限公司
江西省吉安市青原区富滩工业园区 A 区
邮编 343000
电话 0796－8630978
传真 0796－8630980
网址 www. jxms8888. com
产品 木浆黑卡纸、木浆红卡纸

江西金嘉纸业有限公司
江西省吉安市吉州区工业园
邮编 343000
电话 0796－8251695
产品 书写纸

吉安市第二造纸厂
江西省吉安市吉州区樟山镇曲沙
邮编 343000
电话 13907968049
产品 包装纸

江西安顺实业有限公司
江西省吉安市青原区富滩镇富滩
邮编 343000
电话 0796－3211999
产品 白纸板

金威纸业有限公司
江西省吉安市峡江县造纸工业园区 4 号
邮编 331400
电话 0796－3683689
产品 涂布白纸板

江西华东纸业有限公司
江西省吉安市泰和县工业园区
邮编 343700
电话 0796－5403885
产品 白纸板

江西永兴纸业有限公司
江西省吉安市永新县城北
邮编 343400
电话 0796－7730171
产品 涂布白纸板

江西峡江富通纸业有限公司
江西省吉安市峡江县巴邱镇
邮编 331400
电话 0796－3661458、3663513
传真 0796－3661088
产品 涂布白纸板

江西董氏纸业有限公司
江西省吉安市吉安县安塘乡竹恒村
邮编 343136
电话 0796－8758818
产品 涂布白纸板、扑克牌纸

江西运宏特种纸业有限公司
江西省吉安市永丰县工业园南区
邮编 331500
电话 0796－2221882、13507962872
传真 0796－2221616
产品 牛皮纸

泰和县华胜实业有限公司
江西省吉安市泰和县沿溪工业园区
邮编 343700
电话 0796－5360015
产品 涂布白纸板

永丰泰丰纸业有限公司
江西省吉安市永丰县城南工业开发区

邮编 331500
电话 0796－2222208
产品 涂布白纸板

永丰永祥纸业有限公司
江西省吉安市永丰县城南工业开发区
邮编 331500
电话 0796－2222488
传真 0796－2221898
产品 涂布白纸板

峡江大华纸业有限公司
江西省吉安市峡江县巴邱镇
邮编 331400
电话 0796－3683688
产品 涂布白纸板

江西永新南方纸业有限公司
江西省吉安市永新县工业开发区
邮编 343400
电话 0796－7750858
产品 涂布白纸板

宜春市

万盛纸业有限公司
江西省宜春市万载县环城北路 438 号
邮编 336100
电话 0795－8917999
产品 书写纸、转移印花纸

樟树市古城造纸厂
江西省宜春市樟树市临江工业园
邮编 331200
电话 0752－7812860
传真 0795－7812860
产品 生活用纸

江西富宏纸业有限公司
江西省宜春市奉新县宋阜镇青湖村郑家洲
邮编 330702
电话 0795－4605178
产品 牛皮纸

宜丰县黄岗山兴丰造纸厂
江西省宜春市宜丰县黄冈山垦殖场内
邮编 336300
电话 0795－2923767
产品 牛皮纸、炸药包装纸

江西省宜丰县洞山造纸厂
江西省宜春市宜丰县洞山乡
邮编 336300
电话 0795－2916026
产品 白纸板

江西省樟树市临江造纸厂
江西省宜春市樟树市临江镇沿河桥
邮编 336300
电话 0795－7812756
产品 包装纸

江西省上高县造纸厂
江西省宜春市上高县镇渡乡镇南
邮编 336400
电话 0795－2540337
产品 卫生纸

宜丰县宏达造纸厂
江西省宜春市宜丰县库前
邮编 336300
电话 0795－2902299
产品 卫生纸

宜丰县石花尖纸业有限公司
江西省宜春市宜丰县虚拟居委会
邮编 336300
电话 0795－2999025
产品 包装纸及纸板

宜春市袁州区慈化湘赣造纸厂
江西省宜春市袁州区慈化镇西山村
邮编 336300
电话 0795－3189966
产品 花炮纸

高安市盛发造纸有限公司
江西省宜春市高安市陈家
邮编 330800
电话 0795－5680180
产品 包装纸

宜春金太阳纸品厂
江西省宜春市袁州区新坊乡
邮编 336000
电话 0795－3195886

产品 卫生纸

抚州市

江南纸业有限公司
江西省抚州市临川区河阜乡
邮编 344000
电话 0794－8778009
产品 箱纸板、瓦楞原纸

南城洪门造纸厂
江西省抚州市南城县洪门电厂内
邮编 344700
电话 0794－7361268
产品 纸浆

江西抚州银丰纸业有限公司
江西省抚州市临川区桐源乡
邮编 344000
电话 0794－8638558
产品 涂布白纸板

江西富临纸业有限公司
江西省抚州市临川区桐源乡
邮编 344000
电话 0794－8638386
产品 涂布白纸板

抚州金圣纸业有限公司
江西省抚州市临川区工业开发区
邮编 344000
电话 0794－8638618
产品 涂布白纸板

江西华南纸业有限公司
江西省抚州市宜黄县六里铺
邮编 344400
电话 0794－7605598
产品 涂布白纸板

宜黄县星泰纸业有限公司
江西省抚州市宜黄县六里铺
邮编 344400
电话 0794－7601448
产品 涂布白纸板

抚州市兴业实业有限公司
江西省抚州市抚州北工业园区
邮编 344400
电话 0794－8457338
传真 0794－8457333
产品 瓦楞原纸、卫生纸

江西弘泰电子信息材料有限公司
江西省抚州市宜黄县六里铺工业园区
邮编 344400
电话 0794－7601995、7607069
产品 特种纸、白卡纸、电子载体纸

江西乐门纸业有限公司
江西省抚州市宜黄县六里铺工业园区
邮编 344400
电话 0794－7617077
网址 www. chinalemen. com
产品 水砂原纸、牛皮纸

江西联兴纸业有限公司
江西省抚州市崇仁县巴山镇西郊 3 号
邮编 344200
电话 0794－6334588
产品 箱纸板、瓦楞原纸

恒安(江西)家庭用品有限公司
江西省抚州市东乡县(省级)经济开发区
邮编 331801
电话 0794－4381172
传真 0794－4382392
产品 生活用纸系列产品

上饶市

江西顺达纸业有限公司
江西省上饶市弋阳县圭峰大道
邮编 334400
电话 0793－5845666、5845777、5845999
产品 涂布白纸板

江西大茅山档案纸厂
江西省上饶市德兴市古井头
邮编 334200
电话 0793－7750572
产品 包装纸

德兴市大茅山金兴造纸厂
江西省上饶市德兴市古井头
邮编 334200

电话 0793－7750566
产品 包装纸

广丰县芦林纸业有限公司
江西省上饶市广丰县经济开发区
邮编 334600
电话 0793－2620499、13307937116
传真 0793－2620486
网址 www.ll-zy.com
产品 箱纸板、牛皮箱纸板、茶纸板、纱管纸

江西金达纸业有限公司
江西省上饶市鄱阳县饶阜镇石泉岭
邮编 333100
电话 13707935102
产品 文化用纸

江西省余干县洪家嘴造纸厂
江西省上饶市余干县洪家嘴信和中学旁
邮编 335100
电话 13879315846
产品 瓦楞原纸、爆竹纸

铅山县鹅湖造纸厂
江西省上饶市铅山县鹅湖镇
邮编 334500
电话 0793－5432769
产品 包装纸

江西广夏包装印刷有限公司
江西省上饶市广丰县芦林工业园
邮编 334600
电话 0793－2617075
产品 金银卡纸

广丰县月兔卫生用品有限公司
江西省上饶市广丰县芦林工业园
邮编 334600
电话 0793－2610001、2625515
传真 0793－2651900
产品 生活用纸

江西含珠实业有限责任公司
江西省上饶市铅山县城西工业园区
邮编 334500
电话 0793－5187877
传真 0793－5187777
网址 www.jxhzsy.com
邮箱 webmaster@jxhzsy.com
产品 连四纸

上饶市林氏玉融纸业有限公司
江西省上饶市信州区同心村三江桥
邮编 334000
电话 0793－7089916
传真 0793－8157108
产品 卫生纸

山 东 省

济南市

济南灏源纸业有限公司
山东省济南市历城区西州南路 30 号
邮编 250100
电话 0531－88918888、88023100
传真 0531－88023109
网址 www.haoyuanpaper.com.cn
产品 印刷纸、办公用纸原纸

济南含章印务有限公司
山东省济南市历城区西周大辛河东郊
邮编 250100
电话 0531－88918888
传真 0531－88012000
网址 www.hanzhang.com
邮箱 hzmaster@sina.com
产品 电脑打印纸、静电复印纸、防伪水印纸、晒图原纸

济南银星纸业有限公司
(原山东黄台造纸厂)
山东省济南市历城区荷花路 67 号
邮编 250100
电话 0531－88262596
传真 0531－88262596
产品 字典纸、圣经纸、涂炭原纸、特种印刷纸、税票纸、表层纸、玻璃衬纸

济南明星纸业有限公司
山东省济南市济北经济开发区
邮编 251400
电话 0531－84280099
传真 0531－84280226
产品 各种高中低档卫生纸、大轴原纸、盘纸、全天然木浆纸系列生活用纸

章丘华饰纸业有限公司
山东省济南市章丘市明水荷花路 17 号
邮编 250200
电话 0531－83252203
传真 0531－83252203
产品 轻型印刷纸、无碳原纸、离型原纸、食品包装纸

青岛市

青岛奥华纸业有限公司
山东省青岛市四方区四流南路 245 号
邮编 266042
电话 0532－84885257(生产)/288(销售)
传真 0532－84863863
产品 无碳复写纸

青岛海王纸业集团
山东省青岛市海王路 342 号
邮编 266400
电话 0532－86118663、86118509
传真 0532－86115522、86117100、86118509
网址 www. haiwangpaper. com
邮箱 haiwang@ haiwangpaper. com
产品 文化用纸、工农业技术用纸、生活用纸、包装纸、打字纸、彩色皱纹纸、纱管封面纸、防菌纸袋

淄博市

山东博汇纸业股份有限公司
山东省淄博市桓台县马桥镇工业路北首
邮编 256405
电话 0533－8539966、8530387
传真 0533－8530372
网址 www. bohui. com
邮箱 05338866@ 163. com
zqb@ bohui. com
产品 涂布白卡纸、双胶纸、轻型纸、箱纸板、石膏板护面纸板

山东贵和显星纸业有限公司
山东省淄博市桓台县唐山镇工业园
邮编 256408
电话 0533－8086977
邮箱 webmaster@ sdguihe. com
产品 瓦楞原纸、特种纸

山东仁丰特种材料股份有限公司
山东省淄博市桓台县起凤镇仁丰路
邮编 456047
电话 0533－8697688
传真 0533－8698159
网址 www. zbrenfeng. com
产品 高强瓦楞原纸、滤纸、壁纸原纸

山东金海洋纸业有限公司
山东省淄博市桓台县田庄镇
邮编 256402
电话 0533－8580035
传真 0533－8582888
网址 www. sdcljt. cn
邮箱 sdchenlong@ 126. com
产品 新闻纸、箱纸板

山东淄博国泰纸业有限公司
山东省淄博市高新技术开发区柳泉路北首
邮编 255086
电话 0533－3581320、3580813
传真 0533－3580813
产品 静电复印纸、双胶纸

山东淄博华光纸业有限公司
山东省淄博市张店区湖田镇
邮编 255075
电话 0533－2060471
传真 0533－2060623
产品 牛皮箱纸板

山东淄博玉丰实业有限公司
山东省淄博市淄川区东坪镇
邮编 255174
电话 0533－5310325－8019
传真 0533－5310396
产品 陶瓷及玻璃用贴花纸

山东北金集团淄博广信纸业有限公司
山东省淄博市临淄区召口乡
邮编 255419
电话 13616430712
传真 0533－7602106
产品 夹筋纸袋纸、牛皮纸

齐峰新材料股份有限公司
山东省淄博市临淄区朱台镇齐峰路 22 号
邮编 255432
电话 0533－7780161

传真 0533－7788998
网址 www. qifeng. cn
邮箱 qifengtezhi@ 163. com
qifengtezhi@ qifeng. cn
产品 可印刷装饰原纸、素色装饰原纸、表层耐磨纸、平衡原纸、壁纸原纸

淄博市博山环球皱纹纸厂
山东省淄博市博山区北园路 198 号
邮编 255202
电话 0533－4231497、4231498
传真 0533－4232499
产品 皱纹纸、薄页纸

淄博王村纸业有限公司
山东省淄博市周村区王村
邮编 255311
电话 0533－6680128
传真 0533－6680128
产品 纱管原纸、箱纸板、涂布纸板

山东青苑纸业有限责任公司
山东省淄博市高青县城齐东路 43 号
邮编 256300
电话 0533－6961745
传真 0533－6961492
网址 www. qingyuan. com
产品 精制胶版纸、箱纸板

枣庄市

远通纸业(山东)有限公司
(原山东华众纸业有限公司)
山东省枣庄市薛城区常庄镇金河枣曹路 3388 号
邮编 277014
电话 0632－4401860
传真 0632－4413098、4401828
产品 牛皮箱纸板、涂布白纸板、金银卡纸

枣庄华润纸业有限公司
山东省枣庄市山亭区新城工业园区
邮编 277200
电话 0632－8861908、8813851、8861956
传真 0632－8811556、8818558
网址 www. huarunpaper. com
邮箱 marketing@ huarunpaper. com
产品 石膏板护面纸板

枣庄华锦纸业有限公司
山东省枣庄市台儿庄区
邮编 277400
电话 0632－6611984
产品 涂布白纸板、牛皮箱纸板

滕州华闻纸业有限公司
山东省枣庄市滕州市级索镇姚庄工业园区
邮编 277518
电话 0632－2446928
传真 0632－2446556
产品 双胶纸、书写纸、新闻纸

东营市

华泰集团有限公司
山东省东营市广饶县
邮编 257335
电话 0546－6888808、6888818
传真 0546－6888018、6888158
网址 www. huatai. com
邮箱 htjt@ huatai. com
htxsgs@ huatai. com
产品 新闻纸、双面胶版纸、书写纸、铜版纸、涂布白纸板、低定量涂布纸、生活用纸

烟台市

莱阳银通纸业有限公司
山东省莱阳市丹崖路 129 号
邮编 265202
电话 0535－7318208、7327228
传真 0535－7318208
网址 www. yinhaipaper. com
邮箱 lcz@ yintongpaper. cn
cxm@ yintongpaper. cn
lygzd@ yintongpaper. cn
产品 水果套袋纸、防伪纸、静电复印纸、书写纸

烟台大华纸业有限公司
(原山东牟平造纸厂)
山东省烟台市牟平区路兴街 403 号
邮编 264100
电话 0535－4161998
传真 0535－4652032
网址 www. ytlxpaper. com
邮箱 jiangliangxu@ vip. sina. com
产品 离型纸、防黏纸、复合纸、轻型纸、纯质纸、再

生新闻纸、双胶纸

烟台锦宏纸业有限公司
山东省海阳市经济技术开发区
邮编 265118
电话 0535－3205358
产品 文化用纸、铜版原纸

烟台市大展纸业有限公司
山东省烟台市牟平区沁水韩国工业园大展大街 388 号
邮编 264117
电话 0535－4659078、4659077
传真 0535－4659076
网址 www. yantaidazhan. com
邮箱 zjq@ yantaidazhan. com
产品 瓦楞原纸、牛皮箱纸板

山东省烟台滋禾科技发展有限公司
山东省烟台市芝罘区南大街 156 号平安大厦 709 室
邮编 264000
电话 0535－6696559
传真 0535－6696559
产品 牛卡纸、涂布牛卡纸

龙口市诸由纸板厂
山东省龙口市诸由观镇西河阳
邮编 265705
电话 0535－8562189、8561225
传真 0535－3616535
产品 双胶纸

龙口玉龙纸业有限公司
山东省龙口市滨海旅游度假区黄河营村北
邮编 265712
电话 0535－8589536、8589501
传真 0535－8589555
网址 www. yulongpaper. com
邮箱 xs@ yulongpaper. com
bgs@ yulongpaper. com
产品 胶版书刊纸、书写纸、双胶纸、静电复印纸、轻型纸、纯质纸

莱州市莱星工业纸板有限公司
（原莱州市工业纸板厂）
山东省莱州市掖柴路
邮编 261400
电话 0535－2216646、2265906
传真 0535－2235248
网址 www. chinalaixing. com
邮箱 lzlxzb@ sohu. com
产品 工业纸板

莱州市鲁通特种纸业有限公司
山东省莱州市海庙东路 238 号
邮编 261400
电话 0535－2480641、2483050
传真 0535－2480447
产品 书写纸、有光纸、箱纸板、果袋纸、工艺品纸

莱州市圣林纸制品有限公司
山东省莱州市云峰北路北首东
邮编 261437
电话 0535－2293178
传真 0535－2293178
网址 www. lz-zb. com
邮箱 sl@ lz-zb. com
产品 双灰纸板、复合纸板、工业纸板

莱州市鲁通纸业有限公司
山东省莱州市海庙东路 238 号
邮编 261400
电话 0535－2480447
传真 0535－2480447
产品 高档牛皮箱纸板

潍坊市

临朐玉龙造纸有限公司
山东省潍坊市临朐县城华特路 5311 号
邮编 262600
电话 0536－3158797、3158872
传真 0536－3158568
网址 www. wanhao. com
邮箱 ylong@ china. com
产品 各种规格铜版纸、特种纸

山东恒联投资有限公司
山东省潍坊市高新区东风东街 3019 号
邮编 261061
电话 0536－8671516、8671509
传真 0536－8665348
网址 www. henglianpaper. com
邮箱 hl8671516@ 163. com
产品 铜版纸、玻璃纸、生活用纸

汇胜集团股份有限公司
山东省潍坊市高新区潍胶路 999 号
邮编 261201
电话 0536－8669008
传真 0536－8669008
网址 www. cnpaper. cn
邮箱 huisheng@ cnpaper. cn
产品 纸管原纸、绝缘纸板

潍坊恒联特种纸有限公司
山东省潍坊市寒亭区海龙路 1526 号
邮编 261100
电话 0536－7288200
传真 0536－7288222
产品 水转移印底纸原纸、环保无尘纸、标签纸、白牛皮纸、胶版印刷纸

潍坊恒联玻璃纸有限公司
山东省潍坊市寒亭区海龙路 609 号
邮编 261100
电话 0536－7288338
传真 0536－7288333
网址 www. hlblz. com
邮箱 www@ hlblz. com
产品 食品包装用纸、烟花包装用纸、医药包装用纸、香蜡烛包装用纸、透明胶带专用纸、电池专用纸、硅胶管专用纸、鱼竿专用纸

潍坊恒联浆纸有限公司
山东省潍坊市寒亭区海龙路 601 号
邮编 261100
电话 0536－7283106、7283107
传真 0536－7251647
邮箱 hljzxsb@ 163. com
产品 木浆、棉浆、竹浆、高档文化用纸

潍坊恒联美林生活用纸有限公司
山东省潍坊市寒亭区海龙路 609 号
邮编 261100
电话 0536－7283237
传真 0536－7283228
产品 吸水衬纸、擦手纸、餐巾纸、纸巾纸、面巾纸、卫生卷纸

潍坊华港包装材料有限公司
山东省潍坊市奎文区宝通东街 162 号
邮编 261041
电话 0536－8823918、8823899、8823878
传真 0536－8823919
网址 www. wfhgbz. com
邮箱 hgbz@ wfhgbz. net
产品 接装纸原纸、铝箔衬纸、嘴棒成型纸、接装纸、铝箔纸、真空镀铝纸、印花纸、装饰纸

潍坊市友谊造纸厂
山东省潍坊市农业生物开发区
邮编 261031
电话 0536－8654673
产品 箱纸板、瓦楞原纸、涂布纸、包装纸

青州市东南坝造纸厂
山东省青州市东坝镇
邮编 262517
电话 0536－3531031
传真 0536－3531031
产品 牛皮纸

青州瑞青造纸股份有限公司
山东省青州市青州北路 1 号
邮编 262500
电话 0536－3222967
产品 高光泽铝箔衬纸、离型原纸、覆塑原纸、铜版纸、金属性印刷原纸

青州市东方铜版纸有限公司
山东省青州市东阳河工业区 1188 号
邮编 262517
电话 0536－3531888、3536888
传真 0536－3536366
网址 www. dftbz. com
邮箱 dftbz@ 163. com
产品 铜版纸、玻璃卡纸

山东省青州市板纸厂
山东省青州市青州南路东一街 5 号
邮编 262500
电话 0536－3200541
传真 0536－3203802
产品 牛皮纸、离型原纸、无碳原纸、铝箔衬纸、水松原纸

山东青州齐鲁纸业有限公司
山东省青州经济开发区
邮编 262500
电话 0536－3290118、13806493038
产品 铝箔衬纸、印花原纸、木纹原纸、淋膜原纸、覆

塑原纸、白牛皮纸、离型原纸、工业用原纸

山东晨鸣纸业集团股份有限公司
山东省寿光市农圣东街 2199 号
邮编 262700
电话 0536 - 5218000、2156333、800 - 918 - 6818
传真 0536 - 2156111
网址 www. chenmingpaper. com
产品 双面胶版纸、低定量涂布纸、铜版纸、胶印书刊纸、书写纸、牛皮箱纸板、静电复印纸、新闻纸、无碳复写纸、高档电话簿纸、橙色施胶新闻纸

寿光市三利板纸有限责任公司
山东省寿光市抬头镇牛头镇村东
邮编 262736
电话 13805362255
传真 0536 - 5542652
产品 打字纸、彩书皮纸、条纹牛皮纸

山东万豪纸业集团股份有限公司
山东省潍坊市临朐县城华特路 5311 号
邮编 262600
电话 0536 - 3163364
传真 0536 - 3165340
网址 www. wanhao. com
邮箱 sdwhzyjt@ 163. com
产品 铜版纸、双胶纸、胶印书刊纸、防油纸、高档包装纸、卫生纸、打字纸、工艺纸、电信电缆纸、双面胶带原纸、造纸化工产品及纸业包装材料

临朐恒丰造纸有限公司
山东省潍坊市临朐县城工业街 32 号
邮编 262600
电话 0536 - 3165465、2198910、13335258879、13964768286
传真 0536 - 3163465
产品 防油纸、汉堡原纸、淋膜汉堡纸、食品包装纸、白牛皮纸、漂白防油纸、未漂防油纸、邮封纸、医用包装纸、卫生纸、爆米花纸袋纸

山东世纪阳光纸业集团有限公司
山东省潍坊市昌乐经济开发区
邮编 262400
电话 0536 - 2181001
传真 0536 - 2186006
网址 www. sunshinepaper. com. cn
邮箱 zhanghm@ sunshinepaper. com. cn
产品 纸管原纸、牛卡纸、瓦楞原纸

山东恒安纸业有限公司
山东省潍坊市坊子区北海路 7209 号
邮编 261200
电话 0536 - 7666888
传真 0536 - 7666888
网址 www. hengan. com
产品 生活用纸

潍坊永新纸业有限公司
山东省潍坊市昌乐县营邱镇河头工业园
邮编 261200
电话 0536 - 6911126、6911033
传真 0536 - 6911126、6911033
邮箱 15064680331@ 163. com
maliping85222@ 163. com
产品 铝箔衬纸、皱纹原纸、双面胶带棉纸、淋膜原纸、马桶坐垫原纸

诸城市新星纸业有限公司
山东省诸城市北郊
邮编 262200
电话 0536 - 6062721
传真 0536 - 6063867
产品 新闻纸

威海市

荣成荣昌纸制品有限公司
山东省威海市荣成市荣安路
邮编 264300
电话 0631 - 7512678
传真 0631 - 7512456
网址 www. homely. com. cn
产品 水印纸

荣成海盛纸业有限公司
山东省威海市荣成市好当家工业园区
邮编 264305
电话 0631 - 7438223
传真 0631 - 7438223
网址 www. homely. com. cn
产品 箱纸板、瓦楞原纸

山东凯丽特种纸股份有限公司
山东省威海市荣成市河阳东路 198 号
邮编 264300

电话 0631－7510288
传真 0631－7571946
网址 www.kailipaper.cn
邮箱 kaili@kailipaper.cn
产品 防伪纸

威海龙港纸业有限公司
山东省威海市羊亭镇凤凰山路 989 号
邮编 264204
电话 0631－5764806、5764338
传真 0631－5764806
邮箱 lgzhiye@163.com
产品 箱纸板、瓦楞原纸

济宁市

济宁恒丰纸业有限责任公司
山东省济宁市安居工业园区
邮编 272059
电话 0537－2312038
传真 0537－2559310
网址 www.jnhfzy.com
产品 半透明纸、铜版纸、格拉辛纸、玻璃卡纸

曲阜市造纸厂
山东省曲阜市王庄乡后王村
邮编 273120
电话 0537－4551195、4552228
传真 0537－4551195
产品 书写纸、有光纸、双胶纸、招贴纸、彩色纸

山东太阳纸业股份有限公司
山东省兖州市友谊路 1 号
邮编 272100
电话 0537－7925888、7928711、7928710
传真 0537－7928489
网址 www.sunpapergroup.com
邮箱 sun@sunpapergroup.com
taiyangzhiye@163.com
产品 牛皮箱纸板、高档文化用纸、静电复印纸、牛皮卡纸、涂布白纸板、白卡纸、双胶纸、新闻纸、不干胶纸、电脑打印纸、书写纸、轻涂纸、铜版纸、扑克牌面纸、蜡光原纸、无酸档案纸、素描纸

山东宏河矿业集团邹城恒翔纸业有限公司
山东省邹城市营西路 52 号
邮编 273500
电话 0537－5300318
传真 0537－5312183
网址 www.sdhhjt.com
产品 新闻纸

山东华金集团有限公司
山东省济宁市泗水县金庄镇 818 号
邮编 273201
电话 0537－4036894、4036807、4036979
传真 0537－4031210
网址 www.huajinpaper.com
邮箱 huajinlbz@126.com
产品 涂布白卡纸、无碳复写纸、静电复印纸、双面胶版纸、电脑打印纸、票据专用纸、离型原纸、防黏纸、书写纸

泰安市

泰山石膏股份有限公司
山东省泰安市岱岳区大汶口
邮编 271026
电话 0538－8811449、8811293、8811078
网址 www.taihegroup.com
邮箱 tssgbgs@163.com
产品 石膏板护面纸

山东天和纸业有限公司
山东省泰安市宁阳县文化路西首
邮编 271400
电话 0538－5621781、5611636
传真 0538－5620235
网址 www.sdtianhe.com.cn
产品 静电复印纸、双胶纸、办公用纸

泰安百川纸业有限公司
山东省新泰市小协镇经济开发区
邮编 271221
电话 0538－7866147、7866947
传真 0538－7866447
网址 www.tabczy.com
邮箱 sdtabczy@163.com
产品 轻型纸、字典纸、羊皮纸、石膏板护面纸、纸管纸

东顺集团股份有限公司
山东省泰安市东平县东顺工业园
邮编 271500
电话 0538－2820378、2825077
传真 0538－2820378

网址 www. dongshunpaper. com
产品 生活用纸、一次性卫生用品

山东天和纸业有限公司
山东省泰安市宁阳文化街 1857 号
邮编 271499
电话 0538－5630399
传真 0538－5630399
网址 www. tianhepaper. net
产品 电脑打印纸、静电复印纸、热敏纸、工程纸

日照市

亚太森博(山东)浆纸有限公司
山东省日照市北京路 369 号
邮编 276826
电话 0633－3361168、3361111、3361000
传真 0633－3361280
网址 www. aprilasia. com
产品 白卡纸、纸浆

日照华泰纸业有限公司
山东省日照市莒县莒州路 119 号
邮编 276500
电话 0633－6882076、6881688
传真 0633－6882881、6882519
网址 www. huatai. com
www. huataipaper. com
产品 双胶纸、铜版纸

莱芜市

山东百伦纸业有限公司
山东省莱芜市涞城区方下镇
邮编 271125
电话 0634－6611308、6613520
传真 0634－6611122
产品 轻量涂布纸、铜版纸、书写纸、双胶纸、高档书写纸、精制双胶纸、静电复印纸、新闻纸

临沂市

临沂市鑫惠纸业公司
山东省临沂市小商品城 11 号楼 283 号
邮编 276000
电话 0539－8068186
产品 有光纸、书写纸、双胶纸、绘图纸、朱红纸、蜡光纸

临沂震元纸业有限公司
山东省临沂市苍山县建设路 72 号
邮编 277700
电话 0539－5213232
传真 0539－5211961
产品 书写纸、双胶纸

山东新凯电子材料有限公司
山东省临沂市郯城县人民路 313 号
邮编 276100
电话 0539－6221670、6128100、6130729、6130904
传真 0539－6130656
产品 耐磨纸、化妆原纸、电容器纸、墙壁原纸

山东鲁南纸业集团有限公司
山东省临沂市郯城县人民路 297 号
邮编 276100
电话 0539－6130908
传真 0539－6130722
网址 www. lunanpaper. com
产品 电解电容纸、化妆板原纸、平衡纸、耐磨纸、壁纸原纸

山东永泰纸业有限公司
山东省临沂市莒南县开发区黄海路西段
邮编 276600
电话 0539－7319666
传真 0539－7318039
邮箱 ytzy8008@163. com
产品 瓦楞原纸

山东光华纸业集团有限公司
山东省临沂市费县上冶镇
邮编 273401
电话 0539－5811602
传真 0539－5811102
产品 铜版纸、双面胶版纸、静电复印纸、书写纸、卫生纸

临沂华辰纸业有限公司
山东省临沂经济开发区延安路 109 号(延安路与杭州路交汇处)
邮编 276023
电话 0539－6013888
传真 0539－6013000
网址 www. huachenzhiye. com

邮箱 huachenpaper@163. com
产品 无碳复写纸

德州市

德州华北纸业集团有限公司
山东省德州市德城区二屯镇政府驻地
邮编 253035
电话 0534－2189079、2187309、2188791
传真 0534－2182388、2187566
网址 www. dzhbzy. net
邮箱 dzhbzy@163. com
产品 书写纸、复印纸、轻型纸

德州沪平永发造纸有限公司
山东省德州市平原县王打卦工业园
邮编 253102
电话 0534－4520002
传真 0534－4520598
产品 高强瓦楞原纸

山东中茂圣源纸浆有限公司
山东省德州市陵城区经济开发区
邮编 253500
电话 0534－2133500
传真 0534－2133508
产品 杨木化学机械浆

鲁光纸业股份有限公司
山东省德州市陵县陵边路东
邮编 253501
电话 0534－8702628
产品 书写纸、双胶纸、轻涂纸

山东冠军纸业有限公司
山东省德州市齐河县潘店镇工业园
邮编 251125
电话 0534－5972085、5972888
传真 0534－5972085、5975888
网址 www. guanjunzhiye. com
产品 铜版纸、双面胶版纸、静电复印纸

山东江河纸业有限责任公司
山东省德州市齐河县晨鸣东路 1 号
邮编 251100
电话 0534－5691899、5028501、5678500
传真 0534－5028846
网址 www. sdjhpaper. cn
邮箱 qhcmrzc@126. com
产品 纸杯原纸、双胶纸、轻型纸、道林纸

德州泰鼎新材料科技有限公司
山东省德州市平原县王杲铺镇
邮编 253105
电话 0534－4562766、2162333
传真 0534－4562044、4561258
网址 www. tdxcl. com
邮箱 zd4562766@163. com
产品 铜版原纸、书写纸、胶印书刊纸、静电复印纸、箱纸板、卫生纸

山东泉林纸业夏津有限公司
山东省德州市夏津县建设街 45 号
邮编 253200
电话 0534－3313381
传真 0534－3312139
网址 www. tralin. com
产品 双胶纸、静电复印纸、中涂纸、轻量涂布纸、文化用纸

聊城市

中冶纸业银河有限公司
山东省临清市西门里街 297 号
邮编 252600
电话 0635－2433886、2433348
传真 0635－2436952、2433346
网址 www. mccyinhe. com
产品 书写纸、胶版纸、胶印书刊纸、静电复印纸、瓦楞原纸

茌平泉林纸业有限公司
山东省聊城市茌平县信发办事处工交路 2 号
邮编 252100
电话 0635－7115116
传真 0635－7115116
网址 www. cptralin. com
邮箱 cptralin@126. com
产品 特种纸、食品包装纸、文化用纸

山东信成纸业有限公司
山东省聊城市茌平县西外环高新技术工业园
邮编 252100
电话 0635－4285466、4283298
传真 0635－4287566
网址 www. sdxcgroup. cn

邮箱 xcpaper2008@ yahoo. com. cn
产品 干法无尘纸、湿纸巾、餐巾纸、柔巾卷纸、擦拭纸、分盘无尘纸

山东泉林纸业有限责任公司
山东省聊城市高唐县官道街北首
邮编 252800
电话 0635 - 3951080
传真 0635 - 3953497
网址 www. tralin. com
产品 铜版纸、复合软包装、双面胶版纸、低定量涂布纸、静电复印纸、胶印书刊纸、防黏原纸、书写纸、证券纸、字典纸、电话簿纸

山东金蔡伦纸业有限公司
山东省聊城市阳谷县华山路 8 号
邮编 252300
电话 0635 - 2958869、2958104
传真 0635 - 6324766
网址 www. gclpaper. com
产品 轻型印刷纸

山东鑫泉纸业有限公司
山东省聊城市阳谷县清河西路
邮编 252300
电话 0635 - 2951555
传真 0635 - 2952276
产品 轻型印刷纸、静电复印纸、双胶纸

滨州市

博兴兴华纸业有限公司
山东省滨州市博兴县湖滨镇寨郝工业园
邮编 256511
电话 0543 - 2809565
传真 0543 - 2800565
产品 箱纸板、瓦楞原纸

山东博兴金山联纸业公司
山东省滨州市博兴县博城三路 83 号
邮编 256500
电话 0543 - 2307892
传真 0543 - 2307890
网址 www. kinsany. com
邮箱 haoxl163@ tom. com
产品 双胶纸、彩色胶版纸、不干胶底纸、铜版纸、书写纸、静电复印纸、胶印书刊纸、低定量涂布纸、牛皮纸、有光纸

山东群星纸业有限公司
山东省滨州市邹平县长山镇长星工业园
邮编 256206
电话 0543 - 4853668
传真 0543 - 4853668
网址 www. cxjt. com
产品 高档装饰原纸、静电复印纸

山东省博兴县华辰纸业有限公司
山东省滨州市博兴县寨郝工业园
邮编 256511
电话 0543 - 2809045
传真 0543 - 2809045
产品 彩色胶版纸、无碳复写纸、白牛皮纸

山东黄海林纸有限公司
山东省滨州市博兴县京博工业园
邮编 256505
电话 0543 - 2874888、2874999
传真 0543 - 2874666 - 888
网址 www. huanghaipaper. com
产品 双胶纸、纸杯纸、书写纸

山东天地缘实业有限公司
山东省滨州市邹平县长山镇魏桥工业园创业大道 176 号
邮编 256212
电话 0543 - 4737999
传真 0543 - 4732777
产品 瓦楞原纸、生活用纸

菏泽市

菏泽市宏泰纸业有限公司
山东省菏泽市牡丹区黄罡镇侯集工业园
邮编 274000
电话 0530 - 5660486
传真 0530 - 5663262
邮箱 htzy688@ 126. com
产品 文化用纸

菏泽牡丹纸业有限公司
山东省菏泽市牡丹区黄罡工业园
邮编 274000
电话 0530 - 5660775
传真 0530 - 5663618
产品 生活用纸

河　南　省

郑州市

新密市恒丰纸业有限公司
河南省新密市大隗镇铁匠沟村
邮编 452383
电话 0371 -69288516
传真 0371 -69288516
产品 瓦楞原纸、箱纸板

郑州华丰工贸纸业有限公司
河南省新密市大隗镇铁匠沟村工业区
邮编 450000
电话 0371 -65839063
传真 0371 -65839062
邮箱 gongmao1991@ 126. com
产品 瓦楞原纸、箱纸板

郑州永光纸业有限公司
河南省郑州市大隗镇观砦村罗湾工业区
邮编 452383
电话 0371 -69276199
传真 0371 -69276199
产品 瓦楞原纸、箱纸板

新密市宏远纸业有限公司
河南省郑州市大隗镇观砦村
邮编 452383
电话 0371 -69288556
传真 0371 -69288559
产品 箱纸板

郑州密润纸业有限公司
河南省新密市刘寨西马庄
邮编 452370
电话 0371 -63125011
产品 瓦楞原纸、箱纸板、特种纸

郑州康华纸业有限公司
河南省新密市大隗镇
邮编 452383
电话 0371 -69288698
传真 0371 -69288699
邮箱 zzkanghua001@ 126. com
产品 瓦楞原纸

郑州浦发纸业有限公司
河南省新密市来集镇裴沟矿区
邮编 452382
电话 0371 -69286798
产品 瓦楞原纸、箱纸板

新密市荣昌纸业有限公司
河南省新密市来集镇卢村
邮编 452382
电话 0371 -63150739
产品 瓦楞原纸、箱纸板

郑州鸿发纸业有限公司
河南省新密市苟堂街南头 1 号
邮编 452384
电话 0371 -69252068
产品 瓦楞原纸、箱纸板

新密市春光造纸厂
河南省新密市苟堂镇石庙村
邮编 452384
电话 0371 -69272626
产品 瓦楞原纸、箱纸板

新密市汇丰纸业有限公司
河南省苟堂镇小刘砦村巴家岗
邮编 452384
电话 15038252888
产品 特种纸

河南东盛纸业有限责任公司
河南省新密市矿区新华路办事处杨砦村
邮编 452370
电话 0371 -69786848、69730666
传真 0371 -69730666
网址 www. hndfzy. cn
邮箱 dfzy@ sina. com
产品 高强瓦楞原纸、涂布白纸板

郑州复兴纸业有限公司
河南省登封市卢店镇唐庄工业区
邮编 452472
电话 0371 -60287756、4007889169
传真 0371 -69833766
网址 www. fxzhi. com
邮箱 fx55288@ 163. com
产品 白纸板、箱纸板

郑州东盛纸业有限公司
河南省中牟县城关镇青年路东段
邮编 451450
电话 0371－62184772
传真 0371－62193066
产品 生活用纸

开封市

开封金明纸业有限公司
河南省开封市陈留西关
邮编 475121
电话 0395－6816668
产品 文化用纸

开封市通富纸业有限公司
河南省通许县东工业园区通富路
邮编 472270
电话 0378－4988888
产品 生活用纸

洛阳市

偃师市博毅纸业有限公司
河南省偃师市偃登路
邮编 471943
电话 13937986188
产品 生活用纸

洛阳市洁达纸业有限公司
河南省偃师市首阳山镇
邮编 471943
电话 0379－67568819
产品 生活用纸

偃师市首阳山第二卫生纸厂
河南省偃师市首阳山镇前纸庄村
邮编 471943
电话 0379－67557919
产品 生活用纸

嵩县光明纸业有限公司
河南省嵩县田湖镇洒落村
邮编 471000
电话 0379－66513018
产品 生活用纸

平顶山市

舞钢市海明纸业有限公司
河南省舞钢市安寨路 1 号
邮编 462512
电话 0375－8388005
传真 0375－8388868
产品 文化用纸

河南中峰集团纸业有限公司
河南省平顶山市新南环路东段
邮编 462512
电话 0375－7300067
产品 箱纸板

舞钢市群望纸板有限公司
河南省舞钢市八台镇人民西路
邮编 462541
电话 0375－7280291
网址 www. wgqwzb. com
产品 包装纸板

安阳市

河南省滑县华森纸业有限公司
河南省滑县文明路南段
邮编 456400
电话 0372－8113988
网址 www. anyanghuasen. com
邮箱 huaxianyubei@ 163. com
产品 麦草浆、生活用纸

滑县光明纸业股份有限公司
河南省滑县道口镇道康路 59 号
邮编 456400
电话 0372－8133399
产品 水果套袋纸

林州市实验纸业有限公司
河南省林州市茶店贝村
邮编 456574
电话 0372－6741193
产品 特种纸

林州市众乐包装食品有限公司
河南省林州市临淇镇东
邮编 456575

电话 0372－6711094
产品 瓦楞原纸

鹤壁市

河南博民纸业有限公司
河南省鹤壁市淇县铁西工业区 66 号
邮编 456750
电话 0392－7223378
传真 0392－7275888
产品 生活用纸

鹤壁瑞洲纸业有限公司
河南省鹤壁市淇县铁西区工业路 66 号
邮编 456750
电话 0392－7277111、7277088
传真 0392－7277000
网址 www. rzpaper. com
邮箱 ruizhou2006@ 163. com
产品 无碳复写纸、生活用纸

鹤壁市恿协纸业有限公司
河南省鹤壁市山城区东环路故县村南
邮编 456750
电话 0392－2438888
产品 无碳复写纸、生活用纸

新乡市

河南省龙泉集团豫北纸业有限公司
河南省新乡县龙泉工业园
邮编 453731
电话 13837389664
传真 0373－5651627
网址 www. yubei. tcsw. cn
邮箱 827838894@ qq. com
产品 文化用纸、瓦楞原纸

河南新乡鸿泰纸业有限公司
河南省新乡经济开发区鸿泰大道 168 号
邮编 453700
电话 0373－5580219
传真 0373－5586269
网址 www. htzygroup. com
邮箱 htzy1@ 126. com
产品 文化用纸、无碳复写纸

新乡市兴泰纸业有限公司
河南省新乡市新乡县翟坡镇兴宁村
邮编 453700
电话 0373－5634908
传真 0373－5634908
产品 文化用纸、白纸板

河南奥博纸业有限公司
河南省新乡市辉县市赵固乡奥博工业园
邮编 453633
电话 0373－6956951
传真 0373－6955561
邮箱 hnabo@ 126. com
产品 无碳复写原纸、生活用纸

新乡新亚纸业集团股份有限公司
河南省新乡市新乡纸制品工业园(107 国道 686 公里处)
邮编 453731
电话 0373－5681188、5680286
传真 0373－5699888
网址 www. xinyapaper. com
邮箱 xinyapaper@ 163. com
产品 包装纸、文化用纸、生活用纸

河南天邦集团纸业有限公司
河南省辉县市东二环北段
邮编 453613
电话 0373－6855118、6855299
传真 0373－6855333
网址 www. hntbsy. cn
产品 高档双胶纸、静电复印纸、特种纸

焦作市

河南江河纸业股份有限公司
河南省焦作市武陟县文化路 555 号
邮编 454950
电话 0391－7268383、7268153
传真 0391－7268991
网址 www. jianghe. com
邮箱 jianghe-1@ jianghe. com
产品 无碳复写纸、无碳复写原纸、文化用纸

焦作瑞丰纸业有限公司
河南省焦作市武陟县迎宾大道 175 号
邮编 454950
电话 0391－7268809、7268650、7268710
传真 0391－7268605、7268176
网址 www. ruifengpaper. com

邮箱 jzrfzy@163. com
产品 化学机械浆

河南华丰纸业有限公司
河南省焦作市武陟县西滑封工业区
邮编 454981
电话 0391 – 7566549、7565111、7565222
传真 0391 – 7566548
网址 www. huafengpaper. com
邮箱 huafengzhiye@126. com
产品 文化用纸、生活用纸

河南天虹纸业有限责任公司
河南省孟州市黄河大道东段
邮编 454750
电话 0391 – 8571688、8576658
传真 0391 – 8571688
产品 新闻纸

河南永威安防股份有限公司
河南省沁阳市沁北工业集聚区
邮编 454591
电话 0391 – 5089666、5089700
传真 0391 – 5089711
网址 www. yongwei. net
邮箱 info@yongwei. net
产品 特种纸、装饰板

沁阳市盛兴纸业有限公司
河南省沁阳市灯塔街
邮编 454550
电话 0391 – 5622550
产品 高强瓦楞原纸、特种纸

沁阳市景瑞纸业有限公司
河南省沁阳市柏香镇中两水村
邮编 454550
电话 0391 – 5611697
产品 高档生活用纸

沁阳市宏涛纸业有限公司
河南省沁阳市西向镇横道村
邮编 454550
电话 0391 – 5093354
产品 生活用纸

沁阳市联盟纸业有限公司
河南省沁阳市沁圆办事处联盟街
邮编 454550
电话 0391 – 5688525
产品 瓦楞原纸

河南双马纸品包装有限公司
河南省沁阳市沁北产业集聚区
邮编 454562
电话 0391 – 5970538、5970515
传真 0391 – 5970539、5970519
网址 www. henanshuangma. com
邮箱 henanshuangma@163. com
产品 箱纸板、瓦楞原纸

濮阳市

濮阳龙丰纸业有限公司
河南省濮阳市胜利西路西段
邮编 457000
电话 0393 – 8990895、8912388
传真 0393 – 8961906
网址 www. lfpaper. com
邮箱 lfzy@dahepaper. com
产品 漂白杨木化学机械浆、高档文化用纸

河南省民通华瑞纸业有限公司
河南省濮阳市台前县火车站东 1 公里
邮编 457600
电话 0393 – 2733777、2733888
网址 www. mthr. biz
邮箱 bnmintong@126. com
产品 轻型纸

濮阳市通宇纸业有限公司
河南省濮阳市范县王楼工贸示范区
邮编 457500
电话 0393 – 5977888
传真 0393 – 5977999
产品 文化用纸、生活用纸

许昌市

河南一林纸业有限责任公司
河南省许昌市工农路 5 号
邮编 461000
电话 0374 – 3310384、3126876、5736367
传真 0374 – 3316648、3126868
网址 www. hnyilin. com
邮箱 henanyilin@163. com

产品 有光纸、胶版纸、书写纸、轻型纸

禹州盛轩纸业有限公司
河南省禹州市经济开发区盛轩路 1 号
邮编 461670
电话 0374－8885333、8885999、8885006
传真 0374－8885666
网址 www. papercto. com
邮箱 xinsui0374@ 163. com
产品 生活用纸

河南飞达纸业有限公司
河南省许昌市许昌县河街工业园
邮编 461105
电话 0374－5668188、5666666
传真 0374－5668888
网址 www. fdgroup. com. cn
邮箱 fdgroup@ 126. com
产品 白纸板

漯河市

漯河银鸽实业集团有限公司
河南省漯河市人民东路与中山路交叉口
邮编 462000
电话 0395－5615519
传真 0395－5615583
网址 www. yinge. com. cn
邮箱 yinge@ yinge. com. cn
产品 双面胶版纸、静电复印纸、书写纸、电脑打印纸、水果套袋纸、低定量涂布纸、口杯纸、字典纸、铝箔衬纸、防伪票据纸、书写纸

漯河市银凤纸业有限公司
河南省漯河市裴城镇苏侯村
邮编 462300
电话 0395－6955241
产品 双胶纸、书写纸、彩色纸

三门峡市

河南飞越纸业股份有限公司
河南省灵宝市豫灵镇工业区
邮编 472000
电话 0398－6888222
产品 生活用纸

南阳市

河南仙鹤特种浆纸有限公司
河南省南阳市内乡县湍东工业园区
邮编 474350
电话 0377－65317785、60939188
传真 0377－65315570
网址 www. nxxhzy. com
邮箱 neixiangxh@ 126. com
产品 特种纸、麦草浆板

新野方正纸业有限公司
河南省南阳市新野县工业园区(上港)
邮编 473511
电话 0377－66381097
产品 生活用纸

邓州市一鑫实业有限公司
河南省邓州市穰东镇
邮编 474165
电话 0377－62983579
产品 文化用纸

邓州市老廷实业有限公司
河南省邓州市构林镇邓襄路 58 号
邮编 474172
电话 0377－62637188
产品 文化用纸

商丘市

虞城县泰乐纸业有限公司
河南省商丘市虞城县城关镇东环路南段
邮编 476300
电话 0370－3028888
产品 纱管纸

虞城县东震纸业有限公司
河南省商丘市虞城县利民镇经济开发区
邮编 476300
电话 0370－4472096
产品 瓦楞原纸、纱管纸

信阳市

罗山县恒远纸业有限公司
河南省信阳市罗山县东六里新工业园

邮编 464200
电话 0376－2155888
传真 0376－2155999
网址 www. lshyzy. com
产品 瓦楞原纸

周口市

河南省龙源纸业股份有限公司
河南省周口市太康县西二环路工业区
邮编 461400
电话 0394－6915906
传真 0394－6915908
网址 www. hnlyzy. com
邮箱 longyuan412724@ 163. com
产品 瓦楞原纸

河南护理佳纸业有限公司
河南省周口市鹿邑县产业集聚区迎宾大道西侧
邮编 477200
电话 0394－7490998
传真 0394－7491168
网址 www. hulijia. com
产品 生活用纸

上海迪冉郸城纸业有限公司
河南省郸城工业集聚区工业大道东
邮编 457150
电话 0394－3196092、3533888、3389688
传真 0394－3196092
网址 www. dirangroup. com
邮箱 diranjituan6789@ 163. com
产品 瓦楞原纸

驻马店市

驻马店市白云纸业有限公司
河南省驻马店市遂平县工人路 14 号
邮编 463100
电话 0396－4902206、4902211、4902218
传真 0396－4902331
网址 www. baiyunpaper. com
邮箱 byzy@ dahepaper. com
产品 书写印刷纸

西平县兴华综合纸业有限公司
河南省驻马店市西平县环城乡芳庄村
邮编 463900
电话 0396－6200888
产品 生活用纸

西平县超群纸业有限公司
河南省驻马店市西平县城东工业园区高速路入口
邮编 463900
电话 0396－6224052
传真 0396－6234877
产品 生活用纸

济源市

北京嘉禾木科技有限公司济源分公司
河南省济源市五龙口镇裴村
邮编 454650
电话 0391－6754558、6754898
传真 0391－6755080
网址 www. ghemu. com
产品 麦草浆

济源市腾盛纸业有限公司
河南省济源市轵城工业园区
邮编 454672
电话 0391－6081666
传真 0391－6095666
邮箱 jystszy@ 163. com
产品 麦草浆

湖　北　省

武汉市

春晖生活用纸厂
湖北省武汉市江岸区后湖乡消湖村余家墩 57 号
邮编 430030
电话 027－85628425
传真 027－85628425
产品 生活用纸

大枫纸业集团股份有限公司
湖北省武汉市东西湖区吴家山六顺路大枫工业园
邮编 430040
电话 027－83259909、83259890、83220067
传真 027－83223133
网址 www. maxleaf. com
邮箱 maxpaper@ maxleaf. cn
产品 书写纸、双胶纸、静电复印原纸、特种彩色纸

武汉晨鸣汉阳纸业有限公司
湖北省武汉市经济技术开发区沌口街
邮编 430057
电话 027－84894245
传真 027－84896241
网址 www.whcmhy.com
邮箱 whcm@whcmhy.com
产品 书写纸、胶版印刷纸、新闻纸、铜版原纸、静电复印原纸、铸涂原纸、轻型纸

武汉市海鸥防锈包装材料有限公司
湖北省武汉市汉阳区孟家铺25号
邮编 430051
电话 027－84680079
传真 027－84680131
网址 www.whhofx.com
邮箱 ylc84680131@sohu.com
产品 气相防锈纸

武汉市中兴纸制品厂
湖北省武汉市江岸路特1号
邮编 430011
电话 027－82313846
产品 纸板

武汉帅伦纸业股份有限公司
湖北省武汉市江岸区谌家矶河边1号
邮编 430011
电话 027－82324293
传真 027－82324293
产品 瓦楞原纸、牛皮箱纸板、涂布箱纸板、纸袋纸

湖北烟草民意纸业有限公司
湖北省武汉市汉阳区七里庙檀李湾9号
邮编 430051
电话 027－84872965、84882857(销售)
传真 027－84874713
产品 水松纸

武汉龙鸣纸业有限公司
湖北省武汉市江岸区谌家集矶河边1号
邮编 430011
电话 027－82303305
产品 牛皮挂面箱纸板、纱管纸

武汉金凤凰纸业有限公司
湖北省武汉市江夏区金口街
邮编 430209
电话 027－87987777、87988111、87988222
传真 027－87987779
网址 www.whgpp.com
邮箱 whgpp@163.com
whgpp123@126.com
产品 A级高强瓦楞原纸

武汉市木兰纸业有限公司
湖北省武汉市黄陂区滠口经济开发区关山工业园
邮编 430311
电话 027－61864818、61864815
传真 027－61862801
网址 www.whmlpaper.com
邮箱 whmlpaper@163.com
产品 高强瓦楞原纸

武汉市神龙纸业有限公司
湖北省武汉市蔡甸区武汉经济技术开发区
邮编 430057
电话 027－84233351
产品 卫生纸、餐巾纸

黄石市

黄石帅伦纸业有限公司
湖北省黄石市西塞
邮编 435001
电话 0714－6454745、64100451
产品 双胶纸、胶印书刊纸、装饰板底衬纸、口杯原纸

宜昌市

湖北宜昌翔陵纸制品有限公司
湖北省宜昌市夷陵区龙泉镇钟家畈创业园
邮编 443112
电话 0717－7788606
传真 0717－7788166
网址 www.hbycxlzy.com
邮箱 xlzy@163.com
hbycxlzy@163.com
产品 单面白纸板、箱纸板、瓦楞原纸、纱管纸、灰纸板

湖北舒云纸业有限公司
湖北省宜昌市猇亭大道438号
邮编 443007
电话 0717－6536742
网址 www.shuyun.3g.tiantis.com
邮箱 bgs@shuyunpaper.com

产品 生活用纸

秭归四宝纸业有限责任公司
湖北省宜昌市秭归县茅坪镇九里开发区
邮编 443631
电话 0717－2860307
产品 有光纸、无碳复写纸、双胶纸、白纸板

湖北宝塔纸业有限公司
湖北省宜昌市猇亭工业园
邮编 443007
电话 0717－6917272、6917288
传真 0717－6917298
网址 www. baota-paper. com
邮箱 hbycbt@ 126. com
产品 新闻纸、双胶纸、书写纸

湖北宏发再生资源科技发展有限公司
湖北省宜昌市宜都红花套周家河村
邮编 443302
电话 0717－4803336
产品 高档牛卡纸、箱纸板

襄樊市

襄樊晨鸣铜版纸有限公司
湖北省襄樊市大庆东路 44 号
邮编 441001
电话 0710－3404778
传真 0710－3402001、3404283
产品 铜版纸

襄樊大枫纸业有限公司
湖北省襄樊市樊城区建设路 53 号
邮编 441002
电话 0710－3251087
传真 0710－3251290
产品 胶印(彩色)书刊纸、单双面胶版纸

湖北华海纤维科技股份有限公司
湖北省襄樊市南漳县城关镇便河路 1 号附 1 号
邮编 441500
电话 0710－5250358、5231705
传真 0710－5250398、5250386
网址 www. huahaizhiye. com. cn
邮箱 hhzy2011@ 126. com
产品 文化用纸

襄樊百灵纸业有限公司
湖北省襄樊市樊城区建设路 53 号
邮编 441002
电话 0710－323448
产品 文化用纸、铜版原纸、低定量食品包装原纸

荆门市

湖北省玉雅纸业有限责任公司
湖北省荆门市拾桥镇玉雅大道 6 号
邮编 448270
电话 0724－8632449、8699128
产品 高档生活用纸

钟祥市官庄湖农场造纸厂
湖北省钟祥市官庄岭
邮编 431904
电话 0724－4376052
产品 黄纸板、瓦楞原纸

孝感市

恒安(湖北)心相印纸制品有限公司
湖北省孝感市湖北孝南经济开发区 316 国道复线
邮编 432100
电话 0712－2516319
传真 0712－2516299
产品 生活用纸

维达纸业(孝感)有限公司
湖北省孝感市孝南区南大开发区
邮编 432122
电话 0712－2519089
网址 www. vindapaper. com
产品 生活用纸

中顺洁柔(湖北)纸业有限公司
湖北省孝感市 107 国道八一大桥旁
邮编 432122
电话 0712－2515566
传真 0712－2515508
网址 www. zhongshungroup. com
产品 生活用纸

金凤凰纸业(孝感)有限公司
湖北省孝感市孝南经济开发区孝武大道 612 号
邮编 432020
电话 0712－2366973
产品 高强瓦楞原纸

湖北森源纸业有限公司
湖北省孝感市孝南区东山头农场沦河咀村
邮编 432018
电话 0712－2553188
传真 0712－2553188
邮箱 1594046544@ qq. com
产品 瓦楞原纸、口杯原纸

金红叶纸业(湖北)有限公司
湖北省孝感市孝南经济开发区孝武路 468 号
邮编 432100
电话 0712－2570792
传真 0712－2570961
产品 生活用纸

荆州市

荆州麒天纸业有限公司
湖北省荆州市公安县杨厂镇新正街 188 号
邮编 434303
电话 0716－5393373
传真 0716－5393041
产品 牛皮箱纸板、涂布白纸板

公安县龙腾纸业有限责任公司
湖北省荆州市公安县藕池镇解放路 37 号
邮编 434305
电话 0716－5716728
传真 0716－5716718
产品 牛皮箱纸板

湖北监利大枫纸业有限公司
湖北省监利县容城镇沿江路 41 号
邮编 433300
电话 0716－3287457
传真 0716－3275119
产品 胶印书刊纸、书写纸、双面胶版纸、水松纸

湖北骏马纸业有限公司
湖北省荆州市荆州区拍马工业园
邮编 434034
电话 0716－8416625
传真 0716－8416625
产品 涂布白卡纸(烟卡纸)

湖北拍马纸业集团公司
湖北省荆州市荆州区拍马工业园
邮编 434034
电话 0716－8416625
传真 0716－8416625
产品 箱纸板、牛皮纸、生活用纸、涂布白纸板

荆州天翔纸业有限公司
湖北省洪湖市大兴工业园文泉东路 10 号
邮编 433200
电话 0716－2437168
传真 0716－2437168
邮箱 txpapers@ 163. com
产品 生活用纸

黄冈市

永昌万利造纸厂
湖北省黄冈市蕲春县蕲州镇打鼓台 1 号
邮编 436315
电话 0713－7511725
传真 0713－7511852
产品 染色压纹原纸、色卡纸、喷墨打印纸、高光相纸

随州市

湖北雅都恒兴纸业有限公司
湖北省随州市广水市广水办事处沿河大道马鞍路特 1 号
邮编 432721
电话 0722－6495555
传真 0722－6494666
网址 www. whyadu. com
邮箱 hbyadu@ 163. com
产品 A 级高强瓦楞原纸

随州市兴丰源纸业有限责任公司
湖北省随州市淅河镇青春村(市经济开发区)
邮编 441326
电话 0722－4510125
传真 0722－4510539
邮箱 1046628857@ qq. com
产品 B、C、D 级箱纸板和瓦楞原纸

恩施土家族苗族自治州

恩施市锦华纸业有限公司
湖北省恩施土家族苗族自治州巴公路 30 号
邮编 445000
电话 0718－8200925、8200569
传真 0718－8200924

网址 www. esjinhua. com
邮箱 4554541182@ qq. com
产品 卷烟纸、成型纸、卫生纸

湖 南 省

长沙市

湖南泰格林纸集团股份有限公司
湖南省长沙经济技术开发区东升路 48 号
邮编 410100
电话 0731 - 84025555
传真 0731 - 84025555
网址 www. tigerfp. com
产品 胶印书刊纸、轻涂纸、新闻纸

长沙市诗玉纸业有限公司
湖南省长沙市天心区友谊路 55 号星语林名园 6 栋 4 - 1007 室
邮编 410004
电话 0731 - 85016276
传真 0731 - 85016276
产品 印刷拷贝纸

湖南飞翔纸品有限公司
湖南省长沙市隆平高科技园
邮编 410125
电话 0731 - 84671128
产品 白卡纸、片烟纸

湖南绿洲浆纸有限公司
湖南省长沙市芙蓉中路新时代广场
邮编 410000
电话 0731 - 84213811
传真 0731 - 84213811
产品 牛皮纸、红色半透明纸

浏阳市晨鸣纸业有限公司
湖南省浏阳市大瑶镇天和社区
邮编 410312
电话 0731 - 83812059
产品 箱纸板、牛皮纸

浏阳市太阳纸业有限公司
湖南省浏阳市大瑶镇瑶文路 220 号
邮编 410312
电话 0731 - 83811568
传真 0731 - 83802918
邮箱 4148371@ qq. com
产品 白纸板

浏阳黄金潭造纸厂
湖南省浏阳市大围山镇都佳村
邮编 410309
电话 0731 - 83485092
传真 0731 - 83487628
产品 高强瓦楞原纸，中高档水纱原纸，花炮圈筒专用纸，花炮专用纸，水纱、木纱原纸

浏阳市宏鑫造纸厂
湖南省浏阳市枨冲镇红卫村
邮编 410309
电话 0731 - 83741588
产品 花炮纸

中旺纸业有限公司
湖南省浏阳市金刚六栋新星村
邮编 410181
电话 0731 - 83890076
传真 0731 - 83628666
产品 鞭炮纸

浏阳市东宇造纸厂
湖南省浏阳市大瑶镇工业园
邮编 410312
电话 0731 - 83810039
产品 鞭炮纸

浏阳市宏源造纸厂
湖南省浏阳市太平桥镇宏源村
邮编 410300
电话 0731 - 83742889
传真 0731 - 83742889
产品 竹胶板复合纸

浏阳市西环板纸厂
湖南省浏阳市枨冲镇青草社区柳家组
邮编 410300
电话 0731 - 83670692
传真 0731 - 83670692
产品 白纸板

浏阳集里大栗特种纸厂
湖南省浏阳市集里办事处平水村大栗坪电站
邮编 410300
电话 0731 - 83660462

传真 0731－83660462
产品 引线纱纸

浏阳市文家市星华纸厂
湖南省浏阳市文家市镇中洲村
邮编 410000
电话 0731－83774769
传真 0731－83774769
产品 机制纸

浏阳市连心造纸厂
湖南省浏阳市大瑶镇瑶礼路
邮编 410300
电话 0731－83801578
传真 0731－83801578
产品 高强瓦楞原纸、黄纸板

浏阳市九玖纸业有限责任公司
湖南省浏阳市大瑶镇工业园
邮编 410000
电话 0731－83805299
传真 0731－83805299
产品 高强瓦楞原纸、烟花纸、油粘原纸

浏阳市青草运辉造纸厂
湖南省浏阳市枨冲镇青草乡
邮编 410000
电话 0731－83716856
产品 瓦楞原纸

浏阳市杨家弄造纸厂
湖南省浏阳市荷花办事处
邮编 410300
电话 0731－3660615
产品 花炮纸、瓦楞原纸

浏阳市明慧纸业有限公司
湖南省浏阳市金刚镇
邮编 410000
电话 0731－83891107
传真 0731－83898107
网址 www. lyminghui. cn
邮箱 lyminghui@ gmail. com
产品 鞭炮纸、瓦楞原纸

浏阳市航运造纸厂
湖南省浏阳市关口办事处占佳乡
邮编 410300
电话 0731－83680194
产品 瓦楞原纸

浏阳市金江造纸厂
湖南省浏阳市普迹镇塘湾村
邮编 410000
电话 0731－83140268
传真 0731－83140268
产品 瓦楞原纸

湖南双华纸业有限公司
湖南省长沙市宁乡县玉潭镇二环东路
邮编 410600
电话 0731－87809158
传真 0731－87809159
网址 www. shzye. com
邮箱 shuanghua6999@ 163. com
产品 高强瓦楞原纸、涂布白纸板

恒辉纸业包装有限公司
湖南省长沙市宁乡县城郊纸业园
邮编 410624
电话 0731－87809218
传真 0731－87809218
产品 瓦楞原纸

湖南恒瀚高新技术有限公司
湖南省长沙市宁乡市经济开发区城郊纸业园
邮编 410600
电话 0731－88981896、88981899
传真 0731－87859217
网址 www. henghanpaper. com. cn
邮箱 sales@ henghanpaper. com. cn
产品 涂布纸、热敏纸、无碳复写纸

湖南长沙双桥纸业化工有限公司
湖南省长沙市宁乡县双凫铺镇双凫村工业园
邮编 410624
电话 0731－87491553
传真 0731－87491553
产品 涂布白板纸

湘潭市

湘潭市九华纸业有限公司
湖南省湘潭市九华工业园
邮编 411103
电话 0731－58245168

传真 0731－57519988
产品 高强瓦楞原纸、牛皮挂面箱纸板

湖南省造纸研究所有限公司
湖南省湘潭市建设中路 7 号
邮编 411104
电话 0731－57816249
传真 0731－57816249
网址 www. bpxc. cn
邮箱 sales@ bpxc. cn
产品 工业涂布纸、压纹名片纸、特种工业用纸

邵阳市

绥宁县宝庆联纸有限公司
湖南省邵阳市绥宁县工业街 38 号
邮编 422600
电话 0739－7611455
传真 0739－7616616、7600276
产品 纸袋纸、绝缘纸板

城步苗族自治县银河纸业有限责任公司
湖南省邵阳市城步苗族自治县儒林镇城南路 78 号
邮编 422500
电话 0739－7369158
传真 0739－7369880
产品 书写纸、广告纸、静电复印纸

绥宁县天成造纸有限公司
湖南省邵阳市绥宁县城工业路 101 号
邮编 422600
电话 0739－7602698
传真 0739－7602698
产品 红色半透明纸

湖南广信电工科技股份有限公司
湖南省邵阳市新邵县酿溪镇东西路 8 号
邮编 422900
电话 0739－3605663、3600756、3601566
传真 0739－3603966
网址 www. gx-ei. com
邮箱 guangxin@ gx-ei. com
产品 电绝缘纸板

湖南湘丰特种纸业有限公司
湖南省邵阳市隆回县城东南工业园区
邮编 422200
电话 0739－8187993
传真 0739－8247998
产品 卷烟纸

隆回县六都寨祁都造纸厂
湖南省邵阳市隆回县六都察镇工业小区
邮编 422000
电话 0739－8734227
传真 0739－8733927
产品 双面拷贝纸、单面拷贝纸

邵阳市永益造纸厂
湖南省邵阳市洞口县石江镇江潭工业园
邮编 422317
电话 0739－7980596
产品 装饰原纸

湖南飞页纸业有限公司
湖南省邵阳市洞口县山门镇
邮编 422317
电话 0739－7240047
产品 防近视双胶纸

邵东县黄桥造纸厂
湖南省邵阳市邵东县黑田铺乡
邮编 422000
电话 0739－2123555
产品 玻璃卡纸

新宁县先锋纸业有限公司
（原八达纸厂）
湖南省邵阳市新宁县城郊双瀑桥头
邮编 422000
电话 0739－4810243
产品 拷贝纸

新邵县广源造纸厂
湖南省邵阳市新邵县酿溪镇新阳路 400 号
邮编 422900
电话 0739－3668188
传真 0739－3668099
产品 纱管纸

新邵县金龙纸业有限责任公司
湖南省邵阳市新邵县酿溪镇新阳路 253 号
邮编 422900
电话 0739－3667858
产品 半透明纸、书写纸

岳阳市

岳阳林纸股份有限公司
湖南省岳阳市城陵矶
邮编 414002
电话 0730－8590563、8590247
传真 0730－8560335、8561262
网址 www. yypaper. com
产品 低定量涂布纸、胶印新闻纸、轻型印刷纸、颜料整饰胶版纸、牛皮纸

岳阳丰泰纸业有限公司
湖南省岳阳市城陵矶
邮编 414002
电话 0730－8590178、8590350
传真 0730－8590300、8560451
产品 轻型纸、相册原纸、高定量双胶纸、精致书写纸、工业淋膜纸

岳阳丰利纸业有限公司
湖南省岳阳市鹿角镇
邮编 414107
电话 0730－7860311、7862009、7860368
传真 0730－7862070、7860089、7860306
网址 www. fengli. com. cn
邮箱 info@ fengli. com. cn
产品 静电复印纸、双胶纸、纸杯原纸

湖南省汨罗市罗城纸业有限公司
湖南省汨罗市罗城桥区
邮编 414400
电话 0730－5223534
传真 0730－5222864
产品 白纸板

岳阳华丰纸业有限公司
湖南省岳阳县筻口镇双港村
邮编 414113
电话 0730－7370232
产品 挂面纸

汨罗市恒美纸业有限公司
湖南省汨罗市长乐镇广联村
邮编 414411
电话 0730－5683618
产品 高强瓦楞原纸

汨罗市汨江造纸厂
湖南省汨罗市新市镇梅家桥
邮编 414413
电话 0730－5611388
传真 0730－5611605
产品 白纸板

汨罗市宏达教育造纸厂
湖南省汨罗市智峰乡双青村
邮编 414400
电话 0730－5684415
产品 高强瓦楞原纸、箱纸板

汨罗天宝造纸有限公司
湖南省汨罗市智丰造纸工业园
邮编 414409
电话 0730－5880168
传真 0730－5880168
产品 高强瓦楞原纸、花炮纸

汨罗市寰宇纸业有限公司
湖南省汨罗市智峰乡
邮编 414400
电话 0730－5880345
传真 0730－5880345
产品 瓦楞原纸、箱纸板

常德市

恒安(湖南)心相印纸业有限公司
湖南省常德市德山开发区
邮编 415001
电话 0736－7307185、7300008
传真 0736－7306353、7300332
产品 生活用纸、卫生纸

湖南雪丽造纸有限公司
湖南省常德市襄窑路 301 号
邮编 415400
电话 0736－4212801
传真 0736－4212619
产品 静电复印纸、双胶纸

湖南华耀浆纸有限公司
湖南省常德市德山沿河路 1 号
邮编 415001
电话 0736－7312763、7315889

传真 0736－7312819
产品 双胶纸

常德中冶美隆纸业有限公司
（原西洞庭造纸厂）
湖南省常德市西洞庭管理区东北转
邮编 415137
电话 0736－7500146
传真 0736－7500146
产品 热敏纸、无碳复写原纸

常德市天耀纸业有限公司
湖南省常德市汉寿县洋淘湖镇
邮编 415901
电话 0736－2030286
传真 0736－2031180
网址 www. tpghk. com
产品 色卡纸

安乡县天洁造纸有限公司
湖南省常德市安乡县安康乡仙桃咀
邮编 415606
电话 0736－4778618
传真 0736－4775658
产品 苇浆、生活用纸

益阳市

泰格林纸集团沅江纸业有限责任公司
湖南省沅江市书院路 358 号
邮编 413100
电话 0737－2850278、2850026
传真 0737－2850258
产品 胶印书刊纸、双胶纸

沅江恒达纸业有限公司
湖南省沅江市草尾镇光明街 193 号
邮编 413108
电话 0737－2501444
产品 竹胶板覆膜纸

湖南金太阳纸业有限公司
湖南省沅江市南嘴镇余百新村
邮编 413104
电话 0737－2296712
传真 0737－2297399
网址 www. jty-paper. com
邮箱 jty2297399@ 163. com
产品 文化用纸

沅江漉湖林源纸业有限公司
湖南省沅江市漉湖芦苇场
邮编 413000
电话 0737－2491235、13870099572
传真 0737－2491186
网址 www. linyuanzc. com
产品 道林纸、静电复印纸、素描纸、双胶纸

益阳金北顺造纸厂
湖南省益阳市南县大通湖区北洲子
邮编 413214
电话 0737－5622017
传真 0737－5622017
产品 书写纸、双胶纸、新闻纸、白纸板

湖南跃宇纸业有限公司
湖南省益阳市桃江县桃花江镇曾家坪
邮编 413400
电话 0737－8203989、8202258
产品 拷贝纸、卫生纸

永州市

泰格林纸集团永州湘江纸业有限公司
湖南省永州市冷水滩区下河线路 105 号
邮编 425000
电话 0746－8470404
传真 0746－8470498
产品 铜版纸、牛皮纸、纸袋纸

怀化市

泰格林纸集团洪江纸业有限公司
湖南省怀化市洪江区萝卜湾 45 号
邮编 418201
电话 0745－7691692
传真 0745－7694376
产品 本色木浆、牛皮纸、纸袋纸

湖南五强溪特种纸业有限公司
湖南省怀化市沅陵县五强溪镇刘公溪
邮编 419635
电话 0745－4734158
传真 0745－4732958
产品 炸药纸、卫生纸

泰格林纸骏泰浆纸有限责任公司
湖南省怀化市中方县中方镇
邮编 418000
电话 0745－2837009
传真 0745－2837009
产品 纸浆

怀化会同县宝庆恒达纸业有限公司
湖南省怀化市会同县林城镇
邮编 418000
电话 0745－8853699
传真 0745－8852660
产品 木浆板、溶解浆

广　东　省

广州市

广州造纸集团有限公司
广东省广州市南沙区珠江管理区新广一路 29 号
邮编 511462
电话 020－34663302
传真 020－84946051
网址 www. gzpaper. com. cn
产品 新闻纸、灰底涂布白纸板

增城市横沙纸业有限公司
广东省增城市石滩镇光明西路 3 号
邮编 511328
电话 020－82902528
产品 瓦楞原纸

广州市花都安达纸品制造有限公司
广东省广州市花都区狮岭镇
邮编 510850
电话 020－86846886
产品 瓦楞纸板、瓦楞纸箱

广州市天河棠下纸业制造有限公司
广东省广州市天河区五横路新圩纸厂 1 号
邮编 510655
电话 020－85530129
产品 瓦楞原纸

广州威达高实业有限公司
广东省广州市番禺区万倾沙珠江管理一涌
邮编 511462
电话 020－84946838
传真 020－84949095
产品 涂布白纸板、白纸板、灰纸板

番禺灵山宏达造纸厂
广东省广州市番禺区南河镇墩塘村三沙街 127 号
邮编 511480
电话 020－84928108
产品 卫生纸

广州市番禺莲花山造纸有限公司
广东省广州市番禺区莲花山镇莲花东路 80 号
邮编 511400
电话 020－84861371、84861315
传真 020－84860433
产品 箱纸板、纱管原纸、瓦楞原纸、卫生纸

广州市花都长兴纸业有限公司
广东省广州市花都区花东镇花东镇大塘
邮编 510890
电话 020－86763218
传真 020－86764838
产品 瓦楞原纸

广州宝中宝纸塑制品有限公司
广东省广州市白云区钟落潭镇宝中宝工业区
邮编 510550
电话 020－87410008、87410818
传真 020－87410838
网址 www. baozhongbao. net
产品 离型纸、胶带原纸、纸杯纸、纸餐盒纸

永丰余纸业（广州）有限公司
广东省广州市黄埔经济技术开发区东基工业区夏园路 5 号
邮编 510730
电话 020－82217761
网址 www. yfypeng. cn. gongchang. com
产品 瓦楞纸板、纸箱

广州市辽板纸业有限公司
广东省广州市经济技术开发区明珠路 16 号
邮编 510730
电话 020－82001966
传真 020－82001321
网址 www. liaoban. b2b. hc360. com
产品 精装书灰纸板、装帧灰纸板、文具灰纸板、拼图灰纸板、礼品盒灰纸板、硬纸包装箱灰纸板

韶关市

乐昌市裕兴纸业有限公司
广东省乐昌市城关镇河南街 143 号
邮编 512219
电话 0751－5503607
传真 0751－5503607
产品 卫生纸、瓦楞原纸

韶能集团韶关南雄珠玑纸业有限公司
广东省南雄市雄南路 38 号
邮编 512400
电话 0751－3822990、3820896
传真 0751－3870018
网址 www. snzjzy. com
产品 胶版印刷纸、中性复印纸、教材用纸

始兴县国升造纸有限公司
广东省韶关市始兴县太平镇瑶村坳城东
邮编 512500
电话 0751－3321082
产品 白色水松纸

韶关市联进纸业有限公司
广东省韶关市乳源瑶族自治县桂头镇仙湖工业园
邮编 518000
电话 0751－5395168
产品 生活用纸

韶关市始兴县联兴造纸实业有限公司
广东省韶关市始兴县太平镇瑶村坭
邮编 512500
电话 0751－3330223
产品 食品包装纸

珠海市

珠海经济特区红塔仁恒纸业有限公司
广东省珠海市前山金鸡路 508 号
邮编 519070
电话 0756－8666888
传真 0756－8615037
网址 www. htrh-paper. com
邮箱 zhhtrh@ htrh-paper. com
产品 包装纸板、饮料包装纸、口杯纸

珠海市丰门海业纸品有限公司
广东省珠海市百蕉镇桥湖南路 348 号
邮编 519125
电话 0756－5223993
产品 瓦楞原纸

汕头市

汕头市金平区飘合纸业有限公司
广东省汕头市鮀浦举丁工业区
邮编 515061
电话 0754－82530777、88279165、82533777
传真 0754－82515777、82543324
网址 www. piaohe. com
邮箱 piaohe1660@ sina. com
产品 生活用纸

汕头市造纸二厂
广东省汕头市杏花村护堤路 11 号
邮编 515021
电话 0754－88220926
产品 包装纸

澄海溪南东社造纸厂
广东省汕头市澄海区溪南镇东社联青路南侧
邮编 515832
电话 0754－85756188、85332618
传真 0754－85758618、85309908
网址 www. stdongshe. com
产品 瓦楞原纸、灰纸板、茶纸板

广东省汕头市万安纸业有限公司
广东省汕头市濠江区三联工业区
邮编 515031
电话 0754－82516877
产品 生活用纸

汕头市造纸实业有限公司
广东省汕头市护堤路 11 号
邮编 515021
电话 0754－8220921
产品 服装百褶裙纸、压褶皱纹纸、灯饰褶景纸、裁衣纸、包装纸

汕头市嘉隆纸业有限公司
广东省汕头市金园工业区 9A1A2 片区
邮编 515000
电话 0754－8208828
产品 铝箔衬纸、铝箔复合纸

佛山市

佛山市顺德区江联造纸有限公司
(原珠江包装公司珠江造纸厂)
广东省佛山市顺德区北滘镇碧江珠江大道 18 号
邮编 528312
电话 0757 - 26633433
传真 0757 - 26635515
产品 牛卡纸、白纸板、挂面纸

佛山市南海区嘉凌纸业有限公司
广东省佛山市南海区罗村
邮编 528226
电话 0757 - 86411942
产品 白纸板、铜版纸、双胶纸、白卡纸

佛山诚通纸业有限公司
广东省佛山市禅城区河滨路 17 号
邮编 528000
电话 0757 - 82816867、82803605、82803848
传真 0757 - 82813125、82803978
网址 www. hfpaper. com
产品 白纸板

佛山金盛联合纸业有限公司
广东省佛山市三水区乐平镇南边工业大道 109 - 115 号
邮编 528135
电话 0757 - 87311888、87313838
传真 0757 - 87311777
网址 www. goldrich. com. cn
邮箱 caijinlu@ goldrich. com. cn
产品 箱纸板

佛山市高明日畅纸业有限公司
广东省佛山市高明区荷城沿江路 127 号
邮编 528500
电话 0757 - 88666708
产品 生活用纸

佛山市高明宏源纸厂有限公司
广东省佛山市高明区三洲碧桂路
邮编 528511
电话 0757 - 88622228
传真 0757 - 88626886
网址 www. hy-paper. com. cn
邮箱 88622228n@ 163. com
产品 文化用纸

佛山市顺德区千禧纸业有限公司
广东省佛山市顺德区陈村镇新栏路 78 号
邮编 528313
电话 0757 - 23351715
产品 箱纸板

佛山市顺德区顺升造纸有限公司
广东省佛山市顺德大良沙头
邮编 528333
电话 0757 - 22321621
产品 箱纸板

广东顺德勒流信东纸制品厂
广东省佛山市顺德勒流东风中路入西闸
邮编 528322
电话 0757 - 25567553
产品 扎钞专用纸条、纸绳、盘纸

佛山市顺德区江进造纸有限公司
广东省佛山市顺德区北滘镇碧江珠江大道 18 号
邮编 528312
电话 0757 - 26635670
产品 箱纸板

广东省南海市小塘造纸股份有限公司
广东省南海市小塘镇洗马井
邮编 528222
电话 0757 - 86661723
产品 瓦楞原纸

广东省南海市西樵蓝天鹅造纸厂
广东省南海市西樵海舟
邮编 528212
电话 0757 - 86828868
产品 瓦楞原纸、挂面纸

佛山市海南大冲造纸有限公司
广东省佛山市海南区里水镇大冲村
邮编 528244
电话 0757 - 85669589
产品 机制纸

顺德联信纸业有限公司
广东省佛山市顺德区北滘镇都宁工业区水闸边
邮编 528312
电话 0757 - 26636726
产品 瓦楞原纸

佛山市南海区华展造纸厂
广东省佛山市南海区里水镇丰岗
邮编 528244
电话 0757－85663210
传真 0757－85663773
产品 灰纸板、复合纸板

江门市

鹤山市造纸厂有限公司
广东省江门市鹤山市沙平镇杰州工业区
邮编 529721
电话 0750－8821033
产品 箱纸板、卫生纸

江门市新华造纸厂
广东省江门市文昌沙 130 号
邮编 529020
电话 0750－3616668、3354176
传真 0750－3354176
产品 瓦楞原纸、牛皮箱纸板、涂布白纸板

维达纸业(广东)有限公司
广东省江门市新会区东侯工业开发区
邮编 529100
电话 0750－6122846、6168333
传真 0750－6120239
网址 www. vindapaper. com
邮箱 guangdong@ vinda. com
产品 纸巾纸、盒装面巾纸、餐巾纸、卫生卷纸、卫生巾、卷装擦手纸、多用纸抹布、分切盘纸

维达纸业(江门)有限公司
广东省江门市新会区双水镇广东银洲湖纸业基地
邮编 529153
电话 0750－6413111
传真 0750－6413068
产品 生活用纸

亚太森博(广东)纸业有限公司
广东省江门市新会区双水镇沙路村
邮编 529153
电话 0750－6503150
网址 www. aprilasia. com
邮箱 marketing@ asiasymbol. com
产品 高档文化用纸

江门明星纸业有限公司
广东省江门市新会区睦洲镇丰达路 1 号
邮编 529143
电话 0750－6222828、6539808、6222422
传真 0750－6222965
网址 www. sspaper. com
邮箱 business@ sspaper. com
产品 牛皮卡纸、挂面纸、瓦楞原纸

江门日佳纸业有限公司
广东省江门市蓬江区招商工业园 1 号
邮编 529090
电话 0750－3726381
产品 生活用纸

江门中顺纸业有限公司
广东省江门市新会区三江新江村
邮编 529142
电话 0750－6208666
产品 生活用纸

江门市长裕纸业有限公司
广东省江门市文昌沙 130 号
邮编 529060
电话 0750－3686266
产品 涂布白纸板

江门市新会区银湖纸业有限公司
广东省江门市新会区崖门镇崖西坑口村
邮编 529100
电话 0750－6441176
产品 箱纸板

江门市桥裕纸业有限公司
广东省江门市新会区崖门镇洞南村沙荞
邮编 529152
电话 0750－6440088
产品 箱纸板

广东华泰纸业有限公司
广东省江门市新会区双水镇
邮编 529153
电话 0750－3411769、3411768
网址 www. huataipaper. com
产品 新闻纸、文化用纸、纸浆

江门市新会区宝达造纸实业有限公司
广东省江门市新会区大泽镇新园工业开发区

邮编 529162
电话 0750－6896236
传真 0750－6899252
网址 www. baodapaper. com
邮箱 baoda@ baodapaper. com
　　sale@ baodapaper. com
产品 生活用纸

旺佳纸业有限公司
广东省江门市新会区双水镇能源综合利用开发区
邮编 529153
电话 0750－6408002、6408018
产品 生活用纸

江门星辉造纸有限公司
广东省江门市新会区双水镇银洲湖纸业基地能源开发区
邮编 529153
电话 0750－6407890
传真 0750－6407999、6407878
产品 涂布白纸板

鹤山市源兴纸业有限公司
广东省鹤山市古劳镇
邮编 529738
电话 0750－8766229
产品 生活用纸

中烟摩迪(江门)纸业有限公司
广东省江门市蓬江区棠下镇堡棠路 15 号
邮编 529085
电话 0750－3626262
传真 0750－3385228
网址 www. ct-pdm. com. cn
产品 烟卡纸

江门市新龙纸业有限公司
广东省江门市新会区三江镇白庙工业区
邮编 529142
电话 0750－6208668
传真 0750－6211278
网址 www. yourapaper. com
邮箱 slxs@ yourapaper. com
产品 生活用纸

江门市阿博特数码纸业有限公司
广东省江门市新会区双水镇广东银洲湖纸业基地 B 区－2
邮编 529153
电话 0750－6418488
网址 www. abtpaper. com
产品 数码相纸

江门仁科绿洲纸业有限公司
广东省江门市新会区双水镇广东银洲湖纸业基地内
邮编 529153
电话 0750－6419038、6419188
传真 0750－6416666
网址 www. sivlake. com
邮箱 xz@ sivlake. com
产品 生活用纸

湛江市

广东冠豪高新技术股份有限公司
广东省湛江市经济技术开发区乐怡路 6 号
邮编 524022
电话 0759－3399898
传真 0759－3382109、2820999
网址 www. guanhao. com
邮箱 guanhao@ guanhao. com
产品 无碳复写纸、热敏记录纸、热敏传真纸、彩色喷墨纸、心电图纸、特殊防伪纸、水印纸、登机卡纸、无碳多联电脑纸

湛江冠龙纸业有限公司
广东省湛江市麻章区太平镇
邮编 524084
电话 0759－2738001、2738123
传真 0759－2738009、2738068
网址 www. glpaper. com
邮箱 guanglong@ glpaper. com
产品 热敏传真原纸、无碳复写纸原纸、CF 纸

茂名市

茂名市全年红对联纸厂
广东省茂名市羊角镇东风路 112 号
邮编 525000
电话 13828641888、13828679533
传真 0668－2670591
产品 红对联纸

高州市金墩纸业有限公司
广东省茂名市高州市石鼓镇西基山村
邮编 525252
电话 0668－6360345、6360380
传真 0668－6360020

网址 www. jindunzy. com
邮箱 jindunzy@ 126. com
产品 牛皮卡纸、纸袋纸、瓦楞原纸

肇庆市

广东鼎丰纸业有限公司
广东省肇庆市广宁县南街镇首约
邮编 526300
电话 0758 – 8659022
传真 0758 – 8659168
网址 www. gddfpaper. com
邮箱 dingfung@ gddfpaper. com
产品 竹木混合纸浆 MBKP

广东肇庆明珠纸业有限公司
广东省肇庆市德庆县城朝阳西路 238 号
邮编 526600
电话 0758 – 7762615
产品 浆层纸、蜡纸

封开华信纸业有限公司
广东省肇庆市封开县江口镇三元西路 8 号
邮编 526500
电话 0758 – 6712225
传真 0758 – 6712338
产品 箱纸板、静电纸、轻型纸

广东珠江特种纸股份有限公司
广东省肇庆市广宁县横迳工业区
邮编 526343
电话 0758 – 8719099
产品 无碳复写纸、电脑打印纸、防伪票据纸

肇庆市中盛纸业有限公司
广东省肇庆市广宁县南街镇首约
邮编 526300
电话 0758 – 8657472
产品 文化用纸

广东省广宁县正丰纸业有限公司
广东省肇庆市广宁县石涧工业区
邮编 526342
传真 0758 – 8712988
产品 色卡纸

广宁阳光特种纸品有限公司
广东省肇庆市广宁县石涧工业区
邮编 526342
传真 0758 – 8711533
产品 中性牛皮纸、超低定量牛皮纸、再湿性胶带原纸、淋膜胶带原纸等

广宁县进丰纸业制品厂
广东省肇庆市广宁县联合镇莲花工业区
邮编 526335
电话 13602684891
产品 牛皮纸、瓦楞原纸

广宁县顺发造纸厂
广东省肇庆市广宁县排沙镇新城大道 88 号
邮编 526339
电话 0758 – 8828398
产品 新闻纸

广宁东阳纸业有限公司
广东省肇庆市广宁县石涧工业园
邮编 526342
电话 0758 – 8711999
产品 高强瓦楞原纸

肇庆誉昇纸业有限公司
广东省肇庆市广宁县联合镇
邮编 526300
电话 0758 – 8955166
产品 印花纸

高要市基业纸品有限公司
广东省高要市回龙镇步步高工业园澄湖小区
邮编 526112
电话 0758 – 8155299
产品 双单面白纸板、灰卡纸板

广宁县鸿程纸业有限公司
广东省肇庆市广宁县古水镇古水大道 45 号
邮编 526352
电话 0758 – 8751609
产品 生活用纸

广宁县纯洁纸业有限公司
广东省肇庆市广宁县排沙镇春水扶罗白云前
邮编 526300
电话 0758 – 8715032
产品 生活用纸

惠州市

惠州市福和纸业有限公司
广东省惠州市博罗县园洲镇高头村
邮编 516123
电话 0752－6812888
网址 www. fookwoo. com
产品 生活用纸、灰纸板

惠州志豪特种纸业有限公司
广东省惠州市中星工业区仲恺二路 49 号
邮编 516000
电话 0752－2604161、2602226
传真 0752－2600729
网址 www. zhihaochina. com
邮箱 zhhaper1@ zhihaochina. com
产品 涂布热敏纸、彩喷纸

惠州市博罗凤达纸业有限公司
广东省惠州市博罗县龙溪镇龙桥大道
邮编 516121
电话 0752－6677830
产品 生活用纸

惠州市惠阳区浩德实业有限公司
广东省惠州市惠阳区淡水排坊工业区
邮编 516000
电话 0752－3356328
传真 0752－3340683
网址 www. haodeshiye. com. cn
邮箱 hdsy@ haodeshiye. com. cn
产品 生活用纸

惠州泰美纸业有限公司
广东省惠州市泰美镇金龙大道板桥工业区
邮编 516166
电话 0752－6609882
产品 生活用纸

梅州市

蕉岭县纸业有限责任公司
广东省梅州市蕉岭县文福镇乌土溪
邮编 514160
电话 0753－7883309
产品 箱纸板

阳江市

阳春市粤升纸业水泥有限公司
广东省阳春市春城镇沿江西路 352 号
邮编 529600
电话 0662－7612333
产品 纱管纸、涂布白纸板、卫生纸

清远市

森叶（清新）纸业有限公司
广东省清远市清新县太和镇工业区森叶工业城
邮编 511850
电话 0763－5383348、5383618
传真 0763－5383358、5383668
网址 www. hopfunggroup. com
邮箱 gfqx@ hopfunggroup. com
产品 高强瓦楞原纸

建滔（佛冈）绝缘材料有限公司
广东省清远市佛冈县石角镇建滔路 1 号
邮编 511600
电话 0763－4293000
传真 0763－4293558
网址 www. kingboard. com
产品 绝缘纸

金鑫（清远）纸业有限公司
广东省清远经济开发区 15 号区
邮编 511517
电话 0763－3483520
传真 0763－3483510
网址 www. appjpi. com
产品 文化用纸

金钰（清远）卫生纸有限公司
广东省清远经济开发区 15 号区
邮编 511517
电话 0763－3483520、3483530
传真 0763－3483777
网址 www. jti. com. cn
产品 生活用纸

东莞市

东莞金洲纸业有限公司
广东省东莞市中堂镇潢涌村

邮编 523221
电话 0769－88181288
传真 0769－88881664、88181277
产品 瓦楞原纸

东莞理文造纸厂有限公司
广东省东莞市中堂镇潢涌管理区
邮编 523221
电话 0769－88888168
传真 0769－88899101、88885188
网址 www. leemanpaper. com
产品 牛皮箱纸板、瓦楞原纸、牛皮卡纸

广东理文造纸有限公司
广东省东莞市洪梅镇河西工业区
邮编 523160
电话 0769－88432168
传真 0769－88432188
网址 www. leemanpaper. com
产品 牛皮箱纸板、瓦楞原纸

东莞市昌众造纸有限公司
广东省东莞市长安镇莲花路 8 号
邮编 523848
电话 0769－85535571
传真 0769－85531805
产品 铜版纸、牛皮纸

东莞市大步纸业有限公司
广东省东莞市麻涌镇大步工业区
邮编 523143
电话 0769－88286288、88281718
传真 0769－88286222
网址 www. dgdabu. com
邮箱 dgdbzy@ 163. com
产品 瓦楞原纸、牛皮卡纸

东莞市东发纸品有限公司
广东省东莞市道滘镇大罗沙工业区
邮编 523061
电话 0769－88388771
传真 0769－88380279
邮箱 dongfa888@ 163. com
产品 包装纸

东莞市天盛特种纸制品有限公司
广东省东莞市虎门镇第五工业区
邮编 523932
电话 0769－85169468、85267080、85267330
传真 0769－85169959
网址 www. china-tiansheng. com
邮箱 dgts85267080@ sohu. com
产品 防伪无碳发票纸

东莞建晖纸业有限公司
广东省东莞市中堂镇潢涌村
邮编 523221
电话 0769－88888363
传真 0769－88183833
产品 涂布白纸板

东莞市龙腾实业有限公司
广东省东莞市麻涌镇麻四村
邮编 523147
电话 0769－88826898
产品 灰底白纸板、牛皮卡纸、瓦楞原纸

玖龙纸业(控股)有限公司
广东省东莞市麻涌镇新沙港工业区
邮编 523147
电话 0769－88234888
传真 0769－88824198、88828111
网址 www. ndpaper. com
邮箱 into_ dg@ ndpaper. com
产品 牛皮卡纸、包装纸

东莞海龙纸业有限公司
广东省东莞市麻涌镇新沙港工业区
邮编 523147
电话 0769－88234888
产品 牛皮卡纸、白卡纸、包装纸、文化用纸

东莞地龙纸业有限公司
广东省东莞市麻涌镇新沙港工业区
邮编 523147
电话 0769－88234888
产品 涂布白纸板、箱纸板

东莞天龙纸业有限公司
广东省东莞市麻涌镇新沙港工业区
邮编 523147
电话 0769－88234888
产品 文化用纸、白卡纸

东莞双洲纸业有限公司
广东省东莞市中堂镇吴家涌第二工业区

邮编 523227
电话 0769 – 88182618
产品 瓦楞原纸、挂面纸

东莞骏成纸业有限公司
广东省东莞市凤岗镇天堂围村
邮编 523686
电话 0769 – 87505300
产品 瓦楞原纸、纸板

东莞市潢涌银洲纸业有限公司
广东省东莞市中堂镇潢涌第三工业区
邮编 523221
电话 0769 – 88899113
传真 0769 – 88180293
网址 www. dgyzzy. com
邮箱 sales@ dgyzzy. com
xsb@ dgyzzy. com
产品 瓦楞原纸、箱纸板

东莞市建桦造纸有限公司
广东省东莞市中堂镇潢涌村
邮编 523221
电话 0769 – 88887988
传真 0769 – 88898303
产品 牛皮箱纸板、瓦楞原纸

东莞市华兴纸业实业有限公司
广东省东莞市万江区窖联工业区
邮编 523046
电话 0769 – 22180399
传真 0769 – 22180366
网址 www. huaxing-dg. com
邮箱 hxzy@ huaxing-dg. com
产品 卫生纸、挂面纸、妇幼用品、蜂窝纸板

东莞市麻涌南洲造纸厂
广东省东莞市麻涌镇南洲工业区
邮编 523136
电话 0769 – 88825682、88222918
传真 0769 – 88827399
产品 瓦楞原纸、箱纸板

东莞市宝力造纸厂
广东省东莞市洪梅镇梅沙工业大道
邮编 523160
电话 0769 – 88843278
产品 双灰纸板

东莞市石龙联兴实业有限公司
广东省东莞市石龙镇西湖区江南中路 98 号
邮编 523325
电话 0769 – 86110186、88496066、88496089
传真 0769 – 86114793、86110138
网址 www. landsing-paperpackaging. com
邮箱 sales@ landsing-paperpackaging. com
产品 纸袋纸、牛皮卡纸

东莞市祥兴纸业有限公司
广东省东莞市中堂镇袁家涌北潢公路
邮编 523223
电话 0769 – 88815238
传真 0769 – 88816788
产品 瓦楞原纸、箱纸板、挂面纸

东莞市兴隆造纸厂
广东省东莞市道滘镇北丫工业区
邮编 523170
电话 0769 – 88835233、88381063
产品 瓦楞原纸

东莞市银丰纸业有限公司
广东省东莞市东城温塘砖窑工业三路
邮编 523120
电话 0769 – 22297441
传真 0769 – 22486787
产品 白纸板、双胶纸、铜版纸

东莞市永安造纸厂
广东省东莞市望牛墩镇上合管理区
邮编 523196
电话 0769 – 88818068
传真 0769 – 88855389
产品 挂面纸板原纸

东莞市中联造纸厂
广东省东莞市中堂镇
邮编 523220
电话 0769 – 88811027、88116573
传真 0769 – 88811705
产品 瓦楞原纸

东莞市金田纸业有限公司
广东省东莞市万江区大汾工业区
邮编 523047
电话 0769 – 22280688
传真 0769 – 22772255

网址 www. jintianpaper. com
邮箱 sales@ jintianpaper. com
产品 灰纸板

东莞市中堂镇吴家涌有利造纸厂
广东省东莞市中堂镇北潢路吴家涌工业区
邮编 523227
电话 0769 - 88412875
产品 箱纸板

东莞中威纸业有限公司
广东省东莞市道滘镇工业大道大罗沙路段
邮编 523186
电话 0769 - 88383999
产品 灰纸板

东莞市新富发纸业有限公司
广东省东莞市万江区流涌尾工业区
邮编 523051
电话 0769 - 22711928
产品 灰纸板

东莞市顺兴造纸有限公司
广东省东莞市道滘镇九曲工业区
邮编 523180
电话 0769 - 88328608
产品 瓦楞原纸

东莞市伟安纸业有限公司
广东省东莞市望牛墩镇杜屋工业区
邮编 523210
电话 0769 - 88561238
产品 灰纸板

东莞市伟虹纸业有限公司
广东省东莞市望牛墩杜屋村工业区
邮编 523200
电话 0769 - 88558198
产品 生活用纸

东莞市白天鹅纸业有限公司
广东省东莞市万江区谷涌工业区
邮编 523047
电话 0769 - 22172128
网址 www. dgbte. com
产品 生活用纸

东莞市上隆纸业有限公司
广东省东莞市中堂镇潢涌管理区
邮编 523221
电话 0769 - 88112119、88180073
传真 0769 - 88186968
网址 www. shanglongpaper. com
邮箱 shanglongpaper@ 126. com
zeng_ chunming@ 126. com
产品 瓦楞原纸、箱纸板

东莞市常兴纸业有限公司
广东省东莞市石牌镇横山管理区钟屋工业区
邮编 523330
电话 0769 - 86559888、86559008
传真 0769 - 86559933
网址 www. changxinggd. com
www. changxingpaper. com. cn
邮箱 helena0628@ yahoo. com. cn
helena0628@ changxinggd. com
产品 纸尿裤

东莞市轩潼纸业有限公司
广东省东莞市中堂镇东向工业区
邮编 523000
电话 0769 - 88028808
产品 生活用纸

东莞顺裕纸业有限公司
广东省东莞市望牛墩镇朱平沙港口工业园
邮编 523213
电话 0769 - 88557988
产品 箱纸板

东莞市恩兴纸业有限公司
广东省东莞市万江油九工业区
邮编 523039
电话 0769 - 2288043
产品 生活用纸

东莞市泰昌纸业有限公司
广东省东莞市望牛墩镇下漕区
邮编 523219
电话 0769 - 88852607
产品 牛卡纸

东莞市达林纸业有限公司
广东省东莞市中堂镇槎滘村新沙
邮编 523231

电话 0769 – 88887388、88881788
传真 0769 – 88121882
网址 www. dalinpaper. com
邮箱 dalinpaper@ gmail. com
产品 生活用纸

中山市

永丰余纸业(中山)有限公司
广东省中山市火炬开发区
邮编 528436
电话 0760 – 85335366
产品 瓦楞纸板、纸箱

中顺洁柔纸业股份有限公司
广东省中山市西区彩虹大道 136 号
邮编 528411
电话 0760 – 88553333
传真 0760 – 88553006、23886886
网址 www. zhongshungroup. com
产品 生活用纸

中山联合鸿兴造纸有限公司
广东省中山市 105 国道中山三桥西侧
邮编 528471
电话 0760 – 87796524、87395633
传真 0760 – 87796222
网址 www. zsrghh. com
邮箱 pmco@ zsrghh. com
　　sales@ zsrghh. com
产品 瓦楞原纸、箱纸板

中山永发纸业有限公司
广东省中山市黄圃镇新明南路 173 号
邮编 528429
电话 0760 – 23220773
产品 瓦楞原纸

中山市雅洁莉纸业有限公司
广东省中山市港口镇群富工业区
邮编 528462
电话 0760 – 8413863
产品 生活用纸

揭阳市

广东揭阳洁新纸业有限公司
广东省揭阳市揭东县新亨埔东工业区
邮编 515500
电话 0663 – 3434888
传真 0663 – 3434999
产品 生活用纸

揭阳市信达纸业有限公司
广东省揭阳市榕城区渔湖阳美村
邮编 528445
电话 0663 – 8771738、8782928
传真 0663 – 8772738、8782283
网址 www. xinda-paper. com
邮箱 xinda@ xinda-paper. com
产品 生活用纸

榕盛造纸厂
广东省揭阳市炮台镇涵华大道青溪路海堤边
邮编 515559
电话 0663 – 3355699
产品 生活用纸

云浮市

中顺洁柔(云浮)纸业有限公司
广东省云浮罗定市双东街道
邮编 527200
电话 0766 – 3903888
传真 0766 – 3902966
产品 生活用纸

云浮市新兴县龙腾纸业有限公司
广东省云浮市新兴县新城镇雨洞工业园
邮编 527300
电话 0766 – 2911161
产品 生活用纸

新兴县林丰造纸有限公司
广东省云浮市新兴县河头镇雅古郎公路边
邮编 527435
电话 0766 – 2221089
产品 白纸板、牛皮卡纸、灰纸板

新兴县兴民造纸厂有限公司
广东省云浮市新兴县车岗工业区
邮编 527425
电话 0766 – 2386998、2388828
传真 0766 – 2388888
网址 www. xxxmpaper. com
邮箱 bangwei_li@ 126. com

产品 珠光纸、卡纸等特种纸

新兴县天裕纸业有限公司
广东省云浮市新兴县车岗镇工业开发区
邮编 527425
电话 0766－2388668
产品 灰纸板

新兴县天堂纸业有限公司
广东省云浮市新兴县天堂镇大湾电站侧
邮编 527434
电话 0766－2221737
产品 灰纸板、牛皮卡纸

广西壮族自治区

南宁市

广西华美纸业集团有限公司
广西壮族自治区南宁市民族大道 157 号财富国际广场 2 号楼 17 层
邮编 530028
电话 0771－5775518
传真 0771－5776100
网址 www. hmpaper. cn
邮箱 hm@ hmpaper. cn
产品 生活用纸原纸、卷筒纸、盒抽纸、手帕纸

广西永凯糖纸集团有限公司
广西壮族自治区南宁市民族大道 137 号永凯大厦 27 层
邮编 530028
电话 0771－5597169
传真 0771－5597169
网址 www. yongkai. com. cn
邮箱 bgs@ yongkai. com. cn
产品 漂白浆、文化用纸、卫生纸

广西华劲集团股份有限公司
广西壮族自治区南宁市民族大道 131 号航洋国际城 1 号楼 22 层
邮编 530028
电话 0771－5568819－5112
传真 0771－5535766
网址 www. hwagain. com
邮箱 hwagain@ hwagain. com
产品 制浆、造纸、制糖、竹木产业

广西南宁凤凰纸业有限公司
广西壮族自治区南宁市星光大道 158 号
邮编 530031
电话 0771－4590299、4590261、4590265
传真 0771－4516683、4590268
网址 www. nppc. cn
邮箱 master@ phoenix-paper. com
产品 生活用纸、漂白木浆

广西南宁糖业股份有限公司
广西壮族自治区南宁市古城路 10 好
邮编 530022
电话 0771－4911323
传真 0771－4912771
网址 www. nnsugar. com
邮箱 nnty@ nnsugar. com
产品 复印纸、书写纸、食品包装用原纸、生活用纸、无尘纸

广西洁宝纸业有限公司
广西壮族自治区南宁市金湖路 67 号梦之岛广场 15 楼
邮编 530022
电话 0771－5739686
传真 0771－5739688
网址 www. jeanper. com
产品 生活用纸

横县冠桂糖业有限公司纸业分公司
广西壮族自治区南宁市横县横州镇谢圩
邮编 530304
电话 0771－7382533
传真 0771－7382533
产品 漂白蔗渣浆

广西南宁恒业纸业有限责任公司
广西壮族自治区南宁市江南区沙井定津路杜屋二巷 16 号
邮编 530031
电话 0771－4862003
传真 0771－4862006
产品 生活用纸

广西原生纸业有限公司
广西壮族自治区南宁市六景工业园区景春路
邮编 530313
电话 0771－7059984、7059954
传真 0771－7266559
邮箱 lizhangtu@ 163. com

产品 生活用纸

广西横县六景北墨造纸厂
广西壮族自治区南宁市六景工业园区
邮编 530313
电话 0771－7265998、7372132
传真 0771－7265998、7372132
产品 五色有光纸、高级卫生纸

南宁君盈纸业有限公司
广西壮族自治区南宁市横县六景镇良垌农场
邮编 530317
电话 0771－7350180
传真 0771－7350180
产品 包装纸、卫生纸、文化用纸

广西横县江南纸业有限公司
广西壮族自治区南宁市六景工业园景港路
邮编 530313
电话 0771－7371808
传真 0771－7371908
网址 www. gxjnzy. com
邮箱 jn-lwj@263. net
产品 A 级原生浆擦手原纸、B 级仿木浆擦手原纸

南宁市鑫利纸业有限公司
广西壮族自治区南宁市宾阳县新桥镇工业开发区(宾邕公路旁)
邮编 530001
电话 0771－8482137
传真 0771－8482137
网址 www. gxxlzy. com. cn
邮箱 xl-hx@263. net
产品 生活用纸

柳州市

柳州中迪纸业有限公司
广西壮族自治区柳州市鱼峰区雒容工业园西区富容路 13 号
邮编 545616
电话 0772－6510368、6668628、13807724821
传真 0772－6510013
产品 卫生纸(以蔗渣浆、竹浆为原料)

柳州市丰源纸业有限责任公司
广西壮族自治区柳州市柳东新区雒容镇象岩南路 31 号
邮编 545616
电话 0772－6511372
传真 0772－6510311
产品 卫生纸

柳州两面针纸业有限公司
广西壮族自治区柳州市柳东新区洛埠镇
邮编 545011
电话 0772－2068368/369
传真 0772－2750177
网址 www. lmzzy. com. cn
产品 漂白化学竹浆、生活用纸

桂林市

广西林业荔浦纸业有限公司
广西壮族自治区荔浦县荔城镇玉雷湾
邮编 546600
电话 0773－7233377、7233098、13878386308
传真 0773－7233397
产品 工业包装纸、牛卡纸、黑卡纸、牛皮纸

防城港市

广西防城港宏源浆纸有限公司
广西壮族自治区防城港市防城区茅岭工业园
邮编 538021
电话 0770－3092918、18277024325
传真 0770－3092918
产品 漂白浆、文化用纸

钦州市

广西金桂浆纸业有限公司
广西壮族自治区钦州市钦州港金光工业园
邮编 535008
电话 0777－3698042、3221583、3698888
传真 0777－3696666、3221639
网址 www. appjg. com. cn
产品 半化学机械浆、食品包装纸及纸板

贵港市

广西贵港市安丽纸业有限公司
广西壮族自治区贵港市南梧公路覃塘收费站往东 1. 5 千米
邮编 450804
电话 0775－4869589、4569125
传真 0775－4562672
产品 生活用纸、卫生纸

广西华怡纸业有限公司
广西壮族自治区贵港市江南工业园区
邮编 537100
电话 0775－4555653
传真 0775－4592299
产品 生活用纸、卫生纸、分盘纸、纸浆

广西贵糖(集团)股份有限公司
广西壮族自治区贵港市幸福路 100 号
邮编 537102
电话 0775－4201833
传真 0775－4260088
网址 www. guitang. com
邮箱 guitangjszx@ sina. com
产品 文化用纸、生活用纸

百色市

广西劲达兴纸业有限公司
广西壮族自治区田林县新片昌 2 号
邮编 533300
电话 0776－7201170
产品 文化用纸、淋膜原纸、牛皮纸、离型纸、食品包装纸

广西田东县金荣纸业有限公司
广西壮族自治区田东县思林镇工业集中区
邮编 531504
电话 0776－5151808
传真 0776－5151808
网址 www. jinrongpaper. com
产品 高强瓦楞原纸、卫生纸、竹浆、蔗渣浆、卫生卷纸、抽纸、餐巾纸、面巾纸、手帕纸、纸筒芯等

广西田阳南华纸业有限公司
广西壮族自治区田阳县田州镇民乐街 106 号
邮编 533600
电话 0776－3236366
产品 化学浆、文化用纸

贺州市

广西贺达纸业有限责任公司
广西壮族自治区贺州市八达东路
邮编 542800
电话 0774－5100080
传真 0774－5125154
产品 全漂白桉木浆

广西贺州市红星纸业有限公司
广西壮族自治区贺州市平桂管理区西湾工业园
邮编 542800
电话 0774－8832889
传真 0774－8833018
产品 拷贝纸、打字纸、票证纸、环保纸、卷烟纸、食品包装用纸、半透明纸、字典纸、各种规格卷筒/平板纸

来宾市

广西来宾东糖纸业有限公司
广西壮族自治区来宾市河西工业园区
邮编 546100
电话 0772－4066666
传真 0772－4066622
网址 www. donta. com. cn
产品 漂白蔗渣浆、竹木浆、胶版纸、静电复印纸、淋膜纸、卫生纸

广西象州莲桂纸业有限公司
广西壮族自治区来宾市象州县石龙镇石象路 88 号
邮编 545800
电话 0772－4394988
传真 0772－4394989
网址 www. lgpi. com. cn
邮箱 lgpaper@ 163. com
产品 生活用纸

崇左市

广西东亚纸业有限公司
广西壮族自治区崇左市城市工业园
邮编 532200
电话 0771－7848015
传真 0771－7848000
产品 漂白浆、口杯原纸

海 南 省

海口市

海南金海浆纸业有限公司
海南省洋浦经济开发区 D12 区
邮编 578101
电话 0898－28822288
传真 0898－28821260
网址 www. appjh. com. cn

产品 漂白硫酸盐桉木浆、文化用纸

海南金红叶纸业有限公司
海南省洋浦经济开发区 D12 区
邮编 578101
电话 0898－28822288
传真 0898－28828705
网址 www. apphghy. com. cn
产品 生活用纸

重 庆 市

玖龙纸业(重庆)有限公司
重庆市江津区珞璜工业园 A 区
邮编 402279
电话 023－65558888
传真 023－65558999
网址 www. ndpaper. com
邮箱 info_cq@ ndpaper. com
产品 包装纸

重庆飞龙纸业有限公司
重庆市铜梁县蒲莒镇穆莲街 7 号
邮编 402566
电话 023－45488342
产品 皱纹卫生纸

重庆高峰造纸厂
重庆市垫江县高峰镇
邮编 408328
电话 023－74566988
产品 瓦楞原纸

重庆市超科纸业有限公司
重庆市万州区双河口工业园
邮编 404155
电话 023－58830138
产品 无碳复写纸、彩喷纸、复印纸

重庆市恒丰纸业有限公司
重庆市梁平县屏锦镇明月路 540 号
邮编 405212
电话 023－53512114
产品 文化用纸、瓦楞原纸、黄纸板、箱纸板、竹浆牛皮纸、黄裱纸

重庆龙璋纸业有限公司龙泉分公司
重庆市铜梁县虎峰镇工农街 27 号
邮编 402568
电话 023－45589806
产品 竹浆、文化用纸

重庆简氏纸业包装有限责任公司
重庆市潼南县双江镇金龙寺
邮编 402675
电话 023－44860588、44863306
传真 023－44860018
网址 www. jians. com
产品 箱纸板、彩印纸、纸箱、高强瓦楞原纸

重庆江津造纸厂
重庆市江津区夏坝镇
邮编 402268
电话 023－47681124
产品 生活用纸、油毡原纸、瓦楞原纸

重庆梁平县邵新纸业有限公司
重庆市梁平县袁驿镇邵新村
邮编 405218
电话 023－53635151、53635377
产品 瓦楞原纸

重庆盛贸纸业有限公司
重庆市铜梁县安居镇工业园区
邮编 402564
电话 023－45857511
传真 023－45859198
产品 皱纹卫生纸

重庆市富发纸业有限责任公司
重庆市潼南县双江镇金龙寺
邮编 402675
电话 023－44860388
产品 瓦楞原纸、单面白纸板、箱纸板

重庆理文造纸有限公司
重庆市永川区朱沱镇港桥工业园区
邮编 402191
电话 023－49603333－8112/8107
产品 箱纸板

重庆永川区达江纸业有限公司
重庆市永川区海通大道 69 号－1－10
邮编 402160
电话 023－49827888
传真 023－49806788

产品 生活用纸

重庆永川区渝西纸板厂
重庆市永川区红炉镇
邮编 402194
电话 023－49331215
传真 023－49331215
产品 瓦楞原纸、高强度瓦楞原纸

重庆市开县再生造纸厂
重庆市开县铁桥镇双桥街
邮编 405409
电话 023－52172118
产品 有光纸、包装用纸

重庆兴康纸业有限公司
重庆市巴南区金竹工业园 8 号
邮编 401320
电话 023－66219878、66230451
传真 023－66230451
网址 www. sckdl. com
产品 瓦楞原纸、纸箱

重庆市伟杰纸业有限责任公司
重庆市潼南县双江镇金龙寺
邮编 402675
电话 023－44860888
产品 瓦楞原纸、箱纸板

重庆金禾纸业制品有限公司
重庆市铜梁县华兴镇
邮编 402572
电话 023－45393098
产品 瓦楞原纸、箱纸板

四　川　省

成都市

成都岷山纸业有限公司
四川省成都市成华西 22 号
邮编 610081
电话 028－83190471、83182822
传真 028－83195527
产品 文化用纸、印刷纸

成都郫县唐昌纸厂
四川省成都市郫县唐昌镇外北街
邮编 611733
电话 028－87869151
传真 028－87869151
产品 生活用纸

中冶峡山纸业有限公司
四川省邛崃市羊安镇工业区
邮编 611530
电话 028－88791961
传真 028－88791961
产品 漂白竹浆板

中顺洁柔(四川)纸业有限公司
四川省彭州市牡丹大道中段 80 号
邮编 611930
电话 028－83806688
产品 生活用纸

成都天天纸业有限公司
四川省彭州市工业开发区
邮编 611930
电话 028－83806888、83806688
传真 028－83806666
产品 生活用纸

成都印钞有限公司
四川省成都市温江区新建路 60 号
邮编 611130
电话 028－82723590－2078、82755999
传真 028－82755168
网址 www. cdyc. cbpm. cn
产品 钞票纸、防伪水印纸、证券纸

四川锦丰纸业股份有限公司
四川省成都市温江区成都海峡两岸科技产业开发园
邮编 611137
电话 028－82630751
传真 028－82630174
产品 卷烟纸、卷烟工业配套纸

成都宏图纸业有限公司
四川省成都市双流县蛟龙工业港滨江大道三段
邮编 610200
电话 028－85737134
传真 028－85737144
产品 复合双灰纸板、灰底白纸板

四川新津晨龙纸业有限公司
四川省成都市新津工业园区

邮编 611430
电话 028－82591878
网址 www. xjclzy. com
邮箱 scxjclzy@163. com
产品 箱纸板、瓦楞原纸

四川迅源纸业有限公司
四川省大邑县晋原镇工业集中发展区兴业大道南段兴业七路
邮编 611330
电话 028－69268361
网址 www. f-sourcepaper. com
产品 瓦楞原纸、纸箱

自贡市

富顺县安溪纸业有限公司
四川省自贡市富顺县安溪镇
邮编 643219
电话 0813－7480335
产品 纸板

泸州市

四川银鸽竹浆纸业有限公司
四川省泸州市纳溪区渠坝乡
邮编 646300
电话 0830－4390666、4390160
传真 0830－4390777
产品 牛皮纸、胶版纸、打字纸、书写纸、信封专用纸

德阳市

四川纵横纸业有限公司
四川省德阳市八角井镇
邮编 618003
电话 0838－2600016、2600913
传真 0838－2600911
产品 黄纸板、茶纸板

四川华侨凤凰纸业有限公司
四川省广汉市向阳镇顺江南路
邮编 618308
电话 0838－6098090
传真 0838－6098001
网址 www. hqfhzy. com
邮箱 602049713@qq. com
产品 涂布白纸板、金银卡纸、工业纸板

四川友邦纸业有限公司
四川省广汉市经济开发区(南区)
邮编 618300
电话 0838－5400028
传真 0838－5400158
网址 www. eupon. com
邮箱 sale@eupon. com
产品 卫生用品、生活用纸、母婴用品

绵阳市

三台三角生活用纸制造有限公司
四川省绵阳市三台县潼川镇南河路 48 号
邮编 621100
电话 0816－5229928
传真 0816－5221277
产品 生活用纸

乐山市

乐山佳印纸业有限责任公司
四川省乐山市长清路 1458 号
邮编 614000
电话 0833－2497332
传真 0833－2497329
产品 无碳纸、票据印刷纸、打印纸

四川省夹江万安纸业有限责任公司
四川省乐山市夹江县甘江镇
邮编 614102
电话 0833－5771666
传真 0833－5772366
产品 中高档生活用纸

玖龙浆纸(乐山)有限公司
四川省乐山市犍为县清溪镇
邮编 614404
电话 0833－4379222
邮箱 lsping64@163. com
产品 电容器纸、绝缘纸板、瓦楞原纸

四川省犍为凤生纸业有限责任公司
四川省乐山市犍为县城北凤凰山
邮编 614400
电话 0833－4251386、4251716
传真 0833－4254579
网址 www. fengshenggroup. com

邮箱 fszy666@hotmail.com
产品 白色及彩色打字纸

四川永丰纸业股份有限公司
四川省乐山市沐川县永福镇
邮编 614500
电话 0833－4651066
传真 0833－4651066
网址 www.yfzy.com
产品 打字纸、双面胶版印刷纸、静电复印原纸、静电复印纸

眉山市

四川宏日集团裕通纸业公司
四川省眉山市白龙北路 2 号
邮编 614200
电话 0833－5524540
产品 不锈钢板衬纸、防锈原纸

四川眉山丰华纸业有限公司
四川省眉山市东坡区
邮编 620030
电话 0833－8010068、13808166303
传真 0833－8010182
产品 复印纸

洪雅县星星造纸厂
四川省眉山市洪雅县洪川镇封河坝
邮编 612360
电话 0833－7490156
传真 0833－7490156
产品 文化用纸、餐巾纸

四川省西龙纸业有限公司
四川省眉山市青神县西龙镇
邮编 620460
电话 0833－8940033
传真 0833－8940078
产品 书写纸、静电复印纸、双胶纸

宜宾市

宜宾市屏山龙华造纸厂
四川省宜宾市屏山县龙华镇
邮编 645354
电话 0831－5760278、5760858
产品 竹浆牛皮纸、包装纸

广安市

广安市拓世纸业有限公司
安琪日用品有限公司
四川省广安市观塘镇三台梨子滩
邮编 638016
电话 0826－2731093
传真 0826－2731093
产品 生活用纸

雅安市

金安浆业有限公司
四川省雅安市雨城区姚桥镇爱国路 2 号
邮编 625000
电话 0835－2850858、2850801
传真 0835－2850801、2850092
网址 www.appjap.com.cn
产品 漂白硫酸盐竹浆、胶版印刷纸

巴中市

平昌县再生纸业有限责任公司
四川省巴中市平昌县江口镇
邮编 635400
电话 0827－6297055
产品 文化用纸、纸板

贵 州 省

贵阳市

贵阳金康包装有限公司
贵州省贵阳市乌当区金伍路 123 号
邮编 550008
电话 0851－4841603
产品 高强瓦楞纸板、纸箱

遵义市

贵州赤天化纸业股份有限公司
贵州省赤水市金华理泰路 1 号
邮编 564707
电话 0852－2879721、2879800、2879570
传真 0852－2879729、2876048
网址 www.cthzhiye.cn
产品 全竹浆 TCF 浆板、全竹浆轻 ECF 浆板、本色浆

黔东南苗族侗族自治区

凯里市凯晨纸板有限公司
贵州省凯里市鸭塘镇
邮编 556018
电话 0855－8312390
产品 瓦楞原纸、箱纸板

黔南布依族苗族自治州

贵州省都匀顺发纸业有限责任公司
贵州省黔南布依族自治区都匀市大坪镇东冲
邮编 558013
电话 0854－8541388、8224598
产品 纸及纸制品

云　南　省

昆明市

云南宜良兄弟纸业有限公司
云南省昆明市宜良县汇东桥南侧小渡口段
邮编 652100
电话 0871－7541679
传真 0871－7541689
产品 箱纸板、瓦楞原纸

昆明爱华卫生制品有限责任公司
云南省昆明市二环西路 449 号
邮编 650101
电话 0871－8310051
传真 0871－8320196
产品 生活用纸、卷纸、餐巾纸、面巾纸、盒抽纸、纸杯纸

云南科海电子有限公司
云南省昆明市人民中路 216 号丰园大厦 20 层
邮编 650051
电话 0871－63385999
传真 0871－63312778
网址 www. sciencesea. com. cn
邮箱 khgs@ sciencesea. com. cn
产品 打印纸、复印纸

曲靖市

云南陆良银河纸业有限公司
云南省曲靖市陆良县西桥工业区
邮编 655600
电话 0874－6869046
传真 0874－6869091
产品 胶印书刊纸、铝箔衬纸、水松原纸、成型纸

玉溪市

玉溪市高仓造纸有限公司
云南省玉溪市高仓镇
邮编 653100
电话 0877－2076532
产品 白纸板、灰底白纸板

玉溪市水松纸厂
云南省玉溪市大营街工业区
邮编 653103
电话 0877－2771902、2771667
传真 0877－2771528
产品 凹印水松纸

云南江川翠峰纸业有限公司
云南省玉溪市江川县江城镇翠峰
邮编 652601
电话 0877－8095268
传真 0877－8095268
产品 生活用纸

云南新平南恩糖纸有限责任公司
云南省玉溪市新平彝族傣族自治县
邮编 653405
电话 13988490777
传真 0877－7391061
产品 卫生纸

云南通海汉光纸业有限公司
云南省玉溪市通海县礼乐西路 154 号
邮编 652700
电话 0877－3805792
传真 0877－3805592
产品 卫生纸

云南江川恒昌纸业有限公司
云南省玉溪市江川县大街镇朱家庄村
邮编 652600
电话 0877－8016181
传真 0877－8016181
产品 箱纸板、瓦楞原纸

保山市

云南昌宁建新纸业有限公司
云南省保山市昌宁县漭水镇共裕村
邮编 678100
电话 0875－7810566
传真 0875－7810561
产品 书写纸、双胶纸

普洱市

云南云景林纸股份有限公司
云南省普洱市景谷傣族彝族自治县林纸路 300 号
邮编 666400
电话 0879－5410198、5410634、5410228
传真 0879－5410193、5410223
网址 www. yjlzh. com
产品 针叶木浆、桉木浆、混合阔叶木浆、生活用纸

临沧市

云南双江南华化学纤维浆粕有限公司
云南省临沧市双江拉祜族佤族布朗族傣族自治县勐勐镇
邮编 677300
电话 0883－7641916、7641888、7641578
传真 0883－7641569
产品 溶解竹浆板

云南南华纸业有限公司
云南省临沧市耿马傣族佤族自治县四排山乡石佛洞村委会
邮编 677500
电话 0883－6120555
传真 0883－6120559
产品 漂白蔗渣浆、双胶纸、书写纸

红河哈尼族彝族自治州

个旧市凌霖造纸厂
云南省个旧市乍甸水龙井
邮编 661409
电话 0873－2671099、2671028
传真 0873－2671095
产品 瓦楞原纸

开远泸江纸业有限责任公司
云南省开远市乐百道
邮编 661600
电话 0873－7223348
产品 卫生纸、瓦楞原纸、箱纸板

开远市明威有限公司
云南省开远市中寨
邮编 661600
电话 0873－7171169、7171158、7171218
产品 双胶纸、书写纸、打字纸

云南红塔蓝鹰纸业有限公司
云南省红河哈尼族彝族自治州建水县
邮编 654300
电话 0873－7652341
传真 0873－7652061
网址 www. ynhtbe. com
邮箱 blue_ eagle@ ynhtbe. com
产品 卷烟纸、水松纸、滤嘴成型纸

建水春秋纸业有限公司
云南省红河哈尼族彝族自治州建水县羊街工业园区
邮编 661400
电话 13769327865
产品 包装纸板

陕 西 省

西安市

西安兄弟纸业有限公司
陕西省西安市长安区镐京工业园区
邮编 710100
电话 029－85800003
传真 029－85800003
产品 A 级、C 级高强瓦楞原纸

西安市蔡伦造纸厂
陕西省西安市三桥镇北西宝高速公路口北
邮编 710086
电话 029－84517518、84518071
传真 029－84519897
产品 高强瓦楞原纸、箱纸板、白纸板、茶纸板、牛皮纸、牛皮挂面纸

陕西中港铜版纸有限公司
陕西省西安市灞桥镇东街 15 号

邮编 710024
电话 029－83610216
传真 029－83610216
产品 铜版纸

西安红光造纸厂
陕西省西安市未央区红光路 33 号
邮编 710086
电话 029－84368030
传真 029－84368749
产品 茶纸板

西安市惠强纸业有限公司
陕西省西安市长安区镐京工业园区
邮编 710100
电话 029－85903888
传真 029－85903666
产品 白纸板

西安秦悦纸业有限公司
陕西省西安市西户路中段
邮编 710116
电话 029－85900789
传真 029－85800110
产品 生活用纸

宝鸡市

陕西省兴翔纸业有限责任公司
陕西省宝鸡市凤翔县城东
邮编 721400
电话 0917－7251114
传真 0917－7251173
产品 高强瓦楞原纸、箱纸板

陕西圣龙纸业有限责任公司
陕西省宝鸡市岐山县蔡家坡经济技术开发区西宝路龚刘工业园区
邮编 722405
电话 0917－8580189、8580821
传真 0917－8580884
产品 牛皮箱纸板、瓦楞原纸、牛皮纸、淋膜纸、水果套袋纸、彩色封面纸、纱管纸、高强瓦楞原纸

陕西法门寺纸业有限责任公司
(原陕西扶风造纸厂)
陕西省宝鸡市扶风县城东关
邮编 722207
电话 0917－5211493、5211148
产品 印刷纸、书写纸、有光纸、卫生纸

岐山县圣龙箱板纸有限责任公司
陕西省宝鸡市岐山县蔡家坡经济技术开发区西宝路龚刘工业园区
邮编 722405
电话 0917－8580095
传真 0917－8580828
产品 箱纸板

眉县恒发纸业有限公司
陕西省宝鸡市眉县火车站道南 6 号
邮编 722301
电话 0917－5666369
产品 有光纸、卫生纸

岐山县全兴纸业包装有限公司
陕西省宝鸡市岐山县蔡家坡另胡村
邮编 722405
电话 0917－8582968
产品 有光纸、卫生纸

岐山县蔡家坡兴隆纸厂
陕西省宝鸡市岐山县蔡家坡另胡村
邮编 722405
电话 0917－8551572
产品 箱纸板、卫生纸

宝鸡科达特种纸业有限公司
陕西省宝鸡市岐山县蔡家坡西 3 路
邮编 722405
电话 0917－8565320
产品 引线纸、扎钞纸、热压垫纸板、覆铜纸板、胶带原纸、高透纸

咸阳市

陕西兴包企业集团有限公司
陕西省咸阳市兴平市丰仪工业园
邮编 713100
电话 029－38266112
传真 029－38266112
网址 www. sxxingbao. com
邮箱 xsb@ sxxingbao. com
产品 生活用纸

武功东方纸业集团有限公司
陕西省咸阳市武功县造纸工业园
邮编 712200
电话 029－37396079
传真 029－37396079
产品 书写纸、生活用纸

咸阳华西纸业有限公司
陕西省咸阳市秦都区沣东镇
邮编 712044
电话 029－33818655
传真 029－33816516
产品 A级高强瓦楞原纸、C级茶纸板

渭南市

陕西大荔安盛纸业有限公司
陕西省渭南市大荔县许庄镇
邮编 715105
电话 0913－3649292
传真 0913－3649525
产品 高强瓦楞原纸

蒲城县永丰利亚造纸有限公司
陕西省渭南市蒲城县永丰镇大浴河
邮编 715502
电话 0913－7715138
传真 0913－7715138
产品 高强瓦楞原纸

蒲城康钰纸业有限公司
陕西省渭南市蒲城县东陈镇白起寺村
邮编 715501
电话 0913－7618089
传真 0913－7618089
产品 高强瓦楞原纸、苹果套袋纸

合阳县康洁纸业有限公司
陕西省渭南市合阳县王村镇管家河村
邮编 715307
电话 0913－6712190
传真 0913－6712190
产品 卫生纸

安康市

安康恒丰纸业包装有限公司
陕西省安康市汉滨区恒口镇工业区
邮编 725021
电话 0915－3619898
传真 0915－3619898
产品 纱管纸、瓦楞原纸、花炮纸

安康市汉滨区永林再生纸有限公司
陕西省安康市汉滨区五里镇五茨路口
邮编 725018
电话 0915－3911236
传真 0915－3911236
产品 纱管纸、茶纸板

商洛市

洛南县洛神纸业有限公司
陕西省商洛市洛南县城东郊158号
邮编 726100
电话 0914－7381801
产品 茶纸板

甘　肃　省

兰州市

甘肃省甘草水泥集团兰州造纸厂
甘肃省兰州市东岗镇雁儿湾
邮编 730020
电话 0931－8491189、8699189、8697523
产品 瓦楞箱纸板、涂布纸板

兰州立祥纸业有限公司
甘肃省兰州市安宁区大青沟孔家崖
邮编 730500
电话 0931－7767258
产品 瓦楞原纸、箱纸板

天水市

天水东方纸业有限公司
甘肃省天水市麦积区渭南镇南河川缑家庄168号
邮编 741027
电话 0938－2821318
传真 0938－2821318
产品 箱纸板、高强瓦楞原纸

张掖市

张掖市光宇纸业有限公司
甘肃省张掖市张火公路3公里

邮编 734000
电话 0936－5983774
产品 书写纸、草浆

张掖市明阳纸业有限公司
甘肃省张掖市东北郊工业园区
邮编 734000
电话 0936－8432898、6922396、6922388
网址 www.gsmygroup.com
产品 书写纸、卫生纸

张掖市纸业集团有限责任公司
甘肃省张掖市张掖路五星墩
邮编 734027
电话 0936－8280800
传真 0936－8280939
产品 箱纸板、瓦楞原纸

平凉市

平凉市宝马纸业有限公司
甘肃省平凉市四十里铺镇
邮编 744024
电话 0933－8410019
传真 0933－8410019
产品 卫生纸

平凉市峡门造纸厂
甘肃省平凉市峡门乡北坡村
邮编 744022
电话 0933－8570035
传真 0933－8570035
产品 卫生纸

酒泉市

甘肃酒泉银星纸业有限责任公司
甘肃省酒泉市肃州区雄关路 11 号
邮编 735000
电话 0937－2601137、2613385
产品 书写纸、胶版印刷纸、打字纸、无碳复写原纸、静电复印纸、生活用纸

定西市

临洮家瑞纸业有限公司
甘肃省定西市临洮县洮阳镇北关开发区
邮编 730500
电话 0932－2243510
产品 生活用纸

青　海　省

西宁市

青海省造纸厂
青海省西宁市傅家寨 1 号
邮编 810015
电话 0971－8238142
产品 瓦楞原纸、凸版印刷纸

宁夏回族自治区

银川市

宁夏金丰源实业有限责任公司
宁夏回族自治区银川市永宁县红星桥北侧
邮编 750100
电话 0951－8018555
传真 0951－8011578
产品 面巾纸、卫生纸

宁夏紫荆花纸业有限公司
宁夏回族自治区银川市永宁县红星桥南
邮编 750100
电话 0951－8014871、8011888、8017666
传真 0951－8014871、8013808
网址 www.zijinhua.com.cn
产品 面巾纸、餐巾纸、卫生纸

宁夏美洁纸业股份有限公司
宁夏回族自治区银川市贺兰县东街
邮编 750200
电话 0951－8061280
传真 0951－8061553
产品 中高档面巾纸、餐巾纸、卫生纸

石嘴山市

宁夏沙湖纸业(集团)有限公司
宁夏回族自治区石嘴山市平罗县太西镇
邮编 753401
电话 0952－6691402、6682112、6691409
传真 0952－6691401
产品 面巾纸、卫生纸、箱纸板

宁夏伊斯兰地质造纸厂
宁夏回族自治区石嘴山市平罗县太西镇
邮编 753401
电话 0952－6681178、6691758
传真 0952－6681178
产品 高强瓦楞原纸

吴忠市

宁夏昊盛纸业有限公司
宁夏回族自治区吴忠市侯家湾
邮编 751102
电话 0953－2661111、2661726、2662188
传真 0953－2661726
产品 书写纸、印刷纸、生活用纸

宁夏宇华纸业有限公司
宁夏回族自治区吴忠市机械工业园
邮编 751101
电话 0953－2691124
传真 0953－2691124
产品 印刷纸、书写纸、生活用纸

吴忠市马兰花纸业有限公司
宁夏回族自治区吴忠市金积工业园区
邮编 751100
电话 0953－2231396
传真 0953－2231976
产品 箱纸板、生活用纸

宁夏金昱元峡光纸业有限公司
宁夏回族自治区青铜峡市青铜峡镇
邮编 751601
电话 0953－3011443、3012005
传真 0953－3012061
产品 牛皮箱纸板、书写纸、印刷纸、生活用纸

中卫市

中冶美利纸业股份有限公司
宁夏回族自治区中卫市柔远地区
邮编 755000
电话 0955－7679218、7679430
传真 0955－7679216
网址 www. china-meili. com
产品 书写纸、印刷文化用纸、工业包装用纸

中冶美利浆纸有限公司
宁夏回族自治区中卫市美利造纸工业园区
邮编 755000
电话 0955－3986558
传真 0955－3986560
网址 www. mccml. com
邮箱 mcc_ml@126. com
产品 食品级涂布白卡纸、烟包专用白卡纸、纸杯原纸

新疆维吾尔自治区

乌鲁木齐市

新疆沙驼股份有限公司
新疆维吾尔自治区乌鲁木齐市米东区稻香北路 204 号
邮编 831400
电话 0991－3372762
产品 箱纸板、瓦楞原纸、瓦楞纸箱、彩印纸箱(盒)

昌吉回族自治区

新疆昌吉市江北再生纸业有限公司
新疆维吾尔自治区昌吉高新技术产业开发区经二路 8 号
邮编 831100
电话 0994－2260566、2260588、2260599
传真 0994－2260588
网址 www. china-jbzy. com
产品 箱纸板、瓦楞原纸

巴音郭楞蒙古自治州

新疆博湖苇业股份有限公司
新疆维吾尔自治区库尔勒市新城区楼兰路
邮编 841001
电话 0996－2159728、2160000
传真 0996－2152533、2153164
网址 www. bohureed. com
邮箱 343174664@qq. com
产品 漂白苇浆、胶版印刷纸、静电复印纸

石河子市

新疆天宏纸业股份有限公司
新疆维吾尔自治区石河子市西三路 17 号
邮编 832009
电话 0993－7526011、7526027
传真 0993－7526088
网址 www. xjth. cn
邮箱 th-jszx@sohu. com
产品 卫生纸、静电复印纸

国内造纸机械及其他相关产业企业名录

Directory of Domestic Papermaking Machinery Companies and Other Related Companies

北 京 市

ABB(中国)有限公司
ABB 制浆造纸部
北京市朝阳区酒仙桥路 10 号恒通广厦 B7－3
邮编 100015
电话 010－84566688
传真 010－84567626
网址 www.abb.com.cn
产品 电力、自动化技术

维美德造纸机械技术(中国)有限公司北京分公司
北京市朝阳区东三环北路 19 号中青大厦 601
邮编 100022
电话 010－65666600
传真 010－65662567
网址 www.valmet.com
产品 造纸机械

奥地利安德里茨股份有限公司北京代表处
北京市朝阳区光华路 7 号汉威大厦西区 18 层
邮编 100004
电话 010－85262720
传真 010－65006413、65006415
网址 www.andritz.com
产品 制浆造纸设备

霍尼韦尔(中国)有限公司北京办事处
北京市朝阳区霄云路 26 号鹏润大厦 B 区 17 层
邮编 100125
电话 010－64103000、64103300
传真 010－64103414、64103420
网址 www.honeywellps.com.cn
产品 自动化控制系统、传感器与控制元件

芬兰温德造纸湿部技术公司北京代表处
北京市朝阳区建国路 118 号招商局大厦 1829 室
邮编 100022
电话 010－59233822、59233823
传真 010－65662723
网址 www.wetend.com
邮箱 min.zhang@wetend.com
产品 “创捷”化学品混合添加技术及装备

舍弗勒贸易(上海)有限公司北京分公司
北京市朝阳区东三环北路甲 19 号嘉盛中心 2801 室
邮编 100020
电话 010－65123621、65150288
传真 010－65123433
网址 www.schaeffler.com
产品 工业轴承

NDC 红外技术公司
北京市海淀区西直门北大街 60 号首钢国际大厦 1810 室
邮编 100088
电话 010－59935830
传真 010－59935831
网址 www.ndcinfrared.com.cn
邮箱 ndcbj@ndcinfrared.com.cn
产品 纸张水分定量检测及控制

瑞士 BMB 公司
北京市建国门内大街 18 号恒基中心 2 座 10 层
电话 010－85198688
传真 010－85198699
网址 www.bmbag.ch
www.kroenert.de
邮箱 info@bmbag.ch
产品 造纸机械

斯普瑞喷雾系统有限公司北京办事处
北京市朝阳区建国路 71 号惠通时代广场 B2－101 室
邮编 100025
电话 010－68562800、68561180
传真 010－68561036
网址 www.spray.com
邮箱 beijing@spray.com.cn
产品 喷嘴

德国冯·诺顿西工程技术有限公司
北京市朝阳区北土城西路 7 号国恒基业大厦 A 座 1102 室
邮编 100029
电话 010－82275609
传真 010－82275350
网址 www.biolak.com.cn
产品 废水处理设备

美国凯登百利可乐生公司(KBC)
北京市朝阳区东三环北路中青大厦 1809 室
邮编 100020
电话 010－65813011
传真 010－65812268
产品 制浆造纸设备、废纸处理

中国造纸装备有限公司
北京市朝阳区启阳路 4 号中轻大厦 18 楼
邮编 100102
电话 010－64778200、64778300
传真 010－64778211
网址 www. cpmcchina. cn
邮箱 cpmcchina@ cpmcchina. cn
产品 中高档高速宽幅纸机、纸板机和卫纸机

北京恒捷科技有限公司
北京市立水桥北北方明珠大厦 1520－1522 号
邮编 102218
电话 010－58607441、58607442
传真 010－58607440
网址 www. hengjietech. com
邮箱 bjhj@ hengjietech. com
产品 轻重质除渣器及除渣器备品配件、废纸制浆生产线的工艺设计及设备配套、废水处理气浮设备、纤维回收弧形筛、流浆箱孔板的设计和制造、技术咨询以及安装调试等工程项目

北京春辉新吉造纸机械厂
北京市石景山区吴家村路京城新能源（原华电大楼）108 室
邮编 100040
电话 010－68650010、68657754
传真 010－68650010
网址 www. chunhuixinji. com
邮箱 bjchxjzzjx@ 163. com
产品 高浓盘磨机、热磨机、磨片

北京伟伯康科技发展有限公司
北京市海淀区曙光花园中路农林科学院畜牧研究所
邮编 100097
电话 010－51503883
传真 010－51503796
网址 www. webcon-tech. com
邮箱 sales@ webcon-tech. com
产品 DFE 张力控制器

北京协力旁普包装制品有限公司
北京市大兴区旧宫镇工业园区北西甲 1 号
邮编 100076
电话 010－87962699
传真 010－87962476
网址 www. xlpp. com
邮箱 xlpp@ public3. bta. net. cn
产品 纸浆模塑工业包装、餐具

北京高中压阀门有限责任公司
北京市东城区东直门外大街 40 号楼
邮编 100027
电话 010－69260852
传真 010－69258687
网址 www. bvc. cc
邮箱 zzy@ bvc. cc
产品 阀门

中国联合装备集团公司
北京市西城区西黄城根南街 33 号
邮编 100032
电话 010－66075588
传真 010－66052828
网址 www. cnue. com. cn
邮箱 cnue@ cnue. com. cn
产品 纸机、APMP 设备、纸机配件

中国轻工机械协会
北京市西城区西四东斜街 14 号
邮编 100032
电话 010－66039347、66031220
传真 010－66031224、66073257
网址 www. clima. org. cn
业务 行业标准制定、产品认证及科学成果鉴定

中国制浆造纸研究院
北京市朝阳区望京启阳路 4 号院中轻大厦
邮编 100102
电话 010－64778000
传真 010－64778001
网址 www. cnppri. com
邮箱 bgs@ cnppri. com
　　kb@ cnppri. com
业务 造纸工业标准化、质量监督检验、信息服务等行业技术管理工作

国家林业局林产工业规划设计院
中国林业工程咨询公司
北京市东城区朝内大街 130 号
邮编 100010
电话 010－85128008
传真 010－85128008
网址 www. cfecc. com
业务 工程咨询、工程设计、工程监理、工程总承包

中国轻工建设工程有限公司
北京市丰台区洋桥北里甲 6 号

邮编 100077
电话 010 - 67247895
传真 010 - 67247882
网址 www. clcc. com. cn
邮箱 clcchyb@ 163. com
业务 工程咨询、监理、总承包

中国中轻国际工程有限公司
北京市朝阳区白家庄东里 42 号
邮编 100026
电话 010 - 65826121、65826125、65826118、65826358
传真 010 - 65823590
网址 www. bcel-cn. com
邮箱 cliec@ cliec. cn
业务 造纸工程咨询、设计、监理、项目管理、工程总承包

中冶京诚工程技术有限公司
北京市经济技术开发区建安街 7 号
邮编 100176
电话 010 - 67835128
传真 010 - 67835133
网址 www. ceri. com. cn
业务 造纸工程咨询、设计、监理、项目管理、工程总承包

中招国际招标有限公司
北京市海淀区皂君庙 14 号院 9 号楼
邮编 100081
电话 010 - 62108062
传真 010 - 62108218
网址 www. cntcitc. com. cn
业务 代理招标、政府采购

中国国际工程咨询公司
北京市海淀区车公庄西路 32 号中咨大厦
邮编 100048
电话 010 - 68733109
网址 www. ciecc. com. cn
邮箱 wangzhan@ ciecc. com. cn
业务 工程咨询

中国技术进出口总公司
北京市丰台区西三环中路 90 号通用技术大厦 16 - 22 层
邮编 100055
电话 010 - 63349206、63349195
传真 010 - 63373713
网址 www. cntic. com. cn
邮箱 cntic@ cntic. genertec. com. cn
业务 引进大型制浆和纸机成套设备、造纸设备制造技术

中国包装进出口总公司
北京市朝阳区东三环北路 3 号幸福大厦 B 座
邮编 100027
电话 010 - 64616359、64616369
传真 010 - 64616437
网址 www. chinapack. net
邮箱 biz@ chinapack. net
cpmail@ chinapack. net
业务 包装材料、机械进出口贸易

中国纸张纸浆进出口公司
北京市朝阳区劲松九区 910 号
邮编 100021
电话 010 - 67780346
传真 010 - 67747294
网址 www. chinalight. com. cn
邮箱 info@ cnppc. com
业务 纸浆、纸张、木材进出口贸易

颇尔过滤器(北京)有限公司
北京市经济开发区宏达南路 12 号
邮编 100176
电话 010 - 87225588
传真 010 - 67802329、67802328
网址 www. pall. com
邮箱 china_ls@ ap. pall. com
产品 过滤器

中国国旅贸易有限公司
北京市朝阳区永安东里通用国际中心 A 座 19 层
邮编 100022
电话 010 - 58793322
传真 010 - 58793093
网址 www. cittc. com. cn
邮箱 cittc@ mx. cei. gov. cn
经营 SC、LWC、铜版纸、双胶纸、白卡纸、牛皮卡纸

美国纸源有限公司北京办事处
北京市海淀区花园东路 30 号 5204 室
邮编 100083
电话 010 - 62360817
传真 010 - 62365579
经营 不干胶纸、硅油纸、涂塑原纸、铜版纸

英特耐国际纸业贸易(上海)有限公司北京办事处
北京市朝阳区建国门外大街 19 号国际大厦 1905A 室
邮编 100004
电话 010－65271825
传真 010－65270603
产品 进口牛皮卡纸、白卡纸

北京浩宇星光纸业有限公司
北京市永定门外沙子口西革新里 120 号
邮编 100077
电话 010－87258232
传真 010－67248325
网址 www. haoyuxingguang. com
经营 办公、文化、制图系列用纸

北京文满原纸业有限责任公司
北京市永定门外沙子口革新南路 2 号
邮编 100077
电话 010－67229598、67224105
经营 厂家代理

北京汇森纸制品有限公司
北京市丰台区分钟寺倪庄二分公司院内
邮编 100078
电话 010－87692442
传真 010－87697826
经营 日本纪州纸、黑卡纸、彩狐色花纹纸、彩狐珠花纸、牛皮纸

北京市华伦纸业有限公司
北京市朝阳区王四营路百子湾火车站旁胜墅旅馆 118 号
邮编 100023
电话 010－67383602
传真 010－67379442
经营 胶版纸、书写纸、轻型纸及纸浆

北京兴普森商贸有限公司
北京市丰台区菜户营西街 235 号
邮编 100073
电话 010－63363371、13901224404
传真 010－63367723
网址 www. xingpusen. com
邮箱 lhy8166@ sina. com
经营 牛皮纸、白牛皮纸、黄牛皮纸

北京云中赢纸业有限公司
北京市大兴区瀛海镇笃庆堂村笃庆北路 4 号
邮编 100076
电话 010－69281750
传真 010－69281750
经营 铜版纸、灰纸板、书写纸

天　津　市

斯普瑞喷雾系统有限公司天津办事处
天津市和平区南京路 129 号世贸广场 B－1303 室
邮编 300051
电话 022－27126918
传真 022－27126928
网址 www. spray. com
邮箱 tianjin@ spray. com. cn
产品 喷嘴

丹佛斯(天津)有限公司
天津市武清开发区 5 号路
邮编 301700
电话 022－82126400
传真 022－82126407
网址 www. danfoss. com/china
产品 变频器

天津环球高新造纸网业有限公司
天津市西青区杨庄子大堤外玉门路
邮编 300112
电话 022－27795246
传真 022－27796246
产品 造纸用聚酯网、聚酯干网、螺旋干网

天津市轻工业机械厂
天津市西青区西青道杨柳青
邮编 300380
电话 022－27392930
传真 022－27390401
产品 制浆设备、碱回收设备

天津市第一轻工机械厂
天津市南开区长江道怀安环路 11 号
邮编 300193
电话 022－27380290、27380260
产品 长网、圆网纸机，烘缸，辊胎等

天津市华星工业用呢新技术开发有限公司
天津市南开区玉泉路岳湖道 18 号
邮编 300193
电话 022－27372507

传真 022－27372507、27495045
网址 www. tjgynch. com. cn
产品 造纸用呢、工业用呢

天津派普伟业造纸科技有限公司
天津市南开区航海道金航大厦 2－4－802(科技园)
邮编 300192
电话 022－87898375
产品 特种纸技术、造纸设备及材料

天津中天宏大纸业有限公司
天津市北辰区小淀镇刘安庄工业园区佳丰道 22 号
邮编 300402
电话 022－86994250、26992717
传真 022－26991355
网址 www. abypaper. com
邮箱 mxy@ abypaper. com
产品 标签、热熔胶涂布机、不干胶材料分切机

天津市轻工业设计院
天津市南开区长江道 179 号
邮编 300193
电话 022－27380422
传真 022－27380423
网址 www. tlidi. com
邮箱 jy@ tlidi. com
业务 工程总承包、工程咨询、工程设计、工程管理、工程监理

天津市轻工业造纸技术研究所
天津市津南区双港工业园发港南路 29 号
邮编 300350
电话 022－81312685
传真 022－81312685
产品 特种纸、过滤纸、制浆造纸技术、过滤材料、滤芯等

国家轻工业纸张质量监督检测天津站
天津市津南区辛庄工业园区发港路
邮编 300350
电话 022－88823003
业务 一般纸张类、纸浆检测

天津市禹晖科技有限公司
天津市南开区鑫茂科技园
邮编 300081
电话 022－27373367
传真 022－27373367
产品 气浮器

威宁(天津)国际贸易有限公司
天津市北辰区津围公路小淀刘安庄工业区
邮编 300402
电话 022－26997137
传真 022－26997093
经营 硅油纸、不干胶、美纹纸、过滤纸、彩喷纸、照相纸、热敏纸、白卡纸、无尘纸

天津中包进出口有限责任公司
天津市河西区宾水道 9 号
邮编 300061
电话 022－28371658、28371659
传真 022－28371678
网址 www. ticpack. com
经营 白纸板、进口白纸板、进口牛皮卡纸、进口胶版纸

天津力天世纪国际贸易有限公司
天津市河西区大沽南路 501 号恒华大厦 1－1505
邮编 300202
电话 022－58196268、8071809、15902240996
传真 022－58196298
经营 箱纸板、PP 膜卡纸、无碳复写原纸、涂层胶版纸、OCR 纸、布纹铜、玻璃铜版卡纸、白卡纸、防湿纸

天津中海商贸有限公司
天津市南开区黄河道 467 号
邮编 300110
电话 022－27419209、13302022371
经营 淋膜纸、PE 相纸、照相原纸、胶版纸、轻涂纸、铜版纸、牛皮纸、彩喷纸、高光相纸、硅油纸、墙壁原纸、无碳纸

天津市俄林浆纸商贸有限公司
天津市北辰区万科新城
邮编 300402
电话 022－26300100
传真 022－26300100
经营 废纸、卫生纸切边、桉木浆、漂白针叶木浆、竹浆、本色浆、硬杂木

河　北　省

石家庄市

福利造纸毛毯厂
河北省石家庄市晋州市马于镇吕家庄

邮编 052260
电话 0311－84359142
产品 造纸毛毯

唐山市

唐山天兴科技有限公司
河北省唐山市开平区现代装备制造工业区南路
邮编 063000
电话 0315－6322550、6322551、8086688
传真 0315－6322552
网址 www. txtech. cn
邮箱 csy@ txtech. cn
tstxhb@ sina. com
产品 CQF 气浮系统

唐山市热力强盛工贸有限公司
河北省唐山市路北区朝阳道 22 号
邮编 063000
电话 0315－2022779、2015822
传真 0315－2031273
网址 www. tsrlqs. com
邮箱 religs@ 163. com
产品 铜版纸、拷贝纸

邯郸市

邯郸市造纸机械设备厂
河北省邯郸市成安县东彭留村
邮编 056700
电话 0310－7260612
产品 盘磨磨片

保定市

高阳县津联工业用呢有限公司
河北省保定市高阳县城东 2 公里路北
邮编 071500
电话 0312－6602373
传真 0312－6603733
产品 工业用呢

保定市晨光造纸机械有限公司
河北省保定市北二环路 699 号
邮编 071051
电话 0312－3173685、3530191、3173703
传真 0312－3172452
网址 www. chgjx. com. cn
邮箱 chenguangjixie@ 126. com
产品 造纸设备、废水处理工程

保定市华光机械有限公司
河北省保定市周庄村东
邮编 071051
电话 0312－3117623、3128810、3017250
传真 0312－3128810、3174481
网址 www. bdhuaguang. com
邮箱 bdhuaguang@ 126. com
产品 生活用纸加工设备

保定巨龙高能开发有限公司
河北省保定市合作路副 10 号
邮编 071000
电话 0312－5066001、5013685
传真 0312－5028183
网址 www. bdjulong. com. cn
邮箱 julong@ bdjulong. com. cn
产品 红外加热设备

保定市晨光环保设备厂
河北省保定市隆兴西路 3132 号
邮编 071051
电话 0312－5555518
传真 0312－5955517
网址 www. cghb. com. cn
邮箱 chengguanghuanbao@ sina. com
产品 TWC 系列同向流净水器及纤维回收、脱泥设备

保定市中通泵业有限公司
河北省保定市南二环 2162－8 号
邮编 071000
电话 0312－2138886、2139278、8920037
传真 0312－2138887
网址 www. zhongtongpump. com
邮箱 pump@ zhongtongpump. com
产品 泵

中国造纸开发保定设计公司
河北省保定市广济路 230 号
邮编 071000
电话 0312－2025534
传真 0312－2036695
业务 工程设计

保定华融经贸总公司
河北省保定市纸厂路 98 号

邮编 071071
电话 0312－3198353、3172128
经营 机制纸、防伪纸

沧州市

沧州市通用造纸机械有限公司
河北省沧州市经济技术开发区东海路 33 号
邮编 061000
电话 0317－3098909、3098959、3098346
传真 0317－3098959、3098909
网址 www. cztyzzjx. com. cn
邮箱 zjf. 576@ 163. com
产品 磨浆机

东兴纸箱机械厂
河北省沧州市东光县城南古树于工业区
邮编 061001
电话 0317－7752228
传真 0317－7752228
产品 各种纸箱、包装机械

官厅特种工业用呢厂
河北省沧州市沧县官厅乡
邮编 061029
电话 0317－4058201
产品 造纸毛毯

爱美德网带有限公司
(原东光县造纸网厂)
河北省沧州市东光县找王镇后屯
邮编 061600
电话 0317－7780800、7780610、7725002
传真 0317－7780610
网址 www. hbamity. com
邮箱 amity@ vip. 163. com
产品 造纸网

青县拓实新兴冲筛有限公司
河北省沧州市青县城东党道庄老子湖工业区
邮编 062650
电话 0317－4087374、4299898、4087027
传真 0317－4087027
网址 www. tsxxcs. cn
邮箱 root@ tsxxcs. cn
产品 筛板

廊坊市

廊坊开发区东润卫生材料有限公司
河北省廊坊经济技术开发区汇源道
邮编 065001
电话 0316－6071870
传真 0316－6088171
产品 一次性医用敷料、柔中卷、湿纸巾、清洁擦布

东纶科技实业有限公司
河北省廊坊经济技术开发区汇源道 8 号
邮编 065001
电话 0316－6086145、6071866、6087699、6071870
传真 0316－6088171
网址 www. eastex-china. com
产品 涤纶、黏胶、锦纶、丙纶等原料的水刺非织造布

衡水市

河北鹤煌网业股份有限公司
河北省衡水市安平县新盈大街 17 号
邮编 053600
电话 0318－7524840、7978279
传真 0318－7520806
产品 造纸网

河北华强网业有限公司
河北省衡水市枣强县肖家镇
邮编 053100
电话 0318－8489236
传真 0318－8489288
网址 www. hbhuaqiang. com
邮箱 huaqiangwangye666@ aliyun. com
产品 造纸网

河北冀州市亚华特种胶辊厂
河北省冀州市兴华南大街 1666 号
邮编 053200
电话 0318－6829928
传真 0318－6829956
产品 造纸、冶金用胶辊

河北深州市王家井东斌胶厂
河北省深州市王家井镇王庄
邮编 053873
电话 0318－3465347
产品 造纸橡胶、尼龙制品

河北亚圣实业有限公司
河北省枣强县玻璃钢城
邮编 053100
电话 0318－8228718
传真 0318－8222297
产品 刮刀

河北衡水长虹包装装潢有限公司
河北省衡水市红旗南大街 117 号
邮编 053000
电话 0318－2123321
传真 0318－2123321
经营 各种规格彩色印刷包装纸箱、纸盒、商标

山　西　省

晋中市

山西省轻工机械厂
山西省晋中市榆次区
邮编 030600
电话 13303544343
产品 造纸机械设备

内蒙古自治区

呼和浩特市

内蒙古轻纺工业设计研究院有限责任公司
内蒙古自治区呼和浩特市新城区艺术厅南街 82 号怡海明苑 B 座 3 楼
邮编 010010
电话 0471－6923184 转 8005
业务 工程咨询、工程设计

辽　宁　省

沈阳市

辽宁飞鸿达蒸汽节能设备有限公司
辽宁省沈阳市东陵区泉园 3 路 69 号
邮编 113122
电话 024－54319988、54319989
传真 024－54319990
网址 www. syfhd. com. cn
　　www. lnfhd. com
邮箱 syfhd@ 163. com
产品 纸机烘干热泵、蒸球乏汽回收成套装置、热泵式凝结水回收装置

沈阳春光造纸机械有限公司
（原沈阳市造纸机械厂）
辽宁省沈阳市铁西区卫工南街 46 号
邮编 110141
电话 024－85400088、85400666
传真 024－85361535
网址 www. syzzjxc. cn
邮箱 bqwsy@ 126. com
产品 浆泵、卫生纸机、压力泵、真空泵、除渣器

大连市

大连迈仕通机械有限公司
辽宁省大连市金州工业配套园区银泉街 3 号
邮编 116100
电话 0411－87663998
传真 0411－87663938
网址 www. microstone. com
邮箱 2003@ microstone. com
产品 超微粉新型竖式立磨机、超微湿式研磨机、高效气流式分级系统、全自动精密过滤器、除铁过滤器、活性处理设备

大连嘉迅机械有限公司
（原大连民乐工业总厂）
辽宁省大连市甘井子区辛寨子镇小辛工业园区
邮编 116033
电话 0411－86310998、86310596
传真 0411－86310998
产品 真空泵、减速机、筛浆机

丹东市

丹东东方轻工机械有限公司
辽宁省丹东市同兴镇龙兴街 69 号
邮编 118011
电话 0415－6135777、6135888
传真 0415－6135999
网址 www. ddf. com. cn
邮箱 dfqj999@ 126. com
产品 制浆造纸设备及零件

丹东市江城轻工机械有限公司
辽宁省丹东市振兴区安民镇
邮编 118004
电话 0415－7600777 7608280
传真 0415－7608629

网址 www. ddjcm. cn
邮箱 jcjx@ ddjcm. com
产品 制浆造纸机械设备及零件

丹东鸭绿江磨片有限公司
辽宁省丹东市浪头镇
邮编 118009
电话 0415－6155888、6155355
传真 0415－6156158
网址 www. jinquan-disc. com
邮箱 jinquandisc@ 163. com
产品 高浓磨磨片

丹东兴和机械有限公司
辽宁省丹东市振兴区浪头镇天津街 201 号
邮编 118009
电话 0415－6155458
传真 0415－6155207、6279276
网址 www. ddxinghe. net
邮箱 dd-syg@ 126. com
产品 长网、叠网、圆网造纸机、涂布机、压光机、复卷机、切纸机、包装机

丹东山河技术有限公司
辽宁省丹东市汤池工业园区 35 号
邮编 118303
电话 0415－6256966、6256906
传真 0415－6256956
网址 www. sunhightech. com
邮箱 mail@ sunhightech. com
sunhightech@ 163. com
产品 造纸过程传感器与控制系统

丹东烘缸制造厂
辽宁省丹东市东港市前阳镇平安村
邮编 118000
电话 0415－7162062
传真 0415－7162062
产品 烘缸、压榨辊

辽阳市

辽阳造纸机械股份有限公司
辽宁省辽阳市铁西路 76 号
邮编 111004
电话 0419－3132329
传真 0419－3132877
网址 www. lyzj. com
邮箱 lyzj@ lyzj. com
产品 纸机

辽阳天义造纸设备有限公司
辽宁省辽阳市太子河区望水台乡庞夹河村 10 号
邮编 111000
电话 0419－3229841、3991577
传真 0419－3229841
网址 www. lytyzz. com
邮箱 007hanfei@ 163. com
lytyzz@ lytyzz. com
产品 打包捆扎机、油压机、切板机、叠包机

吉 林 省

长春市

吉林省轻工业设计研究院
吉林省长春市飞跃路 2688 号
邮编 130021
电话 0431－85657719、85652015、85653595
传真 0431－85657579
网址 www. jlsqgy. com
邮箱 qgy@ public. cc. jl. cn
业务 工程咨询、工程设计、工程监理

长春纸张试验机有限责任公司
吉林省长春市安达街 1456 号
邮编 130061
电话 0431－88528095
传真 0431－88527195
网址 www. cczzsyi. net
邮箱 xsk@ cczzsyj. net
产品 纸张物理检测仪器

长春市月明小型试验机有限责任公司
（原长春小型试验机厂）
吉林省长春市经济技术开发区会展大街（乐群街）906 号
邮编 130033
电话 0431－84627751、84627353
传真 0431－84627752
网址 www. ccxxsyj. com
产品 纸张检测仪器

吉林市

吉林轻工业设计院
吉林省吉林市林荫路 16 号

邮编 132002
电话 0432－6946813、6946842
传真 0432－2775622
网址 www.eli.cn
业务 工程设计、监理、咨询

吉林市诚信实业有限责任公司
吉林省吉林市丰满区二道 120 号
邮编 132107
电话 0432－64721456
传真 0432－64722622
网址 www.jlcxmp.com
邮箱 jlcx@jlcxmp.com
产品 特钢磨片

四平市

四平市桦鑫包装有限公司
吉林省四平市铁东区北八马路 19 号
邮编 136001
电话 0434－3520221
产品 纸制品

黑龙江省

哈尔滨市

哈尔滨宇达电子技术有限公司
黑龙江省哈尔滨市动力区和兴路 17 号
邮编 150040
电话 0451－82131929、82120636、82190118
传真 0451－82120636
网址 www.yudadz.com
邮箱 544893590@qq.com
产品 纸张水分仪、稻麦草水分仪、纸浆浓度测定仪

哈尔滨泽恩磨浆机有限公司
黑龙江省哈尔滨市南岗区文库街智力大厦 503 室
邮编 150040
电话 0451－82293443
产品 双螺旋辊式磨浆机

黑龙江省轻工业设计院
黑龙江省哈尔滨市动力区和平路 121 号
邮编 150040
电话 0451－82620961
传真 0451－82655374
网址 www.hcel.cn
邮箱 post@hcel.cn
业务 工程设计、工程咨询与规划、工程勘察与监理

佳木斯市

佳木斯造纸网有限公司
黑龙江省佳木斯市东风区光复路 302 号
邮编 154005
电话 0454－8375399、8332018
产品 造纸网

牡丹江市

黑龙江省造纸工业研究所
黑龙江省牡丹江市阳明区光华街 5 号
邮编 157013
电话 0453－6332195、6332060
传真 0453－6332195
业务 工农业特种纸研制开发、制浆造纸技术的研究与开发

牡丹江市中德轻工机械制造厂
黑龙江省牡丹江市西小太平路 28 号
邮编 157000
电话 0453－6424176
产品 分切机

上　海　市

恩斯克投资有限公司（日本精工中国总部）
上海市仙霞路 319 号远东国际广场 A 栋 10 楼
邮编 200051
电话 021－62350198
传真 021－62351033
网址 www.cn.nsk.com
产品 造纸设备专用轴承

贝卡尔特管理（上海）有限公司
上海市遵义南路 88 号协泰中心 16 楼
邮编 200000
电话 021－62952233
传真 021－62193158、62952234
网址 www.bekaert.com.cn
产品 打包钢丝、非接触式干燥系统、装订钢丝

上海大晃泵业有限公司
上海市奉贤区南桥镇桥行工业区 128 号
邮编 201400

电话 021 - 57196294 - 16
传真 021 - 57196294 - 18
网址 www.shzz.org.cn
产品 多头螺旋离心泵、双螺杆泵系列

霍尼韦尔(中国)有限公司
上海市遵义路 100 号虹桥上海城 A 座 35 楼
邮编 200051
电话 021 - 62370237
传真 021 - 63272827、62372332
网址 www.honeywell.com
产品 自动化控制系统传感器与控制元件

布鲁奇维尔(上海)通风技术有限责任公司
上海市奉贤区坞桥镇环北路 2 号
邮编 201402
电话 021 - 57406923
传真 021 - 57406923
网址 www.brunnschweiler.com
产品 气罩、风箱、冷凝水系统、热回收系统

川佳机械集团股份有限公司
川佳机械(集团)华东办事处(上海)
上海市徐汇区宛平南路 381 号宛轻大楼 509 室
邮编 200032
电话 021 - 64283706、64283716
传真 021 - 64283652
网址 www.new-bonafide.com
邮箱 newbona@ms25.hinet.net
产品 制浆造纸机械

光华爱而美特仪器有限公司
上海市闵行经济技术开发区东川路 3160 号
邮编 200245
电话 021 - 64300150
传真 021 - 64300812
产品 电磁流量计等

华阳检测仪器有限公司
上海市长宁区昭化路 515 号
邮编 200050
电话 021 - 62400193
传真 021 - 62403841
网址 www.sh-huayang.com
邮箱 hy@sh-huayang.com
产品 造纸检测、测量仪器

帕克环保技术(上海)有限公司
上海市浦东张江郭守敬路 351 号
邮编 201203
电话 021 - 50800101
传真 021 - 50800221
网址 www.paques.com.cn
邮箱 info@paques.com.cn
业务 废水处理、厌氧处理技术

上海本真造纸技术有限公司
上海市普陀区中山北路 1295 号 8 号楼 316 室
邮编 200065
电话 021 - 56090615
传真 021 - 56090615
业务 制浆、造纸生产工艺和机械设备咨询、设计、制造、改造、安装和调试、新产品研制，兼营造纸原料和化学助剂

上海承天制浆造纸机械工程成套设备有限公司
上海市中心北路 1060 号 1501 室
邮编 200070
电话 021 - 56558038、56550377
传真 021 - 56558038
产品 工业滤纸成套设备、涂布机、浸渍机、二辊单压、四辊双压区、软压光机

上海泛邦自控技术研究所
上海市大木桥路 111 号 26D
邮编 200032
电话 021 - 64173777、64169325
传真 021 - 54520510
网址 www.sh-fbauto.com
邮箱 fbauto@sina.com
fbzkjs@shcei.com.cn
产品 高精度节能型恒温自控系统

上海弘纶工业用呢有限公司
上海市金山区枫泾镇纺织工业园区建安路 78 号
邮编 201502
电话 021 - 67360980、67361100
传真 021 - 57365916
产品 造纸毛毯、工业用呢

上海开港造纸机械制造有限公司
上海市幸福路 117 号
邮编 200052
电话 021 - 62803874
传真 021 - 62803871

邮箱 liming-kaigang@126. com
产品 喷嘴及其移动装置、常用制浆设备及配件

上海科创设备防腐防漏技术有限公司
上海市松江区新五开发区
邮编 201606
电话 021 -57874310
传真 021 -57877400
产品 烘缸堵漏、表面处理

上海威尔泰工业自动化股份有限公司
上海市闵行区虹中路 263 号
邮编 201103
电话 021 -64656465
传真 021 -64659677
网址 www. welltech. cn
邮箱 sales@ welltech. com. cn
产品 自动化控制系统

上海赛德造纸机械电控技术有限公司
上海造纸机械电控技术研究所
上海市宝山路 888 弄 2 号 306 室
邮编 200081
电话 021 -65871936
传真 021 -56716875
网址 www. sh-sied. com
产品 SIED 全数字交直流调速系统产品、抄纸车间集散控制系统

上海紫华企业有限公司
上海市闵行区北松路 999 号
邮编 201111
电话 021 -64093456
传真 021 -64090612
网址 www. pefilm. com. cn
产品 PE 流延压纹膜、透气性流延膜和耐刺穿底膜

上海宏亚机泵制造有限公司
上海市交通西路 129 号 10 号
邮编 200065
电话 021 -56533064、56080539
传真 021 -56080539
网址 www. hongyapumps. com
邮箱 sales@ hongyapumps. com
产品 CZ 系列化工离心泵、G 型螺杆泵、WB 型旋涡泵、FCB 型不锈钢齿轮泵、TWZB 型无堵塞浆泵等

上海永锚泵业制造有限公司
上海市闸北区共和新路 111 弄 9 号 203 信箱
邮编 200070
电话 021 -63802299、63171166
传真 021 -63537433
网址 www. ympumps. com
邮箱 sales@ ympumps. com
产品 G 型系列单螺杆泵，QBY 型气动隔膜泵，ISG 系列单级单吸立式管道离心泵，CQ 型磁力驱动泵，JMZ、FMZ 自吸泵等

上海爱凯思机械刀片有限公司
上海市青浦工业园区崧泽大道 7477 号
邮编 201707
电话 021 -59869050
传真 021 -59868220
网址 www. iks-sh. com
产品 打浆机刀具

上海新阿波隆数控设备有限公司
上海市闸北区共康路 658 弄 28 号
邮编 200443
电话 021 -56488221
传真 021 -56438622
产品 数控及普通软压光机、配件

上海宝刀机械刀片厂
上海市青浦工业区盈中
邮编 201700
电话 021 -59203592
产品 机械刀片

上海大禹自控阀门有限公司
上海市南汇区航头镇大麦湾工业园区文汇报航川路 66 号
邮编 201204
电话 021 -68220075
传真 021 -68220798
网址 www. dayupv. com
邮箱 sales@ dayupv. com
产品 调节阀门

上海东华高压匀浆泵厂
上海市沪闵路镇泾河东 11 号
邮编 201108
电话 021 -64890907
产品 高压浆泵

上海福昌造纸机械厂
上海市浦东新区黄楼镇西首
邮编 201205
电话 021－58941309
产品 切纸机

上海高新造纸技术有限公司
上海市南大路 15 号
邮编 200436
电话 021－66507871
网址 www. nhpaper. cn
邮箱 nhpaper@ sina. com
业务 造纸制浆技术开发、造纸工程设备成套技术、造纸机械

上海工业用呢厂诸翟分厂
上海市闵行区金辉路 1688 号
邮编 201107
电话 021－62211136
产品 工业用呢

上海沪昌造纸机械有限公司
上海市沪太路 555 弄 3 号 503 室
邮编 200070
电话 021－56557226
传真 021－56555227
产品 压力筛、冲浆泵、造纸机

上海化工机械厂有限公司
上海市奉贤区上海工业综合开发区肖南路 368 号
邮编 201400
电话 021－33655535
传真 021－33655532
网址 www. scmp. net. cn
邮箱 sale@ scmp. net. cn
产品 过滤机、洗浆机

上海荟安筛网实业有限公司
上海市中原路 60 弄 1 号
邮编 200438
电话 021－65572389
网址 www. huian. com. cn
邮箱 web@ huian. com. cn
产品 丝网

上海吉井环保设备有限公司
上海市长宁区宋园路 46 弄 9 号楼
邮编 200336
电话 021－62083399
传真 021－62706689
网址 www. yosii. com. cn
邮箱 yosii@ sh163. net
yosii@ nikkiso. com. cn
产品 系列计量泵、输送泵、环保设备

上海金熊造纸网毯有限公司
上海市金山区枫泾镇兴塔建安路 78 号 2 栋
邮编 201502
电话 021－67361666
传真 021－67361071
网址 www. vanov. cn
产品 造纸毛毯、工业用呢

上海浦东合丰造纸机械有限公司
（原上海造纸机械配件厂）
上海市浦东新区合庆镇奚阳路朝阳村
邮编 200052
电话 021－58971946
传真 021－62820949
产品 疏解机、圆盘磨

上海轻良实业有限公司
上海市青浦白鹤工业区鹤祥路 68 号
邮编 201709
电话 021－59741536
传真 021－59741437
网址 www. shqlsy. com
邮箱 shqlsy@ shqlsy. com
产品 造纸设备

上海瑞华（集团）有限公司
上海市广顺路 8 号
邮编 200335
电话 021－52186390
传真 021－62617381
网址 www. ruihuagroup. com. cn
邮箱 ruihua@ ruihuagroup. com. cn
产品 传动及控制系统、造纸机械

上海瑞沪造纸机械有限公司
上海市南翔镇新翔黄路 625 号
邮编 201802
电话 021－59173130
产品 切纸机

上海太新造纸机械有限公司
上海市交通路 4703 弄 6 号 702 室
邮编 200331
电话 021－62778894
传真 021－62778886
产品 活动弧形辊、纸机配件

上海星空自动化仪表有限公司
上海市青浦工业园区新水路 575 号
邮编 201701
电话 021－59702153、59705999
传真 021－59705989
网址 www. xk-sh. com
邮箱 xsb@ xk-sh. com
产品 流量计等仪表

上海新光明泵业制造有限公司
（原光明水泵厂）
上海市武定路 576 号
邮编 200040
电话 021－62156413、62586878、62583382
传真 021－62156276
网址 www. gmpumps. com
邮箱 info@ xinguangminggroup. com
产品 隔膜泵、高温油泵、清水离心泵、化工泵、污水泵

新华控制技术（集团）有限公司
上海市闵行经济技术开发区文井路 160 号
邮编 200245
电话 021－64304308
传真 021－64302778
网址 www. xinhuagroup. com
邮箱 xhg@ xinhuagroup. com
产品 自动控制

意大利亚赛利造纸机械有限公司上海代表处
上海市凯旋路 3500 号华苑大厦 1 号楼
邮编 200030
电话 021－64870654
传真 021－64872928
网址 www. acellipaper. it
产品 造纸及无纺布机器

中达工业用呢有限公司
上海市金山区吕巷镇新浜村 12 组 5000 号
邮编 201517
电话 021－57371309
传真 021－57371242
产品 工业用呢

中国海诚工程科技股份有限公司
中国轻工业上海工程咨询有限公司
上海市宝庆路 21 号
邮编 200031
电话 021－64717908
传真 021－64718347
网址 www. haisum. com
邮箱 info@ haisum. com
业务 工程设计、工程咨询、工程监理

ITT 工业公司
上海市遵义路 100 号虹桥城市中心 A 座 30 楼
邮编 200051
电话 021－22082888
传真 021－22082999
网址 www. gouldspumps. com
　　www. pumpsmart. net
产品 泵

中国船舶重工集团公司第 704 研究所
上海市衡山路 10 号
邮编 200031
电话 021－64718118－4506
传真 021－64330521
网址 www. smeri. com. cn
邮箱 jy704@ 21cn. com
产品 纸卷输送系统

九益机电（上海）有限公司
上海市嘉定区宝安公路 2775 弄 98 号
邮编 201802
电话 021－69158205、69158208
传真 021－69158209
网址 www. cutes. com. tw
邮箱 sales@ cutes. com. tw
产品 真空泵、鼓风机

法国 PCM 泵业公司上海代表处
上海市延安西路 2299 号世贸商城 10A01
邮编 200336
电话 021－62362521
传真 021－62362428
网址 www. pcm-pump. com
产品 泵

上海理查包装机械有限公司
上海市军工路 1300 号
邮编 200433
电话 021 -65482025、65338674、65483939
传真 021 -65492533
网址 www. shrichard. com. cn
www. richard. online. sh. cn
邮箱 shangrichard@ 126. com
产品 包装机

福伊特造纸(中国)有限公司
上海市长宁区兴义路 8 号上海万都中心 25 楼
邮编 200336
电话 021 -52080388
传真 021 -52080355
网址 www. voithpaper. com
www. voith. com. cn
产品 造纸机械

柯尔柏机械设备(上海)有限公司
上海市外高桥保税区华京路 418 号 41 号楼 C 部位
邮编 200131
电话 021 -50462933、50462822
传真 021 -50462303
网址 www. kpl. net
www. koerberprocess. com
邮箱 mirjam. rolfe@ koerber. de
产品 复卷机、分切机

斯普瑞喷雾系统(上海)有限公司
上海市松江工业区书林路 21 号
邮编 201611
电话 021 -57684882、67600882
传真 021 -67600548
网址 www. spray. com
www. autojet. com
邮箱 shanghai@ spray. com. cn
产品 喷嘴

上海乾丰轻工机械厂
上海市嘉定区江桥工业园区丰华公路 1580 号
邮编 201803
电话 021 -59143443
传真 021 -69111165
邮箱 chunginglu@ 126. com
产品 磨刀机、复卷机、除渣器

埃尔依(上海)工业设备有限公司
上海市嘉定区曹安路 3652 号
邮编 201812
电话 021 -39115191
传真 021 -39115192
网址 www. l-e. de
产品 纸机密闭气罩、袋通风与热回收系统、车间通风系统、涂布机干燥系统、蒸汽冷凝水系统

丹佛斯(上海)自动控制有限公司
上海市宜山路 900 号科技大楼 C 座 20 层
邮编 200233
电话 021 -61513000
传真 021 -61513100
网址 www. danfoss. com/china
邮箱 shanghai@ danfoss. com
产品 变频器

上海东方泵业(集团)有限公司
上海市宝山区富联路 1588 号
邮编 201906
电话 021 -33718888
传真 021 -56025566
网址 www. eastpump. com
邮箱 eastpump@ 163. net
产品 泵

罗斯蒙特公司
艾默生过程控制有限公司
上海办事处 021 -38954788
北京办事处 010 -58211188
广州办事处 020 -83486098
西安办事处 029 -83255563
乌鲁木齐办事处 0991 -5802277
网址 www. ap. emersonprocess. com
邮箱 csc. china@ emerson. com
产品 压力变送器

西派克(上海)泵业有限公司
上海市浦东新区宣中路 399 号
邮编 201300
电话 021 -38108888
传真 021 -38108889
网址 www. seepex. com
邮箱 info. cn@ seepex. com
产品 泵

瑞士 BMB – Kroenert 集团公司
中国总代理香港捷成洋行有限公司
上海市延安东路 588 号东海商业中心 11 楼 C 座
邮编 200001
电话 021 – 63527002
传真 021 – 63527330
网址 www. bmbag. ch
产品 涂布加工设备

博索尼奥拉茂(上海)叉车属具有限公司
上海市闵行区陪昆路 206 号 B 区 11 号
邮编 201111
电话 021 – 64093050
传真 021 – 64093060
网址 www. bolzoni-auramo. com
产品 纸浆包夹、废纸包夹、纸箱夹

上海奥鼎机械设备有限公司
上海市番禺路 390 号时代大厦 3 楼 E – F 室
邮编 200052
电话 021 – 62815511
传真 021 – 52581476
网址 www. aoding. com
邮箱 info@ aoding. com
产品 造纸机械

深圳市联欧贸易发展有限公司上海分部
上海市浦东桃林路 18 号环球广场 B 座 702 室
邮编 200135
电话 021 – 68556062
传真 021 – 58214208
网址 www. euro-me. com
邮箱 euromesh@ euro-me. com
产品 纸机

铁姆肯(中国)投资有限公司总部
上海市虹桥路 1 号港汇中心 1 座 27 层
邮编 200030
电话 021 – 61138000
传真 021 – 61138001
网址 www. timken. com
产品 轴承

伊顿工业过滤(上海)有限公司
上海市长宁区临虹路 280 弄 3 号楼
邮编 200335
电话 021 – 52000400
网址 www. eaton. com. cn
产品 造纸过滤设备

上海恒伦纸业有限公司
上海市广中西路 99 弄 30 号 201 室
邮编 200072
电话 021 – 66310898
传真 021 – 66310090
经营 漂白针叶木浆、针阔叶木混合浆、本色浆、漂白桉木浆、高强瓦楞原纸、新闻纸、双胶纸、书写纸、包装纸

美国福瑞斯国际贸易有限公司
上海盛托瑞国际贸易有限公司
上海市定西路 988 号 507 室
邮编 200050
电话 021 – 62112130、62116810
传真 021 – 62120563
经营 牛卡纸、白牛皮纸、PE 口杯纸、彩色卡纸、轻涂纸、废纸

上海德杰实业发展有限公司
上海市宁国路 313 弄 9 号 709 室
邮编 200090
电话 021 – 65196311
传真 021 – 65196311
经营 轻涂纸、铜版纸、哑光纸、灰纸板、白卡纸、玻璃卡纸、布纹纸、双胶纸

瑞典赛尔玛(CELLMARK)有限公司上海代表处
上海市茂名南路 205 号瑞金大厦 2007
邮编 200020
电话 021 – 64730266
传真 021 – 64730030
经营 漂白针叶木浆、桉木浆、漂白阔叶木浆、本色浆、化学机械浆、牛皮纸、牛皮卡纸、瓦楞原纸、涂布白卡纸、废纸

上海华宝物资实业有限公司
上海市真诚路 426 号
邮编 200331
电话 021 – 66270073
传真 021 – 66270090
经营 废纸、纸筒芯

新鸿纸业有限公司
上海市黄浦区宁波路 633 号
邮编 200001
电话 021 – 63225771
传真 021 – 63225771
经营 双胶纸、打字纸、书写纸、拷贝纸、牛皮纸、新

闻纸、彩色半透明纸、热敏纸、电缆纸、电话簿纸、铝箔衬纸、水果袋原纸、防油纸

上海云开纸业有限公司
上海市南翔惠平路 12 弄 3 号
邮编 201802
电话 021 -59128010、59128011
传真 021 -59128011
经营 牛皮纸、纸袋纸、白卡纸

上海万戈工贸发展有限公司
上海市共祥路 255 号
邮编 201906
电话 021 -51099553
传真 021 -51879227
经营 卡纸

上海中立贸易发展有限公司
上海市杨浦区大连路 950 号海上海新城 8 号楼 407 室
邮编 200092
电话 021 -55969137
传真 021 -65625655
经营 废纸

上海宾高纸业有限公司
上海市青浦区支家路 21 弄 3 号楼 110 室
邮编 201700
电话 021 -59720299、13801662351
传真 021 -59731297
经营 牛卡纸、牛皮纸

经纶全讯(香港)有限公司上海代表处
上海市浦东张杨路 707 号生命人寿大厦 1405 -6 室
邮编 200041
电话 021 -58360371
传真 021 -52921841
经营 单面铜版纸

上海润泰纸业有限公司
上海市宝山区富锦路 3159 号
邮编 201901
电话 021 -56390688
传真 021 -56865815
经营 铜版纸、双胶纸、白纸板、美国进口白卡纸

上海峰联浆纸有限公司
上海市浦东南路 855 号世界广场 30H
邮编 200120
电话 021 -58209888
传真 021 -58888056
经营 漂白针叶木浆

上海年瑞进出口有限公司
上海市浦东崂山路 528 号江苏大厦(紫金山大酒店)14 楼 A5 室
邮编 200122
电话 021 -58358662、68868850
传真 021 -58358676、68868577
网址 www.yearich.com
邮箱 poster@yearich.com
经营 牛皮纸

上海伟忠纸业有限公司
上海市闵行区 788 弄 9 号 1204 室
邮编 201103
电话 021 -62951710、62951713、62951712
传真 021 -62951711
网址 www.weizhongzhiye.cn
经营 废纸

上海吉圣包装纸业有限公司
上海市南翔镇扬子路 18 号
邮编 201802
电话 021 -59179049、13901911699
传真 021 -59179049
经营 牛卡纸、牛皮纸

上海华臻绫术文化传播有限公司
上海市闸北区灵石路 721 号 8 幢 201 室
邮编 200000
电话 021 -36030216、36030217、56034661
传真 021 -56034661
网址 www.chinalinks.org
邮箱 chinalinks@sh163.net
　　sales@chinalinks.org
经营 双面灰纸板、白牛皮纸、未涂布白铜版卡纸

上海千悦贸易有限公司
上海市延安西路 2077 号 2501 室
邮编 200000
电话 021 -62190989、62191189、62192806
传真 021 -62192806
经营 白卡纸

上海爱建纸业有限公司
上海市大田路 129 号 A 栋 28 楼 D 座

邮编 200041
电话 021－62170000
传真 62870433
经营 纸张

上海田源纸业有限公司
上海市天平路 248 号 3 楼 I 座
邮编 200030
电话 021－64077805、64073270、64077842
经营 铜版纸

上海中产纸业有限公司
上海市龙漕路 135 弄 8 号楼 801 室
邮编 200235
电话 021－64757868、64517782
传真 021－64757868、64517782
经营 进口纸

大仓纸业商事(上海)有限公司
上海市仙霞路 88 号太阳广场东塔 501
邮编 200336
电话 021－62700643、62700645、62700644
传真 021－62700645
网址 www.okurash.com
邮箱 homepage@okurash.com
经营 白纸板

日惠得造纸器材(上海)贸易有限公司
上海市长宁区娄山关路 85 号东方国际大厦 C1108 室
邮编 200336
电话 021－62350159
传真 021－62195442
网址 www.felt.co.jp
邮箱 lqding@felt.co.jp
产品 制浆造纸用毛毯、网以及其他工业用塑料织物

上海晶杨商贸有限公司
上海市建国西路 91 弄 5 号楼 902 室
邮编 200020
电话 021－63049414、51532091、51532092
传真 021－63049974
网址 www.sha-jingyang.com
邮箱 support@sha-jingyang.com
经营 液体染料、有机颜料分散液、进口 Manildra 造纸专用系列淀粉、进口荧光增白剂、测色仪器、在线颜色测色系统

上海景兴实业投资有限公司
上海市南京西路 1366 号恒隆广场 48 楼 01 室
邮编 200040
电话 021－62882866
传真 021－62887671
网址 www.zjjxjt.com
邮箱 shanghaijingxing@163.com
经营 废纸、木浆、纸板、瓦楞原纸、胶版纸

上海宝星纸浆模塑有限公司
上海市宝山区盛桥石太路 699 号
邮编 200942
电话 021－56152355
传真 021－56158568
产品 一次性餐盒

江　苏　省

南京市

中国林科院林产化工研究所
江苏省南京市锁金五村 16 号
邮编 210042
电话 025－85482401
传真 025－85413445
网址 www.forinchem.com
邮箱 info@forinchem.com
业务 木质和非木质林产品化学加工与利用

江苏省出版印刷物资公司
江苏省南京市中央路 276－1 易发五洲大厦 2 楼 208 室
邮编 210037
电话 025－83113670
传真 025－83112029
经营 卷筒纸、铜版纸、双胶纸、木浆

松林国际刮刀锯制造有限公司
江苏省南京市中山北路 281 号虹桥新城市广场 01 幢 1815 室
邮编 210003
电话 025－58811772、83171371
传真 025－58812039
网址 www.paperblade-ssl.com
邮箱 ssl@paperblade-ssl.com
产品 刮刀、圆刀、切刀、开槽刀、专用磨床

清来机械有限公司南京办事处
江苏省南京市白下区太平南路 333 号金陵御景园 2 幢

203 座
邮编 210012
电话 025－84505849
传真 025－84505849
网址 www. chinglai. com. tw
产品 控制复卷机、裁纸机附叠纸机、刮刀、直降系统、散浆机、去污机、磨浆机、浓缩机、脱水机、筛、分离机、离解机

南京神克隆科技有限公司
江苏省南京市江宁区东山华意泰富广场 2 幢 1101 室
邮编 211100
电话 025－52196484
传真 025－52196654
网址 www. shenkelong. com
产品 废水处理

南京君昇包装有限公司
(原南京纸箱总厂纸板圆桶分厂)
江苏省南京市江宁区江宁街道上湖工业园
邮编 210000
电话 025－52814369、84573359
传真 025－52803452
网址 www. nxzt. com
邮箱 lhj@ nxzt. com
产品 环保纸板圆桶及各类纸罐

苏宁新技术应用研究所
江苏省南京市虎踞路 175 号环保楼
邮编 210013
电话 025－83706725
产品 新型臭氧发生器、废水处理设备

无锡市

无锡沪东麦斯特环境工程有限公司
江苏省无锡市国家高新技术开发区
邮编 214142
电话 0510－85300555、85300777
传真 0510－85300878
网址 www. chinahudong. com
邮箱 hz. hudong@ 263. net
产品 气浮设备、废水处理设备

敷岛工业织物(无锡)有限公司
江苏省无锡市国家高新技术产业开发区 B－18－G 号
邮编 214112
电话 0510－85258665
传真 0510－85258607
网址 www. shikibo. co. jp
产品 造纸用干网

华都琥珀环保机械制造有限公司
江苏省宜兴市高塍镇隔湖路 8 号
邮编 214214
电话 0510－87894476
产品 废水处理设备

江阴市利港羊毛辊厂
江苏省江阴市利港镇黄丹街
邮编 214444
电话 0510－86631242
传真 0510－86631051
产品 压花辊、轧光辊

江阴市国光轧光机纤维辊有限公司
江苏省江阴市利港镇西利路 88 号
邮编 214444
电话 0510－86631242
传真 0510－86631051
网址 www. cngrand. cn
邮箱 cngrand@ yahoo. cn
产品 压光机、辊筒

江阴市利港针织印染机械厂
江苏省江阴市利港镇新街村 38 号
邮编 214444
电话 0510－86631469
传真 0510－86092290
产品 压花辊、轧光辊、纤维辊、橡胶辊、羊毛辊

江阴市双叶化工机械有限公司
江苏省江阴市北外北国镇北新街 48 号
邮编 214413
电话 0510－86351528、86351508、86354777
传真 0510－86951386、86351029、86351030
网址 www. shuangye. cn
邮箱 shuangye@ shaungye. cn
产品 高岭土研磨设备

无锡德华彩印包装有限公司
江苏省无锡市锡山区鹅湖镇
邮编 214116
电话 0510－88748181
传真 0510－88741377
产品 彩印包装产品

无锡江川环境工程成套设备有限公司
江苏省无锡市东亭镇民营科技工业园 A 区 10 号
邮编 214131
电话 0510 - 85601196
传真 0510 - 85601665
产品 环境工程设备

锡山鸿顺机械制造有限公司
江苏省无锡市锡山区鸿声镇鸿后路 5 号
邮编 214115
电话 0510 - 88582317
产品 真空辊、漂白设备、废纸处理设备

无锡市蓝星轻工机械设备有限公司
江苏省无锡市硕放镇薛典村
邮编 214142
电话 0510 - 85304690
产品 造纸辊、吸水箱

无锡市瑞普环保工程有限公司
江苏省无锡市苏锡西路 163 号
邮编 214131
电话 0510 - 85602199
传真 0510 - 85610899
网址 www. ruipuchina. com
产品 气浮净水设备

无锡市荣成造纸机械厂
江苏省无锡市滨湖区硕放镇硕放村
邮编 214144
电话 0510 - 85302971
产品 真空辊

无锡腾旋技术有限公司
江苏省无锡市新区梅村工业集中区新都路 6 号
邮编 214112
电话 0510 - 8159438、8159440
传真 0510 - 8159405
网址 www. tengxuan. net
邮箱 sales@ tengxuan. net
market@ tengxuan. net
产品 虹吸器、扰流棒、视镜

凯登约翰逊(无锡)技术有限公司
江苏省无锡市新区闽江路 1 号
邮编 214028
电话 0510 - 85212218
传真 0510 - 85212038
网址 www. kadantjohnson. com. cn
产品 蒸汽冷凝水系统、烘干部检测、烘干部系统优化软件、虹吸器、旋转接头、扰流棒、热泵、过热蒸汽降温器、汽水分离器工作站、金属软管、视镜、安装服务

无锡林州干燥机厂
江苏省无锡市前洲镇塘村
邮编 214181
电话 0510 - 83391436、83391336
传真 0510 - 83391442
网址 www. linzhou. com
www. linzhou. net
邮箱 wollen101010@ gmail. com
产品 干燥设备

无锡市德意机电设备制造有限公司
(原江苏省宜兴市第三纺织机械厂)
江苏省宜兴市屺亭镇骏马路 90 号
邮编 214213
电话 0510 - 87861769、87861868、87868222
传真 0510 - 87861769、87867909
网址 www. deyijidian. com
邮箱 deyi@ deyijidian. com
产品 无级变速系列、调速电机系列、防爆电机系列

铁姆肯(中国)投资有限公司无锡分公司
江苏省无锡市锡锦路 8 号
邮编 214028
电话 0510 - 85523888
传真 0510 - 85523885
网址 www. timken. com
产品 轴承

无锡市金城应用电子仪器厂
江苏省无锡市扬名高新技术开发区 C 区 38 号
邮编 214024
电话 0510 - 85407018、85744385
传真 0510 - 85407028
产品 静电消除器

无锡中联造纸机械有限公司
江苏省无锡市锡山区鸿声镇新兴路 2 号
邮编 214115
电话 0510 - 88580431
传真 0510 - 88580719
网址 www. wxzlzj. com
邮箱 sales@ wxzlzj. com
产品 真空辊、压榨辊、吸移辊

锡山天元轧辊厂
江苏省无锡市锡山区南泉镇
邮编 214128
电话 0510－85952034
产品 造纸胶辊

无锡东亭气动自动化设备厂
江苏省无锡市东亭二泉东路 228 号
邮编 214101
电话 0510－88700891
传真 0510－88700891
网址 www. wxyyzdh. com
邮箱 info@ wxyyzdh. com
产品 电磁阀

无锡市阿丹纸业有限公司
江苏省无锡市长降路降上 10 号
邮编 214000
电话 0510－82447047
传真 0510－82447047
经营 各类书写纸、有光纸、双胶纸

徐州市

徐州工业用呢厂
江苏省徐州市湖北路 30 号
邮编 221006
电话 0516－85795900、85795904
传真 0516－85696034、85796891
网址 www. xzgyync. com
邮箱 fulin@ xzgyync. com
产品 造纸毛毯

常州市

佩姆派(常州)造纸设备有限公司
江苏省常州市新北区天山路 49 号
邮编 213022
电话 0519－85068585、85068586
传真 0519－88222812
产品 造纸设备

常州市伯山机械有限公司
江苏省常州市新北区薛家工业园
邮编 213125
电话 0519－85951315
传真 0519－85951315
网址 www. czboshan. com
邮箱 boshanjixie@ 163. com
产品 辊筒、压光机、施胶机

常州轻工机械厂
江苏省常州市钟楼区大仓路 85 号
邮编 213016
电话 0519－86852274
产品 造纸机、完成设备

江苏武进松海轻工机械厂
江苏省常州市武进区潘家镇南宅街
邮编 213178
电话 0519－86201239
产品 网笼、压光机

常州市优力干燥设备有限公司
江苏省常州市青龙路 61 号
邮编 213017
电话 0519－88899987、85350288
传真 0519－85351388
网址 www. you-ly. com
邮箱 youxiaod@ gmail. com
产品 纸机干燥设备

常州市科艺钢印花辊厂
江苏省常州市马杭大路工业园
邮编 213162
电话 0519－86700665、86550788
传真 0519－86700757
网址 www. kyhg. com
邮箱 kyhg@ kyhg. com
产品 压花辊

江苏五龙机械有限公司
江苏省常州市湟里镇镇北开发区
邮编 213151
电话 0519－83341024、83346278
传真 0519－83341556
网址 www. china-wulong. com
邮箱 wulong@ china-wulong. com
产品 污泥脱水机、压滤机

江苏保龙机电制造有限公司
江苏省溧阳市经济开发区昆仑北路 75 号
邮编 213300
电话 0519－87301885、87302016、87303618、87305803
传真 0519－87301886
网址 www. jsbaolong. com
邮箱 baolongco@ 163. com
产品 剥皮设备、削片机、摇筛、输送设备、料仓

苏州市

常熟市金鹰工业用呢厂
江苏省常熟市冶塘镇和平村
邮编 215554
电话 0512－52406507
产品 造纸毛毯

常熟市轻工机械厂
江苏省常熟市南门洙泾桥堍常熟造纸厂内
邮编 215500
电话 0512－52787309
产品 疏解机、磨浆机

太仓市造纸机械一厂
江苏省太仓市王秀镇
邮编 215426
电话 0512－53855469、53855180
产品 制浆、造纸设备

江苏华机集团
江苏省张家港市江苏经济开发区振兴路 5 号
邮编 215600
电话 0512－58189158、58951518
传真 0512－58989366、58951518
网址 www. jshuaji. com
邮箱 hjjt@ public 1. sz. js. cn
产品 湿法备料及连续蒸煮系统、黑液蒸发器、二氧化氯制备系统、碱回收苛化系统

江苏华机环保设备股份有限公司
江苏省张家港市民营科技园振兴路 5 号
邮编 215600
电话 0512－58189158
传真 0512－58989366
网址 www. jshuaji. com
产品 黑液蒸发器、冷凝器、换热器

铨展环能设备（昆山）有限公司
江苏省昆山市东部工业区珠竹路 18 号
邮编 215331
电话 0512－57874691、57874692、57874693
传真 0512－57874791
网址 www. cjks. com. cn
邮箱 support@ cjks. com. cn
产品 气罩、隔音罩、热回收和通风系统

苏州工业区亚太纸品加工有限公司
江苏省苏州市跨塘镇镇北路 212 号
邮编 215122
电话 0512－62743888
传真 0512－62742005
网址 www. ascend-stationery. com
产品 双胶纸、白卡纸（全木浆各种规格）、办公用纸

苏州静冈刀具有限公司
江苏省太仓市郑和东路 55 号
邮编 215400
电话 0512－53569377、53570761
传真 0512－53569376
网址 www. shizuoka. com. cn
产品 刮刀

苏福马股份有限公司
江苏省苏州市新区何山路 378 号
邮编 215129
电话 0512－66627621、66627806、66627810
传真 0512－66627620、66627818
网址 www. sufoma. com
产品 削片机、剥皮生产线

杰而固中国有限公司苏州代表处
江苏省苏州工业园区馨都广场 1A02 号－03 号 A2
邮编 215021
电话 0512－62521441
传真 0512－62521551
网址 www. clouth. com
产品 刮刀系统及零附件

远东化工（集团）
中国业务总部电话 021－63048833
苏州办事处电话 13706212929
珠海办事处电话 0756－3351082、3351102
济南办事处电话 13706410637
网址 www. chemcentralgroup. com. cn
产品 实验室涂布机

太仓嫦娥工业用呢有限公司
江苏省太仓市沙溪镇新北西路 132 号
邮编 215421
电话 0512－53212049、53213490
传真 0512－53214871
网址 www. chang-e. net. cn
www. tcce. cn
邮箱 change@ vip. 163. com
产品 造纸毛毯

太仓沪太嫦娥造纸设备有限公司
江苏省太仓市沙溪镇新北西路 130 号
邮编 215421
电话 0512－53221907、53229628、53212629
传真 0512－53212993
网址 www. tchtce. cn
产品 纸机、复卷机、卷纸机、压光机、烘缸

太仓市兴良造纸制浆成套设备有限公司
江苏省太仓市沙溪镇民营科技园区 2 号
邮编 226000
电话 0512－53221744
传真 0512－53221758
网址 www. xlpaper. com
邮箱 webmaster@ xlpaper. com
产品 圆网浓缩机、复式纤维分离机、高浓压力筛、内流压力筛、不锈钢片式圆网笼、喷浆成形器

巨桥造纸毛毯有限公司
江苏省张家港市鹿苑镇
邮编 215616
电话 0512－58477783
产品 造纸毛毯

太仓市宇航造纸机械厂
江苏省太仓市璜泾镇王秀管理区
邮编 215426
电话 0512－53857323
产品 水印辊、真空辊、浓缩机

吴江凯富纺织工业有限公司
江苏省吴江市平望镇
邮编 215221
电话 0512－63661058
传真 0512－63661801
产品 造纸毛毯、石棉板、管板毯及工业用过滤材料

张家港市鸿新机械密封件有限公司
江苏省张家港市德积镇
邮编 215635
电话 0512－58751485
产品 机械密封件

张家港市华杭造纸制浆设备有限公司
江苏省张家港市民营科技园振兴路 5 号
邮编 215600
电话 0512－58189666
产品 湿法备料、连续蒸煮制浆生产线、真空洗浆机、碱性过氧化氢机械浆生产线(APMP)

昆山福乐国际贸易有限公司
江苏省昆山市长江南路 1128 号日月星城国际商务广场三楼 307 室
邮编 215300
电话 0512－86165538
传真 0512－86165539
网址 www. formulaintl. com
经营 热敏纸、镜面铜版纸、黄牛皮纸

江苏华东造纸机械有限公司
江苏省昆山市玉山镇古城中路 368 号
邮编 215300
电话 0512－57800000
传真 0512－57800001
网址 www. kszlzz. com
邮箱 kszllgq@ 163. com
kszljjg@ 126. com
产品 成套造纸装备

南通市

海安县金剑轻工机械刀片厂
(原海安县轻工机械刀片厂)
江苏省南通市海安县鑫来路 80 号
邮编 226600
电话 0513－88921192、88911085
传真 0513－88833485、88921192
网址 www. jjdp. net
邮箱 lx@ jjdp. sina. net
产品 打浆刀片

海门造纸毛毯厂
江苏省海门市三条桥
邮编 226132
电话 0513－82662300
产品 造纸毛毯

江苏金呢工程织物股份有限公司
江苏省海门市悦来三条桥路 153 号
邮编 226100
电话 0513－82181300、82181369
传真 0513－82181100
网址 www. jsjinni. cn
产品 造纸毛毯、聚酯成形网

江苏省海门市工业用呢厂
江苏省海门市麒麟镇通海路 129 号
邮编 226125

电话 0513－82615001
传真 0513－82615001
网址 www.hmgyyn.cn
邮箱 info@hmgyyn.cn
产品 造纸毛毯

海门纸毛毯二厂
江苏省海门市德胜镇
邮编 226101
电话 0513－82281511
产品 造纸毛毯

连云港市

江苏省连云港市机电设备总厂
江苏省连云港市新浦区康泰南中 55 号
邮编 222004
电话 0518－85413716
产品 生活用纸加工设备

连云港根深纸制品有限公司
江苏省连云港市连云开发区云山企业园新光路
邮编 222043
电话 0518－82341648、82340456、82802003、82800298
传真 0518－82341472、82346812、82802223
网址 www.genshen.net.cn
产品 淋膜口杯纸、瓦楞纸板、纸箱

连云港市精达计量泵有限公司
江苏省连云港市灌南县六塘街东首
邮编 222000
电话 0518－83462697、83462888
传真 0518－83461697
网址 www.gn900.com
　　www.lygjlb.cn
邮箱 lygjdjlb@163.com
产品 单、双缸计量泵

淮安市

江苏淮安第一出版印刷物资有限公司
江苏省淮安市(原淮阴市)爱民路 38 号
邮编 223001
电话 0517－83676058、83939915
传真 0517－83650488、83939915
网址 www.jspmc.com
邮箱 jspmc@163.com
经营 胶版纸、铜版纸、铜版卡纸

盐城市

盐城市宏宇造纸机械有限公司
江苏省盐城市盐都区楼王镇人民路 188 号
邮编 224031
电话 0515－88650158、88656969、88658777
传真 0515－88659588
网址 www.hongyuyj.com
邮箱 hongyugs@126.com
产品 脱水原件

盐城市文港造纸机械厂
江苏省盐城市文港北路 49 号
邮编 224002
电话 0515－88249806
产品 密封件、脱水器材

盐城市佳诚机械有限公司
江苏省盐城市秦南工业园区泽夫南路 1 号
邮编 224000
电话 0515－ 89805252、89807272、89882680
传真 0515－ 89806278、89806378
网址 www.jxmachine.com
邮箱 jcsw000001@163.com
　　jcsw000002@163.com
产品 流浆箱、卫生纸机、成形板、刮水板、吸水箱

扬州市

扬州市尚宝罗泵业有限公司
江苏省扬州市宝应城西(二桥)工业集中区尚宝罗路 1 号
邮编 225800
电话 0514－88209222、13901440177
传真 0514－88224929
网址 www.sblpump.com
邮箱 sblpump@163.com
产品 泵

江都新风造纸网业有限公司
江苏省江都市真武镇真武路 59 号
邮编 225265
电话 0514－86271080、86274767
传真 0514－86271080
网址 www.lkxf.com
邮箱 lk@lkxf.com
产品 造纸铜网

扬州双扬机械有限责任公司
江苏省扬州市洼字街 22 号
邮编 225003
电话 0514 - 87246044、87243768、87243956
传真 0514 - 87246169
网址 www. yzsy. com. cn
邮箱 sym@ yzsy. com. cn
xsb@ yzsy. com. cn
产品 切纸机、减速机

江苏迎浪科技集团有限公司
江苏省扬州市宝应县北郊工业区
邮编 225806
电话 0514 - 88362429、8366888、8366999
传真 0514 - 88366111、88366777
网址 www. yinglang. com
www. ylpump. com
邮箱 yl@ ylpump. com
产品 造纸用泵

镇江市

金顺重机(江苏)有限公司
江苏省镇江市大港兴港东路 18 号
邮编 212132
电话 0511 - 88998082
传真 0511 - 88998988
网址 www. goldsunmachinery. com
邮箱 goldsun@ goldsunmachinery. com
产品 高速卫生纸机、复卷机、烘缸、纸机改造工程

镇江恒星科技有限公司
江苏省镇江市中山西路 89 号凯旋广场 5 号楼
邮编 212000
电话 0511 - 85027947
传真 0511 - 85636500
网址 www. hx-kj. com
邮箱 china@ hx-kj. com
产品 烘缸堵漏

镇江澳志金茂轻工机械制造有限公司
江苏省镇江市丹徒区阳谷镇镇南工业集中区宝路 1 号
邮编 212143
电话 0511 - 85935601
传真 0511 - 85935602
网址 www. zjjinmao. com
邮箱 zjjinmao@ 263. net
产品 备料、制浆、输运设备

江苏大唐机械制造有限公司
江苏省镇江市润州民营开发区镇句路东 88 号
邮编 212021
电话 0511 - 85621574、85630399、85992667
传真 0511 - 85621574
网址 www. jzdt. net
邮箱 thaoa@ 163. com
产品 备料设备

镇江良久轻工机械制造有限公司
江苏省镇江市朱芳路 108 号
邮编 212005
电话 0511 - 85632962
传真 0511 - 85623415
产品 制浆设备

镇江中富马机械有限公司
江苏省镇江市学府路 300 号
邮编 212016
电话 0511 - 88798188、88798618、88781320
传真 0511 - 88798066、88781062
网址 www. zjzfm. com
邮箱 zjzfm@ jsmail. com. cn
zjzfmyxb@ 126. com
产品 造纸备料设备

镇江金龙包装材料有限公司
江苏省镇江新区机电工业园
邮编 212132
电话 0511 - 83378588
经营 包装纸

江苏句容市兴文包装有限公司
江苏省句容市经济开发区航北路 108 号
邮编 212400
电话 0511 - 87266201、87271390
传真 0511 - 87262705
网址 www. xingwen. com
产品 瓦楞纸板、纸箱、彩印包装

泰州市

泰州市永达绳业器材厂
江苏省泰州市高港科技创业园高港区许田路许南
邮编 225324
电话 0523 - 86110982、13801432315
传真 0523 - 86116788
网址 www. yongkui. com

邮箱 admin@ yongkui. com
产品 引纸绳、柔性吊带、吊钩系列、起重链条系列

靖江耐腐蚀泵厂
江苏省靖江市新港套闸西首
邮编 214518
电话 0523 - 84211906
产品 浆泵、泵阀

靖江市飞驰环保实业有限公司
江苏省靖江市四墩子北大街
邮编 214536
电话 0523 - 84331256、84334512
传真 0523 - 84331256
网址 www. jjfchb. com
邮箱 fc_ hope@ yahoo. com. cn
产品 废水处理设备

江苏靖江市大地机械制造有限公司
江苏省靖江市城北工业园长新路 8 号
邮编 214513
电话 0523 - 84852441、84850441
传真 0523 - 84820441
网址 www. 84852441. com
邮箱 d05234852441@ 126. com
产品 黑液磺化设备

江苏苏东化工机械有限公司
江苏省泰兴市古溪镇溪镇工业园区苏东路 1 号
邮编 225417
电话 0523 - 87791016
传真 0523 - 87795139
网址 www. aaa-ylj. com
邮箱 wthtx@ pub. tz. jsinfo. net
　　sales@ aaa-ylj. com
产品 造纸环保设备

泰兴市金星筛板制造有限公司
江苏省泰兴市江平北路杨庄桥北收费站南 200 米
邮编 225400
电话 0523 - 87685583
传真 0523 - 87739428
网址 www. txjinxin. com
邮箱 txjxsb@ yahoo. com. cn
产品 造纸机械配件

江苏省泰兴市电除尘设备厂
江苏省泰兴市城区工业园振兴路 6 号
邮编 225400
电话 0523 - 87683876、87683865
传真 0523 - 8686865
网址 www. landiancn. com
邮箱 lddccq@ landiancn. com
产品 造纸碱回收除尘器

泰兴市仕宁机械有限公司
江苏省泰兴市城区工业园
邮编 225401
电话 0523 - 87996001、87996032
传真 0523 - 87996031
网址 www. cnjsn. com
邮箱 cw@ cnjsn. com
产品 压力筛鼓、平筛、多孔板、鳞形板、装饰消声板

泰州市鑫龙吊装器材有限公司
江苏省泰州市高港区田河振兴北路 53 号
邮编 225322
电话 0523 - 86938626
传真 0523 - 86933199
网址 www. js-xinlong. com
邮箱 info@ js-xinlong. com
产品 吊装备品、引纸绳等

兴化市造纸网厂
江苏省兴化市阳山西路西首(昭阳工业园区)
邮编 225700
电话 0523 - 83266368、88328158
传真 0523 - 83263581
产品 聚乙烯(尼龙)网、各种工业网带、塑料传送链板

泰兴市瑞和纸业有限公司
江苏省泰兴市江平北路 178 号
邮编 225400
电话 0523 - 87688777
传真 0523 - 87688888
经营 各种纸张

浙　江　省

杭州市

杭州碱泵有限公司
浙江省杭州市西湖区三墩西湖科技园西园五路 12 号
邮编 310030
电话 0571 - 89905760、89905601
传真 0571 - 89905602

网址 www. alkalipump. com
邮箱 sales@ alkalipump. com
产品 泵

富阳武林机械有限公司
浙江省富阳市劳动路 10 号
邮编 311400
电话 0571 -63369991
产品 压光机、涂布机

杭州大路实业有限公司
浙江省杭州市萧山区红山
邮编 311234
电话 0571 -82699042、82699052
传真 0571 -82699410
网址 www. chinalulutong. com
邮箱 lulutong168@ hotmail. com
产品 工业泵、盘磨机、浆泵

杭州美辰纸业技术有限公司
浙江省杭州市建国北路 586 号 1601 室
邮编 310004
电话 0571 -85096526、85096527
传真 0571 -85096527
网址 www. papermech. com
邮箱 headbox@ 126. com
产品 流浆箱

杭州高新自动化仪器仪表公司
浙江省杭州市五常工业区五常大道 150 号
邮编 310023
电话 0571 -88730918
传真 0571 -88730917
产品 物理检测仪器

浙江华章科技有限公司
浙江省杭州市文三路 252 号伟星大厦 12 楼 E 座
邮编 310012
电话 0571 -88366555
传真 0571 -88856077
网址 www. hzeg. com
邮箱 sales@ hzeg. com
产品 综合自动化系统、固液分离设备

浙江中控技术股份有限公司
浙江省杭州市滨江区六合路 309 号中控科技园
邮编 310053
电话 0571 -88851888
传真 0571 -86667518
网址 www. supcon. com
邮箱 supcon@ supcon. com
产品 自动化

杭州华加造纸机械制造有限公司
杭州华加纸业技术发展有限公司
浙江省杭州市文晖路大塘新村 20 号
邮编 310005
电话 0571 -88801313、88801222
传真 0571 -88801222
网址 www. hzhuajia. com
邮箱 yeke@ mail. hz. zj. cn
产品 流浆箱、斜网成形器

杭州轻通博科自动化技术有限公司
浙江省杭州市舟山东路 66 号
邮编 310015
电话 0571 -88293902、88026010、88023152
传真 0571 -88290716
网址 www. hzqtbk. cn
产品 压缩强度测试仪、电脑抗张试验机、耐折度测定仪、拉力仪、白度测定仪、光泽度测定仪、纸管抗压仪、白度颜色测定仪、平滑度测定仪、吸水性测定仪、打浆度仪、纸板耐破测定仪、整箱抗压机、纸箱抗压机

杭州萧山美特轻工机械有限公司
浙江省杭州市萧山区坎山大道 265 号(萧山国际机场旁)
邮编 311243
电话 0571 -82519727
传真 0571 -82519726
产品 滤液泵、高浓除渣器

杭州西湖阀门厂
浙江省杭州市西湖区留下镇百家园路 2 号
邮编 310023
电话 0571 -85225864
传真 0571 -85220115
网址 www. hzxhfmc. com
产品 蒸汽阀门、疏水阀、止回阀

杭州新余宏机械有限公司
浙江省杭州市瓶窑
邮编 311115
电话 0571 -88541156、88542958
传真 0571 -88543365
网址 www. yhjg. com
产品 生活用纸机设备

浙江武林造纸机械有限公司
浙江省富阳市春江工业园区裕丰村
邮编 311421
电话 0571-63587966、63587967、63587968
传真 0571-63150990
网址 www.zjwulin.com
邮箱 sales@zjwulin.com
产品 造纸机械

桐庐造纸机械设备有限公司
浙江省杭州市桐庐县横村镇
邮编 311512
电话 0571-64671173、89825164、64671778
传真 0571-64671305
网址 www.ztpm.com
邮箱 ztpm@ztpm.com
产品 造纸设备

杭州振兴工业泵制造有限公司
浙江省杭州市萧山区红山农场 3 号桥
邮编 311234
电话 0571-82600999、82699701、22822991
传真 0571-82699329、82699856
网址 www.zhenxingpump.com
产品 泵

浙大双元科技开发有限公司
浙江省杭州市莫干山路 1418 号
邮编 310015
电话 0571-88867823
传真 0571-88910049
网址 www.zjusy.com
邮箱 info_zjusy@163.com
产品 自动控制系统

中国轻工业总会自动化研究所
浙江省杭州市舟山东路 66 号
邮编 310015
电话 0571-88290715
传真 0571-88290716
网址 www.qgyzdh.com
邮箱 qgyzdhyjs@163.com
业务 传感器、智能仪器仪表、生产过程自动控制装置和系统机电一体化产品

轻工业杭州机电设计研究院
浙江省杭州市体育场路 71 号
邮编 310004
电话 0571-85186556、85186716(总机)
传真 0571-85186432
网址 www.hmei.com.cn
邮箱 hmi@mail.hz.zj.cn
hzjdy@hmei.com.cn
产品 造纸设备

杭州董氏工贸有限公司
浙江省杭州市东兴路 551 号颜三路 8 号
邮编 310005
电话 0571-85383446、85386422
传真 0571-85386423
经营 灰底白纸板、白卡纸、瓦楞原纸、箱纸板、铜版纸、双灰纸、包装牛皮纸、双胶纸、书写纸、拷贝纸

浙江省普瑞科技有限公司
浙江省杭州市萧山经济技术开发区鸿兴路 181 号
邮编 311215
电话 0571-88170685
传真 0571-88173641
经营 隔膜纸、过滤纸

宁波市

宁波鹏程纸业有限公司
浙江省宁波市鄞奉路 536 号
邮编 315010
电话 0574-87474197
传真 0574-87481099
经营 高、中、低档灰底、白底纸板，白卡纸，铜版纸，双胶纸

上海振华港机(集团)宁波传动机械有限公司
宁波伟隆传动机械有限公司
浙江省宁波市东钱湖旅游度假区工业区
邮编 315121
电话 0574-88372266(总机)、88370604、88373131
传真 0574-88372264
网址 www.weilongme.com.cn
邮箱 wlme@mail.nbptt.zj.cn
产品 传动机械

宁波宁菱机器制造有限公司
宁波宁菱磁粉离合器有限公司
浙江省宁波市嵩江西路 86 号
邮编 315192
电话 0574-88213463、88215639

传真 0574－88213753
产品 分切机、涂布机

宁波市奇兴无纺布有限公司
浙江省慈溪市掌起工业开发区
邮编 315313
电话 0574－63751612、63742606、63751608、63744609
传真 0574－63740408
网址 www. china-nonwoven. com
www. airlaids. com
邮箱 qxgx@ public. cx. nbptt. zj. cn
产品 无纺布、无尘纸及其生产线、一次性卫生制品、湿面巾、生活及工业用各种擦拭布

宁波远东进出口有限公司
浙江省宁波市环城北路东段 287－2 号远东仓库
邮编 315000
电话 0574－87308169、13736010054
传真 0574－87300054
经营 涂布白卡纸、金银卡纸、牛皮纸、档案袋专用纸、画框卡纸、黑卡纸进出口

宁海精工机械有限公司
浙江省宁波市宁海强蛟工业区
邮编 315612
电话 0574－65198067、65198523
传真 0574－65198599
网址 www. nhjg. cc
邮箱 nhjg@ nhjg. cc
产品 涂布机系列、高速切纸机系列

温州市

瑞安市金斯顿喷淋机械有限公司
浙江省瑞安市塘下镇上金工业区
邮编 325204
电话 0577－65500050、65354710
传真 0577－65380926
网址 www. jinsidun. cn
邮箱 jinsidun123@ tom. com
产品 喷头、喷嘴、校网器

浙江瑞萌自动化设备有限公司
(原瑞安调节阀厂)
浙江省瑞安市汀田镇寨下东新路 18 号
邮编 325206
电话 0577－65500100
传真 0577－65505510
网址 www. cn-rtf. com
邮箱 rtf@ cn-rtf. com
产品 调节阀

瑞安市金邦喷淋技术有限公司
浙江省瑞安市塘下镇里北垟村旺垟东路 84 号
邮编 325204
电话 0577－65380305、65359286
传真 0577－65380306
网址 www. jinwenpin. com
邮箱 gfssnozzle@ yahoo. com. cn
jw@ jinwenping. com
产品 喷嘴、除渣器头

瑞安市远洋机电有限公司
浙江省瑞安市塘下镇上金工业区 5 号地
邮编 325204
电话 0577－65390539
传真 0577－65397900
产品 轴承退卸套、紧定套、切草机、飞刀、底刀、喷嘴、匀浆机、卷纸辊、磨浆机主轴、浆泵衬套、浆泵叶轮、烘缸刮刀、疏水阀

温州金虎包装材料有限公司
浙江省温州市平阳县敖江机电工业园区 104 国道 130 号
邮编 325401
电话 0577－63018373、63696666、63696601
传真 0577－63696606
网址 www. wzjinhu. com
产品 纸塑复合包装及塑料复合包装

温州市曙光起动设备有限公司
浙江省乐清市柳市大兴西路 431 号
邮编 325604
电话 0577－62726973、61720973
传真 0577－62721973
网址 www. china-shuguang. com
邮箱 info@ china-shuguang. com
产品 起动器

温州市利普自控设备有限公司
浙江省温州市鹿城区炬光园中路 125 号
邮编 325007
电话 0577－88608601
网址 www. leap. com. cn
产品 工业过程控制阀及自控设备

德宝纸杯机械有限公司
浙江省瑞安市飞云镇远东路 21－29 号
邮编 325207
电话 0577－65568789
传真 0577－65568799
网址 www.debaochina.com
邮箱 db@debaochina.com
产品 纸杯、纸杯机、纸碗机、碟盒机等

温州仪器仪表有限公司
浙江省温州市经济技术开发区经八路
邮编 325011
电话 0577－86533644
传真 0577－86554149
产品 光学分析仪器、白度计

温州市华威机械有限公司
浙江省温州市龙湾区沙城镇南片工业区永工南路 6 号
邮编 325025
电话 0577－86810726、86817863
传真 0577－86821728
网址 www.hwd-cn.com
邮箱 zhangchao6698@vip.sina.com
产品 压力筛、分散槽、弧形筛、过滤器

温州银翼造纸筛选设备有限公司
浙江省温州市高新技术园区炬光园（牛山北路）
邮编 325000
电话 0577－ 88609960、88609899、88609860
传真 0577－88608862、88608861
网址 www.wzyinyi.com
邮箱 yinyi@wzyinyi.com
产品 压力筛、除节机、过滤机、分级筛

浙江力诺阀门有限公司
浙江省瑞安市潘岱泸浦力诺工业园
邮编 325211
电话 0577－65097777
传真 0577－65386988
网址 www.cn-linuo.com
邮箱 linuo@linuovalve.com
产品 造纸控制阀

浙江瑞安市金斯顿喷淋机械有限公司
浙江省瑞安市汽摩配产基地登峰路 588 号
邮编 325204
电话 0577－65500050、65354710
传真 0577－65380926
网址 www.jinsidun.cn
邮箱 jinsidun123@163.com
产品 喷嘴

浙江亚达不锈钢制造有限公司
浙江省温州市龙湾区沙城镇食品机械工业园区安兴路 155 号
邮编 325025
电话 0577－86812378
传真 0577－86810869
网址 www.cnyada.net
产品 不锈钢输送管道及管件阀门

温州巨顺机械有限公司
浙江省温州市郭溪街道长城路 20 号
邮编 325017
电话 0577－86106117、13600666117
传真 0577－86110931
网址 www.cnjushun.cn
邮箱 master@cnjushun.cn
产品 G 型单螺杆泵、浓浆泵、刀型闸阀、浆液阀、浆料阀、气动插板阀、疏水阀、造纸机专用螺丝、喷淋管、喷嘴

苍南自动化仪器总厂
浙江省温州市苍南县城堡西路 5 号
邮编 325800
电话 0577－64700611、64775191
传真 0577－64758918
产品 电动机保护器

中国丰华科技发展有限公司
浙江省温州市金乡朝阳东路 279 号
邮编 325805
电话 0577－64562111、64561700
传真 0577－64575088
网址 www.fenghua-china.com
邮箱 fh@cn-fenghua.com
经营 不干胶系列产品

嘉兴市

浙江德威不锈钢管业制造有限公司
浙江省嘉兴市经济开发区城北路 1522 号沭阳路口
邮编 314001
电话 0573－82222170、82211692、82220928、82223107、82224609

传真 0573 - 82224609、82219891
网址 www. dwbxg. com
邮箱 sales@ zjdewei. cn
产品 不锈钢大、中、小口径焊管及不锈钢管件

海宁市浙宁印刷包装机械有限公司
(原海宁市伊桥轻工机械厂)
浙江省海宁市联合西路
邮编 314400
电话 0573 - 87224695
传真 0573 - 87222033
产品 电脑凹版印刷机、盘纸分切机、纸膜横切机、金卡纸印刷机

平湖市青云建材机械有限公司
(原平湖市建材机械厂)
浙江省平湖市通界桥
邮编 314215
电话 0573 - 85944078、13706739400
传真 0573 - 85944032
网址 www. phqy2008. com
邮箱 zj@ phqy2008. com
产品 输送机、捆包机

桐乡市造纸毛毯厂
浙江省桐乡市晚村镇
邮编 314513
电话 0573 - 88511541
产品 造纸毛毯

湖州市

安吉美伦纸业设备有限公司
浙江省湖州市安吉县递铺镇阳光工业园区
邮编 313300
电话 0572 - 5302977、5302966
传真 0572 - 5302977
网址 www. china-meilun. com
邮箱 qmf@ china-meilun. com
产品 饰面辊

绍兴市

诸暨造纸机械厂
浙江省诸暨市牌头工业区
邮编 311825
电话 0575 - 87051260
网址 www. zjzzj. cn
邮箱 zjzzj@ zjzzj. cn
产品 切纸机

绍兴市恒申纸业有限公司
浙江省绍兴市袍江工业区郡贤路南区 A 块群贤路
邮编 312071
电话 0575 - 88036188
传真 0575 - 88037333
网址 www. sxhengshen. com
邮箱 web@ sxhszy. com
经营 工业用纸管、化纤

金华市

浙江武义华东印刷机械有限公司
浙江省金华市武义县环城东路 18 号
邮编 321200
电话 0579 - 87625769
传真 0579 - 87622188
网址 www. wyhdpm. com
邮箱 303373352@ qq. com
产品 扑克机械、包装机械

台州市

浙江省临海市王开机筛有限公司
浙江省临海经济开发区东方大道 138 号
邮编 317000
电话 0576 - 85121181、85121418
传真 0576 - 85121428
网址 www. wangkai. com
邮箱 hengwei@ wangkai. com
产品 筛板、筛鼓

温岭市南方粉体设备制造厂
浙江省温岭市肖家桥工业区
邮编 317502
电话 0576 - 86580583
传真 0576 - 86581283
网址 www. nf-sb. com
邮箱 nf-sb@ nf-sb. com
产品 振动筛分机、高效混合机、加热搅拌机、制粒机、输送机、乳化机、溶解机

台州神通烫印机械有限公司(纸品部)
浙江省台州市天台县城西工业区上科山
邮编 317200
电话 0576 - 83730208、83730598

传真 0576 – 83730818
网址 www. ttshentong. com
经营 纸制笔记本、纸制文具套装、纸制相册

安　徽　省

合肥市

安徽华联造纸机械联合公司
安徽省合肥市潜山路 287 号
邮编 230031
电话 0551 – 5562211
传真 0551 – 5562211
产品 造纸机械

安徽省轻工设计院有限公司
安徽省合肥市马鞍山南路富成大厦 10 层
邮编 230001
电话 0551 – 62677951、62673909、62628422
传真 0551 – 62673755
网址 www. ahlidi. com
邮箱 ahlidi@ 163. com
业务 工程设计、咨询、监理、环境工程、总承包

芜湖市

安徽华辰造纸网股份有限公司
安徽省芜湖市开发区港湾路 33 号
邮编 241006
电话 0553 – 5848295
传真 0553 – 5848290
产品 聚酯网、铜网

安庆市

安庆市朝阳胶辊密封件有限责任公司
安徽省安庆市十里乡吴咀村 206 国道旁
邮编 246005
电话 0556 – 5369004
产品 造纸胶辊、油封件

滁州市

天马泵阀集团有限公司
安徽省天长市新河北路 53 号
邮编 239300
电话 0550 – 7029888、7321888
传真 0550 – 7029688、7321688
网址 www. ahtmbv. com
邮箱 sales@ ahtmbv. com
产品 泵及泵阀

阜阳市

安徽华泰网业有限公司
安徽省阜阳市太和县城关镇工业园
邮编 236600
电话 0558 – 8668196
传真 0558 – 8669196
产品 造纸网、聚酯成形网、螺旋干网

福　建　省

福州市

福建省浆纸质量监督检验站
福建省福州市台江区上海东市场 2 层
邮编 350005
电话 0591 – 83334751
传真 0591 – 83362442
业务 浆、纸和纸板及纸制品的检测

福建省建筑轻纺工业设计院
福建省福州市东大路华源大厦
邮编 350001
电话 0591 – 87550637
传真 0591 – 87520875
网址 www. fjaltdi. com
邮箱 admin@ fjaltdi. com
　　fjaltdi@ 163. com
业务 造纸工程设计、咨询

福建省造纸工业公司
福建省福州市省府路 1 号金皇大厦 13 层
邮编 350001
电话 0591 – 87527473
传真 0591 – 87520308
经营 造纸原料、造纸设备、仪器仪表

福州灵丰造纸开发有限公司
福建省造纸工业研究所
福建省福州市西洋路 163 号西洋公寓 1034 室
邮编 350005
电话 0591 – 83319455、13600855541
传真 0591 – 83304465

产品 造纸铜网毛毯、检测仪器、化工产品

星光造纸新技术研究开发中心
福建省福州市工业路祥坂第三工业区 8 号楼
邮编 325002
电话 0591－83053185
传真 0591－83053196
网址 www.linbaohua.com
邮箱 fjxglbh@163.com
产品 造纸脱水器材

福建省轻工机械设备有限公司
福建省福州市闽侯县铁岭北路 3 号
邮编 350100
电话 0591－22079888、22079666
传真 0591－22079777
网址 www.fjqj.com
邮箱 fjqj@fjqj.com
fjqj_yxb@vip.163.com
业务 提供年产 30 万吨废纸 OCC 浆、年产 15 万吨废纸脱墨浆和化学机械浆全套设备，高浓水力碎浆机、脱墨浮选机、双网挤浆机、盘式热风散等设备，项目咨询、工艺设计、设备制造、安装、试车、人员培训等全套交钥匙工程服务

福建福州杭华实业有限公司
福建省福州市塔头路 3 号山明水秀大厦 6101 室
邮编 350011
电话 0591－87336866、87330076
传真 0591－87338818、87330053
网址 www.fjhanghua.com
经营 纸张、纸浆、松香

厦门市

卡斯卡特(厦门)叉车属具有限公司
福建省厦门市海沧区阳光路 668 号
邮编 361026
电话 0592－6512500、6512570
传真 0592－6512571
网址 www.cascorp.com.cn
邮箱 cascade@cascorp.com.cn
产品 侧移器、纸卷夹、纸箱夹、旋转器

厦门乘工阀门制造有限公司
福建省厦门市湖里工业区枋湖东路 958 号 2 号厂房
邮编 361000
电话 0592－5560772
传真 0592－5560773
网址 www.xmcgfm.com
邮箱 13806030138@139.com
产品 造纸专用系列阀门

厦门永顺纸业开发有限公司
福建省厦门市江头圆山工业区 2 号厂房
邮编 361009
电话 0592－5521851、5521852、5521853
传真 0592－5520291
经营 纸制品印制

厦门新友联贸易有限公司
福建省厦门市思明区湖滨北路 15 号外贸大厦 9 层 9010－9012
邮编 361000
电话 0592－5166709
传真 0592－5166707
网址 www.xmxyl.com
邮箱 xinyoulian@yahoo.com.cn
经营 文化用纸

厦门鸿益顺环保科技有限公司
福建省厦门市海沧区南海路 689 号
邮编 361000
电话 0592－6585525
邮箱 flyhys@163.com
产品 造纸行业专用水煤浆

莆田市

莆田市东南纸业工贸有限公司
福建省莆田市城厢区天妃路 278 号
邮编 351100
电话 0594－2391389、2291389
传真 0594－2381389
网址 www.ptdnzy.com
邮箱 gmanager@ptdnzy.com
产品 彩色薄页纸、彩色纸巾纸、彩色皱纹纸、彩色印刷工艺花纸、彩色碎纸条、金银印刷工艺纸

国家浆纸产品质量监督检验中心
福建省莆田市东圳东路三亭街
邮编 351100
电话 0594－2692330
邮箱 gz2692330@126.com
业务 食品包装用纸及容器、纸板，生活用纸，印刷用纸和纸板，文化、办公用纸和纸板及其他制浆造纸类

产品的检测

三明市

福建省三明三洋造纸机械设备有限公司
福建省三明市列东高岩新村一幢 402 室
邮编 365000
电话 0598－8245329
产品 制浆设备

泉州市

福建省石狮市锦兴机械制造有限责任公司
福建省石狮市厝仔工业区
邮编 362700
电话 0595－88912783
传真 0595－88913636
网址 www. cnjxjx. com
邮箱 sales@ cnjxjx. com
产品 瓦楞纸板生产设备

漳州市

华发（福建）实业有限公司
福建省龙海市东园镇厚境华发纸地
邮编 363102
电话 0596－6708555
传真 0596－6709811
经营 原纸

南平市

福建南平星光机械制造安装有限公司
福建省南平市滨江北路 177 号
邮编 353000
电话 0599－8810277
传真 0599－8810277
业务 制浆、造纸设备制造、安装维修

福建顺昌蓝海轻工机械设备有限公司
福建省南平市顺昌县新屯工业园
邮编 353200
电话 13656966006
传真 0599－7824116
产品 碎浆机、筛、除渣器、废水处理设备

福建南平福一轻工机械有限公司
福建省南平市江南新区工业园祥瑞路 17 号
邮编 353000
电话 0599－8635577、8635262
传真 0599－8635416
业务 造纸制浆设备、年产 20 万吨废纸 OCC 浆处理系统成套设备和年产 10 万吨废纸脱墨浆处理系统成套设备

福建省南平星光纸业设计有限公司
福建省南平市滨江北路 177 号
邮编 353000
电话 0599－8808505、8808501
邮箱 huang. c. b@ nanpingpaper. com
　　npwrs@ 163. com
业务 从事轻纺行业制浆造纸工程设计、乙级资质相应范围内的建设工程总承包业务以及项目管理和相关的技术与管理服务

龙岩市

长汀县宝顺纸品厂
福建省龙岩市长汀县汀州镇中心坝变电站路 2 号
邮编 366300
电话 0597－6831545
传真 0597－6831545
产品 瓦楞纸箱

宁德市

福安城阳磨片厂
福建省福安市大溪边
邮编 355000
电话 0593－6381286
产品 盘磨机磨片

福安市轻工机械一厂
福建省福安市城北荷塘坪 89 号
邮编 355000
电话 0593－6382064、6588531
传真 0593－6382472
产品 打浆机、纸机配件

江　西　省

南昌市

江西洪都精工机械有限公司
江西省南昌市新溪桥
邮编 330024

电话 0791－8467083、8468229
传真 0791－8467080、8468228
网址 www. jxhdjg. com
邮箱 zwf@ jxhdjg. com
salse@ jxhdjg. com
产品 压力筛、水力碎浆机

江西省轻工业研究所
江西省南昌市北京东路 138 号
邮编 330029
电话 0791－8333891
传真 0791－8329214
业务 相关油墨制品研发、造纸相关研究

江西省纸张质量监督检验站
江西省南昌市北京东路 138 号
邮编 330029
电话 0791－8333891
传真 0791－8329214
业务 纸张质量检验

南昌轻工机械厂
江西省南昌市迎宾大道 77 号
邮编 330030
电话 0791－5212116
产品 纸机打浆机、碱回收设备

宜春市

江西特种电机股份有限公司
江西省宜春市城南工业园环城南路 581 号
邮编 336000
电话 0795－3272270、3267900、3278147
传真 0795－3263554、3274523
网址 www. jiangte. com. cn
邮箱 jtsales@ 263. net
产品 变频调速电机

山 东 省

济南市

ABK 中国代表处
山东省济南市高新区世纪财富中心 B 座 10 楼 1002 室
邮编 250101
电话 0531－86510508、13705315507
传真 0531－86510507
网址 www. abkmachinery. com
产品 流浆箱、上网成形器、软压光机、膜转移施胶涂布机及整台纸机和特种纸机等

济南金拓亨机械制造有限责任公司
山东省济南市经济开发区南园国道路 6001 号
邮编 250301
电话 0531－87229688、13905411910
传真 0531－87367881
网址 www. jintuoheng. com
邮箱 jintuoheng@ 163. com
产品 造纸机械、制浆设备、筛选设备

济南华章实业有限公司
山东省济南市天桥区东宇大广街以西
邮编 250032
电话 0531－85719751、85704203
传真 0531－85704203
网址 www. jinanhuazhang. com
www. jinanhuike. com
邮箱 jnhuazhang@ 163. com
产品 纸机部件

济南机械装备实业公司
山东省济南市经十路 388 号
邮编 250022
电话 0531－87966524
传真 0531－87957271
产品 纸机、涂布机、拉幅机

济南兰光机电技术中心
山东省济南市无影山路 144 号
邮编 250031
电话 0531－85953155
传真 0531－85062108
网址 www. labthink. cn
邮箱 marketing@ labthink. cn
产品 胶黏剂检测试验仪器、包装印刷检测仪器

济南市长清育才机械厂
山东省济南市长清区城南孙庄村
邮编 250300
电话 0531－87263421
产品 打浆备件

济南鑫泰液压机械有限公司
山东省济南市北工业园
邮编 251400

电话 0531－81171588、81171599
传真 0531－81171599
网址 www. xtsjj. com
　　www. xintaijixie. com
产品 挤浆机、洗浆机、浓缩机、碎浆机、磨浆机、精浆机、纤维疏磨机、筛、除渣器、纤维分离机、脱墨机、热分散机、除节机、混合器、漂白塔、输送机、推进器、搅拌器

济南城东机械制造有限公司
山东省济南市经十东路刘志远路口
邮编 250100
电话 0531－88882862、88883478、88886385
传真 0531－88882576
网址 www. dongchengchina. com
邮箱 jndcjx@ sina. com
产品 螺旋卷管机、封灌机、制袋机、铸涂机、挤出复合机、贴标机

济南兴宏远造纸机械有限公司
山东省章丘市官庄开发区
邮编 250217
电话 0531－83320518、15966303999
网址 www. xhyjxzz. com
产品 复卷机、切纸机、卷纸机等造纸完成系列设备

山东造纸机械厂有限公司
山东省济南市荷花路 65 号
邮编 250100
电话 0531－88265149、88263157
传真 0531－88263129
网址 www. sdzzjxc. com
邮箱 szj@ sd-zzjx. com
产品 压榨辊、分切机、切纸机、复卷机、卷纸机、压光机、接纸台

山东省造纸工业研究设计院
山东省济南市工业南路 101 号
邮编 250100
电话 0531－88952358、88590459
传真 0531－88934142
网址 www. sprd. cc
邮箱 sprd@ 163. com
产品 离心甩浆机

山东章丘大星造纸机械有限公司
山东省章丘市埠村镇商业街南首
邮编 250215
电话 0531－83711050、13356683703
传真 0531－83713868
网址 www. sd-daxing. com
邮箱 3711050@ sd-daxing. com
　　sdzqdaxing@ 163. com
产品 铸造压榨压光系列辊、卷纸缸

长春纸张试验机有限责任公司山东办事处
山东省济南市天桥区东工商河路 18－1 号 7 号楼 2 单元 202 室
邮编 250031
电话 0531－85910865
传真 0531－85910865
网址 www. cczzsyj. net
产品 纸张物理检测仪器

山东省章丘市造纸机械厂
山东省章丘市枣园镇
邮编 250214
电话 0531－83651411、83650068
传真 0531－83651869
网址 www. zq-zzjx. com
邮箱 zzjx@ zq-zzjx. com
产品 压光机、卷纸机、复卷机、单，双刀切纸机、接纸台、退纸架、理纸机、施胶机、打包机、分切机

长清吉祥造纸机械有限公司
山东省济南市长清区城南孙庄
邮编 250300
电话 0531－87263639
传真 0531－87263639
产品 造纸机械

长清县恒振兴造纸机械有限责任公司
山东省济南市长清区城南
邮编 250300
电话 0531－87263412
传真 0531－87263418
产品 筛选设备、浓缩机、双盘磨浆机

长清县中联造纸机械厂
山东省济南市长清区城南三公里孙庄
邮编 250300
电话 0531－87263422
产品 纸机打浆备件

济南新世纪造纸机械有限公司
山东省济南市明水赭山工业园内

邮编 250200
电话 0531－83261898
传真 0531－83261878
网址 www. ctrl. net. cn
邮箱 jnxsjzzjx@ 163. com
产品 复卷机、切纸机、压光机、卷纸机、打包机

川佳机械集团股份有限公司华北办事处
山东省济南市无影山东路 38 号
邮编 250031
电话 0531－85863156、85863256
传真 0531－85863056
网址 www. new-bonafide. com
产品 废纸制浆、打浆等成套设备

青岛市

麦斯凯包装系统(青岛)有限公司
山东省青岛市南京路 2 号绮丽大厦 1803 室
邮编 266000
电话 0532－85797620
传真 0532－85797619
网址 www. msk-covertech. cn
邮箱 info@ msk-covertech. cn
产品 燃气热缩包装机

青岛恩东物产有限公司
山东省青岛市城阳区流亭赵红路
邮编 266108
电话 0532－84908345、84908348
传真 0532－84908349
网址 www. eundong. com
邮箱 lilyvci@ eundong. com
产品 气化性防锈膜、防锈纸、防锈粉末、防锈液

青岛乾坤机械有限公司
山东省青岛市延安三路 114 号金环广场 C 座 1303 室
邮编 266071
电话 0532－85820485、83652556
产品 化学品计量泵

青岛欧美进出口有限公司
山东省青岛市市南区东海西路 35 号 4 栋 12 层
邮编 266071
电话 0532－85757515
传真 0532－85710992
网址 www. qea. cn
邮箱 qea@ qea. cn
经营 桉木浆、蔗浆、漂白阔叶木浆、漂白针叶木浆、本色木浆、脱墨浆

青岛达全洋进出口有限公司
山东省青岛开发区江山南路 628 号贵信花园 2－404 室
邮编 266555
电话 0532－86768605、15969884768
传真 0532－86769605
经营 美国乱码纸、牛皮卡纸、牛皮纸、铜版纸、玻璃卡纸进出口

青岛冠宇纸业有限公司
山东省青岛市李沧区玖水东路市南工业区旁边
邮编 266100
电话 0532－87609718、87608628、87608608
传真 0532－87609799、87609798
经营 牛皮卡纸

青岛澳宇贸易有限公司
山东省青岛市崂山区海尔路 63 号数码科技中心北楼 703 中港大厦 1405 房间
邮编 266061
电话 0532－80998176、13953200097
传真 0532－80999990
经营 牛皮卡纸、白纸板、挂面纸、废纸

青岛茂源经贸有限公司
山东省青岛市衡阳路 1 号甲
邮编 266000
电话 0532－84683966、84683988、84685999
传真 0532－84683977
经营 纸张

青岛瑞宝纸业有限公司
山东省青岛市瞿塘峡路 43 号金色海岸
邮编 266002
电话 0532－82688762
传真 0532－82654552
经营 纸、纯白纸边、卫生纸边、扑克牌原纸、牛皮纸袋纸、牛卡切边

青岛森信商贸有限公司
山东省青岛市浦口路 8 号 504
邮编 266021
电话 0532－83021477、83024166、13906421070
经营 铜版纸、双胶纸、邮封纸、PE 牛皮纸、牛皮卡纸

青岛坤博进出口有限公司
山东省青岛市福州南路 9 号 1028 室
邮编 266071
电话 0532－85770827
传真 0532－85770827
经营 废铝箔纸、铝箔包装纸、卫生纸边、废塑料、铝塑膜、半透明纸、白包装用纸

青岛宏业林浆纸有限公司
山东省青岛市观音峡路 24 号 2504 室
邮编 266002
电话 0532－82685988
传真 0532－82670827
经营 漂白针叶木浆

淄博市

临淄闻韶世兴源机械配件服务部
山东省淄博市临淄区稷下办
邮编 255400
电话 0533－7314282
传真 0533－7314282
产品 造纸机、塑料机零配件、造纸网毯洗涤器、校正器

山东恒星股份有限公司
山东省淄博市周村区恒星路 98 号
邮编 255300
电话 0533－6553030、6556038
传真 0533－6553041
产品 各种型号、系列造纸机，板纸机，超级压光机等

山东晨钟机械股份有限公司
山东省淄博市桓台田庄镇
邮编 256402
电话 0533－8580059、8580366
传真 0533－8588059
网址 www. chenzhong. com. cn
邮箱 chenzhong@ chenzhong. com. cn
产品 系列圆盘、锥度等磨浆机及其配件，搓浆机，制浆、筛选等设备

山东海天造纸机械有限公司
山东省淄博市王村兴华路 320 号
邮编 255311
电话 0533－6682999
传真 0533－6680898
网址 www. haitianjx. com
邮箱 haitianjx@ 126. com
产品 1760～4400 毫米系列长网多缸文化用纸机，2400～4400 毫米系列圆网压力成形器，超短网成形器纸板机，2400～4400 毫米系列长网多缸瓦楞原纸机，2400～4400 毫米系列三叠网、四叠网纸板机

山东硅苑新材料科技股份有限公司
（原山东省硅酸盐研究设计院）
山东省淄博市高新区柳泉路 286 号
邮编 255086
电话 0533－3582419
传真 0533－3582244
网址 www. sicer. com
邮箱 sicer@ sicer. com
产品 陶瓷系列脱水器件、除砂器、除杂器

山东省淄博市临淄区宏强造纸设备厂
山东省淄博市临淄区炼厂西路
邮编 255400
电话 13355231527
产品 气动洗涤驱动装置、水动成套配件、水动装置、气动校正器

山东省淄博市临淄区辛店富发造纸设备厂
山东省淄博市临淄区大武生活区分 146 号
邮编 255400
电话 0533－7481761
传真 0533－7481761
产品 造纸网毯洗涤器

山东富安集团真空科技有限公司
山东省淄博市博山区富安工业园
邮编 255200
电话 0533－4208888、4208666
传真 0533－4208999
网址 www. shandongfuan. com
邮箱 shandongfuan@ sina. com
产品 真空泵

佶缔纳士机械有限公司
纳西姆工业（中国）有限公司
山东省博山经济开发区纬五路 18 号
邮编 255213
电话 0533－4650168、4654888、4652266
传真 0533－4651466、4650166
网址 www. gdnash. com. cn
邮箱 mk. gdnc@ gardnerdenver. com
产品 系列真空泵、压缩机

淄博东方机械有限公司
山东省淄博市桓台县田庄西外环路北首
邮编 256402
电话 0533－8581000
产品 制浆设备及配件

淄博国信轻工机械有限公司
山东省淄博市桓台新城
邮编 256403
电话 0533－8880446
传真 0533－8880440
网址 www. gxqj. net
邮箱 gxqj@ gxqj. net
产品 转鼓式碎浆机等废纸制浆设备

淄博明信造纸机械有限公司
山东省淄博市周村区正阳路 1688 号
邮编 255339
电话 0533－6161856、13905335172
传真 0533－6161058
产品 文化用纸机、瓦楞原纸机、箱纸板机

淄博锦秀电器自动化有限公司
山东省淄博市周村区正阳路北首
邮编 255339
电话 0533－6531786、6536726、6536797
传真 0533－6531786
网址 www. zbjxdq. com
邮箱 zbjxdq@ 163. com
产品 制浆 DCS 系统、变频传动系统、定量水分析

淄博泰鼎造纸机械有限公司
山东省淄博市周村区恒星路 98 号
邮编 255300
电话 0533－6556085
传真 0533－6557368
网址 www. zbtd. com. cn
邮箱 sdzbtd@ sina. com
产品 超级压光机系列

淄博市周村庆宁过滤设备厂
山东省淄博市周村区米河路北首
邮编 255300
电话 0533－8775090、6804678
传真 0533－6804678
产品 过滤设备

淄博全通机械有限公司
山东省淄博市王村镇
邮编 255311
电话 0533－6680247、6681128
传真 0533－6680249
网址 www. cnquantong. com
邮箱 quantong@ cnquantong. com
cnquantong@ sina. com
产品 双螺旋高效挤浆机、纸板机、复合纸机、软辊压光机

淄博市临淄春光机电有限公司
山东省淄博市临淄区梧台镇温江路 3 号
邮编 255420
电话 0533－7666048
传真 0533－7669098
网址 www. cgjd. com
邮箱 cgjd@ cgjd. com
产品 造纸网毯洗涤器及其驱动装置，中、低浓双盘磨浆机，长网双辊挤浆机，长网洗浆机

淄博市临淄科比造纸设备厂
山东省淄博市临淄区
邮编 255400
电话 0533－7327902
传真 0533－7327902
产品 网毯洗涤、校正器、造纸设备

淄博水环真空泵厂有限公司
山东省淄博市博山区柳杭路 48 号
邮编 255200
电话 0533－4178155、4175945
传真 0533－4179957
网址 www. shzkb. com
邮箱 shzkb@ shzkb. com
产品 2BEC、2BEA、2BVA、SZ、SZB、SK、2SK、2SK－P等系列水环式真空泵，压缩机及真空机组，HZN 柠檬酸强制循环泵

淄博陶瓷机械厂
山东省淄博市淄川区昆仑镇铁路街 203 号
邮编 255129
电话 0533－5780113、5781921
产品 高速超细粉碎机

淄博市临淄八方园包装制品有限公司
山东省淄博市临淄区金岭镇金岭南路 1905 号
邮编 255410

电话 0533－7480058
传真 0533－7480128
产品 纸杯、纸碗、纸餐盒

枣庄市

山东鲁台集团凯利得数控设备有限公司
山东省枣庄市台儿庄区经济开发区
邮编 277400
电话 0632－6662999、6662998、6687999
传真 0632－6662998
网址 www.lutaikld.com
邮箱 calender@126.com
产品 软压光机、数控传动

山东鲁台造纸机械集团有限公司
山东省枣庄市台儿庄工业园鲁台路1号
邮编 277400
电话 0632－6681888、6681999、13561113888
传真 0632－6611569
网址 www.lutaijt.com
邮箱 lutaigroup@163.com
产品 SD压滤机、造纸机、碎浆机、烘缸

山东台儿庄万通纸业总公司
枣庄市亿利达造纸机械有限公司
山东省枣庄台儿庄区长捷西路
邮编 277400
电话 0632－6618915、6611105、6618626
传真 0632－6612639
网址 www.zzyld.com
邮箱 yldtec@163.com
产品 软压光机、污泥脱水机、湿抄机、造纸机

枣庄市亿丰造纸机械有限公司
山东省枣庄市台儿庄区长捷路中段（区党校东）
邮编 277400
电话 0632－6666068
传真 0632－6661958
产品 造纸机械

枣庄市得盛机械设备有限公司
山东省枣庄市驻地西昌路
邮编 277100
电话 0632－3318777、13361438256
传真 0632－3555558
产品 流浆箱、污泥脱水机、烘缸、压光机、压榨洗涤过滤机

枣庄市汉森造纸数控设备有限公司
山东省枣庄市台儿庄区鸿发街北段
邮编 277400
电话 0632－6637338、13906326595
传真 0632－6602988
网址 www.hastenzz.com
邮箱 hastenzz@126.com
hs@hastenzz.com
产品 压光机

山东省滕州市臻宇造纸环保设备厂
山东省滕州市平行路268－3号
邮编 277500
电话 0632－5573861
传真 0632－5573861
产品 黑液提取设备、浆液分离机

山东省滕州市科创轻工机械有限公司
山东省滕州市东城经济工业园
邮编 277500
电话 0632－5687391、5687390
传真 0632－5687390
网址 www.sdkechuang.com
邮箱 tzkechuang@163.com
产品 制浆造纸废水处理、废纸脱墨设备

滕州力华米泰克斯胶辊有限公司
山东省滕州市平行南路76号
邮编 277500
电话 0632－5699298、5699450
传真 0632－5699275
网址 www.sdlihua.com
邮箱 salihua@vip.163.com
lihua@sdlihua.com
产品 工业胶辊、其他金属零件覆胶

滕州市晨光波纹管有限公司
山东省滕州市长途汽车总站北后屯工业区
邮编 277500
电话 0632－5552837
传真 0632－5552171
网址 www.cgbwg.com
邮箱 chengguanggongsi@126.com
产品 旋转接头、波纹补偿器

滕州市东方波纹管有限公司
山东省滕州市平行北路41号
邮编 277500

电话 0632－5512430
传真 0632－5513248
网址 www. tzdfbwg. com
邮箱 dfjs2008@163. com
产品 金属软管、旋转接头

滕州市锻压机床二厂
山东省滕州市学院路 1 号
邮编 277500
电话 0632－5512006、5502318
传真 0632－5599753
网址 www. tz2d. com
www. tz2d. com. cn
邮箱 tz2d@sina. com
产品 挤浆机、洗浆机、污泥脱水

滕州市华方旋转接头有限责任公司
山东省滕州市大同北路 5 号
邮编 277500
电话 0632－5525608、5594683
传真 0632－5528571、5516498
网址 www. 5525608. com
邮箱 5525608@163. com
产品 旋转接头及不锈钢金属软管

滕州市金旋波纹管有限公司
山东省滕州市平行南路 88 号
邮编 277500
电话 0632－5585138、5553666
传真 0632－5586527
网址 www. xzjt. com
邮箱 tzjinxuan@163. com
产品 金属软管、旋转接头

滕州约翰逊旋转接头制造有限公司
山东省滕州市大同北路 139 号（北首）
邮编 277500
电话 0632－5513203、5512111
传真 0632－5516244
产品 各种规格、型号的旋转接头及配套金属软管、疏水阀

烟台市

烟台华正轻工机械有限公司
山东省烟台市牟平区北关大街 755 号（汽车站向西 500 米路北）
邮编 264100
电话 0535－4223727、4266018
传真 0535－4266016
网址 www. hzqj. net
产品 打浆、除渣设备，真空泵

烟台造纸机械总厂
山东省烟台市莱山区
邮编 264101
电话 0535－6752024
产品 磨浆、浓缩、除渣、真空系列浆泵

莱州市永丰造纸机械有限公司
山东省莱州市平里店镇驻地
邮编 261414
电话 0535－2615565－8318
0535－2615566－8318
传真 0535－2615567
网址 www. yongfenggroup. com
邮箱 admin@yongfenggroup. com
产品 制浆造纸设备、单/复式纤维分离机、外流式高浓压力筛、双锥体高浓除渣器、方浆池推进器、浆池搅拌器、卧/立式水力碎浆机、自洗式振动平筛、槽式打浆机、出口五金工具、硬度计、工业纸板、纸塑制品

山东莱州市磁粉离合器厂
山东省莱州市城山路 200 号
邮编 261416
电话 0535－2754132
产品 纸机用离合器

蓬莱市自控设备成套厂
山东省蓬莱市海市路
邮编 265600
电话 0535－5641224、5631224
传真 0535－5601224
网址 www. penglaisugar. com
邮箱 plwzq@163. com
产品 汽水分离、冷凝水排出

潍坊市

山东科力华电磁设备有限公司
（原山东省临朐县科力电磁设备厂）
山东省潍坊市临朐县城南工业园
邮编 262600
电话 0536－3181088、3181099、3181077、
13953602126

传真 0536－3181099
网址 www. sdklh. net
www. sdklh. com
邮箱 kelidianci@ hotmail. com
产品 电磁除铁器、磁滚筒、永磁铁、金属探测仪

潍坊同步造纸技术有限公司
山东省安丘市经济开发区
邮编 262100
电话 0536－4733666、4224610、13953661000
传真 0536－4733667
网址 www. wftbzz. com
邮箱 dgt777@ 126. com
产品 纸幅横向水分调节系统、纸幅横向定量调节系统、刮刀、空气转向器、纸幅稳定器、洗涤器、分条机，水力式流浆箱等

潍坊天宏机械制造有限公司
山东省安丘市华安路中段西首
邮编 262100
电话 0536－4256398
传真 0536－4256397
网址 www. wfth. cn
邮箱 th6230@ sohu. com
产品 除渣器

山东华特磁电科技股份有限公司
山东省潍坊市临朐县经济开发区华特路中段
邮编 262600
电话 0536－3214543、3158866、3112577
传真 0536－3110552
网址 www. sdhuate. com
邮箱 htcd@ chinahuate. com
产品 除铁器、给料器

潍坊开发区造纸毛毯厂
山东省潍坊市北海路 628 号
邮编 261061
电话 0536－8883680
传真 0536－8888367
产品 造纸毛毯

潍坊凯信机械有限公司
山东省潍坊市高新技术开发区桐荫街 7 号
邮编 261061
电话 0536－2966966、2966902
传真 0536－2966999
网址 www. hicredit. net
邮箱 wfkxjx@ vip. sina. com
产品 造纸机械成套设备及相关自控系统、气垫式干燥浆板机

潍坊市石辊厂
山东省安丘市红沙沟街
邮编 262124
电话 0536－4671466
传真 0536－4671957
产品 纸机用辊

潍坊扬帆机械有限公司
山东省潍坊市胜利西街 3858 号
邮编 261011
电话 0536－8552655、8552366
传真 0536－8550840
网址 www. yangfanjixie. com
邮箱 yangfan@ yangfanjixie. com
产品 备料、制浆设备，废水处理设备

潍坊科创浆纸工程有限公司
山东省安丘市经济开发区
邮编 262123
电话 0536－4732506、2269600
传真 0536－4732507
网址 www. wfkc. cn
产品 除渣器、螺旋挤浆机、搅拌器

青州市益丰造纸机械有限公司
山东省青州市南郊
邮编 262501
电话 0536－3810143
传真 0536－3811611
网址 www. chinayifeng. cn
邮箱 yifengjixie@ sohu. com
产品 备料、制浆设备

山东青州市鸿立造纸机械有限公司
（原青州市益都造纸机械厂）
山东省青州市东方路 678 号
邮编 262500
电话 0536－3201582、3297849
传真 0536－3205539
网址 www. sdyidu. com
邮箱 zcl@ sdyidu. com
zhaichangli@ sdyidu. com
产品 制浆、备料设备

山东诸城国安机械有限公司
山东省诸城市经济开发区西首
邮编 262233
电话 0536－6017288
传真 0536－6017288
产品 制浆造纸设备、废水处理设备

诸城市明大机械有限公司
山东省诸城市皇华工业园
邮编 262233
电话 0536－6587669、6589330
传真 0536－6342866
网址 www. mingdajixie. cn
邮箱 mdjixie330@ 163. com
产品 卫生纸机

山东省诸城市汉通奥特造纸设备有限公司
山东省诸城市龙都工业园
邮编 262200
电话 0536－6218640
传真 0536－6113828
网址 www. chinahantong. com
邮箱 aote7910@ 163. com
产品 制浆设备、卫生纸机、废水处理设备

山东省弘扬机械有限公司
山东省诸城市龙都街道办事处西土墙工业园
邮编 262200
电话 0536－6358838
传真 0536－6358278
产品 筛选、碎浆、打浆、除砂及纸加工设备，废纸脱墨成套设备，废水处理成套设备及工艺设计，制浆造纸工艺设计及技术指导，爆破法制浆，新型环保制浆方法技术咨询

山东省诸城市精益造纸机械厂
山东省诸城市密州街道办事处东徐工业园
邮编 262200
电话 0536－6065718、6083680、
13606476897、13791630807
传真 0536－6083680
产品 纤维分离机、挤浆机、脱墨机、压滤机、离解机、精浆机、碎浆机、气动刮刀、双盘磨浆机、圆网浓缩机、旋翼筛

诸城市中天机械有限公司
山东省诸城市西土墙工业园
邮编 262200
电话 0536－6358676、6881548、6358673
传真 0536－6358679、6358675
网址 www. zhongtianjixie. com
邮箱 ztjxxx@ 163169. net
zhongtianhuanbao@ sohu. com
产品 环保设备、造纸设备、承接环保工程

山东省诸城市金三扬机械设备制造厂
山东省诸城市经济开发区横五路东首
邮编 262200
电话 0536－6125578、6125588、13806366474
传真 0536－6184876
产品 废水处理设备、制浆设备、脱墨设备、锅炉除尘设备

山东省诸城市金隆机械制造有限责任公司
山东省诸城市德利斯大道中段
邮编 262200
电话 0536－6081658、6116888
传真 0536－6081808
网址 www. cnjinlongjixie. com
邮箱 jl@ cnjinlongjixie. com
产品 打浆设备、磨浆设备、筛选净化设备、浮选脱墨设备、浓缩洗浆设备、废水处理设备、高速卫生纸机、机械制浆设备、热分散系统、浆泵、推进器

山东诸城市东泰造纸机械有限公司
山东省诸城市西外环中段化肥厂西 300 米
邮编 262200
电话 0536－6017669、6018669、13505369679
网址 www. dongtaijixie. com
邮箱 dongtai6018669@ 126. com
产品 筛、除渣器、污泥压滤机、气浮废水处理、纸机、湿抄机、脱墨设备、洗涤磨浆设备、磨浆机、爆破制浆技术及设备

山东省诸城市新日东机械厂
山东省诸城市皇华工业园
电话 0536－6067736、6060117
传真 0536－6060796
网址 www. xrdjx. com
www. xinridong. cn
www. sdxrd. com. cn
邮箱 xinridong@ sina. com
产品 脱墨机、碎浆机、磨浆机、洗浆机、搓磨分丝机、纤维分离机、卫生纸机、压力筛

山东省诸城市双益机械有限公司
山东省诸城市密州路 29 号
邮编 262200
电话 0536－6327018
传真 0536－6050758
产品 压力筛、纤维分离机、磨浆机、脱墨机、浓缩机、压滤机、气浮机

诸城市中泰机械有限公司
山东省诸城市龙都工业园
邮编 262200
电话 0536－6350336、6184887
传真 0536－6356235
网址 www. zhongtaijixie. com
邮箱 mail@ zhongtaijixie. com
产品 卫生纸机、压力筛、分离器、纤维分离器、脱墨机、洗浆机、碎浆机、挤浆机、污泥脱水机、搓磨机

山东省诸城市金日东造纸机械有限公司
山东省诸城市开发区压山路 18 号
邮编 262200
电话 0536－6213740、6213221
传真 0536－6213221
网址 www. ridong. com
产品 卫生纸机、螺旋网带洗浆机

山东省诸城市天工造纸机械有限公司
山东省诸城市开发区顺都路 263 号
邮编 262233
电话 0536－6805066、6805088
传真 0536－6805000
网址 www. tiangongmachinery. com
邮箱 fam@ tiangongmachinery. com
产品 废纸处理设备、制浆设备、环保设备

山东省诸城市增益造纸设备有限公司
山东省诸城市密州路东首外贸街 9 号
邮编 262200
电话 0536－6066260、6065123
传真 0536－6065719
网址 www. zengyihuanbao. com
产品 碎浆机、筛浆机、脱墨机、浓缩机、废水处理设备和纸机

山东惠祥专利造纸机械有限公司
（原山东省诸城市专利造纸机械厂）
山东省诸城市辛兴镇兴中路 38 号
邮编 277400
电话 0536－6011600
传真 0536－6011700、6011800
网址 www. zlzzjx. com
邮箱 zl@ zlzzjx. com
　　sales@ zlzzjx. com
产品 废纸设备

山东诸城市宏升机械有限公司
山东省诸城市东城工业项目区（昌城行寺路南）
邮编 262216
电话 0536－6406869、6402998
传真 0536－6407989
网址 www. hongshengjixie. com
邮箱 hsjx@ hongshengjixie. com
产品 制浆造纸设备

山东诸城市旭日东机械有限责任公司
山东省诸城市隆源路
邮编 262200
电话 0536－6081238
传真 0536－6087785
网址 www. xuridong. com
邮箱 mail@ xuridong. com
产品 制浆、抄纸、纸加工、废水处理设备

诸城市大正机械有限公司
山东省诸城市南外环路东段南侧
邮编 262200
电话 0536－6329913、15095299364
传真 0536－6056488
网址 www. dzco. net. cn
邮箱 dazhengjixie2002@ dzco. net. cn
产品 链式压滤机、卫生纸机

诸城市汇川机械厂
山东省诸城市郝戈庄镇（诸城西南外环交点向南 13 公里处）
邮编 262226
电话 0536－6591383
传真 0536－6591855
网址 www. jienengshebei. com
邮箱 hcjxshj@ 163. com
　　shj6699@ 163. com
产品 造纸机械环保设备

诸城市造纸机械厂
山东省诸城市密州路 26 号

邮编 262200
电话 0536－6213221
产品 制浆、脱墨设备

山东荣光不锈钢制品有限公司
山东省寿光市高新技术开发区
邮编 262703
电话 0536－5196955
传真 0536－5109897
产品 造纸容器

汶瑞机械(山东)有限公司
山东省安丘市潍徐南路 287 号
邮编 262100
电话 0536－4362288、4361880
传真 0536－4372633
网址 www. wenrui. com. cn
邮箱 info@ wenrui. com. cn
产品 黑液提取碱回收设备、双螺杆制浆机

安丘市石辊厂
山东省安丘市红沙沟镇驻地
邮编 262124
电话 0536－4671098
传真 0536－4671065
网址 www. aq-sg. com
邮箱 aqsg@ aq-sg. com
产品 石辊、盘磨、打浆机刀片

安丘科扬机械有限公司
山东省安丘市东城工业园
邮编 262100
电话 0536－4261398、4709888
传真 0536－4252598
网址 www. keyang. cc
邮箱 keyang108@ 163. com
产品 气浮、净水器、洗浆机、换热器、搅拌器

安丘市天利机械制造有限公司
山东省安丘市南工业园石泉路口
邮编 262100
电话 0536－4252801、4252805
传真 0536－4252813
网址 www. sdtljx. com
邮箱 tljt6699@ sohu. com
产品 除渣器、压力筛、苛化器、挤浆机

安丘天瑞机械制造有限公司
山东省安丘市石泉路口南 1. 5 公里路东
邮编 262100
电话 0536－4250801、13964701658
传真 0536－4255979
网址 www. aqtianrui. com
邮箱 tianruijixie@ 163. com
产品 制浆设备

安丘市峰胜永安机械有限责任公司
山东省安丘市东外环路南首
邮编 262100
电话 0536－4381608
传真 0536－4381608
产品 洗浆机、碎浆机、脱墨、除渣器

安丘市信金机械制造有限公司
山东省安丘市和平路中段
邮编 262100
电话 0536－4262678
传真 0536－4265977
网址 www. shine-xinjin. com
邮箱 gxn@ shine-sinjin. com
产品 除渣器系列、造纸机械

实耐格(潍坊)包装有限公司
山东省寿光市西环路
邮编 262702
电话 0536－5211111
传真 0536－5211611
产品 纸芯、纸管

济宁市

济宁新华天机械有限公司
山东省济宁市高新技术开发区机电二路
邮编 272000
电话 0537－2481588、13605371432
传真 0537－2481598
网址 www. xhtjx. com
邮箱 jnxhtjx@ 163. com
产品 筛鼓

济宁安联轻工机械有限公司
山东省济宁市嘉祥经济开发区嘉诚路中段
邮编 272400
电话 0537－3218138、3218139
传真 0537－3218137

网址 www. alqj. com
邮箱 alqj@ alqj. com
alqjx@ 163. com
产品 碎浆机、纤维分离机、粗选机、压力筛、黑液过滤机、纸机流送系统、除渣器、除气器、苛化器

山东高新机械设备有限公司
山东省邹城市经济开发区兴业路 618 号
邮编 273500
电话 0537 - 5342256、5353899
传真 0537 - 5344036
网址 www. gaoxfc. com
邮箱 gaoxfc@ gaoxfc. com
产品 压力筛、除杂器等

昌平集团科技开发公司
山东省邹城市宏达路中段
邮编 273500
电话 0537 - 5296863
产品 疏解泵、中浓泵

泰安市

山东泰安松源网业有限公司
山东省泰安市泰山区省庄工业园九星街 77 号
邮编 271000
电话 0538 - 8332939
传真 0538 - 8332939
产品 造纸用聚酯成形网、双层网、双层半网、聚酯干网、螺旋网、洗浆网、压滤网、造纸铜网

威海市

文登市永飞刀片厂
山东省文登市米山南郑
邮编 264424
电话 0631 - 8872082
产品 涂布、烘缸刮刀

临沂市

山东华源锅炉有限公司
(原山东临沂锅炉厂)
山东省临沂市枣沟头镇永安路 55 号
邮编 276004
电话 0539 - 8164060、8153350
传真 0539 - 8162423
网址 www. lyboiler. com
www. hyboiler. cn
邮箱 hyboiler@ msn. cn
0539glc@ 163. com
产品 固体废弃物焚烧锅炉

沂春机械股份有限公司
山东省临沂市费县胜利街
邮编 273400
电话 0539 - 5221136
产品 纸机、分切机、真空泵

聊城市

聊城诚信造纸技术服务有限公司
山东省聊城市东昌东路 58 号
邮编 252021
电话 0635 - 8315880、8973915
传真 0635 - 8315880
产品 专利技术及设备

山东信和造纸工程股份有限公司
山东省聊城开发区黄河路 26 号
邮编 252000
电话 0635 - 2933333
传真 0635 - 2938333
网址 www. sdxhzz. com
产品 长网、圆网纸机

聊城华林机械有限公司
山东省聊城市凤凰工业园纬一路 8 号
邮编 252000
电话 0635 - 2126008、2126001
传真 0635 - 2126006、2126001
网址 www. cnchanghua. com
邮箱 hmcqin@ 163. com
产品 中高速卫生纸机

山东聊城联舰造纸技术服务有限公司
山东省聊城市东昌府区凤凰工业园富民路 2 号
邮编 252000
电话 0635 - 6969248、13561275265、13646380001
传真 0635 - 6969248
产品 楔斜式压力挤浆机、喷浆式压力纸幅成形器

山东昌华造纸机械有限公司
山东省聊城市凤凰工业园南外环路 178 号

邮编 252000
电话 0635－2128866、2128818
传真 0635－2128877
网址 www.cnchanghua.com
产品 1760～5280 系列文化用纸机、2850～6000 系列长网瓦楞原纸机、2640～4800 系列叠网纸板机、烘缸、气垫式流浆箱、BM 成形器、宽压区压榨

山东茌平鲁丰机械厂
（原茌平县造纸机械厂）
山东省聊城市茌平县城工业区
邮编 252100
电话 0635－4282839、13963006273、15063599901
传真 0635－4282839
产品 除渣器、分浆箱、搅拌罐、碎浆机、校正器、张紧器、振框筛

富尔德－富元制浆造纸机械有限公司
山东省临清市北门里街
邮编 252600
电话 0635－2437377、2437677
传真 0635－2437930
产品 造纸机械

滨州市

山东黄河玻璃钢厂
山东省滨州市阳信县城南
邮编 251800
电话 0543－8231322
产品 除渣器

山东博兴铁龙泵业有限责任公司
（原博兴水泵厂）
山东省滨州市博兴县兴福镇
邮编 256510
电话 0543－2422457、2888863
网址 www.tlby.com.cn
邮箱 xiaoshou@tlby.com.cn
产品 LJ、WLJ 系列纸浆泵、Y 型醪料泵

滨州东瑞机械有限公司
山东省滨州市博兴县曹王镇纬中路 113 号
邮编 256509
电话 0543－2413186、2413189、2300468
传真 0543－2413186
网址 www.bzdrjx.com
产品 中高端纸浆泵系列

山东长星集团有限公司
山东省滨州市邹平县长山镇朱家村
邮编 256206
电话 0543－4852225、4833999
传真 0543－4819128、4833999
产品 真空辊

山东省邹平兴忠光泽缸表面处理厂
山东省滨州市邹平县临池镇望京村
邮编 256200
电话 0543－4537555、13605336222
传真 0543－4537777
网址 www.xingzhongguangzegang.com
产品 各种规格镀铬辊、印花辊等及烘缸修复翻新

山东杰锋机械制造有限公司
山东省滨州市邹平县长山工业园
邮编 256206
电话 0543－4851388
传真 0543－4851918
网址 www.sdjiefeng.com
邮箱 jishaichang@163.com
产品 中高端压力筛、浓缩机

邹平电镀厂
山东省滨州市邹平县临池镇东黄村
邮编 256200
电话 0543－4531538
传真 0543－4531538
产品 电镀烘缸、电镀辊

山东北方造纸机械有限公司
山东省邹平北方起重机设备有限公司
山东省滨州市邹平县临池镇古城村
邮编 256220
电话 0543－4534999、13708946611
传真 0543－4534999
产品 纸机、起重机、烘缸表面处理

邹平鲁伟机械有限公司
山东省滨州市邹平县长山镇开发区
邮编 256206
电话 0543－4859777、13465050999
传真 0543－4819666
网址 www.luweijixie.com
邮箱 luweijixie@163.com
产品 切草机、切竹机、劈木机、剥皮机、削片机

邹平县顺鑫造纸机械有限责任公司
山东捷登机械制造有限公司
山东省滨州市邹平县好生镇工业园
邮编 256219
电话 0543－4502588、13805431944
传真 0543－4504999
网址 www.sdshunxin.com
邮箱 sdzp1944@163.com
产品 制浆成套设备及配件

河　南　省

郑州市

河南轻工业设计院有限公司
河南省郑州市纬四路12号北楼
邮编 450003
电话 0371－65944137、65944125
传真 0371－65944137
网址 www.yqsj78.com
邮箱 hnqgsjy@163.com
业务 造纸工业项目设计、咨询

河南博奥泵业有限公司
河南省郑州市上街区阀门产业园锦江南路
邮编 450041
电话 0371－63279997
传真 0371－63279995
网址 www.suaop.com
邮箱 suaop@126.com
产品 纸浆泵、废水泵、浆渣泵

郑州磊展科技造纸机械有限公司
河南省郑州市新密大隗镇河屯工业区
邮编 452383
电话 0371－69288115、69272219
传真 0371－69271850
网址 www.zzleizhan.com
邮箱 Liujianpo@hotmail.com
产品 制浆设备

河南省弘达造纸设备有限公司
河南省新密市大槐镇河屯工业区
邮编 452383
电话 0371－69272219
传真 0371－69271850
产品 制浆造纸设备

郑州运达造纸设备有限公司
河南省郑州国际机场薛店工业园世纪大道168号
邮编 451162
电话 0371－62586196
传真 0371－62581811
网址 www.zzyuda.com
产品 制浆设备

河南曙光两相流泵厂
（原河南省巩义市两相流泵厂）
河南省巩义市米河镇
邮编 451263
电话 0371－64339559
传真 0371－64338181
网址 www.cnlxl.com
邮箱 cnlxl@cnlxl.com
产品 纸浆泵、废水泵、浆渣泵

郑州非尔特网毯有限公司
河南省新密市袁庄村工业园
邮编 452370
电话 0371－69821471、69875777
传真 0371－69875000
网址 www.hnyn.com
邮箱 3321838@qq.com
产品 造纸毛毯

河南润扬环境科技有限公司
河南省郑州市航海路东段
邮编 450000
电话 0371－86662338
传真 0371－86662338
产品 环保设备及工程安装

河南亚神环保科技有限公司
河南省郑州市金水东路122号
邮编 450000
电话 0371－66832103
传真 0371－66832103
网址 www.hnyshbkjgs.com.cn
邮箱 yashen0371@163.com
产品 环保设备及工程安装

开封市

开封市第四机床厂
河南省开封市城隍庙后街3号
邮编 475001

电话 0378－5696872、5696409
传真 0378－5696500
网址 www. kfdsjcc. com
产品 “两相流”纸浆泵、除渣器、盘磨机、螺旋推进器、水力碎浆机、纤维回收机

安阳市

中国联合装备集团安阳机械有限公司
河南省安阳市长江大道158号
邮编 455000
电话 0372－2160928
传真 0372－2160985
网址 www. ayqj. com
产品 多圆盘过滤机、蒸煮锅、喷放锅、真空洗浆机

安阳鑫炬环保设备有限公司
河南省安阳市汤阴城东工业园
邮编 456150
电话 0372－5527868
传真 0372－5527868
产品 锅炉配套设备

鹤壁市

淇县双盘磨造纸设备厂
河南省鹤壁市淇县铁西工业区袁庄路口
邮编 456750
电话 0392－7271329、7270989
传真 0392－7222118
网址 www. qxspm. com
邮箱 zxm_918@163. com
产品 纸浆高浓磨

新乡市

新乡市金利达化纤有限公司
河南省新乡市封丘县产业集聚区186号
邮编 453300
电话 0373－8252898
传真 0373－8252577
网址 www. jldhx. com
邮箱 jldhxc@163. com
产品 底网造纸毛毯、聚酯螺旋网

新乡市蓝海环保机械有限公司
河南省新乡市新乡县古固寨工业区玉源路
邮编 453700
电话 0373－5795999
传真 0373－5795916
网址 www. lhhbjx. com
邮箱 lhhbjx. @163. com
产品 环保设备

辉县市造纸机械有限公司
河南省辉县市东二环中段
邮编 453600
电话 0373－6883299
产品 造纸机械

新乡市工业泵厂有限公司
河南省新乡市牧野区吕村工业区
邮编 453000
电话 0373－3692900、3692901
传真 0373－3692906
网址 www. xxgybgs. com
邮箱 cnxxgyb@163. com
产品 纸浆泵

新乡工神锅炉有限公司
河南省新乡市北环386号
邮编 453002
电话 0373－2693893
传真 0373－2693717
网址 www. gongshen. cn
产品 工业锅炉

焦作市

焦作市崇义轻工机械有限公司
河南省沁阳市建设南路10号
邮编 454500
电话 0391－5611697、5055120
传真 0391－5611697
网址 www. cyqg. com
邮箱 cyqg1958@163. com
产品 纸机、涂布机

河南省德沁高新辊业有限公司
河南省沁阳市葛村工业区
邮编 454586
电话 0391－5938539
传真 0391－5938539
产品 胶辊包胶

沁阳市第一造纸机械有限公司
河南省沁阳市葛村工业区
邮编 454500
电话 0391－5936384、5936945
传真 0391－5936384
网址 www. qyyj. com. cn
产品 纸机

河南大指造纸装备集成工程有限公司
河南省焦作市武陟县迎宾大道 388 号
邮编 454950
电话 0391－7268787、7268933
传真 0391－7268787
网址 www. dazhipaper. com
邮箱 dazhipaper@ 163. com
产品 化学机械浆生产线，高速纸机、特种纸涂布机

沁阳市运强环保造纸机械厂
河南省沁阳市太行办事处马坡工业区
邮编 454550
电话 0391－5687369
传真 0391－5687369
产品 制浆设备

许昌市

许昌中亚工业智能装备股份有限公司
河南省许昌市延安路 18 号
邮编 461000
电话 0374－3313662
传真 0374－3318978
产品 造纸机械

漯河市

河南省四海工业用呢公司
河南省漯河市人民路 25 号
邮编 462000
电话 0395－2624572
传真 0395－2624572
产品 工业用呢

临颍工业用呢有限公司
河南省漯河市临颍县黄龙工贸城
邮编 462600
电话 0395－8662688
传真 0395－8662688
产品 工业用呢

周口市

河南锦弘网业有限公司
河南省周口市沈丘县沙北工业园区
邮编 466300
电话 0394－5206586
传真 0394－5206586
产品 聚酯干网、螺旋网

河南省华丰网业有限公司
河南省周口市沈丘县工业园区
邮编 466300
电话 0394－5108788
传真 0394－5108588
网址 www. huafeng999. com
邮箱 henanhuafeng999@ 163. com
产品 聚酯干网、螺旋网

驻马店市

驻马店市安装工程有限公司
河南省驻马店市雪松路 16 号
邮编 463000
电话 0396－3813750
传真 0396－3813750
网址 www. zmdaz. com
产品 碱回收设备安装

驻马店市红星网业有限公司
河南省驻马店市文化路西段刘阁工业园
邮编 463000
电话 0396－2873188
传真 0396－2873588
网址 www. zmdhxwy. com
邮箱 hnzmdhxwy@ 163. com
产品 造纸毛毯

湖　北　省

武汉市

武汉船用机械有限责任公司
湖北省武汉市武昌青山区武东街 9 号
邮编 430084
电话 027－68867114、68867018、68867088
传真 027－68867461、68867462

网址 www. wmmp. com. cn
邮箱 whcj@ wmmp. com. cn
产品 浆料推进器

武汉同力机电有限公司
湖北省武汉市洪山区武昌珞狮路 122 号武汉理工大学东院内
湖北省武汉市东西湖九支沟武汉中小企业城内(厂址)
邮编 430070
电话 027 - 82666969、87217887、87877876
传真 027 - 87663469
网址 www. whtem. com
邮箱 tlem@ whtem. com
产品 传动控制

武汉研发张力自动控制有限公司
湖北省武汉市汉口永清路 7 号
邮编 430010
电话 027 - 82410195
传真 027 - 82867573
网址 www. yfzl. com
邮箱 yfzl@ yfzl. com
产品 张力控制装置

武汉中轻机械有限责任公司
(原武汉轻工业机械厂)
湖北省武汉经济技术开发区枫树二路 21 号
邮编 430056
电话 027 - 83832237、84951266、84951286
传真 027 - 83831892
网址 www. cwlm. com. cn
邮箱 whqj@ cwlm. com. cn
产品 聚氨酯成套设备、复合薄膜包装设备

武汉市红桥橡胶厂
湖北省武汉市汉口三眼桥路 155 号
邮编 430015
电话 027 - 82627905、82630814
传真 027 - 82605825
产品 胶辊、密封件、减震制品、耐腐蚀橡胶衬里

武汉市生威自动化工程有限公司
湖北省武汉市江岸区解放公园路 34 号 1 - 2
邮编 430010
电话 027 - 82932923、82932823
传真 027 - 82932923
产品 制浆造纸行业专用仪表、特种阀门

武汉特种锅炉成套设备工程有限责任公司
湖北省武汉市武珞路 586 号江天大厦 12 楼
邮编 430070
电话 027 - 87655853
传真 027 - 87655055
网址 www. whtzgl. com
邮箱 whtzgl@ 263. net. cn
产品 碱回收炉及其系列配套辅助设备

武汉宇通仪表有限公司
湖北省武汉市汉口惠济路 50 号
邮编 430019
电话 027 - 82432896
产品 纸浆浓度变送器

中国轻工业武汉设计工程有限责任公司
湖北省武昌市首义路 176 号
邮编 430060
电话 027 - 88043744
传真 027 - 88043744
网址 www. qgsj. com
邮箱 qgsj@ qgsj. com
业务 工程设计、工程咨询、工程监理

武汉中轻工程设计有限公司
湖北省武汉市新华路 231 号阳光新天地大厦 20 层
邮编 430022
电话 027 - 59526528、59526513
传真 027 - 59526529
网址 www. chinalid. net
邮箱 zqdesi@ chinalid. net
zhaopin@ chinalid. net
业务 工程设计、工程咨询

湖北省轻工业科研设计院
湖北省武汉市汉阳区杨泗港路 1 号
邮编 430052
电话 027 - 84520635、84523440、84520283
传真 027 - 84523440
网址 www. hbqgy. com
邮箱 hbqgy@ 163. com
业务 科研、工程设计、工程监理

武汉金申伦科技发展有限公司
湖北省武汉经济技术开发区佳和馨居 12 - 13
邮编 430056
电话 027 - 84476289
传真 027 - 84476289

邮箱 zhj0725@126. com
产品 造纸相关产品

荆门市

荆门市万泰机械有限公司
湖北省荆门市掇刀区深圳大道 34 号
邮编 448000
电话 0724 - 2447008
传真 0724 - 2447007
网址 www. jmwt. cn
邮箱 hw@jmwt. cn
产品 固体废弃物处理装备

孝感市

应城市恒达工业用呢有限公司
湖北省应城市民营经济园
邮编 432400
电话 0712 - 3251880
传真 0712 - 3251885
网址 www. tcce. cn
www. chang-e. net
邮箱 change@vip. 163. com
产品 造纸毛毯

荆州市

荆州市江海泵业机械有限公司
湖北省荆州市开发区江津东路与红光路交汇处
邮编 434000
电话 0716 - 8311559、8311881
传真 0716 - 8311008、8311881
网址 www. gaokecn. com
邮箱 info@gaokecn. com
tel@gaokecn. com
产品 造纸用泵

沙市轻工机械有限公司
湖北省荆州市汇湖路 21 号
邮编 434000
电话 0716 - 8524393、8524381、4314148
传真 0716 - 8103654、8524375、4314180
网址 www. slmc. com. cn
邮箱 slmc@vip. 163. com
产品 涂布机，制浆、造纸设备

黄冈市

武穴市轻纺机械厂
湖北省武穴市大桥边 136 号
邮编 436401
电话 0713 - 6222689
产品 洗浆机、除尘器

仙桃市

仙桃市华伟造纸机械有限公司
湖北省仙桃市杜台经济开发区 8 号
邮编 433000
电话 0728 - 3206812
传真 0728 - 3206035
网址 www. hwzzjx. com
邮箱 hw@hwzzjx. com
产品 纸机配件、橡胶胶辊

广水市

湖北省风机厂有限公司
湖北省广水市十里河工业区 001 号
邮编 432700
电话 0722 - 6249111
手机 13872855618
传真 0722 - 6249222
网址 www. hbfan. com
邮箱 hbfan777@163. com
产品 纸机真空系统透平风机、废水处理风机

湖　南　省

长沙市

长沙长泰智能装备有限公司
湖南省长沙市湖南环保科技产业园新兴路 118 号
邮编 410117
电话 0731 - 85651518、88238288
传真 0731 - 85570597、88238287
网址 www. chaint. net
邮箱 chaint99@yahoo. com. cn
产品 造纸输送包装设备

湖南正大轻科机械有限公司
湖南省长沙市雨花区洞井镇桃阳村环保科技产业园
邮编 410116
电话 0731 - 82883828
传真 0731 - 82883812

网址 www. zdqk. com
邮箱 cszdjrqc@ vip. sina. com
产品 纸机烘干部通风、干燥系统

中国海诚长沙工程院
中国轻工业长沙设计院
湖南省长沙市雨花区环保科技园新兴路 268 号
邮编 410114
电话 0731 –85770333
传真 0731 –85584415
业务 制浆造纸工程咨询、设计

湖南省轻工纺织设计院
湖南省长沙市向东南路 168 号
邮编 410005
电话 0731 –85152081
传真 0731 –85153047
网址 www. xqfs. cn
业务 制浆造纸工程咨询、设计

长沙市神州机械有限公司
湖南省浏阳市永安制造产业基地纬 1. 5 路
邮编 410323
电话 0731 –83285566
传真 0731 –83204889
网址 www. changsha-cathy. com
邮箱 changsha-cathy@ qq. com
srjsrj@ vip. sina. com
产品 纸机通风设备等

株洲市

株洲新时代输送机械有限公司
湖南省株洲市栗雨工业园 E 区
邮编 412007
电话 0731 –22877833、22877838
传真 0731 –22877822
网址 www. nte. com. cn
邮箱 shusong@ nte. com. cn
产品 链式拉木输送机、剥皮鼓、辊式输送机、皮带输送机、沙石输送机、脱水输送机、木片螺旋输送机

岳阳市

中轻国泰机械有限公司
湖南省岳阳市康王经济开发区
邮编 414000
电话 0730 –8751189
传真 0730 –8751192
网址 www. gtjx. cn
邮箱 yygtj@ guotaijx. com
产品 纸机

广 东 省

广州市

广东省造纸研究所
广东省广州市海珠区新港西路 154 号
邮编 510300
电话 020 –34300599
传真 020 –34301273、34300613
网址 www. gdzaozhisuo. com
产品 离型纸、黏胶带纸、防霉纸、扬声器用黑纸、黑白钢纸、涂布纱面纸、涂布彩纸、湿水胶带纸、无碳复写原纸、水稻育秧纸、唛架纸、电脑绣花纸、食用油滤纸、清新香片、PPE 湿强剂、干强剂、剥离剂、分散松香乳液、脱墨剂

斯普瑞喷雾系统有限公司广州分公司
广东省广州市科学城彩频路 11 号 D 座 302 室
邮编 510045
电话 020 –83546866
传真 020 –83546829
产品 喷嘴

浙江嘉兴亚达不锈钢制造有限公司华南分公司
广东省广州市番禺区南村镇坑头东线路七横路 4 号
邮编 511442
电话 020 –34699222
传真 020 –34699277
网址 www. cnyada. net
产品 不锈钢管件、阀门

广州华工环源绿色包装技术有限公司
广东省广州市科学城科学大道 99 号科汇金谷 C3 栋 1103
邮编 510640
电话 020 –62327808
传真 020 –62327809
网址 www. hghuanyuan. com
邮箱 hghy@ vip. 163. com
产品 纸浆模塑设备

广州广一泵业有限公司
(原广州市第一水泵厂)
广东省广州市科韵南路 133 号

邮编 510320
电话 020 - 66834613、66834616、66834618
传真 020 - 66834619
网址 www.gygcn.com
邮箱 sales@gygcn.com
产品 泵

华南理工大学造纸与污染控制国家工程研究中心
广东省广州市天河区五山路华南理工大学造纸与环境工程楼
邮编 510640
电话 020 - 87112614、87112982
传真 020 - 87113840
网址 www.pperc.com.cn
产品 成形器、技术服务

丹佛斯(天津)有限公司广州办事处
广东省广州市珠江新城花城大道 87 号高德置地广场 B 塔 704 室
邮编 510623
电话 020 - 28348000
传真 020 - 28348001
网址 www.danfoss.com/china
邮箱 guangzhou@danfoss.com
产品 变频器

番禺市沙西造纸机械有限公司
广东省广州市番禺区沙湾镇拱桥路 1 号
邮编 511483
电话 020 - 84732328
产品 碎浆机、分离机、打孔机

川佳机械集团股份有限公司华南办事处
广东省广州市东风西路 233 号
邮编 510180
电话 020 - 83543253
传真 020 - 83543257
产品 内流式压力筛

中国轻工业广州设计工程有限公司
广东省广州市盘福路医国后街 1 号
邮编 510180
电话 020 - 81326513
传真 020 - 81325759
网址 www.gdecn.com
邮箱 gzgs@gdecn.com
业务 工程设计、工程咨询、工程管理

广东省轻纺建筑设计院
广东省广州市东风东路 744 号
邮编 510080
电话 020 - 87621916
传真 020 - 87621911
网址 www.gladi.com.cn
业务 工程设计、工程咨询、工程管理

广州欧克机械制造有限公司
广东省广州市番禺区沙湾镇福龙工业区 2 号
邮编 511483
电话 020 - 84732658
传真 020 - 84734555
网址 www.gz-ok.com
邮箱 sales@gz-ok.com
gz-ok@163.com
产品 包装机、纸品包装机

广州约顿电子科技有限公司
广东省广州市科学城科学大道 182 号创新大厦 C1 栋 1102 室
邮编 510663
电话 020 - 28065028、87303571
传真 020 - 28065018
网址 www.joton-guangzhou.com
邮箱 postmaster@joton-guangzhou.com
产品 恒温恒湿空调机

广州瑞辰盛达生物技术有限公司
广东省广州开发区科学城开源大道 11 号科学城 A1 座 3 楼
邮编 510500
电话 020 - 32203968
传真 020 - 32203392
网址 www.rcsd.com.cn
邮箱 gzrcsd@163.com
产品 聚能酶 TM 纤维改性技术

广州御信机械设备有限公司
广东省广州市天河区东圃镇珠村灵山路珠村十社工业园内
邮编 510620
电话 020 - 82167943、82168513
传真 020 - 82168513
网址 www.xin-square.com
邮箱 grom@21cn.com
产品 高速卷筒纸分切机

奥伯尼国际(中国)有限公司
广东省广州市番禺区桥南街陈涌中荣工业园 H 座
邮编 511400
电话 020 - 34832876
网址 www. albanydoors. com
邮箱 sales. ads. cn@ albint. com
产品 高速卷帘门

国际纸业(广州)包装有限公司
广东省广州市新滘仑头村工业区 2 号
邮编 510320
电话 020 - 34088208
产品 瓦楞纸箱、纸板

广州嘉承纸品有限公司
广东省广州市番禺区兴业路东三横路
邮编 511483
电话 020 - 34732527
产品 瓦楞纸板、纸容器

广州市同昌纸品有限公司
广东省广州市花都区莲塘村
邮编 510800
电话 020 - 36822020
产品 瓦楞纸板、纸箱

广州市浚龙纸业有限公司
广东省广州市番禺区沙湾镇奥林匹克花园文化长廊 64 号
邮编 511400
电话 020 - 34733083、34733080
传真 020 - 34736613
经营 衬纸、环保纸、丝毛棉、稻香纸、纯质纸、莱妮纹、云彩纸、虎皮纹、自在纹、古石纹、色书纸、彩色描图纸、牛油纸

广州市鸣瑞贸易有限公司
广东省广州市中山大道 190 号骏景花园骏翔轩 G1203 室
邮编 510630
电话 020 - 38671842、38671985、38671377
传真 020 - 38671269
经营 双铜纸、单铜纸、白卡纸、双胶纸、白纸板

南蒲纸业广州销售部
广东省广州市芳村区海北西浦
邮编 510378
电话 13829756552
传真 020 - 81419835
经营 有光纸、书写纸、胶版纸、纸杯原纸、卫生原纸

百孚纸业有限公司
广东省增城市新塘镇甘湖工业区
邮编 511340
电话 020 - 82776488
传真 020 - 82774942
经营 特种纸

广州市多宝纸业有限公司
广东省广州市芳村区东教北路茶窖大田仓 3 号
邮编 510370
电话 020 - 81576005
传真 020 - 81593169
经营 印刷纸

韶关市

广东绿洲纸模包装制品有限公司
广东省南雄市全安镇营堡前
邮编 512426
电话 0751 - 3703889
网址 www. sn0601. com
产品 一次性纸盘、一次性纸饭盒、一次性纸托盘、一次性纸碗等

深圳市

深圳光荣机械有限公司
广东省深圳市上梅林梅华路 103 号
邮编 518049
电话 0755 - 83318564、83310794
传真 0755 - 83310783
网址 www. koeiind. com. cn
邮箱 sz_koei@ 126. com. cn
产品 电动执行器

长江机械设备股份有限公司
广东省深圳市沙井镇街道办上寮蚝四南安科技工业园
邮编 518104
电话 0755 - 29887068
产品 卷筒纸分切机、卷筒切纸机、复印纸分切机

深圳市新环机械工程设备有限公司
广东省深圳市福田区彩田南路中深花园 B 栋 2103 室
邮编 518033
电话 0755 - 82997309、82997256
传真 0755 - 82995262、82996258

网址 www. sznecn. com
邮箱 xh@ sznecn. com
产品 机械格栅、除砂机、砂水分离器、滗水器、刮吸泥机、自动溶药投药装置

深圳市联欧贸易发展有限公司
广东省广州市天河北路 616 号金海花园金灏阁 607 室
邮编 510630
电话 0755 –38735296
传真 0755 –38735297
网址 www. euro-me. com
邮箱 euromegz@ euro-me. com
经营 驱动传动系统、液压气动部件、自动化元器件

鸿源实业(深圳)有限公司
广东省深圳市布吉镇上水径恒通工业城 6 栋 2 楼
邮编 518112
电话 0755 –28522294
传真 0755 –28522748
经营 卫生纸、盒装面纸、手帕纸、妇女卫生巾

安兴纸业(深圳)有限公司
广东省深圳市龙岗区同富裕工业园
邮编 518112
电话 0755 –28557320
经营 复印纸、传真纸

深圳市永利隆纸品有限公司
广东省深圳市布吉上李朗莱茵工业城
邮编 518112
电话 0755 –89702138
传真 0755 –89702117
经营 瓦楞原纸、纸箱、彩盒

深圳市悦声纸业有限公司
广东省深圳市龙华镇龙城工业区 12 幢 1 楼
邮编 518109
电话 0755 –27740846
传真 0755 –27741089
经营 花纹纸

元丰纸业(深圳)有限公司
广东省深圳市宝安区松岗镇沙埔围第二工业区
邮编 518105
电话 0755 –27052676
传真 0755 –27052259
经营 瓦楞原纸、牛皮纸

深圳协利纸业有限公司
广东省深圳市宝安区应人石区村外贸轻工业区
邮编 518108
电话 0755 –27625336
经营 瓦楞纸板、纸箱

致昌纸品(深圳)有限公司
广东省深圳市龙岗区白泥坊村横东岭工业区
邮编 518111
电话 0755 –84663188
经营 白纸板、铜版纸

富士达纸品(深圳)有限公司
广东省深圳市龙岗区中浩工业区
邮编 518129
电话 0755 –89600129
经营 卫生纸、纸面巾、纸手帕

珠海市

珠海凌丰机械有限公司
广东省珠海市前山梅溪双龙山工业区
邮编 519070
电话 0756 –8508438
传真 0756 –8532585
网址 www. winfull. cn
www. winfull. com. cn
邮箱 sales@ winfull. com. cn
产品 复卷机、分切机

珠海天力哈希仪器仪表有限公司
广东省珠海市翠微西路 668 号
邮编 519071
电话 0756 –8623616、8610123、13809800007
传真 0756 –8623636
网址 www. teknik. cn
邮箱 teknik9@ 188. com
teknik@ 126. com
产品 流量计、变送器、数显控制仪表

广东天章信息纸品有限公司
广东省珠海市人民东路 125 号工商大厦 19 楼东座
邮编 519002
电话 0756 –2629000
传真 0756 –8157555、2629012
网址 www. tzpaper. com
经营 复印纸、打印纸、传真纸、收银纸

珠海市宏进纸业发展有限公司
广东省珠海市斗门区珠峰大道西富山工业区
邮编 519100
电话 0756－5655777
传真 0756－5652576
经营 瓦楞原纸

汕头市

广东省汕头市国平纸类包装厂有限公司
广东省汕头市光华北二路15号
邮编 515000
电话 0754－88222129
传真 0754－88113762
产品 彩箱、彩盒、纸筒、胶纸

汕头市化建纸业公司
广东省汕头市达濠区达濠西山前
邮编 515071
电话 0754－87380165
传真 0754－87360788
经营 黄纸板、灰纸板、复合纸板、白纸板、双胶印刷纸、热压纸板、书写纸

汕头市中联胜贸易有限公司
广东省汕头市长平路丽涛大厦B座U902室
邮编 515041
电话 0754－88736835、88873996
传真 0754－88736535
网址 www. zlstrade. com
经营 糖纸、轻涂纸、防水单铜纸、牛皮纸、标签纸、玻璃卡纸

佛山市

索戴包装(佛山)有限公司
广东省佛山市南海区牡丹灶镇横江环保工业园
邮编 528216
电话 0757－85445688、85407817
传真 0757－85443278
网址 www. stek. cn
邮箱 afbi007@ vip. 163. com
产品 塑钢带、打包机

佛山安德里茨技术有限公司
广东省佛山市禅城区城西工业区天宝路9号
邮编 528000
电话 0757－82969257
传真 0757－82969209
产品 制浆造纸设备

德昌誉机械制造有限公司
广东省佛山市南海区罗村大桥南侧镇岐岗工业区内
邮编 528227
电话 0757－86435166、86435177、86435188
传真 0757－86435199
网址 www. dechangyu. com
邮箱 master@ dechangyu. com
产品 卫生纸加工设备

顺德区光阳包装机械有限公司
广东省佛山市顺德区北滘镇碧江工业区1号
邮编 528311
电话 0757－26636485
产品 纸箱、纸品包装机械

佛山市精拓机械设备有限公司
广东省佛山市顺德陈村镇赤花工业区4路南2号
邮编 528313
电话 0757－23301128
传真 0757－23301128
网址 www. jingtuo. net
邮箱 jt2007best@ 163. com
产品 卷筒纸包装机

宝索机械制造有限公司
广东省佛山市南海区平洲夏南一工业区
邮编 528252
电话 0757－86763798、82777529、86799938
传真 0757－86785529
网址 www. baosuo. com. cn
邮箱 master@ baosuo. com
产品 生活用纸设备

宝拓造纸设备有限公司
广东省佛山市南海区平洲夏南一工业区
邮编 528251
电话 0757－81273377
产品 生活用纸设备

佛山市南海区新力机械制造有限公司
广东省佛山市南海区狮山科技工业园C区恒兴北路7号
邮编 528226
电话 0757－86688191、86688182、86688183、86688184
传真 0757－86688186
网址 www. nhxinli. com

邮箱 master@ nhxinli. com
产品 生活用纸设备

江门市

新会远东网厂有限公司
新会中兴造纸网厂
广东省江门市新会区会城镇城东工业开发区
邮编 529100
电话 0750 - 6100456
传真 0750 - 6126202
网址 www. tianjian-china. com
产品 聚酯成形网、干网

开平市宏兴造纸机械厂
广东省开平市水口镇台山路段
邮编 529321
电话 0750 - 2732222、2718889、2996619、2732838
传真 0750 - 2726619
产品 磨浆机、磨片、碎浆机、筛浆机、筛、脱墨机、洗浆机、纤维分离机、浆池推进器、除砂机

江门晶华轻工机械有限公司
广东省江门市东升路 138 号
邮编 529000
电话 0750 - 3065011、3979999
传真 0750 - 3565002
网址 www. jm-jinghua. com
邮箱 3979999@ jmjhqj. com
产品 各类型号的造纸设备和备品备件

湛江市

广东伟兴机械制造有限公司
(原东莞市伟兴造纸机械有限公司)
广东省湛江市坡头区麻坡路
邮编 524057
电话 0759 - 3957098
产品 造纸设备

东莞市

东莞佳鸣机械制造有限公司
广东省东莞市沙田镇民田工业区
邮编 523991
电话 0769 - 88862099、88866210、88864360、88688201
传真 0769 - 88862066
网址 www. jumping. com
邮箱 jumping@ jumping. com. cn
产品 卫生纸机及后加工设备

东莞市业兴网毯有限公司
广东省东莞市高埗镇护安围
邮编 523279
电话 0769 - 88731749、88734262
传真 0769 - 88737340
网址 www. dgyexing. com
邮箱 yxwf1991@ 163. com
产品 造纸毛毯、特种工业用呢、电热衬毯、螺旋网、聚酯网

东莞市中堂镇金峰造纸机械厂
广东省东莞市中堂镇中兴路悦和街 5 巷 21 号
邮编 523220
电话 0769 - 88895138
产品 制浆造纸专用通用设备、水力碎浆机、纤维热碎解机、双圆盘磨浆机、纤维分离机、压力筛、除渣器等

东莞市兴发纸业(贸易)有限公司
广东省东莞市万江区万兴路
邮编 511717
电话 0769 - 22282516
传真 0769 - 22177603
经营 文化用纸、包装纸

中山市

中山市中侨纸业有限公司
广东省中山市东区东苑路 62 号
邮编 528403
电话 0760 - 88286098、88290298
传真 0760 - 88286089
网址 www. zhongqiao. net
邮箱 zhongqiao@ china. com
经营 复合金银卡纸、紫外光防伪卡纸、珠光卡纸、玻璃卡纸

潮州市

潮州市海博机械有限公司
广东省潮州市永护路 4 号
邮编 521011
电话 0768 - 2356894
产品 中浓液压磨浆机，中低压力容器，废水处理设备

广西壮族自治区

南宁市

广西轻工业科学技术研究院
广西壮族自治区南宁市国家经济技术开发区迎凯路8号
邮编 530031
电话 0771－4518909
传真 0771－4518912
网址 www.gxqgy.com
邮箱 gx-qgy@qq.com
业务 科研、设计

广西壮族自治区国营林场开发公司
广西壮族自治区南宁市东葛路107号
邮编 530022
电话 0771－5633460、5633461
传真 0771－5633460
产品 原木、板材

中国轻工业南宁设计工程有限公司
广西壮族自治区南宁市星光大道42号
邮编 530031
电话 0771－4800448、4800493
传真 0771－4830802、4800493
网址 www.zqnn.cn
邮箱 cnec@vip.163.com
业务 制浆造纸工程咨询、设计、监理和总承包

南宁市庆维造纸设备有限公司
广西壮族自治区南宁市良庆区银海大道西四里六巷20号
邮编 530200
电话 0771－4503343
传真 0771－4505353
产品 高浓磨浆机，高、低浓或D型水力碎浆机，立、卧推进器，中、低浓抽浆泵，除砂器，压滤机，压力筛，文化用纸机，卫生纸机，塑料网槽，压力成形器以及二手造纸机设备

广西横县华宇工贸有限公司
广西壮族自治区南宁市六景工业园区
邮编 530313
电话 0771－7265998、7372132
传真 0771－7265998、7371038
网址 www.gxhyzy.com
产品 五色有光纸、高级卫生纸

南宁市乖仔工贸有限责任公司
广西壮族自治区南宁市福建路15－1号（江南区政府对面巷直入）
邮编 530031
电话 0771－4885918、4885968、4885998
传真 0771－4885968
网址 www.nngzgm.com
邮箱 1195173656@qq.com
经营 生活用纸、纸巾、纸盒

柳州市

永丰利机械刀片有限公司
广西壮族自治区柳州市柳邕路二区3号
邮编 545005
电话 0772－3224776
传真 0772－3226174
产品 打浆机、切纸机刀片、各种刀片

梧州市

瑞典FORITECAB造纸咨询公司中国办事处
广西壮族自治区梧州市西堤三路1号21座703单元
邮编 543002
网址 www.foritec.com
业务 工程咨询、技术咨询

玉林市

广西玉林市江南造纸器材经营部
广西壮族自治区玉林市城站路17号
邮编 537001
电话 0775－3825202、13907756395
经营 造纸器材

重庆市

重庆造纸工业研究设计院
重庆市南岸区茶园新区蔷薇路26号
邮编 401336
电话 023－63862408
传真 023－63609345
网址 www.cqzzyjy.com
邮箱 cqzz666@163.com
业务 科技服务、咨询服务、生产玻璃纤维纸系列产品和特种工业用纸

四　川　省

成都市

成都工业用呢总厂
四川省成都市青羊区文家
邮编 610091
电话 028－87074323、87074901
传真 028－87074901
产品 工业用呢

四川环龙技术织物有限公司
四川省成都市温江区成都海峡两岸科技产业开发园新华西路519号
邮编 611130
电话 028－82782682
传真 028－82782615
网址 www. hl-cd. cn
邮箱 huanlong_ sale@ vanav. cn
产品 压榨毛毯

成都拓世达科技有限公司
四川省成都市武侯区洗面桥街22号12楼6号
邮编 610041
电话 028－85537128、85537138
传真 028－85571538
产品 变频器、纸机传动设备

成都希望森兰变频器制造有限公司
四川省成都市西南航空港经济开发区机场路181号
邮编 610225
电话 028－85964751、85960127、85963211
传真 028－85962488
网址 www. chinavvvf. com
邮箱 markd@ chinavvvf. com
产品 变频器

四川天一科技股份有限公司
四川省成都市外南机场路近都段87号
邮编 610225
电话 028－85961873、85964843、85881771、85965341
传真 028－85884502、85881909、85884329
网址 www. tianke. com
邮箱 zjb@ tianke. com
wuke@ tianke. com
产品 制氮机、制氧机、浓缩乙烯、提纯氢气、提纯一氧化碳、提纯二氧化碳

四川省纸联浆纸有限公司
四川省成都市福兴街30号
邮编 610016
电话 028－86754023
传真 028－86740587
经营 造纸纤维原料及专、辅材料

四川省都江堰华西轻工机械有限责任公司
四川省都江堰市灌温路78号
邮编 611830
电话 028－87284625
传真 028－87283997
产品 真空泵、浆泵

绵阳市

奥科工控技术开发有限公司
四川省绵阳市绵兴路西段40号
邮编 621000
电话 0816－2531108
传真 0816－2543272
产品 ZNS－纸浆浓度实时控制仪、特殊防腐型ZNS－纸浆浓度控制仪

绵阳同成智能装备股份有限公司
四川省绵阳市高新区火炬东街47号
邮编 621000
电话 0816－2536111、2531333
传真 0816－2543408
网址 www. tchngh-tec. com
产品 制浆造纸、化工、电厂、垃圾处理等行业生产过程自动化控制

绵阳星恒节能环保有限公司
四川省绵阳市梓潼县城外北街92号
邮编 622150
电话 0816－8212197、8260288
传真 0816－8212219
网址 www. myxingheng. com
邮箱 xh@ myxingheng. com
产品 蒸汽回收、除尘

四川高达科技有限公司
四川省绵阳市游仙区绵山路64号
邮编 640000
电话 0816－2489999、800－8861199
传真 0816－2281210
网址 www. scgdkj. com

邮箱 gd@ scgdkj. com
产品 自动化技术

内江市

四川省资中县隆升机械有限公司
(原资中轻工机械厂)
四川省内江市资中县城区永兴路 28 号
邮编 641200
电话 0832 – 5510532、5529418
传真 0832 – 5529419
网址 www. zzlsjx. com
邮箱 zzlsjx@ 163. com
产品 制浆设备、黑液及中段废水处理设备，城市生活污水处理设备，中小型制糖设备的设计、制造和研发

乐山市

乐山市泰辉机械制造有限公司
四川省乐山市高新技术开发区东高路 4 号
邮编 614000
电话 0833 – 2595661
传真 0833 – 2595038
产品 纸板机、浆板机、文化用纸机、涂布机、压光机

四川井研轻工机械厂
四川省乐山市井研县研城镇和平街 114 号
邮编 613100
电话 0833 – 3715668、3712312
传真 0833 – 3711459
产品 新闻纸机、文化用纸机、特种纸机、浆板机、箱纸板机、瓦楞原纸机、涂布白纸板机、涂布白卡纸机、纸机后续整饰完成设备

宜宾市

四川省宜宾市造纸旋转接头厂
四川省宜宾市青年街 5 号
邮编 644000
电话 0831 – 8223747
传真 0831 – 8224270
产品 旋转接头、密封件

宜宾长江造纸仪器厂
四川省宜宾市马鞍石
邮编 644004
电话 0831 – 3601740
产品 造纸检测仪器

宜宾市纺织器材厂
四川省宜宾市南岸蜀南大道西段 5 号
邮编 644002
电话 0831 – 2382278
传真 0831 – 5193308
产品 聚四氟乙烯密封件、机械密封圈、管套、轴套、复卷机轴承、烘缸旋转进汽接头、蒸球进汽和喷放接头

中国联合装备集团宜宾机械有限公司
四川省宜宾市宜宾县城北新区
邮编 644600
电话 0831 – 6233668、6233518、6233528
传真 0831 – 6233669
网址 www. zlzbyb. com. cn
邮箱 ybzjc8245@ 163. com
产品 文化用纸机、包装纸机、卫生纸机、箱纸板机、浆板机和特种纸机

贵 州 省

遵义市

凤冈县天河纸业股份合作公司
贵州省遵义市凤冈县龙泉镇
邮编 564200
电话 0858 – 5222597
产品 造纸机械及行业设备、纸加工机械

云 南 省

昆明市

昆明轻工业机械厂
云南省昆明市西郊大普吉
邮编 650102
电话 0871 – 8307251
产品 造纸设备、碱回收机、压力容器

云南省轻纺工业设计院
云南省昆明市东风东路 169 号
邮编 650041
电话 0871 – 3315932
传真 0871 – 3315482
业务 工程设计、咨询、承包

玉溪市兴伦纸业有限公司
云南省玉溪市
邮编 653100

电话 0877－2050233
产品 纸箱

陕　西　省

西安市

中国轻工业西安设计工程有限责任公司
陕西省西安市东关柿园路222号
邮编 710054
电话 029－82497399、82477822
传真 029－82487813、82487815
网址 www.haisum-xa.com
邮箱 webmaster@haisum-xa.com
业务 工程设计、咨询

美卓造纸机械技术(西安)有限公司
陕西省西安市阿房四路
邮编 710086
电话 029－84363218、84363155
传真 029－84363000、84363433
网址 www.mesto.com
产品 高级文化用纸机、无碳复写原纸机、新闻纸机、涂布纸板机、挂面纸板机、薄页纸机

西安中轻造纸机械集团公司
陕西省西安市阿房四路6号
邮编 710086
电话 029－84363019、84363428、8436410
传真 029－84363418
网址 www.xianpm.com
邮箱 xianpm@xianpm.com
产品 纸机、纸板机

轻工业西安机械设计研究所
陕西省西安市阿房四路6号
邮编 710086
电话 029－84363407、84369596
传真 029－84369035
网址 www.xaqys.com
产品 全自动纸箱封箱机、圆孔打孔机

凯德(西安)造纸机械织物有限公司
陕西省西安市长安区马王街办
邮编 710115
电话 029－85850701、85850750
传真 029－85851282
产品 聚酯网

斯普瑞喷雾系统有限公司西安办事处
陕西省西安市二环南路西段88号老三届世纪星大厦9D
邮编 710065
电话 029－88310727、88312157
传真 029－88310337
网址 www.spray.com.cn
邮箱 xian@spray.com.cn
产品 喷嘴

西贝胶辊有限公司
陕西省西安市西郊阿房四路
邮编 710086
电话 029－84623445
传真 029－84514448
网址 www.xianpm.com
产品 造纸胶辊

西安维亚造纸机械有限公司
陕西省西安市三桥老街146号
邮编 710086
电话 029－84517451
传真 029－84517451－803
网址 www.wyjx.com
邮箱 weiya500@sina.com
产品 70～1200米/分不同车速的水力式、气垫式、开启式流浆箱

陕西科技大学造纸环保研究所
陕西省西安市未央区大学园
邮编 710021
电话 029－86168229
传真 029－86168230
网址 www.susthbs.com
邮箱 susthbs@126.com
经营 造纸工业废水生物处理技术及设备、废水深度处理及回用技术和设备

西安力源光电科技有限责任公司
陕西省西安市高新区科技二路77号西安光电园A209
邮编 710075
电话 029－88452568
传真 029－88452578
网址 www.xalygd.cn
邮箱 xalygd95@126.com
产品 DCS、QCS控制系统

陕西欧润造纸机械有限公司
陕西省西安市雁塔区鱼化工业园三排 1 号
邮编 710077
电话 029 – 84686114、84217343
传真 029 – 84686114
网址 www. all-run. com
产品 脱水元件、张紧器、校正器

咸阳市

咸阳通达轻工设备有限公司
(原陕西科技大学机械厂)
陕西省咸阳市人民西路 49 号
邮编 712081
电话 029 – 33617016，400 – 698 – 9690
传真 029 – 33617775
网址 www. tdqg. cn
邮箱 xy3361@ 163. com
产品 实验蒸煮器、蒸煮小群罐、漂洗机、筛浆机、实验室打浆机、PFI 磨浆机、打浆度测定仪、纸页成形器、纸页压榨机、实验纸机、水力碎浆机、浮选脱墨机、纤维筛分仪、纤维标准疏解机、离心脱水机、回转干燥机

陕西西微测控工程有限公司
陕西省咸阳市沈兴北路 2 号众亿温泉大厦 1208 室
邮编 712000
电话 029 – 33577113
传真 029 – 33577920
网址 www. xiweigroup. com
邮箱 qywjs@ 163. com
wtang906@ 163. com
业务 制浆造纸行业测控系统研发、工程服务及成果推广，可为浆纸企业提供整机全集成自动化解决方案

陕西科达电气有限公司
陕西省咸阳市人民西路明远华庭 B 座
邮编 712000
电话 029 – 38100692
传真 029 – 38100693
网址 www. kedadq. com
产品 造纸机的变频传动、复卷机的传动控制、DCS 和 QCS

汉中市

陕西省汉中聚贤日化产品商贸有限公司
陕西省汉中市西环路民航路
邮编 723000
电话 0916 – 2237171
传真 0916 – 2237171
经营 纸张、纸制品

商洛市

商洛市华阳造纸专利技术有限公司
陕西省商洛市商州区南门路 28 号
邮编 726000
电话 0914 – 2320526
传真 0914 – 2391666
网址 www. slhyzz. com
产品 耐腐漂液阀、真空液氯旋转混合器、除胶脱墨剂、除胶剂等

甘　肃　省

兰州市

甘肃省轻工业科研所
甘肃省兰州市玉泉路 162 号
邮编 730000
电话 0931 – 8126511、8126518
业务 工程设计、工程咨询

耐驰(兰州)泵业有限公司
甘肃省兰州高新技术产业开发区刘家滩 506 号
邮编 730010
电话 0931 – 8555000
传真 0931 – 8556650
网址 www. netzsch. com. cn
邮箱 info@ nlp-netzsch. com. cn
产品 单螺杆泵

国内造纸化学品企业名录

Directory of Domestic Papermaking Chemicals Enterprises

北　京　市

北京奥森特化学工程技术有限公司
北京市东城区东直门南大街 9 号华普花园 C 座 705 室
邮编 100007
电话 010 - 84094975、84094976
传真 010 - 84094835
网址 www. au-wissens. com
邮箱 info@ au-wissens. com
产品 工业清洗剂、冷却水处理剂、杀菌除藻剂、絮凝剂、重金属离子析出剂

陶氏化学(中国)投资有限公司北京分公司
北京东城区东长安街 1 号东方广场东方经贸城西三办公室
邮编 100738
电话 010 - 85279199
传真 010 - 85279299
网址 www. dow. com/greaterchina/ch
产品 丁苯胶乳、造纸用杀菌剂

恩赛华垦(北京)科技有限公司
北京市西城区阜成门外大街 37 号国侨宾馆 416 室
邮编 100037
电话 010 - 88360919
传真 010 - 88367023
网址 www. ensaibio-tech. com
邮箱 business@ ensail. com
产品 RAP 强效型中性施胶剂、SAA 表面施胶剂、阳离子松香胶、改性松香胶、ASA 专用乳化剂、高分子松香专用乳化剂

北京中粮集团生化能源事业部
北京市朝阳区朝阳门南大街 8 号中粮福临门大厦
邮编 100020
电话 010 - 65276688
传真 010 - 65278866
网址 www. cofco. com
邮箱 bcbe@ cofco. com
产品 玉米淀粉、L 乳酸

杜邦中国北京分公司
北京市朝阳区建国路 91 号金地中心 A 座 18 层
邮编 100022
电话 010 - 85571000
传真 010 - 85571888、85571999
网址 www. dupont. com
产品 纸浆、纸张防油剂，化工制剂

北京兴美亚化工有限公司
北京市朝阳区亚运村安惠东里 16 号楼 506 室
邮编 100101
电话 010 - 64980603
代理 罗地亚、陶氏化学等公司助剂

巴斯夫(中国)有限公司北京分公司
北京市朝阳区麦子店街 37 号盛福大厦 15 层
邮编 100026
电话 010 - 65876666
传真 010 - 65876789
网址 www. greater-china. basf. com
产品 化学品、功能性聚合物、特性化学品、聚氨酯

万源荷田生物化工有限公司
北京市建国门外大街 19 号国际大厦 16 层 1605 室
邮编 100004
电话 010 - 85262436、85262438
传真 010 - 85261607
网址 www. wanyuanhetian. com
邮箱 info@ wanyuanhetian. com
产品 马铃薯、红薯淀粉

北京清大联创科技有限公司
北京市清华大学科技园学研大厦 A 座 907 室
邮编 100084
电话 010 - 62773693
传真 010 - 62792309
网址 www. tsingcrea. com. cn
邮箱 tsingcrea@ 126. com
产品 表面增强施胶剂、脱墨剂、液体荧光增白剂

北京信汇科技有限公司
北京市海淀区中关村东路 1 号院搜狐网络大厦 406 室
邮编 100084
电话 010 - 82151129
传真 010 - 82151139
网址 www. cenway. com
邮箱 dyestuff@ cenway. com
产品 液体荧光增白剂、直接染料、酸性染料

诺维信(中国)
北京市海淀区上地信息路 14 号
邮编 100085
电话 010 - 62987888
传真 010 - 62981281

网址 www. novozymes. com
邮箱 pzho@ novozymes. com
产品 造纸工业酶制剂等

北京红星淀粉厂
北京市海淀区 5102 信箱 75 号
邮编 100094
电话 010－66767084、62457921
传真 010－62881197
产品 氧化淀粉

北京达瑞森化工有限责任公司
北京市通州区永乐店工业开发区东路 1 号
邮编 101105
电话 010－69564430
传真 010－69564437
网址 www. chinapam. cn
邮箱 daruisen4430@ 126. com
产品 聚丙烯酰胺粉末状(液状)絮凝剂、造纸分散剂、纸张增强剂、助留助滤剂

北京市恒聚油田化学剂有限公司
北京市通州区漷县工业开发区
邮编 101109
电话 010－80589588
传真 010－80585511、80587077
网址 www. hengju. com. cn
邮箱 jianglixin@ hengju. com. cn
hengju@ hengju. com. cn
产品 助留助滤剂、增强剂、聚合氯化铝、絮凝剂、聚丙烯酰胺

亚什兰集团北京天使专用化学技术有限公司
北京市通州工业开发区广源东街 2 号
邮编 101114
电话 010－61566998、61502702、61506173
传真 010－61503113
网址 www. ashland-bj-tianshi. com
邮箱 tianshi@ ashland. com
产品 助留助滤剂、纸张干强剂、还原性漂白剂、消泡剂、除气剂、多功能水质稳定剂、絮凝剂

北京昌化精细工厂
北京市昌平区阳坊镇 1043 信箱
邮编 102205
电话 010－69760243
传真 010－69760244
网址 www. bjchjxhgc. com
邮箱 jianhua@ kaboshuzhi. com
产品 卡波树脂增稠剂、防腐杀菌剂、消泡抑泡剂

北京天擎化工有限责任公司
北京市平谷区新平南路 126 号
邮编 101200
电话 010－89983180、89982440
传真 010－89989252、89989251
网址 www. tianqing. com. cn
邮箱 tqche@ public. bta. net. cn
产品 纸浆防腐剂、造纸污泥及沉淀物控制剂、纸机系统清洗助剂、造纸网毯保洁剂、浆块及树脂障碍控制剂

北京市化工建材厂
北京市密云县城北
邮编 101500
电话 010－89031991
传真 010－89031992
产品 超细碳酸钙

天　津　市

天津新研化学科贸有限公司
天津市河西区浦口道南浦大厦 2－902 室
邮编 300203
电话 022－23023628、23028938
传真 022－23062515
网址 www. shikoo. com
邮箱 sale@ shikoo. com
产品 防腐杀菌剂、涂布消泡剂、分散剂、润湿剂

天津市合成材料工业研究所
天津市河西区洞庭路 29 号
邮编 300220
电话 022－28341651、28347200
传真 022－28340113
网址 www. tsmri. cn
邮箱 tsmri@ vip. 163. com
产品 阳离子表面施胶剂、阳离子中性施胶剂、湿强剂等

天津市中兴天泰科技发展有限公司
天津市大港区霞光路 42 号
邮编 300270
电话 022－63100717
传真 022－63100717
邮箱 tjzxtt@ sina. com

产品 多硫化钠蒸煮助剂、防腐杀菌剂

天津市奥东化工有限公司
天津市津南区白万路新桥建明西工业小区
邮编 300350
电话 022－88823089、88823270
传真 022－88823078
网址 www. tjaodong. com
邮箱 wianchengjie@ tom. com
产品 荧光增白剂、阳离子/阴离子松香施胶剂、表面施胶剂、AKD 中/碱性施胶剂、干/湿强剂、脱墨剂、颜料分散剂、显白剂

天津市尤奈特科技发展有限公司
天津市南开区华苑产业区物化道 2 号 A 座 3065 室
邮编 300384
电话 022－83715699
传真 022－83715699、23728608
网址 www. tjyounaite. cn. alibaba. com
产品 防水剂、纸箱防潮剂、阻燃剂、特种纸防油剂、杀菌灭藻剂

天津市雄冠科技发展有限公司
天津市北辰区大张庄镇二闫庄村九园公路南
邮编 300405
电话 022－86852685、86852666
传真 022－86852381
网址 www. xgkj. com
产品 废纸脱墨剂、造纸毛毯清洁剂、消泡剂 GPS 系列、抑泡剂 PS 系列

中海油天津化工研究设计院
天津市红桥区丁字沽三号路 85 号
邮编 300131
电话 022－26374929、26370175、26647736
传真 022－26689070、26689067
网址 www. trici. cn
邮箱 trici@ trici. cn
产品 分散剂、絮凝剂、清洗剂、杀菌剂

天津达一琦精细化工有限公司
天津经济技术开发区汉沽现代产业园区翠薇街 8 号
邮编 300480
电话 022－67162002、67162028、67162018
传真 022－67162001、67162027
网址 www. dai-ichi. com. cn
邮箱 webmaster@ dai-ichi. com. cn
产品 造纸助剂、脱墨剂、表面活性剂

河 北 省

石家庄市

石家庄天源淀粉衍生物有限公司
河北省石家庄市高新技术开发区昆仑大街 55 号
邮编 050035
电话 0311－87786216
传真 0311－87770584
网址 www. tianyuanjia. com
产品 涂布剂等系列淀粉衍生物产品

石家庄通力化学品有限公司
河北省石家庄市红旗大街南头 59 号
邮编 050051
电话 0311－83823893
传真 0311－83823893
邮箱 info@ tonglichem. com
产品 湿强剂，助留增强剂，AKD 中、碱性施胶剂，消泡剂等

石家庄市乔多造纸化工助剂有限公司
河北省石家庄市新华区联盟东路 3 号
邮编 050061
电话 0311－87721245
传真 0311－87709314
网址 www. qiaoduo. com
产品 湿强剂、漂白助剂、助留剂、消泡剂、分散剂、荧光增白剂 VBL 等

石家庄天宏伟业贸易有限公司
河北省石家庄市联盟西路高东街 115 号
邮编 050061
电话 0311－87735240
传真 0311－87735240
邮箱 jintianhong@ sohu. com
产品 废纸脱墨剂、毛毯清洗剂、助留助滤剂、阳离子淀粉、分散剂、湿强剂等

石家庄市旺纸科技有限公司
河北省石家庄市工农路 578 号
邮编 050081
电话 0311－86782869
传真 0311－83993905
网址 www. wangzhitech. com
邮箱 sales@ wangzhitech. com
产品 表面施胶剂、中性胶、高效助留剂

河北星宇化工有限公司
河北省鹿泉市石井滨河路中段
邮编 050200
电话 0311－82012958、82016547
传真 0311－82017132
网址 www.xingyuchem.com
邮箱 sales@xingyuchem.com
产品 荧光增白剂及其中间体系列、碱性染料及其中间体系列、二氧化硫脲

石家庄市三星钙业有限公司
河北省石家庄市井陉县北固底工业区
邮编 050300
电话 0311－82359777
传真 0311－82359555
网址 www.sxgy.net
邮箱 sjzssxgy@163.com
产品 轻质碳酸钙、轻质活性碳酸钙、沉淀碳酸钙

石家庄市凯桥助剂有限公司
河北省石家庄市赵县大夫庄勤劳开发区
邮编 051531
电话 0311－84880117
传真 0311－84880407
网址 www.kaiqiao.cn
邮箱 sjzkaiqiao@126.com
产品 AKD 胶乳、中性胶、湿强剂、高分散松香胶、助留增强剂、蜡乳液、消泡剂

河北省晋州市前进化工厂
河北省晋州市总十庄镇经济开发区
邮编 052260
电话 0311－84301322
传真 0311－84301322
产品 中性施胶剂、高分散松香胶、湿强剂、助留增强剂、蜡乳液

晋州市富强精细化工有限公司
河北省晋州市后彭头工业开发区
邮编 052260
电话 0311－84357066
传真 0311－84359666
网址 www.cellulose-cn.com
邮箱 fuqiang@cellulose-cn.com
产品 非离子型纤维素醚、阳离子醚化淀粉、表面施胶淀粉、磷酸酯淀粉、增强助留剂

河北省晋州市大成变性淀粉有限公司
河北省晋州市后彭头工业开发区
邮编 052260
电话 0311－84359111
传真 0311－84319239
网址 www.jzsdachengdianfen.cn
产品 氧化淀粉、阳离子淀粉、表面施胶剂、助留剂、蜡乳液等

晋州市三木助剂纸品厂
河北省晋州市总十庄镇东台工业开发区
邮编 052260
电话 0311－84301148
传真 0311－84301138
网址 www.akd.cc
邮箱 zhaoliping668@163.com
产品 AKD 蜡粉、AKD 中性施胶剂、PAW 湿强剂、助留剂、烘缸剥离剂等

晋州万达纸业材料有限公司
河北省晋州市总十庄镇工业区
邮编 052261
电话 0311－84301296
传真 0311－84301296
网址 www.wandazhiye.cn
邮箱 wandazhiye@sogou.com
产品 中性施胶剂、PAE 湿强剂、AKD 乳液、阳离子松香胶、阳离子松香胶乳化剂

唐山市

唐山市双兴造纸助剂有限公司
河北省唐山市玉田县城西大街 2400 号
邮编 063000
电话 0315－6581978
传真 0315－6166838
产品 粉状强化松香造纸施胶剂、助留助滤剂

唐山奥东化工有限公司
河北省唐山市唐海县孙家林北
邮编 063200
电话 0315－8713056、8711511
传真 0315－8711512
网址 www.oba.cn
邮箱 adk100@tom.com
产品 荧光增白剂，阴离子松香系列中性施胶剂，阳离子松香系列施胶剂，AKD 中、碱性施胶剂

河北省唐山市新大禹水科技开发中心
河北省唐山市玉田县鸦鸿桥北 1 公里路西
邮编 064110
电话 0315 - 6466128
传真 0315 - 6466128
邮箱 san@ 126. com
产品 助留助滤剂、毛毯清洗剂、湿强剂、脱墨剂、消泡剂、分散松香胶、荧光增亮剂

唐山天盈化工有限公司
河北省唐山市古冶区京华中道
邮编 063100
电话 0315 - 3533257、3530191
产品 超细碳酸钙

秦皇岛市

秦皇岛金佳絮凝剂有限公司
河北省秦皇岛市高新经济技术开发区六盘山路 14 号
邮编 066004
电话 0335 - 8017709、8017706
传真 0335 - 8500609
网址 www. jinjiaxnj. com
邮箱 jinjiaxnj@ 163. com
产品 羟丙基瓜尔胶、聚丙烯酰胺助留剂、助滤剂

邯郸市

河北信佳生物淀粉科技有限公司
河北省邯郸市成安工业区聚良大道 4 号
邮编 056700
电话 0310 - 5231201、5231206
传真 0310 - 5231200
网址 www. china-xinjia. com
邮箱 business@ china-xinjia. com
产品 复合改性淀粉辅料(造纸表面施胶机)、阳离子改性淀粉辅料(造纸浆内添加及涂布)

邢台市

沙河市造纸瓷土厂
河北省沙河市机场路东端路北
邮编 054100
电话 0319 - 8804585、8801192
传真 0319 - 8803080
邮箱 lijsh8888@ sina. com. cn
产品 瓷土

沙河市矿产品加工厂
河北省沙河市桥东大街
邮编 054100
电话 0319 - 8802504
产品 涂布瓷土、超细碳酸钙

保定市

河北省徐水县双圆纤维素厂
河北省保定市徐水县漕河镇河西工业区
邮编 072556
电话 0312 - 8502406
传真 0312 - 8505589
产品 羧甲基纤维素、羧甲基淀粉、变性淀粉、氧化淀粉、阳离子淀粉等

河北阳光精细化工有限公司
河北省保定市漕河 41 号信箱
邮编 072556
电话 0312 - 8502325、8505605
传真 0312 - 8505606
网址 www. sunlight-chen. com
产品 造纸防腐杀菌剂

沧州市

河北省沧州康宏化工有限公司
河北省沧州市献县河街支路 8 号(老化肥厂院内)
邮编 062250
电话 0317 - 4601666、4601777
传真 0317 - 4601111
网址 www. kanghongchem. com
邮箱 khplm106@ 126. com
产品 羟基丁苯胶乳、丁二烯、苯乙烯、丙烯酸

河北省威尔化工有限公司
河北省河间市束城工业园区威尔大街 23 号
邮编 062450
电话 0317 - 3219668、3219588
传真 0317 - 3219778
网址 www. hbweir. com
邮箱 hbweir@ hbweir. com
产品 改性造纸施胶剂、湿强剂、干强剂

任丘市华洋化工有限公司
河北省任丘市北环路开发区
邮编 062549
电话 0317 - 2281626

传真 0317－2250458
邮箱 rqhuayang@163. com
产品 消泡剂、中性施胶剂、荧光增白剂、增强剂、湿强剂等

任丘市万方化工有限公司
河北省任丘市辛安庄工业区
邮编 062555
电话 0317－2225851、2913996
传真 0317－2212299、2913788
网址 www. rqwanfanghuagong. com
邮箱 webmaster@rqwanfang. com
wanfanghuagong@163. com
产品 聚丙烯酰胺、分散剂、复合型高效废水处理剂、絮凝剂、聚丙烯酸钠

廊坊市

廊坊市盛源化工有限责任公司
河北省廊坊市开发区鸿润道 20 号
邮编 065000
电话 0316－6070320、6070319
传真 0316－6060808
网址 www. lfsychem. com
邮箱 service@lfsychem. com
产品 干、湿增强剂，聚丙烯酰胺，助留剂，助滤剂，分散剂，废水处理剂

河北亿源化工有限公司
河北省廊坊市文安县孙氏化工园区
邮编 065812
电话 0316－5011968
传真 0316－5012368
网址 www. yiyuanhg. com
邮箱 yiyuanhg@126. com
产品 造纸专用分散剂、造纸助剂、废水处理剂，并代理日本三井株式会社产品

山　西　省

太原市

山西长庆化工(集团)有限公司
山西省太原市文源巷 15 号
邮编 030001
电话 0351－4050417
传真 0351－4168444
邮箱 sxcqhggs@163. com
产品 钛白粉

晋城市

晋城市思科煅烧高岭土有限公司
山西省晋城市泽州县川底乡下麓工业园
邮编 048019
电话 0356－3824342
传真 0356－3824706
网址 www. sxsike. ypb. cn
邮箱 skdsglf@163. com
产品 轻、重质碳酸钙，煅烧高岭土

晋中市

山西琚丰高岭土有限公司
山西省晋中市榆次工业园区
邮编 030600
电话 0354－2666606、2666608
传真 0354－2666607
网址 www. jufengkaolin. com
邮箱 jf@jufengkaolin. com
产品 煅烧高岭土

运城市

风中化学制品厂
山西省运城市芮城县风陵渡镇西大街
邮编 044602
电话 0359－3350874
产品 助留剂、助滤剂、增强剂

忻州市

山西忻州市元宏淀粉有限公司
山西省忻州市忻府区秦城乡部落村北粮库院内
邮编 034000
电话 0350－3621202
传真 0350－3621498
产品 涂布黏合剂，表、背面施胶剂，多元湿部添加剂，中性施胶剂，层间喷淋变性淀粉

山西金洋煅烧高岭土有限公司
山西省忻州市田村工业区
邮编 034001
电话 0350－2641111、2136542
传真 0350－2136958、2136245
网址 www. jinyangkaolin. com

邮箱 jinyang@ jinyangkaolin. com
产品 涂布级煅烧高岭土

内蒙古自治区

呼和浩特市

内蒙古三保高岭土有限公司
内蒙古自治区呼和浩特市金川开发区金海路
邮编 010080
电话 0471 – 3601393、3601037
传真 0471 – 3601169
产品 造纸涂布级煅烧高岭土

赤峰市

巴林右旗巴林石高新材料有限公司
内蒙古自治区赤峰市巴林右旗
邮编 025150
电话 0476 – 6235908
传真 0476 – 6226832
产品 涂布级高岭土、填料级高岭土、陶瓷级高岭土、重钙

鄂尔多斯市

内蒙古蒙西高岭粉体股份有限公司
内蒙古自治区鄂尔多斯市蒙西高新技术工业园
邮编 016014
电话 0473 – 2554516、2552328
传真 0473 – 2552329、25522266
网址 www. mxkaolin. com
邮箱 glftxs@ mengxigroup. com
产品 高岭土

内蒙古鹏博高岭土有限责任公司
内蒙古自治区鄂尔多斯市准格尔旗薛家湾镇工业开发区
邮编 010300
电话 0477 – 4701366
传真 0477 – 4701777
产品 高白度煅烧高岭土

辽 宁 省

沈阳市

沈阳万哈特化工有限责任公司
辽宁省沈阳市东陵区高官台街 29 巷 5 号
邮编 110161
电话 024 – 88415998
传真 024 – 88416410
邮箱 sy_ wht@ 163. com
产品 甲基丙烯酰胺丙基二甲基胺、助留助滤剂、脱墨剂、增强剂

大连市

大连广汇化学有限公司
辽宁省大连市中山区长江路 123 号希尔顿酒店长江写字楼 1329 号房间
邮编 116001
电话 0411 – 82529658
传真 0411 – 82529659、84767779
网址 www. ghhx. com. cn
邮箱 office@ ghhx. com. cn
产品 聚丙烯酰胺、水处理剂、高吸水性树脂

大连星原精细化工有限公司
辽宁省大连市西岗区新开路 99 号珠江国际大厦 1206 室
邮编 116021
电话 0411 – 83702309、83702329
传真 0411 – 83702319
网址 www. dlxingyuan. com
邮箱 dlxy@ dlxingyuan. com
产品 异噻唑啉酮、有机溴等系列杀菌防腐剂

大连汇邦化学有限公司
辽宁省大连市甘井子区玉境路 74 号 1 – 6
邮编 116038
电话 0411 – 85990185
传真 0411 – 85990187
邮箱 hb-tina@ 163. com
产品 防腐剂、杀菌灭藻剂、水处理剂、防霉剂、杀菌剂、异噻唑啉酮

鞍山市

合山化工(辽宁)有限公司
辽宁省海城市经济技术开发区黄河大街 5 号
邮编 114200
电话 0412 – 3600699
传真 0412 – 3600325
网址 www. microstone. cn
邮箱 microstone@ 126. com
产品 超细碳酸钙粉、超微细造纸滑石粉

海城跆成微细钼石粉厂
辽宁省海城市牌楼镇北铁村滑石工业区
邮编 114207
电话 0412－3939970
传真 0412－3204553
网址 www. hchsf. com
邮箱 jiashunpeng37618@ 163. com
产品 滑石粉、轻烧镁粉、氧化镁粉、硅石粉、重质碳酸钙粉

抚顺市

抚顺幸福环境技术开发有限公司
辽宁省抚顺市李石经济开发区顺通路南
邮编 113122
电话 0413－6706888
传真 0413－6707588
网址 www. fsxfhj. com
邮箱 xingfuhuanjing@ yahoo. com. cn
产品 杀菌剂、表面施胶剂、内部施胶剂、助滤剂、聚丙烯酰胺、增强剂

锦州市

辽宁沈宏集团股份有限公司
锦州宏塔高岭土开发有限公司
辽宁省凌海市班吉塔镇(锦朝高速公路路口)
邮编 121225
电话 0416－8840495
传真 0416－8840495
网址 www. singhorn. com. cn
邮箱 singhorn@ singhorn. com
产品 超细煅烧高岭土、耐火级煅烧高岭土

营口市

营口市康如化工有限公司
辽宁省营口市六三路韩家学坊
邮编 115001
电话 0417－3801918、2255022
传真 0417－3801063、3801062
网址 www. kangru. com
邮箱 kangru@ kangru. com
产品 显白剂、分散剂、脱墨剂、湿强剂、增白剂、润滑增光剂、中性施胶剂、分散松香胶、消泡剂

辽阳市

辽阳佳龙化工有限公司
辽宁省辽阳市南常路 58 号
邮编 111000
电话 0419－2310358
传真 0419－2310458
网址 www. wang3305. china315. com
邮箱 lyjialong@ tom. com
产品 抗水剂(改性三聚氰胺甲醛树脂)、无醛抗水剂、分散剂

辽阳科隆化学品有限公司
辽宁省辽阳市宏伟区东环路 8 号
邮编 111003
电话 0419－5169133、5168093－8001
传真 0419－5176971
网址 www. kelongchem. com
邮箱 kelong@ kelongchem. com
产品 反应型乳化剂、表面活性剂

辽阳奥克化学股份有限公司
辽宁省辽阳市宏伟区东环路 29 号
邮编 111003
电话 0419－5160978、5161428
传真 0419－5314298
网址 www. oxiranchem. com
产品 OX 消泡剂系列、脱墨剂

辽阳华兴化学品有限公司
辽宁省灯塔市西马镇新生开发区
邮编 111302
电话 0419－8320923－8506
传真 0419－8320808
网址 www. huaxingchemical. com
邮箱 inquiry@ huaxingchemical. com
产品 废纸脱墨剂、脂肪醇、脂肪醇聚氧乙烯醚、壬基酚聚氧乙烯醚、聚乙二醇

盘锦市

盘锦兴建助剂有限公司
辽宁省盘锦市经济开发区兴隆工业园新开东路北
邮编 124010
电话 0427－2887131
传真 0427－2886660
网址 www. lnxj. com

邮箱 dulishan@ tom. com
产品 聚丙烯酰胺助留剂、助滤剂、干/湿增强剂、净水剂

铁岭市

铁岭纸缘科技有限公司
辽宁省铁岭市清河工业园区
邮编 112003
电话 0410 - 2188350、21322555
传真 0410 - 2112836
网址 www. tlzhiyuan. com
邮箱 byl335588@ 163. com
产品 增强助留剂(阳离子淀粉)、烘缸剥离剂、PAE 造纸湿强剂、中性施胶剂、废纸脱墨剂、瓦楞原纸增强剂

吉 林 省

长春市

吉林省正豪改性淀粉科技开发有限公司
吉林省长春高新技术产业开发区创新路 761 号
邮编 130012
电话 0431 - 85532540、86773890
传真 0431 - 85524662
网址 www. jilinzh. com
邮箱 yuhuai@ jilinzh. com
nhj@ jilinzh. com
产品 酯化淀粉、氧化淀粉、酸变性淀粉

吉林中粮集团生化能源销售有限公司
吉林省长春经济技术开发区仙台大街 1717 号
邮编 130033
电话 0431 - 88990398、88990394
传真 0431 - 88990388
网址 www. cofco. com
邮箱 zlxs@ bcbe. cofco. com
产品 玉米淀粉

长春大成实业集团有限公司
吉林省长春市西环城公路 886 号
邮编 130062
电话 0431 - 7871057、7879541
传真 0431 - 7869203、7860378
网址 www. ccdccg. com
产品 表面施胶剂、喷淋淀粉、涂布淀粉、浆内添加淀粉

长春市大地精细化工有限责任公司
吉林省长春市二道区三道镇卫星工业小区
邮编 130123
电话 0431 - 84840674、13902865119
传真 0431 - 84840674
网址 www. dadichem. com
邮箱 dadi@ dadichem. com
产品 聚氧化乙烯(PEO)

吉林省轻工业设计研究院
吉林省长春市飞跃路 2688 号
邮编 130021
电话 0431 - 85652015、85653989、85657719
传真 0431 - 85657579
网址 www. jlsqgy. com
邮箱 qgy@ public. cc. jl. cn
产品 玉米变性淀粉

吉林市

吉林市莲花化工厂
吉林省吉林市和平街 58 号
邮编 132002
电话 0432 - 2735352
产品 蒸煮助剂

松原市

华润赛力事达玉米工业有限公司
吉林省松原经济技术开发区江南工业园区
邮编 138000
电话 0438 - 2779100、2181101
传真 0438 - 2184534
网址 www. cornchina. com
邮箱 webmaster@ cornchina. com
产品 氧化淀粉、表面施胶剂、阳离子玉米变性淀粉

延边朝鲜族自治州

延吉新东亚(NEAC)化学有限公司
吉林省延吉市延南街长洁胡同 9 号
邮编 133001
电话 0433 - 2854111、2838091
传真 0432 - 2824416
网址 www. neac. com. cn
邮箱 neac@ neac. com
产品 增白剂、耐水适印剂、消泡剂、表面处理剂、助留助滤剂、湿强剂、干强剂、浆料稳定剂等

黑龙江省

绥化市

黑龙江省兰西县国文造纸助剂厂
黑龙江省兰西县粮食路 118 号
邮编 151500
电话 0455－5620787
传真 0455－5620787
网址 www. guowenchem. com
产品 爆破制浆促进剂、蒸煮助剂、纸品挺硬剂、纸品拉力增强剂、消泡剂、脱墨剂

上　海　市

道康宁(上海)有限公司
上海市西藏中路 168 号都市总部大厦 19 层
邮编 200001
电话 021－37747110、23065500
传真 021－63507200、63512600
网址 www. dowcorning. com. cn
产品 消泡剂、离型剂、表面柔软剂和各类工艺添加剂、再生纸助剂

上海吉康生化技术有限公司
上海市黄家路 18 号 15 楼(中华路口)
邮编 200010
电话 021－63761515
传真 021－63767366
网址 www. shluckychem. com
邮箱 luo@ shluckychem. com
产品 热敏、压敏色素(结晶紫内酯)，感光及电子化学品，染料，助剂

上海晶杨商贸有限公司
上海市建国西路 91 弄瑞金花园 5 号楼 902 室
邮编 200020
电话 021－63049414、51532091
传真 021－63049974
网址 www. sha-jingyang. com
邮箱 support@ sha-jingyang. com
产品 液体直接染料、碱性染料、活性染料、荧光增白剂、淀粉、助留助滤剂、湿强剂、消泡剂、表面施胶剂

上海大宇生化有限公司
上海市淮海中路 887 号永新大厦 1206 室
邮编 200020
电话 021－64378211、64310031
传真 021－64379012、62505763
网址 www. caco3. cn
邮箱 sales@ caco3. cn
产品 碳酸钙系列产品

杜邦中国集团有限公司上海分公司特殊化学品部
上海市浦东新区张江高科技园科苑路 399 号 11 号楼
邮编 201203
电话 021－38622888、63866366－2007
传真 021－38622889
网址 www. dupont. com
邮箱 Techy-n. l. Du@ chn. dupont. com
产品 防油剂、大豆蛋白聚合物

索理思(上海)化工有限公司
上海市莘庄工业区申富路 688 号
邮编 201108
电话 021－54422323、54425533、54422085
传真 021－54424580
产品 水处理化学品与技术、造纸助剂

陶氏化学(中国)投资有限公司
上海市浦东张江高科技园区张衡路 936 号
邮编 201203
电话 021－23019436、38511000
传真 021－53535508、58951818
网址 www. dow. com/china/cn
产品 丁苯胶乳、造纸用杀菌剂

池上交易株式会社
浪速(上海)包装贸易有限公司
上海市黄浦区宁海东路 200 号申鑫大厦 1809 室
邮编 200021
电话 021－63743992、63743993
传真 021－63747978
网址 www. ikegamikoeki. com
邮箱 ikegamib@ public. bta. net. cn
产品 分散剂、脱墨剂、消泡剂、柔软剂、絮凝剂

名远化工贸易(上海)有限公司
上海市打浦路 88 号海丽大厦 10 楼 D－E 座
邮编 200023
电话 021－63048833
传真 021－63048822
网址 www. chemcentralgroup. com. cn
邮箱 chq@ chemcentralgroup. com. cn

产品 湿部、施胶及涂布用淀粉，CMC，瓷土

登吉化工(苏州)有限公司上海销售部

上海市宛平南路420弄4号103室
邮编 200030
电话 021-34240708
传真 021-54248558
产品 纸张刚挺剂、涂料用耐水剂、表面上胶剂、纸力干强剂、湿强剂

上海康亦兴贸易有限公司
上海亦立兴业股份有限公司

上海市南丹东路238号金轩大厦22楼E座
邮编 200030
电话 021-64272772、64644599
传真 021-64285786
网址 www.yie-lie.com
邮箱 yieliesh@public.sta.net.cn
产品 高岭土、碳酸钙、涂布用助剂、淀粉衍生物(包括湿部、喷淋、表面施胶及涂布)、杀菌剂、网毯清洗剂

圣诺普科(上海)有限公司

上海市肇家浜路680号金钟大厦503室
邮编 200031
电话 021-64662391-106
传真 021-64662393
网址 www.sannopco-sh.com
邮箱 sst@sannopco-sh.com
产品 消泡剂、抑泡剂、分散剂、润滑剂、分离剂

美国特种矿物有限公司上海代表处

上海市长宁区江苏路369号兆丰世贸大厦7楼F座
邮编 200050
电话 021-62093079
传真 021-62195894
产品 轻质碳酸钙

纳尔科化学(苏州)有限公司上海办事处

上海市大渡河路168弄18号
邮编 200062
电话 021-61832500
传真 021-61832400
网址 www.nalco.com
产品 树脂障碍控制剂、消泡剂、ASA、助留助滤剂

星光PMC株式会社上海代表处

上海市陕西北路457号217室
邮编 200040
电话 021-52283211
传真 021-62187200
产品 抗水剂、表面施胶剂、干强剂

上海欣盛颜料化工有限公司

上海市陕西北路600号206B(上海市静安区科技贸易园区)
邮编 200041
电话 021-62533265、62583662
传真 021-62583662、62154215
网址 www.shxsyl.com
邮箱 webmaster@shxsyl.com
产品 造纸调色剂、乳胶着色剂

上海恒宜化工有限公司

上海市新华路543号新华大厦2号楼2D座
邮编 200052
电话 021-52540798
传真 021-52540799
网址 www.hy-chem.cn
邮箱 hy@hy-chem.cn
产品 湿强剂、干强剂、助留助滤剂、纸浆专用分散剂、苯丙乳液、烘缸剥离剂

上海埃格环保科技有限公司

上海市共和新路912号云华科技大厦1003室
邮编 200070
电话 021-66600285
传真 021-51172969
网址 www.higradechemicals.com.cn
邮箱 zhuyq@133sh.com
产品 松香中性胶、清洁造纸助剂、脱墨剂

上海青草地环保科技有限公司

上海市虹口区海伦路178号3楼
邮编 200086
电话 021-27596129
传真 021-65034003
网址 www.shqcd.cebiz.cn
邮箱 hecaoming@163.com
产品 聚合硫酸镁、聚双酸铝铁、聚丙烯酰胺、复合混凝剂、高效脱色剂、钛白粉、造纸助留助滤剂

凯米拉化学品(上海)有限公司

上海市东方路69号裕景国际商务广场A座1001室
邮编 200120
电话 021-58778550

传真 021－58797128
网址 www. kemirachina. com
邮箱 kemira-sh@ kemira. cn
产品 助留剂、杀菌剂、毛毯清洗剂、固着剂、分散剂、AKD、ASA、松香施胶剂、水处理用化学剂

三井化学(上海)有限公司
上海市浦东银城中路 200 号中银大厦 2309 室
邮编 200121
电话 021－58886336
传真 021－58886337
网址 www. cn. mitsuichem. com
邮箱 kinkai_ oh@ mcishanghal. com
产品 助留剂、分散剂、高分子絮凝剂聚丙烯酰胺

上海开爻化工有限公司
上海市五莲路 1769 弄 41 号 401 室
邮编 200129
电话 021－87660162
传真 021－33828633
网址 www. kaiyaochem. com
邮箱 kaiyaochem@ hotmail. com
产品 阳离子乳液松香施胶剂、特级消泡剂、荧光增白剂、荧光消除剂、过氧化氢漂白剂

上海谊久化工有限公司
上海市浦东新区季景路 19 弄 70 号 11 室
邮编 200137
电话 021－58624554
传真 021－58624554
网址 www. 19chem. com
邮箱 info@ lgchem. com
产品 造纸专用阴离子、阳离子、非离子乳化蜡，造纸用特效防水剂，表面施胶乳化蜡，纸内施胶乳化蜡

上海新诺化工有限公司
上海市浦东新区行南路 1288 号
邮编 200137
电话 021－68660222
传真 021－58612099
网址 www. sinowax. com
邮箱 root@ sinowax. com
产品 乳化蜡、施胶剂、防水剂、上光剂

上海高桥巴斯夫分散体有限公司
上海市浦东新区浦东北路 1929 弄 99 号
邮编 200137
电话 021－58670303
传真 021－58675050
网址 www. sgbd. com. cn
邮箱 sgbd@ sgbd. com. cn
产品 涂布用胶乳(羧基丁苯胶乳)、塑性颜料

巴斯夫(中国)有限公司
上海市西藏中路 18 号港路广场 20 楼
邮编 200001
电话 021－23203000
传真 021－23203088
网址 www. greater-china. basf. com
产品 化学品、功能性聚合物、特性化学品、聚氨酯

浙江日华化学有限公司上海分公司
上海市田州路 99 号漕河泾开发区西区 12 号楼 2 层
邮编 200233
电话 021－54277288、54277300
传真 021－54277377
网址 www. nicca-sh. com
邮箱 solution@ nicca. com. cn
产品 表面活性剂、螯合分散剂、低聚物分散剂、渗透剂、消泡剂、柔软剂、固色剂、平滑剂、防水剂

科莱恩化工(中国)有限公司
上海市徐汇区漕河泾开发区桂箐路 69 号 25 幢 1－3 楼
邮编 200233
电话 021－64851000
传真 021－64851388
网址 www. paper. clariant. com
www. clariant. cn
邮箱 paper-china@ clariant. com
产品 染料、增白剂、防油剂

汽巴精化(中国)有限公司
上海市漕河泾开发区田州路 99 号新安大楼 18 楼
邮编 200233
电话 021－24032000
传真 021－24032727
网址 www. cibasc. com/paper
邮箱 joe. chan@ cibasc. com
产品 染料、助留助滤剂、涂布胶乳、施胶剂

上海众高化工有限公司
上海市漕宝路 70 号(光大会展中心)C 座 1004 室
邮编 200235
电话 021－64326322、64326317
传真 021－64326566
网址 www. zhonggao. cn

邮箱 zgc@zhonggao.cn
产品 防腐杀菌剂、氟碳类防霉杀菌剂、清洗剂和保洁剂

上海东升新材料有限公司
上海市田林路388号1幢楼7层
邮编 200233
电话 021-64838680
传真 021-64518499
网址 www.dssun.com
邮箱 dssun@dssun.com
产品 PCC、GCC、苯丙胶乳、瓜尔胶、干强剂、阴离子捕捉剂、AKD中性施胶剂、分散剂、絮凝剂、脱墨剂、润滑剂

上海恩脉化学有限公司
上海市宝山工业园上大路218号
邮编 200436
电话 021-56510781、66516340
传真 021-66516340、63808781
网址 www.enmai.com.cn
邮箱 dfyu8728@126.com
产品 荧光增白剂、干强剂、湿强剂、中性施胶剂、表面施胶剂

上海浩天变性淀粉有限公司
上海市宝山区共康路651号
邮编 200443
电话 021-56416150
传真 021-56433814
邮箱 haotians@eastday.com
产品 涂布淀粉系列、湿部淀粉、特种表面施胶淀粉

远拓化工国际贸易(上海)有限公司
上海市宜山路2016号(合川大厦)7楼B座
邮编 201103
电话 021-61280488
传真 021-61280490
产品 毛毯、成形网、干网保洁剂、杀菌剂、消泡剂、抑泡剂、胶黏物处理剂

上海华伦化工有限公司
上海市闵行区纪王镇纪中路99号
邮编 201106
电话 021-62960078
传真 021-62852469
网址 www.shhlhg.cn
产品 增强助剂、抗水交联增效剂、固化剂、AKD中性施胶剂

上海源泉石油化工有限公司
上海市浦东向城路29号爵士大厦A29C室
邮编 201200
电话 021-58318532
传真 021-68670836
邮箱 yqpcc@yqpcc.com
产品 淀粉、湿强剂、干强剂、表面施胶剂、湿强离解剂、高强表面增强剂

上海必康国际贸易有限公司
上海市龙阳路1880弄万邦都市花园15号501室
邮编 201204
电话 021-58446691
传真 021-58446680
邮箱 slw_become@sina.com
产品 PAM高分子凝集剂、聚合氢化铝(PAC)、重金属捕集剂

上海吉臣化工有限公司
上海市浦东金桥开发区浙桥路289号建银大厦B座1304室
邮编 201206
电话 021-58341051、58341052
传真 021-58341052
网址 www.jichenchem.com
邮箱 jichen@jichenchem.com
产品 烘缸剥离剂、干/湿强剂、脱墨剂、湿强解离剂、助留助滤剂、柔软剂、抗水剂、杀菌剂、水处理絮凝剂

上海联胜化工有限公司
上海市浦东新区曹阳路镇华东路1069号
邮编 201209
电话 021-68680248、68681055
传真 021-68681497
网址 www.peo.com.cn
邮箱 liansheng@lainsheng-chemical.com
产品 PEO分散剂、PEA湿强剂、剥离剂、消泡剂、助留助滤剂、抗水剂、杀菌剂、水处理絮凝剂

上海天坛助剂有限公司
上海市星火开发区浦星公路9500号
邮编 201419
电话 021-57502198
传真 021-57502679
网址 www.chinasam.com

邮箱 atc@ chinasam. com
产品 BLA 液体增白剂、脱墨剂、柔软剂、涂料分散剂、消泡剂、渗透剂

巴克曼实验室化工(上海)有限公司
上海市青浦工业区崧泽大道 8500 号
邮编 201700
电话 021 －69210188
传真 021 －69210500
网址 www. buckman. com
邮箱 asia@ buckman. com
产品 胶黏物控制酶、沉积物控制剂、蒸煮助剂、洗涤助剂、系统清洗与网毯保洁剂、湿部及涂料消泡剂、除垢剂、抑垢剂、助留助滤剂、干/湿强剂

久联化学工业(上海)有限公司
上海市外高桥保税区芬菊路 152 号
邮编 200131
电话 021 －50481691
传真 021 －50480635
产品 造纸涂料、地毯背胶、食品包装用胶黏剂

上海申伦科技发展有限公司
上海市虹口区汶水东路 181 弄三九大厦 2 栋 1608 室
邮编 200437
电话 021 －65360566
传真 021 －65605707
产品 纸用化学品

上海湛和贸易有限公司
上海市南丹东路 188 号久隆大厦 2101 室
邮编 200030
电话 021 －64873737
传真 021 －64873700
经营 贸易、科研、生产以及技术服务为一体，代理日本明成化学工业株式会社造纸化学品

上海赫达富化工科技有限公司
上海市嘉定区金华路 168 号
邮编 201824
电话 021 －59192480
传真 021 －59192480
产品 蒸煮催化剂、造纸助剂

上海恒皓创新酰胺有限公司
上海市杨浦区定海港路 434 号
邮编 200090
电话 021 －65660734
传真 021 －65660735
产品 聚丙烯酰胺系列产品

上海宏达着色剂厂
上海市共和新路 3737 号 B 栋 706 －708 室
邮编 200435
电话 021 －36360002
传真 021 －66530468
产品 造纸用调色、增白剂

上海化工研究院有机化工研究所
上海市云岭东路 345 号
邮编 200062
电话 021 －52809752
传真 021 －52800850
产品 杀菌剂

上海浦东菱花造纸助剂厂
上海市浦东新区中高路 8 号
邮编 200137
电话 021 －58642136
产品 分散松香、分散剂

上海碳酸钙厂
上海市徐家汇路 558 弄 1 号 C 座
邮编 200025
电话 021 －64158822
传真 021 －64673933
产品 造纸用碳酸钙

创恩国际贸易(上海)有限公司
上海市白兰路 137 号 B 座 2604 室
邮编 200063
电话 021 －62863397
传真 021 －62863389
产品 瓷土、瓜尔胶、CMC、保水增稠剂、抗水剂、印刷适应改良剂、消泡剂

三菱商事(中国)有限公司
上海市浦东新区迎春路 96 号三菱商事办公楼
邮编 200127
电话 021 －68543030
传真 021 －68541911
网址 www. mitsuhishicorp. com. cn
产品 化学品

上海欣盛颜料化工有限公司
上海市胶州路 397 号 5 号楼 304 室

邮编 200040
电话 021 - 62533265
传真 021 - 62583662
网址 www. shxsyl. com
邮箱 shxsyl@126. com
产品 RVL 造纸调色剂、2B 兰系列造纸颜料专用色素

江 苏 省

南京市

江苏精科嘉益工业有限公司
江苏省南京市黄埔路 2 - 2 号黄埔大酒店 12 楼 D 座
邮编 210016
电话 025 - 84819808
传真 025 - 84819973
网址 www. jts. cn
邮箱 jack@jts. cn
产品 杀菌防腐剂、施胶剂、微生物和黏泥控制剂、助留助滤剂、脱气剂、消泡剂、胶黏物树脂控制剂、干/湿强剂

南京四新科技应用研究所有限公司
江苏省南京市中央北路 168 号盛景园 1 幢 304 - 306 室
邮编 210028
电话 025 - 85080901、85080914、85080928、85080923
传真 025 - 85080900、85080904
网址 www. sixinchem. com
邮箱 sixin@sixinchem. com
产品 制浆及黑液工序、湿部及白水循环脱水、涂布、废水处理用消泡剂

南京四诺精细化学品有限公司
江苏省南京市江东北路 91 号典雅居大厦 1506 室
江苏省南京市雨花工业区(厂址)
邮编 210036
电话 025 - 86472370
传真 025 - 86473843
网址 www. snowfc. cn
邮箱 snowchemnanjing@yahoo. com. cn
产品 分散剂、助留助滤剂、干强剂、施胶剂、脱墨剂、废水处理剂、污泥脱水剂

南京东正化轻有限公司
江苏省南京市中央路 417 号先峰广场 916 室
邮编 210037
电话 025 - 85634308
传真 025 - 85619676
网址 www. njdz. com. cn
邮箱 yang@njdz. com. cn
产品 分散剂、水处理剂、纸浆黑液专用消泡剂、助留剂、高吸水树脂

林产化学工业研究所
中林(江苏)胶黏剂有限责任公司
江苏省南京市玄武区锁金五村 16 号
邮编 210042
电话 025 - 85482476、85482442
传真 025 - 85429691
网址 www. forinchem. com
邮箱 wangcpg@hotmail. com
forinchem@163. com
产品 乳液黏合剂、造纸用乳液胶

沙索(中国)化学有限公司
江苏省南京市化学工业园方水路 68 号
邮编 210047
电话 025 - 58391111 - 2806
传真 025 - 58392285、58392222
网址 www. sasolasia. com. cn
邮箱 in. li@cn. sasol. com
产品 表面活性剂、消泡剂

南京宏桥精细化工科技开发有限公司
江苏省南京市高新技术产业开发区经一北路 17 幢
邮编 210061
电话 025 - 58840197、57673881
传真 025 - 57673881、57672881
网址 www. hongqiaochem. com
邮箱 water@hongqiaochem. com
产品 造纸白水浮选剂、无泡沫生物黏泥剥离剂、有机溴氯杀菌灭藻剂

南京久三生物化学品研究所
江苏省南京市孝陵卫 200 号南京理工大学 525 栋 21 号
邮编 210094
电话 025 - 86205540
传真 025 - 86180359
邮箱 feiyang79@21cn. com
产品 速效净水剂、杀菌杀藻剂、絮凝剂、消泡剂

丹尼尔(南京)环保科技有限公司
江苏省南京市江宁区湖熟工业集中区
邮编 211121
电话 025 - 52696788
传真 025 - 52696715

网址 www. loigltd. com
邮箱 yyy0315@ msn. com
产品 絮凝剂、湿强解离剂、脱墨剂、抗高剪切助留助滤剂、变性淀粉和辅助剂、高效填料留着剂

无锡市

无锡市滨湖南泉造纸助剂有限公司
江苏省无锡市滨湖区
邮编 214128
电话 0510 - 85952480
传真 0510 - 85958088
邮箱 info@ nqcy. com
产品 阴离子/阳离子松香胶、增强剂、分散剂

无锡市兴顺助剂化工厂
江苏省无锡市锡山区东港镇
邮编 214199
电话 0510 - 88761431
传真 0510 - 88761488
网址 www. xingshunchem. com
邮箱 zhangguangyi@ citiz. net
产品 阳离子乳液松香中性施胶剂、环压增强剂、助留氯剂及聚合氧化铝

凯米拉化学品(宜兴)有限公司
江苏省宜兴市环保科技工业园南岳村
邮编 214205
电话 0510 - 87061235
传真 0510 - 87063284
网址 www. kemwater. com. cn
邮箱 kemwater@ kemwater. com. cn
产品 聚丙烯酰胺、聚合氯化铝

宜兴市滤波水处理化学品有限公司
江苏省宜兴市东山西路 66 号
邮编 214205
电话 0510 - 87975887
传真 0510 - 87975997
网址 www. lvbo. cn
邮箱 hcf@ lvbo. com
产品 阳离子高效有机混凝剂、聚合氯化铝、聚合硫酸铁、高效脱色絮凝剂、杀菌灭藻剂、高效消泡剂

宜兴市天使合成化学有限公司
江苏省宜兴市芳庄镇
邮编 214246
电话 0510 - 87674303、87678600
传真 0510 - 87671303
网址 www. jsjhc. com
邮箱 lzj@ jsjhc. com
产品 光稳定剂、抗氧剂、聚合氯化铝、净水剂、水处理化学品

宜兴市绿科环保有限公司
江苏省宜兴市洋溪镇
邮编 214262
电话 0510 - 87572928
传真 0510 - 87572929
网址 www. lvkeyx. cn. alibaba. com
邮箱 liwind042@ sina. com
产品 废水处理脱色剂、絮凝剂、消泡剂、分散剂

宜兴市汇通化工有限公司
宜兴市益丰化工有限公司
江苏省宜兴市芳桥镇工业开发区
邮编 214265
电话 0510 - 87542088
传真 0510 - 87541510
网址 www. yxhthg. com
产品 固着剂、隔离剂、螯合剂 DTPA、杀菌剂、水处理剂

江阴市恒达化工有限公司
江苏省江阴市华士镇
邮编 214421
电话 0510 - 86201302、86201303、86201304
传真 0510 - 86201304
产品 造纸和涂布专用 CMC

宜兴市通达化学有限公司
江苏省宜兴市分水镇
邮编 214262
电话 0510 - 87551228
产品 CMC、高效絮凝剂

徐州市

徐州市昌盛化工材料供应站
江苏省徐州市中山路 163 号 1 楼 26 - 29 号
邮编 221005
电话 0516 - 82182694
传真 0516 - 82380401
网址 www. xzcshg. com
产品 脱墨剂、膨化剂、分散剂、消泡剂、毛毯清洗剂、显白剂、防腐剂、助留助滤剂

徐州中大造纸化学品应用技术有限公司
江苏省徐州市项王路 1 号戏马台商厦写字楼北楼 310 室
邮编 221000
电话 0516－83825222
传真 0516－82322166
邮箱 zhongda5828@163.com
产品 助留助滤剂、增干强剂、分散剂、PAE 湿强剂、水处理絮凝剂、填料改性剂

江苏省成正化工有限公司
江苏省徐州市新沂唐店化工区
邮编 221400
电话 0516－81602588
传真 0516－81602577
网址 www.czchem.com.cn
邮箱 sales@czchem.com.cn
产品 水煤浆添加剂、木质素磺酸钠、木质素磺酸钙、木质素磺酸镁、木质素磺酸盐

常州市

常州市欧凡路实业有限公司
江苏省常州市武进区郑陆镇和平工业园武澄路 178 号
邮编 213114
电话 0519－88055555
传真 0519－88107275
网址 www.oveno.com.cn
邮箱 service@oveno.com.cn
产品 高分子絮凝剂(聚丙烯酰胺阴、非、阳离子系列)、生物药剂系列高效水处理产品、表面施胶剂、杀菌剂

常州汉斯化学品有限公司
江苏省常州市北大街 96 号兰洋大厦 A－905
邮编 213000
电话 0519－86613002、86622139
传真 0519－86613979
网址 www.hanschina.cn
邮箱 admin@hans-china.com
产品 纤维素纤维改性剂、涂料染色阳离子改性剂、功能性整理剂

常州市梅港淀粉有限公司
江苏省常州市戚墅堰经济开发区
邮编 213011
电话 0519－88773640
传真 0519－85015021、88374238
网址 www.mg-df.com
邮箱 kzqjlj@163.com
产品 变性淀粉产品(表面施胶淀粉、喷淋淀粉、磷酸酯淀粉、阳离子淀粉、PVA 替代品)

常州市天义化工有限公司
江苏省常州市新北区太湖东路府琛大厦 1－617
邮编 213022
电话 0519－85120181、85120182
传真 0519－85120180
网址 www.cntychem.com
邮箱 zhangyi@cntychem.com
产品 杀菌剂、防霉剂、消泡剂、水性分散剂

常州精科霞峰精细化工有限公司
江苏省常州市新北区长江中路 29 号
邮编 213022
电话 0519－85132088、85130788
传真 0519－85133788
网址 www.jincoxf.com
邮箱 adminjcxf@jincoxf.com
产品 清洗剂、除垢剂、分散剂、缓蚀剂、杀菌剂等系列产品

常州市碳酸钙有限公司
(池州市升化碳酸钙有限公司)
江苏省常州市洛阳镇
邮编 213104
电话 0519－88791230、88520658
传真 0519－88522128
网址 www.cn-wunan.com
邮箱 wunan8@hi2000.com
产品 纳米碳酸钙、微细活性碳酸钙、轻质活性碳酸钙、轻质(沉淀)碳酸钙、重质及重质活性碳酸钙

江苏江海化工集团有限公司
江苏省常州市武进区焦溪镇武澄工业区
邮编 213116
电话 0519－88902294、88902295
传真 0519－88902149
网址 www.jhhg.com
邮箱 jhhg@jsmail.com.cn
产品 水处理剂、杀菌灭藻剂

常州市金东化学品有限公司
江苏省常州市横山桥镇东洲工业园区
邮编 213119
电话 0519－88610782
传真 0519－88610971

网址 www. jdchem. com
邮箱 market@ jdchem. com
产品 AKD 原粉、AKD 乳液、乳化剂、表面施胶剂

常州市武进友邦净水材料有限公司
江苏省常州市武进区牛塘镇人民西路 105 号
邮编 213163
电话 0519 - 86393009
传真 0519 - 86390093
网址 www. youbang18. com
邮箱 yabang@ 21cn. com
产品 聚合氯化铝、聚合氯化铝铁、聚丙烯酰胺

常州市武进运波化工有限公司
江苏省常州市前黄镇运村
邮编 213175
电话 0519 - 86131034
传真 0519 - 86134317
网址 www. yunbochem. com
邮箱 info@ yunbochem. cn
产品 无甲醛抗水剂、改性三聚氰胺甲醛树脂抗水剂、润滑剂、表面施胶剂、分散剂、纸品乳液、PAE 湿强剂

苏州市

苏州市恒康造纸助剂技术有限公司
江苏省苏州市桐泾北路 26 - 6 恒丰大厦 362 室
邮编 215000
电话 0512 - 67209673、87679776
传真 0512 - 67202673
网址 www. hkzj. cn
邮箱 rainbow_2525@ 163. com
产品 丝光柔顺剂、剥离增光剂、造纸湿强剂、卫生纸多元增强剂、防腐杀菌剂、纸浆分散剂、树脂控制剂

苏州汇鸿复合材料有限公司
江苏省苏州市西园路 430 号
邮编 215008
电话 0512 - 62037751
传真 0512 - 68298894
网址 www. cmccms. com
产品 羧甲基纤维素钠、对羟基苯甲醛、苯亚磺酸钠

纳尔科化学(苏州)有限公司
江苏省苏州市苏州新区塔园路 88 号
邮编 215009
电话 0512 - 68255001
传真 0512 - 68250130
上海 021 - 63588282
宁波 0574 - 87052235
广州 020 - 34402066
网址 www. nalco. com
产品 蒸煮剂、增强剂、助留助滤剂、消泡剂及助洗剂、树脂控制剂、微生物/沉积物控制剂、涂布添加剂、废水处理剂

天禾化学品(苏州)有限公司
江苏省苏州市吴中区木渎镇花苑东路 199 号
邮编 215101
电话 0512 - 68097320、66261097
传真 0512 - 68240792
网址 www. tianmapharma. com
邮箱 gurry@ tianmapharma. com
　　paperchem@ tianmapharma. com
产品 AKD 蜡、AKD 中性施胶剂、阳离子松香胶、表面施胶剂、助留助滤剂、阳离子醚化剂、湿强剂、脱气剂、杀菌防腐剂

苏州市佑震化工有限公司
江苏省苏州市吴中区木渎镇西跨塘
邮编 215101
电话 0512 - 66363293
传真 0512 - 66369890
邮箱 yuyqxt@ tianmapharma. com
产品 表面施胶剂、抄纸用脱水剂、干强剂、助留剂、树脂分散剂等浆内添加和表面处理用药品，以及润滑剂、保水剂、分散剂等

苏州市鸿绮化工有限公司
江苏省苏州市吴中区友新路旺吴路西 50 号
邮编 215100
电话 0512 - 65277776
传真 0512 - 65272603
邮箱 52willgood05@ hotmail. com
产品 造纸用直接、盐基性、酸性染料，活性染料，分散型染料

依卡化学品(苏州)有限公司
江苏省苏州工业园区苏虹中路 302 号
邮编 215122
电话 0512 - 62582276
传真 0512 - 62586772
网址 www. akzonobel. com. cn
产品 制浆化学品、施胶剂

苏州高峰精细化工有限公司
江苏省苏州市吴中经济开发区双桥工业园
邮编 215128
电话 0512－65654153
传真 0512－65629401
网址 www. gaofengstarch. com
邮箱 business@ gaofengstarch. com
产品 阳离子表面施胶淀粉、变性淀粉

苏州峰达精细化工有限公司
江苏省苏州市相城区黄桥金峰
邮编 215132
电话 0512－65461729、65850753
传真 0512－65461729
网址 www. fdhg. cn
邮箱 fdjxhg@ 163. com
产品 杀菌防腐剂、抄纸分散剂、湿增强剂、沉积物控制剂、消泡剂、烘缸剥离剂、助留助滤剂、网毯保洁剂

苏州联胜化工有限公司
江苏省苏州市相城区渭塘镇沿塘工业区 1 号
邮编 215134
电话 0512－65907588
传真 0512－65901660
网址 www. lshx. cn
邮箱 service@ lshx. cn
产品 羟乙基乙二胺、乙二胺四乙酸四钠

登吉化工(苏州)有限公司
江苏省苏州市吴江市同里镇(屯村)
邮编 215216
电话 0512－63375899
传真 0512－63376099
产品 纸张刚挺剂、涂料用耐水剂、表面上胶剂、纸力干强剂、湿强剂、表面干强剂

昆山密友实业有限公司
江苏省昆山市民营科技工业园望山南路 16 号
邮编 215316
电话 0512－5796666、57767965
传真 0512－57791241
网址 www. miyou. com. cn
邮箱 miyou@ miyou. com. cn
产品 重质微细碳酸钙、重质微细碳酸钙(研磨)浆、超细滑石粉

张家港市国业施胶材料厂
江苏省张家港市南丰镇港路 1 号
邮编 215628
电话 0512－58629197
传真 0512－58629197
产品 粉状施胶剂、改性松香胶、脱墨剂、助留助滤剂

星光精细化工(张家港)有限公司
江苏省张家港市金港镇江苏扬子江国际化学工业园长江路 18 号
邮编 215634
电话 0512－58937250
传真 0512－58937601
产品 印刷适性改良剂、干强剂、表面施胶剂、湿强剂、起皱剂、抗水剂

常熟市支塘粮油食品厂
江苏省常熟市支塘镇林园路 6 号
邮编 215531
电话 0512－52551634
产品 阳离子淀粉

苏州天马化工原料有限公司
江苏省苏州市浒关工业园
邮编 215101
电话 0512－66261097
产品 AKD 施胶剂

张家港市三惠化工有限公司
江苏省张家港市凤凰镇西
邮编 215613
电话 0512－56887377、58400502
传真 0512－58491329
网址 www. cmcsanhui. com
产品 纤维素钠、CMC

张家港市一星日化厂
江苏省张家港市凤凰镇
邮编 215613
电话 0512－58496121
传真 0512－58496158
网址 www. cmcyixing. com
产品 CMC

南通市

海安县正达化工有限公司
江苏省南通市海安县海化路 28 号

邮编 226600
电话 0513－88832111
传真 0513－88866940
网址 www.zhendachem.com
邮箱 info@zhendachem.com
产品 乳化剂、洗净剂、消泡剂

南天农科化工有限公司
江苏省如皋市白蒲镇
邮编 226511
电话 0513－88573113
传真 0513－88573112
产品 聚丙烯酰胺系列

淮安市

江苏天士力淀粉有限公司
江苏省淮安市清浦区城南西路 29 号
邮编 223002
电话 0517－82806173
传真 0517－83806173
产品 表面施胶类、喷雾淀粉、涂布专用系列

镇江市

镇江市天亿化工研究设计院有限公司
江苏省镇江市千秋桥街 16 号
邮编 212001
电话 0511－85033207
传真 0511－85030898
邮箱 tianyiche@sohu.com
产品 干强剂、湿强剂、中性施胶剂 AKD 乳液、AKD 乳化剂

镇江科力生物技术有限公司
江苏省镇江市丁卯桥路 160 号
邮编 212009
电话 0511－8888991、8888832
传真 0511－8888891
网址 www.koly.cn
邮箱 xgf@koly.cn
产品 杀菌剂、防霉剂

泰州市

江苏九洲化工有限公司
江苏省泰州市永安洲化学工业园区
邮编 225321
电话 0523－86967813
传真 0523－86967814
网址 www.ncc-js.com
产品 表面施胶剂、润滑剂、防腐杀菌剂、分散剂、涂料保水剂

江苏聚成精细化工有限公司
江苏省泰州市泰兴商城 D 区 4 楼
邮编 225400
电话 0523－87722751、87722761
传真 0523－87722753
网址 www.jucheng-chem.com
邮箱 jucheng-chem@163.com
产品 聚丙烯酰胺，阳、阴、非离子高分子絮凝剂，水处理剂，甲基丙烯酸二甲氨乙脂（DM），甲基丙烯酰氧乙基三甲基氯化铵（DMC）

泰兴市中纺助剂厂
江苏省泰兴市大生工业开发区（三联）
邮编 225400
电话 0523－87626328、87906508
传真 0523－87623833
网址 www.zfchem.cn
邮箱 tjh3921@163.com
产品 水性聚氨酯固化剂、水性分散剂

江苏省姜堰市华光化工有限公司
江苏省姜堰市溱潼镇溱西路 125 号
邮编 225508
电话 0523－88616339、88616327
传真 0523－88619365
网址 www.jyhuaguang.com
邮箱 sales@jyhuaguang.com
产品 黏合剂、纸品乳液、羧基丁苯胶乳、CMC、抗水剂

浙　江　省

杭州市

杭州佳波化工有限公司
浙江省杭州市西湖区莫干山路 569 号副楼 2402 室
邮编 310005
电话 0571－88823021
传真 0571－88823543
网址 www.hzjiabo.cn
产品 造纸制浆增稠粉、分散剂、杀菌剂

浙江金科化工股份有限公司
浙江省杭州市密渡桥路 1 号白马大厦 8 楼(总部)
邮编 312369
电话 0571－85812300
传真 0571－85812333
网址 www. jinke-chem. com
邮箱 jinke@ jinke-chem. com
产品 低温漂白活性剂、过碳酸钠、过硼酸钠、过氧化钙、过氧化乙酸消毒剂

杭州德高化工开发有限公司
浙江省杭州市清秦街 509 号富春大厦 19 层
邮编 310009
电话 0571－87831038、87832038
传真 0571－87989060、87827833
网址 www. dekao. com
邮箱 dekao@ 163. com
产品 杀菌防腐剂、脱墨剂、消泡剂、增白剂、螯合剂

杭州银湖化工有限公司
浙江省杭州市天目山路 224 号中融城市花园 2 幢 1 单元 1201 室
邮编 310012
电话 0571－85028645
传真 0571－85028640
网址 www. yinhuchem. com
邮箱 yuping0571@ hotmail. com
yinhuchem@ yinhuchem. com
产品 纸用导电剂、助留剂、纸浆分散剂、湿强剂、抗水剂、杀菌灭藻剂、消泡剂、絮凝剂

杭州丹江化工科技有限公司
浙江省杭州市拱墅区仓基新村 2 幢 2 单元
邮编 310014
电话 0571－88082805
传真 0571－88082805
网址 www. seihan. co. kr
邮箱 dlz670330@ yahoo. com. cn
产品 表面施胶剂、树脂控制剂、滤水促进剂、淀粉硬化剂、耐水滑剂、防黏剂、干强剂

杭州纸友科技有限公司
浙江省杭州市下沙经济技术开发区白杨街道 3 号大街 50 号
邮编 310018
电话 0571－86911227、86912268、86840952
传真 0571－86913870
网址 www. hzzykj. cn
邮箱 zykjgs@ mail. hz. zj. cn
zykj@ hzzykj. cn
产品 湿部添加淀粉、层间或表面喷雾淀粉、聚合物表面施胶剂、彩喷纸专用淀粉

杭州绿兴环保材料有限公司
杭州绿色助剂研究所
浙江省杭州市石桥路永华街 127 号
邮编 310022
电话 0571－85818982－8206
传真 0571－85818953
网址 www. hzlvxinghuanbao. cn
邮箱 green@ greenadditive. com
产品 烘缸剥离剂、柔软剂、消泡剂、固色剂、促白剂

杭州格林费尔生活技术有限公司
浙江省杭州市滨江区东流路 1805 号
邮编 310053
电话 0571－86697638、86696238－1660
传真 0571－86697618、86697628
网址 www. greenphile. com
邮箱 greenphilebiotech@ gmail. com
产品 生物酶树脂控制剂、生物酶脱墨剂、生物酶助漂剂、生物酶腐浆控制剂

杭州绿典化工有限公司
浙江省杭州市萧山区新街镇双圩村
邮编 311217
电话 0571－82853800、82853881
传真 0571－82853883
网址 www. ldchemical. com
邮箱 ld@ ldchemical. com
产品 荧光增白剂、脱墨剂、固色剂、柔软剂

杭州凯丽化工有限公司
浙江省杭州市萧山区河庄镇一工段
邮编 311222
电话 0571－82962668、82961777
传真 0571－82962777、82965706
网址 www. kalichemical. com
邮箱 sales@ kailichemical. com
产品 彩色纸专用色浆、造纸调色剂、装饰纸用色浆

浙江传化华洋化工有限公司
浙江省杭州市萧山经济技术开发区鸿达路 125 号
邮编 311231
电话 0571－82696688、82695822
传真 0571－82696488

网址 www. transfarwhyyon. com
邮箱 whyyon@ etransfar. com
产品 荧光增白剂、染料、脱墨剂、网毯清洗保洁剂、助留助滤剂

杭州杭化播磨造纸化学品有限公司
浙江省杭州市萧山经济技术开发区桥南区鸿达路 87 号
邮编 311231
电话 0571 - 82697060、82695381
传真 0571 - 82697129
网址 www. hh-harima. com
邮箱 info@ hh-harima. com
产品 乳液松香、增强剂、涂布加工纸用化学品系列、脱墨剂系列、表面施胶剂系列、纸张固色剂、防水剂、消泡剂

浙江日华化学有限公司特殊精密化学品部
浙江省杭州市萧山经济技术开发区桥南区鸿达路 289 号
邮编 311231
电话 0571 - 82697366、82697550
传真 0571 - 82697551
网址 www. nicca. cn
邮箱 m-kusakabe@ nicca. com. cn
产品 纸用固色剂、分散剂、柔软剂、膨松剂、脱墨剂、消泡剂

杭州致远印染助剂有限公司
浙江省杭州市萧山区临港工业园区
邮编 311234
电话 0571 - 82507795、82507790
传真 0571 - 82507790、82507796
网址 www. chinaositerchem. com
邮箱 IBD@ chinaositerchem. com
产品 荧光增白剂

临安市神马化工有限公司
浙江省临安市横潭路 58 - 8 号
邮编 311300
电话 0571 - 63746418
传真 0571 - 63746428
网址 www. hzsmhg. com
邮箱 webmaster@ hzsmhg. com
产品 湿强剂、表面施胶剂、消泡剂、阳离子分散松香胶、阴离子松香施胶剂、AKD - 4 新型中性施胶剂

临安市荣盛化工有限公司
浙江省临安市於潜镇衡横山工业区
邮编 311311
电话 0571 - 63885968
传真 0571 - 63888819
网址 www. larshg. com
邮箱 rs968@ 163. com
产品 表面施胶剂、涂布抗水剂、干/湿强剂、中性施胶剂

富阳宏帆化工有限公司
浙江省杭州市富阳富春街道春华村
邮编 311400
电话 0571 - 63368915
传真 0571 - 63369917
网址 www. 3814332. 7lab. com
产品 超细轻质碳酸钙、分散剂、抗水剂、润滑增光剂、硬脂酸盐

富阳市发泰造纸净水材料厂
浙江省富阳市大源镇四季路 6 号
邮编 311400
电话 0571 - 63398046
传真 0571 - 63581007
网址 www. zdjbbn. b2b168. com
邮箱 zdjbbn@ 126. com
产品 新型净水助剂(蒽醌废酸、苯乙酮废酸、以及所有含铝离子废酸均可使用)、硫酸铝、聚合氯化铝

富阳飞马化工有限公司
浙江省富阳市富春街道春华朱山路
邮编 311400
电话 0571 - 63369968
传真 0571 - 63369522
产品 干强剂、湿强剂、脱墨剂、表面施胶剂

杭州先进科技化工有限公司
浙江省富阳市富春街道春华村
邮编 311401
电话 0571 - 23296888
传真 0571 - 23299777
网址 www. hzacc. com
邮箱 acc@ hzacc. com
产品 纳米级轻质碳酸钙

富阳市万通化工有限公司
浙江省富阳市大源镇大源村
邮编 311413
电话 0571 - 23225198

传真 0571－23225197
网址 www. fywthg. com
邮箱 webmaster@ fywthg. com
产品 松香施胶剂、表面施胶剂、消泡剂

浙江三力星化学品有限公司
浙江省富阳市春江工业园区蔡伦西路
邮编 311421
电话 0571－63589277
传真 0571－63589277
网址 www. sanlixing. com
邮箱 libin@ sanlixing. com
产品 浆内施胶剂、助留剂、表面施胶剂、杀菌剂、清洗剂

富阳市固能粉体材料有限公司
浙江省富阳市春江造纸工业园区 10 号楼
邮编 311421
电话 0571－63587761
传真 0571－63587763
邮箱 info@ llgn. com
产品 超细重质碳酸钙

桐庐贝斯特化工有限公司
浙江省杭州市桐庐县横村镇方埠工业园区
邮编 311502
电话 0571－64698303
传真 0571－64698302
邮箱 196317462@ qq. com
产品 浆内消泡剂、纸张隔离剂

谢菲尔考克碳酸钙(杭州)有限公司
浙江省杭州市和睦路 567 号
邮编 310011
电话 0571－88186166、88091424－523
传真 0571－88186166
网址 www. schaeferkalk. net. cn
产品 碳酸钙

杭州市化工研究院有限公司
浙江省杭州市湖墅石灰坝 7 号
邮编 310014
电话 0571－88314437、88319461
传真 0571－88314437
网址 www. hhs. cn
产品 增强剂、湿强剂、废纸脱墨剂、阻燃剂、中性施胶剂、印刷适性改进剂(无甲醛型)、卫生纸起皱黏合剂、烘缸剥离剂、柔软剂、固色剂、变性淀粉、松香施胶剂

杭州颜料化工厂
浙江省杭州市萧山区义莲镇外六工段
邮编 311225
电话 0571－82989828
传真 0571－82989920
产品 颜料、染料、中间体

宁波市

宁波乐嘉化工有限公司
浙江省宁波市中兴路 717 号华宏国际中心 15B－1
邮编 315040
电话 0574－87849999－101
传真 0574－87858833－101
网址 www. lkchem. com
邮箱 zlhcheer@ 163. com
产品 醇醚溶剂、非离子表面活性剂、氯化溶剂、环氧树脂

宁波亚中精细化工有限公司
浙江省宁波市科技园区(梅墟工业区)光华路 323 号
邮编 315103
电话 0574－88482178
传真 0574－88487713
网址 www. nb-yaguang. com
邮箱 yazhong@ mail. nbppt. zj. cn
产品 脱墨剂、絮凝剂、增白剂、漂白剂、胶黏物控制剂、液体无铁硫酸铝、分散剂、增强剂、烘缸剥离剂、毛毯清洗剂

宁波天源化学有限公司
浙江省宁波市鄞州区宁南北路 818 号
邮编 315192
电话 0574－88216239
传真 0574－88216417
网址 www. tianyuan818. com
邮箱 sale@ tianyuan818. com
产品 造纸润滑剂、耐水化剂、PAE 湿强剂、纸用上光涂料(水性油光)、流变改质剂

温州市

浙江省苍南县望鑫制胶厂
浙江省温州市苍南县灵溪镇兴城街 13 号
邮编 325800

电话 0577－64804168
传真 0577－64804168
网址 www. yp. com. cn/wangxin
邮箱 zxcvgtyu@126. com
产品 阴离子分散胶、阳离子分散胶、阳离子助留剂、阳离子废水处理剂

嘉兴市

嘉兴瑞升化工贸易有限公司
浙江省嘉兴市泰坤国际大厦 622 室
邮编 314010
电话 0573－82106320
传真 0573－82208763
网址 www. xsd7063. chinapaper. net
邮箱 xsd7063@126. com
产品 分散剂聚丙烯酰胺产品、助留剂、瓜尔胶、烟草薄片助留剂、阴离子膨润土

绍兴市

浙江弘利防渗胶有限公司
浙江省绍兴市滨海工业区
邮编 312073
电话 0575－85523026
传真 0575－85523022
网址 www. zjhlhg. com
邮箱 zjhl@zjhlhg. com
zjhlzcl@sina. com
产品 中性造纸施胶剂、表面施胶剂、中性施胶 AKD 乳液、助留助滤剂、阴/阳离子高分散松香胶

绍兴市南方化工有限公司
浙江省嵊州市罗柱岙工业园区嵊州大道 619－1 号
邮编 312000
电话 0575－83102159
传真 0575－83187126
网址 www. sousacide. com
邮箱 sousacide@163. com
产品 系列防腐杀菌剂

金华市

兰溪市泛士达造纸化学品厂
浙江省兰溪市婺江路 60 号 2 座 2－102
邮编 321100
电话 0579－88823238
传真 0579－88823238
网址 www. fanshida. cn. alibaba. com
产品 脱墨剂、蜡乳液、润滑增光剂、消泡剂、中性表面施胶剂、网毯清洗剂、絮凝剂

浙江益纸淀粉有限公司
浙江省金华市金磐开发区(新区)尖山路 1 号
邮编 321016
电话 0579－84662081、89171868
传真 0579－84669939
产品 增强剂、新闻纸专用增强剂、中性施胶剂、季铵型阳离子淀粉、阳离子助留助滤剂、喷雾淀粉

衢州市

龙游富田造纸精化有限公司
浙江省衢州市龙游县城南开发区德贤路 29 号
邮编 324400
电话 0570－7255255
传真 0570－7029436
网址 www. lyftpaper. com
邮箱 yoyosf@mail. china. com
产品 AKD 中性施胶剂、阳离子分散松香胶、表面施胶剂、明矾、造纸复合型保留助剂、胶乳、抗水剂、杀菌剂、脱气剂、湿强剂

浙江奥仕化学有限公司
浙江省江山市经济开发区江东区兴工七路 2 路
邮编 324123
电话 0570－4351991、4351873
传真 0570－4351772、4351775
网址 www. chinaositerchem. com
邮箱 Ositer@chinaositerchem. com
产品 荧光增白剂

丽水市

浙江池禾化工有限公司
浙江省丽水市遂昌县妙高镇梅溪路 90 号
邮编 323300
电话 0578－8170374
传真 0578－8170685
网址 www. chihechem. com
邮箱 scch@mail. lsptt. zj. cn
产品 纸板增强剂、湿强剂、柔软剂、阳离子松香胶、表面施胶剂、分散剂、润滑剂、耐水剂、烘缸剥离剂

安 徽 省

合肥市

合肥健坤化工有限公司
安徽省合肥市黄山路459号华林家园12－204
邮编 230022
电话 0551－2361108
传真 0551－2361108
网址 www.chempowder.com
邮箱 chempowder@126.com
产品 硅藻土、高岭土、碳酸钙、造纸废水处理净化剂、纳米碳酸钙

芜湖市

安徽芜湖三维造纸助剂有限公司
安徽省芜湖市长江路223路
邮编 241004
电话 0553－5842013
传真 0553－5843138
产品 阴离子分散松香胶、中性分散松香胶、阳离子分散松香胶、消泡剂、助留助滤剂、液体荧光增白剂

芜湖华仁科技有限公司
安徽省芜湖市高新技术开发区
邮编 241000
电话 0553－5842013
传真 0553－5843138
产品 施胶剂、消泡剂、助留剂、助滤剂、液体荧光增白剂

马鞍山市

马鞍山市华吉实业有限公司
安徽省马鞍山市当涂县城关东门经济开发区
邮编 243100
电话 0555－6717488、6730033
传真 0555－6711204
网址 www.anhui-huaji.com
邮箱 hjsy@ah163.com
产品 松香胶、阳离子分散松香胶、湿强剂、干强剂、AKD中性施胶剂、中/碱性施胶剂、表面施胶剂

淮北市

安徽巨成精细化工有限公司
安徽省淮北市濉溪开发区水杉路33号
邮编 235102
电话 0561－6063692、6063507
传真 0561－6063507、6065121
网址 www.cjcchem.com
邮箱 sales@cjcchem.com
产品 分散剂、水处理絮凝剂、聚丙烯酰胺

滁州市

安徽省明光市曼迪矿业科技有限公司
安徽省明光市池河大道98号
邮编 239400
电话 0550－8153100、8582888
传真 0550－8156979
网址 www.medyfk.com
邮箱 mgmd@medyfk.com
产品 膨润土系列、硅藻土系列、碳酸钙系列

宿州市

安徽省宿州市金兄弟化工有限公司
安徽省宿州市砀山西城开发区
邮编 235300
电话 0557－8185681
传真 0557－8186688
邮箱 717934375@qq.com
产品 多元助留增强剂、分散剂、中性施胶剂、脱墨剂、增柔膨化剂、聚丙烯酰胺、荧光增白剂、丁苯乳液、苯丙乳液

池州市

安徽巢东九华钙业高新材料有限责任公司
安徽省池州市青阳县木镇河南村
邮编 242803
电话 0566－2833838
传真 0566－2833838
产品 重钙粉及其改性造粒产品

福 建 省

福州市

威尔(福建)生物有限公司
福建省福州市工业北路548号创业大厦北楼4层

邮编 350002
电话 0591－83774227、83770618
传真 0591－83770328
网址 www. welltouch. com. cn
邮箱 welltouch@ 163. com
产品 消泡剂、脱墨剂、稳定剂

福清达青化工有限公司
福建省福州市福清元华路东刘村
邮编 350300
电话 0591－85160968
传真 0591－85160887
网址 www. terceltraing. com
邮箱 tom@ howellco. com. cn
产品 微生物控制剂、白水系统污染控制剂、防腐剂、造纸涂料专业微生物、防霉剂、抗菌剂

福建大学环境与资源学院
福建省福州市闽侯上街大学城内
邮编 350108
电话 0591－22866078
传真 0591－22866070
网址 www. er. fzu. edu. cn
产品 水处理化学品(絮凝剂、吸附剂、除油剂、还原剂、阻垢剂、缓蚀剂)、印染助剂、水煤浆添加剂、染料分散剂、油田降黏剂、胶黏剂等

厦门市

三洋化学(中国)有限公司
福建省厦门市嘉禾路永升新城嘉园里 45 号大厦 1103 座
邮编 361024
电话 0592－5151598
传真 0592－5151858
网址 www. sunyo. ebigchina. com
产品 聚乙烯酰胺系列、助留助滤剂、消泡剂、阴离子干扰物固定剂、沉积物控制剂、杀菌剂、干强剂、还原性漂白剂、多功能水质稳定剂、清洗剂和保洁剂

三明市

福建省嘉丰生物化工有限公司
福建省永安市尼葛开发区尼葛路 2233 号
邮编 360000
电话 0598－3802233
传真 0598－3632233
产品 生物脱墨酶 JFM－958、脱墨剂 F－80、脱墨剂 F－80A

泉州市

南安市应用化学研究所
福建省南安市帽山工业区
邮编 362300
电话 0595－86353508、13905066005
产品 中性松香胶、强化松香胶、分散松香胶、助留剂、表面施胶剂

福建省晋江市银响精细化工科技开发有限公司
福建省晋江市永和镇英墩沪坑工业区 7 号
邮编 362235
电话 0595－88081961
传真 0595－88022901
网址 www. yinxiang-cn. com
邮箱 webmaster@ yinxiang-cn. com
产品 湿强剂、剥离剂、分散剂、消泡剂、柔顺剂、FAS 纸浆漂白剂、造纸固色剂、打浆酶、生物施胶酶、防腐杀菌剂、漂水、水玻璃、水处理剂等造纸化学品

南平市

福建南平市星光永昇造纸化工有限公司
福建省南平市滨江北路 177 号
邮编 353000
电话 0599－8808838
传真 0599－8808838
网址 www. liujianhua. chinapaper. net
邮箱 jianhualiu8616@ 163. com
产品 脱墨剂、双氧水稳定剂、柔软剂、施胶剂、变性复合淀粉、助留助滤剂、泡花碱、分散松香胶

龙岩市

龙岩高岭土有限公司
福建省龙岩市登高东路 154－13 号
邮编 364000
电话 0597－2325664、2332166
传真 0597－2325664
网址 www. lka. com. cn
邮箱 lkc0915@ publi. lyptt. fj. cn
产品 高岭土原矿、水洗高岭土

福建龙岩三虹科技有限公司
福建省龙岩市新罗区适中工业区

邮编 364011
电话 0597－2978888
传真 0597－2972270
邮箱 fjsanhong@263.net
产品 硅灰石造纸专用复合材料系列、造纸用超细重钙系列、纳米碳酸钙系列、超细研磨碳酸钙

福建漳平市振幅化工有限公司
福建省龙岩市漳平市永福工贸小区
邮编 364401
电话 0597－7882735
传真 0597－7881088
邮箱 fjzfhg@126.com
产品 脱墨剂、涂布润滑剂、高效废水处理剂、无水硅酸铝、超细硅酸铝

江 西 省

南昌市

江西省兴沪助剂有限公司
江西省南昌市洪都中大道158号B栋B单元402室
邮编 330001
电话 0791－8518310
传真 0791－8518310
产品 湿强剂、脱墨剂、增白剂、分散剂、生活用纸调色剂、乳化剂

南昌市龙然实业有限公司
江西省南昌市长堎外商投资工业区物华路229号
邮编 330013
电话 0791－3671122、3671121
传真 0791－3671123
网址 www.longran.cn
邮箱 nclongran@longran.cn
产品 松香胶、AKD乳液、中/碱性施胶剂、干强剂

江西嘉汇商贸有限公司
江西省南昌市广州路华东工业博览城E6栋9号江大南路149号4－198
邮编 330029
电话 0791－8488808
传真 0791－8488808
网址 www.jxjhsm.com
邮箱 jiahuifanna@163.com
产品 分散剂、荧光增白剂、湿强剂、柔软剂、脱墨剂、施胶剂

江西东永科技发展有限公司
江西省南昌市高新大道中段南昌大学科技园A708室
邮编 330000
电话 0791－8112636
产品 变性淀粉

江西东永实业有限公司
江西省南昌市莲塘龚南路3号
邮编 330200
电话 0791－5713982、5712489
传真 0791－5734961
网址 www.dysygs.com.cn
邮箱 dysy2002@sina.com
产品 变性淀粉

南昌市安义县凤凰化工厂
江西省南昌市安义县京庄苍63号
邮编 330500
电话 0791－3421113
传真 0791－3421113
产品 造纸助剂

江西省高科合成化工厂
江西省南昌市进贤县工业园区东一路
邮编 331700
电话 0791－5650033
传真 0791－5656003
产品 废纸脱墨剂、湿强纸解离剂、防腐杀菌剂

九江市

瑞昌市全游离松香胶厂
江西省瑞昌市黄金北路
邮编 332200
电话 0792－4222518
产品 全游离分散松香胶

萍乡市

萍乡市碳酸钙实业有限公司
江西省萍乡市湘东镇狮形山工业区道田村
邮编 337019
电话 0799－3375368
传真 0799－3375098、3375978
网址 www.pxtsg.com
邮箱 webmaster@pxtsg.com
产品 轻质碳酸钙、活性碳酸钙、纳米碳酸钙

赣州市

江西嘉龙造纸助剂工业有限公司
江西省赣州市龙南县龙泉大道 71 号(县委党校院内)
邮编 341700
电话 0797－3540440
传真 0797－3540440
产品 纸张增强剂、湿强剂、脱水助滤剂、消泡剂、毛毯清洗剂、废水处理剂、脱墨剂、柔软剂、纤维分散剂

抚州市

江西博大化工有限公司
江西省抚州市东乡县(省级)经济开发区
邮编 331800
电话 0794－4380168
传真 0794－4380166
网址 www. jxbdhg. com
邮箱 bodahg2007@ 163. com
产品 变性淀粉，纸箱黏合剂，增强、助留助滤剂，新闻纸专用增强剂，表面施胶剂

江西顺昌隆实业有限公司
江西省抚州市东乡县大富岗工业开发区
邮编 331800
电话 0794－4332619
传真 0794－4332586
网址 www. scl-starch. com. cn
邮箱 jxsclsy@ scl-starch. com. cn
产品 浆内添加淀粉、表面施胶淀粉、涂布淀粉、喷雾淀粉、瓦楞纸板黏合剂、胶带纸瓶签黏合剂

江西省东乡县宏大化工有限公司
江西省抚州市东乡县圩上桥镇东乡工业区
邮编 331801
电话 0794－4330506
传真 0794－4330508
邮箱 company@ jxhongda. net
产品 阳离子淀粉、表面施胶淀粉、喷雾淀粉、涂布淀粉、浆内添加淀粉、纸箱黏合剂

江西添光化工有限公司
江西省抚州市抚北镇工业区
邮编 344001
电话 0794－8355555
传真 0794－8352555
网址 www. tg-chem. com
邮箱 yxb@ tg-chem. com
产品 钛白粉、硫酸、精制硫酸铝、硫酸亚铁、普钙

江西红星变性淀粉有限公司
江西省抚州市东乡县红星省级经济开发区
邮编 331801
电话 0794－4383169、4383013
传真 0794－4383088
产品 变性淀粉

江西雨帆化工有限公司
江西省抚州市东乡县
邮编 331800
电话 0794－4332239
传真 0794－4332281
网址 www. jxyufan. com
邮箱 jxyfan@ sina. com
产品 变性淀粉

山　东　省

济南市

济南市顺康助剂有限公司
山东省济南市英雄山路南首
邮编 250002
电话 0531－82772228
传真 0531－82776966
邮箱 jnzxdz@ 163. com
产品 分散剂、拉力剂、助留助滤剂、脱墨剂、膨化剂、蒸煮助剂、消泡剂、废水处理剂、荧光增白剂、聚丙烯酰胺、挺硬剂

济南市化工研究所
山东省济南市工业南路 106 号
邮编 250100
电话 0531－88195963
传真 0531－88528627
网址 www. jnhg. com
邮箱 jnhgs@ 163. com
产品 氨基树脂抗水剂、工业防腐剂、高效助燃剂、高分散游离松香乳液、松香乳液(阴离子酸性施胶用)专用乳化剂、石蜡松香乳液专用乳化剂

济南塑邦精细化工有限公司
山东省济南市历城区高新技术产业开发区大学科技园
邮编 250100

电话 0531－81901282、81901583
传真 0531－81901283
网址 www. sbchem. com
邮箱 sbchem@ yahoo. com
产品 荧光增白剂、有机颜料、染料中间体及有机胺催化剂

济南金星助剂有限公司
山东省济南市历城区荷花路西段
邮编 250108
电话 0531－86898689
传真 0531－88770218
网址 www. jnjx. com
邮箱 sdjn-gs@ 163. com
产品 防腐剂、分散剂、润滑剂、抗水剂、PAE 湿强剂

山东达盛科技有限公司
山东省济南市经十东路东部达盛集团工业园
邮编 250220
电话 0531－83684656、83684256
传真 0531－83682426
网址 www. sddsjt. com
邮箱 sakosako@ 163. com
sddsjt@ 163. com
产品 消泡剂、脱墨剂、润滑剂、分散剂、脱墨剂、施胶剂

青岛市

青岛市海大化工有限公司
山东省青岛市新泰安路 27 号如意大厦 2105 室
邮编 266001
电话 0532－82867216、82867217
传真 0532－82867215
网址 www. hualuqd. com
邮箱 haida@ hualuqd. com
dingdl@ public. qd. sd. cn
产品 造纸专用特种色素碳黑系列、阻燃剂、钛白粉、荧光增白剂、煅烧高岭土、防水剂

青岛三中化成精密有限公司
山东省青岛市城阳区钱桃树村委南 100 米路西
邮编 266109
电话 0532－87733585
传真 0532－87733631
邮箱 jly318@ hanmail. net
产品 脱墨剂、毛毯清洗剂、消泡剂、污染防治剂、凝固剂

青岛圣博生物科技有限公司
山东省青岛市胶州市中云工业园
邮编 266300
电话 0532－87298077
传真 0532－87298078
邮箱 hi7810@ tom. com
产品 聚合物分散剂、减水剂、灭菌剂、杀菌防腐剂、阻垢剂

青岛如相化工有限公司
山东省平度市平度同和工业园
邮编 266706
电话 0532－82696059
传真 0532－87360020
产品 防腐杀菌剂、工业灭藻剂、网毯清洗剂、水处理剂、消泡剂、荧光增白剂

淄博市

淄博万科化工有限公司
山东省淄博市张店区潘南西路 20 号
邮编 255047
电话 0533－3181892
传真 0533－3183893
网址 www. zbwanke. com
邮箱 wang@ zbwanke. com
产品 抗氧化剂、PAE 湿强剂、湿强废纸再生剂、助留助滤剂

淄博振河塑胶化工有限公司
山东省淄博市张店区昌国路良乡工业园
邮编 255071
电话 0533－2092016
传真 0533－2091839
产品 聚合氯化铝、聚丙烯酰胺、聚合硫酸铁系列净水剂、助留剂、表面施胶剂、消泡剂等造纸助剂

淄博东方聚合物有限公司
(原张店东方化学厂)
山东省淄博市张店区昌国路良乡工业园(内环路原 309 国道)1 号路 2 号门
邮编 255071
电话 0533－2090527、2090973
传真 0533－2090799
网址 www. eastpolymer. com
邮箱 fengxiangyuan@ eastpolymer. com
产品 聚丙烯酰胺、高吸水性树脂、N－羟甲基产品丙烯酰胺

张店东方化学股份有限公司
山东省淄博市张店区东四路南首
邮编 255071
电话 0533-2081515、2092157
传真 0533-2081047
网址 www.orientchem.com
邮箱 zhaijun@orientchem.com
产品 助留剂、废水处理剂

淄博爱普浆纸科技有限公司
山东省淄博开发区高科技创业园 B 座 309 室
邮编 255086
电话 0533-6219777
传真 0533-6207207
网址 www.zbalpu.cn
邮箱 aipu@163.com
产品 脱墨剂、中性施胶剂、阴离子分散松香剂、表面处理剂、助留助滤剂、制浆造纸设备

山东省桓台县金龙化工有限公司
山东省淄博市桓台县新城镇工业园区
邮编 256403
电话 0533-8886555、3151273
传真 0533-8886555
网址 www.jinlongchem.net
邮箱 jinlong@jinlongchem.net
产品 水处理药剂、水质稳定剂系列、高效杀菌剂、灭藻剂

淄博津利精细化工厂
山东省淄博市周村区南郊镇永和村
邮编 255302
电话 0533-6061262、6063068
传真 0533-6062320
网址 www.jinlichem.com
邮箱 jinlichem@126.com
产品 造纸助剂

淄博竹林超细化工材料厂
山东省淄博市博山区山头南圈路 1 号
邮编 255215
电话 0533-4418510
产品 超细重质碳酸钙

山东聚鑫化工有限公司
山东省淄博市桓台县唐山镇
邮编 256401
电话 0533-8510968
传真 0533-8519379
网址 www.juxinchem.cn
邮箱 juxin@juxinchem.cn
产品 聚丙烯酰胺干粉、胶体

瑞丰化工公司有机化工厂
山东省淄博市沂源县城保丰路 26 号
邮编 256100
电话 0533-3220025
产品 造纸助剂、脱墨剂

枣庄市

枣庄林美发展有限公司
山东省枣庄市峄城经济开发区福兴中路 7 号
邮编 277300
电话 0632-7789888
传真 0632-7721388
网址 www.linmeichem.com
邮箱 lm@linmeihg.com
产品 变性淀粉系列、涂布黏合剂、湿部添加剂、表面施胶剂、羧甲基纤维素钠、固体胶乳胶黏剂

山东神州翔宇科技集团有限公司
山东省枣庄市台儿庄区马兰屯镇淀粉工业园
邮编 277412
电话 0632-6711135
传真 0632-6711177
网址 www.xiangyudianfen.com
邮箱 xydf@xiangyudianfen.com
产品 醋酸酯淀粉、磷酸酯淀粉、氧化淀粉、阳离子淀粉、阳离子表面施胶剂

东营市

东营市德胜化工有限公司
山东省东营市东营开发区大渡河路 251 号
邮编 257091
电话 0546-8313666
传真 0546-8739138
邮箱 deshengshiye@163.com
产品 表面施胶剂、塑性颜料、湿强剂、废纸再生剂、分散剂、剥离剂、抗水剂、消泡剂

山东东营华泰精细化工有限责任公司
山东省东营市东营开发区东二路 2 号
邮编 257091
电话 0546-8351964

传真 0546－8351967
网址 www.huatai.com
邮箱 sp0546@sohu.com
产品 增白剂、废纸脱墨剂、螯合剂、中性表面施胶剂、杀菌灭藻剂、废水处理剂

东营瑞特精细化工有限公司
山东省东营市广饶县经济开发区兵圣路 817 号
邮编 257300
电话 0546－6923636、6440020
传真 0546－6923599、6445118
网址 www.right-china.com
邮箱 rightgroup@126.com
产品 废水处理剂、助留助滤剂、湿强剂、纸张增强剂、施胶剂、聚丙烯酰胺乳液

东营市三龙精细化工有限责任公司
山东省东营市广饶县李鹊镇高新技术园区
邮编 257333
电话 0546－6286210
传真 0546－6286268
网址 www.chinaslhg.com
邮箱 web@chinaslhg.com
产品 表面施胶剂、脱气剂、树脂控制剂、杀菌剂、助留助滤剂、AKD 施胶剂、淀粉硬化及纸粉防止剂、保水剂、阳离子松香胶

利津县冠亚化工有限责任公司
山东省东营市利津县工业区
邮编 257440
电话 0546－5318788
网址 www.sdguanya.com.cn
产品 丙烯酰胺、造纸分散剂、助留助滤剂、水解聚丙烯酰胺、杀菌灭藻剂、缓蚀阻垢剂

烟台市

烟台鸿成精细化工有限公司
山东省烟台市福山高新产业区振华街 887 号
邮编 265500
电话 0535－6326779、6326087
传真 0535－6301817
网址 www.ythongcheng.com
邮箱 hc@ythongcheng.com
产品 荧光增白剂系列、施胶剂系列、消泡剂、抗水剂

龙口市华瑞新材料科技有限公司
山东省龙口市遇家复兴机械北临
邮编 265701
电话 0535－8529786
传真 0535－8543088
网址 www.hray-chem.com
邮箱 wn.yang@163.com
产品 微乳化合成蜡乳液、有机硅乳液消泡剂、微乳化蜡纸箱防水剂、造纸消泡剂

龙口市联源纸张助剂有限责任公司
山东省龙口市诸由观镇辛家
邮编 265705
电话 0535－8572299
传真 0535－8572299
网址 www.lyxez.com
邮箱 lzx@lyxez.com
产品 烷基烯酮二聚体（AKD 蜡粉）、乳化剂、中性施胶剂、湿强剂

达斯特克化工有限公司
山东省烟台市化工路
邮编 264002
电话 0535－6530669
传真 0535－6530939
网址 www.dasteck.com
邮箱 ytd@dasteck.com
产品 造纸漂白剂

潍坊市

潍坊信业化学有限公司
山东省潍坊市潍城区 309 国道 338 公里处路北
邮编 261000
电话 0536－8399162
传真 0536－8399062
网址 www.xinyehx.com
邮箱 xinyehx@163.com
产品 无甲醛抗水剂、聚酰胺聚脲（PAPU）抗水剂、涂布用抗水剂、湿强剂、消泡剂、防腐杀菌剂、螯合剂、有机分散剂

潍坊恒兴化工有限公司
山东省潍坊市奎文区鸢飞路 912 号
邮编 261031
电话 0536－8665901、8671737
传真 0536－8665900
网址 www.hengxingchem.cn
邮箱 gxjchem@126.com
sdmzl@163.com

产品 中性施胶剂、润滑剂、重质液体碳酸钙、防腐杀菌剂、涂布抗水剂、消泡剂、有机分散剂

潍坊润丰造纸助剂有限公司
山东省潍坊市玄武东街 123 号
邮编 261031
电话 0536 - 8661277
传真 0536 - 8662837
网址 www. rfzj. com
邮箱 rfzj888@ yahoo. com. cn
产品 醚化剂、PPE、助留助滤剂、脱墨剂、制浆消泡剂、网毯清洗剂、挺度剂、涂布润滑剂、抗水剂

潍坊千龙造纸助剂有限公司
山东省潍坊市寒亭区益新街 342 号
邮编 261100
电话 0536 - 8659603
传真 0536 - 8659603
网址 www. wfql. com
邮箱 grgrth66@ 163. com
产品 防腐杀菌剂、剥离剂、抗水剂、增白剂、助留剂

潍坊瑞光化工有限公司
山东省潍坊市寒亭区东环路南首
邮编 261100
电话 0536 - 7262976、7252436
传真 0536 - 7270136
网址 www. ruiguangchem. com
邮箱 ruiguang@ ruiguangchem. com
产品 颜料分散剂、有机硅消泡剂、柔软剂、脱墨剂、涂料色浆、表面活性剂、增强剂

潍坊金水源化工有限公司
山东省潍坊市寒亭区河滩镇北庄(309)国道北庄处
邮编 261112
电话 0536 - 7580515
传真 0536 - 7580595
网址 www. wfjsy. com
邮箱 yuliqu@ 126. com
产品 非硅高效消泡剂、分散剂、抗水剂、脱墨剂、中碱性施胶剂、纸品柔软剂

华普化学品(潍坊)有限公司
山东省安丘市关王工业园区
邮编 262122
电话 0536 - 2261336
传真 0536 - 4331198
网址 www. huapuchem. com
邮箱 mail@ huapuchem. com
产品 显(助)白剂、抄纸消泡剂、玻璃纸用保湿剂、AKD 中碱性施胶剂、松香施胶剂、防腐杀菌剂

潍坊浩鑫造纸助剂有限公司
山东省潍坊市昌乐县城南歇头仓
邮编 262408
电话 0536 - 6762567
传真 0536 - 6762567
邮箱 jianghai@ zaozhizhuji. com
产品 纸板挺度剂、高效生物酶脱墨剂、纸张表面强度剂、阳离子淀粉、喷淋淀粉、阳离子助留增强剂

山东省青州市万利化工有限公司
山东省青州市开发区东方北路 2066 号(北 50 米)
山东省青州市南环路 55 号(公司)
邮编 262500
电话 0536 - 3529668
传真 0536 - 3529667
网址 www. wanlichem. com
邮箱 djx@ wanlichem. com
产品 纸品乳液、颜填料分散剂、增稠剂、杀菌剂

山东青州友邦化工有限公司
山东省青州市开发区东方一路东侧
邮编 262500
电话 0536 - 3262828
传真 0536 - 3262688
网址 www. henglichem. com
邮箱 hllm@ henglichem. com
产品 纸浆漂白剂、脱墨剂

青州市晨鸣变性淀粉有限公司
山东省青州市北西关
邮编 262500
电话 0536 - 3262808、3260762
传真 0536 - 3260762
产品 表面施胶剂、喷淋淀粉、涂布淀粉、石膏板增强剂

潍坊兆冠化工集团公司
山东省潍坊市临朐县经济技术开发区秦池路 38 号
邮编 262600
电话 0536 - 3212680、3121055
传真 0536 - 3120817
网址 www. zhaoguan. com
邮箱 mail@ zhaoguan. com
产品 二氧化氯、消毒剂、杀菌剂、保鲜剂、漂白剂、

防腐剂、除臭剂、脱色剂

山东万豪集团临朐纸业化工有限公司
山东省临朐县治源工业园
邮编 262605
电话 0536－3631262
传真 0536－3631262
网址 www. wanhao. com
邮箱 wanhao@ china. com
产品 AKD 中性施胶剂

寿光蔡伦申兴精细化工有限公司
山东省寿光市晨鸣工业区
邮编 262700
电话 0536－2156339、2156421
传真 0536－2156416
网址 www. cailunchem. com
邮箱 sales@ cailunchem. com
产品 中性施胶剂、重质碳酸钙、AKD 乳液、松香胶、增白剂、消泡剂

寿光金远东变性淀粉有限公司
山东省寿光市学院路北首
邮编 262700
电话 0536－5185399
传真 0536－5110077
网址 www. cn-jyd. com
邮箱 jyd@ cn-jyd. com
产品 表面施胶淀粉、湿部添加剂、多元变性淀粉、漂白淀粉、阳离子淀粉

潍坊天方圣鸿化学有限公司
山东省寿光市晨鸣工业园(建新西街与文昌路交叉口)
邮编 262700
电话 0536－5672088
传真 0536－5672058
邮箱 tfsh@ tfshchem. com
产品 湿强剂、表面施胶剂、抗水剂、消泡剂、润滑剂、无甲醛抗水剂、柔软剂、湿强解离剂、中性施胶剂

青州市北联淀粉有限公司
山东省青州市海军路 568 号
邮编 262500
电话 0536－3260906、3263278
传真 0536－3260906
网址 www. sdbldf. com
邮箱 qzbldf@ 163. com
产品 造纸用淀粉

济宁市

济宁新格瑞水处理有限公司
山东省济宁市嘉祥工业园
邮编 272415
电话 0537－6985888、6988006
传真 0537－6988088
网址 www. jngreen. net
邮箱 jngr@ jngreen. net
xingerui@ yahoo. com. cn
产品 施胶剂、系统清洗剂、系统除垢剂、阻垢缓蚀剂、生物酶脱墨剂、聚丙烯酰胺、废水絮凝剂、杀菌消毒剂、消泡剂

山东阳光颜料有限公司
(原济宁市阳光颜料助剂有限责任公司)
山东省济宁市车站南路
邮编 272000
电话 0537－2317897、2311908
传真 0537－2311908
网址 www. sino-pigment. com
邮箱 market@ sino-pigment. com
产品 有机颜料、无机颜料、荧光颜料、高档彩色专用色浆

济宁市华强化工有限公司
山东省济宁市任城区开发区济邹路南接庄镇政府西 1 公里
邮编 272015
电话 0537－2631588
传真 0537－2631088
网址 www. hqchem. com. cn
邮箱 sales@ hqchem. com. cn
产品 高效造纸助留剂、多功能造纸增强剂、絮凝剂

济宁市信慧化工科技有限公司
山东省济宁市任城经济开发区山博路
邮编 272100
电话 0537－2316691
传真 0537－2333786
网址 www. cenwise. cn
邮箱 jnxhhg@ 263. com
产品 松香胶、液体染料、增白剂、PAM 干强剂

兖州天成化工有限公司
山东省兖州市北站西路 66 号

邮编 272100
电话 0537－3482493
传真 0537－3414528
网址 www. yztchg. com
邮箱 yztchg@ 163. com
产品 AKD、干/湿增强剂、复合型中性胶

兖州东升精细化工有限公司
山东省兖州市兴隆庄镇驻地
邮编 272101
电话 0537－3873264、3873331
传真 0537－3873918
网址 www. dssun. com
产品 表面施胶剂、PP塑性颜料、阳离子胶乳、分散剂、AKD施胶剂、脱墨剂、净水剂、废水絮凝剂、超细重质碳酸钙、超细轻质碳酸钙、高白度高岭土、润滑剂

济宁红日化工轻化助剂有限公司
（原济宁市中区轻化助剂厂）
山东省济宁市105国道与327国道交汇处
邮编 272141
电话 0537－2113179
传真 0537－2113179
网址 www. hrqh. cn
邮箱 hrqhzjgs@ 163. com
产品 造纸制浆催化剂、高效消泡剂系列、柔软剂

泰安市

泰安市东岳助剂厂
山东省泰安市泰汶路199号
邮编 271000
电话 0538－6611988
传真 0538－6610809
网址 www. dyzjc. com
邮箱 dylh-paper@ tom. com
产品 抄纸分散剂、增白剂系列、废纸脱墨剂、助留助滤剂、蒸煮助剂、聚丙烯酰胺、树脂障碍消除剂、消泡剂、废水处理剂

泰安鑫泉精细化工有限公司
山东省泰安市高新技术开发区北集坡
邮编 271000
电话 0538－8920760、13563803298
传真 0538－8920388
网址 www. xq1688. com
邮箱 zhanghong8513@ 163. com
产品 多元助留助滤增强剂、纸品挺度增强剂、瓦楞纸杯环压增强剂、烘缸剥离剂、消泡剂

山东省新泰市兰泰化工有限公司
山东省新泰市翟镇西1公里
邮编 271204
电话 0538－7500078
传真 0538－7500078
网址 www. lthuagong. com
邮箱 lthugnong@ 163. com
产品 硫酸铝、AKD乳液、中碱性造纸施胶剂、分散松香胶

山东一滕化工有限责任公司
山东省肥城市工业二路西首
邮编 271600
电话 0538－3368999、3368666
传真 0538－3366226
网址 www. yitengchem. cn
　　www. sdytjt. com
邮箱 yitengchem@ 163. com
产品 聚阴离子纤维（PAC）、羧甲基纤维素（CMC）、羟丙基甲基纤维素（HPMC）

山东鲁岳化工有限公司
山东省肥城市安站镇
邮编 271603
电话 0538－3680358、3680386
传真 0538－3680368
网址 www. luyue. com
邮箱 sales@ luyue. com
产品 二烯丙二甲氯化铵、助留助滤剂、干湿增强剂、阴离子导电剂、阳离子熟化促进剂

泰安市山口环保化工厂
山东省泰安市岱岳区山口镇
邮编 271038
电话 0538－8611946
传真 0538－8611946
产品 净水剂

威海市

威海凯瑞造纸技术有限公司
山东省威海市高新技术开发区创新创业基地318室
邮编 264200
电话 0631－5629496
传真 0631－5629496

网址 www. whchrom. com. cn
邮箱 market@ whchrom. com. cn
whchrom@ 163. com
产品 表面施胶剂、表面处理剂、浆料预处理剂、树脂控制剂、生物助留剂

日照市

日照金马化工有限公司
山东省日照市山东路 589 号
邮编 276825
电话 0633 - 3387318
传真 0633 - 3387358
网址 www. jinmachem. com
邮箱 info@ jmchem. com
产品 羧基丁苯胶乳、苯丙乳液、分散剂、润滑剂、增稠剂

临沂市

临沂爱森化工有限公司
山东省临沂市鲁南化工城 A 区 450 号
邮编 276000
电话 0539 - 3120808
传真 0539 - 3120809
网址 www. lyaisen. cn
邮箱 guoguo19810520@ sina. com
产品 聚丙烯酰胺阳离子、阴离子、非离子系列，造纸分散剂，造纸助留助滤剂

临沂市天科工贸有限公司
山东省临沂市中国商城会展中心化工区 A 区 22 号
邮编 276000
电话 0539 - 8020352
传真 0539 - 3120331
网址 www. cntianke. com
邮箱 yuemingqiang@ hotmail. com
tiankegongmao@ yahoo. cn
产品 废纸胶黏物去除剂、瓦楞纸杯环压增强剂、纸浆分散剂、助留助滤剂、干强剂、脱墨剂、絮凝剂

临沂市成丰化工有限公司
山东省临沂市临西十一路与双玲路交汇处鲁南化工市场 A 区 -76 号
邮编 276000
电话 0539 - 3120238
传真 0539 - 3120238
产品 荧光增白剂、蒸煮助剂、消泡剂、防腐杀菌剂、ABC 调色剂、高效分散剂、脱墨剂、湿强剂

临沂欧贝化学有限公司
山东省临沂市临沭县白旄镇周官庄村
邮编 276715
电话 0539 - 6341099
传真 0539 - 6090617
网址 www. oubei66. com
产品 表面施胶剂、脱墨剂、过氧化氢稳定剂、干强剂、纸力增强剂、助留剂、杀菌剂、涂布纸用料、消泡剂、脱气剂

德州市

陵县佳隆化工染料厂
山东省陵县陵城镇威灵小区
邮编 253500
电话 0534 - 8223215
产品 造纸助剂、脱墨剂、清洗剂

聊城市

聊城市凤民净水原料有限公司
山东省聊城市东昌府区双力路 58 号
邮编 252000
电话 0635 - 8688000、8465670、13869598799
传真 0635 - 8688256
网址 www. fmjs. com. cn
邮箱 fmjs123@ 163. com
产品 聚丙烯酰胺及其他水处理药剂、聚丙烯酸钠、生物脱墨剂、卫生纸用分散剂、网毯清洗剂、拉力增强剂

山东阳光化工(集团)有限公司
(原山东阳谷爱信聚合物有限公司)
山东省聊城阳谷县城西工业园区化工路
邮编 252300
电话 0635 - 6381010、6381105
传真 0635 - 6324198、6383729
网址 www. sdyghg. com
邮箱 jcf926@ sohu. com
产品 聚丙烯酰胺、造纸助剂、硫酸铵、羧甲基纤维素、聚丙烯酸钾、二氯异氰尿酸钠

山东阳谷鲁燕淀粉加工有限公司
山东省聊城市阳谷县大布工业区
邮编 252300

电话 0635－6580666、18906350700
传真 0635－6580333
邮箱 ygluyan@126.com
产品 变性淀粉

滨州市

博兴县天元化工有限公司
山东省滨州市博兴县工业园区顺河路 6 号
邮编 256500
电话 0543－2303345
传真 0543－2303345
产品 造纸用中性施胶剂 AKD 蜡粉、AKD 乳液、AKD 专用乳化剂及系列产品

山东滨州嘉源环保有限责任公司
山东省滨州市滨城区黄山五路 560 号
邮编 256619
电话 0543－2118158
传真 0543－3312324
产品 二甲基二烯丙基氯化铵、有机高分子絮凝剂、阳离子絮凝剂系列、脱色剂、复合絮凝剂、反相破乳剂

菏泽市

山东菏泽阿可迪化工科技有限公司
山东省菏泽市牡丹区牡丹办事处日东高速入口东 500 米
邮编 274000
电话 0530－5644488
传真 0530－5644488
网址 www.sdakd.com
邮箱 gwww-lyf@163.com
产品 AKD 蜡粉、表面施胶剂、高效干增强剂、湿强剂、乳液松香施胶剂

山东润鑫精细化工有限公司
山东省菏泽市定陶县东外环路南段路东
邮编 274100
电话 0530－2123769
传真 0530－2123768
网址 www.runxinchemical.com
邮箱 mcj@runxinchemical.com
产品 2-溴丁酸甲酯、DT 杀菌灭藻剂、N-4-异噻唑-3-酮

河　南　省

郑州市

郑州市中瑞洁水化工原料有限公司
河南省郑州市陇海路与桐柏路交叉口
邮编 450000
电话 0371－68632711
传真 0371－68633711
产品 水处理药剂、聚丙烯酰胺

濮阳市中润聚合物有限公司郑州分公司
河南省郑州市京广南路绿岛港湾 13 号楼 6 层 102 室
邮编 450000
电话 0371－67015868
传真 0371－68747998
产品 聚丙烯酰胺系列水处理剂、二氯异氰脲酸钠、聚合氯化铝、羧甲基纤维素、脱墨剂

河南南浦化工有限公司
河南省郑州市农业路 72 号国际企业中心 B 座 404 室
邮编 450002
电话 0371－65655608
传真 0371－65655609
邮箱 web@jiezhifen.com
产品 阴、阳、非和两性离子聚丙烯酰胺，无机高分子絮凝剂，XM 系列浮选剂，PFS 聚合硫酸铁(液体)，PFS 聚合硫酸铁(固体)，PAC 聚合氯化铝

河南省道纯化工技术有限公司
河南省郑州市文化路 128 号航天大厦 15 楼 A8
邮编 450002
电话 0371－63563761、63563762、63563763
传真 0371－63563936
网址 www.dchg.com.cn
邮箱 dchgyx@tom.com
产品 施胶剂、氧漂稳定剂、蒸煮助剂、脱墨剂、消泡剂、氧漂激活剂、分散剂、湿强剂、杀菌剂、显白剂、乳化剂

郑州中吉精细化工有限公司
河南省郑州市民航路 19 号企业 1 号 614 室
邮编 450003
电话 0371－66560787
传真 0371－63284918
网址 www.zjpp.com
邮箱 info@zjpp.com

产品 乳液造纸助留增强剂、瓦楞原纸环压增强剂、增光剥离剂、增柔膨化剂、纸张挺硬剂、中性施胶用分散松香胶、显白剂、阳离子淀粉、消泡剂

郑州金源微粉材料有限公司
河南省郑州市中原区郑上路 744 号
邮编 450042
电话 0371－67811493
传真 0371－67813794
网址 www. jywf. net
产品 煅烧高岭土、硅微粉、重质碳酸钙、高白滑石粉

郑州市恒茂昌贸易有限公司
河南省郑州市南阳路 170 号清华园商贸楼 16 楼 166 室
郑州市郑州市惠济区新城街道固城村南(厂址)
邮编 450053
电话 0371－63603392、63673216
传真 0371－63673216
网址 www. hengmaochang. com
邮箱 zzhmc@ tom. com
产品 分散剂、助留剂、生物酶脱墨剂、湿强剂、干强剂、表面施胶剂、染料、聚丙烯酰胺

巩义市奥林滤材有限公司
河南省巩义市南环路
邮编 451200
电话 0371－64355488
传真 0371－64388685
网址 www. aolinlc. com
邮箱 aolinlc@ 163. com
产品 阻垢分散剂、杀菌灭藻剂、净水药剂系列、活性炭系列

巩义市益民淀粉厂
河南省巩义市八零八路
邮编 451250
电话 0371－64371718
传真 0371－64371792
网址 www. yimindf. cn
邮箱 webmaster@ yimindf. cn
产品 变性淀粉、磷酸酯淀粉、酸化淀粉、玉米氧化淀粉、阳离子淀粉、醋酸酯淀粉

巩义市清滢精细化工厂
河南省巩义市康店镇黑石关 665 仓库(康店镇工业园区)
邮编 451200
电话 0371－64126767、64116356
传真 0371－64126767
网址 www. hngyqy. com
邮箱 hngyqy@ 126. com
产品 防腐杀菌剂、润滑增光施胶剂、消泡剂、絮凝剂聚合氯化铝

巩义市宇清净水材料有限公司
河南省巩义市河洛镇工业区
邮编 451251
电话 0371－64156198、64158648
传真 0371－64156198
网址 www. yqjs. com
邮箱 yqjs1995@ 163. com
产品 聚合氯化铝、聚合氯化铝铁、复合铝铁、硫酸铝、铝酸钙粉、结晶氯化铝

巩义市恒豪净化材料有限公司
巩义市豫泉净化材料有限公司
河南省巩义市芝田镇羽林庄工业区
邮编 451252
电话 0371－64108882
传真 0371－64108883
网址 www. hnyuquan. com
邮箱 hnhenghao@ hnhenghao. com
产品 聚合氯化铝、碱式氯化铝、聚丙烯酰胺、活性炭、铝酸钙粉

郑州华旗助剂有限公司
河南省新密市大隗工业区黄湾寨
邮编 452370
电话 0371－69281615
传真 0371－69281811
邮箱 zzhqzi@ 163. com
产品 松香系列施胶剂、中性施胶剂、湿强剂、助留剂、剥离剂、乳化剂

巩义市华麟化工有限公司
河南省巩义市开发区永安路 12 号
邮编 451281
电话 0371－64031888
传真 0371－64031999
网址 www. chinesehualin. com
邮箱 lilian64032111@ 163. com
产品 水处理剂

河南省新密市力达化工实业公司
河南省新密市大镇观寨村 34 号
邮编 452383
电话 0371－69271070

传真 0371－69271070
邮箱 xueling2004007@eyou.com
产品 聚合氯化铝、涂布纸专用乳液、分散型松香胶、涂布分散剂、防水剂、消泡剂、润滑剂、高效脱色助沉剂、助留剂、增强剂、中性施胶剂、淀粉黏合剂

河南省宏源化工有限公司
河南省郑州市金水路 28 号
邮编 450053
电话 0371－63895005
传真 0371－63936703
产品 分散松香胶、低泡分散松香胶、近中性分散松香胶、马来松香、乳化剂、阳离子分散胶、AKD 中性施胶剂、合成中性施胶剂

洛阳市

偃师太学染化有限公司
河南省洛阳偃师市佃庄镇东大郊
邮编 471942
电话 0379－67436138
传真 0379－67436438
网址 www.chinataixue.com
邮箱 taixue-han@hotmail.com
产品 造纸粉状染料、造纸液体染料、造纸专用染料

安阳市

安阳荧迪化工有限责任公司
河南省安阳市龙安区烟厂路
邮编 455004
电话 0372－3931405、3932694
传真 0372－3931405
网址 www.yingdichem.com
邮箱 yingdichem@yingdichem.com
产品 荧光增白剂、染料中间体 DSD 酸

新乡市

卫辉市通达变性淀粉有限公司
河南省卫辉市唐庄工业开发区 107 国道旁(代庄村)
邮编 453100
电话 0373－4221908
传真 0373－4221908
邮箱 tongdadianfen@sohu.com
产品 氧化淀粉、AKD 乳化剂离子型专用淀粉、涂布淀粉、多元变性淀粉、磷酸酯淀粉、接枝淀粉、氧化醋酸淀粉、阳离子淀粉

新乡市永平助剂厂
河南省新乡市大召营镇文营村
邮编 453700
电话 0373－5470178
传真 0373－5469308
网址 www.xxypzj.com
邮箱 ypwyy@126.com
产品 液体荧光增白剂、显白剂、脱墨剂

新乡市飞马化工有限公司
河南省新乡市大召营工业区
邮编 453700
电话 0373－5469199
传真 0373－5461595
邮箱 fm811@feimahg.com
产品 AKD 中性施胶剂、PAE 湿强剂、助留助滤剂、蒸煮助剂

新乡市瑞丰化工有限责任公司
河南省新乡市新乡县大召营镇(新获路北)工业园
邮编 453700
电话 0373－5466556
传真 0373－5466000
网址 www.sinoruifeng.com
邮箱 sale@sinoruifeng.com
产品 无碳复写纸树脂显色剂、活性白土显色剂、阳离子醚化剂、高碱性硫化烷基酚钙

新乡市和诚化工有限公司
河南省新乡市朗公庙镇曲水村北
邮编 453731
电话 0373－5712168
传真 0373－5712366
产品 聚丙烯酰胺、高效聚合引发剂、聚二甲基二烯丙基氯化铵

新乡县长明冶炼有限公司
河南省新乡市新乡县小冀镇西环路
邮编 453731
电话 0373－5592335
产品 聚丙烯酰胺、增强剂

焦作市

河南佰利联化学股份有限公司
河南省焦作市中站区

邮编 454191
电话 0391－2801454、3126553
传真 0391－2947818、3126818
网址 www. billionschem. com
邮箱 zztcwmb@ sina. com
sales@ billionschem. com
产品 钛白粉、硫酸铝、二氧化锆、碳酸锆

河南省沁阳市新兴化工有限公司
河南省沁阳市南洛公路 7 公里处/崇义工业区
邮编 454550
电话 0391－5056698、5051606
传真 0391－5055042
邮箱 yalido@ 163. com
产品 涂布淀粉、造纸淀粉、卫生纸增韧剂、助留助滤剂

河南省武陟县智辉化工有限责任公司
河南省焦作市武陟县城东占泗路北贾桥西
邮编 454950
电话 0391－7268190
传真 0391－7268193
网址 www. zhihuichem. com
邮箱 zhihuichem@ zhihuichem. com
zhihuichem@ 163. com
产品 无碳复写纸专用树脂显色剂、活性白土显色剂、微胶囊、无碳压敏染料溶剂油、微胶囊专用分散乳化剂、石蜡乳液

温县宏泰水处理材料厂
河南省焦作市温县岳村工业区 66 号
邮编 454800
电话 0371－66551628、66551601
传真 0371－68396167、66551938
网址 www. hnwxht. com
邮箱 wxhtscl@ 163. com
产品 聚合氯化铝、碱式氯化铝、活性炭系列、填充系列

濮阳市

濮阳市中润聚合物有限公司
河南省濮阳市东高新技术开发区前县徐岭村南
邮编 457600
电话 0393－5326588
传真 0393－2217588
产品 污泥脱水剂、分散剂、助留剂、聚丙烯酰胺、羧甲基纤维素

许昌市

许昌凯特精细化工厂
河南省许昌市经济技术开发区屯里东段
邮编 461000
电话 0374－8306088、8306090
传真 0374－8306087、8306091
网址 www. xckate. com
邮箱 kate7888@ 163. com
产品 消泡剂、脱墨剂、分散剂、增白剂、显白增强剂

许昌市远征化工有限公司
河南省许昌市北郊营庄村
邮编 461000
电话 0374－4391909
传真 0374－4391909
产品 VBL 增白剂、脱墨剂、新型固体膨松剂、PEO 分散剂、光亮剂、除胶剂、挺力剂、显白剂、剥离剂、消泡剂、干/湿强剂、助留剂、聚丙烯酰胺

漯河市

漯河市天马化工有限公司
河南省漯河市人民东路 73 号
邮编 462000
电话 0395－6665819、2637599
传真 0395－2650929
网址 www. tmhg. com. cn
邮箱 tianmahg@ yahoo. com. cn
产品 AKD 中性施胶剂、阳离子分散松香胶、硅溶胶、分散剂、乳化剂

商丘市

商丘市金茂工业助剂有限公司
河南省商丘市虞城县李家工贸区
邮编 476300
电话 0370－4833167
传真 0370－4833167
产品 聚丙烯酰胺、水处理剂、造纸助剂

驻马店市

西平县佳佳纸业有限公司
河南省驻马店市西平县王店工业区
邮编 463900
电话 0396－6253336
传真 0396－6253336

产品 助留助滤剂、增强互补型造纸专用助剂、生物强力助剂、强力渗透剂

济源市

河南清水源科技股份有限公司
河南省济源市轵城镇
邮编 454650
电话 0391－6698121、6089345
传真 0391－6086299
网址 www.qywt.com.cn
邮箱 qysales@qywt.com.cn
产品 水处理剂产品(单体)和复配剂、提供配方筛选和水处理技术服务

湖　北　省

武汉市

武汉东化工有限公司
湖北省武汉市汉口竹叶山东恒星集团A栋8楼5号
邮编 430012
电话 027－82944688
传真 027－82944743
网址 www.ecch.com.cn
邮箱 hdhg@ecch.com.cn
产品 木质素磺酸钙、碱木质素、木质素磺酸盐、羧甲基淀粉钠

武汉新大地化工有限公司
湖北省武汉市硚口区南泥湾8号长丰科技产业园(西区)8厂区
邮编 430034
电话 027－83305573
传真 027－83305570
网址 www.newlandchem.com
邮箱 ywx@newlandchem.com
产品 防腐杀菌剂

武汉市羽佳化工有限公司
湖北省武汉市东湖高新开发区大学园路11号
邮编 430074
电话 027－52101188
传真 027－52101188
网址 www.yj1188.com
邮箱 yj11882005@yahoo.com.cn
产品 干强剂、水处理剂、消泡剂

武汉市雨田高分子材料有限公司
湖北省武汉市蔡甸区永安街万岭特1号
邮编 430105
电话 027－69305728、59843713
传真 027－69304916
产品 CMC、脱墨剂、润滑剂、抗水剂、分散剂

武汉市新洲区耀华化工有限公司
湖北省武汉市阳逻开发区平江东路123号
邮编 430415
电话 027－86963113
传真 027－86963113
产品 新型造纸制浆蒸煮剂、脱墨剂、固体/液体消泡剂、剥离剂、助留剂

武汉葛化集团有限公司
湖北省武汉市洪山区葛化街化工路31号
邮编 430078
电话 027－87602513
传真 027－87600357
网址 www.whghjt.com
邮箱 whghjt@chem.com.cn
产品 烧碱、液氯

黄石市

黄石龙骏化工科技有限公司
湖北省黄石市沈下路661号
邮编 435004
电话 0714－5379335
传真 0714－5379336
网址 www.hs-longjun.com
邮箱 webmaster@hs-longjun.com
产品 阴/阳离子松香胶专用乳化剂、松香胶、中性施胶剂、表面施胶剂、AKD熟化促进剂、助留增强剂、絮凝剂

大冶市鑫晟精细化工有限公司
湖北省黄石市大冶市金湖街道栖儒村
邮编 435102
电话 0714－8990989
传真 0714－8990989
邮箱 hs8483@163.com
产品 干/湿强剂、中性造纸施胶剂、印刷适性改良剂、AKD乳液、荧光增白剂、瓦楞纸板环压增强剂、纸浆消泡剂、废纸脱墨剂

宜昌市

湖北宜化集团有限责任公司
湖北省宜昌市沿江大道 52 号
邮编 443000
电话 0717 - 8868298
传真 0717 - 8868298
网址 www. hbyihua. cn
邮箱 hgb@ hbyihua. cn
产品 烧碱

襄樊市

襄樊惠邦化工有限公司
湖北省襄樊市江汉路 25 号
邮编 441002
电话 0710 - 3955939
传真 0710 - 3112389
产品 分散剂、胶黏剂

襄樊市化工设计研究所
湖北省襄樊市江北路 60 号
邮编 441002
电话 0710 - 3963009
传真 0710 - 3220183
邮箱 xb-email@ 163. com
产品 造纸用增光润滑剂、分散剂、抗水剂、施胶剂、渗透剂

湖北新四海化工有限公司
湖北省枣阳市襄阳路 91 号
邮编 441200
电话 0710 - 6221764
传真 0710 - 6229927
网址 www. sihaichem. com
邮箱 z6241188@ 163. com
sihaichem@ 163. com
产品 消泡剂、抗水剂、润滑剂

荆门市

钟祥市金汉江纤维素有限公司
湖北省钟祥市金汉江大道
邮编 431900
电话 0724 - 4223633、4238472、6318585
传真 0724 - 4223212
网址 www. chinajhj. com
邮箱 jhj@ chinajhj. com
产品 精制棉、CMC

荆州市

湖北达雅化工技术发展有限公司
湖北省荆州市高新技术开发区北京东路 109 号
邮编 434000
电话 0716 - 8332001、4315078
传真 0716 - 8331751、4315077
网址 www. hbdaya. com
邮箱 hubeidaya@ 163. com
产品 涂布专用 CMC、润滑剂、纳米级微粒高效造纸助留助滤剂

荆州市旭升化工助剂有限公司
湖北省荆州市荆州区
邮编 434020
电话 0716 - 8480596、8677782、8416799
传真 0716 - 8416699
网址 www. jzxshg. com
邮箱 xshg2002@ 163. com
产品 阳离子淀粉、助留助滤剂、交联表面施胶剂、高效废纸脱墨剂、阴离子分散松香胶、中碱性施胶剂、蒸煮助剂、湿强剂

咸宁市

湖北省嘉鱼县中天化工有限责任公司
湖北省咸宁市嘉鱼县鱼岳镇徐家庄 167 号
邮编 437200
电话 0715 - 6321909
传真 0715 - 6329868
网址 www. laopeng. com. cn
邮箱 13807247197@ vip. 163. com
产品 蒸煮助剂、高效漂白剂、荧光增白剂、脱墨剂、湿强剂、显白剂

湖北省赤壁市明光化工厂
湖北省赤壁市中伙镇
邮编 437315
电话 0715 - 5600149、13707242141
产品 涂层、保温层

仙桃市

仙桃市闻捷福工贸有限责任公司
湖北省仙桃市经济开发区青鱼湖路 18 号

邮编 433000
电话 0728－3257939、3200828
传真 0728－3257939
产品 脱墨剂、蒸煮助剂

湖北嘉韵化工科技有限公司
（原仙桃贝斯特化学品有限公司）
湖北省仙桃市刘口工业园
邮编 433000
电话 0728－3255688、3601188
传真 0728－3255601
网址 www. jiayunchem. com
邮箱 666@ jiayunchem. com
999jiayun@ 163. com
产品 环氧聚酯湿强剂、蒸煮催化剂、固着剂、AKD中性施胶剂、表面施胶剂、助留助滤剂、防腐杀菌剂、干增强剂、抗水剂、柔软剂、剥离剂

湖北星恒兴材料科技有限公司
湖北省仙桃市郭河工业园区
邮编 433013
电话 0728－2745177
传真 0728－2745990
邮箱 newhengxing@ 163. com
产品 阳离子中碱性施胶剂、阳离子中性表面施胶剂、新型涂料胶乳、湿强剂、干强剂

湖　南　省

长沙市

湖南超牌化工有限公司
湖南省长沙市芙蓉中路二段 198 号新世纪大厦 9003 室
邮编 410015
电话 0731－85179028、85179029
传真 0731－85179099
网址 www. hnsuper. com. cn
邮箱 fjming88@ 21cn. com
产品 超细研磨碳酸钙、超细煅烧高岭土

长沙市力波化工有限公司
湖南省长沙市马王堆陶瓷建材新城 D16 栋 123 号
邮编 410001
电话 0731－84786498
传真 0731－84720135
网址 www. lbsun. com
邮箱 sales@ lbsun. com
产品 分散剂、脱墨剂、光亮剂、施胶剂等造纸化学品及各种羧甲基纤维素、甲基纤维素、羟丙基甲基纤维素、聚合氯化铝、聚丙烯酰胺

湖南美莱精化有限公司
湖南省长沙市国家高新技术开发区火炬城 M0 号
邮编 410003
电话 0731－88809919、88496308
传真 0731－88911458
网址 www. meilaichem. com
邮箱 saite2005@ sina. com
产品 蒸煮助剂

长沙鸿鹰科技有限公司
湖南省长沙市西湖路 34 号鸿信大厦北 B 座 906 室
邮编 410002
电话 0731－85132075
传真 0731－85132075
产品 造纸化学品

株洲市

株洲升阳精细化工有限责任公司
湖南省株洲市董家段南路南方航空摩托厂内
邮编 412300
电话 0731－22789788
传真 0731－28559469
产品 氟化钠、氟硅酸钠、白炭黑

湖南省醴陵市华中造纸助剂工业有限公司
湖南省醴陵市王仙科技工业园
邮编 412200
电话 0733－23518818
传真 0733－23518818
产品 分散松香胶、干强剂、脱墨剂、毛毯洗净剂、松香、乳化剂

湘潭市

湖南省湘潭市弘联科技开发有限公司
湖南省湘潭市高新区芙蓉中路 9 号
邮编 411100
电话 0731－58377118
传真 0731－58377118
产品 瓦楞纸板线用淀粉胶抗水剂、增强剂、耐水增强剂

湘潭市森泰化工有限公司
湖南省湘潭市岳塘区板竹路 8 号

邮编 411132
电话 0731－55543398
传真 0731－55578818
产品 羧甲基纤维素钠（CMC）、羧甲基淀粉钠（CMS）、甲基纤维素（MC）、羟丙基甲基纤维素（HPMC）、涂布黏合剂

湘潭市麓安化工有限公司
湖南省湘潭市先锋工业园
邮编 411100
电话 0731－58270759
传真 0731－58270759
产品 造纸化学品

衡阳市

湖南耒阳市超牌化工有限公司
湖南省耒阳市水东江振兴路
邮编 421800
电话 0734－4370523
传真 0734－4370470
邮箱 hncphg@163.com
产品 超细 GCC、高岭土

邵阳市

湖南省邵阳市天成实业（集团）公司
湖南省邵阳市桃花工业园
邮编 422000
电话 0739－5385276
传真 0739－5385277
邮箱 sytcsy@163.com
产品 蒸煮催化剂、松香胶

广 东 省

广州市

广州纬森普化科技有限公司
广东省广州市越秀区寺右新马路南二街 22 号
邮编 510000
电话 020－87362138
传真 020－87371198
邮箱 meilan20@yeah.net
产品 湿强剂

广东迪美生物技术有限公司
广东省广州市先烈中路 100 号科学院内（广东省微生物研究所）
邮编 510070
电话 020－87688093
传真 020－87688093、87685989
网址 www.gd-demay.com
邮箱 sales@gd-demay.com
产品 防腐剂、防霉剂、抗藻剂、消毒剂

广州市中化贸易有限公司
广东省广州市人民北路 691 号金信大厦 15 楼
邮编 510170
电话 020－81083877、81080060
传真 020－81084009
网址 www.goldchem.cn
邮箱 marketing@goldchem.cn
产品 有机硅消泡剂、防腐剂、杀菌剂、防霉剂、钛白粉、煅烧高岭土、滑石粉、光引发剂、分子式吸附剂

广州宇洁化工有限公司
广东省广州市海珠区宝岗大道 268 号中新大厦 12 楼 12－13B 室
邮编 510240
电话 020－34371818、34371600
传真 020－34141884
网址 www.yujiechem.cn
产品 聚丙烯酰胺、丙烯酰胺、聚合氯化铝、脱色剂

广州精细化学工业公司
广东省广州市海珠区工业大道中石岗路 11 号
邮编 510288
电话 020－84352112
传真 020－84309844
网址 www.jxhg.com.cn
邮箱 jxhg@jxhg.com.cn
产品 聚丙烯酰胺、分散剂、湿强剂、助留助滤剂、水处理絮凝剂、脱水剂、表面活性剂

广州欧普龙化工科技有限公司
广东省广州市机场路景丽街 9 号翠逸家园三区 303－306 室
邮编 510403
电话 020－86446416
传真 020－86446215
产品 有机硅消泡剂、蒸煮助剂、净水剂、抗水剂、绒毛浆膨松剂

广州市黄埔天泰化工有限公司
广东省广州市东山区五羊新城寺右新马路 111 号五羊

新城广场 11 楼 1118 – 1120 室
邮编 510600
电话 020 – 87373533、87392012
传真 020 – 87392590
网址 www. tt020. com
邮箱 info@ tt020. com
产品 纸浆专用防霉防腐杀菌剂、荧光增白剂、钛白粉、超细滑石粉

广州洁泉环保科技有限公司
广东省广州市天河区中山大道中路 38 号加悦大厦 1208 室
邮编 510600
电话 020 – 32035350、82525387
传真 020 – 32035330
网址 www. jiequanhuanbao. com
邮箱 jiequan07@ 163. com
产品 废水处理药剂、循环冷却水处理药剂、RO 膜反渗透水处理剂

广州元源造纸化学品有限公司
广东省广州市天河区黄埔大道西 191 号广信大厦牡丹阁 1005 房
邮编 510620
电话 020 – 38900979
传真 020 – 38900552
邮箱 guangzhouyuanyuan@ 163. com
产品 浆内施胶剂、瓦楞纸杯环压增强剂、多元助留增强剂、表面施胶剂

广州汇普化工新材料有限公司
上海和氏璧化工有限公司
广东省广州市黄埔大道 159 号富星商贸大厦西塔 25 楼
邮编 510620
电话 020 – 22220222、87568088 – 2294
传真 020 – 87595606
网址 www. ncmchem. com
产品 聚乙烯醇、防黏硅油、高效消泡剂

华夏化工集团
广州市华夏助剂化工有限公司
广东省广州市天河北路 177 号祥龙花园祥龙阁 1703 室
邮编 510620
电话 020 – 85251113
传真 020 – 85251290
网址 www. cn-hpc. com
邮箱 gzhxadd@ cnhxg. com
产品 国外系列涂料助剂、华夏品牌助剂

广州市君伦纸业化工有限公司
广东省广州市天河区龙口西路 577 号天隆花苑三楼 3130 号
邮编 510635
电话 020 – 38470568
传真 020 – 38470569
邮箱 gz-kingdom@ 163. com
产品 杀菌防腐剂、流程清洗剂、系统保洁剂、杀菌抑菌剥离剂

广州智尚化工技术开发有限公司
广东省广州市五山路华南理工大学科技园 2 号楼 606 室
邮编 510640
电话 020 – 22237168
传真 020 – 81408303
邮箱 keepwon128@ 163. com
产品 水处理用水溶性消泡剂、异噻唑啉酮类、季铵盐类杀菌防腐剂、缓蚀阻垢剂、造纸用杀菌防腐剂、絮凝剂、新型含氟聚有机硅氧烷类油溶性流平剂

广州慧谷化学有限公司
广东省广州市萝岗区永和经济区新业路 62 号
邮编 511356
电话 020 – 32222928、85283301、85280932
传真 020 – 32222928 – 6026、38676620
网址 www. humanchem. com
邮箱 hg@ huamanchem. com
产品 纳米二氧化硅消光新材料、彩色喷墨打印纸涂料

广州市华鹏高岭土厂
广东省广州市花都区梯面镇
邮编 510870
电话 020 – 86782018
传真 020 – 86782018
产品 高岭土

广州市慧之海(集团)科技发展有限公司
广州市瑞阳表面活性剂有限公司
广东省广州市番禺区石基镇新桥村泰安路西横六街 3 号
邮编 511400
电话 020 – 84553577
传真 020 – 84553788
网址 www. surfactantchem. com
邮箱 sales@ surfactantchem. com
产品 乳化剂、消泡剂、杀菌防腐剂

中科院广州化学研究所
广东省广州市天河区兴科路 368 号广州化学研究所
邮编 510650
电话 020－85231815、85231295
网址 www. gic. ac. cn
产品 胶黏剂

深圳市

比奥生物科技(深圳)有限公司
广东省深圳市石岩镇水田村宝石东路 222 号永兴大厦
邮编 518000
电话 0755－29682933
传真 0755－29682750
网址 www. bioscientif. com
邮箱 qycai@ bioscientif. com
产品 生物酶废纸脱墨剂、生物酶助漂剂

深圳三力星实业有限公司
广东省深圳市福田区新闻路 1 号中电信息大厦东座 23 楼
邮编 518034
电话 0755－83733558
传真 0755－83733596
网址 www. sanlixing. com
邮箱 info@ sanlixing. com
产品 助留助滤剂、增强剂、表面施胶剂、染料、颜料、中性施胶剂、清洗剂、消泡/抑泡剂、脱墨剂、防腐杀菌剂、分散松香胶、纸张成形剂

深圳市华苏科技发展有限公司
广东省深圳市南山区南山大道南海大厦 B 栋 6G
邮编 518054
电话 0755－86250096
传真 0755－86250096
网址 www. tengtuo. com
产品 杀菌防腐剂、荧光增白剂、水处理药剂、甲基纤维素、羟乙基纤维素、聚乙烯醇、分散剂

深圳绿微康生物工程有限公司
广东省深圳市南山高新区中一道生物孵化器大楼 2－112、113 室
邮编 518057
电话 0755－26031010
传真 0755－26031910
网址 www. leveking. com
产品 生物脱墨剂、胶黏物处理剂、废水处理剂

深圳索雷亿科技有限公司
广东省深圳市宝安区宝民一路碧涛苑 1 栋 B 座 103 室
邮编 518133
电话 0755－86251400
传真 0755－27803785
邮箱 solaye@ chinasolsye. com
产品 过氧化物引发剂系列、抗氧化剂、紫外线吸收剂、光引发剂系列、防腐剂、抗静电剂

深圳清源净水器材有限公司
广东省深圳市南山区南海大道水务集团南山大楼 8 楼
邮编 518052
电话 0755－26978809、26978819
传真 0755－26978825
网址 www. qingyuansz. com
邮箱 qingyuan@ qingyuansz. com
产品 聚合氯化铝废水处理剂、造纸施胶剂、杀菌灭藻剂、重金属捕集剂

珠海市

珠海市骏兆丰进出口有限公司
广东省珠海市红山路 288 号珠海国际科技大厦 B508 室
邮编 519000
电话 0756－3331388
传真 0756－3362737
网址 www. bikin. cn
邮箱 info@ bikin. cn
产品 造纸化工涂料

广东溢多利生物科技股份有限公司
广东省珠海市南屏科技工业园屏北一路 8 号
邮编 519060
电话 0756－8676888
传真 0756－8673999
网址 www. yiduoli. com. cn
邮箱 vtr@ vip. 163. com
产品 生物酶

佛山市

佛山市华昊华丰淀粉有限公司
广东省佛山市文沙路晒莨地 1 号
邮编 528000
电话 0757－82827301
传真 0757－82828713
邮箱 rjc@ foshan. sti. gd. cn
产品 湿部添加剂、涂布黏合剂、表面施胶剂、阳离子

淀粉、纸制品再湿胶黏剂

佛山市南海大田化学有限公司
广东省佛山市南海区狮山科技工业园 B 区科园路 1 号
邮编 528000
电话 0757－82262088
传真 0757－86698585
网址 www. dtdefoamer. com
邮箱 datian@ dtdefoamer. com
产品 纸浆、涂布、废水处理用消泡剂

佛山市特森化工有限公司
广东省佛山市同华西 2 路南华 1 街 13 号首层(同济派出所侧)
邮编 528000
电话 0757－82386663、83330428
传真 0757－83331428
网址 www. fstesen. com
产品 净水剂、聚丙烯酰胺、高效脱色剂、聚合硫酸铁、硫酸铝

佛山市南海区罗村芦塘骏能造纸材料厂
广东省佛山市南海区罗村镇
邮编 528226
电话 0757－86414462
传真 0757－86414522
网址 www. jn668. com
邮箱 jn@ jn668. com
产品 干强剂、湿强剂、挺硬剂、助留助滤剂、涂布胶乳、中性松香胶、中碱性施胶剂、表面施胶剂、防水防潮剂、脱墨剂、消泡剂、絮凝剂

广东奇力士石油化工有限公司
广东省佛山市顺德区大良大门堤围路 8 号
邮编 528333
电话 0757－22329333
传真 0757－22329308
网址 www. kilix. com
邮箱 kilix@ kilix. com
产品 聚硅氯化铝、聚硅氯化铝铁、硫酸铝、聚丙烯酰胺、无铁硫酸铝、复合聚硅氯化铝、复合聚硅氯化铝铁

佛山市高明区友本化工有限公司
广东省佛山市高明区明城镇城十路 99 号
邮编 528518
电话 0757－88930638
传真 0757－88836686
网址 www. youben. cn
邮箱 youben@ youben. com
产品 中性施胶剂、干/湿增强剂、离缸剂、助虑增强剂

江门市

江门市慧信净水材料有限公司
广东省江门市港口二路 10 号
邮编 529000
电话 0750－3167388
传真 0750－3167343
邮箱 wealthchem@ 163. com
产品 水处理剂

赫克力士化工(江门)有限公司
广东省江门市高新技术开发区金瓯路 345 号
邮编 529081
电话 0750－3866500、3866590
传真 0750－3866561、3866580
网址 www. herc-jm. com
邮箱 qht@ pub. jiangmen. gd. cn
kzhang@ Herc. com
产品 造纸专用 CMC

江门市新会区辉昊化工有限公司
广东省江门市新会区会城朝江路 6 号 103
邮编 529100
电话 0750－6116733、6807018
传真 0750－6116733
网址 www. jmhuihao. cn
邮箱 hww82830@ 126. com
产品 干强剂、分散剂、脱墨剂、助留助滤剂

江门市大中科技企业发展有限公司
广东省江门市礼乐文昌花园 99 座首层
邮编 529060
电话 0750－3610763、3612763
传真 0750－3612762
网址 www. bigchinatech. cn
产品 造纸化学品

量子高科生化工程有限公司
广东省江门市高新区金瓯路 184 号
邮编 529081
电话 0750－3795666、3869188
传真 0750－3796430
网址 www. quantum-bio. com. cn
产品 纤维素 CMC

茂名市

茂名市银华高岭土实业有限公司
广东省茂名市茂南区新坡镇黄塘工业区
邮编 525011
电话 0668－2717589
传真 0668－2717860
邮箱 welcome@yhkaolin.com
产品 高岭土

肇庆市

广东省肇庆市祥胜化工有限公司
广东省肇庆市江滨东路 59 号 A 幢
邮编 526040
电话 0758－2138703
传真 0758－2327803
邮箱 xiangfeng@vip.163.com
产品 造纸湿强剂、阳离子松香胶、AKD 中/碱性施胶剂、助留剂、涂布乳液

高要宝时化工有限公司
广东省肇庆市高要市南岸镇上元路 37 号
邮编 526100
电话 0758－8361055
传真 0758－8361052
网址 www.synthron.net.cn
邮箱 sinoprox@pub.zhaoqing.gd.cn
产品 EDTA、DTPA、表面施胶剂、湿强剂、网毯清洗剂、双氧水稳定剂、胶黏物控制剂、涂布分散剂、涂料润滑剂、涂料耐水剂

惠州市

惠州联宏化工有限公司
广东省惠州市大亚湾石油化学工业区 H2 地块西南角
邮编 516081
电话 0752－5599101
传真 0752－5599180
网址 www.lianhonghuagong.com
邮箱 braveheartxianen@126.com
产品 表面施胶剂

清远市

大和(清远)石矿化工有限公司
广东省清远市禾云镇 107 国道旁
邮编 511517
电话 0763－5672399
传真 0763－5672488
网址 www.chinamicron.com
邮箱 info-xm@chinamicron.com
产品 滑石粉、碳酸钙

东莞市

杜道亚太(中国)化工有限公司
广东省东莞市新城市中心区第一国际百安中心 A 座 809 室
邮编 523000
电话 0769－22825567
传真 0769－23180867
网址 www.dudoasia.com
邮箱 dudoasia@dudoasia.com
产品 消泡剂、表面控制助剂、湿润分散剂、高档氟碳助剂

东莞天傲化工有限公司
广东省东莞市莞城区
邮编 523000
电话 0769－22191114
传真 0769－23035975
产品 消泡剂、乳化剂、渗透剂、聚醚、柔软剂、破乳剂

东莞市粤星纸业助染有限公司
广东省东莞市万江石美管理区商住楼地下 8－9 号
邮编 523040
电话 0769－22272839、22279289
传真 0769－22172089
网址 www.yuexingdg.com
邮箱 yuexing@yuexingdg.com
产品 造纸染料、分散剂、增白剂、施胶剂、湿强剂、剥离剂、柔软剂、脱墨剂、絮凝剂

广东中成化工股份有限公司
广东省东莞市麻涌镇第二工业区
邮编 523130
电话 0769－88825606
传真 0769－88822342
网址 www.zhongcheng.gd.cn
邮箱 zhongcheng@china.com
产品 双氧水、保险粉、过氧碳酸钠、焦亚硫酸钠、亚硫酸盐

东莞市汇美淀粉科技有限公司
广东省东莞市麻涌镇大步工业区
邮编 523143
电话 0769－88286638
传真 0769－88287332
网址 www. huimei-starch. com
邮箱 hmdfkj@126. com
产品 两性淀粉、涂布胶黏淀粉、表面喷雾淀粉、湿部添加阳离子淀粉、层间喷雾淀粉、表面施胶淀粉

东莞市中堂华兴造纸材料厂
广东省东莞市中堂镇江南远兴工业区
邮编 523230
电话 0769－88187118、88186095
传真 0769－88186095
网址 www. dghxzz. cn. alibaba. com
产品 分散松香胶、中性施胶剂、增白剂

东莞东美食品有限公司
广东省东莞市高埗镇护安围工业区
邮编 523279
电话 0769－88731228、88735188
传真 0769－88874888
网址 www. dm-starch. com
邮箱 dmstarch@126. com
产品 表面施胶淀粉、涂布淀粉、草木浆增强淀粉、两性淀粉、层间喷雾淀粉、阳离子淀粉、生活用纸增强淀粉、表面喷雾淀粉

中山市

广东金威达淀粉有限公司
广东省中山市小榄镇联丰四村乐丰北路(联丰工业区)
邮编 528415
电话 0760－2125676
传真 0760－2125675
产品 木薯淀粉、变性淀粉、越南木薯淀粉

广西壮族自治区

南宁市

广西欧派淀粉有限公司
广西壮族自治区南宁市怡宾路1号4层
邮编 530000
电话 0771－5844158
传真 0771－5591182
产品 预糊化淀粉、氧化淀粉、纸管(纱管)专用胶

南宁巨港化工产品有限公司
广西壮族自治区南宁市白沙大道30号
邮编 530003
电话 0771－4918536
传真 0771－4908536
产品 杀菌剂、保洁剂、清洗剂、表面施胶剂、阳离子分散松香胶、中性施胶剂、助留助滤剂、消泡剂、湿/干强剂、黏缸剂/剥离剂、柔软剂、树脂控制剂

广西南宁市蔗糖酯厂
广西壮族自治区南宁市大化路9号
邮编 530003
电话 0771－3219794
传真 0771－3216420
邮箱 gxtz929@sohu. com
产品 消泡剂、蒸煮助剂、湿增强剂、助留助滤剂

广西南宁春城助剂有限公司
广西壮族自治区南宁市五一西路61号
邮编 530045
电话 0771－4864243
传真 0771－4861026
邮箱 chuncheng@gxcczj. com
产品 消泡剂、乳化剂、表面活性剂、松香高分散施胶剂

广西武鸣县宁武镇灵泉淀粉厂
广西壮族自治区南宁市武鸣县城
邮编 530102
电话 0771－6238349
传真 0771－6230728
产品 阳离子变性淀粉、层间喷淋淀粉、涂布胶黏剂、表面施胶剂

广西武鸣华洪淀粉化工有限责任公司
广西壮族自治区南宁市武鸣县陆斡工业开发区
邮编 530111
电话 0771－6223818
传真 0771－6222401
产品 表面施胶剂、涂布胶黏剂、层间喷淋淀粉、浆内添加剂、表面喷淋剂、增强剂、两性淀粉、木薯淀粉

广西武鸣县安宁淀粉有限公司
广西壮族自治区南宁市武鸣县罗波镇商业城
邮编 530112
电话 0771－6081368
传真 0771－6082170
网址 www. anningstarch. com. cn

邮箱 liuzuang@ 163. com
产品 木薯淀粉、层间喷淋淀粉、涂布胶黏剂、表面施胶剂、复合木薯变性淀粉、阳离子淀粉

广西明阳生化科技股份有限公司
广西壮族自治区南宁市江南区明阳工业开发区
邮编 530226
电话 0771－4218423
传真 0771－4218423、4218860
网址 www. mystarch. com
邮箱 mystarch@ mystarch. com
info@ mystarch. com
产品 涂布黏合剂、阴离子/阳离子表面施胶淀粉、新型湿部添加用两性淀粉、湿部添加增强/助留剂、新闻纸专用增强剂、层间或表面喷雾淀粉、卷烟专用聚合物

南宁乐森松香有限公司
广西壮族自治区南宁市园湖南路东一里 5 号
邮编 530022
电话 0771－5883637
传真 0771－5867346
产品 林产化工产品

桂林市

广西桂林光华矿粉有限公司
广西壮族自治区桂林市灵川县潭下镇
邮编 541208
电话 0773－6305888
传真 0773－6305598
邮箱 china-guanghua@ hi2001. com
产品 重质碳酸钙、超细滑石粉系列

梧州市

梧州荒川化学工业有限公司
广西壮族自治区梧州市西提三路 1 号
邮编 543002
电话 0774－3830228、3830388
传真 0774－3830386
网址 www. wzarakawa. com. cn
邮箱 dabuhdm@ 263. com
wzarakawa@ wzarakawa. com. cn
产品 分散松香、树胶酯

广西永盛造纸化工有限公司
广西壮族自治区梧州市岑溪市建设五街
邮编 543210
电话 0774－8225159
传真 0774－8225159
产品 生物酶催化剂、AKD 中碱性施胶剂、聚丙烯酰胺、助留助滤剂、脱墨剂

北海市

北海宏泉淀粉科技有限公司
广西壮族自治区北海市平头岭工业开发区
邮编 536005
电话 0779－2081122
传真 0779－2081123
网址 www. hq-starch. com
邮箱 hqstarch@ hq-starch. com
产品 表面施胶剂、涂布胶黏剂、层间喷涂剂、增强剂、淀粉

玉林市

广西玉林松脂厂
广西壮族自治区玉林市石岭子工业区
邮编 537000
电话 0775－3870038
产品 松香胶、马来松香

海　南　省

海口市

海南洋浦椰岛淀粉工业有限公司
海南省洋浦经济开发区工业十区
邮编 578101
电话 0898－28821722
传真 0898－28821979
网址 www. ydstarch. com
www. yedao. com
邮箱 ydstarch@ ydstarch. com
产品 阳离子/阴离子表面施胶剂、增强剂、阳离子助留助滤剂、阳离子淀粉、层间喷淋淀粉、涂布淀粉、木薯变性淀粉

重　庆　市

重庆力宏精细化工有限公司
重庆市南岸区鸡冠石镇白沙沱正街 155 号
邮编 400063
电话 023－62525311、62950127

传真 023－62500141
网址 www. lihong. net
邮箱 office@ lihong. net
产品 羧甲基纤维素钠（CMC）

中国石化集团四川维尼纶厂
重庆市长寿区维江路 36 号
邮编 401254
电话 023－68974625、68974061
传真 023－68974094
网址 www. svwpc. com. cn
产品 聚乙烯醇树脂（PVA）

重庆科源造纸化学品有限公司
重庆市合川区三汇镇
邮编 401535
电话 023－42428586
传真 023－42428586
邮箱 357346496@ qq. com
产品 中性造纸施胶剂、助留助滤剂、瓦楞纸板环压增强剂、纸张挺度增强剂、纸品拉力机、纸浆分散剂

重庆新华化工厂
重庆市潼南县梓潼镇民业街 298 号
邮编 402660
电话 023－68737926
传真 023－68737926、87288008
网址 www. xinhuachemical. com
邮箱 xinhua@ xinhuachemical. com
产品 高档锐钛型钛白粉

四　川　省

成都市

成都嘉丰精化有限公司
四川省成都市福兴街 30 号四川轻工大厦 11 楼
邮编 610016
电话 028－86622199
传真 028－86616160
网址 www. jiafengchina. net
邮箱 cdtina-zhang@ hotmail. com
产品 阳离子助留剂、着色剂、液体增白剂、阳离子分散松香胶、助留助滤剂、改性皂土、脱气剂、絮凝剂、纸张刚挺剂、表面施胶剂

四川蓉丰化工有限责任公司
四川省成都市二环路南三段 5 号
邮编 610041
电话 028－84397018
传真 028－84397058
网址 www. scrfhg. com
产品 分散剂、填料、钛白粉

成都市锦都三丰化工有限公司
四川省成都市武侯区机投镇花龙门工业园
邮编 610045
电话 028－87482146
传真 028－87482146
网址 www. jdsanfeng. com
邮箱 wangdu@ cn-sanfeng. com
产品 中性造纸施胶剂、AKD 乳液、分散松香胶、干增强剂、湿强剂、助留助滤剂、增白剂、消泡剂

成都浩信达科技有限公司
四川省成都市一环东五段东恒国际 2 栋 1 区 1203 室
邮编 610068
电话 028－84400282、86786867
传真 028－68692192、85238290
网址 www. cdhxd. cn
邮箱 hck-cd@ 163. com
产品 脱墨剂、造纸染料、松香胶

都江堰钙品股份有限公司
四川省都江堰市青城工业区（灌温路 239 号）
邮编 611830
电话 028－87283139
传真 028－87283339
网址 www. djygp. com
邮箱 zwyudjyc@ yahoo. com. cn
产品 造纸专用碳酸钙

邦贝化学公司
四川省成都市武侯区机投镇九架车村
邮编 610041
电话 028－87440925、85198067
传真 028－85172496
产品 干强剂

自贡市

自贡市中光精细化工有限公司
四川省自贡市富顺县牛佛镇田冲头街 38 号
邮编 643208
电话 0813－7300161
传真 0813－7300164

产品 中性施胶剂

德阳市

四川煤田地质局 141 队亚兴化工厂
四川省德阳市汉江路 116 号
邮编 618000
电话 0838－2820554
传真 0838－2820554
网址 www.scmtdz.gov.cn
邮箱 sc141@126.com
产品 AKD 乳液、阳离子分散松香胶、乳化剂、中性造纸施胶剂、柔软剂、绒毛浆解键剂

绵阳市

绵阳市助友化工工业有限责任公司
四川省绵阳市三台县北泉路北塔
邮编 621100
电话 0816－5345170
传真 0816－5345170
邮箱 myzyhg@myzyhg.cn
产品 分散松香胶、绒毛浆解键剂、湿强剂、脱墨剂、聚合氯化铝

陕 西 省

西安市

陕西华润实业有限公司
陕西省西安市西北二路 1 号 512 室
邮编 710003
电话 029－87333574
传真 029－87335479
网址 www.sxhuarun.com
邮箱 ceo@sxhuarun.com
huarun@sxhuarun.com
产品 杀菌剂、分散剂、消泡剂、荧光增白剂、助留剂、高效废纸脱墨剂、光亮柔软剂、水处理剂

西安道尔达化工有限公司
陕西省西安市汉城北路 152 号雅盛 1 号 A－18－4
邮编 710077
电话 029－62969851
传真 029－62969852
网址 www.kldhg.cn
邮箱 dld@kldhg.cn
产品 膨化剂、杀菌剂

西安吉利电子化工有限公司
陕西省西安市高新技术产业开发区高新路 3 号
邮编 710075
电话 029－88212585、88272803
传真 029－88231475
网址 www.xajili.com
邮箱 jili@tchweb.net
产品 杀菌防腐剂、沉积物分散剂、系统清洗剂、柔顺剂、蒸煮助剂、脱墨剂、高档卷烟纸包灰剂

陕西省石油化工研究设计院
陕西省西安市西延路 61 号
邮编 710054
电话 029－85542590、85542624
传真 029－85542625、85542591
网址 www.shaanxipci.com
邮箱 pciyingxiao@126.com
产品 杀菌防腐剂、增白剂、水处理剂

西安市美佳化工有限公司
陕西省西安市长安区韦兆街
邮编 710103
电话 029－85889228、85889310
传真 029－85889228
网址 www.xamjhg.com
邮箱 xamjhg@163.com
产品 助留助滤剂、表面施胶剂、分散剂、显白剂

咸阳市

咸阳陶瓷研究设计院
陕西省咸阳市渭阳西路 35 号
邮编 712000
电话 029－33578005、33579267、33576575
传真 029－33572148
网址 www.xytcy.com
产品 填料、涂料

甘 肃 省

兰州市

兰州市兰州新化工贸易有限责任公司
甘肃省兰州市西固东路 205 号
邮编 730060
电话 0931－3330626
传真 0931－7585188
产品 羧甲基淀粉、氧化淀粉、熟胶粉、造纸表面及浆

内施胶剂

青　海　省

西宁市

青海威思顿生物工程有限公司
青海省西宁市生物科技产业园区纬五路 18 号
邮编 810016
电话 0971 – 5317182、8527016
传真 0971 – 5317162
网址 www. qhwsd. com
邮箱 weisidun5584@ sina. com
产品 马铃薯淀粉

宁夏回族自治区

银川市

银川吉龙造纸助剂有限责任公司
宁夏回族自治区银川市开发区
邮编 750002
电话 0951 – 5035454
传真 0951 – 5035454
产品 分散松香胶

中卫市

宁夏丰茂造纸助剂有限责任公司
宁夏回族自治区中卫市迎水桥工业区
邮编 751700
电话 0955 – 7679378
传真 0955 – 7678490
产品 中性施胶剂、杀菌剂、助留助滤剂、超细碳酸钙

新疆维吾尔自治区

乌鲁木齐市

乌鲁木齐智达化工有限公司
新疆维吾尔自治区乌鲁木齐市沙依巴克区西山路 95 号附 2 – 147 号
邮编 830000
电话 0991 – 7723668
传真 0991 – 4541511
产品 AKD 中性胶、分散松香胶

伊犁哈萨克自治州

伊犁市雪龙精淀粉有限责任公司
新疆维吾尔自治区伊宁市经济技术合作区辽宁路仁和集团 10 号
邮编 835000
电话 0999 – 8192009 – 666
传真 0999 – 8192229 – 866
邮箱 lgS8492200@ 126. com
产品 淀粉

制浆造纸专用计量单位与国际单位的换算

The Conversion from the Units Specially Used in Paper Industry to International Units

性　能	中国现行单位	国际单位 (SI)单位	由现行单位换算为国际单位(SI)应乘系数
定　量 grammage	g/m²	g/m²　克/米²	×1
		kg/m²　千克/米²	×10⁻³
厚度或层积厚度 thickness	μm	mm　毫米	×10⁻³
	mm	μm　微米	×10³
表观密度(紧度) apparent density	g/cm³	g/cm³　克/厘米³	×1
		kg/m³　千克/米³	×10³
抗张强度 tensile strength	kgf/15mm	kN/m 千牛顿/米	×0.6538
抗张指数 tensile index	$\frac{\text{kgf/15mm}}{\text{g/m}^2}$	N·m/g　牛顿·米/克	×0.6538×10³
能量吸收 tensile energy absorption	kgf·cm/cm²	J/m²　焦耳/米²	×9.807×10²
抗张能量吸收指数 tensile energy absorption index	$\frac{\text{kgf}\cdot\text{cm/cm}^2}{\text{g/m}^2}$	mJ/g　毫焦耳/克	×9.807×10⁵
撕裂度 tearing strength	gf	mN　毫牛顿	×9.807
撕裂指数 tear index	$\frac{\text{gf}}{\text{g/m}^2}$	mN·m²/g　毫牛顿·米²/克	×9.807
弹性模数 elastic modulus	kgf/mm²	N/mm²　牛顿/毫米²	×9.807
	gf/mm²	N/m²　牛顿/米²	×9.807×10³
耐破度 bursting strength	kgf/cm²	kPa　千帕	×98.07
耐破指数 burst index	$\frac{\text{kgf/cm}^2}{\text{g/m}^2}$	kPa·m²/g　千帕·米²/克	×98.07
耐戳穿指数 puncture resistance	kgf·cm	J　焦耳	×9.807×10⁻²
	J	kJ　千焦耳	×10⁻³

续表

性　能	中国现行单位	国际单位 (SI)单位	由现行单位换算为国际单位(SI)应乘系数
环压强度 ring crush	$\frac{kgf}{0.152m}$	kN/m 千牛顿/米	×0.0645
瓦楞原纸平压强度(CMT) flat crush of corrugating medium	kgf/cm^2	kPa　千帕	×98.07
透气度 air permeance　肖伯尔仪	mL/min *	m/Pa・s　米/(帕・秒)	$\times 1.7 \times 10^{-8}$
		μm/(Pa・s) 微米/(帕・秒)	$\times 1.7 \times 10^{-2}$
透气度 air permeance　葛尔莱仪	$\frac{s}{100mL}$ * *	m/Pa・s　米/(帕・秒)	$\times 1.27 \times 10^{-8}$
		μm/(Pa・s) 微米/(帕・秒)	$\times 1.27 \times 10^{-2}$
抽出物电导率 electrical conductivity of extracts	1/Ω・cm	μS/m　微西门子/米	$\times 10^8$
		mS/m　毫西门子/米	$\times 10^5$
动力黏度 dynamic viscosity	$(g/m^2)\cdot s$	mPa・s　毫帕・秒	×9.807
	$(kg/m^2)\cdot s$	Pa・s　帕・秒	×9.807
特性黏度 limiting viscosity number	mL/g	mL/g　毫升/克	×1
吸水性(Cobb 法) water absorbency	g/m^2	g/m^2　克/米^2	×1
湿强度 wet strength	N mN	N　牛顿 mN　毫牛顿	×9.807

* 中国现行单位 mL/min 是肖伯尔仪测出的透气阻力(air resistance)单位

* * 中国现行单位 s/100mL 是葛尔莱仪器测出的透气阻力(air resistance)单位，换算时应用倒数